쇼와 육군

제2차 세계대전을 주도한

일본 제국주의의 몸통

쇼와 육군

호사카 마사야스 지음

정선태 옮김

글항아리

머리말

　　이 책은 '쇼와 육군'이 왜 많은 착오를 범했는가를 해명하기 위해 쓰였다.

　이를 위해 쇼와 육군이란 어떤 조직이었는지, 지도부를 구성하고 있던 군인은 어떤 이념과 사상을 갖고 있었는지 그리고 근대 일본의 종착점이라 해야 할 태평양전쟁은 무엇을 목적으로, 어떤 형태로 치러졌는지 등등의 의문을 토대에 두고, 가능한 한 많은 관계자의 증언과 자료를 모아 정리하여, 그 실상을 그려보려 힘썼다. 아울러 쇼와 육군이 근대 일본사에서 또 20세기라는 시간대에서 어떻게 자리매김해야 하는지도 생각했다.

　이 과정에서 나는 두 가지 의문점을 강하게 의식했다. 하나는 전비戰備의 소모품이 되어버린 병사(국민이라는 말로 확대할 수도 있다)의 존재다. 다른 하나는 쇼와 육군이 저지른 오류의 책임을 누가 질 것인가라는 의문이다. 전쟁은 천재天災가 아니다. 인위적인 정치상의 선택이다. 당연하게도 정치적·역사적·인도적·법적 책임을 동반한다. 한편에 잘못된 정치적 선택과 명령으로 중국에서, 동남아시아에서, 오키나와에서 어쩔 수 없이 '죽음'으로 내몰린 병사(국민)의 존재가 있다. 그 대척점에 처음부터 끝까지 너무나도 무책임하고 비인도적인 작전을 펼친 군 관료의 실제 모습이 있다. 그 대비되는 각각의 국면을 상세하게 검증해가다 보면, 분노와 놀라움 그리고 슬픔이 뒤섞인 생각에 사로잡힌다.

모든 국면에서 책임 체계가 애매모호하게 잡혀 있었을 뿐만 아니라, 지도자들에게는 '책임의 자각'이라는 것이 없었다. 자각이 없기 때문에 책임질 마음도 없는 것이리라.

쇼와 육군의 지도부에 속한 고위급 군인은 천황에 대한 충성심을 종종 '대선大善'과 '소선小善'이라는 말로 표현했다. 「군인칙유軍人勅諭」에 따른 충성심에만 머무는 것은 '소선'이고, 천황을 위해 계속해서 새로운 군사적 기성사실을 만들어내는 것이야말로 '대선'이라는 것이었다. 이러한 두서없는 논리에 감춰져 있는 독선적 주관주의, 이것이 '통수권의 독립'이라는 전근대적 명분에 의해 지탱되던 조직으로서 바로 쇼와 육군이다. 그러한 쇼와 육군의 모습을 실제 전사戰史를 통해 바라봐야 한다. 또한 쇼와 육군의 상위에 군림한 천황의 책임을 주시하는 것을 게을리해서는 독선적 주관주의를 극복할 수 없으리라고 생각한다.

이 책의 구성을 보면, 제1부에서는 메이지 초기의 건군에서 다이쇼 말기까지 50여 년에 걸친 일본군의 역사를 부감俯瞰하고 있다. 말하자면 쇼와 육군의 전사前史다. 군사 주도의 행보 속에서 일그러진 국가가 세워졌고, 그 중심에 육군이라는 조직과 그 지도자들이 있었다. 제2부에서는 쇼와 육군이 각각의 국면에서 보여준 구체적인 움직임을 분석하고 있다. 이 부분은 1990년 7월호부터 1993년 1월호까지 총 26회에 걸쳐 『월간 아사히』에 연재한 「쇼와 육군의 흥망」을 바탕으로 여기에 대폭 가필을 했다. 쇼와 전기 전쟁의 실상을 가능한 한 극명하게 드러내려는 자세로 집필에 임했다. 제3부에서는 1945년(쇼와 20) 8월 15일에 일본제국이 정치적·군사적으로 해체된 후, 체제가 달라진 전후사회에서 쇼와 육군이 어떤 그림자를 드리웠는지를 살폈다. 쇼와 육군이라는 조직이 소멸한 뒤, 그것을 지탱한 의식이나 행동의 핵심을 과연 진정으로 극복했는가라는 내 생각을 중심에 두고 기술했다.

앞으로 일본은 '전쟁'이라는 정치적 선택을 해서는 안 된다. 과거 그 선택이 얼마나 많은 희생을 낳았는가를 보면 그 까닭을 알 수 있다. 동시에 다시는 어떠한 형태로든 군사 주도 국가로 기울어서는 안 된다. 그 역사적 교훈을 바탕으로 새로운 시대가 나아가야 할 방향을 확인할 필요가 있다.

이 책의 주제는 결국 그 지점에 이르는 것이다.

차 례

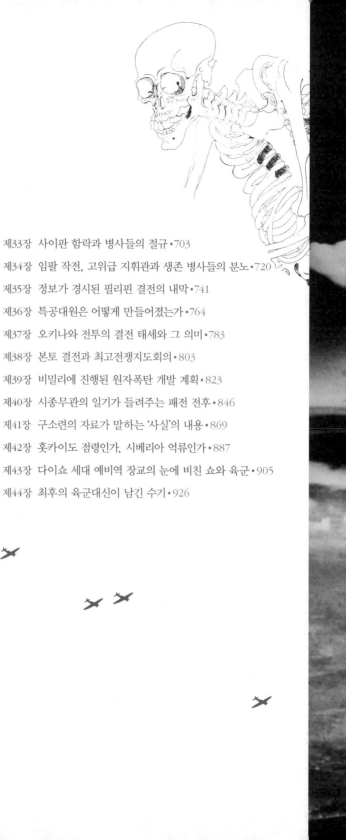

제3부

쇼와 육군이 전후사회에 드리운 그림자 · 949

쇼와 육군의 전사

—— 건군에서 다이쇼 말기까지

양성 시스템이 키운 관료주의

태평양전쟁 당시 육군 지도부에 속한 군인들은 대체로 메이지 10년대 중기부터 20년대 후기에 걸쳐 태어났다.

그들에게는 몇 가지 공통점이 있었다. 그중 하나는 육군유년학교, 육군사관학교 그리고 육군대학교와 같은 육군의 교육기관을 우수한 성적으로 졸업했다는 것이다. 이들은 성적 지상주의가 팽배한 기관에서 기대에 상응하는 성적을 거두었지만, 실전 경험이 적다는 약점도 지니고 있었다.

이 세대는 1904년(메이지 37)과 1905년에 벌어진 러일전쟁 당시에 육군사관학교 생도였거나 아직 육군유년학교 생도에 지나지 않았다. 중대장으로 참전한 자는 있었지만 실전을 지휘하는 위치에 있지는 않았다.

더욱이 이 세대는 일본 육군 건군 이래 최초로 양성 시스템, 정신적 규범, 전략과 전술 지도가 낳은 군인이라는 공통점도 지니고 있었다. 결국 근대 일본의 부국강병책에 충실한 자식이었다고 말할 수 있다. 그래서 독창적인 식견이나 역사적인 선견지명을 가졌다기보다, 주어진 틀 안에서 생각하고 행동하는 범위를 벗어나지 못했다. 그러나 일본 육군 내부를 지배하고 있던 '조슈벌長州閥'이 그들의 힘에 의해 타파되었다는 것을 간과해서는 안 된다.

원훈元勳 야마가타 아리토모山縣有朋가 1922년(다이쇼 11)에 병사하기까지, 육군 내부의 주도권은 조슈長州 출신이 쥐고 있었다. 육군대학교의 시험 답안에 '야마구치山口 현 출신'이라고 쓰면 점수를 몇 점 더 받는다는 소문이 떠돌았고, 군 내부에는 야마가타의 뒷배만으로 장관將官이 된 군인이나 다이쇼 중기까지 '조슈의 삼간三奸'이라 일컬어진 군인도 있었던 것이다.

태평양전쟁을 떠맡은 군사 지도자들의 또 하나의 공통점은 친독일, 반영미 사상에 갇혀 있었다는 것이다. 원래 일본 육군은 프랑스군을 모방하여 건군되었다. 그런데 프로이센-프랑스 전쟁(1870~1871)에서 프랑스군이 패퇴하자 이후 독일군을 따랐다. 메이지 10년대에는 독일군을 일본에 초청해 육군대학교에서 독일식 군사 교육과 정신 교육을 실시하기도 했다. 더욱이 육군유년학교에서는 독일어, 러시아어 등을 주요 과목으로 가르치고 영어 교육은 완전히 경시했다. 일반 중학교에서 육군사관학교에 진학하는 자만이 영어를 교육받았다. 그랬기 때문에 친영미 감정을 가진 자가 몹시 적었고 일반 중학교 출신은 줄곧 요직에서 배제되었다.

또 하나 덧붙이자면, 쇼와 육군의 군사 지도자는 '인간'에 대한 통찰력이 현저하게 결여돼 있었다. 인간을 철학적 측면과 윤리적 측면에서 바라보지 않고, 단지 전시 소모품으로만 간주하는 시각에서 벗어나지 못했다.

이는, 구체적인 예를 들면, 끝까지 보병을 중시하는 육탄 공격에 사로잡혀 있었다는 것, 병사를 '무기질의 병기'(생명과 인격을 가진 인간이 아니라 살인병기나 대체품 정도로 취급했다는 말—옮긴이)로 육성하려 했다는 것, 보급과 병참에 대한 중요성을 가볍게 여겼다는 것 등에 잘 나타나 있다. 거리낌 없이 병사들에게 옥쇄玉碎(옥처럼 아름답게 부서진다는 뜻으로, 충절이라는 명분 아래 죽음을 명령했음을 가리킴—옮긴이)를 명했고, 그에 대한 자기반성도 없이 잇달아 비슷한 종류의 작전을 명한 것도 예로 들 수 있다.

쇼와 육군 붕괴의 원인이 된 태평양전쟁은, 지금까지 서술한 바와 같은 지도자의 기질이나 전략에 따라 수행되었다. 그 바탕에는 붕괴할 수밖에 없었던 조직 체계, 인간 사상, 전쟁관이 자리잡고 있었다고도 말할 수 있다. 예컨대 태평양전쟁이 진행된 3년 9개월 가운데 2년 9개월 동안, 수상, 육군상陸軍相, 때로 참모총장까지 겸하면서 전쟁을 지휘한 도조 히데키東條英機는 이러한 특징을 가장 잘 나타낸다. 도조의 전임자였던 참모총장 스기야마 하지메杉山元도 러일전쟁에서 하급 장교로 종군한 경험이 있긴 하지만, 이러한 틀 안에 있었던 군인이다.

육군대학교는 정원이 약 50명인데, 육군사관학교를 졸업하고 부대 복무를 마친 뒤 연대장의 추천 등으로 수험 자격을 얻을 수 있었다. 당시 육군사관학교 졸업생은 매년 평균 400명이었고, 그 가운데 임관 2년 이상의 장교에게 30세 이전까지 2년 동안만 수험 자격이 부여되었다. 그중에서 50명이 선발되기 때문에 확실히 그들의 성적은 우수했다고 말할 수 있다.

육군대학교 졸업생이라는 것만으로도 육군 내부의 엘리트 자격증을 손에 넣은 것이나 마찬가지였기 때문에, 그 가운데서 상위 10퍼센트 이내의 성적 우수자, 다시 말해 졸업식 때 천황으로부터 군도를 하사받는 그룹 안에 들어가는 것은 더욱 어려운 일이었다. 그런 성적 우수자가 지도부에

도조 히데키. 일본의 40대 총리와 내무대신, 육군대신, 참모총장 등을 겸임했다. A급 전범으로, 교수형에 처해졌다.

들어가 군 내부의 행정을 담당하고 작전 계획을 짰다. 그러면 성적 지상주의의 조직 내에서 어떤 교육이 이뤄지고 있었는지 뒷받침하는 예를 찾아보기로 하자.

1932년 7월 육군대학교 간사(부교장)였던 육군 소장 이마이 기요시今井淸의 이름으로 『통수참고統帥參考』라는 두툼한 책이 간행된다. 이 책은 육군대학교에서 공부하는 학생(중위가 많았다)들이 사용하는 자료로, 당시에는 일반인에게 공개되지 않았다. 권두에 "본서는 통수에 관한 견식과 도량을 양성하기 위한 자료로, 당교當校에서 통수의 원칙을 널리 알리고자 전사戰史를 관찰하고 보편적으로 공구攷究하여 편찬한 것"이라고 적혀 있듯이, 언젠가는 전쟁을 지도할 청년 장교에게 어떤 생각을 갖고 임무를 수행해야 하는지를 설명한 책이다.

제1장 '통수권'의 제1항은 다음과 같다.

"제국의 군대는 황군皇軍이며, 그 통수 지휘는 모두 통수권의 직접적 또는 간접적 발동에 기초하여, 천황의 친재親裁에 의해 실행되거나 또는 그 위임의 범위에서 각 통수 기관의 재량에 따라 실행되는 것으로 한다."

무엇보다 일본 육군을 '황군'으로 단정하고 있는 점이 눈길을 끈다. '스메라기' 즉 '천하를 통치하는 천황의 군대'라는 규정은 그 존재가 '신의 군대'라고 칭하는 것으로, 이는 근대 시민사회 안에서 사회적·정치적 기능을 수행하는 하나의 조직으로 군대를 이해하는 상식에서 한참 벗어나 있다. 또한 다른 나라의 군대와 다르다는 점이 강조되며, 그것을 자랑으로 여기도록 의미를 부여한다. 그리고 황군의 지휘는 모두 천황의 대권 아래 귀일歸一하며, 통수권이 통치권보다 상위에 있다고 주장한다. 제1장의 제2항과 제3항에서 이를 명확하게 강조하는데, 특히 제3항에서는 "통수권의 행사 및 그 결과에 관해서는 의회에서 책임을 지지 않으며, 의회는 군의 통수 지휘 및 그 결과에 관하여 질문을 제기하고 답변을 청하거나 이를 규탄하고 논란할 권리를 갖지

제1부. 쇼와 육군의 전사—건군에서 다이쇼 말기까지

않는다"고 단정한다.

결국 육군의 모든 군사 행동, 군사 작전, 전투 보고 등은 의회와 관계가 없고, 의회의 비판 및 질문과 보고 요청에도 육군이 응할 의무가 없다는 얘기였다. 결국 이것은 문민 지배를 거부한다는 의미인데, 해설문 중에는 "우리 나라의 헌법학자 대부분은 통수권 독립제를 옹호 또는 승인하고 있으며, 이설異說을 제기하는 자는 비교적 소수다"라는 구절도 있다.

이 『통수참고』라는 책자는 육군대학교 안에서 시행된 교육이 어떤 것인지를 확실하게 표현하고 있다. 즉, 군인이야말로 일본제국의 주된 역할을 하는 존재이고, 그런 군인의 행동에는 다른 어떤 집단, 그 누구도 간섭할 수 없다는 것이다. 이 자료는 물론 군 밖으로 공표되지 않았다. 만약 이 내용이 밝혀졌더라면 의원이나 언론인들에게 거센 비판을 받았겠지만, 1933~1934년이 되면서 설령 공표되었더라도 그러한 비판이 점차 압살되었으리라는 점은 쉽게 예상할 수 있다.

왜 쇼와 육군이 이러한 집단이 되어버렸을까? 앞서 서술한 바와 같은 시야가 좁은 군인에게 맡겨졌던 탓일까? 그 이유를 찾기 위해서는 일본 육군의 건군 이후의 역사를 부감해봐야 할 것이다.

──────── 세이난 전쟁에서 발휘된 정부군의 힘

일본 육군의 건군기가 언제인지는 정확하게 밝혀져 있지 않다. 1868년(메이지 5년까지는 구력) 1월의 보신 전쟁(메이지 정권이 도쿠가와 막부에 권력을 반환할 것을 요구하자, 이에 불복하여 친親도쿠가와 막부 세력이 무진년戊辰年〔1868〕에 일본 전토에서 벌인 내란 사건—옮긴이)을 겪으면서야 신정부新政府는 처음으로 군사 조직을 갖췄다. 그렇지만 이 조직은 요시아키라嘉彰 친왕親王(나

중에 아키히토彰仁로 개명)이 총독을 맡아 조수 번병藩兵과 향병鄉兵 등으로 군을 조직하여 천황 직속 군대로 삼은 것에 지나지 않았다. 게다가 이 친병은 수가 적었던 데다 지휘 체계도 통일되어 있지 않았으며 편대도 충분했다고는 할 수 없다.

그러나 여러 번藩의 번사藩士(제후에 속한 무사—옮긴이)가 정부군을 지탱하여, 보신 전쟁에서는 정부군이 오우에쓰 열번奧羽越列藩 동맹(보신 전쟁 중 무쓰국陸奧國, 데와국出羽國, 에치고국越後國 등 여러 번이 신정부의 압력에 대항하기 위해 결성한 동맹—옮긴이)을 몰아내고 전쟁을 매듭지었다. 1868년 9월의 일이었다.

1869년 7월, 정부는 관제 개혁을 단행하여 민부성民部省·대장성·궁내성·외무성·병부성을 설치했는데, 이 중 병부성이 육해군의 군사 정책을 담당했다. 초대 병부경兵部卿은 앞에서 말한 요시아키라 친왕, 병부대보兵部大輔는 오무라 마스지로大村益次郎(군무관 부지사에서 승진했다)였다.

정부는 직속 군대를 둠으로써 각 번주藩主가 갖고 있던 병권의 봉환奉還은 물론, 군사비 조달이나 운용과 같은 군사 정책을 진척시키지 않으면 안 되었는데, 이를 앞장서서 수행한 사람이 오무라였다. 오무라가 구체적 병제를 확립했기 때문에 그는 일본 육해군의 토대를 마련한 아버지로 일컬어지며, 그가 병부대보에 오른 1869년을 육해군의 관제가 결정된 기점으로 삼는다.

병부성이 만들어졌을 때 오무라는 그 대강을 기안했다. 그중에는 "먼저 사범이 될 인재가 없으면 수천 명을 이끌어 지휘하기 어렵다. 따라서 그런 인재를 키우려면 학교를 세우고 병술兵述에 관하여 근본부터 배우게 하는 것이 대단히 중요하다"라는 구절이 있다. 결국 오무라는 인재 양성이 급선무라고 제창했던 것이다.

오무라의 제창에 기초하여 정부는 육군의 교육기관을 창설했다. 1868년 7월 교토에 병학교를 설치했고, 1869년 9월에는 이 병학교를 흡수하여 오사카에 병학료兵學寮를 설립했다. 여기서는 470명의 생도가 주로 프랑스어로 진행되는 학습과정에 참여하면서 부수적으로 실전 병술을 배웠다. 또한 정부는 1871년 7월에 '폐번치현廢藩置縣'(번을 폐하고 현을 설치함─옮긴이)을 단행하여 각 번의 병권을 없앴다. 병학료는 통일 국가의 장교 양성기관으로서, 같은 해 12월 도쿄로 옮겼다. 이곳에서는 병술 중심의 교육이 시행되었다.

그러는 동안 정부는 야마가타 아리토모, 이와쿠라 도모미巖倉具視를 중심으로 정부군을 서둘러 확충했다. 사쓰마薩摩와 조슈 등의 번사가 도쿄에 모여들어 천황의 친병으로 정비되고 있었던 것이다.

오무라는 급격한 개명開明 정책을 채택한 탓에 1869년 9월 암살되었는데 그 뒤를 이은 사람이 야마가타다. 야마가타는 1872년 2월 병부성을 폐지하고 육군성과 해군성을 설치했으며, 자신은 육군대보에 취임하여 국민에게 징병의 의무를 부과하는 것을 골자로 하는 정책을 분명히 내세웠다. 신분 제도를 무너뜨린 이 징병령에 대해 사족士族들 사이에서 불만이 높아졌고, 각지에서는 반란이 잇달았다. 그러나 야마가타는 근대 국가로 나아가기 위해서, 국민개병國民皆兵의 징병령이야말로 나라 만들기의 첫 단계라고 생각했다. 징병령은 1873년 1월에 공포되었는데, 그 내용에 징병 면제 항목이 많고 또 사족의 반발이 강했기 때문에, 진정한 의미의 국민개병이라 할 수는 없다.

그 이후 1877년(메이지 10)에 이르는 기간 동안 군제가 정비되었고, 도쿄·센다이·나고야·오사카·히로시마·구마모토, 즉 전국 여섯 도시에 진대鎭臺가 설치되었다. 훗날 제1사단은 도쿄, 제2사단은 센다이에 설치되는데, 이 6개 사단은 가장 오랜 역사를 지닌 일본 육군의 중추 사단이 되었다.

아이러니하게도 1874년부터 시작된 불평 사족의 반란과 정한론征韓論에 밀려 재야로 돌아갔던 사이고 다카모리西鄕隆盛의 반란 등에 의해, 일본 육군은 아직 정비되지 못했던 부분을 개혁하는 상황에 직면했다. 사이고는 1877년 2월 사쓰마 번사를 이끌고 결기하여, 구마모토 진대를 공격하면서 정부군과 내전 상태에 접어들었다.(바로 세이난西南 전쟁이다.) 처음에는 무기는 물론, 사기도 월등했던 사쓰마의 정예부대가 우세했다. 이에 정부군은 아리스가와노미야 다루히토有棲川宮熾仁 친왕을 정토총독征討總督으로 임명하여 잇달아 구마모토에 병사를 보냈으며, 7개월간의 전투 끝에 반란군을 굴복시켰다.

이것은 정부군의 위령威令이 전국에 서는 계기가 되었다. 불평 사족은 거대한 정부 권력에 대항하는 것이 무의미한 일임을 알았다. 전비에서도 대포와 소총 등을 갖춘 정부군은 명실공히 중앙 정부의 핵심으로서의 책임을 다한다고 내외에 천명했다. 이리하여 전비와 병사가 질적으로나 양적으로 확충되었는데, 이후의 문제는 정신적인 측면을 어떻게 단련할 것인가에 있었다. 군인 정신의 함양에 관하여 메이지 정부는 아직 구체적으로 어디부터 손을 대야 할지 몰라 헤매고 있었다.

세이난 전쟁 후, 근위 사단의 병사들은 논공행상이 지체되는 것에 분노하여 반란을 일으켰다. 이른바 1878년 다케바시竹橋 사건이다. 이는 정부가 장병을 충분히 통제하지 못하고 있다는 사실을 드러낸 사건이라고도 할 수 있다.

그러자 육군경陸軍卿 야마가타 아리토모는 「군인훈계軍人訓誡」를 만들어 육군 내부에 배포했다. 군사사가軍事史家인 마쓰시타 요시오松下芳男의 『개정 메이지군제사론』(상)에 따르면, 장문의 이 훈계는 "누누이 수천 마디 말을 늘어놓으며 세세한 부분까지 설명하는데, 요지는 군의 통제와 엄정한 기율을 벗어나서는 안 된다"는 내용이었다. 충실함·용감함·복종이 군인 정신의 '기본이 되는 세 가지 행동'이라 말하고, 특히 복종이야말로 군대라는 조직을 유지하는 가장 중요한 점이라고 설파했다. 군대 내 계급은 준엄하게 지켜져야 하며 장교와 부사관 간의 구별을 명확하게 하지 않으면 안 된다는 것이다.

이 「군인훈계」를 더욱 간결하게 명문화한 것이 1882년 1월 4일 메이지 천황이 육군경과 해군경海軍卿에게 하사한, 약 2700자에 이르는 「군인칙유」다.

누가 기초했는지는 명확하지 않지만, 후쿠치 겐이치로福地源一郎와 니시 아마네西周가 작성했을 것으로 알려져 있다. 그리고 이 「군인칙유」는 메이지, 다이쇼, 쇼와를 관통하는 일본 육군의 정신적 기반이 되었다.

쇼와 육군은 「군인칙유」를 철저히 주입하는 것이 가장 중요하다고 생각했다. 「군인칙유」에 나타나 있는 정신이 바로 군인이 갖춰야 할 기초이자 최고 도덕이라는 것이었다. 이 칙유가 제창될 때에는 모두가 직립 부동자세를 취해야 할 정도로 군인들에게 권위가 서 있었다.

「군인칙유」는 "우리 나라 군대는 대대로 천황께서 통솔해주시었다. 옛날 진무 천황께서 몸소 오토모와 모노노베의 병사를 이끌고 중앙에 있는 나라 가운데 아직 복종하지 않은 곳을 평정하신 후, 옥좌에 즉위하시어 천하를 다스리신 지 2500여 년이 지나는 동안 세상의 모습이 바뀜에 따라 병제의 연혁도 여러 번 바뀌었다"는 말로 시작한다. 그리고 일본 역사에서 병제가 어떻게 변화해왔는지를 서술하는데, 여기에는 군인에게 요구하는 5개 조항이 포함돼 있다.

1. 군인은 충절을 다하는 것을 본분으로 삼아야 한다.
1. 군인은 예의가 발라야 한다.
1. 군인은 무용을 숭상해야 한다.
1. 군인은 신의를 중시해야 한다.
1. 군인은 자질을 으뜸으로 여겨야 한다.

이 5개조에 관하여 칙유는 각각에 설명을 덧붙인다. "군인은 충절을 다하는 것을 본분으로 삼아야 한다"에 관한 설명 중에는 "세론에 흔들리거나 정치에 얽매이지 않고 다만 한결같이 자기 본분인 충절을 지키며, 뜻은 산악보다 더 무겁고, 죽음은 깃털보다 더 가볍다는 것을 각오하라. 지조를 깨뜨려

부지불식중에라도 오명을 쓰지 않도록 하라"라는 구절이 있다. 이 가운데 "세론에 흔들리거나 정치에 얽매이지 않고"라는 표현은 쇼와 육군에서 종종 논의 대상이 되었다.

「군인칙유」의 초안은 야마가타 아리토모가 다듬었는데, 기본적으로 「군인훈계」의 불투명한 부분을 일반 병사들이 더 이해하기 쉽게 설명하려는 목적을 지녔다고 할 수 있다. 이는 천황의 군대라는 점을 철저하게 받아들이도록 하려는 의도다. 반면 "세론에 흔들리거나 정치에 얽매이지 않"아야 한다는 표현에서 볼 수 있듯이, 그 무렵의 반정부적 운동(예를 들면 자유민권운동과 같은 정치활동)에 장교가 연루되어서는 안 된다는 의미를 포함하고 있었다. 군의 기강을 공고히 세우면서 그 밖으로 나가는 것을 금지하는 말이기도 했다.

이처럼 본래는 정치적 중립을 의미하는 문구인데, 쇼와 초년대 국가 개조 운동을 추진한 청년 장교들 사이에서는 정치나 세론이 어떠한 형태로든 육군 내부의 움직임에 간섭하는 것을 허용하지 않는다는 뜻으로 해석하는 자가 많았다. 자신들이 이루려던 국가 혁신에 제약을 가하는 것은 허용하지 않겠다는 의미였다. 더욱이 쇼와 10년대에 이르면, 앞서 서술한 『통수참고』에서 말하고 있듯이, 정치 지도자는 군 내 기구의 모든 일에 간섭하지 말아야 한다는 의미로까지 해석되었다.

그 결과 육군이 일본제국 안에서 특별한 지위에 있고, 누구보다 우월한 사명을 천황에게서 부여받았다는 오만한 착각을 낳았다. 쇼와 육군의 군인들은 이 착각 속에서 국가 그 자체를 움직이고 있었던 것이다.

이리하여 메이지 초기의 일본 육군에서 군인의 정신적 기반이 만들어졌다. 참모본부가 독립하면서 이 정신적 기반은 제도적으로 보증되었다. 군사 정책에서는 군 내외 행정을 담당하는 부국部局과 군사 지도를 담당하는 부국이 함께 움직여야 한다. 1875년 3월부터 약 3년 동안 공사관 소속 무관으로 독일에 주재했던 가쓰라 다로柱太郎 소좌는 독일군을 예로 들며 육군성 내 부국 중 하나인 참모국을 독립시켜야 한다고 야마가타에게 제안했다. 여기에는 군정軍政과 별도로 군사 작전이나 군사 행동에 관해 특별한 권한을 가진 조직이 필요하다는 의미가 들어 있다. 야마가타는 이 제안을 받아들여 1878년 12월 참모본부를 독립시켰다. 1893년 5월에는 해군의 군령부가 독립했는데, 참모본부와 군령부 부장은 천황의 대권을 대리하는 책임자라는 의미를 지녔다.

군인이 특별한 존재라는 생각을 넘어, 정신적 기반뿐 아니라 제도적으로도 천황에 직결되는 특별한 기관이라는 우월의식이 이 무렵에 싹트고 있었던 것이다.

메이지 초기에 육군 내부의 교육기관은 프랑스식 군사 조직과 전쟁관을 목표로 삼아 프랑스어를 철저하게 교육했다. 그러나 독일에서 돌아온 가쓰라 다로는 교육 방향을 프랑스식에서 독일식으로 전환해야 한다고 주장했고, 야마가타도 이에 동의했다. 통령統領으로서 야마가타는 조수뻘이자 같은 조슈 번 출신인 가쓰라에게 기대가 컸고, 그의 의견에는 비교적 순순히 따르곤 했다.

1882년 무렵에 이르러 정부군의 병력이 제법 늘었고, 이에 따라 고도의 군사 지도를 담당할 요원이 필요했다. 바로 그해 11월 육군대학교가 설립되었고 제1기생으로 10명이 입학 허가를 받았다. 이들은 모두 소위 임관 후 2년 이상이 지난 데다 세이난 전쟁에서 상당한 지도력을 발휘한 자들이어서, 육군 수뇌부의 기대를 모았다.

육군대학교의 교육 기간은 3년으로, 독일 육군에서 초빙한 메켈K. Meckel 소좌가 독일식 참모 교육을 시행했다. 일본 육군이 다양한 측면에서 아직 정비되어 있지 않다는 데 놀란 메켈은, 구령을 붙이는 방식부터 명령을 내리는 방법과 그 시달, 그리고 실제 전투에서 병력을 운용하는 방법까지도 아주 분명하게 가르쳐주었다.

제1기생 10명은 일본 육군 최초의 엘리트 학생이라 할 수 있다. 그들은 1883년 4월에 입학하여 1885년 12월에 졸업했는데, 졸업 때 성적 순위가 매겨졌다. 10명을 성적순으로 나열해보면 다음과 같다.

도조 히데노리東條英敎, 야마구치 게이조山口圭藏, 센바 다로仙波太郎, 이구치 쇼고井口省吾, 이시바시 겐조石橋健藏, 야마다 가즈오山田一男, 후지이 시게타藤井茂太, 사카키바라 사이노스케榊原宰之助, 아키야마 요시후루秋山好古, 나가오카 가이시長岡外史.

이 가운데 9명은 육군사관학교 졸업생이고, 도조만이 교도단敎導團 출신이었다. 이를 통해 도조가 뛰어난 실력을 인정받아 부사관 양성 교육기관에서 육군대학교에 추천되었고, 육군대학교에서도 메켈의 가르침을 충실하게 받아들였음을 알 수 있다. 도조 히데노리는 일본 육군이 존속하는 동안 가장 명예롭다 할 만한 '1기생 가운데 최고'라는 칭호를 얻었다.

도조 히데노리의 장남이 도조 히데키였다. 따라서 도조 히데노리와 그 아들 히데키는 일본 육군을 말할 때면 피해갈 수 없는 존재다. 도조 히데노리는 이와테巖手 현 출신으로, 출신지 군벌과는 거리를 두었다. 이미 메이지 중기에 야마가타는 조슈벌을 만들었지만, 도조 히데노리를 비롯한 이와테 출신 장교들은 군 내에 목요회라는 조직을 만들어 조슈벌의 횡행에 대해 비판적인 태도를 취했다. 그 때문에 야마가타는 도조 히데노리를 싫어했고, 결국 러일전쟁이 끝난 뒤 도조 히데노리는 예비역으로 내몰렸다.

아들인 도조 히데키는 조슈에 대한 아버지의 혐오를 이어받았다. 다음과 같은 에피소드가 있다. 도조 히데키는 1898년에 도쿄 육군유년학교에 들어갔는데, 재학 중에 육군대신 데라우치 마사타케寺內正毅(야마구치 현 출신)가 이 학교에 와서 강연을 한 적이 있다. 그 강연을 앞줄에서 듣고 있던 도조 히데키는 어린 마음에 '우리 아버지를 괴롭히는 조슈의 나쁜 군인 새끼!'라고 생각했다며 훗날 비서에게 털어놓았다. 원념怨念이 다음 세대까지 이어지고 있었던 것이다.

일본 육군은 이렇게 하나하나 그 체제와 내용을 갖춰가고 있었는데, 그렇다면 실제로 전비 쪽은 어떠했을까? 일본은 애초에 프랑스와 독일에서 무기를 수입하고 있었다. 구미의 병기 제조사들은 군사 후진국 일본에 적극적으로 무기를 판매하고자 했다. 그렇기에 1874년 당시 일본 보병들이 쓰는 총은 부대에 따라 각각 달랐다. 근위대와 도쿄 진대는 프랑스의 샤스포 총을, 센다이 진대와 나고야 진대, 히로시마 진대는 영국식 엔필드 총과 스나이더 총을, 오사카 진대는 독일식 드라이제 총을, 기병과 포병 등은 미국의 스펜서 총을 썼다.

그런 가운데 육군 내부의 기술진이 조금씩 새로운 무기를 개발해내고 있었다. 그 전형적인 사례가 1880년(메이지 13) 무라타 쓰네요시村田經芳(당시 중좌. 사쓰마 출신 친병으로 있다가 병기 기술 연구에 뛰어들었다. 1890년 소장으로 예편, 그 후 귀족원 의원이 된다)가 발명한 무라타 총이었다. 이것이 일본군 최초의 제식 병기로 인정되어 '13년식'으로 불리게 되었다.

무라타 총은 구경 11밀리미터의 단발총으로, 총장銃長을 단축하여 휴대와 사용이 간편하다는 이점이 있었다. 그 후 무라타 총은 개량에 개량을 거듭했으나, 메이지 20년대 일본의 기술은 단발총을 개발하는 단계에 머물러 있었고, 그 때문에 독일 등과 같이 연발총은 사용할 수 없었다. 당시 일본의 철강 생산과 기술력도 그러한 수준에 이르지 못했다.

무기 개발이 늦어진 부분을 만회한 것은 보병의 육탄전이었다. 일본은 육군의 초창기부터 국력의 열세를 전법으로 보완해야 하는 숙명을 안고 있었다.

쇼와 육군에서도 무기는 모두 천황이 수여한 것이기 때문에, 어떠한 일이 있더라도 허술하게 다루거나 손질을 게을리하는 것은 허용되지 않았다. 총기 손질을 게을리했을 때에는 사관士官에게 제재를 받았다. 그 제재 가운데는, 예를 들면 총기를 천황에 비유하여 사죄하는 형식도 있었다.

일본제국 헌법은 1889년(메이지 22) 2월에 발포되었다. 국가의 통치권과 통수권은 천황의 대권으로 간주되었는데, 국무대신이 대리하여 통치권을 행사하는 구도가 법적으로 확립되었다. 또한 통수권은 참모본부와 군령부의 부장이 보필하게 되었다.

통수권은 일본제국 헌법 제11조 "천황은 육해군을 통수한다"에 근거했다. 그리고 제12조의 "천황은 육해군의 편제 및 상비병의 비용을 정한다"는 군사 작전을 위한 편제를 의미하며 또한 군령의 근거가 되기도 했다. 결국 군사에 관해서는 다른 통치권에서 어떤 견제도 받지 않는 독립적인 권한이 명문화되었다. 1882년의 「군인칙유」는 법규가 아니라 칙지勅旨에 지나지 않기에 법적 구속력이 없었지만, 일본제국에서는 헌법상으로 통수권을 명확하게 인정했다.

이 헌법 발포 전에 징병령도 다시 손질을 거치게 된다. 만 17~40세의 모든 남성은 병역의 의무를 지닌다는 것이 개정 취지였는데, 만 20세가 되면 징병 검사를 받고 신병으로 입대하여 육군은 3년간, 해군은 4년간 복무해야 했다. 징병 기피를 막고 상비병을 확보하기 위해 징병령의 면제 조항은 줄였다. 당시 육군 병력은 6만6000명으로 매년 2만2000명이 신병으로 입대했고, 입대하지 않은 자는 4년간 예비역으로 우선 등록했다가 전쟁이 발발하면 동원되어 전장으로 파송되었다.

메이지 20년대에 이르러 메이지 정부는 명실공히 국가 권력을 모두 장악했다. 메이지 유신 당시 여러 번藩의 움직임과 불평사족의 반란, 그리고 메이지 10년대까지도 이어오던 자유민권운동 등은 제압되고, 국가 권력은 국민 한 사람 한 사람에게까지 미치게 되었다.

일본이 부국강병책을 채택하고 군사입국軍事立國을 목표로 삼은 것도 이 시기부터였다. 이미 체제를 정비한 군사 조직이나 군사상의 이념은 일본제국을 점차 그 에너지로 가득 채우고 있었다. 제국주의 국가들이 식민지를 획득하려 경쟁하던 19세기 후반, 일본은 구미 열강의 식민지가 되는 것을 면했지만, 밖으로 향한 에너지로 인해 언제든 구미 열강과 대결하지 않으면 안되는 숙명에 놓여 있었다. 일본제국은 후발 제국주의 국가로서 그러한 대결의 소용돌이 속으로 뛰어들게 되었다. 이러한 상황에서 군인에게는 첨병의 역할이 부여되었다.

──────── 열강의 길로 : 청일전쟁과 러일전쟁

근대 일본의 군사 조직이 처음으로 국외에서 전투를 벌인 것은 1894~1895년에 걸친 청일전쟁이다. 물론 1874년 타이완에 출병한 적이 있지만, 그것은 일본 어민을 폭행·살해한 데 대한 보복의 의미를 띠었다. 본격적인 군사 충돌은 청일전쟁이 최초다.

조선에서 동학농민운동이 일어나자 청국은 이를 평정한다는 이유로 육군 병사 2000명을 조선에 파병했다. 조선에서 청나라를 몰아내고 일본의 영향력을 강화해야 한다는 판단 아래, 우선 조선에 있는 일본인 거류민을 보호한다는 명목으로 일본은 히로시마의 혼성 여단 7000명을 인천에 상륙시켰다(1894년 6월). 그런 가운데 황해에서 일본군과 청국군의 함대가 포화를 주고받았고, 육상에서도 조선의 아산 지역에서 일본군과 청국군이 교전했다. 일본과 청나라 모두 8월 1일에 선전포고를 하면서 전쟁이 본격 시작되었다. 이때 전쟁을 지도한 것이 대본영大本營이었다.

대본영은 1893년 5월 공포된 전시 대본영 조례에 기초하여 설치된 조직이다. 쇼와 육군도 이 조례를 그대로 이어받았는데, 실제로 전시 태세에 돌입했을 때 육해군이 작전 측면에서 통일된 방침을 갖고 행동한다는 목적에 따라 생겨났다. 물론 천황의 대권을 위임받은 육군의 참모본부와 해군의 군령부가 각각 대본영 육군부와 대본영 해군부로 일체화하여 천황에게 군사 작전과 행동의 내실을 알린다는 의미도 있었다.

「전시 대본영 조례」 제1조는 "천황의 깃발 아래 최고 통수부를 두고 이를 대본영이라 칭한다"고 나와 있다. 제2조에서는 "육해군의 작전 계획을 수행하는 자는 참모총장으로 정한다"는 내용을 적시했다. 결국 육군이 해군의 상위에 있다는 점을 명확하게 드러내고 있는 셈이다. 군령을 이원화함으로써 육해군 병립이라는 형태를 띠게 되었지만, 청일전쟁 이후 해군의 불만이 높아졌다. 육해군의 대립은 어떤 나라의 군사 조직에서도 피할 수 없는 과제였다. 덧붙이자면 쇼와 육군과 쇼와 해군 사이에도 대립과 항쟁이 줄기차게 이어졌다.

일본 해군은 본래 영국 해군을 모범으로 삼아 건군되었기 때문에, 체질적으로 친영·친미적 성격을 띠었다. 따라서 쇼와 육군이 본받고자 한 독일이나 이탈리아 등 추축국의 정책에는 비판적이었다. 아울러 해군은 함대 결전이라는, 이른바 물량의 차이를 가져오는 국력의 차이에 관하여 줄곧 냉정하게 비판했다. 그런 점에서 육군처럼 정신력으로 육탄 공격을 감행하는 따위의 전법과는 무관했다. 이러한 기질의 차이가 육군과 해군 대립의 간접적 원인이었다.

또한 대본영에 문관은 참가할 수 없게 했다는 점도 문제였다. 결국 전쟁 지도에는 군인만이 관여하고 문관(국무대신 등)은 군사에 관해 일절 알아서는 안 된다는 제약이 따랐다. 이것이 의미하는 바는, 전쟁을 순전히 군사 행동만으로 파악하여 정치적인 배려는 하지 않는다는 것이었다. 시간이 경과하면서 이러한 태도는 군인만이 대일본제국의 담당자라는 엘리트주의와 합해져 쇼와 육군에 계승되었다. 나아가 군사 주도 체계에 정치가 종속되었는데, 이는 미국이나 영국과 같이 문민 지배라는 시스템으로 군사를 정치에 종속시키는 형태와 반대되는 것이었다. 급기야 이 체계가 일본을 붕괴시키기에 이르렀다고 말할 수 있겠다.

청일전쟁 때 선전포고에 앞서 이미 대본영이 설치되어 있었다. 대본영 막료장幕僚長은 참모총장 아리스가와노미야 다루히토 친왕이 맡았고, 육군 참모부장은 참모차장 가와카미 소로쿠川上操六, 해군 참모부장은 군령부장 나카무타 구라노스케中牟田倉之助가 각각 맡았다. 가와카미는 당시 육군 내부에서 가장 걸출한 군인으로 알려져 있었다. 그는 일본 육군의 군제와 장비를 열강과 어깨를 나란히 하는 수준으로 끌어올리는 데 열정을 쏟았고, 이 무렵에는 육군 내부의 군령만이 아니라 군정마저도 자신의 의사대로 움직이고 있었다. 그를 일컬어 사쓰마 번 하급 번사의 자제로 일본 근대화(부국강병책)에 사명감을 품고 있었다고 말해도 좋을 것이다.

대본영은 개전 한 달 반 후에 히로시마로 옮겼다. 메이지 천황도 히로시마로 자리를 옮겨 지휘를 했다.

이 대본영에서 열린 회의에 수상 이토 히로부미伊藤博文는 메이지 천황에게 주청하여 출석을 허가받았다. 이토는 군사 작전의 전체 내용을 이해하지 못하면 내정과 외교에 유효한 정책을 입안할 수 없을 것이라 생각했다. 메이지 천황도 이 점을 이해했다. 물론 이토 히로부미가 메이지 유신의 공로자였기 때문에 이처럼 허락을 받았던 것이며, 만약 일개 정치가에 지나지 않았다면 육해군의 군령 기관에서 받아들이는 일은 없었을 것이다.

쇼와 시대에는 군사와 정치를 조정하기 위해 대본영정부연락회의大本營政府連絡會議가 있었다. 이 회의에서 참모본부나 군령부는 군사 작전이나 군사 행동 계획에 관해서는 '통수권의 침범干犯을 허용하지 않는다'는 명목 아래 그 내용을 일절 누설하지 않았다. 이 회의는 오히려 군사 작전을 원활하게 수행하기 위해 정치 쪽을 어떻게 이용할 것인지 논의하는 자리였다. 이를 말해주는 전형적인 사례가 1941년 11월에 몇 차례 열린 대본영정부연락회의였다.

도고 시게노리東鄉茂德 외상은 미국과 개전을 앞두고 외교 교섭을 어떻게 진행할 것인지에 대해 고심하고 있었다. 그 자리에서 도고는 참모총장 스기야마 하지메와 군령부총장 나가노 오사미永野修身 등에게 "개전일은 언제입니까?"라고 물었다. 하지만 대본영 측은 "알려드릴 수 없습니다"라며 딱 잘라 거절할 뿐이었다. 도고의 끈질긴 질문에 가까스로, "그렇다면 알려드리지요. 디데이는 12월 8일입니다"라고 위압적인 태도로 대답했다. 태평양전쟁 중에도 대본영은 어떤 작전을 펼칠 것인지 결코 밝히지 않았다. 그리고 "정부는 배를 더 만들라"거나 "비행기를 만들라"고 독촉만 해댔다.

청일전쟁 때에는, 헌법과는 별도로 이토 히로부미와 야마가타 아리토모, 또는 이토 히로부미와 메이지 천황 등의 인간관계로 제도상의 미비점이 보완되었다. 이는 교묘하게 원칙과 운용 사이에서 균형을 맞춘다는 점에서 의미가 있었다. 하지만 훗날 쇼와 시대에 들어서면 오로지 원칙만이 활보하게 된다. 예전처럼 인간관계로 국가가 움직이는 시대는 아니었기 때문에 메이지 시기에는 은폐되어 있었던 모순이 모든 면에서 명확하게 드러났다.

청일전쟁 이야기로 돌아가면, 일본군은 조선 각지에서 청국군과 충돌했는데 그때마다 청국군을 물리쳐 승리를 거두었다. 청국군은 근대적 군대의 면모를 갖추지 못했고 병사들의 사기도 낮았다. 반면 일본군 병사는 사기도 높았고, 조선에 대한 청나라의 영향력을 차단한다는 전쟁 목적도 이해하고 있었다.

강화 조약이 체결된 것은 1895년 4월 17일의 일이다. 이 강화 조약이 발효됨에 따라 중국 영토였던 타이완이 일본의 식민지가 되었다. 그리고 중국 시장에서 일본도 열강과 같은 권익을 부여받았다.

청일전쟁은 9개월 동안 계속된 전쟁이었다. 이 전쟁에서 일본군 전사자는 1만3488명이었다. 그러나 이 가운데 1만2894명이 병사했다. 조선의 혹독한 추위에 익숙하지 않았던 일본군 병사들은 동상 등으로 잇달아 쓰러졌다. 이렇게 병력을 잃어버리긴 했지만 일본은 청나라에서 배상금을 획득했기에 실질적으로 국가 재정(청일전쟁의 비용은 약 2억 엔)은 타격을 입지 않았다.

청일전쟁에서 승리를 거두면서 일본은 열강의 대열에 합류했다. 동시에 일본 내에서는 청나라와 조선을 경시하는 분위기가 조성되었고, 여론은 일본군을 신뢰하게 되었다. 조선을 지원한다는 애초의 목적은 조선에서 일본의 권익을 취하는 형태로 바뀌었다. 아울러 군사상 다양한 모순도 전승의 그늘에서 검증되지 않은 채 봉합되었다.

이러한 모순 가운데에는 병참에 관해 제대로 고려하지 못했기 때문에 병사자가 많았다는 것, 제1군 사령관이었던 야마가타가 "절대로 포로가 되지 마라"고 엄명한 것, 그리고 뤼순커우旅順口에서 척후병으로 나섰던 일본군 장병이 학살 사체로 발견되었다는 이유로 뤼순 공략 후 청나라의 비전투원을 포함해 약 2000명을 대량 학살한 것 등이 있지만, 이 문제가 엄밀하게 검증되지는 않았다.

일본이 조선에서 권익을 확보한 데 대해 러시아와 독일, 프랑스는 신경을 곤두세웠다. 이들 모두 극동아시아에서 권익을 갖고 있었기 때문에 일본의 팽창 정책에 대한 경계를 더욱 강화했다. 중국에서 획득한 권익(랴오둥遼東 반도의 영유)을 포기하라는 삼국의 요구에 일본이 동의하기로 했다. 이것이 이른바 삼국 간섭이며, 와신상담臥薪嘗膽이라는 슬로건을 낳았다.

일본에서는 관민이 들고일어났고, 특히 일본을 강하게 압박한 러시아에 대한 반감이 깊어졌다. 또한 러시아를 가상 적국으로 삼아 군비의 충실을 요구하는 목소리가 높아졌다. 그 결과 메이지 30년대에 일본의 군사비는 해마다 증가했다.

구미 열강은 중국에 더욱 깊숙이 진출했고, 미국도 필리핀을 점령하는 등 아시아의 식민지화를 노리고 입성했다. 러시아·독일·프랑스·영국·네덜란드·미국 등이 아시아의 분할 지배에 나서고 있었다. 일본은 이에 대항하여 군사력을 강화할 수밖에 없었다. 그런데 엄밀하게 말하자면 일본은 아시아 국가의 하나로서 식민지 해방에 전력을 기울여야 했고, 그랬더라면 아시아 여러 나라 국민의 신뢰를 얻을 수 있었을지 모른다. 하지만 실제로는 구미 열강의 대열에 들어가 아시아 분할에 가담하는 국가 정책을 택했다.

일본 육군은 이를 위한 첨병 역할을 떠맡았다. 게다가 일본 육군은 독일과 프랑스식 교육을 받았기 때문에 아시아를 멸시하는 사고방식에서 벗어날 수 없었고, 이는 성급하게 구미 열강에 가담하게 된 이유이기도 했다.

청일전쟁 후, 일본은 사단을 증설하고 군의 전비 확충에 힘을 기울였다. 장교 양성에도 힘을 쏟았다. 육군유년학교도 증설했고, 육군사관학교 생도의 경우 부대원과 함께하는 훈련을 늘려, 실전에서 제 역할을 할 장교를 키우고자 했다. 이 무렵 생도생활을 했던 사람들이 쇼와 육군의 지도부에 속하는 군인들이다. 그들은 전술부터 부대 지휘 방법까지 훈련에 훈련을 거듭했다.

1898년 육군 내부의 교육기관을 통할하는 상부 조직인 교육통감부도 신설되었다.

군인은 「군인칙유」의 정신에 기초하여 제국 신민의 대표로서 교육받았다. 구체적으로는 러시아에 대한 적대의식과 일본의 국위 발양發揚이라는 두 가지 측면에서 교육이 시행되었다. 실제로 러시아는 청나라에게서 뤼순과 다롄大連을 조차租借했고, 조선의 마산에도 조차지를 확보했다. 일본이 러시아의 이러한 움직임에 항의하긴 했지만, 군사력에서 압도적으로 차이가 났기 때문에 러시아는 이를 가볍게 일축했다. 러시아는 만주 지역(현 중국 동북부)에도 병력을 보냈고, 청나라의 국토는 러시아령의 일부가 된 듯했다.

러시아의 이와 같은 움직임에 일본은 더욱 초조해졌다. 참모본부는 1903년 12월에 이르러 그때까지의 수세 작전을 버리고 공세 작전으로 돌아섰다.

참모본부의 막료들은 러시아가 조선에서 물러날 의사가 없는 이상 전쟁을 할 수밖에 없다는 각오를 하고 있었던 것이다.

참모본부 차장 고다마 겐타로兒玉源太郎가 마련한 계획에 따르면, 제1기는 압록강 이남에서 작전을 펼쳐 3개 사단이 조선을 군사적으로 제압하는 것을 목표로 삼고, 제2기는 압록강 이북 만주에서 작전을 펼쳐 러시아의 시베리아 병단을 격파한다는 것이었다. 이 계획을 실행에 옮기기 위해 병사 20만 명을 동원할 준비를 하고 있었다.

조선을 둘러싼 러시아와 일본의 대립은 점차 날카로워졌다. 일본은 조선에서 물러날 것을 러시아에 요구하고 대답을 기다렸지만 러시아는 이를 무시했다. 그러자 참모총장 오야마 이와오大山巖는 속히 러시아와 개전하여 선제공격으로 타격을 가해야 한다는 생각을 굳혔다. 당시 러시아의 군사력과 일본의 군사력을 비교하면 일본이 훨씬 열세였지만, 극동에 한정할 경우 시베리아 철도도 아직 전면 개통되지 않은 상황이어서 쌍방의 군사력은 거의 5 대 5에 가까웠는데, 그것을 6 대 4로 본다면 일본으로서는 선제공격밖에 없다는 것이었다.

오야마는 메이지 천황에게 더 이상 외교 교섭으로는 결말을 낼 수 없다면서, "만약 불행하게도 개전에 이른다면 저쪽의 군비도 여전히 결점이 있습니다. 우리의 군비 역시 완전히 충실하진 않지만, 피아의 병력은 균형을 잃지 않아서 맞서 싸울 만합니다. 따라서 국가의 백년대계를 고려한다면 조선 문제를 해결할 수 있는 적기는 지금뿐이라고 생각합니다"라고 호소했다. 개전을 염두에 두고서 외교 교섭을 진행하는 것이 어떻겠느냐는 의미도 있었지만, 어쨌든 기습 공격을 생각하고 있었다고도 볼 수 있다. 그리고 이러한 수법은 그 후 일본군의 상투적인 수단이 되기도 했다.

1904년 2월 4일, 일본은 어전 회의를 열고 비밀리에 개전을 결의했다. 육군은 기고시 야스쓰나木越安綱 소장이 지휘하는 임시 파견 부대를 조선에 보냈다. 2월 6일 해군이 작전에 돌입하여, 9일 인천에 정박해 있던 러시아 군함 두 척을 격침했다. 6일을 기해 일본은 러시아에 국교단절을 선언했고, 러시아도 9일 일본에 선전포고를 했다.

일본군의 선제공격에 대한 경계심

개전에 이르는 이러한 경위를 살펴보면, 그로부터 37년 후의 태평양전쟁과 몇 가지 유사점을 찾을 수 있다. 우선 러시아와의 외교 교섭은 미국과 아주 흡사하다. 일본이 성급하게 회답을 요구하면 할수록 미국은 능장을 부려 초조함을 자아냈듯이, 이때도 러시아 측은 일본 측에 곧바로 회답을 하지 않았다. 그러자 초조해진 일본은 선제공격에 나섰는데, 처음에는 일본군이 압도적으로 우세한 지위를 차지했다.

러일전쟁 당시 일본과 러시아의 국력에 격차가 있었기 때문에, 러시아가 국내 정세를 수습하고 일본과 대치했더라면 일본은 군사적으로 완전히 불리했을 것이다. 하지만 러시아의 국내 정세가 요동치고 있었고, 혁명 세력은 러시아 정부 타도운동을 전개하고 있었다. 이것이 일본 입장에서 보자면 행운이었던 셈이다.

상대와 비교해 국력이 약할 경우 선제공격을 한다는 사실을 역사적 교훈으로 삼아, 일본은 이 전쟁 이후 다른 어떤 나라에 대한 경계도 게을리하지 않았다.

분명히 선제공격 덕분에, 일본 해군은 러시아 태평양 함대의 움직임을 봉쇄하고 황해의 제해권制海權을 확보할 수 있었다. 육군 부대(제2군)가 랴오둥 반도에 상륙하여 뤼순을 고립시켰고, 지상전에서도 일본군이 공세에 나서면서 러시아군이 수세에 몰렸다. 실제로 조선 북부와 청나라에서 일본군과 러시아군이 충돌했는데, 일본군이 압도적으로 유리했다. 그러나 뤼순 요새는, 1904년 8월부터 11월까지 일본군이 세 차례에 걸쳐 총공격을 가했음에도 무너지지 않았다. 일본군은 큰 손해를 입었고, 이후 203고지 공격을 중점으로 삼았다. 이곳에서 벌어진 공방전은 격렬했는데, 집요하게 육탄 공격을 이어나간 일본군은 12월 5일에야 203고지를 간신히 점령할 수 있었다. 여기서 일본군은 1만6935명을 잃었다.

203고지를 점령하면서 일본은 뤼순을 공격할 수 있는 여유를 얻었다. 뤼순에서는 3만5000명의 러시아 병사가 일본군 포로가 되었다.

1905년에 들어서면서부터 러시아는 펑톈奉天에서 펼쳐진 결전에 힘을 쏟아 병력 25만을 투입했다. 러시아의 기병 공격에 일본군의 희생도 커서, 만주에 주둔하고 있던 일본군과 본토에서 파견한 병력이 잇달아 펑톈에 도착했다. 3월에는 일본군의 공격에 러시아군도 잇달아 퇴각했다. 이 펑톈 회전에서 결국 러시아군 32만 명과 일본군 25만 명이 싸웠는데, 러시아군 6만92명, 일본군 7만28명의 사상자가 나왔다.

펑톈 회전 후, 미국의 시어도어 루스벨트 대통령이 강화를 호소했다.

일본 해군이 동해에서 러시아 해군을 격파했고, 나아가 일본 육군이 사할린을 점령했다. 일본 육해군이 함께 러시아를 무너뜨렸던 것이다. 하지만 일본군은 대단히 피폐한 상태였다. 무시무시한 백병 전술과 러시아가 전의를 상실한 덕에 가까스로 얻은 승리였다. 이러한 군사적 상황에서 미국이 중개하여 일본과 러시아의 화평 회의가 포츠머스에서 시작되었다. 강화 조약은 1905년 9월 5일 조인되었고, 10월 16일 각 나라에서 비준·공포되었다.

강화 조건은 다음과 같다. 일본은 조선에서 우위에 있다는 점이 승인되었을 뿐 아니라, 러시아가 청나라에서 보유했던 랴오둥 조차권과 창춘長春에서 뤼순커우에 이르는 철도에 관한 권익을 확보했으며, 사할린 남부를 러시아에게 양도받았다.

러일전쟁 당시 육군 수뇌부. 왼쪽에서 세 번째가 야마가타 아리토모, 네 번째가 오야마 이와오.

 이 전쟁에는 일본군 100만 명이 동원되었고, 그 10퍼센트 이상인 12만 명이 전사 또는 전장에서 병사한 것으로 알려졌다. 일본으로서는 국력을 총동원한 전쟁이었다. 국민 누구든 친척·지인·친구 중에서 한 명은 전사자가 나왔다고 추정될 정도로, 격렬한 싸움이었던 것이다. 이러한 피해에 비해 러시아에서 얻은 권익이 너무 적다는 이유로 9월부터 10월에 걸쳐 국민의 불만이 폭발했다. 그 결과 도쿄 시내에서는 방화 사건이 잇달았다. 당시는 군사국가 일본의 군사력이 가장 큰 성과를 거둔 때라고 인식되었고, 이에 따라 국민이 일본 육군의 군사적 성과에 많은 기대를 걸었기 때문이다.

 러일전쟁을 군사적으로 지도한 것은 대본영이었다. 이때는 문관이 한 명도 참여하지 않았다. 청일전쟁 당시의 이토 히로부미처럼, 군사와 정치라는 두 바퀴를 함께 밀고 나가려는 정치가가 없었다. 러일전쟁 당시에는 가쓰라 다로가 총리를 맡고 있었는데, 가쓰라는 이토처럼 대본영 회의에 들어가 그 군사 작전을 알려고 하지 않았던 것이다.

그렇지만 정치 쪽에서 군사를 전혀 모르는 것은 아니었다. 대본영의 군사 정보는 원로들 사이에 전해졌고, 이토 히로부미나 야마가타 아리토모 등은 전황을 정확히 파악하고 있었다. 군인 출신인 가쓰라 다로를 통해 정보가 들어오고 있던 것이다.

게다가 육군대신도 조슈 출신인 데라우치 마사타케였다. 그는 가쓰라와 친한 사이였다.

이리하여 대본영 회의에서는 문관을 제외했지만, 실제로는 군사 정보가 정치 쪽에 전해졌다. 그때까지는 제도상 미비점이 사람과 사람의 관계로 원활하게 보완되고 있었다. 그러나 쇼와 육군에 이르면, 이와 같은 사람과 사람의 관계가 희박해지고 문관을 출석시키지 않는다는 제도상의 모순이 그대로 드러나게 된다.

대본영 회의에서 천황은 제도상 육군과 해군의 막료장 위에 군림할 뿐 직접적으로 작전을 지시하지는 않는다. 청일전쟁 때에도 천황은 지시를 내리지 않았다. 막료장의 견해로 일원화하고 있었기 때문이다. 그런데 러일전쟁 때는 육군 내부에 작전을 둘러싼 대립이 있었고, 이에 천황이 직접 판단을 내린 사례가 두 차례 있었던 것으로 알려져 있다(마쓰시타 요시오, 『개정 메이지군제사론』). 결국 천황의 친정인 셈이다. 그런데 쇼와 육군에서 대본영은 천황의 보익補益 기관이었고, 쇼와 천황에게 판단을 요청한 사례는 없었던 것으로 알려져 있다. 물론 2·26 사건 당시 '단호하게 진압하라'는 명령과 1945년 8월의 '포츠담 선언 수락'은 천황이 직접 판단을 내렸다고 알려져 있는데, 그것은 이때 메이지 천황이 내린 판단과 같은 사례인 것으로 간주된다.

메이지 천황이 직접 내린 판단이란, 만주군 총사령관 설치 문제와 제8사단의 배속 문제였다고 한다(마쓰시타 요시오, 앞의 책). 전자에 관해서는 만주에 있는 사단을 지휘하기 위해 육군 총독부를 구성해야 한다는 주장이 제기되었고, 오야마 이와오는 이를 천황에게 상주하여 재가를 요청했다. 총독부 관장管長이 되면 독자적인 권한을 갖게 되고, 급박한 상황에는 군 중앙의 의향과는 별도로 사태에 대응할 수 있다.

그런데 메이지 천황은 이 안건에 대해 야마가타에게 하문했다. 메이지 천황으로서는 관장의 권한이 워낙 커서 재가를 망설였던 것이라 할 수 있다.

야마가타는 오야마의 제안에 수긍하지 않았다. 그래서 대본영과 만주에 파견된 군 사이에 일종의 중간 기구를 두는 것이 어떻겠느냐는 안을 제시했다. 병참과 인사 등은 대본영에 귀속시켜두어야 한다는 것이었다.

메이지 천황은 야마가타의 제안을 받아들여 오야마가 작전 지휘만을 수행하도록 하고, 고등 사령부의 설치를 허락한다는 조건으로 재가했다. 이리하여 1904년 만주국 총사령부가 설치되었으며, 야마가타가 오야마를 대신하여 참모총장이 되었다. 오야마는 만주군 사령부의 총사령관을 맡았다.

또 하나 제8사단의 배속 문제란 다음과 같다. 1904년 8월 랴오양遼陽 부근의 결전에서 일본군이 러시아군을 눌렀다고는 하지만 화기 면에서 일본군 역시 손해가 컸다. 그러자 현지에서는 지원군을 요청했다. 그런데 뤼순 역시 격전이 예상되는 지역이라 현지에서 군을 이동시키는 것은 곤란했다. 일본에 남아 있는 병력은 아사히카와旭川의 제7사단과 히로사키弘前의 제8사단이었는데, 어떻게든 제8사단을 동원한다는 것은 결정했지만 어디로 파견할지는 정해지지 않았다.

만주군 총사령관이 된 오야마는 진저우錦州 방면으로 출병하는 게 좋겠다고 주장했지만, 대본영은 받아들이지 않았다. 이 대립을 조정하기 위해 다시 메이지 천황의 재가를 요청했는데, 메이지 천황은 제8사단을 랴오양으로 보내라 명했고, 실제로 이 사단은 전투에 참가하게 되었다.

이와 같이 두 번에 걸친 천황의 판단은, 메이지 시기 육군에서 대본영과 현지 군 사이에 대립이 있었고, 그것을 메이지 천황이 조정했다는 의미를 갖는다. 더욱이 현지 군과 대본영도 메이지 천황의 대권을 보익하고 있다는 자부심에서, 메이지 천황의 뜻을 따르는 것이 결국 자신들의 군사 작전 수행을 자유롭게 한다고 판단했던 것이다.

메이지 천황은 야마가타 아리토모에게 의지하면서도 실제로는 그의 의견에 제동을 걸기도 했다. 이것은 군사 측면에서는 천황의 대권을 보익한다는 법률상의 관행을 지키는 것만으로, 천황 자신의 의사를 확실하게 드러내지 않는다고 판단했음을 볼 수 있다. 당시의 군인은, 오야마 이와오든 고다마 겐타로든 메이지 유신 때 아직 소년이거나 청년이었고, 일본제국 헌법하에서 군인으로 키워진 세대다. 이들은 야마가타나 이토처럼 천황을 정치 쪽으로 끌어들여 부국강병의 국가 만들기를 수행한다는 의식보다, 군사 전문가로서 자신들의 지식과 판단에 따라 군사 행동을 해나가는 것이 천황의 대권을 의뢰받은 신하 된 자의 본분이라고 생각했던 듯하다. 세대에 따른 균열이 생겨나고 있었던 것이다.

러일전쟁의 전사자 약 8만4000명은 청일전쟁 때의 여섯 배가 넘는 수치인데, 그 가운데 95퍼센트 가까이가 부사관 이하 병사였다. 『육군군의학교오십년사陸軍軍醫學校五十年史』에 따르면 총상이 약 80퍼센트, 포상砲傷이 17퍼센트, 그리고 폭격으로 인한 부상이 2.5퍼센트에 달했다. 이것은 화기의 진보가 두드러졌음을 의미한다. 또, 일본군은 보병의 사망률이 높았는데, 이는 보병이 러시아군 요새를 육탄 공격하는 것을 공병이나 포병이 엄호하지 못한 싸움이었다는 것을 말해준다.

그리고 전사한 병사 중에는 예비역인 30대 병사가 많았고, 아울러 한 집안의 생활을 지탱하는 세대주가 많이 희생되었다. 생계의 어려움에 빠진 가족이 늘어나면서 후방에서 부조扶助를 담당할 기관을 꾸리는 것도 국가의 의무가 되었다. 하지만 필요한 만큼 예산이 배정되지 않았고, 병사를 내보낸 가족 중에는 일가 모두가 이산하는 사례도 적지 않았다.

고토쿠 슈스이幸德秋水 등이 간행한 『헤이민신문平民新聞』을 비롯한 일부 언론이 비전론非戰論을 주장하며 상당한 영향력을 행사한 것도, 국민 사이에 전쟁에 대한 공포와 원망이 확산되었기 때문이기도 했다.

가족주의에 의한 '복종'의 강요

1975년에 미에三重 현에 살고 있던 106세 노인을 1년 동안 취재한 적이 있다. 이 M 노인은 메이지 30년대부터 쇼와 초년대까지 구제舊制중학교에서 수학 교사로 근무했다. 쇼와 10년대에 들어서 2년 동안 출신지 촌장으로 있었는데, 그 자리를 그만둔 이유는 1937년 중일전쟁이 시작되었을 때 쇼와 육군의 군사 정책을 납득할 수 없었기 때문이다. "중국에서 저렇게 가혹한 전쟁을 할 필요가 없다"고 생각했다는 것이다.

M 노인은 청일전쟁과 러일전쟁에도 참전했다. 그는 청일전쟁 때의 일을 수첩에 메모 형식으로 기록해두었다. 나는 그 메모를 읽고, 또 러일전쟁 때 겪은 M 노인의 체험을 듣고서 두 전쟁 모두 활자로 남겨진 것 이상으로 병사나 부사관에게 가혹했다는 것을 알게 되었다. 이 무렵의 메모와 증언을 몇 가지 소개하기로 한다.

청일전쟁이 시작되기 전인 1893년, M 노인은 징병 검사를 받고 나고야名古屋에 있는 제3사단 제6연대 제12중대에 입대했다. 구제중학을 졸업한 M 노인은 다른 신병과 나뉘어, 역시 구제중학을 졸업한 십수 명과 함께 연대장 앞에 불려간다. 먼저 명령에 따라 「군인칙유」를 읽는다. 이것이 군 내에서는 '헌법'이라는 말을 듣고 신병으로서 지켜야 할 것을 배운다. 그리고 서약서에 서명 날인한다.

그런 다음 연대장 쓰카모토 가쓰요시塚本勝嘉가 여남은 명의 신병을 앞에 두고 "내가 오늘부터 너희 아버지가 될 연대장 쓰카모토다"라고 말하고, "너희는 나라를 위해 몸을 던져 나라를 구할 각오를 해야 한다. 그런 마음가짐으로 나라에 봉공했으면 한다. 일본은 사무라이의 나라다. 그것을 잊지 마라. 너희는 신병 교육과 동시에 상등병 교육도 받게 된다. 괴롭겠지만 힘을 내도록……" 하며 훈시했다는 것이다.

또 M 노인은 신병 가운데 글자도 읽지 못하는 자가 있다는 것을 알고 놀랐다. 그런 신병에게는 중국 대륙에 찰싹 달라붙어 있는 것처럼 보이는 일본 지도를 보여주면서 "이것이 우리 나라다. 청나라는 이렇게 크다. 가만히 있으면 우리 나라를 삼켜버릴 것이다"라고 가르쳤다. 일본을 속국으로 삼고자 하는 청나라의 시도를 막고 제국을 지키는 일을 본분이라고 가르쳤던 것이다.

M 노인이 속한 제12중대는 청일전쟁이 시작되자 조선으로 파견되었다. 이 중대는 압록강 입구에 있는 주롄성九連城 공격에 참가했다. 제12중대가 이른바 미끼 부대로 맨 앞에서 공격한다는 사실을 중대장에게 전해 듣게 되었다. M 노인의 메모에 따르면, 공격 전날 밤 병사들 중에는 저도 모르는 사이에 '나무아미타불' 소리가 흘러나왔고 그것을 따라 하는 자가 많았다고 한다. 훌쩍이며 우는 소리도 들렸다. 육군사관학교를 졸업한 지 6년째 되는 중대장이 "죽음을 각오하라"고 훈시했기 때문에 모두가 공포에 시달렸던 것이다.

그러자 중대장은 "좋다. 내 뒤를 따르라. 내 뒤를 따라오라니까!"라며 병사들 한 사람 한 사람의 어깨에 손을 얹고 격려했다. 동이 트면서 전투가 시작되었고, 포탄이 떨어지자 육탄전이 벌어졌다. M 노인의 메모에는 다음과 같이 적혀 있다.

"다시 전진. 엎드려 있는 적의 시체, 하늘을 바라보고 있는 적의 시체. 그 위를 말없이 나아가는데 기분이 아주 나쁘다. 몸도 마음도 아수라장에 있는 듯하다. 유혈이 낭자하여 강으로 흘러든다. 말은 강 가운데에 멈춰선 채 어쩔 줄을 모른다. 강물 때문에 얼굴색이 변한다. 바람에 비릿한 냄새가 풍겨

온다. 참담한 상황을 뭐라 말하기 어렵다."

M 노인은 또 이렇게 말하기도 했다.

"청국군 포탄은 배구공만큼이나 컸는데, 날아와 떨어져도 폭발하지 않는다. 이상한 기분이었다. 나중에 안 것이지만 청나라에 포탄을 판 구미의 무기 상인은 포탄 속에 화약이 아니라 모래를 넣었다고 한다. 그 사실을 알고서 일본 병사들은 포탄을 두려워하지 않고 곧바로 돌진할 따름이었다."

백병전 이야기에 이르자 81년이나 지난 일임에도, "참혹했다. 압록강 물이 붉어졌다"라고 잘라 말하고는 더 이상 말하기를 꺼렸다.

그는 러일전쟁에도 종군한다. 이미 처자식이 있는데도 소집을 당해 종군한 것이었다. M 노인이 학교에서 돌아오자 소집 영장이 나와 있었고 아내는 울어서 눈이 퉁퉁 부어 있었다.

그가 보내진 곳은 펑톈에서 가까운 잉커우營口였다. 여기서 그는 수비대에 배속되었다. M 노인과 같은 보충병 사이에서는 "보충병은 소모병이다. 진격 나팔은 저승의 종소리다"라는 말이 은밀하게 떠돌았다.

"우리가 두려워한 것은 미셴코라는 이름이었다. 시베리아의 코사크라는 기병대를 지휘하는 대장의 이름인데, 그 이름만 들어도 수비대는 벌벌 떨었다. 노기 마레스케乃木希典의 제3군이 펑톈에 진군한 날, 미셴코가 병참 기지로 침입한다는 정보가 들어왔다. 실제로 '우라! 우라!'라고 외치며 기병단이 쳐들어왔다. 일본군은 그들을 보병총으로 물리쳤다."

M 노인도 러일전쟁 때에는 총이 10년 전 청일전쟁 때보다 질과 양 모든 면에서 몇 단계 향상된 것에 놀랐다고 한다.

M 노인의 증언과 메모 가운데에는 당시 육군이 처한 현실을 보여주는 내용이 몇 가지 포함되어 있다. 두 가지만 지적해두고자 한다.

먼저, 일본 육군에서는 이미 이 시기에 중대장이나 연대장이 아버지라는 사상이 형성되어 있었다. 육군에는 「군대내무서軍隊內務書」가 있는데, 그 가운데 '상관에 대한 마음가짐'이라는 항목이 들어 있다. 여기에는 "(상관은) 군대 안에서 부모다. 따라서 부모를 받들듯이 상관을 모셔야 한다"고 적혀 있다. 군대의 상관은 부모와 같다는 가족주의가 일본 육군의 기둥이었다.

가족주의는 부모가 말하는 것을 거스르지 않고 받아들인다는 의미에서, '복종'의 강요였다. 역시 「군대내무서」에는 "복종이란 상하 구별을 어지럽히지 않고, 하급자는 상급자를 따라 그 명령대로 모든 일을 수행함으로써 자신의 임무를 속히 실천하는 것을 말한다. 가족을 예로 들어 설명하면, 이는 아들이 부모를 따르고 아내가 남편을 따르는 것과 같다"고 명시되어 있다. 철저한 가족주의는 쇼와 육군에 와서도 유지되었다. 대대·중대·소대로 편제가 소규모일수록 그 안에서는 의사擬似 가족이라는 단위가 연출되었고, 전투를 거듭함에 따라 정신적인 유대가 조성되었던 것이다.

또 하나는 일본군이 러일전쟁에서 급격하게 군비를 갖추고 있었다는 점이다. 1897년(메이지 30) 무렵부터 화기에 힘을 쏟아 38식 보병총의 원형인 30년식 소총이 만들어져, 총알 다섯 발을 한꺼번에 장전할 수 있었다. 야포도 최대 사정거리가 7750미터에 이르는 최신예 무기였고, 기관총은 프랑스에서 개발한 호치키스 기관총을 독자적으로 제조할 수 있게 되었다. 분당 발사 속도 450발, 유효 사정거리 2000미터, 중량 90킬로그램이었다.

전비 면에서도 일본은 당시 군사 대국이었던 러시아에 필적할 정도까지는 아니더라도 맞서 싸울 만한 수준에는 도달해 있었다.

그런데 러일전쟁 후에도 일본 육군은 전비 확충을 도모하지 않으면 안 되었다. 러시아가 일본과 싸워 패했다고는 해도, 국력이 심각하게 손실을 입지는 않아서 다시금 극동 지역의 군비와 군 시설에 충실을 기하고 있었기 때문이다. 일본은 이에 대항하기 위한 조치로, 군사 주도 국가로 변모하고 있었다.

1905년(메이지 38)에 제조한 38식 보병총, 호치키스식 기관총을 개조한 38

식 기관총을 도입하고, 사정거리가 긴 야포도 독일의 크루프 사에 발주하여 새로운 38식 야포를 만들었다. 1905년에 일본 육군의 전비는 완전히 바뀌었다.

병력 동원 면에서도 법률상 정비가 이루어져 예비역 동원 기간이 10년으로 연장되었다. 소집 영장을 받고 입영한 신병도 3년간 징병 기간을 거치는데, 그 가운데 2년은 병영생활을 하고 나머지 1년은 귀휴歸休생활을 하는 식으로 체제가 바뀌었다. 사단·여단·병단도 증설되면서, 당시 일본 육군은 22만 명의 병력을 보유하게 되었다.

육군 수뇌부는 러시아가 군사적 복수를 할까 두려워했고, 그 두려움에 쫓겨서 일본을 군사 주도 국가로 탈바꿈하는 일을 서둘렀다. 실제로 러시아 정부는 극동의 소국에 패한 것에 불만을 품고 있었다. 예컨대 만주에서 권익을 양도했음에도 포츠담 회의에서는 패전국의 태도를 취하지 않으며 처음부터 끝까지 일시 휴전이라는 태도를 보였다. 이는 일본 정부에게 불안 요인이기도 했다.

이리하여 러시아도 일본을 잠재 적국으로 삼았고, 일본도 러시아를 잠재 적국으로 간주했다.

메이지 천황은 참모총장과 군령부장에게 제국의 국방 방침을 책정하라고 명했다. 이후 참모본부와 군령부에서 메이지 천황에게 국방 방침을 제시한 것은 1907년 4월의 일이다. 「제국 국방 방침」은 1906년에 작성된 「제국 일본 작전 계획」에 담긴 새로운 방침, 즉 "제국 육군의 작전 계획은 공세를 취하는 것을 본령으로 한다"는 방침을 답습한 것이었다. 이 작전 계획에 기초한 '작전 방침'은 주요 전장을 만주로 하고 이곳에서 "적의 주력을 찾아 공격"하는 것이었다. 남만주에서 얻은 권익을 유지하기 위해서는 공세 이외에 다른 방법이 없는 것으로 간주했다.

1907년 4월에 결정한 이 「제국 국방 방침」과 「제국군 용병 방침」은 참모본부 작전부의 고급과원高級課員 다나카 기이치田中義一가 작성했는데, 이는 러일전쟁의 교훈을 살려서 정부가 어떻게 바뀌든 육군의 작전 계획은 변함없도록 한다는 목적을 갖고 있었다. 그리고 이 방침의 기본적인 틀은 1945년 8월 15일까지 이어진다.

국방 방침의 주안점은 우선 "제국의 국방은 공세를 본령으로 한다"는 데 있었고, 줄곧 공세 계획을 골자로 할 것을 주장했다. 그런 다음 "장래의 적으로 상정해야 할 나라는 러시아를 제일로 하고 미국·독일·프랑스가 그 뒤를 잇는다"고 명시했다. "국방에 요구되는 제국군 병비의 표준은 용병에서 가장 중시해야 할 러시아와 미국의 압력에 대하여, 동아시아에서 공세를 취할 수 있는 정도로 한다"라고 했듯이, 러시아와 미국에 공세를 취할 수 있는 수준의 군비를 갖추는 것을 국시로 삼았던 것이다.

이러한 국방 방침에 따라 「제국군 용병 방침」 제1항에는 "해군은 적에 대하여 힘써 기선을 제압하고 그 해상 세력을 섬멸하는 것을 목표로 하며, 육군은 적보다 앞서 필요한 만큼의 병력을 속히 한 지방에 집합시킴으로써 선제공격의 이점을 차지하는 것을 목표로 삼아 작전을 펼친다"고 적혀 있다. 모두 선제공격에 중점을 둔 작전을 고려한다는 게 특징이었다.

이를 위해 육군을 평시에는 25개 사단, 전시에는 그 두 배인 50개 사단으로 확대하기로 했다. 해군은 전함 8척과 장갑 순양함 8척으로 이루어진 이른바 '88함대'의 편성을 목표로 삼았다.

이 국방 방침을 보고 사이온지 긴모치西園寺公望 수상도 놀라움을 금치 못했다. 하지만 노력과 목표는 인정했다. 메이지 천황도 이를 인정하고 재가했던 것이다.

국방 방침에 따르면 러시아군과 일본군이 충돌할 것으로 예측되는 곳을 다시금 만주로 상정했는데, 이 지역이야말로 러시아와 일본 양국의 권익 다툼이 가장 치열하게 벌어지는 곳이었기 때문이다. 만주에 투입될 전시 50개 사단을 유지한다는 것은 국가의 예산 규모에 비춰볼 때 적잖은 무리가 따를 게 분명했다. 1907년 일본의 국가 예산은 6억3500만 엔인데, 그 가운데 육군과 관련된 군사비가 1억1100만 엔, 해군 군사비는 8200만 엔으로 군사비 비율이 31퍼센트에 달해 있었다. 메이지 40년대부터 일본은 군사비 비율을 줄곧 30퍼센트 이상으로 유지했다.

막대한 군사 예산으로 말미암아, 육군 내부의 훈련은 만주에서 벌어질 전투를 염두에 두고 진행되었다. 간략히 말하자면, 일본 육군은 자국이 아니라 중국이나 극동 러시아에서 전쟁을 치를 것이기 때문에 항상 상대방의 요새를 공략하지 않으면 안 되었다. 따라서 기습 공격을 중심으로 훈련시켜왔다. 가장 두드러진 것은 보병 중심의 육탄 공격에 힘을 쏟았다는 점이다. '죽음'을 두려워하지 않는 정신력이 필요하게 되었던 것이다.

국방 방침을 결정한 직후부터 「보병 교범」 「야전병 교범」 「기병 교범」을 재검토하기 시작했다. 특히 「보병 교범」은 작전과 용병의 골격을 이루는데, 그때까지 독일의 교범을 모방하다가 러일전쟁의 경험을 바탕으로 대폭 개정하여 일본에 적합한 내용으로 바꾸었다. 이 교범은 군 내부에서 몇 번에 걸쳐 검토한 뒤 1909년 11월에 배포되었다.

「보병 교범」의 강령은 일곱 항으로 이루어져 있다. 제1항에서는 '보병이 군의 주력'이라 말하고, 제3항과 제4항에 쓰인 내용이 선제 육탄 공격과 정신주의였다. 전사戰史 연구가인 마에하라 도루前原透의 『일본육군용병사상사日本陸軍用兵思想史』에 따르면, 제2항에서 '전투를 최종적으로 결정짓는 것은 총검 격돌'이라 명시한 뒤 제3항에서 다음과 같이 주장하고 있다.

"공격 정신은 충군 애국의 지성至誠과 헌신순국獻身殉國의 대절大節에서 발현하는 정화精華다. 무기를 닦는 데 온 힘을 다하고, 교련을 통해 빛을 발하며, 전투에서 승리를 구가한다. 승패는 반드시 병력의 많고 적음에 달린 것이 아니다. 잘 훈련되어 있고 또 공격 정신으로 다져진 군대는 늘 적은 수로 많은 적을 격파할 수 있다."

이처럼 섬뜩할 정도의 공격 정신과 백병주의白兵主義가 담겨 있다. 당시 일본이 육군 대국 러시아의 위압에 짓눌려 있었기 때문에 그만큼 정신주의도 강조되었던 것이다. 보병 중시의 정신 지상주의라는, 러일전쟁 이후에 두드러진 육군의 이 핵심 사상은 사실 1882년의 「군인칙유」에서 시작하여, 앞에서 서술한 1932년의 『통수강령』과 『통수참고』에 의해 그대로 쇼와 육군으로 인계되었던 것이다.

한편, 해군은 태평양을 전장으로 하고 미국을 잠재적 적국으로 삼는다는 「제국 국방 방침」의 결정에 따라 군함 건조에 착수했다. 해군 교육의 내용은 영국식을 답습했는데, 그 때문에 육군과는 체질을 달리하게 되었다.

이러한 차이가 쇼와 시대에 들어면서 육군과 해군의 기질상의 차이로 나타났고 서로 불신을 품게 되었다. 그리고 그 해체에 이르기까지 공통의 유대를 갖는다는 것은 불가능했다.

메이지 말기에 이르러 메이지 초기와 메이지 10년대에 태어난 청년 장교들이 실질적으로 일본 육군을 지탱했다. 무사계급에서 육군의 지도자가 된 1세대를 대체하는 2세대(이들은 전기와 후기로 나뉜다)의 등장이라고 말할 수 있다. 어느 시대에나 나이 든 자는 다음 세대에 대하여 뭔가 불만을 갖게 마련인데, 이때의 1세대 역시 그러했다. 육군대신 데라우치 마사타케는 1852년에 태어난 1세대로 일본 육군의 초창기를 지탱해온 조슈 출신이다. 데라우치는 1911년 여단장 등이 참석한 회의에서 다음과 같이 연설했다.

"오늘날 사회의 추세, 현재 청년 장교의 소질 그리고 그들의 학문적 수준 등을 보건대, 과거 제관諸官이 처음 학교에 입학했을 때, 그러니까 봉건적 습속이 아직 남아 있을 때의 무관과 기풍에서 크게 차이가 있다고 생각합니다. 따라서 청년 장교의 품성을 도야하고 학술을 지도하는 데 더 많은 주의를 기울여야 합니다. 각지에서 올라오는 보고를 들으며 군인으로서 수치스러운 일들을 종종 접하는데, 심히 유감입니다. 또, 각 장교단의 모습을 보면 유감스러운 데다 개탄할 일이 많이 있습니다."

데라우치가 지적한 것은, 러시아와 싸워 이겼다는 이유로 군 내부의 청년 장교들이 기고만장해졌다는 의미다. 데라우치가 말하는 청년 장교는 러일전쟁 막바지에 중대장으로 참가한 군인과 육군사관학교 생도 등인데, 그들은 공교롭게도 쇼와 시대의 태평양전쟁을 담당한 군사 지도자들이었다. 그런 점에서 1세대는 2세대에 대해 '일말의 불안'을 느끼고 있었다고 해도 좋을 것이다. 그러나 메이지 육군이 러일전쟁을 겪으면서 정신주의를 지나치게 강조하게 된 것은 데라우치 세대의 책임이기도 했다.

데라우치가 "청년 장교의 품성을 도야하고 학술을 지도하는 데 더 많은 주의를 기울여야" 한다고 했는데, 이 말은 근대 사상의 영향을 받아 반전주의나 사회주의로 기우는 이가 군 내부에 있음에 대한 경종이기도 했다. 나고야 유년학교 재학 중에 사회주의 사상의 영향을 받았다는 이유로 학교에서 쫓겨난 오스기 사카에大杉榮, 육군사관학교 재학 중에 근대 사상서를 읽고 군비 폐지론자가 된 후지나와 사쿠타로藤繩作太郎 등, 몇몇 청년 장교는 군사 교육 그 자체에 대해 비판적이었다. 그들은 대부분 학교에서 쫓겨났지만 그중에는 스스로 군의 교육기관에서 벗어난 사람도 있었다. 게다가 이때는 메이지 20년대 후반부터 30년대 전반에 태어난 3세대가 등장한 시기이기도 했다.

다이쇼 시대에 들어서면 이러한 반군反軍 사상을 가진 사람이 점차 늘어나서 육군 지도부를 당황스럽게 만든다.

_____ **다이쇼 시대: 의회의 반격**

육군이 국내 정치에서 노골적으로 큰 힘을 발휘하게 되는 것은 다이쇼 시기에 들어서인데, 이번에는 정치 쪽의 반격에 부딪힌다. 한편 러시아에서는 국내의 혁명 세력이 커지면서, 차르 정부가 대외 강경 노선을 취하기에는 국내 기반이 허약한 상황이었다. 명백히 강경한 군사 노선을 택할 수 없는 상황에서 러시아는 일본에 대한 복수전을 감행할 힘을 상실했던 것이다.

뒤에서 언급하겠지만, 1945년 8월 9일 소련은 일소 중립조약을 위반하면서 만주에 진격했고, 8월 15일 이후 9월 2일 무조건항복문서에 조인하기 전까지 지시마千島 열도(쿠릴 열도)와 사할린에 병력을 파견한다. 이때 스탈린은 이와 같은 일련의 행동을 "과거 일본과의 전쟁(러일전쟁을 가리킨다)의 복수전"이라 했는데, 이는 일본에 대한 원한이 스탈린의 잠재 심리에 감춰져 있었음을 말해준다.

다이쇼 시대에 들어서 육군이 지나치게 많은 군사비를 요구해오자, 이렇게는 국가 재정을 지탱할 수 없다고 생각한 정부는 조금씩 반격하기 시작했다. 헌법 발포 이래 약 20년이 지난 시점에는 정당도 힘을 얻게 되었고 번벌藩閥 정치에 반대하여 모든 성인 남자에게 선거권과 피선거권을 주는 보통선거를 시행하자는 목소리가 높아졌다. 민중 사이에서도 정치 참여를 요구하는 뜻이 거셌고, 때로는 국회를 포위하기도 했다.

육군의 뜻을 관철하기 위한 첫 번째 움직임은 2개 사단 증설 요구로 나타났고, 이와 함께 권력 투쟁도 시작되었다. 1910년의 조선 강제 병합, 1911년의 중국 신해혁명, 그리고 러시아에 대한 잠재적인 공포심 등이 그 기저에 깔려 있었다. 육군 지도부에는 당시 19개이던 사단을 국방 방침대로 25개에 가깝게 늘려야 한다는 초조함도 펴져 있었다. 이에 대해 사이온지 내각이 금년에는 무리라면서 육군의 요구를 받아들이지 않았다. 그러자 육군상 우에하라 유사쿠上原勇作는 1925년 12월 단독으로 사표를 제출해버렸다. 문제는 우에하라가 육군상에서 물러남으로써 그치는 것이 아니라 '군부대신현역무관제軍部大臣現役武官制'하에서는 차기 육군상을 내지 않으면 내각이 무너지고 만다는 것이었다. 바로 그 점을 노린 것이었고, 실제로 사이온지 내각은 곧 무너지고 말았다. 그다음으로 수상 자리에 오른 사람이 육군의 장로 가쓰라 다로였는데, 여러 정당이 제3차 가쓰라 내각에 반발했다. 가쓰라는 육군을 대변할 생각이 없었고, 자신의 정치력으로 육군을 억누르고 정당의 움직임을 잠재울 수 있다고 생각했다. 하지만 정당의 공격과 민중운동에 부딪혀 고작 2개월 만에 무너졌고(다이쇼 정변), 2개 사단 증설 요구는 국책으로 논의되지도 못했다. 결국 육군이 정치 앞에 굴복하고 만 셈이었다.

가쓰라 내각에 이어 해군 장로인 야마모토 곤베에山本權兵衛를 수반으로 하는 야마모토 내각이 탄생했다. 1927년 6월에 열린 의회에서 정당 측은 집요하게 '군부대신현역무관제'에 반대했다. 이에 대해 야마모토 내각의 내무상인 하라 다카시原敬가 응했다. 1900년 5월 육군성과 해군성의 관제 개정으로 새롭게 만들어진 이 제도는 결국 번벌 정치를 옹호하기 위한 것에 지나지 않으며, 이런 제도 아래서는 의회정치가 성립되지 않는다는 것이 그의 주장이었다. 헌정에도 반한다는 것이 확실히 정론이었던 셈이다.

야마모토는 이 요구를 받아들였고, 1900년의 개정에서 대신과 차관(당시는 총무장관)의 임용 자격이 적힌 비고란에 "대신 및 총무장관에 임용되는 자는 현역 무관으로 한다"고 쓰여 있던 문구를 삭제했다. 이리하여 예비역도 육해군 대신을 맡을 수 있게 되었다. 군사사가 마쓰시타 요시오에 따르면, 이때 "현역이 아닌 대장과 중장은 육군 68명, 해군 38명이어서 만약 내각의 총리대신이 마음만 먹으면 비현역 군부대신 취임이 얼마든지 가능했다"고 한다.

현역이 아닌 대장이나 중장이 대신으로 발탁될 경우, 실제로 군정軍政을 움직이고 있는 정치 장교가 자신의 정치적 요구를 내세울 수 없게 되리라는 것은 충분히 예상 가능한 일이었다.

이 구절을 삭제한 데 대해 육군 내부의 정치 장교는 격노했다. 육군상 기고시 야스쓰나木越安綱는 군사과장 우가키 가즈시게宇垣一成 등에게서 "절대 삭제해서는 안 된다"고 요구하라는 압력을 받았다. 기고시는 야마모토에게 삭제하는 대신 2개 사단의 증설을 승인하라고 요구했지만, 역시 받아들여지지 않았다. 결국 육군 장교들은 기고시의 사임을 요구했고 기고시는 물러났다.

이때 해군은 어떤 입장을 취했을까? 사이온지 내각 때 육군의 2개 사단 증설에 대해 해군은 군비를 강화한다는 이유로 3억5000만 엔이 드는 7개년 계획을 요구했다. 그러나 사이온지가 예산상 무리라고 하며 1913년 이후에나 일부 건함建艦을 승인할 것이라 설득하자, 이를 받아들였다. 여기에는 저간의 사정이 있었다. 내세울 성과도 있었고, 야마모토 수상과 사이토 마코토齋藤實 해상은 이미 해군 내부를 장악하고 있었다. 따라서 불만의 목소리를 표면화하지는 않았다.

기고시에 이어 육군상 자리에 오른 구스노세 유키히코楠瀬幸彦는 정당이 획책한 '군부대신현역무관제'의 폐지 방안에서 교묘한 방법으로 그 핵심을 빼버림으로써 이를 무력화했다. 육군상에게 집중된 권한(예를 들면 육군성의 기안권 등)을 점차 참모본부로 넘긴다는 것이었다. 이를 통해 '통수권 독립'이라는 명분을 지키면서 정치 쪽에서의 개입을 막을 수 있었다. 이 권한의 위양委讓에 대해서는 육군성 및 참모본부의 지도부와 중견 장교가 모여 세부 사항까지 협의했다. 그 결과 참모총장에게 많은 권력이 집중되었다.

쇼와 육군이 고압적인 자세로 '통수권 독립'을 외치게 된 것은 이러한 경위에서 비롯됐다. 1936년의 2·26 사건으로 '군부대신현역무관제'가 부활하게 되는데, 참모총장에게 권한을 넘긴 사실만은 그대로 남아 쇼와 10년대 참모본부에서는 이를 근거로 횡포를 부리게 되었다.

쇼와 시대의 정치가들도 육군대신이 현역일 경우 끊임없이 육군의 요구만을 무리하게 밀고 나갈 것으로 생각하고 있었다. 하지만 퇴역을 하고 육군대신 자리를 맡거나 예비역일 경우에는 설령 그가 육군 출신이라 해도 육군 내부의 요구에만 얽매이지 않고 정책 전반을 고려하여 육군의 요구를 제어할 수 있을 것으로 기대했다. 결국 쇼와 10년대에 '군부대신현역무관제'는 철회되지 않았고 그러한 기대는 결실을 거두지 못했다.

다이쇼 시대에 의회 정치인의 발언이 강해진 원인으로, 당장 일본 육군이 싸워야 할 잠재 적국이 없었기 때문에 군사 행동을 취할 필요가 없었다는 점이 거론되기도 한다. 하지만 평시의 군대도 참모본부나 군령부의 군 관료가 지휘하는 거대한 관료 조직이고, 그 조직은 언제나 군사 행동을 바라는 본능을 가진 집단임을 간과할 수는 없었다.

1914년(다이쇼 3) 8월, 유럽에서는 독일, 오스트리아 등과 프랑스, 영국 사이에 전쟁이 시작되었다. 제1차 세계대전이 발발한 것이다. 영국과 동맹을 맺은 일본도 독일에 선전포고를 했다. 영일동맹에 참전 의무는 없었지만, 일본으로서는 독일이 아시아에서 갖고 있는 권익을 빼앗아 세계에 대일본제국의 존재를 과시하려는 계획이 있었다. 미국과 영국 모두 일본의 참전에 특별한 반응을 보이지는 않았지만, 일본이 이번 기회에 특별한 무언가를 생각하는 것은 아닌지 경계의 눈으로 바라보게 되었다.

일본은 독일의 지배 아래 있던 칭다오靑島를 공격했다. 9월에 상륙을 개시한 일본군은 11월에 이곳을 점령했다. 독일군 요새에는 대포가 130문, 병력도 5000명이 있었다. 일본군은 이곳을 5만 명의 병력으로 공격했는데, 마침내 요새를 함락시킴으로써 일본군도 장비 면에서는 독일에 뒤지지 않을 정도의 힘을 갖고 있다는 것이 분명해졌다.

제1차 세계대전 기간 동안 일본 해군은 트루크 섬과 사이판 섬 등 독일의 점령 아래 있던 남방 요충지의 섬들을 잇달아 점령해나갔다. 일본군으로서는 식민지를 획득하기에 딱 좋은 전쟁이었고, 이 전쟁에 참가함으로써 별다른 피해 없이 점령지역을 확대해나갈 수 있었다.

제1차 세계대전이 계속되던 무렵, 러시아에서는 레닌이 주도한 사회주의 혁명이 성공했고 차르 정부는 무너졌다. 1917년 11월의 일이었다. 레닌은 독일과 단독으로 강화를 체결하고 제1차 세계대전에서 손을 뗐다. 이 전쟁은 제국주의 국가 사이의 전쟁이어서 노농努農 국가에는 아무런 의미가 없다는 것이 그의 생각이었다. 국명은 러시아에서 소련으로 바뀌었는데, 사회주의 혁명에 불안을 느낀 열강들은 소련을 경계의 눈초리로 바라보았다. 레닌이 말한 '계급의 적'이란 바로 열강의 지도층에 속한 자들을 가리키는 것이었기 때문이다.

소련이 독일과 강화를 체결하면서 곤란한 문제가 발생했다. 러시아군에 편입되어 있던 체코슬로바키아군(약 6만 명)은 오스트리아제국에서 독립되기를 바라며 독일군, 오스트리아군과 싸우고 있었는데, 연합국의 일원이었던 러시아가 빠져나가면서 고립되었던 것이다. 체코슬로바키아군을 구출하기 위해 영국과 프랑스는 일본에 출병을 요청했다. 시베리아 철도로 체코슬로바키아군을 블라디보스토크에서 유럽으로 보내 서부 전선에서 싸울 수 있도록, 각국에 시베리아 파병을 요청한다는 것이었다. 일본 정부는 이에 동의했고, 1918년 시베리아로 출병하게 되었다.

일본 입장에서 보면 이 시베리아 출병은 소련에 대한 복수의 의미도 포함하고 있었다. 미국·영국·프랑스·이탈리아 등 연합군이 1개 대대 정도를 출병시켰던 데 비해 일본은 내지에서 제12사단, 만주에서 제7사단과 제3사단을 보냈다.

그러자 소련 정부는 독일의 요구를 받아들여 체코슬로바키아군을 무장해제하기로 결정했지만 연합국은 이를 거부했고, 결국 연합군과 소련군 사이에 군사 충돌이 일어났다. 소련군과 풀려난 독일군 포로 부대로 이루어진 군대는 시베리아에서 일본군과 전투를 계속했는데, 언제나 일본군이 먼저 싸움을 걸었다.

체코슬로바키아군은 연합군이 파견되고 두 달 뒤에야 구출되었다. 아울러 1918년 11월 제1차 세계대전은 연합국의 승리로 끝났고, 시베리아에 출병한 연합군도 잇달아 철수했다. 그런데 일본군은 전력 삭감을 보완한다는 구실로 오히려 만주에 있던 사단을 새로이 파견했다. 그러자 당초 공동으로 출병한 미국 등은 일본의 출병이 과도하다며 불만을 표시했다. 반면 일본은 그런 소리에 전혀 귀를 기울이지 않았다.

일본은 시베리아 출병을 통해 국책을 수정했는데, 여기에는 세 가지 주안점이 있었다. 극동의 소련 정권에 대항하는 백군白軍(1917년 10월 혁명 후 소련에서는 볼셰비키 중심의 적군과 구체제를 지지하는 백군 사이에 '적백내전'이 벌어졌고, 당시 일본제국은 백군을 지원했다―옮긴이)을 지원하여 가능한 한 적화를 막고 싶다는 것, 시베리아에서 일본에 대한 위협을 가능한 한 억지한다는 것, 그리고 시베리아를 거점으로 만주 방면 진출로를 확보한다는 것이었다.

시베리아에서 일본군은 이미 명분을 상실한 체코슬로바키아군 구출보다도 일본의 국책에 도움이 될 것이 무엇인지를 열심히 계산하고 있었다. 그러나 1918년 8월부터 1922년 10월까지 4년 2개월에 걸친 시베리아 출병에서, 일본은 총 10개 사단을 투입했고 전비 10억 엔을 허비했다. 실로 러일전쟁의 3분의 2에 이르는 엄청난 액수였지만 이를 통해 일본이 얻은 것은 아무것도 없었다. 결국 "진흙탕 싸움 같은 4년간의 출병으로 막대한 국비와 인명을 낭비했고 러시아의 원한과 열국의 의혹을 샀으며, 더구나 아무것도 얻지 못한 채 철수하게 되었다. 그러나 어쨌든 이를 중단할 수 있었다는 점에서 다행이라고 하지 않을 수 없다. 십수 년 후의 중일전쟁에서는 나아갈 수도 빠져나올 수도 없는 상황에 처했으면서도 더 큰 전쟁에 돌입했던 것이다"(마에하라 도루, 『일본육군용병사상사』)라는 견해가 맞았다고 해야겠다.

시베리아 출병 당시 참모급으로 대위 계급이던 세대가 중일전쟁 때에는 사단장이나 참모차장 자리에 있었는데, 이들은 시베리아 출병에서 아무런 교훈도 얻지 못했다고 할 수 있다. 참모본부와 군령부는 제1차 세계대전 때 1907년의 「제국 국방 방침」을 재차 점검하여 1918년 6월 새로운 「제국 국방 방침」을 작성했다. 큰 줄기는 1907년과 다르지 않았지만, 일본의 잠재 적국을 소련과 미국, 중국으로 바꾸어 설정한 것이 눈에 띈다. 독일과 프랑스가 제외되었던 것이다. 이미 제1차 세계대전에서 독일의 패색이 짙었으며, 독일이 갖고 있던 아시아의 권익을 대부분 일본이 이어받게 되었기 때문이다. 일본은 더 이상 독일의 국력이 남아 있지 않다고 판단했던 것이다. 또한 프랑스는 아시아에 별 영향력을 지니지 못했고, 일본과 대립할 낌새나 군사력도 없었다.

일본 입장에서 보았을 때 소련이 가장 큰 적국이었는데, 일본 정치권은 소련이 일본으로 사회주의 혁명을 전파할 것을 우려하고 있었다. 바로 그것이 소련을 잠재 적국으로 삼아 한층 더 경계심을 갖게 된 이유였다.

한편 신흥 국가 미국은 아시아에서 점차 권익을 확대해갔으며, 게다가 일본인 이민에 관하여 극단적인 배척의 움직임을 취함으로써 일본을 초조하게 만들었다. 일본은 해마다, 소련에 대해서는 참모본부에서, 미국에 대해서는 군령부에서 작전 계획을 짜기로 했다.

1918년에 개정된 국방 방침에서는 전시에 필요한 육군 병력을 10개 사단을 줄여 40개 사단으로 개편하기로 결정했다. 사단 수를 줄이는 대신 병력의 질적 향상과 군비 확충을 진행하여 그 부족분을 보완한다는 것이었다. 이렇듯 깔끔하게 결정된 배경은 수상 데라우치 마사타케, 육군상 오시마 겐이치大島健一, 참모총장 우에하라 유사쿠, 참모차장 다나카 기이치와 같은 군 내부의 유력자가 정치 쪽을 자극하지 않는 게 낫겠다고 판단했고, 전시 40개 사단으로 줄임으로써 예산을 군비 확충으로 돌리고자 했기 때문이었다.

전비 측면에서 제1차 세계대전을 보면 지금까지의 전쟁과는 양상이 완전히 달랐다. 우선 비행기가 병기로 이용되었다. 비행기에 적재한 폭탄을 투하하여 병참 기지를 폭격하거나, 전장에 폭탄을 떨어뜨리기도 하고 기관총 공격을 가하는 전술이 채택되었다. 이를 방어하기 위해 고사포라는 화포가 개발되었다. 육상전 병기로는 전차가 새롭게 등장했다. 서부 전선의 솜Somme 전투에 출현한 이 병기는 전황에 큰 영향을 주었다. 그리고 국제법에 위반되는 독가스도 사용되었다. 제1차 세계대전에서 일본은 이른바 방관자였지만, 육군 수뇌부 사이에서는 이러한 병기의 연구와 개발에 서둘러 예산을 투입해야 한다는 생각이 싹트고 있었다.

제1차 세계대전 강화 회의는 베르사유 궁전에서 열렸고, 대독 강화 조약이 조인된 것은 1919년 6월이었다. 이 강화 조약에 따라 일본은 독일의 식민지였던 적도 이북의 섬들을 이어받았고, 독일이 갖고 있던 중국 산둥 성의 권익 등을 새로이 손에 넣게 되었다. 이리하여 일본은 러시아와 독일이 중국에서 갖고 있던 기득권을 그대로 이어받게 된 셈이다. 이는 일본의 주장이 결실을 거둔 것이기도 했다.

이것은 동시에, 일본이 중국의 적대적 대상이 된다는 것을 뜻하기도 했다. 결국 일본은 서구 식민주의를 뒤따르고 있었던 것이다. 실제로 일본은 중국에 '21개조 요구 사항'을 들이밀었고 그 결과 중국 국민의 반감을 사게 되었다.

이 강화 회의에서 일본은 국제 협조 외교와는 이질적인 태도를 취했고 일본의 국익만을 주장했다. 그 때문에 세계 여러 나라가 일본을 점차 불신의 눈으로 바라보게 되었다. 특히 연합국 측은 일본의 도를 넘어선 시베리아 출병에 "일본은 방심할 수 없는 나라"라는 인상까지 갖게 되었고, 일본군의 학살 행위는 소련에서 거국적인 반감을 불러일으켰다. 실제로 소련의 교과서에는 일본군이 커다란 무쇠솥을 달군 다음 거기에 소련의 빨치산을 넣고 태워 죽인다는 내용이 실리기도 했다. 한편 소련의 빨치산 부대가 시베리아의 일본인 거류민을 참살하는 일이 발생했고(예를 들면 니콜라옙스크 사건), 일본에 그 학살 사건이 과장되어 퍼지면서 반소 감정은 단숨에 고조되었다.

제1차 세계대전이 끝난 뒤 일본인들은 일본이 국제사회에서 '일등국'이 되었다며 자랑스러워했다. 국민은 일등국이라는 말을 유쾌하게 받아들였고, 메이지 유신 이후 추진해온 부국강병책이 열매를 맺은 증거라며 즐거워했다.

군축과 국제 협력의 시대에 저항하다

국제사회에서는 제1차 세계대전의 비참함을 반성하면서 군축과 화평을 요구하는 분위기가 무르익어갔다. 군사적으로 문제를 대하는 것은 본질적인 해결책이 될 수 없다는 반성과 함께, 국제사회를 묶는 국제 조직이 필요하다는 인식이 확산되었다. 미국의 윌슨 대통령은 국제연맹의 창립을 제창했고, 1920년 1월에 발족하여 제네바에 본부가 설치되었다. 일본 역시 국제연맹에 가입했고 상임이사국이 되었다.

제1차 세계대전 후 화평 분위기가 고조된 것은 전쟁 내용이 변화했기 때문에 일어난 현상이기도 했다. 그 전까지 전쟁의 국면은 부분적이었기에 군인들만 전투를 치렀던 데 반해, 제1차 세계대전 이후 그 형식이 완전히 달라졌다. 모든 계층과 조직의 국민이 전쟁이라는 시스템 속에 편입될 수밖에 없었다. 프랑스나 독일에서는 포격으로 많은 도시가 황폐화됐고, 항공기가 도시를 폭격함으로써 병사뿐만 아니라 전투에 가담하지 않은 국민도 적잖이 전사하기에 이르렀다.

유럽에서 시작된 이러한 반성의 결과, 독일은 바이마르 헌법을 제정하여 군사 주도 국가의 길을 버리는 방향을 모색했다. 제1차 세계대전에서 패한 독일은 베르사유 조약에 따라 연합국 측에 많은 배상금을 지불해야 했으며, 국가 재정의 측면에서도 군사 주도의 길로 나갈 수 없는 처지였다. 게다가 영토까지 할양해야만 했다.

물론 이러한 민족적 굴욕이 20년도 채 지나지 않아 히틀러의 등장을 재촉했고, 아울러 나치 체제를 낳았다고도 말할 수 있다.

승전국과 패전국을 불문하고 군축과 화평 분위기가 고조되는 가운데 연합국 측에서도 군축을 구체화하기 위한 국제회의가 열렸다. 주도권을 쥔 나라는 역시 미국이었는데, 미국은 영국·프랑스·이탈리아, 그리고 일본을 워싱턴으로 불러 군비 제한과 향후 태평양 문제에 관해 토의했다. 이후 네덜란드·포르투갈·중국까지 참가한 이 회의는 '워싱턴 회의'로 불리는데, 1921년 11월부터 1922년 2월까지 진행된 이 회의의 결과로 일본에 두 가지 제약이 가해졌다.

하나는 일본이 중국에 대하여 다른 나라와 함께 자제력 있는 행동을 취해야 함을 확인한 것이다. 중국의 주권을 인정하고, 중국의 문호를 개방하며, 중국과의 무역 등은 기회 균등에 입각한다는 내용을 담은 9개국 조약이 체결되었다. 일본도 여기에 조인했고, 중국에 관해서는 이 조약의 정신을 존중하여 행동할 것을 확약했다.

이 9개국 조약에 기초하여 일본은 중국과 조약을 맺었으며, 독일의 권익을 이어받은 칭다오 조차지를 중국에 되돌려주었다. 나아가 '21개조 요구 사항' 중 몇몇 조항은 철회한다고 발표했다.

태평양전쟁 후의 도쿄 재판에서도 검사 측은 9개국 조약에 대해 문제를 제기했다. 일본은 이 조약에 조인했음에도 그 후 왜 중국에 대하여 침략적인 군사 행동을 취했는가 하는 질문이었다. 이때 조지프 키넌Joseph B. Keenan 검사와 도조 히데키의 문답 가운데 다음과 같은 구절이 있다.

키넌 그렇다면 만약 (1922년에 조인되어) 1925년에 발효되는 9개국 조약이 그 후에 어떤 근본적인 차질을 낳았다면, 타당한 절차를 거쳐 이와 관계된 국가들을 다시 한자리에 모아 문제가 되는 조건을 재검토한 다음, 취할 수 있는 조치와 변화를 결정하는 것이 타당한 방법 아니었을까요?

도조 두 가지 측면에서 답변하도록 하겠습니다. 첫째, 9개국 조약이라는 것은 일본 입장에서 열 살 때 입었던 옷을 열여덟 살이 되어서도 여전히 입고 다녀서 실밥이 풀려 터져버린 것에 비유할 수 있습니다. 일본은 터진 곳을 꿰매야겠다고 생각했습니다. 하지만 이미 몸이 지나치게 커져서 그렇게 할 수 없었습니다.

키넌은 역사적 사실을 설명하는 데 그런 비유는 필요하지 않다며 불쾌해했다. 하지만 아픈 곳을 찔려 답변이 궁색해진 도조로서는 그다지 뛰어나다고도 할 수 없는 비유를 입에 올릴 수밖에 없었다. 동시에 9개국 조약에 관한 근본적인 정신을 당시 좌관佐官(영관급)이었던 도조는 이해하지 못했다. 군 내부의 지도자급이라면 반드시 알아야 할 국제법을 제대로 교육받지 못한 탓이다.

9개국 조약은 일본의 군사 주도 정책에 제동을 건다는 의미를 지니고 있었다. 하지만 육군 수뇌부는 조인 당시부터 이 조약에 불만을 품고 있었다.

일본에 가해진 또 하나의 제약은 해군의 군비 제한인데, 이에 대해서는 일본과 미국, 영국 사이에 격렬한 토론이 몇 차례 이어졌다. 만약 건함 경쟁을 계속한다면 미국의 3개년 계획은 1924년에 완성될 것이고, 일본의 88함대 구상은 5개년 계획으로 진행되므로 1927년에야 이뤄질 터였다. 영국은 당장 해군을 확충할 계획은 없었지만, 일본과 미국의 건함 경쟁이 계속된다면 모종의 계획에 착수할 수도 있다는 의사를 드러냈다.

하지만 건함 경쟁에 대해서, 무엇보다 미국 내 여론이 비판적이었고 일본 또한 계획은 원대했지만 국가 재정은 피폐한 상태였기 때문에, 현실적으로 원활하게 진행되리라고 생각한 사람은 많지 않았다.

당초 일본은 대미 비율 7할로 타협한다는 안을 고수했지만, 전 해상이었던 수석대표 가토 도모사부로加藤友三郎는 6할로 타협했다. 가토는 88함대 구상의 중심인물이었지만, 일본의 국가 재정을 고려하여 이렇게 타협할 수밖에 없다고 판단했다. 결국 일본은 이 회의 결과 88함대에서 64함대로 국방력을 삭감하게 되었다.

한편 해군 내부에는 대미 비율 7할을 고집하는 그룹도 있었는데, 이 그룹은 조약파(워싱턴 회의의 방침에 찬성하는 그룹)에 대해 격렬하게 반발했다. 이는 해군 내부에 앙금으로 남았고, 이후 쇼와기에 일어난 5·15 사건, 나아가 대미·대영 전쟁의 원인이 되었다는 견해도 있다.

그러나 어찌됐든 베르사유 체제라고 일컬어지는 군축-화평 무드는 약 4년에 걸친 싸움에서 800만 명이 넘는 병사와 시민이 전사한 결과를 두고, 전쟁의 잔혹함과 비인도적인 사실을 반면교사로 삼아 조성되었다. 그리고 일본에도 이런 생각이 조금씩 확산되기 시작했다.

일본의 국가 재정이 두드러지게 피폐해진 원인은 물론 군사비 팽창에 있었다. 1919년에서 1921년까지 내리 3년 동안 국가 예산의 40~50퍼센트를 군사비로 할애하는 것은 대단히 어려운 일이었다. 러일전쟁, 제1차 세계대전 그리고 시베리아 출병은 당연하게도 재정 압박의 요인이 되었다.

해군이 군축 시대로 들어섰기 때문에 육군도 홀로 군비 확대를 밀고 나가 군사비를 팽창시킬 수는 없게 되었다. 1922년에서 1923년에 걸쳐 야마나시 한조山梨半造 육군상은 군축을 결심하고, 장교 1800명과 부사관 및 병사 5만 6000명 이상의 삭감을 단행했다. 5개 사단에 해당되는 병력 축소를 결정한 것이다. 하지만 야마나시가 사단 자체를 줄인 것은 아니었고, 군마 1만3000필을 정리하고, 4개 중대로 편성되어 있는 대대 병력을 3개 중대로 편성하는 식으로 군사비를 줄임으로써 위급한 국가 재정을 구하려고 노력했다.

육군이 이렇게까지 타협한 것은 국민 생활이 심각할 정도로 피폐해졌기 때문이다. 당시 상황을 되짚어보면, 1918년 일본에서도 전쟁의 영향 때문에 물가가 폭등하기 시작했다. 특히 쌀값이 눈에 띄게 치솟아 7월에 들어서는 매일 1엔, 2엔씩 올랐다. 도야마富山 현의 한 어촌에서 시작된 쌀 소동은 치솟는 쌀값을 견디기 어려웠던 서민의 반란이기도 했다. 쌀 소동은 1도(홋카이도), 3부(도쿄, 오사카, 교토), 38현까지 확대되었으며, 참가자는 70만 명 이상이었다.

1920년에는 전후 공황이 시작되어 주가가 폭락했고, 그 때문에 예금을 찾으려는 고객이 몰려드는 바람에 지불을 정지하는 은행까지 생겨났다. 조세 수입도 줄어들기 시작해 정부는 증세하거나 공채를 발행하여 고비를 넘겨야만 했다.

제1차 세계대전 중에는 미증유의 호황을 누렸지만, 전쟁이 끝난 후 부풀어 올랐던 일본 경제는 순식간에 쪼그라들었고 그동안 쌓아놓았던 자금도 금세 써버리고 말았다. 1921년 11월 하라 다카시 수상이 암살되고, 이어서 다카하시 고레키요高橋是清 내각이 탄생했다. 다카하시 수상은 긴축 재정을 내걸었다. 그런데 1923년 9월 1일 발생한 관동대진재로 다시 한번 크게 타격을 입은 후, 일본의 재정은 명백히 파탄나고 말았다. 군사비 팽창에 제동을 걸지 않으면 움직일 수 없는 상태에 빠진 것이다.

정당은 이러한 상황을 타개하기 위해 고심했다. 그리고 정우회政友會와 헌정회憲政會 등이 일치하여 사단을 더 줄일 것을 요구했다. 1924년 가토 다카아키加藤高明 내각을 지지하는 여당은 6개 사단의 삭감을 요구할 뿐만 아니라 육군에 소집 기간의 단축 여부까지 묻고 나섰다. 시데하라 기주로弊原喜重郎 외무상이 주도하는 국제 협조 외교가 국민의 지지를 얻는 상황이기도 해서 육군에 대한 외압은 더욱 거세지는 형국이었다. 이러한 외압에 대해 육군 내부에서 대응한 사람이 육군상 우가키 가즈시게다. 그래서 이 시기의 삭감을 우가키 군축이라 부른다.

우가키는 평시에는 편제를 축소하고 전시가 되었을 때 동원 상태를 정비하는 것이 좋겠다고 판단했다. 이런 생각을 바탕으로 육군 내부의 장로들을 설득하고 다녔다. 우가키는 1868년 8월 오카야마岡山에서 태어났으며 육군 사관학교 제1기생이다. 메이지 육군 초창기의 군인에게 교육을 받은 세대인 셈이다. 우가키는 조슈벌과 일정한 선을 그었으며, 자기 힘으로 군 내부에서 위치를 굳힌 터라 비교적 정치 쪽 의견에 귀를 기울이는 자유로운 사고의 소 유자였다. 그러한 우가키였기에 군축을 시행할 수 있었던 것이다.

1925년 5월 1일, 우가키는 자신의 안에 기초하여 대대적인 군축을 단행했 다. 다카다高田, 도요하시豊橋, 오카야마, 구루메久留米의 4개 사단을 폐지하 고, 3만5000명의 장교와 병사가 육군을 떠나게 되었다. 야마나시 군축과 우 가키 군축에 의해 평시의 병력은 20만 명 이하로 줄어들게 되었다. (1925년 5 월 2일자 『아사히신문』은 "대장 4명, 중장 9명, 소장 29명을 비롯해 약 500명의 장교 가 대기 명령 상태"라며 군비 정리에 기초한 육군의 대이동을 보도했다.─옮긴이)

우가키는 러일전쟁 당시의 군비를 근대화하여 구미와 어깨를 나란히 하 는 수준으로 끌어올려야만 한다는 군사관軍事觀을 신봉했다. 이를 위해 군사 비를 이 이상으로 늘려서는 안 된다고 판단하고, 육군의 인원 정리를 단행 했다. 군이 근대화로 선회하지 않으면 안 된다고 생각했기 때문이다. 이러한 군축 단행은 군 내부에서 숱한 마찰을 낳았지만, 결과적으로는 다양한 측면 에서 군 내부의 개혁을 진전시키는 계기가 되었다.

육군유년학교를 거쳐 육군사관학교를 졸업한 장교 가운데 약 4000명이 육군을 떠났고, 그들은 문부성 관할 아래 있는 중등학교와 구제고등학교 등에서 배속 장교라는 직책을 맡았다. 그러나 그 자리를 얻지 못한 이들은 장사를 하거나 익숙하지 않은 회사원 생활을 해야 했다.

그들은 우가키를 원망했다. 그들만이 아니라 군 내부의 장교들도 우가키 에게 불만을 품었다. 우가키가 육군의 입장을 약화시켰을 뿐만 아니라 무자 비하게 좌관급 장교까지 내몰았다는 것이 불만의 이유였다. 육군의 막료는 우가키를 면종복배面從腹背하는 태도로 대하면서 그 원한을 이어나갔다. 쇼와 10년대에 우가키는 수상 후보로 거론되기도 했지만 육군은 끝까지 육군 대신을 추천하지 않았고, 그 때문에 우가키 내각은 유산되고 만다. 그 정도로 원한이 깊게 남아 있었던 것이다.

다이쇼 말기, 인원 감축 때문에 육군의 교육기관에서도 정원이 줄었다. 청일전쟁 무렵부터 1919년까지 육군사관학교 졸업생은 줄곧 700명 정도였다. 그런데 1919년 이후에는 정원이 350명으로 줄어들었으며, 쇼와 초년대에는 210명까지 감소했다.

육군사관학교 교육에 대해서는 1920년에 정비하게 되었다. 우선 사관학교를 예과와 본과로 나누었다. 종래의 중앙유년학교 본과를 예과로 개편하고, 육군유년학교 졸업생과 일반 중학교 4학년생을 생도로 받아들여 2년 동안 충분히 교육했다. 일반적인 학과와 군사 훈련이 중심이라고는 하나 일반 교육에서 가르치는 사회과학이나 인문과학 등의 교과목은 거의 없었다. 이런 교과목들을 중시하지 않았던 탓이다. 그랬기 때문에 시야가 좁은 생도가 육성되는 것은 당연했다. 그다음 본과에서는 보병, 기병, 포병, 공병 등 각 과로 나뉘어 1년 10개월 동안 실전 훈련과 전술 교육을 받았다. 육군사관학교를 졸업하면 20~21세가 된다. 이 연령에 각각 '원대原隊'(예과 수료 시의 배속 연대)로 돌아가 2개월간 견습장교로 시간을 보내고 그 후 소위로 임관하게 된다.

다이쇼 말기의 군축 분위기는 일본의 서민들 사이에서도 확산되었다. 군사에 대한 혐오, 군인에 대한 모멸감이 노골적으로 드러났던 것이다. 예를 들면 군인은 제복을 입고 거리에 나가지 못했다. 서민들로부터 냉혹한 눈길을 받거나 싫은 소리를 들을 수도 있기 때문이었다.

도쿄 시 교외에서 훈련을 마친 뒤 단체로 전차나 기차를 탄 장교와 병사들을 바라보는 승객들의 눈빛은 차가웠다. 그들이 옆에 올 수 없도록 손으로 밀쳐버리는 사람부터 군인에게 침을 뱉는 사람까지 있었다.

육군성의 막료였던 군인에게 이야기를 들은 적이 있는데, 그는 "전차에 오르자 승객들이 일제히 나를 차가운 눈으로 바라봐 놀랐다. 군인을 경시하고 얼간이 취급하는 것이 인텔리의 증거라는 풍조가 있어서 우리를 그런 눈으로 바라봤을 것이다"라고 말했다. 군인을 혐오하는 이러한 풍조는 육군사관학교 생도들에게도 영향을 미쳤다.

쇼와 천황의 동생 지치부노미야秩父宮는 육사 34기생으로 1920년 10월부터 3년 동안 육군사관학교에서 공부했다. 1985년 무렵 지치부노미야의 평전을 쓰기 위해 34기 졸업생들을 취재한 적이 있다. 지치부노미야의 생활을 통해 황족과 군인의 관계를 확인하고 싶었기 때문이다. 그런데 뜻밖에도 동기생 480명 가운데 30여 명이 육군사관학교를 중퇴했다는 것을 알게 되었다.

그들이 학교를 그만둔 것은 군축과 화평 분위기 속에서 군인이 되는 것을 떳떳하게 여기지 않았기 때문이다. 나는 그중 한 사람, 대학교수를 그만둔 뒤 구마모토 현의 교육위원장을 역임하기도 한 이즈미 사부로泉三郎에게서 다음과 같은 이야기를 들었다.

"나는 육사에 다닐 때 일요일이면 게이오대에 다니는 형의 집에 놀러 가곤 했다. 그러던 어느 날 형의 책꽂이에서 책을 뽑아 읽고는 군인이 되지 않고 학문을 하고 싶다, '무武보다는 문文'이라는 생각을 하게 되었고 그 후 학교를 그만두었다. 물론 당시에는 군인으로서 대장이 되는 것이 우리의 꿈이었지만 그것을 버린 게 특별히 후회스럽지는 않았다. 역시 다이쇼 데모크라시의 영향이 있었는지도 모른다."

이즈미는 그 후 독일에 유학하여 철학을 공부했다. 이러한 학생이 다이쇼 말기에는 적지 않았던 것이다.

군인들 중에는 다이쇼 데모크라시의 분위기보다 훨씬 더 급진적인 사회주의 사상을 접한 이도 있었다. 군사사가인 마쓰시타 요시오는 히로사키에 있는 보병 제52연대의 중위였는데, "사회주의 사상의 입장에서 국제 전쟁에 대해 반대 의견을 갖고 있다는 것, 그리고 오스기 사카에大杉榮, 사카이 도시히코堺利彦 같은 사회주의자와 친구라는 점 때문에 육군에서 추방되었다"(마쓰시타 요시오, 『3대 반전운동사』)고 한다. 1920년 7월의 일이다. 1921년에는 히로시마의 포병 중위가 도쿄로 가서 사회주의 동맹에 가입하고 노동운동에 가담했다는 이유로 면관免官 처분을 당했는데, 이처럼 사회주의 단체에 들어가기 위해 병영을 이탈하는 이도 있었다. 물론 그 수는 적었지만, 군인이 되어 국가에 기여하는 것을 인생의 목적으로 삼는 청년만 있었던 것은 아니라는 점에 주목할 필요가 있다. 그만큼 일본 사회가 변화하고 있었던 것이다.

이 시기 도쿄·오사카·교토·요코하마·고베와 같은 도시에서는 심상소학교尋常小學校를 졸업한 우수한 생도라도 육군 관련 교육기관에 들어가기 위해 시험을 치르는 이가 결코 많지 않았고, 군인이 된다는 것에 예전만큼 동경을 품지도 않았다. 이처럼 도시사회는 일본군의 기질에 혐오감을 감추지 않았다.

일본 육군은 가장 뿌리 깊은 집단사회여서 그 특이한 가족주의적 성향이 도시의 인텔리 계층에서는 혐오감을 자아내기도 했던 것이다.

이 시기 육군유년학교나 육군사관학교 입학시험을 치르는 이들은 크게 세 가지 유형으로 나눌 수 있는데, 1919년 히로시마 유년학교에 입학한 요시나가 요시타카吉永義尊에 따르면 다음과 같다. ① 군인을 좋아하는 소년으로 메이지 정신을 잇고 싶다고 생각한 유형, ② 군인의 자제로 부친의 희망을 받아들인 유형, ③ 경제적 이유로 군을 선택한 유형. 학교 교육에서는 관비 장학금이 지급되지 않아 군 관련 교육기관에 응시한 이도 있었다. 육군유년학교나 해군병학교 모두 시험의 난이도가 높아 그렇게 간단하게 입학할 수 있는 곳은 아니었지만 그래도 이 세 유형 중 하나로 분류할 수 있다.

요시나가의 부친은 육사 출신 장교로 러일전쟁 때 뤼순 공격에 참가했다. 그 후 연대장이 되었지만 병사했고, 사후 명예 소장으로 승진했다고 한다. 그런 환경에서 그는 유년학교에 진학하는 것을 당연하게 생각했다. 요시나가는 1922년 유년학교를 졸업한 뒤 육사에 진학했으며, 1926년 육사를 마친 뒤 포병 소위로 임관했다. 다이쇼 시대 후반 군축과 화평 무드 속에서 직업 군인이 되기 위한 교육을 받았던 것이다.

요시나가의 이야기에 따르면, 읽는 데 15분이나 걸리는 「군인칙유」를 유년 학교에 입학하자마자 암송해야만 했다. 이는 어느 시대에나 그랬던 듯한데, 그는 군인 정신이 바로 여기에 응축되어 있다는 말을 들었다고 한다. 다이쇼 말기라는 시대 상황 때문이겠지만, 이외에는 군사학 등의 과목이 거의 없었고 어학에 중점을 두는 교과과정으로 수업이 진행되었다. 음악 시간도 있어서 주요국의 국가를 배우기도 했다. 당시 일본에는 선진국 문물을 배운다는 자세가 남아 있었기 때문일 것이다. 육사에 들어가면서 군사학이 조금씩 늘어났다.

이 무렵 육사 교관(모두 현역 군인이었다) 중에서 40대 이상인 자는 엄격하고 강직한 정신 교육을 시행했지만, 아직 20대나 30대 초반인 교관 중에는 자유로운 발상을 장려하는 이도 있었다. 전체적으로 보아 육군 안에서도 구체적인 전쟁상戰爭像을 그리지는 못했기 때문에 오히려 인간적 측면을 지니고 있었다고 말할 수 있다. 그 반면 기타 잇키北一輝의 『일본개조법안대강日本改造法案大綱』(1919년 기타 잇키가 상하이에서 집필한 책으로 천황제 원리에 입각하여 사회적 평등을 실현하는 것을 골자로 한다—옮긴이)이 육사에 반입되어 그것을 읽는 이도 많았고, 기타 잇키나 오카와 슈메이大川周明의 사상이 착실하게 침투되고 있었다.

요시나가가 술회하듯이, 1925년에 육사의 생도대장이 경질된 후 새로 부임한 군인은 자유주의적인 교육이나 분위기를 일소하겠다고 말하고 실제로 군국주의적 색채가 강한 교육으로 대체했다. 그러한 교육으로 다시 새로운 유형의 군인이 생겨났다. 이로 인해 육사 40기(태평양전쟁 당시 위관급에서 좌관급) 이후는 다이쇼 데모크라시의 분위기를 그리 잘 알지 못하는 세대가 되었다.

새로운 파벌 투쟁의 싹

한편 일본 육군은 1921년 이후 일찍이 메이지 유신을 체험한 지도자를 대신해, 자신이 만든 신체제하에서 교육을 받은 군인이 지도부를 구성하는 조직으로 바뀌었다. 조슈벌은 다이쇼 시대에 들어서 점차 약해졌는데, 1913년 제3차 가쓰라 내각이 붕괴한 다이쇼 정변을 계기로 눈에 띄게 쇠약해지기 시작했다. 다이쇼 정변 후 육군 내부에서 권력을 쥔 자는 참모총장 등을 역임한 우에하라 유사쿠였다. 우에하라는 미야기宮城 현 출신으로 사쓰마 인맥과 닿아 있었고, 장인이 메이지 육군의 실전파 장군이었던 노즈 미치쓰라野津道貫였다. 우에하라는 다이쇼 중반기부터 쇼와 초년대에 걸쳐 육군의 장로로서 발언권을 늘려나갔다. 그의 주변에는 조슈벌이 아닌 군인, 예를 들면 우쓰노미야 다로宇都宮太郎와 무토 노부요시武藤信義 등이 모여들었다. 그리고 점차 그들이 힘을 얻게 되었다.

야마가타 아리토모는 1922년 2월 1일 병사하는데, 그것은 육군 내부에서 출신지에 따라 파벌 싸움을 벌이던 시대가 끝났음을 의미했다. 야마가타는 군사뿐만 아니라 정치 쪽에서도 조슈벌을 중용했는데, 그런 점에서도 근대 일본은 새로운 단계에 들어섰다고 할 수 있다.

야마가타가 사망하고 2년쯤 지난 시점인 1923년 12월에 '도라노몬虎の門 사건'이 일어났다. 난바 다이스케難波大助가 섭정(쇼와 천황)을 저격한 것인데, 이 사건으로 제2차 야마모토 내각은 총사직하고 새롭게 기요우라 게이고淸浦奎吾 내각이 등장했다. 이때 우에하라가 육군상으로 추천한 인물이 후쿠다 마사타로福田雅太郎였다. 그런데 야마모토 내각의 육군상이었던 다나카 기이치는 자신의 영향 아래 있는 육군차관 우가키 가즈시게를 육군상으로 추천했다. 결국 다나카가 추천한 우가키가 육군상으로 결정되면서, 우에하라계 군인들은 우가키와 다나카에게 적의를 품게 되었다.

이는 쇼와 육군의 파벌 투쟁으로 이어졌다. 우에하라계는 아라키 사다오荒木貞夫와 마사키 진자부로眞崎甚三郎를 비롯한 황도파皇道派, 우가키계는 통제파統制派라는 도식이 형성되었다. 물론 우가키 자신은 우가키 군축으로 이미 미운털이 박힌 터였다.

당시 육군 내부에서는 제1차 세계대전에 의해 전쟁 형태가 어떻게 바뀌었는지, 그렇다면 일본군은 어떻게 해야 하는지에 대해 검토가 진행되고 있었다. 그리고 그 과정에서 메이지 시기와 달리 일관성이나 통일성을 갖출 수 없을 정도로 상황이 심각하게 변화했다는 것을 의식해야만 했다. 전쟁 형태가 국민 전쟁으로 옮겨가고 있는데, 현실적으로 일본은 구미에 비해 군수 관련 생산력이나 국력 자체가 허약했다. 그러한 배경에서 일본은 장기전을 수행할 국력이 없기 때문에 단기 결전 방식의 공격밖에 할 수 없다는 방침이 나왔고, 이에 따라 보병 교범과 전투 강령이 부분적으로 개정되었다.

그러나 육군은 구미와 싸우기보다는 소련을 잠재 적국으로 삼고 중국에서 얻는 권익을 지키는 역할을 맡고 있었다. 다이쇼 말기에는 소련과 중국 다 소란스러운 혁명의 분위기 속에서 국력이 약해져 있었기 때문에, 육군은 이른바 "자질이 열등한 적에 대한 작전"을 생각하는 것으로 충분했다.

그 때문에 1923년 군 내부에서 검토용으로 배포한 「보병교범초안」에서는 기존의 "공격은 승리를 얻기 위한 유일한 수단이다"라는 항목이 "전투 일반의 목적은 적을 압도하여 섬멸하는 데 있다"라는 구절로 바뀌어 있었다. 또한 1926년의 「전투강령초안」에서는 이러한 생각이 중심이 되어, 일본군은 이 목적을 위해 "승리를 일거에 결정지을 각오를 하지 않으면 안 된다"고 주장하기에 이르렀다.

앞서 언급한 마에하라 도루는 『일본육군용병사상사』에서 이에 대한 분석을 시도한 다음, "훗날의 전쟁(쇼와기의 전쟁)에서 적의 힘을 늘 낮게 평가하고 전략적 모험을 감행하거나, 혹은 오늘날 적을 알지 못하고 나를 알지 못한다는 비판을 받는, 대부분 실패로 끝난 작전 등에서 일본 육군의 전략 전술상의 결함이 드러났다. 그리고 이 중 많은 부분이 '열등한 적'에 대한 전법에서 비롯되었다고 할 수 있다"고 단정한다. 이것이야말로 정곡을 찌르는 견해가 아닐까?

다이쇼 시기에 일본은 본격적인 전쟁을 체험하지 않았다. 따라서 새로운 군사 집단으로 변모할 가능성이 있었다. 우가키 군축은, 우가키의 진의가 어떻든 그러한 시도를 향한 첫걸음이었다. 군 내부의 파벌 투쟁은 주로 우에하라와 우가키 그리고 다나카 기이치 등과 같은 제1세대를 중심으로 진행되었는데, 거기에는 정치 쪽과 균형을 유지할 방법에 대한 고민이 담겨 있었다. 그런데 그 뒤를 이어 육성된 메이지 10년대 중반부터 20년대 전반에 태어난 제2세대 군인은 그러한 심리를 배척하는 것이 오히려 군인의 책무라고 생각했다.

그들은 어떻게 군 내부의 지도층에 들어갔을까? 먼저 지적할 것은 새로운 파벌이 생겨났다는 점이다. 향당적鄕黨的인 결합과는 다른 학벌에 따른 파벌이다. 학벌이라 해도 육군 내부에는 육군대학교밖에 없었기 때문에 육군대학교 졸업생과 비육군대학교 출신의 대립, 육군대학교에서도 상위 10퍼센트 이내의 성적으로 졸업한 성적 우수자(졸업 때 군도를 하사받은 자들의 모임이라는 의미에서 '군도쿠미軍刀組'라 한다)와 그렇지 못한 자의 대립 등으로 파벌이 나뉘었다.

물론 육군의 중앙 기관, 즉 육군성, 참모본부, 교육총감부(군 내부에서는 이를 삼대 관청이라 불렀다)에서 파벌 싸움이 일어나는 것은 육군대학교를 졸업한 엘리트 입장에 있는 이에 한정되는데, 육군사관학교를 나온 뒤 부대 소속 장교가 되고 그 후 육군대학교 입학시험을 치르지 않은 자(이들을 흔히 믿을 곳이 없는 자들의 모임이라는 의미에서 '무텐쿠미無天組'라 한다)는 징병된 병사와 함께 부대생활을 했을 뿐 이러저런 파벌 싸움과는 무관했다.

이들 무텐쿠미가 사실상 일본 육군의 현장을 책임지고 있었는데, 태평양 전쟁에서 그들이 오른 최고 직위는 대대장이 고작이었고 줄곧 병사와 함께 생활했다. 따라서 무텐쿠미는 병사의 심정을 가장 잘 이해하고 있었다. 2·26 사건은 이러한 부대 소속 장교들이 육군성과 참모본부 엘리트들을 겨냥해 일으킨 반란이었다.

육군대학교의 교관과 학생 사이에는 파벌 싸움의 싹이 숨겨져 있었다. 육군대학교 교관은 소좌나 중좌 계급이 맡는데 모두 언젠가는 요직을 차지할 가능성이 높은 장교들이었다. 위관급인 학생들은 좌관급 중에서도 특히 성장 가능성이 높은 군인에게 빌붙은 이를 '마그'라고 불렀다. '마그넷(자석)'이라는 의미였다.

'마그' 가운데 도조 히데키가 수상 겸 육군상이 되었을 때, 군 내부에서 도조의 후광으로 늘 햇빛만을 보고 걸어온 군무국장 사토 겐료佐藤賢了가 잘 알려져 있다. 쇼와 육군에서는 이러한 새로운 파벌에 의한 정실 인사를 얼마든지 찾아볼 수 있다.

1921년 10월 27일 나가타 데쓰잔永田鐵山, 오카무라 야스지岡村寧次, 오바타 도시로小畑敏四郎 등이 바덴바덴에서 가진 회합이, 조슈벌의 횡행을 대체하여 육대벌陸大閥이 군 내부에서 주류로 자리잡는 계기가 되었다.

세 사람은 육사 16기 졸업생으로 나가타와 오카무라는 1884년에, 오바타는 1885년에 태어났다. 이들은 러일전쟁에는 종군하지 않은 세대였다. 메이지 시대가 끝날 무렵 육군대학교를 졸업했는데 그 후에는 군 내부에서 장래가 촉망되는 군인으로 키워졌다. 이 시기 육군의 지도자는 다수의 중견 장교를 유럽에 파견해 제1차 세계대전 이후의 상황을 시찰하면서 전쟁의 변화를 실제 눈으로 확인하고 배우도록 했다. 세 사람은 독일에 머물면서 조사와 연구를 수행하라는 명을 받고 각자 따로 베를린에 파견되었다.

그 후 독일의 온천지 바덴바덴에 모인 세 사람은 유럽의 정세를 지켜본 감상을 서로 나누었다.

제1차 세계대전은 일본이 지금까지 체험한 것과 같은, 국지적으로 군인이 총이나 대포 그리고 때로는 총검으로 싸우는 전쟁이 아니었다. 전차나 항공기를 투입하고 국토 전체를 전장으로 삼으며, 국민 또한 전투원이든 아니든 전쟁에 내몰렸다.

"이제부터 전쟁은 국가총력전"이라는 것이 세 사람의 공통된 생각이었다. 이는 국가의 정치·경제·산업·문화·사회의 모든 것을 전시 체제로 바꾸지 않으면 안 된다는 말이었다. 이런 생각은 제1차 세계대전 중에 유럽 전역으로 확산되었는데, 그들도 이를 재빠르게 간파했던 것이다.

세 사람은 또 일본군을 쥐고 흔들어온 조슈벌과 같은 파벌을 철저하게 해소하지 않으면 안 된다는 점을 확인했다. 오카무라의 일지에는 이날(1921년 10월 27일) 있었던 일이 다음과 같이 적혀 있다(다카하시 마사에, 『쇼와 군벌』에서 인용).

"10월 27일, 나가타 데쓰잔, 오바타 도시로, 오카무라 야스지, 독일 바덴바덴에서 만났다. 파벌 해소, 인사 쇄신, 군제 개혁, 총동원 태세에 관해 은밀히 이야기했다. 에리히 루덴도르프Erich Ludendorff의 총력전론이 화제가 되었다. 오바타는 러시아어 전문이어서 루덴도르프의 책은 읽지 않았다고 한다. 영국의 노스클리프Viscount Northcliffe는 매국노라는 소리까지 들으며 공격받았지만 채 반년도 지나지 않아 선전 대신이 되었다. 이 말을 듣고 남몰래 감격하며, 전시의 선전에 관해 생각했다."

이때 오바타가 36세, 나가타와 오카무라가 37세였는데, 세 사람은 국가총력전 시대에 접어든 현실을 일본에 어떻게 정착시킬지를 금후의 과제로 이해하고 있었다. 그들은 10년이나 15년 후에는 자신들이 육군을 움직이는 입장에 설 것이라고 자부했기 때문에, 그때를 대비해 당시 군사 지도자 중 한 사람인 루덴도르프의 국가총력전론을 참고해야 한다고 생각했다. 제1차 세계대전을 지도하면서 레닌의 사회주의 혁명까지 군사의 관점에서 주시한 루덴도르프는 정치는 언제나 군사에 봉사해야 한다는 생각을 펼쳤는데, 오카무라와 나가타도 이 생각에 공감했던 것이다.

오카무라의 일지가 보여주듯이, 이들은 '군주정종軍主政從'을 실현하기 위해 군 내부를 자신들 세대의 생각으로 다져나가려면, 종래의 육군 내부 시스템을 근본적으로 바로잡지 않으면 안 된다고 결의했다. '밀약'이란 불퇴전의 결의로 새로운 육군을 만들자는 의미였다.

세 사람은 도쿄로 돌아온 후에도 공부 모임을 계속 갖기로 확약했다. 그런 다음 당시 베를린에 주재하고 있던 육사 17기생 도조 히데키에게도 말을 걸어 이 모임을 함께하자고 권유했다. 훗날 이 권유를 받아들인 도조도 그들의 생각에 동의했다.

그들은 1923년 가을부터 매월 한두 차례씩 회합을 갖기 시작했다. 그들과 동년배인 장교들이 모여 새로운 군사 지식을 교환하기도 했고, 때로는 육군의 정책에 관해 사견을 피력하기도 했으며, 국가의 방향에 대해 논의하기도 했다. 다이쇼 시대에는 아직 육군성과 참모본부에서도 중견 막료에 지나지 않았던 그들이 쇼와 10년대에는 쇼와 육군을 움직이는 존재가 된다는 것을 생각하면, 이러한 공부 모임은 새로운 파벌 투쟁의 시작이었다고 할 수 있다.

나가타와 그 친구들은 도쿄 시부야에 있는 후타바테이二葉亭에서 만나 프랑스 요리를 먹는다는 명목으로 동지들을 모았다. 다이쇼 말기에는 육사 15기부터 18기에 이르는 좌관급 장교가 중심 멤버였는데, 여기에는 고모토 다이사쿠河本大作(15기), 이타가키 세이시로板垣征四郎(16기), 야마오카 시게아쓰山岡重厚(15기), 구로키 지카요시黑木親慶(16기), 이소가이 렌스케磯谷廉介(16기), 마쓰무라 마사카즈松村正員(17기) 등이 있었다. 쇼와에 들어서면 스즈키 데이이치鈴木貞一(22기), 무라카미 게이사쿠村上啓作(22기), 스즈키 소사쿠鈴木宗作(24기), 이시와라 간지石原莞爾(21기), 무토 아키라武藤章(25기) 등도 함께 모여 전쟁론, 만몽滿蒙 개발론, 군 내 개혁론을 중심으로 이야기를 나누었다. 이것이 이른바 '후타바카이二葉會'다.

이렇게 육군 내부에서는 군 관료(군사 기술 관료라고도 할 수 있는 존재) 그룹이 만들어지고 있었다. 그들은 청일전쟁과 러일전쟁 수준에 머물러 있는 낡은 유형의 군인들이 이미 그 역할을 다했다며 공공연하게 주장했다. 예를 들면 도조는 이 공부 모임에서 우가키 군축을 비판하면서, "본래대로라면 사단 편제는 통수권으로서 독립해 있어야 하는데, 정치 쪽 압박 때문에 편성하지 못한 것이다. 이는 군령의 기본에 관련된 문제가 아닌가"라고 말해 공감을 얻었다. 이리하여 하극상의 분위기가 생겨날 바탕이 마련되었다. 그들이 가장 큰 관심을 둔 것은 메이지 육군이 획득한 권익을 확대할 방법이었는데, 이에 관해서는 우선 일본이 어떤 대중국 정책을 취할 것인가가 관건이었다.

구체적으로는 만몽에 대한 권익을 어떻게 지킬 것인지가 최대 관심사였다. 만몽 지방은 러일전쟁 당시 일본군 장병이 많은 피를 흘리고서 획득한 곳으로, 무슨 일이 있더라도 지켜야 한다고 생각했기 때문이다.

만몽 지방에서는 원래 러시아가 동청철도東淸鐵道 중 신징新京 이남의 노선(남만주철도, 만철滿鐵)과 랴오둥 반도(관동주)를 장악하고 있었는데, 일본은 만철과 관동주를 러일전쟁 후에 획득했다. 또한 펑톈과 푸순撫順 등 만철 연선에 있는 주요 지역의 행정권과 그곳에 군대(1919년 4월에 관동군으로 바뀐다)를 주둔시킬 권리駐兵權 등도 획득한다. 결국 러시아가 만몽 지방에서 갖고 있던 기존의 권익을 더 크게, 비대화하여 이어받았던 셈이다. 그러나 중국에서 민족주의가 고양되고 식민지로부터 벗어나기를 바라는 기운이 고조되면서 이곳에 주둔한 관동군에 대해 중국 국민의 반일·항일운동도 거세졌다.

그러자 관동군은 점과 선으로 지배하고 있던 만몽 지방 동삼성東三省에 일본의 뜻대로 움직이는 국가를 만들고자 획책했다. 후타바카이의 장교들은 다이쇼 시대에는 아직 거기까지 생각이 미치지 못했지만, 쇼와에 들어서면서 그러한 인식에 뜻을 모으게 된다. 중국에 대한 군사 행동이 실패하면서 쇼와 육군이 해체의 길로 접어들게 된 원인은 이런 인식에서 싹텄다.

　메이지 시대에 들어선 지 얼마 지나지 않아 정부군은 보잘것없는 친병親兵으로 조직되었지만, 그로부터 60년 정도가 지난 후 대일본제국은 세계 유수의 군사 대국이 되었다. 그 조직을 지탱한 군인은 선배들이 만든 군사 교육 기관에서 양성되었고, 그들은 새로운 군사관과 국가관을 갖고서 '쇼와'라는 시대의 회전축을 움직이려 하고 있었던 것이다.

쇼와 육군의

흥망

제1장

장쭤린 폭살 사건과
관동군의 음모

1990년 5월, 오후의 햇살이 눈부시다. 참배하는 사람 하나 없는 공동묘지에 나란히 줄지어 있는 묘석들의 그림자가 길게 늘어진다.

도쿄 후추府中의 주택가에 있는 세이쇼聖將 산 도고東鄕 사. 원래는 해군 원수 도고 헤이하치로東鄕平八郞의 별장이었다. 3만3000여 제곱미터 부지의 한 구석에 공동묘지가 있다. 예전 군인의 위령과 제사를 목적으로 쇼와 30년대 초에 개방된 것이라 한다. 그래서 묘석에는 예전 군인이나 병사의 이름이 새겨져 있다.

공동묘지의 중앙, 나무에 가려서 빛이 닿지 않는 곳에 '고모토 다이사쿠의 묘'가 있었다. 패전 당시 군령부총장이었던 도요다 소에무豊田副武, 육군 중장이었던 사이토 야헤이타齋藤彌平太와 나란히 고모토의 묘가 있었다. 이 묘지는 다른 것보다 약간 넓지만 가운데에 묘석이 서 있을 뿐 간소했다. 방문자는 결코 많지 않은 듯했다. 도요타의 묘지에는 꽃이 놓여 있고 나무도 손질이 잘되어 무성하게 자라고 있는 데 비해, 고모토의 묘지에는 무릎에

닿을 만한 작은 나무 한 그루가 아직 잎도 내밀지 못한 채 심어져 있을 따름이었다. 외로운 그림자라는 말이 떠오르는 모습이었다.

묘석에는 "고코쿠인 샤쿠다이도護國院釋大道, 속명 고모토 다이사쿠, 향년 72세, 1955년 8월 25일 북지 산시山西 성 타이위안 수용소太原收容所에서 전범으로 수용 중 병사"라고 새겨져 있었다. 그 옆에는 "마리아 안나, 처 고모토 히사, 1974년 3월 23일 사망, 향년 87세"라고 적혀 있었다. 고모토의 아내는 크리스천이었다. 전후에 고위급 군인의 아내나 아들딸들이 적잖이 기독교에 관심을 보였는데 고모토의 아내도 그러했던 듯하다.

나는 고모토의 묘석 앞에 서서 복잡한 생각에 잠겼다. 합장을 하기에는 뭔가 찜찜했기 때문이다.

쇼와 육군을 말할 때면 무엇보다 먼저 1928년 6월 4일에 일어난 '장쭤린張作霖 폭살爆殺 사건'(흔히 '만주에서 발생한 모종의 중대 사건'이라 불린다)에서부터 시작하지 않으면 안 된다. 펑톈(현 선양) 교외에서 특별 열차를 타고 가던 만주(현 중국 동북부)의 군벌 지도자 장쭤린을 폭파 살해한 사건이다. 고모토는 이 사건의 중심인물이었고, 이 때문에 역사적으로 가장 많은 비난을 받은 군인 중 한 사람이었다. 어떤 시대에는 고모토를 애국자이자 영웅적 인물로 생각했지만, 다음 시대에는 군국주의의 하수인이 되었고 그 행위는 만행으로 바뀌었다. '다음 시대'에 태어난 나는 묘지 앞에서 가볍게 머리를 숙이고는 도고 사를 떠났다.

고모토의 장례식에 보내온 오카와 슈메이의 조문

고모토는 장쭤린 폭살 사건 후 육군을 떠나 만철 이사가 되었다. 그 후 만주에서 공영 기업 이사장 등을 역임했는데, 1945년 8월 15일 패전과 함께 시베리아로 이송되었다. 이후 중국 측의 요구에 따라 전범으로 타이위안 수용소에 수용되어 있다가 1955년 8월 25일 이 수용소에서 심장 쇠약으로 병사했다. 향년 72세였다.

고모토의 유골은 1955년 12월 18일 고안마루興安丸 선을 타고 마이즈루舞鶴로 돌아왔다. 그리고 다음 해인 1956년 1월 31일 도쿄의 아오야마 장례식장에서 장례가 치러졌다. 참석자의 증언에 따르면, 예전에 육군 간부였거나 만주국의 실업가였던 사람들이 다수 모인 장례식은 자못 성대했다고 한다. 우인 대표로 조문弔文을 보낸 사람은 오카와 슈메이(전전戰前의 우익 논객)였다.

나는 고모토의 묘지를 둘러보고 돌아오는 길에 오카와 슈메이의 문하생을 만나게 되었다. 80대의 이 노인은 고모토의 장례식 때 오카와가 보낸 자필 조문을 소중하게 간직하고 있었다. 노인은 조문의 두루마리를 펼쳐 보였는데 거기에는 이렇게 씌어 있었다.

"고모토 군은 심신이 모두 불가사의할 정도로 유연하고 강인하며 굴신자재屈伸自在할 뿐만 아니라 결코 꺾이거나 부러지지 않는다. 지극히 소심하면서도 아주 대담하며, 세밀하게 생각하고 주도면밀하게 준비하며 아무렇지도 않게 단행한다. 운운."

나는 '아무렇지도 않게 단행한다'라는 강한 표현에 쇼와 초년대 군인의 성격이 응축되어 있다고 생각했다.

오카와는 이 조문에서 장쭤린 폭살 사건과 고모토의 관계에 대해서는 상세히 언급하지 않았다. 다만 이 사건으로 고모토가 육군을 떠나게 되었고, "일본 육군은 이로써 발군의 실력을 갖춘 유용한 인재 한 명을 잃었다"고 적었을 따름이다. 그러나 다른 한편으로는 고모토를 추도하지 않으면 안 되는 사람이 적지 않다고 말하기도 하는데, 행간을 잘 살펴보면 고모토는 쇼와 육군 군인들의 의사를 충실하게 대행하면서 살아온 남자였다는 뜻이 포함되어 있음을 알 수 있다.

고모토의 묘지에 떠돌고 있던 외로운 그림자는 이제 와서야 느낄 수 있는 것이지만, 1928년 장쭤린 폭살 사건 당시에는 고모토도 결코 고립되어 있지 않았다. 당시 군인들은 장쭤린 폭살 사건이 고모토가 일으킨 것이 아니라면서 음으로 양으로 이 사건을 은폐하는 한편, 고모토를 비호했다. 그럼으로써 쇼와 육군의 체면을 지키고자 했던 것이다. 나는 당시의 움직임이 어떠했는지, 이 사건은 실제로 무엇을 겨냥했는지, 그 배경에는 무엇이 있었는지를 새로운 자료와 증언을 바탕으로 검증함으로써 쇼와 육군의 실상에 다가가고자 한다. 그리고 그 과정에서 몇 가지 새로운 사실이 발견된다.

쇼와 육군을 검증할 때는 장쭤린 폭살 사건을 다각적으로 주시해야 한다. 그래야 이 무렵 중견 막료들이 육군 내부를 어떤 식으로 농단했는지, 그리고 그들이 장쭤린이나 장쉐량張學良과 같은 중국 군벌에 대해 얼마나 모멸적인 태도를 취했는지 등이 명확해진다. 게다가 이 사건에는 사실을 은폐하기 위해 보인 억지스러운 태도, 목적을 위해서는 수단이 정당화된다는 착오 등 훗날 쇼와 육군이 저지르는 잘못이 응축되어 있었다.

장쭤린 폭살 사건의 배경과 개요는 다음과 같다. 러일전쟁 후 일본은 러시아로부터 만주의 관동주와 창춘–뤼순 간 철도(훗날의 남만주 철도) 권익을 획득하여, 이곳에 군대를 주둔시켰다. 이 군대는 1919년 4월 관동군으로 바뀌었다. 그러나 이 지역은 원래 중국의 영토여서 당연하게도 중국 국민의 민족적 저항에 부딪히게 되었다.

1911년 신해혁명으로 중국이 혼란에 빠지자, 일본군은 만몽의 독립을 고려하기 시작했다. 한편 중국 각지에서는 군벌이 할거하고, 만몽에도 장쭤린이나 우페이푸吳佩孚 등의 정권이 들어서면서 내전 상태에 이르렀다. 이러한 상황에서 관동군은 친일파 군벌의 육성에 힘을 쏟는데, 주로 장쭤린을 이용하여 권익 확대를 도모했다. 장쭤린이 치른 내전(이를테면 1925년의 귀쑹링郭松齡 사건 등)에서는 줄곧 장쭤린을 지지했는데, 그럴 때에도 관동군은 일본 정부의 의향을 무시하고 독자적인 군사 행동을 취하곤 했다.

1928년 2월 장제스蔣介石의 국민당군(북벌군 또는 남군)이 북벌을 재개하기로 결정하고, 4월 중국 전토의 통일을 목표로 만주 지역을 장악하고 있는 장쭤린의 군대(펑톈군)를 향해 진격을 시작했다. 지난해에 이은 두 번째 북벌이었다. 5월에 국민당군은 지난濟南에 입성했는데, 펑톈군은 아무런 저항도 하지 않았다. 하지만 국민당군과 이곳에 주둔하고 있던 일본군(제6사단에 관동군의 일부가 합류) 사이에 격렬한 싸움이 벌어졌다. 이른바 지난 사건이다. 지난의 국민당군은 타격을 받고 퇴각했지만 대신 후방의 부대가 지난을 우회하여 북벌을 계속해나갔다. 관동군은 만주 지역에 들어온 국민당군과 펑톈군이 대치 상태에 놓이자 양쪽에 실력을 행사하여 무장을 해제하라고 경고했다.

장쭤린은 베이징에 사령부를 두고 중국 전토의 제압을 엿보고 있었지만, 국민당군과 싸우기에는 군비가 부족했다.

당시 다나카 기이치 수상과 시라카와 요시노리白川義則 육군대신은, 국민당군에 대항하기 위해서는 장쭤린을 지지해야 하며, 장쭤린을 베이징에서 펑톈으로 퇴각시켜 만주를 진압하지 않으면 안 된다고 판단했다. 두 사람은 장쭤린과 개인적으로 친분이 있었는데, 이를 이용해 장쭤린을 꼭두각시로 만들어 만몽의 권익을 지키는 쪽이 유리하다고 생각했던 것이다.

장쭤린 또한 정치적·군사적 권력을 굳건히 하기 위해 두 사람의 협조를 이용하려 했다.

이와 같은 다나카와 시라카와의 생각에 관동군 사령관 무라오카 조타로村岡長太郎, 참모장 사이토 히사시齋藤恒, 고위급 참모 고모토 다이사쿠 등은 반대하고 나섰다. 이들은 이 기회에 펑톈군을 대신해 관동군이 만주 전역을 지배해야 한다고 주장하고, 국민당군과 펑톈군을 무장해제시키기 위해 일본의 주권 밖에 있는 지역으로 나가 군사 행동을 취하는 것을 승인해달라고

제1장. 장쭤린 폭살 사건과 관동군의 음모

집요하게 군 중앙에 요청했다. 그러나 군 중앙은 이러한 요청을 잇달아 거부했다.

군 중앙에서는 참모본부 작전부장 아라키 사다오가 이들의 지원자로서 다나카와 시라카와에게 저항하고 있었다.

장쭤린은 일본 정부의 조언을 듣고서 마지못해 베이징에서 펑톈으로 돌아오기로 하고, 6월 3일 이른 아침 특별 열차로 베이징을 출발해 펑톈으로 향했다. 20량(일설에는 22량)에 달하는 이 특별 열차에는 장쭤린의 측근과 호위병 1개 중대가 기관총으로 무장한 채 승차하고 있었으며, 가구와 전투 장비 그리고 장쭤린 정권을 지탱하는 금괴 등도 실려 있었다.

6월 4일 새벽, 펑톈 교외의 어떤 지점에 다다랐을 때 이 특별 열차는 굉음과 함께 폭파되었다. 여기서 어떤 지점이란 특별 열차가 달리고 있는 징펑선京奉線(베이징–펑톈 간)과 만철이 교차하는 지점을 말한다. 만철 육교 아래 설치되어 있던 폭약 600킬로그램이 장쭤린이 타고 있던 전망차와 식당차 중간에서 시간에 딱 맞춰 작렬한 것이다. 전망차의 지붕과 창은 산산이 부서졌고, 전망차의 모습도 사라져버렸다.

장쭤린은 즉시 성 안으로 실려가 치료를 받았다. 처음에는 '중상'이라고만 알려졌으나, 21일에 사망이 공표되었다. 하지만 사고 당시 장쭤린은 즉사에 가까운 상태였고, 폭파 다섯 시간 후에는 이미 죽어 있었다. 의도적으로 공표를 늦춘 것은, 만약 장쭤린이 폭사했다는 사실을 밝히면 흥분한 펑톈군이 현장에 출동하여 관동군과 군사적 충돌을 일으킬 것을 장쭤린 산하의 펑톈 성장 짱스이臧式毅가 두려워했기 때문이다. 실제로 관동군은 폭파와 동시에 펑톈에 병력을 대기하고 있었지만 펑톈군이 움직이지 않아 해산되었다. 이상이 장쭤린 폭살 사건의 배경과 개요다.

당시 이 사건은 일본에서도 크게 보도되었다. 6월 4일부터 10일까지 『아사히신문』의 지면을 훑어보면 사건의 전모가 꽤 상세히 나와 있다. 6월 5일에는 호외가 발행되었고, 폭파로 넘어진 차량 사진이 크게 게재되었다. 『도쿄니치니치신문』도 호외를 발행하여 사건의 상보를 전했다. 『아사히신문』은 「중국 통일의 꿈 깨져: 사라져가는 패잔의 왕자」라는 제목 아래, 베이징을 떠나는 장쭤린의 모습부터 열차가 톈진과 산하이관山海關을 통과하는 모습까지 보도했다. 이것은 당시 일본에서 장쭤린이 일본에 가장 우호적인 군벌의 지도자로 알려져 있었고, 이 군벌 정권과 함께 일본이 만주에서 권익을 확보해갈 것이라는 국민적 합의가 있었다는 방증이다.

장쭤린 폭살 사건이 실은 관동군의 모략임을 다나카 수상과 시라카와 육군상이 알아챈 것은 사건 3개월 후인 1928년 9월 무렵으로 추측되는데, 이는 미네 유키마쓰峯幸松 헌병대 사령관의 철저한 조사 덕분이었다.

그해 12월 24일이 되어서야 다나카는 이 내용을 쇼와 천황에게 상주했다. 상주가 이렇게 늦어진 것은 쇼와 천황의 즉위례卽位禮 등 경사로운 때에 불쾌한 사실을 알리고 싶지 않았기 때문이다. 다나카는 "관동군 참모 고모토 다이사쿠의 계획에 기초하여 그와 소수의 인원이 저지른 사건이다. 법에 따라 엄정한 처분을 내릴 것"이라는 내용을 상주했다.

사실 쇼와 천황은 사건이 일어난 뒤 진상을 몹시 알고 싶어했고, 마키노 노부아키牧野伸顯 내대신內大臣은 궁중의 독자적인 루트를 통해 정보를 입수하여 사전에 어느 정도 알려주었다고 한다. 추밀원樞密院 의장 구라토미 유자부로倉富勇三郎의 일기와 궁내차관 세키야 데이자부로關屋貞三郎의 일기를 꼼꼼하게 읽어본 결과, 사건이 일어났을 때 두 사람에게는 정보가 전혀 들어오지 않았다는 것을 확인할 수 있었다. 마키노 루트를 통해서만 궁중으로 정보가 들어올 수 있었고, 마키노는 외무성 관계자로부터 이 사건의 진상을 전해 들었을 가능성이 있다.

다나카가 사건의 진상을 쇼와 천황에게 상주한 무렵부터 의회(1929년 1월 제56의회)에서 민정당이 정우회를 공격하는 데 이 사건을 이용하기도 했다.

이렇듯 장쭤린 폭살 사건은 정쟁에 이용되고 있었다.

쇼와 천황은 "그대의 보고가 때마다 달라진다면 더 이상 그대의 얼굴을 보고 싶지 않다"며 다나카에게 화를 냈다. 이러는 사이 신문 보도에서는 장쭤린 폭살 사건 대신 '만주에서 일어난 모종의 중대 사건'으로 표현을 바꾸었다.

대체적으로 보건대 정부와 궁중에서 진상을 파악하기까지는 장쭤린 폭살 사건이라 했고, 진상을 파악한 후에는 '만주에서 일어난 모종의 중대 사건'으로 불렸음을 알 수 있다.

도쿄전범재판에서 처음으로 공개되다

장쭤린 폭살 사건의 진상은 국민에게는 전혀 알려지지 않았다. 진상이 널리 알려진 것은 '극동국제군사재판(도쿄전범재판)'에서 육군소장이었던 다나카 류키치田中隆吉가 검찰 측 증인으로 출석하여 자신이 알고 있는 내용을 밝히면서부터다. 다나카는 E. 사케트 검찰관의 독촉에 다음과 같이 대답했다.

"장쭤린의 죽음은 당시 관동군 고위급 참모 고모토 대좌의 계획에 따라 실행된 것입니다. (…) 만주국을 안거낙업安居樂業의 땅으로 만들고 싶다는 희망을 버리지 않았던 고모토 대좌는 장쭤린을 제거하고 장쉐량을 내세워 전과 다름없이 그 목적을 실행하고자 했던 것입니다. 이를 위해 1921년(1928년의 잘못인 듯하다) 6월 3일, 베이징을 출발한 열차를 남만 철도와 징펑 철도의 교차점에서 폭파했고 장쭤린은 다음 날 사망했습니다. 열차를 폭파한 것은 당시 조선에서 경성으로 와 있던 조선 경성의 공병 제20연대 소속 일부 장교 및 부사관과 병사입니다."

다나카 류키치는 이 내용을 '1935년 신징'에서 고모토에게 직접 들었다고 증언하기도 했다. 고모토와 친밀한 사이였다는 점을 거듭 강조하면서 그는 이것이 사실이라고 단언했다.

다나카가 검사단의 증인으로 재판에 출석했을 때 A급 전범 피고뿐만 아니라 방청석도 술렁거렸다. 일찍이 육군 내부에 있었고 태평양전쟁 개전 때에는 병무국장으로 일하는 등 요직을 거친 엘리트 군인이 고발자 쪽으로 돌아서 있었기 때문이다. 다나카는 증인석에 앉은 것을 얼마간 겸연쩍어했지만, 히쭉 웃으며 피고석을 돌아본 다음 쇼와 육군의 치부를 잇달아 폭로했다.

장쭤린 폭살 사건의 폭로는 제1탄이었다. 물론 그가 폭로한 내용 중에는 다나카 자신에게 유리한 해석이나 이익이 되는 사실이 있었던 것도 부정할 수 없다. 하지만 그럼에도 국민에게는 처음으로 알려지는 사실이 많았다.(당시 『아사히신문』은 1928년 6월 6일자 기사에서 장쭤린 폭살 사건을 전하면서, 중국 남군 편의대便衣隊의 공작이라고 주장하는 일본 측 견해와 함께, 그 아래쪽에 일본의 음모라고 주장하는 중국 측 견해도 함께 게재했다.―옮긴이)

피고들은 다나카를 배신자라고 불렀다. 도조 히데키는 이날의 일기 첫 부분에 "다나카의 증언은 참으로 의외"라고 적어 불쾌감을 표시했다. 그리고 검사단이 아무래도 장쭤린 폭살 사건에서 태평양전쟁의 종결에 이르는 기간을 연결시켜 재판하려는 듯하다는 내용의 말도 적어놓았다. 피고석에 앉은 도조뿐만 아니라 도이하라 겐지土肥原賢二와 이타가키 세이시로도 고모토 다이사쿠와는 '동지'관계였기 때문에, 이 사건을 폭로하는 다나카 류키치에게 불쾌감을 품은 것은 당연했다.

현재 장쭤린 폭살 사건의 실행에 이르는 경위에 관해서는 그 후 관계자의 증언 등이 이어지면서 대체적인 윤곽이 밝혀져 있다. 사건의 줄거리는 고모토 다이사쿠가 부하인 참모와 도모한 뒤 독립수비대 제2대대 제4중대장 도미야 가네오東宮鐵男에게 계획을 전했고, 도미야가 제4중대의 수비병을 현지로 보냈다는 것이다. 한편 조선의 용산에 주둔하고 있던 공병 제20연대가 펑톈으로 지원을 나가곤 한다는 점에 주목한 고모토가 이 연대에 속한 중위급 장교와 병사를 동원하여 철교에 폭약을 설치하도록 했다. 그리고 관동군 참모와 독립 수비대의 장교를 연선沿線의 주요 역에 파견하여 장쭤린의 특별 열차가 언제 어느 역을 통과하는지 정확하게 보고하도록 했다.

또, 이 사건을 장제스군의 편의대便衣隊(사복 차림으로 적 지역에 들어가서 후방을 교란하고 적정을 탐지하던 부대—옮긴이)의 공작으로 꾸미기 위해, 고모토와 도미야는 중국인 부랑자 두 명을 살해하여 장제스군으로 보이게끔 밀서를 가슴에 품게 하고서는 노선 옆에 방치하도록 지시했다.

그런데 부랑자 중 왕 아무개라는 사람이 많은 돈을 주고 목욕탕에 가서 푸짐하게 대접하겠다는 일본 측의 환대에 놀라 도중에 도망쳤다. 왕 아무개는 사건 후 장쭤린의 장남 장쉐량에게 달려가 일부 사실을 폭로했다. 그리하여 장쉐량은 일찍부터 이 사건이 관동군의 음모임을 알고 있었다는 것이다.

지금까지도 이 사건의 경위는 이상과 같은 패턴을 되풀이하는 형태로 전해지고 있다. 솔직하게 말하자면 아직 풀리지 않은 몇 가지 수수께끼가 있고, 불투명하며 애매한 부분도 없지 않다. 관련자들은 대부분 입을 닫고 있다가 그 비밀을 가슴에 품은 채 죽거나 서로를 비호하기만 했다고 한다. 육군 최고의 중국통으로 알려졌던 중장 사사키 도이치佐佐木到一는 자서전에서 "이 사건의 진상을 활자로 옮기는 일은 영원히 불가능할 것"이라고 밝혀 자신도 관련이 있다는 듯한 여운을 남겼다.

장쭤린 폭살 사건은 과연 고모토 다이사쿠 혼자 계획을 짜고, 그와 몇몇 장교만이 참여해 추진한 것이었을까? 독립 수비대 제2대대 제4중대 병사들은 어떤 역할을 했을까? 공병 제20연대의 중위는 어디서 600킬로그램의 폭약을 조달했으며, 그것을 철교에 설치하게 한 사람은 누구였을까? 어떻게 장쭤린이 탄 차량이 통과하는 시간에 딱 맞춰서 폭파할 수 있었을까? 관동군 사령관과 참모장은 실제로 이 사건의 진상을 어느 단계에서 알았던 것일까? 다나카 수상 또한 일찌감치 사건의 진상을 파악하고 있지는 않았을까? 그리고 마지막으로 고모토는 왜 만주의 군벌 지도자인 장쭤린을 살해한 것일까?

이런 의문들이 잇달아 떠오른다. 물론 정설은 있다. 고모토와 그 사건에 가담한 참모들은 장쭤린 살해 사건을 장제스군의 편의대가 벌인 일로 꾸며, 장제스군과 펑톈군의 관계를 회복 불가능한 상황으로 내몰고자 했다. 그리고 펑톈군이 폭발 지점으로 진격해오면 일본의 주권이 위협받는다는 이유를 들어 관동군은 군사 행동을 취할 명분을 얻을 수 있었다. 이 군사 행동에 의해 만주에서 펑톈군을 몰아내고 만몽 전역을 제압할 수 있다고 생각했다는 것이다. 이것도 사실일 것이다.

하지만 과연 이뿐일까? 장쭤린 폭살 사건의 내막에 일본 육군 내부의 지도부와 중견 장교의 권력 투쟁이 있었던 것은 아닐까? 장쭤린을 쓰러뜨리고 그의 장남 장쉐량을 내세우려 했던 관동군 참모들의 만몽 제압 계획의 제1탄은 아니었을까?

나는 이 수수께끼를 풀기 위해 처음에는 장쉐량을 취재하고 싶었다. 1928년 6월 4일의 상황을 장쉐량의 입장에서 보고 싶기도 했다.

1989년 10월 나는 타이베이로 향했다. 당시 장쉐량은 88세로, 타이베이 시내에 살고 있었다. 나는 아무런 연줄도 없이 그리고 특별한 예비 지식도 없이 어떻게든 타이베이에 가보기로 했다.

신문기자와 연구자를 만나 취재 루트를 찾아보았지만 결국 장쉐량은 만날 수 없었다. 당시 장쉐량은 매스컴과 일절 접촉하지 않을 뿐만 아니라, 자신의 체험을 결코 말하지 않겠다는 입장을 고수하고 있다는 얘기를 전해 들었다. 장쉐량은 1936년 12월 일어난 시안西安 사건으로 장제스 정부에 의해 유폐 상태로 내몰렸고, 국민당이 타이완으로 옮겨간 후에도 여전히 그 상태는 지속되었다. 장제스 사후 유폐 조치는 완화되었지만, 당사자인 장쉐량 자신

제1장. 장쭤린 폭살 사건과 관동군의 음모

이 역사적 증언을 할 의사가 없다고 했다는 것이다. 1990년 들어 장쉐량의 유폐가 풀렸고, 같은 해 6월 1일 그의 90세 생일을 축하하는 파티가 54년 만에 공식적으로 타이베이에서 열렸다. 그런데도 현지의 어떤 기자는 "그의 입장에서 보자면 역사에 정의 따위는 없다는 게 솔직한 심경일 것"이라고 말했다.

장쭤린이 사망한 뒤 다나카 수상과 외무성 수뇌부 그리고 육군의 일부 군인은 장쉐량을 이용하여 만몽 전역으로 지배를 넓혀간다는 계획을 세우고 있었다. 당시 27세였던 장쉐량은 표면상으로는 플레이보이로 이름을 날렸고, 일본 측에서는 그를 이른바 오만방자한 명문가 자식으로 놀기 좋아하는 난봉꾼처럼 보고 있었다. 아편 중독자라는 말까지 들리는 터라 장쉐량을 마음대로 움직일 수 있으면 좋겠다며 일본은 군침을 삼켰다. 이처럼 육군은 그를 만만하게 생각하고 있었던 것이다.

그러나 실제로 장쉐량은 그런 유형이 아니었다. 영국인 가정교사에게 교육을 받았고 합리적으로 사고할 줄 아는 스마트한 군인이었다. 장쭤린 사후 곧바로 둥베이 삼성(만주)의 총사령관이 된 그는 펑톈군을 손안에 넣었다. 앞서 서술했듯이 한 부랑자로부터 아버지의 폭살이 관동군의 음모에 의한 것이라는 정보를 접했지만, 그 사실을 전혀 드러내지 않은 채 일본 측의 조문을 받으면서까지 정치적 위압에 맞서고 있었다.

일본 측은 장쭤린 정권과 마찬가지로 장쉐량 정권과도 우호적인 관계를 맺고 싶다며, 다양한 방법으로 장쉐량을 설득했다. 다나카 수상은 외교관을 파견하여 뭐든 어려운 일이 있으면 상담해도 좋다며 마치 육친이라도 되는 양 설득하기도 했다.

하지만 장쉐량은 일본 측의 요청을 받아들이지 않았다. 기한을 정해놓고 답변을 요구할 경우에는 회신 기간을 끌면서 사태를 주시했다. 그리고 은밀하게 장제스에게 접근하고 있었다.

제2부. 쇼와 육군의 흥망

아버지의 원수, 나라의 적

1928년 12월 29일 장쭤린이 사망한 지 6개월 후, 펑톈 시의 공공시설에 일제히 청천백일기(국민당 당기)가 내걸렸다. 장제스 정부와 함께한다는 장쉐량의 의사 표시였다. 이렇게 깃발을 바꿔 단 것은 일본과 일정한 선을 긋겠다는 의미이기도 했다. 장쭤린의 심복이자 펑톈군의 친일파였던 양위팅楊宇霆과 창인화이常蔭槐는 이를 빌미로 관동군이 공격해올 것이라고 충고했지만, 장쉐량은 이들의 말을 무시했다. 다음 해 1월, 장쉐량은 이 두 사람을 자택으로 불러 그 자리에서 권총으로 사살했다. 장쉐량으로서는 아버지를 살해한 관동군과 내통하는 이들을 받아들일 수 없었던 것이리라.

1991년에도 나는 몇 차례 타이베이를 찾았다. 결국 나는 장쉐량을 만나지 못했고, 이를 몹시 아쉬워하면서 일본으로 돌아왔다. 장쉐량이 역사적 증언

장쭤린(왼쪽)과 그 아들 장쉐량.

제1장. 장쭤린 폭살 사건과 관동군의 음모

을 하기 위해 다른 사람을 만나는 일은 결코 없다는 말을 많은 사람에게 전해 들은 나는 단념할 수밖에 없었다. 장쉐량은 만날 수 없었지만, 중국 국민당의 다양한 인물에게 장쉐량의 됨됨이에 대해 들을 기회가 있었다. 그러는 중에 나는 장쉐량이 일본에 대해 호감을 갖고 있지 않았으며, 결코 일본어를 배우려 하지 않았다는 것도 알게 되었다. 이를 통해 그의 강한 신념을 엿볼 수 있어서 오히려 기분이 좋았다.

내가 아는 범위에서 장쉐량이 '장쭤린 폭살 사건'에 대해 이야기한 각종 자료를 소개하면 다음과 같다.

1981년 6월 장쉐량은 눈병과 내장질환으로 타이베이 시내의 병원에 입원했는데, 마침 타이완의 유력지 『롄허보聯合報』의 기자 간헝干衡(전 도쿄지국장)도 같은 곳에 입원해 있었다. 간헝 기자가 묻는 대로 장쉐량은 이런저런 대답을 했다. 우연이라고는 하지만 근년 '단독 인터뷰' 형식으로 매스컴에 등장한 것은 이때 한 번뿐이었다. 물론 장문의 인터뷰 기사에서는 역사의 생생한 증언을 찾아볼 수 없었다.

"이 세상에는 많은 일이 일어난다. 사전에 알 수가 없다. 신만이 알 것이다."

"근대 100년, 중국은 외국에 유린당해왔다. 나는 명나라와 청나라의 역사를 다시 한번 공부해서 그 원인을 찾고 싶었다. 먼저 명나라 역사를 공부했다. 그런 다음 청나라 역사를 공부하고 나서 다시 명나라 역사로 돌아가야겠다고 생각했다. 명나라 역사를 공부한 뒤 나는 크리스천이 되었다."

"물론 회고록을 써야겠다고 생각한 적도 있다. 회고록의 원칙은 내 손으로 한 것, 내 눈으로 본 것, 내 귀로 들은 것, 세 가지다. 하지만 나는 성서를 정독하는 것으로 시간을 보냈고 회고록을 쓰는 것을 단념했다."

순박한 표정의 장쉐량은 마치 농부처럼 보였다고 간 기자는 전했다. 그리고 이 노인이 반세기 전의 풍운아였던 장사오솨이張少帥(장쉐량의 별칭)라고는 도저히 믿기지 않았다고 말했다.

그 후 중국과 홍콩에서는 장쭤린과 장쉐량 그리고 장쉐쓰張學思(장쭤린의 넷째 아들로 중국 인민해방군 해군의 참모장을 역임했고 문화대혁명 중 사망했다)에 관한 책이 잇달아 간행되었다. 내가 모은 것만도 10권 가까이 된다. 저자는 대부분 1940년대에 태어난 연구자나 작가로, 중국 둥베이(구舊만주) 출신이거나 그 지역의 대학 졸업생이다.

장쭤린에 관해 다룬 부분에서는 "일본 군벌을 이용하고 또 이용당한 인물. 이용 가치가 없어지자 살해되었다"는 식의 차가운 논조가 주류를 이루고 있었다. 하지만 그중에는 장쭤린이 일본의 요구를 모두 받아들인 것은 아니었으며, 그가 몽골의 독립을 기도하는 세력을 타파한 것은 조국 중국에 도움이 되었다는 기술도 있었다. 부분적으로는 긍정적인 평가를 하고 있는 셈이다. 한편 장쉐량에 대한 기술은 시안 사건을 축으로 하고 있는데, 한결같이 항일 전선을 도모한 참된 애국자였다는 식의 견해를 드러냈다. 바로 이 점에 중국 정부의 역사적 배려가 있는 것처럼 보인다.

창청주常城主가 편집한 『장쭤린』(랴오닝인민출판사)은 이런 책들의 효시로서 1980년에 간행되었다. 중국 측의 자료를 풍부하게 이용한 이 책에는 장쭤린 폭살 사건의 구체적인 내용이 묘사되어 있다. 그 부분을 소개하면 다음과 같다.

"장쭤린은 베이징 역에서 의도적으로 유쾌함을 가장하고 있었지만 중난하이中南海에서 살던 때를 떠올리고는 눈물을 내비쳤다."

"(베이징을) 출발한 열차는 22량, 장쭤린은 정가운데 차량에 탔다. 예전에 서태후西太后가 타던 차량이었다."

"이 열차가 황구툰皇姑屯 가까이에 있는 다리에 접근했을 때 일본군이 매설한 지뢰가 폭발하여 열차 20량이 3~4장丈이나 날아가버렸고 2량만 남았다. 장쭤린은 중상, 여섯 번째 부인은 폭사했다. 장쭤린은 부축을 받아 자동차(이 자동차는 결혼식용 차였는데 신랑 신부를 무리하게 내쫓고 태웠다는 설도 있다)로 옮겨졌다."

"원수부元帥府에서 장쬐린은 곧 숨이 끊길 것만 같았다. 그는 측근에게 '상처가 깊다. 아무래도 안 될 것 같다. 여섯 번째 아들(장쉐량을 가리킨다. 이 책에서는 이렇게 표현하고 있다)을 펑톈으로 불러오라'고 말하고는 숨을 거두었다. 이리하여 나라와 백성에게 재난을 안겼던 대군벌은 일찍이 그가 의지했던 일본 제국주의에 의해 비통한 결말을 맞이하고야 말았던 것이다."

장쬐린이 숨을 거둘 때의 모습은 일본 측에는 알려지지 않았는데, 중국 쪽 자료(『문사자료선집文史資料選集』 제5권, 128~131쪽)에 따라 이와 같이 장쉐량에게 뒷일을 맡겼다는 내용이 실려 있다. 장쉐량은 부친의 뜻을 자기 나름대로 해석하고 일본 군벌에 저항했을 것이다. 장쉐량이 깃발을 바꿔 단 것은 그 일환으로 파악하지 않으면 안 된다.

1991년 12월 10일, NHK도 장쉐량과 단독 회견을 갖고 그 내용을 방영한다. 이 회견에서 장쉐량은 장쬐린 폭살 사건에 대한 생각을 이렇게 피력한다.

"나는 처음에는 아버지의 죽음을 알지 못했습니다. 내 부하는 아버지가 부상을 당해 펑톈으로 돌아가고 있다고 전해주었을 뿐입니다. 게다가 나는 당시 (국민당의) 북벌에 대비하기 위해 베이징에 있었고, 군을 이끌 책임이 있는 입장이었습니다. 그러니까 즉시 펑톈으로 돌아갈 수는 없었습니다. 하지만 만약 부하가 아버지의 죽음을 처음부터 알려주었더라면 나는 곧바로 펑톈으로 돌아갔을 것입니다."

"꼭 말해두고 싶은 게 있습니다. 나는 일본군을 두려워하지 않았습니다. 만약 그때 일본이 아버지 다음으로 나를 죽였다 해도 제2, 제3의 장쉐량이 나타났을 것입니다. 일본이 선택한 암살이라는 수단은 정치적으로 결코 성공할 수 있는 것이 아닙니다."

"나만이 아니라 모든 사람이 (아버지의 암살은) 즉각 관동군의 짓이라는 것을 알았습니다. 왜 그랬을까요? 사건 당시 현장 가까이에 있었던 사람이라곤 일본 군인뿐이었습니다. 더구나 일본은 이 사건을 획책하기 위해 남만주철도를 멈춰 세웠습니다. 이는 열차를 일본이 폭파했다는 사실을 알려주는 것입니다."

"물론 대단히 불쾌했습니다. 일본은 아버지의 원수이자 내 나라의 적이 된 것입니다. 당시 내가 일본에 품고 있던 감정, 그것은 다음과 같은 속담에 그대로 표현되어 있습니다. '아버지의 원수는 하늘의 원수보다 더 증오스럽다.'"

당연하게도 장쉐량의 분노는 현재까지 이어지고 있다. 이 방송에서는 일부분이 삭제된 듯한데, 이 프로그램을 본 중국인 사이에서는 불만이 많았다고 한다.

장쉐량은 1999년 현재 하와이에서 아내와 함께 살고 있다. 98세다. 그는 여전히 시안 사건 등 미묘한 역사상의 사건에 관해서는 발언을 거부하고 있다. 장쉐량을 만난 예전 일본 군인에 따르면, 장쉐량은 자신을 유폐한 장제스에게 강한 불신감을 갖고 있었다.

장쭤린 폭살 사건 당시, 장쭤린 측에는 일본에서 마치노 다케마町野武馬라는 정치 고문이 파견되어 있었다.

마치노는 육사 10기생으로, 폭살 사건 때 관동군 참모장이었던 사이토 히사시와 동기생이다. 육군에서 동기생 관계는 평생의 벗이 되기도 하고 평생의 라이벌이 되기도 하는 미묘한 것이었다. 하지만 대체로 다른 기수보다는 동료의식이 강하고 단결력도 탄탄했다. 특히 육사 10기 등은 조슈벌 전성시대에 육군 내부에서 키운 세대인데, 마치노가 아이즈会津 출신이고 사이토가 가나자와金澤 출신이라는 것을 감안하면, 반조슈벌이라는 점에서 일정한 교류가 있었을 것이다. 두 사람의 관계는 충분히 검증되지 않았는데, 장쭤린 폭살 사건을 해석할 때에는 제대로 검증하지 않으면 안 될 것이다.

제1장. 장쭤린 폭살 사건과 관동군의 음모

마치노는 메이지 시대 끝 무렵부터 다이쇼 시대에 걸쳐 만주와 시베리아에서 특수한 임무들 띤 군무에 종사한 군인이었다. 1923년 육군 대좌로 예편한 뒤 장쭤린의 정치 고문이 되었다. 마치노는 호방하고 활달한 성격이었는데, 글씨도 제대로 쓰지 못했지만 담력만은 뛰어나서 장쭤린과 마음이 잘 맞았다.

6월 3일 이른 아침, 마치노는 베이징에서 장쭤린의 특별 열차를 탄다. 그런데 그는 톈진에서 도중 하차한다. 이 때문에 마치노는 줄곧 고모토의 음모에 가담했을 것이라는 의심을 받아왔다. 마치노 평전이라 할 수 있는 『아이즈사혼풍운록會津生魂風雲錄』이라는 사가판私家版 책이 1961년 3월 문하생에 의해 소리 소문 없이 간행되었다. 이 책은 마치노가 톈진에서 하차한 이유에 대해 다음과 같이 설명한다.

베이징을 출발하기 전날, 산둥 독군督軍 장쭝창張宗昌이 장쭤린에게 와서 "왜 베이징을 떠나는 것입니까? 나 혼자라도 장제스와 싸우겠습니다"라며 다그쳤다. 그러자 장쭤린이 "그럼 그렇게 하는 게 좋겠군요. 마치노도 동행하시오"라고 해서 톈진에서 하차하여, 장쭝창이 준비해둔 톈진의 숙소로 갔다는 것이다.

마치노가 관동군 참모들과 직접 접촉했다고는 생각하긴 어렵지만 그러나 이 절묘한 타이밍이 상당히 의심스럽다는 것도 부인할 수 없다. 전후戰後 마치노는 정계 자문위원으로서 보수당 정치가와 가깝게 지냈는데, 1971년 여름에 작가인 야마모토 유조山本有三에게 저간의 경위를 상세하게 털어놓았다. 이 내용은 마치노의 요망대로 그가 죽은 지 30년이 지나 공개되었는데, 마치노가 의외의 증언을 했을지도 모른다는 세간의 기대와는 달리 특별히 새로운 증언은 없었다.

장쭤린 폭살 사건의 이면을 면밀하게 검토해보면 마치노로 대표되는 정치 고문과 몇몇 대륙 낭인의 모습이 겹쳐진다. 대륙 낭인이라 불리는 민간인 그룹의 일단이 관동군 참모의 주변에 있었기 때문이다. 군인도 그들의 정보 수집력과 전파력에 크게 기댔고 또 그것을 이용했다.

나는 일본 국회도서관 헌정자료실에서 외교 문서, 육해군 문서, 요인의 일기와 서간 등 장쭤린 폭살 사건에 관한 모든 마이크로필름과 자료를 찾아냈다. 대륙 낭인이 의외로 일찍 진상을 파악하고 있었다는 내용의 자료도 있었다.

다나카 기이치 내각의 철도대신 오가와 헤이키치小川平吉는 유능한 대륙 낭인을 활용한 적이 있다. 그 가운데 한 사람으로 보이는 구도 데쓰사부로工藤鐵三郎가 오가와에게 '펑톈 폭발 사건의 진상'이라는 제목의 편지를 보냈다. 날짜는 1928년 6월 29일이라 적혀 있었다. 그러니까 사건으로부터 2주일이 지난 시점이다. 이 편지는 오가와에게 중요한 사실을 알려준다.

구도는 첫 부분에서 "사건이 매우 중대하고 또 이를 단행한 이의 진의를 살피는 것은 오로지 국가의 전도를 우려하는 충량한 지사인인志士仁人을 위해서"라면서, 뭔가 두려운 듯하면서 허풍을 섞어 편지를 쓰기 시작한다. 구도는 이 편지에서 '모 대좌'라는 말을 사용하는데 이는 고모토 다이사쿠를 가리킨다. 고모토는 이토 겐지로伊藤謙次郎라는 민간인에게 다리 아래에 폭탄을 설치하여 장쭤린을 매장하라고 분명하게 말한 후, "다만 예비 행위로서, 폭발이 남군 편의대의 행위라고 믿도록 목숨이 붙어 있으나 마나 한 중국인 세 명을 끌어들이라"며 당부했다고 한다. 이토는 이 사실을 펑톈에 사는 대륙 낭인 안도 다카나리安藤隆成에게 전한다.

안도 또한 평소부터 장쭤린이 살아 있으면 만몽 정책이 제대로 진행될 수 없을 것이라 생각했기 때문에 즉각 '중국인 세 명을 끌어들이는 일'에 나선다.

안도는 장쭤린과 적대관계에 있던 중국인 류짜이밍劉載明(지린독군吉林督軍 멍쓰위안孟思遠의 전 부하)을 찾아가 세 명을 알아봐달라고 부탁한다. 류짜이밍은 이 요청을 받아들였다. 그는 즉시 아편 중독자 세 사람을 준비하고 일본

밀사로부터 준비 자금으로 50엔을 받았다. 다음 날, 한 사람은 오지 않았다. 이 사람이 왕 아무개라는 자다. 류짜이밍은 안도에게 두 사람을 넘겨주었고, 안도는 6월 3일 밤 이들을 만철 선상의 전망대로 끌고 가 고모토에게 맡긴다. 그리고 두 사람은 일본인 병사로부터 적당한 장소로 안내하겠다는 말을 듣고 따라가 따로따로 살해되었다.

일본인 병사는 이 두 사람의 유체遺體 속에 밀서를 숨겨두었다.

구도는 또 오가와에게 보낸 편지에서 폭약을 설치한 경위를 다음과 같이 설명한다. "모 대좌는 공병 중위 아무개로 하여금 만철선 (육교) 아래 오른쪽에 두 개, 왼쪽에 한 개의 폭탄을 설치하게 하고, (선양역 쪽으로) 그 전선을 전망대까지 연장하여 그곳에서 폭파시킬 수 있도록 준비를 마쳤다." 그리고 전망대에서 특별 열차가 다가오는 것을 확인하고서 공병 중위가 스위치를 눌렀다고 말한다.

_____ **관동군 전문 : 쌓이는 편견**

이미 이 단계에서 사건에 관련된 민간인으로부터 사건의 핵심 부분이 누설되었고 그것이 각료에게까지 알려졌던 셈이다. 오가와는 당연히 다나카 수상에게 보고했다. 하지만 다나카는 이 단계의 정보를 그다지 신뢰하지 않는다.

펑톈 총영사 하야시 구지로林久治郎에게도 어떤 민간인이 찾아와 사건에 관한 소문을 전했다. 하야시가 외무성에 보낸 전보는 이 사건이 관동군 군인에 의해 일어났다는 뉘앙스를 풍겼다. 6월 4일자 '장쭤린 폭살 사건 임시 조서調書'에는 "범인 : 이번 폭파 사건은 그 결과에 비춰 판단하건대 규모가 상당히 크고 게다가 충분한 준비를 거쳐 실행된 것으로 판단된다"고 적혀 있

제2부. 쇼와 육군의 흥망

다. 펑톈 영사관 또한 사건 현장을 둘러보고 관동군으로부터 정보를 수집한 후, 이 사건이 관동군의 모략에 의한 것이라는 심증을 일찍부터 굳히고 있었던 것이다. 외무성과 펑톈 총영사 사이에 오간 전보를 면밀하게 살펴보면 관동군과 육군성 사이에 오간 전문電文의 내용과 다른 점이 상당하는 것을 알 수 있다.

이때 외무대신은 다나카 수상이 겸임하고 있었다.

다나카는 육군성에서 보내오는 보고와 자신이 받은 전보 사이에 차이가 있다는 것을 알고 점차 의심을 키워간 것으로 보인다. 그는 원래 육군 출신이고 그것도 대장 자리까지 올랐다가 정우회 총재가 된 인물이다. 제국 육군의 겉과 속을 속속들이 알고 있어서 육군의 움직임을 즉각 파악했을 것이다. 그럼에도 그는 뭔가 확증이 될 만한 증거를 내놓으라며 자신의 충복인 시라카와 육군대신까지 다그쳤다.

관동군사령부는 사건 직후부터 일관되게 남군 편의대가 저지른 일이라고 주장했다. 원래 무라오카 사령관과 사이토 참모장도 고모토와 마찬가지로 '장쭤린을 무너뜨리고 만몽을 제압해야 한다'는 생각을 하고 있었다. 일설에 따르면 무라오카도 장쭤린의 암살을 생각하고 있었는데, 그 얘기를 들은 고모토가 그런 일은 자기 혼자 하겠다면서 비밀리에 계획을 진행했다는 말까지 떠돌 정도였다.

나는 관동군과 육군성이 주고받은 전보 묶음을 마이크로필름으로 읽으면서, 관동군의 전문이 모두 혼란을 줄 수 있도록 교묘하게 작성되었다는 것을 알고 적잖이 놀랐다. 이는 의외의 사실이었다.

첫 번째 전보는 사건 당일인 6월 4일 오전 10시 사이토 참모장이 육군차관 하타 에이타로畑英太郎에게 보낸 것이다. "본일 오전 5시 30분경 장쭤린이 탄 것으로 보이는 열차가 황구툰 역을 지나 남만선 교차 지점을 통과할 무렵, 남방파 편의대로 보이는 자들이 운행 중인 열차를 폭격하여 장쭤린과 우쥔루吳俊陸 등이 가벼운 상처를 입었고 그 외 몇 명의 사상자가 있었다. 한편 지나위대支那衛隊(관동군을 가리킴―옮긴이)는 같은 장소 부근으로 가 편의대로 보이는 이들에게 사격을 가했지만 아군과는 하등의 사고를 낳지 않았다." 편의대가 폭격을 했다는 보고다. 그런데 이날, 참모장은 육군차관과 참모차장에게 잇달아 극비 전문을 보낸다. 전문은 "편의대가 장쮀린 열차를 폭격한 지점은……"이라는 식으로, 어느 사이에 편의대의 소행이라 규정하는 표현으로 바뀌었다.

이날 오후 5시 24분 참모장이 시라카와 육군대신에게 보낸 전문은 도이하라 겐지 대좌를 보내 문병했더니 장쮀린이 대신에게 감사의 뜻을 표했다고까지 전한다. "각하께서 멀리서 위문을 해주시니 그 후의에 깊이 감사드리는 바입니다"라고 했다는 것인데, 이는 새빨간 거짓말이었다.

그리고 6월 7일에는 장문의 사건 경과 보고서를 보냈다. 여기서도 폭살은 장제스군의 편의대 소행이거나 아니면 장쮀린이 탄 열차가 통과하는 시점을 알고 있을 정도로 장쮀린과 가까운 이의 소행일 거라 암시하고 있었다. 일본 측은 밤중인 대략 12시부터 오전 2시 사이에 특별 열차가 통과했을 것으로 생각하고 있었다면서, 사건과 직접적으로 관계가 없다는 말을 되풀이했다. 그리고 말미에 "이곳 일본인들이 장쮀린을 미워하기 때문에 일본인이 했을 수도 있다는 등 신중하지 못한 언동을 하는 자가 있는 듯한데, 이번 기회에 특별히 신문에 게재되는 기사를 검열하는 데 힘써주길 바란다"고 하여 이 사건이 관동군의 모략으로 알려지는 것을 경계했다.

그러나 참모장이 보내는 전보는 점차 횟수가 줄고 내용도 흐릿해졌다. 관동군이 더 이상 보고할 내용이 없었던 것이다. 관동군이 이상하다는 소리도 높아지고 있었지만 이에 항변할 수도 없었고, 마지못해 노선 부근에서 살해된 편의대원이라는 이가 신고 있던 신발, 그가 소지하고 있던 수류탄과 밀서 등을 찍은 사진을 집요하게 보냈을 따름이다.

장쭤린 폭살 현장의 참상. 위에 보이는 것이 만철 육교다.

　참모본부와 육군성의 수뇌부는 고모토 다이사쿠를 도쿄로 불러 저간의 사정에 대해 들었다. 그러나 고모토는 참모장 사이토 히사시의 전문대로 관동군은 사건과 아무런 관련이 없으며 자신도 전혀 모르는 일이라고 대답했다. 그것을 다행이라 생각한 육군 수뇌부는 더 추궁하다가 오히려 불온한 사실이 밝혀질까 두려워하기라도 하듯이 그의 말을 깨끗하게 수용했다. 그리고 그대로 보고서를 만들어 다나카 수상에게 제출했다. 이것이 6월 하순부터 7월 초에 걸쳐 일어난 일이었다.

　고모토가 사건을 보고하는 자리에는 참모본부 작전부장 아라키 사다오 등도 참석했던 것으로 추측된다. 아라키의 명을 받아 보고서를 쓴 사람이 작전과의 스즈키 데이이치였다. 스즈키는 '나에게 보고서는 관동군의 표현을 정리한 것'이라고 증언했다(1987년 7월). 그러나 실제로는 고모토가 도쿄역에 도착했을 때 아라키 사다오와 작전과장 오바타 도시로가 마중을 나갔고, 그때 고모토는 그들에게 사건의 진상을 넌지시 알려주었다.

　「아라키 사다오 관련 문서」 중 '장쭤린 폭살, 북벌 관계 전보철電報綴'을 보면, 아라키는 6월 7일 사이토 참모장이 보내온 사건 경과 보고서를 꼼꼼하

　　　제1장. 장쭤린 폭살 사건과 관동군의 음모

게 읽고 몇몇 부분에 빨간 줄을 그어놓은 것을 볼 수 있다. 그 빨간 줄에는 공통점이 있는데 모두가 폭발 지점의 경비 상황에 관한 부분이다. 그것은 사전에 일본군이 펑톈군의 요청을 받고 경비에서 발을 뺀 것이 강조되어 있는 부분이다. 여기에다 아라키는 자필로 "장쭤린이 조난遭難한 지구의 경계에 관한 건 및 폭파의 판단"이라 적어놓았다. 결국 아라키는 처음 전문을 읽었을 때부터 일본 측의 경비가 이상하게도 허술하다는 것을 알아채고 있었던 것이다. 그리고 실제로 폭파의 판단을 누가 했는가에 의문을 갖고 있었던 것이다.

아라키는 공적으로는 '진상을 모른다'고 꾸몄지만 사적으로는 '진상을 알고 있었다'고 단언해도 좋다.

다나카 수상은 철도대신 오가와 헤이키치의 보고와 외부성의 보고를 듣고 있었기 때문에 육군이 보내온 보고서에 의문을 가졌을 법하지만 상세하게는 추궁하지 않았다. 그 역시 자신이 키운 육군에 대한 신뢰를 중시했던 것이다. 동시에 이것은 육군성과 참모본부의 중견 장교가 조슈벌에 속하는 다나카와 시라카와(에히메 현 출신이지만 다나카의 직계)를 몰아내는, 또는 메이지 유신 전후에 태어나 러일전쟁 때의 낡은 전쟁관을 갖고 있으며 만주에 대해서도 군사에 의한 제압에 나서지 않는 세력을 내쫓는 교묘한 싸움이었다고 말할 수 있다. 다나카는 이러한 계략을 충분히 알아채지 못했던 것이다.

_____ '후타바카이': 고모토를 따르라

고모토는 도쿄에 머무는 동안 동지라 부를 만한 중견 장교 몇 사람에게 은밀하게 진상을 흘리고 다녔다. 게다가 이 사건을 계기로 관동군을 움직여보려 했지만 결국은 실패로 끝났다는 속마음까지 드러냈다. 동지들은 이 사건을 고모토의 애국적인 행위로 파악하고, 이전부터 중견 장교들이 활약했던 만몽 지역에 부동의 정치 권력을 수립한다는 계획이 육군 지도자의 우유부단함 때문에 햇빛을 보지 못한 것에 분개했다.

동지들이란 '후타바카이'라는 공부 모임에 속한 장교들이었다.

고모토는 후타바카이에 열심히 참석했다. 그는 1926년 3월 육군대학교 교관에서 관동군 고위급 참모로 옮겼는데, 도쿄에 출장을 올 때마다 후타바카이에는 꼬박꼬박 출석했다.

1926년에서 1928년까지 그들의 주제는 오로지 만몽을 어떻게 일본의 지배 영역으로 만들 것인가였다. 그들의 공통된 인식은 공교롭게도 도조 히데키가 1928년 3월 1일 열린 회합에서 발언한 "일본제국의 전쟁 준비는 대러시아 전쟁을 중심으로 하여, 만몽에서 완전한 정치적 세력을 확립하려는 목표를 세운다"는 점에 있었다. 요컨대 만몽에서 부동의 정치 권력을 갖는다는 것인데, 그렇다면 이를 위해 무슨 일을 할 것인지에 대해서는 아직 구체적인 방안이 없었다. 고모토는 도쿄에 올 때마다 만몽의 실정을 이야기하면서, "장제스군은 일본의 만몽 정책을 방해한다. 만몽을 장악하고 있는 장쭤린은 그 진의를 이해하지 못한다"고 설명했다.

고모토로부터 장쭤린 폭살 사건의 진상을 들은 후타바카이 회원들은 어떤 식으로든 고모토를 지킬 것을 맹세했고, 심정적으로는 '고모토를 따르리라'는 기개를 품었다. 어떤 장교는 고모토의 손을 잡고 "우리가 당신의 뜻을 반드시 잇겠습니다"라고 약속하기도 했다.

이 중견 장교들은 시라카와 육군대신이 점차 관동군의 음모라는 것을 알아챈 듯한 발언을 하자 육군대신 집무실로 몰려가서는 "관동군은 관련이 없다"며 윽박질렀다. 쇼와 육군의 사실을 은폐하는 기질은 이미 이때부터 중견 장교들에 의해 시작되고 있었던 것이다.

이리하여 관동군과 장쭤린 폭살 사건의 관계를 조사해나가다 보면 쇼와 육군의 원형이 고스란히 떠오른다. 도쿄전범재판에서는 이 사건 직전부터 태평양전쟁의 종말까지를 도마 위에 올려놓고 쇼와 육군의 군사 행위를 판가름했다. 나는 도쿄전범재판의 논리를 답습할 마음은 없지만, 장쭤린 폭살 사건, 즉 만주에서 일어난 모종의 중대 사건에 감춰져 있는, 고모토로 대표되는 군인들의 '대의를 내세우면 무슨 짓을 해도 상관없다'는 심정과 행동 패턴이야말로 쇼와 육군의 그 후를 상징적으로 잘 보여준다고 생각한다.

장쭤린 폭살 사건으로부터 햇수로 70년의 세월이 흘렀다.

독립수비대 제2대대 제4중대나 공병 제20연대에 속한 일개 병사로서 이 사건에 가담한 사람이 있지 않을지, 또는 장교가 생존해 있지나 않은지 나는 모든 루트를 통해 찾아다녔다. 그 과정에서 여러 가지 사실을 알게 되었다. 이 사건은 전사戰史나 전기戰記에도 상세하게 기록되어 있지 않다. 다만 만주에서 항일이나 배일운동의 움직임이 얼마나 활발했는지, 장쭤린이 얼마나 일본의 '진의'를 이해하지 못했는지, 장쉐량이 얼마나 일본을 멸시하는 태도를 취했는지에 대해서는 세세하게 언급되어 있다. 그리고 그것을 장쭤린 폭살 사건이나 만주사변의 정당성을 변호하는 이유로 삼고 있다. 하지만 이 사건의 상세한 경위에 대해서는 아무것도 적혀 있지 않았다.

고모토 다이사쿠의 평전, 도미야 가네오의 평전 등을 꼼꼼히 읽어봐도 실상은 알 수 없었다. 그러다 1937년 11월 중일전쟁에서 전사한 도미야 가네오의 평전(『도미야 가네오 대좌전東宮鐵男大佐傳』, 1942년 4월 간행)에 실로 미묘한 이야기가 적혀 있는 것을 발견했다. 도미야가 지휘한 독립수비대 제2대대 제4중대의 병사가 중국인 부랑자 2명을 살해했지만 이 평전은 그 일에 관해서는 한마디도 언급하지 않는다. 그러나 1928년이 저물 무렵 도미야는 다음과 같은 내용의 일기를 남겨놓았다.

"추억이 많은 1928년이었다. 중대장으로서 중대의 통솔 및 수비 근무는 예년에 비해 성적 양호, 유쾌하게 생각할 만하다. 특히 둥베이 삼성 시국의

제2부. 쇼와 육군의 흥망

중심에 서서 마음껏 활동하고 펑톈 수비대의 명성을 드높였다. 사실 만주는 우리 중대의 독무대였다. 공적功績 조사에서도 하사와 병졸은 대대 안에서 수석을 차지했다. 중대장으로서 아마도 올해가 내 황금시대일 것이다."

도미야가 이 사건을 얼마나 자랑스럽게 생각했는가를 알 수 있는 대목이다.

장쮀린 폭살 사건을 쇼와 육군이 범한 오류의 제1막이라 한다면 만주사변은 제2막이었다. 만주사변에서는 제1막에 포함되어 있던 '실패의 교훈'이 교묘하게 되살아난다.

관동군 참모 이시와라 간지와 만주사변

1931년 9월 22일, 펑톈의 아침 하늘은 푸르디푸르렀다. 인구 38만 명에 달하는 이 도시의 거리에도 가을 햇살이 쏟아지고 있었다.

만주사변이 일어난 지 5일째, 펑톈 시의 주요 건물에는 큼직하게 '일본군 점령'이라 쓴 갱지가 붙어 있었다. 입구를 지키고 선 일본군 병사가 드나드는 중국인을 조사했다. 펑톈 시의 신시가지 한쪽 모퉁이에 일본 여관 선양관이 있었다. 평소에는 만철이나 동양척식회사의 사원 혹은 공장 노동자가 머무는 곳이었다. 사람의 출입이 그리 많지는 않았다. 그러나 4일 전 관동군사령부가 뤼순에서 이곳으로 임시본부를 옮겨오면서부터 참모나 연락장교들이 분주하게 드나들었다.

이 일본 여관의 1층 현관을 들어서서 오른쪽에 관동군 참모 다케다 다케오武田丈夫, 나카노 료지中野良次, 가타쿠라 다다시片倉衷 등이 대기하는 방이 있었다. 복도를 돌아 오른쪽이 차석참모 이시와라 간지의 방이었고 그다음이 고위급 참모 이타가키 세이시로의 방이었다. 그리고 안쪽 다다미 8장 크기의 방에 참모장 미야케 미쓰하루三宅光治가 머물고 있었다. 미야케의 방 앞의 복도를 사이에 두고 관동군 사령관 혼조 시게루本莊繁의 방이 있었다.

오전 8시, 미야케는 이타가키, 이시와라, 펑톈 특무기관장으로 이때에는 혼조의 명에 따라 펑톈 시장(점령지의 행정 책임자) 자리에 있었던 도이하라 겐지 그리고 군 중앙과 관동군이 주고받는 전보를 담당하는 가타쿠라를 자신의 방으로 불러 모았다. 만주사변을 일으킨 뒤 관동군은 펑톈 시내를 점령했고, 펑황청鳳凰城과 안둥安東을 장악했으며, 창춘에도 제2사단을 진격시키고 있었다. 지린吉林과 하얼빈 공격도 준비하던 때였다. 이와 같은 군사적 제압 작전을 어떤 정치적 방책으로 수습할 것인지가 이날 열린 막료 회의의 주제였다.

다다미 8장이 깔린 일본식 방에 다섯 사람이 빙 둘러앉았다. 가타쿠라의 증언에 따르면 "관동군으로서는 금후의 시국에 일정한 방침을 갖고 임했으면 한다. 우선 최근 4일 동안 군 중앙이나 정부가 내린 방침을 감안하여 각자 구체적으로 의견을 개진해주길 바란다"는 미야케의 발언으로 회의는 시작되었다. 미야케는 좀처럼 자신을 드러내지 않으며 적극적으로 의견을 털어놓지 않는 성격이었다. 이타가키나 이시와라의 의견을 곧잘 받아들이는 편이었다. 이때도 그러했다.

처음 이타가키가 군 중앙의 의향과 정부 방침을 설명했지만 그 어조는 분노로 가득 차 있었다. 군 중앙과 관동군 사이에 오간 전보의 내용에 대한 설명은 가타쿠라가 맡았다. 와카쓰키 레이지로若槻禮次郎 내각은 사변에 대해 확대 반대 방침을 취하고 있었고, 참모차장 니노미야 하루시게二宮治重가 보낸 전보도 전선 확대에는 신중했으면 한다는 내용을 담고 있었다. 반면 관동군이 올린 전과에는 크게 만족하고 있다는 내용도 들어 있었다. 모순을 보이고 있었던 셈이다.

"군 중앙의 본뜻은 무엇일까?"

그 본뜻에 관해 다섯 사람은 이야기를 나누었다. 이 무렵, 만몽 지역에 친일파 정권을 만드는 단계를 넘어 독자적으로 만몽국을 세우고 싶다는 것이 그들의 공통된 의견이었지만, 이를 분명하게 말하는 것은 너나없이 시기상조라고 생각했다. 만약 군 중앙이 관동군 참모들의 '모험주의'를 꾸짖으면서 그 행동을 군규軍規에서 벗어난 것이라 하여 비판하고 억눌렀다면 그들은 군 내부에서 고립되고 말았을 것이다. '제2의 고모토 다이사쿠'가 되어 육군을 떠나야 했을 것이다.

그러나 도이하라는 "만몽 문제를 단번에 해결하기 위해서는 일본인을 맹주로 하는 재만몽오족공화국在滿蒙五族共和國을 만들어야 하지 않겠는가"라며, 다른 네 사람이 말하기 어려워했던 생각을 앞장서서 꺼냈다. 일본인을 맹주로 한다는 말이 지나치게 노골적이라면 청조 최후의 황제인 선통제 푸이溥儀(당시에는 톈진에 살고 있었다)를 내세워도 좋다고 덧붙였다. 도이하라는 확신하고 있었던지 푸이가 맘에 들지 않는다면 공자의 직계에 해당되는 자손을 추대해도 좋을 것이라고 주장했다.

"만주 전역을 일본 영토로 점령해야 한다. 지금까지 관동군에서 연구해왔듯이 점령지 통치로 가는 게 좋다."

이타가키가 성급한 도이하라의 방안에 이의를 제기했다. 이타가키는 그해 8월 도쿄에 출장을 갔을 때에도 참모본부 러시아반장 하시모토 긴고로橋本欣五郎에게 자신의 생각을 털어놓았고, 가까운 시일 안에 만주에서 독자적인 군사 행동을 일으킬 것이라고 전했다. 하시모토도 이 행동에는 찬성했지만, 그는 한 걸음 더 나아가 미온적 계획인 점령지 통치보다는 새로운 국가를 만드는 게 좋겠다고 부추겼다. 이타가키는 씁쓸하게 웃기만 했다. 하시모토는 관동군의 군사 행동을 추인하는 정부를 만들기 위해 군 내부의 비밀 결사 사쿠라카이와 민간 우익을 움직여 쿠데타(훗날의 10월 사건)도 마다하지 않겠다며 격려했다.

정세는 유리하다, 초조해하지 마라!

　이시와라도 이타가키의 생각에 동조하는 의견을 피력했다. 이시와라의 어조는 평소와 달리 빨랐다.

　"지금이 아니면 만몽 문제를 해결할 수 없다. 다만 이 자리에서 조급하게 결론을 내리지는 않는 게 낫다. 이제부터 중국인의 움직임과 국제 정세 그리고 국내 정세까지 주시하면서 조금 더 상황을 지켜보자. 지금의 정세는 우리가 바라는 방향으로 나아가고 있는 게 틀림없기 때문에 초조해하지 않아도 된다."

　이 막료 회의에서는 도이하라, 이타가키, 이시와라 순으로 발언이 많았지만 결국 이시와라의 의견을 중심으로 논의가 정리되었다.

　평소대로라면 이시와라가 가장 열심히 다섯 민족이 조화를 이루는 만주국 건국을 주장해도 이상할 게 없었다. 바로 그것이 이시와라 자신의 생각이었기 때문이다. 더욱이 이시와라는 관동군 참모부 조사반의 사사키 료조佐佐木亮三에게 점령지 행정에 대한 구체적인 방안을 모색하게 했는데, 그는 그것을 만주국 건국의 전 단계로 삼으려는 생각을 갖고 있었다. 그럼에도 이 회의에서 이시와라가 사태를 조금 더 지켜보자고 주장한 것은 역시 군 중앙의 의향을 좀더 확실하게 파악할 수 없었기 때문이다. 이 회의에서도 이시와라는 참모본부 작전부장 다테카와 요시쓰구建川美次가 사변 직후에 설득한 이야기를 들어 자신의 생각을 분명하게 내세우지 않는 근거로 삼았다.

　군 중앙은 시데하라 기주로 외무상을 통해 관동군이 만주에서 불온한 군사 행동을 일으키려 한다는 정보를 입수했다. 펑톈 총영사가 파악한 정보가 은밀하게 시데하라에게 전달되었고, 시데하라는 그 사실을 미나미 지로南次郎 육군대신에게 확인했다. 다테카와가 펑톈으로 온 것은 만몽에서 배일排日 운동이 얼마나 격렬한지를 확인하기 위해서였지만, 이와 함께 그는 미나미 육군상에게 관동군의 불온한 행동을 제지하라는 역할까지 부여받고 있었다. 다테카와가 펑톈 특무기관에 도착한 것은 9월 18일 저녁 무렵이었다.

이날 밤 10시 20분, 펑톈 교외의 류탸오후에서 관동군 지휘 아래 있는 독립수비대 장교가 만철선을 폭파했다. 이를 중국군의 공격이라 판단한 이타가키는 독단적으로 독립수비대 제2대대와 제29연대에 베이다잉北大營의 중국군과 펑톈 성을 공격하라고 명령했다. 만주사변의 시작이다.

하시모토 긴고로가 이타가키에게 다테카와가 도쿄를 출발했다는 소식을 은밀하게 알려준 터였다. 군의 중추는 소극적인 태도를 보이므로 계획을 서두르라는 내용이었다. 이타가키와 이시와라는 이를 받아들여 당초 계획보다 2주 정도 빨리 모략 행동을 감행했다.

이타가키와 이시와라 그리고 가타쿠라는 관동군이 모략 행동을 감행한 다음 날인 9월 19일 심야에 역시 선양관에서 다테카와를 만났다. 다테카와는 지금은 만주에 친일 정권을 만들 때이며, 그 이상의 군사 행동으로 나아가면 소련이 침략해올 수 있으니 사변을 확대해서는 안 된다고 주장했다. 이타가키와 이시와라는 그 의견에 동의하지 않았다. 그들은 "소련은 경제5개년 계획에 힘을 쏟고 있는 상황이라 만주에 무력 진출하는 것은 불가능하며, 중국 국민당은 공산당과 싸우는 중이라 만주까지 손을 뻗칠 수 없다. 영국과 미국도 만주에는 거대한 이권을 갖고 있는 게 아니어서 손을 내밀지 않을 테니 지금이 바로 기회다. 만주를 일본의 영토로 삼아 단숨에 만몽 문제를 해결하지 않으면 안 된다"고 호소했다. 교섭은 결국 깨지고 말았다.

이때 다테카와가 한 이야기가 막료 회의에서 다시 거론되었다. 다테카와의 설득을 참고할 경우 만몽 전역을 제압하여 만주국을 만드는 것은 무리이므로, 당장은 정세가 호전되기를 기다리자고 이시와라가 주장한 내용은 다른 네 사람도 충분히 받아들일 수 있는 것이었다.

이로써 막료 회의는 '만몽 문제 해결책안'이라는 결론을 문서로 작성하고 끝났다. 이 안에서는 '방침'으로서 "우리 나라의 지지를 받고 둥베이 4성 및 몽고를 영유하며 선통제를 우두머리로 하는 중국 정권을 수립하여 재만몽 각종 민족의 낙토樂土가 되도록 한다"고 주장했다. 이어서 '요령'에서는 내정은 신정권이 담당하지만 국방과 외교는 일본이 책임진다고 말하고, 만몽 각지의 유력자를 그 지방의 책임자로 삼는다고 했다. 예를 들면 지린 지방은 시차熙洽, 하얼빈 지방은 장징후이張景惠, 타오난洮南 지방은 장하이펑張海鵬, 러허熱河 지방은 탕위린湯玉鱗, 둥볜다오東邊道 지방은 간즈산干芷山과 같은 식으로 이름을 거론했다.

막료 회의에서 결정한 이 안은 점령안에도, '신국가건국안'에도 반영되지 못했지만, 만주를 중국 본토에서 떼어내어 일본이 실질적인 지배자가 된다는 점에서는 두 안의 방향과 다르지 않았다. 지금까지 관동군의 책상 위에서 만들어진 정책보다는 훨씬 더 구체적이었던 것이다. 혼조 시게루는 이 안을 보고 수긍했다.

"더 이상 장쉐량을 불러들여서 일만협력日滿協力이라는 정책을 펴지 말아야 한다. 그랬다가는 장래에 화근을 남길 것이다."

이 안은 즉시 육군대신과 참모총장에게 관동군의 총의로 상신되었다.

이날로부터 10일 후인 10월 2일, 다시 미야케의 방에서 막료 회의가 열렸다. 이 회의에서는 이시와라 간지가 시종 자신의 의견을 주장했다. 그사이에 군사적으로는 지린 성을 진압하고 나아가 하얼빈까지 장악 영역을 넓혔으며, 각 지방의 유력자들도 관동군의 의향을 받아들여 일본에 협력할 것을 약속했던 것이다. 이날 회의에서 결정한 안은 이시와라가 직접 붓을 잡았다. 이 안의 첫 부분인 '방침'에는 "만몽을 독립국으로 삼아 이를 우리의 보호 아래 두고 재만몽 각 민족의 평등한 발전을 기한다"고 적혀 있다.

"기득권의 옹호와 같은 낡은 표어가 아니라 신만몽국 건설이라는 표어를

제2장. 관동군 참모 이시와라 간지와 만주사변

택하지 않으면 안 된다. 오족협화五族協和·왕도낙토王道樂土의 국가로 정하는 게 우리 생각이다."

막료 회의에 참석한 전원이 동의했다. 모두가 "이시와라의 말이 옳다"며 맞장구쳤다. 군 중앙이나 정부가 이 방침에 반대하고 나설 경우 신만몽국을 독립시켜 대결 자세를 취해도 좋다는 것이 암묵적인 양해였다. 이때 이시와라 간지는 42세의 중좌로, 자신의 이념을 이 새로운 국가에 쏟아넣고 싶다며 흥분한 어조로 말했다.(1931년 9월 20일자 『아사히신문』은 만주사변이 시작된 상황을 전하며, "사태를 확대하지 말라"는 각료 회의 결정을 육군대신이 관동군 사령관에게 훈령한 기사도 함께 수록했다.—옮긴이)

만주사변으로부터 60년이 지난 1990년 봄부터 여름까지 나는 도쿄 메구로에 있는 가타쿠라 다다시의 자택을 몇 번 찾아갔었다. 성실한 성격의 가타쿠라는 약속 시간에 찾아가면 이미 자료를 탁자에 쌓아놓고 응접실 소파에 앉아 나를 기다리고 있었다.

관동군의 막료 회의에 참석한 사람 가운데 가장 어린 장교(당시 대위)였던 가타쿠라도 벌써 92세였다. 지난해 말 넘어져서 허리를 다친 그는 "나이를 먹으니까 상당히 더디게 낫는다"고 말했지만 기억력이나 체력이 그다지 쇠약해 보이지는 않았다. 귀가 조금 어두웠을 뿐이다. 다음은 가타쿠라와 내가 그때 주고받은 대화 내용이다.

1931년 9월 22일과 10월 2일 열린 막료 회의 때, 역사를 움직이고 있다는 인상은 갖고 있었습니까?

"다섯 사람 모두 지금 역사를 움직이고 있다는 느낌을 갖지는 않았다고 생각합니다. 나는 역사에 영향을 주고 있다는 생각은 강하게 갖고 있었습니다. 관동군의 사고방식은 완전히 새로운 단계에 들어선 것이라……"

제2부. 쇼와 육군의 흥망

당시 관동군 참모 중에서 이 사변이 모략으로 시작되었다는 것을 누가 알고 있었습니까?

"이타가키와 이시와라의 계획 아래 이 사건이 일어났다는 것을 9월 18일 오후 10시 30분 시점에서 알고 있었던 사람은 당사자인 이타가키와 이시와라뿐이었습니다. 나는 막연하게 무슨 일이 일어났나 보다 생각했지요. 펑텐 특무기관의 하나야 다다시花谷正 소좌로부터 어떤 계획이 누설되는 바람에 계획이 지연되었다는 말을 듣기도 했고, 독립수비대의 중포重砲 부품이 부족해진 것도 이상했습니다.(독립수비대가 펑텐 교외로 무기를 가져가버렸기 때문이었다.) 사변의 제1보, 즉 펑텐에서 일본과 중국이 교전하고 있다는 전보를 접하고 참모들은 즉시 미야케의 관사에 모였습니다. 모두가 사복 차림이었는데 이시와라만 군복을 입고 있더군요. 나는 미야케의 관사 앞에서 동료 참모인 다케다, 나카노, 아라이에게 "아무래도 이것은 우리 쪽의 모략인 듯하다. 우리에게 알리지 않은 것은 화가 나지만 이것을 내버려두면 이시와라도 제2의 고모토 다이사쿠가 될 것이다. 끝까지 협력해나가자"라고 말했더니 그들도 내 생각에 동의했습니다. 그러니까 이때부터 알게 된 셈이지요.

혼조와 미야케는 군사령부에 올라가 있었기 때문에 알고 있었을 겁니다. 하지만 당시에는 이 사실을 누구도 말하지 못했습니다."

만주사변 이후의 움직임 역시 이시와라의 생각에 따라 진행된 것입니까?

"모든 참모가 이시와라의 생각에 이해를 보인 것은 아니지만, 만주사변에서 만주 건국에 이르는 근본에 이시와라의 생각이 자리잡고 있는 것은 사실입니다. 그것은 한마디로 말하면 오족협화와 왕도낙토라는 것인데, 이시와라에게 그런 말을 듣고 난 다음에는 (다른 사람도) 점차 그렇게 생각하게 되었다고 여겨집니다. 특히 혼조가 사령관으로 있던 때(1931년 8월부터 1932년 8월까지)의 참모들은 그러했습니다."

당신은 50세까지 군인으로 살아왔는데 아직까지 인상에 남는 군인은 누구입니까?

"역시 이타가키와 이시와라입니다. 이시와라는 머리가 좋았고, 이타가키는 너그러우며 대담한 사람이었습니다. 만주사변을 일으켰을 때의 관동군 참모들은 모두 사이도 좋았고, 숨기는 것 없이 이야기를 나눴습니다. 당시에는 딱딱 부러지는 표현이 좋다고 해서 우리도 서로를 '이시와라 씨'나 '이타가키 씨'라고 불렀을 정도니까요······."

당시 관동군 참모를 지낸 사람 가운데 이때까지 살아 있던 이는 가타쿠라 단 한 명뿐이었다. 가타쿠라는 당시 전보를 취급했기 때문에 만주사변의 내정內情과 추이를 대체로 알고 있었다. 그는 전후에 만주사변과 관련된 책 세 권을 썼다. 당시의 자료들은 고마자와대에 기증했으며, '가타쿠라 문고'라 하여 연구자에게 제공되고 있다. 내가 찾아갔을 무렵에도 그를 방문하는 연구자가 여전히 많았다.

나는 가타쿠라에게 새로운 증언을 기대하지는 않았다. 다만 이 사변의 본질은 군사적인 추이보다도 9월 22일과 10월 2일 열린 막료 회의에 있다는 것이 내 추측이었다. 천황의 대권인 통수권을 침범한 반역자가 되느냐 아니면 쇼와 육군의 기수가 되느냐, 다섯 참모는 그 운명의 갈림길을 걸었던 것이다. 그래서 내 질문은 이 두 차례의 막료 회의에 집중되었고, 그날 펑톈의 날씨는 어떠했는지, 미야케의 방에 빙 둘러앉았을 때 각자의 표정은 어떠했는지 등등 세세한 부분까지 언급한 것이다.

조연이 사형에 처해지다

뜻밖에도 가타쿠라 자신도 이 두 차례의 막료 회의가 열린 날을 자신들이 성공과 실패를 두고 도박한 날로 생각하고 있었다. 그는 잠자고 있던 기억을 조금씩 떠올렸다. 그리고 몇 가지 새로운 증언을 했다. 그들은 만주국을 대소련전의 실질적인 기지라기보다 단지 작전 계획을 입안하기 위한 전초 기지로 생각했다는 것, 관동군은 소련의 군사력을 결코 따라올 수 없다고 분석했다는 것, 중국 국민당에서 마오쩌둥毛澤東의 공산당으로 관심을 옮겨 항일 전선에 대한 분석을 상당히 세밀하게 진행했다는 것, 마오쩌둥의 전략에 맞서 승리하기 위해 만주국을 이상향으로 만들고자 했다는 것, 그리고 사변 후 니노미야 후임으로 온 참모차장 마사키 진자부로眞崎甚三郞를 철저히 불신했다는 것(그것을 뒷받침하는 인간적인 에피소드 등)을 분명하게 말했다.

"그 회의에 참석했던 다섯 명의 참모 가운데 두 사람, 즉 이타가키와 도이하라는 도쿄전범재판에서 사형에 처해졌습니다. 만주사변에 대한 책임이 그들에게 있다는 이유에서였지요. 그렇지만 내 입장에서 보자면 도이하라는 얄궂게도 너무 높이 평가된 듯합니다. 당시 그는 관동군 참모부 아래 있었고, 오히려 이타가키나 이시와라의 명령을 받고 움직이는 입장일 뿐이었기 때문입니다."

이렇게 말하면서 푸이를 추대하는 일을 비롯해 당시 도이하라의 움직임을 구체적으로 이야기했다. 가타쿠라는 내가 그를 취재한 지 10개월쯤 후인 1991년 7월 23일 조용히 눈을 감았다. 93세였다.

만주사변 때 관동군 막료 회의에 참석한 다섯 사람 가운데 두 명은 패전 후 도쿄전범재판에서 사형에 처해졌다. 미야케 미쓰하루는 패전 때 만주국 협화회 중앙본부장 자리에 있었고, 그 후 소련에 연행되었다가 1945년 10월 모스크바의 루비앙카 수용소에서 병사했다. 그리고 이시와라는 1946년 5월 3일부터 시작된 도쿄전범재판의 증인 출장 심문에서 검사단을 향해 "만주사변의 중심은 바로 나, 이시와라다. 왜 이시와라를 재판하지 않는 것인가"라며 호통을 쳤다.

이시와라는 쇼와 육군의 군인 중에서는 희귀하게도 생래적으로 카리스마를 갖춘 인물이었다. 관료조직화한 쇼와 육군의 체질에 길들여지지 않았고, 1941년 숙적인 도조 히데키 육군대신에 의해 예비역으로 내몰렸다. 하지만 1년 만에 리쓰메이칸대학에서 교수로서 군사학을 가르쳤고, 그 후에는 동아 연맹東亞聯盟 고문으로서 고향인 야마가타山形 현 쓰루오카鶴岡 시에서 살았다. 지병 방광염(육군사관학교 시절 말에서 떨어졌을 때 몸에 지니고 있던 단검이 복부를 찔렀다는 설도 있다) 때문에 가끔씩 도쿄로 올라와 체신병원에 입원하기도 했다. 그러나 후반생의 대부분은 야마가타 현 사카타酒田 시와 쓰루오카 시에서 요양하다가 1949년 8월 15일 병사했다. 그의 나이 60세였다.

가타쿠라가 지적했듯이 만주사변은 이시와라의 사상과 전략에 따라 공연된 괴뢰 국가 탄생의 거대한 드라마였다고 할 수 있다. 그리고 이시와라는 그것을 평생 동안 자랑으로 여겼다. 단, 자신의 이념에 따라 만들어낸 만주국이 이윽고 일본의 관민 모두의 자원 수탈 기지로 바뀌어가는 데 불만을 품고, "저런 만주국은 내가 생각한 만주국이 아니다"라면서 일본의 권익으로 바뀐 만주에 대해서는 철저한 비판을 퍼부었다.

사람을 꿰뚫어보는 듯한 이시와라의 눈은 외국인 기자까지 놀라게 했다.

1946년 1월, 도쿄전범재판의 검사단이 심문을 하기 위해 도쿄 이다바시의 체신병원에 입원해 있던 이시와라를 찾아왔다. 만주사변의 연출자 이시와라의 이름은 외국인 기자들에게도 알려져 있었기 때문에 기자 몇 명도 함께 왔다. 검사단 중 한 사람이 "이타가키 세이시로를 아는가"라고 물었다. 이시와라는 안다고 대답했다. "하시모토 긴고로를 아는가?" 이로부터 4개월 후에 이타가키와 하시모토는 A급 전범으로 지명된다. 검사단은 만주사변과 관련하여 군 중앙과 관동군의 모략에 대해 물었던 듯하다. 이시와라는 "하시모토? 조금 안다"고 답했다. "이타가키와 하시모토의 관계를 아는가?" "모른다." 그러자 검사는 이시와라가 두 사람의 관계를 알면서도 숨긴다고 생각했는지, "잘 떠올려보라. 내일도 심문하러 올 테니까"라고 말했다. 이시와라는 기다리라면서 큰소리로 말했다.

"지금 뭐라 했는가? 잊어버렸다가 기억나는 일도 있겠지만 나는 모른다고 했다. 모르는데 어떻게 생각해낼 수 있단 말인가?"

이때 이시와라의 눈빛에 대해 미국인 저널리스트 마크 게인Mark Gayn 은 『일본 일기』라는 책에서 "엄격하게, 좀처럼 깜박이지도 않고 우리를 꿰뚫어보는 듯한 눈"이라고 적었다.

1947년 5월 1일, 역시 도쿄전범재판의 검사단 일행이 증인 심문을 하기 위해 사카타 시에 요양하고 있던 이시와라를 찾아왔다. 만주사변의 경위에 관하여 더 상세하게 듣고자 한 것이다.

검사단은 "먼저 말하고 싶은 게 없는가"라고 물었다. 이시와라는 "말하고 싶은 것은 산처럼 쌓여 있다. 만주사변의 중심은 모두 이시와라였다. 그럼에도 이 이시와라를 전범으로 취급하지 않는 것은 납득할 수 없다. 그래서 말하고 싶은 것은 산처럼 쌓였는데……"라며 도도하게 지껄였다.

이시와라의 발언은 차단되었고 검사단의 질문에 대답하는 형식으로 바뀌었다. 이시와라는 도이하라에 관해 "세간에 대단한 역할을 한 것처럼 알려져 있지만 그건 오해다. 도이하라는 만주사변 돌발 당시 중대한 활동은 하지 않았다"고 말했다. 그리고 이타가키에 대해서는 "혼조 사령관과 마찬가지로 기가 세지 못해서 사랑스러운 부하에게 결단을 내리지는 못했지만 인간으로서는 대단히 훌륭하고 좋은 사람이었다"라고 변호했다.

이시와라는 검사단의 심문에서도 그리고 법정에 제출한 선서 구술서에서도 만주사변이 자신들의 모략이라고는 인정하지 않았다. 사건은 돌발적으로 일어났고, 자신은 그 사태에 당연한 군사 행동을 취했을 뿐이라고 말하는 선에 그쳤다. 잘 살펴보면 당신들에게 재판을 받을 이유가 없다고 말했을 따름이다. 아니, 좀더 정확하게 말하자면 당신들에게 내 본심을 밝힐 필요가 없다고 말했던 듯하다.

세계최종전쟁과 불교 신앙

실제로 이시와라는 무슨 생각을 하고 있었던 것일까?

"장군이 이 사변을 계획하고 실행한 것은 단순히 만몽 문제를 해결하기 위해서라거나 이곳에 왕도낙토를 세우기 위해서였다는 것만으로는 설명할 수 없습니다. 그것은 세상 사람들로부터 이해를 얻기 위한 하나의 좋은 방책이었을 뿐 진심은 그런 데 있지 않았습니다. 이 작전은 장군이 주창한 세계최종전쟁의 일환이었던 것입니다. 결국 대위 시절부터 생각해왔던 전쟁관을 실천하려던 것이었습니다. 만주를 절대 불패의 땅으로 삼고 그것을 절대 평화의 초석으로 만들어나간다는 생각이었던 것입니다."

다카기 기요히사高木淸壽는 이시와라와 만주사변의 관계가 아직까지 정확하게 이해되지 못한다면서, 실은 이것이야말로 세계최종전쟁의 제1단계였다고 되풀이한다.

내가 처음 다카기를 취재한 것은 1975년이었다. 그 후 이시와라에 대해 궁금한 점이 있으면 다카기를 찾아갔다. 1990년 7월, 84세가 된 다카기는 미야기 현 어느 마을에서 아내와 둘이 살고 있었다. 아내는 입원 중이어서 사실상 혼자 지내고 있었다. 다카기는 이시와라를 가장 가까이에서 지켜보았고, 이시와라에게 경도되었으며, 이시와라의 정치활동의 오른팔이기도 했다. 덧붙이자면 이시와라와 마찬가지로 니치렌종日蓮宗 신자였고, 이시와라의 최후를 지켜보기도 했다. 그는 이시와라의 발상의 핵심을 알고 있는 유일한 생존자였다.

원래 다카기는 신문기자였다. 미토중학교를 거쳐 와세다대에 진학하여, 정경학부를 졸업하고 『호치신문報知新聞』 기자가 되었다. 1930년의 일이다. 주로 정치 분야를 맡았으며, 1936년 참모본부 작전과장이었던 이시와라를 취재하는 자리에서 두 사람은 다양한 의견을 주고받다가 친해졌다.

다카기는 '육군 군인 중에도 이런 인물이 있는가' 싶어 새삼 놀랐다. 이시와라는 자신이 생각하는 것을 솔직하게 말했는데, 육군 수뇌부 방침에 대해서도 긍정하기도 하고 부정하기도 했던 것이다. 친밀하게 이야기를 나누다가, 이시와라는 축이 되는 사상을 갖고 있다는 것을 알아챘다. 다카기의 질문에 이시와라도 조금씩 속마음을 털어놓았고, 자신이 업무를 보면서 틈틈이 써서 묶어둔 원고를 보여주기도 했다.

다카기는 얼마 지나지 않아 신문기자를 그만두고 이시와라의 사상을 실현하기 위한 조직인 만주국협화회 도쿄사무소에 들어갔다. 그 후에는 이시와라의 사상을 널리 알리기 위한 정치 결사 동아연맹을 조직하고 실질적으로 운동을 추진해나갔다. 이시와라가 육군을 떠난 후에는 국방연구회를 만들어 이시와라의 군사 사상을 정리했다. 『세계최종전쟁론世界最終戰爭論』『국방정치론』『전쟁사대관戰爭史大觀』 등의 저작을 거의 혼자 힘으로 기술했다.

나는 이시와라의 생각을 찾고자 다카기를 취재해왔다. 다카기는 이시와라에 관한 새로운 자료를 갖고 있었는데, 그중 일부는 『이시와라 전집』(1976년 간행, 전7권과 부록)에 수록되어 있다. 당시 다카기는 이시와라가 자신에게 말해준 발언집을 편집하고 있었다. 예를 들면 그 책에는 다음과 같은 이시와라의 발언이 들어 있다.

"나는 군인 시절에 가능한 한 친구나 지인을 사귀려 하지 않았다. 군인이 일을 하고자 할 때 우인이나 지인이 있으면 그것만으로 판단이 둔해진다. 아니면 계산이 앞선다. 그래서 나에게는 마음을 터놓을 만큼 친한 군인이라고는 손가락으로 꼽을 만큼 몇 명밖에 없다."

아닌 게 아니라 이시와라가 마음을 털어놓은 군인은 적었다. 그리고 사실 이시와라와 만주사변의 관계를 밝히는 일이 어려운 것도 이 때문이다.

이시와라가 육군대학교 교관에서 관동군 참모로 자리를 옮긴 것은 1928년 10월의 일이다. 스스로 지원한 부임이었다. 이시와라는 그의 저서 『전쟁사대관』에서 관동군에 들어가 유럽의 고전사古戰史를 연구할 생각이었다고 술회한다. 1921년부터 육군대학교 교관생활 2년을 지내고, 그 후 2년 동안은 독일로 유학을 떠나 나폴레옹, 프리드리히 대왕 등 전략가의 전법을 연구하는 한편 유럽의 전쟁 형태도 깊이 알려고 애썼다. 귀국해서는 다시 육군대학교 교관이 되었다.

이시와라가 부임하고 나서 7개월 후에 이타가키가 왔다. 이시와라는 1918년 육군대학교를 졸업한 뒤 한구漢口에 있는 지나파견군사령부에 소속되었는데 그때 이타가키와 함께 일한 적이 있다. 이시와라는 지성적 인간이고 이타가키는 정서적 인간이라는 성격상의 차이가 서로를 매료시켰다. 손가락으로 셀 수 있을 정도밖에 되지 않는 이시와라의 벗 가운데 이타가키가 더해진다.

이시와라는 『만몽문제해결책사안滿蒙問題解決策私案』 『전쟁사대관』 등을 썼는데, 이타가키는 점점 이시와라의 생각에 이끌려 만몽 문제 해결안으로 모략을 일으킬 것을 결의한다. 두 사람은 참모들의 성격과 행동을 지켜보면서 장쉐량 정부의 고문 이마다 신타로今田新太郎와 조선파견군 참모 간다 마사타네神田正種 등을 끌어들인다. 그리고 직속 부하인 관동군 참모들에게 일절 누설하지 않는다. 일이 실패로 끝날 경우 두 사람이 책임질 생각이었기 때문이다.

"이시와라는 만주사변을 세계최종전쟁의 제1단계로 생각했는데, 세계최종전쟁 그 자체는 1940년에 발표한 『세계최종전쟁론』에서 구체적으로 연호를 들어 지적하고 있습니다. 여기에는 니치렌종 신자로서 이시와라의 신앙이 뒤섞여 있었습니다. 하지만 이타가키를 비롯해 다른 군인들은 이시와라의 그런 생각을 알지 못했습니다. 이시와라 또한 그들에게는 이런저런 설명을 하지 않았습니다."

다카기는 이렇게 해설하면서 그 근거를 나에게 설명했다. 간결하게 말하자면 이시와라는 다음과 같이 생각하고 있었다.

고대부터 현대에 이르기까지 전쟁의 성격에 따라 결전決戰 전쟁과 지구持久 전쟁 둘로 나눌 수 있다. 결전 전쟁이란 무력이 정치보다 우세하며, 어떻게 든 군사적으로 결말 짓는 단기 결전형 전쟁 형태를 말한다. 지구 전쟁이란 무력보다 정치와 외교를 주된 수단으로 삼고 무력은 이를 위한 하나의 방책 으로 이용하는 장기전의 형태다. 이시와라는 자신이 살고 있는 시대를 지구 전쟁의 시대라고 정의하고, 이 전쟁이 50년 정도 계속될 것이라 보았다. 제1 차 세계대전 이후 지구 전쟁의 시대에 들어섰다면서, 결국 1965년 무렵이면 지구 전쟁은 결말이 난다는 것이었다.(이 때문에 군대의 편성, 정치 체제의 변화 등도 고려하고 있었지만 이 책에서는 생략하기로 한다.)

이 지구 전쟁에서 결말이 나면 어떻게 될 것인가?

제1차 세계대전의 결과 서양 문명의 중심은 유럽에서 미국으로 옮겨갔다. 그리고 일본은 동양 문명의 축이 되었다. 두 문명의 대결이 바로 인류 최후 의 결전 전쟁이며, 그것은 대략 1985년 무렵에 결말이 난다. 이 결전 전쟁에 서는 과학기술의 진보에 따라 신병기도 개발되어 한 방으로 도시를 궤멸시 킬 수 있는 파괴 병기를 생산하게 될 것이며, 착륙하지 않고도 얼마든지 지 구를 돌 수 있는 비행기도 등장할 것이다. 전쟁 지휘의 규모도 이전처럼 대 대, 중대, 소대, 분대와 같은 집단이 아니라 개인 단위로 바뀌어 국민 모두가 전쟁에 참가하게 될 것이다.

이러한 결전 전쟁을 마친 뒤에는 세계가 통일되어 민족 협화의 시대로 들 어선다는 것이었다. 민족자결이라는 말은 지구 전쟁에서나 사용하는 말이 고, 민족 협화協和야말로 결전 전쟁 후의 세계를 의미하는 말이라고 이시와 라는 생각하고 있었던 것이다.

이와 같은 이시와라의 생각을 토대로 만주사변을 나름대로 정리해보면 다음과 같다.

제2장. 관동군 참모 이시와라 간지와 만주사변

"지구 전쟁하에서 모략 등은 당연한 일이다. 중요한 것은 만주에 오족협화의 국가를 만들고 일본의 지배권을 확보하며, 이 지역의 풍부한 자원을 장악하는 것으로, 이것이 바로 국가의 목적이다. 미국과 벌일 결전 전쟁을 준비하는 후방 진지로 삼기 위한 당연한 군사 행동이었다."

1931년 9월 만주사변 당시 이시와라의 이러한 생각은 착착 성공을 거두는 듯 보였을 것이다. 그 후 이시와라는 정치 공작에 손을 댄다.

1936년 11월, 참모본부 작전부 전쟁지도과의 과장이었던 이시와라는 북중국 시찰에서 돌아오는 길에 장제스 정부의 어떤 요인과 은밀하게 회담을 가졌다고 한다. 이 자리에서 이시와라는 장제스에게 전해주었으면 한다면서 이렇게 말했다.

"어찌됐든 당신 쪽에서는 만주국의 독립을 인정하는 게 좋다. 그렇게 하면 우리 쪽에서는 중국에서 병력을 철수하여 중국의 안전을 보증할 것이다."

그 요인은 이 의견을 듣고 놀랐다. "그렇다면 우리 쪽에서도 양해할 수 있다. 일본 군인 중에도 당신과 같은 사람이 있다는 게 기쁘다. 그런데 정말로 그 말을 믿어도 좋은가"라며 거듭 확인했다. 이시와라는 고개를 끄덕였다. 시안 사건 직전이었다. 이는 장제스 정부가 항일보다 멸공에 더욱 치중하고 있음을 의미했다.

이시와라와 장제스 정부의 요인이 회담을 가졌다는 사실을, 당시 새내기 신문기자였던 다카기가 이시와라로부터 몰래 들었다. 몇몇 핵심 관계자만 알고 있던 터라, 이 이야기의 내용은 지금까지 베일에 싸여 있었다.

이듬해 7월 7일 중일전쟁이 시작되었을 때 이시와라가 일관되게 전선의 확대에 반대한 것은 이때 장제스와 한 약속을 마음에 두고 있었기 때문이다. 이시와라의 동아사상東亞思想은 당시 중국 공산당에도 알려져 있었으며, 이시와라가 육군을 떠난 후에 간행한 책을 바탕으로 '이시와라 어록'이 당

제2부. 쇼와 육군의 흥망

내에서 만들어졌다. 패전 후, 중국 공산당의 요인이 만주로 와서 협화회의 이시와라계 간부에게 "이시와라의 사상을 말해보라"고 다그쳤다. 다카기의 말에 따르면, 그들은 세계최종전쟁에 강한 관심을 갖고 있었다.

_____ 살아 있는 '신화'

이시와라에 대한 말이 나오면 다카기는 끝도 없이 이야기를 이어나갔다. 그의 말을 듣고 있으면, 다카기가 이시와라를 재림한 니치렌日蓮 (13세기 일본의 승려로 독자적인 법화 불교를 수립했다—옮긴이)으로 여기는 듯한 느낌을 받게 된다. 자택 서재에는 액자에 넣은 이시와라의 사진이 걸려 있었다. 그 액자를 배경으로 다카기는 '어떤 사실'을 이야기했던 것이다.

"이시와라는 도쿄전범재판에 제출한 약 2만 자에 이르는 『선서구술서』에 자신의 사상을 교묘하게 집어넣었습니다. 결국 도쿄전범재판이라는 장을 이용하여 후세 사람들에게 자신의 생각을 퍼즐처럼 끼워넣어 전하고자 했던 것이지요. 몇 가지가 있습니다만, 하나만 말하자면 마지막 부분이 그렇습니다."

이렇게 말하면서 다카기는 『선서구술서』 말미의 한 줄을 보여주었다. 만주국 건국의 정당성을 주장하면서 이시와라는 다음과 같이 단언한다.

"민족 협화의 사상은 앞으로 영구히 남을 것으로 확신합니다."

얼핏 보면 아무것도 아닌 듯 여겨질 수도 있다. 하지만 다카기의 말에 따르면 **'민족 협화의 사상'**이란 결국 세계최종전쟁 그 자체를 가리킨다. 미래 어느 날엔가 미국과 결전 전쟁을 치를 때가 올 것이라고 선언하고 있다는 것이다.

그렇다면 이시와라가 주창한 세계최종전쟁론은 아직도 유효하다는 말입니까?

"그렇습니다. 유효합니다. 쇼와 초년대에 이시와라는 이미 원자폭탄과 인공위성병기를 상정하고 있었습니다. 군사라고는 말하지 않겠습니다만, 문화나 경제와 같은 형태로 일본과 미국의 세계최종전쟁은 벌어지고 있는 게 아닐까요? 지금 역사의 방향은 그 방향으로 움직이고 있지 않습니까? 이 싸움이 끝난 후에 참된 민족 협화의 시대가 올 것입니다. 유럽 공동체의 통합도 민족 협화의 예가 아니겠습니까?"

다카기가 그때(1990년 7월) 목소리를 높여 단언하는 것을 보고 나는 적잖이 놀랐다. 쇼와 육군 중에서 지금까지 이렇게 그 사상을 신봉하고 있는 사람은 이시와라 간지 말고 없었다.

그리고 만주사변에 종군한 병사들 사이에서는 지금까지도 '이시와라 신화'가 입에서 입으로 전해 내려오고 있다.

만주사변에서 관동군은 장쉐량이 자신이 지휘하는 동북군에게 저항하지 말라는 방침을 내렸기 때문에 모든 지역을 쉽사리 제압할 수 있었다. 단, 만철 일부의 철교 수리를 둘러싸고 다싱大興 부근에서 만주 군벌인 마잔산馬占山의 군대와 격렬한 충돌이 있었다. 1931년 11월 4일과 5일의 일이다. 마잔산군은 고지에서 일제히 일본군을 향해 사격했다. 포대에서 가한 격렬한 공격이었다. 이틀간의 전투에서 일본군 46명이 사망하고 151명이 다쳤다. 만주사변이 시작된 이래 첫 손실이었다.

이시와라는 작전을 지휘하기 위해 펑톈에서 이곳으로 달려왔고, 즉시 관동군사령부에 지원군을 요청했다.

이틀간의 전투가 끝난 뒤 이시와라는 전선에 나온다. 전황을 가장 잘 살필 수 있는 곳을 찾아 이시와라는 전선을 돌아다닌다. 고지가 잘 보이는 곳

제2부. 쇼와 육군의 흥망

으로 오른다. 그곳에 마잔산군의 포격이 가해진다. 이시와라는 개의치 않고 올라간다. 무모하다면 무모했다. 여기서 몇 가지 신화가 만들어지는데, 마치 이시와라를 피하기라도 하는 양 탄환이 날아왔다고 한다.

전선에는 흔히 신병이 많은 부대가 파견되는데, 이시와라의 이런 행동을 보고 신병들은 전투는 두려운 게 아니며 그렇게 쉽게 탄환을 맞지는 않는 줄 알고 용감히 돌진했다고 한다. 11월 6일 마잔산군은 퇴각했다. 병사들 사이에서 '이시와라 신화'가 전해졌고, 관동군 병사들 사이에서는 이 신화가 유명해졌다.

육군사관학교 1935년도 교과서 『전사교정戦史教程』 제2권에는 이때의 전투가 '제1장 진지 공격'의 '제4절 다싱 부근에서 벌어진 넌장 지대의 전투'라는 제목으로 수록되어 있다. 물론 이시와라 신화는 소개하고 있지 않지만 사관학교 생도에게 이시와라의 지휘가 진지 공격의 모범이라고 가르쳤다는 것을 알 수 있다.

이시와라의 군사관에 매료되어 그에게 다가온 군인 중에 호리바 가즈오堀場一雄라는 사람이 있다. 만주사변 당시 호리바는 참모본부 작전과의 일개 막료에 지나지 않았다. 1937년 3월 그는 참모본부 작전부 전쟁지도과에서 이시와라를 보좌하면서 이시와라와 함께 중일전쟁의 확대에 반대했다. 냉정한 이론가였던 호리바는 쇼와 육군의 참모 중에서 가장 우수한 이론가라는 평가를 받고 있었다. 그는 『중일전쟁 지도사』라는 책을 썼는데, 이 책은 귀중한 자료로서 연구자들 사이에서 평가가 높다. 그리고 그에게는 『만주사변 정통사』라는 방대한 원고도 있다. 타이프라이터로 작성한 400페이지에 달하는 대작이다. 호리바는 죽기 3년 전인 1950년부터 1951년에 걸쳐 신들린 듯이 이 원고를 썼다.

지금 이 원고의 복사본이 내 앞에 있는데, 이것을 읽다 보면 뜻밖에도 번쩍 눈이 띄는 부분이 있다. 이시와라의 세계최종전쟁론을 암묵리에 양해하

제2장. 관동군 참모 이시와라 간지와 만주사변

고 있는 구절이 보이는 것이다.

호리바는 만주사변과 만주 건국은 위대한 업적이라 말하고, 이를 "지키는 데 결함"이 있었지만 그 방법을 "일본과 중국 간 문제의 대승적 해결"에서 찾았다고 판단한다. 그런 다음 "국책이 일단 남방을 가리키자 대동아 패전의 충격에 휩싸였고, 마침내 모든 것이 붕괴되고 말았다. 후세는 이를 경계해야 할 것이다"라고 적었다. 미국과의 전쟁은 아직 이른 일이고, 무엇보다 만주에 신경을 써서 중국과 양호한 관계를 유지해야 했는데 그러지 못했다면서, 후세는 그 점을 이해했으면 한다고 호소하는 것이다.

1932년 8월, 만주사변이 일어난 지 거의 1년 후 관동군의 사령관과 참모는 모두 교체됐다.

관동군 사령관 혼조 시게루는 군사 참의관으로, 미야케 미쓰하루는 참모장을 거쳐 육군성 운수부장으로, 이타가키 세이시로는 만주국 고문으로, 도이하라 겐지는 보병 제9여단장으로 각각 자리를 옮겼다. 이시와라 간지는 제네바의 국제연맹에서 열린 만주 문제 토의를 위해 파견된 일본전권단日本全權團의 수행원이 되었고, 가타쿠라 다다시는 제12사단 참모로 전출되었다. 막료회의에 참석했던 5명의 참모는 만주국의 중추에서 모두 쫓겨났던 것이다.

내가 취재를 할 때도 이 인사 이야기가 나오면 가타쿠라의 어조는 날카로워졌고 목소리도 높아졌다.

"이 인사는 참모차장 마사키 진자부로의 속 좁은 생각에 따라 단행된 것입니다. 사실 마사키는 1932년 6월 무렵 만주국을 시찰하러 왔었습니다. 우리는 오족협화를 말하고 왕도낙토를 설파하면서 협화회라는 관민일체의 조직을 만들고 있었는데, 이것이 마음에 들지 않았던 모양입니다. 혼조는 만주에 대해 아무것도 알지 못하며 이타가키나 이시와라는 제멋대로 일을 한다고 말했지요. 그는 만주국은 공산당 천하가 될 것이라며 떠들어댔는데, 협화회의 '협'을 공산당의 '공'으로 잘못 알고 그랬던 겁니다. 그래서 우리는 쫓겨났습니다. 그 후에 무토 노부요시武藤信義가 군사령관이 되었고, 고이소 구니아키小磯國昭와 오카무라 야스지岡村寧次 등이 와서 만주를 흡사 일본처럼 바꾸었습니다. 결국 권익 주체가 되었고 새로운 만몽의 건설은 또 공염불이 되고 말았던 것입니다."

이시와라도 수행원이라는 이름을 부여받았지만 어떤 임무를 수행하라는 명을 받지는 못했다. 말하자면 밀려났던 셈이다.

다카기의 말에 따르면, 이시와라는 전출 명령을 받고 만주에서 돌아와 참모본부로 인사를 하러 갔는데, 그때 마사키는 의자에서 일어나 다가오더니 비굴하게도 이렇게 말했다.

"이시와라 군, 그대는 훌륭하다. 일개 중좌에 지나지 않지만, 어떤 부서에 일하게 할 것인지를 논의하느라 인사이동이 2주일이나 늦어졌다. 이렇게 늦어진 것은 일본 육군 창설 이래 처음 있는 일이다. 모두 그대가 훌륭하기 때문이다."

마사키가 악수를 청하면서 손을 내밀자 이시와라는 그 손을 뿌리치며 소리쳤다.

"육군의 인사는 제가 신경 쓸 바가 아닙니다."

제네바에서 돌아온 이시와라는 센다이에 있는 보병 제4연대 연대장으로 부임했다. 이곳에 마사키가 시찰하러 왔다. 줄지어 서 있는 장교들 앞에서 "이시와라 군, 오늘 밤 식사를 함께 하고 싶으니 숙소에 와줬으면 좋겠네"라고 말했다. 누가 봐도 총애하고 있다는 기색이 역력했다. "공무입니까?" "특별한 공무는 아니다." "그렇다면 거절하겠습니다."

이시와라는 마사키를 철저하게 혐오했다.

훗날 2·26 사건 때 마사키는 청년 장교들에 의해 추대되는데, 이시와라는 사건 당초부터 이 사건의 진압을 주장했다. 청년 장교들을 선동했다면서 마

제2장. 관동군 참모 이시와라 간지와 만주사변

사키에 대한 분노를 감추지 않았다. 가타쿠라는 통제파로 간주되어 청년 장교 한 사람에게 저격당했다. 그때 몸에 박힌 탄환을 나중에 빼냈는데 지금도 그것을 소중하게 보관하고 있다. 그 탄환을 가만히 바라보면서 내뱉듯이 말했다.

"그때는 정말이지, 너 죽고 나 죽자며 마사키와 한판 붙고 싶었다."

만주사변에 관련된 관동군 참모들은 쇼와 육군 안에서는 '공로자'로 간주되면서도 교묘하게 주류에서 밀려나 있었다. 그리고 패전 후에는 15년 전쟁(1931년 만주사변에서 1945년 제2차 세계대전 패전까지 이어진 일본의 전쟁을 가리킨다—옮긴이)의 방아쇠를 당기는 역할을 했다는 이유로 비난을 받아왔다.

가타쿠라는 그때 관동군 참모들은 만주에 이상향을 만들고자 했고 그 후 중일전쟁의 확대에는 일관되게 반대했는데, 왜 15년 전쟁의 하수인 취급을 받아야 하느냐며 목청을 높였다. 그것을 도무지 납득할 수 없다면서 늙은 몸을 부르르 떨었다.

나는 그의 분노를 직접 느끼면서 동시대사가 역사로 바뀌기까지는 아직 시간이 필요하다고 생각했다. 1999년, 이제 역사의 눈으로 만주사변을 비판해야 할 시대에 들어섰다.

만주국 건국과
육군의 착오

1932년 3월 1일 동북행정위원회 위원장 장징후이張景惠의 이름으로 「만주국 건국 선언」이 발표되었다. 이 선언에서는 중화민국으로부터 만주국의 독립, 왕도주의를 목적으로 한 정치 이념, 오족협화, 왕도낙토의 건설 그리고 각국에 문호 개방을 통한 산업 개발 등을 내세웠다.

이 선언에 따라 3월 9일에는 청조 최후의 황제였던 선통제 푸이의 집정 취임식과 건국식이 신징(현재의 창춘, 만주국의 수도)에서 거행되었다.

만주사변으로부터 거의 6개월, 중국 동북부 3개 성을 기반으로 하는 국가가 탄생한 것이다. 3개의 성, 즉 동삼성이란 지린 성, 헤이룽장黑龍江 성, 랴오닝遼寧 성을 가리킨다. 장징후이는 헤이룽장 성의 성장省長이었고, 만주국의 요인이 되는 시차熙洽는 지린 성의 정부위원, 짱스이臧式毅는 랴오닝 성의 주석이었다. 그들은 동북행정위원회 멤버였고, 만주사변 후에 각각 독립을 선언한 군벌의 지도자였다. 원래 동북행정위원회는 건국 선언이 있기 10일쯤 전에 만들어진 조직으로, 그 이전에는 만주국건국준비위원회로 불렸다. 그리고 실제로는 일본의 관동군 참모들이 이 조직들을 움직이고 있었다.

_____ '괴뢰 국가'인가 '이상 국가'인가

만주국은 관동군 참모들의 정치 공작에 의해 만들어진 국가였다. 그랬기 때문에 역사적으로는 일본의 괴뢰 국가로 일컬어지는데, 당시 일본의 국내 정세로는 그렇게 받아들여지지 않았다. 오히려 이 새로운 국가는 정치 이데올로기의 측면에서는 '오족협화'의 이상향으로 고취되었고, 경제적인 측면에서는 자원이 풍부한 중국 둥베이 지방의 개발에 공헌할 것을 강조했다. 역사적으로는 러일전쟁 후 만주에서 권익을 확보하고 확대하는 위업으로 파악되었고, 군사적으로는 대소련전에 대비한 관동군의 전초 기지로 간주되었다. 그 후 일본은 이곳에 무장이민武裝移民을 보내게 되는데, '만주는 일본의 생명선'이라는 주장이 특별한 저항 없이 받아들여진다.

대중국 정책을 그르친 쇼와 육군은 결국 해체의 길로 들어섰다. 쇼와 육군의 군인들은 20세기 초 중국이 처한 역사적 상황을 정확하게 파악하지 못한 채 줄곧 억압자가 되었다. 이제 그것을 검증해야 할 차례다.

만몽 지방에서는 원래 러시아가 둥칭 철도의 신징 이남 노선(만철)과 랴오둥 반도(관동주)를 장악하고 있었는데, 러일전쟁에서 승리하면서 일본이 그 권익을 양도받았다. 더욱이 일본은 펑톈과 푸순 등 만철 연선沿線의 주요 지역 행정권과 그곳에 관동군을 주둔시킬 권리(주병권) 등도 함께 획득했다. 결국 러시아가 중국 동북 지방에서 장악하고 있던 식민지의 권익을 더 크게, 비대화하여 이어받았던 셈이다.

그러나 중국에서 민족주의가 고양되고 식민지에서 벗어나기를 바라는 기운이 고조되면서, 이곳에 주둔한 관동군에 대한 중국 국민의 반일·항일운

제2부. 쇼와 육군의 흥망

동도 드세졌다. 이에 위기감을 느낀 관동군 참모는 점과 선으로 지배하고 있는 만몽 지구(동삼성)를 일본의 뜻대로 움직이는 국가, 즉 점과 선이 아니라 면으로 확보해야 한다는 생각을 갖게 되었고, 그런 의사를 관동군 내부만이 아니라 일본의 국내 정치에도 끌어들였다. 일본은 뒤늦게 식민지 지배에 발을 들여놓았는데, 중국 국민 사이에서는 동문동종同文同種에다 문화적으로나 역사적으로 자신들의 영향 아래 있는 일본이 식민지 지배에 편승하는 것에 대해 '왜양일체倭洋一體'라는 말이 생길 정도로 감정적인 반발이 강했다.

청조 정부는 이러한 열강의 식민지 지배에 줄곧 미적지근하게 대응했다. 원래 청조의 통치는 만주(민)족에 의한 한(민)족 지배라는 의미를 갖고 있었다. 만주족의 인구는 고작 수백만에 지나지 않아서 중국 국민의 다수를 차지하는 한민족에 비해 압도적으로 불리했다. 그렇기 때문에 청조 정부의 관료에 의한 지배는 그다지 강하지 않았고, 각 성으로 파견한 성장은 세수稅收를 거두는 목적에만 신경 쓸 뿐이어서, 각각의 지방은 비교적 독자적인 권력 기반을 가질 수 있게 되었다. 다시 말해 중앙집권화가 이루어지지 않았던 것이다.

따라서 식민지 지배에 나선 열강은 지방의 독자적인 권력인 군벌을 이용해 그 지도자와 손을 잡거나 때로는 중국 국내의 대립을 부추겨 자신의 권익을 확보해나갔다.

1911년 10월, 쑨원孫文 등이 조직한 동맹회同盟會가 우창武昌에서 궐기하면서 혁명의 불길은 국내 전역으로 확대되었다. 청조 정부가 열강에 굴복하는 것에 대한 반감, '멸만흥한滅滿興漢'이라는 슬로건에 대한 공명, 나아가 지방 군벌의 호응과 청조 정부 내부의 이반 등으로 이 혁명의 제1단계는 어렵지 않게 성공했다. 열강이 이 혁명(신해혁명)에서 중립을 선언한 것도 행운이었다. 쑨원의 혁명 세력은 광둥과 광저우 등 우선 남쪽 지방에서 권력을 다진 다음 베이징에 있는 청조 정부를 공격하기 시작했다.

청조 정부는 중국군의 근대화를 담당하고 있던 위안스카이袁世凱를 총리로 임명해 '남북화양교섭南北和讓交涉'을 시작했지만, 위안스카이는 청조 정부를 떠나 오히려 황제인 선통제의 퇴위를 요구했다. 이리하여 1912년 2월 청조는 멸망하고 위안스카이와 쑨원의 타협에 의한 정권이 수립되었다. 하지만 위안스카이는 실권을 쥐자마자 자신이 황제가 되고자 획책하기 시작했고 삼민주의를 내세운 쑨원 등과 대립했다.

이 싸움을 마무리하지 못한 채 위안스카이는 1916년에, 쑨원은 1925년에 각각 병사했다. 그러나 쑨원 사후 광둥에서 탄생한 국민당 정부가 점차 중국 통일의 힘을 모아가고 있었다.

이렇게 보면 중국의 역사는 일직선으로 진행된 것 같지만 실상은 그렇지 않았다. 배신과 배반 그리고 동맹과 야합이 이르는 곳마다 모든 단계에서 되풀이되었다. 각 지방의 군벌은 자신의 권력이 확보되는 것에만 눈독을 들였고, 중국의 근대화나 통일 따위에는 그다지 눈길을 주지 않았다. 쑨원을 중심으로 결성된 국민당만이 중국 통일을 표방하는 상태였던 것이다.

일본의 많은 정치가와 지사가 쑨원의 혁명파를 지원하고 나섰다. 예를 들면 이누카이 쓰요시犬養毅와 도야마 미쓰루頭山滿 등이 그러했는데, 일본 정부는 때로는 쑨원을 이용하고 때로는 탄압하는 등 일본을 맹우로 의지하고자 했던 쑨원의 기대와 상충되는 입장에 설 때가 많았다.

쑨원이 사망한 뒤 국민당 혁명군 총사령관이 된 장제스는 1926년 7월부터 중국 통일을 목표로 북벌을 개시한다. 동삼성을 포함해 만몽 지역에 뿌리 깊은 권력을 갖고 있는 장쭤린 군벌을 타도하려는 의도였다. 이에 대해 일본은 '거류민 보호'를 구실로 장제스군의 북벌 저지를 주장하면서, 1927년 5월 이른바 '산둥 출병'을 단행했다. 장쭤린을 원조함으로써 일본의 국익을 지키고자 했던 것이다.

만몽 : 일본이 살아갈 유일한 길

이 무렵 다나카 내각 아래 있던 일본은 만몽 지구에 철도선을 그물망처럼 깔려는 생각을 갖고 있었다. 다나카는 국회를 비롯한 이런저런 자리에서 "만몽의 자원을 일본이 개발함으로써 가장 신속하게 또 가장 정연하게 전시 태세를 갖추어 군국의 수요를 완전히 충족시키고, 아울러 국민 생활을 풍요롭게 만들어 국방력을 최대로 발휘하는 데 유감이 없도록 할 수 있을 것"이라고 설명했다. 철도선은 문자 그대로 '대동맥'과 같은 역할을 할 것이라는 얘기였다.

다나카의 뜻을 헤아린 외교 당국은 장쭤린에게 그물망처럼 철도를 부설하자는 안을 제시했지만 그는 이 안을 보고 격분했다. "덜컥 받아들일 안이 아니다. 말도 안 된다"며 얼굴에 경련을 일으킬 정도였다고 한다. 일본의 외교 당국은 이 제안을 받아들이지 않는다면 일본이 전시 태세로 들어설 것이라고 협박했다. 그러자 장쭤린은 마지못해 그 제안을 받아들였다.

베이징에 있던 장쭤린은 장제스의 북벌군이 공산당의 지도를 받고 있다면서 이들과 계속 싸워나갈 것이라고 호언장담했다. 그런데 일본 정부는 결코 장제스군이 동삼성에 발을 들여놓지 못하게 할 것이라며, 장쭤린에게 동삼성으로 돌아오라고 설득했다. 일본으로서는 동삼성의 권익을 지키기 위해 무슨 수를 써서라도 장쭤린을 이용해야만 했던 것이다.

1928년 6월 4일의 장쭤린 폭살 사건 이후 다나카 내각은 만몽 정책에 관한 한 관동군에게 끌려다니는 처지였다.

관동군 참모들 중에서도 이시와라 간지는 독자적인 만몽 문제 해결안(1929년 7월 작성)을 갖고 있었다. 이 안은 일본 정부가 생각하고 있던 만몽 독립 정권보다 훨씬 더 철저했고, 이타가키 세이시로와 고모토 다이사쿠 등 참모 그룹뿐만 아니라 육군성과 참모본부의 막료들로부터도 지지를 받았다.

「국운을 바꿀 근본 국책인 만몽 문제 해결안」이라는 제목의 이 사안私案은 특히 세 가지를 강조한다. '만몽 문제의 해결은 일본이 살아갈 유일한 길'이라는 제목의 제1항에서 제시하는 세 가지는 다음과 같다.

1. 국내의 불안을 제거하기 위해서는 대외 진출이 필요하다.
2. 만몽의 가치
   ① 많은 위대한 일본인도 만몽이 지닌 가치를 이해하지 못하고 있다.
   ② 만몽 문제를 해결할 수 있다면 중국 배일운동 역시 끝장낼 수 있다.
3. 만몽 문제의 적극적인 해결은 단지 일본을 위해서뿐만 아니라 다수의 중국 민중이 가장 기뻐할 만한 일이므로 정의를 위해 일본이 나서서 단행해야만 한다. 역사적 관계에 비춰보아도 (만몽 지역의 민족들은) 한민족보다는 오히려 일본 민족에 속하는 것이 마땅하다.

여기에 흐르고 있는 역사관은 러일전쟁에서 흘린 장병의 피를 기필코 끝까지 지키고 발전시킨다는 사고방식이었다. 만주국 건국에 애면글면한 것도 결국은 러일전쟁에 의해 국가의 중추가 된 육군의 정책을 역사상 정착시키기 위해서였던 셈이다. 하지만 앞서 본 바와 같이 이시와라는 개인적으로 내심 이것을 세계최종전쟁의 제1단계로 생각하고 있었다.

이리하여 만주 영유를 도모한 관동군은 1931년 9월 18일 류타오후 사건(만주사변)을 일으켜 동삼성에서 동사성(러허 성을 더해 4성이라 칭한다)의 주요 도시로 군사적 장악지역을 넓혀간다.

군사 행동과 병행하여 관동군 펑톈 기관장 도이하라 겐지는 톈진에 은거하고 있던 선통제 푸이를 추대했다. 이타가키와 이시와라 등은 동삼성의 성장을 모아 준비위원회를 꾸리도록 하고, 관동군의 의향을 담은 만주 건국안을 제시한다. 그리고 곧 안건을 구체화하는 동시에 동북행정위원회로 하여

금 만주 건국을 선언하게 했던 것이다.

이와 같은 일련의 강경책을 도쿄에서 지지한 중견 막료는 주로 잇세키카이(후타바카이가 발전한 중견 막료들의 공부 모임)에 속하는 군인이었다. 그들은 만몽 문제의 무력 해결과 국내 정치 체제의 확립을 생각하고 있었는데, 이를 위해 아라키 사다오를 육군상에 추천하여 자신들의 정책을 실현하려 했다.

나가타 데쓰잔, 오카무라 야스지, 오바타 도시히로, 도조 히데키 등 주로 육사 10기 대에 속하는 이들 막료는 육군성과 참모본부에서는 과장, 현장에서는 연대장급이었고, 점차 합법적으로 권력을 장악할 것이라는 자신감을 갖고 있었다. 그런데 이러한 막료의 움직임이 미온적이라고 생각한 이들 다음 세대(육사 20기 중반부터 30기 초반의 장교)가 육군 내부에 더욱 급진적인 결사를 은밀하게 만들고 있었다. 그것이 1930년 9월 결성된 사쿠라카이다.

이 결사의 중심인물은 참모본부의 러시아반장 하시모토 긴고로다. 강령은 비밀에 부쳐졌는데, 제1조 목적에서 "본회는 국가 개조를 궁극적인 목적으로 하며 이를 위해 필요할 경우 무력행사도 불사한다"고 했다. 군사 쿠데타를 기도하고 있었던 것이다.

하시모토는 육군성과 참모본부에서 "만몽을 무력으로 제압하고 그 무력

'만몽개척청소년의용군'에서는 대일본제국에 대한 순국 정신을 철저하게 가르친다는 일관된 방침으로 14세~19세의 청소년을 훈육했다.

제3장. 만주국 건국과 육군의 착오

을 옹호하는 군사 내각을 만들어야 한다"고 공공연하게 주장했다. 그렇듯 독선적이고 터무니없는 의견이 점차 전면에 등장하고 있었던 것이다.

그들은 만주사변을 지지하고, 만주국 건국에 소극적인 정치가나 군인에게 위압을 가했다.

만주국 정부가 겉으로는 중국의 요인이 요직을 차지하고 있는 것으로 보였지만, 실제로는 군인의 지지를 받는 일본의 문관이 좌지우지하게 되었다. 그런 의미에서 이 정부는 표면상으로나마 체제가 갖추어져 있었던 셈이다.

그렇지만 만주국 건국에 가담한 문관이나 군인 중에는 주체적으로는 '이 상理想'에 불타는 유형이 많았던 것도 사실이다. 그러나 만주사변 뒤 6년이 지난 1937년 루거우차오蘆溝橋 사건과 함께 시작된 중일전쟁에 의해 이상은 차례차례 무너져내렸다. 만주국이 건국되면서 쇼와 육군의 군인들은 군사력으로 새로운 국가를 만들어낼 수 있다고 착각하게 되었고, 그 착각을 '이상'이라고 생각했던 것이다. 이것이 메이지 시기의 군인들과는 근본부터 다른 심리를 낳았다. 결국 군사는 국가의 위신과 안녕을 위해 존재하는 것이 아니라 타국을 식민지화하는 유력한 무기라고 믿었던 셈이다. 그리고 그 대상으로 줄곧 중국을 선택했던 셈이다.

황도파와 통제파:
2·26 사건의 두 얼굴

1936년 2월 26일의 이른바 2·26 사건은 육군 내부에서 국가 개조운동을 추진하고 있던 청년 장교들이 일으킨 쿠데타 미수 사건이다. 20여 명의 청년 장교와 그들의 지휘 아래 있던 부사관 및 병사 1500여 명이 참가한 대규모 쿠데타였다.

근대 일본의 육군사를 읽어봐도 그만큼 규모가 큰 쿠데타 미수는 없다. 1878년 근위 사단의 병사들이 세이난 전쟁과 관련된 논공행상에 불만을 품고 궐기한 다케바시 사건도 쿠데타 미수로 꼽히긴 하지만, 정치적 영향이나 궐기 행동의 철저함에서 볼 때 2·26 사건과 비교도 되지 않는다. 2·26 사건은 육군 내부의 항쟁이라는 범위를 훌쩍 뛰어넘어 일본 근대사의 전환점이 된 사건이기도 했다. 그러면 우선 이 사건을 개관해보기로 한다.

1936년 2월 26일, 도쿄에는 30년 만에 큰 눈이 내렸다. 그 눈을 맞으며 도쿄 아자부에 있는 제1사단 보병 제1연대와 보병 제3연대, 근위사단 보병 제3연대 등의 부사관 및 병사 약 1500명이 청년 장교 20명의 지휘 아래 오전 5시를 기해 정부 요인을 습격했다. 그들이 습격한 곳은 수상 관저, 스즈키 간타로鈴木貫太郎 시종장 사저, 사이토 마코토 내대신 사저, 와타나베 조타로渡邊錠太郎 육군 교육총감 사저, 다카하시 고레키요高橋是淸 대장상 사저, 마키노 노부아키牧野伸顯 전 내대신 사저 등인데, 그중 사이토, 와타나베, 다카하시는 그들에게 참살되었다. 그런 한편 나가타永田 정 일대도 그들에게 점거되었다. 청년 장교인 고다 기요사다香田淸貞, 니우 마사타다丹生誠忠, 무라나카 다카지村中孝次, 이소베 아사이치磯部淺一, 구리하라 야스히데栗原安秀 등은 육군대신 관저에 모여, 육군상 가와지마 요시유키川島義之를 앞에 두고 「궐기취의서蹶起趣意書」를 낭독하며 자신들의 7가지 요구 사항을 들이댔다. 제1항에서는 육군대신은 사태를 수습하고 쇼와 유신에 매진할 것을 주장했으며, 제2항 이하에서는 황군이 서로 싸우지 말 것 등을 요구했다.

자신들의 바람대로 군사 주도 내각을 만들라고 요구했던 것이다. 그들이 상정하고 있었던 것은 청년 장교에게 호의적인 전 교육총감 마사키 진자부로와 전 육군대신 아라키 사다오를 중심으로 하는 '천황 친정 내각'이었다.

26일 이른 새벽부터 29일 저녁 무렵에 이른 4일 동안 이들 청년 장교와 육군 지도자 사이에 줄다리기가 이어졌다. 천황은 청년 장교들이 궐기했다는 보고를 받고 나서는 '고굉지신股肱之臣'이 학살되기도 한 터라 단호하게 토벌할 것을 주장했고, 처음부터 끝까지 그런 태도에 흔들림이 없었다. 그러나 육군 지도부 안에는 그 뜻에 반하여 애매한 태도를 취하는 이도 있었다. 그 때문에 청년 장교 측도 강경한 자세로 나오는 등 이 4일 동안 청년 장교가 천황의 명령 없이 병력을 움직였다는 것, 말하자면 대권의 사의私議나 통수권의 침범에 쇼와 육군이 어떤 태도를 취할 것인가 시험대에 올랐다. 이는 그 후의 승진이나 영달에 큰 영향을 주게 되었던 것이다.

2·26 사건에 가담한 청년 장교들은 물론 자신들의 궐기 행동을 쿠데타라고는 말하지 않았다. 유신이나 혁신과 같은 표현을 썼으며, 지도자 중 한 사

람인 무라나카 다카지가 교묘하게도 "우리는 유신의 전위전前衛戰을 벌인 것"이라고 했듯이, 그들의 행동을 계기로 육군 당국이 새롭게 국내 체제 개혁을 위해 궐기하는 것으로 참된 '쇼와 유신'이 시작될 것이라고 정의하기도 했다. 청년 장교들은, 쿠데타란 국체 파괴를 의미하는 것이어서 대원수인 천황 폐하의 뜻에 맞지 않는다고 생각했다. 그래서 신경질적일 만큼 쿠데타나 혁명이라는 말을 피했다.

하지만 청년 장교들의 주관적인 생각이 그랬다 하더라도 역사적으로 보면 이것은 쿠데타 이외에 달리 부를 말이 없다.

천황을 충실하게 보필하고 보익補翼하는 자리에 있던 이들을 참살하고 그 권력을 소멸시킴으로써 육군이 주도하는 군사 독재 국가를 만들려고 했기 때문이다. 청년 장교들이 어떤 사상을 갖고 궐기를 감행한 것인지는 「궐기 취의서」를 통해 엿볼 수 있다. 이를 단적으로 말해주는 것이 "나라 안팎이 참으로 중대 위급한 지금 국체를 파괴하는 불의불신不義不臣을 주륙誅戮하여 능위稜威를 가리고 폐하의 유신을 저지하려 드는 간적奸賊을 삼제芟除하지 않는다면 황모皇謨를 헛되게 하는 것"이라는 부분이다. 더욱이 말미에서는 "이에 근심을 함께하고 뜻을 같이하는 이들이 궐기하여 간적을 주멸誅滅하고 대의를 바로 세워 국체의 옹호와 개현開顯에 몸과 마음을 다함으로써 신주神洲 적자赤子의 미충微衷을 바치고자 한다"고 주장했다. 결국 천황의 측근들을 권력 공간에서 몰아내고 진정으로 천황의 뜻을 따르는 권력 기구(그것이 군부 독재 국가일 테지만)를 만들기 위해 자신들이 궐기했다고 말하고 있는 것이다.

'실패'했지만 '성공'한 쿠데타

'폐하의 유신'이라든가 '국체의 옹호와 개현'이라는 말이 있지만 그것은 근대 일본의 개막을 알린 메이지 유신으로부터 68년이 지났으니 이제 새로운 유신 혁명이 필요하다는 의미다. 천황의 측근들은 자신의 이익을 위해 국민을 속이고 나아가 천황을 기만하고 있다며 탄핵하는데, 이러한 천황 측근의 간신을 배제하는 것이 곧 천황의 뜻을 따르는 것이라고 믿었던 것이다. 천황 친정을 요구하는 이 심정은 「군인칙유」의 정신과도 닿아 있다고 해석할 수 있다.

2·26 사건을 정확하게 이해하거나 역사적으로 자리매김하고자 한다면, 청년 장교들의 궐기는 쿠데타 그 자체였다는 인식에서부터 모든 것이 시작된다고 생각한다. 그리고 이 쿠데타는 '실패'했지만 '성공'했다는 두 가지 측면을 갖고 있다. 청년 장교들의 궐기는 4일 만에 천황의 강한 반대와 그것을 지지한 육군 주류파(이를 통제파라고 부를 수 있을 텐데)에 의해 진압되었고, 그들의 호소는 묵살되고 만다. 결국 '실패'한 것이다. 하지만 2·26 사건 후의 정치 상황에서 육군 주류파는 "이와 같은 불상사는 두번 다시 일어나서는 안 된다"는 명분 아래 육군 내부의 청년 장교들이 맡고 있던 지도부의 일파(황도파라고 불러도 좋다)를 숙군인사肅軍人事라는 명목으로 몰아냈고, '군부대신현역무관제'라는 제도를 부활시켜 육군상을 경질하거나 후임 육군상을 추천하지 않는 방법을 동원하여 내각의 생사여탈권을 획득했다. 이리하여 언제라도 육군이 주도하는 내각을 만들 수 있게 된 것이다. 바로 이것이 2·26 사건이 '성공'했다고 일컬어지는 이유다.

넓은 의미에서 육군의 권력 탈취를 염두에 둔다면 청년 장교들의 쿠데타는 성공했다고도 말할 수 있다. 물론 이 성공은 청년 장교들의 주체적인 의사와는 완전히 반대되는 형태의 것이었다. 그런 까닭에 청년 장교들의 미숙함이 노련한 육군 수뇌부에게 굴복당한 형국이라 할 수 있다. 그것은 쇼와 초년대부터 진행된 국가 개조운동이 결국은 이런 형태로 귀결되고 말았다는 뜻이기도 하다.

이 사건에 이르기까지 쇼와 초년대에 진행된 국가 개조운동을 다시 더듬어보건대 이 운동에는 다양한 조류가 있다. 사상적으로 봐도, 국가주의적 색채가 강한 오카와 슈메이, 절대천황주의자로 『일본개조법안대강』을 저술한 기타 잇키, 농본주의를 주창한 다치바나 고자부로橘孝三郞와 곤도 세이쿄権藤成卿, 니치렌종의 승려로 '일인일살一人一殺'을 주장한 이노우에 닛쇼井上日召 등 몇 명의 지도자가 있다. 본이 되는 국가상이나 국가 개조의 방법 등에서는 많은 차이가 있지만 천황을 중심으로 한 국가 혁신이라는 것에서는 공통점이 있다.

국가 개조운동에는 민간에서 모인 일련의 활동가군이 존재하지만, 결국이와 같은 지도자 아래 모인 사람들이 주축을 이루었다. 이러한 민간 우익은 1930년과 1931년의 공황 때 정당정치 타도를 내걸고, 군부 독재 정권이야말로 일본의 지도자에게 어울린다고 주장했다.

다른 한편 육군 내부에서는, 지도층인 장군부터 말단 청년 장교까지 공통되게, 만주의 권익을 확보하고 이곳에 강력한 점령지역을 구축하고 싶다는 야망을 품고 있었다. 그러기 위해서는 강력한 군부 정권을 내세워야 한다면서 불법적인 움직임까지 보였다. 1931년 3월에는 육군대신과 육군성의 국장급을 중심으로 쿠데타 계획을 세운다. 이른바 3월 사건이라고 부르는 이 계획은, 수상으로 추대될 가능성이 높았던 육군대신 우가키 가즈시게가 마지막 순간에 마음을 바꾸면서 중지됐다. 이 쿠데타 계획에는 오카와 슈메이의 영향 아래 있던 민간 우익도 다수 참가할 예정이었고, 무산 정당의 일부도 가세하기로 되어 있었다. 이 쿠데타 계획 자체는 완전히 어둠 속에 묻혔다.

2·26 사건에 참가한 청년 장교들이 이때는 아직 3월 사건에 가담할 정도의 위치에 있지 않았다. 1931년 9월에 발발한 만주사변을 계기로 육군 지도부는 천황의 의사를 무시하고 더 많은 사단을 보내 사변을 확대함으로써 정당정치가와 대립하기도 했다.

그러나 만주사변에 의해 민간 우익과 육군의 장교들은 급속도로 가까워졌다. 만주사변 발발 1개월 후에는 육군의 청년 장교, 중견 장교를 중심으로 한 사쿠라카이 그리고 오카와 슈메이와 이노우에 닛쇼 등의 민간 우익이 쿠데타를 기도한다. 이른바 10월 사건이다. 그러나 이 쿠데타 계획은 사전에 육군 지도부에 알려지는 바람에 무산되고 만다. 얄궂게도 이번에는 3월 사건에 가담했던 장관과 좌관이 청년 장교를 탄압하는 쪽에 섰다. 그들은 불법적으로가 아니라 합법적으로 권력을 탈취할 방법이 있다면서 위험한 다리는 건너지 않기로 했던 것이다.

1932년 2월과 3월에 있었던 이노우에 닛쇼 산하의 혈맹단원에 의한 요인 암살, 같은 해 5월 해군사관과 육군사관학교 후보생 그리고 다치바나 고자부로의 농본주의 단체가 가담한 이누카이 쓰요시 수상 암살(5·15 사건)은 육군 장교들이 직접 행동에 나서지 않자 초조해진 해군사관과 민간 우익이 일으킨 궐기였다. 그들의 슬로건은 정당정치 타도, 만주국의 승인, 군부 독재 국가 수립 등이었는데, 이 사건은 뜻밖에도 국민의 동정을 얻었다.

5·15 사건에 육군 측에서 가담한 육군사관학교 후보생은 해군 측의 국가개조운동 인맥과 이어지는 사람으로 육군의 청년 장교와 직접 관련이 있었던 것은 아니다. 5·15 사건은 해군이 주도한 테러라고 말할 수 있는데, 뿌려진 격문도 해군사관 미카미 다카시三上卓가 쓴 것이었다. 그 격문을 보면 "국민이여! 천황의 어명으로 폐하 측근의 간신들을 도살하라! 국민의 적인 기성 정당과 재벌을 죽여라! 횡포하기 그지없는 관헌을 응징하라! 간적奸賊과 특권계급을 말살하라! 민중이여! 건설을 염원한다면 먼저 파괴해야 한다! 모든 현존하는 추악한 제도를 무너뜨려라! 위대한 건설은 철저한 파괴가 필요하다!"와 같은 격렬한 표현으로 가득하다. 피폐한 국가를 구하기 위해서는 직접행동 말고는 없다고 호소했던 것이다.

5·15 사건의 격문과 2·26 사건의 「궐기취의서」를 비교해보면 2·26 사건

은 무척이나 관념적이다. 5·15 사건 쪽이 외부를 향하여 격하게 원망을 쏟아놓는 데 비해, 2·26 사건 쪽은 오히려 원망이나 증오가 안으로 향하고 있다는 것을 알 수 있다. 그 이유를 살펴보면 결국 1933년, 1934년, 1935년의 천황기관설(일본제국 헌법하에서 확립된 헌법 학설로, 통치권(주권)은 법인인 국가에 있으며 일본 천황은 그러한 국가의 최고 기관으로서 다른 기관의 도움을 얻어 통치권을 행사한다는 논리를 담고 있다. 국부와 우익 세력이 대두되면서 국체에 어긋난다는 이유로 배격되기도 했다—옮긴이) 배격운동과 국체 명징운동으로 이어진다.

2·26 사건의 청년 장교 중에서도 지도적인 역할을 한 무라나카 다카지와 이소베 아사이치는 1934년에 일어난 11월 사건(육군사관학교 후보생에게 무력 봉기를 설득한 사건. 두 사람은 휴직 처리되었다가 면직되는데, 이 사건은 날조된 것으로 알려져 있다)으로 육군 내부에서 한 걸음 물러나는데, 그들은 기타 잇키를 사사하면서 육군 내부의 통제의 난맥상을 「숙군肅軍에 관한 의견서」라는 괴문서 형태로 발표한다. 이 문서에는 천황기관설을 신봉하는 육군 지도부에 대해 강한 비판을 퍼붓는 표현이 가득하다.

또한 그들은 "반역적이고 망국적인 사설邪說에 기초한 제도와 기구가 '국체 명징'이라는 국민적 신앙 앞에서 구름처럼 흩어지고 안개처럼 사라질 것을

5·15 사건에 대한 재판.

제4장. 황도파와 통제파: 2·26 사건의 두 얼굴

엄명하여 '국체 명징'에서 '국체 현현'으로, '국체에 관한 국민적 신앙의 회복과 국민의 국체 각성'에서 '거국 유신이라는 성업聖業의 익찬翼贊'으로 필연적 과정을 밟아가고 있다"고 주장했다. 황군이 천황기관설을 받드는 일은 결코 허용할 수 없다는 것이었다.

이소베는 특히 천황신권설에 심하게 경도되어 천황을 아키쓰미카미現御神 (현세에 살아 있는 신)로 떠받드는 심리 상태에 있었다. 2·26 사건에 가담한 청년 장교 중에는 그러한 이가 결코 적지 않았다.

격렬해지는 군 내부의 파벌 투쟁

1933~1934년 무렵 육군 내부에서는 천황기관설을 신봉하고, 합법적으로 군부가 권력을 손에 넣은 다음 국가 총동원 체제를 갖추도록 하자고 주장하는 그룹을 통제파라고 불렀다. 교육총감 와타나베 조타로, 육군성 군무국장 나가타 데쓰잔 등이 중심이었다. 이에 대해 국체 명징운동에 적극적이고, 불법적으로라도 권력을 장악한 다음 천황 친정에 의한 국가를 목표로 삼은 그룹을 황도파라고 불렀다. 이 그룹은 아라키 사다오와 마사키 진자부로를 받들었는데, 황군이라는 말을 처음 사용한 것도 관념적인 성격을 띤 황도파였다.

1935년에 접어들면서 두 파벌의 투쟁은 점차 정점을 향해 치닫는다. 통제파는 육군 상층부에 많았고, 불법적인 활동을 철저하게 배제하는 입장에 섰다. 그리고 전쟁에 대비해 국가 총동원 태세를 갖추기 위해서는 관료나 재계 사람들과도 연대하고 제휴해야 한다고 주장했다. 이들은 대소련전보다 오히려 중국 제압에 비중을 두는 실리적인 사고방식을 갖고 있었다. 이와 달리 황도파는 청년 장교가 많았고, 대부분 20대에서 30대로 지금처럼 부패한 일본은 천황의 뜻에 따르는 국가가 아니며, 이상적인 국가를 만들기 위해서는 불법적인 활동을 불사한다고 주장했다. 이 그룹의 지도자는 앞에 서술한 바와 같이 아라키 사다오와 마사키 진자부로 같은 장군들이었는데, 이 두 사람은 일이 있을 때마다 청년 장교들을 부추겼고 그들의 순수무사純粹無私 정신을 칭찬하며 부채질했다. 황도파는 공산주의 국가인 소련에 대해 격심한 적대감을 품고 있었다. 공산주의가 천황제 타도를 슬로건으로 내세우고 있었기 때문이다.

정리해보자면, 청년 장교란 육군사관학교를 졸업한 뒤 부대에 소속되어 근무하고 있는 장교를 말한다. 30대 전반인 이도 있지만 대체로 20대 중반이며, 매일 부사관이나 병사의 교육 훈련에 임하는 한편, 선배 장교들로부터 육군의 다양한 관습이나 지도술을 배워나갔다. 청년 장교는 대부분 10대 중반부터 오로지 육군유년학교와 육군사관학교에서만 배워왔기 때문에 사물을 보는 방식이 직정直情적이며 시야도 좁다. 그래서 그들은 부사관이나 병사를 교육하는 과정에서 사회의 부조리와 모순을 깨닫기도 했다.

또 「군인칙유」를 문자 그대로 받아들인 그들은, 천황이 살아 있는 신이며 나를 버리고 신을 모시는 것이 절대적 진리라고 배워온 세대다. 그들은 일본의 현실에 대해 살아 있는 신의 뜻을 따르는 사회가 아니라고 생각했으며, 이렇게 된 것은 천황 주변에 있는 측근이 국민의 뜻을 왜곡하여 천황에게 전하고 있는 체제에서 비롯됐다고 보았다. 그런 측근들이야말로 '임금 곁의 간신'이라는 것이다.

그러나 통제파의 막료들은 청년 장교의 이런 생각을 완전히 무시했다. 청년 장교는 입만 열었다 하면 황국을 말하는데 그런 정신론만으로는 국가를 움직일 수 없으며, 좀더 현실적인 견해를 가지라고 주장했다. 통제파와 황도파의 대립은 점차 감정적으로 바뀌었다. 게다가 인사를 둘러싼 싸움이 더해졌고, 마사키 진자부로를 요직에서 배제하려는 통제파의 의향에 청년 장교

제4장. 황도파와 통제파: 2·26 사건의 두 얼굴

들은 격렬하게 저항했다. 이리하여 일어난 것이 1935년 8월의 나가타 데쓰잔을 찔러 죽인 사건이다. 황도파 중좌 아이자와 사부로相澤三郎가 실성한 듯 대낮에 육군성 군무국장실에 들어가 나가타를 참살한 것이다. 아이자와는 헌병조서에서 "이세신궁에 계신 아마테라스 오미카미天照大神께서 아이자와의 몸을 빌려 천주天誅(천벌)를 내리신 것으로 자신의 책임이 아니다. (…) 즉 신의 계시다"라고 했는데, 이처럼 청년 장교 중에는 천황의 뜻에 따라 활동하고 있다는 신념이 점차 '미쳤다'고 할 만큼 고조된 이도 있었다.

이 사건에서 청년 장교들은 아이자와를 지원하는 공판 투쟁까지 벌였다. 그런 움직임이 격렬해지면서, 통제파와 황도파는 더욱더 날카롭게 대립하게 되었다.

2·26 사건은 이와 같은 육군 내부의 파벌 투쟁의 일환으로 일어난 것이었다. 청년 장교들은 통제파 장교를 '군벌'이라 부르며 '임금 곁의 간신' 취급을 했다. 사건 당시 교육총감 와타나베 조타로가 사저에서 참살된 것은 통제파의 중진으로 간주되었기 때문이며, 마사키를 중앙의 요직에서 몰아냈다는 원한 때문이기도 했다.

청년 장교들은 사건이 있던 날 육군대신 관저를 제압한 뒤 육군대신을 향해 「궐기취의서」 외에 7개 항목의 요구 사항을 제출했는데, 그중에는 3월 사건의 중심인물이었던 장관들을 체포하고 좌관급의 통제파 장교를 배제하는 등의 조치가 포함되어 있었다.

그러나 격렬한 권력 투쟁의 관점에서 보면 그들은 통제파에게 패한 셈이었다.

국민감정과 천황의 의사

2·26 사건은 쇼와 초년대의 여느 국가 개조운동과 크게 달랐다. 가장 큰 차이점은 청년 장교가 부사관이나 병사에게 명을 내려 다수를 움직였다는 사실이다. 동원된 병사 중에는 이해 1월에 갓 징용되어 아직 무기를 취급하는 데조차 익숙하지 않은 이까지 있었다. 쇼와 초년대의 국가 개조운동에서는 실제로 병력을 움직일 만한 규모의 사건이 없었다. 게다가 병력을 움직이는 것은 천황의 대권임에도, 청년 장교들은 천황의 뜻을 따른다고 하면서 실제로는 그 뜻을 무시했다. 자신들의 행위는 큰 의미에서 천황의 뜻을 따르는 것이기 때문에 천황의 대권을 거스르는 행위도 허용될 것이라고 생각했다. 그리고 이것을 '대선大善'이라 칭했다.

또 한 가지 덧붙이자면, 청년 장교들과 그들의 지휘를 받는 병사들이 요인을 습격하여 대단히 처참하게 살해했다는 점이다. 이것은 '임금 곁의 간신'에 대한 그들의 원한이 깊었기 때문이라고 할 수도 있겠지만, 그들의 살해 방법은 쇼와 초년대의 테러 사건과 비교도 안 될 정도로 잔혹했다.

2·26 사건의 경우 다분히 내무성의 정보 조작도 교묘했을 테지만 청년 장교들을 비롯해 사건을 결행한 이들에게 동정을 보이는 사람은 거의 없었다. 경시청 소속 순사 4명이 살해되었는데, 오히려 이 순사들에게 동정이 밀려들어 위로금도 상당한 액수에 달했다. 4년 전 5·15 사건에서는 결행한 쪽에 동정이 쏟아져, 100만 통에 이르는 탄원서가 공판에 모인 것과는 완전히 대조적이었다.

2·26 사건에는 아직 해명되지 않은 몇 가지 불명확한 점이 있는데, 왜 그 시기에 거사를 감행했는지 확실하게 알려져 있지는 않다.

1935년 12월 상순 제1사단에 북만주로 이주하라는 내부 지시가 내려온다. 이에 관해서는 통제파의 육군 상층부가 과격한 청년 장교가 많은 제1사

제4장. 황도파와 통제파: 2·26 사건의 두 얼굴

단을 도쿄에 두지 않는 게 좋겠다고 생각했기 때문이라는 설도 있지만, 어찌됐든 이 내부 지시를 받고 청년 장교 가운데 급진 분자는 초조해질 수밖에 없었다. 만주로 가면 '임금 곁의 간신'을 무너뜨릴 기회가 사라질 것을 우려했기 때문이다. 그들은 때마침 시작된 아이자와 재판에 자극을 받기도 해서 구호를 '아이자와를 따르라'라고 정하고 계획을 짰다.

약 2개월 반 만에 성급하게 계획이 결론에 이른 터라 몇 가지 분명치 못한 점이 있었다. 그 가운데 하나가 청년 장교들은 왜 자신들이 직접 권력을 탈취할 생각을 하지 않았는가 하는 것이고, 또 하나는 이 사이에 그들의 계획이 과연 누구에게도 누설되지 않았는가라는 것이다.

전자에 관해 말하자면, 쇼와 초년대의 민간 우익은 자신들의 직접행동을 권력을 취하기 위함이 아니라 기꺼이 버림돌捨石 역할을 함으로써 육해군을 정치의 전면으로 끌어내기 위함이라고 여겼는데, 전자는 그런 생각의 연장선상에 있었다. 결국 '유신의 전위전前衛戰'이라는 것이다. 그들이 구호로 내건 '존황토간尊皇討奸'을 충실하게 실행했을 따름이다.

2·26 사건의 흑막으로 알려져 있지만, 실제로는 청년 장교의 상담을 받은 적이 없는 기타 잇키는 이 궐기의 최대 약점이 바로 여기에 있다는 의미의 말을 했고, 민간 측에서 가담한 시부카와 센스케澁川善助는 '한번 뺀 칼은 끝장을 보지 않은 채 칼집에 집어넣어서는 안 된다'는 말을 남기고 형장의 이슬로 사라졌다. 이처럼 스스로를 혁명가라고 생각했던 민간 우익의 지도자들은 청년 장교들의 어정쩡한 태도를 통렬할 정도로 애석하게 여긴 것으로 보인다.

지금까지도 '만약 2·26 사건이 성공했더라면 어떻게 됐을까'라는 논의가 이루어지고 있다. 일본이 중국에서 또는 동남아시아에서 저와 같은 팽창 정책을 택하지는 않았을 것이라고 말하는 사람도 있다. 그럴듯해 보이긴 하지만 과연 그러했을까?

2·26 사건 때 경시청을 점거하고 중앙 광장에서
대기하고 있는 반란군 부대.

청년 장교들은 계속 대소련전을 주장했다. 소련은 일본 육군이 일관되게
잠재 적국으로 간주한 나라다. 아울러 청년 장교들이 지도자로 받들고 있던
아라키와 마사키도 대소련전 신봉자였다. 2·26 사건에서 청년 장교들이 가
와지마 육군대신에게 제시한 요구 사항 중 아라키를 관동군 사령관으로 임
명하라는 항목이 있다. 이것은 일본군이 즉각 대소련전 준비에 나서야 한다
는 말과 동의어이기도 했다. 공산주의의 위협에 대한 경계와 만주국에 압력
을 행사하는 소련에 대한 반감 등이 겹쳐 '대소련전 필연론'의 입장에 서 있
었던 것이다.

2·26 사건에서 궐기한 청년 장교들이 바랐던 정권이 들어섰다면 1937년
중일전쟁의 양상은 달라졌을지도 모른다. 만주국과 중국 일부의 권익이 보
증되는 단계에서 만족하고 그 이상으로는 전쟁의 불길을 확대하지 않은 상
태에서 오로지 대소련전으로 중점을 옮겨갔을 것이다. 중일전쟁 대신 1939
년 5월에서 9월에 걸쳐 일어난 노몬한 사건(할힌골 전투라고도 불리는, 몽골과
만주국의 국경 지대인 할하 강에서 소련군, 몽골군과 일본 제국의 관동군, 만주국군
간의 전투─옮긴이)이 대소련전 신봉자들의 명운을 건 격렬한 전쟁으로 확대
되었을 수도 있다. 그랬다면 관동군은 소련의 근대 병기 앞에 철저히 무릎
꿇고 더욱 궤멸됐을 것이다. 잇달아 전력을 투입해야 했기에 일본 육군의 근

제4장. 황도파와 통제파: 2·26 사건의 두 얼굴

간을 뒤흔들 정도로 병력이나 장비 면에서 타격을 받았을 것임에 틀림없다.

그런 정권이 들어설 수 있었다면, 1941년 6월 독일군이 소련 영토를 침입했을 때 일본은 대소전과 남방의 자원 획득 작전을 동시에 강행했을지도 모른다. 그리고 실제로 남방 작전에 중점을 두고 관동군이 특별 연습을 시행해 소련에 압력을 가했을 뿐이지만, 소련과 실전을 벌였을 수도 있었으리라 생각한다.

따라서 청년 장교들이 원했던 정권이 들어섰다 해도 쇼와의 역사는 총체적으로 보아 크게 달라지지는 않았을 것이며, 역시 1945년 8월 15일과 같은 사태를 맞이했을 것이다.

다만 다음과 같이 말할 수도 있다. 결국 그들이 원한 정권은 천황의 뜻을 핵심으로 삼았다는 점에서 천황을 정치·군사의 전면에 내세웠을 것이다. 앞서 서술한 것처럼 천황 친정 국가가 수립되는 셈이다. 이 경우 천황의 의사가 어떨지 예상할 수는 없지만, 이러한 통치 형태는 그때까지의 천황기관설에 기초한 정권보다 천황의 직접적인 명령에 따라 움직일 것이기 때문에 그 정치적·군사적 책임은 고스란히 천황에게 돌아간다. 그런 의미에서 청년 장교들의 주장은 천황을 떠받들려다가 오히려 궁지로 내모는 꼴이 되고, 전쟁에 패했을 경우 상대국으로부터 책임 추궁을 당해 천황제의 존속 자체가 어려워졌을 것으로 추측된다.

2·26 사건이 발발했다는 보고를 받고서 천황이 마음 깊은 곳에서부터 격노한 것은 '고굉지신'이 '임금 곁의 간신'으로 간주되어 참살당한 것에 대한 인간적인 분노가 직접적인 이유였을 것이다. 그와 함께 천황 자신의 생각과 크게 다른 청년 장교들의 주장을 알았기 때문이다. 천황은 "군림하되 통치하지 않는다"는 제왕 교육을 받고 그대로 행동해왔는데 청년 장교들은 "군림하고 통치하라"고 요구했던 것이다. 천황의 격노에는 이러한 기본적인 인식의 차이가 포함되어 있었던 것으로 보인다.

제2부. 쇼와 육군의 흥망

2·26 사건은 쇼와 초년대의 국가 개조운동이 안고 있던 에너지를 폭발시켰고 그 모순을 분명하게 보여주었다. 확실히 귀결점이 되기도 했던 것이다. 동시에 사건의 수습은 육군 지도부의 영리한 정치적 계산에 따라 교묘하게 권력을 탈취하는 의식이기도 했다. 그리고 그 정치적 계산이 현실에 적용되면서 쇼와 10년대의 군사 주도 정책이 마련되었던 것이다.

2·26 사건 판결은
어떻게 유도되었는가

2·26 사건으로 기소된 청년 장교, 부사관, 병사 그리고 궐기에 참가하지 않은 청년 장교와 민간인(법정 용어로는 상인常人) 총 163명은 특설 육군 군법 회의에서 재판을 받았다. 청년 장교들이 수용된 도쿄 요요기의 육군위술형무소陸軍衛戌刑務所에 인접한 요요기 연병장 한쪽 구석에 급조한 건물이 법정으로 사용되었다.

공판은 사건일로부터 2개월이 지난 1936년 4월 28일에 시작되었고, 7월 5일에 궐기에 참가하지 않은 청년 장교를 제외한 모든 피고에 대한 심리를 마치고 판결이 내려졌다. 1주일 후에는 사형을 선고받은 청년 장교 15명의 총살형이 집행됐다. 다음 해 8월, 이소베 아사이치, 무라나카 다카지, 기타 잇키, 니시다 미쓰기西田稅 등 민간인도 총살형을 당했다.(일부 민간인과 궐기에 직접 참가하지 않은 청년 장교에 대해서는 1937년 1월 18일에 판결이 내려졌다.)

처음에 데라우치 히사이치寺內壽一 육군상을 비롯한 육군 지도부는 이 불상사를 서둘러 매듭지어야겠다고 생각했다. 그래서 육군 측은 긴급 칙령에 따라 특설 군법 회의를 여는 데 성공했고, 여기서 피고인들에게 변호인을 붙이지도 않고 증인 신문도 인정하지 않은 채 1심 판결만으로 즉결형을 집행할 방침을 세울 수 있었다. 칙령에 따른 특설 육군 군법 회의는 제1조에서 육군대신을 장으로 한다고 명시했는데, 이처럼 군법 회의를 관통하는 하나의 줄기로 육군 수뇌부를 따르는 내용이 명문화되어 있었음을 알 수 있다.

군법 회의에서 재판관 역할을 한 사람도 군인이었다. 피고들은 5개 반으로 나뉘었고(나중에는 2개 반이 더 늘어난다), 각 반은 5명의 재판관에 의해 재판을 받았다. 이 재판관 가운데 4명은 현역 군인이고, 나머지 1명은 육군 법무관이었는데, 법무관은 문관이다. 군인으로 재판관에 임명된 이는 판사(재판장은 판사장)라 불렸는데, 그들은 모두 법률에 대해서는 갈데없는 풋내기였다. 단기간에 법률을 학습하고서 법정에 앉았던 것이다.

2·26 사건 관련 피고들이 법정에서 주장한 내용과 그 생각 등은 이미 많은 책을 통해 밝혀졌다. 검찰의 주장도 사키사카 슌페이^{匂坂春平} 수석 검찰관이 남긴 자료가 발견되면서부터 그 윤곽이 상당히 선명해졌다.

_____ **판사가 된 장교들**

그러나 피고들에게 형을 선고한 판사들의 수기나 회고록 등은 아직 그만큼 세상에 알려져 있지 않다. 마쓰모토 세이초^{松本清張}의 『2·26 사건』에 수록되어 있는 마노 도시오^{間野俊夫} 대위의 수기, 나카오 긴야^{中尾金彌} 대위의 메모 등이 있을 따름이다.

30여 명에 이르는 판사는 어떤 생각을 갖고 이 군법 회의에 대처했을까?

판사 중 한 사람인 이시이 아키호^{石井秋穗}와 나는 1975년부터 1996년 2월 그가 죽기까지 계속 편지를 주고받았다. 이시이는 태평양전쟁이 개시되기 전에 육군성 군무국의 요직에 있으면서 국책의 초안을 작성한 정책통 군인이었는데, 일본 육군의 전체적인 윤곽을 알고 싶었던 나에게 400통에 이르는 편지를 통해 이야기해주었다. 그 과정에서 그가 2·26 사건 때 판사였다는 사실을 알았다. 당시 판사로서 체험한 것에 대해 물었더니 재판관은 말하지 않는다는 신념으로 상세한 내용은 밝히지 않았다. 하지만 판사로서 당시 생각하고 있던 것이나 판사가 처한 상황에 관한 메모 몇 권을 나에게 보내주었다. 그래서 이 메모 중에서 발견한 몇 가지 새로운 사실을 바탕으로 2·26 사건의 피고를 재판한 어느 판사의 회상을 기록해두고자 한다.

1936년 4월 2일 도쿄 미야케자카에 있는 육군성 대회의실에 장교들이 모였다. 모두가 육군성 인사국의 부름을 받고 온 30대에서 40대 초반의 장교들이었다. 어떤 역할이 부여될지 그들 자신은 모르고 있었다. 참모본부와 육군성의 막료, 중국파견군 참모 등 당시 이 장교들의 직무는 다양했다.

이들은 인사국장 우시로쿠 준後宮淳에게 2·26 사건의 판사로서 당분간 이 재판에 전념하도록 하라는 말을 들었다. 그리고 판사에 취임한 것은 밝히지 말라는 명을 받았다.

20명의 장교 중에는 그 자리에 법무관 등이 출석한 것을 보고 그런 역할이 부여되리라는 것을 예상한 사람도 있었다. 대체로 보아 누구도 특별히 놀라지는 않았다. 오히려 이 역사적인 사건을 재판하는 쪽에 선 것에 사명감을 가진 자도 있었다.

데라우치 히사이치 육군대신이 판사들에게 다음과 같이 훈시했다.

"본 사건을 일으킨 육군의 책임은 막중하다. 육군의 장래를 망치지 않기 위해서라도 판사의 역할은 대단히 중요하다. 어찌됐든 조속히 육군의 질서를 회복하여 건군 이래 최대의 불상사를 근절하지 않으면 안 된다."

이와 같은 의미의 훈시였다. 이어서 육군성의 요직에 있는 장교가 새삼스럽게 사건의 개요를 설명했다. 이 자리에 모인 판사들은 사건에 관한 상세한 내용을 알지 못했던 것이다. 그 정도로 2·26 사건을 이해하는 입장과는 동떨어진 자리에 있었고, 심정적으로도 청년 장교들로부터 일정한 거리를 둔 생각을 하고 있었다.

이시이는 나에게 보낸 편지에서 이렇게 썼다.

"이어서 판사의 마음가짐에 대해 말씀하셨는데, 누구의 강연이었는지는 생각나지 않습니다. 다만 딱 한 가지 기억에 남아 있는 것은 판사는 예심 조서를 꼼꼼하게 읽어야 한다는 말이었습니다."

결국 예심 조서를 처음부터 끝까지 잘 읽어보면 이 사건이 무엇을 의미하는지 알 수 있을 것이라는 얘기였다. 그것은 2·26 사건의 본질이 어디에 있는지를 육군 지도부가 판사들에게 숙지시키려는 의도를 지녔음을 뜻한다.

지금의 일반 재판이라면 검사 조서에 해당되는 예심 조서는 창고에 산더미처럼 쌓여 있었다. 판사들은 우선 여관에 틀어박혀 이 조서를 읽는 데 몰두했다.

판사로 선택된 사람은 육군성에서 차출된 기병대좌 요시다 다다시吉田惠와 이시모토 도라조石本寅三 그리고 보병소좌 가와무라 사부로河村參郎, 참모본부에서 차출된 보병중좌 와카마쓰 다다카즈若松只一, 항공병대위 다니가와 가즈오谷川一男, 보병대위 이시이 아키호, 교육총감부에서 차출된 보병중좌 히토미 슈조人見秀三, 보병대위 후타가미 쓰토무二神力, 보병소좌 무라카미 소지村上宗治, 보병대위 아사누마 요시타로淺沼吉太郎, 포병대위 네기니 가즈에根岸主計, 육군대학교에서 차출된 보병중좌 후지무로 료스케藤室良輔, 보병소좌 오하시 구마오大橋熊雄다. 육군항공본부에서는 항공병대위 가와나베 주사부로河邊忠三郎를, 육군병기본부에서는 보병대위 마노 도시오와 후쿠야마 요시오福山芳夫를, 제1사단에서는 보병대위 가와이 시게오河合重雄와 포병대위 다카야마 시노부高山信夫를, 제5사단에서는 보병중좌 야마자키 미네지로山崎三子次郎를, 제

10사단에서는 보병대위 나카오 긴야를 각각 파견했다.

이들 20명 가운데에는 예비 인원으로 선정된 판사도 있었고, 마사키 진자부로 대장의 재판을 위해 나중에 지명된 판사도 있었다. 그러나 어찌됐든 2·26 사건을 재판하는 판사는 이들 좌관급 및 위관급 군인이었다.

이와 같은 판사의 인선은 표면상으로는 '공평성'을 가장하고 있는 것처럼 보인다는 지적도 있다. 그러나 앞서 언급한 마쓰모토 세이초의 책에 따르면, "특설 육군 군법 회의를 관장한 사람이 데라우치 히사이치 육군대신이었기 때문에 중앙부, 즉 막료파를 주체로 하는 신통제파의 주관이 인선 단계에서 인사국을 통해 이미 개입한 것으로 보아야만 한다". 판사에 관해서는 주관적으로 어떠했든 객관적으로는 반황도파 색채가 강한 인재를 배치했다고 할 수 있다.

판사들 사이에서도 자신이 어떻게 판사로 선택되었는지를 놓고 여러 말이 오갔던 듯하다. 이시이의 편지에는 다음과 같이 적혀 있다.

"인선은 육군성 인사국에서 담당했는데, 그 기준이 무엇이었는지는 저도 잘 모릅니다. 제가 여러 판사를 관찰하고 또 일부 판사와 잡담한 내용을 종합하여 결론을 내리자면 이렇습니다. ① 누구보다 자신의 신념에 충실하게 살아가는 사람, ② 사물을 보는 견해가 공정한 사람. 미숙한 제가 보기에는 정말이지 뛰어난 인격자들뿐이었습니다."

판사들은 대체로 30대였다. 육군 내부에서 우수한 기술 관료로 육성된 사람들이다. 판사들 사이에서는 능력이나 인격에 관해 서로 인정하는 분위기가 형성되어 있었다. 인사국이 모두 기골이 있는 인재를 모았다는 것이 판사들의 공통된 생각이었던 듯하다.

마쓰모토 세이초의 저서에 소개되어 있는 마노 도시오의 수기에도 그 생각을 엿볼 수 있는 에피소드가 실려 있다. 판사들이 육군성의 어떤 소좌에게 사건의 개요에 대해 물었을 때, 이 소좌는 흥분하면서 "전원 사형이다.

배후인 기타 잇키와 니시다 미쓰기西田稅가 원흉이다"라며 말을 꺼냈다. 그러자 마노는 '결연히 일어나' 다음과 같이 항의했다.

"재판관에 대한 설명은 객관적 사실에만 머무는 것이 당연하지 않습니까? 판결을 시사하는 듯한 말은 삼가셨으면 합니다."

물론 이에 대해서는 '젊은 대위는 주제넘게 나서지 말라'고 말하는 듯한 차가운 시선이 되돌아왔다. 그러나 마노는 기가 죽기는커녕 더욱더 판사로서의 역할을 지킬 것이라 결의했다고 한다.

이와 같은 구체적인 에피소드를 이시이의 편지에서 볼 수 있는바, 판사들이 강한 신념을 갖고 있으며 사물을 정확히 보는 견해를 지닌 인물들이었음을 뒷받침한다.

판사들의 경력을 살펴보면 육군대학교 출신과 비육군대학교 출신이 반반이다. 육대 출신은 성적이 우수한 이들로 육군성이나 참모본부의 요직을 차지하고 있었다. 아울러 이들은 청년 장교들이 중심이 된 국가 개조운동에는 전혀라고 말해도 좋을 정도로 관심을 갖지 않은 유형이기도 했다.

비육대 출신은 교육총감부나 육군 실시학교實施學校, 즉 보병학교와 야전포병학교 그리고 기병학교에서 교관으로 근무하고 있었다. 그런데 이들이 육군대학교에 입학하지 않은 것은 입학 자격을 충분히 갖고 있으면서도 소속 부대에서 뭔가에 휘둘리듯이 바쁘게 근무했기 때문이거나 아니면 육대 수험 때 몸이 다쳐 입학 기회를 놓쳤기 때문이다.

판사의 인선은 육군 내부의 유년학교와 사관학교 시절의 성적, 부대 소속 장교로 근무할 때의 고과 그리고 군 외부의 정치활동에 일절 관계하지 않은 점을 고려하여 진행된 것으로 보인다. 굳이 의심하자면, 이렇게 인선을 하면 육군 지도부의 의향(예컨대 조속히 형을 선고하고 집행한다는 방침)에 따라 결론을 내릴 것이라는 기대를 갖고 있었다고 말할 수도 있다.

판사 전원은 예심 조서와 모든 피고에 대한 기록을 읽는 데 열중했고, 그

제5장. 2·26 사건 판결은 어떻게 유도되었는가

러는 동안에 각 판사가 담당할 피고가 아주 자연스럽게 결정되었다.

기타 잇키와 니시다 미쓰기는 수괴인가

판사들이 육군성 대회의실에 모인 날로부터 26일 후인 4월 28일 제1회 공판이 열렸다. 이 사이에 판사들은 전술한 바와 같이 예심 조서를 읽는 한편 육군 형법에 관해서도 연구를 거듭했다. 재야의 형법학자나 도쿄 제국대학에서 법 이론을 가르치고 있는 학자를 찾아가 지식을 쌓았다. 물론 그렇다고 해서 2·26 사건을 재판하는 데 필요한 지식을 배우고 있다고 공언할 수는 없었다. 그래서 이들은 육군이 법 이론에 대해 관심을 갖고 있어 공부하는 것이라면서 아무렇지도 않은 듯 다녔던 것이다. 이시이의 편지에 따르면, 그 자신도 2·26 사건에서 가장 중심이 되는 테마를 갖고 법률가를 만났다.

예심 조서를 읽고 법학자나 법률가의 의견을 들은 판사들은 결국 문제점이 두 가지로 수렴된다고 판단했다. 하나는 사건에 참가한 병사들의 행동이 유죄인지 여부였고, 다른 하나는 기타 잇키와 니시다 미쓰기를 수괴로 인정할 것인지 여부였다. 전자는 위법한 명령에 복종한 병사들에게도 죄를 물을 수 있느냐는 것이고, 후자는 청년 장교들이 기타 잇키와 니시다 미쓰기의 생각이나 방침에 따라 구체적으로 움직였는지 여부를 묻는 것이다.

덧붙이자면, 육군성 지도부는 어떻게 해서든 기타와 니시다를 수괴로 몰아가려는 생각을 갖고 있었다. 앞서 서술한 것처럼 육군성 좌관이 "기타와 니시다가 원흉이다"라고 외친 것은 2·26 사건 후 육군 주류의 본심이었다. 더욱이 민간인인 이 둘을 수괴로 삼음으로써 육군은 오히려 이들에게 '이용당한' 존재로 꾸며질 수 있으리라는 기대도 감춰져 있었던 셈이다.

이시이는 편지에서 그가 만난 사람은 훗날 대심원장(현재의 일본 최고재판장)이 되는 모토지 신쿠마泉二新熊였다고 했다. 모토지의 『형법개론』에는 명령에 기초한 행동은 정당한 행위라고 적혀 있었는데, 이 점에 관해 모토지는 "어떤 상관이라도 위법한 명령을 내릴 권리는 없다. 따라서 위법한 명령에 따른 행위는 죄가 된다"라는 해설을 덧붙였다. 이시이는 모토지의 집을 찾아가 이것을 확인했다.

모토지는 자신의 책에서 해설한 대로 설명했다. 그리고 위법한 명령을 합법한 명령으로 받아들인 경우와 위법인지 합법인지 판단이 모호한 상황에서 명령을 받아들인 경우는 어떻게 판단하는지를 세세하게 설명했다. 위법인지 적법인지 판단하지도 못하는 일반 병사에게는 죄를 물을 수 없지만, 그 판단이 가능한 부사관의 죄는 물을 수 있다는 결론에 이르렀다.

판사들은 1개월 동안 거의 침식寢食을 잊은 채 조서를 읽고 법 이론을 흡수하며 사건의 전모를 이해하고 피고를 재판할 정당성을 몸에 익히고 있었던 것이다.

이 기간에 판사들이 한 장소에 모여 공부 모임과 같은 회합을 가진 것은 고작 몇 번에 지나지 않았으며 그 회합이라는 것도 모두 판사들을 교육한다는 의미에서 이뤄졌다. 그 몇 차례의 회합을 날짜와 시간을 제외하고 나열해 보면 다음과 같다.

이시이는 판사 전원에게 모토지의 『형법개론』의 내용을 설명했다. 병사들의 죄를 묻지 않는다는 것이 법 해석의 결론이라는 설명은 다른 판사들이 학자들을 찾아다니면서 알아본 해석과 일치했다.

도쿄 헌병대장 사카모토 도시마坂本俊馬 대좌가 육군성 대회의실에서 사건의 경위를 상세하게 설명했다. 헌병대 입장에서 사건 발생을 예측할 수 있었는가라는 대목에 특히 힘을 쏟았다. 사카모토 대좌는 기타 잇키에 대해서도 길게 설명하면서, "기타는 상당한 이론가이며 달변이기도 하다. 이 사람과 대등하게 논전을 벌일 수 있는 자는 없다"고 말했다. 기타 잇키라는 사상가 또는 대륙 낭인의 이미지가 판사들 사이에서 급격하게 부풀려졌다.

내무성 경보국장 아베 겐키安部源基도 판사들 모두에게 사정을 설명했다. 그는 조심스러운 어조로 이 사건의 배경에 육군 상층부의 불화가 있는 듯하다고 말하면서, 내무성에서는 사건이 일어날 것이라는 정보도 입수하고 있었다고 덧붙였다.

계엄사령관 야스이 도지安井藤治 참모장으로부터 반란군을 귀순시키기 위해 정규군을 투입한 경위에 대해서도 들었다. 2월 29일, 사태가 막바지로 향하고 있을 때 계엄사령부는 우선 반란군을 정규군 산하로 끌어들여 사태를 극복했다는 것이다. 그런데 이제 판사로서 안목을 갖추기 시작한 장교들은 이에 대해 차가운 눈길을 보냈다. 야스이는 "그때는 먼저 장교들의 마음을 진정시킨 다음 기회를 보아 점거지역을 탈환하고, 나아가 예비역으로 하여금 평온한 가운데 해산시키는 것이 목표였다"고 변명했다.

이 말에 대한 판사들의 견해는 둘로 나뉘었다. 하나는, 어떤 이유에서든 반란군을 정규군으로 편입시킨다는 것이 일본 육군의 통수권을 지키기 위해서라도 생각할 수 없는 일이라는 입장이다. 그리고 다른 하나는 반란과 동시에 계엄사령부 장교들을 "토벌해야 한다"는 판단 아래 제압하고자 했는데, 한편 동원된 병사들은 "일부 잘못된 생각을 가진 장교"에 의해 휩쓸려 모인 것에 지나지 않으며, 그들을 다치게 해서는 안 되었을 것이라는 점을 생각하면 야스이의 말에 수긍하지 않을 수 없다는 입장이다. 다시 말해 야스이의 판단이 자신의 책임을 모면하기 위한 것인지 여부도 판사들 사이에서 견해가 나뉘었던 것이다.

이시이는 후자의 견해에 동의했고 야스이에게 동정을 표했다. 그러나 "본건은 '대신고시大臣告示'와 함께 2·26 사건의 양대 논쟁의 원인이 될 것"이라고 생각했다. 이 문제는 지금까지도 명확한 판단이 불가능한 중요한 문제로 남

제2부. 쇼와 육군의 흥망

아 있다.

판사들은 이외에 몇몇 관계자의 설명을 들었다. 제1사단의 참모와 육군성 법무국장 등의 이야기도 들었다. 그리고 판사들은 궁금한 점이 있을 때마다 거리낌 없이 질문했던 듯하다.

예컨대 제1사단의 참모는 사건의 경과를 눈앞에서 보는 것처럼 상세하게 설명했다. 제1사단의 경우 보병 제1연대와 제3연대 등이 궐기에 참가한 데다 청년 장교 거의 전원이 제1사단 소속이기도 해서 입장이 대단히 미묘했다. 사건의 경과를 설명하는 참모의 말 가운데 제1사단의 혼란스러운 태도가 몇 가지 눈에 띄었다. 판사 중 한 사람이 이 태도에 관해 강한 어조로 질문했다. 그러자 그 참모는 성난 표정으로 반박했다.

"왜, 뭐가 문제입니까? 당신이라면 어떻게 했겠습니까? 그때는 여러 방면에서 각종 정보가 들어와 누구를 믿어야 할지 전혀 알 수 없었습니다. 말할까요? 믿을 수 있는 사람이라고는 사단장, 참모장 그리고 동료 참모들뿐이었습니다."

여기서 두세 차례 말이 오갔는데, 판사 대부분이 이해한 것은 제1사단은 2월 26일 오후 3시 20분에 나온 대신고시의 내용 및 계엄령(28일 오전 5시 발령)의 공포와 함께 반란군을 계엄부대로 편입시킨 계엄사령부의 판단에 당황했고, 더욱이 이 쿠데타가 어떻게 전개될지 전혀 예상하지 못하고 있었다는 점이다. 군 내부에서도 중앙의 방침이 이리저리 흔들렸고, 그 와중에서 제1사단은 마치 바람에 까불리듯이 중심을 잡지 못한 채 허둥대고 있었던 것이다.

제5장. 2·26 사건 판결은 어떻게 유도되었는가

마사키 진자부로가 책임자다

　판사들은 이와 같은 경과를 알고 예심 조서를 촘촘하게 읽은 것을 바탕으로 점차 이 사건의 본질을 이해했다. 청년 장교들이 일으켰다고는 하지만, 이것은 군 내부의 파벌 투쟁의 결과일 수밖에 없다는 결론에 이르렀다. 이시이의 편지에는 다음과 같은 구절이 있다.

　"예심 조서를 읽고서 가장 나쁜 사람은 마사키라는 느낌을 갖게 되었습니다. 그리고 실질적인 수괴는 기타 잇키나 니시다 미쓰기가 아니라 이소베 아사이치와 무라나카 다카지라는 느낌이 깊어졌습니다. 아마 많은 판사가 이렇게 받아들였을 것입니다."

　판사들의 흉중에는 마사키에 대한 불신감이 눈에 띄게 커지고 있었던 것이다.

　1935년 여름 마사키 교육총감을 군사참의관으로 전출시킨 이른바 하야시 센주로林銑十郎 육군대신의 인사, 그러니까 와타나베 조타로를 교육총감 자리에 앉힌 이 인사는 마사키와 마사키를 지지하는 청년 장교들의 분노를 샀다. 판사들은 이것이 육군 중좌 아이자와 사부로가 군무국장 나가타 데쓰잔을 찔러 살해하는 사건으로 이어지고 급기야 2·26 사건까지 연결된 것으로 보았다. 요컨대 파벌 투쟁의 흐름 속에서 2·26 사건을 이해했던 셈이다.

　이쯤 되면 예심 조서가 이러한 이해를 뒷받침하기 위해 작성된 것이라고 추측할 수도 있다. 판사들의 예상이나 계산을 훌쩍 뛰어넘는 지점에서 이 흐름이 형성되었다고 말할 수 있을지도 모른다.

　이시이는 편지에서 군법 회의가 진행되는 과정에서 피고들이 얼핏 내비친 증언이나 표정 그리고 법정 안의 분위기에 관해서도 언급하고 있다. 이 가운데 몇 가지 사례를 통해 비공개로 진행된 이 재판의 일면을 살펴보기로 한다.

　이소베 아사이치는 전술한 11월 사건으로 휴직 처분을 받은 뒤 국가 개조

운동의 전업 활동가가 되었다. 당연하게도 이소베는 자신을 면관免官한 통제
파 장교를 증오했다.

공판정에서 이소베는 몇 번씩이나 큰소리로 "통수권을 침범한 것은 사실"
이라고 외쳤다. 결국 이소베는 마사키를 군사참의관으로 전출시킨 것은 통수
권 침범에 해당된다고 완강하게 믿고 있었던 것이다. 이와 같은 확신에 판사
들은 말문이 막혔던 듯하다. 당연히도 인사권의 최고 책임자는 육군대신이
다. 보통 장관급 인사는 육군대신과 참모총장 그리고 교육총감이 협의하는
것이 관행이었다고 해도 최종적으로는 육군대신의 권한이다. 그런데 이소베
는 마사키를 좌천시킨 인사가 천황의 대권에 반한다고 믿고 있었다.

만약 이소베가 그렇게 믿고 있었다면 육군대신 하야시 센주로를 습격하
는 것이 당연한데도 마사키의 뒤를 이은 와타나베를 습격한 것은 앞뒤가 맞
지 않는다. 여기서 이소베의 사적인 원한을 감지한 판사도 많았다고 한다.

'순수무사'의 청년 장교들의 행동, '임금 곁의 간신'을 공격한다는 대의도
공리공론이었다는 견해로 판사들의 판단은 눈에 띄게 굳어졌을 것이다.

오카다 게이스케岡田啓介 수상을 습격한 청년 장교들은 오카다를 정당정치
부패의 원흉, 나아가 '임금 곁의 간신'이라 하여 적대시하고 있었다. 그들은
오카다를 암살했다고 생각했던 듯하다. 공판정에서 한 판사가 오카다를 습
격한 상황에 대해 물었다. 그리고 최후에 이렇게 덧붙였다. "수상 관저에서
는 욕조 덮개를 열어놓고 죽였는가?" 그러자 장교는 "아니다. 죽이지 못했
다"고 대답했다.

그 순간 법정에 있던 청년 장교들은 일제히 술렁거렸다. '끝났다'라는 소리
도 들렸다. 그들도 오카다 수상의 암살에 실패했다는 것을 이때 처음으로
알았던 것이다. 법정 안에서 퍼져나간 절망적인 술렁거림은 청년 장교들에게
궐기 행동이 실패로 끝났음을 확실하게 알도록 해주었다.

이시이는 피고석에 앉아 있는 청년 장교들이 충격을 받은 모습을 선명하

　　　　　　　　　　　　　　　제5장. 2·26 사건 판결은 어떻게 유도되었는가

게 메모에 남겼다.

데라우치 히사이치 육군상이 판사들의 대기실을 찾아와 어떻게든 재판을 서두르라고 독촉했다고 한다. 이런 상황에 관해 이시이는 상세하게 밝힐 수 없다면서 몇 가지밖에 적어놓지 않았다. 추측건대, 이 사건에 대해 천황이 몹시 분노했다는 것을 알고 있던 데라우치 육군상이 한시라도 빨리 결말짓고 싶어서 초조해했다고 말할 수도 있다. 이시이의 편지에는 특별히 어디에서 압력이 들어왔다고 확실하게 적혀 있지는 않지만, 그렇다고 그것을 엿볼 수 있는 표현이 없는 것도 아니다. 뒤에서 서술하겠지만 그것은 기타 잇키와 니시다 미쓰기의 판결 때 밝혀졌다.

공판 진행 중에 판사들이 합의를 거듭하는 사례는 없었다. 판사들은 피고들의 진술을 들으면서 각자 어느 정도의 형이 적절할지 독자적으로 판단하고, 논고와 구형이 끝나고서야 처음으로 합의한 다음 최후에 평결을 내리는 절차를 따랐다.

장교나 부사관에 대한 재판을 담당한 판사들의 경우 판결문을 기초起草하기 위해 합의하는 과정에서 별다른 이견이 없었다. 직접 병력을 움직인 장교들은 사형이라는 것이 판사들의 판단이었기 때문이다.

"장교는 전원 사형에 처하는 게 맞을 듯하다"는 의견도 있었다지만, 사건에 참가하겠다는 의사의 강약이나 결행 시의 행동 등에 따라 금고형에 처해진 이도 적지 않았다. 이소베 아사이치, 무라나카 다카지, 시부카와 센스케, 미즈카미 겐이치木上源一, 그 외 6명을 포함한 민간인에 대한 재판에서는 단한 번의 합의로 판결이 결정되었다. 4명은 사형, 6명은 금고 10년과 15년으로 나뉘었다. 판사장 기병 대좌 이시모토 도라조가 어떤 인물을 가리키면서, "저 사람은 젊은 인재다. 하지만 어찌할 도리가 없다"며 애석해했다. 그것이 판사들의 인상에 깊이 남았다고 한다.

다른 한편 병사들에 대한 판결을 두고 판사들 사이에 이견이 적지 않았던 듯하다. 이시이는 편지에서 이와 관련해 전해 들은 이야기라면서 상세하게 썼다.

한번은 판사 5명이 몰래 합의를 시도했던 듯하다. 이 가운데 한 사람은 예비 인원이어서 법정에는 나가지만 판결에 대한 발언권은 갖고 있지 않았다. 그러나 어쨌든 5명이 판결에 관해 이야기를 나눠보았더니, 모두가 병사 전원이 무죄라는 견해를 갖고 있었다. 역시 법 이론에 따라 위법한 명령에 따르지 않을 수 없었다는 판단을 내릴 수밖에 없었던 것이다. 정식 합의가 있던 날, 판사들은 무죄라고 판결했지만 법무관은 단 1명에 대해서 유죄를 주장했다. 위법한 명령이었다고는 하지만 그 행동을 법적으로 용인할 수는 없는 것이었다. 평결을 했더니 4 대 1로 무죄였다. 그런데 여기서 기묘한 일이 일어났다.

어느 재판에서나 판결문을 쓰는 것은 법무관의 역할인데, 이때 법무관이 판결문을 쓰지 않겠다고 말했던 것이다. 유죄가 인정되지 않은 데 화가 났던 것이다. 그래서 어쩔 수 없이 판사 중 1명이 판결문을 썼고, 무죄라는 큰 틀이 정해졌다.

그런데 그 단계에서 법무관이 또 얼굴을 내밀었다. 자신의 의견이 받아들여지지 않자 판사 대기실에 얼굴을 내밀지 않을 정도로 그 법무관은 화가 나 있었는데, 이때 그 법무관이 다시 참여했기 때문에 또다시 합의를 거쳐야만 했다.

이 자리에서 낮은 계급의 법무관은 병사라 해도 유죄에 처하지 않으면 안 된다고 예의 열띤 어조로 설명하며 신들린 듯이 자신의 생각을 계속 주장했다. 그 뒤 다시 평결했더니 이번에는 2명의 판사가 유죄에 찬성했다. 결국 3 대 2로 기소된 병사들의 유죄가 결정되었다.

판사들이 어떻게 유죄설로 기울었는지는 알 수 없다. 법무관이 육군 지도부의 뜻을 받아들였을 가능성이 다분하다. 어떻게 해서든 유죄 판결을 받아

제5장. 2·26 사건 판결은 어떻게 유도되었는가

내지 않으면 육군의 체면이 훼손될 것이라고 생각했음이 틀림없는데, 저간의 움직임에 대해서는 이시이도 잘 모르겠다고 했다.

판사들이 실제로 판결을 내릴 단계에 이르자 그들은 2·26 사건의 청년 장교, 부사관, 병사 그리고 민간인들이 어떤 행위를 어떤 의도에서 했는지를 묻기보다도, 이 사건을 육군 전체에서 어떤 방향으로 처리하는 것이 가장 효과적일지 전체적인 균형을 고려했다고도 말할 수 있다. 이시이의 편지에서 이에 관한 지적은 찾아볼 수 없지만, 판사나 법무관 일부에게 정치적 재판으로 바꾸려는 노골적인 의도가 있었다는 것만은 쉽게 추측할 수 있다.

기타 잇키와 니시다 미쓰기를 포함한 민간인을 재판하는 군법 회의는 1936년 10월 1일부터 22일에 열렸다. 공판은 12회에 걸쳐 진행되었다. 기타와 니시다의 판결에 관해서는 내부에서 상당한 논란이 있었다고 한다.

판사장 기병대좌 요시다 다다시는 기타가 방조죄에 지나지 않는다고 주장했다. 그러나 판사 중 한 사람인 후지무로 료스케는 기타가 수괴首魁라는 의견을 내놓았다. 나머지 판사들은 판사장 이시모토의 생각에 찬성했다. 두 의견의 차이는 좀처럼 좁혀지지 않았다. 수괴라고 주장하는 판사는 자신의 생각을 굽히려 하지 않았다.

이시이는 나에게 보낸 편지에서 다음과 같이 썼다.

"기타와 니시다가 수괴라고 했지만 재판을 진행하는 과정에서 기타는 국가개조론의 교조敎祖에 지나지 않는다는 것을 알게 되었습니다. 니시다는 기타의 추종자였지요. 기타에게 굳이 군사 형법을 적용한다면, 수괴는커녕 모의에 참가하지도 않았으니 방조죄 정도에 해당될 것이라는 말이었습니다. 니시다는 사건이 일어나자 자신은 반대한다며 집에서 빠져나갔습니다. 기타는 반란장교에게 전화로 '용장勇將 마사키가 있다고 나왔다'고 말한 정도입니다.(기타는 종종 신의 계시를 전했다.) (…) 니시다는 법정에서 기타가 그렇게 말한 것에 대해 '기타 선생은 때때로 하늘의 계시 같은 것을 받았고,

그와 같은 특별하고도 번뜩이는 능력이 있다'고 진술했습니다."

판사들은 법 이론상으로 기타와 니시다에게 어떤 죄상도 적용시킬 수 없다는 것을 알고 있었다. 군법 회의에서 열린 심리는 그러한 결과를 분명히 하고 있었던 것이다.

그런데 단순한 방조죄라고 주장하는 쪽과 수괴이기 때문에 사형에 처하지 않으면 안 된다고 하는 쪽 사이의 논쟁은 좀처럼 결말이 나지 않았다. 그러자 "서두를 것 없다. 냉각 기간을 두기로 하자"라는 요시다 판사장의 판단에 따라 판결의 언도는 무기한 연기되었다.

이제까지 유죄에 해당되는 죄상이 없었기 때문에 기타와 니시다의 판결이 연기되었다는 것이 널리 퍼진 생각이었다. 이는 이시이의 기술에 의해서도 어느 정도는 뒷받침되는데, 판사 한 명이 집요하게 사형을 주장했다는 사실은 그다지 알려지지 않았다. 마쓰모토 세이초의 책에는 요시다 판사장의 편지가 재수록(처음 나온 곳은 다나카 쇼고로의 『기타 잇키』)되어 있는데, 이 편지에 따르면, 요시다 판사장은 완강하게 수괴이니 사형에 처해야 한다고 주장한 후지무로 판사를 교체하려고 했지만 육군성의 반대에 부딪혀 좌절되었다.

여기까지는 이미 알려졌던 사실이지만, 이시이가 편지에서 밝힌 다음과 같은 내용은 대단히 중요한 의미를 포함하고 있다.

"그래서 냉각 기간을 두게 되었고, 다음 해인 1937년 여름 중일전쟁이 일어나기까지 방치되었습니다.(판사들은 각자 원래 직무로 돌아갔다고 서술했다.) 1937년 여름에야 다시 판결하기로 했습니다. 그러자 이번에는 판결문을 작성하는 책임자인 법무관이 사형에 처하는 것으로 정리했으면 한다고 간청하기에, 나는 판사 중 1명인 히토미와 함께 나중에 판사가 된 아키야마 대좌의 직장을 찾아가 의견을 들었습니다. '수괴로 보고 사형에 처할 예정'이라는 것이었습니다. 이 결과를 니시오기쿠보에 있는 요시다의 집으로 가서 보고했습니다."

판사장 요시다가 이시이의 보고를 어떤 표정으로 들었는지는 적혀 있지 않다. 추측건대 기타와 니시다에게 동정심을 품고 있던 요시다는 다분히 불쾌한 표정을 지었을 것이다. 요시다 판사장의 수기에는 "기타와 니시다에 대한 판결을 내렸다. 호한好漢인데 너무나 애석하다. 지금은 어찌할 방법이 없다"라는 구절이 있다. 기타와 니시다에게 사과하는 듯한 내용이었다.

판사들의 이러한 움직임을 보고 있노라면 확실히 처음에는 순수하게 재판에 임하고자 했지만, 점차 그 다짐이 무너졌음을 알 수 있다. 특히 기타와 니시다에 대한 판결이 보류되었던 것은, 중일전쟁이 시작되고 새롭게 육군 주도의 국가 만들기를 서두르고 있던 육군 지도부 입장에서는 목구멍에 걸린 가시 같은 존재였기 때문이다. 기타와 니시다를 사형에 처하지 않는다면 2·26 사건의 망령은 언제까지든 사라지지 않을 터였다. 망령을 털어버림으로써 육군 지도부는 육군의 일체화를 도모하고, 육군 주도라는 형태로 군민 공동을 슬로건으로 내걸 수 있었을 것이라고 말할 수 있다.(1937년 8월 14일자 『아사히신문』에는 기타 잇키와 니시다 미쓰기 등 민간인 관련자에 대한 판결 내용이 실려 있는데, 이는 피고에 대한 판결이 내려진 뒤 1년 이상이 지난 시점이었다. ―옮긴이)

이시이는 그와 같은 육군의 방침이나 개인적인 감상에 대해서는 가능한 한 표현을 자제하고 있다. 객관적 사실과 자신이 행한 것만을 담담하게 적었을 따름이다. 하지만 행간을 잘 읽어보면 2·26 사건을 재판하는 쪽에도 인간적인 고뇌가 있었다는 것만은 짐작할 수 있다.

판사들 중에는 그 후 육군성이나 참모본부의 요직에 앉은 이도 많았다. 전후에 회상록을 써서 남긴 사람도 있지만, 당시 판사였다는 것과 판사로서

제2부. 쇼와 육군의 흥망

어떤 일을 했는지에 대해서는 거의 언급하지 않았다. 왜일까? 생각건대 판사들은 이 군법 회의가 정치 재판이었음을 피부로 명확하게 알고 있었기 때문일 것이다. 이시이에게 직접 들은 이야기인데, 전후에도 2·26 사건에 공명하고 찬동하는 무리로부터 협박이 있었다고 한다. 2·26 사건을 재판한 것은 군인으로 살아온 그들의 경력 중에서 적잖이 부담스러운 일이기도 했을 것이다. 판사들은 군사 법정을 마친 뒤 얼마간 상처를 입고서 원래의 직무로 돌아갔다.

2·26 사건에 대해서는 지금까지도 몇몇 불투명한 부분이 남아 있다.

사키사카 슌페이 수석검찰관의 자료가 공개됨으로써 검찰 측이 어떤 생각을 갖고 있었는지 밝혀졌다. 검찰 측의 기조는 육군 상층부가 벌인 권력 투쟁에 청년 장교들이 휘말렸을 가능성이 높다는 것이다. 그리고 이시이의 편지를 읽어보면 판사들이 검찰 측의 이러한 주장에 근거해 재판을 진행했다는 것도 알 수 있다. 물론 사키사카의 자료에 관하여 이시이가 "사키사카의 자료 그 자체가 한 검찰관의 견해이기 때문에 아직 절대적 가치가 있다고는 말할 수 없다"고 단정했다는 것도 고려해야 한다.

2·26 사건의 수수께끼는 청년 장교들이 궐기하는 과정에서 육군 상층부의 지도자들이 어떤 움직임을 보였는지, 사건 진압 후 열린 군법 회의에서 판사들의 움직임에 어떤 압력을 가했는지, 이 두 가지로 요약할 수 있다. 어쩌면 2·26 사건은 궐기에서 재판의 종결에 이르기까지 거대한 시나리오가 있어서 그에 따라 연기한 것에 지나지 않는지도 모른다. 그 시나리오대로 움직이지 않은 것으로 보이는 판사들의 수기가 남아 있지는 않은지 기다려지는 이유다. 이시이의 심중을 기록한 편지는 그 시나리오에서 벗어나고자 한 내용을 담고 있다고 생각한다.

덧붙이자면 이시이의 편지에는 몇 가지 주목할 만한 지적도 포함되어 있었다.

"방대한 예심 조서 가운데 지치부노미야라는 말은 단 한 마디도 없었다는 것을 기억하고 있습니다."

이시이는 지치부노미야와 육군사관학교 34기 동기생이다. 지치부노미야가 사건의 흑막이라든가 청년 장교들이 그 언동에 영향을 받아 궐기했다는 증언 등은 전혀 없었다고 한다. 이시이는 2·26 사건과 관련하여 항간에 떠도는 이야기가 대단히 허술하다는 것을 여러 차례 호소했다.

중국 국민당의 눈으로 본 '항일 전쟁'

다다미 15장 정도 되는 넓이의 응접실이다. 현관을 통해 들어가면 3미터쯤 되는 족자가 눈에 들어온다. '鐵肩擔道義 辛手著文章'이라는 문자가 적혀 있다. '강철 같은 어깨에 도의를 짊어지고 신랄한 글을 쓰는 문장가'라는 의미일까?

장제스의 마스크 쓴 사진이 액자에 끼워져 있었다. 쑨원일까, 사진으로 착각될 만큼 세밀하게 그린 초상화도 걸려 있다. 입구 옆문의 선반에는 자신의 청년기 동상이 놓여 있다.

나는 소파에서 중국인 통역과 함께 90세 노인을 기다리고 있었다. 응접실 안쪽 입구에서 그 노인이 조용히 나타났다. 뜻밖에도 몸집이 작았다. 마르긴 했지만 피부는 젊다. 악수를 하자 억센 손의 힘이 고스란히 전해졌다. 상대를 바라보는 시선은 노인 같지 않았고 아직 현실사회와 관련을 맺고 있다는 것을 보여주기라도 하듯 빛을 잃지 않고 있었다.

내 첫 질문은 "천리푸陳立夫 선생님, 당신은 중국 국민당의 지도자 중 한 사람으로서 1930년대의 일본군을 어떻게 보셨습니까"라는 것이었다. 1931년 9월 18일 만주사변이 발발하고, 다음 해 1월 28일 제1차 상하이 사변 그리고 1937년 7월 7일 중일전쟁 개시에 이르는 경위에 관하여 중국 국민당은 어떻게 생각했을지 알고 싶었다.

"먼저 말씀드리는데, 그 시대의 일본과 중국의 전쟁에 관한 국민당의 공식적인 견해를 알고 싶다면 「국민당사國民黨史」를 읽으면 됩니다. 나는 그 견해에 이의는 없습니다. 하지만 나 개인이 당시 어떤 생각을 갖고 있었는지 궁금하다면 몇 가지 말씀드릴 수 있습니다."

1990년 당시 90세였던 노인의 목소리는 억양이 분명하고 묵직했다. 그는 처음에는 천천히, 나중에는 점차 힘을 주어 당시 자신의 가슴속 이야기를 털어놓았다. 오른손을 올렸다 내리기도 하면서, 이야기가 중요한 부분에 이르면 통역을 통한 대화가 답답했던지 몇 분 동안이나 계속 말을 했다. 나는 그가 말하는 동안 이 노인의 눈을 계속 바라봤다.

"1930년, 즉 민국 19년 당시 내 생각에 대해서라면 이렇게 말하는 게 좋겠군요. 1925년 쑨중산孫中山 선생이 베이핑北平(베이징)에 오기 전에 일본에 가서 일본인에게 말한 적이 있습니다.(일본이 중국과 맺은 불평등조약의 철폐를 요구하며 쑨원이 고베에서 일본인 청중을 대상으로 행한 유명한 연설을 말하는데 이 자리에서 쑨원은 일본의 패권주의를 비판했다.) 나는 그때 선생이 한 말을 지금까지 기억하고 있습니다. 선생은 다음과 같이 충고했습니다. '미국의 흉내를 내서는 안 된다. 서양인의 공범자가 되어서는 안 된다. 일본인은 아시아 문화를 발양發揚할 책임을 다해야만 한다.' 아시아 문화란 아시아주의를 가리킵니다. 실제로 일본인은 대단히 총명한데, 그때 중국과 일본이 협력했다면 함께 아시아를 지도하며 아시아 문화를 발양할 수 있었을 것입니다."

결국 일본인은 쑨원 선생이 말한 내용을 이해할 수 없었기 때문에 일련의 전쟁이 일어

낫다는 말씀입니까?

"당시 일본인은 대단히 오만해서 동아시아 문화라는 것을 전혀 이해하지 못했습니다. 일본은 서양 문화를 숭배하고 있었습니다. 서양 문화라는 게 뭡니까? 그것은 패도覇道의 문화입니다. 서양 문화는 폭력, 총, 대포에 의지하고, 동양 문화는 도덕에 의지합니다. 이것이 다른 점입니다. 아시아인은 아시아주의의 정신을 발양해야만 합니다.

당시 일본의 군벌은 무력을 지나치게 숭배하고 있었습니다. 그래서 중국과 전쟁을 하라고 일본 정부에 요구했던 것입니다.

지금도 잘 기억하고 있습니다만, 1937년 4월 7일 그러니까 항일 전쟁이 시작되기 3개월 전. 일본의 대표단 중 몇 명이 난징에 있던 내 집으로 면회를 왔습니다. 그들 중에는 국회의원도 있었습니다. 중국 국민당 조직부장을 맡고 있던 나는 그들을 집으로 불러 함께 차를 마시기도 했습니다. 그때 나는 그들에게 말했습니다. '지금 나와 당신들은 이렇게 이야기를 나누고 있지만 당신들이 귀국하면 당신들의 군대는 반드시 우리 나라를 공격할 것이다. 그때 우리 나라는 당신들의 군대가 나갈 때까지 싸울 것이다.' 결과는 어떠했습니까? 당신들의 일본은 그 후 미국의 지배를 받게 되었고, 우리 중국은 공산주의의 중국으로 바뀌고 말았습니다. 양쪽이 함께 패하고, 함께 상처를 입고 만 것입니다."

일본 군인에게 그런 이야기를 하신 적이 있습니까?

"일본 군인은 도무지 그런 말을 이해하지 못하더군요."

_____ '주펜'에 담긴 감정

천리푸는 일본이 아시아주의를 이해하지 못했다고, 특히 일본의 군벌은 전혀 이해하지 못했다고 여러 차례 말했다.

아시아주의에 대해 구체적으로 말해주었으면 한다는 뜻으로 내 질문을 받아들였는지 노인은 나에게 메모장과 만년필을 달라더니 이렇게 썼다.

資本主義—重財而輕德, 共產主義—重物而輕人, 亞洲主義—重人竝重德.
(자본주의는 재물을 중하게 덕을 가벼이 여기고, 공산주의는 물질을 중하게 사람을 가벼이 여기는데, 아시아주의는 사람과 덕 모두 중하게 여긴다.—옮긴이)

아시아주의야말로 인간 본성에 뿌리를 둔 사고방식이라는 것이다.

나는 '1931년 9월 18일'(만주사변), '1932년 3월 1일'(만주국 건국), '1937년 7월 7일'(중일전쟁 발발)과 같은 날짜를 보여주고, 각각의 날에 대한 인상을 듣고 싶다고 말했다. 그는 처음 두 날짜는 물론 잘 기억하고 있었지만 이상하게도 그것에 대해 구체적인 이야기는 별로 하지 않았다.

그는 만주사변과 만주국 건국에 관해서는 정말로 시원시원하게 다음과 같이 말했다.

"9·18 사변 후 일본 군벌은 만주국을 만들었는데, 역사상으로 보면 한 민족이 다른 민족의 후원자가 되어 지배하는 것은 흔히 있는 일입니다. 만주국의 주인은 일본이었고, 중국인은 단지 전면에 서 있었을 뿐입니다. 이런 일은 역사상 종종 볼 수 있는 일입니다만, 그것이 단 한 번도 성공하지 못했다는 것도 잘 알려져 있습니다."

또한 그는 "만주사변과 그 후의 만주국 건국은 당시 중국의 국력이 부족했던 탓이다. 그러나 결국 이러한 괴뢰 국가는 붕괴한다. 그렇기 때문에 중국은 일본에 대해 확실한 저항의 자세를 보여야만 했다"라고 생각했던 듯하다. 이 말에는 "서양의 패권주의가 지닌 위험성을 알아차리지 못한 채 일본 군인들이 모두 그런 행태를 따른 결과가 만주사변과 만주국 건국의 배경이었다"라는 뉘앙스가 담겨 있었다.

제2부. 쇼와 육군의 흥망

나는 중국어를 이해하지 못했지만 노인의 이야기 중에 '주펜'이라는 단어가 몇 번씩이나 등장하는 것은 알았다. 일본을 의미하는 그 단어를 발음할 때 악센트는 많은 중국인이 이야기할 때보다도 더 강하게 비난하는 톤이었다. 여기에 그의 다양한 감정이 깃들어 있는 듯했다.

천리푸는 중국 근대사를 살아온 혁명가이자 정치가였고, 문인이면서 동시에 군대를 움직인 전략가이기도 했다. 또 국민당 정부에 주재하는 외교관과의 교섭을 맡은 외교관이기도 했다. 다시 말해, 5척 단신의 몸 구석구석에 중국의 근대와 현대가 응축되어 있었다.

천리푸는 1900년 8월 저장浙江 성에서 태어났다. 쑨원의 지계로 신해혁명 후 일정 기간 동안 국민당 내의 주요 인물이었던 천치메이陳其美가 그의 숙부다. 미국의 피츠버그대에서 공부한 뒤 중국으로 돌아와 국민당에 들어갔고, 장제스의 신뢰를 얻어 국민당 정부의 요직을 맡았다.

일본에서는 쇼와 10년대에 들어서면서부터 급속하게 주목을 받았는데, 1935년 10월 31일자 『아사히신문』은 "미래의 스탈린, '리푸'"라고 하면서 일본이 가장 주목해야 하는 인물이라고 지적했다. 더욱이 이듬해 1936년 12월 17일자 『아사히신문』에서는 사진과 함께 이 인물의 프로필이 실려 있다. 그 내용은 다음과 같다.

"장제스의 대선배인 천치메이의 친족으로서 장제스에게 발탁되었는데, 실력이 탁월하여 장제스의 직계인 문치파의 영수가 되었고, 형 천궈푸陳果夫와 함께 CC단의 맹주로서 장제스 독재화의 촉진에 노

천리푸.

력하고 있다."

또 1936년 9월호 『주오코론中央公論』에는 "국민혁명군 총사령부 비서장, 국민 정부 훈련총감부 정치훈련소장을 거쳐 1929년 중앙당부 비서장, 1931년 중앙당부 조직부장, 1932년 중앙당부 조직위원장 등을 역임"했다고 적혀 있다. 그러나 천리푸가 유명한 것은 이와 같은 표면상의 경력 때문이 아니다. 형인 천궈푸(1951년 8월 25일 병사)와 함께 국민당 내에서 CC단이라는 비군인 조직을 만들어 당 내부를 장악했기 때문이다. 천궈푸는 주로 국민당의 경제를 맡아 자금을 마음대로 움직였고, 천리푸는 사상, 문화, 홍보를 담당했다. 1930년대의 국민당은 '장제스의 군, 천리푸의 당'이라고 일컬어질 정도였다.

CC단이라는 이름은 센트럴 클럽(중앙 조사국)의 약자라고도 하고 천 씨 형제의 머리글자를 딴 것이라고도 하는데, 황푸군관학교 출신 군인들로 구성된 비밀 결사 남의사藍衣社와 CC단은 장제스 정부를 지탱하는 두 기둥이었다.

일본 군인 중에는 지금까지도 CC단이라는 이름을 들으면 일종의 섬뜩함을 느끼는 사람도 있는데, 실제로 1930년대 일본군은 공산당보다 CC단을 더 경계했다. 지나파견군 참모였던 군인 중에는 CC단이 테러나 파괴 공작을 수행했다면서 일본인뿐만 아니라 중국인에게도 두려움의 대상이었다며 사실과 다른 증언을 하는 이도 있었다.

천리푸는 1932년 이후 국민당 혁명군사위원회 제6부장, 중앙정치학교 교무주임과 교육부장 등을 역임했다. 1949년 국공내전에서 패한 국민당이 타이베이로 옮기고 난 후에는 한때 미국에 망명했지만, 다시 타이베이로 돌아와 입법원 부의장과 군학교장을 거쳐 총통부 자정資政이라는 정부 고문의 자리에 있었다.

1990년 6월 1일, 나는 천리푸와 장제스의 차남 장웨이궈蔣緯國를 만나기 위해 타이베이로 날아갔다. 쇼와 육군의 생생한 모습을 이 책에 담아내기

제2부. 쇼와 육군의 흥망

위해서는 만주사변에서 만주국 건국 그리고 중일전쟁으로 이어지는 상황이 펼쳐진 중국 대륙에서의 전쟁에서 맞상대였던 중국 국민당은 당시 어떤 생각을 하고 있었는지, 다시 말해 쇼와 육군의 모습을 제대로 그리기 위해서는 중국 국민당의 일본과 일본군에 대한 관점을 정확하게 파악해야 했다.

다음 날인 6월 2일, 두 사람을 인터뷰하는 데 성공했다. 천리푸는 타이베이 시 교외의 언덕이 많은 주택가에 있는 그의 자택에서 만날 수 있었다. 천리푸는 일본인 저널리스트를 만나는 것이 처음이라고 말했다.

천리푸는 일본인이 근대에 들어와 왜 아시아의 일원이라는 것을 잊었느냐며 노기 섞인 말투로 이야기를 이어나갔다.

"당시 일본인은 근시안적이었습니다. 그때 우리와 일본인은 같은 문명에 속한 국가이고 협력해서 외국으로부터 침략당하지 않도록 노력해야 했습니다. 쑨중산 선생이 1925년 일본인에게 한 강연에서 도의를 호소했지만, 그런 생각이 확산되는 것을 두려워한 일본 정부와 일본 군벌은 갖가지 방법을 동원하여 방해했다고 들었습니다. 1930년대 일본은 우리 나라를 침략할 것이 아니라 우리의 통일을 도왔어야 했습니다.

솔직히 말하자면 일본에는 큰 정치가가 없습니다. 어떻게 하면 우리와 협력할 세력을 만들 수 있을지에 대해 식견을 가진 정치가가 없었던 것입니다."

쑨원의 '도리'에 대한 몰이해

"우리 두 나라는 영원히 공존하지 않으면 안 되기 때문에 서로 관대하게 대접해야만 합니다. 우리 둘은 한 몸이니까요. 이 도리를 일본인 한 사람 한 사람이 다했어야 했습니다."

중국과 전쟁을 해서 이득을 취한 사람이 있느냐, 아무도 없지 않느냐는 표현이 천리푸의 이야기 중 몇 번이나 흘러나왔는데, 나에게는 이 점이 무척이나 인상 깊었다.

만주사변은 1931년 9월 18일 밤 펑톈에서 7킬로미터 떨어진 류타오후에서 만철선이 파괴된, 이른바 '류타오후 사건'을 계기로 시작되었다. 이 사건을 꾸민 관동군은 이것이 중국군 소행이라 하여 만몽 지구에 침입했고, 그 전역에서 펑톈군(장쉐량군)을 몰아내고 제압해버렸다. 그리고 1932년 3월 1일 만주국 건국을 선언하고, 청조 최후의 황제 푸이를 내세워 '오족협화·왕도낙토'를 강령으로 하는 괴뢰 국가를 만들어냈다.

이와 같은 일련의 움직임은 1928년 6월 4일 발생한 장쭤린 폭살 사건이 보여줬던, '만몽 전역을 군사 제압한다'는 당시 양국 간의 구도가 확대된 것에 지나지 않았다.

확실히 쇼와 육군은 대신부터 청년 장교까지 상하 일체가 되어 만주사변과 그 후 만몽 전역에서 벌어진 전투 그리고 만주국 건국을 지지했다. 그것이 1937년 7월 7일 '루거우차오 사건'으로 시작된 중일전쟁의 복선이기도 했다. 루거우차오 사건을 계기로 일본군은 만몽 지역에서 중국 전역으로 군사적 제압 지역을 확대해간다. 중국 전역을 제압해 원래 잠재 적국이었던 소련과의 군사 충돌에 대비하자는 것이었다.

다른 한편, 1930년대에 들어섰을 무렵 중국에서는 난징에 있는 장제스의 국민 정부가 마오쩌둥의 공산군 소탕 작전을 이어가고 있었다. 1924년 쑨원이 '연소連蘇, 용공容共, 공농부조工農扶助'라는 슬로건을 내세우면서 제1차 국공합작을 이루어냈지만, 다음 해인 1925년 3월 12일 쑨원이 죽자 국민당과 공산당은 분열했고, 장제스의 항공抗共 정책으로 중국 각지에서 양당의 대립이 뚜렷해졌다. 그러나 만몽 지역에는 아직 양당의 세력이 미치지 않았고, 이 지역은 관동군의 지배 아래 있는 것이 묵인된 상태에서 장쉐량이 지휘하는 펑톈군이 게릴라화하여 싸우고 있는 상황이었다.

천리푸 선생께서는 청년 시절에 미국에서 유학을 하셨더군요. 무엇을 전공하셨습니까?

"1923년과 1924년 2년 동안 피츠버그대학에서 탄광학을 공부했습니다. 나는 광산을 채굴하는 기술자가 되고 싶었지요. (곡괭이를 들고 땅을 파는 동작을 하면서) 그것이 나의 꿈이었습니다. 그런데 1925년에 쑨중산 선생과 장제스 선생의 생각을 따르며 국민당에 들어갔습니다. 1926년 기술자가 되는 길을 단호하게 포기했습니다.

나는 쑨중산 선생과 장제스 선생의 참된 사상을 조금이나마 알고 싶었습니다. 동양인은 쓸모 있는 인물이 되지 않으면 안 됩니다. 무슨 일이든 열심히 집중할 시간을 갖지 않으면 안 되지요.

일본과의 전쟁에서 우리 나라의 수많은 국민이 희생되었습니다. 그것은 당신도 알고 있을 겁니다. 그런데도 우리 나라가 왜 일본에 대가를 요구하지 않았을까요? 그것은 장제스 선생이 쑨중산 선생의 충실한 신봉자였기 때문입니다. 쑨중산 선생이 말한 도리, 즉 아시아 문화는 폭력적인 것이 아니라 도덕적인 것이라는 것을 실천하여 200만이 넘는 일본인을 대륙에서 돌려보낸 게 아닙니까? 카이로 선언(1943년 11월)에서도 장제스 선생은 지나치게 가혹한 요구를 일절 제시하지 않았습니다. 일본인은 중화 문화라는 것을 이해해야만 합니다."

중일전쟁은 소련의 연출

당시 일본의 군인에 대해서는 어떻게 생각했는지 말씀해주셨으면 합니다만⋯⋯.

"앞에서도 말했지만 일본 군인은 당장 눈앞에 있는 것밖에 생각하지 못한다는 것을

제6장. 중국 국민당의 눈으로 본 '항일 전쟁'

나는 잘 알고 있습니다. 생각해보세요. 중일전쟁은 누가 연출한 것이라고 생각하십니까?"

관동군입니까?

"아닙니다. 틀렸습니다. 소련입니다. 일본과 중국이 싸우기를 바라고, 독일과 프랑스가 싸우기를 바라는 것, 그것이 소련의 속내였습니다. 그래서 소련은 중국 학생들을 선동하는 한편 일본의 소장 군인이 패권을 주장하도록 도모한 것입니다. 나는 일본이 중국에 전쟁을 걸어오기 전에 두 가지 일을 담당하고 있었습니다.

하나는 중국 공산당과 교섭하는 것이었습니다. 나는 공산당의 저우언라이周恩来에게 만약 일본이 공격해온다면 함께 싸우자고 요구했습니다. 또 하나의 임무는 소련과 교섭하는 것이었습니다. 만약 일본이 우리를 공격한다면 소련이 중국 내부에서 중립의 입장을 취해야지 공산당을 지원해서는 안 된다고 요구했습니다. 나는 이 임무를 모두 달성했습니다.

일본이 우리를 공격해왔을 때 우리는 소련의 군사 원조를 받아 철포와 항공기를 손에 넣었습니다. 신장新疆에서 소련은 우리의 대일본전을 지원했습니다. 그러나 나는 소련의 정책이 어떠한지를 잘 알고 있었습니다. 가령 우리가 일본과 싸우지 않았다면 일본군은 소련을 공격했을 것입니다.

1936년의 시안 사건 때 나는 소련과의 교섭에 임하고 있었습니다. 그 자리에서 소련에 요구했습니다. 만약 일본이 우리를 공격해온다면 지원 성명을 발표하기로 약속해주었으면 한다고 말이지요. 이를 위해 스탈린에게도 전보를 쳤습니다. 더욱이 장제스 위원장에게 무슨 일이 생긴다면, 그러니까 공산당이 장 위원장을 살해하는 일이 발생한다면 당신들에게 큰 불상사가 생길 거라는 내용이었습니다. 스탈린은 즉시 마오쩌둥에게 전화를 걸었습니다. 장 총통을 구출하라고 명한 것입니다. 왜 장제스가 없어지면 소련이 곤란해질까요? 그것은 일본인과 싸울 사람이 없어지기 때문입니다. 스탈린이 장제스 구출을 도운 이유는 바로 여기에 있었던 것입니다. 이 경위를 잘 아셔야 합니다."

시안 사건이란 1936년 12월 장쉐량이 멸공이 아니라 항일 민족 통일 전선을 결성하도록 압박하기 위해 시안에 온 장제스를 연금한 사건이다. 중국 공산당의 조정으로 장제스는 풀려났고, 이에 따라 제2차 국공합작이 실현되었다. 이 사건에는 아직까지 몇몇 수수께끼가 남아 있는데, 천리푸는 그 수수께끼 중 하나를 처음으로 증언한 것이다.

일본 군인은 왜 중국과 싸우는 것을 계속 고집했다고 생각하십니까?

"그건 내가 대답할 수 있는 게 아닙니다. 장쉐량은 진정한 소련의 생각을 알지 못했습니다. 그는 어디까지나 항일만을 주장하며 일본과 싸우려고 했던 것입니다. 장 위원장은 시안으로 급히 달려와 '우선 일본을 우호적인 방향으로 이끌 수 있도록 노력해보자. 항일만으로는 안 된다'고 장쉐량에게 말했습니다. 그래서 시안 사건이 일어났는데, 장쉐량은 이 내막을 알지 못했던 것입니다.

당시 중국 대학생들이 주장한 것은 오직 항일뿐이었습니다. 그래서 나는 우리의 진짜 생각을 알려주기 위해 장 위원장에게 제언했습니다. 각 대학의 학생운동 지도자 두 사람을 조용히 난징에 모이게 했습니다. 그런 다음 장 위원장은 "원칙적으로 우리는 전쟁을 하지 않기를 바란다. 전쟁은 누구에게도 이익이 되지 않는다. 그러나 일본에서는 소장 군인들이 열심히 전쟁을 하자고 선동하고 있는 반면 아직 우리는 충분한 준비를 마치지 못했다. 시간이 조금 더 필요하다. 일본이 공격해온다면 준비를 마친 후에 싸우자. 제군이 대학으로 돌아가면 학우들에게 전해달라. 일본이 우리를 공격하지 않는다면 우리는 싸우지 않을 것이다. 그러나 만약 공격한다면 우리는 철저하게 싸워나갈 것이다. 제군, 나를 믿어달라"라고 연설했습니다. 학생들은 대학으로 돌아가 그 내용을 모든 학생에게 알렸습니다.

여러 번 말씀드립니다만, 소련이 일본과 중국이 서로 싸우기를 바라고 있다는 것을 우리는 알고 있었습니다. (그것을 역으로 이용하여) 나는 중국에 머물고 있던 소련 대사에게 '당신들이 우리를 지원하지 않는다면 우리는 싸우지 않을 것이다. 당신들이 무기를 원조해주지 않는데 우리가 어떻게 일본과 싸우겠는가'라고 말했습니다. 그렇게 해서 우리는 소련으로부터 무엇이든 쉽게 손에 넣을 수 있었습니다. 일본이 공격해와서 우리가 항전을 시작했을 때, 나는 중국의 오지인 신장으로 향했습니다. 소련의 대포와 비행기를 입수하기 위한 교섭을 하러 갔던 것이지요. 구체적인 날짜는 기억나지 않습니다만, 우한武漢으로 일본의 비행기가 스물 몇 기가 날아온 적이 있습니다. 일본은 우리가 비행기를 갖고 있다는 것을 몰랐습니다. 그때 전투에서 우리는 스물 몇 기의 일본 비행기를 격추했습니다. 일본의 전사에는 어떻게 기록되어 있는지 모르지만 그것은 우리의 대승리였습니다."

1938년 12월, 일본군은 우한, 충칭重慶 등에 폭격을 가한다. 그러나 중국 공군의 응전도 격렬해서 일본군의 폭격기가 잇달아 격추되었다. 이를 계기로 일본은 정치 공작과 지상 전투를 통해 장제스 정권의 붕괴를 겨냥하는 쪽으로 방침을 바꾸었다. 천리푸가 말한 이 전투는 '중국이 만만치 않다'는 인상을 주게 되었던 것이다.

천리푸의 이야기는 어찌 보면 앞뒤가 맞지 않는 것처럼 들린다. 그러나 소련의 전략을 간파하여 그것을 이용하는 한편, 교묘하게 일본군과 대치하고 있었다는 것을 알 수 있다. 정리하자면 이렇다. 소련은 일본이 중국과 전쟁을 치르며 국력을 소모함으로써 자국에 대한 군사적 압력이 약해지는 것을 환영했다. 일본이 중국에 깊이 들어가면 들어갈수록 자국에 대한 군사적 위협은 줄어든다. 천리푸는 그것을 알고 있었기 때문에 원칙대로라면 '적'이 될 소련에 원조를 요구한다. "만약 우리가 싸우지 않았다면 일본군은 당신들의 나라로 향했을 것"이라며 으름장을 놓았다.

다른 한편 중국 국내에서는 국민당과 공산당이 싸우고 있었다. 소련은 물론 공산당을 지원하고 있었지만 현실적으로 보면 공산당만으로 대일전은 무리다. 그 간극을 천리푸는 교묘하게 이용했던 셈이다.

그리고 당시 미국과 영국은 일본군이 중국 대륙에 침공하는 것을 경계하여 장제스 정부에 막대한 원조를 했다. 그의 이야기를 듣다 보면, 천리푸가 그러한 힘의 균형 속에서 하루하루 권모술수로 날을 세우고 있었다는 것을 알 수 있다.

일본군은 이러한 국민당의 전략을 정확하게 이해하지 못한 채, '포악한 지나'라든가 '지나일격론' 등을 운운하며 중국을 얕잡아보았다. 그리고 중국을 공격하여 대소련전을 준비하자며 오로지 눈앞의 군사 행동에만 몰입해 있었다고 할 수 있다.

중국 통일에 대한 집념

천리푸는 장쉐량에 대한 이야기에 이르러, 반드시 호의적이지만은 않은 어조로 말을 이어나갔다. 장쉐량은 당시 정치 전략의 깊은 뜻을 알지 못했다는, 자못 냉정한 표현을 되풀이했다. 그것은 시안 사건에 대한 분노가 깊었기 때문이라고 생각했다. 나중에 녹음 테이프를 다시 들어보니, 다른 인물을 언급할 때에는 선생이라며 경칭을 사용하면서도 장쉐량에 대해 말할 때는 그렇지 않았다. 나에게는 그것이 이상하게 보였다.

타이완의 텔레비전과 신문은 전날(1990년 6월 1일) 타이베이 시 중산 북로에 있는 위안산대반점圓山大飯店에서 열린 장쉐량의 90세 생일파티를 크게 보도했다. 나는 위안산대반점에 숙박하면서 이 파티를 슬쩍 엿볼 수 있었는데, 장쉐량은 환하게 웃으며 즐거워하고 있었다. 인사말에서는 "나는 죄인입니다"라는 표현을 쓰기도 했으며, 그 후 텔레비전 방송과 가진 인터뷰에서는

"일본 제국주의 시대의 괴로움을 잊은 것은 아니었다"라고 말하기도 했다.

국민당 원로들이 다수 참석했는데, 그들에게는 시안 사건의 응어리가 여전히 남아 있는 것처럼 보였다. 참석자들 사이에서는 54년 만에 열린 이 파티로 '명예 회복'을 한 것이 아니겠느냐는 소리도 많았다.

천리푸는 이 파티에 관한 신문기자의 질문에 "반세기 이상 지난 과거의 일이고 모두 좋은 벗이다. 명예 회복이니 뭐니 하는 문제가 아니다"라고 대답했다. 나는 그것이 아마도 표면상의 말일지도 모른다고 생각하지 않을 수 없었다.

굳세게 역사를 살아온 천리푸는, 나와의 인터뷰 후반에 현재 중국의 정세에 관해 대담하고 솔직한 의견을 토로했다. 간결하게 말하면 중국 통일의 가능성을 기대하고 있다는 내용인데, 그의 말에서 집념마저 느껴졌다. 그는 쇼와 육군의 '저 시대'로 인해 중국 통일이 한 세기 가까이 늦어지고 있다는 점을 말하고자 했던 듯하다.

그 후 나는 1999년 현재까지 천리푸를 인터뷰하기 위해 여러 차례 애를 썼는데, 덩샤오핑鄧小平 생존 시에는 베이징에서 타이베이로 은밀하게 특별기를 보낼 테니까 와서 중국의 장래에 관해 함께 이야기를 나누자는 제안까지 있었다는 이야기를 그의 주변 사람에게서 들을 수 있었다. 천리푸는 베이징의 텔레비전 취재에도 응한 터라 세 번째 국공 합작이 가깝다는 느낌도 받았다.

"이 방은 당신 나라 군인들이 남방 진출 작전을 구상한 곳입니다. 여기서 당신을 만나게 되다니 참 이상한 인연이군요."

장웨이궈는 소파에 앉자마자 이렇게 말하면서 웃었다. 50년 전 장웨이궈와 비스듬히 앞쪽에 놓인 내 소파에 일본군 참모들이 앉아 있었다는 것이다.

제2부. 쇼와 육군의 흥망

다다미 10장 정도 넓이의 방, 물론 지금은 소파도 새로 갖추고 벽도 새로 꾸민 것이다. 늘어선 책꽂이에는 사상서와 군사 관련 책이 빼곡하다. 타이베이 시 신성 북로의 조용한 주택가 한 모퉁이에 있는 전략학회戰略學會 빌딩 2층 사무실의 소박한 모습이었다.

장제스의 차남이자, 고인이 된 장징궈蔣經國 전 총통의 동생 장웨이궈는 1990년 당시 75세였는데, 청년 시절에 독일과 미국에서 유학했다. 1938년 8월 『아사히신문』에서는 「장제스의 차남 독일 군조軍曹로」라는 제목 아래 그 소식을 전하고 있다. 이 기사 가운데 장웨이궈가 독일 육군의 엄격한 훈련에 입을 닫고 있다고 쓴 것은 장제스를 증오했던 당시 일본의 여론 탓이었을 것이다.

이 기사에 따르면, 중국에서 의학전문학교에 입학했던 장웨이궈는 그 후 장제스의 권유에 따라 군인으로 길을 바꿔 독일 육군에 유학했다.

그는 반생 동안 변함없이 군사와 관련된 일에 종사했다. 타이완의 삼군대학三軍大學 교장, 보급 부문 사령관, 국방성 연합훈련부 주임 등을 거쳐 당시에는 국가안전회의 비서장이라는 요직에 있었다.

장웨이궈는 등을 꼿꼿하게 펴고 응답도 확실하게 했다. 그는 박식함으로 미국에도 잘 알려져 있다. 위트도 풍부했다. 인터뷰 전에 나눈 이런저런 대화에서 "나는 당시 일본군의 정신에 많은 감동을 받았습니다"라는 말을 여러 번 했다.

타이완에는 타이베이와 핑둥屛東에 '독사시험소毒蛇試驗所'가 있다. 일본군은 이곳에서 남방의 독사를 모두 모아 혈청을 추출하여 항독제를 개발했다고 한다. 장래 남방에 진공할 경우 장병들이 독사에 물렸을 때 치료제로 쓰기 위해서였던 듯하다.

"일본군의 생각은 모두 대단히 엄밀하고 게다가 대단히 현실적이라는 것을 알지 않았겠습니까? 하지만 일본은 어리석은 일을 저지르고 말았지요.

어리석은 일이란 특별히 사람을 죽이는 전쟁을 말하는 게 아닙니다. 그들은 (패전으로) 인양될 때 동남아시아에서 잡아들인 독사를 모두 이 근처에 풀어 놓았던 것입니다."

장웨이궈는 "이런 어리석은 짓은 우리 중국인 입장에서 보면 대환영입니다"라면서 소리 내어 웃었다.

"중국인이 뱀을 먹는 것을 좋아하기 때문이지요. 독사는 특히 대환영입니다. 땅꾼들은 신이 날 수밖에 없었습니다. (…) 지금은 독사를 인공 번식시켜 시장에 공급합니다. 이것은 전사에는 나오지 않는 유쾌한 에피소드 중 하나입니다."

이러한 이야기가 종종 난해한 대화 사이에 끼어들었다.

내 질문은 역시 "1930년대의 일본군을 어떻게 보셨습니까?" "일본군에 대항하는 국민당의 전략은 무엇이었습니까?" 등등이었다. 장웨이궈는 그런 질문에 구체적으로 답하기 전에 먼저 자신의 역사관과 전쟁관을 열띤 어조로 설명했다.

"군사 사상과는 분리하여 전쟁 사상이라는 높은 견지에서 생각해봅시다. 우리는 정치적 관점에서 보아야만 합니다. 이것은 또 인류의 생존, 경제 문제와도 관련되어 있습니다. (…)

나는 인간의 역사를 세 단계로 나눌 수 있다고 생각합니다. 전쟁은 생존을 위해 일으키는 것이고, '집단이 생존을 찾아 발전한 것의 결과'입니다. 따라서 집단이 생존을 구하기 위한 제1단계가 확장입니다. 이 단계를 둘로 나눌 수 있습니다. 하나는 인류가 육지에 사는 생물이기 때문에 육상에서 확장하는 것이고, 그 후에는 해양에서 확장하는 것입니다.

다음으로, 먼저 제3단계에 관해 설명하겠습니다. 제3단계란 '집단의 생존 추구'가 '협력'이라는 단계로 들어선 상태입니다. 그리고 그 전에 제1단계와 제3단계가 뒤섞인 제2단계가 있습니다. 왜냐하면 이 중간 단계(제2단계)에는 재1단계의 확장과 제3단계의 협력이 포함되어 있기 때문입니다. 언제 협력하고 언제 확장할 것인가, 어디로 확장하면 효과가 좋을 것인가? 따라서 협력하는 최후의 단계입니다. 제2단계는 난폭한 자에게는 좋은 기회입니다. 확장주의자 사이에서 더 많은 확장을 노리는 세력이 생겨나고 세계를 병합하고자 하는 야심이 생겨나는 것입니다. 역사는 그렇게 움직여왔습니다."

'국방권'과 '국방안전선'

장웨이궈의 설명은 대단히 추상적인 세계관에서 시작되었는데, 나는 어느 사이에 그의 철학에 귀를 기울이게 되었다. 그는 이런 철학과 함께 인류의 전쟁사를 극명하게 설명했다. 가끔 벽에 걸려 있는 세계지도 앞으로 가서 구체적인 설명을 이어나갔다. 그리고 세계사의 관점에서 보자면 현대는 제3단계인 협력과 합작의 단계에 들어섰다는 것이 그의 설명이었다.

"제2차 세계대전을 돌이켜보면, 독일과 일본은 생존을 위한 공간을 구한다는 생각을 갖고 있었는데, 두 나라 다 전쟁을 일으킬 요량으로 '우리는 생존하기 위해 가장 넓은 공간을 필요로 한다'며 억지를 부렸습니다. 두 나라다 '자국의 인구는 계속 늘어날 것이다. 그런데 공간은 얼마 되지 않는다. 따라서 아주 넓은 공간이 필요하다'고 생각했던 것입니다. (…)

일본이라는 국가는 인구가 팽창하여 공간이 부족했다. 그리고 그것을 이유로 생존을 위해 확장했다, 생존을 위한 공간을 구했다 등등과 같은 생각이 반드시 틀렸다고만은 할 수 없습니다. 하지만 다른 사람의 땅으로 확장하거나 그곳을 침략했다는 점은 어떻습니까? 근대에 이르러 한 나라의 영토는 이미 정해져 있습니다. 수천 년 전으로 되돌아갈 수는 없는 노릇이지요. 땅이 있어도 사람이 살지 않고 주권도 없는 곳이 있다면 아무리 긴 시간이 걸리더라도 확장하는 것이 허용됩니다. 그러나 여러 나라와 그 땅에 사는 인간 집단이 법정 영역을 갖게 된 후에는 생존을 위한 확장이란 결국 침략이 되고 맙니다.”

장웨이궈의 설명에는 쇼와 육군이라는 말이 나오지 않는다. 만주사변이라는 말도 등장하지 않고, 만주국을 특정하는 듯한 표현도 없다. 항일 전쟁이라는 말도 입에 올리지 않는다. 그러나 그가 말한 내용이 쇼와 육군의 있는 그대로의 모습을 자기 생각 속에 적용시키고 있다는 것은 어렵지 않게 알 수 있다. 인터뷰를 하는 입장에서 보자면 그것만으로도 충분히 가슴을 울리는 내용이었다.

“일본은 자기 본토의 안전을 위해 그 범위라는 것을 연구하여 군사 용어상의 명칭인 ‘국방권國防圈’이라는 말을 만들어냈습니다. 그러나 이것은 일본의 표현입니다. 우리 중국의 용어로는 ‘국방안전선國防安全線’이라 합니다. 일찍이 일본의 국방권은 남쪽으로는 인도네시아, 동쪽으로는 하와이, 서쪽으로는 신장, 북쪽으로는 북극까지입니다. 북쪽이 북극까지라는 것은 당시 기록에는 없습니다만 역시 북극까지라고 생각해야 할 것입니다. 국방권이란 게 뭡니까? 그것은 한 나라의 안전을 위해 일정한 공간을 지배하는 최전선을 가리킵니다. (…)

당시(1930년대) 중국과 일본은 우호적이어야만 했습니다. 그럼에도 일본은 중국 영토를 일본 영토로 바꾸고 전면에 보초를 앞세워 일본 국방의 안전을 위해 제공했습니다. 중국은 어땠습니까? 중국에서 먼 후방에 있긴 하지만, 중국도 일본을 각종 무기와 장비의 공급선 및 당시 군사 과학의 스승으로 삼았습니다. 중국은 일본과 연합하고 서로 도와 러시아의 남하에 대항하려는 생각을 갖고 있었다고 여겨집니다만, 이것이 어찌 보면 최선의 방법이었습니다. 그렇지만 예상하지 못한 일이 일어났습니다. 다나카 기이치 수상이 잘못을 저질러버린 것입니다. 그가 결국은 중국 대륙을 침략하고 공산화하

제2부. 쇼와 육군의 흥망

는 원인을 제공한 것입니다. 나는 그가 중국을 공격했다고는 생각하지 않습니다만, 최소한 이렇게 말할 수는 있습니다. 다나카 내각의 일련의 대중 정책은 방향과 방법이 잘못된 전략이었다고 말입니다."

다나카 내각이 동방 회의(1927년 6월 27일부터 7월 7일까지)에서 결정한 대중국 정책을 가리키는 듯했다. 정부·외무성·육군·정우회 지도자가 이 회의에서 대중 정책의 방향을 논의했는데, 이때의 정책은 만주의 권익을 지키기위해서는 무력 발동도 불사한다는 것이었다. 중국에서는 이 정책이 '다나카 메모'(사실과 다른 기술이 많았다)로 알려졌고, 일본의 침략 정책을 위한 시나리오로 받아들여졌다. 도쿄전범재판에서 이 메모가 처음에는 검찰 측의 중요한 증거로 주목받았지만, 실제로는 다나카 내각의 애매모호한 대중 정책을 한 군인이 과장된 메모로 작성하여 군 내부에 배포한 것으로 알려져 있다. 그 때문인지 증거로 채택되지는 않았다.

당시 이 메모는 중국어로 번역되어 중국 국민당에 전해지기도 했는데, 일본이 중국 대륙을 지배하고 나아가 세계 제패를 노리는 강경한 정책이 메모의 주요 내용이었다. 중국에서 만주사변과 중일전쟁은 이 흐름에 따른 침략계획의 일환으로 받아들여지고 있다.

"이것저것 많은 얘기를 했습니다만, 마지막으로 우리는 '조화'를 추구해야한다는 말씀을 드리고 싶습니다. 당시 일본의 일부 소장 군인도 실은 집단의 생존을 위해 공간을 찾는다는 마음에서 일련의 잘못을 범한 것이라고 생각하고 싶습니다."

장웨이궈의 말 한마디 한마디에는 군인이라는 입장에서 봐도 일본의 군인들의 진짜 목표가 무엇이었는지 도무지 알 수 없다는 뉘앙스가 포함되어 있었다.

일찍이 국민당의 지도자였던 사람들을 취재하면서 나는 영국과 치른 아편전쟁(1840~1842)에서 패한 후부터 중국에서 혼란이 시작되었다는 것을 알게 되었다. 청조 정부를 무너뜨린 신해혁명(1911)으로 국민당이 주도권을 쥔 뒤 공산당이 창립되었고, 국내에서는 내전 상태가 이어졌다. 중국 각지에서는 군벌이 생겨나 국내의 정치 정세가 난마와 같이 얽혀 있었다. 그 틈을 타 열강들은 중국 대륙에 진출하여 다양한 권익을 획득했던 것이다.

일본도 서양 식민지 지배의 축소판으로서 중국에 들어갔고 이윽고 그 혼란에 편승하여 중국 대륙에서 군사 행동에 나섰다. 난마와 같이 뒤얽힌 중국을 후진국으로 간주하고 중국인을 업신여겨 모욕했다.

만주사변을 연출한 관동군 참모들은 중국인에게 행정능력이 없으니 우리가 이 나라에 통치 기술을 가르쳐야 한다고 큰소리치면서 만주국 건국까지 밀고 나갔다. 관동군 참모, 아니 쇼와 육군 중에 '중국통'이라고 일컬어지는 군인은 많았다. 하지만 과연 그들은 중국의 내부 사정을 어디까지 알고 있었을까?

천리푸와 장웨이궈의 증언을 들은 뒤 내 머릿속에는 뜻밖에도 그런 물음이 떠오른다.

팔로군에 가담한 일본 병사의 중일전쟁

일본군 병사 가가와 다카시香川孝志가 팔로군의 포로가 된 것은 1940년 8월 21일 동이 틀 무렵이었다.

이때 가가와는 북지나방면군의 독립혼성 제4여단 제14대대 제4중대 소속이었다. 나이는 25세이고 계급은 오장伍長(하사)이었다. 이 여단은 허베이河北 성 스자좡石家莊과 산시山西 성 타이위안太原을 잇는 스타이 철도 연선의 후방 수비를 맡고 있었다. 제4중대본부는 루자좡蘆家莊에 있었는데, 여기서 가가와는 기관총 소대에 배치되었다. 다른 한편으로 그는 인사에 관한 사무나 정보 수집을 담당하라는 명을 받았다.

8월 20일, 일본군에 협력하고 있던 중국인이 가가와에게 정보를 건넸다. "팔로군의 움직임이 빨라졌다. 오늘 밤에라도 일본군을 공격할 것이다"라는 내용이었다. 가가와는 즉시 병사 3명을 데리고 루자좡과 상후上湖의 중간 지점에 있는 교량을 경비하기 위해 출발했다. 토치카tochka에는 5명의 병사가 있었고, 여기서 총 8명의 병사를 지휘하라는 명을 받았다. 저녁 무렵까지는 아무 일도 일어나지 않았다. 그런데 밤이 되자 중대본부에서 전화가 걸려 왔는데 다급하게 '적습敵襲'이라 외치고는 그대로 끊겨버렸다.

얼마 지나지 않아 가가와가 수비하고 있는 토치카에도 주변으로부터 격렬한 포격이 쏟아졌고 병사들이 잇달아 쓰러졌다. 가진 것이라곤 소총과 기관총 한 정밖에 없었다. 가가와와 2명의 병사만 남았을 때는 이미 탄환이 바닥났다. 가가와는 병사에게 방독마스크를 착용하게 하고 최루가스를 피웠다.

그는 "이제부터 돌격이다. 살아남으면 중대본부로 돌아가라"고 명했다. 셋은 각자 다른 방향으로 달렸다. 비가 내리는 밤이었다. 가가와는 거추장스러운 방독마스크를 벗어버리고 내달렸다.

강이 나타났다. 비로 물이 불어 있었다. 가가와는 강가에 있는 큰 바위에 달라붙었다. 팔로군 병사들은 바위를 꼭 붙잡고 있는 가가와에게 총격을 가하지 않았다. 그리고 뜻밖에도 일본어로 이렇게 말했다.

"우리는 너를 죽이지 않을 거다. 걱정하지 말고 이쪽으로 올라와라."

이리하여 가가와는 팔로군의 포로가 되었다. 나머지 병사 둘은 강물에 휩쓸려 내려간 듯했다.

가가와는 몇 명의 팔로군 병사에게 둘러싸여 한참을 걸어갔다. 길은 중대본부로 향하고 있었다. 그는 결심했다. "그래, 중대본부 근처까지 가면 도망쳐야지." 하지만 중대본부 건물은 흔적도 없이 불타버렸고 일본 병사의 모습은 찾아볼 수 없었다. 나중에 팔로군에 들어가 안 사실이지만, 스타이 철도 연선에 있던 일본군의 거점은 팔로군의 '바이퇀百團 대전'에 의해 궤멸된 상태였다. 스타이 철도 연선의 공격을 담당한 팔로군 부대는 제129사단, 사단장은 류보청劉伯承 장군, 정치위원은 덩샤오핑이었다.

산시 성의 산속에 있는 팔로군의 거점에는 '타도, 일본 제국주의!' '환영, 일본 형제들!'이라 쓴 현수막이 걸려 있었다. 이미 2명의 일본 병사와 3명의 일본인 철도원이 붙들려 와 있었다. 일본인 포로들은 누구 할 것 없이 나 하나만이 아니라는 생각에 안도하는 표정이었다.

팔로군의 간부가 다가왔다. 일본어가 능숙했다. 일본에 유학한 적이 있는 장샹산張香山이었는데, 그는 전후 중일우호협회 부회장에 취임했다.

장샹산은 이렇게 말했다. "팔로군은 포로를 죽이지 않는다. 걱정하지 않아도 좋다. 지금 이 자리에서 너희에게 말해두겠는데, 이제부터는 본래의 이름을 결코 말해서는 안 된다. 그렇게 하지 않으면 일본에 있는 너희 가족이 괴로움을 겪을 것이다. 변명變名을 쓰길 바란다."

그리고 "이 전쟁은 일본의 군벌이 일으킨 것으로 너희 또한 희생자다. 너희와 우리는 형제다"라는 의미의 말을 덧붙였다.

2000명이 넘는 일본군 포로

느닷없이 이렇게 말하는 것을 들었지만 가가와는 납득할 수 없었다. 포로가 되었다는 굴욕과 이제부터 받아야 할 처벌에 대한 불안 때문에 두려워하고 있었다. '될 대로 돼라. 굵고 짧게 살아야지.' 그는 모든 것을 체념한 심정으로 팔로군에 가담하게 되었다.

전투 중에 일본군 군복이 찢겨서 팔로군 군복으로 갈아입었다. 이름도 바꿨는데, 성은 출정 시 열차에 올랐던 오사카의 우메다 역이 생각 나 '우메다梅田'로, 이름은 고쿠시칸전문학교國士館專門學校 시절 친구의 이름을 따서 '데루후미照文'라 했다. '우메다 데루후미'가 그의 변명이었다. 이때부터 약 5년 동안 가가와는 팔로군의 일본 병사로서 일본 육군과 대결하게 된다.

1991년 5월 상순, 사이타마 현 오미야大宮 시(지금의 사이타마 시) 교외의 제3섹터(국가나 지방공공단체가 운영하는 공기업을 가리키는 제1섹터나 사기업을 가리키는 제2섹터와 구분되는 제3의 방식으로 운영되는 법인—옮긴이)에서 운영하는 철도역에서 나는 가가와를 만났다. 이때 그의 나이 76세. 약 3년간 일본군 병사로서 싸웠고, 그 후에는 팔로군의 일본 병사로서 옌안延安에서 냉엄한 자성自省으로 가득한 체험을 했다. 전후에는 일본으로 돌아와 정치의 소용돌이에 몸을 맡긴 적도 있었고, 사업에도 손을 댔다. 각 시대의 연륜이 표정에도 새겨져 있었다.

역에서 자택까지 함께 걸어가면서 나는 그의 발걸음이 몹시 빠르다는 것을 바로 알아챘다. 지금은 순환기 계통이 좋지 않아 걷는 것을 일과로 삼고 있다고 했지만 나는 팔로군의 행군 체험 때문일지도 모른다고 생각했다.

"팔로군의 포로가 된 일본 병사와 일본인은 2000명이 넘었지요. 그중에는 육군사관학교를 나온 장교들도 있었습니다. 그들은 일본 육군의 엘리트로 키워졌기 때문인지 팔로군의 주장을 듣고서 몹시 괴로워했던 것 같습니다. 그러나 일본이 중국을 침략한 것은 엄연한 사실이어서, 오히려 완고한 유형에 속한 사람들은 일단 팔로군의 주장을 받아들이자 이 전쟁을 끝장내야 한다며 반전 병사로 바뀌었습니다."

자택 응접실에서 가가와는 50년 전 자신의 체험을 특별히 꾸미지 않은 말로 이야기했다.

그는 도쿠시마德島 현 아와阿波 정(현 아와 시)에서 농가의 넷째 아들로 태어났다. 아와중학교를 졸업한 뒤 고쿠시칸에 진학한 것은 한문 교사가 되고 싶고 또 유도도 가르치고 싶었기 때문이다. 고쿠시칸은 국수주의적 색채가 강한 학교였는데, 학생 시절에는 오로지 유도에 몰두했다. 졸업 후에는 일단 오사카 부 경찰의 유도 교사가 되었다. 그러다 소집영장을 받았다. 1937년 봄이었다. 그때는 중국 대륙으로 건너가더라도 몇 개월만 지나면 다시 일본으로 돌아올 것이라고 생각했다.

그런데 1937년 7월 7일 중일전쟁이 시작되었고 전선은 점점 확대되었다.

1938년 1월 고노에 후미마로近衛文麿 내각의 '이후 장제스 정부를 상대하지 않겠다'는 성명이 나오고부터 전쟁이 장기화될 것으로 예상되었다. 가가와는 중국 대륙에서 죽을 것을 각오했다.

"당시 나는 동아시아의 안정과 평화를 위해 일본군이 중국의 항일 정책을 바로잡는 것으로 이 전쟁을 이해했습니다. 우리는 오히려 중국의 민중을 돕기 위해 중국에 온 것이며, 중국의 군벌을 응징하기 위해 온 것이라고 생각했습니다. 그것에 대해 특별히 어떤 모순을 느끼지는 않았지요. 그런데 팔로군 병사들에게 붙잡혔고, 팔로군 사령부가 있는 마톈麻田이라는 오지까지 며칠 동안이나 행군을 했습니다. 그때 팔로군 병사들의 태도에 감동을 받아 깊이 생각에 잠겼습니다. 구실에 지나지 않는다며 내심 반발하기도 했지만, 그들의 인간미 넘치는 언동에 나도 조금씩 바뀌어갔습니다."

가가와는 이렇게 말하고 구체적인 에피소드 몇 가지를 들려주었다.

그들은 밭 가운데로 걷지 않는다. 농민들을 정중하게 대한다. 약탈은 일절 없다. 의복도 보잘것없다. 식사 때 자기들은 피나 조로 지은 밥을 먹으면서도 일본인 포로에게는 반드시 쌀밥을 준다. 반찬도 특별히 많다.

그들은 이렇게 말한다. "일본인은 우리보다 더 풍족하다. 그러니까 그런 식사를 바란다. 우리 나라는 가난하다. 그러니까 이런 식사를 해도 괜찮다."

일본인 포로가 농가 부엌에서 소금을 훔친 일이 있었다. 그로서는 그런 약탈이 당연했겠지만 도둑을 맞은 농민은 격노했다. 팔로군 병사는 열심히 농민에게 사죄하면서 용서를 구했다. 그 후 팔로군 병사는 일본인 병사에게 한마디 주의도 주지 않았다. 일본인 포로 쪽이 고개를 숙이고 있을 따름이었다.

'옌안 정신'에 공감하다

　　일본군은 약탈, 폭행, 강간, 살해를 맘대로 저질렀다. 마을에 불을 지르고, 밭을 짓뭉갰으며, 중국군 포로는 반드시 살해했다. 가가와도 그런 광경을 몇 번씩이나 목격했다.

　　"제멋대로 타국의 영토에 들어가 비인간적인 짓은 다 저질렀지요. 이러니 중국 농민이 분노하는 것은 당연하다, 우리 생각은 틀렸다고 아주 자연스럽게 피부로 느끼게 되었습니다. 육친이 일본군에게 살해된 팔로군의 병사는 우리에게 원한을 품는 게 당연할 텐데 그러지도 않았습니다……."

　　가가와의 증언에 귀를 기울이다 보면 일본군과 팔로군의 규율이 너무나 다르다는 것을 알 수 있다. 왜 이런 차이가 있었던 것일까?

　　"기본적으로 팔로군 병사는 중국 인민을 해방한다는 신념에 불타고 있었습니다. 그래서 그들은 '우리는 물고기이고 민중은 바다다'라는 자세로 임했습니다. 마롄에는 이미 일본군 포로들이 자발적으로 만든 각성동맹覺醒同盟이라는 조직이 있었는데, 이것이 나중에 반전동맹이 됩니다. 나는 이 조직의 구성원과 함께 연안으로 가 일본노농학교日本勞農學校라는 곳에서 사회주의를 공부하게 되었습니다. 그 무렵 팔로군의 '옌안延安 정신'이라는 것이 중국 인민해방군의 기본 정신이 되었다고 생각합니다."

　　팔로군이 민중을 방패로 사용한 쇼와 육군과는 근본적으로 생각이 달랐다는 것이다.

　　가가와는 십수 명의 일본인 포로와 함께 6개월이 걸려 옌안으로 들어갔다. 400킬로미터에 가까운 행군이었다. 도중에 팔로군 부대와 서로 스치듯 지나친 적도 있었다. 우군이라는 느낌이었다. "일본 병사다"라고 소개하자 우군 병사들은 〈삼대규율三大規律 팔항주의八項注意〉라는 노래를 부르며 환영해주었다. 항일 결사부대와 만나기도 했다. 그들 역시 "우리와 당신들은 형제"라고 말했다.

"이 더러운 전쟁을 하루빨리 끝장내지 않으면 안 된다."

가가와의 결의는 점점 굳어졌다. 될 대로 돼라는 심경에서 벗어나 침략 전쟁을 끝내기 위해 일하기로 마음먹었다.

옌안은 산시陝西 성 북부에 있는 암석으로 둘러싸인 마을이었다. 1935년부터 이곳에 중국 공산당 중앙본부가 자리잡고 있었다. 시내 주변의 바위산에 동굴식 주거가 여러 개 있었고, 그곳에 중국 공산당의 다양한 조직이 있었다. 항일군정대학抗日軍政大學, 일본인 포로의 일본노농학교, 루쉰예술학원 등도 있었다. 항일군정대학에서는 팔로군 간부와 팔로군에 가담한 지식인이 면학에 힘쓰다가 전선으로 달려갔고, 또 전선에서 병사들이 공부하러 돌아왔다가 다시 전선으로 달려갔다. 중일전쟁 8년 동안 20만 명의 간부가 이곳을 오갔다고 한다.

일본노농학교는 1941년 5월 15일 문을 열었는데, 그 목적은 '일본인 포로에게 정치 교육을 실시하는 것'이었다. 일본인 포로는 사회주의 이론에 기초한 경제학·역사·철학 등을 배웠다.

그때까지 천황제 교육을 받으며 자란 일본 병사에게는 자본주의 이전의 사회나 자본주의 그 자체의 메커니즘 그리고 사회주의에 관한 지식이 없었기 때문에 그런 지식들을 마치 스펀지가 물을 빨아들이듯이 흡수했다. 강사 중에는 교토대 가와카미 하지메河上肇의 제자였던 왕쉐원王學文과 같은 연구자도 있었다.

1년 동안 강의를 들은 뒤 일본 병사는 팔로군과 함께 전선으로 가 일본군 병사에게 귀순을 권하기도 하고 일본군 내부에서 상관에게 요구를 하도록 설득하기도 했다. 가가와는 1년의 교육 기간을 마친 다음 강사가 되어 정치학을 가르쳤다. 전선에 나가기보다 옌안에 머무르면서 일본군 병사의 귀순에 어떤 수단이 효과적인지를 생각하기도 했다.

1942년에 들어서 지나파견군 정예부대는 미일전쟁을 위해 속속 남방으로 이송되었고, 그 때문에 장비가 부족하며 훈련도 미숙한 일본 병사가 늘어나 염전厭戰 분위기가 확산되고 있다는 것을 알게 되었다.

화베이華北에서는 가는 곳마다 일본군 포로들에 의해 반전 조직이 만들어졌는데, 그 조직은 8개가 넘었다. 모두가 팔로군의 정치 교육을 받았거나 그것에 공명한 조직이었다.

1942년 8월, 그 조직의 대표자 53명이 옌안에 모여 전화베이일본병사대표자대회全華北日本兵士代表者大會를 열었다는데, 가가와도 대표 중 한 사람이었다. 화베이에 있는 반전 병사의 의사를 확인하는 의미가 있었다고 한다.

대회를 준비하면서 대표자들은 수차례 회의를 열었다. 중심 주제는 '일본 병사로 하여금 반란을 일으키게 하려면 어떻게 해야 할 것인가'였다. "지금까지 일본 병사를 설득할 때에는 '일본 제국주의에 반대하자'와 같은 딱딱한 표현을 사용한 탓에 오히려 일본 병사의 반감을 샀다. 일본 병사의 심정을 고려하여 반전을 호소하지 않으면 안 된다. 그렇다면 어떤 수단이 효과적일까?" 그들은 논의를 거듭했다.

"일본군은 하급 병사를 너무나 학대하는 군대다. 자신들도 하급 병사였기 때문에 그 당시의 심정으로 돌아가 어떤 불만이 있었는지를 적어보자"라는 얘기가 나왔고, 각자가 일본 육군에 있을 때 맛본 여러 가지 고통을 털어놓았다.

"사병은 급료를 고작 10엔밖에 받지 못하지만, 장교는 소위만 되어도 130엔이나 받는다. 사병의 전시 수당을 인상하길 바란다."

"밥을 실컷 먹고 싶다."

"전선의 사병에게 말린 식품만이 아니라 생선이나 채소도 먹을 수 있게 하라."

"주보酒保(육군 내부의 매점)에서 장교와 사병으로 구별하여 판매하지 마라."

"단것을 먹고 싶다."

"따귀를 때리지 말라. 제재制裁를 그만하라."

"사병에게는 너덜너덜한 옷을 입히고 장교들만 깨끗한 옷을 입는 것을 멈춰라."

사병들의 불만은 순식간에 몇 가지씩 쏟아져나왔다. 장교가 부사관이나 병사에 비해 지나치게 많은 특권을 누리고 있는데, 이런 군대는 민주적이지 않다는 것이었다.

불만은 점차 일본 육군 내부의 체질에까지 미쳤다.

"상관의 명령이라 하여 무엇이든지 사병들에게 강요하지 않았으면 좋겠다."

"결례했다고 제재를 가해서는 안 된다."

"장교 자신도 지키지 못할 정신 훈화를 하지 마라."

"연습 시간을 단축하라."

"사병을 처벌할 때에는 전우의 배석陪席을 인정해야 한다."

"헌병은 직권을 남용하여 함부로 사병에게 설교를 하거나 따귀를 때리지 마라."

"가족에게 보내는 편지는 자신이 쓰고 싶은 내용을 자유롭게 쓸 수 있도록 하라."

"토벌 작전 후에는 2~3일 동안 휴가를 주었으면 좋겠다."

"신문이나 잡지를 자유롭게 읽을 수 있었으면 좋겠다."

육군의 결함을 응축한 '일본 사병의 요구서'

대표자들의 준비 회의는 3일 동안 이어졌다. 전장에서 사병들이 얼마나 홀대를 받고 있는지에 대해 너나없이 불만을 털어놓았다. 예를 들면 다음과 같은 말도 나왔다.

"완치되지 않은 병자를 토벌 작전에 데려가지 않기를 바란다."

"낙오자를 구타하지 말고 말에 태워줬으면 좋겠다."

"전투 중 사병에게 무리한 명령을 강요하지 않았으면 좋겠다."

"저항하지 않는 중국인을 죽이는 것을, 게다가 사병이 좋아하지도 않는 살상을, 담력을 시험한다는 이유로 강제하지 않았으면 좋겠다."

"약탈, 폭행, 살상, 방화와 같은 불법 행위를 사병에게 강제하지 않았으면 좋겠다."

사병 가족의 생활을 확실하게 보장해주었으면 한다는 요구도 나왔다. 전사자에 대한 보상금을 올리되 공채公債가 아니라 현금으로 주었으면 좋겠다는 얘기도 있었다.

이렇게 준비 회의를 거쳐 정리한 것인 「일본 사병의 요구서」라는 문서다. 요구 사항은 모두 228가지였다. 요구서의 전문前文으로 '화베이 각 부대의 전우 제군에게 호소한다'는 글이 작성되었다. 이 글은 "친애하는 전우 제군! 우리는 제군과 같은 일본의 병사입니다. 우리는 꽉 막힌 군대를 스스로 뛰쳐나오기도 했고 전투에서 패해 어쩔 수 없이 팔로군으로 오기도 했습니다"라는 말로 시작한다. 이어서 "답답하고 말이 통하지 않는 일본 육군에 우리는 이러한 요구를 내걸었는데, 전우 제군도 이런 요구들을 상관에게 제출해주시기 바랍니다. 중대 전원이 번갈아가면서 요구하다 보면 반드시 몇 가지는 실행될 것입니다"라고 호소하기도 했다.

이 요구서는 일본병사대표자대회에서 전원의 찬성을 얻었다. 확실히 여기에는 '사병'의 눈으로 본 쇼와 육군의 결함이 응축되어 있었다.

일본인 포로에서 반전 병사가 된 이들의 대회에는 팔로군의 장교는 물론, 옌안에 있는 인도, 인도차이나, 조선 등의 대표도 출석했다. 내빈 자격으로 인사를 한 사람은 팔로군 총사령 주더朱德였다.

"반파시즘 전선에 선 일본인 대중과 사병은 우리의 친한 벗이자 장래 아시아의 평화와 행복을 구축할 친구다. 몇백만 일본 병사를 그대들의 깃발 아래 단결시켜 그들의 총구를 우리 공동의 적인 일본 군부를 향하게 하도록 노력해주기를 바란다."

이 대회 후에 반전동맹화베이연합회反戰同盟華北聯合會가 결성되었다. 스기모토 가즈오杉本一夫가 회장으로 뽑혔다. 스기모토의 본명은 마에다 미쓰시게前田光繁, 1991년 당시 75세로 도쿄 도심에 살면서 여생을 보내고 있었다.

"나는 1939년 1월 만철의 자회사에 근무하고 있을 때 징한京漢 선의 쐉먀오雙廟라는 곳에서 포로가 되었습니다. 그 후 팔로군과 함께 행동했는데 처음에는 전선에서 투항을 호소하는 일을 했습니다. 이 대회가 끝난 뒤 요구서를 일본군 병사에게 보내는 위문대慰問袋에 넣기도 하고 토치카 근처에 두기도 하여 충분히 배포했습니다. 확실히 이 요구는 일본 병사에게 절실한 것이었기 때문에 그 후에는 팔로군에 투항해오는 사례가 상당히 늘어났습니다."

마에다에 따르면 일본 육군의 지도부뿐만 아니라 사법성 등의 기관도 반전동맹이 일본 국내의 좌익 단체와 제휴하고 있을지도 모른다고 생각한 때가 있었다.

반전동맹화베이연합회의 일본 병사들은 이 대회 이후 적극적으로 일본군에게 다가가 다양한 수단으로 호소했다.

중대와 대대를 연결하는 전화선에 별도의 전화선을 이었다. 중대와 대대가 교신할 때 반전 병사가 끼어들었다. 그 중대 소속이었던 병사가 그 역할을 맡았다.

"이봐, 사토 이등병, 들리는가? 나야, 야마다."

교신 중인 일본 병사가 곤혹스러워한다.

"토치카의 삐라를 읽었나? 우리 요구를 읽었는가?"

"야마다, 너 전사한 게 아니었나? 팔로군 포로가 되었나?"

"그렇다. 이 전쟁은 일본이 진다. 너희도 이쪽으로 오지 않겠나?"

"너, 팔로군에 속은 게 아닌가?"

"그렇지 않다. 그들은 투항해온 포로를 죽이지 않는다. 먹을 건 있는가? 일용품은 있는가?"

"시끄럽다. 너 같은 매국노는 그런 걱정을 하지 않아도 된다."

"아니다. 매국노가 아니다. 잘 생각해보라. 왜 이런 전쟁에서 생명을 버려야만 하는가. 중국인을 괴롭히면 안 된다."

_____ 중대장을 지명하여 비판하다

처음에는 격렬하게 말싸움을 하다가도 점차 속마음을 터놓았다. 삐라를 본 장교는 병사를 불안하게 한다는 이유로 읽는 것을 금지했다. 그러나 병사들 사이에는 예상 밖으로 이 삐라가 흘러들어왔다. 제재를 가하는 중대장을 지명하여 비판한 삐라를 뿌리면 그 중대에서는 제재가 사라졌다.

반전 병사가 일본 병사에게 위문대를 보내는 경우도 있었다. 식료품은 독약이 들어 있다고 경계할 수도 있기에 비누나 칫솔, 일기장 따위를 넣었다. 그러자 그들도 위문대를 보내왔다. 교신 시간을 정해 대화를 나누는 사례도 있었는데, 그럴 때면 일본군 사병은 상관에 대한 불만을 말하면서 어려움을 털어놓았다.

메가폰으로 토치카를 향해 말을 거는 반전 병사도 있었다. 사투리로 말을 하면 토치가의 일본 병사도 사투리도 대답했다. 함께 고향을 생각하면서 눈물 섞인 목소리로 응답을 주고받았다.

"반전 병사의 호소는 의외로 널리 받아들여졌습니다. 그러나 일본군에게 20미터 근처까지 다가가 설득하는 중에 중대장이 '쏴라'라고 명령하는 바람에 일제 사격을 받고 사망한 병사도 있습니다. 2명이었지요. 동시에 투항해 온 병사 중에는, 우리는 룸프로(룸펜 프롤레타리아트의 약칭)라고 불렀습니다만, 일본군 안에서 더 이상 견딜 수 없게 된 골칫거리도 있었습니다. 스파이를 보내오는 경우도 있었는데, 그들은 팔로군 안에 들어와 소동을 일으키기도 하고 암살 방법을 배우고 있는 곳에서 기회를 노리기도 했습니다. 하지만 우리 속에 들어와 있다가 자신이 스파이로 파견되었다고 자백한 이도 있었습니다."

남방 전선에서 일본군은 미군에게 호된 타격을 입었다. 중국 전선에 있던 병력도 남방으로 이동했다. 이런 상황에서 중국 대륙에서 일본군의 전의는 현저하게 저하되고 있었다.

이것은 물론 반전 병사의 역할 때문만은 아닐 것이다. 하지만 육군성이 수신한 보고를 보면, 1942년 9월 이후 화베이의 일본군 내부에서는 병사의 도망, 병기 유출, 상관 모욕뿐만 아니라 중국인에 대한 폭행과 강간도 늘어났다. 될 대로 돼라는 식으로 행동하는 일본 병사들이 적지 않았던 것이다. 산둥 성에 주둔하고 있던 제59사단의 제1중대 병사들이 남방 파견 명령을 받고 반란을 일으켰다. 중대장들에게 발포하고 수류탄으로 상관을 위협한 사건이 있었다. 오카무라 야스지 북지나방면군 사령관은 부하 장병들에게 이와 같은 악질적이고 말도 안 되는 사건을 방지하라고 엄명했다. 그러나 장교의 린치, 병사의 불복종 그리고 일본군의 자포자기와도 유사한 중국인에 대한 삼광三光 작전이 이어졌다. '모조리 불태우고燒光, 모조리 죽이고殺光, 모조리 빼앗으라搶光'는 구호 아래 펼쳐진 삼광 작전은 점차 광기와 흡사한 방향으로 치달았다.

그 작전을 수행한 병사들은 지금도 마음의 상처 때문에 괴로워하고 있으며, 고통은 시간이 아무리 지나도 치유되지 않는다.

1991년 7월 7일은 중일전쟁이 시작된 지 55년째 되는 날이다. 반세기 이상의 시간이 지났다.

이해에도 중일전쟁에 종군한 전 일본군 사병 단체가 주최하는, 보상을 요구하는 집회가 7월 6일 도쿄에서 열렸다. 가가와 마에다가 속해 있는 '중일평화우호회', 전후 시베리아에서 중공 지구로 이송되어 전범으로 푸순전범관리소 등에 수용되었던 병사들의 모임인 '중국귀환자연락회', 엔도 사부로遠藤三郎 전 중장이 설립했고 그가 사망한 후에도 그 정신을 이어가고 있는 예전 군인들의 '중일 우호원군인의 모임', 육해군 일본 병사 유지가 중심이 된 '부전병사의 모임' 등 네 단체였다.

'중일 우호원군인의 모임' 사무국장 나가이 요지로永井洋二郎는 이 네 단체를 조정하는 역할을 맡고 있었다. 나가이는 1991년 현재 68세였다. 1944년에 징용되어 만주로 갔다가 간부후보생으로 일본에 돌아왔다가 홋카이도에서 패전을 맞았다. 쇼와 20년대에 자이언츠 팀의 포수로 그라운드에 선 적도 있지만, 야구로 성공하기 어렵다는 것을 알고 광고 대리점인 덴쓰에 들어갔다. 덴쓰 시절에 2년 정도 자이언츠 팀의 영업부장으로 파견 근무를 나간 적도 있다. 덴쓰에서 정년을 한 후에는 중일 우호의 제일선에서 활동했다.

"일본 육군은 중국에 대해 말로 표현할 수 없을 정도로 잔혹한 짓을 했습니다. 용납할 수 없는 일입니다. 나는 남아 있는 시간을 평화 헌법을 지키고, 군국주의에 반대하며, 중일 우호를 돈독히 하는 일에 바치고자 합니다. 지금부터는 중국인 강제 연행의 실태를 밝혀나갈 것입니다."

나는 나가이를 통해 1991년의 모임이 어떻게 기획되었는지를 취재했다. '중국귀환자연락회' 상임위원 고지마 다카오小島隆男가 중국인 강제 연행에 경험이 있었기 때문에 그에게 강연을 부탁하고자 한다고 했다.

제2부. 쇼와 육군의 흥망

도쿄 긴자의 뒷골목에 있는 아담하고 길쭉한 건물 4층에 중국귀환자연락회 사무국이 있었다. 고지마는 74세였는데, 그의 말투에는 자신의 죄과에 몸서리를 치는 어조가 담겨 있었다. 도쿄외국어대 러시아어과를 졸업한 뒤 잠시 기타카라후토 석유회사에 근무했다. 그 후 징용되어 1939년 12월부터 1945년 5월까지 제59사단 제12병단에 소속되었다. 고지마는 "나의 군 경력은 5년 반에 걸쳐 산둥 성을 휩쓸고 돌아다닌 범죄"라고 고백했다. 특히 마지막 3년간은 기관총 중대의 중대장으로서 지난에 주둔하면서 '토끼몰이 작전'을 지휘했다고 한다.

처참한 삼광 작전의 실상

'토끼몰이 작전'이란 4킬로미터 이내의 지역을 일본군이 대병단을 동원해 포위하고 마을에 들어가서 청년들을 끌고 나와 일본으로 보내는 작전이었다. 1942년 봄 이후에는 태평양전쟁도 물량 소모전에 들어선다. 청장년 노동자가 군인으로 징용되면서 노동력은 현저하게 감소했다. 그러자 도조 히데키 내각은 각료 회의에서 중국인을 노동자로 징용하기로 결정했다. 산둥 성에서 이를 수행한 것이 제12병단이었다.

산둥 성의 어떤 지역을 선택할지는 일본군 참모들의 기분에 달려 있었다. 화베이의 지도를 펼쳐놓고 마음 내키는 대로 컴퍼스로 원을 그린 다음 이 지역에서 끌어오자고 말했다. 이참에 팔로군 병사를 붙잡으면 그 이상 좋을 것이 없다는, 그야말로 말도 안 되는 작전이었다. 그러나 설령 참모가 기분 내키는 대로 지역을 선택했다 하더라도 일단 명령이 하달되면 일본 육군은 구체적인 행동에 돌입해야만 했다.

1942년 여름, 제12병단 참모의 지휘 아래 몇 차례 훈련이 실시되었다. 들

제7장. 팔로군에 가담한 일본 병사의 중일전쟁

판에서 토끼를 잡을 때 포위망을 치고 몰아가듯이, 각 중대가 촘촘하게 포위망을 치고 하루 16킬로미터의 속도로 중심인 팔로군의 거점으로 몰아갔다. 각 부대가 포위망을 무너뜨리지 않도록 상공에는 비행기가 선회하며 무선으로 연락을 취했다. 다른 한편 중국인이 저항하면 바로 사격을 가하는 작전이었다. 첫 번째 작전은 '노서魯西 작전'이라는 이름으로 1942년 9월에 실시되었고, 두 번째 작전은 역시 9월에, 세 번째 작전은 11월에 실시되었다.

"마을에 들어가서 청년을 쫓아 거점으로 다가갑니다. 저항하면 기관총을 난사하고, 복종하지 않는 모습을 보일 때는 죽이며, 마을에 반일 분위기가 있다 싶으면 모조리 불태워버렸습니다. 나는 중대장으로서 통과하는 마을을 모두 불태워 없애라는 명령을 받았습니다. 이리하여 거점에 모인 중국인 남성들을 불러내 두 손을 뒤로 줄줄이 묶은 다음 후방의 헌병대로 보냅니다.

이곳 중국인들은 칭다오의 경마장으로 보내기로 했는데, 지난에서부터는 이들을 입추의 여지도 없이 화물차에 실었고, 식사 따위는 주지도 않았습니다. 대소변은 그대로 흘러내렸지요. 큰 역에서는 반드시 몇 구의 사체가 나와서 그것을 화차 밖으로 던져버리고 칭다오까지 운반했다고 들었습니다. 마치 벌레처럼 취급했고 거기에는 어떤 감정도 없었습니다."

고지마는 깊이 한숨을 내쉬었다. 이렇게 강제 연행한 중국인에 관해서는 어디의 누구인지, 어떤 사람인지 전혀 몰랐다고 한다.

제12병단뿐만 아니라 일본군은 토벌이라는 명목으로 종종 약탈을 자행하기도 했다. 중국 농민이 저항하면 고문을 하고 본보기라며 학살했다.

제12병단이 주도한 1942년 4월의 '지난冀南 작전'은 가혹한 작전이었다고 고지마는 말했다. 사령관은 "팔로군은 일본군이 행동을 개시하면 즉시 농민복으로 갈아입는다. 그래서 적인지 아군인지 구별하기가 어렵다. 부대는 작전지에 들어가면 남자는 남김없이 살해하라"고 명했다는 것이다. 고지마의 부대(약 200명)는 마을에 들어가자 밭에서 일하고 있는 농민에게 달려가 잇달아 총검으로 찔러 죽였다. 이 작전에서 어떤 중대의 중대장이 전사했다. 이에 대한 분풀이로 고지마는 근처 마을의 여자와 아이를 가리지 말고 몰살하라고 명했다.

고지마의 고백을 듣는 동안 나도 고통스러웠다. 몰살 단계에 이르면 말문이 막힐 수밖에 없다. 양친과 조부모가 가로놓여 있는 사체 아래 대여섯 살짜리 아이가 살아 있었다. 그 아이는 아무런 소리도 없이 눈을 크게 뜨고 고지마의 얼굴을 계속 노려보았다. 좀처럼 고지마에게서 눈을 떼지 않았다.

그때 고지마는 일본군의 우수한 부사관이었는데, 이윽고 작전 수행의 공을 인정받아 중위로 승진했으며, 1945년 5월에는 관동군 특수정보대로 '영전'했다. 삼광 작전을 가장 활발하게 수행한 바로 그 부사관이 영달의 길을 걸을 수 있었던 것이다. 고지마는 팔로군에 투항한 반전 병사의 삐라 따위를 도무지 이해할 수 없었다.

"이 편지를 봐주세요."

고지마는 한 통의 편지 복사본을 보여주었다. 1990년 11월 베이징에 사는 중국청년신문사 기자가 중국귀환자연락회 앞으로 보내온 편지였다. 이 기자는 늙은 아버지의 소원이라며 아버지의 형 리샹민李向民에 관한 소식을 물어온 것이다.

"1942년 겨울, 일본군이 산둥 성 자오둥胶東 현 지구에서 '팔로군'을 소탕할 때 리샹민은 룽청榮成 현 라오산툰嶗山屯 촌에 숨어 있다가 붙잡혔습니다. 마을 사람들과 함께 웨이하이웨이威海衛로 연행되어 은행 창고에 갇혔습니다. 얼마 지나지 않아 팔로군의 간부로 밝혀져 혼자 갇혀 있다가 행방불명되었습니다. 붙잡히기까지는 라오산툰의 촌민으로 변장하고 쉬서우얼徐守二, 쉬서우徐守 등의 가명을 사용했습니다. 라오산툰의 부유한 농민 쉬서우신徐守信의 동생이라는 의미이며, 신분은 소학교 선생이라고 했답니다. 붙잡혔을 당시 리샹민의 나이는 34세였습니다. 비교적 큰 키에 하얀 피부, 눈에는 쌍꺼풀이 있었으며, 크고 둥근 안경을 쓰고 있었습니다.

리샹민은 베이징대학을 졸업했으며 중국 공산당원입니다. 붙잡혔을 때에는 자오둥에서 간행되는 『다중바오大衆報』라는 신문의 편집 일을 하고 있었습니다. 다음과 같이 묻고 싶습니다.

먼저, 리샹민은 웨이하이웨이에 연행되었다가 일본군에게 '팔로군' 간부로 알려져 언제, 어디에서 죽었습니까? 그 유골은 어디에 묻혀 있습니까?"

고지마는 중국귀환자연락회 회원들과 함께 무거운 발을 이끌고 관청과 전우회를 찾아다녔다. 1942년 겨울의 작전은 마침 자신이 관련된 작전(제3차 토끼몰이 작전)으로, 대상 지역이 그곳이었기 때문이다. 조사 결과는 좋지 않았다.

조사는 네 방향으로 진행되었다. 어떻게든 이 작전에 참가한 독립혼성 제5여단에 소속되어 있던 사람의 증언을 얻을 필요가 있었다. 결국 관련자를 찾을 수 없었고, 지휘관들은 떠난 후였다. 고참 병사들도 그 후 남방으로 전출되었다가 전사했다.

두 번째는 일본군이 작성한 「전투상보보고서戰鬪詳報報告書」에서 포로의 성명을 확인하는 것이었다. 고지마는 자신도 이 보고서를 작성하는 데 관여했기 때문에 이런 인물이 포로가 되었다면 반드시 적혀 있을 것이라고 확신했다. 방위청 전사실戰史室을 찾아갔지만 각 부대에서 작성한 자료는 패전 시에 군에 의해 소각된 상태였다.

세 번째는 헌병이 강제노동을 감당할 만한 이를 선별할 때 이름, 연령, 출신지 등을 기록했을 것이라 생각하고, 관계자를 찾는 것이었다. 팔로군이나 공산당원을 붙잡은 것은 헌병에게도 공적으로 간주되었을 것이다. 그러나 고지마의 루트에서는 리샹민을 아는 사람이 없었다.

네 번째는 일본에 강제 연행되어 불행하게도 가혹한 노동 조건과 열악한 생활 조건 속에서 사망한 사례를 조사하는 것이었다.

강제 연행 : 6872명 사망

자신이 징용한 중국인이 어떤 운명이었을지 내심 불안해하던 고지마는 관련 자료를 조사하며 돌아다녔다. 일본으로 강제 연행된 자 4만 1762명, 사망자는 6872명이었다. 다른 자료에는 승선 후 배 안에서 584명이 사망했고, 일본의 사업장에 도착하기까지 230명이 사망, 8명이 불명이라고 적혀 있었다.

외무성 아시아국 중국과에 이와 관련된 자료가 보관되어 있다는 말을 듣고 정해진 절차를 밟아 자료 열람을 신청했다. 피해 당사자가 직접 신청하지 않으면 접수할 수 없다는 이유로 조사 의뢰는 거부당했다. 그래서 어떤 중국인에게 직접 신청 서류를 작성해달라고 했다. 다른 한편 고지마는 여생을 걸고, 사소한 실마리라도 찾아 조사를 진행하기로 했다.

1991년 4월 초, 고지마는 이와 같이 만족스럽지 못한 회답을 그 중국인에게 보냈다. 그는 그 편지의 복사본을 나에게 보여준 것이다. 편지지 14매에 안타까운 심정이 절절하게 배어 있었다. 그리고 말미에 "아름답고 조용한 자연환경에 있다 보면 그것이 아름다우면 아름다울수록 과거의 추악한 내 모습과 피해자 분들의 힘겨운 고통 및 깊은 슬픔이 뇌리에 되살아납니다. 생각에 젖어 있노라면 나도 모르게 눈물이 흐릅니다"라는 구절이 적혀 있었다.

"죽임을 당한 사람들의 억울함은 결코 지워지지 않을 것입니다. 40여 년이 지났지만 인간의 슬픔은 사라지지 않습니다. 뭐라고 용서를 빌면 좋겠습니까……."

고지마는 늙은 몸을 소파에 묻은 채 말이 없었다. 이해 7월 6일 열린 집회에서 이 심정을 참가자들에게 호소해야겠다고 낮은 목소리로 말했다.

나는 '중국인 강제 연행을 생각하는 모임'에서 발행하고 있는 팸플릿을 손에 들고 놀라서 숨을 쉬지 못했다. 하나오카花岡 사건(아키타의 하나오카 광산

제7장. 팔로군에 가담한 일본 병사의 중일전쟁

으로 강제 연행된 중국인 986명 가운데 418명이 학대를 견디지 못해 궐기했다가 역으로 참살당한 사건—옮긴이)에 대한 일본의 책임을 묻는 팸플릿이었다.

이 광산에 연행된 986명의 중국인의 연령은 15세에서 67세까지 다양했다. 41세 이상이 307명(30퍼센트)이었다. 그리고 그 가운데 62퍼센트가 사망했다. 정말이지 산둥 성의 농민들을 밭에서 일본으로, 손에 잡히는 대로 끌고 와 학대했다는 것을 알 수 있다.

1990년 여름 중국 허베이대 교수와 학생들이 허베이 성의 강제 연행 실태를 조사한 문서가 있다. 그 자료에 따르면, 일본에 강제 연행되었다가 그 당시 중국에 살고 있던 노인들은 청취 조사에 응하면서 한결같이 눈물을 흘렸고, 기억을 말할 때마다 분통을 터트렸다. 당시 15세의 나이로 연행되었던 왕정쯔는 갑작스럽게 찾아온 학생들 앞에서 눈물을 흘리며 이야기를 꺼냈다가 돌연 의식을 잃고 쓰러졌다. 말하는 중에 분노가 치밀어 뇌혈전을 일으키고 말았다는 것이다.

전쟁 말기, 가가와는 팔로군 총정치부에 몸을 담고 있었다. 팔로군의 일본인 포로 취급 방법을 배우기 위해 미 육군 옵서버 그룹이 옌안으로 왔다. 1944년 7월의 일이다. 미군도 서서히 늘어가는 일본인 포로에 대해 어떤 대응을 해야 할지 고민하고 있었다. 이 그룹 안에 훗날 일본공사가 되는 에머슨도 있었고, 일본군에게 살포할 '전단'을 작성하는 일본계 2세도 있었다. 가가와는 이런 그룹과도 어울렸다.

1945년 8월 중반, 일본이 포츠담 선언을 수락할 것이라는 보고가 들어왔다. 옌안은 들끓었다.

가가와는 노사카 산조野坂参三와 함께, 다른 반전 병사들보다 한발 먼저 옌안을 떠나 신징(현재의 창춘)으로 향했다. 옌안을 출발할 때 저우언라이가 작별 인사를 보냈다.

"중국은 아직 뒤처져 있다. 일본은 확실히 발전한 나라다. 그러나 우리 나라는 우리가 건재하다면 사회주의 체제로 바뀔 것이다. 정세는 좋은 방향으로 흘러가고 있다. 나는 여러분에게 아무런 선물도 줄 수 없다. 보잘것없지만 이것을 선물로 받아주었으면 한다."

저우언라이는 이렇게 말하고 작은 금막대를 가가와에게 건넸다.

미군 비행기를 얻어 타고 우선 장자커우張家口로 향했는데, 가가와는 비행기에서 몇 번씩이나 옌안을 내려다보았다. 화베이의 산들이, 커다란 바위산이 눈 아래 펼쳐져 있었다.

그러고 보니 반전 병사의 활동으로 골탕을 먹은 일본군은 스물 몇 기의 폭격기로 옌안을 폭격한 적이 있었다. 1943년에 접어들어 얼마 지나지 않았을 때였다. 일본 조종사들은 사람이 살고 있지 않은 옌안 시내에 폭격을 퍼부었다. 피해라곤 늙은 말 한 마리가 죽은 것뿐이었다. 그 늙은 말이 반전 병사들의 식탁에 올라왔다. 폭약을 제거한 폭탄은 즉각 인쇄 공장의 롤러로 이용되었다. 일본의 신문은 옌안에 철저한 폭격을 가해 궤멸시켰다고 보도했지만, 가가와는 그 보도에 쓴웃음을 지을 수밖에 없었다.

제4중대의 사무를 담당하고 있을 때, 토벌 작전이나 팔로군의 공격을 받은 전투 때마다 '일본 병사 한 사람 한 사람은 어떻게 싸웠는가' '탄환을 어떻게 사용했는가' '팔로군의 공격을 어떻게 격퇴할 것인가'라는 제목의 보고서(전투상보)를 작성했다. 중대장의 명령에 따라 그 공적을 '수훈 갑' '수훈 을' '훈공 갑' '훈공 을'과 같은 식으로 나눈다. 각각의 순위에 일정한 비율이 있어서 병사들의 움직임을 근무 평정評定하는 것이었다.

이 보고서는 모두 어마어마한 거짓말로 가득 차 있었다. 적의 공격이 없었음에도 불구하고 있었던 것처럼 쓰고, 적병을 어떻게 살해했는지를 과장하여 보고한다. 이 때문에 옌안을 공격한 조종사들이 영웅 대우를 받았을 것이라고 가가와는 추측했다.

자신을 키운 옌안의 마을이 시야에서 사라졌을 때, 가가와는 일본 육군은 질 수밖에 없기 때문에 졌다는 것을 뚜렷하게 실감하고 있었다.

중국을 침략한 죄가 깊음을 알고 하루빨리 전쟁을 끝장내기 위해 싸운 반전 용사의 일원이었다는 것이 다시금 자랑스러웠다. '일본이 다시는 이런 침략 전쟁을 해서는 안 된다.' 그래서 일본으로 돌아와서도 이 뜻을 지킬 수 있도록 몇 번이나 생각을 다잡았다.

중일전쟁에 종군한 병사들 중에 직접 전투에 참가하지 않았더라도 쇼와 육군의 퇴폐적인 부분을 고발하는 병사가 많은 것은 이 전쟁이 너무나도 더러웠기 때문이라고 결론지을 수밖에 없을 것이다.

제8장　　일본 병사는
왜 만행으로 치달았는가

1956년 6월 19일 오전, 중국 선양에 있는 특별 군사 법정(중화인민공화국 최고인민법원 특별 군사 법정)에서 예전 일본군 8명에 대한 판결이 내려졌다. 금고 13년에서 20년이라는 무거운 형기였다. 그러나 형기를 패전한 날부터 계산한다는 온정 넘치는 너그러운 판결이었다.

8명은 모두 이날에 대비하여 막 세탁한 예전 일본군 군복을 입고 있었다. 빡빡 깎은 머리에 고개를 푹 숙이고 있었다. 당연히 사형을 예상하고 있다가 금고형이 선언되자 그들은 하나같이 몸을 떨었고, 심판장인 위안광袁光 군법 소장을 향해 깊이 머리를 숙였다. 판결이 내려지기 전 예전에 일본군 중장으로 제59사단장이었던 후지타 시게루藤田茂는 "심판장 각하, 이 후지타의 목을 쳐주십시오"라고 말했다. 교수형으로 판결해달라는 의사 표시였다. 후지타가 소리 내어 울었고 다른 7명도 한참 동안 오열했다.

판결 후 후지타는 '재판장 각하'라며 다시 발언을 요청해, "중국이 이 재판에서 정확하고 공평하게 사실 조사를 해주신 데 대해 감사드립니다. 그리고 관대한 처분에 감사드립니다"라고 말했다. 나머지 7명도 그 발언에 이의가 없다는 것을 표시라도 하듯 다시 고개를 숙였다.

하지만 법정 안에 있던 사람들은 그들에게 차가운 눈길을 보냈다. 방청석에 있던 중국인은 "왜 사형이 아니냐" "중국인을 그렇게 살해한 이에게 금고형이라니 말도 안 된다"며 절규했다. 청중은 "아버지를 돌려달라" "자식을 내놔라"라고 외치면서 목책을 넘어 심판장석으로 밀려들었다. 전범들에게 달려드는 사람도 있었다. 경비 병사가 그들을 제지했고, 그들은 마지못해 방청석으로 돌아갔다. 심판장이 방청인들에게 호소했다.

"여러분이 말씀하신 것도 일리가 있습니다. 그러나 이 판결은 중국인민대의원대회의 의결에 따른 것이자 더구나 상급의 지시에 의한 것입니다. 엄벌이 마땅하겠지만 사형에 처해서는 안 됩니다. 왜냐하면 윗선에서 중국과 일본의 영원한 우호를 생각해 여기서는 어쩔 수 없이 양보해야 한다고 말했기 때문입니다."

방청인들은 심판장의 이 무거운 한마디에 잠잠해졌다. '상급의 지시'라는 말에 소리가 잦아들었던 것이다. 그런데도 어떤 중국인이 "하지만 우리는 일본인의 만행을 결코 잊어서는 안 됩니다"라고 외쳤다. 방청석에 중국인들의 오열이 번졌다.

전범들은 감방으로 돌아가서 상급이란 마오쩌둥 주석과 저우언라이 수상을 가리킨다는 말을 들었다. 이 두 사람의 의향에 따라 사형을 면했던 것이다.

이 무렵 중국에서는 선양, 타이위안 등의 군사 법정에서 일본인 전범에 대한 재판이 시작되고 있었다. 약 1100명의 전범이 푸순전범관리소나 타이위안전범관리소에 수용되어 있었는데, 중국은 그들 대부분에게 기소유예 처분을 내렸고, 실제로 기소된 사람은 17명이었다. 17명 중에는 예전 일본군의 사단장, 연대장급, 구舊만주국 간부 그리고 몇 명의 병사와 부사관이 포함되어 있었다. 선양의 특별 군사 법정에서 재판을 받은 8명은 특히 사단장급 거물이 중심이었다. 그들은 "모두 일본 제국주의가 침략한 전쟁에 적극적으로 참가했고, 국제법의 규범과 인도주의 원칙을 공공연하게 짓밟았으며, 기소장에 적힌 각종 중대한 범죄 행위를 저질렀다"는 이유로 기소되었다.

중장은 스즈키 히라쿠鈴木啓久, 후지타 시게루, 사사 신노스케佐佐眞之助로 3명, 소장은 우에사카 마사루上坂勝, 나가지마 쓰토무長島勤로 2명, 대좌가 후나키 겐지로船木健次郎 1명, 소좌가 사카키바라 히데오榊原秀夫 1명, 그리고 위관급으로는 중위 우노 신타로鵜野晉太郎만이 기소 그룹에 들어 있었다.

지금 내 앞에는 스즈키 히라쿠 등 8명을 기소한 중화인민공화국 최고인민검찰원의 '기소장'과 특별 군사 법정이 내린 판결문 원문(중국어와 일본어)이 있다. 8명 가운데 1명인 우노 신타로가 처음으로 전문을 공개하는 데 동의해 나에게 건네준 것이다.

그들의 다음 세대인 내가 이 기소장과 판결문을 읽는다는 것은 정말이지 괴로운 일이다. 우노는 여기에 적혀 있는 예전 일본군의 만행이 "빙산의 일각에 지나지 않는다"고 말했지만, 그럼에도 차라리 눈을 감아버리고 싶을 만큼 참혹한 내용이다.

사단장이나 연대장이 자신이 직접 만행을 저지른 것은 아니지만 그들의 명령에 따라 그들의 지휘 아래 있는 병사들이 얼마나 잔혹한 만행을 되풀이했는지 그 실상이 극명하게 적혀 있다. 그 만행을 목격하기도 하고 또 직접 피해를 당한 중국인의 증언이 생생하게 기록되어 있으며, 전범들도 그 사실을 인정하면서 그것에 대해 자신들도 책임이 있다고 공술한 것이다.

8명이 기소된 사실 가운데 몇 가지 만행을 추려보면 다음과 같다. 다음의 기소문은 원문대로 옮긴 것이다.

▶ 1942년 4월, 피고인(스즈키 히라쿠 전 중장)은 휘하의 부대를 지휘 명령하여 '펑룬

제8장. 일본 병사는 왜 만행으로 치달았는가

대작전豐潤大作戰'에 참가했는데, 휘하의 제1연대(즉 '극極2902부대')는 허베이 성 쭌화
遵化 현 루자위상에서 베어 죽이고, 태워 죽이고, 독가스를 살포하는 등 가혹한 수단으
로 우리의 평화로운 주민(중국 인민을 가리킨다) 류젠, 리유위, 리싼장, 위창완 등 220
여 명을 학살함과 동시에 민가 1900여 호를 불태운 루자위 학살 사건을 일으켰다. 이
때 류칭츠는 구타를 당하다가 끝내 불에 타 죽었고, 첸롄파의 며느리 둘은 독가스 때
문에 사망했으며, 마찬가지로 첸롄파의 18세 딸은 가스 중독으로 도망쳐 나왔다가 윤
간을 당하고는 끝내 사망했다. 또 일본군은 위창허의 아내가 강간에 저항했다는 이유
로 배를 갈라 태아를 꺼냈고, 류칭룽의 아내를 강간한 뒤 불태워 죽였다.

▶ 동년 10월, 피고인(스즈키 히라쿠 전 중장)은 또 휘하의 제1연대와 기병대에 명하
여 허베이 성 롼난灤南 현 판자다이좡에서 피비린내 나는 집단 학살을 자행해 곤봉으
로 때리고, 총검으로 찌르고, 산 채로 매장하고, 불태워 죽이는 등 야만적인 수단으로
평화롭게 살던 주민 다이궈리, 마원환, 치판청, 다이푸쩡 등 1280여 명을 참살함과 동
시에, 민가 1000여 호를 불태운 판자다이좡 학살 사건을 일으켰다. 이때 일본군은 저
우수언의 아내 등 63명의 임신부를 참살했고, 많은 임신부의 배를 갈라 태아를 꺼냈

1956년 6월에 타이위안에서 열린 특별 군사 법정.

으며, 다이첸창의 손자와 저우수전의 딸 등 19명의 영아를 어머니 품에서 빼앗아 땅 바닥에 내동댕이쳐 죽였다.

▶ 1939년 1월부터 1945년 6월까지 피고인(후지타 시게루 전 중장)은 연대장, 여단 장, 사단장으로서 부하인 장교에게 살아 있는 인간을 '표적'으로 삼아 병사의 '담력 시 험 교육'을 실시하라고 훈시했다. 특히 그가 사단장이 되고 나서는 살아 있는 인간을 '표적'으로 하여 찌르기 교육을 실시하라고 더욱 빈번히 강조했다. 피고인의 이 범죄적 인 훈시에 따라 그의 휘하 부대는 1945년 5월부터 6월까지 산둥 성 멍인蒙陰, 이수이 沂水 현 등에서 포로와 평화롭게 살던 주민 자오쭌치 등 100여 명을 살해했다. 또, 피고 인은 휘하 부대에 "포로는 전장에서 죽이고 이것을 전과로 계상計上하라"고 명령했다.

▶ 1945년 3월, 피고인(사사 신노스케 전 중장)은 사단장으로서 휘하 부대를 지휘하 여 후베이湖北 성의 샹양襄陽, 판청樊城, 난장南漳 등에서 침략 작전을 수행할 때 흉악 하기 그지없는 수단으로 평화롭게 살던 우리 주민 판위산, 자오순례 등 90여 명을 살 해했다. 그리고 난장 현 우안옌 부근에서는 부인, 어린이, 노인 등 20명을 잔혹하게 교 살했다. 샹양 성 부근 왕자잉 촌에서는 평화롭게 살던 우리 주민 18명을 손바닥에 철 사를 꿰어 줄줄이 묶은 다음 판청의 교회당 옆에서 한 사람도 남김없이 총검으로 찔 러 죽였다. 샹양 시에서도 평화롭게 살던 우리 주민 30여 명을 철사로 묶은 다음 강 으로 밀어넣었다. 그 가운데 후자오샹, 둥창이 등 5명은 물에서 빠져나왔지만, 저우광 짜오, 후톈푸, 위라오우 등 20여 명은 전부 익사했다. 더욱이 샹양 시에서는 부하가 부 인을 강간하는 것을 방임하고 심지어는 윤간 끝에 죽임에 이르게 했다.

이와 같은 내용이 잇달아 기록되어 있다. '빛나는 황군 병사'는 중일전쟁에 서 왜 이런 만행으로 치달았을까? 전투 중에 전투원을 살해한 것이라면 변 명이라도 할 수 있겠지만, 기소장에서 보는 한 부녀자와 노인, 소년, 유아를

'반쯤은 장난'이라고밖에 할 수 없는 수단으로 살해했다. 왜 이런 일이 일어났을까? 쇼와 육군은 어쩌다가 이 지경까지 망가지고 말았을까?

하바롭스크에서 푸순으로

1991년 6월 상순 정오가 조금 지난 시각, 도쿄의 긴자는 사람들로 가득 차 있었다. 장마철인데도 마치 한여름과 같던 어느 날, 나는 4정목의 핫토리시계점 앞에서 우노 신타로를 만났다. 패전 뒤 시베리아에서 5년 동안의 억류생활을 마치고 이제 일본으로 돌아가는구나 싶었지만 이번에는 다른 974명과 함께 하바롭스크에서 열차편으로 중국으로 이송되었다. 중국에서 전범으로서 재판을 받게 되었던 것이다. 열차가 중국으로 향하고 있다는 것을 알았을 때, 우노는 자신의 삶을 단념했다. 중국 전선에서 만행을 저질렀다는 부담감이 있었기 때문이다. 푸순전범관리소에 수용되어 있을 때 정신적 긴장과 구금생활로 시신경이 약해졌다. 이 때문에 70센티미터 앞까지 다가가지 않으면 상대방을 구분할 수 없다고 했다.

우노는 약속대로 가슴 호주머니에 붉은 손수건을 꽂고 나를 기다리고 있었다. 나는 우노와 몇 차례 전화 통화를 했고, 이후에도 몇 번 더 만났다. 이때 그의 나이 71세였는데, 말투에는 청년 장교의 억양이 남아 있었다. 무역회사에 다녔으며 정년을 한 뒤에는 두 명의 자식과 함께 한가로운 여생을 보내고 있다고 한다. 그러나 일단 전시 종군 시절의 이야기가 나오면 아주 열띤 어조로 이야기를 했다.

"당신에게 일본 병사들이 저지른 온갖 만행을 말하기로 결심한 것은 우리 세대가 저 전쟁에서 인간으로서 있을 수 없는 행위를 저질렀다는 자책감이 있기 때문입니다. 지금은 만행이나 학살 행위라고 말할 수 있지만 그때는 그런 행위야말로 나라를 위한 것이라고 생각했습니다. 그 착오를 알림으로써 두번 다시 그런 일을 되풀이하지 않도록 당신들도 가슴에 새겼으면 좋겠다고 생각했기 때문입니다."

우노는 큰 체구를 떨면서 몇 번씩이나 자신의 진의를 강조했다.

"일본군은 왜 중국 대륙에서 저런 만행을 저지른 것입니까? 이유는 어디에 있다고 생각하십니까? 자신의 체험을 바탕으로 말씀해주셨으면 합니다만……."

내 물음에 대한 우노의 답변은 명료했다.

"하나는 일본 육군 제도에 문제가 있었다는 것입니다. 사관학교 출신이 모든 것을 장악했고, 거기에 완벽할 정도로 위계질서가 확립되어 있었습니다. 이 안에서 한 단계든 두 단계든 계급이 올라가기 위해서는 눈에 띄는 일을 하지 않으면 안 되었습니다. 두 번째로 사관학교 출신은 정치 교육을 받지 않았기 때문에 그들은 정치와 군사의 관계를 이해할 수 없었다는 것입니다. 세 번째로 체험에 입각해 말하자면, 신임 장교가 병사들 앞에서 겁쟁이가 아니라는 것을 알려주기 위해 중국인을 시험 삼아 베거나 고문을 가해 군인다운 게 무엇인지 보여줘야만 했습니다."

1937년 7월 7일 중일전쟁 발발 이후, 일본은 중국 대륙에 40만에 달하는 대규모 군대를 보낸다. 이때 파송된 병사 중에는 아내가 있는 자가 많았다. 우노의 말에 따르면, 아내가 있는 자들은 독신 병사보다 성적 만행에 적극적이었다. 중일전쟁이 장기화되고 이윽고 태평양전쟁이 시작되자 중국 대륙의 정예부대는 남방으로 파송되었고, 병사들의 질은 현저히 저하되었다. 이와 함께 만행에 익숙해졌고 너나없이 즐기는 분위기였다.

그의 증언에 따르면, 고참병 중에는 '살인의 프로' '도둑질의 프로' '방화의 프로'를 자칭하는 자가 나타났고, 그것을 제지하는 군의 규율은 이미 기능을 상실한 상태였다. 우노가 들려주는 만행은 평상시라면 광기라고밖에 할

제8장. 일본 병사는 왜 만행으로 치달았는가

수 없는 사례가 많다.

예를 들면 이런 이야기가 있다.

군의관이 다음 전임지가 결정되었다면서 제39사단 제232연대 본부의 포로수용소장 겸 정보장교인 우노에게 온다. "오늘 밤 한잔할까요?"라며 유혹한다. 그것이 무엇을 의미하는지 우노는 알고 있다. 해골을 갖고 싶다는 것이다.

다음 날 항일적 태도를 보인다는 이유로 포로 한 명이 참살된다. 머리를 자른다. 그것을 햇빛에 말린다. 중국인 포로에게 안면의 살을 벗겨내라고 한다. 물론 포로는 울면서 이 일을 한다. 그런 다음 며칠 동안 말렸다가 다시 포로에게 두골을 닦아 윤을 내라고 한다. 그 해골을 상자에 넣어 선물이라며 군의관의 짐 속에 넣는다. 이 해골은 시간이 흐를수록 이상하게 빛이 난다. 인燐이 포함되어 있기 때문이다.

헤이세이平成 시대(1989년 1월부터 현재까지의 시기를 가리키는 일본 연호―옮긴이)에 들어서 얼마 지나지 않았을 때, 우노는 그 당시 군의관이었던 사람과 45년 만에 만났다. "그것을 일본에 가지고 돌아와 어떻게 했습니까?"라고 묻자, 그 군의관(이때는 개업의)은 "진료실에 진열되어 있지요"라면서 아무렇지도 않은 듯 대답했다. 그런 일에는 전혀 신경을 쓰지 않고서도 45년 동안 의료활동을 이어오고 있다니, 우노는 할 말을 잃어버렸다.

"예전 일본군은 말기에 이를수록 점점 이상異常 집단이 되었습니다. 이렇게 말하는 이유를 한 가지만 들어달라면 나도 곤란해지겠지만, 딱 한 가지 말할 수 있는 것은 예전 일본군의 부패하고 퇴폐한 부분을 국민적 규모로 검증하지 못한 죄가 크다는 점입니다. 나는 내가 한 일, 예전 일본군이 저지른 잘못을 자식이 대학생이 되었을 때 정직하게 다 말했습니다. 참 잔인한 아버지를 두었다며 자식들은 괴로워합니다. 그러나 내 자식은 두번 다시 이런 괴로움을 겪지 않도록 어떤 전쟁에도 반대할 것이라고 생각합니다."

제2부. 쇼와 육군의 흥망

개업의 진료실에 지금도 진열되어 있는 중국인 포로의 해골이 상징하듯이 1999년 현재까지도 일본이 치른 전쟁의 전모는 애매모호한 채로 남아 있다.

우노 신타로는 1920년 1월 9일 톈진에서 태어났다. 아버지는 톈진의 일본 조계에서 꽤 큰 포목상을 운영하고 있었다. 중국인 직인을 40명이나 부렸다. 우노는 유아기부터 중국인 유모의 손에서 자랐고, 중국어를 중국인만큼이나 능숙하게 구사했다. 만주사변이 시작되었을 때는 일본인 소학교 6학년이었다. 만주사변이 시작되기 5개월쯤 전인 1931년 4월 그는 기이한 체험을 한다.

우노 포목점 근처에 장구張園라는 지역이 있는데, 이곳에 청조의 전 황제 푸이가 숨어 사는 집이 있었다. 푸이는 일본의 사복 헌병과 함께 가끔 일본인 학교의 스케이트장에 스케이트를 타러 왔는데, 생도들은 그 사실을 학교에서나 집에서나 아무에게도 말하지 않은 채 입을 닫고 있어야만 했다.

4월에 톈진 특무기관의 군인이 우노의 아버지가 운영하는 가게를 찾아와 '특별한 주문'을 했다. 아버지는 그 명예로운 주문의 내용을 몰래 가르쳐주었다. 푸이를 위해 군장軍裝, 대례복, 모닝코트, 프록코트 등을 각 한 벌씩 시급히 만들라고 했다는 얘기였다. 가격은 이쪽에서 부르는 대로 특무기관에서 지불한다고 했다. 다만 이 말을 절대 입 밖에 내서는 안 된다는 조건이 붙었다.

러일전쟁에 병사로 종군했던 우노의 아버지에게 관동군으로부터 주문을 받는 것은 명예로운 일이었다. 중국인 직인의 외출을 금지하고서 한 달 정도 걸려 푸이를 위한 옷을 만들었다.

다음 해 3월, 만주국 건국 때 푸이가 입은 대례복과 군장은 모두 우노 포목점에서 만든 것이었다.

이 증언은 대단히 중요하다. 관동군의 참모들, 특히 톈진 특무기관의 기관장 도이하라 겐지는 지금까지 알려진 것보다 훨씬 전부터 만주사변, 만주 건국 그리고 푸이의 황제 추대를 작정하고 있었음을 알 수 있다. 우노 포목점에 예복 일습을 주문한 것은 뜻밖에도 그 점을 말해준다.

우노는 다롄상업고등학교에 진학했다. 이 학교를 졸업한 뒤 아버지의 뒤를 잇기 위해 포목점 경영에 대해 배우고 있었다. 중일전쟁이 시작되어 일본군이 진격해나가는 것을 보고 그저 일본인으로서 자랑스럽기만 했다.

스무 살이 되었을 때 본적지인 히로시마 현으로 돌아와 징병 검사를 받고 제5사단 보병 제41연대에 들어갔다. 중국어를 잘하니까 간부후보생 시험을 보라는 권유를 받았다. 실기와 학과 점수도 뛰어나서 구루메久留米에 막 설립된 예비사관학교 제1기생으로 선발되었다.

일본군 장교가 되는 코스다. 동기생으로는 올림픽 승마 선수, 도쿄제국대학을 졸업한 관리 등이 있었다. 1940~1941년에 걸쳐 우노는 약 7개월 동안 교육을 받고 견습 사관이 되었다.

"어머니는 우리 집안에서도 장교가 났다며 기뻐했습니다. 이 사관학교를 졸업할 때 가족이나 친척으로부터 일본도나 권총을 선물로 받는데, 아버지와 어머니는 나에게 특별 제작한 일본도와 성능 좋은 일본제 권총을 주셨지요. 그때는 어머니도 인간이 아니었던 것입니다. 나 역시 그 일본도로 잔인한 일을 저질렀으니까……."

우노는 일본도와 권총을 아무렇지도 않게 선물로 주고받는 시대의 분위기를 "인간이 아니었다"는 표현을 사용하며 힘겹게 말했다.

예비사관학교를 졸업하고 처음 부임한 곳은 제39사단 제232연대 연대 본부였다. 쓰촨 성과 후베이 성 사이에 있었고, 국민당 정부의 본거지인 충칭과 가까웠다. 그 때문에 정보 수집이나 주민에 대한 선무 공작이 중요한 업무였다.

우노는 처음에 대대 본부 정보주임으로 들어갔지만 곧 연대 본부에서 소위로 임관, 정보장교가 되었다. 1942년 여름이었다. 연대 본부로 승진한 것은 오로지 우노의 정보 수집능력이 뛰어났기 때문이다.

한간에 대한 보상은 아편

우노는 마을의 유지나 촌장에게 돈을 주거나 아니면 협박을 해서 정보를 얻었다. 이렇게 중국인을 회유하여 인맥을 넓혀나갔고 일본군에게 도움이 될 만한 정보를 모았다. 중국 측에서 보면 한간漢奸(적과 내통하는 한인漢人—옮긴이)이 될 인물을 휘하에 적잖이 두었다. 그 대가는 아편이었다. 지폐나 다이아몬드보다 아편이 더 가치 있었다. 아편은 일본군이 쥐고 있었고 일본군에게 쓸 만한 정보를 가져오는 이에게는 대량의 아편을 건넸다.

정보를 가져오지도 않고 아편을 탐내는 한간은 그 자리에서 죽였다. 이중 스파이일지 모른다는 이유로 살해하기도 했다. "요즘엔 왜 새로운 정보를 가져오지 않느냐"면서 살해한 예도 있었다.

일본군의 연대 본부와 대대 본부의 정보장교는 서로 경쟁하는 관계였다. 대대 본부의 정보장교가 좋은 정보를 얻어 연대에 들고 오면 연대 본부로서는 체면을 구기게 된다. 사단 사령부의 정보장교가 "대대 본부는 왜 좋은 정보를 가져오지 않는 것인가" 또는 "연대 본부의 정보는 정확한데 대대 본부는 도대체 뭘 하는 것인가"라며 근무 평정을 한다. 그랬기 때문에 연대 본부나 대대 본부의 정보장교가 자신의 입장을 지키기 위해 상대측이 이용하고 있는 스파이를 살해해버리기까지 했다.

살해 방법도 당사자를 불러내서는 등 뒤에서 일본도로 참살한 다음 즉각 구덩이를 파고 묻어버리는 난폭한 것이었다.

부사관 중에는 약 2년 동안이나 중국인을 참살하다가 착각을 일으켜 일본 병사를 참살하려고 한 자까지 있었다.

우노 자신도 스파이라는 오명을 씌워 몇 사람을 참살했다고 한다. 이러한 경위를 말하는 우노는 자신까지 포함해 "일본 병사는 누구든 인간이 아니었다"는 표현을 몇 번이나 사용했다. 일본에 있었다면 평범한 아버지이자 남편이었을 병사들이 마치 귀신에 홀린 듯 아무런 의미도 없이 만행을 되풀이했다. 많은 병사나 부사관은 특별한 군사적 의미도 없이 중국인을 살해했다는 것이다.

얼마 지나지 않아 우노는 연대 본부에 설치된 포로수용소의 소장까지 겸임한다. 여기서는 늘 60명에서 120명에 이르는 중국인 포로를 수용하고 있었는데, 만족스러운 식사를 제공하지 않았고 추위에 대비한 방한에도 주의를 기울이지 않았다. 굶어 죽기도 하고 얼어 죽기도 했지만 특별히 인간적인 감정은 없었다. 이 모든 것은 나라를 위한 일이며, 이런 취급을 하는 것이 일본군에게 도움이 된다고 믿어왔을 뿐이다. 만약 이러한 태도를 취하지 않았다면 자신은 "영광스러운 일본군의 장교"가 아니라고까지 생각했다.

장교에게는 식사도 충분히 제공되었고 게다가 위안慰安 시설까지 있었다. 그곳에서 울적함을 풀었다. 그런데 병사는 조악한 식사에다 위안 시설도 없었다. 그래서 토벌 작전이라는 명목으로 종종 농촌을 습격했다. 장교가 병사들의 강간을 묵인하고 약탈을 눈감아준 것도 그러한 일본군의 장교 주도 체질 때문이었다.

선양의 군사 법정에서 재판을 받은 8명 중에서 우노는 가장 어리고 계급도 낮았다. 그럼에도 거물급과 함께 재판을 받은 것은 오로지 그 행위가 악질이라고 판정되었기 때문이다.

우노의 기소장에는 주요 학살 행위 5건이 기록되어 있다.

"1943년 4월, 피고인은 제39사단 제232연대 제2대대 정보선무주임으로서 후베이 성 이창宜昌 현 톈바오天寶 산에서 평화롭게 살던 주민 위리더를 살해하고 평화롭게 살던 주민 랴오위청에게 상처를 입혔으며 동시에 우리 포로 7명을 살해했다. 이 범죄 행위는 피해자의 친족 위바오싼의 고소, 그 고장의 주민 볘창진의 증언 및 조사 자료(조사 심문 기록 2부)에 의해 증명되었으며 피고인도 사실이라고 인정했다."

제2부. 쇼와 육군의 흥망

푸순전범관리소의 전범생활.

"1944년 4월부터 12월까지 피고인은 연대 본부 정보선무주임으로서 당양當陽 현에서 우리 포로 3명과 평화롭게 살던 주민 샤청바오, 천궈위안, 장치파 등 12명을 직접 참살했다. 그 후 당양 현 비행장 부근에서 만도 평화롭게 살던 주민 9명을 참살했다."

"1943년 6월부터 1945년 5월까지 피고인은 후베이 성 당양 현의 포로수용소를 관리하고 있을 때, 우리 포로 200여 명을 잔혹하게 학대하고 혹사하여 그들을 과중한 강제노동에 종사하게 했으며, 동시에 끊임없이 구타하고 굶주림에 떨게 하는 등 학대에 의해 우리 포로 덩수칭 등 55명을 죽음으로 내몰았다. 또 1944년 11월에는 우리 포로 쉐수팅과 천진 2명을 참살했다."

우노의 기소장에는 동료 장교나 부하의 이름도 거론되고 있는데, 그들이 우노의 행위를 내부 고발하여 자신의 목숨을 지키고자 했다는 구절도 보인다. 이 점에 관하여 우노는 변명하지는 않았지만, 그의 말에는 잔학 행위가 일본 육군 내부에서 널리 행해졌고 명령한 것은 아니라는 뉘앙스가 담겨 있었다. 중국의 전범 재판은 주로 1940년대 들어서 있었던 일을 대상으로 했으며, 1937년의 난징 대학살 등은 법정에서 다루지 않았다. 그것은 아마도 도쿄전범재판에서 이미 다루었다고 이해했기 때문일 것이다.

패전 직전 우노의 부대는 관동군에 편입되어 구舊만주로 이동했다. 그 때문에 패전 후 우노도 시베리아로 이송되었다. 중앙아시아의 카라간다에서 강제노동에 종사하다가, 1950년에 전범으로서 중국으로 연행되었던 것이다.

나중에 안 것이지만 중국은 일본군 중에서도 제39사단, 제59사단, 제137

사단, 관동군 731부대가 저지른 잔학 행위가 두드러졌다면서, 이들 부대의 간부와 잔학 행위를 저지른 병사 등을 집중적으로 조사한 다음 소련 측에 몇 사람을 인도해줄 것을 요구했다.

그사이에 중국 측이 감시한 군인 중에는 이미 일본으로 돌아갔거나 패전 당시 혼란을 틈타 일본으로 도망간 자도 있었다. 또 이름을 바꾸고 전시에 저지른 잔학 행위가 알려지지 않도록 숨을 죽이고 산 자도 있었으며, 평생 은거하듯이 산 자도 있었다. 우노는 그런 인물들의 이름을 잇달아 대면서 그들은 잔학 행위 때문에 가위에 눌려 지금도 괴로워하고 있을 거라고 말했다.

우노는 예전 일본군의 만행은 역사의 물결 속으로 사라져서는 안 된다고 강조했다.

중국의 푸순전범관리소는 구舊만주국이 도쿄의 고스게 형무소小菅刑務所와 같은 설계에 따라 건설한 건물이다. 큰 방, 중간 방, 독방 등이 있는데, 처음 약 3년 동안은 이곳에 수용되어 자유롭게 이야기를 나누는 기간이었다. 큰 방에 수용되어 있던 15명 정도가 자신의 체험을 상세하게 이야기했고, 병사로서 어떻게 생활했는지, 어떤 전투를 치렀는지를 혁명위원회에서 파견된 정치 장교 앞에서 토의했다. 중국 측은 그 모든 것을 메모해두었다. 이러한 '평판' 활동은 '담백擔白'이라고도 불렸다. 담백이란 스스로 자신의 죄를 마음으로 고백하는 것을 의미했다. 처음에는 누구나 자신에게 유리한 말만 했지만 점차 자기 자신의 행동을 반성하면서 고백하게 되었다.

3년쯤 지나고 혁명위원회에서 파견된 정치 장교도 조금씩 끼어들기 시작했다.

한결같이 자신은 잔학 행위를 저질렀다면서 중국 인민에게 사죄하는 데 열중하는 전범이 있었다. 자신은 신문기자로서 중국 침략의 정보전에 참가했다고 말하는 이도 있었다. 정치 장교가 "거짓말을 해서는 안 된다"고 타일렀다. 과장해서 잔학 행위를 고백하면 그 반성도 인정받을 것이라 생각한 장

제2부. 쇼와 육군의 흥망

교나, 일본의 군법 회의에서 처벌을 받은 부사관이라고 거짓 고백함으로써 중국 측의 눈을 속이고자 한 이도 있었던 것이다.

_____ 조직적인 만행은 난징 대학살부터

전범들은 각자 자신의 심경을 문서에 적는 한편 참회록을 썼다. 그 가운데 일본어 가나도 아니고 한자도 아닌 선을 그리는 하급 병사가 있었다. 정치 장교가 무슨 뜻이냐고 묻자 하급 병사는 땅에 엎드려 조아리면서 "저는 글자를 쓰지 못합니다"라고 말하며 울음을 터뜨렸다. 서일본의 어느 산촌에서 빈농의 아들로 태어나 소학교에도 다닐 수 없었다고 고백했다.

정치 장교가 "울지 마라. 울면 안 된다. 그건 네 탓이 아니다. 사회 제도의 희생자가 아니겠는가"라고 위로하자 하급 병사는 중국에서 자신이 어떤 일을 저질렀는지 자초지종을 이야기하기 시작했다. 방화, 약탈, 강간…… 그야말로 헤아릴 수 없을 정도의 만행을 저질렀다는 것이다. 그의 고백은 끝없이 이어졌다.

옆에서 듣고 있던 전범들은 점차 생기를 잃었고 고개를 숙인 채 말이 없었다.

"나는 국가가 원망스럽습니다. 나는 집에서 일꾼이었는데 내가 징병을 당했기 때문에 가족은 어찌할 도리가 없었습니다. 내가 징병되고 얼마 지나지 않아 누이동생은 창녀로 팔려 집을 떠났다고 합니다."

이 고백을 들으면서 우노는 일본군의 만행 속에 일본에서 어쩔 수 없이 밑바닥 생활을 하고 있던 이가 아무런 통제도 없는 상황에서 그 울분을 씻기 위해 제멋대로 행동한 측면이 있다는 것을 알게 되었다. 장교가 그것을 전혀 제지하지 않았다는 데에 일본군의 잘못이 있다는 것도 알게 되었다. 오히려 일본군은 그것을 방치하면서 '성전'이니 뭐니 했던 것이다.

1955~1956년에 걸쳐 중국 측은 1100여 명 대부분에게 기소유예 처분을 내리고 일본으로 돌려보냈다.

"중국 전선에서도 만행이 있긴 했으나 조직적으로 벌어진 것은 저 난징 대학살부터입니다. 일본 육군은 포로를 닥치는 대로 죽이는가 하면, 강간, 방화, 약탈 등을 조직적으로 저질렀습니다. 그것에 대해선 말하지 않기로 하겠습니다. 나는 확실히 전범으로서 재판을 받았고, 그것에 값하는 짓을 저질렀습니다. 그랬던 내가 보기에도, 나 역시 저 난징 대학살에 대해서 당시 상세하게 알고 있었습니다만, 너무나도 잔혹했습니다. '그런 일이 없었다'든가 '그렇게 잔인한 짓을 저지르지는 않았다'고 말하는 것은 기본적으로 정신 구조가 그 시대와 조금도 달라지지 않았다는 것을 뜻합니다. 그때 난징 대학살은 어느 사이에 중국을 섬멸했다는 빅뉴스로 바뀌었고, 그 뉴스를 들은 나도 가슴이 뛰었습니다. 그 학살을 좀처럼 인정하지 않는 듯한 정치가나 학자의 발언 등은 그들이 일본 육군의 실태를 검증하는 데 얼마나 소홀했는지를 여실히 보여줍니다."

긴자 뒷골목에 있는 레스토랑에서 긴 이야기를 마무리하면서 우노는 이렇게 털어놓았다.

"난징 대학살이 있었느냐 없었느냐에 대한 논의보다도, 왜 일본군은 저런 만행으로 치달았는지를 해명하기 위해 일본 육군의 체질, 조직 원리 그리고 병사 교육 등을 철저하게 검증하지 않으면 안 됩니다."

우노는 그러기 위해 자신은 부끄러움을 무릅쓰고 이렇게 얘기하는 것이라고 했다.

내 앞에는 지금 두 가지 자료가 있다. 하나는 1990년 11월 19일자 『런민일보』해외판이다. 1989년 가을에 당시 국회의원이었던 이시하라 신타로石原愼太郎가 난징 대학살을 부정적으로 언급한 발언에 분노를 표시한, '침화일군남경대도살우난동포기념관侵華日軍南京大屠殺遇難同胞紀念館' 장이진張益錦 관장의 원고가 실려 있다. 이 글에서 장이진은 역사적 사실을 곡해하는 것을 허용하지 않을 것이라면서 당시의 모습을 전한다.

더욱이 1984년에 조사한 바로는 그 무렵까지 아직 1756명의 증인이 살아 있었고 그들에게 목격담을 들을 수 있었다고 한다. 이 글에는 또 일본인 젊은 세대도 이 기념관을 찾아와 당시의 무지막지한 만행에 새삼 놀라곤 한다는 에피소드가 소개되어 있다.

또 하나의 자료는 타이완의 중앙연구원 소속 리언한李恩涵 연구원(캘리포니아대학 역사학 박사)이 이시하라 발언에 대해 항의를 제기한 문서다. 이 글에서 리언한은 이시하라의 발언에는 구체적인 근거가 없다고 지적한다. 이어서 살해한 병사와 시민의 수를 언급한 다음 그런 행위들을 정당화하려고 시도하는 논의는 절대 허용하지 않을 것이라 말하고는, "이와 같이 정의감을 결여한 행동을 지켜보면서 세계 곳곳의 중화민족은 격렬한 분노를 감추지 못할 것이며 동시에 저들 신군국주의자와 철저하게 싸울 것을 결의할 것"이라고 쓴다. 그리고 그는 이 원고를 일본에서 자유롭게 발표해도 좋다고 덧붙였다.

난징 대학살과 관련하여 나는 쇼와 육군의 병리적 체질이라는 관점에서 철저하게 검증해야 한다고 생각한다. 난징 대학살이 있었느냐 없었느냐는 문제가 아니라, 쇼와 육군은 왜 저런 만행을 저질렀는가 하는 관점이다. 그런 관점에서 볼 때 난징대학살기념관 장이진 관장의 발언과 리언한 연구원의 보고서 등은 참고 자료가 될 수 있다.

선양의 군사 법정에서 최고형인 금고 20년형을 받은 사람은 육군 중장 스즈키 히라쿠였다. 육군사관학교를 졸업한 이 고위 군인은 관동군 제2독립수비대 보병 제12대대장(대좌), 제15사단 제67연대장(대좌), 제27보병단장 겸 탕산唐山 지구 방위사령관(소장), 독립보병 제4여단장(소장), 제117사단장(중장) 등 일관되게 전선을 돌아다닌 '야전의 장군'으로서, 쇼와 육군으로서 영달의 길을 걸었다. 쇼와 육군의 군규숙정軍規肅正에 가장 큰 책임을 져야 하는 군인이었다. 그러나 쇼와 육군이 그와 같은 국제법에 무지한 장군에 의해 지탱되었다는 데 문제가 있었다.

특별 군사 법정은 스즈키에 대하여 다음과 같이 판결했다.

"중국에 대한 침략 전쟁을 수행하면서 국제법의 규범과 인도주의의 원칙을 짓밟았고, 휘하의 부대를 지휘 명령하여 무주지대無主地帶를 만들고 우리나라 도시와 농촌을 파괴했으며, 평화롭게 살던 우리 주민을 내몰아 참살 학대하고 우리 나라 인민의 재산을 약탈 파괴했을 뿐만 아니라 독가스를 살포했고, 평화롭게 살던 우리 주민을 군사적 강제노동에 징용하고 부하가 부인을 강간하는 것을 방임하는 죄를 범했다."

스즈키는 이 판결을 달게 받겠다고 말했다.

1961년 스즈키는 형기 도중에 일본 귀국을 허락받았다. "한번 죽은 몸, 나는 일본과 중국을 잇는 다리가 되겠다"고 했지만 얼마 지나지 않아 몸이 약해져 병사했다. 1991년 당시 8명 중 6명은 사망했고, 제731세균부대에 속했던 사람은 호적과 이름을 모두 바꾼 채 숨어 살고 있었다. 우노도 그 사람을 만나지는 못했다.

푸순전범관리소의 간수, 정치 장교, 간호부가 일찍이 전범이었던 사람들의 초청으로 가끔 일본을 방문한다. 그러나 그들은 전범들이 저질렀던 만행을 결코 입에 올리지 않는다. 전범들 역시 그것에 대해서는 언급하지 않는다. 하지만 예전에 일본군이던 늙은 병사들은 왜 자신들이 저런 시대에 살아야만 했는지, "쇼와 육군이라는 잔혹한 조직"을 원망하면서 눈물을 흘린다.

장고봉 사건과
일본인 포로의 인생

 하바롭스크 시 셉첸코 거리에 벽돌로 지은 중후한 건물이 있다. 극동적군박물관極東赤軍博物館이다. 적군이 소련의 동남쪽을 방비하는 데 얼마나 공헌을 했는지 그 역사적 경위를 파노라마식으로 전시하고 있다. 소련 국민에 대한 정치 교육의 장으로 활용된 박물관이었다.

 이 박물관의 한쪽 구석에 폭 1미터, 높이 2미터쯤 되는 스틸 사진이 걸려 있다. 소련 병사 두 명이 양쪽에서 부축하고 서 있는 듯한 일본 병사의 등신대 사진이다. 설명문에는 "1938년 8월 하산호 사건(일본에서는 장고봉張鼓峯 사건)의 일본인 포로"라고 적혀 있다. 일본 병사의 군복 단추는 뜯겨졌고 가슴 쪽은 터져 있다. 한쪽 눈은 천으로 감겨져 있다. 얼굴은 상처를 입었는지 이상하게 부어오른 모습이다.

 등신대의 크기로 확대했기 때문인지 사진이 흐릿해서 일본 병사의 표정을 정확하게 읽을 수는 없다. 그렇지만 당혹스러움과 불안함 그리고 두려움이 깃들어 있다는 것만은 알 수 있다.

군복을 보아하니 아직 이등병이다. 스무 살이 채 되지 않아 보이는 병사다. 당시의 잠재 적국이었던 소련에 끌려간 이 병사는 도대체 누구일까? 포로로서 어떤 운명에 직면했을까? 이런저런 생각이 밀려온다.

장고봉 사건은 참모본부의 작전참모들과 현지 사단장의 불장난과도 같은 군사적 모험이었다. 쇼와 육군의 고위 군인들의 공명심에서 시작된 모험에 일본 병사 한 명이 어떻게 휘말려들었는지 그 구도를 이 사진을 통해 엿볼 수 있다.

나는 쇼와 육군의 맨 끄트머리에 위치한 이 일본 병사가 자꾸 마음에 걸렸다. 이 병사에 대해 알아보니 장고봉 사건의 포로라는 힌트밖에 없었다. 나는 각종 자료를 뒤지고 장고봉 사건에 참가한 부대의 전우회를 찾아다녔다. 그 과정에서 포로로서 하바롭스크 시로 끌려간 적이 있는 인물이 떠올랐다. 나가노 현 시모이나下伊那 군 미나미시나노南信濃 촌 기자와에 조용히 살고 있는 나루사와 후타오成澤二男였다.

내가 입수한 나루사와에 관한 자료에는 "장고봉 소련 진지에서 육박 공격 중 부상, 포로가 되었고, 1938년 8월 12일 하바롭스크 형무소로 이송되어 군사 스파이로서 8년형을 선고받고 1940년 8월 이후 이르쿠츠크에서 복역하던 중, 1947년 3월 28일 석방된 뒤 시베리아의 예니세이스크 국영 농장에서 일한 적이 있다"고 적혀 있었다. 육박 공격 중 부상이라는, 육탄 공격을 가리키는 말이 생생하다.

나루사와의 당시 사진과 극동적군박물관의 스틸 사진 사이에는 체격이나 눈매 등 많은 공통점이 있었다. 무엇보다 지금은 한쪽 눈이 의안이라는 것이 그 증거였다. 나는 이 하급 병사를 통해 장고봉 사건의 실상을 검증해보고 싶었다.

1938년 7월 9일, 장고봉 산정에 소련군 병사 수십 명이 들어와 새로 진지를 구축하기 시작했다. 관동군과 현지 수비를 담당하고 있던 제19사단(사단장 스에타카 가메조 중장)에서 이 보고를 접한 조선군 사령관 고이소 구니아키는 처음에는 이를 묵살했다. 이곳은 전략적으로 의미가 없다고 판단했기 때문이다. 그런데 관동군은 강경하게 "이것은 국경 침범에 해당되기 때문에 단호한 조치를 취해야 한다"는 내용의 연락을 고이소 앞으로 보내왔다. 관동군 참모들에게 고이소의 판단은 대단히 미온적인 것으로 비쳤다.

고이소는 관동군의 제안을 어느 정도 받아들이기로 하고 참모본부에 "외교 교섭을 통해 소련에 철수할 것을 요구하길 바란다. 소련이 받아들이지 않는다면 그 후에 무력을 발동하여 소련군을 축출하고자 한다"고 보고했다.

국경선에 대한 다른 견해

장고봉은 소련과 만주국 그리고 조선 북부의 국경이 접하는 고지 중 하나다. 넓게 보면 시베리아에 포함되는 이곳이 군사적으로 중요한 거점은 아니었다. 다만 높이 150미터의 산정에서 소련, 만주국, 조선 북부를 바라볼 수 있다는 이점이 있었다. 일본군으로서는 포시예트 만이나 블라디보스토크를 볼 수 있다는 데 매력이 있었다.

이 지역 일대는 국경선 자체가 역사적으로 뒤섞여 있었으며, 국경선에 대한 소련과 일본의 견해도 완전히 달랐다. 두 나라 모두 고지 위에 비석을 세우고 그것을 국경선이라 하며 자국의 영토라고 주장하는 데 지나지 않았다. 그런데 1931년 9월의 만주사변 이후 일본과 소련은 장고봉 주변에 국경 경비대를 배치하고 각각 자국의 영토에 진출하는 상대방을 서로 감시하는 태세를 갖추었다.

일본 측은 조선 북부의 나남에 사령부를 둔 제19사단이 이 지역을 방어

제9장. 장고봉 사건과 일본인 포로의 인생

했다.

소련과 만주국은 600킬로미터에 걸쳐 국경을 접하고 있었는데 그 국경선 또한 애매모호했다. 관동군이 주요 지역에 국경 경비대를 설치하면서 소련군과 일본군 사이에 종종 소소한 분쟁이 일어났다. 하지만 처음에는 경비대 병사가 국경을 넘었다는 이유로 위협 사격을 하는 정도여서 군사 충돌이라 할 것도 없었다.

그런데 1937년 7월에 중일전쟁이 시작되자 소련군은 중국을 지원하면서 자국의 근대적 병기의 위력을 시험이라도 하듯 관동군을 견제했고, 관동군도 소련이 어느 정도 항일 의욕을 갖고 있는지를 살피기 위해 도발하곤 했다. 그리하여 1937년에는 113회, 1938년에는 166회나 국경 분쟁이 일어난다. 그런 분쟁들은 점차 대규모 군사 충돌로 바뀔 위험성을 안고 있었다.

장고봉 산정에 소련군이 진지를 구축하기 시작했다는 것은 관동군이 처음 알아차린 것인데, 이것도 국경 침범에 이상할 정도로 신경을 쓰고 있었기 때문이다.

조선군의 보고를 받은 참모본부는 소련 측에 항의하는 게 좋겠다고 외무성에 제안했다. 외무성의 항의에 소련 측은 "1886년 이후 이 지역은 소련 영토"라며 딱 잘라 거절했다.

이런 사태는 물론 참모본부의 막료들이 예상했던 대로였다. 오히려 그들은 이 기회를 이용하여 소련군과 군사 충돌을 일으키는 것이 득책이라고 생각했다. 예를 들면 참모본부 작전과장 이나다 마사즈미稲田正純는 조선군의 보고와 함께 관동에서 무력을 발동시켜야 한다는 제안을 받고 즉각 다음과 같이 판단했던 것이다(『회상록』에서 인용).

"중일전쟁은 더 깊숙이 빠져들고 있다. 지금 일본은 중국에서 우한武漢 공략 작전을 펼치려 하고 있다. 이 작전을 성공으로 이끌기 위해서는 소련 측이 일본과 싸울 의사가 있는지 여부를 확실히 알아야 한다. 아울러 제19사단은 정예 사단이긴 하지만 아직 한 번도 실전에 참가하지 않았다. 이 사단도 전투 체험을 쌓을 수 있게 해야 한다."

이나다의 이런 생각은 육군성과 참모본부에 포진한 강경파 중견 막료들의 공통된 의견이었다.

난징을 포기한 장제스 정부는 양쯔 강 중류의 우한으로 주요 기관을 옮겼다. 이곳을 공략하여 장제스 정부를 무너뜨린다는 것이 당시 참모본부 막료들의 계획이었다. 이를 위해 중일전쟁이 시작된 이래 최대 규모인 병력 30만 명을 동원하여 우한 공략 작전에 나서려던 참이었다.

그런데 군 내부에는 이 작전을 우려하는 목소리도 있었다. 병력을 지나치게 한곳에 할당하면 소련이 일본 침략전을 시도할지도 모른다는 것이었다. 중일전쟁을 확대하는 데 반대파였던 이시와라 간지는 이미 육군성과 참모본부를 떠난 상황이었지만 아직 그와 연결된 막료들이 남아 있었다. 그들은 우한 공략 작전을 발동함으로써 중일전쟁이 점점 더 진흙탕 속으로 빠져들 것을 염려했다. 그런 의견은 내각 안에서도 널리 퍼져 있었다.

이나다로 대표되는 강경파의 중견 막료들은 그런 목소리를 억누르기 위해 소련이 일본과의 전쟁을 생각하고 있지 않다는 사실을 확인하고 싶어했다. 그리하여 장고봉에서 '무력 정찰'이라는 한정적인 전투를 치르기로 결정하고, 조선군에게 장고봉 주변에 예하 부대를 배치하라고 명했다.

이 명령은 조선군 사령부에서 제19사단으로 전달되었다. 사단장 스에타카 가메조尾高龜藏는 제75연대, 제76연대 일부 그리고 고사포부대, 야전중포부대 등을 장고봉 일대로 보냈다. 스에타카는 제75연대장 사토 고토쿠佐藤幸德에게 "장고봉의 소련군을 단숨에 궤멸하라"는 밀명을 내린다. 현지 일본군은 이미 소련전을 의식하고 있었고, 그로 인해 흥분 상태에 빠져 있었다.

7월 19일 이나다는 조선군과 제19사단에 한정적으로 기습 전투를 단행할 준비에 들어가라는 대본영의 작전 명령을 내렸다. 천황의 재가를 얻자마자 즉시 소련군을 공격하라는 것이었다. 이나다를 비롯한 참모본부의 막료들은 천황의 재가가 내려올 것으로 예상하고 명령을 내렸던 것이다.

그런데 참모본부의 이와 같은 생각은 외무성과 해군 등의 찬성도 얻지 못했고, 궁중 내부에서도 비판적인 목소리가 있었다. 천황은 그런 분위기를 알았는지 이 무력 발동에 재가를 하지 않았다. 오히려 "적으로부터 공격을 받았을 때에만 단호하게 반격해야 하며 우리 쪽에서 먼저 시작해서는 안 된다"며 이타가키 육군상을 질책했다.

이에 당황한 이나다는 서둘러 작전을 중단하라는 전보를 현지로 보냈다. 그 전보에는 "고의로 소련군을 자극하는 행동을 하지 않기를 바란다"는 구절까지 있었다. 즉, 어떤 일이 있더라도 소련군과 전투 상태에 돌입해서는 안 될 뿐만 아니라 자극해서도 안 된다는 것이었다. 무력 발동에 대비하고 있던 부대도 즉시 원대로 복귀해야 한다는 의미도 포함되어 있었다.

쇼와 육군이 체질적으로 '하극상'에 익숙해서일까? 스에타카를 비롯한 제19사단 참모들에게 무력 발동을 금하는 명령이 내려졌음에도, 다른 한쪽에서는 참모본부의 중견 막료들이 천황이나 육군 지도부의 판단을 진심으로 받아들인 것은 아니라는 의향도 전해졌다. 천황에 대한 봉공奉公은 군사적 기정사실을 만드는 것이라는 뒤틀린 생각이 현지 군 안에 확산되어 있었다.

그래서 원주둔지 복귀는 전혀 진전되지 않았고, 몰래 무력 발동의 시기를 노리는 상황이었다. 스에타카는 오로지 그 기회만을 기다렸다. 이 고위 군인은 중국전선에 참가할 수 없다는 것을 줄곧 한탄하고 있었고, 독단적으로라도 장고봉 주변에서 대소련전을 수행하고 싶다는 야망에 불타올랐다. 실제로 7월 31일부터는 이 사단장의 야망대로 프로그램이 진행되었다.

7월 29일, 장고봉 근처 사초봉沙草峯에서 소련군이 새로 진지를 구축하기 시작했다. 스에타카에게 이는 뜻하지 않은 행운이었다. 그는 조선군에게 철수 중인 부대를 다시 이곳으로 집결시켜달라고 요구했다. 스에타카는 내심

제2부. 쇼와 육군의 흥망

"이런 호기를 포착하여 눈앞의 소련군에게 일격을 가해 일본군의 위력을 보이지 못한다면 국경 확보라는 큰 임무를 다할 수 없다"고 생각했다.

7월 31일 오전 2시, 스에타카의 명령에 따라 제75연대 소속 2개 중대가 주력이 된 1600명이 사초봉과 장고봉 일대의 소련군을 습격했다. 사초봉을 제압하기 위해서는 장고봉까지 공격해야 한다는 것이 스에타카가 생각한 작전이었다.

이 기습 공격으로 소련군을 장고봉에서 몰아냈다. 항공기의 도움도 없이, 전차도 없이, 총기와 수류탄 그리고 육탄 전법으로 정상을 노리는 일본군은 마치 근대전의 경계 밖에서 싸움을 치르는 것 같았다. 소련군 측에서도 200명에서 300명의 사상자가 있었지만, 일본군은 4명이 전사하고 5명이 부상한 것으로 제19사단은 판단했다.

이 야간 기습 뒤 얼마 지나지 않아 소련군도 장고봉에 머무르고 있던 일본군에게 소규모 공격을 가해왔는데, 8월 6일 이른 아침부터는 본격적인 반격 작전에 돌입했다. 장고봉의 탈환을 목표로 비행기, 전차 그리고 중포화기와 다수의 병사를 동원했다. 일본군도 소련군의 반격을 예상하고 병력을 보충했지만, 비행기나 전차를 사용하지 않은 채 한정 작전을 밀어붙였기 때문에 소련군과 비교할 때 전력 면에서 완전히 뒤처질 수밖에 없었다.

소련 보병은 일본의 3.1배, 포병은 일본의 4배에 이르는 수준이었다.

6일과 7일 소련군의 공격은 계속되었고, 일본군 병사는 잇달아 진지에서 쓰러졌다. 하루 사이에 200명 이상의 병사가 전사했다고 한다. 내가 취재한 제75연대 소속 어느 병사는 전사자가 너무나 많아 좁은 진지에 매장할 수 없어서 두만강에 던졌다고 비밀스럽게 말했다.

전후에 발표된 전쟁사, 예컨대 방위청 전사실에서 펴낸 『전사총서戰史叢書』 「관동군 1」에는 "아무리 어려운 상황에 처해도 제일선의 장병은 조금도 움츠러드는 모습을 보이지 않았다"고 적혀 있는데, 그것은 사실 진지에서 미친 듯이 죽음에 저항하지 않으면 전사할 수밖에 없는 무자비한 싸움이었다는 말이기도 했다.

제19사단 제38연단 보병 제75연대 제7중대 소속 나루사와 후타오는 이해 1월에 입대한 초년병이었다. 그는 입대 즉시 제7중대에 배속되어 조선의 회령으로 향했다. 장고봉 사건에서는 제1중대와 제3중대 등이 산정 탈환을 위한 실전에 참가했고, 제7중대는 후방에 배치되어 수비를 맡고 있었다.

아직 스물한 살이었던 이 초년병은 실전에 참가하게 될지도 몰라 불안하기도 했지만, 일본 육군의 병사로서 어떻게든 사명을 완수하여 향토의 명예를 높여야겠다고 생각했다.

일본 영토에 들어온 소련 병사를 어떻게서든 쫓아내야 한다고 생각하면서 멀리서 들려오는 총소리에 몸을 떨고 있었다.

8월 7일 새벽, 그는 소련군의 공격이 잠잠해진 뒤 후방에서 철수하라는 명령을 받고서 49명의 중대 병사와 함께 떠날 차비를 하고 있었다. 그런데 그곳으로 척후병이 다가와 다시 소련군의 공격이 시작되었다고 보고하면서 출동 명령을 전달했다. 장고봉 산정의 부대는 소련군의 공격으로 무선도 사용할 수 없는 상황이었던 것이다.

제7중대장 중위 이노쿠마 히로시猪熊廣는 다시 병사들에게 출동 명령을 하달했다. 공병대가 만든 보트를 타고 두만강을 건너 장고봉으로 향했다. 장고봉 산정을 200미터쯤 앞둔 곳에서 소련군의 맹공격을 받았다. 가까운 곳에서는 일본군과 소련군의 전투가 계속되고 있는 듯 격렬한 사격이 오갔고, 가끔씩 '우라!'라는 소리가 어둠 속에서 울려 퍼지고 있었다. 러시아어로 '만세'라는 말인 것을 알게 되었는데, 그런 환성을 지르는 사람이 훨씬 더 많았다. 소련군의 맹폭격이 이어진 뒤 잠시 휴식이 찾아왔다.

중대장 이노쿠마는 다시 '돌격!'이라 외쳤고 병사들은 환성을 지르며 소련군의 진지로 나아갔다. 가랑비가 내리고 있었다. 나루사와도 그 비를 맞으며 달렸다. 소련군의 일제사격이 시작되었다. 이노쿠마는 군도를 휘두르며 '전진!'이라고 절규했다. 나루사와가 공포에 떨며 이노쿠마 옆으로 다가가려 하자 그는 "나루사와, 다가오지 마라"라고 하면서 계속 전진했다. 이노쿠마는 이내 소련군의 총탄을 맞고 쓰러졌고, 신음 소리를 내더니 곧 죽었다.

나루사와와 그의 동료들은 수류탄 7개를 지급받아 갖고 있었다. 그것을 소련군의 진지에 던졌다. 소련군이 되받아 던진 수류탄 2개가 눈앞에 굴러다니고 있었다. 하나를 주워들어 다시 던졌다. 소련군의 총탄이 쏟아지는 사이 또 하나를 주워 던지려는 순간 그 수류탄이 폭발했다. 오른손이 마비되었고, 오른쪽 귀가 들리지 않게 되었으며, 온몸에 격심한 통증이 몰려왔다. '우라!'라는 소련 병사의 소리를 어렴풋이 들으면서 나루사와 이등병은 의식을 잃었다.

"아진, 도바……, 아진, 도바……"라는 소리가 들렸다.

누군가가 두 손으로 자신의 가슴을 누르고 있다. 나루사와는 눈을 뜨려고 한다. 그러나 오른쪽 눈은 뜰 수 없다. 왼쪽 눈은 간신히 떴지만 잘 보이지 않는다. 오른손과 왼손으로 왼쪽 눈을 위아래로 잡아당겨본다. 소련 병사가 6명쯤 서 있다. 러시아어로 뭐라고 한다. 살아났다는 말인 듯했다.

'포로가 되었구나.'

나루사와도 사정을 눈치챘다. 살아 있어서는 안 된다고 생각했다. 「전진훈戰陣訓」을 떠올렸다. 고향인 나가노의 농촌에 사는 부모가 오명을 뒤집어쓰지나 않을까 불안했다.

한쪽 눈으로 주위를 보았다. 수류탄이 눈에 들어왔다. 나루사와는 격심한 통증을 억누르고 갑자기 몸을 일으켜 수류탄을 잡으려고 했다. 소련 병사들은 나루사와에게 달려들더니 수류탄을 낚아채고는 몸을 내리눌렀다.

그런 다음 끈과 같은 것으로 두 손과 두 발을 묶더니 들것에 실었다.

창 없는 독방에서 보낸 2년

가랑비는 그쳐 있었다. 총성도 들리지 않는다. 나중에 소련 병사를 통해 안 것이지만, 이때는 8월 8일 오후 2시가 지난 시간이었다고 한다. 12시간이나 의식을 잃고 있었던 것이다. 나는 어디로 끌려가는 것일까? 죽지 않으면 안 된다. 포로가 되는 것은 수치다⋯⋯ 그런 생각만 하고 있었다. 병사가 된 지 고작 7개월이 지났을 뿐이지만 날마다 교육을 통해 배운 것, 즉 '포로가 되기보다 죽음을!'이라는 가르침이 철저하게 배어 있었던 것이다. 나루사와는 포로가 된 뒤 여섯 차례나 자살을 시도했다. 한번은 독방에서 목을 매달았다가 머리 껍질이 벗겨지고 말았다. 지금도 나루사와의 머리에는 흉터가 남아 있다.

나루사와는 소련군의 보병 진지로 옮겨졌다. 군의관일까, 나루사와의 상처를 살펴보더니 러시아어로 뭐라고 말을 걸었다.

"네 상처는 생명에는 크게 지장이 없다"는 뜻이라는 것을 몸짓 손짓으로 알 수 있었다.

이 진지에서 곧 취조가 시작되었다.

어디에선가 급히 달려온 조선인이 통역을 맡았다. "나는 미토水戸에 산 적이 있습니다"라고 말했다. 상당히 훌륭한 일본어 솜씨였다. 일본 지도를 펼쳐놓고 출신은 어딘지, 어느 부대에 있었는지를 물었다. 나루사와는 질문을 받는 대로 대답하려고 했지만, 자신은 자랑스러운 일본 육군의 병사라는 이름 때문에 자신이 속한 부대를 말한 다음 그 이상은 답하려고 하지 않았다.

그러자 장교가 권총을 들이대더니 잇달아 물었다.

"네가 속한 연대 본부는 어딘가?"

"네 부대는 어디쯤에 있었는가?"

"일본 병사의 진지는 어디에 있는가?"

1938년 8월 6일, 장고봉을 폭격하는 소련 전투기.

이제 막 병사가 된 나루사와로서는 알 리가 없는 군사적 기밀을 묻는 것이었다. "나는 그런 것은 모른다"고 대답할 수밖에 없었다. 그런데도 네 사령부는 어디에 있었느냐, 네 연대 본부는 어디에 있었느냐고 물었다. 지도를 펴놓고 어딘지 가리켜보라고 말했다.

나루사와는 실제와 다른 지역을 가리켰다.

다음 날 그 장교가 "네가 가리킨 곳을 폭격했는데도 모래 먼지만 일어날 뿐 아무것도 없다"며 노발대발했다. 맞기도 하고 차이기도 했다. 오른쪽 눈은 더 이상 보이지 않았고, 왼쪽 눈은 두 손을 써서 어떻게든 떠보려고 했는데 사흘이 지나서야 겨우 앞을 볼 수 있었다. 온몸에 수류탄 파편이 박혀 있는 것 같았고 격심한 통증이 덮쳐오곤 했다. 맞을 때마다 통증은 더 심해졌다.

"일본인 포로는 너밖에 없다"는 말을 들었고, 나중에는 소련군의 압도적인 전력으로 일본군이 모두 전사했다는 소식을 들었다.

며칠 후 나루사와는 이 진지에서 블라디보스토크로 이송되었다. 소련 병사에게 이끌려 장고봉 주변을 걷고 있을 때 국경선을 따라 내걸린 일장기가 바람에 나부끼는 모습이 눈에 들어왔다. 나루사와는 재빨리 저쪽으로 도망쳐야겠다고 생각했다. 하지만 몸이 말을 듣지 않았다.

블라디보스토크에서 사령부처럼 보이는 건물로 끌려갔다. 상반신은 벌거 벗기고 손은 묶인 채 독방에 갇혔다. 모기들이 얼굴에 달라붙었다. 이곳에 서도 취조를 받았다. 일주일쯤 지난 어느 날 아침, 마대 자루를 머리부터 뒤 집어씌웠다. 입 근처에 구멍이 뚫려 있었고, 그곳에 끼워진 호스를 입에 대 고 호흡을 해야 했다. 그리고 자동차에 태워졌다. 하바롭스크로 간다고 했 다. 그 길도, 시내의 모습도 나루사와의 눈에는 전혀 보이지 않았다.

하바롭스크에서는 양쪽으로 소련 병사의 부축을 받고 어떤 건물로 끌려 갔다. 계단을 얼마나 올랐을까. 오른쪽 다리를 질질 끌면서 머릿속으로 헤 아려보니 7층까지 올라왔다는 것을 알 수 있었다. 마대 자루를 벗겨주었다. 그곳에는 60명 정도의 장교가 있었다. 그곳에서 사진을 찍고 또 취조를 받 았다.

"일본 전차는 어떤 것인가?"

"일본 병사들은 소련을 어떻게 생각하는가?"

"일본 병사의 사기는 높은가?"

나루사와로서는 대답할 수 없는 질문이 더 많았다. 러시아인 통역은 "나 는 나가사키에 머문 적이 있다"고 말하면서 개인적인 이야기로 부드러운 분 위기를 만들려고 했지만, 나루사와는 "나는 아직 병사가 된 지 얼마 되지 않 아 정말로 아무것도 모른다"고 말할 수밖에 없었다.

나루사와는 그때부터 2년 동안 이 사령부의 어떤 독방에 갇혀 있었다. 다 다미 세 장 정도의 넓이에 창도 없는 방이었다. 시계도 없었다. 그곳에서 죄 수복의 실 한 올을 '1일'로 계산하기도 하고, 손톱으로 벽을 긁어 하루를 헤 아리기도 했다. 처음에는 밤낮을 가리지 않고 취조를 당했다. 어디에서 태어 났느냐, 어떤 직업에 종사했느냐…… 그야말로 매번 똑같은 것을 물었다. 이 전과 다른 대답을 하면 세세한 것까지 다시 묻는 것이었다.

거의 군사상의 기밀에 다름없는 것을 묻기에 "당신들의 나라에서도 나와 같은 신병이 군사상 상세한 내용을 알고 있을 리가 없을 것"이라고 말하자 장교는 쓴웃음을 지었다.

이 유치장에는 일본인이 몇 명 수용되어 있었다. 나루사와가 세면대에 갔다가 역시 세수를 하러 왔던 일본인을 만났다. 몇 마디 말을 나누었다. 국경 경비를 맡고 있던 헌병이라는 것을 알게 되었다. "아니, 당신은 사살된 것이 아니었습니까?" 나루사와가 묻자 그는 희미하게 웃었다. 나루사와가 제7중대에 배속되고 얼마 지나지 않았을 때, 그가 중대본부에서 읽고 있던 신문에 헌병 오장이 소만蘇滿 국경에서 소련 병사에게 사살되었다는 기사가 실려 있었다. 그 사진과 꼭 닮은 인물이어서 그렇게 물었던 것이다.

두 사람의 대화는 곧 소련 병사에게 제지당했다. 대화를 하면 스파이 죄에 해당된다는 것이었다. 이 오장은 그 후 소련에 귀화한 흔적이 있다. 그런데 지금도 명부를 보면 당시 일자로 전사한 것으로 되어 있다.

2년 정도 지나 나루사와는 "모스크바 군사 법정에서 스파이 죄로 징역 8년을 선고받은" 것으로 알려져 있다. 내가 왜 이런 벌을 받아야 하는지 억울한 생각뿐이었지만 항의해도 귀 기울이는 사람은 없었다. 그리고 다시 이르쿠츠크 수용소로 이송되었다. 이곳에는 일본인이 한 사람도 없었다. 주위에는 러시아인뿐, 그저 강제노동에 몰두하기만 하면 그만이었다. 일본이 어떻게 되었는지, 국제 정세가 어떤 방향으로 움직이고 있는지, 나루사와는 전혀 알지 못했다.

러시아어 단어를 하나씩 알아가기로 했다. 이 수용소에서 8년 동안을 보내야 한다니, 아득한 생각뿐이었다. 장고봉 사건을 이 나라에서는 하산호 사건이라 불렀으며, 군사적으로는 소련의 승리로 끝난 것으로 알려졌다. 그다음 해에는 노몬한 사건(소련에서는 할힌골 회전이라 부른다)에서 일본군이 호되게 당했다는 것도 러시아인들의 대화를 통해 알았지만, 나루사와는 그런 일에는 관심을 표하지 않기로 마음먹고 있었다. 자신은 이 운명을 감수할 수밖에 없다고 생각했던 것이다.

장고봉 사건의 생생한 모습은 소련군의 맹공격 앞에서 일본군 병사가 진지에 달라붙은 채 저항하다가 죽어간 것뿐이었다. 그것은 '소련군에 대한 무력 정찰'이라는 참모본부 중견 막료들의 대수롭지 않은 발상과 어느 사단장의 공명심에 희생당한 것이라고 말할 수도 있다. 당시 육군성 군무국의 장교였던 니시우라 스스무西浦進는 자신의 회상기 『쇼와 전쟁사의 증언』에서 "장고봉 사건이든 노몬한 사건이든 쓸데없는 일을 해서 골탕을 먹은 것이었다. 이 무렵 참모본부 작전과의 처사에 대해서는 전혀 신뢰를 하지 않았다. 아이들 불장난이라고 생각하지 않을 수 없었다"고 했는데, 정말이지 딱 들어맞는 말이다.

이제 빛을 보게 된 자료나 『전사총서』에 따르면 나루사와가 소속되어 있었던 제75연대 제7중대는 다음과 같은 과정을 거쳐 궤멸한다.

제7중대는 명령을 받은 곳으로 전진했는데 산정에 있던 소련군에게 공격받지 않았다. 그러자 중대장 이노쿠마는 정상 부근에 있던 일본군을 지원하고 소련군의 퇴로를 차단하기 위해 그 배후를 기습하기로 했다. 방위청 전사실에서 펴낸 『전사총서』 「관동군 1」에는 다음과 같이 적혀 있다. "오직 한길로 전진하다가 창츠長池 호('긴 호수'라는 뜻으로 하산 호수의 중국식 명칭—옮긴이) 서쪽에서 1개 대대 정도의 소련군을 발견하고 공격을 가하여 괴란壞亂에 빠뜨린 후, 계속해서 앞만 보고 동쪽 사면을 올라갔다. 가는 곳마다 적을 공격하여 이치키一木 대대의 진지 회복에 크게 공헌했다." 이 책에 따르면, 장고봉을 공격하라는 명을 받은 이치키 대대는 화기의 위력을 갖춘 소련군에 저항해 "과감한 돌격을 반복하면서 분전했고 잇달아 소련군 부대를 압도"한 뒤 산정을 제압했다.

제7중대는 이를 위한 가장 유력한 지원군이었던 것이다. 역시 같은 책에 따르면 제7중대는 다음과 같은 결말을 향하고 있었다.

"중대장과 함께 정상에 돌입했을 때 병사는 7명밖에 남지 않았고, 이노쿠마 중위도 능선에서 최후의 돌격을 하다가 장렬하게 전사했다. 처음부터 끝까지 상처를 입지 않은 병사는 딱 1명뿐이었다."

49명의 중대 병사 거의 모두가 전사했다는 말이다.

그러나 이 『전사총서』가 반드시 사실만을 전하는 것은 아니다. 이노쿠마의 무훈을 추어올리기 위해, 아니 군사적 공적을 찬양하기 위해 몇몇 과장된 표현을 사용하고 있다. 이노쿠마는 정상에 돌입하기 전에 이미 전사한다. 7명이라는 숫자도 생존자의 증언을 바탕으로 한 것일 테지만 이 역시 확실한 증거는 아니다.

더구나 제7중대의 전과를 납득시키기 위해 "계속해서 앞만 보고 전진했다"거나 "가는 곳마다 적을 공격했다" 또는 "장렬하게 전사했다"와 같은 표현을 사용한다. 시대 소설에서나 볼 수 있는 표현이다. 방위청 전사실의 『전사총서』는 쇼와 육군을 검증할 때 기본 자료로 활용할 수 없는데, 전체적으로 보아 고위 군인의 변명을 기록한 것이라는 느낌이 강하다. 결국 동료들을 비호하는 책인 셈이다. 자료도 없고 전과도 애매한 경우에는 이러한 문학적 표현을 사용하여 사실을 호도하고 있다. 대본영의 발표 형식을 흉내 낸 전사라고 해도 좋을 것이다.

소련 측의 사정도 이와 크게 다르지 않다고 말할 수 있다. 소련 측의 자료를 통해 하산호 사건을 조사해보려 했지만 아직 구체적인 자료가 발표되지 않았기 때문에 실상을 확실하게 알 수는 없다.

1990년 소련과학아카데미 동양학연구소에서 간행한 G. F. 자하로바 여사의 『만주에서 일본의 정책: 1932~1945』를 번역해보면, 하산호 사건에 대한 기술은 얼마 되지 않는데 그것도 공식적인 견해에 지나지 않는다.

"관동군사령부와 만주통신사는 여론을 호도하기 위해 조선 및 동북 중국과 국경을 접한 여러 지구에서 일본군에 대한 소련군의 무력 공격이 있었다

제9장. 장고봉 사건과 일본인 포로의 인생

(또는 무력 공격을 준비하고 있다)는 날조된 정보를 여러 차례 발표했다. 일본의 군국주의자는 소련에 대한 책임을 회피하기 위해 허위 정보의 도움을 얻어 여론을 속이려 했다. 앞서 서술한 국지적인 작전(하산호 또는 할힌골)에서 일본의 군국주의자가 구체적으로 어떤 교훈을 얻었는지는 잘 아는 바와 같다."

일본 측이 마치 시대 소설처럼 그리고 정서적으로 전황을 말하는 것과 같은 차원에서 소련 역시 군국주의자가 저지른 일이라는 공식적인 견해를 되풀이하고 있다. 여기서는 나루사와와 같은 하급 병사가 그야말로 벌레 취급을 받았다는 사실은 교묘하게 은폐된다.

장고봉 사건은 결국 외교 교섭으로 결말이 지어졌다.

주소 대사 시게미쓰 마모루重光葵와 리트비노프 외무상 사이에 대화가 진전되어 8월 10일 현재의 전선에서 싸움을 멈추기로 했다. 실제로 이 무렵 일본군은 근대적 병기를 앞세운 소련군에게 일방적으로 당하고 있었으며, 제19사단의 참모장은 조선군 참모장 앞으로 전보를 보내 "전선은 위기 상황에 놓여 있다. 전선의 지휘관과 병사는 오로지 수비를 하는 데 모든 힘을 쏟고 있는바, 전황이 '돌파구'를 찾기까지 외교 교섭을 통해 정전으로 나아갔으면 한다"고 호소했다.

일본 입장에서 보면 소련이 8월 10일의 단계에서 정전에 동의한 것은 요행이라 할 수밖에 없었다.

하루가 늦어질 때마다 일본의 정전 조건은 나빠졌기 때문이다.

국경선에 많은 병력을 할당하고 게다가 군사상 아무런 이익도 없는 땅에서 고집스럽게 싸우는 게 무의미하다는 것을 안 대본영은 일본군을 지금까지 주둔하고 있던 국경선에서 훨씬 더 먼 곳으로 후퇴시켰다. 장고봉 산정에는 소련의 국기만 펄럭였다. 장고봉 사건에 동원된 일본군은 6940명, 이 가운데 전사자가 526명, 부상자가 914명이었다. 실로 20퍼센트가 넘는 병사를 잃고서야 싸움을 멈췄던 것이다.

나루사와는 전사자 526명 중 한 명으로 처리되었다.(실제로 가족에게 전사통지서가 전해진 것은 1941년 10월 18일이다. 유골 대신 장고봉 부근의 자갈과 흙이 가족에게 전달되었다.)

사단장의 독단과 참모본부의 중견 막료들의 책임을 따진 사람은 아무도 없었다. 오히려 제19사단의 장병이 압도적으로 우위에 있는 소련군 앞에서 진지를 고수하다가 전사했다는 측면만이 강조되었다. 그리고 외교 교섭에서 소련이 뜻밖에도 일본군을 최종 단계까지 밀어붙이지 않고 합의한 사실을 핑계로, 이것 역시 일본군의 철저한 저항 때문이라고 말하고, 소련군은 대일전에서 앞서지 못했다는 판단을 내리는 자료로 삼았다.

장고봉 사건은 책임도 묻지 않고 교훈도 얻지 못한 채 일본군의 육탄 공격을 예찬하는 것으로 막을 내렸다.

참모본부는 8월 22일 우한 공략 작전에 돌입했다. 이나다와 육군성 군사과장 다나카 신이치田中新一가 중심이 된 전선확장책의 일환이었다. 10월 말에 우한을 무너뜨리고 나아가 화난華南에도 병력을 파견하기 시작했다. 점점 중국 영토의 오지로 들어가고 있었던 것이다. 자제력을 상실한 군사 집단은 오로지 '육탄 전법'으로 돌격하는 집단으로 변해가고 있었다. 그리고 그것을 지휘하는 군 관료는 어떠한 사태에도 책임을 지지 않았고, 하급 병사를 동원하는 데 아무런 아픔도 느끼지 못했으며, 오로지 서로를 감싸는 체질만을 드러내고 있었던 것이다.

장고봉 사건 뒤 53년이 지난 1991년, 나는 나루사와를 방문했다.

12월 하순 시나노의 바람은 차가웠다. 내가 오카야岡谷 역에서 이다飯田 선으로 갈아타고 이다 역에 내렸을 때에는 코트깃을 올려야 할 만큼 추웠다.

개찰구에 나루사와 후타오가 서 있었다. 깔끔한 차림에 예의 바른 사람이었다. 당시 74세였지만 그렇게 나이 들어 보이지는 않았다. 왼쪽 눈은 의안이다. 이마에는 수류탄 파편이 일곱 개나 남아 있었는데, 소재가 철이어서 체내에서 상할 리 없으니 적출하지 않는 게 낫겠다는 의사의 말을 듣고 그대로 두었다고 했다. 걸을 때 한쪽 발을 끄는 것은 그 전투의 흔적이다.

나루사와는 실제 주소지인 나가노 현의 미나미시나노 촌보다 이다 시에서 보내는 날이 많다고 했다. 30대 중반인 외동딸이 유아기에 예방 주사 후유증으로 뇌성마비에 걸려 자리에 누워 있다고 한다. 오랫동안 아내와 둘이서 간호해왔는데 아내마저 지난해에 세상을 떴다. 최근엔 딸의 심장병이 악화되어 이 소도시의 병원에 입원했다. 내가 만났을 때는 병세가 상당히 악화됐었다. 수술을 받지 않으면 안 되는, 어쩌면 생사의 기로에 서 있는 것인지도 모르는 상태였다. 수술 날짜가 미뤄져서 나와 면회 시간을 가질 수 있었다.

나루사와는 이 도시의 중심부에 있는 작은 온천으로 나를 안내했다. 서민들이 가볍게 드나들 수 있는 라돈 온천이었다.

어린 시절, 나루사와는 집이 가난했기 때문에 심상소학교를 졸업하고 나고야에서 고용살이를 했다. 하지만 아버지의 건강이 좋지 않아서 고향 마을로 되돌아와 짐이나 자재, 상품을 나르는 일을 시작했다. 요즘으로 말하면 택배 기사라 할 수 있겠는데, 물론 당시(쇼와 초기)에 자동차가 있을 리 만무했다. 자신의 몸뚱이 하나로 60킬로그램의 짐을 짊어지고 하루에 13킬로미터를 걸어 상대방에게 배달해야 했다. 그렇게 해서 받은 일당은 45센錢이었다. 열여섯 살부터 스무 살까지 이 일을 계속했다. 신체는 튼튼했다. 게다가 혼자서 짐을 지고 걷다 보니 고독에도 익숙해졌다.

스무 살 때 받은 신체검사에서는 말할 것도 없이 갑종 합격이었다. 1937년 12월의 일이다. 나루사와의 마을에서는 열 명의 젊은이가 신체검사를 받았는데 갑종 합격은 두 사람뿐이었다. "나라를 위해 봉사하고 싶다"고 염원하던 젊은이들은 나루사와를 선망의 눈길로 바라보았다.

제19사단에 배속되어 조선으로 옮긴 후에도 나루사와는 조금도 고통을 느끼지 못했다. 지금까지의 노동에 비하면 군대의 교련은 무척 즐거웠다.

"군대에서 나는 전혀 고통스럽지 않았다. 도시에서 자란 동료들은 숨을 헉헉거리며 힘들어했지만 나는 즐겁기까지 했다. 그렇지만 장고봉 전투 때는 무서웠다. 만약 몸이 허약했다면 나는 수류탄이 폭발했을 때 죽었을 것이다. 포로가 되었을 때에는 몇 번이나 죽고 싶었지만 자살을 시도해도 실패만 하고…… 한번은 작업 중에 4층 공사 현장에서 떨어졌는데 도중에 몸이 걸리는 바람에 죽을 수도 없었다."

나루사와는 담담하게 이야기를 이어간다. 온천에 몸을 담그고 그의 이야기를 듣는다. 몸은 만신창이다. 탕에 몸을 담그고 있을 때에도 뭔가에 스치면 격렬한 통증이 찾아와 오른손 손가락은 물 밖에 내놓은 채였다.

스파이 죄로 8년형을 선고받은 나루사와가 형기를 마친 것은 1947년 3월 28일이었다. 이르쿠츠크수용소에서 석방되었다. 이제 자유를 얻었나 보다 생각했지만 이번에는 유형流刑을 과한다고 하여 시베리아 예니세이스크를 비롯한 주변의 국영 농장(솝호스)으로 이송되었다. 유형의 이유는 확실하지 않았지만 어쨌든 또 이곳에서 일하라는 것이었다. 몸을 움직여 일하는 것은 즐거웠지만 가끔 자신의 운명을 저주하기도 했다.

_____ **17년 만에 돌아온 일본**

일본이 전쟁에서 졌다는 것도 확실하게는 알지 못했다. 솝호스 주변의 수용소에 언제부터인지 일본인 포로 집단이 들어왔다. 그들은 소련의 포로로 잡혀왔다고 했는데, 나루사와가 일본인 포로를 만나는 것은 금지되었다. 그래서 한번은 작은 돌멩이에 종이를 감싸 강제노동에 나온 일본인 포로 행렬 가운데로 던졌다. 자신의 출신지를 적고, 장고봉 사건으로 포로가 되었으니 이 사실을 고향에 전해주길 바란다고 썼다. 그 후 나가노 현 출신 포로 한 명이 일본으로 돌아가 나루사와의 부모에게 그가 살아 있다는 소식을 전했다.

나루사와는 솝호스의 책임자에게 "나는 어떻게든 일본으로 돌아가고 싶다"고 호소했다. 그러자 그는 "돌아가지 않는 게 낫다. 한번 포로가 된 자는 일본으로 돌아가도 죽임을 당한다고 하지 않는가. 러시아인 아가씨를 소개해줄 테니 그 아가씨와 결혼하여 이곳에서 사는 게 좋지 않을까"라고 설득했다. 하지만 나루사와는 결코 이 말을 받아들이지 않았다.

나루사와의 집요한 요청에 소련 측도 끈기가 달렸는지 갑자기 귀국 허가가 나왔다. 즉시 나홋카로 가라는 것이었다. 1955년 4월이었다. 나루사와는 나홋카로 가서 일본인의 귀국 포로를 위한 숙소에 들었다. 17년 만에 일본인과 이야기를 나누었다. 일본어를 생각해내느라 애를 먹었다.

장고봉 사건의 포로였다고 고백하자 모두가 놀랐다. 1938년부터 이런 곳에 수용되어 있었느냐는 것이었다. 이 시기의 귀국 포로는 대부분 관동군 장교나 군속으로, 소련으로부터 스파이 죄 등의 형을 받고 곧 석방되어 귀국이 허가된 자들이었다. 그들의 두 배 가까운 시간을 나루사와는 소련에 남겨져 보냈던 것이다.

1955년 4월 16일 나홋카를 출항하는 고안마루에 올랐다. 해안 절벽에서 소련에 감사의 뜻을 표하는 의식이 있었다. 패전 때 제139사단장이었던 도미나가 교지富永恭次로부터 "나루사와 군, 자네는 러시아어를 할 수 있으니 우리 일행 88명을 대표하여 감사 인사를 해주게"라는 말을 들었다. 육군의 전 고위 군인으로부터 이런 이야기를 듣고도 나루사와는 나쁘다는 생각을 하지 않았다.

나루사와가 마이즈루에 도착한 것은 1955년 4월 18일 이른 아침이었다.

실로 17년 만에 일본으로 돌아온 것이었다. 나루사와의 나이 이미 38세였다. 마이즈루에는 어머니와 친척들이 마중을 나와 있었다. 후생성에서 귀국자에게 일률적으로 지급하는 3만 6000엔이 마루사와의 손에 쥐어졌다. 이렇게 받아도 괜찮을까 생각했다. 금전 감각이 마비되어 있었던 것이다.

나루사와가 마을로 돌아오고 나서 얼마 지나지 않아 후생성에서 연락이 왔다. 1941년 10월부터 지금까지 전사자로 취급해 어머니에게 공무부조금을 지불해왔으니 즉시 전액을 반환하라는 것이었다. 그 금액이 얼마나 되는지 어머니는 나루사와에게 알려주지 않았다. 나루사와의 아우는 뉴기니전선에서 전사했다. 그 유족 연금이 일방적으로 중단되었다. 그것으로 어머니가 받은 돈을 갚는다는 것이었다. 물론 그것만으로는 충분하지 않았다. 어머니는 노후까지 농사일을 하면서 나라에 돈을 갚았다. 꼬박 6년이 걸렸다고 한다.

나루사와는 일본에서의 생활이 자리를 잡아가고 있기 때문에 그런 것이라고 했다. 그는 촌장의 호의로 마을 사무소에 자리를 얻어 38세부터 정년까지 일했다. 시베리아 억류자에게 지급되는 위로금 10만 엔과 정부의 감사장도 전전戰前부터 억류자였다는 이유로 대상에서 제외되어 받을 수 없었다.

장고봉 사건의 불장난에 흥거워했던 고위 군인들은 전후에도 물가에 연동시켜 중견 샐러리맨의 연봉에 해당되는 연금을 받았다. 이나다 같은 사람은 전후에도 목소리를 높여 재군비를 주장했다. 하지만 국가는 일개 하급 병사에 대하여 그 노고를 전혀 보상하지 않았고, 부조금을 박탈하는 짓까지 서슴지 않고 있다. 쇼와 육군의 전후 처리는 전전의 위계에 준하여 차별받고 있는 것이다.

쇼와 육군이 저지른 짓을 결산해야 할 국가는 외국에 대해서도 애매모호한 태도를 취할 뿐만 아니라 국내에서도 아직 충분히 청산하지 못하고 있다.

"하바롭스크에 가보고 싶다. 박물관에 내가 포로가 되었을 때 찍은 사진이 걸려 있다니까…… 나는 자랑스럽게 그 사진을 보고 싶다."

나루사와는 온천에서 피어오르는 뜨거운 김 속에서 중얼거렸다. 극동적
군박물관에서 본 사진과 나루사와의 목소리가 겹쳐졌다.

노몬한 사건,
어처구니없는 군사 행동

12월에 들어서면서 만주국의 수도 신징에는 연일 가루눈이 흩날렸다. 이 가루눈을 헤치고 30명쯤 되는 사람이 무리를 지어 신징 신사新京神社에 모였다. 1939년의 일이다.

그들은 외투를 벗고 일제히 신사에 참배한 다음 경내에 있는 일본 병사를 기리는 충령탑忠靈塔으로 향했고 그곳에서도 참배를 했다. 대부분이 신사복 차림이었지만 군복을 입은 사람도 있었다. 군복 차림을 한 사람은 특히 오랫동안 충령탑 앞에 엎드려 있었다. 이제부터 시작될 소련 및 몽골(외몽고, 이하 몽골이라 적는다)과의 외교 교섭에 나라의 위신이 달려 있다고 생각해서인지 긴장감이 감돌았다.

그 후 이들은 신징 역으로 향했다. 그곳에는 관동군 참모와 만주국 요인이 배웅을 나와 있었다. "영령을 잊지 마라" "소련에 모욕을 당하지 마라"라는 격려를 받고 이들은 열차에 올랐다. 하얼빈에서 만저우리滿洲里를 거쳐 국제 열차로 바꿔 타고 회의가 열리는 소련의 치타로 들어갔다. 노몬한 사건의

할하 강 서안에서 일본군에 맞서 싸우는 몽골군.

노몬한 사건 뒤 포로로 잡힌 일본군 병사.

제2부. 쇼와 육군의 흥망

정전으로부터 3개월, 그 군사 충돌의 결과를 바탕으로 다시 국경을 획정하기로 한 것이었다.

제1차 국경 획정 회의는 12월 7일 치타시 교외의 요양소에서 열렸다. 이 대회의장에 일본, 만주국, 소련, 몽골의 대표단이 각국을 대표하여 앉았다. 만주국 대표는 일본인 외교관이었고 몽골 대표로는 자무사론 수상 대리가 출석하긴 했지만, 전권은 소련의 보그다노프 소장이 쥐고 있었다. 실제로는 일본과 소련 양국이 만주국과 몽골의 국경을 획정하는 회의였다.

12월 7일부터 25일까지 회의는 총 여덟 차례 열렸다. 회의의 명칭과 형식, 발언 순서 그리고 회의 진행 방식을 정하는 데 거의 모든 시간이 사용되었다. 국경을 획정하기 위해 노몬한 부근의 지도 중에서 어떤 것을 선택할지에 대해서도 오랜 시간 논의가 이뤄졌다.

소련 측에서는 할하 강 동쪽을 소련 영토로 표시한 지도를 제시했고, 일본 측은 할하 강을 국경선으로 하는 지도를 가져와 이에 대항했다. 노몬한의 국경선 200킬로미터에는 역사적인 경위가 깃들어 있었는데 이 회의에서도 그것이 명확하게 드러났다.

패배를 인정하지 않는 관동군

소련 측은 처음 일본 측의 의향을 떠보기라도 하듯 할하 강 동쪽을 서쪽으로 옮기고는 얼마쯤 일본 측 입장에 다가서는 듯한 발언을 했다. 일본 대표단 가운데 외교계 출신인 사람은 그런 발언은 단순한 '립서비스'와 같은 것이라면서 특별히 소련 측의 의향이라고는 생각하지 않았다. 외교 교섭에서 그런 흥정은 그다지 이상할 게 없었던 것이다.

그런데 대표단 중 관동군 참모는 이 발언을 자기 마음대로 해석해버렸다.

제10장. 노몬한 사건, 어처구니없는 군사 행동

이 회의 이후 2년 가까운 시간에 걸쳐 제3차까지 열린 국경 획정 회의에서 일본 측과 소련 측의 대립각은 역사적으로나 군사적으로 더욱 날카로워졌는데, 일본 대표단 내부에서도 외교관과 군인 사이의 관계가 갈수록 험악해졌다. 그것은 소련 측의 발언을 둘러싼 해석 방식과 노몬한 사건에서 소련군에 참패를 맛보았다는 사실을 인정하고 싶지 않은 관동군의 억지 주장에서 비롯되었다.

대표단의 한 사람으로 참석한 관동군 참모 다나베 신지田邊新之 소좌는 일본 측 주장에 가까운 보그다노프의 발언을 들었을 때의 감상을 다음과 같이 적었다.(노몬한 사건 당시 주임참모였던 관동군 참모 쓰지 마사노부가 1950년 9월에 펴낸 『노몬한』 중 '국경 외교 협의의 내막'이라는 장에 '간 조후關長風'라는 이름으로 국경 획정 회의의 모습을 그려놓았다. 여기서 밝혀두거니와, 간 조후란 대표단의 한 명이었던 다나베 신지의 가명이다.)

"소련 측 수석 위원 보그다노프의 제안 중에서 제시된 그 국경선은 뜻밖에도 우리 쪽이 예상한 선보다 훨씬 더 서쪽으로 이동해 있는 게 아닌가? 결국 그는 대단히 조심스럽고도 소극적으로 새로운 국경선을 요구했던 것이다. 이 사실은 도대체 무엇을 뜻할까? 말하지 않아도 알 수 있었다. 노몬한 작전에서 그들이 패할 것이라는 느낌 때문에 그런 생각을 했음에 틀림없다. 패전의 느낌까지는 아니더라도 전황이 불리할 것으로 보고 있다는 명백한 증거일 것이다. 그 순간 우리는 '이겼다!'라며 기뻐했다."

일본 대표단은 하얼빈총영사 구보타 간이치로久保田貫一郎를 단장으로 하여 관동군 참모 미시나 다카유키三品隆以 소좌가 함께했다. 그 외에 일본의 외교관도 보좌관 자격으로 동석했다.

한편, 만주국 측은 만주국 외교부 정무처장 가메야마 가즈지龜山一二를 단장으로 하여 외교부 조사 제1과장 요시즈 기요시吉津清, 동 과원 기타가와 시로北川四郎, 정무처 제1과 과원 오기노 요시히토荻野義人 등이 보좌관 자격으로 참석했다. 만주국 측의 스태프는 모두 일본 외무성 소속이어서 표면상으로는 만주국의 외교관이었지만 실질적으로는 일본 국익을 위해 외교활동을 하는 사람들이었다.

이와 같은 대표단 외에도 조수나 운전수 명목으로 약 15명이 가세하여 총 30명으로 구성되어 있었다. 소련 측과 몽골 측 대표단도 이와 비슷해서 각각 30명으로 구성되어 있었다. 이는 사전 협의를 통해 결정된 것이었다.

조수로 참가한 수행원 가운데 중국 이름을 사용하는 일본인이 마치 만주국 측 대표인 것처럼 끼여 있었다. 관동군 참모 사사이 히로카즈笹井博一와 앞에서 언급한 다나베 신지가 그러했다. 그들은 미시나 다카유키와 함께 관동군의 의향을 대변하고 외교관들을 감사하는 임무를 맡았다.

다나베가 적절하게 표현했듯이 참모들은 "노몬한 사건은 우리가 진 싸움이 아니다"라고 주장했고, 보그다노프의 몇 가지 제안 중에서 가장 마음에 드는 것을 끌어내 "소련은 패전의 느낌을 갖고 있다"고 믿어버렸다. 그리고 이것이 나중에까지 영향을 미치게 되는 것이다.

구보타 간이치로와 가메야마 가즈지에게 일본 정부에서 보낸 훈령이 도착해 있었다. '어떻게든 이번 회의를 마무리짓도록 하라. 이를 위해 국경선은 소련이 주장하는 할하 강 동쪽으로 정해도 좋다. 노몬한 사건에서 관동군이 만주국 안으로 후퇴한 선까지 내주어도 괜찮다'는 내용이었다. 그들은 소련의 외교술을 속속들이 알고 있었기 때문에 강온 전략을 함께 구사하는 제안에 일희일비하지 않고 어느 정도 선에서 타협할 것인지를 궁리하고 있었다.

도쿄에서 날아온 훈령은 참모본부 쪽에서도 잘 알고 있었다. 노몬한 사건이 언제부터인지 관동군의 독단적 전투로 바뀐 데다, 그 전투는 피아 구분 없이 무모한 것이었다고 판단한 참모본부는 사건이 일단락되면 관동군 지도부를 경질할 마음을 먹고 있었다.

관동군 사령관 우에다 겐키치植田謙吉와 참모장 이소가이 렌스케는 잠시 참모본부 소속으로 있다가 곧 예편했다. 참모부장 야노 오토사부로矢野音三郎와 고급 참모 데라다 마사오寺田雅雄는 참모본부 소속으로, 주임참모 핫토리 다쿠시로服部卓四郎는 육군보병학교 소속으로, 노몬한 사건 주임참모 쓰지 마사노부辻政信는 우한에 있는 제21군 사령부 소속으로 자리를 옮겼다.

이들을 대체해 관동군 사령관에 우메즈 요시지로梅津美治郎, 참모장에 이무라 조飯村穣가 임명되었다. 그러나 관동군 참모 대다수는 이러한 인사에 불만을 표했고, 틈만 나면 노몬한 사건에 대해 복수할 생각을 했다. 국경 획정회의의 대표였던 미시나, 사사이, 다나베 등은 그러한 의향을 대변하기 위한 요원이었다.

각국 대표단은 몽골과 만주국의 국경선을 어디로 정할 것인지를 두고 협상을 거듭했지만 좀처럼 결론에 이르지 못했다. 일본 측이 "쌍방이 대표를 보내 국경을 측량하는 게 어떻겠느냐"고 제안하면 소련 측은 "그런 건 필요 없다. 이미 결정되어 있다"고 답했다. 소련 측은 "일본 측이 제시한 지도는 역사적으로 아무런 의미도 없다. 좋을 대로 선을 그은 것에 불과하다"고 주장하면서, 이 국경선이 어떤 역사적 경위를 거쳐 획정된 것인지를 제정 시대 러시아와 청조가 맺은 조약(1727년 캬흐타 조약 등)을 예로 들어 견제했다. 이에 대해 일본 측은 다시 "현실적인 교섭을 원한다"며 반박했다.

이리하여 여덟 차례의 회의는 아무런 진전을 보지 못한 채 공전을 거듭했다. 그러자 대표단은 일단 치타 회의를 중단하고 다음 해인 1940년 1월 5일부터 30일까지 만주국 하얼빈에서 다시 만나기로 했다. 그리고 회의 횟수도 이번과 마찬가지로 여덟 차례로 결정했다.

호텔 뉴하얼빈에서 열린 회의에서 소련 측은 강경한 태로도 일변했다. 보그다노프는 앞선 회의에서와 달리 양보하는 자세를 보이지 않았고, 할하 강 동쪽을 주장하면서 캬흐타 조약 당시의 지도를 제시하기도 했다. 더욱이 노몬한 사건에서 붙잡힌 일본인 포로 석방 문제를 흘리면서 일본 측을 압박했다. 노몬한 전역을 제압한 소련군의 군사적 위력을 배경으로 일본 측에 잇달아 강경한 조건을 제시했고, 일본 측이 받아들이지 않으면 결렬도 불사하겠다는 태도였다.

아직 40대 중반이었던 보그다노프는 인텔리풍 용모를 한 군인으로서 늘 신사복 차림으로 회의에 참석했다. 좀처럼 감정을 드러내지 않았으며, 일본 측의 말 한 마디 한 마디를 논리정연하게 반박했다. 이에 비해 몽골의 자무사론은 거의 발언을 하지 않았고, 때로 본론과 아무 관계도 없는 이야기를 꺼냈다가 소련 대표에게 제지를 당하기도 했다.

일본 측은 수세에 몰릴 수밖에 없었다. 결국 회의의 초점은 할하 강 동쪽 전선을 제압하고 있는 소련군의 군사적 승리(일본 입장에서 보면 점령)를 인정할 것이냐 말 것이냐는 문제로 옮겨갔다. 만약 일본 측이 이를 인정하지 않는다면 회의는 결렬될 것이고 전쟁의 불씨는 그대로 남게 될 터였다. 회의가 막바지에 이르렀을 때 일본 측 대표단은 어떻게 대응할 것인지 서로 이야기를 나누었다.

나는 이때 나눈 이야기가 어떤 내용이었는지를 확인하기 위해 당시 대표단원을 찾아나섰다. 만주국 외교부의 외교관이었던 오기노 요시히토의 소재를 알게 되어 도쿄 스기나미杉並에 있는 그의 자택을 방문했다. 오기노는 1991년 당시 82세였는데, 여전히 기억력이 좋아 보였다. 그러나 50년이 훌쩍 넘은 이야기라 확실히 기억할 수 없다고 했다. 하는 수 없이 나는 또 다른 대표 단원이었던 기타가와 시로에게 연락했다.

기타가와는 당시 77세로 기후岐阜 시에 살고 있었다. 그는 그때의 모습을 꽤 상세하게 기억하고 있었다. 1936년 오사카외국어대 몽골과를 졸업한 뒤 만주국 외교부에 들어갔고, 그곳에 재직하면서 만주국의 대동학원에서 몽골어를 익혔다. 그러나 국경 문제를 잘 알고 있다고 해서 대표단의 일원으로 선발되었다. 1979년에 『노몬한: 전 만주국 외교관의 증언』이라는 책을 펴내기도 했다.

"그때 참모 견장을 단 군인에게 우리가 반대 의견을 피력하려면 죽음을 각오할 정도의 용기가 필요했습니다. 무엇보다 관동군 참모는 노몬한 사건에서 졌다는 의식이 없었고, 우리가 그런 얘기를 꺼낼 수도 없었습니다. 그러나 어쨌든 우리 외교관들은 이 교섭이 결렬되면 다시 전투가 시작될 것이다. 그렇게 되면 젊은 병사들이 저 초원에서 죽게 될 것이기에, 그런 사태는 막고 싶다. 따라서 어떻게든 결렬은 피해야 한다는 일념뿐이었습니다."

기타가와는 그 당시를 회고하면서 "그런 의견을 주장할 수 있었던 것도 내가 젊었기 때문"이라는 말을 덧붙였다.

소련의 군사적 우위를 인정하고 타협을 할 것인가 말 것인가에 대해 이야기를 주고받을 때의 분위기는 대략 다음과 같았다고 한다.

관동군의 미시나와 다나베는 시종일관 이렇게 주장했다. "관동군은 소련군의 점령을 인정하지 않는다. 회의는 결렬되어도 좋다." "도쿄의 훈령은 지나치게 소극적이다. 이 훈령이 내려왔을 때(1939년 9월)와 지금은 사정이 다르다." "우리 대표단은 국가를 위해 모든 힘을 쏟아야 한다. 훈령 위반 따위는 문제가 아니다." 그리고 급기야는 "만약 이쯤에서 정리하고 돌아간다면 우리는 죽임을 당할 것이다"라고까지 말했다.

관동군 참모들의 발언에는 다시 한번 노몬한에서 싸우고 싶다는 뉘앙스가 담겨 있다.

이에 대해 기타가와는 "만주국의 국경은 청조의 행정 구분을 계승하고 있는 것으로 이해해야 한다. 지금 일본군은 할하 강 동쪽에 있는데 이곳은 청조의 행정구역에 속한다. 따라서 전쟁에서 진 것이 아니다. 명예롭지 않은 일도 아니다. 회의를 깨서는 안 된다"는 의미의 말로 역설했다.

'죽고 싶냐'며 소련 대표단을 위협하다

그러자 참모들은 "군인으로서 많은 선배와 동료 그리고 부하가 죽어간 전장을 소련이 점령하도록 내버려두는 것은 결코 용인할 수 없다"며 반발했다.

만주국 측 단장인 가메야마는 처음부터 끝까지 회의 결렬에 반대했다. 가메야마는 소련의 요구를 받아들여 회의를 마무리짓자고 주장했다. "회의가 결렬되었을 경우 나는 책임을 지지 않을 것이다"라고 말하기도 했다. "무슨 소리냐!" "바보 같은 자식!" 참모들은 화를 내며 고함을 쳤다. 그러나 외교 교섭의 당사자인 가메야마가 일본 외무성의 이해를 얻어 소련의 요구를 받아들였고, 더 구체적인 방향으로 협상을 진행해나가기로 결정했다.

관동군 참모들은 노골적으로 불만을 드러냈다. 1940년 1월 30일, 일본 측과 만주국 측은 일단 소련 측의 요구를 수용한 문서에 조인하고, 앞으로 현지에서 국경 획정에 관한 실질적인 협의를 해나가기로 했다. 그런데 조인식 당일 소련 측과 몽골 측 대표단이 회의장에 모습을 보이지 않았다. 이날 그들은 하얼빈에서 소련으로 돌아가고 말았다.

일본과 만주국 대표단은 "소련은 전혀 신뢰할 수 없다. 그들의 요구를 받아들여서 어쩌자는 말인가"라며 목소리를 높였다. 아무래도 소련 정부에서 훈령을 내려, 소련이 제압하고 있는 지역만으로는 안 된다면서, 만주국 쪽으로 더 들어가는 곳에 국경선을 정하라고 말한 듯하다는 소문이 흘러나왔다. 이 소문은 관동군 참모들에 의해 의도적으로 유포되었다.

왜 소련과 몽골 측은 자신들의 의견이 관철되었는데도 사정에 대한 아무런 설명도 없이 귀국해버린 것일까? 이 사정을 알고 있는 사람은 만주국 대표였던 가메야마 가즈지뿐이었다. 가메야마는 전후에도 이 사실을 다른 사람에게 말하지 않았다. 그런데 1978년 9월, 기타가와가 기후 현 세키關 시의 시장이던 가메야마를 찾아가 이 회의가 결렬된 원인을 확인했을 때 처음으로 가메야마는 그 진상을 이야기했다. 기타가와에게는 역사를 바로잡기 위해서 증언하는 것이라는 가메야마의 말이 무겁게 들렸다.

"그들이 귀국한 것은 노몬한 사건의 주임참모였던 쓰지 마사노무 때문입니다. 쓰지는 백계 러시아인을 이용하여, 만약 조인을 하면 보그다노프와 자무사론을 죽이겠다고 소련 대표단의 숙소로 가서 협박했던 것입니다. 이건 우스갯소리가 아닙니다. 쓰지를 비롯한 참모들은 정말로 죽이고 말았을 테니까요. 조인식 날 아침, 보그다노프가 몰래 나를 만나러 와서 그 이야기를 했습니다. 이대로 있다가는 신변이 위험하니까 돌아가겠다는 것이었습니다."

가메야마는 이렇게 말하고는 무거운 짐을 내려놓은 듯한 표정을 지었다.

하얼빈에서 소련 측과 몽골 측 대표단의 경호를 담당한 것은 관동군과 만주국군의 병사들이었다. 보그다노프가 백계 러시아인의 협박에 놀라 짐을 정리하여 도망치듯이 귀국한 것도 무리가 아니었다. 독살, 사고사, 사살 등 어떤 수단을 동원해서든 두 명의 대표를 살해하는 것은 간단한 일이었기 때문이다.

기타가와는 가메야마의 이야기를 듣고 40년이 지나서야 납득할 수 있었다. 관동군 참모들이, 이 회의를 이대로 마무리지었다가는 자신들은 자결해야 하거나 아니면 죽임을 당할 것이라는 말을 입에 달고 다닌 것도 진심이었다는 것을 이해할 수 있었다.

실제로 관동군 참모들 중에는 자신들의 마음에 들지 않는다며 아무렇지도 않게 암살이나 테러를 계획하는 이가 있었기 때문이다.

1932년 3월의 만주국 건국 후, 국제연맹은 리튼을 단장으로 하는 조사단을 만주국으로 파견했다. 조사 결과가 일본에 불리할 것으로 예상되는 상황이었는데, 그때 관동군 참모 중에는 대륙 낭인을 이용하여 조사단원이 다른 열차를 폭파하거나 음식물에 독극물을 넣어 독살하는 것을 기도한 자까지 있었다.

내가 취재한 독립수비대의 병사는 경호라는 명목 아래 조사단원을 유폐 상태에 두었고, 만주사변은 일본의 침략이라고 직언하는 중국인을 도끼로 참살했다고 증언했다. 총을 사용하면 소리가 나서 조사단원이 알아챌 수 있기 때문이었다. 그 병사에 따르면, 조사단원이 암살당할 것이라는 소문이 은밀하게 유포되었고 결행자의 이름까지 퍼져나갔다.

기타가와도 이렇게 술회했다. "쓰지 마사노부라는 군인은 지독한 사람입니다. 가메야마도 말했습니다만, 이때 외교 교섭에서도 그는 군인들 사이에 영향력을 행사하고 있었지요. 그래서 그들도 쓰지를 무서워했던 것입니다."

쓰지 마사노부는 노몬한 사건을 언급할 때면 빠지지 않고 등장하는 참모인데 그에 대한 평가는 결코 좋지 않다. 당시 관동군에서 서열 7위였음에도 서열 5위인 핫토리 다쿠시로와 함께 반대를 무릅쓰고 이 사건을 밀고 나간 참모였다. 관동군 사령관 우에다 겐키치와 참모장 이소가이 렌스케를 뒤흔들고, 관동군 제1과장 데라다 마사오가 노몬한 사건에 소극적인 주장을 했다는 이유로 협박하면서 오로지 전쟁의 길을 밀고 나갔다.

육군사관학교, 육군대학을 수석에 가까운 성적으로 졸업한 쓰지는 육군 내부에서 단연 주목받는 존재였다. 성적 지상주의의 조직 원리하에서 단지 육군대학의 성적이 좋았다는 것뿐만 아니라 그의 성격이나 언동도 사람들의 눈길을 끌었다. 어디에 배속되든 강경론을 주장했고 때로는 상관의 눈에 띄는 화려한 언동을 선보이기도 했다.

신중론을 펼치는 상관을 험악하게 매도하기도 해서 군사령관이 일개 참모의 비위를 맞추느라 전전긍긍했다는 에피소드까지 전해온다. 1937년 11월 관동군 참모로 부임하자마자 그는 줄곧 대소련전을 외쳤고, 그 때문에 일이 있을 때마다 소련군이나 몽골군의 국경 침범을 지적하면서 제재를 가해야 한다고 주장했다. 장고봉 사건에서 조선군이 소련 측에 철저하게 패한 것을 두고 "저들은 조선군이어서 그렇다. 관동군이라면 절대 그렇게 당하지 않았을 것이다"라고 큰소리쳤다. 언제가 기회가 오면 소련군을 공격하고야 말겠다는 생각을 마음속에 감추고 있었던 것이다.

노몬한 사건의 발단은 장고봉 사건으로부터 8개월이 지난 후인 1939년 4월 관동군이 정리한 「만소 국경 분쟁 처리 요강」이었다.

이 요강은 관동군 사령관의 이름으로 시달되었는데, 실제로 이 요강을 기안한 사람은 쓰지였다. 일본의 판단만으로 국경선을 정하고 그곳에 소련군이나 몽골군이 들어오면 철저하게 응징한다는 것이 골자였다. 초원이나 강, 산 등에는 국경선이 명확하게 그어져 있지 않으므로 일방적으로 선을 긋고 상대방이 그곳에 진입해오면 "주도면밀한 준비 아래 철저하게 응징하여 소련을 굴복"시킨다는 것이 기본 방침이었다. 게다가 이 목적을 달성하기 위해서는 "일시적으로 소련 영토에 진입하거나 소련 병사를 만주국 영토로 끌어들여 머물게 한다"는 내용도 담고 있었다. 소련군을 굴복시키기 위해 일본군이 소련령으로 들어가거나 소련 병사를 포로로 삼아도 괜찮다는 것이다. 더욱이 이 요강에는 무시무시한 내용까지 포함되어 있다.

"국경선이 명확하지 않은 지역에서는 방위사령관이 자주적으로 국경선을 인정하고 이를 제일선 부대에 명시"해도 좋다는 것이다. 제멋대로 국경선을 그어도 상관없다는 말이다. 이와 같은 '대소 군사 충돌 대망론'은 장고봉 사건의 교훈이 전혀 살아 있지 않다는 것을 의미했다. 더구나 장고봉 사건 후 참모본부는 현지 군의 군사 행동에 제동을 거는 명령을 내렸는데 이것과도 완전히 모순된다. 참모본부에서는 이나다 마사즈미 작전과장을 비롯한 참모들이 이러한 방침에 암묵적으로 동의하고 있었다.

이와 같은 내용의 요강을 전달받은 현지 군은 당연하게도 소련군과의 군사 충돌을 대망하게 된다. 만약 군사 충돌이 없었다면 현지 군은 "국익도 생각하지 않는 오합지졸"이라는 비난을 받을 터였다.

이 요강이 시달되고서 1개월도 지나지 않아 일어난 게 노몬한 사건이었다.

1939년 5월 13일, 관동군 사령관 앞으로 하이라얼海拉爾 주둔 제23사단장 고마쓰바라 미치타로小松原道太郎가 보낸 긴급 전보가 도착한다. 이 전보는 "어제 12일 아침부터 외몽골군 약 700명이 노몬한 서쪽 지구에서 할하 강을 건너 불법 월경하여 13일 아침부터 만주군 일부와 교전 중이므로, 후방에서 증원이 있었으면 한다"는 말로 시작된다.

사단에서는 2중대와 만주국군을 동원하여 몽골군을 섬멸하겠다면서, 비행부대와 자동차부대를 증원해주었으면 좋겠다고 요구했다. 관동군은 즉각 이에 응했다.

전후 쓰지가 쓴 바에 따르면, "(제23사단의 전보를 접하고) 막료 중 노몬한이라는 지명을 알고 있는 사람은 한 명도 없었다. 눈을 크게 뜨고 확대경을 이용하여 하이라얼 남쪽 외몽골과 만주국의 접경 부근에서부터 훑듯이 노몬한이라는 지명을 찾았다." 1942년 과다카날 전투 때도 그러했지만, 참모들은 자신들이 싸움에서 졌을 경우 하나같이 "그런 지명이 있는지도 몰랐다"며 우기곤 한다. 이는 책임을 회피하기 위한 변명에 지나지 않았다. 그와 같은 허튼소리를 바탕으로 편찬된 전사戰史는 당연히 거짓말투성이일 수밖에 없다.

그러나 어찌됐든 쓰지는 고마쓰바라가 취한 조치에 만족했다. 그는 전후에도 자신의 저서에서 "(요강을 시달하고 나서) 정확히 한 달 후에 그대로 실행하고자 한 고마쓰바라 사단장의 결의가 보고되었다"며 칭찬을 늘어놓았다. 관동군 참모가 그린 시나리오는 이제 진짜 현실의 비극으로 전개되기 시작했다.

제10장. 노몬한 사건, 어처구니없는 군사 행동

일소 군사 충돌의 실험장

노몬한은 망막(茫漠)한 초원이다. 눈에 보이는 것은 모두 초원뿐이라 해도 좋을 정도다. 후방 기지인 하이라얼에서는 250킬로미터, 소련 측의 보급기지 산페스(몽골령)에서는 실로 450킬로미터나 떨어져 있다. 할하 강은 이 초원을 가로질러 흐른다. 강폭은 약 50미터, 수심은 2미터 이하, 어떤 곳은 아주 얕아서 걸어서 맞은편으로 건너갈 수 있다. 유속은 초속 약 1미터 정도이고, 강안은 몽골 쪽이 100미터 정도 높고 만주국 쪽은 낮은 데다 나무도 없기 때문에 몽골 쪽에서 보면 자유자재로 저격을 할 수 있다.

일본과 만주국은 할하 강을 국경이라고 주장했다. 그러나 소련과 몽골 측은 만주국 연안에서 동쪽으로 약 13킬로미터 정도 떨어져 있는 지점을 국경으로 간주했다. 청조 시대의 하루하와 바르가의 행정 구분을 채택하고 있었던 것이다. 청조와 몽골의 국경에는 '오보'라는 게 세워져 있었다. 오보는 흙을 2~3미터쯤 쌓아 올리고 그 정상에 나무를 심은 것으로, 초원을 달리는 목동들의 표지 역할을 하기도 했다. 이런 오보가 10~15킬로미터 정도의 간격을 두고 세워져 있는데 이것이 국경선이었다.

일본이 만주국을 건국하고 난 뒤 국경 문제가 급속히 표면화되었다. 1935년에는 흔히 만저우리회의(滿洲里會議)라 불리는 국경 회의가 열렸지만 의견 차이로 결렬되고 말았다. 몽골은 소련의 협조를 얻어 기존 국경을 양보하지 않았고, 결국 이곳은 표면적으로는 만주국과 몽골의 대립으로 보이지만 사실상 일본과 소련의 군사적 충돌의 '실험장'이 될 위험성을 안고 있었던 것이다. 현재 일본의 연구자도 일본 측이 할하 강을 국경으로 삼는다는 것은 역사적으로 무리였다고 인정할 정도이기 때문에, 다분히 일본이 역사상의 경위를 무시하고 억지를 부렸다는 느낌도 지우기 어렵다.

노몬한 사건의 계기가 과연 고마쓰바라 사단장이 긴급 전보에서 언급한 내용 그대로였는지 여부는 의심스럽다. 몽골 측에서는 일본의 기병부대가 할하 강의 몽골 측 영토를 침범하고 국경 경비 분소를 공격해 몽골 병사를 살해했다는 논의가 일반화되어 있다고 한다.

이 점에 관하여 나는 1990년 일본을 방문한 몽골 적십자 총재이자 국회의원인 누레긴 슈라와 의견을 나누었는데, 그는 "우리는 일본 병사가 몽골 영내를 침범한 것으로 인식하고 있다. 관동군이 할하 강을 건너 우리 영토에 들어온 것을 소련군과 함께 격퇴한 것이다. 이런 역사적 사실을 똑바로 이해했으면 한다"고 강한 어조로 말했다.

소련 측의 공식적인 견해는 소련과학아카데미 동양학연구소의 A. 키리첸코가 나와 가진 대담에서 한 말을 통해 짐작할 수 있는데, 그는 "만약 당시 몽골의 대외정책이 일본과 만주국에 흡수되는 결과에 이르면 극동에서 소련의 안전은 적잖은 타격을 입게 된다. 그랬기 때문에 소련은 몽골에 대해 최대한의 군사적 지원을 했다"고 했다. 결국 이 전쟁(할힌골 회전)은 일본의 대소 적대 계획의 일환이었다는 것이다.

관동군 참모들은 당초 노몬한의 군사 충돌이 그 정도의 전투로 확대되기는 어려울 것이라고 생각했다. 그런데 병력을 증강한 몽골군과 소련군은 일본군과 만주국군을 섬멸한 뒤 할하 강 우안(일본 측은 만주국의 영토라고 주장했다)에 진지를 구축하기 시작했다. 그것을 계기로 고마쓰바라는 독단적으로 일본군의 주력을 투입하기로 결정했는데, 이 부대도 소련군의 전차부대에 의해 격파당했다. 5월 말까지 치러진 이 전투가 제1차 노몬한 사건이다.

그런데 6월 20일 소련군은 병력을 증강하고 잇달아 기계화 부대를 투입했다. 이 보고를 받은 관동군의 참모 회의에서는 강경론이 자중론을 누르며 소련군을 '응징'하기로 결정했다. 제1과장 데라다를 비롯한 몇몇 참모가, 중일전쟁은 더욱 깊이 빠져들고, 일본의 대중 전쟁을 견제하는 영국의 움직임도 심상치 않은 상황에서, 소련과 분란을 일으키지 않는 게 득책이라는 자중론을 주장했지만, 핫토리와 쓰지가 정면으로 반대했다. 그리고 소련군과 몽골군을 공격하기 위해 새롭게 제7사단을 투입하기로 결정하고 본격적인 전투태세에 돌입했다. 이와 같은 쓰지의 작전 계획안은 그대로 관동군의 총의가 되었다.

7월의 전투는 더욱 비참한 결과를 낳았다(제2차 노몬한 사건). 일본군은 패퇴를 거듭할 뿐이었다. 관동군은 참모본부에 세부적인 작전을 보고하지도 않았고, 전황을 단숨에 장악하려고 했지만 그 시도는 잇달아 어긋났으며, 소련군 앞에서 사상자는 늘어나기만 했다.

참모본부에서 "국지적인 제한 전쟁"에서 그치고 외교 교섭을 통해 해결하려 하자, 관동군 참모장 이소가이는 곧바로 도쿄로 날아가 소련은 전면전에 나서지 않을 것이므로 이 기회에 더 많은 병력을 투입하여 소련군에 타격을 줌으로써 일본군의 위력을 보여주고 싶다고 말했다. 이미 관동군은 참모본부의 의견에 귀를 기울일 상태가 아니었던 것이다.

관동군이 장기전을 생각하고 관동군 예하 항공 부대와 전차 부대 등 모든 병력을 재편성했을 무렵 소련군의 반격 작전이 시작되었다. 8월 20일부터 소련군은 최신예 기계화 병단을 동원해 지금까지 주장해왔던 국경을 무슨 일이 있더라도 지키겠다는 기세로 일본군을 공격했다.

반격 작전이 시작되고 얼마 지나지 않아 소련은 독일과 독소불가침조약을 맺었다(8월 23일). 일본으로서는 그야말로 아닌 밤중에 홍두깨 같은 소식이었다. 이미 일독이방공협정日獨伊防共協定을 맺었고 소련을 가상 적국으로 간주하고 있음에도 독일은 그런 조약상의 구속을 무시했다. 이 불가침조약으로 소련은 유럽의 병력을 노몬한 사건에 끌어들일 수 있었다. 독일도 9월 1일 폴란드를 침공했고 이곳에서 제2차 세계대전이 시작되었다. 히틀러와 스탈린은 폴란드를 비롯해 동유럽의 분할을 결정하는 한편, 군사적으로는 상호 침략하지 않는다는 일시적인 약속을 했던 것이다.

8월 20일부터 10일 동안 벌어진 전투에서, 이미 몇 권의 책을 통해 언급되고 있듯이, 일본군 장병은 초원에서 시체가 되어 쌓여갔다. 제23사단에서는 사상자가 1만1000명을 넘어 80퍼센트에 가까운 사상률이 나타났다. 부대장은 '차라리 전사할 것이지, 살아남은 자가 명령도 없이 퇴각했다'며 관동군 참모에게 자결을 강요받았다.

패주한 병사는 독단적으로 전선을 이탈했다고 하여 일선으로 되돌아가 탄환을 남김없이 소진한 다음 자결하라는 명령을 받았다. 결국 소련군 전차에 육탄 공격을 가하고 죽어가야만 했던 것이다.

소련군은 스스로가 주장하는 국경선을 지키고 그것을 유지할 수 있으리라고 판단했을 때에야 공격을 멈췄다. 9월 1일부터는 포격도 멈췄다. 만주국 영토에 들어와 일본군을 추격하지는 않았다. 그런 의미에서 소련군은 군기 통제가 이루어지고 있었고 전쟁의 목적도 확실했다. 소련군은 할하 강에서 동쪽으로 8~11킬로미터 떨어진 지점에서 멈추었고, 그 국경선에 진지를 만들어 국경 수호 태세를 갖췄다.

9월 3일 참모본부는 관동군에 작전을 중지하고 병력을 전투 지역에서 철수시키라고 명했다. 쓰지는 예하 부대에 내린 명령에서는 전투를 중지하라고 했지만, 한다가야 동남쪽 지방에서는 병력을 증강하여 요충지를 확보하라고 명하기도 했다.

노몬한 사건의 사상자 수는 아직까지 명확하게 밝혀지지 않았지만 공식적으로는 출동 병력 5만8925명, 전사자 7720명, 전상자 8664명, 전병자戰病者 2363명, 생사불명 1021명에 이른다(방위청 전사실, 「관동군 1」).

소련 측의 조사에 따르면 전장에 내버려진 경상자로 소련의 포로가 된 병사 또는 투항한 병사는 503명(앞서 언급한 A. 키리첸코의 증언)인데, 그 가운데 103명은 일본으로 돌아왔지만 400명은 소련에 남았다. 소련 국적을 얻고 소련 여성과 결혼해 소련인이 된 이도 있다. 그들 대부분은 카자흐공화국의 콜

호스(집단 농장)로 보내졌고 그곳에서 남은 인생을 보내고 있다고 한다. 1991년 현재 100여 명의 생존자가 있었다고 하는데, 그 후 내가 입수한 자료에 따르면 스탈린 시대의 숙청 때 세상을 떠난 포로도 적지 않다. 아울러 고령으로 잇달아 죽어가고 있으며 지금까지 살아 있는 사람은 10명이 채 안 된다고 한다.

다시 국경 획정 회의에 관한 이야기로 돌아가자면, 노몬한 사건을 정치적으로 처리하기 위한 국경 획정 제2차 회의는 1940년 8월 3일부터 치타에서 시작되었다.

6월 9일 모스크바에서 도고 시게노리東鄕茂德 주소 대사와 몰로토프 외무상 사이에서 큰 틀이 결정되었는데, 소련 측의 20만 분의 1 지도를 사용하여 국경을 획정한다는 것이었다.

제2차 국경 획정 회의는 당사국인 몽골과 만주국 두 나라가 이끌어가기로 했다. 만주국 측에서는 외교부 정무처장 시모무라 노부사다下村信槇와 흥안국장興安局長 부인만트, 몽골 측에서는 적군 대좌 스밀로프와 몽골군의 드루지 중장이 대표로 나섰다. 8월 24일까지 총 여섯 차례에 걸쳐 회의가 열렸는데 그다지 문제될 것은 없었다. 소련의 20만 분의 1 지도를 바탕으로 현장에서 실제로 국경을 정하기로 했고 이를 위한 구체적인 타협이 이루어졌다.

노몬한의 200킬로미터에 이르는 국경을 남과 북 둘로 나누어, 호라트 산에서 부이르 호까지 북쪽을 제1위원회, 한단가야에서 하론아르샨 남방 고지까지 남쪽을 제2위원회가 담당하기로 하고, 만주와 몽골에서 각각 세 명의 위원을 보내 현지에서 국경선을 확인해나가기로 했다. 이를 위해 초원이나 고지의 어떤 곳에서 어떻게 만날지를 협의했다.

앞서 등장했던 오기노 요시히토는 제2위원회에 속해 있었다.

"이 회의는 9월 초부터 시작되었는데 어쨌든 노몬한의 초원은 참 넓더군요. 지도를 보고 이 지점에서 만나자고 했지만 만나기 쉽지 않았습니다. 관동군의 10만 분의 1 지도를 사용하여 그곳에서 국경선을 획정하기로 했지만 지도의 국경선을 현실의 초원에서 정한다는 것은 아주 어려운 일이었습니다."

초원에 임시로 설치한 텐트에서 숙박하면서 매일같이 내일은 이 지점에서 만나자고 약속하고 몽골 측과 헤어진다. 정해진 지점으로 갔지만 만나지 못한 적도 있었다. 오보를 찾아 걸으면서 이 오보가 국경선이었다는 둥 아니었다는 둥 옥신각신하기 일쑤였다. "우리 국경선은 이곳이다"라고 몽골 측의 소련군 장교가 말하면 일본 측에서 "역사적으로 다르다"라며 반박하는 바람에 좀처럼 정리가 되지 않았다.

한편, 기타가와 시로는 제1위원회에 속해 있었다. 그의 회고에 따르면, 누군가 "이래서는 아무리 많은 시간을 들여도 정할 수 없다. 당신들에게 이 국경선이 정해진 몇 세기 전의 역사적 경위에 대해 설명하고 싶다"고 말을 꺼내 논쟁이 벌어지기도 했다.

그러나 소련 측의 수비대는 자신들이 주장하는 바르가와 하루하의 국경선에 가시철망을 치고 그것을 충실하게 지키고 있다는 것을 알 수 있었다. 노몬한 사건은 자신들의 국경에 일본군이 들어와 일어난 일이며, 그런 일본군을 격퇴했다는 생각이 소련군의 말단 병사에게까지 퍼져 있었다.

결국 이때의 국경 획정 회의도 벽에 부딪혔고, 모스크바에서 주소 대사와 소련 외무상이 세 번째로 만나 절충하기로 했다. 주소 대사 다테카와 요시쓰구建川美次(도고 대사 후임으로 1940년 10월에 부임. 육군 중장)와 몰로토프 외무상 사이의 협상이 진전되어 상호 우호적인 분위기에서 교섭이 진행되었다. 그리고 1941년 5월 28일부터 치타에서 본회의를 열어 국경선을 지도상으로 확인한 뒤 그곳에 비석을 세우기로 했다. 몽골 측은 오보를 국경선으로 정하기를 희망했지만, 그랬다가는 시간이 지나면서 오보가 허물어져 애매하게 될 것이라는 이유를 들어 비석을 세우기로 결정했다.

제10장. 노몬한 사건, 어처구니없는 군사 행동

6월 27일부터 제1위원회와 제2위원회 멤버들은 다시 초원으로 나가 서로 국경을 확인하고 그곳에 비석을 하나씩 세워나갔다.

이때 오기노는 소련과 몽골 측이 만주국 측의 요구를 너무 쉽게 받아들이자 적잖이 놀랐다. 이전에는 한 곳에서 오랫동안 티격태격했었는데 이번에는 "좋습니다. 이곳으로 정합시다"라며 시원시원하게 수긍했다. 물론 소련과 몽골 측은 옛 국경선을 지키고 있었지만, 굳이 의견이 갈릴 경우는 만주국의 요구를 즉각 받아들인 것이다.

"이때 소련 측은 도대체 왜 이러는 걸까 의아할 정도로 우리에게 협조적이었습니다. 그래서 차례차례 비석을 세웠고, 500킬로미터마다 나무 기둥에 표시할 수 있었습니다. 이렇듯 부드럽게 진행된 이유는 6월 22일 독소전이 시작되었기 때문입니다. 소련으로서는 이곳에서 이런저런 문제를 일으키기보다 유럽 전선에 전력을 투입하고 싶었던 것이지요."

오기노는 사진 앨범을 넘기면서 당시의 이야기를 들려주었다. 언제 열린 회의였는지는 잊었지만, 몽골 측이 일본 병사의 유해를 보내기로 해서 관동군 장교와 함께 초원에서 그 유해를 받았다. 몽골 병사들은 정중하게 관에 넣어 예를 다해 건네주었다. 관을 열어 확인해보니 시신 전체에 벌레가 무수히 모여 있었다. 구더기가 들끓고 있었던 것이다.

이름도 모르는 병사 10여 명의 유해를 건네받으면서 오기노는 노몬한 사건의 비참한 싸움을 생각했다. 내 취재에 응하면서 오기노는 몸서리를 치는 듯한 표정으로 중얼거렸다.

"현지에서 국경을 획정할 때 소련 군인이 이렇게 말했던 게 기억납니다. '일본 육군은 왜 이런 초원에서 전쟁을 일으킨 것인가? 할하 강에는 몽골인이 기르는 양이 물을 마시러 오는데, 그때 양은 얕은 곳에서 강을 건너 수량이 풍부한 데로 간다. 이따금 할하 강을 넘어가는 놈도 있다. 그것은 몽골인이 쫓아가서 데려오기도 하는데……' 바로 그런 곳에서 저렇게 많은 사상자

제2부. 쇼와 육군의 흥망

가 생겨났던 것입니다."

오기노에게는 정기적으로 당시 선배나 동료 외교관이 기고하는 『가스미가세키카이회보霞關會會報』(외무성 기관지)가 배달된다. 근간 회보에 일찍이 만주국 외교부에서 4년 동안 근무하다가 패전 시 루마니아 대사를 역임한, 1991년 당시 90대에 접어든 전직 외교관이 전전戰前을 회고한 글이 실려 있었다. 그 가운데 만주국 외교부 시절을 언급하면서 "쓰지 마사노부와 같은 어리석은 군인"이라고 매도한 부분을 보여주며 오기노는 고개를 끄덕였다.

외교관들은 쓰지로 대표되는 군인에게 지금까지도 마음속으로부터 불쾌감을 품고 있다는 것을 잘 알 수 있었다.

그러고 보니 노몬한 사건을 지도하여 2만 명에 가까운 부하를 죽음으로 내몰고 전상자나 전병자로 만든 참모들은, 쓰지든 핫토리든 얼마 지나지 않아 요직에 복귀하고, 태평양전쟁 개전 때에는 가장 과격한 개전론자가 된다. 그리고 태평양전쟁 때도 과달카날에 과도한 병력을 투입하고 싱가포르에서 학살을 저지르는 등 적지 않은 잘못을 저지른다. 그들은 노몬한 사건의 교훈을 조금도 받아들이려 하지 않았던 것이다.

1991년 당시 소련의 연구자에게 전해 들은 이야기인데, 노몬한 사건에서 소련군 포로가 되었다가 그대로 소련에 귀화한 일본 병사들은 일본에 관한 것 일체를 잊으려 애쓰고 있으며, 나와 같은 일본인 저널리스트의 취재에도 응하지 않을 가능성이 높다고 한다. 그러나 나에게는 저 무모한 전쟁에 대해 지금까지도 침묵을 지키며 항의를 하고 있는 것으로밖에 생각되지 않는다. 그리하여 가까운 장래에 그들이 살아온 모습에서 항의의 목소리를 끌어내고, 저 전쟁의 교훈을 계속 이야기해야만 한다고 생각한다.

제11장 트라우트만 공작의 놀라운 이면

1937년 12월 중순, 도쿄는 20일 이상 쾌청한 날이 이어지고 있었다. 이날 도쿄는 뜨겁게 달아올랐다.

이날, 즉 1937년 12월 14일은 7월 7일 일어난 루거우차오 사건(중일전쟁의 발단)으로부터 5개월 남짓 지난 시점이다. 일본과 중국의 군사적 충돌은 일본 측에 유리하게 전개되었고, 일본군은 점차 화베이에서 화중으로 전선을 넓혀가고 있었다.

11월 11일에는 상하이를 제압했고, 12월에 들어서는 장제스의 국민 정부 수도인 난징을 향해 3만 명에서 5만 명의 병력을 이동시켰다. 12일 밤부터 일본군은 난징을 공격했고, 13일 저녁 무렵에는 난징을 함락시켰다. 국민 정부는 방어 부대에 철수 명령을 내렸고, 난징을 일본에 비워주는 전술을 취해 임시 수도를 충칭으로 옮겼다.

'난징이 함락되었다'는 보도가 전해지자 도쿄 시내의 많은 광장에서는 여름 축제 때처럼 등이 내걸렸다. 국기를 게양한 집도 많았고, 사람들은 호외를 탐독하고는 '일본군'의 전과를 찬양해 마지않았다. 낮에는 깃발 행렬, 밤에는 제등 행렬이 학교, 직장, 지역 단위로 펼쳐졌고, '난징 함락 만세'를 외치는 소리가 곳곳에서 들려왔다. 도쿄는 승전 기분에 잔뜩 취해 있었다.

사람들의 물결은 황거皇居 앞으로 밀려들었고, 그곳에서 몇 차례나 만세 삼창을 한 뒤 미야케자카三宅坂에 있는 육군성과 참모본부로 흘러갔다. 육군성과 참모본부의 막료들은 희색이 만면한 표정으로 발코니에 나와 '대일본제국 육군 만세'라고 외치는 소리에 손을 흔들며 응답했다.

하지만 참모본부 막료 중 환호로 들끓는 사람들의 물결을 불안한 기색으로 주시하는 이들이 있었다. 작전과 전쟁지도반에 소속된 막료들이었다.

칙칙한 건물의 참모본부 2층에는 '대승도의大乘道義'라고 크게 쓴 현수막이 걸려 있었다. 이 뜨거운 열기 속에서 이것은 "대국적으로 보면 일본에 도의가 있고 우리는 그것을 실천한다"는 말로 받아들여질 수 있겠지만 실제로는 그렇지 않았다. 이 현수막을 내건 전쟁지도반의 호리바 가즈오堀場一雄의 진의는 "대국적인 입장에서 도의를 구하라. 중국전선을 확대해서는 안 된다. 난징 함락 따위는 소승적인 사건에 지나지 않는다"라는 것이었다.

호리바는 중일전쟁이 발발했을 때부터 일관되게 확대 반대를 주장했고, 이 때문에 확대파 막료와 격렬한 논쟁을 벌이기도 했다. 신변에 위험을 느낀 것도 잠시, 그는 집무용 책상에 총탄을 장전한 권총을 몰래 감춰놓았다. 정말이지 목숨을 건 나날이었다.

발코니에는 전쟁지도반에 속한 지치부노미야 야스히토秩父宮雍仁 친왕도 나와 있었다. 지치부노미야 옆에 서 있는 이마다 신타로今田新太郎도 전쟁지도반의 막료였다. 이마다는 만주사변에 모략에 가담했었다. 그러나 중일전쟁은 만주 건국의 이념에 어긋난다며 반대하고 있었다. 사람들의 물결을 바라보고 있는 지치부노미야에게 이마다가 물었다.

"전하, 저 소리를 어떻게 생각하십니까?"

지치부노미야는 말이 없었다. 지치부노미야 자신이 중국에서 전선이 확대되는 것에 반대했고, 천황의 동생이라는 입장에서 고노에 후미마로 수상과 다다 하야오多田駿 참모차장을 만났을 때에는 '중일전쟁 조기 해결'을 요망한다고 말했었다. 역시 전선 확대를 반대한 다다는 지치부노미야의 말에 힘을 얻어 대본영정부연락회의大本營政府連絡會議에서도 자신의 생각을 굽히지 않았다.

"전하, 저 환호성이야말로 전쟁을 멈춰달라는 국민의 고통스러운 목소리가 아니겠습니까?"

이마다의 말에 지치부노미야는 몇 번이나 고개를 끄덕였다.

전쟁지도반 반장 다카시마 다쓰히코高嶋辰彦도 강경한 확대 반대론자였다. 전후(1953)에 그는 이렇게 썼다.

"우리 전쟁지도반에서는 '중국은 체면을 중시한다. 난징 함락 전에 화평을 결정해야 한다. 고노에 수상이 사절을 대표하여 단독으로 아직 장제스의 수중에 있는 난징 비행장에 착륙, 장 총통(당시에는 군사위원장)과 테이블에 앉아 국교를 협의한다면 아주 좋을 것이다. 안팎의 대중국 강경론자들로부터 전쟁지도반이 연약하다느니, 군인답지 않다느니 어떤 비난을 받는다 해도 우리 주장을 밀고 나가야 한다. 일본도 이제는 참을 수 있는 만큼 요구하고 강화의 길을 찾아야만 한다. 그것이 일본, 나아가서는 세계의 도의다'라고 다짐했던 것이다."

참모본부의 2층, 그것도 골방이라고 할 만한 30제곱미터짜리 좁은 방이 전쟁지도반의 사무실이었다. 햇빛도 들지 않고 통풍도 좋지 않았다. 이날(12월 14일) 전쟁지도반의 막료 6명은 난징이 함락됨으로써 '중일전쟁 조기 해결'이 점차 곤란해지고 있다는 것을 이해하게 되었다.

이 좁은 방에서 일하는 6명의 생각은 각자 이리저리 흔들리고 있었지만, 고노에 정부에 의해 진행되고 있는 일본과 중국의 화평을 위한 '트라우트만 공작'에 한 가닥 희망을 걸어야 한다는 것만은 공통된 바람이었다.

'대지일격론': 세력을 늘려가는 확대파

　　루거우차오에서 일본군과 중국군이 충돌했다는 첫 소식이 육군성과 참모본부에 전해졌을 때, 막료들 사이에는 두 가지 대비책이 있었다.

　　"이건 좋은 기회다. 이참에 중국을 철저하게 두들겨야 한다"는 쪽과 "곤란하게 되었다. 즉각 충돌을 억제하지 않으면 안 된다"는 쪽으로 나뉘었다. 전자는 확대파가 되었고, 후자는 확대 반대파가 되었다.

　　확대파는 '중국을 일격에 제압하여 대소전에 대비해 만주국의 후방 진지로 삼는 것이 좋겠다. 장제스군은 별게 아니다. 몇 달이면 궤멸할 수 있을 것이다. 그렇게 하면 중국의 반일운동도 억누를 수 있다. 소련은 현재로서는 일본을 공격할 힘이 없다'고 생각했다. 스기야마 하지메 육군상, 우메즈 요시지로 육군차관, 다나카 신이치 육군성 군무과장 그리고 무토 아키라 참모본부 작전과장 등이 이쪽에 있었다.

　　역으로 확대 반대파는 다다 하야오 참모차장(8월에 취임), 이시와라 간지 작전부장 그리고 참모본부의 막료들로 그들의 생각은 대략 다음과 같았다. '전략적으로 봐도 중일전쟁은 장기전이 될 것이다. 처음에는 근대적 장비를 갖춘 일본군이 유리하겠지만, 중국은 땅이 넓어 일본군이 병참 측면에서 큰 타격을 입을 것이다. 더구나 중국은 국민당과 공산당 사이에 합작(1936년 12월의 시안 사건에 의한 제2차 국공합작)이 이루어졌고, 국민 모두가 항일의 슬로건을 내걸고 있다. 장기전에서는 일본의 국력이 바닥날 것이다. 그 틈에 충실하게 군비를 갖춘 미국이나 소련에 공격을 당할지도 모른다. 또한 중국과의 전쟁은 만주 건국의 이념인 오족협화의 정신에도 어긋난다.'

　　확대 반대파의 최선봉 이시와라 간지는 육군성과 참모본부에 이런 이야기를 계속했다. 그러나 실제로는 사단의 증파가 진행되었고, 그 사단이 중국을 공략하여 일본군은 각지에서 제압 지역을 넓혀가고 있었다. '대지일격론

對支一擊論'은 점차 육군성과 참모본부 안에서 세력을 키워가고 있었다.

1937년 9월 이시와라가 관동군 참모부장으로 자리를 옮기면서 육군성과 참모본부에서 확대 반대파의 우두머리가 사라졌고, 얼마 있지 않아 이시와라의 의향을 대변하고 있던 전쟁지도과도 작전과로 흡수되어 전쟁지도반으로 바뀌었다. 그럼에도 전쟁지도반은 참모차장 다다 하야오를 통해 자신들의 의견을 개진하고 있었던 것이다.

전쟁지도반 안에서도 호리바는 특히 한결같았다. 그는 난징 공략에 나선 부대의 진군을 중지시키고 고노에 수상과 함께 장제스에게 달려갈 것이며, 이 때문에 자신이 난징에서 살해를 당한다 해도 상관없다고까지 말했다. 작전과의 확대파 막료는 난징 함락으로 장제스 정부는 일개 지방 정권으로 떨어졌으며, 이런 시점에서 화평을 구할 필요는 없다고 반박했는데, 당시 육군성과 참모본부의 분위기를 보면 이러한 견해가 압도적이었다. 이런 상황에서 호리바는 이곳저곳에서 확대 반대를 설파했고, 장제스 정부를 부인해야 한다고 주장하는 막료들과 일상적으로 언쟁을 벌이곤 했다.

1990년 초여름, 나는 몇 번씩이나 도쿄 스기나미에 있는 호리바의 친동생 호리바 마사오堀場正夫의 집으로 발걸음을 옮겼다. 호리바는 왜, 어느 정도로 자신의 생각을 굽히지 않고 완강하게 육군성과 참모본부에 저항했던 것일까? 나는 호리바가 자란 유년기의 환경을 알고 싶었다. 전후에 쇼와 육군에 대해 말할 때 호리바는 '이성파 명참모'로 불렸지만, 중일전쟁 당시에는 '연약한 군인' '소극적이고 겁이 많은 군인'이라는 비난을 받았다.

호리바 마사오는 이때 84세로, 전전에는 출판업에 종사하면서 소설을 쓰기도 했다. 전후에도 출판인으로 살아가면서 『논어』 해설서와 같은 책을 썼다. 응접실에는 호리바 가즈오의 사진이 걸려 있었다. 육군대학교 졸업 때 찍은 것이었다. 형에 대해 말하는 호리바 마사오의 말투에는 경외의 마음이 담겨 있었다. 여섯 살 위인 형을 마음속 깊이 존경하고 있다는 것을 알 수 있었다.

"형은 심상고등소학교를 마치고 육군유년학교에 입학했는데, 확실히 소학교에 다닐 때부터 성적은 늘 일등이었습니다. 아이치 현의 경찰서장이었던 아버지는 교육에 관해서는 엄격한 면이 있었습니다. 우리에게 한서漢書를 가까이하라고 했으며, 무예에도 힘을 쏟으라고 얘기했지요. 형이 군인으로서 강직했던 것은 아버지의 가르침을 이어받았기 때문일 텐데, 밖에 나가면 가장과 같은 마음으로 나와 아우를 보살펴주었습니다."

호리바 집안의 셋째 아들 다카오孝雄도 육군사관학교에 들어갔고, 졸업 후에는 중일전쟁에 미시마三島 중포연대 소속 장교로 종군했다가 우한에서 병사했다. 호리바는 그 사실을 누구에게도 말하지 않았다.

"형은 육군대학 시절에 이시와라 간지에게 가르침을 받았습니다. 그 무렵 소련 대사관 소속 무관으로 있다가 일본으로 돌아와 전쟁지도과에 들어간 것도 이시와라가 불렀기 때문이라고 했습니다. 1937년부터 1938년에 걸친 시기, 형은 나를 만나서도 상세한 이야기를 하지 않았습니다. 그러나 전후에도 중일전쟁을 후회하곤 했습니다. 몇 사람의 이름을 거론하면서 멍한 표정으로 '그때는 참 물러터졌었지……'라고 말하기도 하더군요.

난징 공략 후 마쓰이 이와네松井石根 사령관이 입성식(1937년 12월 17일)을 했었지요. 그때 아사카노미야朝香宮 전하와 다투기라도 하듯 서로 먼저 들어가려고 했다는데, 형이 그 얘기를 듣고 한숨을 쉰 것은 지금도 잘 기억하고 있습니다.

형은 마음속 깊이 장제스와의 화평을 바라고 있었고, 화평 교섭에 많은 기대를 걸고 있었던 듯합니다. 1938년 1월, 고노에 내각은 화평 교섭을 중단하면서 '장제스를 상대하지 않겠다'고 선언했지요. 그때 형은 작전과장 가와베 도라시로河邊虎四郎에게 가서 '더 이상 못 하겠습니다. 아랫사람이 힘을 쓰

제11장. 트라우트만 공작의 놀라운 이면

고 있는데 꼭 이래야 하는 겁니까?'라며 대들었습니다. 결국 다른 사람들이 만류하는 바람에 육군에 남긴 했습니다만, 그 후에는 참모본부의 작전 부문에 관한 일은 두번 다시 하지 않았습니다."

마사오는 이렇게 말하고서 형의 숨겨진 일화를 들려주었다.

———— 화해를 기대했던 제안, 공갈로 바뀌다

1945년 8월 15일 패전의 날, 제5항공군(조선)의 참모부장이었던 호리바 가즈오는 즉시 도쿄로 돌아와 육군성과 참모본부로 달려갔다. 막료들은 미군이 압수할까봐 두려워 서류를 불태우고 있었다. 호리바는 참모본부에 들어가 중일전쟁에 관한 서류를 몰래 가지고 나왔다. 그것을 마사오에게 들고 와서 "잘 숨겨두라"고 명했다. 마사오는 그것은 벽장 속 깊이 넣어두었다.

훗날 호리바는 이 서류를 바탕으로 『중일전쟁 지도사』를 썼다. 그 후 집필에 사용한 자료와 서류를 방위청 전사실로 보냈다. 호리바는 이러한 작업을 마치고 1953년 10월 21일 간암으로 사망했다. 서로 신뢰했던 지치부노미야가 병사한 지 약 10개월이 지난 때였다.

난징 공략 다음 날(12월 14일)부터 이틀에 걸쳐 대본영정부연락회의가 열렸다. 이 자리에서 장제스 정부에 제시할 화평 조건이 다시 검토되었다. 국민당 정부와의 화평 교섭은 11월 2일 히로타 고키廣田弘毅 외상이 디르크젠 Herbert von Dirksen 주일 독일 대사에게 화평 조건을 제시하면서 시작됐다. 고노에 내각은 일정한 전과를 얻었으니 장제스와 화해하고, 일본의 권익을 어느 정도 확대할 수 있으면 좋겠다는 생각을 갖고 있었다. 육군 내부의 확대 반대파도 여기에 기대를 걸었다. 따라서 이때 히로타가 디르크젠에게 제시한 조건은 만주국을 승인할 것, 반일 정책을 포기할 것, 화베이·내몽골 지역에 비무장지대를 설정할 것, 방공防共 정책에 입각해 일본 및 만주국과 제휴할 것 등 온건한 것이었다.

디르크젠은 본국 정부의 양해를 얻어 주중 독일 대사 트라우트만Oskar P. Trautmann에게 이 조건을 전했고, 트라우트만은 이것을 장제스에게 전달했다 (11월 5일).

독일은 일본과 방공협정을 맺고 있었다. 다른 한편 독일은 반공反共 정책을 지원하기 위해 국민 정부에 군사고문단을 파견했다. 일본과 중국이 전쟁 상태에 있는 것은 독일로서도 곤혹스러웠다. 트라우트만은 장제스에게 이 안은 받아들여도 괜찮지 않겠냐고 솔직하게 말했다. 국민 정부 측도 이 정도 안이라면 교섭의 토대가 될 수 있다면서 수용하는 자세를 보였다. 12월 7일, 트라우트만은 히로타 외상에게 국민 정부의 의사를 전하면서 새롭게 덧붙일 조건이 없느냐고 재차 확인했다.

그런데 이 무렵 일본에서는 미묘한 움직임이 일고 있었다. 이 화평 공작은 육군성의 상층부와 참모본부의 작전 담당 막료 등 일부밖에 모르고 있었는데, 중지나中支那 파견군 정보장교가 국민 정부 요인들이 주고받는 무선을 엿듣고 일본 측이 제시한 조건을 알게 되었다. 이 장교는 1990년 당시 나에게 다음과 같이 증언했다.

"무선 부대는 통칭 도둑질 부대라고도 했는데, 실제로 일본의 무선 부대는 국민 정부의 암호를 모두 해독하고 있었습니다. 그래서 그들의 움직임을 대체로 파악하고 있었던 것입니다. 11월에 들어서 국민 정부의 요인 사이에 빈번히 오가는 전문을 해독해보니 이 화평 교섭의 경과와 일본 측의 조건이었습니다. 이에 우리도 놀라 곧바로 참모본부 지나과支那課에 보고했습니다. 이 보고를 읽고 육군성과 참모본부의 확대파는 격노했던 것이지요."

확대파는 군사적으로 유리한데도 왜 장제스와 화해를 하려는 것이냐, 정부가 이렇게 소극적이어서는 안 된다며 분노했다.

여기에 호응이라도 하듯이 고노에 내각의 각료들 사이에서도 난징 공략이 성공할 것이라는 예측에 따라 이런 조건은 너무 약하다는 소리가 나오기 시작했다. 히로타 자신도 "일본 병사들의 희생을 생각하면 이런 식의 화평은 곤란하다"고 말했고, 고노에 수상과 스기야마 육군상도 이 발언을 수긍하는 상황으로 접어들었다. 실제로 난징 공략에 성공하자 대본영정부연락회의 참석자 가운데 11월 2일 제시한 안에 찬성하는 사람은 아무도 없었다.

각료 회의에서도 스에쓰구 노부마사未次信正 내무상이 "이러한 조건을 국민이 납득하리라고 생각하느냐"며 빈정거리듯이 말했고, 고노에도 육군 장교들이 쿠데타와 같은 불온한 움직임을 보이지나 않을까 고민하는 모양새였다.

이렇게 옥신각신한 끝에 12월 21일 새로운 화평 조건이 만들어졌다. 이전의 조건을 훌쩍 뛰어넘는 지나치게 가혹한 내용이었다. 점령지역을 비무장지대로 할 것, 일日·만滿·중中 3국은 자원의 개발, 관세, 교역 등 모든 부문에서 조약을 맺을 것, 그리고 "중국은 제국에 대해 소요의 배상을 할 것" 등이 포함되어 있었다. 남의 나라를 침략하고는 배상금을 내놓으라니, 이런 요구를 받아들일 정부는 어디에도 없을 것이다.

더욱이 이 조건을 받아들이지 않는다면 "종래와 완전히 다른 견지에서 사변에 대처할 수밖에 없는 상황에 이르리라는 점을 밝혀둔다"는 공갈까지 곁들였다. "우리로서는 올해 안에 회답이 있을 것으로 생각한다"는 조항도 있었는데, 이것은 정말이지 '예스 아니면 노'를 압박한 것이기도 했다.

12월 22일, 디르크젠 주일 대사에게 이 안이 제시되었다. 디르크젠은 이래서는 중국 측도 납득하지 못할 것이라는 생각을 피력했다.

덧붙여 말하자면, 호리바는 전후에 쓴 『중일전쟁 지도사』에서 이와 같은 새로운 조건에 대해 "대단히 침략적이며 건설적 이념을 몰각한 것"이라고 비판했다. 당시 전쟁지도반의 막료들은 각료 회의 결정으로 지나치게 가혹한

제2부. 쇼와 육군의 흥망

조건을 제시해서는 안 된다며 각 성省의 차관들을 설득하러 다녔다.

트라우트만과 천리푸

　　디르크젠은 새로운 화평 조건을 트라우트만과 독일 본국으로 보냈다. 트라우트만이 이것을 받아본 것은 12월 26일이었다.

　　일본 측은 국민 정부의 회답을 기다리고 있었다. 일본 측에서는 "국민 정부는 이 조건을 받아들일 것"이라며 낙관하고 있었다. 육군성과 참모본부의 막료들은 이것을 받아들이지 않을 경우 다시 군사 행동을 일으켜 중국 전토를 단기간에 제압하겠노라며 벼르고 있었다. 그렇게 기고만장해 있을 때, 중국 측과 트라우트만은 가장 장대한 역사적 프로그램을 다듬고 있었다.

　　"나는 7·7 사건(일본에서 루거우차오 사건을 일컫는 말)으로부터 4개월쯤 지난 뒤 트라우트만을 몇 번씩이나 만나 어떤 방법으로 일본 측을 달랠 수 있을지 의견을 나누었습니다."

　　당시 국민당의 정보부장이었던 천리푸는 시안 사건 뒤 국민 정부의 정책에 대해 한바탕 털어놓은 다음 이렇게 말했다.

　　나는 1990년 6월 타이완으로 건너가 타이베이에서 1930년대 국민당은 어떤 정치적 비전을 갖고 있었는지, 일본을 어떻게 이해하고 있었는지 등을 취재했다(제6장 참조). 1990년 내가 처음으로 방문했을 때 타이완의 총통부 자정資政으로 있던 천리푸는 90세였고, 취재 시간은 2시간밖에 없었다. 통역이 있어서 실제로는 한 시간 분량의 내용밖에 들을 수 없었다.

　　천리푸는 그 시간의 대부분을 트라우트만에 관한 기억을 이야기하는 데 할애했다. 그것은 내 질문에는 없는 뜻밖의 이야기였다.

　　"트라우트만이 우리 정부의 왕충후이王寵惠 외교부장을 찾아와 중국과 일

제11장. 트라우트만 공작의 놀라운 이면

본의 정전 교섭에 관한 얘기를 꺼냈는데, 내가 이에 대한 절충을 담당하기로 해서 트라우트만과 여러 차례 만나게 되었습니다. 나는 일본군과 싸우기위해 소련과 비밀 교섭을 진행하고 있었고 시안 사건 후에도 저우언라이 등과 교섭하고 있었기 때문에 구체적인 교섭을 하는 데 적임자였던 셈이지요."

나는 중국어를 잘 알진 못하지만, 저장浙江 성 출신인 천리푸가 저장 사투리를 표나게 사용한다는 것은 느낌으로 알 수 있었다. 통역이 몇 번이나 되물었다. 천리푸는 몇 분 동안 이야기를 계속하고는 "자, 이제 저 사람에게통역해주시오"라고 말하곤 했다. 확실히 이야기가 일단락된 듯했다. 통역이일본어로 말해주는 동안 천리푸는 소파에서 허리를 구부린 채 눈을 감고 있었다. 지나간 날을 생각하는 것처럼 보였다. 천리푸의 증언을 정리하여 알기쉽게 기술하면 다음과 같다.

"전쟁이 여기까지 진행된 이상 우리와 일본 사이를 조정하는 것은 대단히어렵게 됐다. 그러나 당신이 중재에 나선다니 하는 말인데, 먼저 일본이 지금까지의 사고방식을 근본적으로 바꾸지 않으면 곤란하다. 당신의 중재란그렇게 얘기하는 것이다."

"하지만 일본이 생각을 바꾼다고 해도 어떻게 바뀔 수 있단 말인가?"

두 사람은 주로 영어로 이야기했다. 두 사람 다 충분히 의사가 통할 정도로 영어 실력이 뛰어났다.

"결국은 지금까지의 사고방식을 모두 바꿔야 한다. 아니, 더 정확하게 말하면 일본은 발상의 수준을 좀 높일 필요가 있다. 우리가 지금 바라는 것은일본과 싸우는 것이 아니다. 쑨중산 선생의 삼민주의를 여기 중국에 뿌리내리게 하는 것이다. 그래서 시간이 필요하다. 일본은 이러한 우리의 바람을이해하지 못하고 서구 식민주의와 마찬가지로 우리 나라를 공격하고 있다.정 그렇게 나온다면 우리도 철저하게 싸울 수밖에 없다. 이것은 장 위원장도몇 번이나 얘기한 것이다. 그러나 우리가 무엇보다 먼저 바라는 것은 그런

게 아니다."

천리푸와 트라우트만은 주로 철학적이고 사상적인 이야기를 주고받았다. 일본의 화평 조건은 외교부 차장 쉬모徐謨 등에게도 전해졌고 그곳에서도 그 조건에 대해 따지고 들었던 듯한데, 천리푸는 그보다 일본을 어떻게 어떤 방향으로 바꿔나갈 것인지에 대해 트라우트만과 얘기를 나누었던 것이다. 트라우트만도 외교관으로서 그와 같은 전략상의 토론을 좋아했던 듯하다.

몇 차례에 걸쳐 이러한 이야기를 나눈 뒤에야 천리푸는 트라우트만에게 자신이 생각하고 있는 계획을 털어놓기로 마음먹었다. 천리푸의 이야기를 종합해보면 그것은 1937년 12월 초순의 일이었다.

"현재의 일본을 바꾸기 위해서는 당신 나라(독일)의 힘이 필요합니다. 결국 독일과 우리와 일본이 대동단결하는 것입니다. 지금 이렇게 싸우고 있는 우리 군대와 일본 군대가 당신네 나라의 군대와 하나가 되는 것입니다. 왜냐고 묻겠지요. 물론 적赤과 백白을 무너뜨리기 위해서입니다. 이 시대의 역사적 역할은 적과 백을 무너뜨리는 것입니다. 적이란 공산주의를 말하며 백이란 제국주의, 식민지주의를 뜻합니다."

트라우트만은 이러한 제안에 놀랐던 듯하다. 상세하게 설명해달라고 했더니, 천리푸는 구체적으로 자신의 구상을 말했다.

천리푸의 구상은 내가 듣기에도 너무나 웅대했다. 내 생각을 전하자 그는 씁쓸한 미소를 지으며 이렇게 얘기했다.

"트라우트만도 처음에는 그렇게 말했습니다만, 이 계획에 대해 나와 몇 번씩 이야기를 나눈 다음에는 납득을 하더군요. 그는 외무상 리벤트로프에게 극비로 이 구상을 보고했습니다. 리벤트로프는 다시 히틀러에게 전달했습니다. 히틀러가 어떻게 생각했는지는 나도 잘 모르겠습니다. 트라우트만이 리벤트로프에게 보낸 상세한 전보는 지금도 독일 외무성에 남아 있으니까 당신이 가서 조사해보면 될 겁니다."

천리푸의 구상은 다음과 같다. 우선 일본과 중국과 독일이 극비로 세계 전략을 다시 마련하는 수뇌 회담을 연다. 물론 일본과 중국의 전쟁은 현재 대로 이어간다. 당연히 소련과 영국뿐만 아니라 미국까지도 그 수뇌 회담 사실을 알긴 하겠지만 중일 양국이 정전 교섭을 하는 것으로만 생각할 것이다. 그런데 실상 수뇌 회담에서 오가는 이야기는 그런 게 아니다. 세 나라의 군대가 공동으로 군사 행동에 나서는 것이다.

이제까지 서로 싸우던 일본군과 중국군이 어느 날 갑자기 창끝을 돌려 소련으로 진군하기 시작한다. 국민 정부는 일본군과 싸우기 위해 소련으로부터 전쟁 장비를 제공받고 있다. "만약 우리가 일본과 싸우지 않았다면 일본은 당신네 나라로 향했을 것"이라는 국민 정부 측의 압력에 소련은 응할 수밖에 없었기 때문이다. 일본은 중국과의 전쟁에 의식적으로 전비를 쏟아 붓고 있는데, 이제 중국과 일본의 전비가 일제히 소련 영토로 향한다. 서쪽에서는 독일군이 소련군을 공략한다. 동과 서에서 공격을 당한 소련은 잠시도 버티지 못할 것이다. 그 스피드와 의외성에 소련은 대응할 수가 없다.

천리푸는 계속해서 이렇게 말했다.

"우선 소련의 공산주의를 무너뜨리는 것입니다. 공산주의는 결코 좋은 사상이 아닙니다. 이 점에서는 독일이나 일본도 같은 입장입니다. 그러나 세 나라가 뭉쳐도 결코 소련을 점령할 수는 없습니다. 공산주의 정권을 무너뜨린 뒤 즉각 철수하는 겁니다. 그리고 소련을 경유하여 세 나라의 군대는 육지와 바다를 통해 영국을 공격합니다. 제국주의와 식민지주의의 선봉인 영국의 정권을 무너뜨리고, 이 나라가 지배하고 있던 아시아와 아프리카의 각국을 해방합니다. 식민지를 지배해온 서구의 나라들로부터 해방이 되면 몇 년 후에는 모든 나라가 독립을 이룰 것입니다. 물론 세 나라가 영국에 병력을 주둔시켜야 한다고 말하는 것은 아닙니다. 정권을 무너뜨리고, 식민지를 해방하는 것으로 충분합니다. 당시의 내 생각으로는 이것은 결코 실행 불가능한 일이 아니라 오히려 쉽게 할 수 있는 일이었습니다."

만약 이런 전쟁이 일어난다면 미국은 어떻게 될까?

천리푸는 세 나라가 다른 동맹국과 함께 이 전략을 펼치면 미국은 어떻게 해도 손을 쓸 수 없을 것이라고 분석했다. 이와 관련하여 그는 미국이 공산주의에 반대하고 있으며 또 영국을 원조할 여유가 없다는 점에서 트라우트만과 일치했다고 말했다.

공산주의와 식민주의로부터 세계를 해방시킨다면 세 나라에 대한 각국의 평가도 높아질 것이며, 그렇게 되면 세 나라도 이 대의를 무너뜨리지 않기 위해 스스로 정치상, 군사상의 팽창 정책에 제동을 걸지 않을 수 없게 될 것이다. 그것은 동시에 역사의 정의를 따르는 일이 될 것이다.

중국은 땅도 있고 자원도 있다. 지금 1세기에 걸친 전쟁과 내란에 종지부를 찍고 신해혁명의 이념을 실천하고 있다. 그런데 일본은 결국 국민의 생존을 위해 '땅'을 찾고 있는 것일 테지만, 이를 위해 전쟁을 할 게 아니라 새롭게 국민의 생존이 가능한 경제 시스템을 만들면 된다.

일본은 다분히 교역입국交易立國 정책을 택할 수밖에 없을 텐데, 아시아 각국으로부터 '식민지 해방'의 선진국이라는 평가를 받는 것을 계기로 아시아에 경제 블록을 만들면 된다. 물론 중국은 독자적으로 자국만의 경제 시스템을 만들어간다. 독일은 유럽이나 아프리카에 경제 블록을 만들면 될 것이다. 하루아침에 이루어지지는 않겠지만 20세기 말에는 경제 블록을 축으로 한 세계지도가 그려지리라 생각한다.

이상이 천리푸의 대체적인 구상이었다. 그런데 천리푸의 설명에 따르면, 트라우트만에게 제시한 이 안이 이론적으로는 충분히 가다듬어졌지만 중국 국민당이나 국민 정부의 공식적인 정책으로 제안한 것은 아니었다. 내 추측이긴 하지만, 천리푸에 대한 장제스의 신뢰가 각별했고 그의 친형 천궈푸가 경제 전문가였다는 점을 감안하면 적어도 두 사람에게는 이 구상을 설명했을 가능성이 높다.

국민 정부의 다른 지도자들이 어느 정도로 이 안을 알고 있었는지는 명확하지 않다 해도 천리푸 자신은 "이 안이 실행되지 못한 것은 아무리 생각해도 유감스럽다. 지금도 그렇게 생각하고 있을 정도다"라는 말을 몇 번씩이나 되풀이했다. 그리고 이렇게 덧붙였다.

"우리는 쑨중산 선생이 말한 삼민주의에 입각해 중국을 통일하고 싶었습니다. 그것은 당시의 국민당원이라면 누구나 바라던 바였습니다. 세계를 구하는 것은 도의에 바탕을 둔 동양사상밖에 없습니다. 당시 아시아는 인도, 베트남, 인도네시아 등 어느 나라나 식민지 지배를 받고 있지 않았습니까. 우리 나라는 그곳에서 빠져나오려고 했던 것입니다.

일본은 제국주의의 지배를 받지 않은 유일한 나라였습니다. 나는 그 점에 신뢰를 갖고 있었습니다. 우리는 식민지 지배를 받지 않았던 일본만큼은 공산주의와 제국주의를 싫어할 조건을 갖춘 나라로서 세계 해방에 중요한 역할을 하리라 인정하고 있었던 것이지요…… 무슨 이유로 제국주의 국가와 똑같이 패권을 노리고 우리 나라에 들어왔단 말입니까?

당신에게 꼭 얘기하고 싶은 것입니다만, 당신네 나라의 소장파 군인은 소련이나 영국을 비판하면서도 결국은 그들의 세계 전략에 놀아나고 말았습니다. 우리 나라와 당신네 나라가 싸우는 게 과연 누구의 이익을 위함인지 생각해보면 잘 알 것입니다."

천리푸는 이렇게 말하고 '흥멸국계절세興滅國繼絕世'라는 한마디를 덧붙였다. 망한 나라를 일으켜 세우고 끊어진 세계를 잇는다는 뜻인데, 바로 이것이 당시 자신들의 생각을 드러낸다는 얘기였다.

천리푸는 트라우트만이 중일 간의 화평 교섭 조정에 실패하고 본국으로 불려갔다며 아쉬워했다. 천리푸가 단언하는 바에 따르면, 트라우트만은 중일 간의 '조정'보다 천리푸와 논의한 새로운 전략을 본국 정부에 설명하고,

이를 실행하는 것이 히틀러 정권의 정책으로 가장 어울린다고 설득했다.

이렇게 보면 일본의 화평 조건을 둘러싼 국민 정부와 트라우트만의 논의가 지금까지 알려진 바와 같은 과정을 거친 것이 아니었음을 알 수 있다. 결국 일본의 군사력을 어떻게 독일과 중국이 끌어들일 것인지, 그것을 어떻게 소련과 유럽을 석권하는 군대로 편입시킬 것인지에 대한 역사적인 논의이기도 했던 셈이다.

트라우트만은 독일 외무성의 동아시아 전문가였다. 다이쇼 말기에는 주일 독일 대사관에서 참사관으로 근무했다. 그 후 독일 외무성으로 돌아가 아시아 부장 등을 역임했다. 1931년에 베이징 주재 공사, 1935년에 난징 주재 대사가 되었다. 실패로 끝난 트라우트만 공작 후, 그는 리벤트로프 외무상과 충돌하여 본국으로 소환되었다가 곧 외무성을 떠난다.

트라우트만이 리벤트로프 외무상과 충돌한 것은 히틀러 정권에 불만을 품었기 때문으로 알려져 있다. 하지만 나는 트라우트만이 천리푸와 함께 가다듬은 새로운 외교 전략을 강력하게 주장했고, 그것을 인정하지 않는 히틀러와 리벤트로프의 분노를 샀다는 사실을 이제야 알 수 있었다.

트라우트만 공작에 관하여 국민 정부가 어떤 반응을 보였는지를 뒷받침하는 자료는 알려진 게 거의 없다.

그러나 일련의 움직임에 비춰보건대, 국민 정부는 트라우트만 공작을 받아들일 생각이 전혀 없었다고 볼 수 있다. 상하이가 함락했을 때부터 장제스는 거국적으로 일본군과 철저하게 싸울 것을 언명했다. 공산당의 마오쩌둥도 7·7 사변 후 「국공 간의 협력관계가 성립된 뒤 임박한 임무」라는 제목의 호소문을 발표(1937년 9월 28일)하는데, 그 말미에서 그는 "우리 민족은 이미 위급존망의 갈림길에 서 있다. 국공 양당이여, 굳게 단결하라! 망국의 백성이 되기를 원치 않는 전국의 모든 동포여, 국공 양당의 단결을 기초로 하여 굳게 단결하라!"고 호소했다.

전쟁지도반의 집요한 저항

일본은 1937년 말을 기한으로 정해놓고 국민 정부의 회답을 기다렸다. 중국은 외무성에 화평 조건의 세부 내용을 알 수 없다며 문의했다. 그러나 외무성은 그 문의에 강압적으로 답했을 뿐 충분한 설명을 하지 않았다. 호리바 가즈오는 앞서 인용한 책에서 "외무성의 강화 교섭이 지극히 저조하고 사무적 절충으로 떨어져 일본과 중국의 제휴에 관한 근본이념을 아예 다루지 않은 것이 심히 불만스럽다"고 적었다.

일본이 회답 기한을 1월 5일 또는 6일로 연장했지만 중국 쪽에서는 대답이 없었다. 최종적으로 1월 15일을 회답 기한의 최종 한계로 정한 다음, 히로타 외무상은 12일 디르크젠에게 "15일까지 답변이 없으면 일본은 새로운 행동을 취할 것"이라고 전했다. 기한 내에 회답이 없으면 이 교섭은 휴지 조각이 될 것이라는 말이었다.

고노에 내각은, 이렇게 강경한 태도를 취하지 않으면 육군의 강경파를 억누를 수 없을 것이라며 두려워했다. 육군성과 참모본부의 막료 중에는 의식적으로 기한이 1월 5일이라는 둥 10일이라는 둥 온갖 소문을 뿌리면서, 중국은 화평 교섭을 할 의사가 없으니까 이참에 공격을 가해 중국 전토를 제압해야 한다고 거침없이 떠들어대는 이도 있었다. 그와 같은 강경론 쪽이 육군 내부에서는 훨씬 더 받아들이기 좋았다. 연약하다는 비난을 받지 않기 위해 그러한 강경론을 따르는 것이 자신들의 영달에도 도움이 될 터였다.(1938년 1월 17일자 『아사히신문』은 '국민 정부를 상대하지 않겠다'는 내각의 성명을 보도했다.―옮긴이)

강경파의 대표 격이기도 했던 육군성 군무과 고급과원 사토 겐료佐藤賢了는 1953년, 화평 교섭에는 인내가 필요했지만 "우리에게 결여된 것은 교섭에 대한 인내심이었다"고 거듭 밝혔다. 다만 당시는 전쟁의 철칙에 따라 "일본은 무력을 사용하여 단호하게 전쟁을 계속하겠다는 적의 의사를 분쇄하지 않으면 화평이 도래하지 않을 것"으로 생각했다고 고백하기도 했다. 어쨌든 무력 일변도로 중국이 "제발 그만하라"고 말할 때까지 중국 전토를 군사력으로 석권하고자 했다는 것이니까 난폭하다면 난폭한 논리였다.

1월 13일, 중국 측은 왕충후이 외교부장 명의로 "일본 측의 요구 조건은 지나치게 광범위하고 분명하지도 않다. 상세한 내용을 명시하길 바란다"고 전해왔다. 디르크젠을 통해 이 회답을 건네받은 히로타는 "이것은 중국 측에 성의가 없다는 증거"라며 격노했다. 이미 중국 측에 그 내용을 전했다는 것이다.

그러나 전쟁지도반의 막료들은 일본이 화평 교섭에 힘을 쏟고 있다며 집요하게 이야기했고, 육군성과 참모본부를 오가며 화평이냐 전쟁이냐를 결정하는 것은 뒤로 미뤘으면 좋겠다고 설득했다.

회답 기한인 1월 15일이 왔다. 이날 대본영정부연락회의를 열어 트라우트만 공작에 어떤 태도를 취할 것인지, 화평 교섭을 계속할 것인지 중지할 것인지에 대해 결론을 내릴 예정이었다.

전쟁지도반의 막료들은 아침 일찍 출근하여 연락 회의에 출석하는 참모차장 다다 하야오를 찾아가 최후 요망 사항을 전했다. 다다 하야오는 이때까지는 화평 교섭을 계속하자는 쪽이었고, 소수였던 화평 교섭파 막료들의 상징적인 존재이기도 했다.

반장 다카시마 다쓰히코는 "쓸데없이 기일에 구애받을 것이 아니라 장기전이 왜 불리한지를 밝혀야 한다. 오늘 연락 회의에서는 결론을 보류하고 중국 측의 태도를 좀더 지켜봐야 한다"고 말했다. 호리바 또한 울먹이는 듯한 목소리로 호소했다.

"고노에 정부는 지금까지도 장기전이 되리라는 것을 모르고 있다. 사태가 구체적으로 어떻게 흘러갈지를 모르고 있는 것이다. 만약 아무래도 장제스 정권을 인정할 수 없다면, 그것은 연락 회의에서 결정할 것이 아니라 폐하께서 참석하시는 어전 회의에서 결정해야 할 사항이다."

무슨 일이 있더라도 교섭 결렬을 선언해서는 안 되고, 장제스 정권을 부인하는 일이 있어서는 안 된다는 것이 전쟁지도반 막료들의 총의였다. 이에 대해서는 다다도 이의가 없었다. 다다는 몇 번이나 고개를 끄덕였다.(1938년 1월 19일 『아사히신문』은 고노에 수상의 국민 정부 궤멸 담화 기사와 함께 디르크젠 주일 독일 대사의 화평 알선이 성공하지 못했음을 알린다.—옮긴이)

오전 10시부터 수상 관저에서 연락 회의가 시작되었다. 회의는 처음부터 험악한 분위기였다. 히로타 외무상이 교섭 결렬을 주장했고 스기야마 육군상도 이에 동조했다. 교섭을 중단해서는 안 된다고 주장한 사람은 다다 하야오뿐이었다. 다다는 고립되어 있었지만 자신의 의견을 굽히지 않았다. 스기야마는 이러한 다다를 마치 얕잡아보는 듯한 비웃음으로 대응할 따름이었다. 요나이 미쓰마사米內光政 해군상도 "교섭이 가망성이 있는지 여부는 외무상이 판단한다. 우리는 그 판단을 따라야 한다"며 다다에게 반박했다. 더군다나 통수부가 정부를 신용하지 않는다면 내각을 총사직할 수밖에 없다는 의견까지 나왔다. 이것은 통수부에 대한 협박이었다.

이 연락 회의에서 오간 말들은 잘 기억해두지 않으면 안 된다. 1941년 12월 미일 개전을 결정하기까지의 연락 회의에서는 정부와 통수부의 관계가 완전히 역전되고 말았기 때문이다.

다다를 질타하는 목소리는 높았고, 그때마다 다다가 끝까지 자신의 의견을 고집한다면 내각을 총사직할 것이라는 목소리가 터져나왔다. 다다는 이때 55세로 계급은 중장이었다. 그는 도를 넘어선 힐난에 눈물을 흘리면서 이렇게 항변했다.

"메이지 천황께서 일찍이 짐에게 사직이란 없다고 말씀하신 적이 있습니다. 국가 중대사를 앞두고 사직한다니 도대체 무슨 생각을 하시는 겁니까?"

제2부. 쇼와 육군의 흥망

다다의 말은 자꾸만 끊겼다고 한다.

점심시간이 되었고 회의는 휴식에 들어갔다. 참모본부로 돌아온 다다는 차장실에서 정보부장 혼마 마사하루本間雅晴와 작전과장 가와베 도라시로 그리고 전쟁지도반의 주요 막료들을 불렀다. 지치부노미야도 특별히 이 모임에 모습을 드러냈다.

다다의 보고에 모든 참석자의 표정이 굳어졌다. 그럼에도 그들은 오후 회의에서도 끈질기게 물고 늘어져 보류를 이끌어낸 다음 어전 회의에서 정부와 싸워야 한다는 생각을 갖고 있었다. 다카시마와 호리바 그리고 이마다가 그 의견을 주장했다. 지치부노미야도 어전 회의에서 의논하는 데 찬성하면서 "폐하의 맑은 마음에 비추어 판결을 부탁해야 할 것"이라는 의견을 피력했다.

오후 회의에서도 오전과 같은 상황이 반복되었다. 다다는 왜 중국 측의 회답을 기다리지 않느냐며 2~3일 더 기다려보자고 말했고, 히로타와 스기야마, 요나이 그리고 고노에까지 "중국 측에는 더 이상 화평의 의사가 없다. 그래서 회답이 오지 않는 것이다"라고 맞받았다. 고노에는 1월 20일부터 의회가 시작되니 그때까지 결말을 지었으면 좋겠다고 말했다. 저녁 무렵까지도 다다는 자신의 의견을 꺾지 않았고, 육군 내부에서는 다다 때문에 내각이 무너지는 것은 좋지 않다며 경질하자는 목소리가 높아졌다. 다다의 저항에도 한계가 있었다. 오후 6시가 다 된 시각, 다다는 마지못해 통수부로서 불만이지만 정부에 일임한다는 안을 내놓았고 그것으로 연락 회의는 끝이 났다.

다다는 참모본부로 돌아왔다. 다카시마와 호리바가 기다리고 있었다. 그들은 다다의 말에 납득하지 않고, 통수부는 동의하지 않지만 정부에 일임하기로 했다는 문서를 만들어 천황에게 상주하도록 하자고 다다에게 권했다. 하지만 고노에는 이미 정부의 방침을 천황에게 상주한 터였다.

1938년 1월 16일, 고노에 내각은 정부 성명을 발표했다. 국민 정부에 반성의 기회를 주었음에도 조금도 반성의 기미가 없고, 오히려 점점 더 항전의 의사를 보이고 있으며, "이에 제국 정부는 이후 국민 정부를 상대하지 않겠다"는 내용이었다. 교섭 창구를 스스로 닫아버린 것이다. 고노에는 전후에 이 성명을 자신의 최대 실정으로 거론하게 된다.

전쟁지도반의 막료들은 그간의 노력이 아무런 결실을 얻지 못했다는 것을 알고 집무실에서 통곡했다. 그들은 의분에 사로잡힌 채 어떤 사람은 사직하겠다는 말을 꺼냈고, 어떤 사람은 육군성과 참모본부에서 떠나기를 희망했으며, 또 어떤 사람은 침묵에 빠져들었다. 지치부노미야는 천황 앞에 나아가 자신의 생각을 피력했지만 이미 모든 것이 끝난 상황이었다.

나는 당시 전쟁지도반에 있던 막료들의 나이를 생각했다. 다카시마와 이마다는 41세, 호리바는 37세, 지치부노미야는 35세로 모두 좌관급이다. 그들은 이때 에너지를 불태우고 말았던 것이다. 태평양전쟁에서 그들은 눈에 띄지 않는 군무에 종사하면서 뭔가를 꾹 참는 듯이 조용히 살고 있었다.

호리바의 동생 마사오는 나와 몇 차례에 걸친 인터뷰를 마치면서, 다시금 형의 사진을 보더니 이렇게 말했다. "형이 자랑스러운 군인이었다고 생각합니다. 좋은 사람을 만나 좋은 시기에 일할 수 있었으니까요. 지치부노미야는 패전 때 결핵 때문에 고텐바御殿場에서 요양 중이었는데, 전쟁이 끝나자 제일 먼저 형을 불러 일본이 어떻게 될 것 같으냐고 물었습니다. 형은 '괜찮을 겁니다. 다시 일어설 겁니다'라고 대답했다더군요. 형과 마음을 터놓는 사이였던 다카시마는 전후 승직僧職의 길로 들어갔다고 들었습니다."

이야기를 마친 뒤 그는 형의 저작 『중일전쟁 지도사』에 작은 활자로 부기되어 있는 부분을 아직도 유언으로 생각하고 있다면서 읽어주었다.

"나는 부모님의 뜻을 이어받아 국사에 전념하느라 부모님께 따뜻한 밥 한 그릇 드리지 못했다. 모든 심혈을 중일전쟁 처리에 기울였다. 당시 나는 국사를 근심하는 것이 재상과 장수의 임무임을 자각하고 사변 처리에 정진했으며, 그 방면에 제일인자였음을 자임한다. 이렇게 말하면 제 주제도 모르면서 잘난 척한다고 할까? 100년도 살지 못하면서 1000년을 걱정하는 것은 어리석은 일일까, 아닐까?"

마사오의 목소리는 점차 울먹임으로 바뀌었다.

그러나 나는 호리바 가즈오가 당시 트라우트만과 천리푸가 가다듬고 있던 원대한 구상을 알았더라면 어떻게 생각했을지 자못 궁금했다. 호리바로 대표되는 군인, 그중에서도 이시와라 간지 등은 이 구상에 관심을 보였을지도 모른다고 생각한다.

왕자오밍 추대 공작과
그 배경

처음 얼마 동안 노신사는 좀처럼 입을 열지 않았다.

기품 있는 작은 몸을 소파에 묻고 내 질문에 대부분 '아니다'라고 짧게 대답했다. "나는 모른다" "나는 잘 알지 못한다"는 대답 중간중간에 "나는 아직 어렸으니까……"라든가 "나는 경제계에 속해서 정치에 대해서는 잘 모른다"라는 말이 끼어들었다.

노신사, 쑨즈핑孫治平은 쑨원의 직계 손자다. 1991년 당시 78세, 타이베이 시에 살고 있었다. 총통부 국책 고문, 삼민주의통일중국대동맹三民主義統一中國 大同盟 상무위원 등 몇 가지 직함을 갖고 있었다. 경계에 속해 살아왔기 때문인지 알고 있는 것과 모르는 것을 확실히 구분했다. 말투에서도 뭔가를 숨기고 있다는 인상은 받지 못했다.

"쑨원 선생이 돌아가실 때(1925년 3월 12일), 머리맡에 특별히 어떤 일본인이 불려와 있었다고 하는데, 혹시 그때의 일을 기억하십니까?"

내 물음에 쑨즈핑은 즉석에서 다음과 같이 대답했다.

"당시 나는 아직 열두 살이었습니다. 머리맡에는 상복을 입은 사람들뿐이어서 누가 일본인인지 알 수 없었습니다. 어린 나에게는 아무도 소개해주지 않았지요."

쑨원은 1925년 1월 베이징의 록펠러병원에서 간암 수술을 받았다. 그러나 더 이상 손을 쓸 수 없는 상태였다. 쑨원은 국민당 본부로 옮겨졌으며 그곳이 그의 임종 자리가 되었다. 머리맡에는 오랫동안 쑨원의 동지였던 사람들이 모여 있었다. 그리고 쑨원이 신뢰했던 일본인 야마다 준자부로山田純三郎도 그 자리에 함께했다. 나는 그때의 모습을 쑨즈핑에게 직접 그리고 구체적으로 듣고 싶었다. 하지만 단념할 수밖에 없었다.

덧붙이자면 나는 어떤 중국인 연구자에게 "임종 자리에서 왕자오밍汪兆銘이 대단히 서럽게 울었다. 그런데 우는 모습이 몹시 요란해서 몇몇 사람은 연극이 지나친 것으로 생각했다고 한다"라는 말을 들었다. 쑨즈핑에게 정말 그랬는지 확인하고 싶었지만 그것도 단념해야만 했다.

_____ '한恨이라는 한 글자'

1930년대 쇼와 육군은 중국 대륙에 대한 침략으로 시종한다. 그것이 1941년 12월 8일의 미일전쟁으로 이어진다. 왜 쇼와 육군은 저토록 방약무인하게 중국에 들어갔던 것일까? 후세대인 나로서는 어떤 설명을 들어도 납득할 수 없는 일이다. 쇼와 육군에게 전술은 있었지만 철학이나 세계관은 없었다. 아니, 전술 말고는 그 무엇 하나 제대로 된 게 없었다고 말할 수밖에 없다. 중국이 쑨원의 삼민주의에 의한 신해혁명으로 청조 정부를 무너뜨리고 국가 통일을 모색하고 있을 때, 쇼와 육군은 이 혼란을 틈타 중국 대륙을 침략하려 시도했던 것이다.

제12장. 왕자오밍 추대 공작과 그 배경

나는 1991년 80주년을 맞이한 신해혁명을 지금 다시 한번 일본인의 눈으로 검증하고, 그런 다음 쇼와 육군의 '세계관 없는 전술'을 해부하고 싶었다.

1991년 2월 하순, 나는 타이베이로 가서 신해혁명에 관한 자료 수집과 관계자 취재를 시도했다. 그리고 그 무렵 쑨즈핑을 만날 수 있었다. 그를 만나 쑨원에 관한 기억을 듣고 싶었다. 인터뷰 후반, 1930년대 쇼와 육군의 침략에 관한 이야기에 이르렀다. 쑨즈핑은 "그 시대의 일본 침략에 대해서는 '한(恨)'이라는 한 글자밖에 할 말이 없습니다"라고 엄숙한 어조로 말했다. 내가 일본 측의 왕자오밍 추대 공작에 관해 묻자 그는 직접적으로는 대답하지 않고 다음과 같은 에피소드를 들려주었다.

"7·7 사변(루거우차오 사건) 때 나는 난징에서 대학에 다니고 있었는데, 그 사건 직후 미국으로 유학을 갔습니다. 캘리포니아대학이었지요. 원래는 대학을 졸업한 뒤 유학을 갈 예정이었지만 사변 때문에 1년 일찍 떠났습니다."

캘리포니아대학에 다니면서 그는 인터내셔널 하우스에 기숙했다. 일본인 학생이 세 명 있었다고 한다. 하지만 서로 대화를 나누지는 않았다. 2년쯤 지나 정치학 시험에 '최근 중국에서 나라를 팔아먹으려고 하는 이가 한 사람 있다. 그것에 대해 기술하라'라는 문제가 나왔다. 쑨즈핑은 그것이 국민당 부총재로 행정원장을 지낸 왕자오밍을 가리킨다는 것을 알았다. 그가 일본의 군벌에 이용당하고 있다는 소식이 미국에도 전해지고 있었던 것이다. 미국인 교수도 쑨즈핑의 모국을 생각하고 마음속으로 동정하여 그런 문제를 출제했을 것이다.

그는 이때의 기억을 이야기하면서 가볍게 웃었다. 이 이야기 속에 담긴 여러 의미를 찾아보라고 말하는 듯했다.

1938년 1월 16일, 고노에 내각은 '이후 국민 정부를 상대하지 않겠다'는 성명을 발표하여 중국과의 교섭 창구를 닫아버렸다. 고노에 입장에서는 육군성과 참모본부의 대중국 강경론자들에게 밀린 데다 외무성의 수동적인 태도 탓이었다고 말할 터였다. 고노에는 전후에 "나 자신도 실패했다는 것을 깊이 인정한다"고 썼다. 고노에 내각의 서기관장이었던 가자미 아키라風見章도 고노에는 이 성명을 발표한 뒤 "큰 잘못이었다고 생각했고 깊은 자책감 때문에 몹시 번민하면서 고통스러워했다"고 술회했다.

고노에는 이 성명을 발표한 뒤 몇 차례 일본과 중국의 화평의 기운을 고조시키려고 생각했다.

우선 육군 내부의 중일 화평파인 참모차장 다다 하야오, 전쟁지도반의 다카시마 다쓰히코, 호리바 가즈오 그리고 지치부노미야의 움직임에 내심 기대를 걸었다. 오로지 강경론을 주장하면서 중국 내부로 병력을 움직인 육군상 스기야마 하지메와 그의 뜻을 따를 뿐인 외무상 히로타 고키를 경질하고, 육군상에 '중국통'으로 알려진 이타가키 세이시로, 외무상에 중일 화평에 힘을 쏟고 있는 우가키 가즈시게를 임명하는 내각 개편을 단행했다(1938년 5~6월). 육군 내부에서는 우가키의 화평 노선에 대해 불만의 목소리가 높았지만 고노에는 그것을 무시하고 중일 화평의 실마리를 쥔 체제를 구축했다.

고노에가 이러한 체제를 구축할 무렵, 육군 내부에서도 중일 화평의 움직임이 구체화되고 있었다. 그것이 왕자오밍 추대 공작이었다. 참모본부 제8과장 가게사 사다아키影佐禎昭와 지나반장 이마이 다케오今井武夫가 그 중심에 있었다.

당시 육군은 중지나파견군을 신설하는 등 중국에서 군비를 더욱 확대하고 있었다. 화베이와 화중華中을 연결하기 위해 쉬저우徐州 작전을 개시하여 이곳에 있던 중국군과 격렬한 싸움을 벌였다. 그리고 5월 19일에 쉬저우를 점령했다. 군사적으로는 확실히 일본이 압도하고 있었던 것이다. 그러나 이러한 군사적 승리가 정치적 승리로 이어지지는 않았다. 중국군의 항전 의욕은 높아졌고, 중국인의 항일 의욕은 역으로 더욱 강해졌다. 이런 상황에서 일본은 장기전을 각오하지 않을 수 없었다.

육군 내부의 중일 화평파는 어깨를 잔뜩 움츠리고 조심스럽게 자신들의 작업을 진행해나가야만 했다.

_____ 이시와라의 영향 : 강경론에서 화평론으로

1938년 2월 국민 정부의 아주사과장을 지냈던 둥더닝董德寧이 가게사 사다아키를 찾아왔다. 동맹통신사 상하이지국장 마쓰모토 시게하루松本重治가 소개한 터였다.

고노에 성명을 불쾌하게 여기고 있던 마쓰모토는 고노에가 언젠가 이 생각을 바꾸기를 바라고 있었다. 그곳에서 오랜 친구 둥더닝을 찾아가 중일 관계를 타개할 방법을 타진했다. 마쓰모토는 서로 알고 지내던 가게사를 떠올리고는 둥더닝을 도쿄로 보내 가게사와 접촉하게 하려는 작업에 들어갔다. 마쓰모토는 가게사가 일본과 중국의 정전을 바라고 있다는 것을 알고 있었기 때문이다.

가게사는 은밀하게 도쿄를 방문한 둥더닝을 예를 갖추어 만났다. 우선 두 사람은 고노에 성명에도 불구하고 중일 관계의 타개책을 강구하기로 의견을 모았다. 가게사의 유고 『소조로가키曾走路我記』(사가판 『인간 가게사 사다아키』에 수록되었는데, 이 책은 마쓰모토 시게하루가 중심이 되어 1980년에 편집하고, 관계자들에게 배포되었다)를 보면, 그는 둥더닝에게 다음과 같이 자신의 속마음을 털어놓았다.

"중일전쟁의 책임 소재를 새삼스럽게 묻는 것은 죽은 아이 나이 세기나 마찬가지다. 일본도 반성하지 않으면 안 되고, 중국도 반성했으면 한다. 그리고 종래의 악감정을 털어버리고 빨리 사변을 해결하지 않으면 불행은 영원히 중일 쌍방을 농락할 것이다."

제2부. 쇼와 육군의 흥망

가게사는 둥더닝을 다다 하야오에게 데려갔고, 이마이 다케오에게도 소개했다. 그런 다음 가게사는 장제스의 측근인 허잉친何應欽과 장췬張群에게 보내는 편지를 전해달라고 부탁했다. 허잉친은 일본의 육군사관학교에 유학한 적이 있으며 가게사와는 동기생이었다. 장제스 측근 가운데 지일파知日派이기도 했다. 가게사는 "조건을 흥정하는 식으로 접근해서는 중일전쟁을 근본적으로 해결할 수 없다. 일본과 중국 모두 맨몸뚱이로 껴안지 않으면 안 된다"라고 썼다.

가게사는 원래 대중국 강경론자였다. 육군대학교 성적 우수자 그룹인 군도쿠미軍刀組로 위관 시절부터 요직을 거쳤다. 참모본부와 육군성에서 중국 관계 업무를 익혔고 상하이 주재무관駐在武官으로 일하기도 했다. 당초 그는 장제스 정부의 배일排日·항일 정책을 누구보다 증오했다. 주재무관 시절 상관인 이소가이 렌스케와 난징에 있는 쑨원의 중산릉을 찾은 적이 있는데, 쑨원의 묘에 예를 갖추는 것을 거부했다가 중국인들의 노여움을 샀다.

그런 가게사가 중일화평론자로 전향한 것은 육군성과 참모본부에서 이시와라 간지의 움직임을 보고 난 뒤였다. 일본과 중국은 싸워서는 안 되며, 중국인의 항일 의욕은 결국 애국심의 표현이라고 생각했던 것이다. 그리고 쑨원이 제창한 삼민주의에 관심을 갖고 그 내용을 책에서도 언급하기에 이르렀다. 훗날에는 중산릉에서 자신이 보였던 태도를 깊이 반성하기도 했다.

왕자오밍 추대 공작에서는 마쓰모토 시게하루와 체신성 참여관 이누카이 다케루犬養健 등 고노에나 가자미와 가까운 인물들이 가게사에게 협력했는데, 이누카이는 처음 가게사를 만났을 때 그로부터 다음과 같은 이야기를 들었다고 적었다.

"(나도 이전에는) 철저한 대중국 강경론자였지요. 그러니까 아무것도 모르는 시골 무사였던 셈입니다. 그런데 도쿄로 와서 이시와라 소장의 철저한, 중국에 대한 비전론의 곤봉을 사정없이 얻어맞고서야 비로소 수행승처럼 미몽에서 깨어났던 것입니다. 애석하게도 이시와라라는 사람은 대단한 천재여서 뒤를 따르기가 무척 어려웠습니다."

"사실 나는 육군 안에서 통제파에 속해 있었습니다. 이 일파는 중국을 응징해야 한다고 주장했는데, 다시 말해 사변 확대파인 것입니다. 그런데 그일파에 속한 내가 화평운동의 책임자 중 한 사람이 되어버렸으니 참모본부 안에서도 나를 향한 비난이 더욱 거세질 수밖에요."

"그러나 지금은 우리의 대중국 정책이 훨씬 더 옳았다고 믿고 있습니다. 중국인의 애국심을 존중하는 것이 새로운 첫걸음입니다. 중국을 보세요. 많은 어려움이 있어도 해야 할 것은 전력을 다하지 않습니까?"

쇼와 육군에 대해 언급하는 대부분의 책에서는 가게사를 '모략형' 군인으로 구분한다. 실제로 많은 군인 출신에게 물어봐도 그런 대답이 돌아온다. 이처럼 가게사의 중국관이 완전히 바뀐 데 대해서는 현재도 충분히 알려져 있지 않다. 그것은 왕자오밍 추대 공작이 극비리에 진행되었고, 육군성이나 참모본부에서도 극소수의 관계자만 그 사실을 알고 있었기 때문이다.

니가타 현 쓰바메燕 시에 사는 회사 중역 도야마 미사오外山操는, 사재를 털어가며 30년 동안 쇼와 육해군 군인의 경력을 조사하여 『육군장관인사총람陸軍將官人事總覽』이라는 대저를 편찬한 군사 연구가다. 1991년 당시 72세였다. 그는 일찍이 육군항공대의 조종사였다. 도야마는 "가게사라는 인물은 잘못 이해되고 있는 게 아니냐"는 내 물음에 다음과 같이 대답했다.

"어찌 보면 가게사는 참 안됐습니다. 이와 같은 이면공작을 하는 군인은 대체로 둘로 나뉘는데, 하나는 퇴물 특무요원형이고 다른 하나는 아주 정직한 유형입니다. 가게사는 말할 것도 없이 후자였지요. 왕자오밍 추대는 결국 성공했다고는 보기 어렵지만 가게사는 어쨌거나 왕자오밍과 신의를 지켰습니다. 이는 육군 수뇌부의 생각에 반하는 것이어서 전시 중에는 가혹한 일선으로 보내졌고, 결국은 도쿄로 돌아올 수 없었습니다."

'비극적 군인'이었다는 말이다.

이누카이는 가게사가 깊이 반성한 후에 도달한 대중국관을 신뢰했다. 그의 아버지 이누카이 쓰요시犬養毅는 쑨원과 친교가 있었고, 쑨원의 신해혁명에도 지지를 보냈다. 당시 이누카이 다케루는 가자미 아키라 등과 함께 연구회를 만들어 삼민주의를 연구하기도 했다. 그리하여 이누카이와 가게사는 동지가 되었다.

1938년 7월에 국민 정부 아주국장 가오쭝우高宗武가 일본으로 가게사를 찾아왔다. 둥더닝이 보인 움직임의 연장이었다. 가오쭝우는 가게사에게 왕자오밍이 장제스를 직접 만나거나 편지를 통해 일본과의 조기 화평이야말로 중국의 국익에도 합치한다며 설득하고 있다는 사실을 알려주었다. 왕자오밍은 가게사의 편지를 읽고 그 생각에 찬성했지만 장제스는 무시했다는 내용도 함께 전했다. 가게사는 자신의 편지가 헛돌고 말았다는 것을 알게 되었다.

가오쭝우는 가게사에게 왕자오밍을 높은 자리에 앉힐 필요가 있다고 말했다.

"고노에 성명을 통해 일본이 장제스 정권을 부인한 이상 새롭게 다른 인물을 교섭하지 않으면 안 된다. 적격자는 왕자오밍 말고는 없다."

가오쭝우는 그런 다음에 일본이 다시 강화 조건을 제시해야만 하며, 그것을 토대로 교섭을 진행하자고 제안했다.

육군성 군무과장 자리에 있던 가게사도 이 제안에 전면적으로 동감했다. 그래서 고노에와 이타가키, 해군상 요나이 미쓰마사에게도 가오쭝우를 소개했던 것이다.

화평의 계기를 기다리고 있던 고노에에게도 가오쭝우의 방문은 좋은 소식이었다. 그러나 고노에는 왕자오밍이라는 이름을 듣더니 적극적인 찬성의 뜻을 보이지는 않았다. 왕자오밍의 정치 행동은 진폭이 무척 심하다는 것이었다. 결국 고노에는 이 경로를 통한 화평 공작에 그다지 기대를 걸지 않게 되었다. 다른 경로를 통해 우가키 외무상과 쿵샹시孔祥熙 행정원장의 교섭안이 가다듬어지고 있었는데, 고노에는 오히려 이쪽에 기대를 걸었다. 하지만 9월에 접어들어 국민 정부 측에서 이 경로마저 중단하겠다는 연락이 왔다. 일본 측이 제시한 조건이 지나치게 가혹하다는 이유에서였다.

우가키는 이 회담이 암초에 부딪힌 것은 육군의 강경파가 음으로 양으로 압력을 가해 강화 조건을 덧붙인 것이 하나의 원인이라고 생각했다. 게다가 육군은 흥아원興亞院을 설치하고 그곳에서 중국 문제를 일괄적으로 취급하겠다고 나섰다. 여기에는 외무성의 외교권을 빼앗겠다는 의미가 포함되어 있었다. 이에 진절머리가 난 우가키는 사표를 제출하고 고노에 내각을 떠났다. 고노에 또한 이를 제지할 열의를 갖고 있지 않았다.

_____ 전선 확대: 화평파를 배신자 취급하다

1938년 9월에 들어서 참모본부의 작전참모들은 새로운 군사 작전을 개시했다. 우한 작전이 그것인데, 일본군은 30만 명이나 되는 병력을 동원하여 우한을 점령했다. 아울러 화난의 중심이 광둥공략작전도 단행하여 10월 21일에는 광둥까지 제압하고 말았다. 확실히 일본군은 중국의 요충지를 잇달아 제압해갔고 국내에서는 국민이 환호성을 지르며 깃발 행렬을 이어나갔지만, 실제로는 전황이 장기소모전으로 접어든 데 지나지 않았다.

육군 내부는 중일화평파를 배신자 취급하는 분위기로 바뀌었다.

고노에는 이와 같은 군사적 제압하에서 「동아신질서의 건설이야말로 일본의 성전 목적」이라는 성명을 발표했다. 11월 3일 발표된 이 성명은 항일용공 정권을 섬멸하겠다고 주장하고, 장제스 정권은 중국 전토를 대표하지 않는다고 단정했다. 고노에는 10개월 전에 자신의 뜻에 반하여 장제스 정권을 상대하지 않겠다는 성명을 발표했었는데, 이를 수정하고자 한 것이 이 성명의 노림수였다.

이 성명은 국내외에 선포된 일본 정부의 공식적인 국책이었지만, 실제로는 바로 그때 가게사와 이마이를 중심으로 물밑에서 진행되고 있던 중국과의 화평 공작의 조건을 제시한 것이었다.

11월 12일, 상하이신공원 북쪽에 있는 빈집에서 가게사는 이마이, 그리고 이 공작에 관련되어 있는 이누카이 등과 함께 중국 측의 가오쭝우, 중앙선전부 홍콩 주재원 메이쓰핑梅思平과 의견을 교환했다. 격론이 이어졌다. 간신히 합의에 도달한 내용을 정리한 것이 「중일 협의 기록」이다.

여기에는 '일본은 국민 정부와 방공협정을 체결한다, 중국은 만주국을 승인한다, 일본은 전비 배상을 요구하지 않는다'는 항목이 포함되어 있었다. 중국 측이 요구한 것은 "중국에서 일본군이 철수할 것"이었다. 그리하여 일본군의 주둔지역은 다시 중일 상호 회의를 열어 결정하고, 그 결정에 따라 다른 지역에서는 평화 회복 후 2년 이내에 철수한다는 문구가 들어가게 되었다. 가게사와 이마이가 이 조항을 받아들였기 때문에 기본적으로 일본군은 중국에서 철수한다고 명시했다.

이마이는 이 안을 가지고 즉시 도쿄로 돌아와 이타가키 육군상에게 제시했다.

육군의 강경파는 이 안에 그다지 좋은 반응을 보이지 않았다. 하지만 결국은 육군성과 참모본부의 막료들도 이 안을 받아들였다. 상호 회의에서 어떻게 주장할 것인지에 따라 주병駐兵과 철병撤兵 시기, 그 규모는 어느 정도 조정할 수 있으리라 생각했기 때문이다.

11월 20일부터 상하이에서 회담이 재개되었고, 여기에서 정식으로 「중일 협의 기록」의 문안이 결정되었다.

중국 측이 제시한 화평을 위한 프로세스도 확인되었다. 화평을 위한 프로세스란, '이 화평 조건을 즉시 왕자오밍에게 알린다. 연락을 받은 왕자오밍은 장제스 정부의 임시 수도 충칭을 탈출한다. 탈출 사실을 확인한 뒤 고노에 정부는 화평 조건을 내외에 밝힌다. 왕자오밍은 그 성명에 호응하여 장제스 정권과 관계를 단절하고 곧바로 하노이로 향한다. 그리고 그곳에서 반反 장제스 활동을 전개한다'는 내용이었다.

상하이에서 돌아온 가게사는 이누카이와 함께 고노에를 찾아가 이 안을 제시했다.

"나로서는 이 안에 찬성합니다. 오상회의五相會議(총리·육군상·해군상·대장상·외무상이 참석하는 회의—옮긴이)에서 결정하기로 하지요."

고노에는 시원시원하게 받아들였다. 이리하여 가게사와 이마이가 정리한 「중일 협의 기록」은 「중일관계조정방침中日關係調整方針」으로서 천황이 임석한 어전 회의에서 승인을 받아 국책으로 결정되었다(1938년 11월 30일).

하지만 지금 다시 이 방침을 읽어보면 국책으로 결정된 방침과 협의 기록 사이에 몇 가지 차이점이 있다는 것을 알 수 있다. 예를 들면 협의 기록에는 철병이 평화 회복 후 '2년 이내'라고 명시되어 있음에도 불구하고 국책에서는 그것이 명문화되어 있지 않다. 더구나 중국의 정치 형태에 대해 '합작분치주의合作分治主義'를 택해야 한다면서 중앙 정부의 권한이 강해지지 않을 것을 요구했고, 또 그 중앙 정부에 일본인 고문을 보내고 모든 기구에 일본이 참여할 것을 요구했던 것이다. 이는 중국 통일에 찬물을 끼얹고 중국의 '만주국화'를 꾀하는 계획이었다.

물론 이 국책은 국내외에 명확하게 알려지지는 않았다. 그러나 명확하게 알려졌더라면 중국인은 틀림없이 격노했을 것이며, 일본과 중국의 화평 따위는 물거품이 되어버렸을 것이다.

12월에 들어 중국 측에서 왕자오밍이 「중일 협의 기록」에 찬성하여 곧 행동으로 옮길 것이라는 연락이 왔다. 12월 18일 충칭을 탈출한 왕자오밍은

20일 프랑스령 베트남의 수도 하노이로 들어갔다. 이 소식을 접한 고노에는 12월 22일 성명을 발표했다. "중국의 동우구안同憂具眼의 지사와 손잡고 동아 신질서의 건설을 향해 매진할 것"이라며 중일 양국의 화해를 호소한 내용이 었다.

만주국의 승인과 항일 정책의 중지를 호소하면서도 상하이에서 가게사와 이마이 등이 정리한 조항인 '철병은 2년 이내'라는 말은 어디에도 없었다. 교섭에 참가했던 사람들의 실망감은 이루 말할 수 없었다.

마쓰모토 시게하루는 이 성명에서 '철병'이라는 두 글자를 찾아보라고 했다. 그러나 어디에도 없었다. 그는 "이래서는 왕자오밍이 나와도 안 된다"며 불만을 털어놓았다.

수상 관저의 어느 방에서 고노에가 건넨 이 성명문을 읽고 있던 이누카이를 가게사가 찾아왔다.

"앞길이 참 막막하네요."

가게사가 중얼거렸다. 이누카이도 맞장구를 쳤다.

"거짓말이 만사의 시작이란 말인가요?"

가게사는 또 불만스럽게 중얼거렸다. 자조 섞인 독백이었다.

가게사는 유고에서 이때의 원통한 심정을 밝히지는 않았다. 패전 뒤 이 유고에 가필을 했는데 그때 "결국 무미건조한 관료적 작문은 사람을 끌어들이는 힘이 없다는 것을 알았다"고만 적었다.

거짓말은 만사의 시작이다. 확실히 그러했다. 그러나 아무리 그렇다 해도 고노에는 왜 철병 조항을 넣지 않았던 것일까?

이 성명문은 관저에서 고노에가 혼자 정리한 것이었다. 가자미가 오상회의에 자문을 구하는 게 어떻겠느냐, 각료들에게도 보여주는 게 어떻겠느냐고 진언했지만 귀를 기울이지 않았다. 고노에가 어떤 초안을 작성했는지는 지금까지도 알 수 없다. 하지만 육군 측이 은밀하게 압력을 가했고, 성격이 물러터진 고노에가 그 압력에 굴복했다는 게 실상에 가까울 것이다.

중국 대륙에서 싸우고 있는 일본 병사들의 사기를 꺾는다느니, 군사상의 작전은 통수권의 범위에 속하며 아무리 수상이라 해도 그것을 침범하는 일은 허용되지 않는다느니 하면서 육군 참모들이 억지를 부렸을 것으로 추측된다.

고노에는 이 성명을 발표하고 난 뒤 모든 의욕을 상실해버렸다. 중신인 기도 고이치木戸幸一에게 "물러나고 싶다"고 말했고, 원로인 사이온지 긴모치와 같은 천황의 측근은 고노에의 집정 태도에 어이없어하며 이제 와서 만류해봤자 소용없다고 생각했다. 이리하여 고노에는 1939년 1월 내각을 떠났다. 육군상 이타가키 세이시로가 왕자오밍이 이미 행동에 나섰으니 참아달라고 설득했지만 고노에는 그 말을 들으려고도 하지 않았다.

——— 계산을 잘못한 왕자오밍

왕자오밍은 하노이에서 고노에 성명에 호응하는 태도를 보였다. 12월 29일, 그는 장제스, 국민당 중앙정치회의, 중앙집행위원회, 중앙감찰위원회 앞으로 전보를 보내 고노에 성명에 호응하여 화평의 길로 나아가야 한다고 말했다. 더욱이 왕자오밍은 1936년 12월 시안 사건을 계기로 실현된 중국 공산당과 국민당의 이른바 국공합작까지 비판하고, 삼민주의를 실현하기 위해 공산당계 단체의 활동과 선전을 금지해야 한다고 호소했다. 그리고 일본 정부는 이제 중국의 주권을 인정하고 있기 때문에 그것에 바탕을 두고 즉각 협상을 진행해야 한다고 말하기도 했다.

하지만 이에 호응하는 이는 없었다. 그럼에도 왕자오밍은 장제스 정부 내부에 자신의 뜻에 호응하는 세력이 생겼을 것이라고 생각했다. 그는 커다란

제2부. 쇼와 육군의 흥망

계산 착오를 범했던 것이다. 이마이는 전후에 그의 저서 『지나사변의 회상』에서 "왕자오밍은 신시대의 중국인들 사이에서 불타오른 사상을 오판했을 것"이라고 썼다.

1939년 1월 1일, 국민당은 긴급중앙집행위원회를 열어 왕자오밍을 제명하는 결의안을 채택했다. 500자로 이루어진 결의문은 "엄연히 존재하는 대의에 따라 단호하게 이를 불허할 것이며, 영원히 당적을 제거하고 일체의 직무를 박탈함으로써 기강을 숙정肅正한다"는 말로 마무리된다. 왕자오밍은 나라를 팔아먹은, 받아들이기 어려운 인물이라는 것이었다. 중국 공산당도 왕자오밍을 한간漢奸이자 민족의 부패 분자로 규정했다. 왕자오밍은 일본의 비호 아래 대일 협력 정부를 만드는 것 말고는 다른 길이 없는 상황에 내몰렸다.

왕자오밍 추대 공작은 세계의 신문과 라디오를 통해서도 상세하게 보도되었고, 중국에서도 일본의 의향을 받아들이는 정부가 수립될 것이라는 인상을 주었다. 미국과 영국, 소련은 물심양면으로 중국을 지원했다. 이들 나라는 중국에서 일본이 전개하는 군사 행동에 비판적이었기 때문에 왕자오밍을 보는 눈도 결코 곱지 않았다.

그러나 왕자오밍은 일본에서 가장 유명한 중국인이 되었다. 일본의 군문軍門에 들었던 지도자, 특히 국민 정부의 요직에 있는 인물이었기 때문에 내일이라도 바로 중국에 일본의 뜻을 받아들이는 정권이 수립되리라고 생각했던 것이다. 잡지에는 지금까지 왕자오밍이 보여준 친일적 태도를 찬양하는 기사가 넘쳐났고, '쑨원의 직계 제자'와 같은 형용구를 동원하여 그를 묘사했다. 그가 청년 시절에 유학한 호세이대학의 친구와 은사가 신문에 등장하여 정의감에 불타는 인물이라고 추켜세웠다. 그를 다룬 단행본도 잇달아 간행되었다.

같은 해 3월, 왕자오밍이 숨어 있던 하노이의 집이 테러리스트의 습격을 받아 비서 쩡중밍曾仲鳴이 살해되었다. 왕자오밍은 가까스로 피했다.

이에 일본 측은 왕자오밍을 안전한 지역으로 도피시키기로 했고, 이타가키 육군상의 명령에 따라 가게사가 그들을 구출하러 나섰다. 상하이로 거처를 옮긴 왕자오밍은 5월 이후 이 지역을 거점으로 신정부 만들기에 나선다.

가게사는 얼마 지나지 않아 매기관梅機關(상하이 홍커우에 있는 '매화당'에서 이름을 딴 특수 기관—옮긴이)을 만들라는 명령을 받고 왕 정권 수립까지 배후에서 조종하는 역할을 하게 되었다. 이곳 매기관에는 군인뿐만 아니라 마쓰모토 시게하루를 비롯한 언론인과 이누카이 다케루와 같은 인물도 가세하여 왕자오밍 정권 수립을 위해 분주하게 돌아다녔다.

하지만 왕자오밍에게는 정권의 기반이 될 만한 실체가 없었다. 결국 그는 점차 고립되어 일본 측이 제시하는 가혹한 조건을 힘들어하면서도 받아들일 수밖에 없는 상황에 처하게 되었던 것이다.

왕자오밍의 측근들 사이에서도 그가 일본에 지나치게 의지하고 또 일본을 미화한다는 목소리가 높아졌다.

1943년 11월 5일 대동아회의에 참가한 각국 수뇌부들. 일본 제국의회 의사당 앞에서 찍은 기념사진이다. 왼쪽으로부터 바 마우(버마 총리), 장징후이(만주국 총리), 왕자오밍, 도조 히데키, 완 와이타야쿤(타이 왕자), 조제 라우렐(필리핀 제2공화국 대통령), 수바스 찬드라 보스(자유 인도 임시 정부 주석).

추대 공작의 계기를 만들었던 가오쭝우는 나중에 왕자오밍에게서 떨어져 나오는데, 그는 이누카이에게 한숨을 쉬면서 이렇게 한탄했다(이누카이 다케루, 『양쯔 강은 지금도 흐른다』).

"왕 선생은 일본의 국책을 너무 미화하여 바라보았습니다. 그리고 상대를 쓸데없이 지나칠 정도로 정중하게 대했습니다."

이 말을 들은 이누카이도 말없이 고개를 끄덕일 수밖에 없었다.

왕자오밍은 왜 이렇게까지 일본을 편들었던 것일까? 일본과의 제휴가 그의 지론이었는데 만주사변 이후에도 그 주장을 되풀이했다. 항일파에게는 눈엣가시였다.

지금도 도쿄 주변에는 왕자오밍 정부의 요직에 있었던 인물들이 살고 있다. 이미 그들의 나이는 80대에서 90대. 나는 그들 중 외교부에서 일한 경험이 있는 사람을 만난 적이 있다. 그는 늙어가면서 점점 더 역사를 저주했다. 그는 몸을 부르르 떨면서 "왕 정부의 진실은 무엇 하나 제대로 전해진 게 없다"고 하면서 거세게 저주의 말을 퍼붓는 바람에 나는 깜짝 놀랐다. 1991년 봄, 나는 그런 인물들 중 한 사람에게 편지로 취재를 하고 싶다고 요청했다.

그의 편지에는 다음과 같은 구절이 적혀 있었다. "왕 정권에 대한 연구는 일본에서 금기시되고 있습니다." "일본의 패전과 함께 왕 정권은 '한간'이었다는 것으로 마무리되었습니다. 이제 와서 새삼 무엇을 더 말하겠습니까?" "일본의 패전과 함께 '무참'한 최후를 맞이했습니다." 그리고 왕자오밍이 직접 쓴 시가 인용되어 있었다.

때를 맞춰 봄은 오고 또 가고春來春去有定時
기약 없이 꽃은 피고 또 지고花開花落無盡期
우리 인생살이도 이와 같으리니人生代謝亦如此

제12장. 왕자오밍 추대 공작과 그 배경

또 이렇게 덧붙였다. "왕 선생은 자신이 노래했듯이 동지의 면면에 대해서 한마디도 말하지 못한 채 생을 마감했습니다."

왕자오밍은 가게사와 벌인 신정부 수립에 관한 교섭에서 최후의 구체적인 안에 합의할 단계에 이르자 격렬하게 저항했다. 특히 일본 측 안이 철병 기한을 밝히지 않고 역으로 중국 대부분의 성에 대해 특수 권익을 갖는다는 안을 제시했을 때, 왕자오밍은 비통한 표정으로 다음과 같이 속마음을 털어놓았다.

"이런 안은 화평운동에 치명적인 문제를 초래할 뿐이다. 만약 당신이 이 안에 일방적으로 양보한다면 당신이 일본 정부에 책임을 지지 않으면 안 될 것이다. 그것은 나에게도 참기 어려운 일이다. 따라서 이 교섭은 없었던 것으로 했으면 한다. 나로서는 화평의 신념에 변함없지만 정부 수립이라는 방법은 포기하는 게 어떨까 싶다."

"이것은 확실히 중요한 문제라고 생각한다. 하지만 나는 아직 비관적이진 않다. 나는 일본 정부에 당신의 생각을 전하고 싶다. 그리고 내 입장은 전혀 고려하지 않아도 괜찮다."

가게사는 이렇게 말하며 위로했다.

가게사는 도쿄로 날아와 여기저기 돌아다니면서 조건 완화를 호소했지만 받아들여지지 않았다. 참모본부의 분위기는 장제스 정부가 화평을 바란다면 조건을 완화해도 상관없지만, 그렇지 않다면 왕자오밍의 말을 받아들일 수 없다는 것이었다. 매기관의 교섭이 지나치게 안이하다는 비판도 있었다.

육군상 하타 슌로쿠畑俊六와 육군차관 아나미 고레치카阿南惟幾 그리고 군무국장 무토 아키라는 이런 뜻을 전하면서 어떻게든 교섭을 정리하라고 명했다. 가게사는 맥이 빠져 상하이로 돌아올 수밖에 없었다.

왕자오밍은 결국 일본 측의 뜻을 그대로 받아들였다. 그리고 1940년 3월 30일 난징에 왕자오밍 정부를 세우고 난징 정부의 주석대리가 되었다. 국기는 장제스 정부와 마찬가지로 청천백일기로 정하고 그 위쪽에 '화평, 반공, 건국'이라고 쓴 황색 삼각포를 덧붙였다. 국민 정부의 정통이라는 의사 표시였다.

　　왕자오밍 정부 수립 후 가게사는 최고 군사 고문이 되었다. 왕자오밍과 가게사 사다아키의 합작정부인 셈이었다. 소문으로 시작된 사태는 결국 이러한 결과에 이르렀던 것이다. 가게사와 이마이, 마쓰모토 그리고 이누카이 등은 중일 화평을 위해 왕자오밍 추대 공작을 계속했고 약 2년에 걸쳐 어떻게든 이러한 정부를 성립시켰던 것이다. 우연히도 네 사람 모두 그동안의 경위에 관한 저작과 유고를 남겼다.

　　그들의 저작이 공통되게 지적하고 있는 것은 육군 중앙부에 도사리고 있던 '중국을 멸시하는' 사고방식이었다. 마쓰모토의 저서에는 어떤 좌관급 군인이 중국인은 돼지라고 말한 사실이 기록되어 있다. 군사적으로 유리한 상황에서 어떻게든 중국을 식민지로 삼고 말겠다는 계획이 난무했다. 네 사람은 그 안에서 그런 사고의 위험성을 지속적으로 설파했다. 하지만 그들도 결정적인 상황에서는 착각의 길을 걸었다. 왕자오밍에게만 눈길이 쏠려 그 정부를 지탱하는 기반이 전혀 정비되어 있지 않다는 사실에는 눈을 감았던 것이다.

　　그렇지만 그들의 착각도 일본 정부나 쇼와 육군에 비하면 그래도 나은 편이다. 고노에도 이타가키도 그리고 이타가키의 뒤를 이은 하타 슌로쿠마저도, 육군성과 참모본부의 막료들도 중국을 군사적으로 제압하는 데만 관심을 두었지 중국인의 심정에는 생각이 미치지 못했던 것이다.

왕자오밍의 요망 사항 : 일본 측의 놀랄 만한 회답

상하이에 정착한 왕자오밍이 일본으로 와서 일본 정부 및 육군성의 수뇌와 이야기를 나눈 적이 있다. 1939년 5월의 일이다. 왕자오밍은 일본 측에 자신의 요망 사항을 제출했다. 이에 대한 일본 정부(히라누마 기이치로 내각)의 회답에는 뒤통수를 치는 것과 같은 내용이 담겨 있었다.

① 삼민주의는 현재 배일항일의 원천이 되고 있기 때문에 그 이론을 수정하길 바란다.

② 청천백일기는 현재 충칭의 항일 정부가 사용하고 있어서 일본군 일선 부대의 공격 목표가 되고 있기 때문에 국기의 도안을 변경하길 바란다.

왕자오밍과 동행한 이누카이는 말문이 막히고 말았다. 삼민주의의 수정과 국기를 변경하라는 요구는 "정말이지 놀라 뒤로 넘어질 정도"였다고 그의 저서 『양쯔 강은 지금도 흐른다』에서 말한다. "대체로 과거부터 현재까지 그 어떤 승전국도 상대 나라의 건국의 원리나 국기의 도안에까지 간섭한 예는 없었다"는 것이다. 결국 화평운동을 한다면서 이러한 요구를 한 것은 일본 측의 잘못이었다는 말이다.

도쿄의 네리마練馬 교외에 있는 주택가. 야마다 준조山田順造의 집은 그 주택가 안에 쓸쓸하게 서 있었다. 신해혁명과 일본인의 관계를 조사하고 있던 나는 이미 몇 번이나 이 집을 방문한 터였다.

야마다는 미쓰비시 상사의 전 영업사원으로, 1991년 당시 70세였다. 정년 퇴직 후에 그는 아버지 야마다 준자부로山田純三郎와 큰아버지 야마다 요시마사山田良政가 신해혁명에 어떻게 협력했는지를 중심으로 한 전기를 쓰기 위해 자료를 조사하고 있었다. 책과 자료가 쌓인 서재에서 야마다는 다음과 같이 술회했다.

"아버지는 당시 상하이에서 만철 촉탁으로 근무하는 한편 일어전수학교

제2부. 쇼와 육군의 흥망

교장과 상하이잡지사의 사장으로 있었습니다. 그런데 아버지는 왕자오밍 추대에 비판적이었습니다. 이런 표현은 실례가 될지도 모르겠습니다만, '왕자오밍은 안 된다. 걸핏하면 생각이 바뀌고, 권력이나 자리에 너무 연연한다'라고, 구체적인 예를 들어 격하게 비판했습니다. 그 때문에 육군 참모에게 협박을 당하기도 했는데, 당시 중지나파견군에서 매기관으로 파견 근무를 나와 있던 야하기 나카오谷萩那華雄 등은 일본도를 휘두르며 '야마다를 베어버리겠다'며 위협했다고 합니다."

야마다 형제는 지금까지도 중국인 사이에서는 이름이 알려져 있다. 신해혁명을 위해 헌신적으로 일했고 쑨원의 훌륭한 상담 상대이자 동지였기 때문이다.

야마다 요시마사는 신해혁명의 출발점인 1900년의 후이저우惠州 기의起義에 참가했고, 일본인으로서는 유일한 희생자가 되었다. 청일전쟁 때에는 통역관이었는데, 그 후 쑨원을 만나면서 그의 사상에 공명했고 결국은 그 때문에 죽음에 이르렀다. 그의 아우 준자부로는 난징동문서원南京同文書院을 졸업한 뒤 만철조사부에 들어가 은밀하게 쑨원을 지원했다. 쑨원만이 아니라 혁명의 동지들을 숨겨주고 도왔으며, 그 사상을 널리 알리기 위해 조력을 아끼지 않았다. 대륙 낭인들과 달리 지성과 담력 그리고 형의 유지를 잇는 사명감으로 중국인을 도왔다. 자신을 과장해서 말하는 것을 좋아하지 않았고, 스스로를 엄격히 단속했기 때문에 중국의 혁명가나 일본 동지들의 신뢰가 두터웠다.

쑨원의 임종 때, 위급하다는 소식을 듣고 달려온 야마다 준자부로에게 부인 쑹칭링宋慶齡이 "야마다 씨, 야마다 씨, 빨리, 빨리 오세요"라며 쑨원의 머리맡으로 불렀다. 야마다는 만주사변에 반대했다. 중일전쟁에도 반대했다. 왜 일본은 중국을 공격하는가? 그것은 도의에 반한다고 생각했다.

야마다는 광둥 정부의 고문이 된 적이 있다. 그때 이 정권을 만드는 데 참

신해혁명이 일어난 1911년 12월, 런던에서 귀국한 쑨원(오른쪽)을 홍콩으로 마중 나갔다가 선상에서 함께 사진을 찍은 야마다 준자부로.

여한 왕자오밍의 정치적 자세에 의문을 품었다. 언행이 일치하지 않았기 때문이다.

70대에 접어들고 있었던 야마다는 상하이에서 왕자오밍 추대 공작을 공공연하게 비판했다. 아마도 그것이야말로 쑨원의 유지를 지키는 일이라고 생각했기 때문일 것이다. 야마다는 다시 한번 다음과 같이 강조했다.

"아버지는 왕자오밍이 충칭을 탈출했을 때, 왕자오밍은 모반자가 아니냐, 모반자와 결탁해서야 어떻게 참된 평화가 가능하겠느냐, 대세에 순응하여 절조節操를 헌신짝처럼 버리는 사람에게 중국 민중이 다가갈 리가 있겠느냐, 이렇게 단언했습니다."

나는 야마다의 집을 나온 뒤 역까지 밤길을 걸으면서 곰곰이 생각했다. 3월인데도 꽤 추운 날이었다. 착각 속에서 왕자오밍 추대에 저토록 열중했던 사람들과 쑨원의 한결같은 동지였던 일본인 사이의 차이란 무엇이었을까?

1916년 5월, 상하이의 프랑스 조계지에 있는 야마다 준자부로의 집에서 쑨원의 오른팔이라 할 수 있는 동지들, 즉 천치메이, 우중신吳忠信, 딩런린丁仁傑, 후한민胡漢民이 모여 혁명 계획을 가다듬고 있었다. 그곳에 위안스카이 정부의 자객이 난입하여 권총을 난사하고 도망쳤다. 천치메이가 사망했다. 유탄이 하녀의 얼굴을 스쳤고, 하녀가 안고 있던 준조의 누나(당시 2세)를 콘크리트 바닥에 떨어뜨렸다. 누나는 목숨을 건지긴 했지만 청각을 잃었고 사고력도 멈추고 말았다.

그 누나를 유아기 때부터 보고 자랐다. 식사 때마다 야마다 준자부로는 두 아들에게 이렇게 말하곤 했다.

"이 누나는 나라의 보배다. 너희도 이 사실을 잊지 말아야 한다."

야마다 준조는 지금까지 누나를 보살피고 있다. 1991년 당시 누나의 나이 77세였다. 쑨원이 건국한 민국의 '민'자를 따 이름을 다미코民子라 했다. 그야말로 살아 있는 역사였다. 하지만 이것을 아는 사람은 없다.

역사의 길을 똑바로 걸었던 야마다 준자부로를 생각하면서 나는 쑨즈핑의 말을 떠올렸다. 그의 온후한 표정도 1930년대 쇼와 육군을 말할 때면 불쾌하게 일그러졌다.

"난징의 저 사건(난징 학살)은 당시 미국에서도 신문이나 영화 뉴스를 통해 상세하게 보도되었습니다. 일본 군벌은 도대체 무슨 짓을 저지른 것인지, 인간성이라곤 눈곱만큼도 없다고 생각했지요. 그들은 인간이 아니었습니다. 당신 세대에게 말하고 싶은 것은 과거의 교훈을 얻어 두번 다시 저 시대와 같은 일은 저지르지 말라는 것입니다. 인간의 본성은 원래 착하다는 중국의 옛말이 있습니다. 그것을 잊지 않았으면 좋겠습니다."

이렇게 말하면서 그는 '성본선인지초性本善人之初'라는 구절을 몇 번씩이나 입에 올렸다.

그의 말에는 신해혁명 때에는 야마다 요시마사나 미야자기 도텐宮崎滔天과 같은 인물이 적지 않게 등장했는데, 왜 일본인이 저렇게 변했는지 모르겠다는 뉘앙스가 들어 있었다. 그것은 왕자오밍이 신해혁명의 정신을 잊어버렸다는 비판과 통하는 것인지도 모른다고 나는 생각했다.

왕자오밍 정부는 대일본제국과 함께 아지랑이처럼 사라졌다. 쇼와 육군을 위해 목숨을 버렸다고나 할까? 그러나 왕자오밍은 그 최후를 볼 수 없었다. 그는 1944년 11월 10일 나고야제국대학병원에서 병사했기 때문이다. 일찍이 자객에게 습격당했을 때 맞은 총탄이 치명적이었다고 한다.

그리고 가게사는 1946년 3월 병든 몸을 이끌고 라바울에서 귀국한 뒤 국립제일병원에서 요양생활을 했다. 패전 후 그는 중국 국민 정부로부터 한간의 정부를 수립한 장본인이라는 이유로 전범용의자로 지목되어 집요하게 신병 인도를 요구받았다. 폐결핵이 악화되어 1948년 9월 10일 조용히 눈을 감았다.

일독이추축체제를 향한 무모한 길

1940년 초반까지 베를린의 일본 대사관은 아르혼 슈트라세 뒤쪽에 있었다. 관청가의 모퉁이라고는 하지만 좁은 길에 억지로 밀어 넣은 듯이 세워진 건물이어서 차로 드나들기에도 불편할 정도였다. 이 대사관에서 대사 이하 50여 명의 일본인 직원이 복작대고 있었다.

육해군의 주재무관은 이 대사관에 있는 것이 아니라 각각 별도의 건물에 있는 사무실에서 업무를 보았다. 육군은 역시 관청가라 할 수 있는 푸이차랄프헬름 거리에 무관 사무실을 두고 있었다. 대사관에서 자동차로 15분 정도 되는 거리였다. 무관 아래 보좌관이 있었고, 단기 체류 중이거나 유학 중인 청년 장교도 이곳에 머물렀다. 정보, 포병, 기술 등 다양한 부문의 장교가 이곳을 거점으로 하여 독자적으로 활동하고 있었다. 그 숫자는 늘 20명을 넘었고, 대사관과는 별도의 목적으로 움직이고 있었다.

해군의 주재무관은 카이젤 거리에 있는 무관 사무소에 모여 있었다. 여기서도 20명에 가까운 사관이 일하고 있었다.

육군의 주재무관은 늘 육군성이나 참모본부와 연락을 취했던 데 비해, 일본 대사관과는 그 정도로 교류를 하진 않았다. 대사관이 가진 외교 루트와 완전히 다른 경로를 통해 독자적인 무관 외교를 진행할 위험성을 품고 있었던 것이다. 그리고 쇼와 10년대 독일로 기울어져 있던 무관 외교는 이러한 위험성이 현실로 드러나리라는 것을 예고하고 있었다.

장마가 그치기 전 7월의 하늘은 잿빛으로 무겁게 가라앉아 있었다. 어느 오후, 나는 가나가와神奈川 현 후지사와藤澤 시 혼쿠게누마에 있는 니제키 긴야新關欽哉의 자택을 방문했다. 1938년 외무성에 들어간 니제키는 곧 러시아어 연구원 자격으로 라트비아의 리가로 파견되었다. 그 후 제2차 세계대전이 시작되자 베를린으로 자리를 옮겼고 패전 때까지 그곳에 머물렀다. 1941~1942년 독일 대사였던 오시마 히로시大島浩의 비서 역할을 하기도 했다. 1991년 당시 75세, 쇼와 10년대의 독일과 일본의 외교관계를 이야기할 수 있는 소수의 전직 외교관 중 한 명이었다.

"대사관과 무관사무소를 다른 곳에 두고 각각 독자적으로 움직인 이유는 나도 잘 알지 못합니다. 그러나 육군 측은 '통수권의 침범을 허용하지 않는다'는 생각을 갖고 있었을 것입니다. 육군이 외교 루트를 잠식해온 케이스는 1936년 10월 1일 일독방공협정日獨防共協定을 맺을 때일 겁니다. 이는 주재무관 오시마 히로시 중장과 나치스의 요아힘 폰 리벤트로프의 교섭에서 시작되었습니다. 어느 단계까지는 주독 대사 무샤노코지 긴토모武者小路公共와 외무성 요직에 있던 인물들도 이 사실을 모르고 있었습니다. 당시 유럽-아시아국장이었던 도고 시게노리가 육군대신에게 강경하게 항의할 정도였으니까요."

니제키는 아직 20대 청년 장교였기 때문에 국책의 중추가 어떻게 움직이는지 상세하게는 알 수 없었다. 게다가 때 묻지 않은 외교관이어서 육군의 군인과는 기질이 달랐다. 군인들에 의한 무관 외교를 구체적으로 비판하지는 않았지만, 거의 모든 전직 외교관이 그러했듯이 1930년대 일본 외교에 군인이 강압적으로 간섭한 것에 불쾌감을 감추지는 않았다.

"외교관에게는 '하나의 일에 열중하지 마라. 한 가지 일에 깊이 빠져들어서는 안 된다'는 가르침이 있습니다. 특정한 생각이나 인맥에 빠져버리면 국익을 좌우하는 외교에 종사할 자격이 없다는 의미입니다. 나 자신도 오시마를 보면서 독일에 지나치게 기울어져 있으며, 독일밖에 생각하지 않는다고 판단했지요. 아무리 독일과 가깝다 해도 정도가 지나친 것처럼 보였습니다. 결국 한 가지 일에 너무 열중했던 것이지요."

오시마·리벤트로프 루트

넓은 응접실에는 각국의 풍경화가 걸려 있었다. 그곳에서 니제키는 지난날 육군이 얼마나 독일에 기울어 있었는지를 차근차근 증언했다. 그는 "결국 오시마는 독일에 자기 자신뿐만 아니라 일본의 운명까지 모두 걸었던 것입니다"라고 술회했다.

오시마는 술을 좋아했다. 니제키와 같은 젊은 직원들과도 자주 술을 마셨다. 키르슈바서라는 쓴맛이 나는 술이었다. 술이 들어가면 오시마는 독일어로 다양한 독일 노래를 불렀다. 그다지 잘 부른다고도 할 수 없는 노래를 끝없이 불러댔다. 독일어 발음에는 일본인 특유의 억양이 섞여 있긴 했지만 상황에 따라 뉘앙스까지 달리 표현할 수 있었다. 오시마는 쇼와 육군 안에서는 독일어 천재로 알려져 있었고, 독일어 실력에서 그보다 나은 자는 없었다.

'이 사람은 정말로 독일을 좋아하는구나.' 오시마가 술에 취해 부르는 노래를 들으면서 외교관들은 너나없이 새삼 감탄했다. 하지만 그것은 일본이 나치스 독일에 휘둘리고 현혹되어 급기야 미국과 싸움을 벌이게 되는 과정의 서곡이기도 했다.

1936년 11월 일독방공협정이 체결된 뒤, 오시마는 베를린의 무관사무소에서 더욱 굳건한 일독 제휴 방안을 설계하고 있었다. 히틀러의 신임이 두터웠던 외무상 리벤트로프와 친구 같은 관계였기 때문에 종종 그와 만나는 자리에서 그 제휴 방안에 대해 구체적으로 의견을 교환하기도 했다.

리벤트로프는 뮌헨의 재벌과도 연결되어 있는 나치스의 외교 책임자였다. 독일 외무성의 관리들은 방계 출신이라는 이유로 그를 싫어했지만, 히틀러에 의해 주영대사에 이어 외무상 자리에 발탁되어 점차 독일의 외교를 장악하게 되자, 면종복배面從腹背의 태도로 대했다. 리벤트로프는 일본 대사관의 외교 루트보다는 무관사무소의 오시마와 연락을 취했고, 친구관계라는 이유로 둘이서 외교에 관해 논의하는 것을 좋아했다.

리벤트로프는 둘이 이야기를 나누는 자리에서 오시마에게 일독이추축체제日獨伊樞軸體制의 강화에 대해 말하면서 이탈리아의 참가를 제안했다. 그리고 1937년 11월 이탈리아도 방공협정에 참가하게 되었다. 1938년 1월 중일전쟁의 화평을 목적으로 한 트라우트만 공작이 어긋나자 리벤트로프는 오시마에게 더욱 구체적으로 이야기를 꺼냈다.

"일독이방공협정을 한층 강고하게 하지 않으면 안 된다. 이를 위해 독일은 일본에 대해 몇 가지를 양보할 생각이 있다. 예를 들어 중국에 대한 원조를 유보할 수도 있다."

독일은 장제스 정부에 군사고문단을 파견한 상태였다. 중국에 무기도 원조하고 있었다. 독일 외무성 내부에는 친일파보다 친중파가 더 많았고, 일본에 대한 감정도 그다지 좋지 않았다. 리벤트로프의 말은 그러한 정책을 변경해도 상관없다는 것이었다. 오시마에게 이것은 **멋진 이야기**였다.

일독이방공협정은 소련 공산주의의 침입을 막는다는 것이 표면적인 이유였는데, 일본은 소련에 대한 견제로 받아들였지만 독일은 소련보다도 영국을 견제하는 방향에 중점을 두고 있었다. 결국 독일은 영국에 대항하여 아시아의 군사대국 일본과 우호관계에 있고, 이런 일본과 우리는 공동전선을 펼칠 용의가 있다는 뉘앙스를 중시하고 있었던 것이다. 그 뉘앙스를 더 선명하게 하자는 것이 리벤트로프의 제안이었다.

이 협정을 대소 전략이라고만 생각했던 오시마도 리벤트로프의 말을 듣고서야 가까스로 그 진의를 알아차렸다. 그리고 오시마가 이것을 **멋진 이야기**라고 느낀 것도, 육군의 군인들 가운데 중일전쟁이 길어지는 것은 영국과 미국이 장제스 정부를 지원하고 있기 때문이라 하여 영국과 미국을 증오하는 사람이 적지 않았고, 게다가 영국이 아시아에서 일본을 견제하는 어떤 정책을 취할지도 모른다면서 불만을 품은 이도 있었기 때문이다.

오시마는 리벤트로프와 '밀약'을 체결했던 듯하다. 왜냐하면 이때 두 사람의 회담에 관한 자료가 남아 있지 않아서 상세히는 알 수 없는 측면이 있지만, 그 후의 추이가 리벤트로프와 오시마가 공동으로 작성한 시나리오와 너무나도 흡사하게 진행되기 때문이다.

1938년 4월부터 5월에 걸쳐 리벤트로프는 중국에서 군사고문단을 불러들였고, 무기와 군사물자의 대중국 수출을 금지했으며, 일본이 가장 간절하게 원했던 만주국의 승인을 단행했다. 독일은 중국과의 관계를 모두 끊어버렸던 것이다. 오시마는 베를린에 주재하고 있던 무관 가사하라 유키오笠原幸雄를 도쿄의 참모본부로 보내 일독방공협정 강화를 위한 제반 사항의 승인을 요청했다. 뜻하지 않게 독일로부터 이런 선물을 받은 육군성과 참모본부의 막료들은 독일에 점차 친근감을 갖게 되었다. 그리고 독일을 경계하는 궁중, 정치가, 해군의 친영미파에 대해 다양한 압력을 행사하기 시작했다.

이해 9월 육군 중장으로 예편한 오시마는 독일 대사로 자리를 옮겼다. 주독 대사 도고 시게노리는 리벤트로프와 오시마의 교섭을 중단시켜달라고 외

제13장. 일독이추축체제를 향한 무모한 길

무성에 요청했다. 그러나 외무상 우가키 가즈시게는 이를 받아들이지 않았고, 도고에게 소련 대사로 전출하라고 명했다. 리벤트로프도 도고를 내쫓는 데 일정한 역할을 했는데, 예컨대 그에게는 외교상의 교섭에 관해 아무런 얘기도 하지 않았을 뿐만 아니라 만나려고도 하지 않았던 것이다. 어찌됐든 이 인사는 육군이 외무성에 억지를 부린 것으로, 이리하여 무관 외교는 그 대로 일본과 독일의 외교관계로 격상되기에 이르렀다.

오시마가 독일 대사로 승격했을 때 일독이추축파의 우두머리 시라토리 도시오白鳥敏夫(스웨덴 대사)도 이탈리아 대사로 자리를 옮겼다. 일독이방공협정에 반대했고, 오시마와는 얼굴을 맞대기도 싫어하는 관계였던 영국 대사 요시다 시게루吉田茂는 일본으로 불려들어왔다. 육군 출신 장로였던 우가키 외무상은 육군 막료들의 뜻을 받아들여 외무성의 인사를 난도질하고 말았던 것이다.

1990년 8월 요시다 시게루의 차녀 아소 가즈코麻生和子를 취재할 때 나는 다음과 같은 이야기를 들었다. 그녀는 당시 런던에 살고 있었다.

"(요시다는) 해외에 주재하고 있는 대부분의 군인과는 성격이 잘 맞지 않았던 것 같습니다만, 시야가 넓은 몇몇 사람과는 친하게 지내기도 했습니다. 하지만 독일 대사가 된 군인과는 성격이 전혀 맞지 않았지요. ('오시마 히로시라는 군인 말이군요'라는 내 말에) 그 사람과는 철저하게 어울리지 않았습니다."

요시다 시게루는 오시마를 외교관으로 여기지 않았다. '저런 인물이 대사가 되다니 일본도 참 안됐다'라고 주위 사람들에게 말하곤 했다.

이리하여 1938년이 저물 무렵에는 리벤트로프와 오시마의 사적 관계가 국가의 관계로 끌어올려졌던 것인데, 과연 리벤트로프는 오시마가 신뢰를 보낸 만큼 그에게 자신의 속마음을 모두 털어놓았을까? 1939년에 이르면 이 물음에 대한 대답이 하나씩 밝혀진다.

내용이 다른 외무상 명의의 두 전문

오시마가 대사에 취임하자마자 리벤트로프는 기다렸다는 듯이 일독이방공협정 강화의 구체적인 안을 제시해왔다. 이제까지 리벤트로프가 제시했던 안과 가사하라가 그것을 들고 일본으로 돌아와 고노에 내각하에서 수정했던 안을 합쳐놓은 듯한 내용으로, 제3조에서 일본과 독일 그리고 이탈리아 세 나라는 다른 나라로부터 "도발에 의하지 않은 공격 대상이 될 경우 다른 체약국은 구원과 원조를 할 의무를 갖는다"라고 명시하고 있으며, 제4조에서는 각 나라가 단독으로 강화를 체결하는 것을 금지하고 있다. 확실히 이 내용을 보면 일본과 독일과 이탈리아는 운명 공동체이고, 일본은 영미와 적대관계에 놓인다는 것을 의미했다. 이것이 바로 리벤트로프가 노린 바였고, 오시마 또한 그렇게 결단하는 게 일본이 나아가야 할 길이라고 생각했다. 그러나 사태는 미묘한 방향으로 흘러가고 있었다.

오시마는 이 안을 전보를 통해 도쿄로 보냈고, 곧 외무상 아리타 하치로有田八郎(우가키 경질 후 취임)가 오시마 앞으로 보낸 답전이 도착한다. 일본으로서는 정말로 만족스러운 "일석삼조(대소 관계를 억제하고, 영국을 견제하며, 일본 국내의 시국을 수습하는 데 안성맞춤이라는 뜻)의 안"이라는 것이었다. 오시마는 도쿄전범재판의 진술서에서 "일본 정부가 원칙적으로 독일의 제안에 찬성한다는 결정적인 인상을 받았다"고 말한다. 이 답전을 읽으면서 오시마는 좋아서 어쩔 줄 몰랐다고 한다.

그런데 그로부터 열흘쯤 지났을 때 또 한 통의 전보가 날아든다. 아리타 외무상 명의로 된 이 전보는 앞의 전보와 내용이 전혀 달랐다. 즉 이 협정은 어디까지나 소련을 대상으로 하는 것이며, "영국과 프랑스 등은 소련 측에 가담할 때에만 대상이 되며, 그렇지 않을 경우에는 대상이 되지 않는다"는 것이었다. 지금 외무성의 기록을 봐도 앞의 것은 정식 공전公電으로 실려 있지 않다. 아리타도 일관되게 그런 전보를 보낸 적이 없다고 증언했다.

그렇다면 앞의 전보는 누가 보낸 것일까? 그것은 지금까지도 확실하지 않다. 물론 추측은 할 수 있다. 외무성 안의 추축파 관료가 육군 측이 부탁한 전보를 몰래 외무상 명의로 보냈을 것이다. 오시마를 독일 쪽으로 더 기울게 해서 독일과 한 몸처럼 행동하도록 연출한 것으로 보인다.

오시마는 앞의 전보를 믿기로 했다. 그리고 아리타에게 이제 와서 이런 얘기를 해서는 곤란하다고 말하며, 이렇게 변경되었다고 독일이나 이탈리아에 통고하는 것은 "제국의 위신"에 상처를 입히는 일이라고 호소했다. 하지만 아리타는 공동 협정 대상은 소련에 한하며, 영국과 프랑스는 아니라고 주장했다. 각료 회의에서도 그렇게 의견을 모았고, 육군상 이타가키 세이시로도 마지못해 이 의견에 따랐다. 그런데 육군성으로 돌아온 이타가키는 막료들의 거센 비난에 직면했다. 막료들은 이렇게 몰아붙였다.

"이건 정말 이상하다. 소련만이 아니라 영국과 프랑스도 포함해야 마땅하다."

육군 내부의 하극상 분위기는 수그러들 기미를 보이지 않았다. 급기야 부하들에게 질책을 당한 데다 오시마의 전보 때문에 괴로워하던 이타가키는 각료 회의에 출석하여, "소련을 주主로 하고 영국과 프랑스를 종從으로 하는 것일 뿐, 소련 이외의 나라를 포함하지 않는다는 것은 아니다"라고 자신의 생각을 번복함으로써 고노에 수상과 아리타 외무상을 아연실색케 했다. 이 때문에 고노에는 내각을 떠났고, 추밀원 의장 히라누마 기이치로가 새로이 수상 자리에 앉았다(1939년 1월 5일).

이 무렵 이탈리아의 무솔리니도 리벤트로프의 설득을 받아들여 독일 및 일본과 군사적 동맹관계를 맺기로 결정했다. 이탈리아도 영토 팽창 정책을 택하고 있는 이상 프랑스나 영국과 대립할 수밖에 없을 터이므로 독일과 손을 잡는 것이 득책이라는 계산이었다.

일본은 아직 일독이추축체제를 국책으로 받아들이겠다는 뜻을 명확하게 밝히지 않은 상황이었다. 독일과 이탈리아는 그 점을 걱정했고, 오시마도 일본을 대표하는 입장에서 이에 호응하고 있었던 것이다. 1939년 3~4월 무렵에 이르러서는 일본에서도 조금씩 "오시마는 리벤트로프의 하수인이 아니냐"는 비판의 목소리가 높아지고 있었다. 그러나 육군의 막료들은 "오시마를 고립시키지 말라"고 주장이라도 하듯 친독, 반영 캠페인을 펼쳤다. 홍콩에 주둔해 있던 군대가 영국 전함으로부터 포격을 받기도 한 터라 일본과 영국의 관계는 나날이 악화되고 있었다.

1939년 봄, 리벤트로프는 히틀러가 손수 작성했다는 초안을 보여주면서 "이건 어떠냐"며 몇 번씩이나 오시마를 추궁했다. 무솔리니도 초안을 승낙했다. 하지만 히라누마 내각의 아리타 외상은 유력 각료와 가진 오상회의에서도 그것과 관계없이 일본의 기본 방침을 정해야 한다고 주장하면서 양보하지 않았다. 아리타의 주도 아래 만들어진 기본 방침은 "소련을 주요 대상으로 하는 것은 물론 문제될 것이 없지만 상황에 따라 제3국도 대상으로 해야만 한다. 단, 제3국을 대상으로 할 경우 그 가부 및 정도는 모두 상황에 따른다"라는 절충안이었다. 이것은 물론 리벤트로프가 제시한 안의 취지와는 일정한 거리가 있었다. 그리고 이 안을 가지고 독일과 이탈리아를 설득하기 위한 사절단이 파견되었다. 리벤트로프는 이 사실을 알고 오시마를 불러 격한 어조로 다그쳤다.

"일본은 우리와 동맹을 체결할 생각이 있기나 한 것인가? 예스인지 노인지 확실하게 말해달라."

이때 오시마는 얼굴을 들 수 없었다고 한다.

오시마와 시라토리는 로마와 베를린에서 만난 사절단과 험악한 표정으로 언쟁을 벌였다. 두 사람은 아리타에게 우리를 믿지 못하는 것이냐며 항의 전보를 보냈을 뿐만 아니라, 아리타의 안을 각 나라의 외무상에게 전하지도 않았다. 두 사람의 사나운 태도에 짓눌린 사절단도 아리타 앞으로 "조약안의 근본에 대하여, 중앙에서 관찰한 것과 현지에서 나온 의견 사이에 현격한 차이가 있다"라는 내용의 전보를 보내고 아울러 아무리 말을 해도 꼬떡도 않는다고 전했다.

이와 같은 오시마의 반란은 히라누마 내각에서도 문제가 되었다. 요나이 미쓰마사 해군상은 "이래서는 정부의 위신이 말이 아니다. 정부의 훈령을 따르지 않는 대사는 소환하라"며 강경하게 주장했고, 천황 주위에서도 "폐하는 육군의 독일 편중에 대해 불안해한다. 외교 대권을 어떻게 생각하고 있단 말인가. 오시마를 즉각 물러나게 했으면 한다"는 목소리가 높아졌다. 하지만 육군만은 오시마를 싸고돌면서 가능한 한 빨리 일독이의 삼국동맹을 체결해야 한다고 말했다. 육군의 막료들은 8월 말까지는 어떻게 해서라도 일독이추축체제(삼국동맹)을 마무리하려 획책하고 있었던 것이다.

1939년 5월, 오시마는 아리타가 다시 제시한 안(그것은 이제까지의 일본 측 안을 애매모호하게 표현한 것으로 대상을 영국과 프랑스까지 확대하되 실제로는 행동으로 옮기지 않는다는 내용이었다)을 바탕으로 리벤트로프와 교섭에 들어갔다. 리벤트로프는 그 불투명한 부분에 대해 상세하게 물었고, 오시마는 자기 나름대로 '독일 쪽으로 기울게' 해석하여 답했다.

5~7월, 그러한 교섭이 몇 차례나 이어졌다. 그 과정에서 리벤트로프는 이따금 "일본이 마냥 주저하고 있으면 우리는 소련과 조약을 체결할지도 모른다"는 뜻을 내비쳤다. 오시마는 그것을 재미없는 농담이라며 흘려들었다. 8월에 들어서면서 리벤트로프는 오시마의 면회 신청을 "몸이 좋지 않다"는 이유로 거절하는 일이 많아졌다.

독일의 배반 : 독소불가침조약

8월 21일 깊은 밤, 오시마는 리벤트로프의 전화를 받았다. 그는 처음으로 중대한 사실을 통고받았다.

"독일은 소련과 불가침조약을 체결할 작정이다. 대유럽 전략상 불가피하기 때문이다."

오시마는 할 말을 잃었다. 독일에 완전히 배반당한 셈이었다. 더구나 그 통지마저도 전화 한 통으로 간단하게 전해왔을 뿐이다. 소련의 몰로토프 외무상과의 교섭 경과 등에 대해서는 지금까지 들은 바가 전혀 없었던 것이다.

오시마는 리벤트로프에게, "일독이방공협정 중 비밀협정 제2조에 소련과 새로운 정치적 조약을 맺을 경우 '상호 동의를 필요로 한다'고 명기되어 있지 않느냐, 독소불가침조약은 이를 위반한 것이 아니냐"며 힘없이 항의를 표했을 따름이다. 그러나 리벤트로프는 그런 항의에 눈도 깜박하지 않았다.

독소불가침조약은 독일의 협정 위반일 뿐만 아니라 일본 육군에 대한 '적대 행위'이기도 했다.

이 무렵, 그러니까 1939년 5월부터 8월까지 일본은 노몬한 사건을 일으켜 소련과 격렬한 전투를 벌이고 있었다. 일본군은 소련군의 근대 병기에 의해 궤멸적인 타격을 받고 있었다. 소련은 유럽 국경에서 독일군에게 군사상의 위협을 전혀 받지 않고 이 전쟁에 전념할 수 있었던 것이다. 오시마가 노몬한 사건의 화평 공작을 리벤트로프에게 의뢰한 적이 있었다. 그때 오시마가 "전황은 일본 쪽으로 기울고 있다"고 하자, 리벤트로프는 "모스크바에서는 그렇게 말하지 않는다. 모스크바의 말은 신용할 수 있다"며 거절했다.

일본이 기대를 걸고 있는 것만큼 그리고 오시마가 생각하고 있는 것만큼 독일은 일본을 중시하지 않았고, 리벤트로프는 오시마를 신뢰하지도 않았던 것이다.

제13장. 일독이추축체제를 향한 무모한 길

히라누마 수상은 독소불가침조약 소식을 듣고 놀란 나머지 아무 말도 하지 않았다. 다만 "구주의 정세는 복잡기괴하다"며 내각 총사직을 선택해버렸다.

육군 막료들도 독일의 배신 행위를 질타했는데, 그것은 오히려 자신들의 독일 편중이 지나쳤다는 것을 뒷받침할 따름이었다. 그리하여 육군 내부에서 일독이추축체제에 대한 열기가 급속히 식어갔다. 지금까지 독일을 예찬했던 군인들은 약속이라도 한 듯 입을 다물었다.

그런 상황에서 기뻐한 것은 궁중의 측근과 해군이었다. 그들은 "그것 보라니까"라며 고소해했다. 원로 사이온지 긴모치와 중신 유아사 구라헤이湯淺倉平는 이 기회에 친영파의 힘으로 육군을 견제하려 했다. 하지만 그랬다가는 육군 막료들이 더욱 완강하게 저돌적으로 나가 국제적으로 고립될지도 모른다는 불안도 없지 않았다.

독일과 교섭을 진행하고 있던 1939년 5월 무렵, 히라누마 수상은 남몰래 모종의 계획에 몰두하고 있었다. 이 책에서 처음으로 밝히는 바로, 히라누마 수상은 자신의 계획에 따라 일본·독일·미국·영국이 참가하는 4개국 최고 수뇌 회의를 미국 측에 제안했던 것이다. 내가 그동안의 경위를 기록한 문서

1940년 9월 27일, 베를린의 히틀러 총독 관저에서 일독이삼국동맹에 조인하는 세 나라 대표. 자리에 앉은 이 왼쪽부터 치아노 이탈리아 외무상, 리벤트로프 독일 외무상, 구루스 사부로 주독 일본 대사.

를 입수한 것은 1987년의 일이다. 이 계획의 중개 역할을 맡아 분주하게 돌아다녔던 후지이 미노루藤井實 자신이 1952년 2월 초순에 작성한 문서로, 나는 그것을 유족에게 직접 제공받았다.

후지이 미노루는 1881년 12월 도쿄 혼고에서 태어났으며, 제일고등학교와 도쿄제국대학을 졸업한 뒤 외무성에 들어가 프랑스 대사관과 미국 대사관 등에서 근무했다. 요시다 시게루와 외무성 동기였다. 1928년 육군의 대중국 정책에 반대하여 외무성을 나왔고, 그 후에는 일본외교협회에서 이사로 일했다. 그는 철저한 친영파였다. 히라누마 내각에서는 외무상이 될 가능성도 있었으나 육군의 압력으로 어그러지고 말았다.

후지이는 영국과 독일의 관계가 험악해지는 것에 골머리를 앓고 있었다. 일본이 독일 쪽으로 기우는 것도 불안했다. 그래서 히라누마를 찾아가, 은밀하게 미국 측 의향을 살펴서 화해할 길이 없는지 서로 이야기를 나눠보는 게 어떻겠느냐며 미국과 대화할 것을 권했다. 히라누마도 이에 동의했다. 히라누마의 동의를 얻은 후지이는 미국 대사관의 두먼 참사관을 만나 히라누마와 회견을 갖는 게 어떻겠느냐고 말했다. 두먼은 주일 대사 그루와 의논했다. 그루가 후지이와도 친했기 때문에 그렇게 해보라고 조언했다.

후지이는 그가 직접 작성한 문서에서 다음과 같이 말한다.

"5월 22일 저녁 무렵, 두먼을 데리고 내밀하게 니시오쿠보에 있는 사저로 히라누마 총리를 찾아갔다. 히라누마 총리는 두먼에게 당시 세계정세에 관해 상세히 설명한 다음, '이번 기회에 일본과 미국 양국이 협력하여 영국과 독일의 긴장관계를 완화시킴으로써 필연적으로 일어날 수밖에 없는 두 번째 세계 전쟁을 미연에 방지하지 않으면 안 된다고 생각한다. 다시 전쟁이 일어날 경우 세계 문화를 궤멸시키고 나아가 인류의 복지를 전멸시켜 돌이킬 수 없는 상황에 이르리라는 것은 불 보듯 명백하므로, 일본은 독일을 설득하고 미국은 영국을 설득하여 양국의 충돌을 방지하도록 했으면 한다. 결국 미국·영국·일본·독일 네 나라의 수뇌가 이 일에 관해 회담을 갖는 것이 좋지 않을까 생각한다. 또 이 일은 프랭클린 루스벨트 대통령의 창의적인 발안이라고 해도 상관없다'라는 요지의 견해를 피력했다. 그리고 일본식 만찬을 대접하면서 밤늦도록 이야기를 나누었다."

두먼은 이 제안을 본국으로 타전했다. 그러나 히라누마는 회답을 들을 수가 없었다. 후지이는 미국의 국무성 안에 반일파가 많았다는 점을 들어, 이 제안이 국무성의 정식 루트를 거쳐 논의되었는지는 의문이라고 말했다.

후지이는 1952년 9월 일본을 방문한 두먼을 만나 자신의 문서를 보여주었다. 두먼은 후지이에게 관계자들이 사망한 뒤 발표되기를 희망한다고 대답했다. 일독이추축체제가 진행되는 가운데 은밀하게 이런 시도가 있었다는 것이 역사의 한 페이지에 기록되기를 바란다는 말도 덧붙였다.

그러나 당시 상황을 되돌아보면 루스벨트와 처칠과 히틀러 그리고 히라누마가 회담할 가능성은 거의 없었다는 게 확실하다. 만약 이러한 교섭이 진행되려 했다면 쇼와 육군의 막료들이 결코 용인하지 않았을 것이다. 어떤 수단을 써서라도 무산시켰으리라 짐작할 수 있을 것이다.

니제키 긴야는 독소불가침조약이 갑작스럽게 체결된 저 시대를 "권모술수의 시대"라고 부른다. 단순히 적과 아군으로 나누는 것이 아니라 무엇이 국익에 도움이 될지, 무엇을 국익으로 간주할지 그 기준이 격렬하게 흔들리는 시대였다는 것이다.

"히틀러 정권은 군 내부의 장군이 힘을 갖는 것을 억누릅니다. 어떤 장군이 힘을 갖게 될 경우 일정한 선을 넘었다 싶으면 군에서 쫓아내지요. 확실히 히틀러 자신은 군사적 능력을 갖고 있었던 듯합니다만, 그러나 전쟁에 패하면 군 내부에서 불만이 점차 높아집니다. 나중에 히틀러 암살 미수 사건이 일어나는데, 그 사건에는 독일 육군 다수가 관련되어 있었습니다. 그제야 오시마도 독일이 질 수도 있겠다는 생각을 했지요."

니제키는 독일의 위세가 하늘을 찌르던 시기에 베를린의 일본 대사관에 근무하면서 이윽고 그 독일이 무너지는 모습을 지켜보았다. 오시마가 조금씩 절망감에 빠져드는 것을 보았던 것이다.

독일의 장군 중에서 히틀러를 최후까지 경원敬遠하지 않고 그 주변에 있었던 군인은 카이텔Wilhelm Keitel 원수 딱 한 명뿐이다. 그런데 카이텔은 독일인들 사이에서 '라카이텔lakeitel(아첨꾼)'로 통했다. '라카이텔'이란 말은 지극히 평범해서 오로지 따르기만 하는 자라는 뜻을 포함하고 있다. 오시마 또한 일본인이면서 제3제국 독일의 '라카이텔'이었다고 말할 수 있을지 모른다.

메이지 시대에 시작된 독일 열풍

쇼와 육군의 지도부를 담당한 것은 메이지 10년대부터 20년대 후반에 태어난 정치 장교들이었다. 그들은 거의 모두 친독親獨 체질이었다. 1886년(메이지 19) 4월에 태어난 오시마가 그 전형적인 예다. 그들은 다이쇼 시대(특히 제1차 세계대전 종료 후) 중반부터 차례로 독일 유학을 떠나며, 그곳에서 제1차 세계대전에서 패한 뒤 다시 일어서는 독일의 모습을 본다. 독일 육군 장교가 한쪽 다리만으로 집무하거나 의안義眼으로 아직껏 군무에 힘쓰고 있는 모습도 지켜본다.

도조 히데키처럼 독일에 유학하여 장교들이 아직 수리도 되지 않은 건물에서 의자도 없이 서서 업무를 처리하는 모습을 보고 그야말로 감격해 마지않은 장교도 있다. 서부전선에서 독일군이 프랑스군에 패한 것은, 장교의 지휘는 옳았는데도 병사들이 염전厭戰 사상에 빠져 있었기 때문이라고 생각하는 장교마저 있었다. 거의 모든 장교는 독일군의 엄정한 규율, 시원한 동작, 명령과 복종의 일원화 등에 이끌려 독일 쪽으로 기울었다.

독일 편중의 원인遠因을 찾아보면, 제1부에서도 소개했듯이, 메이지 10년 대로 거슬러 올라간다.

일본 육군의 기초가 자리를 잡아가던 때, 군사 지도자들은 당초에는 프랑스의 군사 시스템이나 군사 내용을 모범으로 삼고 있었다. 나폴레옹 이후의 프랑스 육군을 그대로 일본에 도입하고자 했던 것이다. 그런데 프로이센-프랑스 전쟁에서 독일이 승리하자 이번에는 단숨에 독일식으로 바꿔버렸다. 독일에서 군사 교관을 초청하여 프랑스의 색깔을 지웠다.

예를 들면 육군대학교 교관으로 초빙된 메켈은 프로이센-프랑스 전쟁에서 독일군이 선보인 군사 작전을 전수했을 뿐만 아니라 군정은 육군성, 군령은 참모본부, 교육은 교육총감부로 나누어 군대를 삼위일체의 조직으로 꾸려야 한다고 가르쳤다. 그리고 전쟁은 단기에 끝내야 하며, 이를 위해 명령의 절대 수행과 작전참모의 수준 향상 등을 강조했다. 우수한 군인을 독일로 유학 보내는 루트를 개척한 것도 메켈이었다.

이리하여 일본의 군인 가운데 육군대학 졸업생의 10퍼센트 가까이가 유학하는 시스템이 만들어졌다. 1888년(제1기생)부터 1946년(제48기생)까지 거의 50년 동안 유학을 한 나라를 보면 독일 150명, 프랑스 80명, 러시아(소련) 70명, 중국 65명, 영국 55명, 미국 40명 정도였다. 독일 유학팀은 성적 우수자 중에서도 특히 우수한 이들로, 대부분 일본으로 돌아와서는 중요한 세 기관(육군성, 참모본부, 교육총감부)의 요직에 앉았다. 육군 내부에 친독일적인 이들이 넘쳐나고 있었던 것이다.

오시마 히로시의 아버지 오시마 겐이치도 군인이었는데, 다이쇼 시대에는 육군대신을 역임하기도 했다. 1890년부터 4년 동안 독일에서 유학했으며, 아들을 군인으로 만들어 독일의 주재무관을 시키는 것이 꿈이라고 말할 정도로 친독 성향을 띠었다.

이러한 환경에서 자란 오시마는 육군대학교에서는 우수한 그룹에 속하지 못했지만, 어학의 천재라는 소리를 들으며 대위와 소좌 때 독일과 오스트리아에서 보좌관으로 근무했다. 오시마는 아버지의 기대에 맞게끔 착실하게 친독파의 기수로서 길을 걸었던 것이다.

독소불가침조약이 체결되고 나서 일주일 후인 1939년 9월 1일, 독일은 돌연 폴란드에 진주했다. 제2차 세계대전이 시작된 것이다. 이해부터 다음 해까지 독일은 유럽의 중앙부를 거의 제압했다. 그리고 영국을 굴복시키기 위한 전쟁에 돌입했다.

1940년 봄 무렵부터 육군 내부에서는 독일의 이 공격에 호응하여 일본도 군사 행동에 나서야 한다는 목소리가 높아졌다. 1940년 7월에 등장한 제2차 고노에 내각은 외무상에 마쓰오카 요스케松岡洋右, 육군상에 도조 히데키, 해군상에 요시다 젠고吉田善吾를 내세우고, 국내의 신체제와 동아신질서를 지향하는 방침을 결정했다. 독일의 군사적 승리를 틈타 일본도 아시아에서 프랑스, 네덜란드, 영국의 권익을 빼앗으려는 육군의 의도에 휘말리게 된 것이었다. 일본은 무엇보다 남방의 자원을 원했기 때문에 이것이 점차 국책의 중심으로 자리잡게 된다.

마쓰오카는 독일과의 정치적 결속을 주장하면서 독일의 의중을 떠보기 시작했다. 히틀러와 리벤트로프는 썩 마음이 내키지는 않았지만 영국과 싸우고 있는 마당에 미국이 참전을 결의한다면 아무래도 곤란했다. 그래서 일본과 미국을 긴장 상태에 둠으로써 미국이 유럽에 참전할 수 없도록 붙들어두는 쪽이 득책이라 생각하고 마쓰오카의 제안을 수락했다.

이리하여 1940년 9월 27일 일독이삼국동맹이 성립되었다. 조약문에는 소련에 대한 적대감을 해소하고 대신 영국과 미국을 가상 적국으로 삼는다는 조항이 들어 있었다.

독소불가침조약이 체결된 뒤 오시마는 사표를 제출하고 일본으로 돌아와 낭인처럼 생활했다. 그런데 삼국동맹 체결 후 마쓰오카는 오시마를 찾아가

제13장. 일독이추축체제를 향한 무모한 길

다시 독일 대사를 맡아달라고 요청했다. 오시마는 이 제안을 받아들여 1941년 2월 베를린에 부임했다. 일본 대사관은 브란덴부르크문 가까이 있는 제3제국 양식의 웅장한 건물로 옮긴 상태였다.

다시 대사로 부임한 오시마에게 리벤트로프는 "일본이 즉시 싱가포르를 공격했으면 좋겠다"고 요구하는 듯 보였지만, 히틀러는 은밀하게 "독소 관계가 그다지 좋지 않다"고 전했다. 오시마는 또 독일의 권모술수에 말려들고 있었던 것이다. 두 사람은 오시마라는 인물을 통해 일본 군인의 '친독 체질'을 교묘하게 이용하고자 했던 것이다. 그 후에도 오시마가 외무성에 보낸 전보를 보면 "독일이 군사 면에서 압도적으로 우세"하다는 내용 일색이었다.

전후 오시마는 A급 전범으로서 스가모 형무소에 수용되었고, 도쿄전범재판 법정에 '오시마 진술서'를 제출했다. 이 진술서에는 나치스에 관한 자신의 생각이나 삼국동맹에 관한 언급이 많다. 전체적으로 보면 리벤트로프에게 배반당했다는 변명이 눈에 띄는데, 나치스의 인종 이론이나 반유대·반기독교 정책, 전시 점령 행정 정책에 대해서는 "강한 반대의 뜻을 갖고 있었지만 외교상의 관례에 따라 이에 대한 의견을 발표하지는 않았다"고 했다. 진술서 내용은 사실과 상당히 달랐다. 판결에서는 군벌의 공동 공모자 중 한 사람이라 하여 유죄 선고를 받았지만, 판사단의 채결에서는 6 대 5로 교수형을 면했다.

1955년 가출옥했고, 그 후에는 가나가와 현 지가사키茅ヶ崎에서 사회를 등지고 은둔생활을 했다. 친했던 군인이나 외교관을 만나는 자리에는 나온 적이 있지만 삼국동맹에 관해서는 아무 말도 하지 않았다. 1975년 6월 6일 심부전으로 급사한다. 89세였다.

위험한 도박,
남부 프랑스령 인도차이나 진주

"1941년 7월 28일 남부 프랑스령 인도차이나에 진주한 일본군이 미국으로부터 저처럼 즉각적으로 보복을 당하리라고는 누구도 생각하지 않았습니다. 당시 육군 내부에서 이를 예상한 사람은 아무도 없었지요.

일본에 대해 석유 수출을 중단하거나 재미 일본 자산을 동결하는 사태는 루스벨트가 전쟁을 하기로 결심하는 것이나 다름없다고 우리는 생각했던 것입니다. 육군만이 아니라 해군 또한 무슨 일이 있어도 미국이 전쟁을 각오하지는 않을 거라고 판단하고 있었습니다. 결국 그 점에 관하여 우리는 예측을 잘못했던 셈입니다. 그 책임은 막중하다고 말하지 않을 수 없습니다. 나 자신도 국책을 담당하는 입장에 있었던 만큼 그 책임을 면할 수 있을 거라 생각하지 않습니다."

왜 미국은 보복하지 않을 거라고 생각했습니까? 육해군 지도부의 미국관이 대단히 낙관적이었다는 얘기가 되는데…….

"독일이 유럽을 제압하고 대서양을 차지해도 미국은 영국을 지원하지 않을 것이며, 태평양에서도 미국이 직접적으로는 움직이지 않을 거라고 생각했습니다. 육군성 군무국은 미국이 개인주의와 자유주의가 만연한 나라여서 단기적으로 국력을 전력화戰力化하는 데 어려움을 겪으리라는 생각에 사로잡혀 있었다는 것을 정직하게 고백하지 않을 수 없군요."

1991년 내가 찾아갔을 때 이시이 아키호는 이렇게 말하고 잠시 침묵에 빠져들었다. 거실에도 8월의 바람이 불어왔다. 이시이는 정좌 자세를 흩뜨리지 않았다. 태평양전쟁 전의 정책과정에 대해 이야기할 때에는 늘 그런 자세였다. 이때 그의 나이 90세였다. 어조도 확실했고 기억력도 분명했다. 지난날의 기억이 한 토막씩 정확하게 뇌리에 새겨져 있는 듯했다.

이시이는 1939년 9월부터 1941년 11월까지 육군성 군무과의 고급과원으로 근무했다. 육군성의 정책 입안자이자 1941년 4월부터 시작된 미일 교섭의 육군 측 주무자였다. 1940년과 1941년 육군성의 움직임에는 직접 관여하지 않았을 뿐 구체적인 내용을 상세하게 알고 있었다. 1941년 당시 그는 마흔 살의 중좌, 한참 일할 때였다.

육군성 군무국 군무과는 1936년 8월에 신설되었다. 2·26 사건 후 군 내부 개혁의 일환으로 탄생한 군무과의 주요 업무는 "국방 정책에 관한 사항" "제국의회와의 교섭에 관한 사항" "국방 사상의 보급 및 사상 대책에 관한 사항" 등을 관장하는 것이었다. 간단히 말하자면 육군의 정치적 의사를 바탕으로 정책 입안 등을 담당하고, 군 외부의 정책 결정 집단과의 교섭을 맡았다. 이 섹션 외에는 외부를 향해 그 어떤 정치적 발언도 할 수 없었다.

2·26 사건 전에는 이런저런 부나 과에서 육군의 정치적 의사를 외부에 발표했었는데, 이 때문에 육군이 실제로 무슨 생각을 하고 있는지 불투명했다. 군무과는 그것을 바로잡는 역할까지 겸하고 있었다.

내가 야마구치 현 우베宇部 시에서 조용히 살고 있던 이시이를 처음 만난 것은 1977년 봄이었다.

육군의 정책 결정 프로세스를 잘 알고 있던 이시이에게 과거의 군인들이 회상록을 정리해보라고 몇 번이나 권유했지만 끝까지 아무것도 써서 남기지 않았다. 1945년 8월 15일에는 결핵 때문에 신슈信州의 육군 장교용 요양소 신세를 지고 있었는데, 그 후 출신지로 돌아가 사회와 인연을 끊고 45세의 나이에 은둔생활에 들어갔다. 육군대학교를 우수한 성적으로 졸업한 고위 군인이었기 때문에 전후에도 이에 상응하는 사회적 지위를 구할 수 있었을 터이다. 하지만 그런 유혹을 모두 뿌리치고 살아가고 있었다.

나는 이시이와 수많은 편지를 주고받으면서 육군 내부의 용어, 조직, 정책에 관하여 가르침을 받았다. 첫 번째 편지에 대한 답장(1977년 1월 20일자)에서 이시이는 다음과 같이 말했다.

"나는 전쟁 책임자입니다. 절충 상대였던 사람들 대부분이 타계한 지금, 나만 '착한 아이'로 남는 것은 피하고 싶습니다. 실책을 비난한다면 달게 받겠습니다. 다만 한 가지, 세상이 진실을 바르게 이해한 다음 적정한 교훈을 끌어냈으면 좋겠다는 것이 나의 염원입니다. 이를 위해 보탬이 되는 것이 내 의무라고 믿습니다. 그래서 연구자에게는 그가 누구든 진실을 말하겠다는 태도를 견지하고 있습니다. 이렇게 각오하고 있으니만큼 진실을 폭로하는 수단으로 내 이름이 사용되는 것도 거부할 필요는 없다고 생각합니다."

그때로부터 햇수로 15년 동안 나는 이시이에게 200통 가까이 편지를 보냈고 그만큼 답장도 받았다. 그중에는 400자 원고지로 20~30매 분량에 이르는 장문의 답장도 있었다. 1991년 무렵부터는 고령 때문에 긴 편지를 쓰지 못했고 때로는 몇 줄에 그치기도 했다. 하지만 자신이 관여하여 숙지하고 있는 것과 잘 모르는 것 사이에 분명히 선을 그었고, 모르는 것에 대해서 물으면 언제나 추측을 일절 거부하는 내용의 답장이 왔다.

나는 취재를 하면서 지금까지 고위급 군인으로 알려진 인물 100여 명을

제14장. 위험한 도박, 남부 프랑스령 인도차이나 진주

만나왔다. 하지만 이시이처럼 예의 바르고, 개전에 이르는 경위를 말할 때면 정좌하는 인물은 만나지 못했다. 그의 증언 내용은 깊이 신용할 수 있으리라는 것이 나의 솔직한 감상이었다.

이 책에서는 진주만 기습 공격에 이르는 육군의 정책에 관하여 이시이의 증언과 편지를 곳곳에서 인용하고 있는데, 그것은 다른 누구의 증언보다도 그의 증언이 가장 믿을 만하다고 판단하기 때문이다.

이시이의 증언과 편지를 정리하면, 육군이 남부 프랑스령 인도차이나 진주라는 무모한 정책을 선택한 이유는 다음과 같다.

중일전쟁은 육군 지도부가 생각했듯이 단기적으로 결말이 나지는 않을 것이다. 그 이유를 찾아보면, 미국과 영국이 장제스 정부에 정신적·물질적 원조를 제공하고 있기 때문이라고 생각할 수밖에 없다. 이 원조를 끊어버리지 않는다면 일본은 진흙탕 속으로 빠져들고 말 것이다. 게다가 1930년대 후반 세계는 지역적 블록경제의 방향으로 나아가고 있다. 일본으로서는 남방의 석유를 입수할 태세를 갖추지 않으면 진흙탕에서 빠져나올 수 없다.

1940년 봄, 독일군이 프랑스 됭케르크를 공격하는 것을 보고, 네덜란드군과 프랑스군이 동남아시아에서 군사적으로나 정치적으로 약해지고 있음을 알았다. 이시이의 편지(1980년 2월 말)에 따르면, "육군에서는 지금이 좋은 기회다, 나라의 사활에 관계될 정도의 대전쟁이 되지 않는 한도 내에서 다소 거칠더라도 강경한 방책을 사용해 남방 정책을 달성해야만 한다"고 생각했다. 물론 육군만이 아니었다. 해군 막료도 정치가도 문화인도 하나같이 '남진南進'을 외치던 시기였다. 때마침 시작된 동아의 해방을 설파하는 사상 공세는 남진 정책을 합리화하기 위한 이데올로기였다.

쇼와 육군의 '3대 하극상' 사건

1941년 7월의 남부 프랑스령 인도차이나 진출을 말하기 전에 먼저 그 전해 9월의 일본군에 의한 북부 프랑스령 인도차이나 진주에 대해 언급해둘 필요가 있다. 프랑스의 식민지 제독에게 억지스러운 요구를 들이밀고서 무력을 발동하여 진주한 것이었다. 이때 외무성은 프랑스 외무성과 교섭을 진행하고 있었고, 하노이에 있는 육군의 장제스 원조 물자 저지를 위한 감시단 위원장 니시하라 잇사쿠西原一策 소장과 프랑스 측의 교섭도 마무리 단계에 접어들고 있었다. 그런데 참모본부 작전부장 도미나가 교지와 남지나 방면군 참모부장 사토 겐료는 제5사단을 움직여 무력 진주를 강행했다. 도미나가는 도쿄에서 하노이로 가서 자신의 명령을 마치 참모총장의 명령인 양 꾸며 군사 행동에 나섰던 것이다.

화가 난 니시하라는 "통제하기 어려우며 외국의 신뢰를 잃을 것"이라는 내용의 전보를 참모본부로 보냈다. 이시이는 이렇게 말한다.

"쇼와 육군에는 세 가지 하극상 사건, 이른바 군기를 따르지 않았던 전투가 있습니다. 이시와라 간지와 이타가키 세이시로의 만주사변, 쓰지 마사노부와 핫토리 다쿠시로의 노몬한 사건 그리고 도미나가 교지와 사토 겐료의 북부 프랑스령 인도차이나 진주입니다. 이것은 쇼와 육군의 불명예 사건이며, 특히 이시와라의 만주사변은 문제라고 생각합니다."

그의 말에는, 이 세 가지 사건의 당사자는 육군 내부에서도 책임을 추궁당하지 않았을 뿐만 아니라 오히려 영달의 길을 걸었는데 그것이 화근이었다는 뉘앙스가 담겨 있었다.

1941년에 들어선 단계에서는 아직 남방 정책이 구체적으로 진행되지는 않았다. 오히려 4월부터 시작된 미일 교섭에서 미국과 정치적 화해를 도모할 것인지 여부가 초점이었다. 같은 4월에 마쓰오카 요스케 외무상이 모스크바와 베를린을 방문했고, 모스크바에서는 소련과 일소중립조약을 체결하여 일소 쌍방은 서로 적대하지 않는다는 데 합의했다.

그런데 6월에 들어서면서 육군 내부에서는 남진 정책을 주장하는 목소리가 급속히 높아졌다. 4월 무렵부터 오시마 히로시 주독 대사가 빈번하게 "히틀러는 소련과 전쟁을 시작하기로 결정한 듯하다"는 내용의 전보를 보내왔기 때문이다. 육군성 군무국도 처음에는 이 전보를 신용하지 않았다. 오시마가 '독일이 하자는 대로 한다. 게다가 서쪽에서 영국을 겨냥하고 있는 히틀러가 다시 동쪽으로 진출하는 일은 있을 수 없다 그런 양면 작전을 취할 가능성은 낮다'라고 군사적 판단을 했기 때문이다. 그러나 얼마 지나지 않아 그러한 군사적 판단이 틀렸다는 것을 알게 된다.

6월 8일 오시마는 육군성에 보낸 전보를 통해, 히틀러와 리벤트로프에게 들은 확실성이 높은 정보라면서, 독소전이 개시되는 것은 확정적이라고 전해왔다.

"이 소식을 듣고 일요일에 은밀하게 만나 협의를 했습니다. 사람들의 눈을 피해 쓰카사라는 요정에 모여 밥도 먹지 않고 의견을 나누었지요."

군무국장 무토 아키라가 군사과장 사나다 조이치로眞田穰一郎, 군사과 고급 과원 니시우라 스스무, 군무과장 사토 겐료 그리고 이시이를 불렀다. 육군성의 정책은 무토의 지휘 아래 이 네 명이 의견을 조율한 다음, 도조 히데키 육군대신에게 보고하고 결재를 얻기로 되어 있었다. 사토 겐료가 북부 프랑스령 인도차이나 진주에 대한 책임 추궁도 당하지 않고 군무과장에 취임한 것은 도조와 가까웠기 때문이다. 사토는 육군대학교를 졸업한 뒤 1929년부터 3년 동안 워싱턴의 일본 대사관에서 무관보좌관으로 근무하기도 했지만, 그의 미국관은 지나치게 피상적이었다.

"미국인에게는 애국심이 없다. 병사가 껌을 씹고 춤을 추는 나라다. 육군의 훈련을 봐도 어수선해서 통일성이 없다. 거국적으로 전쟁을 할 수 있는 나라가 아니다"라는 것이 사토의 미국관이었다.

당시 육군성 요직에는 미국에서 무관생활을 한 사람이 없었고, 사토와 같이 생각하는 게 주류를 이루고 있었다. 도조는 육군대학교 교관 시절에 종종 자신의 집을 찾아오는 사토를 총애했고, 그 후 사토를 자신의 측근 중 한 사람으로 간주했다. 그런 사토의 미국관에 도조는 그대로 끌려 들어갔다. 그리고 자신도 미국을 그렇게 바라보게 되었다.

쓰카사는 시바芝의 조조增上 사 근처에 있는 요정으로, 육군상 관저에서 식사를 가져왔다. 6월 8일 오전, 다섯 사람은 은밀하게 이 요정에 모였다. 눈에 띄지 않도록 사복을 입고 있었다. 다다미방에 둥글게 모여 앉기가 무섭게 무토가 문제를 꺼냈다.

"오시마의 전보에 따르면 독소전이 임박한 듯하다. 독소전이 시작되면 어떻게 될 것 같은가. 이시이, 어떻게 생각하나?"

"소련이 독일에 쉽게 패하리라고는 생각하지 않습니다. 독일은 볼가 강 부근까지는 갈 것이라고 생각합니다만 그 이상은 나아가기 어려울 것입니다. 소련이 항복하지는 않을 것입니다. 독일은 우리 나라가 중일전쟁에서 처한 바와 같은 상황에 이를 것입니다. 중국 측의 항일 슬로건은 '중국은 땅이 넓고 자원이 풍부하며 인구가 많다'는 것인데, 이 세 가지는 소련도 중국 못지 않습니다. 독일은 상당히 어려움을 겪을 것입니다."

무토는 이시이를 주시하고 있었다. 그리고 한 사람 한 사람 얼굴을 살폈다. 이시이의 의견을 어떻게 생각하는지 확인하고자 했던 것이다.

무토는 스스로 "전적으로 동의한다"고 말했다. 육군대학교에서 전술 교육 시간에 문답을 주고받을 때와 같은 말투였다.

"이번에 소련이 그대로 나가떨어질 거라고 생각했다면 오산이다. 멍청하게 독일이 하자는 대로만 해서는 안 된다. 이시이, 그러면 이것을 문장으로 정리해보라."

협의는 고작 5분 만에 끝났다. 무토는 바둑판을 끌어다가 사나다와 바둑을 두기 시작했다.

이시이는 육군용 편지지를 꺼내 정책안을 써나갔다. 정리하는 것은 늘 이시이의 몫이었다.

「정세의 추이에 따른 제국 국책 요강」이라는 제목 아래 원안을 작성했다.

육군성의 장교들은 습관적으로 먼저 '방침'을 쓰고 이어서 이를 위한 '요령'을 적었다. 이시이는 독소전 개시 후 일본의 '방침'으로서, 그 추이를 끝까지 지켜보면서 "북방의 안정을 확보한다"라고 썼다. 그 시점에서는 역시 "중일전쟁의 처리에 매진"한다는 것이 당면 방침이라는 내용이었다.

이런 내용을 써나가고 있는데 무토와 사나다의 바둑을 지켜보고 있던 사토가 가만히 다가와 이렇게 주문했다.

"이봐, 이시이, 남방에 관해서도 써주게나."

남부 프랑스령 인도차이나에 진주한다는 항목을 원안에 넣어달라는 말이었다.

이시이도 이에 특별히 반대하지는 않았다. 다시 문면을 퇴고하면서 '남부 프랑스령 인도차이나 진주'에 관심을 갖고 있다는 항목을 추가했다. 하지만 그것은 북방의 안정을 확보한다는 항목에 비하면 어디까지나 부수적이었다.

무토는 이시이가 작성한 것을 보고는 "이 정도면 되겠군"이라며 수긍했다. 이 원안을 바탕으로 참모본부와 해군성, 군령부, 외무성, 고노에 수상 등과 교섭에 들어갔다. 덧붙이자면 이때의 제국 국책 요강안은 일부가 수정되고 자구字句의 뉘앙스도 다양한 의미로 바뀐 채 7월 2일 열린 어전 회의에서 최종안으로 결정된다. 그러나 '방침'의 제2항에서 "제국은 여전히 중일전쟁 처리에 매진하고, 자존자위自存自衛의 기초를 확립하기 위해 남방 진출의 발걸음을 내딛을 것이며, 정세의 추이에 따라 북방 문제를 해결한다"라고 했는데, 이는 **남방 진출의 발걸음을 내딛는 것**을 주로 하고 북방 문제(대소전 준비)

를 종으로 한다는 것이었다.

이시이가 작성한 원안에 대해 우선 참모본부가 납득하지 않았다.

참모본부 정보부 러시아과장 이소무라 다케스케磯村武亮와 구미과장 아마노 마사이치天野正一 그리고 모략과장 가라카와 야스오唐川安夫가 사토에게 "소련이 붕괴할 것이라고는 단언하지 않겠지만 그럴 가능성이 높다"며 지속적으로 항의했다. 그 자리에 불려온 이시이는 가라카와와 격렬한 언쟁을 벌였다. "독일이 소련을 단기간에 제압할 것이다. 정말 그걸 모른단 말인가"라고 가라카와가 말하면, 이시이는 "중일전쟁으로 일본은 진흙탕 속에 빠져들고 있지 않습니까. 독일은 일본과 같은 상황에 처할 것입니다"라고 응수했다.

참모본부의 다나카 신이치 작전과장은 독소전이 시작되면 일본도 독일에 호응하여 소련으로 진격해야 한다고 주장하는 사람이었다. 그리고 독일의 군사적 승리를 배경으로 프랑스와 네덜란드가 동남아시아에서 갖고 있는 자원을 일본이 가져와야 한다고 생각했다. 그러기 위해서는 한시라도 빨리, 다시 말해 독소전이 시작되기 전에라도 남부 프랑스령 인도차이나에 진주하라고 말했다. 다나카는 무토에게 이런 생각을 들이밀었지만, 무토는 그 두 가지 안을 받아들이려 하지 않았다.

"남으로도 북으로도 나아가지 않겠다니, 그게 무슨 말입니까?"

두 사람은 군무국장실에서 치고받는 싸움도 불사할 정도로 험악하게 맞섰다. 그러나 육군성과 참모본부는 강경론으로 기울고 있었다. 군무국의 기술 관료는 강경론을 완화하기 위해 원안 속에 애매한 자구를 넣어 사태를 수습하고자 했다.

"그래, 이것이 남진의 한계선이야"

6월 22일, 독일이 소련을 공격하기 시작했다. 실제로 이 사실이 밝혀지자 일본의 국책은 단숨에 남부 프랑스령 인도차이나 진주로 기울었다. 일본이 이곳에 진주하는 것은 자존·자위를 위한 '정당방위'이고, 이것은 미국이 평소에 영국을 원조하는 것을 '정당방위'라고 말한 것과 같은 논리로 앞뒤를 맞추었다.

해군성에서도 군무국 제2과장 이시카와 신고石川信吾가 중심이 되어 강력하게 남부 프랑스령 인도차이나 진주를 주장하고, 이것이 미국과의 전쟁으로 이어진다면 얼마든지 받아주자며 자신감을 보였다.

주독 대사 오시마 히로시는, 독일은 단기간에 소련을 제압하고 우크라이나, 발틱(발트 해 연안부), 벨라루스, 캅카스 등을 소국으로 분할하여 소련을 실질적으로 해체할 작정이니, 일본도 이에 응하여 극동소련군을 제압하고 독일의 방침에 즉시 호응할 태세를 갖춰야 한다고 호소했다. 육군성과 참모본부도 표면상으로는 동조하지 않았지만 오시마 전보의 행간에서 히틀러와 리벤트로프의 전술을 예리하게 간파하고 있었다. 바로 지금이 대소전의 호기라고 생각하는 장교도 있었다.

6월 24일, 이시이는 해군성 군무국 군무과의 고급과원 후지이 시게루藤井茂와 육해군장교집회소에서 「제국 국책 요강」의 문안을 조정했다. 8일에 이시이가 작성했던 원안이 이때는 남부 프랑스령 인도차이나 진주가 중심으로 바뀌어 있었다. 이시이뿐만 아니라 후지이도 내심 이렇게까지 할 필요가 있을까 걱정했지만, 그러나 더 이상 어떻게 해볼 수 없는 단계였다.

협의를 마치고 두 사람은 육해군장교집회소에서 해군성까지 미야케자카를 걸으면서 잡담에 빠져들었다. 갑자기 후지이가 진지한 표정으로 말했다.

"그래, 이것이 남진의 한계선이야. 쌀과 고무, 석유도 어느 정도 손에 넣겠지. 하지만 그 이상 남진을 해서는 안 돼."

"전적으로 동의!"

두 사람은 이 대화가 남부 프랑스령 인도차이나까지는 미국도 용인할 것이지만 그 이상은 결코 묵인하지 않으리라는 의미임을 알고 있었다. 마쓰오카 요스케가 싱가포르를 공격하라는 둥 남부 프랑스령 인도차이나에 들어가면 미국과 싸우게 될 것이라는 둥 자꾸 생각을 바꾸는데, 그런 그가 이런 의견에 휘둘리지 않도록 해야 한다는 확인이었다.

일본의 석유 공급은 압도적으로 미국에 의존하고 있었다. 일부 장교는 미국이 뭐 그리 대단하냐고 떠들지만 냉정하게 생각하면 일본은 이런 시기에 전쟁을 일으켜서는 안 된다는 것을 두 사람은 알고 있었다. '미국은 나서지 않을 것이다. 아니 나서지 않는다. 나설 리가 없다'는 희망적 관측이 당시 육해군과 외무성의 생각이기도 했던 것이다.

7월 2일 열리는 어전 회의에서 의견을 묻기 전에 「제국 국책 요강」 및 이것과 한 세트가 되는 '남방 시책 촉진에 관한 것'이 쇼와 천황에게 상주되었다(6월 25일). 참모총장 스기야마 하지메가 남긴 '스기야마 메모'에 따르면 다음과 같은 말이 오갔다.

천황 남부 프랑스령 인도차이나 진주와 독소전의 관계에 대해 말해보라.

총장 독소 개전만이 아니라 미일 국교 조정의 진전 여부에 상관없이 어떻게든 할 필요가 있습니다.

천황 군대는 어느 정도인가?

총장 1개 사단을 기간基幹으로 합니다.

천황 어느 사단인가.

총장 근위 사단입니다.

천황 근위 사단?

총장 현재 광동에 있는 근위 사단입니다. 기타 군의 직할 부대는 내지에서 파견합니다.

천황 아, 그 근위 사단 말인가? 군대를 어떻게 배치할 것인가?

총장 군대 진주의 목적은 먼저 항공 및 해군 기지를 만들고 이를 유지하기 위해서입니다. 그리고 타이 및 프랑스령 인도차이나를 일본에 의존하게 함으로써 남방과 중국에 위압을 가하기 위해서입니다. 따라서 사이공 부근을 중심으로 하여 배치할 것입니다.

천황 비행장은 어디에 만들 텐가?

총장 대체로 해안 가까이가 될 것입니다.

천황 국제적 신의에 비춰보아 어떨 것인지도 생각해야 할 것이다. (이하 생략)

쇼와 천황도 국제적 신의에 비춰보면 문제가 있으리라고 말하면서도 남부 프랑스령 인도차이나 진주에는 반대하지 않았다.

「쇼와 천황 독백록」(394쪽 참조)에 따르면, 7월 2일 열린 어전 회의에서 「제국 국책 요강」이 정식으로 결정되어 남부 프랑스령 인도차이나에 진주하기 위한 군대가 하이난海南 섬에 집결했을 때, 천황은 하스누마蓮沼 무관장을 통해 도조 히데키에게 국내에는 쌀농사가 많지 않으므로 남방에서 쌀을 들여오지 않으면 곤란하니 진주를 중지하라고 말했지만 도조가 받아들이지 않았다. 이 점에 관해 이시이는 나에게 보낸 편지(1991년 8월 4일자)에서 "데라사키 히데나리寺崎英成가 쓴 이 글은 완전히 날조된 것이다. 도조는 남부 프랑스령 인도차이나 진주에 대해 천황과 의견을 교환한 적이 전혀 없다"고 단언했다. 쇼와 천황도 국내 사정에 관하여 배려를 하긴 했지만 미국의 보복을 예상하지 못했다는 게 진상에 가까울 것이다.

평화롭게 상륙하여 프랑스군 병영으로

참모본부가 남부 프랑스령 인도차이나 진주 방침을 정하고 그것을 진주 부대에 명령한 것은 7월 중순이었다. 근위 사단 예하 각 연대는 광둥 주변에 주둔하고 있었다.

예를 들어 제4연대 제1대대의 400명에 가까운 병사들은 광둥廣東 성 중산中山 현 스치石岐에 주둔하고 있었는데, 지금까지 대규모 작전을 수행한 적은 없었다. 하루걸러 한 번씩 중국군의 포격을 받긴 했지만 그것도 큰 손해를 입을 정도는 아니었다. 중산은 쑨원이 태어난 곳으로 집집마다 쑨원의 사진이 걸려 있었다. 일본 병사들은 이곳 중국인과 그다지 마찰을 빚지 않았고, 오로지 전투 훈련과 상륙 작전 계획에만 몰두했다.

7월 19일, 주둔지에서 철수한 제4연대는 탕자唐家에 집결, 그곳에서 수송선을 타라는 명을 받았다. 제1대대부터 제12대대까지 모든 장병이 열 척 가까운 수송선에 올랐다. 물론 목적지는 알 수 없었다.

지금까지도 근위연대의 전우회는 전국 각지에 있으며 결속력이 좋기로 유명하다.

근위연대의 병사와 장교는 공통적으로 천황과 황족을 수호하는 군대(1872년 창설)라는 자부심을 갖고 있었다. 1991년 당시 일본에 6000명에 가까운 전우회가 있는 것으로 알려져 있었는데, 이 가운데 10센티미터가 넘는 두께의 호화판 전우회사戰友會史를 편찬한 것은 근위 사단의 연대들뿐이었다.

근위 사단 제4연대 제1대대 제2중대의 마쓰자키 다메지로松崎爲次郎는 1991년 당시 71세였다. 제2중대 전우회의 사무장을 맡고 있었다. "남부 프랑스령 인도차이나 진주에 참가했던 병사를 취재하고 싶다"는 내 요청에 그는 자신도 그중 한 사람이라며 응했다. 1991년 7월부터 8월까지 나는 마쓰자키의 자택으로부터 가까운 찻집에서 그를 몇 차례 만났다.

"나 자신은 근위연대이긴 해도 특별히 자부심을 갖고 있지는 않습니다만……."

그는 작은 몸을 둥글게 만 듯한 자세로 더듬거리며 이야기했다.

그러나 근위연대의 병사가 군 내부에서 불상사를 일으키자 출신지 촌장이 사직하는 사례를 주변에서 목격하기도 했다. 황군의 자랑스러운 병사여야만 한다는 게 대대나 중대에서 암묵적으로 받아들여지고 있었던 것이다.

"남부 프랑스령 인도차이나 진주 때 특별히 프랑스군과 교전을 벌인 적은 없습니다. 나는 젠요마루善洋丸라는 20노트의 수송선을 타고 베트남의 하이퐁이라는 항구에 도착했습니다. 하이퐁 앞바다에 이틀인가 사흘 동안 정박해 있었지요. 프랑스령 인도차이나에 진주한다는 것은 수송선 안에서 들었습니다만 적잖이 긴장되더군요. 수송선이 열 척 이상이나 앞바다에 정박해 있었던 것도 프랑스 측에 압력을 가하기 위해서였을 겁니다."

마쓰자키는 1939년에 입영한다. 그로부터 7년, 남방에서 싸웠고 전후에는 영국군의 포로로서 싱가포르의 수용소에 수용되어 있었다. 일본으로 돌아온 것은 1947년이 저물 무렵이었다.

마쓰자키가 말한 바와 같이 파리에서는 독일군에 협력하는 비시 정권의 프랑수아 다를랑 부총리와 가토 소토마쓰加藤外松 대사의 교섭이 진행되고 있었다. 다를랑은 최종적으로 프랑스 정부는 "일본국 정부의 요구에 굴복할 수밖에 없다"고 말하고, 일본이 요구하는 프랑스령 인도차이나 진주를 인정하며, 그 부대에 공격을 가하지도 않을 것이라고 약속했다. 7월 21일의 일이었다. 이에 따라 하노이에서는 일본의 프랑스령 인도차이나 감시단 위원장 스미타 라이시로澄田睞四郎와 프랑스령 인도차이나 총독 도크가 세부 사항에 합의하고 일본군의 평화 진주를 결정했다. 7월 23일 현지의 육해군 부대에 진주 명령이 내려졌고, 수송선은 넷으로 나뉘어 캇프산자크, 후옥아이, 바리아, 사이공 등에 상륙하게 되었다.(1941년 8월 3일 『아사히신문』은 니미 마사이치新見政一 해군 최고지휘관의 사이공 상륙 사실을 보도한다. 그와 함께, 루스벨트 대통령의 대일 석유 수출 금지 강화에 관한 기사와 일본제국이 자급 체제를 확립했다는 기사도 실려 있다.—옮긴이)

7월 28일부터 31일까지 근위 사단과 독립혼성 제21여단으로 편성된 제25군(사령관 이다 쇼지로飯田祥二郎)은 프랑스령 인도차이나에 상륙했고, 프랑스군이 사용하고 있던 막사에 자리를 잡았다.

"우리 병사들에게는 육군의 방침에 대해서 아무것도 알려주지 않았습니다만, 프랑스군의 막사는 잘 정리되어 있었습니다. 히틀러에 대한 반감이나 일본군에 대한 원망 등 특별히 벽에 그려진 것은 없었으나, 어쨌든 그들이 많은 고통을 겪는 것을 보고 놀랐습니다. 프랑스군 병사들은 잠자리에 들지 못할 정도로 열악한 상태를 잘도 견디는구나 생각했지요."

일본군 막사에서 전방으로 300미터쯤 떨어진 곳에 프랑스군 막사가 있었다. 그러나 그들과 교류한 적은 한 번도 없었다. 아침저녁으로 프랑스군 병사도 국기를 내걸고 자국에 대한 충성을 맹세했지만, 본국에서는 히틀러 정권 아래에서 굴욕을 맛보고 있었을 것이다. 일본군 병사들로서는 그 굴욕을 이해할 수가 없었다.

재빠른 미국의 보복

근위 사단은 상륙하자마자 곧 일반 훈련에 들어갔다. 열대 지방 작전과 상륙, 도하, 정글, 습지, 고무나무 숲, 외길 도로상의 전투 그리고 토치카 공격 등 전투 훈련이 시작되었다. 이때로부터 약 4개월 후인 12월 8일, 태평양전쟁의 개전과 동시에 제25군은 새로 부임한 야마시타 도모유키山下奉文 사령관의 지휘 아래 말레이 작전에 돌입한다. 영국군과 치른 전투에서 그

동안의 훈련은 많은 도움이 되었다. 병사들은 그때가 되어서야 프랑스령 인도차이나에 진주했을 때부터 육군 지도부가 말레이 작전에 들어가기로 마음 먹고 있었을 거라고 수군댔다. 마쓰자키는 이렇게 말한다.

"아무리 근위 연대라 해도 일단 전쟁이 시작되면 다양한 군인이 추한 모습을 보입니다. 그것을 말하자면 끝이 없을 텐데, 남부 프랑스령 인도차이나 진주는 평화 진주였기 때문에 희생자는 없었습니다. 하지만 말레이 작전이 시작된 이후에는 상당수의 전우가 죽었습니다. 정직하게 말하자면 영국군의 포격을 받았을 때 그 정확도와 풍부한 물량 공세에 많이 놀랐습니다. 강력하다고 생각했지요. 말레이 작전에서 이긴 것도 일본의 인해 전술 때문이었습니다."

마쓰자키는 게이오의숙 상업학교를 졸업하고 얼마 동안 은행원으로 일하다가 소집되었다. 그는 육군성과 참모본부의 엘리트 군인들이 어떤 판단에 따라 작전 계획을 진행했는지 따위는 알 수도 없었지만, 말레이 작전 이후 병사들은 남방의 정글에서 말라리아와 싸우고, 굶주림과 싸우고, 또 포연 속에서 황군의 자랑이라는 생각을 갖고 싸우다가 죽어갔다는 의미의 말을 몇 번씩이나 되풀이했다.

"남부 프랑스령 인도차이나에 진주한 뒤 거리에서 프랑스군을 만난 적도 있습니다. 프랑스군은 예의 그 독특한 전투모를 쓰고 있었는데, 분명 우리를 보고도 전혀 모르는 표정을 짓더군요. 속이 부글부글 끓고 있었는지도 모르지요."

마쓰자키는 이렇게 말하고 앞에 놓인 지난날의 사진첩을 펼쳤다. 일본 병사도 얼핏 보면 태평스러운 표정을 짓고 있지만, 단체 사진에서는 묘하게 위협을 받는 듯한 분위기가 감지되었다.

남부 프랑스령 인도차이나 진주에 대한 미국의 보복은 일본군 상륙 전에 이미 시작되었다. 7월 25일 미국 내에 있는 일본 자산의 동결을 발령했고,

26일에는 영국, 27일에는 네덜란드령 인도차이나가 그 뒤를 따랐다. 28일에는 네덜란드령 인도차이나가 일본에 대한 석유 공급을 중단했다. 그리고 8월 1일 미국 정부는 일본에 대한 석유 수출을 전면 금지하는 조치를 발표했다. 일본의 가장 아픈 곳을 찌른 것이었다.

사실 미국 측은 7월 24일 노무라 기치사부로野村吉三郎 주미 대사와 와카스기 가나메若杉要 공사에게 일본이 남부 프랑스령 인도차이나에 진주하면 미국은 일본에 대하여 모종의 조치를 취할 것이라고 말한 바 있었다. 와카스기는 프랑스의 드골 일파의 음모를 분쇄하고 일본에 대한 경제포위망을 벗어나기 위한 조치라고 말했지만, 미국은 남양제도를 정복하기 위한 최후의 조치로 보고 있다며 그의 말을 받아들이지 않았다. 루스벨트 대통령은 노무라를 만나 "일본은 독일에 휘말리고 있는 게 아닌가? 이것은 명백히 지나친 행위다"라며 강한 어조로 경고했다.

미국이 자국 내 일본 자산을 동결한 날에도 참모본부 장교들은 그래도 석유의 전면 금수까지는 가지 않으리라 낙관하고 있었다. 대미 강경파 장교가 많았던 전쟁지도반(제20반)의 내부 자료 『기밀 전쟁 일지』의 7월 26일자 기록을 보면, "전쟁지도반은 전면 금수 조치를 취하지는 않을 것으로 본다. 미국이 그렇게 나오지는 않을 것이라고 판단한다. 그런 조치를 취할 때가 오기는 하겠지만, 그 시기가 올해나 내년 초는 아닐 거라고 판단한다"고 적혀 있다. 그러나 고작 일주일 후에 이 예상은 뒤집히고 만다.

육군성과 참모본부 안에서 대미전의 목소리가 급속히 높아졌다. 전쟁지도반의 『기밀 전쟁 일지』 8월 2일자 기록을 보면, "대미 전쟁은 백 년 전쟁이다. 제국은 이미 이를 피할 방법이 없다"고 적혀 있다.

이시이도 8월 2일 이후에는 자존·자위를 위해 대미 전쟁을 결의해야 한다고 생각했다. 7월 2일 열린 어전 회의에서 결정한 국책 요강에는 "대미 전쟁을 불사한다"는 말도 있었다. 그때는 단순히 결의의 의미밖에 없었지만, 현실을 앞에 두고 빠르게 실질적인 의미를 갖게 되었던 것이다. 이시이는, 대영미전을 결단하도록 어전 회의를 열어야 한다는 내용의 안을 작성하여 은밀하게 무토에게 가져갔다.

처음으로 대영미전 초안을 기초한 책임 때문인지 이 단계에 이르러 이시이의 입은 무거워졌다.

"무토는 '서둘러서는 안 된다. 태평양의 일에 대해서는 해군이 판단하도록 해야 한다. 이것은 내 선에서 멈추기로 하자'고 말했습니다. 앞으로는 더욱 냉정하게 미국을 봐야 한다는 태도였습니다. 도조도 이 무렵에는 별다른 말이 없었습니다."

이시이는 이때 육군 내부를 감싸고 있던 침통한 분위기에 대해 이야기했는데, 마치 자신의 판단이 얼마나 순진했는지를 50년이 지난 지금까지 자책하고 있는 듯했다. 이 이야기를 하면서 이시이는 또 정좌 자세를 취했다.

전후에 밝혀진 바에 따르면, 미국 측은 이미 이 단계에서 일본 외무성 전보의 암호를 해독하는 데 성공했다. '매직'이라고 불리는 이 해독문은 루스벨트 대통령과 코델 헐Cordell Hull 국무장관, 스팀슨Henry L. Stimson 육군장관 등 지도자 몇 명에게만 회람되었다. 일본 외무성이 미국, 독일, 소련 등의 일본 대사관에 7월 2일 어전 회의의 결정을 비밀리에 전했을 때 미국은 그 내용을 간파했으며, 일본의 진의도 알고 있었다.

미국은 영국과 캐나다 그리고 네덜란드령 인도차이나 당국과의 사전 협의를 통해, 일본이 남부 프랑스령 인도차이나에 진주했을 때 취해야 할 구체적인 대응 방침을 결정했던 것이다. 그랬기 때문에 즉각 보복 행동에 나설 수 있었던 것이다.

그때 헐은 어느 부하 직원에게 "일본인을 저지하는 방법은 힘밖에 없는 것 같다"고 말하기도 했는데, 최종적으로는 군사력에 의지할 것을 각오했던 것이다.

이시이도 전후에 미국 측 자료를 통해 '매직'의 존재를 알았다.

"암호는 누군가에게 읽힐 수도 있다는 게 정보장교들의 전제입니다. 나는 북지나방면군에서 정보장교로 일한 적이 있는데, 일본군은 이미 쇼와 초기부터 장제스군의 암호를 해독하여 그 움직임을 파악하고 있었습니다. 그 사실을 알고 암호라는 것은 상대가 얼마든지 읽어낼 수 있다는 점을 염두에 두어야 한다고 생각했지요. 그래서 이때 미국이 암호 해독에 성공했다 하더라도, 우리 책임이 가벼워지는 것은 물론 아닙니다. 도둑맞은 쪽이 잘못한 것이지요."

그러나 그의 말투는 외무성이 암호를 제대로 취급하지 못했고 아울러 그 시스템에 확실하게 대응하지 못한 것이 잘못이라는 강한 울림을 담고 있었다.

남부 프랑스령 인도차이나 진주는 군사적으로는 '무혈 점령'이라는 점에서 성공적이었지만, 정치적으로는 쇼와 육군의 예상이 얼마나 안이했는지를 보여주었고, 그 점에서 실패했던 것이다.

제15장 미일 수뇌 회담은
왜 결렬되었는가

1941년 8월부터 11월 하순까지 육군 내부에서 가장 바쁘게 움직인 곳은 육군성 군무국이었다. 바빴다고 말하는 것은 단순히 사무적인 일에 분주했기 때문만이 아니라 무엇보다 미국과 '전쟁을 할 것인지 아니면 평화를 유지할 것인지' 정치적 판단을 내려야 하는 상황에 처해 있었기 때문이다. 섬세한 신경과 대담한 발상 그리고 역사를 꿰뚫는 식견이 필요했다. 당시 육군성의 스태프는 과연 이 중대한 시험에 합격했다고 말할 수 있을까?

8월 4일 밤, 고노에 후미마로 수상은 육군상 도조 히데키와 해군상 오이카와 고시로及川古志郎를 수상 관저의 집무실로 불렀다. 고노에는 7월 말의 남부 프랑스령 인도차이나 진주와 함께 미국으로부터 이미 호된 보복을 당한 데 충격을 받은 터였다. 4월부터 시작된 미일 교섭은 암초에 부딪혔고, 앞길에 짙은 안개가 끼어 있었다. 그런 상황에서 새로운 외교 수단을 생각하고 있었던 것이다.

"사태가 이런 식으로 진행되다 보면 미일 관계는 중대한 국면을 맞게 될 것이다. 노무라 대사와 헐 국무장관이 교섭을 이어가고 있지만 진전은 보이지 않는다. 미국의 요구도 어느 정도는 받아들여야 할 텐데, 그렇게 하려면 내가 직접 루스벨트 대통령을 만나 협상을 하는 게 좋겠다고 생각한다."

미일 교섭은 노무라 기치사부로 주미 대사와 코델 헐 국무장관 사이에서 절충이 진행되고 있었다. 그러나 고노에는 이런 흐리멍덩한 방법으로는 안 된다고 생각했던 것이다.

오이카와는 "괜찮은 방법이다. 나는 찬성한다"고 대답했다. 그러나 도조는 즉각 반응하지 않았다.

"이 자리에서 즉답하기 어렵다. 육군성으로 돌아가 검토해보고 싶다"고 대답했을 뿐이다. 찬성하는 표정이 전혀 아니었다. 오히려 고노에의 제안에 경계심을 갖고 있었던 듯하다.

"수뇌 회담에 찬성해줬으면 좋겠다. 그렇지 않으면 전쟁이라는 사태를 피할 수 없다."

고노에는 오이카와와 도조에게 몇 번이나 이렇게 말했다.

그런데 미일 수뇌 회담을 구상한 사람은 고노에 내각의 서기관장 도미타 겐지富田健治였다. 일본의 정책이 육해군에 좌지우지되는 데 속을 끓이고 있던 도미타는 수뇌 회담을 통해 일거에 문제를 해결해야겠다고 생각했던 것이다. 고노에는 그의 뜻에 동의하면서 "내가 고무라 후작을 따를 수 있다면 그런 명예도 없을 것"이라고 대답했다.

국민의 불만을 잠재우고 러일전쟁 때 강화 조약을 체결했던 고무라 주타로小村壽太郎의 용단을 따르겠다는 것이었다.

육군성으로 돌아온 도조는 군무국장 무토 아키라, 군무과장 사토 겐료, 군무과 고급과원 이시이 아키호를 불러 모았다. 미일 교섭에 관해서는 이 네 사람이 중심이 되어 육군 측의 대응책을 가다듬었다.

네 사람의 협의에서는, 고노에가 루스벨트와 회담을 한다고 해서 즉시 현안 사항이 해결될 리는 없겠지만, 그가 의욕적으로 나선 점은 평가할 만하다고 주장하는 쪽과 삼국동맹에 가입한 일본이 미국과 화해하는 것은 신의에 반한다고 주장하는 쪽으로 나뉘었다.

전자가 무토와 이시이, 후자는 사토였는데 도조 자신은 사토 쪽으로 기울어 있었다.

———— 고노에의 열의에 도조가 제시한 두 가지 조건

도조 자신이 직접 붓을 들어 고노에에게 보내는 회답을 정리했다. 그 내용은 자못 위세가 당당했다.

"(루스벨트가) 현재의 정책을 이어나갈 경우 육군에서는 미국과 한판 싸울 각오로 단호하게 임한다는 데 이의가 없다"는 것이었다.

나아가 도조는 두 가지 조건을 덧붙였다. 헐 이하의 인물과 만난다면 동의하지 않을 것이며 이 회담이 성공하지 못한다 하더라도 수상 자리에서 물러나지 않을 것, 그리고 "오히려 대미 전쟁의 진두에 설 것을 굳게 결의해야할 것"이라고 못을 박았다.

이 회답만 보면 도조가 대미 전쟁을 호소하고 있는 것처럼 보이기도 한다. 하지만 이때까지만 하더라도 도조도 거기까지 생각하지는 않았다. 그럼에도 육군 이외의 집단이나 인물을 접할 때는 늘 이런 어조로 위기감을 부추겼던 것이다. 군 내부에서 타협을 용납하지 않는 강경론을 내세우면 언제나 존경받게 된다는 방식으로, 나쁜 체질을 갖춰야 군인들의 영달이 가능한 것이었다.

앞서 서술했듯이 이시이는 1991년 당시 90세로 야마구치 현 우베 시에 살고 있었다. 이시이는 나와 인터뷰를 하는 자리에서 이 회담을 어떻게 예측했는지 다음과 같이 증언했다.

"고노에는 만약 루스벨트와 만난다면 담판이 결렬되어서는 안 되며, 결국은 자신의 책임 아래 또는 천황의 허락을 얻어 크게 양보한 선언에 서명하게 될 것이라고 생각했습니다. 그래서 우리는 수상의 뜻을 막을 수 없다, 말은 그렇게 하지만 고노에도 하나라도 더 유리한 조건을 얻어내려 할 것임에 틀림없다고 생각했고, 만약 회담이 실현된다면 협력할 작정이었습니다."

이시이는 수뇌 회담에서, 미국이 일본에 대해 중국에서 병력을 철수할 것, 삼국동맹에서 탈퇴할 것 등 가혹한 조건을 제시할 터이므로 가능한 한 회담을 막고 싶었다고 털어놓았다. 이시이는 또 수뇌 회담에 관한 육군성의 움직임을 설명해주었는데, 도조의 행동으로 미루어보아 다음과 같이 생각했을 것이라고 추측한다.

"고노에가 수뇌 회담에 깊은 관심을 갖고 어떻게든 스스로 현안을 정리하려고 하는 까닭에 '그것을 막을 수는 없다. 그런데 저 사람이 정말로 교섭을 잘할 수 있을까. 미국 쪽에 말려들어 크나큰 양보를 강요받지나 않을까. 그래서는 곤란하다'고 생각했던 것 같습니다. 속으로는 고노에를 그다지 신뢰하지 않았다고 할 수 있을 듯합니다만……."

그러나 어찌됐든 일본 측은 미일 수뇌 회담 의향을 굳혔다.

고노에는 이 의향을 천황에게 전했다. 천황도 그 뜻을 받아들여 "속히 추진하는 게 마땅하다"라며 격려했다. 천황이 이렇게 재촉한 것도 이해 7월 말에 남부 프랑스령 인도차이나에 일본군이 진주하면서 미국의 석유가 들어올 수 없는 상황에 이르자 해군이 급속히 대미전으로 기우는 것을 두려워했기 때문이다.

해군의 나가노 오사미永野修身 군령부총장은 천황에게 "미일 교섭은 이루어지지 않을 것이라고 생각합니다. 석유 저장량은 2년분밖에 되지 않습니다.

전쟁이 벌어지면 1년 반이면 다 써버릴 테니 오히려 이번 기회에 선수를 치는 게 적당할 것입니다"라고 상주했다. 이 말을 듣고 천황도 적잖이 당황했던 것이다.

8월 8일 노무라는 헐을 만나 수뇌 회담 의향을 전달했다. 헐의 반응은 냉담했다. 일본이 정책을 변경하지 않는 한 그런 회담은 의미가 없다는 것이었다.

하지만 고노에는 이 수뇌 회담에 자신의 정치적 생명을 걸었다. 서기관장 도미타 겐지의 회상록 『패전 일본의 이면: 고노에의 추억』에 따르면, "(고노에는) 누가 뭐래도 밝은 표정을 지으며 뭔가를 기다리고 있는 듯한 모습이었다". 고노에는 육군이 뭐라 말하든 해군이 아무리 뻣뻣하게 나오든 신경도 쓰지 않고 자신이 루스벨트를 만나기만 하면 모든 것이 잘 해결되어 천황의 보증을 받을 수 있으리라 낙관했던 것이다. 그래서 나날이 변화하는 주변의 정치 정세에는 완전히 눈을 감아버렸다.

육군성의 막료들도 겉으로는 미국과의 외교 교섭을 지켜보고 있었다. 미국 측이 수뇌 회담을 받아들일지 여부를 초조한 마음으로 기다리고 있었다. 하지만 다른 한편으로는 일본이 실제로 미국과 전쟁을 할 수 있을지 여부를 판단하기 위해 전력을 검토하기도 했다. 도조가 군사과 막료에게 은밀하게 일본과 미국의 전력을 비교하라고 명했던 것이다.

내가 육군성 군사과의 내정반장內政班長이었던 오쓰키 아키라大槻章를 만난 것은 1990년 봄이었다. 도쿄 하치오지八王子의 주택가에 사는 오쓰키는 당시 86세였는데, 그의 어조는 명료했으며 도조와 주고받은 이야기도 잘 기억하고 있었다. 응접실 소파에 깊숙이 몸을 묻고 담담하게 자신의 체험을 들려주었다.

"그 무렵 육군은 일본의 국력 판단이라는 것을 진행하고 있지 않았습니까? 관련 사항을 상세하게 조사해달라고 했습니다. 도조가 가능하면 빨리 천황에게 상주하고 싶다고 해서 나도 조사와 연구를 했습니다. 일본과 미국

제2부. 쇼와 육군의 흥망

의 생산력, 군사력 등을 조사했더니 아무래도 일본은 미국과 비교가 안 되더군요. 자세한 숫자는 잊어버렸습니다만, 아무튼 상대가 되지 않았습니다. 그것을 무토에게 보고했더니 그 역시 난감해하는 표정이었습니다."

무토는 "단기간이라도 안 되겠느냐"고 물었다. 그러나 그것도 무리였다. 석유가 없으니 어찌 해볼 도리가 없었던 것이다. 미국에 의존하고 있던 상황 때문에 얼마나 두려운지를 새삼 깨닫게 되었던 셈이다.

오쓰키에 따르면, 예컨대 전시 동원 병력은 어느 정도 가능할지도 어림잡아 계산했다.

각국의 숫자를 분석하기도 하고 에도 시대 각 번의 병력을 계산해보기도 했다. 그 결과 인구가 1억이라면 250만 명(2.5퍼센트)을 동원할 수 있다는 결론에 도달했다. 과거 그 어떤 전쟁에서도 2.5퍼센트를 넘으면 그 나라는 더 이상 전시 태세를 유지할 수 없었다. 결국 인적 배분을 왜곡하여 공장에서 일할 사람이 없어지고 행정기구도 작동을 멈추고 말았던 것이다.

"일본이 미국과 전쟁을 하려면 막대한 전비가 필요합니다. 그것을 감당하는 것도 불가능합니다. 나는 육군 200만 명, 해군 50만 명이 한계이고 그 이상은 무리라는 결론을 내렸습니다."

오쓰키의 보고서를 읽은 도조는 "역시 무리인가"라며 중얼거렸다. 이 단계에서는 도조와 무토도 미국과의 전쟁에 소극적이었다.

오쓰키는 한숨을 쉬며, "도조는 아무래도 무리라는 의견을 받아들이긴 했지만 그 생각을 끝까지 밀고 나가지는 못했습니다. 그것이 도조의 취약점이었지요"라고 되풀이했다. 실제로 도조는 차차 오쓰키의 보고를 잊고, "전력비율은 3분의 1이라 해도 일본에는 세계 그 어느 나라와도 비교할 수 없는 황국정신이 있다"고 말하기 시작했다.

도조도 처음에는 내심 미국과의 전쟁은 무리라고 생각하면서도 고노에나 도요다 데이지로豐田貞次郎 외무상 그리고 해군의 비전파 앞에서는 위세 좋게

"대미전밖에 없다"고 말했던 것이다. 그 말이 나중에 자승자박이 되어 수상이 된 도조 자신에게 되돌아왔다.

8월 중순, 도조가 처한 딜레마를 보여주는 듯한 사건이 일어난다.

군무국 내정반장 마키 다쓰오牧達夫는 주로 의회 공작을 담당하는 막료였다. 마키는 마키 다쓰유키牧達之 중장의 외아들로 부잣집 도련님 같은 사람이었다. 도조의 뒤틀린 심리의 일면만을 보고 수뇌 회담에 반대하는 것이 육군을 위하고 도조를 위한 일이라고 생각했다.

그는 고노에가 루스벨트에게 수뇌 회담을 제안했다는 소식을 듣자마자 이것은 "도조의 의향에 반한다"고 결론짓고 정계와 언론계를 움직여 반대운동을 시작했다. "고노에의 이런 태도는 미국에 굴복하는 것"이라고 생각했던 것이다.

이 이야기가 헌병을 통해 도조의 귀에 들어왔다. 도조는 육군도 협력하고 있는데 무슨 소리냐며 분노했고, 마키 다쓰오를 즉각 대만군사령부의 참모로 내쫓아버렸다.

8월 19일, 노무라가 보낸 전보가 외무성에 도착했다.

노무라는 8월 17일 루스벨트를 만났다. 일요일이었음에도 루스벨트는 헐을 동석시키고 노무라를 불렀다. 이 자리에서 루스벨트는 노무라에게 경고서를 건네는 한편 다시 한번 고노에의 진의를 확인했다.

"고노에 수상의 제안 그 자체는 괜찮다. 하지만 이런 회담을 계획하기 전에 일본 정부가 현재 입장을 명확히 하는 성명을 발표할 필요가 있을 것이다."

강온 양면 전략 : 미국의 시간 벌기

　　루스벨트는 그렇게 말하면서도 만약 회담을 열게 된다면 10월 중순쯤이 좋지 않겠느냐, 장소는 알래스카의 주노가 어떻겠느냐고 제의하기도 했다. 강온 양면 전략을 구사하고 있었던 것이다.

　노무라는 루스벨트의 경고서와 회견 내용을 전하는 두 통의 전보를 보내왔다. 그리고 그 말미에 사견을 덧붙였다. 국가의 백년대계를 생각하면 미국과 협조하는 정책을 택하는 것이 이로우리라는 내용이었다.

　도미타는 노무라의 전보를 통해 루스벨트가 흔쾌히 적당한 시기, 적당한 장소에서 만나고 싶다는 뜻을 밝혔다는 것을 알고 고노에와 함께 기뻐했다고 한다. 고노에의 표정은 자신도 당당하게 대정치가의 반열에 오를 수 있으리라는 생각에 자랑으로 가득 차 있었다.

　그러나 경고서에 관해서는 그다지 주의를 기울이지 않았다. 이 경고서는 일본이 남부 프랑스령 인도차이나를 점령하고 나아가 이웃 나라를 무력 침공할 경우 미국은 이에 상응하는 조치를 취할 것이라는 내용을 담고 있었다. 미국이 강조한 것은 일본이 아시아 각지에서 무력 정책을 취하는 것을 허용하지 않겠다는 의미였지만, 고노에는 그렇게 받아들인 게 아니라 미국이 일본의 기존 정책을 추인하는 것으로 읽었던 것이다.

　이 전보를 접한 육군성도 미국이 수뇌 회담을 수락할 것으로 보고 준비에 들어갔다.

　무토를 육군 대표단의 단장으로 하고 이시이가 그를 보좌하며, 군무과 과원이 고노에를 지원하기로 했다. 무토와 이시이는 육군성으로 양복 재단사를 불러 신사복을 새로 맞췄다. 두발도 조금 길게 하여 대표단으로서 흉하게 보이지 않도록 하자고 합의했다.

　이와 관련하여 이시이는 이렇게 말했다.

"그때는 나도 수뇌 회담이 실현될 것이라고 생각했지요. 나뿐만이 아니라 정치적으로 지도자 위치에 있는 사람은 누구나 그렇게 생각했을 겁니다. 물론 그것을 알고 있는 사람은 정책 당국자뿐이었습니다. 그런데 『아사히신문』의 육군성 담당 기자 이소노 기요시磯野淸가 와서, 자신의 동료들도 미국의 정보를 모아 상세하게 검토했는데 그들 역시 반드시 실현될 것이라는 결론에 도달했다고 전해주었습니다."

그렇다면 루스벨트는 실제로 어떤 생각을 하고 있었을까?

루스벨트와 영국의 처칠 수상은 8월 12일부터 14일까지 뉴펀들랜드 앞바다의 군함에서 미영 회담을 가졌다. 그들은 독소전에서는 소련 측에 서고 일본과는 당분간 마찰을 일으키지 않기로 하는 한편, 기본적으로 일본군의 무력 침공을 허용하지 않겠다고 경고할 것을 결정했다. 루스벨트가 노무라에게 건넨 경고서는 이때의 협의를 바탕으로 작성된 것이었다. 미국과 영국의 이 공동선언은 일반적으로 대서양헌장으로 알려져 있는데, 소련과 자유 프랑스 등 15개국도 이에 찬성의 뜻을 표했다.

그러나 이것은 표면적인 것일 뿐 실제로 루스벨트와 처칠은 장래 일본과의 무력 충돌을 예상하고 그때를 대비해 군비 확충을 서두를 필요가 있다는 점에 합의했다. 미국은 아직 임전 태세와는 거리가 먼 상태였으며, 전비는 구닥다리인 데다 군수산업도 풀가동되지는 않고 있었다.

"당분간 일본을 잘 달래서 시간을 벌어야 한다"는 것이 루스벨트와 처칠의 결론이었다. 바로 그랬기 때문에 대서양헌장에 일본을 비판하는 구절을 넣지 않았고, 자극하는 말도 피했던 것이다.

루스벨트는 "일본을 달래기" 위해, '매직'으로 일본 외무성과 워싱턴의 주미대사관이 주고받은 전보를 모두 해독하고 이를 이용하여 일본의 태도를 예의 주시했다. 미일 수뇌 회담에 대한 루스벨트의 감언은 그런 의도에서 나온 것이었다.

8월 26일, 일본에서는 대본영정부연락회의가 열렸다. 당시에는 이 회의가 실질적인 정책 결정의 장이었다.

대본영정부연락회의는 굉장히 일본적인 묘한 분위기를 자아내는 회의였다. 진짜 국책에 대해서는 무엇 하나 제대로 논의되는 법이 없었다.

원래대로라면 미국의 경고서를 대상으로 논의해야 했다. 하지만 그런 논의는 없었다. 도조와 오이카와도 미일 수뇌 회담에 모든 것을 걸고 있는 고노에의 기세에 압도되었고, 그저 미국 측에 보내는 '고노에 메시지'가 채택되었을 따름이다. '고노에 메시지'에서는 일본과 미국의 관계가 원활하지 않은 것은 양국 정부의 의사소통이 제대로 이루어지지 않았기 때문이며 동시에 제3국(중국을 가리킨다)의 "모략 책동 때문"이라고 단정했다. 그리고 말미에서 "우리는 하루빨리 회담이 열리기를 희망한다"고 밝혔다.(1941년 8월 30일자 『아사히신문』에는 노무라 기치사부로 주미 대사가 '고노에 수상 각서'를 루스벨트에게 전달했다는 소식이 실렸는데, "태평양을 둘러싼 미일 간의 미묘한 정세와 관련하여 어디에 문제가 있는지 검토하고 있다"라는 요시즈미吉積 정보국 제2국장의 설명이 함께 게재되어 있다.─옮긴이)

이 메시지는 즉시 노무라에게 전달되었고, 8월 28일 루스벨트의 집무실에 도착했다. 확실히 일본 측의 열의를 엿볼 수 있다.

'고노에 메시지'를 훑어본 루스벨트도 격조 높은 내용이라며 칭찬을 아끼지 않았다.

"이 메시지에서는 회담 장소를 하와이로 했으면 좋겠다고 했는데, 아무래도 알래스카가 좋을 듯하다. 사흘 정도 회담을 했으면 한다."

노무라는 루스벨트의 이러한 반응을 그대로 일본에 전했다. 고노에는 여전히 기쁨에 빠져 있었다. 루스벨트를 만난 날 밤 헐에게 불려간 노무라는 그로부터 미국과 일본의 관계를 정상화하기 위해서는 "중국 문제가 무엇보다 중요하다"는 말을 들었다. 기분을 상하게 하는 말투였다. 그것은 결국 일본이 중국에서 병력을 철수하는 게 모든 정책의 전제라는 뜻이었다. 노무라는 이 내용도 그대로 일본으로 보냈다.

미국은 원칙을 결코 양보하지 않았던 것이다. 루스벨트를 믿으면 회담이 열릴 가능성이 있지만, 헐의 말을 믿으면 가능성이 없었다. 육군성 군무국의 막료들은 무토의 집무실에 모여 협의를 계속했다.

두 통의 전보를 읽은 사토 겐료는 이시이에게 이렇게 투덜댔다.

"미국도 참 멍청하군. 아무런 조건도 달지 않고 고노에를 만나기만 하면 만사가 그들의 뜻대로 될 텐데……."

사토는 미국의 전략을 전혀 간파하지 못했다. 무토는 그렇게까지 단순한 말을 하지는 않았지만, 노무라가 루스벨트에게 고노에를 만나기만 하면 미일 교섭이 잘 마무리될 것이라고 했다는 얘기를 듣고서는 벌레 씹은 듯한 표정으로 "이걸 우리 자손들이 읽으면 뭐라고 말할까"라고 중얼거렸다.

이 무렵 이시이는 무토에게 수행원으로서 연구해야 할 주제를 부여받았다.

"모두 함께 갈 예정이었기 때문에 나도 중일전쟁의 목적, 동아공영권의 범위, 미국의 정책에 대한 의문 등등을 조사했습니다. 우리 견해를 미국 측에 설명해야 했으니까요. 우리는 당시 중국에서 철병하는 문제에 대해서는 협상을 통해 어느 정도 의견을 좁힐 수 있을 거라고 생각했습니다. 적당한 선에서 결말이 날 거라고 판단했지요. 그것은 중국의 어떤 지역에 공산주의를 막는다는 명목으로 군대를 머무르게 하는 것이었습니다. 그 지역을 정하는 것이 교섭의 주안점이라고 생각했습니다."

이시이는 낙관적인 예측에 대해 이야기할 때에도 담담한 어조로 설명을 이어나갔다.

이 시기에 이르러 도조는 이와 같은 번거로운 교섭에 속을 태우고 있었다. 모든 일을 매끄럽고 깔끔하게 진행하는 것이 이 군인의 장점이며, 설령 그것이 국책상 불리하다 해도 거기까지는 생각하지도 않았다. 그는 고노에에게

제2부. 쇼와 육군의 흥망

"미국이 의도적으로 지연시키고 있는지도 모른다"고 말했고, 오이카와에게도 자신의 불안감을 감추지 않았다.

고노에는 "지연책이라고는 생각하지 않는다"고 대답했고, 오이카와도 "미국의 태도를 나쁘게 해석할 생각은 없다"고 반박했다.

육군의 막료들은 8월 말부터 해군의 막료에게 질책을 당하기 시작했다.

7월 2일의 어전 회의에서 결정한 「제국 국책 요강」에서는 남부 프랑스령 인도차이나 진주를 방해하면 "대영미전을 불사한다"는 방침으로 맞서자고 했다. 실제로 진주한 결과 "일본에 대한 석유 수출 전면 금지"라는 보복을 당했다. 이것이 "대영미전을 불사"할 사태인지 여부가 문제로 떠올랐다. 군령부와 해군성 안에 대미 전쟁을 주장하는 세력이 급격히 대두했고, "이대로 가다가는 일본의 상황은 점점 더 악화될 것"이라는 초조감이 생겨났다. 그리하여 해군 측에서 이 국책 요강을 재검토하자고 제안했다.

참모본부 작전부장 다나카 신이치, 육군성 군무국장 무토 아키라, 군령부 제1부장 후쿠토메 시게루福留繁, 해군성 군무국장 오카 다카즈미岡敬純가 재검토를 담당했다. 해군성의 막료가 작성한 시안에는 "대미영란전對米英蘭戰을 결의하고" 국책을 진행한다는 구절이 들어 있었는데, 그것이 논의의 중심이 되었다.

"석유 수입이 중단된 이상 언젠가는 일어서야만 한다. 빠르면 빠를수록 좋다." 다나카가 촉구했다. 이러한 강경론이 참모본부 막료들의 총의이기도 했다.

"그렇지 않다. 미일 교섭이 결렬되더라도 개전으로 나아가서는 안 된다." 오카가 이렇게 주장했다. 오카는 해군 내부에서도 일관되게 화평파의 위치에 있었다. 본래대로라면 군령부의 후쿠토메는 막료들의 요구에 따라 강경론을 펼쳤어야 한다. 그런데 그는 "즉시 개전하는 게 아니라 미일 교섭을 조금 더 지켜보고 결정하는 게 낫다"고 주장했고, 무토도 이에 동조했다.

무토는 "대미영란전의 결의 아래"로 바꾸자고 했고, 오카가 이의를 제기하여 "대미영란전을 불사한다는 결의 아래"로 바꾸어야 한다고 말했다. 대미영란전을 결의할 것인지, 대미영란전을 결의한다는 각오로 사태에 대응할 것인지, 아니면 대미영란전을 치르는 것도 불사한다는 결의 아래 운운하는 세 가지 의미를 둘러싼 논의가 진행되었다.

그 결과 무토는 오카가 주장한 자구字句에 접근했고, 그 방향에서 국책을 다시 가다듬기로 결정했다. 생각해보면 아무런 쓸모도 없는 논쟁이었다. 육해군 각각의 이익을 대변하는 군 관료들은 이런 자구 논쟁으로 시간을 질질 끌고 있었던 것이다.

애매모호한 '요령'에 포함된 위험 요소

그리고 9월 2일까지 육해군의 중견 막료들은 이 자구를 축으로 하여 외교 교섭을 우선할 것인지, 아니면 군사 행동을 위한 준비를 우선할 것인지를 두고 연일 회의를 이어나갔다. 외교 교섭에 주력하라는 요구는 육군성과 해군성에 많았는데, 그것은 루스벨트의 말을 믿었기 때문이다. 한편 당장이라도 대미전 작전에 돌입해야 한다는 요구는 참모본부와 군령부에 많았는데, 그것은 실제로 전쟁이 시작되면 군령 부문의 막료가 실질적으로 권력을 장악하게 될 것이기 때문이었다. 그래서 계절풍이 불기 전이 좋다는 둥, 미국이 전비를 갖추기 전이 좋다는 둥 논쟁을 거치는 가운데 표현은 점차 엄격해졌다.

최종적으로 이 안을 문장으로 정리한 사람은 이시이였다.

이 부분도 살리고 저 부분도 살리다 보니 결국은 애매모호한 표현이 뒤섞여 뒤죽박죽되고 말았다. 이시이는 그런 초안을 잘 짜기로 이름이 높았지만 그 내용에는 지극히 위험한 부분이 포함되어 있었다.

「제국 국책 수행 요령」이라는 제목의 초안에는 세 항목의 방침이 명기되어 있다. 그 가운데 제1항과 제3항을 보면 다음과 같다.

1. 제국은 자존자위에 만전을 기하기 위해 대미(영란) 전쟁을 불사한다는 결의 아래 대략 10월 하순을 목표로 전쟁 준비를 완정完整한다.
2. (생략, 외교 교섭에 대해 언급하고 있다.)
3. 제2항의 외교 교섭에 의해 10월 상순경까지 우리 요구를 관철하지 못할 경우에는 즉각 대미(영란) 개전을 결의한다.

이 요령에는 미일 교섭에서 일본이 지켜야 할 최소한의 요구와 일본이 허용할 수 있는 범위도 명시되어 있다. 그러나 중점은 어디까지나 제1항과 제3항에 놓여 있었다. 대미전을 불사한다는 결의 아래 전쟁 준비를 갖추며, 그기한은 10월 하순이라는 것이다. 10월 상순까지 외교 교섭의 장에서 일본의 요구가 미국 측의 인정을 받지 못할 때에는 즉각 전쟁을 결의한다고 하여 기한이 정해지고 요구의 틀이 굳어지면서 전체적인 인상은 당장이라도 전쟁에 돌입할 것 같은 표현으로 바뀌었다. 그리고 이 안은 9월 3일 열린 대본영정부연락회의에서 한 곳만을 수정하고 승인을 받았다.

제3항의 "우리 요구를 관철하지 못할 경우"라는 부분을 오이카와의 요청에 따라 "우리 요구가 관철될 가능성이 없는 경우"로 수정했던 것이다. 오이카와는 이렇게 수정해야 10월 상순에 일본의 요구가 받아들여질 "가능성이 있는지 여부"를 다시 논의해야 할 것이라고 생각했다. 그는 일단 1개월의 시간을 벌고자 했던 것이다.

그렇다 하더라도 육군성의 막료들, 특히 무토와 이시이가 이 시기에 대미전을 결행하는 것은 무리라고 이해하고 있었음에도 왜 이런 내용으로 바뀐 것일까.

나는 이 점을 몇 번이나 이시이에게 확인해보았다. 군인이자 군 관료였던 이시이도 이에 대해서는 충분한 답을 내놓지 못했다. 자구를 이리저리 만지작거리다 보니 애매모호한 표현으로 바뀌었고, 이번에는 그 애매모호한 표현에 휘둘리게 되었던 것이다.

고노에는 이 초안을 보긴 했지만 꼼꼼히 살펴지는 않았다. 여전히 미일 수뇌 회담에 기대를 품고서 노무라의 전보를 기다리고 있을 따름이었다. 추측건대 고노에는 "이런 문안을 작성했다 해도 루스벨트를 만나고 그곳에서 천황에게 직접 전보를 보내 천황의 양해를 얻어 조약을 체결하면 모든 게 금방 해결되리"라고 생각했을 것이다. 아울러 9월 3일 회의에서는 외무성이 기안한 대미 요구 사항도 승인을 받아 9월 6일 노무라를 거쳐 루스벨트에게 전달되었다. 여기에는 삼국동맹을 독자적으로 해석하고, 협정을 체결하고 중국에서 철수하며, 미일 통상관계를 개선한다와 같은 내용이 담겨 있었는데, 고노에는 이쪽에 관심을 두었다.

그런 고노에를 호되게 질책한 사람은 바로 천황이었다.

9월 5일 밤, 고노에는 「제국 국책 수행 요령」 초안을 들고 천황을 만나러 갔다. 다음 날 열릴 어전 회의에 앞서 천황의 양해를 얻고자 했던 것이다. 그런데 천황은 이 초안을 읽고 다음과 같이 말했다.

"이걸 보면 첫 번째가 전쟁 준비이고 두 번째가 외교 교섭이라는 말이다. 이 점에 대해서는 어전 회의에서 다시 묻기로 하겠다."

보통 천황은 초안을 그대로 받아들이는데 이때는 달랐다. 당황한 고노에는 이렇게 얼버무렸다.

"제1항과 제2항으로 되어 있긴 합니다만, 그것이 반드시 경중을 나타내는 것은 아닙니다."

천황은 참모총장 스기야마 하지메와 군령부총장 나가노 오사미를 즉시 부르라고 명했다. 두 사람이 번갈아가며 변명했지만 천황은 납득하지 않았다.

"요컨대 통수부는 외교에 중점을 둔다고 주장하는 것처럼 보이는데 맞는가?"

천황의 질문에 두 사람은 "그렇습니다"라고 대답했다.

그런데 두 사람이 그렇게 답하긴 했지만 이 초안은 제멋대로 해석될 수 있는 내용을 담고 있었다.

9월 6일 열린 어전 회의에서 천황은 발언권을 요청해 메이지 천황의 어제御製를 읽었다. 그러나 특별히 초안의 문장을 수정하라는 명을 내리지는 않았다.

도조는 어전 회의가 끝난 뒤 육군성으로 돌아와서도 한참 동안 멍한 표정이었다. 그는 군무과와 군사과의 막료들을 모아 집요하게 설명했다.

"성의聖意는 화평을 희구하신다. 그러니 어떻게 해서든 외교 교섭을 보좌하지 않으면 안 된다."

하지만 막료들은 '절대부전絕對不戰'을 전제로 하여 미국의 말을 듣는다면 그것이야말로 불충에 해당될 수도 있다며 어정쩡한 태도를 취했다.

9월에 들어서 노무라와 헐은 이전만큼 자주 만나지 않았다. 일본 측은 오로지 제안에 대한 회답을 기다리고 있었다.

천황은 분명하게 화평 의사를 보였지만 참모본부는 전쟁 준비에 착수했다. 어전 회의의 결론이 그것을 명문화하고 있었기 때문이다. 스기야마는 천황에게 남방 작전 구상을 설명했고, 참모본부 작전부는 육군의 각 부대에 동원령을 내려 전시 편성에 몰두했다. 국민에게는 어전 회의의 모습 등이 전혀 알려지지 않았고, 미일 교섭도 보도되지 않았다.

국민에게는 육군성의 보도부장이 "대미전을 각오하고 최후의 한 사람까지 싸우자"라는 격문을 내보냈다. 이에 자극을 받은 우익의 남성 네 명이 고노에가 탄 자동차를 습격하는 사건도 있었다. 그들 중에는 가슴에 '미일 교섭 반대'라는 격문을 품고 있는 이도 있었다.

일본은 통일성을 찾아볼 수 없는 '위험한 나라'의 길로 들어서고 있었다.

루스벨트와 헐은 그러한 일본의 정세를 예의 주시하고 있었다. 9월에는 어떤 회답도 보내오지 않았다.

9월 중순, 도조는 이시이를 불러 "미국의 태도가 지연책은 아닌지 검토하라"고 명했다.

그러나 이시이는 대답하지 않았다. 수행원으로 선발된 멤버들은 초조하게 미국 측 회답을 기다릴 뿐이었다. 이시이는 이렇게 증언한다.

"9월 내내 교섭은 아무런 진전이 없었습니다. 하지만 그 원인은 이쪽에 있었습니다. 도요다 외무상은 훗날 9월 6일의 초안을 훑어보지도 않았다고 고백했습니다. 악취가 나는 것은 일단 덮어놓고 어떻게든 대통령을 회담장으로 끌어내려고만 했던 것입니다. 고노에도 도쿄에서 주일 대사 그루를 만나는 등 이러저러한 움직임을 보였습니다. 도쿄와 워싱턴은 평행선을 달리고 있었습니다. 미국도 일본이 어떻게 나올 것인지 의문만 키우면서 대답을 내놓지 못했던 것 같습니다. 이런 생각에는 아직도 변함이 없습니다."

루스벨트를 일단 만나기만 하면 모든 것이 해결되리라 생각하고 있던 고노에는 미국 측으로부터 회답이 없자 표정이 점차 험악해졌다. 9월 27일부터 10월 2일까지는 별장에 처박혀 도쿄에는 나오지도 않았다. 내대신 기도 고이치에게 "다시 물러나고 싶다"는 말을 흘렸다.

고노에의 사위로, 비서 일을 하고 있던 호소카와 모리사다細川護貞는 나에게 직접 이렇게 말했다(1991년 10월).

"그때 고노에는 지병인 치질이 아주 심해져서 정신적으로 몹시 힘들어하고 있었습니다. 차를 타도 의자에 앉을 수 없어서 엉거주춤하게 엉덩이를 들고 있어야 할 정도로 심했지요. 이런 상태에서 더욱 기운이 빠진 것인지도 모르겠습니다."

10월 2일, 학수고대하던 노무라의 전보가 도착했다. 9월 6일 일본의 대미 제안에 대한 회답을 루스벨트가 노무라에게 건넨 것이었다. 그 내용은 약 2개월 동안 일본 측이 내놓은 제안의 일시와 내용을 죽 늘어놓고, 다시금 일본 측에 미일 교섭을 시작할 때(4월) 미국 측이 제시했던 네 가지 조건을 되풀이한 것에 지나지 않았다. 그리고 미일 수뇌 회담에 대해서는 그 목적을 달성할 수 있을 만큼 상황이 무르익지 않았다는 견해를 제시한 것이었다.

이것은 거부인가, 아니면 고려 중이라는 말인가. 일본 측의 판단은 또 나뉘었다.

고노에는 처음에 고려 중이라는 쪽에 걸었지만 이는 급속히 설득력을 잃었다. 도조를 비롯한 육군성의 막료들도, 해군성과 교육총감부의 막료들도 거부한 것이라고 생각했다. 그러고는 모두 냉정을 잃고 "미일 교섭은 이미 끝났다"며 고노에를 몰아붙였다. 10월 4일 열린 대본영정부연락회의에서 도조는 "9월 6일 어전 회의에서 결정한 대로 진행해야 한다"는 의미의 말을 했고 스기야마도 이에 동조했다. 도조는 고노에에게 "인간은 한번쯤 죽기 아니면 살기를 각오하고 부딪쳐볼 필요가 있다"며 따지고 들었다. 그러자 고노에는 "그렇게 전쟁이 좋으면 좋아하는 사람이 시작하면 그만이다"라고 답했다.

고노에는 2개월 동안 걸었던 자신의 도박이 실패했음을 자각하지 못했던 것이다.

고노에가 사직한 것은 그로부터 12일 뒤다. 그리고 도조가 수상 자리에 올랐다. 천황은 육군의 최고 지도자에게 난국을 맡기기로 했다.

「헐 노트」가 도착한 날의 육군성

1948년 1월 6일 극동국제군사재판(도쿄전범재판)의 법정.

수석 검사 조지프 키넌이 피고 도조 히데키에게 반대 신문을 계속하고 있었다. 그의 어조는 날카로웠다.

"당신은 자신의 진술서에서 1941년 11월 26일자 헐 미국 국무장관이 노무라 일본 대사에게 보낸 메시지에 대해 언급한 바 있다."

「헐 노트」 사본을 보여주면서 "이것을 본 적이 있습니까"라고 추궁했다. 그러자 도조는 그 사본을 한참 들여다보더니 목소리를 높여 한 마디씩 끊어서 말하듯이 대답했다.

"평생 잊을 수 없을 것입니다."

"그러면 이것은 당신이 알고 있는 한, 대단히 위엄 있는 태도로 미국 국무장관이 스스로 노무라 일본 대사와 구루스에게 건넸다고 했는데, 그렇습니까?"

"태도가 그랬다는 것은 맞습니다. 그러나 내용은 서로 양보하는 정신이

1946년 극동국제군사재판(도쿄전범재판) 법정에 앉아 있는 일본 A급 전범들.
앞줄 왼쪽부터 도조 히데키 전 총리(사형), 오카 다카즈미 해군 중장(종신형),
우메즈 요시지로 육군 대장(종신형), 아라키 사다오 육군 대장(종신형), 무토 아키라 육군 중장(사형).
뒷줄 왼쪽부터 하라누마 기이치로 전 총리(종신형), 도고 시게노리 외무대신(징역 20년),
시게미쓰 마모루 외무대신(징역 7년).

도쿄전범재판에서의 도조 히데키.

제16장. 「헐 노트」가 도착한 날의 육군성

조금도 없었습니다."

키넌은 「헐 노트」가 제시한 기본 원칙을 읽어주었다. 도조가 이에 대한 감상을 피력했다. 키넌은 목청을 높여 물었다. '이 원칙은 모두 1922년 워싱턴 회의에서 체결된 9개국 조약(중국의 영토 불가침, 문호 개방 등)에 포함되어 있는 것이 아닌가? 일본, 중국, 미국도 체결국이 아니었던가?' 도조도 약간 괴로운 변명을 이어나갔다. 키넌은 계속해서 다음과 같은 질문을 던졌다.

"이 원칙들을 (미국이) 일본에 요구한 것이 불합리하거나 부당하다고 생각합니까?"

"그렇게는 생각하지 않습니다. 다만 9개국 조약 체결 이후 동아 상황의 변화와 더불어 이에 대한 인식이 충분하지 않아서 의견이 엇갈렸던 것입니다."

_____ 전쟁 돌입에 대한 이유 달기

도조의 답변은 지금 다시 당시의 재판 기록을 들여다봐도 맥락이 통하지 않는다. 키넌은 도조가 이러한 국제조약에 관해서는 거의 지식이 없다는 것을 알았고, 지도자로서도 그는 오로지 전쟁만을 기다리고 있었다는 인상을 주려 했다. 아울러 미국이 국제조약상 당연한 것을 요구했음에도 일본은 그것을 들으려고도 하지 않았던 듯하다.

또한 이것이 가장 중요한 점인데, 「헐 노트」를 받아들고서 개전을 결단한 일본 측의 책임을 명확히 하고자 했던 것이다.

「헐 노트」란 무엇인가? 먼저 이에 대해 설명하기로 한다.

1941년 11월 26일 오후 5시(워싱턴 시각, 일본 시각으로는 27일 오전 7시), 노무라 기치사부로와 구루스 사부로來棲三郎를 국무성으로 불러 「평화 해결 요강」을 건넸다. 바로 「헐 노트」라고 불리는 것이었는데, 이것은 표면적으로는 11월 20일 일본 측이 미국 측에 제시한 제안의 회답이라는 의미도 갖고 있었다.

이 「헐 노트」는 10개 항목으로 이루어져 있다. 노무라와 구루스는 이 가운데 제3항, 제4항, 제9항에 거부감을 느꼈다. 이 항목만을 보면 일본과 미국의 9개월에 걸친 교섭은 물거품으로 돌아갈 것이기 때문이었다.

제3항 일본 정부는 중국 및 인도차이나에서 모든 육해군 병력 및 경찰력을 철수해야 한다.

제4항 미국 정부 및 일본 정부는 충칭에 임시 수도를 두고 있는 중화민국 국민 정부 이외에 중국의 그 어떤 정부 또는 정권을 군사적·정치적 및 경제적으로 지지하지 않아야 한다.

제9항 미국 정부 및 일본 정부는 제3국과 체결하고 있는 그 어떤 협정도 본 협정의 근본 목적, 즉 태평양 전 지역의 평화 확보와 모순되게 해석되지 않도록 한다는 데 동의한다.

결국 제3항은 중국과 남방지역에서 전면적으로 철병할 것, 제4항은 장제스 정부의 승인과 일본의 괴뢰 정부였던 왕자오밍 정권의 불승인, 제9항은 삼국동맹의 형해화形骸化라는 의미를 포함하고 있었다. 쇼와 시대 이후 일본의 역사를 모두 백지로 돌려버리는 것이나 다름없는 내용이었다.

물론 미국도 이러한 안을 일본 측에 제시했을 때 도조 이하 일본의 지도자들이 어떤 태도로 나올지 충분히 알고 있었다. 그 증거로 헐은 노무라와 구루스를 만나기 전에 육군장관 스팀슨과 해군장관 녹스에게 "조만간 당신들이 미일 관계의 주역이 될 것"이라고 말했다.

「헐 노트」는 사실상 미일 개전의 방아쇠가 되었던 것이다.(1941년 11월 28

도쿄전범재판 기자회견에서의 조지프 키넌.

일 「헐 노트」가 전달된 날의 『아사히신문』 기사에는 "국무성 당국에서는 이 문서가 분쟁 해결을 위한 협정을 성립시키기 위해 제출된 것인지 여부에 대해서는 언급하기를 거부했는데, 관변에서는 이 문서가 종래 헐 장관이 언급해온 모종의 원칙에 기초를 두고 있다고 말했다"는 내용이 있다. —옮긴이)

육군성 군무과로 워싱턴 주재무관 이소다 사부로磯田三郎의 지급 전보가 들어온 것은 11월 27일 오전 중이었다. 외무성에서 다시 상세한 사항을 전달할 것이라면서, "미국이 강경 자세를 전해온 듯하다"고만 적은 짤막한 전보였다.

이소다 사부로는 1942년 11월 제22사단(사령부는 우한)의 사단장이 되는데, 그때 이소다의 부관 역할을 했던 미즈노 도시오水野利男는 이상한 이야기를 듣는다. 이소다는 주재무관으로 일하면서 미국의 군사력과 공업 생산력이 일본과 비교도 되지 않을 만큼 우월하다는 것을 알고 미일전쟁에 회의를 느꼈던 듯하다. 그는 도조에게 호감을 갖고 있지 않은 군인이기도 했다.

1991년 7월, 도쿄 혼고에 살고 있는 미즈노를 만났다. 당시 75세였는데, 중국 침략을 속죄하기 위해 전우들에게 돈을 모아 중국의 대학에 워드프로세서 등을 기증하는 활동을 계속하고 있었다. 이소다에 대해서는 강한 외경의 마음을 지니고 있었다.

"이소다 각하는 그때 아무렇지도 않게 일본이 말도 안 되는 전쟁에 들어섰다면서, '자네들이 고생하게 생겼다'고 말하더군요. 사단장 발령을 받고 도쿄로 와 도조에게 인사를 하러 간 적도 있습니다만 1분도 채 되지 않아 방에서 나와버렸습니다. 이상하게도 불쾌한 표정이더군요. '그럼, 바로 우한으로 돌아가자'라고 말하고는 도쿄를 떠났습니다."

이소다는 「헐 노트」를 받아들일 수 없다 해도 교섭의 여지가 전혀 없는지 의문을 갖고 있었던 것이다. 이소다의 짤막한 전보에 이어 외무성에서 「헐 노트」의 전문을 도조에게 보내왔다.

육군상 관저의 집무실에 군무과와 군사과 막료들이 모여 있었다. 군무국장 무토 아키라, 군무과장 사토 겐료, 군사과장 사나다 조이치로 등이었다. 고급과원 이시이 아키호는 이날 아침 남방군 참모로 전출하여, 그 시간에는 사이공으로 향하는 비행기 안에 있었다. 전쟁의 가능성이 높다는 것이 「헐 노트」가 도착하기 전 육군성 지도자들의 공통된 인식이었고, 그때에 대비해 이시이도 예정된 전장으로 전출하게 되었던 것이다.

이시이는 이렇게 증언한다.

"나는 남방군으로 떠나기 전 무토에게 인사를 갔다가, '참 유감스럽게 되었다. 그러나 만약 교섭이 마무리될 경우 미일 관계의 사정을 잘 아는 사람이 필요할 테니 곧 도쿄로 돌아오길 바란다'는 말을 들었습니다. 나는 남방군으로 떠나기 전 가족들에게, '이것은 미일 교섭을 설명한 자료인데 만약 내가 전사할 경우 결코 누구에게도 건네서는 안 된다'고 말하고 일기를 맡겼

습니다."

이시이가 전출하게 되면 전쟁, 군무국에 머물러 있으면 화평, 이처럼 그는 상징적인 존재로 비춰졌다. 그래서 각지에 흩어져 있던 파견군의 참모들은 종종 군무국에 전화를 걸어 "이시이 중좌가 자리에 있느냐"며 확인을 했다고 한다.

그러나 이날 이후 이시이는 군무국에 없었다. 「헐 노트」가 노무라와 구루스에게 건네진 시각, 이시이는 비행기 안에서 "미일 교섭이 성사될 가능성은 50퍼센트 정도 될까"라며 자문하고 있었다.

_____ 최후통첩에 흥분하다

도조는 육군상 관저 집무실에서 「헐 노트」를 훑어보고는 완전히 흥분 상태에 빠져버렸다. "남은 길은 어전 회의에서 결정한 전쟁 이외에는 없을 것"이라며 빠른 말투로 말했다. 이제 와서 중국으로부터의 전면 철병, 왕자오밍 정부의 부인, 삼국동맹으로부터의 이탈을 요구하는 것은 말이 되지 않는다는 것이었다. 도조는 막료들을 격려했다.

"오늘부터는 전쟁 준비에 들어갈 수밖에 없다. 자네들도 그렇게 알고 나라에 봉공해주길 바란다."

무토는 "아무래도 미국의 속임수에 걸려든 듯하다"고 중얼거렸다. 이제 와서 새삼스럽게 4월 교섭 개시 때의 기본 원칙을 전달해온 것은 우리를 가지고 놀겠다는 게 아니냐는 의미이기도 했다. 아마도 그것이 막료들의 공통된 생각이었을 것이다.

도조는 집무실에서 미국 측의 이 요구를 받아들일 경우 어떻게 될 것인지를 수첩에 적어넣고 있었다. 수첩에는 일시적인 소강 상태에 접어들 수는 있겠지만 영미에 명맥이 끊겨 "제국의 위신은 실추하고 말 것이다"와 같은 분노를 표현하는 구절이 적혀 있었다. 그 전문을 수첩에 기재된 대로 인용하면 다음과 같다.

"제국은 일시적으로 소강 상태에 접어든다. 하지만 그러다가는 영미가 우리의 생사를 틀어쥐게 될 따름이다. 소강 상태, 즉 잠시 편안한 상태란 중증 환자에게 모르핀을 주사하는 정도의 의미밖에 없다. 영미의 생각에 따라 생사가 결정된다. 또 중국 대륙에서 후퇴하면 중국의 불법행위가 늘어나고 제국의 위신은 땅에 떨어진다. 무역은 후퇴하고 국민 생활은 부진에 빠진다. 삼국동맹에서 이탈하면 제국의 행동이 공리주의에 입각하고 있다는 인상을 세계에 주게 되고, 그 결과 '의義'를 중시해온 제국의 태도에 오점을 남긴다."

도조뿐만 아니라 막료들이 가장 두려워한 것은 메이지 이래 육군의 선배들이 획득한 권익을 잃고, 그것을 자신들의 시대에 해체시켜버리는 것이었다. 바로 그 공포는 도조가 강경 노선을 선택한 원인이 되기도 했다.

무토는 일본이 미국과 전쟁 상태에 돌입한다 해도 승산이 희박하다는 것을 알고 있었다.

그래서 무토는 미일 교섭에 기대를 걸고 있었다. 무토가 심복인 이시이에게 "미일 교섭이 마무리되면 즉시 도쿄로 돌아오길 바란다"고 말한 것은 아직 미일 화해에 기대를 걸고 있었기 때문이다. 이시이 자신은 이미 그 가능성이 적다는 쪽으로 기울고 있었지만, 무토의 그 말을 들었을 때 가슴이 꽉 메이는 듯했다고 증언한다.

무토가 훗날 스가모 형무소에서 쓴 수기를 보면, "당시 (육군 등의) 분위기에서 외교 교섭이 성공하여 모든 전쟁 준비를 중단하게 할 수만 있다면 나는 죽어도 좋다고 각오하고 있었다"라고 적혀 있다. 일본의 정책이 화평이라는 방향으로 바뀔 경우 스스로의 죽음으로 미일 화평의 움직임을 가속화할 것을 생각하고 있었다는 말이다.

제16장. 「헐 노트」가 도착한 날의 육군성

그러나 결국 일본은 「헐 노트」를 받은 날부터 모든 톱니바퀴가 개전을 향해 나아가고 있었다. 그리고 그것이 12월 8일의 진주만 기습 공격으로 이어졌던 것이다.

도쿄전범재판에서 도조가 「헐 노트」의 사본을 보고 흥분한 어조로 "평생 잊을 수 없을 것"이라고 소리친 데에는 그런 사정이 있었다. 도조는 미국과의 전쟁이 「헐 노트」 때문에 일어났다고 믿음으로써 자신의 입장을 정당화할 수 있었다. 만약 「헐 노트」에 적혀 있는 기본 방침을 인정한다면 미국과 전쟁을 벌일 명분이 거의 사라져버릴 것이기 때문이었다.

도조가 스가모 형무소에 수용된 것은 1945년 12월 8일이다. 9월 11일 연합군총사령부GHQ에 의해 A급 전쟁범죄인으로서 체포되었을 때 권총 자살을 시도했고, 그 후 요코하마에 있는 미 육군병원에서 치료를 받았다. 미국인 의사의 치료가 효험이 있어서 몸도 나았고 곧 오모리 형무소로 옮겨졌다. 그리고 12월 8일이라는 상징적인 날에 스가모 형무소에 수감되었던 것이다.

이듬해인 1946년 1월 14일부터 4월 22일까지 도조는 도쿄전범재판의 검사단에게 신문을 받았다. 도조는 스가모 형무소로 옮긴 날부터 다음 해 8월 16일까지 일기를 썼다. 그 일기의 첫 부분에 검사단의 신문이 일문일답식으로 기재되어 있다. 총 117개 항목에 달한다.

이 '도조 일기'는 내가 1978년 『도조 히데키와 천황의 시대』를 집필하기 위해 취재를 하던 중 관계자에게 입수한 것으로, 그 책에서 부분적으로 인용한 것 이외에는 사용하지 않았다. 이 책에서도 미공개 부분을 자료로 사용할 터인데, 우선 검사단의 신문 내용 중 「헐 노트」가 요구한 정책에 관하여 도조가 어떻게 생각했는지를 알 수 있는 부분을 원문 그대로 전면적으로 인용한다. 따라서 이 부분은 처음으로 공개되는 것이다.

이 시기 도조는 검사단이 어떤 생각을 하는지, 자신에게 어떤 책임을 묻고자 하는지를 살피고 있었다. 도조로서는 검사단과 펼칠 법정 투쟁의 구체적인 방책을 가다듬기 위해 가장 긴장하고 있던 때였다.

〈3〉 만주사변, 중일전쟁, 대동아전쟁을 통해 제국이 9개국 조약을 위반했다고 보는 듯하다.(이 항목은 검사단의 의견이 9개국 조약을 준수하지 않았다는 점에 주안을 두는 듯한 인상을 받았다는 의미다.)

1. 제국의 행동이 9개국 조약을 위반했는지 여부는 만주사변 및 중일전쟁과 관련해서는 문제가 될 수도 있겠지만, 대동아전쟁에 관한 한, 중국에서는 이미 전쟁이 계속되었고 따라서 직접 9개국 조약의 구속을 받지 않는다. 특히 대동아전쟁은 영미 측의 도전 때문에 일어난 것이며 자존자위를 위한 것이었다.

2. 만주사변, 중일전쟁과 같은 제국의 행동이 9개국 조약을 위반했는지 여부의 문제는 조약의 정신 준수와 형식의 존중 양 방면에서 고찰할 필요가 있다. 제국은 언제나 조약의 정신을 체화하고 있으며, 당시 중국에 대응하는 행동을 채택한 것도 그 행동의 기초는 동아의 안정을 확립하는 데 있었다.

〈4〉 대동아전쟁을 부전조약의 위반으로 보는 듯하다. 만주사변과 중일전쟁 역시 그러하다. 이것들을 전쟁으로 보지 않고 사변으로 취급하는 것을 부전조약의 구속에서 벗어나고자 하는 의지에 기초하고 있는 것으로 생각하고 있는 듯하다.

1. 대동아전쟁의 원인은 영미 측의 도전으로 제국의 생존이 위협을 받은 데 있다. 따라서 **당연한 자위권의 발동**이다. 하등 구속을 받을 필요가 없다.

2. 만주사변과 중일전쟁은 중국 측의 부정행위와 함께 발발한 것이어서 이 역시 자위행위이므로 위와 마찬가지로 그 구속을 받을 필요가 없다.

3. 사변이라는 호칭은 싸움의 본뜻과 관련된 문제이니 부전조약을 회피하려는 의도로 사용하는 말이 아니라고 믿는다.

   (주) 제2, 제3의 문제는 나의 책임 밖이며 따라서 일개 소견에 지나지 않는다. 책임상의 말이 아니다.

제16장. 「헐 노트」가 도착한 날의 육군성

〈8〉 전 역대 내각의 정책에 대하여 당시 수상이자 육군상으로서 그것을 시인하는가?

제국의 제도에 따라 전 내각의 정책에 대해서는 책임을 지지 않는다. 따라서 그 내용에 대해서는 시인할 수도 있고 시인하지 않을 수도 있다.

〈14〉 육군은 중국에서 전면 철병하는 것에 대해 1941년 1년 내내 반대하지 않았는가?

1. 전면 철병의 주지主旨에 대해서는 육군도 반대하지 않았다. 중일기본조약中日基本條約에도 그 정신이 나타나 있다.
2. 그러나 당시 상황에서 치안 확립에 대한 보장이 없는 철병은 불가능했다.

〈17〉 삼국동맹의 목적은 무엇인가?

1. 워싱턴회의 결과 영일동맹이 폐기된 뒤 제국은 같은 입장에 있는 독일과 이탈리아에 요구해 세계의 세력 균형을 확보하고 세계 평화에 공헌하는 것.
2. 구주전쟁이 동아에 파급되는 것을 방지하는 것.
3. 당시 독일의 세력을 이용해 가능한 한 제국이 염원하는 일지평화 달성의 바탕으로 삼는 것.

〈18〉 독일, 이탈리아와 함께 신질서를 건설하는 데 목적이 있지 않았는가?

목적은 전항에서 말한 바와 같다. 신질서의 건설은 그 목적을 달성하기 위한 수단으로서, 중일전쟁을 통해 제국이 노력 중인 동아 민족의 공존공영이라는 결실을 거둘 수 있는 신질서의 건설에 상호 제휴 협력하기로 약속한 것이다.

〈81〉 삼국동맹의 원칙과 희망이 세계대전으로 번질 우려가 크다는 것을 몰랐는가?

어느 국가든 이상을 갖고 있다. 독일과 이탈리아는 그 희망을 구주에서, 제국은 동아에서 달성하고자 했다. 그리고 세계대전을 어떻게든 피하면서 그 목적을 달성하려고 고심했다.

검사단은 「헐 노트」에 담겨 있는 내용을 도조가 어떻게 받아들였는지에 대해 세세하게 물었다. 그러나 도조는 검사단의 신문에 대해 자신의 이런저런 의견을 주장했지만, 결론은 "「헐 노트」가 오지 않았다면 전쟁에 돌입하지는 않았을 것"이라는 내용이 전부였다. 그 이상의 대답은 무엇 하나 제대로 피력할 수 없는 상태였다. 객관적으로 봐도 도조의 말은 설득력이 없었다.

위장 외교에 투철하라

1941년 11월 당시 「헐 노트」를 보고 가장 기뻐한 이들은 참모본부의 막료들이었다. 전쟁지도반에서는 막료가 『기밀 전쟁일지』를 작성했는데, 「헐 노트」가 도착한 날(27일)의 기록을 보면 "교섭은 물론 결렬되었다. 이에 제국이 결전을 결의하기가 용이해졌다. 기쁘게도 하늘이 도우셨다고 해야 할 것이다. 이에 따라 국민의 마음도 굳세질 것이며 국론을 하나로 모으기도 쉬워질 것이다"라고 적혀 있다. 이제 '작전 행동을 준비할' 것이며, '작전 활동을 발동하게' 될 것이라는 말이었다.

11월 29일에는 이해 들어 열 번째 대본영정부연락회의가 열렸다.

더 이상 미국과의 외교 교섭에 기대를 거는 분위기는 찾아볼 수 없었다. 참모총장 스기야마 하지메와 군령부총장 나가노 오사미는 "이미 어전 회의에서 결정되었듯이 전쟁에 돌입하지 않으면 안 된다. 이제부터 외교는 위장 외교에 투철했으면 한다"고 강하게 요구했다.

일본의 국책 책임자는 「헐 노트」를 보고 머리끝까지 열이 오른 상태였던 것이다.

해군 내부의 화평파도 입을 다물었고, "「헐 노트」의 내용을 봐서는 아무래도 승복할 수가 없다"는 의견에 동조할 수밖에 없었다. 연락 회의에서는 도고 시게노리 외무상이 외교 교섭에 더욱더 힘을 쏟겠다고 발언했지만 그 의견에 귀를 기울이는 사람은 이미 아무도 없었다. 나가노와 스기야마의 의견이 너무 강경했기 때문에 도고도 그 위세에 눌려 이렇게 물었다.

"위장 외교라고 말하는데, 그렇다면 통수부는 개전일을 언제로 잡고 있는가. 그것을 모르면 우리는 외교를 할 수 없다."

실제로 대본영정부연락회의에 출석한 정부 측 인사들, 즉 도조 히데키 수상, 도조 시게노리 외무상, 시마다 시게타로嶋田繁太郎 해군상 등은 개전 날짜도 정확하게는 모르고 있었다. 그것을 묻는 것은 '통수권 침범'에 해당되기 때문에 물을 수가 없었다.

도고의 질문에 군령부차장 이토 세이이치伊藤整一가 대답했다.

"말하겠다. 12월 8일이다. 그날까지는 아직 여유가 있으니 싸움에 이길 수 있도록 외교를 잘해주길 바란다."

통수부는 의기양양한 말투였다. 도조도 공식적으로는 이때 처음으로 그날을 알았던 것이다.

1991년 10월 중순, 나는 도쿄 교외에 있는 사네마쓰 유즈루實松讓의 집을 방문했다.

해군이었던 사네마쓰는 89세였다. 1941년에는 미국에서 주재보좌관으로 일했다. 따라서 그때 미국의 분위기를 비교적 잘 알고 있었다. 기밀 정보였던 일본의 대미전 프로세스를 언급할 수 있는 입장에 있지는 않았다. 하지만 미국 국내에서 일본을 바라보는 시선이 얼마나 냉정했는지를 가장 상세하게 증언할 수 있는 입장에 있었다.

당시 일본 대사관 2층에 해군 무관의 방이 있었다. 복도를 사이에 두고 한쪽 방은 해군, 다른 쪽 방은 육군이 사용하고 있었다. 해군의 주재무관은 요코야마 이치로橫山一郎였고, 더불어 세 명의 보좌관이 파견되어 있었다. 육군의 주재무관은 이소다 사부로였고, 두 명의 보좌관이 자리를 채우고 있었다. 그 외에 해군에는 촉탁 신분인 사람도 있었는데, 이처럼 육군보다 스태프가 많았던 것은 미국을 잠재 적국으로 삼는 해군에서 무엇보다도 미국에 대한 정보가 필요했기 때문이다.

당시 육군의 주재무관이었던 이들은 모두 저세상 사람이 되었다. 사네마쓰는 해군이긴 했지만 그에게 육군의 움직임까지 포함하여 전체적인 이야기를 들어보기로 했다.

"「헐 노트」가 제시되고 나서부터 확실히 정세가 긴박해져간다는 것을 알았습니다. 원래 우리와 육군 그리고 외무성은 도쿄의 본성本省과 별도로 연락을 취하고 있었기 때문에 정세 인식에서 서로 차이가 있었던 것도 사실입니다. 우리 해군은 미국과 전쟁을 벌일 경우 중심이 되어야만 했기 때문에 정보를 모으고 있었고, 도쿄와도 연락을 자주 주고받았습니다. 이런 점에서 육군과 조금 다른 견해도 있었다고 생각합니다."

사네마쓰는 육군성이나 외무성에 대해 언급할 때에는 말투가 조심스러워졌다. 그럼에도 다음과 같은 에피소드를 들려주었다.

1941년 8월 하순의 일이다. 해군의 주재무관사무소는 대사관에서 걸어서 5분 정도 떨어진, 매사추세츠 거리와 위스콘신 거리의 교차점에 있는 올번 타워즈Alban Towers 4층에 자리잡고 있었다. 육군의 주재무관사무소는 조금 더 안쪽의 빌딩에 있었다. 그런데 해군 주재무관 사무소의 전화는 도청을 당하고 있었으며, FBI가 맞은편 빌딩에서 이곳을 24시간 감시하고 있었다. 미국 측은 일본이 독일, 이탈리아와 삼국동맹을 체결한 이후 일본의 움직임을 철저하게 감시하기 시작했다. 당장 적이 될 가능성이 가장 높은 일본 해군에 대해서는 특별히 경계의 눈길을 늦추지 않았다. 그러자 사네마쓰가 육군성에 제안했다.

"대사관 안으로 이전하지 않겠습니까? 이곳에서는 움쭉달싹할 수가 없습니다."

그런데 육군 측은 그런 긴박한 정세를 이해하지 못하고 있는 듯했다. 도쿄에서 구체적인 정보가 들어오지 않은 듯했고, 서서히 끓어오르기 시작한 미일 간의 긴박감을 모르고 있는 것처럼 보였다.

"나는 외무성 사람과 이야기를 하면서도 그렇다는 것을 느꼈습니다. 동시에 육군이나 외무성 사람들의 느긋한 태도를 도무지 이해할 수 없었습니다."

사네마쓰는 정말 모르겠다는 듯 고개를 갸웃거렸다.

9월 들어 육해군의 주재무관사무소는 대사관 안으로 자리를 옮겼다. 물론 사네마쓰에게도 도쿄에서 미국과의 전쟁에 관한 논의가 마무리 단계에 이르렀다는 소식은 전달되지 않았다. 하지만 정세의 추이를 보건대 나날이 긴장이 높아지고 있다는 것을 피부로 느낄 수 있었다. 「헐 노트」가 건네진 뒤 미국의 감시도 더욱 엄격해지고 있었다. 사네마쓰와 그의 동료들이 외출할 때면 반드시 미행이 따랐고, 그들의 일거수일투족은 감시의 눈을 벗어나지 못했다. 가끔씩 짓궂은 질문을 받기도 했다.

사네마쓰는 패전 후 GHQ에 의해 전범으로 지정되었고, 1956년까지 스가모 형무소에 수용되어 있었다. 그동안 자손들에게 자신의 활동 기록을 남기기 위해 개전에 이르기까지의 경위를 적었다. 그것이 352장의 편지지 앞뒷면에 쓴 「미국의 회상」이라는 제목의 수기다. 이하는 이 수기에서 인용한 내용으로, 처음으로 공개하는 것이다.

"(「헐 노트」 제시 이후) 개전 시기는 국가의 최고 기밀에 속한 것이어서 직무상 정말로 필요하다고 인정되는 이 외에는 극비에 부쳐졌음은 말할 것도 없다. 하물며 외국, 특히 적국이 될 미국에 근무하고 있는 우리에게는 그것을 알리지 않는 것이 당연했다. 그러나 12월 초 중앙에서 보내온 기밀 서류와 물건의 처리 발동에 관한 '일기예보'(미국으로 보내는 방송의 일기예보 가운데 암호가 포함되어 있었다), '미국 전함의 소재를 다시 보고하라'는 전보, 그리고 재호놀룰루 일본 총영사가 매일 발송하는 진주만에 머물고 있는 미 군함의 정박 위치 등에 관한 상세한 보고서 등으로 판단하건대, 개전 시기가 눈앞에 다가오고 있다는 것을 상상하기란 어렵지 않았다."

그런데 육군의 주재무관에게는 이러한 정보가 들어가지 않았던 듯하다. 그들은 가끔씩 사네마쓰에게 도쿄의 정보를 물으러 오곤 했다.

나는 사네마쓰의 이야기를 듣고서 그 사실을 알았다. 즉, 워싱턴의 육군 주재무관은 구체적인 국책은커녕 국책이 진행되는 방향마저도 전혀 모르고 있었던 것이다.

이소다 사부로가 도조에게 불쾌감을 가진 것은 자신들의 미국 정보가 완전히 무시당했기 때문만이 아니라 자기가 어떤 상황에 놓여 있는지조차 모르고 있었기 때문이다.

쇼와 육군은 미국에 대하여 처음부터 '객관적인 사실'을 분석한 것이 아니라 '주관적 관측'에 따라 대처하고자 했다. 만약 미국의 주재무관이 계속해서 객관적인 사실을 알려왔다면 그것은 '주관적 관측'을 무너뜨리고 말 터였다. 바로 그 점을 알고 있었기 때문에 워싱턴에 체재하고 있는 주재무관은 무시를 당하면서도 그와 같은 지위에 놓여 있었던 것이다.

이소다의 굴욕을 뒷받침하는 사실이 사네마쓰의 수기에 적혀 있다. 육군의 신조 가즈에新庄主計 대좌가 중병을 앓다가 워싱턴의 병원에서 사망했다. 12월 초였다. 그 장례식이 12월 7일 오후, 즉 개전일에 거행되었다. 사네마쓰는 다음과 같이 쓴다.

"이소다 사부로 육군무관 등은 군장대훈軍裝帶勳에 위의威儀를 갖추고 참석하고, 미 육군성에서는 붉은 바지와 검의 상의를 입은 소좌 및 대위가 참석하여 매우 정중하게 장례식이 거행되고 있을 때 개전의 전보가 날아들었다."

이것만 보면 이소다는 개전 때부터 눈을 딴 데로 돌리기 위해, 미국 육군성의 막료를 참석시킨 셈이 된다. 진주만 공격의 제1보를 접했을 때 이소다의 원망이랄까 분노는 상상보다 훨씬 더 컸을 것임에 틀림없다.

1941년 12월 1일, 이해 다섯 번째 어전 회의가 열렸다.

도조는 정부의 책임자로서 정치 정세에 관해 보고했는데, 그의 보고는 「헐 노트」에 대한 분노 일색이었다. 도조는 미국의 회답이 일본에 일방적으로 양보를 강요하는 것일 뿐이며 더 이상 외교로는 제국의 주장이 통하지 않는다고 단정했다. 중일전쟁이 아직 정리되지 않아 송구스럽기 그지없다면서 천황에게 사죄의 뜻을 비쳤다. 그리고 말미에 이렇게 덧붙였다.

"현재 우리 전력은 중일전쟁 이전보다 오히려 향상되었으며, 육해군 장병의 사기도 더욱 왕성하고 국내의 결속도 더욱 튼튼해져, 거국일체擧國一體 일사봉공一死奉公의 정신으로 국난 돌파를 기해야 한다는 것이 의심할 여지가 없는 저의 확신입니다."

나가노가 뒤를 이어 발언했다. 국난의 시기를 맞이하여 장병은 일사봉공의 생각에 불타고 있다는 추상적인 내용의 되풀이에 지나지 않았다.

_____ **수상 관저의 오열**

도조는 내무상도 겸하고 있었다. 이번에는 내무상이라는 입장에서 국내 사정을 설명했다. 그러나 국내에서는 미국과의 교섭에 관한 세부 내용이 전혀 보도되지 않았다. 육군성에서도 군무국의 고급과원들이나 알고 있을 뿐 다른 사람들은 전혀 모르는 일이었다. 이 국가 기밀을 접한 자는 그 내용을 외부에 발설하는 순간 체포되어 사형 판결을 받게 되어 있었던 것이다.

"다수의 국민 중 일부는 지금 가능하면 전쟁을 피해야 한다는 생각을 하지 않는다고는 할 수 없습니다만, 그런 자들도 미국이 우리 나라의 정당한 입장을 이해하여 경제 봉쇄를 해제하고 대일 압박 정책을 포기하지 않는 한, 일본과 미국이 충돌하는 사태는 피할 수 없다고 결심할 터입니다."

국민에게 대미 전쟁에 나설 것이라는 사실이 밝혀진다 해도 이해를 얻을 수 있으리라는 말이었다. 도조는 자신의 분노가 국민에게도 고스란히 전해지리라 확신했던 것이다.

도조는 육군 내부에서는 연대장과 사단장 그리고 참모장까지 경험했다. 그는 언제나 부사관이나 병사에게 훈시를 했는데, 그 내용은 대체로 '일사봉공'이라는 공허한 자구의 나열이었다. 향후 그의 언동은 그런 훈시를 국민에게 들이미는 것이었다. 도조에게 국가란 연대나 사단과 같은 것이었고, 국민이란 막사에 있는 병사와 다를 바 없는 것이었다.

이날 열린 어전 회의에서 '미일 개전'이 공식 결정되었다.

그 후부터 도조는 정무와 군무에 매달렸다. 개전에 대비해 모든 업무에 물불을 가리지 않고 몰두했다. 일단 목표가 정해지면 그 목표를 향해 일직선으로 내달리는 군인 특유의 성격이었다.(1941년 12월 7일 『아사히신문』은 루스벨트 대통령의 조회에 일본 측이 문서로 회답했다는 것을 보도했다. "헐 장관과 회견을 마친 두 대사는 예외 없이 침울한 표정이었고, 두 대사를 둘러싼 신문기자단도 일순 비상한 긴장감에 휩싸였는데, 구루스 대사는 '아무것도 말할 수 없다. 현하 정세가 너무 부풀려져 보도되고 있는 듯하다. 미일 회담은 의연히 계속되기를 희망한다'고 말했다"는 내용이 있다.—옮긴이)

12월 7일 새벽, 수상 관저의 도조의 침실에서 흐느껴 우는 소리가 흘러나왔다. 옆방에서 잠을 자고 있던 아내 가쓰와 셋째 딸 사치에가 문틈으로 보았더니, 황거 쪽을 향해 방석 위에 정좌한 도조가 혼자 울고 있었다. 6일 개전을 위한 절차를 모두 끝냈고, 남은 것은 8일의 개전뿐이었다. 바로 그런 때, 도조의 마음속에 공포감이 밀려온 것임에 틀림없었다.

내가 도조의 아내 가쓰로부터 이 이야기를 들은 것은 1979년인데, 가쓰는

제16장. 「헐 노트」가 도착한 날의 육군성

이때 도조의 오열이 통곡으로 바뀌는 것을 보고서 방문을 닫았다고 한다.

도조가 운 이유는 쉽게 상상할 수 있다. 메이지 초기부터 70여 년 동안 이어진 근대 일본의 육군, 그 육군은 청일전쟁 이후 대외 전쟁에서 패배한 경험이 없었다. 13세부터 육군이라는 조직에서 자란 도조는 자신의 세대에 그 '영광스러운 육군'을 해체시킬지도 모르는 모험에 나서려 하고 있었다. 그것이 어느 정도의 공포감을 동반한 것인지, 다른 사람들은 넘겨볼 수 없는 심리가 그를 짓누르고 있었던 것이리라.

미일 교섭에 종사했던 군인들은, 무토든 이시이든, 개전이 현실로 다가왔을 때 공포로 몸을 떨었다고 쓰거나 증언했다.

쇼와 육군의 군인들은 교육과정을 통해 적을 증오하라는 것을 귀에 못이 박히도록 배웠다. 증오하는 것이 투쟁심을 불러일으키며, 그것이 전쟁에서 이기는 비결이라는 것이었다. '적을 증오하는 것'은 천황을 위해 일신을 바친다는 사명감으로 바뀌고 또 우월감으로 이어졌다. 이리하여 국제법과 국제조약 따위는 전혀 개의치 않는 체질이 만들어졌다.

도조가 증오한 것은 「헐 노트」였다. 그는 여기에 담긴 내용이 자신의 선배들이 쌓은 '영광'을 부정하고 해체시킨다고 생각했다.

12월 8일 진주만 공격 이후, 도조는 국민 앞에서 또는 이런저런 연설에서 말을 바꿔가면서 '선인의 위업'을 지키기 위한 싸움이고 그것이야말로 '성전'이라고 역설했다.

내무상 자리에서 물러났음에도 '미일 개전의 진상'이라는 제목의 글을 검열할 때에는 반드시라고 해도 좋을 정도로 「헐 노트」를 언급하라고 말하고, 바로 그것이 이 전쟁의 원흉임을 강조하도록 명했다. 일본에 이러한 안을 제시한 미국은 이미 이것을 통해 개전하겠다는 속셈을 드러낸 것이나 다름없다고 강변하기도 했다. 그랬기 때문에 어떤 글에서나 '「헐 노트」의 잘못이다' '미국이 도발했다' '루스벨트와 헐이 일본에 싸움을 걸어왔다'와 같은 말이

마치 개미의 행렬처럼 이어졌던 것이다.

하지만 지금 후세대에 속한 사람으로서 「헐 노트」를 읽어보면, 여기에 적힌 내용은 지극히 당연한 것이며, 이를 이탈하는 행위는 확실히 비판받아 마땅하다. 미국은 그러한 역사상의 보편성 속으로 일본을 멋지게 밀어넣었던 셈이다. 전쟁은 이미 이때부터 패전이라는 지점을 향해 발걸음을 내디뎠다고 할 수 있다.

도쿄전범재판에서 도조가 보여준 강변과 스가모 형무소의 일기는 그 비애를 증명한다.

「쇼와 천황 독백록」에 나타난 도조 히데키

　　　　　　쇼와 천황은 태평양전쟁 종결로부터 7개월 후에 다섯 명의 측근에게 장쒸린 폭살 사건에서 패전에 이르기까지의 경위를 설명했다. 그때 들은 것을 정리한 보고서가 일반에 공개된 것은 1990년 11월의 일이다(월간 『분게이슌주』 1990년 12월호에 '쇼와 천황 독백록'이라는 제목으로 게재되었으며, 이하 「독백록」이라 적는다).

　이 「독백록」이 공개되면서 쇼와 천황의 전전 및 전시하의 심리와 정세 판단을 어느 정도까지는 엿볼 수 있게 되었다.

　나는 이 「독백록」을 접했을 때 몇 가지 의문을 감추기 어려웠다. 「독백록」에는 쇼와 천황의 기분에 대한 서술이 상당히 포함되어 있는데, 설명이 충분하지 못할 뿐만 아니라 내용이 불투명한 부분도 적지 않다. '진주만 공격의 통고 지연이라는 중요한 내용이 빠졌다' '도조 히데키를 칭찬한 것처럼 보이지만 그 논리는 이중 구조로 이루어져 있다' '아우인 지치부노미야와 논쟁한 것은 이보다 훨씬 더 중대한 국면 때문이다' 등등 잇달아 이상한 점들이 발견되었고 의문은 가시지 않았다.

「독백록」은 1946년 3월 18일, 3월 20일, 3월 22일 그리고 4월 8일, 4일 동안 총 다섯 차례에 걸쳐 밤 시간에 다섯 측근에게 쇼와 천황이 흉중을 토로한 것이다. 도합 8시간에 걸쳐 이야기했으며, 다섯 측근이란 마쓰다이라 요시타미松平慶民 궁내대신, 마쓰다이라 야스마사松平康昌 종질료총재宗秩寮總裁, 기노시타 미치오木下道雄 시종차장, 이나다 슈이치稲田周一 내기부장內記部長, 데라사키 히데나리寺崎英成 어용괘御用掛를 가리킨다. 천황이 말한 것을 최종적으로 데라사키가 정리했고, 다른 네 사람이 검토했다고 한다.

그렇다면 왜 측근들은 3월 18일에 서둘러 쇼와 천황으로부터 이야기를 듣고자 했던 것일까. 게다가 이날 천황은 감기에 걸려 몸 상태도 좋지 않았다. 그런데도 "정무실에 침대를 들여놓고 그 임시 침상(기노시타 미치오, 『측근 일지』 3월 18일)"에서 어떻게든 쇼와 천황의 "기억을 더듬어 저간의 사정을 듣"고자 했던 것일까? 다섯 측근은 왜 이렇게 초조했던 것일까?

여기서 내 추측은 이러하다. 앞서 서술했듯이 도조 히데키는 1945년 12월 8일부터 1946년 8월 16일까지 스가모 형무소에서 일기를 썼다. 이 '도조 일기'를 읽어보면 의외의 것을 알 수 있다. 1946년 3월 14일 도조는 검사단으로부터 종일 신문을 받는데, 일기에는 다음과 같이 간단하게 적혀 있다.(이하 '도조 일기'의 인용은 원문대로다.)

3월 14일(목) 쾌청
제40회 취조를 받다.
대본영 조직 및 명령 발포의 관계

결국 이날부터 신문 내용이 바뀌었던 것이다. 그때까지 서른아홉 차례(제1회는 1월 14일, 그 후 토요일과 일요일을 제외하고 연일 검사단의 신문을 받는다)에 걸친 신문에서는 주로 만주사변의 발단, 중일전쟁의 내용, 태평양전쟁 개시에 대한 도조의 정치적 책임 등이 중심이었다.

그런데 제40회 신문부터는 대본영의 실태는 어떠했는지, 그 군사명령이 어떤 형태로 발포되었는지 더욱 구체적인 정치적 책임을 묻는 단계로 나아간다. 쇼와 천황의 전쟁 책임을 묻는 단계로 접어들었다고 말할 수도 있다. 도조도 긴장했던 듯하다. 이 무렵의 일기에는 막연하게 "취조를 받았다"고만 적혀 있는데, 이날만은 다시 취조 내용이 기록되어 있다. 더욱이 당초의 취조는 하루에 몇 개 항목에 달했지만 이날은 한 항목뿐이었다.

천황 면책을 위한 증거 만들기

쇼와 천황의 측근들은 검사단이 점차 '천황의 전쟁 책임'으로 접근해오는 것을 알고 한시라도 빨리 그 변명을 정리하여 GHQ 측에 전하고자 했던 것이다. 물론 그들도 초기 단계에서부터 그렇게 해야겠다는 생각을 하고 있었다. 데라사키가 궁내청의 어용괘가 된 것 자체가 GHQ와의 연락과 제휴를 의도한 것이었다(1946년 2월). 그는 외교관 출신의 존황가尊皇家, 게다가 아내는 미국인 여성으로 맥아더의 군사 비서인 보너 펠러스와 먼 인연이 있었다. 외교관과 군인 중에 지기가 많았고, 특히 전범 지정을 담당한 GHQ의 수사과장 로이 모건(FBI 출신)과 친했다. 데라사키는 쇼와 천황을 면책하기 위한 일본 측 요원이었다.

도쿄전범재판의 검사단에는 미국만이 아니라 영국·프랑스·소련·오스트레일리아·중국 등 11개국이 참여하고 있었다. 오스트레일리아와 영국, 소련의 검사단은 미국의 의도와 관계없이 천황도 재판을 받아야 한다고 강경하게 주장하고 있었다. 그것을 억누르기 위해 쇼와 천황 자신의 수기(또는 수기와 유사한 것)가 필요했던 것이다.

「독백록」은 쇼와 천황이 주체적으로 쇼와 역사를 말한 것이 아니다. 데라사키가 모건으로부터 시사를 받아 질문 항목을 만들고, 그것에 기초하여 질문한 것인지도 모른다. 또는 데라사키를 축으로 하여 전쟁은 신하 된 자의 책임이라는 증거를 만들기 위해 준비된 것으로 추측된다.

측근들은 도조를 비롯한 쇼와 육군의 지도자와 마쓰오카 요스케 등 일부 외무 관료에게 전쟁 책임을 떠넘기려고 생각했던 듯하다. 특히 '도조 전면 책임론'을 전면에 내세우고자 했다. 그런데 쇼와 천황은 자신에게도 책임이 있는 것으로 이해하고 퇴위하겠다는 뜻까지 내비쳤다. 다섯 측근이 처음으로 천황의 속내 이야기를 들은 다음 날인 3월 19일에도 기노시타에게 적절한 때에 퇴위하고 싶다고 말했다. 아울러 천황은 도조에게 친근감을 갖고 신뢰를 보내기도 했다.

그런데 「독백록」은 도조에 관하여 말하는 부분이 이중 구조로 이루어져 있다. 측근들의 '도조 전면 책임론'과 천황 자신의 '도조에 대한 신뢰와 동정'이 균열되어 동시에 드러나는 것이다. 그 결과 '도조는 인간적으로 좋은 사람이었지만, 인사 관리나 헌병의 장악 등에서 서툴렀다'와 같은 표현이 등장하게 된다. '사람은 좋지만 행동은 나쁘다'라는 편법을 동원하고 있는 것이다.

이 편법을 넘어 쇼와 천황과 쇼와 육군을 움직인 도조 히데키가 실제로 어떤 관계였는지를 살펴보아야만 한다. 쇼와 육군 군인의 천황에 대한 충성심, 그것을 가장 잘 보여준 인물이 도조였기 때문이다.

'도조 일기'는 가로 20센티미터, 세로 15센티미터의 메모장에 기록되어 있다. 총 128쪽이다. 앞부분에 일상적인 영어 회화가 적혀 있다. 두 번째 쪽에는 '사이고 난슈西鄉南洲 옹의 술회'라는 제목 아래 사이고 다카모리가 27세 때 지은 한시가 인용되어 있다. 같은 쪽에 '자계自戒'라 하여 네 항목이 서술되어 있는데, 제1항은 다음과 같다.

1. 전쟁의 모든 책임 앞에 설 것. 특히 성상 폐하에게 책임을 돌리려는 데 대해서는 전력을 다하고, 또 다른 각료 및 다른 사람의 책임을 극력 경감하는 데 노력할 것.

1945년 12월 도조는 도쿄전범재판에 임하는 태도로서 우선 이 점을 스스로에게 부과했다.

도조 히데키라는 군인이 쇼와 천황에게 강렬한 인상을 남긴 것은 1938년 5월의 일이었다.

이해 1월, 고노에 내각은 '이후 국민 정부를 상대하지 않겠다'는 성명을 발표하고 스스로 중국과의 화평의 길을 닫아버렸다. 참모차장 다다 하야오 등의 화평론을 뭉개버리는 성명이었다. 그 후에도 일본군은 중국 오지로 나아갔다. 사태는 진흙탕 속으로 끌려들어가는 양상이었다. 육군상 스기야마 하지메과 외무상 히로타 고키는 확대론을 외치면서 줄기차게 '무력 제압'을 주장했다.

꼭 확대파였다고는 할 수 없는 고노에는 비위가 상해 사직하겠다는 뜻을 내비쳤다. 원로인 사이온지 긴모치와 천황의 아우 지치부노미야가 위로하면서 설득했고, 고노에는 마지못해 수상 관저에 머무르고 있었다. 고노에는 정책을 바꾸기 위해 스기야마와 히로타의 경질을 생각했다. 그러나 스기야마는 물러날 생각이 없었다. 자기가 없으면 중일전쟁은 결말이 나지 않을 거라고 말할 따름이었다.

그러자 고노에는 천황에게 '스기야마 경질'을 호소했고 천황도 이에 동의했다. 천황은 스기야마의 상주 내용이 자꾸 바뀌는 데다 임기응변으로 말하는 것에 화가 나 있었다. "제5사단장인 이타가키 세이시로는 조기 해결파이므로 이 사람을 육군상으로 임명하여 중일전쟁을 해결하고 싶다"는 고노에의 요청에 천황도 수긍했다.

천황과 고노에의 의사를 알아차린 스기야마와 육군차관 우메즈 요시지로는 이타가키가 나서면 대지對支 작전이 중지될지도 모른다며 두려워했다. 육군성이 참모본부의 독려 아래 새롭게 우한 작전과 광둥 작전을 가다듬고 있을 때였다.

두 사람은 "육군성의 방침을 관철하기 위해 이타가키를 견제할 인물을 차관으로 앉히자"라는 결론을 내리고 관동군 참모장 도조 히데키에게 눈독을 들였다. 그래서 스기야마는 천황 앞에 나아가 도조 중장을 차관으로 앉히고 싶다고 상주했다. 고노에가 아직 육군상을 상주하지도 않은 마당에 천황에게 차관을 먼저 추천했던 것이다.

천황은 전례가 없는 이러한 요청에 어리둥절해하면서 노골적으로 불만을 드러냈다. 고노에는 "도조가 어떤 군인인지"를 알아보기 위해 군 내부의 루트를 탐문했는데 어쩌면 그것은 천황의 뜻에 따른 조사였는지도 모른다. 천황과 도조의 만남은 이처럼 헌정의 상도常道를 무시한 것이었다.

차관이 된 도조는 육군 강경파의 의견을 대변했고, 참모차장 다다 하야오와 사사건건 대립했다. 도조는 차관으로서 대담한 발언을 되풀이했고, 이윽고 이타가키는 "이 사람은 폭탄과도 같다. 자기 의견을 지나치게 고집한다"면서 사임을 압박했다. 도조는 "내가 사임하면 다다 차장도 사임해야 한다"고 주장했다. 이타가키와 다다는 개인적으로 친한 데다 참모총장이 간인노미야閑院宮였기 때문에 실제로는 차장인 다다가 이타가키와 육군성과 참모본부 사이에서 협상을 할 때가 많았다. 도조는 그것이 직무 권한에 반한다고 생각했던 것이다.

물론 그 배경에는 중일전쟁 화평파인 다다를 육군성과 참모본부에서 축출하겠다는 목표가 있었다. 도조는 군 내부의 강경파가 주장하는 '다다 추방'의 목소리를 대변하고 있었던 것이다. 결국 도조와 함께 다다도 자리에서 물러났다.

천황은 이 단계에서는 도조라는 군인에게 그다지 호감을 갖고 있지 않았다.

천황과 도조가 두 번째로 만난 것은 1940년 7월이었다.

육군 장교들은 요나이 미쓰마사 내각이 대독협조 노선을 취하지 않고 영미에 동조하는 기미를 보이자 불만을 품었다. 그들은 독일이 요구하는 일독이삼국동맹을 체결하여 국외를 튼튼히 하고, 국내는 대정익찬회大政翼贊會 체제로 육군이 굳건히 주도하는 국가를 만들고 싶어서 초조해했다.

육군성 장교들은 하타 슌로쿠 육군상에게 "사표를 내라"고 압박했다. 그렇게 하면 요나이 내각은 무너지게 될 터였다. 다음 내각이 마음에 들지 않으면 육군상을 추천하지 않으면 그만이었다. 군부대신현역무관제는 내각의 생사여탈권을 쥔 권력이었다. 육군성 장교들은 이때는 고노에에게 기대를 걸고 고노에를 찾아가 다시 수상으로서 조각을 해달라고 의뢰했다.

그들의 프로그램은 예정대로 진행되어 하타의 사표 제출, 요나이 내각 붕괴 그리고 제2차 고노에 내각의 탄생으로 이어졌다. 1940년 7월 22일의 일이다. 이때 육군 장교들은 아직 고노에가 조각에 착수하지도 않은 상황에서 하타를 천황에게 보내 "육군대신은 도조 중장이 되었습니다"라고 상주하게 했다. 천황은 "아직 조각은 끝나지 않은 게 아니냐"며 주의를 주었다.

도조의 취임에 한하여 줄곧 이와 같은 이례적인 방법이 동원되었다. 그것은 도조가 육군의 강경파를 대표하는 비장의 카드와 같은 존재였기 때문이다.

제2차 고노에 내각은 고노에와 도조, 외무상 마쓰오카 요스케, 해군상 요시다 젠고 넷이 사상회의四相會議를 열고 국책의 기본 요강을 결정했다. 이 기본 요강의 모두에는 "황국의 국시는 팔굉八紘을 일우一宇로 하는 조국肇國의 대정신에 기초하여 세계 평화의 확립을 초래하는 것을 기본으로 한다……"라고 명시되어 있었다. 팔굉일우가 노골적으로 국책의 중심에 놓인 것이다.

이 내각은 처음 얼마 동안 네 사람의 합의가 이루어져 그런대로 유지될 수 있었지만 점차 통솔력을 잃게 된다. 결국 고노에는 지도력을 상실했고, 도조는 삼국동맹 체결과 남방 진출에 의한 석유 자원의 확보를 줄기차게 주장했으며, 마쓰오카는 마치 자신이 이 내각의 주인공인 양 행동했고, 요시다는 육군에 짓눌려 신경쇠약 기미를 보였다. 도조만이 기세가 당당했다.

"도조의 상주가 지나치다"

천황에 대한 도조의 태도는 지금까지의 육군상과는 달랐다.

도조는 비서에게 "폐하는 신과 같은 무사無私의 존재"라고 말했고, 천황 앞에 나아갈 때에는 언제나 긴장을 늦추지 않았다. 궁중에 상주하러 가서 대기실에서 기다리는 동안에도 자세를 흐트러뜨리지 않았고, 시종이 "어전으로 가시지요"라고 재촉하면 직립하여 군화를 맞부딪치는 소리를 내며 잠시 호흡을 가다듬은 뒤 천황의 정무실로 들어갔다.

천황으로부터 주의를 받았을 때에는 "오늘은 폐하께 꾸중을 들었다"며 비서에게 멋쩍은 표정을 지었다. "군인은 하루 24시간 모두 천황의 명을 받들고 있다. 식사를 하는 것도 그 덕분이다"라고 부하에게 말했다. 천황의 이름이 나오면 언제라도 직립 부동의 자세를 취했다. 육군유년학교에 들어간 것이 13세, 그때부터 55세에 이르기까지 40년 동안 육군이라는 조직에서 살아온 그에게 천황을 경모하는 염은 골수까지 스며들어 있었다. 이런 점은 쇼와 육군의 군인 중에서 타의 추종을 불허했다.

도조가 이전까지의 육군상과 가장 달랐던 점은 모든 군무를 천황에게 보고했다는 것이다. 때로는 육군의 정책이 결정되는 과정까지 보고했고, 그것이 거듭되면서 군 내부에 "도조의 상주가 지나치다"라는 소문이 퍼질 정도였다.

1940년 9월, 일본은 삼국동맹에 조인했다. 독일, 이탈리아와 함께 추축체제를 형성함으로써 미국, 영국 그리고 소련 등과 대립하는 구도가 짜였다.

중일전쟁이 장기화되면서 미국과 영국이 장제스를 지원하기 때문이라는 여론이 높아졌고, 육군 내부에서는 대미영 전쟁까지 불사하겠다는 용감무쌍한 목소리가 터져나왔다. 1940년 말부터 1941년에 이르는 시기까지만 해도 도조는 이러한 목소리에 가담하지 않았다. 그러나 군 내부를 향한 도조의 훈시는 유별나게 강경했다. 예컨대 1941년 1월의 훈시에서는 "올해야말로 비상시 중 초비상시다"라는 격문을 날렸다.

1941년 1월에는 군 내부에 「전진훈」을 발포하여 황군 병사는 포로가 될 것이 아니라 죽을 때까지 싸우라고 시달했다. 도조는 언제나 육군 내부에서 강경론을 펼치는 장교를 중시하는 경향이 있었고 아울러 정신주의를 설파하는 군인을 중용하는 편이었다.

그래서 도조에게 반감을 가진 이도 많았고, "도조는 인사를 자기 마음대로 결정한다"고 비방하는 이도 있었다. 특히 이시와라 간지 계열의 군인으로부터는 "도조는 인사를 무기로 삼아 파벌을 만들고 있다"는 비판을 받았다. 그럴 때에도 도조는 "나는 폐하 앞에 나아갈 때의 저 순수무사한 마음으로 인사한다"며 딱 잡아뗐다.

1941년은 확실히 도조가 훈시했듯이 '초비상'의 시대였다.

삼국동맹을 체결한 뒤 미국과의 서먹서먹한 관계를 개선하기 위해 4월부터 미일 교섭이 시작되었다. 교섭의 기초가 된 「미일양해안美日諒解案」은 육군성 군사과장 이와쿠로 히데오巖畔豪雄가 두 명의 미국인 신부와 함께 정리한 것인데, 그것은 일본 입장에서 볼 때 너무나 유리한 내용이었다. 미국이 만주국을 승인하고 또 중일전쟁을 해결하는 데 중개 역할을 한다는 게 골자였던 것이다.

미국의 루스벨트 대통령은 주미 대사 노무라 기치사부로에게 "일본은 남진 정책을 국책으로 하고 있다. 게다가 삼국동맹에 구속되어 독일과 이탈리

제2부. 쇼와 육군의 흥망

아에 휘둘리고 있다"며 종종 경고하곤 했다.

이미 제2차 세계대전은 시작되었고, 유럽에서는 독일이 프랑스·벨기에·네덜란드 등을 제압했으며, 영국이 필사적으로 독일과 싸우고 있었다. 미국은 먼로주의를 내걸고 참전하지는 않았지만, 루스벨트와 국무장관 헐은 줄곧 참전의 기회를 엿보고 있었다.

도조는 「미일양해안」을 보고 "미국의 이 제안은 일본으로서는 너무 좋은 기회"라고 중얼거렸다. 불행히도 도조를 비롯한 육군 지도자들은 미국에 대해 강한 태도로 나가면 미국이 물러설 것이라고 생각해버렸다. 사실 이 양해안은 미국 정부가 인정한 것이 아니라 미국인 신부들에 의해 작성된 사안私案에 지나지 않음을 도조는 몰랐던 것이다.

「미일양해안」이 만들어졌을 무렵 외무상 마쓰오카가 히틀러, 무솔리니, 스탈린을 만나고 귀국했다. 마쓰오카는 삼국동맹에 참가하는 한편 스탈린과 중립조약을 체결하고 의의양양하게 돌아왔다. 「미일양해안」 따위는 안중에도 없었다. 그런 마쓰오카에게 도조는 점차 불신감을 갖게 되었다.

미일 교섭이 시작되고 얼마 지나지 않은 1941년 6월 22일, 갑자기 독일이 소련을 침공했다.

일본에서는 이 기회에 남부 프랑스령 인도차이나에 진주해야 한다는 의견과 독일에 호응하여 소련으로 진출해야 한다는 의견이 충돌했다. 도조는 상반되는 두 의견의 중간쯤을 선택했다. 즉 "대미영전을 불사한다"는 태도로 남부 프랑스령 인도차이나에 들어가고, 상황이 일본에 유리하게 전개되면 "무력을 행사하여 북방 문제를 해결"한다는 방향을 제시하여 어전 회의에서 어려운 고비를 넘겼다. 아마도 천황은 이때 교묘하게 균형을 취하는 도조의 움직임에 주목했을 것이다.

그러나 천황은 참모총장 스기야마 하지메가 소련을 위압하기 위한 관동군특별대연습에 부대를 파견할 수 있도록 허가해달라고 했을 때 위구危懼의 뜻을 피력했다.

"지금 부대 동원이 불가피하다는 것은 알겠다. 다만 북으로, 중국으로, 프랑스령 인도차이나로, 이렇게 사방팔방으로 손을 뻗다가는 결국 중점을 잃어버리지 않겠는가. 이 점에 대해 앞으로 깊이 주의하라. 또 종래 육군은 어떻게든 손을 뻗치고 싶어했으니 이번에는 각별히 주의하여 모략을 꾸미지 않도록 하라."(『스기야마 메모』)

스기야마에게 이러한 우려의 뜻을 전해 들은 도조는 천황의 말을 가슴에 새기고 관동군의 동향에 특별히 주의를 기울였다.

동시에 도조는, 육군 지도자가 천황의 대권을 거스르는 일이 있어서는 안 된다는 뜻을 넌지시 비치면서 앞서 서술한 바와 같이 정책 입안과정까지 상주했다.

9월 6일의 어전 회의에서 10월 16일 고노에 내각이 총사직하기까지 도조는 줄곧 강경론의 입장에서 고노에와 대립했지만, 「독백록」을 통해 알 수 있듯이 천황은 그것과는 별도로 도조가 육군 내부를 장악하는 지도력을 발휘하는 데 관심을 갖고 있었다. 그러면 저간의 경위를 따라가보기로 한다.

고노에가 내각에서 물러나자 중신 기도 고이치는 도조를 추천했다(10월 17일). 도조 자신은 히가시쿠니 나루히코東久邇稔彦 내각을 획책하고 있었다. 따라서 자신이 추천을 받은 것은 의외의 일이기도 했다.

도조는 비서인 아카마쓰 사다오赤松貞雄에게 "경에게 내각 조직을 명한다……"라는 천황의 말을 들었을 때 다리가 후들후들 떨려 뭐가 뭔지도 알 수 없었다고 털어놓았다. 도조 자신은 '도조 일기'에 "갑자기 조각組閣의 대명을 받았다. 전혀 예상하지 못한 일이라 망연하다"라고 적었다. 기도 고이치는 "도조 내각은 9월 6일 어전 회의의 결정을 백지화하라"는 천황의 의사도 함께 전해왔다.

육군상 관저로 돌아온 도조는 계속 부들부들 떨었고 뺨은 쉴 새 없이 씰

룩거렸다.

천황과 기도는 육군 강경파인 도조를 활용하여 다시 한번 정책을 원점에서부터 재검토하게 하려는 생각을 갖고 있었던 것이다. 기도는 일찍이 내 질문에 "그 당시 육군을 누르려면 도조를 이용할 수밖에 없었다. 폐하를 향한 충성에 관한 한 도조는 그 어떤 군인보다 각별했고, 성려聖慮를 실행하는 뛰어난 인재였다"라고 대답했다. 천황은 기도에게 "호랑이굴에 들어가지 않으면 호랑이 새끼를 잡을 수 없다"고 했는데, 그것은 도조를 이용하여 육군 내부의 강경파를 억누르는 모험에 나서겠다는 속마음을 실토한 말이었다.

지금까지 강경파였던 도조는 이제 화평파로 돌아서서 정책 수정을 모색하지 않으면 안 되는 입장에 놓였다. 어제의 태도와 오늘의 태도가 완전히 달랐던 것이다. 도조는 육군 내부의 장교와 민간 우익에 의한 쿠데타 또는 테러를 두려워했고, 수상과 육군상 외에 내무상까지 겸임하여 감시를 강화했다. 도조는 확실히 그런 위기 속에 놓여 있었다.

10월 23일부터 일주일 동안 도조는 미일 개전을 피하기 위한 대본영정부 연락회의를 열었다. 그러나 일단 전쟁을 향해 나아가고 있는 정책을 백지로 돌릴 수는 없는 노릇이었다. 11월 2일 밤, 도조는 스기야마와 함께 참내參內하여 그 뜻을 천황에게 상주했다. 9월 6일 어전 회의의 결정과 거의 다름없는 내용을 상주하는 동안 도조는 목소리를 높이며 울먹였다. 참모본부로 돌아온 스기야마는 "도조가 언제 저렇게 폐하의 신임을 얻었을까"라며 중얼거렸다.

11월 26일 미국이 일본 측에 제시한 회답(「헐 노트」)은 삼국동맹에서 이탈할 것, 중국으로부터 철병할 것 등 여전히 강경한 요구를 담고 있었다. 그리하여 일본은 외교 교섭을 중단하고 진주만 기습 공격에 나서게 되었던 것이다.

미일 개전 전 쇼와 천황과 도조의 관계는 거의 위와 같은 흐름 속에 있었다. 그리고 1941년 12월 8일부터 1945년 8월 15일까지 3년 8개월간 계속된 태평양전쟁 동안 도조는 실로 2년 8개월에 걸쳐 수상, 육군상 그리고 때로는 내무상과 문부상까지 겸임하면서 전쟁을 지도했다. 1944년 2월부터 퇴임한 7월까지는 참모총장으로서 군사상의 대권까지 장악하고 있었다. 따라서 그때까지는 '도조의 전쟁'이라 해도 하등 이상할 게 없었다.

이러한 흐름을 이해하고서 다시금 「독백록」을 읽어보면 천황이 무슨 생각을 하고 있었는지 그 실마리를 확인할 수 있다.

"그래서 후임 수상 인선 작업에 들어갔는데, 9월 6일 어전 회의의 내용을 아는 자여야만 했고 또 육군을 억누를 수 있는 힘을 지닌 자여야만 했다. 회의 내용은 극비였기 때문에 내용을 아는 자라면 회의에 출석한 사람 중에서 선정해야만 했다. 도조, 오이카와(해군상), 도요다(해군 출신)가 후보에 올랐는데, 해군은 수상을 배출하는 데 절대 반대였기 때문에 도조가 수상으로 뽑혔던 것이다. (…) 이 사람은 육군 내부의 분위기를 잘 파악하고 있어서 조각을 할 때 조건만 달아두면 육군을 억누르고 순조롭게 일을 처리해나갈 것이라고 생각했다."

천황 자신이 후임자 선정에 주도권을 쥐고 있었다는 것을 알 수 있다. "도조, 오이카와, 도요다가 후보에 올랐다"는 표현은 대단히 미묘하다. 해군이 "수상을 배출하는 데 절대 반대"한다는 것은 처음부터 밝혀져 있었다. 중신 회의 석상에서는 우가키 가즈시게와 하야시 센주로의 이름이 거론되었는데, 천황이 생각하고 있던 사람의 이름이 나오지 않은 것으로 보아, 중신회의에 자문을 구하기 전에 이미 "기도와 협의하여" 후임자를 결정했다는 말일 것이다. 결국 천황 자신이 도조를 수상으로 내세우겠다는 집념을 갖고 있었음을 알 수 있다.

기도가 적절하게 말했듯이, 도조가 "폐하를 향한 충성이 그 어떤 군인보다 각별했다"는 것을 천황은 전후에 이르러서도 다섯 측근에게 다시 설명하고 있는 셈이다.

도조에 대한 측근들의 작위적인 평가

천황은 도조 히데키가 어떤 인물이었느냐는 질문에 다음과 같이 말한다.

"도조라는 인물은 말하자면 잘 아는 편이다. 그는 압제자라는 평판을 들었는데, 그것은 너무나 많은 직책을 맡고 있어서 지나치게 바쁜 나머지 자신의 생각이 아랫사람들에게 제대로 전해지지 않았고, 또 헌병을 지나치게 활용했기 때문일 것이다.

그리고 다나카 류키치(1942년 9월까지 병무국장 역임)나 도미나가 교지(육군 차관 겸 인사국장) 등 어쨌든 평판이 좋지 않고 또 제어하기도 어려운 부하들을 이용한 것도 평판을 떨어뜨린 원인이리라고 생각한다. 실제로 도조도 나중에는 부하를 제대로 제어할 수 없었던 것으로 보인다.

도조는 모든 것을 바쳐 일했고, 평소 사려 깊고 주도면밀하게 말하는 등 상당히 좋은 점이 많았다."

도조는 천황 입장에서 보자면 신뢰에 값하는 인물이었다. 하지만 다나카나 도미나가를 기용한 것, 훗날 부하를 제어할 수 없게 된 것 등을 들어 도조는 사람이 훌륭했을지언정 그의 주변 인물들은 나빴다는 식으로 말하고 있는 것이다.

실제로 천황이 이러한 표현을 사용하여 인물을 평가했는지는 정확하지 않다. 데라사키를 비롯한 측근들이 이러한 표현으로 정리했다고 해야 옳을 것이다. 나는 이런 부분에서 측근들이 작위적이었다는 것을 느낀다.

확실히 다나카와 도미나가가 둘 다 군인으로서 그 자리에 어울린다고 말하기는 어렵다. 다나카는 병무국장 시절 도조에게 아첨만 했을 뿐이고, 도쿄 전범재판에서는 거짓 증언(실제로는 자신의 말을 군무국장 무토 아키라의 말로 바꿔줬다)도 많이 했다. 도미나가 또한 제4항공군 사령관으로서 특공대원에게 출격 명령을 내려놓고 자신은 미군이 필리핀에 상륙하기 전에 혼자 도망쳐 돌아온 무책임한 군인이었다. 그러나 이런 유형의 사람들을 중용한 것을 보면 도조의 성격이 본래 얼마나 나약했는지, 시야가 얼마나 좁았는지 미루어 알 수 있다.

「독백록」에는 '도조의 사직'이라는 항목이 있는데, 여기에는 당황스럽게도 "나는 도조를 동정하지만, 굳이 변호하려고 말하는 게 아니라 다만 진상을 밝히고 싶었기 때문에 이것만은 말해둔다"라는 표현이 등장한다. 천황이 실제로 이렇게 단언했다는 것은 나로서는 전혀 믿을 수 없는 일이다. 추측건대 천황이 도조를 너무 높이 평가하니까 측근들은 곤혹스러웠을 것이고, 그랬기 때문에 굳이 이런 표현을 끼워넣어 균형을 맞추고자 했을 것이다. 따라서 이 「독백록」을 보면 천황은 자신이 직접 역사에 관련되어 있었음에도 지나칠 정도로 방관자의 태도를 취하고 있다는 것을 알 수 있으며, 객관적이지 않은 표현도 곳곳에서 발견된다. 마치 한 편의 두루마리 그림을 보고 감상을 피력하고 있는 듯 보인다.

천황은 이 「독백록」에 담긴 내용을 말하고 싶어서 말한 게 아니다. 재판용 수기로서 질문 받은 대로 대답했을 뿐이며, 천황의 흉중을 조금이라도 '알 수 있다'는 점에서는 일급 자료라 할 수 있지만, 허심탄회하고 자유롭게 말할 만한 상황이 아니었다는 의미에서 아쉬운 점이 적지 않다. 특히 육해군을 통솔하는 대원수라는 입장에서 어떻게 느꼈는지를 전혀 알 수 없다는 데에 중요한 비밀이 있는 것처럼 보인다.

나는 1989년 무렵, 전쟁 전부터 패전 직후까지도 궁중과 관련을 맺고 있었던 요인으로부터 "어떤 사람의 집에 쇼와 천황이 태평양전쟁에 관해 질문 받은 대로 이야기한 방대한 자료가 잠들어 있다. 나도 그것이 읽고 싶어서 교섭을 하는 중인데……"라는 말을 들은 적이 있다. '어떤 사람'이란 다섯 측근 중 한 사람이었다. 그 요인의 말에 따르면 1990년에 발표한 데라사키 소장본(이 책에서 말하는 「독백록」)보다 분량이 더 많은 것으로 보인다.

「독백록」은 상당 부분이 생략되었고, 쇼와 천황을 면책하기 위한 수기로 만들어졌다는 게 내 인상이다. 지금 내 앞에 놓여 있는 '도조 일기'는 도조의 꼼꼼한 성격을 반영하여 작은 글자로 그날그날의 사건을 기록한 것이다.

이 일기에 따르면 검사단의 정규적인 취조와는 별도로 가끔씩 임시의 또는 검사단과는 다른 인물에 의한 취조가 이루어졌다. 2월 16일자 일기를 보면 다음과 같다.

2월 16일(토) 비

임시 취조를 받다. 그 요점이 정말로 기기괴괴하다.

1. 다카마쓰노미야高松宮 전하를 아는가?
2. 삿포로에 사는 사이토 아키라齊藤明라는 인물을 아는가?
3. 다카마쓰노미야 전하와 나는 반대 입장에 있는가?
4. 폐하에게 어떤 일을 하게 한 적이 있는가? 어떤 일에 대해 이야기했는가?
5. 폐하는 평화를 애호하는가?
6. 폐하에게 전쟁을 권유했는가?

이와 같은 중대한 문제를 간단하게 생각하고 묻기에 입을 닫았다. 통역에게 물었지만 뜻이 통하지 않아 입을 다물었다.

임시 취조를 받으면서 도조는 당황했다. 검사단의 취조에서와는 달리 질문도 순서대로 던지지 않았다. 뜻밖에도 다카마쓰노미야와 천황의 정치적 자세가 어떠했는지를 물었던 것이다. 도조의 이러한 기술을 통해 검사단과는 별도로 GHQ 측이 독자적으로 천황의 전쟁 책임에 관하여 조사를 하고 있었다는 것, 도조의 '천황을 보는 눈'을 확인하고자 했다는 것을 알 수 있다. 도조는 어떻게 대답했는지에 대해선 적어놓지 않았다. 그러나 "이와 같

제17장. 「쇼와 천황 독백록」에 나타난 도조 히데키

은 중대한 문제를 간단하게 생각하고" 운운하는 말로 미루어보건대, 질문 자체를 불경하다고 생각하고 화를 냈던 듯하다. 대원수를 가볍게 보는 것 같다며 불쾌하게 기록하고 있는 것이다.

도조는 이때에도 천황에게 누가 될 만한 말은 하지 않았고, 천황에게는 전쟁 책임이 없다는 말을 되풀이했을 가능성이 높다. 이 취조에서는 다카마 쓰노미야가 어떤 인물인지 물었다는 점이 흥미롭다. 추측건대 GHQ 측은 천황은 물론 황족인 다카마쓰노미야와 지치부노미야의 동향에도 관심을 갖고 있었을 것이다.

다섯 측근은 천황에게 각 황족의 인상이 어떠했는지 물었고 그 질문에 대한 대답을 「독백록」에 정리해놓았는데, 다카마쓰노미야를 속속들이 알고 있었던 천황은 그에 대한 인상을 정직하게 털어놓았다.

'도조 일기'를 꼼꼼히 읽어보면 외무성의 오타 사부로太田三郎가 때때로 스가모 형무소를 찾아왔었다는 것을 알 수 있다. 3월 23일에는 장시간 이야기를 나누었다. 통역에 관한 문제, 면회 제한, 재판 비용 등에 관하여 이야기했다고 하는데, 당연히 이때 도쿄전범재판에 임하는 도조의 태도나 생각을 넌지시 확인했을 것으로 추측된다.

3월 28일자 일기에는 다음과 같은 기록이 있다.

오늘 신문에 '망령 든 도조, 기억을 상실하다'라는 제목의 기사가 실리다. 이것은 오타 대사와 이야기를 나누면서 개전 요구 당시에 대해 말한 것을 악의적으로 날조한 것이다. 어제 검사는 스스로를 변호라도 하듯 특별히 검사단에서 나온 것이 아니라는 뜻을 전해왔다.

외무성의 이 루트를 통해 도조의 생각이 확인되었고, 그것이 다섯 측근에게 전해졌으며, 그들은 이를 바탕으로 천황으로부터 이야기를 끌어냈던 것

제2부. 쇼와 육군의 흥망

이 아닐까.

'도조 일기'는 1월 4일부터 4월 22일까지 총 54회에 걸친 취조과정을 기록한 것인데, 검사단의 신문 내용과 그 신문에 어떻게 대답할 것인지를 '취조를 받은 인상'이라는 제목 아래 117개 항목으로 나누어 기술하고 있다. 검사단은 신문 과정에서 당연히 진주만 기습 공격의 경위에 관하여 상세하게 물었다.

'신문 내용은 왜 미일 교섭을 중단했는가, 11월 26일 헐 국무장관의 통고를 왜 최후통첩이라고 판단했는가, 그리고 이것이 중요한데, 워싱턴의 주미대사관은 왜 외교 교섭의 중단(선전포고)을 알리는 문서를 이미 일본 해군이 진주만을 공격하고 있을 때 수교手交했는가' 등등 상당히 구체적이었다.

도조는 상세하게 대답했지만 그런 질문에 답하는 것이 적잖이 괴로웠던 듯하다. 특히 워싱턴 주미대사관의 부주의한 일처리에 대해서는 전쟁이 끝날 무렵까지 몰랐다고 했다. 당시 주미 대사관의 일등서기관 데라사키 히데나리는 12월 7일 동료들과 함께 피크닉을 가는 바람에 전보 지연에 대해 책임을 질 수밖에 없었다. 그런데 그런 그가 이때는 천황의 측근으로서 빈번히 천황의 속내 이야기를 듣고 있다는 사실을 도조는 몰랐을 것이다.

117개 항목 중에서 천황과의 관계에 대하여 질문을 받은 몇몇 부분을 뽑아보면 다음과 같다.

〈40〉 폐하께서 평소 폭력의 사용이나 자기 의견을 다른 사람에게 강요하는 듯한 말씀을 하신 적이 있는가?

"평화를 애호하는 폐하의 뜻은 확고하다는 것(어전 회의의 사례 또는 칙어), 일할 때 협조와 중용을 존중한다는 것을 잘 알고 있다."

〈49〉 일본은 대동아 건설에 폭력을 사용했는데 이는 폐하의 의사를 거스른 것이 아닌가?

"우리는 폐하의 평화 애호 정신을 깊이 새기고 정치에 임했으며, 전쟁은 영미가 제국의 생명을 위협했기 때문에 발발한 것이다. 대동아 건설은 폭력에 호소하여 실행하고자 한 것이 아니다. 전쟁 개시 후 전쟁에서 이기는 것을 목표로 하여 동아시아의 싸움을 종식시키기 위해 애썼으며, 또한 이것이 동아 민족을 행복하게 하는 것이라고 믿었기 때문이다."

〈64〉 개전에 관한 명령은 누가 내렸는가.

"어전 회의(12월 1일)의 결정에 기초했으며, 참모총장과 군령부총장이 책임을 지고 대원수 폐하의 명령을 봉공 하달했다."

이외에 바탄 죽음의 행진, 이시이石井 세균부대, 난징 대학살, 미군 포로의 처벌 등 그야말로 모든 것에 대해 도조는 신문을 받았다. 이시이 부대에 관해서는 "연구는 했지만 사용은 엄금했다"고 대답했다.

도조는 스가모 형무소에서 천황에게 누를 끼치지 않도록 조심하면서 필사적으로 신문에 응했다. 그것이 도조가 쇼와 육군 군인으로서 "대원수 폐하께 바친 최후의 봉공"이었다. 그러나 천황의 「독백록」만 보면 그의 봉공은 교묘하게 측근들에게 이용당했다는 것을 알 수 있다.

1948년 11월 12일 도쿄전범재판의 법정은 도조를 비롯한 일곱 명의 A급 전범에게 교수형을 선고했다. 이 소식을 접한 천황은 정무실에서 눈시울을 붉혔다고 시종들은 증언한다. 천황은 쇼와 육군 그 자체를 끝까지 신용하지 않았지만 도조만은 최후까지 신뢰했다.

명실공히 쇼와 육군을 대표하는 도조의 솔직하고 진지하며 성실하면서도 서투르고 우직한 인간상에 천황은 매료되었던 것이리라. 「독백록」을 통해 쇼와 천황이 지닌 인간미의 단면을 엿볼 수 있지만, 그것 또한 이 시기 미국을 비롯한 연합국과 천황 측근들의 흥정이라는 정치성 속에 포함되어 있었다고 말해야 할 것이다.

결국 「독백록」은 도쿄전범재판에 사용된 것도 아니고, 일부가 영역되어 맥아더의 군사비서 펠러즈의 서랍 속에서 잠자고 있었던 것이다(히가니노 마코토, 『쇼와 천황 두 개의 「독백록」』).

제18장

워싱턴 해군 주재무관의
회상

1941년 12월 8일 오전 3시 30분(워싱턴 시각 12월 7일 오후 1시 30분), 일본 해군의 기동 부대는 일제히 하와이 진주만에 선제공격을 가했다. 「헐 노트」를 받고 나서 12일째, 일본은 외교 교섭을 포기하고 군사 행동에 나선 것이다.

미국 국민에게 이 선제공격은 그야말로 아닌 밤에 홍두깨였다. 미국과 일본 사이가 점차 험악해지고 있다는 것은 보도를 통해 알고는 있었지만, 극동의 '소국'이 자국의 영토를 공격할 줄은 꿈에도 생각하지 못했다.

미국 국민이 12월 7일(워싱턴 시각)의 기습 공격에 어떤 반응을 보였는지, 그 후 미국 측은 일본 대사관원이나 육해군 주재무관과 사무관에게 어떻게 대응했는지 알고 싶었던 나는 당시 워싱턴에 있었던 관계자들을 찾아다니며 일기나 회상록을 쓴 것이 없는지 물었다. 대사관원들은 일기나 비망록을 갖고 있긴 했으나 대부분 개전의 날 소각해버린다. 그 후 교환선交換船을 타고 일본으로 돌아와서도 회상록 등을 쓸 여유가 없었고, 전후에도 그때의 기억을 기록한 사람은 거의 없다.

그러나 해군 주재무관 사네마쓰 유즈루만이 이때의 기록을 극명하게 남겼다. 사네마쓰는 1939년 12월에 워싱턴 주재무관 사령을 받았고, 이때부터 1940년 9월까지 프린스턴 대학원에서 군사학을 공부한 뒤 주재무관으로 일했다. 개전 시에는 해군의 대미 교섭을 혼자 책임지고 있었다. 1942년 8월 교환선을 타고 귀국한 그는 군령부의 정보부에서 대미 정보를 해석하는 일을 맡았다. 그 때문에 전범으로 스가모 형무소에 수감되었고, 중노동 40년 형을 받았다. 1958년 스가모 형무소에서 마지막으로 석방된 사람들과 함께 풀려나 사회에 복귀했다.

스가모 형무소에 수감되어 있던 그는 1949년에서 1950년에 걸쳐 미국 체험기를 집필했다. 세 자식에게 자신의 역사적 체험을 전하기 위해 쓴 것이어서 이제까지 그 어디에도 발표하지 않았다.

나는 이 회상록(노트 양면에 기록되어 있으며 총 470페이지에 이른다)을 제공받아 이번 기회에 중요한 부분을 공개하기로 했다. 사네마쓰의 회상록에는 미일 개전에 이르기까지 미국과 일본의 관계가 구체적으로 기술되어 있으며, 역사적인 자료로서도 가치가 높다. 이 회상록 중에서 특히 진주만 공격 이후 대사관원, 육해군 주재무관, 서기 등의 움직임을 추출하고 아울러 나 자신의 독자적인 취재를 통해 분명해진 사실을 보고하고자 한다.

사네마쓰 원고의 인용 가운데 '( )부분'은 내가 주석을 붙인 것이고, '[ ] 부분'은 사네마쓰 자신의 주석이다.

(워싱턴 시각 1941년 12월 7일) 오후 1시 50분경, 일본 정부의 대미 최후통첩을 휴대하고 자동차를 몰아 국무성으로 가는 노무라 기치사부로, 구루스 사부로 두 대사의 모습을 사무실[2층에 있었다] 창가에 서서 바라보았다. 나는 지난 9개월 동안의 대사의 노고를 생각했다. 아무런 보람도 없이 오늘 발걸음도 무겁게 마지막 심부름을 하러

나서는 대사의 흉중을 헤아리자니 갖가지 생각이 끝없이 밀려들었다.

두 대사가 출발하고 얼마 지나지 않아 라디오에서는 중대 특별 뉴스가 흘러나오기 시작했다.

"Pearl Harbor attacked(진주만이 공격당했다)! Pearl Harbor attacked!" 전파를 통해 되풀이하여 전쟁의 발발을 알리는 속보는 일요일의 행락을 즐기고 있었을 미국 국민에게 일대 충격을 주었고, 잔뜩 긴장한 아나운서의 목소리는 평소의 차분함이 어디론가 사라져버리고 걸핏하면 떨리곤 했다.

마침내 전쟁의 막이 오른 것이다. (…)

"Pearl Harbor attacked! Pearl Harbor attacked……" 라디오에서 반복하여 진주만 기습을 알리는 목소리가 울려 퍼지고 나서 얼마 지나지 않아 미국 관헌에 의해 (대사관 내의) 전화는 끊겼고, 외부와의 교통은 특별 허가를 받은 자 외에는 모두 금지되었다. 이리하여 6개월에 이르는 적국에서의 억류생활이 시작되었다.

대사관은 기밀 서류나 물건을 처리하느라 정신이 없어서 정문의 철문 폐쇄는 생각도 못 하고 있었다. 그 틈을 타 30여 명의 신문기자가 개전 당일 우리 대사관의 상황을 취재하겠다며 무단으로 구내로 들어왔다. 그리고 왜 진주만을 기습했는지, 숲속에서 암호 기계를 처리할 때 피어오른 하얀 연기가 무엇인지에 대한 설명을 요구했다. 대사관의 대변인이 된 해군무관실의 사사키 군이치佐々木勳一 촉탁은 유창한 영어와 교묘한 기지로 대단히 훌륭하게 응수했고, 어렵사리 집요한 기자들을 쫓아낼 수 있었다.

"기만적인 공격이다"

매사추세츠 대로에 사람들이 몰려들었다. 군중은 '우우' 함성을 지르며 기세를 보였고, 경관은 교통 정리와 군중의 단속에 정신없는 모습이었다. 흥분한 군중 가운데 아군의 진주만 습격에 분개한 나머지 분풀이라도 하듯이 맥주병 같은 것에 휘

제2부. 쇼와 육군의 흥망

발유를 넣어 우리 대사관을 불태우려 한 이가 있었다. 다행히도 대위가 지휘하는 약 50명의 (기마) 경관이 현장에 도착했다. 대위는 소리 높여 "도쿄에 있는 그루 미국 대사를 잊지 마라!"며 절규했고, 간신히 흥분한 군중을 달랠 수 있어서 우리는 방화 위험에서 벗어났다.

라디오의 아나운서는 떨리는 목소리로 "진주만이 공격당하고 있다"고 절규했으며, 워싱턴의 일본 대사관에는 흥분한 군중이 몰려와 "Treacherous attack(기만적인 공격)"이라든가 "Dirty Jap(더러운 일본 놈)"이라 욕을 하며 소동을 부렸다. 군중은 대부분 청년이었고, 그들은 철문을 흔들며 대사관을 향해 욕설을 퍼부었다. 12월 8일자 『뉴욕타임스』는 미국에 사는 일본인은 모두 FBI의 감시 아래 있으며, 그들의 행동은 감시를 받게 되었다고 보도했다.

우리 대사관 앞의 군중은 일시적으로 검은 산처럼 엄청나게 불어나는 기세였다. 하지만 시간이 흐르면서 차차 한산해졌다. 미 경관의 호위와 감시 아래 해군무관실의 비품과 각자의 물품은 (…) 엄밀한 검사를 받았고, 내 라디오 수신기 겸 축음기는 이유도 없이 미국 측에 몰수당해버렸다.

다른 한편 이날 저녁 무렵까지 관원의 가족들도 대사관에 수용되었다. 갑작스럽게 대가족이 되었지만 원래 대사관의 주거 시설은 보잘것없었기 때문에 우리는 사무실의 테이블 위나 리놀륨을 깐 바닥에서 한뎃잠을 자며 억류 첫날의 밤을 보내게 되었다. (…)

대사관 주위는 미 관헌이 밤낮 구별 없이 엄중하게 경계했고, 관저 입구 근처에 있는 방에는 연락원이라는 명목으로 상대측 직원이 파견되어 있었다. 그러나 내부 일에 관해서는 아무런 간섭도 하지 않았다. 또 외부와의 교통과 통신은 금지되어 있었지만, 식량과 일용품 등 필수품을 입수하는 데에는 특별한 편의가 제공되었고 라디오 청취도 허가되었기 때문에 우리는 그날그날의 사건을 알 수 있었다.

제18장. 워싱턴 해군 주재무관의 회상

12월 10일 무렵, 에스파냐가 일본의 이익 대표국이 될 것을 승낙했다. 그리고 언젠가 일본과 미국의 외교관들을 각각의 본국으로 송환할 소위 교환선에 관하여 양국 정부가 교섭 중이라는 정보도 전해졌다. 만일 전쟁이 일어난다면 살아서 조국의 산하를 보거나 육친을 만나리라고는 꿈에도 생각하지 못했던 나는 이 기쁜 소식을 들었을 때 정말이지 귀를 의심하지 않을 수 없었지만, 이 이야기가 구체적으로 실현될 날이 조금이라도 빨리 오기만을 염원했고, 긴급한 상황에 처한 조국을 위해 미력이나마 바칠 때가 속히 오기를 자나 깨나 바라 마지않았다. (…)

세밑이 다가온 29일(워싱턴 시각), 우리 일동은 추억이 깃든 대사관을 뒤로하고 정든 자동차를 남겨둔 채 버지니아 주의 포트스프링으로 향했다. 미국의 경관들이 우리가 나눠 탄 자동차의 전후좌우를 삼엄하게 경계했다. 길가의 시민들은 희귀한 구경거리라도 되는 듯 우리를 바라보았다. (…)

워싱턴의 관문인 유니언 스테이션에서 미국 관헌에게 둘러싸인 채 특별 열차를 타고 유랑 길을 출발했다. 미국 건국의 아버지 조지 워싱턴을 기리는 555피트의 기념비는 잔뜩 흐린 적의 수도 겨울 하늘에 우뚝 솟아 있었고, 오자키 유키오尾崎行雄가 시장으로 있던 때 도쿄 시에서 기증한 벚나무 가로수가 늘어선 산기슭을 따라 흐르는 메마른 포토맥 강을 건너면 우리 행선지인 버지니아 주다. (…)

호기심 많은 시골 사람들이 모여들어 신기한 눈으로 바라보는 가운데 우리는 자동차를 나눠 타고 홈스테드호텔로 향한다. 이 호텔은 정부 요직에 있는 이나 정치인 등이 소란스러운 일상에서 벗어나 유유자적하는 곳으로 이름난 숙소인데, 이번에 미국 정부에서 우리를 수용하기 위해 호텔 전체를 징발했다.

이리하여 개전 당시 워싱턴에 머물고 있던 일본인은 미국에서도 유수의 휴양지인 포트스프링의 고급 호텔에서 수용생활을 하게 되었다. 이 점만 보면 미국 정부의 '적국인敵國人 취급'은 대단히 신사적이었다.

노무라 기치사부로 대사의 비서로 통역을 겸하기도 했던 엔세키 마나부煙

石丸는 다음과 같은 체험을 했다.

"대사관에 일용품이 없어서 나는 대사관을 호위하고 있던 FBI의 로이 모건을 대동하고 슈퍼마켓에 물건을 사러 갔다. 얼굴을 아는 점원이 '전쟁은 나라와 나라 사이의 싸움이다. 너와 나는 친구다'라고 말했다. 감격하지 않을 수 없었다."

물건을 사고 돌아와 모건을 호텔 레스토랑으로 데려갔다. 레스토랑 테이블에 앉으니까 매니저가 다가와 종잇조각 하나를 건넸다. 펼쳐봤더니 "당신은 일본인인가 아니면 중국인인가? 일본인이라면 당장 여기서 나가는 게 좋을 것이다"라고 적혀 있었다. 모건은 그 메모를 손에 들고 일어서더니 레스토랑의 손님들이 보는 앞에서 잘게 찢어버렸다.

이 사람이 전쟁을 시작한 것은 아니지 않느냐는 뜻이었다.

미국의 평균적인 국민은 일본이 이 거대한 나라에 싸움을 걸어온 것을 좀처럼 이해하지 못했던 게 진실에 가까운 듯하다. 사네마쓰의 회상록에서도, 엔세키의 증언을 통해서도 그 점을 엿볼 수 있다. 예를 들면 사네마쓰는 프린스턴대학 재학 시절 다음과 같은 체험을 했다.

이 대학에서는 여름 세미나를 개설하는데, 현직 초중등학교 교사들이 '3년에 한 번씩' 규칙적으로 수강하러 온다. 일본에서 해군 사관이 유학을 왔다고 하여 그런 교사들이 종종 사네마쓰의 방을 찾아오곤 했다. 그들과 나누는 이야기에는 일정한 패턴이 있었다.

"일본에 해군이 있나?"

"그럼, 있지."

"그래? 그렇다면 군함도 있겠군."

"물론."

"항공모함도 있을까?"

"물론. 미국보다 많을지도 몰라."

제18장. 워싱턴 해군 주재무관의 회상

그러면 대부분 웃음을 터트린다. "이봐, 농담하지 마. 너희 나라는 분명 극동의 조그마한 나라잖아." 사네마쓰는 화가 나서 씩씩거린다. 선생이라는 사람들의 지식 수준이 고작 이 정도였다. 한 방 크게 얻어맞은 적도 있었다. 세미나 마지막 날이면 서점에서 최근 출판된 책을 가지고 와서 복도에 늘어놓곤 했다. 그중에 『일본의 오늘Up-to-date of Japan』이라는 책이 있었다. 그 책을 사서 봤더니 내용이 엉망진창이었다. 쇼와 10년대의 일본사회가 마치 메이지 중기 무렵의 모습처럼 그려져 있었던 것이다.

"자동차는 없고 인력거뿐이다. 아이를 돌보는 여자의 모습은 메이지 시기의 옷차림이다."

1992년 사네마쓰는 증언한다. 90세가 된 몸이지만 일본의 미국관과 미국의 일본관 사이에 너무나 큰 차이가 있었다고 술회하면서, 태평양전쟁의 원인은 바로 그 점에 있었다고 단정한다.

"일본은 그 무렵 미국을 알려고 하지 않았습니다. 육군에서 특히 그런 경향이 강했다고 생각합니다. 동시에 일본은 미국인들에게 일본을 알리려고 노력하지도 않았습니다. 뉴욕에 일본 라이브러리와 같은 코너를 만들었음에도 몇 명의 미국인이 다녀갔는지를 기록하는 일밖에 하지 않았지요. 나는 진주만 공격 50주년이니 뭐니 하면서 떠들어내는 작금의 정세를 보노라면 이상하게도 참을 수가 없습니다. 왜 일본은 저런 바보 같은 싸움을 했는지, 그것을 다시 물어야만 합니다."

이 지점에 이르러 사네마쓰의 분노는 더욱 깊어진다. 쇼와 육군에 대한 분노는 특히 깊어서 미국을 전혀 이해하려고 하지 않았다며 목소리를 높인다.

"저 멍청하기 짝이 없는 전쟁의 원인은 어디에 있을까요? 그것은 육군이 고집해서 맺은 삼국동맹에 있습니다. 또 남부 프랑스령 인도차이나나 진주에 있습니다. 나는 일본이 삼국동맹을 체결했을 때 미국에 있었는데, 미국인이 불구대천의 원수로 생각하고 있는 히틀러에게 다가간 일본을 얼마나 경멸했

제2부. 쇼와 육군의 흥망

느지 잘 알 수 있었습니다. 그런 일본이 미국과 외교 교섭을 한다고 했으니 제대로 될 리가 없었던 것입니다."

미국이 승리를 예감하고 있다는 정보에 격노한 시마다 해군상

1938년에서 1939년에 이르는 시기 그러니까 육군이 독일과 이탈리아로 기울고 있을 때, 해군 수뇌부는 철저하게 반대하고 나섰다. 요나이 미쓰마사 해군상, 야마모토 이소로쿠山本五十六 해군차관, 이노우에 시게요시 井上成美 해군성 군무국장이 수뇌부를 구성하고 있었다. 사네마쓰는 이때 요나이의 비서관이었다. 육군에 대해서는 지금까지도 불신감을 해소하지 못하고 있다. 그는 처음으로 다음과 같은 에피소드도 들려주었다.

"나는 교환선을 타고 일본으로 돌아온 뒤 군령부에서 대미 정보를 분석하는 일을 했습니다. 1944년 들어 얼마 지나지 않았을 무렵, 미국 경제가 군수산업에서 평화산업으로 이행하고 있다는 것을 느낄 수 있었습니다. 결국 전쟁에서는 이미 이겼다고 생각했던 것이지요. 일본이 진주만을 공격한 뒤 미국은 급속히 평화산업에서 군수산업으로 전환했습니다. 전환하는 데 대략 6개월이 걸렸습니다. 미드웨이 해전 무렵에야 간신히 군수산업이 주체가되었습니다. 이런 식으로 계산하면 평화산업으로 이행하는 데 1년 반은 걸릴 것이므로, 그 전환과정에서 미국에 타격을 가할 수 있는 작전도 가능하다고 생각하고 시마다 시게타로 해군상에게 상신했습니다."

상신서를 읽고 격노한 시마다는 그 서류를 던져버렸다고 한다. 왜 그렇게 화를 냈을까. 당시 해군 내부에서 시마다는 '도조의 남자 애첩'이라 하여 비난을 받고 있었다고 한다. 사네마쓰의 상신서를 보고 격노한 이유는 그것이 도조의 뜻을 거스르는 것이었기 때문이다. 사네마쓰는 참모본부의 정보부가 "미국 국민은 피폐하다"라든가 "염전厭戰 분위기가 팽배하다"라며 줄기차게 낙관적인 정보를 군령부에 보내오는 것에 불만을 품고 있었다. 그런 소식을 어디에서 들었는지도 결코 알려주지 않았다. 집요하게 따지면 참모본부의 정보참모가 입술을 일그러뜨리며 대답했다.

"도조가 그런 정보를 만들라고 몇 번씩이나 명령했기 때문에 어쩔 수 없이 날조한 것입니다."

1944년 봄 이후 군령부 정보부는 참모본부 정보부의 정보를 전혀 신뢰하지 않게 되었다.

미국이 삼국동맹 체결 당시 일본에 불신을 품었던 부분에 대해 사네마쓰는 자신의 원고에서 다음과 같이 기술한다.

눈을 돌려 동아의 정세를 보건대, 미일 양국의 정책은 만주사변 이래 모조리 배치되었다. 미국은 9개국 조약에 준거하여 만주국을 승인하지 않겠다는 뜻을 견지했고, 중일전쟁 이래 양국 정책의 충돌은 더욱 격화되었다.

(1940년) 7월 22일, 요나이 내각의 뒤를 이어 제2차 고노에 내각이 들어서면서 마쓰오카 요스케가 외무상에 취임했다. 8월 1일 미국은 일본을 주목표로 하여 항공기용 휘발유 수출을 금지했다. 이와 함께 미국의 대일 경제 압박이 점차 두드러지고 있던 때, 그러니까 9월 20일 일본과 프랑스령 인도차이나 사이에 군사협정이 성립되었고, 이 협정에 따라 아군이 (북부) 프랑스령 인도차이나에 진주했다. 이에 적잖이 자극을 받은 미국 측은 9월 26일 서반구의 각국 및 영국 외에는 철강 수출을 금지하는 조치를 통해 보복에 나섰다. 그리고 다음 날에는 일독이삼국동맹이 체결되었다.

당시 미국에 있던 나는 이 동맹을 체결한 우리 쪽의 진의를 알 방법이 없었다. 이런저런 경로를 통해 들으니 일본 정부는 이 동맹에 의해 일본의 입장을 강화하여 (…) 미일의 국교 조정을 유리하게 이끌 수 있을 거라 생각했다고 한다. 하지만 미국이 이 동맹에 대하여 비상한 악감정을 품었다는 것은 숨길 수 없는 사실이었고, 결국 이 동맹은 미일 관계의 조정을 곤란하게 한 일대 장애가 되었다. 당시 미국 전역에서 발행되는 신문들은 대체로 이제 대일본 정책의 주사위는 던져진 것으로 간파하고 있었다. 워싱턴은 누가 뭐래도 정치의 도시다. 정부 당국자는 말할 것도 없고 일반 시민이 우리를 바라보는 눈길에서도 일종의 차가움마저 느낄 수 있었다. 어쩌면 우리 기분 때문에 그렇게 느낀 것인지도 모르지만.

미국은 일찌감치 대서양과 태평양 해군을 창설하여 스스로 품고 있던 세계 정책을 구체화하기 시작했고, 9월 26일에는 선발징병법選拔徵兵法에 의거하여 전투 인원의 강화를 서둘렀다. 이리하여 국제 정세의 추이에 즉각 대응할 수 있는 태세를 착착 정비하기 시작했던 것이다.

10월 5일, 미 해군장관 녹스는 "일독이의 도전에 응전할 준비가 되어 있다"는 내용의 성명을 발표하여 삼국동맹에 대한 미 당국의 의향을 명확하게 표명했다. (…)

이러한 국제 정세를 반영하여 11월 5일 치러진 대통령 선거에서 루스벨트가 당선의 영예를 안았다. 그 무렵 대다수의 미국인은 8년 동안 이어진 민주당의 정치에 피로감을 보이고 있었다. 그들 중에는 공화당 정권을 요망하여 (대통령 후보였던) 웬들 윌키를 지지하는 이가 적지 않았지만, '길을 가다가 말을 바꿔 타는 것'은 긴박하게 돌아가는 현재 상황에서는 현명하지 않다고 하여 유사 이래의 전통을 깨고 루스벨트를 3선 대통령으로 선택했다.

미국의 의향을 정확하게 이해하려 하지 않았다는 것이 진주만 공격에 이르기까지 일본 정치 지도자가 보여준 정직한 모습이었다. 하지만 예를 들어 쇼와 육군의 모든 군인이 그러했느냐 하면 반드시 그렇다고 할 수는 없다. 극소수이긴 하지만 미국을 객관적으로 바라본 군인도 있었다.

1938년 4월부터 1939년 12월까지 미국의 주재무관으로 근무했던 야마우치 마사후미山內正文가 그러했다. 야마우치는 1928년 11월부터 3년 동안 미국의 캔사스육군대학에 유학하여, 최우수 성적을 거뒀다. 군인으로서는 대단히 솔직하고 진지한 인물이었는데, 1938년 4월부터는 워싱턴에서 주재무관 생활을 체험한다. 그러나 미국을 너무나 냉정하게 분석했기 때문에 패배주의자로 낙인 찍혀 도쿄로 돌아온다. 미일의 전력과 잠재적 공업 생산력을 비교하면 어떤 관점에서 봐도 일본은 미국과 분란을 일으켜서는 안 된다는 보고를 계속 올렸던 것이다.

1991년 11월 상순, 나는 진주만 공격 당시 일본 대사관에 근무했던 엔세키 마나부와 육군 주재무관 사무소에서 사무를 담당했던 오모토 가즈미大本一美 두 사람을 만났다. 이미 70대 후반에 접어든 그들은 소년 시절 미국에서 자란 경험이 있었다. 그래서인지 둘 다 영어를 자유자재로 구사했다. 그 능력을 인정받아 워싱턴에서 채용되었던 것이다. 오모토는 야마우치 밑에서 사무를 담당했기 때문에 그의 인간성을 접할 기회가 종종 있었다. 이를테면 오모토는 야마우치에 대해 경외의 염을 품고 있었다. 오모토는 다음과 같이 증언한다.

"야마우치는 농담도 통하지 않을 정도로 진지한 군인이었습니다. 그의 후임인 이소다 사부로도 다정한 면도 있었지만 야마우치는 언제나 냉정한 성격이었습니다. 육군 내부의 인사나 그 외 관례에 대해서는 아는 바가 없습니다만, 야마우치가 도쿄로 보내는 전보 내용은 적확하게 미국을 분석한 것이었다고 생각합니다. 나는 우연히 야마우치가 미국 육군대학 재학 시절에 작성한 리포트를 읽은 적이 있는데, 미국 육군이 어떤 작전을 택할지, 어떤 전략을 구사할지 등등을 극명하게 적어놓았더군요.

나는 야마우치가 도쿄로 어떤 전보를 보냈는지 상세한 내용은 알지 못합니다. 하지만 미국 육군의 전법이나 체질 등을 정확하게 전하면서 결코 얕보아서는 안 된다고 했던 것으로 기억합니다."

야마우치는 미국통이었음에도 1940년과 1941년에는 육군성이나 참모본

진주만 공격을 준비하고 있는 일본 해군연합함대의 항공모함.

폭격당하는 진주만.

부에 배속되지 않고 중국 전선에 파견되었다. 미국과의 개전을 결단한 후에도 버마전선의 사단장이 되었고, 1944년 6월 전쟁터에서 병사한다.

"야마우치의 의견이 제대로 받아들여졌다면 일본이 나아갈 길도 바뀌었을 것입니다."

노무라 대사가 내비친 무력감

미일 개전 당시 육군의 주재무관실에는 이소다 사부로를 주임으로 하여 그 아래 야노 무라지矢野連와 이시카와 호즈에石川秀江 두 보좌관이 있었다.

사네마쓰의 증언에 따르면, 육군의 경우 1941년 무렵 주재무관의 업무는 일주일 내지 열흘에 한 번 정도 보고서를 작성하여 육군성에 보내는 것뿐이었다. 육군 주재무관은 오히려 미국의 정보를 보내지 않는 게 더 나은 상태에 놓여 있었던 셈이라는 말이다. 본국의 정책이 어떻게 움직이고 있는지 전혀 모르는 상태에서 그들은 이러지도 저러지도 못하는 처지에 있었다는 게 해군 주재무관이나 대사관원들의 견해였을 것이다.

또 사네마쓰의 원고에 따르면, 1941년 7월 하순의 남부 프랑스령 인도차이나 진주는 외교 교섭에 임하고 있던 노무라 대사로서도 전혀 변명할 수 없는 사태였던 듯하다. 당시 노무라의 사무적인 일을 보좌하고 있던 엔세키는 다음과 같이 술회한다.

"모처럼 노무라가 미국과의 견해 차이를 좁혀가기 시작하면 일본은 화난으로 나아가고 이어서 남부 프랑스령 인도차이나로 나아가는 형국이어서, 앞서 한 말이 휴지 조각이 되어버리곤 하는 상태였습니다. 내가 보기에도 안쓰러울 정도였습니다."

이러한 상황을 사네마쓰의 원고에서 인용하면 아래와 같다.

아군의 남부 프랑스령 인도차이나 진주에 대해 보고를 받은 미국 대통령은 "귀국의 대사와 헐의 평화 교섭에 찬물을 끼얹었다"고 말했다. 이처럼 남부 프랑스령 인도차이나 진주는 미국 측을 심하게 자극했고, 4일과 5일 그리고 6일에만 해도 미일 교섭의 앞길에 상당히 밝은 빛이 비치던 것을 단숨에 날려버렸다. 당시 대사의 고충을 엿볼 수 있는 두세 가지 사례를 들어보기로 한다.

7월 4일, 대사는 밸런타인 참사관을 불러, 공평한 기초 위에서 미일 국교를 조정해야 한다는 근본적인 뜻에 대해서는 우리 정부도 변함이 없다는 것을 와병 중인 헐 장관에게 전하도록 했다. 다음 날 해밀턴 동아국장이 밸런타인을 동반하고 대사를 찾아와 이렇게 말했다. "제안한 것을 장관에게 전했다. 장관은 '원래 미국 정부는 태평양의 평화 유지가 미일 양해의 근본이라고 생각했다. 그런데 일본이 결국은 소련에 대해 개전할 것이라는 정보가 있다. 어제 그 사실을 대통령에게 보고했으며, 그루 대사에게도 일본 정부의 의향을 확인하라고 전훈電訓했다'고 이야기했다." 그리고 두세 가지 신문에서 스크랩한 것을 보여주면서 "신문 기사에 따르면, 일본은 2주일 이내에 남진을 개시하여 먼저 사이공 부근을 점령하고 이어서 타이에서 항공 기지를 찾는 한편 버마 루트를 공격할 것으로 보인다. 아울러 싱가포르와 네덜란드령 인도차이나로 진출할 준비를 갖추고, 이 준비가 마무리될 때까지는 가능하면 미영과의 충돌을 피할 것이다. 또 이렇게 함으로써 미 해군을 태평양에서 견제하여 독일에 난징 정부를 승인해준 대가를 지불할 것이다"라고 말했다.

대사는 아군의 프랑스령 인도차이나 진출 전날, 즉 7월 23일에 도쿄로 다음과 같은 전보를 보낸다.(전보문은 생략한다. 노무라는 이 전보에서 남부 프랑스령 인도차이나에 진주하면 국교단절 일보 직전까지 갈 것이라고 말하고, 미국에서 대일 분위기가 급변한 원인은 남진에 있는 것으로 예상된다고 호소했다. 지금은 어려운 정세이므로 자중을 요청한다고 쓰기도 했다. 그러나 현실에서 일본은 남부 프랑스령 인도차이나에 진주했다.)

그리고 진주 당일 대통령과 가진 회담에서 루스벨트가 남부 프랑스령 인도차이나 진주는 독일의 압박에 따라 이루어진 것이며 한층 더 남진할 우려가 있다는 견해를 갖고 있다는 것을 간파할 수 있었다. 달을 넘겨 8월 4일, 대사와 국무장관과의 회담 때 헐은 미일 관계에 관하여 여러 차례 언급했는데, 그의 말을 요약하자면 이러하다. 즉, "나와 대사의 관계는 별도로 하고, 그 후 계속되는 일본의 행동을 보건대 실망스럽기 짝이 없다. 일본이 무력에 의한 정복을 멈추지 않는 이상, 함께 이야기를 나눌 여지가 없다. 일본 당국이 미국을 핑계로 포위 정책을 펼치는 이상, 일본에 기대를 걸 것이라곤 아무것도 없다."

사네마쓰의 원고에 따르면, 노무라는 해군 출신이기도 해서 가끔 해군무관실에 찾아와 위와 같은 이야기를 털어놓았다. 특히 대사관 외교 관료를 보좌할 사람이 없다며 괴로움을 토로했는데, 다음과 같은 기술이 그러하다.

어느 날의 일이었다(1941년 8월 또는 9월). 해군무관실에서 노무라 대사와 전골 요리를 함께 먹은 후, 미일 교섭 등 이런저런 일에 대한 이야기가 나왔다. 대사가 털어놓은 다음과 같은 의미의 말이 아직까지 내 귓가에 남아 있다. "나는 해군 출신이어서 외교상의 테크닉은 모르지만, 미일 국교 조정과 같이 중대한 문제는 이른바 외교 기술로 풀어서는 안 된다고 생각한다. '나는 이렇다'라고 마음속 깊이 믿을 수 있어야만 상대방도 납득시킬 수 있을 것이다. 그렇기 때문에 속된 말로 권모술수적인 단순한 외교상의 잔재주로 흥정해서는 성과를 기대할 수 없을 것이며, 나의 신념에서 나온 말이 아니면 상대방을 감동시킬 수 없다. 내가 대미 교섭이라는 어려운 일을 대하는 묘체妙諦는 여기에 있다."

대사가 부임을 앞두고 "과거 대사를 지낸 사람 중에 미국 국무장관으로부터 거짓말쟁이라는 말을 들은 사람이 있었다고 한다. 국가 간 외교에서는 무사에게 하듯이 한 입

제2부. 쇼와 육군의 흥망

으로 두말하지 말라고까지 얘기할 수는 없겠지만 그래도 말이 신뢰를 얻을 수 있어야만 한다"는 심경을 밝혔는데, 이것과 앞서 서술한 말을 아울러 생각해보면 대사의 성실한 성격을 미루어 헤아릴 수 있다.

노무라는 확실히 미국 측과 성실하게 교섭에 임했던 듯하다. 그러나 결국 노무라에게는 몇 가지 오명이 따라붙게 되었다. 미국에 대하여 일구이언하는 외교를 진행한 것이 역사적 사실로 남아 있기 때문이다.

마쓰오카 요스케 외무상은 노무라의 대범한 성격을 정확하게 꿰뚫어보고 주미 대사로 내세웠을 것이다. 노무라 정도면 미국 측의 신용을 얻을 수 있으리라 생각했고, 루스벨트와 동창(노무라도 해군 군인 시절에 하버드대학에 유학)이라는 관계도 중시했던 것이다. 그런데 도쿄에서는 노무라에게 정확한 정보도 알려주지 않았다. 다시 말해 그는 보기 좋게 이용당했다고 말할 수 있다.

노무라에게 동정을 표시한 것은 사실 미국 측이었다.

개전 후 억류생활에서 노무라는 대사라는 입장이었다고는 해도 특별한 대우를 받았다. 전후에도 도쿄전범재판의 검사단장 조지프 키넌으로부터 몇 차례 초대를 받아 데이코쿠호텔에서 회식을 했다. 그때 동석한 사람은 앞서 말한 엔세키와 개전 후 일본 대사관 호위를 맡았던 로이 모건이었는데, 모건은 키넌 밑에서 조사 역할을 담당하고 있었다. 키넌과 모건은 누차 노무라를 위로했다고 한다.

엔세키에 따르면 노무라는 세세한 내용을 담은 일기를 쓰고 있었다. 키넌은 그것을 법정에 제출했으면 좋겠다고 여러 차례 요청했다. 그러나 그때마다 노무라는 "사적인 것"이라며 거절했다. 그러다가 키넌의 집요한 설득에 응하여 자신의 일기를 법정에 제출했다. 그 후 그 일기는 노무라에게 반환되지 않았다.

워싱턴에 있던 대사관원과 주재무관들은 일본으로부터 진주만 공격에 대한 정보를 전혀 듣지 못했지만 사네마쓰는 정보 해석을 맡고 있었기에 어느 정도는 예상하고 있었다.

　개전 시기는 국가의 최고 기밀에 속한 것이어서 직무상 정말로 필요하다고 인정되는 자 외에는 극비에 부쳐졌음은 말할 것도 없다. 하물며 외국, 특히 적국이 될 미국에 근무하고 있는 우리에게는 그것을 알리지 않는 것이 당연했다.

　그러나 12월 초 중앙에서 보내온 기밀 서류와 물건의 처리 발동에 관한 '일기예보', '미국 전함의 소재를 다시 보고하라'는 전보, 재호놀룰루 일본 총영사가 매일 발송하는 진주만에 머물고 있는 미 군함의 정박 위치 등에 관한 상세한 보고서 등(재호놀룰루 일본 총영사관에는 이전부터 요시카와 소위가 서기로 배치되어 미 해군에 관한 정보 수집에 전념하고 있었다. 진주만 기습 성공의 숨은 공로자 중에는 모리무라 소위가 있었다)으로 판단하건대, 개전 시기가 눈앞에 다가오고 있다는 것을 상상하기란 어렵지 않았다.

　개전 시 적에게 선제하여 일대 충격을 주는 것이 이후의 전황에서 아주 유리하다는 것은 전사戰史가 명확하게 증명하는 바이거니와, 일본 해군의 병술兵述 사상에 비춰보더라도 일본은 반드시 개전 시기를 스스로에게 유리하도록 자주적으로 선택할 것이라고 미루어 상상할 수 있었다. 이번에는 과연 그 시기를 언제로 잡을 것인가? 주말인 일요일 모두가 잠자고 있을 때를 노려 불의의 습격을 가하지는 않을까? 아니면 이런 생각을 더욱 철저하게 밀고 나가 크리스마스이브의 환락의 꿈이 아직 깨지 않은 크리스마스 당일을 선택하지는 않을까. 그리고 공격 시간은 날이 밝기 전 새벽이 될 것이다.

　그렇다면 선제공격의 첫 번째 대상은 어디가 될 것인가? 그것을 판단할 자료가 부족하긴 했지만 나는 진주만이 그중 한 곳이 될 것이라 보았다. 왜냐하면 재호놀룰루 총영사가 진주만에 정박 중인 전함 및 항공모함과 같은 주요 함선에 관하여 부표 계류 중인 것, (진주만 중앙에 있는) 호드 섬의 안벽岸壁에 계류 중인 것, 공창工廠의 안벽에 있는 것으로 구분하여 매일 도쿄에 보고했는데, 그것은 중앙이 기도하고 있는 어떤 목적을 위해 특별히 요구된 것이라고 생각했기 때문이다. (…) 그렇지만 개전 시기가 12월 7일(워싱턴 시각으로 일요일)로 잡히리라고는 전혀 생각하지 못했다.

사네마쓰는 지금까지도 어느 선배의 말이 잊히지 않는다고 한다. 그것은 군무국장이었던 이노우에 시게요시가 육군이 중국에서 전개하고 있는 군사 행동을 비판하면서 중얼거린 다음과 같은 말이다.

"군비라는 것은 국민의 생존을 위해 있는 것이지 국가 정책을 위해 있는 것이 아니다." 천천히 이 말을 되풀이한 다음 사네마쓰는 "육군에게는 언제나 정책밖에 없었다. 군비는 정책을 위해 이용되었을 뿐이다"라고 말했다.

쇼와 육군을 검증하는 과정에서 발견한 이 말이야말로 차세대에게 당부할 키워드라고 덧붙였다. 물론 나도 사네마쓰의 이 충고에 아무런 의의가 없었다.

진주만 공격은
무엇을 의미했는가

1941년 12월 8일의 진주만 기습 공격으로부터 현재(1999)까지 58년이 지났다. 반세기가 훌쩍 넘은 것이다.

진주만 공격을 계기로 시작된 약 3년 9개월에 이르는 태평양전쟁이란 도대체 어떤 의미를 지녔던 것일까? 40년이니 50년이니 일정한 단락을 짓는 시점이 되는 해에는 미디어에서도 요란하게 떠들어대긴 하지만 정작 후세대가 계승해야 할 것은 무엇인지에 대해서는 놀라울 정도로 무관심한 게 아닐까? 저 전쟁을 저렇게 아무 일도 없었던 양 역사적 사건으로 돌리고 마무리를 지어버려도 괜찮은 것일까. 나는 이런 의문을 떨쳐버리기 어렵다.

내 아버지 세대가 또는 할아버지 세대가 근대 일본의 총결산이라는 형태로 체험한 전쟁 속에 실은 **무수한 교훈이 담겨 있지 않은지 생각해봐야 한다.** 그리고 그것을 계승할 필요가 있다고 나는 생각한다.

진주만 기습 공격 당시 내 나이는 두 살쯤이었다. 따라서 그때의 기억은 없으며 그 후의 전쟁에 대한 기억도 분명하지 않다. 게다가 홋카이도의 삿포로를 중심으로 그 주변에서 자랐기 때문에 이렇다 할 전쟁의 기억은 없다. 내 아버지는 구제중학의 수학 교사여서 소집되지도 않았다. 가정에서는 전쟁의 그림자를 찾아볼 수 없었다.

1945년 들어서 삿포로 주변에도 B29가 날아왔다. 아마도 무로란室蘭의 제철소를 공격하고 돌아가는 길에 폭탄을 투하했을 것이고, 군용 비행장에도 폭격을 퍼부었을 것이다. 이따금씩 폭격 소리가 가까이에서 들리기도 했다. 이 무렵 나는 다섯 살이었기 때문에 몇 가지 기억이 남아 있다. 공습경보, 방공호, B29 편대 등이 떠오른다.

이 책의 목적은 물론 내 개인적인 체험을 쓰는 것이 아니다. 다만 태평양전쟁을 논하는 내 입장이 어떤 것인지를 이해해주기를 기대하면서 개인적인 입장을 짤막하게 서술해두고자 한다.

나는 1946년 소학교(엄밀하게 말하면 이때까지는 국민학교라고 했다)에 입학했다. 전쟁이 나빴다느니, 육군이 나빴다느니, 도조가 나빴다느니 하면서 바로 1년쯤 전의 일을 모두 '나쁜' 것으로 돌려버렸고, 평화, 데모크라시, 자유 등등 이때까지 봉인되어 있던 말들이 모두 긍정적인 이미지를 갖기 시작했다. 흔히 그것을 전후 민주주의라고 말하지만 실은 이것이 단순한 미국식 민주주의에 지나지 않는다는 것을 안 것은 훨씬 뒤의 일이다.

세세한 이야기는 생략하겠지만, 우리 세대에게는 "전쟁은 나쁘다, 태평양전쟁은 나빴다, 침략국 일본이 정의의 미국에 졌다"는 식의 조잡한 견해가 아무런 검증도 없이 주입되었다. 미국식 민주주의 전략은 그런 조잡한 견해에 의해 뒷받침되고 있었고, 그것을 역사에 새겨넣은 수단이 도쿄전범재판을 비롯한 몇몇 의식이었던 것이다. 물론 나는 도쿄전범재판이 많은 '공적'을 남겼다는 점도 인정한다.

언제부터인지 나는 '일본이 나빴다'라고 할 경우 그것은 현실적으로 어떤 사실을 두고 말하는 것인지 구체적으로 검증해보고 싶어졌다. 도조 히데키를 악의 화신이라고 말하지만 사실 도조 히데키에게 책임을 지우고 나머지 모두를 면죄하는 풍토에 의문이 생겼기 때문이기도 하다. 실제로 도조 히데키를 철저하게 조사하여 그 궤적을 두 권의 책으로 정리했을 때 나는 개인적으로는 도조 히데키를 좋아하지 않게 되었고, 일본 육군의 오류를 그대로 짊어지고 있는 모습에 아연실색했다. 그럼에도 도조에게만 책임을 뒤집어씌우는 구도에 분개했다.

왜 일본에서는 구체적인 검증도 하지 않고 저 전쟁을 부정해버린 것일까?

그것을 끝까지 추궁해가면 답은 하나밖에 없다. 즉, 일본에서는 역사적 체험에 대한 검증을 진지하게 실천으로 옮기지 않았기 때문이다. 그렇다면 대의도 목적도 사명감도 그리고 역사에 대한 책임감도 없이 전쟁을 아무렇지도 않게 행한 국민이라는 얘기가 된다. 어떤 경륜도 갖지 못한 국가라는 얘기가 된다. 그래서는 안 될 것이다. 설령 역사적 보편성이라는 게 없다 하더라도, 그 어떤 역사적 사명감도 갖지 못했기 때문에 온 나라가 들고일어나 싸웠던 것이리라. 여기에 포함된 오류를 정확하게 역사에 새겨넣어 둘 필요가 있다.

이상과 같은 내 생각을 바탕으로 하여 진주만 공격으로 시작된 약 3년 9개월 동안의 전쟁을 다시 살펴보고자 한다.

진주만 공격을 초래한 것은 물론 일본의 대륙 정책이었다. 1928년 6월의 장쭤린 폭살 사건, 1931년 9월에 시작된 만주사변 그리고 1937년 7월 발발한 중일전쟁 등을 통해 일본은 중국에서 교두보를 확대해나갔고 이윽고 전면적 침략에 나섰다. 일본 육군은 1907년의 「제국국방방침」에 따라 러시아를 가상 적국으로 간주하고 있었다. 북방 방비라는 것이 국시였다. 그럼에도 중국 대륙 깊숙이 진출한 것은 중국 동북부에 대소전을 위한 전선기지前線基地를 만든다는 정책 아래 길을 크게 잘못 들어섰기 때문이다.

##　　　　삼국동맹: 육군의 억지

중일전쟁 그 자체를 일본은 최후까지 정당화할 수 없었다. '폭지응징暴支膺懲' 등을 슬로건으로 내세웠지만 여기에 군사적 침략을 정당화하는 의미는 없었다. 중일전쟁이 시작되고 나서도 이를 사변으로 얼버무리거나 대본영의 설치(1937년 11월 설치)가 난항을 겪은 이유만을 살펴보아도 중일전쟁에서 불순함을 발견할 수 있다.

일본은 중일전쟁에서 중국을 간단하게 제압할 수 있으리라 생각했다. 군사적으로는 확실히 그러했지만, 그것이 영구히 이어질 것이라고는 상식적으로도 생각할 수 없는 일이었다. 일본군은 중국의 광대한 영토에서 점으로 존재하는 데 지나지 않았고, 영토 점유가 중국을 정치적으로 지배하는 것이라는 생각은 그야말로 바보 같은 소리였다. 일본이 중국을 지배할 수 없다는 현실 그리고 유럽에서는 독일이 군사적으로 각국을 제압했다는 현실, 그런 현실 위에서 성립된 것이 1940년 9월에 체결된 삼국동맹이었다.

삼국동맹을 가장 싫어한 것은 미국이었다. 실제로 삼국동맹은 독일의 주도 아래 미국과 영국을 적대시하는 내용이었다. 물론 일본 국내에서도 이를 우려하는 목소리는 있었다. 해군이나 궁중 주변 그리고 경제계와 의회 등에는 친영미적 분위기가 있었다. 그런데도 삼국동맹을 억지로 관철시킨 것은 육군이었다. 육군은 유럽에서 독일의 움직임을 이용하여 대소전에서 우위를 차지함과 동시에 동남아시아의 유럽 식민지를 일본 쪽으로 끌어들이겠다는 생각을 했다.

동남아시아까지 끌어들이겠다면서 들이민 논리가 '대동아공영권'이었다. 즉, 오랜 세월에 걸친 유럽의 식민지 지배를 해체하고 여기에 표면상으로는 동아 독립이라는 비단 깃발을 내걸기로 했던 것이다.

다른 한편 일본은 중국을 제압할 수 없어서 초조해했다.

　　　　　　　　　　　　　　　　제19장. 진주만 공격은 무엇을 의미했는가

"일본이 중국을 완전히 제압하지 못하는 것은 미국과 영국 등이 장제스 정부를 지원하고 있기 때문이다. 장제스 지원 루트를 단절하지 못하면 일본은 진흙탕 속으로 끌려들어갈 것이다."

이것이 육군 지도부의 생각이었다.

장제스 지원 루트는 버마와 남부 프랑스령 인도차이나 등 네 곳이 있고, 이 루트를 끊는 것이 일본의 군사적 급선무였다. 일본은 유럽에서 독일이 프랑스를 제압하고 영국에 공격을 가하고 있을 때를 장제스 지원 루트를 차단할 호기로 파악했던 것이다.

1940년 전후의 국제 정세에는 다양한 요인이 뒤얽혀 있었다. 단순히 파시즘과 반파시즘의 대결 구도로만 볼 수 없는 상황이었다. 이 시대 전체가 제국주의 시대였고, 일본은 뒤늦게 시장 쟁탈 전쟁에 가담한 나라였다.

일본과 미국의 관계는 1941년 들어 새로운 시대를 맞이하고 있었다. 일본으로 온 두 명의 미국인 신부와 일본인 전 관료 사이에서 관계 정상화를 둘러싼 협의가 시작되었고, 그것이 정부 간의 레벨로 격상된 것은 4월부터였다. 하지만 민간 측의 움직임에는 불투명한 부분이 많았다. 일본 측은 미국 정부의 양해 아래 이 사전 교섭이 이루어졌다고 판단했지만, 미국 측에서는 일본 정부에서 요청했기 때문에 교섭 테이블에 나온 것이라고 했다. 쌍방에 오해가 있었던 것이다.(물론 이것은 표면상의 이유이며, 민간의 사전 교섭 자체도 미국 정부의 양해 아래 진행되었다고 할 수 있다.)

미국의 국무장관 헐은 이때 네 가지 기본 원칙을 제시했다. 통칭 '헐의 4원칙'이라는 것인데(일본에서 말하는 「미일양해안」의 기본 방침), 그 내용은 다음과 같다.

1. 모든 나라의 영토와 주권을 존중할 것.
2. 타국의 내정에 간섭하지 말 것.

3. 통상通商의 평등을 포함하여 평등의 원칙을 지킬 것.

4. 평화적 수단에 의해 변경될 경우를 제외하고 태평양의 현상을 유지할 것.

말하자면 이것이 미국이 일본과 교섭할 때 전제 조건이 된다는 것이다. 현재 시점에서 보면 이것은 지극히 당연하다고 할 수 있지만 당시의 일본에게는 자극적인 내용이었다. 이 네 가지 조건의 배후에 놓인 것은 일본의 대중국 정책에 대한 견제다.

당장 일본은 첫 번째 조건과 두 번째 조건을 위반하고 있었다. 일본이 중국 영토를 침략하여 그 주권을 침해하고 있다는 것은 누가 봐도 분명했기 때문이다.

하지만 일본도 할 말은 있었다. 중국에는 장제스 정부(충칭)와 왕자오밍 정부(난징)가 있었다. 왕자오밍 정부는 역사적으로는 일본의 괴뢰정부에 지나지 않지만 일본 측에서 보자면 이것이 중국의 정통 정부였다. 이 정부에 대하여 일본이 영향력을 행사한다 해도 그것은 일본과 중국의 관계이지 미국이 개입할 권리는 없는 것이었다.

4월부터 진행된 이른바 미일 교섭을 통해 미국과 일본의 관계를 타개하려 했지만 진전 속도가 너무 더뎠다. 미국이 가장 많이 신경을 쓴 것은 일본의 대중국 군사 행동과 삼국간섭이었다. 물론 아시아에서 통상관계가 일본의 방해로 원활하게 이루어지지 않고 있다는 점은 잘 알고 있었다. 게다가 미국 입장에서 독소전의 움직임을 보면 독일이 초기에 소련을 제압한 것이야말로 전략상으로는 가장 큰 마이너스가 되었던 것이다.

1941년 7월 하순 일본이 무력으로 남부 프랑스령 인도차이나에 진주했을 때 미국은 즉석에서 일본에 대한 석유 수출 전면 금지라는 조치를 취했다. 루스벨트 대통령과 헐 국무장관의 이러한 결단은 동남아시아에서 일본의 무력행사를 어떤 의미에서도 허용하지 않겠다는 결의이기도 했다. 루스벨트는 영국의 처칠 수상과 수뇌 회담을 열어 독소전에서 소련 측에 서서 나치스를 배격할 것을 서약했다. 두 사람은 스탈린에게 격려 전보를 보내기도 했다.

다른 한편 루스벨트와 처칠 모두 일본에 대해서는 직접적으로 비판을 가하지는 않았다. 처칠의 『일본의 승리와 비극: 제2차 세계대전 회고록』에 따르면, 일본의 온건파에게 살짝 기대를 걸기도 했다.

그러나 언젠가는 일본과 군사적 대결을 할 것으로 예상하고 그때까지는 군사력을 정비해야 하므로 잠정적인 '시간 벌기'가 필요하다고 판단하기도 했다. 바로 그 시간을 버는 데 미일 교섭이 교묘하게 이용되었던 것이다.

———— 누구도 갖고 있지 못했던 장기적 전망

당시의 미일 교섭의 내용에 관하여 지금은 새로운 자료가 발굴되거나 공간된 까닭에 사정을 좀더 쉽게 읽어낼 수 있다. 일본의 정치 형태에서는 모든 정보가 기밀이어서 교섭 내용이 국민에게 공개되지 않았다. 기본적으로 정보가 단절된 상황에서 정부와 통수부의 극소수만이 사정을 알 수 있었다. 이렇듯 비밀에 가려 일본 측은 미국과 대치하고 있었다. 그리고 그 교섭 과정은 아주 조잡했고, 일본은 미국의 손안에서 '멋지게' 놀아나고 말았다.

고노에 수상과 도요다 데이지로 외무상은 미일 교섭에 기대를 걸고 있었다. 하지만 통수부는 외교 교섭보다 전쟁 준비로 기울고 있었다.

미국에 대한 석유 의존율이 8할에 가까운 상태였기 때문에 별다른 대미 전략도 없이 그저 머리끝까지 화가 나서 이러다가 일본은 '쪼그라들고' 말 것이라며 초조해할 따름이었다.

나는 이 시기(1941년 7월 하순에서 8월 하순까지) 일본의 정책 담당자가 아주

제2부. 쇼와 육군의 흥망

태만했다고 생각한다. 정책 결정 과정에서 국가 의사라는 것을 조금도 찾아볼 수 없다. 임기응변식으로 상황에 대처했을 뿐이다.

확실히 고노에 수상은 루스벨트 대통령과의 수뇌 회담에 기대를 걸었고 오로지 그것만을 기다리고 있었다. 도조 히데키 육군상이나 오이카와 고시로 해군상은 수뇌 회담 개최라는 낭보를 기다리면서도 중견 막료들의 압력을 받아 대미전 준비 쪽으로 기울고 있었다. 그들은 본질적으로는 자신이 속한 집단의 원리에 따라 움직인다. 또는 그 집단의 가치관에 의해 규제된다. 육해군의 중견 막료가 문안을 생각하고, 그것을 정리한 다음, 대본영정부연락회의에 자문을 구하는 식의 국책 결정 과정 자체에서 이미 대일본제국의 기능이 얼마나 왜곡되어 있었는지를 알 수 있다.

9월 6일 열린 어전 회의에서 쇼와 천황이 우려를 표했음에도 결국 이때의 결정이 국책의 축이 되었던 것이다.

진주만 공격에 이르는 길을 간략하게 살펴보는 것만으로도 나는 어쩔 수 없이 절망적인 기분에 사로잡히고 만다.

일본의 정치 지도자는 스스로 미로를 찾아 들어갔고 그곳에서 빠져나오기 위해 진주만을 공격하지 않으면 안 됐던 것이다. 9월 6일 어전 회의에서 결정한 「제국국책수행요령」은 대미(영란)전에 대한 결의를 명문화한 것인데, 그러나 이때 정말로 미국과의 전쟁을 결의한 사람은 얼마나 있었을까? 육군에서는 도조든 군무국장 무토 아키라든 그때까지 결의가 굳건하지 않았다. 참모본부 작전부장 다나카 신이치는 확실히 대미전에 돌입하자고 주장했다.

하지만 그런 다나카에게도 승산은 있었을까? 다나카는 참모본부라는 군령 부문의 고급참모로서 입으로는 강경하게 대미전을 주장했지만 그 근거는 대단히 박약했다. 1907년 4월의 「제국국방방침」에서 밝힌 해군의 가상 적국 순위를 보면 미국이 제1위였다. 대미전은 해군이 주도할 것이라는 안이한 태도가 강경론의 배경에 있었다고 생각할 수 있을 정도다.

　　　　　　　　제19장. 진주만 공격은 무엇을 의미했는가

해군성 내부에는 군무국장 오카 다카즈미처럼 외교 교섭에 주축을 두는 이가 있는 반면, 제1과장 다카다 도시타네高田利種나 제2과장 이시카와 신고로 대표되는 주전파도 늘어났다. 군령부총장 나가노 오사미는 전술한 바와 같이 초조감에 사로잡혀 있을 뿐이었다. 그러나 군령부 제1부장 후쿠토메 시게루는 외교 교섭에 역점을 두는 비교적 냉정한 유형이었다. 해군의 막료 중에도 과연 미국과 싸울 수 있을 것인지 의문을 품은 일정 수의 사람이 늘 있었다.

연합함대사령부는, 그 직능을 고려하면 당연한 일이겠지만, 대미전이 시작되고 난 뒤의 전략과 작전을 생각하고 있었다. 사령장관 야마모토 이소로쿠가 언제 어디서 진주만 공격을 생각하고 구체적인 검토에 들어갔는지 정확하게 특정할 수는 없지만, 1941년 봄 무렵부터 이 기습 작전을 중요한 선택지로 간주하고 있었다. 그런데 그런 야마모토마저 단기간의 작전이라면 해볼 만하겠지만 장기전은 자신없다고 거리낌 없이 단언했다.

일본과 미국의 건함 능력과 전비 능력은 1941년의 특정 시기에 거의 맞먹는 상태에 있었다고 해도(그리고 그때는 승산이 있었다고 해도), 장기적으로 보면 그 차이가 크게 벌어지리라는 것은 불 보듯 뻔했다.

일본에서는 그런 냉정한 분석이 빠져 있었다. 다음 세대는 당연히 그것 자체를 질책할 권리와 비판할 의무를 지니고 있다.

1941년 10월 17일 도조에게 대명이 내려지면서부터 일본은 다시 한번 외교 교섭에 전력을 기울임과 동시에, 실제로 일본과 미국의 전쟁이 가능한지 여부를 구체적인 항목에 이르기까지 재검토하는 대본영정부연락회의(항목재검토회의)를 열었다. 이 자리에서 일본과 미국의 물량 비율 등도 다시 논의되었다.

이 회의에서도 전체적인 흐름은 이대로 있다가는 일본의 사정이 점점 악화될 것이므로 싸우는 것 외에는 방법이 없다는 방향으로 나아갔다.

'주요 물자의 수급 전망은 어떠한가'라는 물음에 대해 해군성은 석유는 2년간 자급 가능하며, 그 후에는 남방에서 얼마나 기름을 취득하느냐에 따라 향후 공급관계가 결정될 것이라고 대답했다. 그리고 육군성은 항공기용 휘발유를 남방에서 취득한다 해도 11월에 개전하면 30개월, 3월에 개전하면 21개월밖에 감당할 수 없을 것이라고 보고했다.

결국 일본은 어떤 관점에서 봐도 국가 기반이 흔들릴 수밖에 없다는 말이다.

‘역사적 의사’의 결여

항목재검토회의의 내용을 다시 검토해보면 알 수 있지만, 정말로 일본은 전쟁이냐 화평이냐에 대한 논의를 진행했다고 말할 수 있을까.

11개 항목의 내용은 전쟁이냐 화평이냐를 염두에 두고 가다듬어진 것이 아니라 전쟁이 가능하냐 불가능하냐 하는 점을 중심으로 작성된 것에 지나지 않았다. 나는 일찍이 이 항목안을 작성한 육군성 장교들에게 그 점에 대하여 질문한 적이 있는데, 당시에는 그 단계에서 한번 검토해본다는 의미밖에 없었다고 변명했다. 이는 일본의 정치 지도자들 사이에서는 대국적으로 역사관을 묻는 논의가 불가능했다는 뜻이기도 하다.

결국 이 회의에 의해 일본은 전쟁을 주로 하고 외교를 종으로 하는 국책을 밀고 나간다. 외교 교섭도 12월 1일을 목표로 하며, 그 이후에는 작전활동에 들어간다는 방침도 결정했다. 몇 번에 걸쳐 서술했듯이 일본은 11월 27일 「헐 노트」를 받고서 단숨에 진주만으로 나아가고 있었다.

이렇게 8월부터 11월까지의 흐름을 대략 살펴봐도 진주만 공격에 들어서기까지 일련의 과정이 너무 직선적이었다는 것을 알 수 있다. 도무지 많은 중요한 점이 논의되었다고는 생각하기 힘들다. 일본 국내에서 각각의 정책 집단이 체면을 다투며 논의했을 뿐, 그 논의에서는 '역사'도 '세계'도 찾아볼 수 없다. '세계'나 '역사'를 찾아볼 수 없다는 것은 다음과 같은 예를 드는 것으로 충분할 터이다.

일본이 미국과의 전쟁에서 '군사적 승리'를 거둘 경우 어떤 사태가 초래될 것인가. 그 사태를 지도자들은 어떻게 예측하고 있었을까. 설마 백악관에 일장기를 꽂는 것이 '승리'를 의미하는 것은 아니었으리라. 그런 일은 있을 수가 없다.

진주만 공격에 나서기까지의 과정에서는 실제로 전쟁의 결말을 어떻게 생각하고 있었는지를 보여주는 문서를 찾아볼 수 없다. **굳이 말하자면** 11월 15

일본의 진주만 공습으로 침몰하는 캘리포니아호.

일 대본영정부연락회의에서 결정한 '대미영란 전쟁 종결의 촉진에 관한 복안'이라는 것이 이에 해당된다.

이 복안에는 두 가지 방침과 일곱 가지 요령이 담겨 있다. 두 가지 방침이란 장제스 정부의 굴복을 촉진하고, 독일 및 이탈리아와 제휴하여 영국을 굴복시킴으로써 전쟁을 계속하겠다는 미국의 의지를 꺾어버리겠다는 것이었다. 요컨대, 일본은 극동의 미국과 영국의 근거지를 복멸覆滅하여 자존 자위 태세를 확립한 다음 장제스 정부를 굴복시키면 된다. 영국은 독일과 이탈리아가 제압할 것이므로 고립된 미국이 '전쟁을 계속할 의사가 없다'고 말할 때가 이 전쟁이 끝날 시점이라는 것이다.

이 복안을 읽으면서 나는, 여기에 담긴 몹시도 안이한 예측에 까무러칠 정도였다. 여기에 흐르고 있는 사상이 모두 상대방의 의사와 관련되어 있기 때문이다. 또는 군사적으로 제압지역을 넓혀가면 상대방은 굴복할 것이라는 단순한 믿음밖에 없다.

일본이 아시아에서 '자존 자위 태세를 확립'한다고 말하는데, 그것은 구체적으로 어떤 것일까? 자존 자위 태세를 확립했을 때란 도대체 언제일까? 미국과 영국이 그것을 인정하지 않고 반영구적으로 전쟁을 도발한다면 일본은 어떻게 대응할 작정인가? 장제스 정부를 굴복시키겠다고 하는데 그것은 어떤 사태를 가리키는 것일까? 독일과 이탈리아가 영국을 제압해줄 것이라는 타력본원他力本願의 전제가 되는 것은 무엇을 말하는 걸까?

그러나 최대의 문제는 미국이 '전쟁을 계속할 의사가 없다'고 말하는 것은 당연하게도 당사자인 미국 정부와 국민의 의사에 달려 있는 게 아닌가. 이상한 표현이긴 하지만, 영국이 굴복하면 미국이 "그래, 졌다. 전쟁을 그만두자"라고 제안할 거라고 정말로 생각했던 것일까?

이런 애매모호한 생각으로 전쟁에 돌입한 지도자의 책임이 막중하다고 생각한다. 이런 식으로 전쟁의 종결을 생각하고 있었기 때문에 약 3년 8개월에 걸친 전쟁도 최후에는 일본만이 '전쟁을 계속해야 한다'는 말에 구애되어 오직 군사 지도자의 체면 때문에 싸우게 된 것은 아닐까라는 의혹의 눈길을 거두기 어렵다.

지금까지 나는 진주만 공격에 이르기까지 일본 측의 정책 결정 과정이 너무도 졸렬했다고 말해왔다. 일단 전쟁이라는 선택지를 택할 경우 가장 고답적으로, 무엇보다 역사적 의의를 갖고 싸우는 것이 옳다고 생각하지 않을 수 없다. 내가 진주만에 이르는 길을 일괄적으로 부정하지 않는 것은 당시 지도자들의 졸렬함을 넘어서 어떤 전쟁에서는 '역사적 의사意思'라고 해야 할 무언가가 흐르고 있었다고 생각하기 때문이다.

16세기부터 이때까지 아시아는 서양의 식민지 지배를 감수해왔다. 서양의 착취에 의해 아시아는 거의 절망적인 상태에 놓여 있었다. 인도, 인도네시아, 베트남, 버마(현재의 미얀마), 필리핀, 실론(현재의 스리랑카), 싱가포르 등은 그야말로 서양의 식민지 지배에 의한 부의 편중이 노골화되어 인간으로서의 권리를 무시당하는 상태였다.

역사적으로 보면 이러한 식민지 지배는 어느 날엔가 타파되어야 할 것이었다. 20세기에 접어들어 아시아 각국에서는 독립 운동이 일어났고, 그 운동은 점차 고조되고 있었다. 그런 가운데 일본과 미국의 전쟁이 일어났다. 진주만 공격 4개월 전, 남부 프랑스령 인도차이나에 진주했을 때만 해도 일본군의 진주는 베트남 국민으로부터 환영을 받았다. 프랑스의 지배를 뒤집어엎었기 때문이다. 진주만 공격과 동시에 일본군이 말레이 반도에 들어갔을 때 각국의 국민은 쌍수를 들어 환영했다.

일본이 역사적으로 '식민지 해방'의 역할을 담당하고 있는 것처럼 받아들여졌던 것이다. 태평양전쟁 당시부터 일본 일각에서 일본은 아시아의 해방자라는 이념에 기초하여 이 전쟁에 찬성한 사람들이 있었다는 것을 물론 잘 알고 있다. 그리고 전쟁 협력자라고 일컬어지는 지식인 중에도 그런 사람이 적지 않다는 것도 충분히 알고 있다.

그렇다면 왜 일본은 해방자 역할에 철저하지 못했던 것일까?

_____ 뒤에 덧붙인 '대동아공영권 확립'

ABCD 포위진 속에서 일본은 자존 자위를 위해 싸운다는 것이 당시 국책 책임자의 전쟁 목적이었다. 자존 자위라는 것만으로는 아시아 각국의 자원을 약탈하는 것이나 다름없이 빼앗는 행위를 의미했기 때문에 서전緖戰의 전과를 바탕으로 억지로 '대동아공영권의 확립'을 부가한 것이다. 만약 태평양전쟁이 동아 해방을 첫 번째 목표로 내세우고 자존 자위를 두 번째 목표로 내세웠다면 이 전쟁은 좀더 솔직하게 다음 세대를 납득시켰을 것이다.

수많은 일본 병사가 그 이념을 위해 죽음을 무릅썼다는 사실은 역사적으로 더 큰 의미를 지녔을 것이다.

동아 해방을 첫 번째 목표로, 자존 자위를 두 번째 목표로 내세우지 않았다 해도 나 자신은 당시 지도자의 예상을 뛰어넘어 역사적 의사는 이러했다고 이해하고 싶은 마음도 있지만, 동시에 이 역사적 의사를 분명하게 주장할 수 없는 안타까움도 느낀다.

나는 인도네시아의 신문기자에게서 "일본이 진짜 해방자였다면 왜 우리나라에서 일본화 교육을 실시했는가. 왜 우리 나라 국민은 일본 병사를 두려워했는가. 왜 일본 병사는 네덜란드의 잔학한 탄압과 다를 바 없는 짓을 저질렀는가"라는 힐문을 당한 적이 있다.

앞서 소개했듯이, 중국 국민당 간부가 일본은 왜 서양과 마찬가지로 패권을 추구했느냐고 물었던 것처럼, 아시아 사람들은 일본을 '서양과 다를 바

제19장. 진주만 공격은 무엇을 의미했는가

없는 침략자'로 보았던 것이다. 일본어를 말하게 하고, 일본 문화와 관습을 그대로 들여와 황민화 교육을 실시한 책임은 너무도 무겁다.

육군 사령관이 민정 책임자가 되는 오만함이 극치에 이른 상황에서 돌이킬 수 없는 잘못을 저질렀던 것이다.

일본 병사 중에는 패전 후에도 귀국하지 않고 독립 운동에 가담한 이가 적지 않다. 인도네시아, 베트남, 버마 등에서 반네덜란드 투쟁과 반영 투쟁을 펼친 무명의 일본인 병사는 자그마치 1000명 단위를 훌쩍 넘는다. 인도네시아를 예로 들면 3000명 가까운 일본 병사가 패전 후 인도네시아 독립 투쟁에 참가했다. 그리고 1000여 명의 일본 병사가 인도네시아 정글에서 숨을 거두었다.

바로 이와 같이 이름도 없는 일본 병사들이 '동아의 해방자'라는 대의를 위해 목숨을 바쳤던 것이다. 그리고 바로 이런 병사들이 있었기 때문에 '동아의 해방'이라는 역사적 의사를 조금이라도 느낄 수 있는 것이다.

미국과의 전쟁에 이르는 길을 다시 검증해보면, 1941년 11월 27일 「헐 노트」를 받은 단계에서는 전쟁 이외에 다른 방법이 없었다는 것도 자명하다. 국책의 선택지는 전쟁과 화평 둘 중 하나일 수밖에 없었기에, 외교 교섭에 의한 화평의 가능성이 사라진다면 전쟁밖에 남는 게 없었다. 그 단계에서 전쟁을 선택하지 않았다면 이 나라의 지도자는 순식간에 실각하거나, 이것은 나의 상상이지만, 테러에 직면했을 것이다.

그렇다면 11월 5일 열린 어전 회의에서, 12월 1일 오전 0시까지 외교 교섭이 성공하지 않으면 전쟁에 나서기로 정책을 결정한 것이 잘못된 선택이었을까? 아니, 그렇다면 10월 하순에 열린 항목재검토회의의 결론이 틀렸다는 얘기가 된다. 그렇다면 왜 항목재검토회의에서 저런 결론이 나왔던 걸까. 9월 6일 열린 어전 회의의 결론에 휘둘려서…… 이런 식으로 모든 결론이 그때그

때의 선택지 중에서 최악의 선택을 한 결과물이었다는 것을 알 수 있다.

이 원인을 찾아가다 보면 끝없이 역사의 톱니바퀴가 거꾸로 도는 것을 확인할 수 있는데, 나는 역시 중일전쟁의 침략 그 자체에 문제가 있었고, 그것을 질질 끌면서 군사軍事만이 정책 결정의 중심이 된 것이 원인이었다고 생각한다. 진주만 공격은 일본이 우여곡절 끝에 다다를 수밖에 없었던 길이라는 게 내 결론인데, 이것은 저 시점에서는 역사적 선택으로서 당연한 결과였다고 말하지 않을 수 없다.

진주만 공격에서 일본은 두 가지 치명적인 잘못을 저질렀다.

이미 충분히 언급해서 다 아는 사실이지만, 워싱턴의 주미대사관은 직무 태만으로 1시간 이상 늦게 외교 교섭 중지를 통고하는(결국 이것이 개전하겠다는 의사를 표시한 셈이 되는데) 엄청난 실수를 범했다. 이때 벌써 일본 해군의 기동 부대는 진주만 상공에서 미국을 공격하고 있었다. 정말이지 선전포고 없는 전쟁이었다.

미국 국민이 루스벨트의 연설에 호응하여 대일 전쟁에 결집한 것도 바로 이 '기만적인 공격'에 분노했기 때문이다. '진주만을 기억하라Remember Pearl Harbour'는 단순한 슬로건이 아니라 '더러운 일본놈dirty Jap'을 확인하는 말이 되었다.

또 하나는 루스벨트가 천황 앞으로 직접 전보를 보냈는데, 육군성 장교의 의도적 조작에 의해 이 전보가 천황에게 도착한 것은 진주만을 공격하기 직전이었다는 사실이다. 12월에 들어서 개전 결정이 나오자 육군성 장교는 외국에서 오는 전보는 15시간 늦게 도착하게 한다는 방침을 정했다. 루스벨트의 친전親電도 그에 준한다는 것이었다.

이와 같은 역사관의 결여와 무책임함도 다시 따질 필요가 있을 것이다.

'데모크라시를 살리는 투쟁'

미국은 역사적 알리바이로서 루스벨트가 친전을 보낸 것이었다. 물론 여기에는 1년 가까이 일본의 외무성과 워싱턴의 주미 대사관 사이에 오간 암호 전보를 해독해온 것이 복선으로 깔려 있었다. '매직'으로 알려진 이 해독문에 의해 미국은 일본을 마음대로 농락할 수 있었다.

이와 같이 일처리가 서툴렀던 것은 일본의 정책 결정 시스템에 긴장감이 결여되어 있었기 때문이 아닐까?

미국 국내에서는 '진주만을 기억하라'는 슬로건과 나란히 '전시 공채와 우표를 사자Buy War Bond and Stamp'는 표어가 내걸렸다. 전쟁 자금을 확보하는 데 협력해달라고 호소하는 것이었다. 미국의 모든 장소에서, 모든 회합에서 그리고 모든 미디어에서 이 두 가지 슬로건을 외쳤다.

루스벨트는 국민을 결집하기 위해 잇달아 슬로건과 캐치프레이즈를 생각해내고 그것을 발표했는데, 그중에는 '생존 전쟁Survival War'이라는 말도 있었다.

"이 전쟁은 데모크라시가 살아남을 것이냐 사라질 것이냐를 결정하는 대전쟁이다. 우리 미국 문명이 구원받을 수 있을지 확실해지기까지는 2~3년의 시간이 필요할 것이다."

루스벨트의 이러한 대중 설득은 태평양전쟁 초기 미국이 고전하고 있을 때 중요한 역할을 했다. 미국의 '전쟁 지속 의사'는 진주만을 공격하여 콧대를 꺾어놓겠다는 일본의 전략에 반하여 점점 강고해졌다. 대다수의 미국 젊은이들은 솔선하여 육해군에 지원했고, 일본과 독일을 공격하여 데모크라시를 지키는 데서 역사적 의의를 찾았다.

나는 진주만 공격에 이르는 일본의 길을 다소 비관적으로 서술해왔다. 하지만 나는 우연히 저런 시대를 만나 국책에 따라 전장으로 달려갔다가 목숨을 잃은 일본 병사들에게는 깊은 애도의 뜻을 품고 있다. 그런 일본 병사들 (물론 일본 병사들의 모든 행동을 용인한다는 뜻은 아니다)의 생명이 쌓여서 현재가 있는 것이라고 생각하면, 그 죽음에 대하여 얼마간 감정을 갖는 것은 예의라고도 할 수 있을 것이다. 태평양전쟁이라는 역사에서 길어올려야 할 것은 이런 감정이 아닐까 생각한다.

동시에 진주만 공격을 선택하고 그 후 약 3년 8개월 동안 전쟁을 치른 일본의 정치 지도자와 군사 지도자의 많은 잘못은 대대손손 끊임없이 이야기되어야 할 것이다. 그런 자세를 방기할 때 우리는 또 하나의 새로운 '패전'을 스스로 선택하게 될 것이다.

1999년 현재, 다시금 많은 교훈을 확인하는 것이 필요한 시대에 들어섰다.

싱가포르 공략과
그 뒤틀린 그림자

해군의 진주만 기습 공격, 육군의 싱가포르 공략과 태평양전쟁의 벽두, 군령부와 참모본부의 막료들은 이것을 슬로건으로 내세우고 있었다. 그리고 실제로 일본 육군은 이 슬로건을 현실화했다.

싱가포르를 함락시킨 제25군 사령관 야마시타 도모유키는 연합함대 사령장관 야마모토 이소로쿠와 함께 일본에서는 '구국의 영웅'이 되었다. 그러나 미국과 영국에서는 야마시타와 야마모토를 가장 증오해야 할 적장으로 간주하고, 이 두 사람을 쓰러뜨려야만 일본인의 사기를 꺾을 수 있을 것이라 생각하여 줄기차게 그들의 생명을 노렸다.

전시인 1943년 4월, 야마모토는 비행기를 타고 전선 시찰에 나섰다가 암호 해독을 통해 관련 정보를 알고 있었던 미군기에 격추되어 사망했다. 야마시타는 전쟁이 끝난 뒤 필리핀에서 열린 군사재판에서 교수형을 선고받고 형장의 이슬로 사라졌다. 일본 육해군의 상징은 전후 일본 사회에 각인될 수가 없었다.

1941년 12월 8일 새벽 일본 해군의 기동 부대가 진주만을 공격하고 있을 무렵, 일본 육군도 이미 작전 행동에 나서고 있었다. 대본영으로부터 "남방의 요충지를 공격하라"는 명을 받은 남방군의 예하 부대는 필리핀, 버마, 네덜란드령 인도차이나 그리고 말레이 작전에 돌입했다.

싱가포르 공략을 겨냥한 말레이 작전에는 제25군(군사령과 야마시타 도모유키)의 근위 사단(사단장 니시무라 다쿠마), 제5사단(사단장 마쓰이 다쿠로), 제18사단(사단장 무타 구치렌야)이 투입되었다. 참모본부는 이 작전에 정예부대를 투입시켜 말레이 반도에서 영국군을 일소하고자 했다.

싱가포르는 말레이 반도 남단에 위치한 작은 섬이다. 동서 약 42킬로미터, 남북 약 22킬로미터. 말레이 반도와는 조호르 해협을 사이에 두고 마주 보고 있다. 섬 전체가 천연의 요새이며, "동양의 지브롤터"라고도 불린다. 세계 4대 요새 중 하나였다.

이 섬은 대영제국의 아시아 지배의 거점이기도 했다. 싱가포르 항을 축으로 하여 세 방향으로 항로가 열려 있다. 이곳은 인도 방위의 요충지이자 오스트레일리아와 대륙을 연결하는 지점이기도 했다. 당시 아시아 각국의 지식인들은 싱가포르를 '서구 식민지 지배의 심장부'로 비유하고 이곳을 제압함으로써 지배의 족쇄를 끊어버릴 수 있을 것이라고 생각했다.

그런 만큼 영국군 또한 이 요새를 방위하는 데 심혈을 기울였다. 퍼시벌A. E. Percival 중장을 총사령관으로 한 영국군은, 일본군이 세 지점에서 말레이 반도를 침입해온 후에도 영국과 인도에서 증원 부대를 끌어와 11만 명의 병력으로 이 섬을 지키는 작전을 펼쳤다. 영국군은 말레이 반도를 종단하여 이 섬을 침입해올 것이라고 생각하지 못하고 해상에서의 공격만을 상정하고 있었다. 다른 한편, 말레이 반도에서 조호르 해협을 넘어 육상 공격을 해올 경우 이 섬을 굳게 방어할 수는 없을 것이라는 우려도 하고 있었다.

12월 8일 이후 말레이 반도의 코타바루(말레이시아), 싱고라(타이), 바타니

(타이) 세 지점에서 침입한 일본군은 영국군을 잇달아 물리치고 일주일 정도 만에 말레이 반도 북부의 주요 도시를 점령했다. 이러한 상황을 지켜보고 있던 제25군 작전참모 쓰지 마사노부는 야마시타에게 독자적인 작전 계획을 제시했다. 12월 중에 말레이 반도의 중부를 확보하고, 1942년 1월 17일에는 쿠알라룸푸르를 점령하며, 1월 27일까지 말레이 반도 최남단에 병력을 배치 한 다음, 2월 11일까지 근위 사단, 제5사단, 제18사단을 주력으로 하여 싱가 포르 섬을 제압한다는 것이 계획의 골자였다.

_____ 싸울 생각이 없는 영국군을 추격하다

개전 전 참모본부 작전과에서는 싱고라에서 싱가포르까지 약 1100킬로미터가 되므로 이를 100일 만에 돌파하여 3월 10일 육군 기념일까 지 제압할 것으로 예측하고 있었다. 그런데 쓰지 마사노부가 작성한 일정표 는 이를 1개월 가까이 앞당겨 2월 11일 기원절까지 공략을 마무리한다는 것 이었다. 원래 참모본부에서도 2월 11일까지 마무리하자는 얘기가 있었지만, 영국군의 장비와 병력을 고려하면 아무래도 무리일 것이라 하여, 3월 10일 로 결론을 내렸던 것이다. 그러나 현실적으로 영국군은 일본군과 맞서 싸울 준비가 되어 있지 않았다. 영국군은 말레이 반도로 밀고 들어오는 일본군 앞에서 항전 의욕을 잃고 퇴각을 거듭했을 뿐이다.

쓰지 마사노부의 계획은 야마시타와 참모본부 작전참모의 양해 아래 움 직이기 시작했다.

일본군은 인도군의 방위 진지를 돌파하고, 오스트레일리아군을 물리치고, 영국군을 추격하면서 남으로 남으로 진격했다. 그리고 예정보다 일주일이나 빠른 1월 11일 쿠알라룸푸르에 입성했다. 조호르 해협을 면한 도시 조호르

쿠알라룸푸르 시가로 돌진하는 일본군.

바루Johor Bahru에 일본군이 침입한 것은 1월 31일 오후였다. 이곳에 제25군의 근위 사단, 제5사단, 제18사단이 집결하여 싱가포르 섬을 노리게 되었다.

2월 1일, 말레이 반도의 클루앙Kluang에 사령부를 둔 야마시타는 세 명의 사단장을 불러 2월 11일까지 싱가포르를 제압하라고 명했다. 싱가포르 섬의 요충지는 중앙부에 위치한 부킷티마Bukit Timah라는 고지다. 이 고지는 전략상 중요 지점일 뿐만 아니라 주변 지역에는 영국군의 연료와 탄약 등을 보관하는 창고가 있었고, 싱가포르 시에 물을 공급하는 수원지이기도 했다.

이러한 부킷티마 고지를 2월 11일까지 제압하라는 것이 야마시타의 명령이었다.

2월 1일, 말레이 반도의 영국군 잔존 부대가 싱가포르 섬으로 퇴각해왔다. 퍼시벌이 내린 말레이 총퇴각 명령에 따른 것이었다. 조호르 해협의 다리는 그 후에 파괴되었고, 영국군은 싱가포르 섬에서 최후의 전투를 치러야만 했다. 섬의 서부, 북부, 남부에는 각각 오스트레일리아 18사단, 제3인도 여단 그리고 영국군의 싱가포르수비대가 포진해 있었다.

퍼시벌은 이날 싱가포르 시민에게 성명을 발표했다. 싱가포르 시민 약 55만 명 중 대부분이 중국인과 말레이인이었고, 그 외에 소수의 타밀인과 유럽 각국의 거류민이 살고 있었다. 싱가포르 시민을 향한 퍼시벌의 성명은 다음과 같은 내용이었다.

"우리는 지금 이 섬에 갇힌 상태다. 말레이 반도를 잃었고 조만간 싱가포르에서 싸움이 시작될 것이다. 우리의 지원군이 오기까지 이 섬을 포기하지 않았으면 한다."

싱가포르 시민은 그제야 비로소 구체적인 전황을 전해 듣고 패닉 상태에 빠졌다. 그러나 어찌됐든 일상적인 생활에는 별다른 변화가 없었고, 일본군이 이 섬에 침입해올 것이라는 데 심리적인 불안만을 안고 있었다.

일본군과 영국군 그리고 그 예하 부대는 2월 8일부터 전투에 돌입했다. 그 후의 전투는 처참했다. 일본군이 부킷티마 고지의 일부를 점령한 것은 2월 11일이었는데, 영국군과 오스트레일리아군 그리고 화교 청년들로 조직된 항일화교의용군이 완강하게 점령 부대에 저항했다.

싱가포르 섬에는 총성이 울려 퍼졌고, 검은 연기가 치솟았으며, 섬 전체가 전장으로 바뀌었다.

그러나 2월 15일 부킷티마 고지는 일본군 수중에 떨어졌고, 전쟁의 불길은 점차 잦아들었다. 일본군이 수원지를 장악하면서 싱가포르 시내에는 수도가 끊겼으며, 영국군도 더 이상 저항할 수 없는 상황에 이르렀다. 퍼시벌은 사령부 안에 장교들을 모아놓고 "항복할 것인지 아니면 항전할 것인지"를 물었다. 모든 장교가 '항복'을 받아들이는 데 동의했다.

이치를 따져가며 작성한 항복 권고문

2월 11일 일본군은 이미 섬 안에 비행기를 띄워 영국군 진지에 항복 권고문을 뿌렸다. 항복 권고문은 대일본군 사령관 야마시타 도모유키의 이름으로 영국군 총사령관 퍼시벌 앞으로 보낸 것이었다.

"대일본군 사령관은 일본의 무사도 정신에 기초하여 재말레이 영국군 사령관에게 항복을 권고하는 영광을 누리게 되었다.

귀군貴軍이 영국의 전통적 정신에 입각하여 고립된 상태에서 싱가포르를 수비하고, 용감하게 싸움으로써 영국군의 영예를 드높이고 있는 데 대하여 나는 충심으로 경의를 표하는 바이다.

하지만 전황은 이미 결정되었고, 싱가포르 함락은 눈앞에 다가왔다. 따라서 이제부터의 저항은 헛되이 재싱가포르 비전투원에게 직접적인 위해를 가하고 또 전화戰禍 속에서 고통을 가중시킬 뿐만 아니라, 더 이상 영국군의 명예를 높이는 데에도 도움이 되지 않을 것이다."(스기타 이치지, 『정보 없는 전쟁 지도』에서 인용)

이어서 항복을 위한 절차도 적시했다. 일본군이 작성한 문서로서는 희귀할 정도로 이지적이고 이치를 따져가며 쓴 글이었다. 고압적인 태도로 협박하고 적을 찬양하는 말 따위는 전혀 찾아볼 수 없는 문서를 뿌리는 것이 일본군의 관례였기 때문이다.

퍼시벌은 권고문에 따라 백기를 든 장교 두 명을 군사軍使로서 일본군의 전선으로 보냈다. 두 명의 군사는 2월 15일 오후 1시 제5사단 스기우라 부대와 접촉하고 항복 의사를 전했다.

제25군을 비롯한 남방군 예하 각 부대는 이상과 같은 과정을 거쳐 싱가포르를 군사적으로 함락시키는 데 성공했던 것이다.

1991년 12월 10일. 진주만 공격 50주년의 여운이 미디어를 떠돌고 있었다. 현직 외무대신은 진주만 공격 50주년을 맞이하는 시점에 '미일 관계'만을 강조하면서 전쟁을 반성한다고 말했다. 마치 저 전쟁이 일본과 미국만의 싸움이었던 듯한 분위기가 흐르고 있었다. 실제로 대일본제국은 동남아시아 각지까지 깊이 들어가 있었는데도 말이다.

야마시타의 항복 권고는 강압적이었는가

도쿄의 구단미나미九段南에 있는 어느 빌딩의 '일본세계전략포럼' 사무실. 응접실에서 나는 회장 스기타 이치지杉田一次를 만났다.

1904년 3월 31일에 태어난 그는 1991년 현재 87세였는데 그 나이로는 보이지 않았다. 말투나 기억력 모두 확실했다. 그는 육군사관학교와 육군대학교를 졸업한 고급 참모로, 쇼와 육군에서는 지영미파知英美派로 알려져 있었다. 미국 주재무관 보좌관 시절인 1937년에는 미국 육군의 연대에 들어가 장교생활을 체험했다. 1938년에는 영국에서 주재무관 보좌관으로 근무했다. 싱가포르 공략 때에는 제25군 정보참모였다.

그러나 스기타의 이름이 역사에 새겨진 것은 2월 15일 열린 야마시타와 퍼시벌의 회담에서 통역을 맡았고, 군사와 접촉하면서 이 회담을 배후에서 조율하는 역할을 했기 때문이다. 퍼시벌이 항복하기 위해 회견장으로 향하는 사진, 회견장에서 야마시타와 퍼시벌이 대면하고 있을 때의 사진 등 역사적인 사진에 당시 37세였던 스기타가 찍혀 있다.

"항복 권고문은 조호르바루 근처로 나아갈 때 군사령부 안에서 생각한 것입니다. 나는 그 무렵 쇄골이 부러져서 일주일 정도 병상에 누워 있었는데, 그 자리에서 영국군에게 항복을 권고하는 문안을 어떻게 작성할 것인지 생각했습니다. 육군사관학교나 육군대학교에서는 이런 것을 가르쳐주지 않았으니까요. 그때 떠오른 것이 아코번赤穗 藩의 로시浪士(1702년에 발생한 겐로쿠아코 사건에 가담한 47인의 사무라이를 가리키는 것으로, 오이시 구라노스케는 핵심 인물이었음—옮긴이)였습니다. 오이시 구라노스케大石内藏助가 성을 내줄 때의 심경을 생각하면서 몇 번이나 퇴고를 했습니다. 영국 군은 잘 싸웠지만 운이 따르지 않아 패했다고 썼습니다. 장래에 화근을 남길 수도 있는 내용은 담고 싶지 않았습니다. 그렇게 하는 것이 일본에 의한 민정民政에도 도움이 될 것이라고 생각했습니다."

퍼시벌과 회견을 갖기 전에 군사를 만났군요.

"그랬지요. 여단사령부에서 군사령부로 항복 군사가 와 있다는 말을 듣고 달려갔습니다. 이 무렵 일본군 내부에서는 영국에 속지 말라는 목소리가 높았습니다. 야마시타도 그런 얘기를 하더군요. 하지만 나는 그들이 약속한 것은 반드시 지킨다고 믿고 있었고, 야마시타에게도 그대로 말했습니다. 군사는 뉴비긴과 와일드라는 대좌였는데, 그들은 우리에게 어떤 식으로 항복 회담을 하면 좋을지를 물었습니다."

그들의 표정은 어땠습니까?

"그다지 비장하지는 않았습니다. 그 자리에는 없었습니다만, 어느 영국군 장교가 이 전투에서는 분명히 우리가 졌지만 전쟁에서는 결코 지지 않을 것이라고 말했습니다. 일본은 잠재적 공업 생산력의 측면에서 영국이나 미국과 비교할 때 현격한 차이가 있었기 때문에 나도 내심 그렇게 생각한 적이 있어서 특별히 반론은 하지 않았습니다."

퍼시벌과 함께 항복 회담 장소인 포드 공장으로 걸어갔는데, 그때 어떤 이야기를 나누었습니까?

"나도 당신 나라에 주재한 적이 있다고 말하면서 퍼시벌의 마음을 풀어주었습니다. 그

제20장. 싱가포르 공략과 그 뒤틀린 그림자

도 안도하는 표정이었습니다. 그 사령관은 인도에서 오랜 시간을 보내긴 했지만 아시아 자체에 관해서는 아는 게 별로 없었습니다. 일본군이 저렇게 단숨에 공격해오리라고는 생각도 못 하지 않았습니까?"

포드 공장의 회의실에서 항복을 위한 협상이 시작되었다. 회의 석상에는 야마시타와 스기타를 비롯한 참모들, 그리고 퍼시벌과 와일드가 영국군을 대표하여 앉았다. 신문기자들이 창 너머로 이 회담을 지켜보고 있었다.

이때 야마시타가 퍼시벌에게 항복할 것인가 말 것인가, 예스 아니면 노로 답하라며 강압적으로 밀어붙였다는 에피소드가 남아 있다. 큰 몸집에 풍채가 좋은 야마시타는 사진으로 보기에는 눈을 크게 뜨고 호통을 치고 있는 것처럼 보인다. 마주 보고 앉은 퍼시벌은 마른 몸을 조금 움츠리고 야마시타의 화난 목소리를 견디고 있는 듯하다.

패전 후 야마시타는 미군의 재판에서 교수형을 선고받았는데, 일본인 기자의 취재에 응한 그는 "항간에 퍼져 있는 이야기는 거짓말이다. 나는 결코

1942년 2월 15일, 영국군과의 항복 교섭에서 무조건항복을 촉구하는 야마시타 도모유키 중장(왼쪽에 앉은 이)과 퍼시벌 영국군 사령관(등을 보이고 있는 사람 중 오른쪽).

위압적이거나 협박을 하는 사람이 아니다. 이 점은 어떻게든 바로잡아주었으면 좋겠다"라고 부탁했다. 야마시타는 이 일에 상당히 신경을 쓰고 있었던 것이다.

"그때 처음에는 타이완대학의 영어 교사가 통역을 했습니다만 그는 군사용어를 잘 알지 못했습니다. 그래서 육군과 관계가 있는 통역으로 교체되었는데, 그 역시 전문용어에는 밝지 못했습니다. 결국 내가 중간부터 통역을 맡았기 때문에 그때 주고받은 이야기를 잘 기억하고 있습니다. 야마시타는 항복할 것이냐 말 것이냐라고 물었는데, 퍼시벌은 그게 아니라 싱가포르 시내에서 약탈이 일어나는 것을 방지하기 위해 1500명의 병사를 남겨두고 싶은데 그것을 인정할 것이냐 말 것이냐라고 되물었습니다. 항복하겠다고 말하기 전에 1500명의 주둔을 인정해달라는 것이었지요. 인정하지 않으면 곤란하다는 의미였습니다."

스기타의 증언을 듣고 안 것이지만, 중요한 점은 일본과 영국의 문화 차이가 드러났다는 것이다. 야마시타에게는 항복할 것이냐 말 것이냐가, 퍼시벌에게는 1500명의 주둔을 인정할 것이냐 말 것이냐가 최대 관심사였다. 결국 "예스 아니면 노로 답하길 바란다"는 야마시타의 한마디에 퍼시벌은 들릴 듯 말듯한 목소리로 "예스"라고 대답했다. 결론을 요구하는 야마시타와 그 과정을 확인하는 퍼시벌의 대립은 야마시타가 밀어붙이는 형국이었던 것이다.

육군은 싱가포르에 계속 신경을 썼는데, 그것은 이곳이 군사상의 요충이었을 뿐만 아니라 동아의 해방이라는 의식을 갖고 있었기 때문일까요?

"나 자신은 그런 의식을 갖고 있었습니다. 동아의 해방이라는 이념을 실행에 옮기고 싶었습니다. 인도의 경우 영국 식민지였음에도 인도인이 궐기하리라고는 생각하지 않았습니다. 인도네시아나 말레이 등도 그랬으면 좋았겠지만 분명히 어려운 일처럼 보였습니다. 다만 어느 정도 지식을 갖고 있는 사람이라면 아시아가 언제까지나 식민지 상

제20장. 싱가포르 공략과 그 뒤틀린 그림자

태에 있는 것을 이상하게 여기는 게 상식이었다고 생각합니다."

　싱가포르 함락 소식을 접한 일본 국민은 환호했다. 말레이 반도에 상륙한 이후 싱가포르 함락까지 자그마치 57회에 걸쳐 대본영 발표가 있었다. 그만큼 참모본부는 이 작전에 힘을 쏟았고, 그 전과를 자랑했던 것이다.

　2월 11일부터 15일까지 날마다 일본군이 싱가포르의 영국군을 궁지에 몰아넣는 상황이 발표됐다. 대본영 발표는 전쟁 말기에 이르면 허위와 과장으로 넘쳐나고 급기야는 사실을 날조하는 단계까지 나아가지만 이 시기에는 그렇지 않았다. 일본군의 전사자를 줄여서 발표하는 단계에 머물러 있었다.

　2월 15일 오후 10시 10분의 대본영 발표는 "말레이 방면의 제국 육군 부대는 본 15일 오후 7시 50분 싱가포르 섬 요새의 적군으로부터 무조건항복을 받아냈다"는 내용이었다. 10시 15분에는 JOAK(도쿄방송국) 임시 방송을 통해 대본영 발표의 부연 설명이라 할 수 있는 구체적인 경과도 발표되었다. 이 방송의 첫 부분은 다음과 같았다.

　"2월 15일 영제국 동아 침략의 아성인 싱가포르가 드디어 함락되었다. 7일 동안의 죽음을 무릅쓴 맹렬한 공격, 세계의 눈길을 이 한곳에 모은 싱가포르 섬 공방전은 영국군이 항복함으로써 막을 내렸고, 우리 일장기는 남국의 하늘 높이 찬란하게 휘날리고 있다. 이리하여 대동아의 바다는 우리의 제압하에 놓이게 된 것이다."

　신문은 '싱가포르 함락' '일장기 휘날리는 싱가포르' '황군 앞에 난공불락은 없다'와 같은 큼지막한 제목 아래 이 사실을 전했다. 전국 곳곳에서 깃발 행렬이 이어졌고, 일본군의 진격에 도취했다.

'역사적 의의'의 그늘에 숨은 학살의 오점

태평양전쟁에 비판적이었던 지식인들도 싱가포르 함락에서 역사적 의의를 발견했다. 그들은 잡지에 "앵글로색슨 세력을 몰아내는 데 성공했다"는 식의 리포트를 발표했다. 전후사회에서 양심적인 지식인으로 이름을 남긴 몇몇 저명인사도 이때는 흥분한 상태였다. 대본영 발표의 부연 설명 속에 담긴 "영제국 동아 침략의 아성"이라는 표현을 지식인들도 다 같이 받아들였다.

그러나 다른 한편 싱가포르 시내에서는 역사적 오점을 남길 학살이 자행되고 있었다.

1959년 봄, 일본 기업이 싱가포르에 공장을 세우게 되었다. 건설업자가 수림지대를 파헤치다가 수많은 백골을 발견했다. 그 소식이 순식간에 싱가포르 전역으로 퍼졌다. 그 후에도 시내 주변에서 공장을 조성하거나 택지를 개발할 때마다 백골이 나왔다.

싱가포르에서는 일본군 점령 시대에 행방불명된 이가 많았고, 전후에도 생사 불명인 채로 남아 있었다. "행방불명자는 일본군에게 학살되었다"는 소문이 사실로 밝혀진 것이다. 싱가포르 정부는 1962년 4월 이런 사실을 바탕으로 일본 정부에 보상을 요구했다.

그로부터 5년 후인 1967년 9월 일본 정부는 싱가포르 정부와 말레이시아 정부에 각각 5000만 싱가포르 달러(약 29억 엔)를 보상했다. 이리하여 학살 사건은 표면적으로는 일단락되었다.

나는 싱가포르 시내에 들어갔던 일본군 병사 몇몇으로부터 이 학살 사건에 관한 이야기를 들었다. 이미 70대나 80대에 접어든 옛 병사들(헌병이 많았다)의 입은 무거웠다.

"싱가포르를 제압한 뒤 펼쳐진 소탕 작전에서 항일파 화교 등을 처형했습

제20장. 싱가포르 공략과 그 뒤틀린 그림자

니다. 당시 일본군 병사들은 이에 관해 잘 알지 못했습니다. 왜냐하면 극비리에 행해졌기 때문입니다. (…) 항일화교의용군에 가담한 화교와 그런 혐의가 있는 항일 분자를 어떤 곳에 모아놓고 총검으로 찔렀다고 합니다. 실은 나 자신도 목격한 바입니다만, 이것은 일절 말하고 싶지 않습니다."

이렇게 말하는 이들의 증언을 세세하게 듣다 보면 처참한 광경이 눈앞에 떠오른다. 중국에서 자행된 학살과 같은 광경이다. 그들이 이 학살을 '정당화'하는 단 하나의 이유는 항일 분자가 후방을 교란하면 점령이 불가능해질 수도 있다는 것밖에 없다.

항일화교의용군의 주체는 싱가포르에 사는 화교 청년들이었다. 그 수는 5000명에 이르렀다고 하며, 일본군이 싱가포르에 들어왔을 때 "돈이 있는 자는 돈을 내고 힘이 있는 자는 힘을 보태라"라는 슬로건 아래 가장 과감하게 저항했다. 부킷티마 고지에서 벌어진 전투에서는 영국군이나 오스트레일리아군보다도 더 격렬하게 싸웠다. 그 때문에 일본군에서도 많은 사상자가 나왔다. 그들은 중국을 침략한 일본군에게 증오심을 갖고 있었고, "일어나라! 일어나라! 노예가 되고 싶지 않은 자는 떨치고 일어나라!"라는 삐라를 싱가포르 시내에 뿌리며 동지들을 모았다.

항일화교의용군은 일본이 점령한 후 시민 속으로 잠복했다. 간부인 린뎬성林謀盛, 쫭후이취안莊惠泉, 린칭녠林慶年 등은 일본 헌병대의 추적을 피해 싱가포르를 탈출, 콜롬보로 향했다. 1943년 그들은 콜롬보에서 '136부대'를 새롭게 편성하여 말레이의 항일 전선에 가담했다.

2월 19일, 남방군은 이제부터의 작전 행동과 점령지 처리에 관한 구체적인 안을 제25군에 명했다. 2월 21일부터 제25군사령부는 구체적인 안을 정리하여 예하 각 부대에 전달했다. "싱가포르경비대로 하여금 이 도시를 경비하게 한다. 제18사단은 조호르 주로 이동하여 그곳에서 치안과 경비를 맡는 한편 버마 방면으로 진격할 때를 대비하여 훈련을 실시한다. 제5사단은 말레이 각 주에 주둔하여 치안과 경비를 맡는다. 근위 사단은 싱가포르 시를 제외한 싱가포르 섬 전역의 치안을 담당하는 한편 수마트라 작전을 준비한다"는 내용이었다.

싱가포르 시내는 경비대가 담당했다. 가와무라 사부로河村參郎 제5사단 제9연대장이 경비사령관으로 임명되었다. 그리고 싱가포르 시 이외 지역은 근위 사단이 담당하게 되었다.

이 경비대는 헌병대를 중심으로 편성되었는데, 그들은 싱가포르 시내를 경비하는 데 상당한 불안을 갖고 있었다. 왜냐하면 제18사단이나 근위 사단은 다음 작전에 대비하는 것이 주요 임무였고 제5사단은 말레이 반도로 이동할 터여서, 경비가 취약해질 수 있다는 공포감이 있었기 때문이다. 그리하여 경비대뿐만 아니라 몇몇 부대가 항일화교의용군을 살해해야 한다는 작전상의 판단을 했을 가능성이 높다.

그렇다면 제25군에서 이 작전을 진행한 참모는 누구일까?

후지와라 이와이치藤原巖市가 쓴 『F 기관』이라는 책이 있다. 육군 군인으로서 주로 모략을 담당했던 후지와라는 일찍부터 말레이 반도에서 정치 공작을 수행하고 있었다. 후지와라는 싱가포르의 영국인으로부터 "일본군이 화교를 학살하고 있다"는 말을 듣고 즉각 실태를 조사했다. 그는 이 책에서 "전율할 만한 상황이 실재했다"고 적었다. 후지와라는 곧장 제25군사령부로 달려갔다. 그는 이렇게 말한다.

"나는 서둘러 군사령부로 스기타 참모를 찾아가 이것이 군의 명령에 따라 수행되고 있는지 물었다. 참모는 어두운 표정으로, 자신을 비롯한 몇몇 참모의 의견을 묵살하고 일부 격앙된 참모의 의견에 좌우되어, 전쟁의 불길이 아직 꺼지지도 않은 상황에서 항일 화교 숙청이 강행되고 있다며 탄식했다."

스기타도 1987년에 간행한 자신의 저서 『정보 없는 전쟁 지도』에서 싱가포르에서의 화교 학살에 대해 언급했는데, 그는 "일부 막료의 전횡에 의한 것"이었다면서 그것이 오점이 되었다고 적었다.

어떤 참모(지금까지는 쓰지 노부마사로 알려져 있다)가 입안한 화교 숙청 계획이 경비사령부에 그대로 시달되었고, 그 지시대로 시행되었다는 것이 진상인 듯하다.

말레이 반도에서 아홉 살까지 살았고 개전 때 소학생이었던 나카지마 마사토中島正人의 책 『모살의 항적航跡: 싱가포르 화교 학살 사건』에서도 학살의 실태를 엿볼 수 있다. 나카지마는 다음과 같이 증언한다.

"제25군에서 마련한 이 계획은 군사 기밀이었기 때문에 극소수의 사람밖에 알지 못했습니다. 일반 병사들이 학살에 대해 몰랐던 것도 이것이 군 내부에서 정보로 전해지지 않았기 때문일 겁니다. 다만 화교 가족들은 학살을 목격하기도 했고 또 육친이 살해되었기 때문에 일본군에게 협박을 당하고 있다고 말했지요."

일본군은 중국 대륙에서 승산 없는 전쟁이라는 진흙탕 속에 빠져 있었다.

쇼와 육군의 장병들은 하나같이 초조해하고 있었다. 또 중국인에 대한 감정은 증오로 치닫고 있었다. 그런 감정이 항일화교의용군에 대한 공포와 뒤얽혀 비대화되었던 것이다.

제5사단 예하 제5170부대의 병사였던 이마자와 에이사부로今澤榮三郎는 부킷티마 고지에서 벌어진 전투에 참가한 뒤 후방인 경마장 부근으로 자리를 옮겼다. 병참과 위생을 담당하고 있었기 때문에 전선의 격렬한 전투는 그다지 체험하지 못했다. 2월 15일 연대 본부로부터 여단 본부로 가라는 명을 받은 그는 제21여단장 스기우라 에이키치杉浦英吉에게 신고를 마치고 연대 본부로 돌아왔다.

돌아오는 길에 그는 백기를 들고 걸어오는 두 명의 영국군 장교를 만났다. 두 사람 모두 한마디도 하지 않고 고개를 숙인 채 묵묵히 걷고 있었다. 항복을 한다는 게 이런 것인가 생각하니 묘한 기분이었다. 일본 병사에게는 항복이라는 말이 없었다. 끝까지 싸우다 죽는 길밖에 없다고 배웠기 때문에 두 사람을 바라보는 일본 병사는 이상하다는 듯 고개를 갸웃거릴 따름이었다.

이마자와는 싱가포르가 함락된 뒤 말레이 반도로 이동했기 때문에 학살에 관해서는 아는 바가 없었다. 다만 싱가포르에 단기간 머물고 있을 때 햄을 구하러 다녔던 상점의 화교가 갑자기 모습을 감춘 일이 있었다. 병사들도 어제까지만 해도 상점이나 주택에 있던 화교가 갑자기 사라지자 이상한 일이라며 수군댔다.

이마자와는 동남아시아 문화우호협회에서 일하고 있을 때 싱가포르에서 온 유학생을 만났다. 그는 육친이 일본군에게 살해됐다고 했다. 그리고 그의 입을 통해 실상에 대해 조금씩 들을 수 있었다. "아니, 일본군이 정말로 그런 짓을 저질렀단 말인가?" 그는 말문이 막혔다.

이마자와는 60대 후반에 사회생활에서 물러난 뒤 곧바로 싱가포르로 날아갔다. 1980년 봄이었다. 그때의 일을 글로 써서 동남아시아 문화우호협회 기관지 『아시아의 빛』(1980년 9월호)에 실었다.

"싱가포르 정부 청사 동쪽 해안도로에 훌륭한 대리석 기념비가 우뚝 솟아 있습니다. 높이 12미터, 정면 초석에는 '일본점령시기사난인민기념비日本佔領時期死難人民紀念碑'라는 큼지막한 금문자가 새겨져 있습니다."

"말레이 반도를 남하한 일본군은 영국군을 싱가포르로 밀어붙여 무조건 항복을 받아낸 후, 적성 분자를 소탕한다는 명목으로 민간인 화교를 포함하여 숙청을 했다는 것입니다. 그 수는 6000명으로 알려져 있지만 화교 측에서는 4만 명이라고 말합니다."

"싱가포르 화교 학살 사건을 알았을 때 나는 귀를 의심했습니다. 일개 병사로서 말레이 작전을 체험하고 아시아 민족의 해방을 염원하며 싸웠을 뿐인데…… 싱가포르 공략의 빛나는 전과만을 자랑으로 여겼던 우상이 무너져 내리는 듯한 큰 충격이었습니다."

도심에 있는 시티호텔 찻집에서 나는 말레이 반도의 지도를 펼쳐놓고 이마자와와 인터뷰를 했다. 그러나 이마자와는 이 기념비를 봤을 때의 기억에 사로잡혀 있었다. 1992년 1월 당시 76세의 몸을 구부리고 더듬더듬 이렇게 말했다.

"이 기념비에 유족이 바친 꽃다발 몇 개가 놓여 있었습니다. 희생자의 이름 아래 '일구남침日寇南侵' '물망구가勿忘仇家'와 같은 원한 가득한 글들이 적혀 있더군요. 희생자의 뼈를 담은 항아리에는 '영지비통永誌悲痛'이라는 글자가 새겨져 있었습니다. 도저히 견딜 수 없었습니다. 나는 대영제국을 아시아에서 몰아냈다는 자랑을 지금까지 간직하고 있었습니다만, 학살을 저질렀다는 사실을 알고서는 그 자랑스러움이 더럽혀진 듯해 참을 수 없었던 것입니다."

나는 이마자와와 같은 증언을 싱가포르 공략작전에 종군한 병사들의 입을 통해 여러 번 들었다.

_____ **또 하나의 50주년**

1945년 10월 29일, 마닐라에 있는 미합중국고등판무관의 관저에 설치된 군사 법정에서 야마시타는 A급 전범으로서 피고석에 앉게 되었다. 검찰 측은 123개 항목에 달하는 기소 사실을 밝혔다. 그중에는 야마시타가 미국인과 영국인을 포함해 5만7000명을 살해한 책임자라는 항목도 있었다.

야마시타와 같은 고위 군인은 설령 직접적으로 잔학 행위에 가담하지 않았다 하더라도 인간으로서 책임이 있다는 것이었다. 맥아더는 이 재판을 서두르라고 명했고, 어떻게든 야마시타를 교수형에 처해야 한다는 뜻을 넌지시 비쳤다.

야마시타는 자신이 책임져야 할 부분과 그렇지 않은 부분을 명확하게 구분하여 변명했다. 정직하게 말하자면 이 군사재판은 '야마시타에게 죽음을!'이라는 목표를 내세운 보복 재판의 성격이 강했다. 예상대로 교수형 판결이 내려졌고, 1946년 2월 23일 마닐라에서 처형되었다. 외국인 기자가 보도한 바와 같이 야마시타의 처형은 일본 육군의 조직 체계를 해체하기 위한 본보기였다고 할 수 있다.

싱가포르 학살의 책임을 묻는 전쟁범죄 재판은 1947년 3월 10일부터 싱가포르 시내의 빅토리아 메모리얼 호텔에서 열렸다. 니사무라 다쿠마 근위 사단장, 가와무라 사부로 경비사령관, 오이시 마사유키大石正幸 야전헌병대장 외 4명의 헌병대 장교가 피고석에 섰다. 영국의 주권하에 진행된 이 재판에서는 잇달아 학살 사실이 폭로되었다.

이 재판에서 니시무라는 "근위 사단은 싱가포르에 사는 중국인 가운데 반일활동 분자를 처분하라"는 명령을 전달받았다고 밝혔다. 그러나 "우리는 작전부대이므로 그런 일은 절대 할 수 없다"는 대답을 했다고 증언했다. 제25군 참모장 스즈키 소사쿠鈴木宗作도 니시무라에게 "나도 같은 의견이다. 참모지휘관 쓰지 마사노부가 이미 이 지령이 내려왔으니 실행하는 수밖에 없다고 하기에, 그렇다면 쓰지 참모가 그 임무를 수행하는 게 좋겠다고 전했다"는 말을 했다고 한다.

일련의 재판에서 쓰지 마사노부가 학살을 주도했다는 것이 점차 분명해졌다. 그러나 헌병대 장교들 중에는 쓰지에게 과중한 책임을 떠넘기기 위해 변명을 하는 사람도 있었다고 한다.

1947년 4월 2일, 재판으로부터 23일째에 판결이 언도되었다. 가와무라와 오이시가 교수형을 선고받았다.

니시무라는 그 후 오스트레일리아에서 열린 군사재판에도 관계되었다. 말레이 반도 전투에서 움직이지 못하는 부상자 포로 200명(오스트레일리아 병사와 인도 병사)을 부하가 살해한 것에 대한 책임이 지워졌던 것이다. 교수형이 선고되었고, 1951년 6월 11일 오스트레일리아의 비스마르크군도 마누스 섬에서 처형되었다.

책임 전가가 두드러진 군사재판에서 니시무라는 말없이 그 책임을 받아들였고, 자신이 죽음으로써 다른 책임 있는 장교를 돕는 모양새가 되었다. 어느 오스트레일리아인 저널리스트는 니시무라의 무인다운 모습에 감명을 받아 몇 권의 책을 쓰기도 했다. 니시무라가 세상을 떠나면서 부른 노래는 이러했다.

책임에 살고 책임에 죽는 것이 으뜸이리니
내가 살아온 길에 무슨 아쉬움이 있을까

일본이 진주만 50주년 뉴스로 들썩이고 있던 1991년, 싱가포르에서는 정부 주최로 일본군 점령 50주년 기념집회가 열렸다. '학살'에서 살아남은 늙은 화교들이 당시의 실태를 보고하면 모여든 청년들은 하나같이 눈물을 흘렸다고 한다. 전하는 바에 따르면, 어느 청년은 "일본의 군국주의를 용서하지 않겠다"며 절규했다고 한다.

어느 사병이 체험한 전쟁의 내실

1990년 6월 8일, 도쿄 긴자에 있는 야마하호텔에서 파티가 열렸다. '일본–터키 우호 100주년'을 기념하는 연회였다.

1890년 6월 터키 황제는 일본과의 우호를 요구하며 오스만 파샤 제독의 군함을 일본에 파견했다. 파샤 제독은 메이지 정부에 황제의 뜻을 전하고 요코하마에서 귀로에 올랐는데, 와카야마和歌山 현 구마노熊野 앞바다에서 태풍을 만나 좌초하고 말았다. 군함도 바다 속으로 침몰했고, 파샤 제독은 배와 운명을 함께했다. 하지만 일본과 터키는 이때를 계기로 우호관계를 맺게 되었던 것이다.

이 파티에서 터키의 주일 대사는 이러한 사실을 언급하면서 지난 100년 동안 터키와 일본은 대체로 원활한 관계를 유지해왔다고 말했다. 그리고 인사말 중간쯤에 쇼와 초기의 군인이었던 하시모토 긴고로의 이름을 꺼냈다. 터키 대사관 소속 주재무관이었던 하시모토(당시 중좌)와 터키 혁명 후 초대 대통령이 된 케말 아타튀르크가 각별히 친밀했고, 서로를 신뢰하는 벗이었음을 상세하게 소개했다.

연회장에는 쇼와 육군의 '반역아'였던 하시모토 긴고로라는 이름을 모르는 사람이 더 많았다. 대사가 소개한 에피소드는 이윽고 연회장의 소음 속으로 사라졌고, 이곳저곳의 화기애애한 자리에서도 사람들 입에 오르지 않았다.

다음 날, 도쿄 다카나와에 사는 이마자와 에이사부로에게 연회 참석자 중한 사람에게서 전화가 걸려왔다. 이마자와가 하시모토 긴고로를 기리는 '하시모토회高橋會'를 관장하는 사람이라는 것을 아는 전우회의 동료였다.

"파티에서 하시모토 중좌의 이름이 나오더군요. 깜짝 놀랐습니다."

이마자와도 의외였다. 통령(이마자와는 하시모토를 이렇게 불렀다)의 이름이 아직도 잊히지 않았다는 것은 소박한 기쁨이었다. 즉시 자신이 편집·간행한 『하시모토 긴고로 소전小傳』과 『하시모토 긴고로 가집歌集: 스가모 옥중기』라는 소책자를 터키 대사관으로 보냈다. 하시모토 긴고로라는 군인이 이런 인물이었다는 것을 이해해주었으면 좋겠다는 바람에서였다.

1991년 6월 25일, 이마자와는 하시모토회의 동료 몇 명과 함께 시즈오카靜岡 현 기요미즈淸水 시 교외의 뎃슈鐵舟 사에 있는 하시모토의 묘를 찾았다. 매년 한 번씩 행하는 성묘였다. 이마자와는 묘비를 향해 "통령, 당신의 이름은 일본과 터키의 우호관계의 한 페이지를 장식하고 있습니다"라고 보고했다. 하시모토가 사망하고서 30년의 시간이 흘렀다. 이마자와는 최고의 공양이라며 기뻐했다.

후대 사람들이 쇼와 육군을 말할 때 하시모토 긴고로의 이름에는 다양한 뉘앙스가 깃든다. 쇼와 초기에 육군은 정치적 권력을 장악하기 위해 군 내부에서 쿠데타 비슷한 것을 몇 번씩이나 계획하곤 했는데 하시모토 긴고로는 그때마다 중심에 있었다.

1930년 9월 하순 육군 내부의 중견 막료에게 "지금이야말로 국가를 혁신할 때다. 무력으로 육군이 주도하는 내각을 만들자"라고 호소하면서 비밀결사 사쿠라카이櫻會를 결성했다.

1931년 3월에는 우가키 가즈시게 육군상을 추대하여 쿠데타를 일으키고자 획책, 육군 지도부의 협력이 필요하다며 우가키를 설복시켜 실행 직전까지 밀고 나간다. 만주사변 전에는 관동군 고급참모 이타가키 세이시로와 만나 관동군의 독단 행동을 촉구했고, 그것을 지원하기 위해 중앙에서도 쿠데타를 일으키겠다고 약속했다.

1931년 6월에는 만주사변에 호응하여 군 내부의 동지들과 함께 궐기했고, 아울러 민간 우익인 오카 슈메이, 기타 잇키, 이노우에 닛쇼 등의 세력을 움직여 육군이 주도하는 아라키 사다오 내각을 만들려고 계획하기도 했다(결국 사전에 일부 동지의 밀고로 실패함). 이로 인해 중근신重謹慎 25일의 처분을 받았다. 그 후 도쿄에서 히메지姬路의 야포병 제10연대장, 하얼빈의 제10사단 특무반장을 명받았고, 1933년 8월 시즈오카 현 미시마三島의 야전중포병 제2연대장으로서 내지로 돌아왔다. 이때 그의 계급은 대좌였다. 하시모토는 종종 민간의 유지들을 하타케畑毛 온천으로 불러 국가 혁신의 필요성을 호소했다.

1936년 2월 발생한 2·26 사건에서는 단신 상경하여 계엄사령부로 달려가 "대혁신은 필연이다. 폐하께서 궐기 부대가 무조건 항복하고 부대로 돌아가게 한 다음, 군의 총의를 결집하여 그 지지 아래 혁신 정권을 수립, 국가 혁신을 단행한다"라는 안을 제시했다. 결국 청년 장교의 궐기를 계기로 육군 주도 내각을 만들라고 호소했던 것이다. 하시모토는 일관되게 쿠데타에 의한 육군 주도 내각의 수립을 주장했다.

비합법 활동 : 군인이 왜?

    2·26 사건 후의 숙군 인사(1936년 8월)에서 하시모토는 육군 예비역이 되었다. 그 후에는 대일본청년당(1940년 11월 해산, 나중에 대일본적성회로 이름을 바꾸었다가 전시에 해산)이라는 정치 결사를 만들어 통령으로서 정치 무대에서 활동했다. 1937년 8월 소집 명령을 받아 2년 동안 화중에서 제13연대장으로 근무했다. 그 후 전시에는 익찬정치회 의원으로서 태평양전쟁을 추진했다. 패전 후 A급 전범으로 지목되었고, 도쿄전범재판에서는 종신형 판결을 받았다. 1955년 9월 스가모 형무소를 가출소, 1957년 6월 29일 67세에 폐암으로 사망했다.

이렇게 하시모토의 경력을 훑어가다 보면 내게는 아무래도 익숙하지 않은 부분이 적지 않다. 군인이면서 왜 비합법 활동에만 전념했던 것일까?

"당신의 지적도 일리가 있습니다. 하지만 통령을 만났고 또 그 시대의 분위기를 아는 입장에서 말하자면, 통령의 움직임에는 어떤 타당성이 있습니다."

이마자와는 내 의문에 천천히 이렇게 대답했다.

냉방 장치 소리가 들린다. 8월의 무더위도 이마자와의 전우가 운영하는 선술집의 2층 방까지는 들어오지 못하는 모양이다.

이마자와는 때로는 오랫동안 침묵하면서, 때로는 장황한 설명을 늘어놓으면서 하시모토를 변호했다. 76세의 나이임에도 혈색이 좋고 젊어 보였다.

"통령의 정치와 사상만을 뒤따라가면 바로 우익 그 자체일 것입니다. 하지만 인간적으로 보면 그만큼 호방하고 부모처럼 듬직하며 인정 넘치는 사람도 없습니다. 지금까지도 하시모토 대좌의 부하들은 독자적인 전우회를 만들어 모임을 갖고 있습니다. 나는 쇼와 육군에서는 일개 병졸이었고, 하시모토 대좌의 부하였던 적은 없습니다. 대일본청년당의 당원으로서 통령을 만났는데, 통령 주변에서 그가 이야기하는 것을 듣고는 대단하다는 생각을 하는 경우가 많았습니다."

이마자와는 하시모토가 터키의 주재무관이었던 시절의 이야기를 들려주었다.

하시모토는 1927년 9월 터키 대사관 소속 주재무관으로서 앙카라에 부임했다. 이곳에서 케말 아타튀르크 대통령과 간담상조하는 사이가 되었다. 제1차 세계대전에서 독일 쪽에 가담했던 터키는 전쟁 종결 후 영국, 프랑스, 이탈리아 등에 의해 분할된다. 터키군의 일개 연대장이었던 아타튀르크는 동지들을 모아 궐기하여 열강의 지배를 거부하고 터키공화국을 건국했다. 아타튀르크의 궐기에 대해 구체적으로 알고 있었던 하시모토는 아타튀르크의 생각에 따라 말하고 행동하기로 결심했다.

터키에서는 망명 중이던 트로츠키 일파와도 깊은 관계를 맺고 소련에 관한 정보를 탐지하여 참모본부로 보냈다. 그중에서도 소련의 기밀 정보를 중심으로 하여 작성한 「킵카의 사정 및 전략적 이용」은 참모본부의 대소 전략을 바로잡는 계기가 되기도 했다.(도쿄전범재판에서는 이 보고서가 '대소 파괴 공작'에 해당된다고 하여 소련 측 검사로부터 엄하게 추궁을 받았다.)

"통령이 관여한 3월 사건, 10월 사건 등은 터키 혁명의 영향을 받은 것입니다. 그러나 그것은 별도로 하고, 내가 통령에게 경도되고 그 인물에 매료된 것은 출정할 때 그가 나에게 건넨 한마디 때문입니다."

이마자와는 1939년 7월에 소집영장을 받았다. 이미 이때는 대일본청년당의 전업 활동가였다. 인사를 하러 간 이마자와에게 하시모토는 다음과 같이 말했다.

"중일전쟁이 진행 중이고 언젠가는 미영과도 전쟁을 하게 될 텐데, 그것은 피하려야 피할 수 없는 전쟁이다. 우리 자식이나 손자 세대가 총을 들고 싸우는 것은 보고 싶지 않다. 우리 시대의 싸움은 우리 세대에서 결말을 짓지 않으면 안 된다. 다음 세대에게 신세를 지지 않기 위해 우리는 싸운다. 이 점을 잊지 마라."

하시모토의 이 말에 깊은 감동을 받은 이마자와는 그의 가르침을 가슴 깊이 간직하고 전장으로 달려갔다. 그리고 싸웠다. 그리고 지금까지도 이 말의 의미를 스스로 되새기고 있다. "우리 시대의 싸움은 우리 세대에서 결말을 짓지 않으면 안 된다"라고.

자신이 아직까지 하시모토에게 경도되어 있는 것은 이런 생각을 적확하게 말한 인물로 하시모토 말고는 본 적이 없기 때문이라고 이마자와는 중얼거리듯이 털어놓았다.

이마자와는 취재 당시 10개에 가까운 전우회, 동기회, 전쟁 체험자 모임 등에 가입해 있다고 말했다. 내가 아는 한 이렇게 많은 모임에 가입한 사람은 없을 것이다.

이때 일본에는 6000개에 가까운 전우회가 있었던 것으로 추정된다. 부대 (크게는 사단에서 작게는 분대까지)가 같았다는 둥, 패전 후 수용소가 같았다는 둥, 교육기관(육군대학교, 육군사관학교, 육군유년학교에서 부사관양성학교까지 포함한다)에서 함께 배웠다는 둥 모임이 결성된 이유도 다양했다. 여기에 고위 군인에게 경도된 자들의 모임, 사상단체에 가까운 전쟁 체험자 모임, 끝으로 아직 재향군인회 연장선상에 있는 모임 등을 덧붙일 수 있다. 이처럼 전우회는 몇 가지 유형으로 나눌 수 있는데, 병졸 한 사람이 가입할 수 있는 모임은 많아야 서너 군데였다. 물론 전쟁 체험은 잊고 싶다며 어떤 조직에도 가담하지 않은 사람도 있었다.

"내가 이렇게 많은 단체에 들어간 것은 어떻게든 일개 병졸로서 전쟁터에서 체험한 것을 계속 들려주고 싶었기 때문이고, 전쟁터에서 죽은 동료들의 영령에 보답하고 싶었기 때문이며, 전쟁은 두번 다시 일어나서는 안 되는 지굿지굿한 일이라는 것을 모두에게 확인해주고 싶었기 때문입니다. 이외에 또 한 가지 중요한 이유가 있습니다. 전우들과 함께 모이면 마음이 편합니다. 젊었을 때 생사를 함께한 것은 평생 이어질 수 있습니다. 그래서 전우회라는 것은 더욱 특별한 관계라고 할 수 있지요."

이렇게 말한 뒤 이마자와는 자신이 속한 전우회 이름을 들면서 손가락을 꼽았다.

자신이 속했던 부대(제2방역급수부)의 니스호카이, 자신과 같이 제2방역급수부에 입대한 병사들의 모임인 란손카이, 자신의 부대가 제5사단 예하로 들어갔는데 그 사단을 통할한 제19군의 호북회濠北會, 전국전우회연합회, 자와에 파견되었던 병사와 자와에 살고 있는 민간인 모임인 자카타라 벗들의 모임, 하시모토 긴고로의 영향을 받은 사람들의 모임인 하시모토회, 수마트라와 말레이에 파견되었던 병사들의 모임인 적도회赤道會, 영령을 야스쿠니 신사에 모실 것을 호소하는 야스쿠니회, 그 외에 고령자가 많아 실제로는 무명무실해진 세 개의 전우회가 더 있었다. 또, 『아사히신문』의 테마담화실 '전쟁시리즈'(독자투고란)에 투고한 사람들이 만든 모임인 '아침바람', 인도네시아에 잔류한 일본 병사의 2세들을 돕는 야야산복지우의 모임 협력회, 종군 중에 불렀던 〈벵가완 솔로Bengawan Solo〉의 작곡가 게상 마르토하르토노Gesang Martohartono(인도네시아 싱어송라이터)를 가난에서 구하기 위한 일본게상기금협회 등의 직원이기도 하고 한 명의 회원이기도 하다. 그러다 보니 회비도 상당히 많이 나간다고 한다. 사상적으로 봐도 반전 단체에서부터 세상에서 말하는 우익 단체에 이르기까지 폭이 넓다.

이마자와는 어떤 모임에서는 솔선하여 이사로서 운영에 참여하기도 하고, 또 어떤 모임에서는 기관지를 만들기도 하며, 다른 모임에서는 열심히 투고하기도 한다.

전우회라는 것이 전쟁을 모르는 우리 세대에게는 기묘한 공간처럼 보입니다. 이에 대해서는 뭐라 말씀하시겠습니까?

"전우회는 물론 전쟁을 체험한 사람이 아니면 알 수 없는 공간입니다. 전장에서 나와 같은 일개 병졸은 애처로울 정도로 불쌍한 존재였지만, 그래도 누구나 나라를 위해 봉공하려고 했습니다. 그런 의미의 이야기를 늘 함께 하면서, 뭐랄까, 마음의 평정을 되찾기도 하지요. 한마디로 말하자면, 정신적으로 서로를 위로하는 공간이라고 할 수 있습니다."

저는 오랫동안 만주사변과 중일전쟁에 종군한 병사들의 전우회를 취재해왔습니다. 언젠가 이런 광경을 본 적이 있습니다. 그들은 상관의 명령에 따라 비전투원을 살해한 체험을 갖고 있었습니다. 처음에는 근황을 들려주던 전우회 사람들이 점차 종군했을 때의 기억을 이야기하기 시작합니다. 그들의 입은 무거워집니다. 어떤 노인이 눈물을 흘리면서 비전투원인 노파와 아이들을 살해한 것을 푸념하듯이 말합니다. 다른 사람이 그를 위로합니다. 또 다른 사람은 울기만 합니다. 그런 전우회도 있더군요. 이러한 참회 모임과 같은 전우들의 모임도 많이 있습니까?

"나는 그런 모임은 모릅니다."

전우회 중에는 대본영의 고위 군인에게 원통한 마음을 갖고 있다고 토로하는 모임도 많습니다. 그런데 그것이 겉으로 드러나지 않은 것은 왜일까요? 나는 전시 중의 위계질서가 전우회에 남아 있고(그것은 전후의 연금제도가 상후하박이라는 것을 봐도 알 수 있습니다만), 결국 상관이나 고위 군인에게 상처를 입히지 않으려 하다 보니 부사관이나 병사들은 전쟁 체험에 대해 말하는 것을 조심스러워하지 않았을까 추측합니다. 병졸들의 모임에서는 "장교는 돈벌이에 바쁘고 부사관은 놀기에 바쁘며 병사들만 나라를 위한다"는 자조적인 말이 오가곤 합니다.

"앞서 말한 잔학 행위와 관련해서 하는 말입니다만, 내가 속한 부대에서는 다행히도

제2부. 쇼와 육군의 흥망

그런 일이 없었습니다. 나도 일본군이 그런 행위를 했다는 것을 전후에 듣긴 했지만 믿지는 않았습니다. 나는 제2방역급수부라는 부대에 있었는데, 만주의 방역급수부는 이른바 이시이 부대일 것입니다. 731부대 말입니다. 남방에 가 있던 우리 부대는 오로지 전염병 발생을 막고 병사와 주민에게 깨끗한 물을 공급하는 일에만 전념했습니다. 따라서 특별히 부끄러워할 일은 없습니다. 물론 전후에 장교 군적軍籍을 가진 이로부터 방역급수대에 있었다는 말은 하지 않는 게 좋다는 얘기를 듣기도 했습니다만, 우리는 그 어떤 부끄러운 일도 하지 않았습니다. 그래서 감출 이유가 전혀 없다고 대답했지요.

잔학 행위에 대해서 말하자면, 누가, 어디에서, 어떤 일을 했느냐는 것은 어떤 사람에게 물어도 제대로 알 수 없을 것입니다. 나든, 아니 그 누구든, 그런 현장에 있었다면 비전투원을 살해했을지도 모릅니다. 그렇게 생각하면 전우회는 즐거움과 괴로움이 함께하는 모임이라고 할 수 있습니다. 그곳에서 일어나는 일은 전쟁 체험자가 아니면 알 수 없습니다. 이는 어느 전우회에서나 꼭 나오는 이야기입니다. 전쟁이라는 것은 결국 사람을 죽이는 일 아니겠습니까? 그런 일을 다시는 하고 싶지 않다는 게 정직한 이야기이자 누구나 최후에 입에 올리는 말입니다."

_____ 손자를 안을 수 없는 부담감

나는 지금까지 하급 병사 몇 명을 찾아가 취재해왔다. 그들은 친해지면 친해질수록 다양한 이야기를 숨김없이 털어놓는다. 만주사변에 종군한 어느 사병을 취재하고 있을 무렵, 무시무시한 이야기를 들었다. 관동군 예하 어떤 부대(독립수비대 등)에 관해 전사에서는(지금도 공식 간행된 전사에 적혀 있는데) "용맹하고 과감한 부대로서 이름을 남겼다"라고 기록하고 있다. 그러나 종군한 어느 사병의 다음과 같은 증언은 듣기만 해도 고통스럽다.

제21장. 어느 사병이 체험한 전쟁의 내실

"어떤 마을인지를 잊었습니다만, 토벌을 나갔을 때의 일입니다. 마을을 불태운 다음 사살할 사람을 끌어내려고 할 때였습니다. 네 살 정도 되는 여자아이가 울면서 우리 쪽으로 달려왔습니다. 울면서 곧장 다가오더군요. 장교가 '처리하라'고 말했습니다. 나는 그 여자아이를 처리했습니다. 괴로웠습니다. 그런 일이 몇 번이나 있었습니다."

그는 말을 잇지 못했다. 대략 60년 전에 일어난 일을 지금도 꿈에서 보곤한다. 평범한 시민으로서 직장에 다닐 때는 기억에서 사라졌었다. 그러나 정년퇴직을 하고 시간적 여유가 생기자 이 기억이 다시 떠올랐다. 딸이 자식을 데리고 친정에 놀러 왔을 때 도저히 손자를 안을 수 없었다. 염주를 늘 호주머니에 넣고 다니다가 기억이 되살아나면 전차 안에서도 염주를 쥐고 묵도를 하곤 했다.

"나의 유일한 구원은 전우회에 참석하는 것입니다. 누구나 마음의 상처를 안고 있습니다. 그것을 위로하고 치유하는 곳이 전우회입니다. 한번은 장교가 참석한 적이 있습니다. 그들은 엘리트입니다. 그에게 그때의 명령을 기억하고 있느냐고 물었더니 '그런 일이 있었나요?'라고 하더군요. 나는 명령한자는 잊어도 그것을 실행한 자는 평생 잊지 못한다는 것을 잘 알게 되었습니다……."

쇼와 육군의 일개 사병으로 살아온 이는 나이가 들어서도 고통에서 벗어나지 못하고 있다. 매년 한두 차례 갖는 전우회는 그 고통을 치유하기 위한자리였다. 만약 전우회가 없었다면, 다시 말해 마음을 치유할 곳이 없었다면 노령기에 접어든 사병들의 자살이 끝없이 늘어났을 것이라고 단언하는 병사들도 있다. 이마자와 또한 암묵리에 그 점을 인정했다.

"당신은 나에게 몇 번씩이나 왜 그렇게 많은 전우회에 가입했느냐고 물었습니다만, 나는 진심으로 이러한 사람들의 이야기 상대가 되고 싶었고 또 그들을 위로하고 싶었기 때문입니다. 당신도 전우회의 겉과 속을 잘 알고 있는 것 같군요. 세상 사람들은 전우회를 시대착오적인 사람들이 모여서 군가를 부르거나 허풍으로 가득한 부대사를 간행하거나 대동아전쟁 만세 따위를 외치는 곳으로 생각합니다. 우리는 성전을 치렀느니, 우리 싸움은 헛되지 않았느니, 왜 그렇게 소리 높여 외치느냐고 말들을 하지요. 왜 지금도 그렇게 말하느냐고 합니다. 그 이유를 정말로 아는 사람은 별로 없습니다."

이마자와는 말끝을 흐렸다. 바로 여기에 쇼와 육군에서 살아온 말단 사병들의 고뇌가 응축되어 있다.

이마자와는 구제중학교 재학 중 부친의 사업이 뜻대로 되지 않아 학업을 계속할 수 없게 되었다. 동생들을 진학시켜야겠다고 생각한 그는 미련 없이 중학을 중퇴하고 도쿄 도야마에 있는 다이요도라는 서점의 점원이 되었다. 1930년의 일이다.

당시 도야마에는 육군기술연구소 등 몇몇 육군 관련 시설이 있었다. 훗날 알게 된 사실이지만, 이 기술연구소에서는 독가스 연구와 우라늄 폭발 등 신형 병기를 연구하고 있었다. 군속인 연구자도 많았다. 엄중하게 출입을 통제했지만 서점 점원은 책을 배달해야 했기 때문에 비교적 자유롭게 드나들수 있었다.

이마자와는 하루가 멀다 하고 이 연구소에 과학책을 배달했다. 당시의 연구자와 군인들은 책을 많이 읽었다. 전문서적뿐만 아니라 사상서도 읽었다고 한다.

도야마에는 지식인이 많이 살고 있었다. 군인도 많았다. 그들은 신간서적이 들어올 때마다 전화를 달라고 말했고, 한꺼번에 다섯 권씩 열 권씩 책을 샀다. 시인 사이조 야소西條八十, 경제학자 오우치 효에大内兵衛, 구시다 다미조櫛田民藏가 책을 가장 많이 사는 사람들이었고, 화족이나 실업가 중에도 독서가가 많았다. 고위 군인 중에서는 나카무라 아케토中村明人, 소노베 가즈이치로園部和一郎, 이다 쇼지로飯田祥二郎, 청년 장교 중에서는 야마구치 이차타로山

口一太郎도 독서가에 속했다.

훗날 2·26 사건이 일어났을 때 야마구치가 청년 장교 측에 가담한 것을 알게 되었고, 저런 독서가가 그런 사상을 갖고 있었다니 새삼 놀라기도 했다.

육군기술연구소에 출입하는 동안 어느 젊은 연구자를 알게 되었다. 그는 아나키즘이나 공산당 관련 서적을 몰래 건네주면서 "읽어보라"고 말했다. 그 책을 하숙집으로 가지고 와서 읽었다. 이런 세상은 바뀌지 않으면 안 되겠구나 생각했다. 얼마 지나지 않아 육군기술연구소에 있던 '공산당 세포'가 적발되었다는 것을 알게 되었다. 이 사실이 신문에 보도되지 않은 것은 육군이 주변 연구소에 '공산당 세포'가 있다는 것을 공표하고 싶어하지 않았기 때문이다. 이마자와에게 책을 건넨 연구자도 그 세포와 관련된 한 사람이었다.

얼마 후 이마자와는 아나키스트가 운영하는 서점으로 옮겼다. 하지만 그 사상에 친숙해지지 않았고, 결국 오모리우편국에서 일하기로 했다. 이 무렵 경시청에서 석방된 연구자가 은밀하게 이마자와를 찾아와 육군 내부에도 특별한 형태의 혁신운동이 일어나고 있다고 전했다. 하시모토 긴고로를 비롯한 중견 막료와 청년 장교의 움직임을 상세하게 알려주었다. 그로부터 얼마 있지 않아 2·26 사건이 일어났다. 청년 장교들의 뜻을 이어받아 자신도 국가 개조운동에 참여하고 싶다고 생각했다. 전신주에 대일본청년당의 "청년이여, 오라!"라고 쓴 삐라가 붙어 있었다. 하시모토 긴고로를 통령으로 하는 정치 결사라는 것이었다. 하라주쿠原宿에 있는 본부로 달려가 즉시 입당 신청을 했다.

대일본청년당의 선언은 "세계는 지금 유물적 자유주의 제도가 갈 데까지 간 상황에서 대혁신을 요구하는 역사적 전환기에 직면해 있다"라는 말로 시작하여, "삼가 천황께 귀일하여 물심일여物心一如의 비약적 국가체제를 확립하고 광휘로운 세계의 도의적 지도자가 되어야 한다"고 적혀 있었다. 통령 하시모토 긴고로가 쓴 「입당의 정신」은 '세계를 지도한다는 것' '국력을 천황에게 귀일하라' '거국일치의 실현' '오라! 대일본청년당으로'의 네 개 항목으로 이루어져 있으며, 거기에는 격렬한 선동 문구가 나열되었다.

2·26 사건 후 일본 내에서는 육군이 점차 전면에 등장하는 모양새였다. 그리고 1937년 7월 7일 발발한 중일전쟁 이후에는 '폭지응징暴支膺懲'이라는 슬로건 아래 쇼와 육군이 실질적인 '혁신 세력'으로서 국내의 지도자가 되는 분위기가 확산되고 있었다. 이런 상황에서 예비역으로 편입된 하시모토는 민간의 에너지를 흡수하고, 그것을 육군의 보완 세력으로 활용한다는 생각을 실천하고 있었다. 이마자와는 대일본청년당의 열성적인 활동가가 되었다.

하시모토의 영향 아래 있었던 쇼와 육군의 장교들이 자주 이 정치 결사에 모습을 드러냈고, 당원들에게 격문을 띄우기도 했다. 하시모토가 소집 명령에 응하여 화중 전선으로 갔을 때에는 그의 동지인 다테카와 요시쓰구 중장이 지도자가 되었다.

대일본청년당 안에 적성단赤誠團이라는 행동 단체도 은밀하게 만들어졌다. 육군의 정책을 방해하는 세력에 압력을 가하는 것이 이 단체의 목표였다. 1937년 11월부터 1938년 1월까지 중일전쟁을 타개하기 위해 주중 독일 대사 트라우트만의 화평 공작이 시작되었고, 고노에 내각도 한때는 이 공작에 편승하는 자세를 보였다. 물론 육군 지도층은 이에 반대했다. 무력으로 중국을 제압해야 한다는 것이 그들의 생각이었다.

"적성 단원은 행동 명령이 있을 때까지 대기하라"는 비밀 명령이 내려왔다. 화평 공작에 협력하는 자에게 모종의 행동을 보여준다는 것이었다.

이마자와는 육친에게 넌지시 이별을 고하고, 어떤 명령이 있더라도 목숨 걸고 행동하겠노라는 각오를 다졌다. 그러나 얼마 후 이 대기 명령은 취소되었다.

1938년 1월 16일, 고노에 내각은 '이후 국민 정부를 상대하지 않겠다'는 대중국 성명을 발표했다. 육군이 국민 정부의 수도 난징을 공략하고 중국의 요충지를 제압해가는 데 현혹되어 대중 전쟁의 화평 공작을 뿌리치고 오로지 군사적 제압만을 목표로 삼겠다는 의미의 선언이었다. 신문을 통해 이 소식을 접한 이마자와는 자신들의 행동이 중지된 것도 전황이 쇼와 육군의 생각대로 흘러가고 있기 때문이라는 것을 알게 되었다.

정수기를 짊어지고 각지를 전전하다

1940년 7월 소집영장을 받은 이마자와는 육군 제2병원으로 달려가 신체검사를 한 뒤 바로 입영했다. 위생병이 되었고, 2개월 동안 교육을 받았다. 기상·세면·식사·학습·교련·취침으로 이어지는 병영생활은 마치 철도 시간표처럼 정확했고, 「군인칙유」를 반복적으로 익힌 후에는 언젠가 군인이 중핵이 되어 국가의 운명을 짊어지고 갈 것이라고 믿게 되었다.

교육 과정을 마친 뒤 대본영 직할 제2방역급수부에 배속되어 프랑스령 인도차이나(북베트남)로 가게 되었다. 히로시마의 우지나宇品에서 전속 부대를 찾아 출발했다. 황푸, 광둥, 하이퐁, 랑선으로 전속 부대를 뒤쫓았고, 마침내 랑선에서 부대에 합류했다.

1941년 4월 저둥浙東 작전에 참가하여 처음으로 전투를 체험했다. 물론 위생병은 보병과 달리 전투에 직접 참가하는 것은 아니다. 제2방역급수부의 역할은 "세균, 독물, 모략을 방지하고 맑은 물을 공급함으로써 전력 증강을 추진"하는 데 있었다.

이때의 작전에서 제2방역급수부의 임무는 제5사단 예하 모든 부대에 "그 자리에서 바로 마실 수 있는 깨끗한 물"을 공급하는 것이었다. 시궁창의 더러운 물도 순식간에 무독성의 맑은 물로 바꿔버리는 '이시이식石井式 정수기'가 있었고, 이것을 짊어지고 보병이 제압한 지역으로 들어가 병사들에게 신선한 물을 제공했다. 전투가 벌어지면 각 부대에 한 대 또는 두 대의 정수기가 필요했다. 여기에 10명 내지 20명의 방역급수부 대원이 붙어서 3000명분의 음료수를 확보해가는 것이었다. 전적으로 뒤에서 지원하는 군사 업무였다.

이시이식 정수기는 731부대 군의 이시이 시로石井四郎 중장이 발명한 기계로, 이 정수기를 사용하면 티푸스균이나 콜레라균까지 제거할 수 있었다. 이것은 일본의 비밀 병기였다. 이마자와는 이 기계를 짊어지고 전선을 달렸다.

1941년 12월, 제5사단 예하로 들어간 제2방역급수부는 말레이 작전에 동원되었다. 미일 개전 전날 수송부는 말레이 반도로 향했다. 상륙이 가까워지자 제일선의 상륙부대는 서둘러 이상한 복장으로 갈아입기 시작했다. 타이군의 복장이라고 했다. 그리고 지휘관은 히노마루 대신 타이 국기를 손에 들었다. 말레이 국경에서 타이군을 가장해 기습전법을 구사한다는 것이었다. 제일선 부대가 이러한 모략에 뛰어나다는 것을 알고 이마자와는 깊이 감동했다. 새삼 일본군은 이런 전법을 사용하기 때문에 강하다는 것을 깨달았다. 제일선의 상륙부대는 수송선에서 내려 바닷가로 잇달아 상륙했다.

그 후 이마자와는 네덜란드령 동인도, 서부 뉴기니로 전속되었다. 서부 뉴기니 전선에서 나온 뒤 오스트레일리아 대륙과 뉴기니 제도 사이에 있는 카이 제도로 보내졌다. 그리고 투알Tual 사령부에서 3킬로미터 떨어진 주라라는 작은 마을에 주둔했다. 1944년 말부터 1945년에 걸쳐 일본군은 열세에 놓였고, 바로 앞바다까지 돌아다니는 영국 함대로부터 포격을 받아 싱가포르도 폭탄을 뒤집어쓰기에 이르렀다.

1944년 중반까지 미군의 맹폭도 이곳에는 거의 미치지 않았다. 그러나 패전이 임박하면서 이곳에도 함포 사격이나 폭격기 출현이 늘어났다. 이마자와는 지금까지도 그 광경을 잊지 못하고 있는데, 1945년 2월 10일 주라에서 투알의 사령부로 가다가 맹렬한 폭격을 받았다. 이마자와 주변의 병사들 중

제21장. 어느 사병이 체험한 전쟁의 내실

에는 직격탄을 맞고 고통스럽게 울부짖는 이도 있었다.

"아아, 이렇게 죽는구나 싶었습니다. 그러자 기억이 필름처럼 돌아가면서 어린 시절부터 지금까지의 모습이 머릿속에 떠올랐고, 어떤 소리도 들을 수 없었습니다. 이상하게도 마지막에 어머니 얼굴이 클로즈업되었던 것을 기억합니다. 죽는 순간이라는 게 이런 것이구나 생각했지요."

이마자와는 몇 차례 전투에 나가기도 했지만 이런 적은 없었다면서, 폭격이 조금 더 이어졌다면 아마 이때 죽었을 것이라고 되풀이하여 말했다.

1945년 8월 15일, 오장伍長(하사)에서 군조軍曹(중사)로 계급이 오른 이마자와는 장교 숙소로 불려갔다.

"아직 병사들에게는 말하지 마라"면서 "일본은 패했다"고 전했다. "정말입니까?" "정말이다." 자신의 침상으로 돌아오자 분한 마음에 피가 역류하는 듯했다. 자식이나 손자 세대에 폐를 끼치지 않겠다는 생각으로 싸우러 왔는데 이렇게 간단하게 질 수 있단 말인가. 그는 괜히 화가 났다.

_____ 수용소에서 본 '높이 쌓아올린 목재 더미'의 실상

1946년 6월 12일, 이마자와는 인도네시아 스람 섬에 있는 포로수용소에서 일본으로 돌아왔다. 소집되고 나서 6년 가까운 시간이 흐른 뒤였다.

"패전 후 네덜란드군의 포로가 되었습니다만, 우리 부대는 그다지 전화를 입지 않았기 때문에 명령 계통도 비교적 확실했습니다. 그럼에도 여러 곳에서 일본 병사가 수용소로 모여들면서 일본의 역사라는, '높이 쌓아올린 목재 더미'가 무너져버린 듯한 상태가 되었습니다. 이제까지의 천황제, 교육칙어, 군인칙유도 패전과 함께 흔들리게 된 것이지요. 병사들은 누구 할 것 없이 자포자기 상태였다는 것을 잘 알 수 있었습니다. 쇼와 육군은 허술하게 쌓아올린 목재 더미였는지도 모릅니다. 일개 병졸 입장에서 보면, 누구나 이 전쟁은 도대체 무엇이었는지를 자문자답하고 있다는 것을 알 수 있었습니다."

이마자와는 자세를 바르게 하고서 전우의 이름을 거론하면서, 어떤 사람은 패전 후 말라리아로 병사했다는 것, 어떤 사람은 네덜란드군에 저항하는 인도네시아 독립 운동에 참가했다는 것, 어떤 장교는 전쟁 말기 자기만 살려고 제멋대로 병원선을 타고 몰래 귀국하려 했다는 것, 어떤 부사관은 수용소 내부에서 '일억총참회一億總懺悔'의 목소리가 있었지만 감연히 여기에 이의를 제기하면서 "이건 속임수다. 직업군인, 그중에서도 장관, 장교 순으로 책임이 있으며, 장교는 전원 병사와 같은 계급으로 강등하여 위계를 반납하라"고 주장했다는 것 등을 가끔씩 눈시울을 붉히면서 하나하나 증언했다.

외지에서 일본으로 돌아온 장교, 부사관, 병사는 일본의 사정에 대해 전혀 알지 못했다. 그러나 어떻게든 생활을 꾸려나가야만 했다. 쇼와 20년대에는 누구나 어수선한 분위기 속에서 하루하루를 보냈다. 쇼와 30년대 들어생활이 안정되고 사회 사정도 알게 되면서 전우들의 모임이 여기저기서 생겨나기 시작했다.

이마자와는 한동안 전우가 운영하는 꽃꽂이 가게 체인점에서 일하는 한편 전우회를 만드는 전쟁 경험자에게 상담하기도 했다. 1965년 후반부터는 동남아시아 문화우호협회 이사가 되어 동남아시아 유학생을 받아들이는 일에 분주했다. 그것은 스스로에게 부과한 아시아 각국에 대한 사죄의 일환이었다.

나는 그 후 몇 년 동안 이마자와와 교류했다. 이마자와의 증언은 전쟁 경험자의 강한 자성自省과 자신이 말단으로 관여한 쇼와 육군에 대한 소박한 의문, 그리고 하시모토 긴고로라는 A급 전범에 대해 외경하는 마음이 뒤섞여 뭔가 복잡한 뉘앙스를 띠고 있었다. 그리고 그것은 이마자와만이 아니라 대부분의 전쟁 경험자의 심정을 솔직하게 드러낸 것이었다. 결국 정치적으로나 사상적으로는 쇼와의 전쟁이 옳았다고 하면서도, 인간적으로는 "다시 전투에 나가라면 사양하겠다"는 것이 그들의 일반적인 소회였다.

패전 후 45년이 지난 1990년 8월 15일 도쿄에는 강한 햇볕이 내리쬐고 있었다. 나는 야스쿠니 신사에서 집으로 돌아오는 이마자와를 만나 취재를 계속했다.

"쇼와 육군에 대해서는 아직도 직업군인의 영역에서만 이야기가 나오고 있습니다. 왜 일반 병사는 제대로 발언을 하지 않는 것일까요?"

나는 집요하게 물었다. 이마자와는 다음과 같이 에둘러 말했다.

"그건 간단합니다. 상관의 명령을 어기고 반기를 드는 것은 쇼와 육군에서는 군법 회의에 넘겨질 일이니까요. 실제로 장관將官 중에는 인간적으로 뛰어난 사람도 있었지만 정말 시시껄렁한 사람도 있었지요. 하지만 그 사실을 말하기는 상당히 곤란합니다. 다양한 전우회가 남긴 문집을 꼼꼼하게 읽어보면 저간의 미묘한 분위기를 알 수 있을 겁니다."

이마자와는 전우회에서 간행하는 비매품 문집을 모으고 있었다. 그것은 자세히 읽어보면 병졸의 슬픔을 알 수 있을 것이라는 말이었다.

쇼와 40년대 중반부터 전우회는 경쟁적으로 기념 문집을 만들거나 자비를 들여 기록집을 간행했다. 전쟁 체험자 대부분이 고령이었고 경제적으로도 여유가 있었기 때문이다. 그중에는 1000페이지에 이르는 책도 있고, 가죽으로 표지를 장정한 책도 있으며, 마치 사전처럼 호화찬란한 것도 있다. 반면 타이프 인쇄를 한 30페이지 정도의 소책자도 있다. 전국적으로 보면 전우회에서 간행한 비매품 책은 대략 5000종에 달할 것이라고 이마자와는 말한다.

나도 이런 책을 500종 가까이 소장하고 있다. 대부분이 정치적으로나 사상적으로는 쇼와 시대 전쟁의 의의를 인정하고 또 납득하면서도 인간적으로는 부정하는 내용이다. 그 가운데에는 장교의 지휘에 관하여 비판을 가하는 것도 있으며, 시중에서 판매되는 대본영 참모들의 책은 실전의 현장을 모르는 거짓말투성이인 데다 책임 회피를 일삼는다고 비난하는 것도 있다. 하지만 이렇게 비판적인 책은 그다지 많지 않다.

이마자와는 1984년에 간행된 니스호부대지편집위원회ニスホ部隊誌編輯委員會의 『정수기를 짊어지고 5만 킬로미터: 제2방역급수부의 발걸음』이라는 책에 장문의 원고를 실었는데, 이 글에서 그는 자신의 전장 체험을 상세히 밝힌 뒤 자기만 병원선을 타고 몰래 귀국하려 한 장교를 강하게 비판했다.

그 장교는 니스호카이 모임에 얼굴을 내민 적은 없었지만 그런 당당하지 못한 태도를 용납할 수 없었던 것이다. 회원들의 반응은 복잡했다. "더 강하게 비판해야 했다"고 말하는 사람이 많았으나 "새삼스럽게 말하지 않는 게 좋다"고 발언하는 사람도 있었다.

"이 병원선(다치바나마루)은 때마침 영국군의 폭격을 받고 인도네시아의 어느 항구에 도착했습니다. 배에 타고 있던 부상자 가운데 우리 부대의 장교가 한 사람 있었습니다. 부대장의 부관이었던 그는 제멋대로 명령서를 만들어 돌아가고자 했던 것입니다. 이런 비겁한 짓은 용서할 수 없습니다. 전우회 문집을 읽어보면 이런 것을 알 수도 있지요."

이마자와는 이렇게 말하고 잠시 감정을 가라앉힐 시간을 필요로 했다. 이런 사례를 나도 몇 가지 알고 있다.

전우회에서 펴낸 책 중에는 귀중한 역사적 자료가 되는 것도 있다. 예를 들면 1973년 8월에 간행된 『만주독립수비대』가 그러하다. 저자는 독립보병 제2대대 제1중대 중대장이었던 무로이 효에室井兵衛다. 그는 육군사관학교의 병과소위교육자兵科少尉教育者(을종학생, 1년) 양성과정 22기생이다. 이 책을 보면 만주사변에 참가한 독립 수비대의 동정을 상세하게 알 수 있다. 물론 정치적·사상적으로 성전을 완수해야 한다는 것이 전체적인 논조이긴 하지만, 공을 들여 수집한 자료는 사실 관계에 충실한 내용이 많다.

간사이 지방의 어느 도시에 사는 무로이의 부인은 다음과 같이 증언한다.

"남편은 1987년 2월 20일 병사했습니다. 『만주독립수비대』 외에 몇 권 분량의 원고를 써나가고 있었지요. 최후 몇 년 동안은 신들린 듯이 원고를 썼습니다. 우리가 싸우러 갔던 만주국의 일을 글로 써서 남기고 싶다고만 말했습니다.

죽은 전우를 생각하면 연금 같은 것을 받을 수 없다면서, 연금은 자비 출판 비용으로 써달라고 했습니다. 그런데 부끄러운 이야기였는지 죽을 때에는 아무것도 남기지 않았습니다."

부인의 이야기에 따르면 무로이는 간암이었다. 병사하기 이틀 전에 병상에서 "두 명의 전우가 나를 찾아왔으니 나가보라"고 말했다. 부인이 복도로 나가봤지만 아무도 없었다. 그런데도 몇 번이나 그렇게 말했다. 그러나 전우는 없었다. 부인이 남편의 병실에 머무르고 있었다. 한밤중에 무로이는 침대에 앉아 누군가와 이야기를 나누었다. 말을 걸기도 하고 고개를 끄덕이기도 했다. 부인은 담당 의사에게 그 사실을 전했다.

"실례지만 남편은 침대에 앉아 있을 만한 체력이 없습니다. 미안합니다만 그것은 착각일 겁니다."

그러나 부인은 남편의 그런 모습을 몇 번이나 보았다. 어느 날 아침, 무로이는 조용히 삶을 마감했다.

이러한 인물이 써서 남긴 중요한 자료가 아직 적잖이 잠들어 있다. 심한 경우에는 세대가 바뀌면서 깨끗하게 불태워지거나 버려지기도 한다.

전우회 내부에 들어가 취재를 하다 보면, 죽음 직전에 전우와 대화를 나누거나 확실한 목소리로 '돌격'이라고 외치기도 했다는 이야기를 수없이 들

제2부. 쇼와 육군의 흥망

을 수 있다. 그들은 죽어가면서도 전장의 꿈을 꾸었던 것이다. 어떤 노인은 무의식중에 전쟁 때 겪은 일을 털어놓기도 했다고 한다. 쇼와 육군의 사병 중에는 전장 체험을 평생 지울 수 없어서 힘겨워하는 사람도 있다. 다시 말하지만 그 괴로움을 잊기 위해 전우회라는 모임 안에서 서로 의지하면서 돕고 있는 것이다.

이마자와는 『아사히신문』 투고자들의 모임인 '아침바람'에서 펴낸 『아침바람』 제2호 말미에 이렇게 썼다.

"'이기면 관군官軍, 지면 적군賊軍'이라는 말은 객관성이 없는 일본적인 심정을 표현한 것이다. 제2차 세계대전 결과 아시아나 아프리카 각국의 민족 독립 운동이 열매를 맺은 역사적 사실과 일본이 이웃 나라에 끼친 전화戰禍는 상대적일 수밖에 없다. 그러나 입장을 바꾼다고 해서 가해자인 일본인에게 면죄부가 주어지는 것은 아니다. 우리는 자손들이 총을 들지 않도록 하기 위해 전장에 나간 것인데도, 그 행위는 정신적 부담이 되어 깊고 무겁게 어깨를 짓누르니 어찌 통곡하지 않을 수 있겠는가?"

어느 사병의 거짓 없는 심경이 이 문면에 아프게 응축되어 있다.

제22장

과달카날,
병사들의 통곡

과달카날은 솔로몬 제도 남단에 위치한 섬이다. 길이 150킬로미터, 폭 40킬로미터 남짓, 면적은 6500평방킬로미터로, 시코쿠의 3분의 1 정도 되는 넓이다. 지도를 펼쳐놓고 눈을 집중시켜보면 알 수 있듯이, 남태평양 뉴기니 섬 근처에 떠 있는 섬들 가운데 하나다.

어떤 전사가戰史家는 '커다란 유충이 기어가는 모양의 섬'이라고 했는데, 정말이지 딱 맞는 표현이다. 이 섬이 태평양전쟁에서 '공방의 분기점'이 될 것이라고 개전 시에 예상한 참모는 일본에서나 미국에서나 한 사람도 없었다.

1942년 1월 일본군은 뉴브리튼 섬의 라바울에 진출, 이곳을 거점으로 남방 요충지의 제압을 노리게 되었다. 그런데 뉴기니의 포트모르즈비 기지에서 미군의 공격기가 라바울로 날아오곤 했다. 그러자 대본영 해군부의 참모들은 포트모르즈비 함락 전략을 세웠다. 이 기지를 제압하면 미국과 오스트레일리아의 군사연락망까지 끊어버릴 수 있으리라 생각했던 것이다. 그리하여 해군부대는 이 작전에 효과적이라고 판단한 섬에 항공 기지를 만들기로 했고, 몇 차례 항공 정찰을 한 다음 과달카날을 주목했다. 이 섬의 중심지에서 기지 건설에 알맞은 땅을 발견했기 때문이다. 5월, 해군의 건설대 2500명과 경비대 150명이 파견되었고, 공사를 강행한 끝에 길이 800미터, 폭 60미터의 활주로가 만들어졌다. 8월 5일에 공사가 마무리되었고, 7일에는 라바울에서 제6항공대 전투기대와 미사와항공대의 육공대陸空隊가 이 항공 기지로 진출했다. 항공 기지 건설은 모두 해군 주도로 이루어졌다.

8월 7일 새벽, 건설대는 상공을 날고 있는 미국 함재기艦載機의 폭격음에 눈을 떴다. 어둠이 걷히고 미군 함정이 해수면이 보이지 않을 정도로 해상을 가득 메우고 있는 것을 발견했다. 그 함대로부터도 포격이 쏟아졌다. 건설대원은 대부분 무기를 갖고 있지 않은 데다 군사훈련도 받지 않은 상황이었다. 정글 속으로 도망치는 것 말고는 다른 방법이 없었다.

미군은 이때 대일 총반격 지점으로서 우선 과달카날을 선택하고, 섬 안에 사는 협력자를 통해 비행장 건설 상태를 정확하게 파악하고 있었다. 태평양함대 사령관 어니스트 킹Ernest J. King 제독은 루스벨트 대통령에게 하와이의 방위와 오스트레일리아 및 뉴질랜드의 지원을 위해 뉴헤브리디스 제도, 특히 과달카날을 제압함으로써 라바울의 일본군을 공격하겠다는 작전 계획을 전하고, 양해를 얻어냈다.

체스터 니미츠Chester W. Nimitz 제독이 지휘하는 남태평양방면부대는 함정 82척에 상륙 요원인 해병대원 약 1만9000명을 태우고 과달카날과 그 대안對岸의 툴라기 섬을 제압하기 위해 공격을 개시했다.

8월 7일 오전 9시, 제5해병대 4400명이 과달카날의 뉴비치에 상륙하기 시작했다. 그 후 이 섬의 남쪽 해안에도 잇달아 상륙했다. 일본 해군의 수비대 약 250명은 맹렬하게 저항했지만 압도적인 물량과 병력을 상대할 수 없었고, 항공 기지도 간단하게 제압당하고 말았다. 8월 9일에는 미군 해병대원 1만9000명이 과달카날 상륙을 마쳤다.

이러한 상황에서 일본 측의 대응은 어떠했을까?

과달카날을 알지 못했던 참모들

8월 7일 오전, 참모본부 작전부의 참모 이모토 구마오井本熊男는 군령부의 작전참모로부터 과달카날과 툴라기에 미군이 진공해왔다는 연락을 받았다. 태평양은 해군 담당이었기 때문에 이모토도 이때 처음으로 해군이 주도하는 남태평양의 방어 태세에 대해 들었다. 이모토는 즉시 참모본부로 돌아가 작전과장 핫토리 다쿠시로와 작전과 동료들에게 이 사실을 보고했다.

그들 중 과달카날이나 툴라기라는 이름을 아는 사람은 아무도 없었다. 결국 이 지역이 공방의 전환점이 될 거라고는 생각조차 못 하고 있었던 것이다.

개전 당시 대본영(참모본부와 군령부)의 참모들은 미군의 총반격 시기는 1943년 중반 이후가 될 것이라고 예측했다. 이것은 참모본부와 군령부 그리고 수상인 도조 히데키를 비롯한 군사 지도자의 공통된 인식으로, 미군이 과달카날과 툴라기에 병력을 보낸 것은 정찰 작전의 일환이거나 항공 기지를 파괴하기 위해서일 것이라고 생각했다. 아니면 솔로몬 해전에서 패한 미군 함정이 퇴각하기 위한 일시적인 행동일지도 모른다고 판단했다.

어쨌든 미군의 상륙 병력은 강적이라고 할 수 없었다. 육군은 과달카날에 파견할 병력에 대하여 당장은 빠른 시일 안에 소수의 부대를 보내면 충분할 것이라는 결론에 이르렀다.

8월 12일, 참모본부는 라바울에 주둔하고 있는 제17군에 구체적인 작전을 지시했다. "과달카날 섬의 적을 격멸하며 그 섬의 요충지, 특히 비행장을 탈환한다"는 작전 목적을 전달하고, "현 상황에서는 오히려 전투기를 아껴야

하며, 가능하면 이치키 지대와 해군 육전대陸戰隊만으로 신속하게 탈환하는 것이 맞다고 생각한다"는 지시를 내렸다. 참모총장 스기야마 하지메가 육군은 이치키 지대만으로 충분하다고 생각했고, 제17군 사령관 햐쿠타케 하루요시百武晴吉와 그의 참모들도 그 방침에 이견을 보이지 않았다.

이치키 지대(지대장 이치키 기요나오 대좌)는 미드웨이 해전에 참가할 예정이었던 육군 부대다. 일본의 연합함대가 미국의 기동 부대를 격파한 후, 미드웨이에 상륙하여 이 지역의 방위를 담당하기로 되어 있었다. 하지만 미드웨이 작전의 실패로 괌 섬으로 되돌아왔고, 이곳에서 다음 작전 명령을 기다리고 있었다.

이치키 지대는 8월 12일 트루크 섬에 도착하여, 이곳에서 과달카날 상륙 작전을 준비했다. 2500명에 가까운 병사들은 제1진과 제2진으로 나뉘었고, 우선 제1진 병사 916명이 8월 19일 밤 과달카날의 타이부 곶에 상륙했다. 하지만 20일 미군 상륙부대를 만나 총격을 주고받았고, 공격에 나선 850명의 병사는 전원 전사하고 말았다.

제17군에도 한동안 연락이 오지 않았다. 8월 25일에야 조금씩 연락이 닿아 제1진이 전멸했다는 것을 알게 되었다.

이 소식을 접한 대본영은 조금 더 많은 병력을 보내지 않으면 안 되겠다고 생각하고, 이치키 지대의 제2진과 가와구치 지대(지대장 가와구치 기요타케)의 3개 대대를 파견하기로 했다. 이때까지도 미군의 총반격이라고는 생각하지 못한 채, 병력이 적은 것이 패인이라고 판단한 것에 지나지 않았다.

미군의 병력이나 병기와 비교하면 이치키 지대의 제1진은 5000 대 1 이상 차이가 있었음에도 대본영과 제17군은 이 사실을 전혀 몰랐다. 일단 군을 투입했다가 패퇴하면 오기가 생겨 잇달아 병력을 쪼개서 보내는, 이른바 체면을 건 싸움을 벌이는 것이 쇼와 육군의 나쁜 전통인데, 그것이 여기서도 고개를 쳐들었던 것이다.

1943년 2월 7일 최후의 부대가 철수하기까지 육군 약 3만600명, 해군 약 4700명을 쏟아부었고, 이 가운데 육군 약 2만800명, 해군 약 3800명이 전사했다. 전투에서 죽은 사람보다 보급 물자가 도착하지 않아 쇠약해져서 죽거나 병으로 사망한 사람이 더 많았다. 이치키 지대에 한정하여 말하자면, 2500명이 조금 못 되는 병사 가운데 살아서 이 섬을 빠져나온 이는 고작 150여 명에 지나지 않았다. 전사자의 절반 가까이가 굶어 죽거나 병으로 죽었다.

이치키 지대는 1942년 8월 하순부터 1943년 2월까지 약 6개월의 시간을 과달카날에서 보낸 유일한 부대였다. 이치키 지대의 병사들은 과달카날 전투의 참상을 직접 맛보아야 했다. 과달카날이라는 말이 지닌 슬픈 느낌은 이치키 지대와 그대로 겹쳐진다.

홋카이도 아사히카와旭川 시. 인구 38만 명의 이 도시는 지금은 눈에 띄는 특색이 없다. 삿포로에 의존하는 경제 도시로 바뀌었다. 하지만 패전 때까지는 제7사단의 군도軍都로 알려져 있었고, 시 중심가에는 사단대로가 있었다. 전후에는 평화대로라는 이름의 상점가로 바뀌었다.

1942년 5월 14일 저녁 무렵, 제7사단 예하의 구마熊 9207부대 소속 2500명이 연대장 이치키 기요나오一木清直를 선두로 사단본부에서 아사히카와 역을 향해 행진을 시작했다. 5월인데도 아사히카와는 아직 쌀쌀했다. 그럼에도 그들은 육군 하복 차림이었다. 이제 어디로 파견될지 병사들은 알 수 없었다. 그러나 가는 곳이 남방전선이라는 것만은 알고 있었다.

하복을 지급받았기 때문만은 아니다. 보통은 반합을 갖고 가지만, 이번에는 특별히 주식과 부식을 따로 담는, 버드나무 껍질로 만든 도시락 2개가 지급되었다. 그런 도시락은 남방전선에 파견되는 병사들이 공통적으로 지급받는 것이었다. 그 외에 정수용 알약도 받았다. 물이 맑은 곳은 아니라는 것을 알 수 있었다. 그리고 크레오소트라는 정로환征露丸과 같은 약, 방문향防蚊香이라는 맨소래담과 같은 바르는 약, 얼굴에 쓰는 작은 모기장도 지급받았다.

아사히카와를 떠난 적이 없는 병사도 있었는데, 그들은 남방전선 등은 상상도 할 수 없었다.

_____ 행선지도 모르는 채 중요한 작전을 의식하다

병사들은 아사히카와 역에서 군용열차에 태워졌다. 열차에 오르자마자 덧창이 내려졌고, 밖의 풍경도 볼 수 없었다. 하코다테函館에서 특별히 마련된 연락선 세이칸靑函을 탔고, 배에서 내린 다음에는 다시 열차에 태워졌다. 그리고 5일 만에야 열차에서 내릴 수 있었다. 히로시마의 우지나였다. 그곳에서 다시 몇 척의 수송선에 태워졌고, 7일 만에 사이판에 도착했다.

하지만 그 어떤 병사도 자신들이 어디로 보내질지 몰랐다. 대대장을 비롯한 상관들은 알고 있었을 테지만 병사들에게는 알려주지 않았다. 수송선에는 병사의 수만큼 180센티미터 정도의 길쭉한 판자가 실려 있었다. 아무래도 산호초를 건널 때 사용할 물건인 듯했다. 사이판에서 이틀 동안 상륙 훈련을 한 뒤, 이치키는 처음으로 각 부대의 대표를 모아놓고 훈시했다. 그는 우리 부대가 여느 부대와 달리 대본영 직할의 명예로운 부대라면서 미드웨이 공략에 참가할 것이라고 말했다. 이 작전이 대동아전쟁의 열쇠를 쥔 중요한 작전이라고 힘주어 강조한 다음, 이치키는 한층 더 소리 높여 "오늘부터 제군의 목숨은 내가 맡게 되었다"고 외쳤다. 이 말을 들은 병사들은 더 긴장할 수밖에 없었다.

치중병輜重兵 제7연대의 연대탄약반 반장 오토모 겐타로大友源太郎는 이 훈시를 듣고서야 비로소 상황을 납득할 수 있었다. 미드웨이가 어디에 있는지는 몰랐지만, 어쨌든 이 부대는 정예 병사를 모아 상당히 중요한 작전을 수행하리라는 것을 알게 되었기 때문이다.

오토모의 집은 아사히카와 시의 주택가 한구석에 있었다. 1992년 6월, 응접실에서 오토모는 74세의 나이에 어울리지 않는 기민한 동작으로 자료를 손에 들고서 지난날을 회고했다.

"나는 당시 스물네 살이었는데, 1938년 12월에 소집되어 제28연대에 들어갔습니다. 이 연대는 관동군에 배속되어 있었습니다. 노몬한 사건에도 참가했지요. 그러다 1941년 11월에 소집해제 명령을 받았습니다. 민간인으로 돌아와 가업인 두류豆類 가공 가게와 공장을 거들고 있었는데 6개월 후에 다시 소집을 하더군요. 이번에는 어디로 보내질까 궁금했습니다."

이치키 지대는 보병 제28연대 병사로 구성되어 있었다. 그런데 몇 가지 이상한 조치가 취해졌다. 우선 2년 병과 3년 병이 중심이었고 초년병은 제외되었다. 그리고 오토모처럼 재소집된 자, 그것도 노몬한 사건을 경험하는 등 실전 체험을 가진 자가 중심이었다. 제28연대의 제1대대, 속사포 1개 중대, 연대포 1개 중대, 통신대, 위생대 병력이 3분의 1을 차지했고, 공병 제7연대의 제1중대, 치중병 제7연대의 연대탄약반, 지대본부 탄약반 외에 새롭게 필리핀에 주둔하고 있던 독립속사포 제8중대 등이 가세했다. 이처럼 이치키 지대는 보통의 연대 편성과 다른 진용이었다.

오토모는 탄약반 반장이고 부하는 150명이었다. 모두가 스물한두 살의 젊은이였다.

사이판에서 미드웨이로 향하는 수송선 안에서 병사들은 중대한 임무를 부여받았기 때문인지 잔뜩 긴장하고 있었다. 6월 6일부터 미드웨이 근처 해역에서 미군기의 폭격으로 일본 함정이 피해를 입거나 침몰하는 것을 목격했다. 처음으로 미군의 군사력을 실감할 수 있었다. 이치키 지대의 병사를

이치키 지대는 테나루 강 우안右岸에서 이루 강 하구의 미군을 향해 돌격했지만, 전차 등 대량의 중화기로 무장한 미군의 반격을 받고 대부분 전사했다.

태운 수송선은 웨이크 섬으로 잠시 피했는데, 그곳에서도 손실을 입은 함정이 눈에 들어왔다. 그 후 수송선은 괌 섬으로 옮겼다. 6월 12일이었다. 이곳에서 이치키 지대는 훈련과 경비에 몰두했다.

대본영 발표는 미드웨이 작전에 관해서는 일부밖에 밝히지 않았는데, 그 내용도 병사들이 본 광경과 달랐다. 하지만 그것을 입에 올리는 이는 없었다. 황군이 질 리가 없다는 신념이 있었기 때문이다.

8월 6일, 해군 막사에서 영화를 보고 있는데 "이치키 지대는 즉시 막사로 돌아오라"는 연락이 왔다. 일본으로 돌아간다고 했다. 저녁 무렵, 두 척의 수송선이 고향으로 돌아간다며 기뻐하는 이치키 지대 병사들을 태우고 괌 항을 출발했다. 그런데 아침에 일어나보니 전날 저녁 무렵에 출항했던 항구로 되돌아와 있었다.

오후 9시가 지나서 대본영에서 수송선으로 명령이 내려왔던 것이다. 솔로몬 제도의 과달카날이 미군에 점령되려 하니 이치키 지대는 즉시 지원 출동하라는 내용이었다.

치중대 대장으로부터 그 명령을 들은 오토모는 지도를 뒤져 과달카날이 어디에 있는지를 찾아보았다. 하지만 알 수 없었다. 연대장의 지도를 보여달라고 했다. 그래도 어떤 섬인지 알 수 없었다. 병사들은 "어디에 있든 상관없다"면서, 오히려 미드웨이 공략의 실패를 되갚을 수 있지 않겠느냐며 사기를 높였다. 8월 12일 트루크 섬에 도착하여, 이곳에 병기, 탄약, 식량 등을 쌓았다.

트루크 섬에서 제1진과 제2진으로 나뉘었다. 제1진의 배에는 제1대대, 연대포중대, 속사포중대, 통신대 등 916명의 병력이 탔다. 그들은 먼저 제1진으로 출발한다는 것이었다. 제1진과 제2진으로 나눈 것은 과달카날까지 수송을 담당한 배가 구축함이었던 데다 그것도 6척밖에 없었기 때문이다. 구축함 1척에는 150명밖에 타지 못한다. 병사들은 40킬로그램에 가까운 탄약과 식량을 짊어지고 있었기 때문에 중량의 제한도 있었다. 그래서 제1진이 916명으로 정해졌던 것이다.

과달카날의 미국 병사는 2000~3000명이라 했는데, 이치키 지대장 이하 장교들에게는 제1진만으로 그들을 물리칠 수 있다는 자신감이 흐르고 있었다.

_____ **'피로 물든 언덕'**

8월 18일 오후 9시 30분, 이치키가 이끄는 제1진은 항공 기지에서 동쪽으로 40킬로미터 떨어진 타이부 곶에 상륙했다. 상륙지에는 60여 명의 물자감시 요원을 남겨두었다. 8월 20일 저녁 무렵부터 테나루 강을 도하하여 이루 강 하구에 포진하고 있던 미국과 총격을 주고받았다. 하지만 소

제2부. 쇼와 육군의 흥망

총으로 전차와 기관총에 대항하는 형국이어서 전사자가 속출했다. 이치키는 군기까지 태워버리고 자살했다고 하는데 그의 최후를 확인한 사람은 아무도 없다. 다음 날 아침까지 850명이 '전원 전사'했기 때문이라고 한다.

제2진 1400여 명에게도 출동 명령이 떨어졌다. 그들은 구마 대대라고 불렸으며, 가와구치 지대에 편입되어 과달카날로 향했다. 가와구치 지대의 병력은 약 6300명이었다.

가와구치 지대는 몇 차례나 미군 공격기의 폭격을 받았고 반전을 거듭했다. 제2진은 8월 26일 쇼틀랜드 섬에 도착했으며, 8월 28일 구축함을 타서 다음 날에는 타이부 곶에 상륙할 수 있었다. 가와구치 지대의 병사들도 9월 4일까지 타이부 곶에 잇달아 상륙할 수 있었다.

이러한 사실을 세세하게 적은 이유는 다른 데 있지 않다. 이치키 지대의 움직임이 정확하게 쓰여 있는 기록이 많지 않기 때문이다. 일본 측에서는 제1진 850명이 어떤 전투를 벌였는지 모르고 있었다. 아무튼 하루 밤낮의 전투에서 전원이 사망했다. 제2진 병사들도 가와구치 지대의 예하에 들어갔다고 해도 과달카날에서 벌어진 전투에서는 거의 독립적으로 싸운 것처럼 보인다.

아울러 이치키 지대의 생존자도 어느 시기까지는 자신들의 싸움에 대해 아무런 말도 하지 않았다. 그만큼 비참한 일을 겪었기 때문이다. 이치키 지대의 병사들은 기존의 과달카날 관련 기록에서 자신들에 대하여 기술한 부분이 사실과 다르다고 말한다. 전기戰記 작가 가메이 히로시龜井宏가 7년에 가까운 시간을 들여 저술한 『과달카날 전기』(전3권)만이 겨우 사실에 가깝다고 한다. 지금까지도 그들 대부분은 아사히카와 시를 중심으로 홋카이도 안에 살고 있는데, 그 당시 일에 대해 공공연하게 말하려고 하지는 않는다. 두세 사람만이 후손들에게 들려주기 위하여 조촐하게 사가판을 펴냈을 따름이다.

오토모는 상륙 후의 이야기를 이어나갔다.

"나는 29일에 타이부 곶에 상륙했는데 제1진의 병사들이 망연자실한 상태에 있더군요. 구축함 안에서는 해군 한 사람이 '전투는 이기고 있으니까 괜찮다'고 말했습니다만, 아무리 봐도 그런 상태가 아니었습니다. 지대장 이하와 연락이 전혀 닿지 않는다며 새파래져 있었습니다. 어쨌든 비행장에 들어가는 것은 아무래도 불가능한 상태였습니다."

제2진도 가와구치 지대의 병사들도 미군은 그렇게 만만하지 않다는 것, 자신들이 현재 격전지에 와 있다는 것만은 분명히 이해할 수 있었다.

구마 대대(대대장 미즈노 에쓰지 소좌)는 가와구치 지대의 명령에 따라 우익 공격대로서 움직였다. 다만 그 실태는 전기 등에서 볼 수 있는 것과 다른 점도 많다. 오토모의 증언이다.

"9월 12일에 가와구치 지대와 함께 행동할 계획이었습니다만, 정글 속 예정 지점까지 나아갈 수 없어서 공격은 하루 연기되었습니다. 그런데 이것이 테나루 강 우안에 위치하고 있던 연대포 부대와 속사포 부대에 철저히 알리지 못했기 때문에 그들만이 미군과 총격을 주고받았고, 그 과정에서 총탄을 다 써버렸습니다. 다음 날 구마 대대는 테나루 강 상류 8킬로미터 부근까지 진출하여 미군과 격렬하게 싸웠습니다만, 이때의 전투에서 미즈노 대장 이하 100여 명의 병사가 전사했습니다. 우리는 이때의 작전 외에 대규모 전투는 전혀 할 수 없게 되었습니다."

가와구치 지대가 9월 13일과 14일 과달카날에서 수행한 전투의 목적은 항공 기지 남쪽에 있는 아우스텐 산을 점령하는 것이었다. 가와구치 소장은 이 산을 점령하고 항공 기지의 배후를 공격하는 작전을 세워놓고 있었다. 전사에 따르면 13일 오후 9시부터 가와구치 지대는 공격을 시작했다. 확실히 모든 부대가 미군과 격렬한 전투를 치렀던 듯하다. 예를 들면 고쿠쇼 소좌가 지휘하는 부대는 미군의 고사포 진지로 돌격했다.

하지만 이 공격을 예상한 미군은 만반의 태세를 갖추고 있었다. 가와구치 지대는 미군의 우세한 병기 앞에서 시체를 쌓아올릴 따름이었다.

14일 아침, 아우스텐 산 남쪽은 1000여 구에 달하는 일본 병사의 사체로 뒤덮였고, 미군 해병대는 이곳을 '피로 물든 언덕'이라 불렀다.

그러자 가와구치는 과달카날 곳곳에 흩어져 있던 모든 부대에 마타니카우 강 우안의 코칸보나로 집결하라고 명했다. 가혹한 명령이었다. 병력을 정비하여 다시 한번 공격을 가하겠다는 의미였다. 전사를 비롯한 여러 기록에 따르면, 15일 아침 가와구치는 제17군 사령관에게 전보를 보냈다. 그 전보에는 "적의 저항이 의외로 거세서 대대장 이하 다수의 인원을 잃었고, 어쩔 수 없이 쿠룽가 강 우안에 병력을 집결하여 새로운 작전을 도모하고자 한다. 장병의 건투에도 불구하고 부덕의 소치로 실패했으니 송구하기 그지없다"라는 구절도 있다.

제17군 사령관과 대본영은 이 전보를 접하고 깜짝 놀랐다. 이치키 지대와 가와구치 지대의 패전은 태평양전쟁이 시작된 이래 육상전에서는 처음으로 맛보는 굴욕이었다. 전후에 기록된 당시 참모들의 수기나 회상록에서는 본래대로라면 이 단계에서 과연 과달카날이 전략적으로 그만큼 가치가 있는지 여부를 재검토해야 했다고 입을 모은다.

하지만 당시 참모본부와 제17군사령부의 분위기는 그다지 냉정하지 못했다. 어떻게든 비행장을 탈환해야겠다는 체면 문제가 앞섰다. 군인들 사이에서 전략적으로 재검토하자는 논의는 미약할 수밖에 없었고, 그러한 의견을 꺼낼 수조차 없었다.

참모본부 작전부장 다나카 신이치, 작전과장 핫토리 다쿠시로 그리고 작전과의 쓰지 마사노부 등에게 도조 히데키는 "어떤 일이 있더라도 과달카날을 포기하지 마라"고 거듭 주의를 주었다. 참모본부는 그 말을 외면하지 않았다고 말할 수 있는데, 왜냐하면 작전과 자체가 개전 이래 연전연승이라는

'불패의 신화'에 취해 있었기 때문이다. 과달카날에 병력을 보내려면 배가 필요하다, 병력을 보내면 승리할 것이다…… 작전과에서는 고압적인 태도로 육군성이나 정부에 쉼 없이 요구했다.

대본영과 제17군은 9월 15일 가와구치가 보낸 전보를 접하고 깜짝 놀라면서도 새롭게 병력을 투입하기로 결정했고, 제17군은 예하 제2사단(사단장 마루야마 마사오 중장)을 과달카날에 파견하기로 했다. 이 사단은 10월 1일부터 과달카날에 상륙하기 시작했다. 대본영도 10월 20일 중국에 주둔하고 있던 제51사단(사단장 나카노 히데미쓰 중장)을 보내기로 했다.

제17군은 가와구치 앞으로 다음과 같은 강압적인 전보를 보냈다.

"마타니카우 강 유역 서쪽에, 되도록이면 적 비행장 가까이 공격 거점을 점령하고, 적정賊情을 수색함과 동시에 가능한 한 적 항공 세력의 활동을 방해하는 데 힘써야 한다. 또, 카민보 만 부근에 상륙 거점을 점령하고, 이 거점과 지대 주력 사이의 교통을 확보하는 데 노력해야 한다."

구마 대대의 병사들이 마타니카우 강 우안 코칸보나로 집결하라는 가혹한 명령을 받은 것은 제17군의 이 명령이 시달되었기 때문이다.

9월 16일 이후 구마 대대의 병사들은 집결 지점을 향해 행군을 시작했다. 미군의 폭격을 뚫고 나가는 '죽음의 행군'이었다. 어떤 부대에도 식량은 남아 있지 않았다. 대포를 분해하여 짊어지고, 강을 따라 길도 없는 정글을 걸어가야만 했다. 하루 종일 아무것도 먹지 못한 채 70킬로그램에 가까운 분해한 병기를 짊어지고서 오로지 걷기만 했다.

정글 속에는 물도 없었다. 상륙 이래 그대로 입고 있는 반소매 셔츠와 반바지는 여기저기 찢겨서 마치 누더기를 걸치고 있는 것처럼 보였다. 공복, 수면 부족, 말라리아모기의 습격…… 병사들은 잇달아 쓰러졌다.

제2진의 연대포중대 소속이었던 하시바 도요지橋場巖二가 1960년에 펴낸 『오호, 과달카날 섬』이라는 사가판 책이 있다. 그 책을 읽어나가는 것은 괴로운 일이지만, 모든 병사가 다음과 같은 고통스러운 상황에 처해 있었다는 것을 알 수 있다.

"우리는 배고픔과 수면 부족 등으로 피로가 극한에 달해 있었고, 더 이상 걸을 수도 서 있을 수도 없는 상태가 되었다. 포수 모모키 헤이코桃木兵光 병장이 과로로 끝내 혼수 상태에 빠졌다. 다른 사람들도 지금까지 각자가 분해하여 운반해온 포신, 받침대, 바퀴 등을 각각 자기 옆에 두고 죽은 사람처럼 창백한 얼굴로 위를 올려다보고 쓰러져 있는 것을 보면, 수족도 얼굴도 완전히 말라붙어 애처롭기 짝이 없는 모습이었다. 왜 우리만 이런 불운을 겪어야 하는 것일까? 고국에서 멀리 떨어진 남태평양의 외딴섬에서 이렇게 비참해지리라고 누가 생각이나 했겠는가? (…) 분대원 전원이 마른침을 삼키며 그 자리에서 울고 또 울었다."

오토모도 부하 병사 몇 명과 함께 결집 지점으로 향했는데, 공복과 수마睡魔를 견디기 어려워 정글에서 잠들어버리곤 했다. 눈을 뜨면 군복 차림의 병사가 자고 있다. "이봐, 일어나. 가야지." 말을 걸어도 일어나지 않았다. 죽은 일본 병사 옆에서 잠을 잤던 것이다.

구마 대대의 병사들은 낙오한 병사를 업고, 초목을 씹으며, 냇물에서는 물고기를 잡아먹으며 걸었다. 홋카이도 사투리로 서로를 격려했는데, 그것만으로도 조금은 힘이 났다.

이리하여 9월 27일이 지나서 구마 대대 병사들은 마타니카우 강 우안에 도착했다. 이곳 사령부에는 식량이 남아 있어서 그것을 게걸스럽게 먹어치웠다. 하지만 그 때문에 설사에 시달리다가 병사한 이도 있었다.

구마 대대는 기타오 준지로北尾淳二郎 소좌가 대대장이 되었고, 제대로 몸을 움직일 수 있는 100여 명을 지휘했다. 그들은 이곳에서 진지 구축을 맡았다. 하지만 손으로 모래를 긁어다가 대략 15센티미터 높이로 쌓아올리고, 급한 대로 미군의 포격을 방어하는 정도였다. 10월 1일부터 제2사단의 주력

부대가 미군의 포격을 피해가며 타사파롱가에 상륙했다. 구마 대대는 그 양륙揚陸 지원 임무를 맡았다. 10월 중순 제2사단의 나머지 부대와 제17군 사령부가 상륙하면서 구마 대대는 마타니카우 강 우안의 후방으로 내려가 진지를 구축했다. 그러나 이 부대는 병든 사람들뿐이어서 전투에 참가할 체력은 이미 바닥난 상태였다.

10월 24일과 25일, 제2사단을 중심으로 한 2만 명에 가까운 병사가 비행장 남측에서 미군을 타격하기로 하고 룽가 강 상류에서부터 공격을 시작했다. 원칙대로라면 22일에 이곳에서 작전 행동을 개시할 예정이었지만, 집결 지역에 병사들이 모일 수 없어서 공격 예정일을 이틀 뒤로 미뤘다. 이 사이에 우익대右翼隊를 지휘한 가와구치 지대장은 사단사령부와 의견이 맞지 않아 파면되었다. 중점적으로 공격하는 것이 옳다고 생각한 가와구치는 우익대 모두를 투입하는 데 소극적이었던 것이다.

24일과 25일 제2사단은 공격을 시작했는데, 미군은 비행장 주위에 철조망을 둘러치고서 이곳을 돌파하려는 일본 병사에게 기관총탄을 퍼부었다. 제2사단 예하의 연대장과 대대장 등이 잇달아 전사했으며, 시간이 갈수록 희생자만 늘어났다. 병사의 절반 이상이 사망한 부대도 많았다.

_____ 물량 소모전: 미군의 목표

10월 26일, 사단장에게 비행장 탈환은 무리라는 연락이 왔다. 이미 더 이상 투입할 병력도 없고, 식량 등의 보급도 어려운 상태였다. 사단장의 보고를 받고서야 제17군사령부도 이 작전을 중지할 것을 명했다. 이것이 제3차 공격의 실상이었던 것이다.

제17군은 대본영에 비행장 탈환을 위해 다시 공격에 나설 예정이라는 전보를 보냈다. 태세를 재정비하여 공격할 기회를 기다리겠다는 의미였다. 이에 대해 작전부장 다나카 신이치는 "남태평양 해전의 성과에 비춰보건대 한번 더 시도하면 될 것이다. 가능하면 속히 준비를 갖추어 공격을 속행하라. 공격 요령은 종래의 백병 기습이 아니라 정공법을 택하라"는 내용의 답전을 보내, 점령해야 할 장소와 활용할 부대 등을 구체적으로 명했다. 제17군의 참모들은 "과달카날 섬의 상황은 중앙부가 책상에서 생각한 바를 실행할 수 있는 실정이 아니다"라는 의미의 전보를 몇 번이나 보냈다. 병력이나 무기, 탄약을 보내려고 해도 미국이 제해권을 장악하고 있어서 쉽지 않았으며, 이곳에 다가가는 함정은 잇달아 미국의 기동 부대에 격침되었다. 서둘러 전력을 정비하는 것이 불가능한 상황이었던 셈이다.

제17군은 과달카날에 대한 미군의 총반격이 무엇을 의미하는지를 점차 이해했다. 미군이 일본군을 물량 소모전으로 끌어들여 과달카날로 다가오는 함정을 격침하고 일본군을 고립시킴으로써 전력 소진을 모색하려 한다는 것을 알아챘다.

11월 13일부터 15일까지 일본의 수송 선단은 제17군 예하 제38사단의 주력과 군수품, 식량 등을 싣고 이를 과달카날로 수송하려고 시도했다. 11척의 선단을 호위하기 위해 일본의 연합함대가 전력을 다하여 미군 기동 부대와 해전을 벌였다. 이것이 제3차 솔로몬 해전이다. 그러나 목적지인 과달카날의 에스페란스에 들어온 것은 고작 4척뿐이었고 나머지 7척은 바다 속으로 가라앉고 말았다. 그나마 이 4척도 미군 공격기의 집요한 폭격을 받아 병력과 일부 군수품만 육지로 옮겨졌을 뿐 대부분이 격침되고 말았다.

이후 일본은 더 이상 수송선을 이용해 무기, 탄약, 식량 등을 이 섬으로 옮길 수 없게 되었다. 이 때문에 과달카날에 상륙해 있던 제17군 예하 모든 부대는 11월 중순부터 굶주림과 싸워야만 했다.

구마 대대의 병사들은 이 무렵 300명 정도였는데, 그들은 마타니카우 좌안 후방에 진지를 쌓고 미군 해병대와 대치하고 있었다. 제2사단의 총공격 시에만 포병단의 공격에 가담할 정도로 전선에는 거의 나가지 않았다. 굶주림과 피로, 말라리아 그리고 미군의 공격을 그저 견뎌내야만 하는 나날이었다.

대본영의 참모들은 제3차 솔로몬 해전 이후에도 '과달카날 탈환' 방침을 바꾸지 않았다. 1943년 중반 이후에야 미군의 본격적인 반격이 시작될 것으로 확신하고 있었기 때문에, 이 정도 싸움으로 국력이 달리지는 않을 것으로 추측되므로 어떻게든 군수용 선박을 증징增徵하고 병력을 계속 투입해야 한다는 것이 참모들의 생각이었다.

참모본부 전쟁지도반의 다네무라 사코種村佐孝가 전후에 저술한 『대본영 기밀일지』(1952년 간행) 11월 16일자를 보면, 참모본부가 "과달카날 섬은 최후까지 확보해야 한다. 이 섬에서 물러난다면 미국의 반격은 더욱 맹렬해질 것이며, 그 후 일본군의 태세 정비는 지난해질 것이라고 (육군성에) 설명했다"고 적혀 있다. 이어서 다음과 같이 쓴다. "지난 11일 과달카날 섬 보급을 위해 떠난 11척의 훌륭한 보급 수송선이 미 공군에 의해 격침되었기 때문에 적어도 37만 톤은 반드시 확보해야 한다며 육군성의 결단을 강력하게 촉구했다." 결국 더 많은 배를 만들어 보냄으로써 어떻게 해서든 과달카날은 탈환해야 한다고 절규했던 것이다.

이때 병사들은 과달카날에서 어떤 나날을 보내고 있었을까?

"우리 진지에서 앞쪽으로 300미터쯤 떨어진 곳에 미군 진지가 있었습니다. 미군 병사는 우리가 이쪽에 있다는 것을 알면서도 별로 두려워하지 않고 진지 위에 올라와 걸어다녔습니다. 우리는 탄약이 얼마 남지 않았지만 쏘면 맞힐 자신이 있었습니다. 하지만 쏘지 않았지요. 만약 이 병사를 쓰러뜨리면 몇 배의 폭격이 퍼부어져 우리는 전원 사망하고 말 것이기 때문이었습니다. 그런데 가끔 미군 병사와 정글 속에서 총격을 주고받게 되면 실로 이상한 일이 일어나곤 했습니다. 우리가 이동한 지점에 반드시 총탄이 날아오는 겁니다. 정말 알 수 없는 일이었어요."

오토모가 그 이유를 상세히 알게 된 것은 50년이나 지난 1991년이었다.

미국에도 과달카날에서 싸웠던 병사들의 전우회가 있다. 그 전우회의 부회장이 일본에 왔을 때 그는 누구보다도 이치키 지대의 병사들을 만나고 싶어했다.

오토모는 일찍이 전우와 함께 이치키카이라는 전우회를 만들어 줄곧 회장직을 맡고 있었다. 그 부회장과 도쿄에서 만났을 때 그는 당시 미군의 상황에 대해 들을 수 있었다. 그들이 촬영한 이치키 지대 제1진 병사들의 시체가 쌓인 사진도 보여주었다.

미군은 정글 곳곳에 마이크를 설치해두었다. 이 마이크는 모두 사령부에 직결되어 있었고, 마이크를 통해 발소리나 말소리가 들리면 그 일대에 무수한 총탄을 퍼부었다는 것이다.

미군의 공격기는 하루에 몇 번씩은 꼭 야자나무 높이 정도의 상공을 날면서 일본군 병사를 수색했다. 만약 그 공격기가 공격을 받으면 즉각 그 일대에 폭탄이 비처럼 쏟아진다. 그러니 진지 안에서 가만히 참고 있을 수밖에 없었다.

전 해병대원 부회장이 보여준 이치키 지대 제1진 병사들의 사진 가운데 이제 막 스무 살을 넘긴 것으로 보이는 수많은 병사가 바닷가 모래밭에 묻혀 있는 모습을 찍은 것이 한 장 있었다. 살아남은 자는 그것이 누구인지 찾아보았지만 결국 알 수 없었다.

굶주림 때문에 피골이 상접한 모습으로 죽은 병사와 비교하면 아직 포동포동하고 살집도 좋다. 군복도 아직 멀쩡하다. 과달카날에 상륙한 날 전사했기 때문이다.

"그들은 스물한두 살이었습니다. 살아남은 우리는 전쟁의 소용돌이에 휩싸여 그렇게 죽어간 동료들을 아직까지도 잊을 수 없습니다."

오토모는 이렇게 말하고 잠시 침묵했다. 아사히카와 근교의 농촌 청년들이 이름도 모르는 남방의 절해고도絶海孤島에서 죽은 것을 아무래도 이해할 수 없다는 표정이었다.

과달카날 전투 후, 아사히카와의 제28연대 막사에 한밤중이 되면 군화 소리가 들리고, 병사들이 정렬하여 귀환하는 모습이 보인다는 소문이 돌았다. 시민들은 전시뿐 아니라 전후에도 이 유령 이야기를 하곤 했다.

과달카날 전투에 참가한 미일 병사들의 현재

1992년 5월 24일 오후, 도쿄 시부야 역 하치 공 동상이 있던 자리에 노인 한 사람이 서성거리고 있었다. 일요일이어서 유달리 사람이 많았다. 노인은 많은 사람 틈에서 몸을 꼿꼿이 세우고 있었다.

약속한 시각, 역시 70대 중반의 미국인이 일본인 통역과 미국인 저널리스트를 동반하고 노인 앞에 나타났다.

"오카다 사다노부岡田定信 씨죠? 이치키 지대의 오카다 씨……."

통역을 맡은 일본인이 확인한다. 노인이 고개를 끄덕이자 늙은 미국인이 노인의 몸을 껴안는 듯한 자세로 손을 잡았다. 미국인 저널리스트가 그 모습을 비디오카메라에 담는다.

길을 가던 사람들은 이 모습에 특별한 흥미를 보이지는 않는다. 일본인과 미국인 노인이 통역을 사이에 두고 대화를 나누는 장면은 새로울 게 없다. 하지만 50년 전 솔로몬 제도의 과달카날이라는 섬에서 적군과 아군으로 나뉘어 대치한 일본군 병사와 미군 해병대원의 첫 만남이라는 것을 알았다면 발걸음을 멈추는 사람이 있었을지도 모른다.

당사자인 오카다는 묘한 기분이었다. 할리 리처드 호스먼이라는 전 해병대원과는 10년 전부터 교유를 이어오고 있었다. 그들은 우연한 계기에 서로를 알게 되었다. 1982년 오카다는 정부에서 파견한 과달카날 유골수집단에 참가하여 이치키 지대 병사의 유골 수습을 맡았다. 그때 미군 참전 병사들로 구성된 '과달카날 캠페인 베테랑즈GCV(과달카날 전투 참전 병사들의 모임)'의 유력 멤버인 호스먼과 연락이 닿아, 이치키 지대 병사들의 격전지와 병사들의 매장지에 대한 구체적인 정보를 얻을 수 있었다. 플로리다의 탤러해시에 사는 호스먼은 선명한 지도와 당시의 유체遺體 수용 모습을 알려주었다. 이치키 지대의 연대 서기였던 오카다가 전우를 대표하여 사례 편지를 쓴 것이 편지 왕래의 시작이었다. 그 후 많을 때는 한 달에 3통, 적을 때에도 1통의 편지를 주고받았다.

오카다의 기분이 이상해진 것은, 200통에 이르는 편지를 통해 그야말로 모든 것을 다 말했다고 생각했는데, 지금 이렇게 눈앞에서 그 모습을 보고 "아아, 우리는 저들과 목숨을 걸고 싸웠구나"라는 복잡한 생각이 떠올랐기 때문이다. 50년 전에는 총격을 주고받던 사람들이 지금은 인파 속에서 우정을 확인하고 있는 것이다. 전쟁이란 도대체 무엇이었는지 새삼 생각하게 된다.

이때 오카다는 75세, 호스먼은 70세였다. 호스먼은 고등학교를 마치고 얼마 지나지 않아 진주만 기습 공격 소식을 들었다. '일본군을 해치우자'는 목소리에 응하여 해군에 지원했다. 6개월의 훈련을 거친 후 과달카날로 파견되었다. 고사포 부대에 배속되었다. 오카다에게 보낸 편지에서 호스먼은 자신이 배치되어 있던 진지를 지도로 보여주었다. 오카다는 그것을 보고 놀랐다. 그 진지는 이치키 지대의 연대 본부와 대치하는 지점에 있었던 것이다. 그렇다면 호스먼이 연대 본부를 향해 포격한 것인지도 모른다. 오카다는 왼쪽 뺨에 포탄의 파편을 맞은 적이 있다. 그래서 편지에 이렇게 쓰기도 했다.

"그것도 당신이 쏜 포탄이었는지 모릅니다."

호스먼은 해병대원으로 태평양전쟁에 참전했다. 그 후에는 한국전쟁에도 종군했다. 그는 오카다에게 보낸 편지에서 "나는 이치키 지대와 가미카제 특공대만을 무서워했습니다. 그들은 오직 돌격할 뿐입니다. 우리에게 이 둘은 공포의 대명사였습니다"라고 썼다.

그 편지를 읽었을 때 오카다는 씁쓸한 충족감을 맛보았다.

6월의 어느 날, 나는 사이타마 현 어느 시에 살고 있는 오카다를 찾아갔는데, 그때 그는 호스먼이 보낸 편지를 꺼내 읽어주었다. 오카다는 당시 맛본 '씁쓸한 충족감'에 대해 말한 다음 도무지 견딜 수 없다는 표정으로 이렇게 중얼거렸다.

"그때 일본은 가난한 나라였습니다. 전쟁을 할 나라가 아니었다고 생각합니다. 무기도 없고 탄약도 없는 상태에서 병사 한 사람 한 사람이 총알이 되었던 것입니다. 돌격 전법이라는 것도 무기와 탄약이 부족하니까 생각해낸 고육지책이었다고 봅니다. 그들에게 무서웠다는 말을 들은 것은 인간이 병기가 되었다는 의미이기도 합니다. 결코 명예로운 말이 아니지요."

"보급만 확실했다면"

과달카날에서 숨을 거둔 병사들은 대부분 죽음 직전에 "식량이 있었으면 좋겠다" "왜 무기를 보내주지 않는가"라며 절규했다. 미군과 총격을 주고받으면서 일본군 병사들은 한 가지 사실을 알게 되었다. 해병대원 중에는 일본군 병사가 돌격을 하면 공포에 쫓겨 울부짖으면서 도망가는 이가 있었기 때문이다. 그런 모습을 본 병사들은 "미국 놈들이라고 특별할 게 없다"고 생각했다. 일본군 병사 사이에 보급만 확실하다면 반드시 이길 것이라는 이야기가 입에서 입으로 퍼져나갔던 것이다.

1942년 11월 중순, 미군은 마타니카우 강 우안 지구에 집결한 제17군 예하 제2사단에 정면 공격을 가했다. 다른 한편 일본군 증원 부대(제38사단)와 군수품을 실은 수송 선단을 솔로몬 해전에서 격침했고, 그 때문에 11척 중 4척만이 에스페란스에 들어올 수 있었다. 과달카날에 대한 보급을 끊어버린 것이다.

이 단계에서도 대본영은 과달카날 탈환을 단념하지 않았다. 참모총장 스기야마 하지메, 참모차장 다나베 모리타케田邊盛武 그리고 작전부장 다나카 신이치, 작전과장 핫토리 다쿠시로 등은 계속 탈환 작전을 고집했다. 전후에는 다나카와 핫토리도 "사실상 탈환은 무리"라고 생각했던 듯한 발언을 했지만, 당시에는 어떻게든 과달카날을 탈환하지 못하면 미군의 총반격을 허용하게 될 것이라며 초조해하고 있었다.

참모본부는 11월 18일 제17군 안에 제8방면군을 신설했다. 이마무라 히토시今村均 중장이 제8방면군 사령관으로 취임했다. 이마무라는 특별히 천황에게 불려가 "남태평양 방면에서 적이 반격한다면 국가의 흥폐에 심대한 영향이 있을 것이다. 고전하고 있는 군을 속히 구원하여 전세를 만회하라"는 명을 받았다. 전하는 이야기에 따르면, 이때 천황은 "이마무라, 그대를 확실히 믿는다"고 말했다.

이리하여 이마무라에게 "솔로몬 방면의 적 항공 세력을 제압하고 동시에 과달카날 섬 방면의 작전 준비를 촉진 확충하며, 준비가 마무리되는 대로 과달카날 섬 비행장을 탈환하고 적을 섬멸한다"는 대본영의 작전 방침이 전달되었다.

11월 22일 라바울에 도착한 이마무라는 그 작전 명령을 수행하게 되었다. 하지만 먼저 해결해야 할 것은 과달카날에 파견되어 있는 2만 명이 넘는 일

제2부. 쇼와 육군의 흥망

본 병사를 위한 물자 보급이었다. 과달카날로부터 장병들은 이미 절식絕食 상태에 있다는 전보가 도착해 있었기 때문이다.

해군 함정이 미군의 맹공을 뚫고 결사적인 수송 작전을 펼쳤다. 하지만 대부분이 미군의 공격 앞에 바다 밑으로 잠기고 말았다.

참모본부 측은 육군성에 과달카날을 탈환하기 위해서는 선박을 증징하지 않으면 안 된다, 무슨 수를 써서라도 20만 톤을 준비하라고 재촉했다. 다네무라 사코의 『대본영 기밀일지』 11월 30일자를 보면 "배를 좀더 확보하지 못하면 과달카날 섬 전투는 패배한다. 과달카날 섬에서 적의 반격의 기세를 꺾지 못하면 질질 끌다가 물러날 수밖에 없을 것이다. (…) 참모본부는 필사적이다"라고 적혀 있다. 결국 선박을 대대적으로 투입하여 병력, 군수품, 구호물자 등을 과달카날로 보냈다. 미군의 공격에 타격을 입으면서도 잇달아 보냄으로써 과달카날 탈환의 실마리를 잡고자 한 것이었다. 이 방안은 미국 측이 노리고 있는 소모전에 응답하는 것이었다. 하지만 이것은 미국과 일본의 물량 비율을 완전히 무시한 생각이기도 했다.

수상 겸 육군상인 도조 히데키는 선박 증징에 쉽사리 응하지 않았다. 11월 16일, 참모본부의 다나카와 핫토리가 당초의 20만 톤에 더해, 과달카날에서 제3차 공격으로 제2사단도 궤멸적 타격을 입었다면서 17만 톤을 더 늘리라고 하자, 조금씩 그 작전 계획에 불신의 눈길을 보냈다.

도조의 뜻을 받아 육군성 장교들은 참모본부에 지속적으로 반론을 이어나갔다. 만약 이만큼의 선박을 군수용으로 돌리면 민수용은 현저하게 감소할 것이며, 특히 철 생산량이 뚝 떨어져 조선량造船量도 감당할 수 없을 것이고, 결국은 국력을 유지하기가 어려워질 것이라는 논지였다. 군사과장 니시우라 스스무는 "통수부가 선박을 절약하는 것 외에 전쟁 지도상 유효한 방책은 없다"고 주장하면서 참모본부의 작전참모에게 강한 어조로 이의를 제기했다.

　군 중앙의 이러한 움직임을 간략하게 정리하면, '선박 증징'이라는 논의 속에 과달카날에 파견되어 있는 일본 병사의 운명이 달려 있었다. 국력이 허용하는 범위 안에서 전쟁을 수행하되 사태가 그 범위를 넘어서면, 전선을 축소하거나 아니면 군사와 병행하여 정치적 화평 공작에 힘을 쏟거나 양자택일밖에 없었다. 그러나 참모본부는 특정 지역의 전투에 모든 국력을 쏟아붓고, 그 후에는 산이 되든 들이 되든 상관없는 길을 선택하고자 했던 것이다.

　"과달카날의 일본 병사는 전략이 없는 전쟁 지도의 희생자였다"는 것은, 정치적·군사적 지도자가 11월부터 12월에 걸쳐 체면과 고집을 걸고 씨름하고 있을 때, 그 결단의 틈바구니에서 병사들은 하루하루 상상하기 어려운 기아와 병고에 맞서 싸우고 있었다는 의미다.

　작전부장과 군무국장의 주먹다짐

　이마무라가 지휘하는 제8방면군도 실제로는 라바울에서 그 어떤 움직임도 취하지 못한 채 그저 군 중앙의 결단을 기다리는 상태였다.

　12월 5일 정부는 다시 국책을 검토한 다음, 당장은 참모본부가 요구한 것의 4분의 1인 9만5000톤은 받아들이기로 하고, 그 후 1943년 1월부터 3월까지 8만5000톤, 4월부터는 18만 톤을 제공하기로 결정했다. 결국 과달카날 탈환에 과중한 선박을 할애하지 않겠다는 것이 최종 결단이었다. 이 보고를 접한 다나카 신이치는 노골적으로 화를 내면서 육군성 군무국장 사토 겐료를 참모본부로 불렀다.

　"이 물자를 가지고 과달카날을 탈환한다는 것은 무리다."

　"아니, 이 이상은 응할 수 없다."

격론을 벌이던 두 사람은 끝내 치고받기까지 하는 대활극을 펼쳤다. 전쟁지도반의 『기밀 전쟁일지』 중 12월 5일자에는 "제1부장 격앙하여 군무국장과 주먹질을 주고받다"라고 적혀 있다.

12월 6일, 수상 관저에서 도조 히데키, 육군차관 기무라 헤이타로木村兵太郎, 군무국장 사토 겐료 그리고 참모본부의 다나베 모리타케와 다나카 신이치가 한자리에 모여 선박 증징에 관해 이야기를 나누었다. 이때 다나카는 선박을 더 제공해주지 않으면 과달카날 탈환은 무리라면서 도조에게 몇 번이나 증징을 요청했다. 도조는 수긍하지 않았다. 다나카는 격분해서 "이런 멍청한 새끼"라며 고함을 질렀다.

다음 날 다나카는 남방군사령부 소속으로 전출되었다. 후임 작전부장은 아야베 기쓰주綾部橘樹였다. 아야베는 도조가 관동군참모장으로 있던 시절의 부하였다. 일주일 뒤 작전과장 핫토리 다쿠시로가 경질되고 군무과장 사나다 조이치로가 그 자리에 앉았다. 이 인사에는 과달카날 탈환을 재검토하겠다는 도조의 속셈이 깔려 있었다.

지금 돌이켜보면 다나카는 확실히 과달카날 탈환은 무리라고 판단했지만, 자신의 생각을 철회하지 않고 굳이 도조를 도발함으로써 스스로 그 위치에서 몸을 뺄 기회를 노리고 있었다고 말할 수 있을지 모른다. 만약 도조가 다나카에게 "정 그렇다면 참모본부의 요구를 모두 들어주겠다. 속히 과달카날 탈환을 실행했으면 한다"라고 말했다면 어떻게 되었을까? 다나카는 도저히 그대로 실행할 수 없었을 것이다.

군 중앙의 인사는 명확하게 일본제국의 모순을 내포한 것이었고, 전쟁의 기본 방침마저 확고한 방향을 내세울 수 있는 상태가 아니었다. 통수권은 통치권보다 상위에 있었고, 게다가 그것은 독립된 대권이어서 그 누구도 간섭할 수 없었다. 오직 한 사람 천황이 그 대권의 총괄자이긴 했지만, 천황은 참모총장 이하에게 대권을 부탁만 할 뿐 직접 명령을 내릴 수는 없었다. 과달카날을 둘러싼 군 중앙의 움직임에는 그러한 모순이 분명하게 드러나 있었던 것이다.

사나다는 취임 열흘 뒤 참모본부 작전과의 두 참모, 세지마 류조瀨島龍三와 슈토 다다오首藤忠男를 동반하고 라바울로 향했다. 과달카날의 정세를 직접 확인한 뒤 작전 방침을 다시 짜려고 생각했던 것이다.

사나다는 제8방면군 사령부에 도착해서도 과달카날 공격을 속행할 것이라고 말했다. 제8방면군 참모들은, 과달카날의 상황을 이곳에서 구체적으로 확인했고 또 과달카날에 있는 제2사단 사령부에서 보낸 전문에서도 언급하고 있었기 때문에, 대부분 "과달카날 탈환을 단념하고 철수해야 한다"는 방향으로 기울고 있었다. 그런 참모들은 내심 사나다의 의견에 불만을 품고 있었다. 참모들의 초조감은 당시 참모본부 작전과에서 제8방면군의 참모로 전출한 이모토 구마오의 회상록 『작전 일지로 기록한 대동아전쟁』에 상세하게 나타나 있다. 덧붙여 말하자면, 옛 군인이 쓴 책에는 뭔가 그럴싸하게 꾸민 것처럼 보이는 부분이 적지 않은데 이모토의 책에는 그런 것이 없다. 이모토의 책은 허심탄회하게 자신의 책임을 포함하여 명확하게 사실을 서술하고 있다. 특히 과달카날에 관한 기술은 다음 세대에게 전하는 교훈으로 가득하다.

이모토는 과달카날에 관한 기술의 말미에서 다음과 같이 썼다.

"과달카날 섬 작전에서 가장 깊이 스스로를 성찰하고 책임을 통감해야만 하는 사람은 당시 대본영에서 이 작전을 계획하고 지휘한, 통찰력도 없고 앞을 내다보지도 못하는 데다가 제일선의 실정과 고민을 살필 능력도 없는 인간들(나도 그중 한 사람)이다."

제8방면군의 참모는 사나다와 이야기를 나누면서 먼저 부나와 지루아의 참상을 설명했다. 그런데 사나다는 과달카날에 관해서 구체적인 질문은 하지 않았다. 입으로는 "공격을 속행"할 것이라 하면서도 속으로는 탈환할 의사가 없다는 것을 참모들은 눈치챌 수 있었다.

이것은 전후에 쓴 사나다 자신의 일기에서 볼 수 있는데, 사나다는 이마무라에게 "과달카날의 제17군을 마지막 한 사람까지 사라지도록 항전하게 한다는 방안에 대해 어떻게 생각하느냐"고 물었다. 이마무라는 "절대 반대"라고 말하고, 그런 것이 제일선에 알려지면 즉석에서 전원이 할복하고 말 것이라고 대답했다. 적어도 사나다의 마음속에 '탈환'은 무리이지만 '옥쇄'시킬 방안은 있었다고 말할 수 있을 것이다.

사나다는 라바울에서 돌아오는 길에 세지마와 슈토에게 의견을 구했다. 그들이 철수해야 한다고 말하자 사나다는 '동감'이라고 대답했다. 도쿄로 돌아온 사나다는 스기야마, 다나베, 아야베 등을 찾아다니며 '과달카날 철수'의 필요성을 설명했다.

12월 31일 궁중에서 열린 어전 회의에서 철수를 공식 결정했다. "솔로몬 군도 방면에서는 과달카날 섬 탈환 작전을 중지하고, 대략 1월 하순부터 2월 상순에 이르는 시기에 과달카날 섬에 주둔한 부대를 철수한다. 그 후에는 뉴조지아 섬과 이사벨 섬 이북의 솔로몬 군도를 확보한다"는 방침을 분명히 했다.

이리하여 과달카날 철수는 국책으로서 공식적으로 확인되었다. 지금까지 살펴본 것처럼 그동안의 움직임은, 이 전쟁 자체가 무엇을 겨냥한 싸움이었는지 그리고 어떤 전략 아래 싸우고 있는지 그 골격마저 애매한 채, 오직 일본 병사가 기아와 질병의 시간 속에 몸을 맡긴 싸움이었을 따름이다.

나는 과달카날에서 싸운 병사들의 증언을 듣기 위해 몇 명의 노인을 만났다. 그들은 모두 공식적인 사회생활에서 물러나 있었다. 하지만 "저 섬에서 일어났던 일은 지금도 악몽에 시달릴 정도로 지독했다"거나 "너무나도 비참한 상태에 익숙해지면 모든 감각이 마비돼버린다"는 말에서 알 수 있듯, 그들의 가슴속에는 가혹한 현실이 잠들어 있었다.

어떤 병사(이치키 지대 소속은 아니다)는 내 질문이 너무 구체적이고 집요했기 때문에 "더 이상 말하고 싶지 않다"며 화를 냈다. 잠시 몸을 떨더니 동료 병사의 편지를 보여주었다. 이 병사는 1981년에 사망했다. 병상에서 적은 최후의 편지였다.

"나는 지금도 과달카날 꿈만 꾼다. 그때 죽은 동료가 끊임없이 꿈속에 나타난다. 계속 고통스럽다고 외친다……." 이렇게 쓴 다음 그는 "축생도畜生道에 떨어진 나"라고 적었다. 이것이 무엇을 의미하는지 나는 알 수 있었다. 그것을 알았을 때 나는 더 이상 아무 말도 할 수 없었다. 그 병사는 눈물이 그렁그렁한 눈으로 죽은 동료가 마지막으로 보낸 편지를 꽉 쥐었다.

스가와라 스스무菅原進가 쓴 『이치키 지대 전멸』이라는 사가판 책이 있다. 스가와라는 이치키 지대에 참가하지 않는 제7사단의 잔류 병사로 아사히카와에 남았다. 그는 전후에 이치키 지대에 소속되어 과달카날에 파견된 옛 동료들을 찾아다니며 그들에게 들은 이야기를 정리하여 책을 펴냈다. 이 책에서는 기아와 말라리아로 쓰러지는 병사들을 바라봐야 했던 생존자의 증언을 적잖이 찾아볼 수 있다. 예를 들면 다음과 같은 에피소드가 소개되어 있다.

제38사단 병사들이 어렵사리 과달카날에 상륙한 것은 11월 16일의 일이다. 이 병사들은 진격해나가다가 봉두난발에 누더기를 걸치고, 맨발에 군화도 신지 않은 집단을 만난다. 그런데 반합만은 가지고 있다. 제38사단의 병사들은 과달카날의 현지인일 것이라고 생각했다. 하지만 자세히 보니 누더기일망정 일본군의 군복이었다.

"당신은 일본 병사인가?"

고개를 끄덕인다. 말할 기력도 없는 것이다.

"뭘 하고 있는가?"

누더기를 걸친 일본 병사 한 명이 반합을 가리킨다. 먹을 것이 없느냐는 뜻이다.

제38사단 병사들은 진저리를 쳤다. 이런 '구걸하는 병사들'을 이곳저곳에서 보았기 때문이다. 그리고 이윽고 그들 또한 보급이 끊겨 굶주림 속으로 빠져들었다. 거의 이런 상태와 다를 바 없게 되었던 것이다.

이치키 지대 병사들로 구성된 이치키카이 회장 오토모 겐타로의 증언에 따르면, 굶주리기 시작하면 처음에는 꺼림칙하게 여기던 개구리도 더없이 좋은 먹을거리가 된다. 구더기까지 구워 먹는다. 과달카날에서는 소를 방목한다. 밤이 되면 강에 물을 마시러 간다. 그것이 오기를 기다린다. 위쪽에 서 있으면 소가 도망가므로 아래쪽에서 몇 사람이 뒤를 쫓는다. 그리고 소를 죽여서 그 고기를 먹는다.

이런 이야기를 들려준 뒤, 다음과 같은 소문도 떠돌았다고 증언한다.

"전선의 병사들은 더 이상 먹을 것이 없어지면 미군 병사의 인육을 먹었다고 합니다. 정말인지 거짓인지 알 수 없지만 그런 소문이 널리 퍼졌습니다. 하지만 우리가 아는 한, 그런 일은 없었습니다. 분명히 우리는 극한 상태에 있었고, 삶과 죽음은 종이 한 장 차이였습니다. 그랬기 때문에 길가의 잡초까지 먹었습니다. 그렇다고 하더라도 과달카날에서 인육을 먹기까지 한 사람은 없었다고 생각합니다."

과달카날 잔존 병사들의 비참한 상황을 글로 소개하기에는 한계가 있다. 어찌됐든 과달카날의 현실은 군 중앙이 말하듯 항전이나 탈환이 가능했다고는 도저히 생각할 수 없다. 만약 탈환 작전이 되풀이되었다면 일본군 병사들은 더욱 극심한 상태로 내몰렸을 것임에 틀림없다.

선발대로 과달카날로 향한 것은 이치키 지대 제1진 960명이었다. 그들 중약 90퍼센트는 제1회 공격(8월 20일)에서 전사했다. 이어서 가와구치 지대와 이치키 지대의 제2진이 상륙했다. 그러나 제2회 공격(9월 14일)에서도 그들은 궤멸적인 타격을 입었다.

전후에 간행된 미국 측 전사에 따르면 제1진 중에서 16명이 포로가 되었다. 16명의 포로가 누구인지 아직까지도 명확하게 알려져 있지 않다. 이루강 하구의 적진을 돌파하려고 야간에 육탄 공격을 감행한 제1진은 잇달아 쓰러졌다. 모래밭은 사체로 가득 차 있었다. 전투가 끝난 뒤 미군은 전차를 앞세우고 사체를 처리했다. 그때 가사 상태였던 이들 중에서 기적적으로 미군의 포로가 된 사람도 있다. 미군의 야전 병원에 입원했다가 그곳에서 사망한 사람도 있다.

_____ 아직도 지워지지 않은 포로라는 오명

앞서 언급한 스가와라의 책에도 그와 같은 포로였던 사람의 증언이 소개되어 있다.

그 포로의 말에 따르면, 그는 웰링턴의 병원에 1년 반쯤 입원했다가 웨더스톤의 수용소를 거쳐 1946년 우라가浦賀로 인도되어 돌아왔다.

포로는 오스트레일리아와 뉴질랜드로 이송된 자, 시카고로 이송된 자 등 다양하다. 하지만 포로가 되었던 이는 전우회에도 좀처럼 얼굴을 내밀지 않는다. 1941년 1월 육군상 도조 히데키의 이름으로 시달된 「전진훈」의 "살아서 포로가 되는 굴욕을 당하지 않는다"라는 구절은 포로가 되었던 이의 부담으로 남아 있다. 전후에도 그들은 굴욕스러운 존재로 취급받았다. 지금도 방위청 전사실에서 편찬한 전사에서는 포로를 '특수 귀환자'라고 표현할 정도인데, 그것이 마음의 상처를 한층 더 깊어지게 만들기도 한다.

이치키 지대의 포로 중에는 지금까지 본명을 밝히지 않고 호적도 전시 사망 상태로 둔 채, 몰래 사회 구석에서 가명으로 살아가는 사람이 있다고 한다. 포로에 대하여 일본은 전전이나 전후나 결코 관용을 베푸는 나라가 아니다.

앞서 소개한 오카다 사다노부는 묘한 체험을 한 적이 있다. 그는 1982년 후생성의 유골수습단으로 과달카날로 건너가 이치키 지대 병사들의 유골을 모아왔다. 당시 오카다는 아사히카와에 살면서 유통회사의 임원으로 일하고 있었다. 그 수집단에 관한 기사가 지방 신문에 실리고 나서 얼마 지나지 않았을 때다. 어느 날 밤, 오카다에게 전화가 걸려왔다.

"저는 일찍이 이치키 지대의 병사로 제1진에 속해 있었습니다. 포로였습니다. 이름은 A라고 합니다."

이렇게 이름을 밝힌 그는 공병대 소속이었다고 했다.

"과달카날에 남은 전우들의 유골을 수습하시느라 고생 많으셨습니다."

이렇게 치하하고 나서 A는 마음에 쌓여 있던 한을 풀기라도 하듯이 제1진의 전투 양상, 자신이 포로가 된 경위, 일본으로 돌아왔을 때의 상황 등을 털어놓았다. 오카다가 끼어들 틈도 거의 주지 않고 긴 시간 동안 혼자 이야기를 이어나갔다. 가끔씩 울먹이기도 했다.

"어떻게든 다음에도 연락을 하고 싶습니다."

이렇게 부탁하자 A는 입을 닫았다.

"나는 더 이상 이 세상에 있지 않을 것입니다."

이 말을 끝으로 그는 전화를 끊었다.

오카다를 비롯한 이치키카이 멤버들은 즉시 유족을 만나보았다. 유족은 이미 33주기 법회까지 마쳤다며 의아해하는 표정이었다. 과달카날에서 전사했다는 것이다. 호적을 봐도 확실히 전사로 처리되어 있었다. 이치키카이 멤버들은 어떤 형태로든 본인이 살아남았을 것이라고 생각하고 백방으로 수소문했다. 하지만 소식을 들을 수는 없었다.

제23장. 과달카날 전투에 참가한 미일 병사들의 현재

"그래서 우리는 찾는 것을 그만두었습니다. 그것이 본인을 위해서도 좋을 거라고 생각했지요. A가 지금 어떤 호적을 갖고 있는지, 어떤 생활을 하고 있는지 우리는 아는 바가 없습니다. 하지만 일본군이었다가 포로가 된다는 것이 당사자에게 얼마나 괴로운 일이었을지 생각하면 참으로 고통스럽습니다."

오카다는 이렇게 말하면서 미군 해병대원은 이런 괴로움을 알지 못할 것이라고 덧붙였다. 전 미군 해병대원은 오카다에게 보낸 편지에서 포로에 관해 쓴 적이 있다. 그 편지에는 다음과 같이 적혀 있었다고 한다.

"우리는 전력을 다해 싸웠기 때문에 포로가 되는 것은 부끄러운 일이 아닙니다. 일본군 포로는 하나같이 겁을 냈으며, 본명도 말하지 않았고, 계급도 정직하게 밝히지 않는 것처럼 보였습니다. 우리로서는 믿을 수 없는 일이었습니다."

나 역시 과달카날에서 포로가 되었던 이치키 지대 병사 A의 소식을 독자적으로 수소문했지만 현재(1999년)까지도 알 수 없다.

1992년, 과달카날 전투 50주년을 향하고 있었다. 지난해 12월 8일 진주만 기습 공격 50주년 때와 마찬가지로 미국 언론은 과달카날전에 초점을 맞춘 영상을 내보냈다. 미국으로서는 굴욕적인 진주만 공격으로부터 반년 후에 미드웨이 해전에서 승리했지만, 이것은 기동 부대가 맞붙은 싸움이었다. 지상전에서 그들이 승리를 거둔 것은 이 과달카날 전투가 처음이었다. 그것만으로도 미국의 옛 군인들은 이 싸움을 자랑스럽게 여기고 있다.

일본군이 미군에게 철저하게 패한 원인을 현재 시점에서 찾아보면 지금까지 떠돌던 이야기와 다른 훨씬 더 심각한 이유를 발견할 수 있다.

미국은 태평양전쟁이 시작되고 얼마 지나지 않아 일본군에 관한 정보를 전문적으로 수집해야 한다는 것을 알게 되었다. 극동 미군 사령관 맥아더는 이를 위해 'ATISThe Allied Translator and Interpreter Section'라는 조직을 만들었다. 이 조직은 1942년 11월부터 활동하기 시작했는데, 가장 먼저 수행한 것은 전사한 일본인 장교의 서류 가방에 들어 있던 기밀 서류의 번역, 포로의 심문 조사 그리고 일본 병사의 유품 중에서 전시 정보에 도움이 되는 것을 수집하는 일이었다.

ATIS는 과달카날에서도 몇몇 장교의 일지와 사령부의 작전 서류, 지도 등을 수집했다.

그렇게 모은 서류 중에는 이치키 지대의 과달카날 섬 공격 명령서도 포함되어 있었다. 이 명령서에는 이치키 지대가 어떻게 편성되어 있는지, 어떤 지점에 상륙할 것인지, 어떤 싸움을 할 것인지 등등이 모두 적혀 있었다. 이것을 어떤 방법으로 입수했는지는 밝혀져 있지 않지만, 이 서류를 보면 일본군 선발대가 어느 정도의 규모였는지 훤히 알 수 있다.

이치키 지대장 주변 장교의 유체에서 수집한 것으로 보이는데, 이리하여 미군은 일본에 관한 정보를 상당히 정확하게 파악하고 있었던 것이다. 1943년에 들어서는 일본 병사의 일기까지 수집하여, 그것을 샅샅이 영문으로 번역함으로써 내용에 따라 사령부의 주요 기밀 자료로 보존했고, 실제로 전투를 벌이고 있는 전선의 사령부에도 보냈다.

일본군은 단지 물량에서 진 것이 아니라 전쟁을 수행하는 시스템 그 자체에서도 승산이 없었던 것이다.

과달카날에서 싸운 미군 병사들은 앞서 서술한 바와 같이 GCV라는 군인회를 만들었다. 이 군인회에서는 해마다 두 번씩 50페이지에 이르는 타블로이드판 신문을 발행한다. 『과달카날 에코스Guadalcanal Echoes』라는 제목의 이 신문을 보면 그들의 자부심을 보여주는 기사가 가득하다.

1992년 당시에 발행된 신문에도 미국의 공격에 쓰러진 일본 병사의 시체가 산처럼 쌓여 있는 사진이 크게 실려 있다. 그리고 개별 전투의 상황이 상세하게 묘사되어 있다. '우리는 저 가혹한 전투에서 이겼다. 저 전투에서 승리함으로써 일본군을 패퇴로 내모는 계기를 마련했다. 우리에게 저 싸움은 인생 그 자체의 자랑이다……' 이런 의미의 기사가 거의 빠지지 않고 실려 있다.

이 신문은 1992년까지 30호 가까이 간행되었는데, 일본 병사에 대해 말하는 태도는 온정적인 편이다. 그들도 그 시대, 그 전장에서 잘 싸웠다는 표현을 어렵지 않게 찾아볼 수 있다.

『과달카날 에코스』는 그때까지 두 차례 정도 이치키 지대에 대해 소개했다. 해병대원에게 '이치키'는 최초로 과달카날에 상륙한 용기 있는 일본 병사의 대명사였다. 『과달카날 에코스』에는 호스먼과 오카다가 주고받은 편지에 대한 기사도 실려 있다. 오카다는 지금 그들에게 특별한 원한이 없지만 그때 전투에서 보았던 미군의 물량에는 놀라지 않을 수 없었다고 썼다. 이 기사가 나간 뒤 독자인 해병대원으로부터 친근한 내용의 편지가 몇 통이나 왔다고 한다.

오카다에게는 잊히지 않는 기억이 있다. 오카다는 제1진을 이끈 이치키 기요나오 지대장 곁에서 서기 역할을 맡고 있었다. 제1진은 상륙하자마자 미군 진지를 찾기 위해 몇 명의 척후병을 보냈다. 그러나 척후대는 돌아오지 못했다. 미군의 공격으로 전원 전사한 것이다.

이 소식을 들은 이치키의 표정이 금세 어두워졌다. 하지만 그것을 들키지 않으려고 다시 태연한 자세를 취했다. 그때 이치키 지대장은 틀림없이 "과달카날은 쉬운 싸움터가 아니다. 이런 진용으로 싸우는 것은 어렵다"고 판단했을 거라고 오카다는 생각했다. 그러나 지대장은 이 자리에 오기 전 육군보병학교의 재료창장材料廠長으로서 「보병조전步兵操典」을 편찬하고 오로지 보병을 중시하는 전법을 창도한 터라 빼도 박도 못하는 상황에서 저 육탄 전법을 밀고 나간 것인지도 모른다고 생각하기도 했다.

제1진이 야간 기습 공격을 감행했지만 후방의 이치키 사령부에 낭보는 전해지지 않았다. 화가 난 이치키는 부관을 데리고 "잠깐 상황을 보러 가겠다"며 전선으로 향했다. 그리고 두번 다시 돌아오지 않았다. 이치키는 공식적으로 제1진 궤멸 소식을 듣고 권총으로 자결한 것으로 알려져 있지만, 그의 최후를 본 사람은 아무도 없다.

"척후대 전멸 소식을 들었을 때 이치키 지대장의 얼굴을 스쳐간 표정이 지금도 잊히지 않습니다."

나는 오카다의 이 말이 '과달카날전 해명'의 중요한 열쇠가 되리라고 생각했다. 일본군의 전통적인 전법의 잘못을 알아차린 이치키는 누구에게도 그 사실을 말하지 못한 채 자살한 것이 아닐까?

1943년 1월부터 2월까지 해군의 구축함이 라바울 기지에서 과달카날로 들어와 세 차례에 걸쳐 1만 명이 넘는 일본 병사를 철수시켰다. 미군의 공격을 받지도 않은 신속한 철수 작전이었다. 아이러니하게도 이 작전만은 원활하게 진행되었다.

하지만 말라리아와 기아 때문에, 그리고 고립되어 있던 몇몇 부대는 집결 지점에 모일 수가 없어서 그대로 과달카날에 버려진 병사들도 있었다. 그들은 자결을 하거나 미군의 포로가 되었다.

이 철수 작전에 얽힌 뒷이야기도 있다. 이치키 지대 소속 부사관의 증언이다.

"각 진지의 대표가 사령부에 모였고, 군의관이 중병을 앓고 있는 병사에게는 이 약을 먹이라고 시달했습니다. 분홍색 약이었지요. 이것을 먹으면 짧은 시간 안에 '나가떨어질' 것이니 즉시 매장하라는 명령이었습니다. 어느 부대에나 내일이라도 당장 죽을 수 있는 중병 환자가 많았고, 그들을 데리고 철수할 수 없었기 때문에 (…) 중병 환자는 더 이상 의식도 없어서 억지로 입을 벌려 약을 밀어넣었습니다. 5~6분 만에 죽었습니다. 곧바로 구덩이를 파고 묻었습니다. 그런 다음에야 우리는 정해진 지점에 모였습니다."

제23장. 과달카날 전투에 참가한 미일 병사들의 현재

이 부사관은 군의관의 이름, 강제로 약을 먹어야 했던 병사의 이름 그리고 그 일시까지 구체적으로 거론했다. 그들이 의식도 없고 자신이 무엇을 먹는지도 몰랐던 것이 차라리 구원이었다면서 괴로운 듯 깊은 숨을 내쉬었다.

1943년 2월 9일 오후 7시, 대본영 발표가 있었다. 1항과 2항으로 나뉘어 있었는데 2항 중반부터 과달카날에 대해 언급했다. 그 내용은 다음과 같았다.

"솔로몬 군도의 과달카날 섬에서 작전 중인 부대는 작년 8월 이후 잇달아 상륙한 우세한 적군을 같은 섬 일각에서 압박하고 과감하게 격전을 치러 적의 전력을 분쇄해왔다. 이제 소기의 목적을 달성하고 2월 상순 이 섬을 떠나 다른 곳으로 옮겨가게 되었다. 시종 적을 강하게 압박해 굴복시킨 결과 양 방면에서 엄호 부대의 전진轉進은 대단히 질서정연하고 확실하게 진행되고 있다."

적에게 입힌 손해는 인원 2만5000명 이상(실제로는 전사 1000명, 부상 4200명), 우리 쪽 손해는 1만6734명(실제로는 전사자와 아사자를 합쳐 2만4600명)이라고 덧붙였다. 대본영 발표가 '과장'과 '허위'의 대명사가 된 것은 이때부터였다.

제2부. 쇼와 육군의 흥망

선박포병 제2연대의
끝나지 않은 비극

확실히 초반에는 일본군이 우세했다. 필리핀에서도 라몬 만에 상륙하자마자 마닐라를 점령했다. 자와 섬에서는 네덜란드군으로부터 무조건항복을 끌어냈다. 버마전선에서도 영국군을 격퇴했다.

일본의 전시 지도자들은 너나없이 들떠 있었다. 도조 내각은 내각 안에 점령지역의 명칭을 부여하는 위원회(위원장은 호시노 나오키 내각서기관장)를 설치했다. 싱가포르를 쇼난昭南, 뉴기니를 신야마토新大和라고 명명하고 의기양양하게 이 일본식 이름을 국민에게 전했다.

1942년 3월 육군성에서 발행한 『대동아전쟁』이라는 소책자(본문 139페이지) 첫 부분에는 "정의 없는 국가는 망하고 이상 없는 국민은 쇠한다. 다행스럽게도 황국 일본은 이 둘을 모두 갖고 있다"라고 쓰여 있다. 이어서 미국과 영국이 얼마나 일본의 존망을 위협하고 있는지를 소리 높여 외치고, 황국 일본은 그것을 타파하고 있다고 역설했다. 그리고 제3장 '자원으로 보는 대동아전쟁'에서는 동남아시아 각국과 각 지역의 자원이 얼마나 풍부한지를 구체적으로 기술한 다음, "남방 자원의 귀속 여부는 실로 우리 나라의 사활이 걸린 문제이며, 만약 이 자원을 미국이 독점한다면 우리 나라의 존립은 뿌리부터 위태로워질 것"이라고 말했다.

이들은 일본이 동아에서 자급자족 태세를 실현하면 100년의 전쟁을 수행할 정도의 힘을 가질 수 있다고 큰소리쳤다.

전편에 걸쳐 자기도취의 기색이 역력하다. 지금 나는 이 소책자를 다시 넘기면서 뭔가 견딜 수 없는 기분에 휩싸인다. 특별한 자원이 없는 일본은 기초 자원을 해외에서 공급받지 않으면 안 되는데, 그러기 위해서는 자원 공급국과 평화적으로 교섭하여 필요한 것을 사들이거나 군사적으로 침략하여 수탈하거나 하는 두 가지 방법밖에 없다. 일본은 후자를 선택하여 태평양전쟁으로 나아갔다. 그 부담감을 은폐하기 위해 필사적으로 미사여구를 늘어놓고 보편성이 없는 원리를 강변한 것이다.

이 소책자가 간행되었을 무렵인 1942년 3월 7일 대본영정부연락회의가 열렸다. 금후 전쟁 지도에서 어떤 방책을 취할 것인지가 주요 의제였다.

통수부의 기세는 당당했다. 참모총장 스기야마 하지메와 군령부장 나가노 오사미는 "미국과 영국 따위는 두려워할 게 못 된다"고 말했다. 미국의 전력은 개전 후 2년이 지나면 비약적으로 증대할 테지만 국민이 루스벨트 대통령의 지도를 따를지는 의문이라는 낙관적인 예측에 빠져 있었다. 참모본부는 어찌 됐든 장기전이 될 것이라고 말하고, 당장은 국력을 온전히 보존하기 위해 남방에 파견한 병력 45만 명을 25만 명으로 감축하고 대소련전에 대비해야 한다고 생각했다. 당시의 51개 사단을 1949년까지는 109개 사단으로 확충한다는 계획이었다.

이 회의에서는 우선 "제국의 자원권資源圈은 일본, 만주, 중국 그리고 서남태평양 지역을 축으로 하고, 오스트레일리아와 인도 등은 보급국補給國으로 한다"는 안이 채택되었다. 오스트레일리아와 인도까지 세력권에 둔다는 것이었다. 세력권이 개전 전의 예측보다 더 크게 팽창한 것은 승리에 도취되었기 때문이다.

자원 공급국을 이만큼 팽창시키자면 해상 수송력도 함께 확충하지 않으면 안 된다.

평상시라면 일본이 가지고 있는 수송능력과 국력을 유지하는 데 필요한 자원량의 조율을 정확하게 계산할 수 있다. 하지만 전시에는 이 밸런스가 상대방의 군사력에 따라 계속 변동한다. 이쪽의 계산은 어디까지나 이쪽의 주관적인 판단에 지나지 않는다. 서전의 승리에 도취하다 보니 냉정한 판단 능력을 상실해버린 것이다.

_____ 해상 수송력: 개전 1년 만에 상처투성이로

기획원 총재 스즈키 데이이치(육군 중장)는 이 연락 회의 전후에 통수부에 "개전 전의 약속대로 군사용으로 돌렸던 민수용 선박을 원상 복구했으면 한다. 그렇지 않으면 국력을 유지하기 어렵다"라고 요구했다. 통수는 "그럴 수는 없다"며 거절했다. 이때부터 정부와 통수부는 선박을 둘러싸고 대립하기 시작했다.

원래 일본은 100톤 이상의 상선 총 600만 톤을 보유하고 있었다. 기획원에서는 국민 생활을 유지하기 위해서는 최소한 300만 톤은 필요한 것으로 계산하고 있었다.

태평양전쟁이 시작될 경우 육군성에서는 150만 톤, 해군성에서는 200만 톤을 민간에서 징용해야 할 것으로 판단했다. 개전 전의 연락 회의에서 스즈키는 그 징용분의 80퍼센트를 받아들였고, 개전 후 4~5개월 동안은 민간의 상선이 줄어들어 수송력도 떨어질 터이므로 그 후에는 다시 민간으로 되

태평양전쟁에서 상실한 선박 적재 용량
(일본상선대 전시 조난사 조사)

연도	선박 수(%)	총 톤
1941년	9(0.4)	48,574
1942년	204(8.5)	884,928
1943년	426(17.8)	1,668,086
1944년	1,009(42.1)	3,694,026
1945년	746(31.2)	1,722,508
합계	2,394(100)	8,018,122

상실 사고 내역은 공중 폭격 902척(37.7퍼센트), 어뢰 공격 1153척(48.2퍼센트), 어뢰 접촉 250척(10.4퍼센트), 기타 89척(3.7퍼센트).

돌려달라는 조건을 달았다. 통수부도 이에 동의했다.

일본의 상선은 전쟁 1년째에는 50만 톤, 2년째에는 70만 톤의 손해를 입을 것이라고 계산하기도 했다. 이것은 미 해군의 공격 능력을 토대로 통수부가 예상한 숫자였다. 일본은 연간 45만 톤의 조선 능력을 갖고 있었다.

또, 태평양전쟁 개전 시 최악의 경우에는 170만 톤의 손해를 입어 160만 톤 정도로 떨어질 것이라는 계산도 있었다.

육군성 전비과는 160만 톤 정도로 떨어진다면 구리 제조 원료와 쌀 등은 80퍼센트, 석탄, 면화, 소금 등은 40퍼센트밖에 공급할 수 없을 것으로 내다보았다. 이런 상황에서는 국민이 도저히 살아갈 수 없다. 육해군의 징용을 300만 톤으로 제한하면 쌀, 석유, 구리 제조 원료 등 주요 물자는 80퍼센트 내지 100퍼센트까지 충족시킬 수 있을 터이며, 그래야 '어떻게든 될 것'이라는 결론을 내놓았던 것이다.

이리하여 육군성이나 해군성의 담당자들도 민수용 선박 300만 톤 정도면 일정 수준의 국민 생활을 보장할 수 있으리라는 점을 인정했다. 통수부가 개전 전의 약속을 지키지 않는다는 것은 국민 생활을 희생하여 전쟁을 계속 하겠다는 의사 표시이기도 했다. 전황이 좋을 때조차 형편이 이러했기 때문 에 전황이 악화되면 국민 생활이 어떻게 될 것인지 이미 이 단계에서도 충분 히 예측할 수 있었던 것이다.

결론부터 말하자면 일본의 동맥인 해상 수송은 육군성이나 기획원이 생 각한 최악의 숫자마저 큰 폭으로 밑돌았다.

앞의 표에서 볼 수 있는 것처럼, 1941년과 1942년 2년 동안의 침몰 톤수 는 합계 약 93만 톤이었다. 당초의 예상 숫자인 50만 톤을 훌쩍 넘어선 것이 었다. 게다가 건조는 24만 톤에 머물러 예상하고 있던 건조 능력의 거의 절 반 수준이었다. 1943년의 상실 선박량은 약 167만 톤이나 되었다. 건조는 51 만 톤이다. 1944년에는 실로 370만 톤 가까이나 되는 배가 침몰했고, 건조 한 것은 107만 톤이었다. 그리고 1945년에는 7개월 반 만에 172만 톤이나 침몰했으며, 건조 톤수는 47만 톤에 지나지 않았다.

패전 시 민수용 선박은 100톤 미만의 소형선을 포함해도 211만 톤까지 떨 어졌다. 더욱이 그것마저 이미 상처투성이여서 속도를 낼 수 없었고, 수송능 력도 극단적으로 낮은 선박뿐이었다.

국민 생활에 필요한 300만 톤을 상회한 것은 1942년 8월부터 12월까지 고작 5개월뿐이었지만, 그것도 실제로 취항 가능한 것만 따져보면 300만 톤 이 되지 않는다.

스즈키 데이이치는 1968년에 다음과 같이 술회했다.

"어쨌든 처음 예정한 것은 민수를 포함한 국력 유지를 위해 상시 300만 톤의 외항선을 반드시 갖고 있어야 하며, 그렇지 못할 경우 물자 동원 계획 에서 전쟁 물자는 물론 국력의 재생산도 불가능하기 때문에 그만큼은 꼭 갖 고 있어야 한다고 했습니다. 대체로 개전 후 4~5개월 동안은 작전을 해야

제24장. 선박포병 제2연대의 끝나지 않은 비극

하니까 그것이 불가능하다고 생각했습니다. 그런데 전쟁이 시작되자 되돌려 주지 않았을 뿐만 아니라 점점 더 징용을 하더군요. 이래서는 안 되지요."(일본 근대사연구회, 『스즈키 데이이치 담화 속기』)

육군 장교에게 선박 문제를 취재하면 하나같이 체면 싸움이었다고 증언한다. 해군이 원하는 톤수에 대항하기 위해 육군도 그만큼을 요구한다. 실제로 어떻게 운용할지는 부차적인 문제였고, 우선 기득권을 확보해놓고 보자는 심산이었다는 것이다.

참모본부의 전쟁지도반장이었던 다네무라 사코의 『대본영 기밀일지』는 자신의 일지를 전후(1952)에 간행한 것인데, 다네무라는 '주석'을 달아 당시 일지의 문면을 보완하고 있다. 예컨대 개전 전의 대본영정부연락회의(1941년 10월 29일)에 대해 기술한 뒤 다음과 같은 '주석'을 덧붙여놓았다.

"여기에서 실제로 제기된 숫자와 개전 직전인 10월 하순에 검토, 결정한 숫자를 비교해보면 상황을 낙관적으로 판단하고 있다는 것이 분명하게 드러난다. 좀더 깊고 넓게 연구했다면 기획원 총재가 아무리 힘을 썼어도 국력이 유지 가능하다는 결론은 나오지 않았을 것이다. 그러다 보니 11월 5일의 어전 회의 결정도 참고 견디자는 방안으로 귀결되지 않을 수 없었을 것이다. 지금은 이미 엎질러진 물이 되고 말았지만……."

그리고 1942년 3월 2일자 일지의 '주석'에는 다음과 같이 적혀 있다.

"(기획원에서 육해군에 묶인 선박을 풀어달라는 요청을 한 것과 관련하여) 이것이 선박 문제의 발단이었다. 작년 10월 말 연락 회의에서 결정된 것을 참모본부에서는 깜박 잊고 있었다."

참모본부는 선박을 어떻게 마련할 것인지, 어떻게 운용하여 국민 생활을 유지할 것인지 등등 기본적인 생각을 갖고 있지 않았다는 말이다. 어떻게 해서든 미일 개전으로 나아가야 한다고 외치면서 당초보다 전과를 훨씬 더 높게 설정했기 때문에 오로지 전선을 확대하는 데만 골몰하고 있었던 것이다.

앞의 표에서 볼 수 있는 것처럼, 태평양전쟁 기간에 군수용으로 전용되었다가 침몰한 상선은 합계 2394척이었다.

군함은 원래 전시용으로 건조되기 때문에 상대방의 공격을 받으면 응전이라도 할 수 있다. 하지만 상선은 본래 화물 수송용으로 만들어져서 전투에 필요한 군비를 갖추고 있지 않기 때문에 일단 전장 해역에 나가면 상대방으로부터 속수무책으로 당할 수밖에 없다. 보급 기관으로서 대임을 맡고 있는 까닭에 어찌 보면 당연한 일이다.

미국의 해군은 1942년 8월 과달카날 침공 작전 이후 잠수함을 태평양에 투입했는데, 새로 건조한 잠수함은 전지어뢰電池魚雷, 초단파 레이더, 무음측심기無音測深機, 피아식별장치 등 고도의 장비를 갖추고 있었기 때문에 일본의 수송선이나 유조선 등을 자유자재로 저격, 침몰시킬 수 있었다. 일본의 상선은 뱀의 눈에 포착된 개구리와 같은 것이어서 일단 잠수함의 조준권에 들어가면 확실하게 침몰했다.

_____ '아카쓰키 부대': 지금도 애매한 전사자 수

수송선은 병력을 수송하다가 격침되기도 했고, 남방에서 자원을 싣고 일본으로 오다가 표적이 되기도 했다. 또는 남방의 일본군 주둔지로 보급 물자를 수송하는 도중에 바다의 쓰레기가 되기도 했다. 인체에 비유하자면, 동맥은 갈기갈기 찢기고 피는 돌지 않아 점차 몸이 무너져 내리는 것과 흡사했다.

"우리는 소모품이었습니다. 정직하게 말하자면, 대본영의 참모들은 현장의 일은 전혀 알지도 못하면서 이 배는 여기로 보내고, 저 배는 저기로 보내라고 명령을 내렸던 것이지요. 언제 미군 잠수함의 공격을 받아 그대로 침몰해버릴지 몰랐기 때문에 선상에서는 늘 긴장하지 않을 수 없었습니다."

선박포병 제2연대 장교였던 고마미야 마사시치로駒宮眞七郎는 신음하듯이 이렇게 중얼거렸다. 주름진 얼굴이 일그러졌다.

1992년 1월 중순, 나는 사이타마 현 오미야大宮 시 역 앞 식당에서 고마미야를 만났다. 고마미야는 당시 75세였다. 전후에는 사이타마 현청의 직원으로 일했는데, 가슴속에는 언제나 선박과 운명을 함께한 병사들의 모습이 남아 있었다. 정년 후에는 선박 수송에 참가한 병사들을 진혼하기 위해 아직 아무도 손을 대지 않았던 육군의 선박 수송 실태를 조사하는 데 힘을 쏟고 있었다.

자신의 돈과 시간을 할애하여 관계 관청을 방문했고, 전우들을 찾아다녔으며, 해운회사의 간행물을 샅샅이 뒤졌다. 그리고 일련의 조사가 일단락될 때마다 자비를 들여 보고서를 정리해왔다. 1991년 1월에는 민간 상선 중 육해군에 징용된 선박(2623척)의 정확한 숫자를 밝혀냈고, 그것이 어디에서 어떻게 침몰했으며, 병사와 선원 그리고 민간인은 얼마나 타고 있었는지를 기록한 출판물 『전시선박사戰時船舶史』를 간행했다.

선박포병이었던 자신의 체험을 말할 때면 끊임없이 이어지던 당시의 싸움에 마음속 깊이 진저리를 치는 듯한 어조로 바뀌었다. 육군이 징용한 선박에 타고 있던 포병들의 부대명은 통칭 '아카쓰키 부대曉部隊'라고 했는데, 이 부대에 소속된 적이 있는 병사들의 이야기를 들어보면 금방 몇 가지 공통점이 있다는 것을 알 수 있다. 그들은 고사포나 고사기관포, 야포 등을 실은 배의 사수로서 승선했던 것이다.

그러나 태평양전쟁 당시에는 상선을 군용으로 전용했을 뿐 무기를 전혀 싣지 않은 선박도 있었다. 응급 처치로 미군 잠수함을 속이기 위해 목재를 사용하여 가짜 대포를 만들어 그것을 싣고 남방으로 향한 상선도 있었다.

이러한 상선에 타고 있던 육군 병사들은 태평양전쟁을 강하게 비판하곤 한다. 실제로 상선이나 육군이 전용한 수송선에 탔다가 전사한 병사의 수는 현재까지도 명확하지 않은데, 일반적으로 육군에 징용된 상선의 선원(군속)을 포함하면 대략 8만 명에 이르는 것으로 추정되고 있다. 한 척의 수송선이 침몰할 때면 승객 명부나 기밀 서류는 삼베로 만든 가방에 넣은 다음 무거운 돌을 매달아 바다 속으로 가라앉힌다. 군의 기밀을 지키기 위한 의무 사항이었다. 따라서 실제로 누가 타고 있었는지 명확하지 않은 경우가 많다. 아울러 반드시 '편승'하는 그룹도 있었다.(1943년 2월 7일 『아사히신문』에는 전선의 소식이 실렸는데, "종군 후 반년 동안 현지의 굶주림을 체험하고, 오로지 보급선이 도착하기만을 초조하게 기다렸던 기자들이 통절하게 실감한 것" "속력이 나지 않는, 대공 장비를 실은 빈약한 수송선이 (…) 적의 제공권 아래에서 할 수 있는 것이라곤 죽음을 무릅쓰고 정면으로 나아가는 것밖에 없다" "우리 선원들은 생환 가능성이 1만 분의 일도 되지 않는 결사 수송을 앞장서서 감행하고 있다" 등의 내용이 수록되었다.—옮긴이)

남방으로 향하는 배이기 때문에 연락을 맡은 병사나 병이 치유되었다고 판단되어 원대로 복귀하는 병사를 태우기도 한다. 보충이라는 명목으로 남방으로 향하는 병사를 실어 나르는 경우도 있었다. 따라서 실제로 배가 가라앉았을 때에는 누가 타고 있었는지 알 수가 없다.

선박포병들은 이러한 광경에 익숙했다. 그들이 전쟁에 대하여 강한 비판 의식을 가진 것은 어쩌면 당연한 일인지도 모른다.

다음은 고마미야와 주고받은 말이다.

아카쓰키 부대의 연대나 중대에 속한 적이 있는 병사들은 결코 부대사部隊史를 간행하지 않았더군요. 전쟁에 관해 너무 말이 없는 것 같은데…….

"확실히 부대사는 어디에서도 나오지 않았습니다. 내가 제2연대사를 정리했는데 그것이 유일할 겁니다. 자료도 적고, 방위청의 전사 등을 보아도 무슨무슨 배가 침몰했다는 딱 한 줄로 끝입니다."

당신이 1973년에 정리한 부대사도 여느 전우회에서 간행한 것과는 다릅니다. 그런데 『전시선박사』는 공식 발표된 2394척(고마미야의 조사로는 이보다 많다)의 침몰한 상선을 모두 조사한 이색적인 내용인데⋯⋯.

"아직껏 선박포병으로서 전사한 이의 실제 숫자조차 알 수 없다는 것은 슬픈 일입니다. 모두가 선박과 함께 바다 속으로 가라앉았고 또 언제 그랬냐는 듯이 잊었습니다. 딱한 노릇이 아닐 수 없습니다. 비극적인 이야기가 너무도 많습니다."

고마미야는 더듬거리며 이야기를 이어나갔다. 『전시선박사』를 쓰고 나서도 눈물이 마르지 않는다고 했다. 특별히 무장하지도 않은 선박이 미군 잠수함이나 폭격기의 포화를 뒤집어쓰고 그야말로 맥없이 가라앉았다.

고마미야는 '몬토리이루마루'(가와사키기선 소속, 육군에 징용, 총 6577톤)의 이야기를 꺼냈다.

1943년 1월 6일 새벽, 알류샨 열도의 파라무시르 섬에 있는 일본 해군기지에 무전이 날아들었다.

"우리, 지금 B17의 공격을 받고 있다⋯⋯."

"우리, 적기의 공격을⋯⋯."

무전은 뭔가의 공격을 받고 있다고 전했다. 조금 뒤 무전은 끊겼다. 몬토리이루마루는 호위선 없이 홀로 키스카 섬으로 향하고 있었다. 미군 폭격기의 공격을 받아 베링 해에 침몰한 듯했다.

이 상선은 1942년 11월부터 북동 방면의 보급을 맡고 있었다. 오타루-파라무시르 사이를 한 번 왕복한 후에 12월 9일 오타루 항을 떠나 키스카 섬으로 향했다. 1월 6일 새벽 키스카 섬 동북방 160킬로미터 지점에서 B17기의 공격을 받고 침몰했다. 이 배에는 독립보병 제302대대 260명, 독립공병 76명, 야전병원 관계자 23명 그리고 고사포 2문과 함께 선박포병 제2연대 제4중대 64명이 타고 있었다. 게다가 군속인 선원 93명이 선내 업무를 맡고 있었다.

이 배의 침몰은 물론 은폐되었다. 지금도 방위청 전사에서는 키스카 섬 방위에 대해 언급하는 부분에서 **몬토리이루마루 등**이 침몰했다"고 기록하고 있을 뿐이다.

고마미야는 당시 남방으로 향하는 수송선에 타고 있었다. 전후에야 같은 연대의 전우가 베링 해의 차가운 바다 속에 잠들어 있다는 것을 확실하게 알았다. 이 중대에는 그의 친구가 적지 않았다. 그들의 최후를 알고 싶었다. 태평양전쟁 기간 수많은 수송선이 침몰했지만 이렇게 홀로, 아무에게도 발견되지 않은 채 넓은 바다에서 옥쇄한 사례는 그다지 많지 않다.

쇼와 30년대와 40년대, 고마미야는 현청에 근무하면서 틈틈이 후생성과 가와사키기선을 오가며 각종 서류를 열람했다. 그러나 최후를 기록한 자료는 없었다. 유족들도 최후를 알고 싶다고 했다. 어떤 군인으로부터 폭격을 가한 미군 측에는 자료가 남아 있을지도 모른다는 이야기를 듣고 미 해군과 육군의 관계 기관에 편지를 썼다. 미 해군 정보관리부에서 답장이 왔다.

이 편지에 따르면, 미국의 폭격기는 일본군의 전함이나 수송선을 격침할 때 반드시 바다 속으로 침몰하는 모양을 사진으로 찍어 보존해야 했다. 그런데 어떤 자료를 봐도 몬토리이루마루의 최후를 보여주는 사진은 없다고 했다. 결국은 알 수가 없었다.

"그들이 어떻게 최후를 맞이했는지 상상할 수밖에 없지요. 제4중대는 필리핀 루손 섬의 링가옌 만 상륙 작전 때 데이카이마루帝海丸의 선박포병대로 참가한 부대인데, 히로시마의 우지나로 돌아왔다가 이번에는 북방 수송을 맡게 되었습니다. 우지마에서 질서정연하게 대열을 이루어 영문營門을 나섰던 중대의 동료들이 베링 해에 잠들어 있습니다."

고마미야는 이렇게 말하고 잠시 눈을 감았다.

이렇게 한 척이 침몰하면 육상의 부대에서 '전속轉屬'이라는 명목으로 잇달아 새로운 병사들이 수송선에 승선하는 선박포병대로 들어왔다. 그리고 그러한 병사들이 배와 운명을 함께하면 또 새로운 병사들이 '전속'해왔다. 근대 기술로 무장한 미군 잠수함에 비해 훨씬 더 열악한 병기를 실은 일본의 수송선은 적의 공격을 피하면서 꾸불꾸불 항해를 계속했다.

선박포병대에 소속된 적이 있는 병사들은 대체로 일가견이 있었고, 상관의 불합리한 명령에는 역으로 질문을 던지는 강한 성격의 소유자였다. 무조건 상관의 명령을 따르는 병사가 아니었던 것이다. 장교들은 때로 성가신 병사들을 이 부대로 전속시키기도 했다.

고마미야도 중국전선에서 상관에게 대항한 것으로 알려져 있었다.

중대장이 부하를 이끌고 '토비討匪'라고 부르는 작전에 나섰다. 중대장이 야포를 맡고 있던 고마미야에게 무선으로 공격을 하라는 명령을 내렸는데, 때마침 대대장이 시찰을 나왔다. 대대장은 무선 명령에 따라 야포를 쏘는 고마미야 등에게 "시끄러우니까 그만두라"고 호통쳤다. 중대장의 명령이라고 말하자 대대장은 "내 말이 들리지 않느냐"며 또 호통을 쳤다. 고마미야는 어쩔 수 없이 공격을 멈추었다.

그것이 중대장의 심기를 건드렸는지 나중에 '전속' 명령을 받았다. 고마미야는 난징으로 보내졌고 이곳에서 편성된 선박포병 제2연대에 속하게 되었다. 1941년 10월의 일이었다.

이러한 경위를 보아도 육군 장교들 사이에서는 선박포병대를 경시하는 경향이 있었다는 것을 알 수 있다.

제해권과 제공권을 상실한 후에도 참모본부는 어떻게 되나 보자는 심사로 도박이라도 하듯이 선박 수송을 멈추지 않았다. 그런 수송선에 태워진 병사와 선원의 목숨은 마치 장기의 말과 같은 것이었다.

대본영은 미드웨이 작전이 실패한 뒤 다시 선박 부대를 대대적으로 개편했다. 참모본부는 1942년 6월에 선박사령부를 만들었고, 7월에는 선박병단 사령부(사령관 사에케 분로 중장)를 설치했다.

과달카날 보급에서 59만 톤의 손실이 발생하다

선박포병 제2연대도 이에 따라 연대 본부와 대대 본부를 육상 근무로 이동하고 각지의 항만에 연락장교를 두게 되었다. 당초에는 싱가포르, 수라바야, 가오슝高雄 등에 두었는데 수송선의 움직임이 잦아지면서 오타루와 라바울, 말레이의 푸라이, 마닐라, 요코하마 등에도 연락장교가 파견되었다.

제2연대도 이런 항구에 주재하면서 다양한 정보를 접할 수 있게 되었다.

고마미야는 육군 대위로서 대대 부관을 명받았는데, 우지나의 장교집회소에서 1942년 6월 미드웨이 패전 소식을 들었다.

이 작전은 연합함대 사령장관 야마모토 이소로쿠가 강력하게 주장하여 진행된 것으로, 육군에서는 미드웨이 공략 부대라 하여 이치키 지대 3000명이 젠요마루와 난카이마루를 타고 우지나 항을 출발했다. 그 후 이 부대는 사이공으로 갔다가 그곳에서 해군의 육전대 및 건설대와 함께 미드웨이로 향했다.

그러나 일본의 기동 부대는 미군의 폭격으로 항공모함 4척을 잃었다. 젠요마루와 난카이마루는 미군 기동 부대의 공격권에서 멀리 이탈할 수밖에 없었다. 이리하여 젠요마루와 난카이마루는 도망쳐 나와 괌 섬의 아프라 항에 이치키 지대를 내려놓았다. 이치키 지대는 이곳에서 한 달 정도 훈련을 받은 뒤 과달카날 탈환 작전에 투입되었다.

　그 후 젠요마루와 난카이마루는 빈 배로 우지나에 돌아왔다. 젠요마루에 선박포병대장으로 승선했던 우에노 중위가 장교집회소에서 창백한 표정으로 미드웨이 작전의 전모에 대해 이야기했다.

　"안벽岸壁에 상륙했더니 갑자기 전원에게 정렬하라고 했습니다. 조금 뒤 선박사령관이 찾아와 '이번 작전 행동에 관해서는 일절 입 밖에 내서는 안 된다'며 엄중한 함구령을 내렸습니다. "따라서 이번 행동은 처음부터 끝까지 비밀 사항에 속하므로 여러분도 이 점을 염두에 두고 절대로 입 밖에 내지 않길 바랍니다."

　이렇게 전제한 다음, 우에노 중위는 전황에 대해 조금씩 설명했다. 항공모함 4척의 상실 소식을 전하면서 "항공모함의 상실은 앞으로 점령지의 유지와 보급에 차질을 빚을 것"이라며 목소리를 낮췄다. 제2연대의 장교는 아무 말이 없었다.

　수송이나 보급의 앞길을 낙관할 수 없다는 것을 즉각 알아차렸기 때문이다. 미드웨이의 패전은 육군 측에는 그다지 알려지지 않았다는 것이 정설이지만, 수송부대의 장교들은 이미 알고 있었던 것이다. 하지만 그것을 입에 올리는 이는 아무도 없었다.

　선박포병 제2연대는 1942년 8월부터 시작된 과달카날 탈환에서도 수송과 보급 부문을 담당해야 했다.

　제해권과 제공권을 미군에 빼앗긴 일본군은 다양한 전술을 사용하여 과달카날에 주둔하고 있는 일본 병사에게 식량과 무기 등을 보급해야 했다.

　구축함은 최소한의 장비만을 남기고 모든 중장비를 내려놓았다. 쌀을 한 포대라도 더 싣기 위해서였다. 선박포병대는 섬을 따라 이동하는 보급 루트도 생각했다. 드럼통이나 고무 가방에 보급 물자를 가득 담아 항구에 도착하자마자 표식을 달아서 바다로 투하했다. 하지만 가벼운 병기나 탄약 그리

제2부. 쇼와 육군의 흥망

고 당장 필요한 식량 정도만 그렇게 할 수 있었다. 과달카날 탈환을 위한 공방전은 5개월이나 계속되었는데, 일본은 이 싸움에서 약 59만 톤(130척)에 이르는 선박을 잃었다. 물론 이 숫자는 공표되지 않았다.

선박사령부는 이때 10월의 제1차 강행수송작전과 11월의 제2차 강행수송작전을 명했다. 제2차 강행수송작전에서는 수송선 11척에 제38사단 병력을 태우고 에스페란스 상륙을 노렸다.

선박포병 제2연대는 아리조나마루, 시나노마루, 칸베라마루, 프리스벤마루에 승선했다. 모두 미군 폭격기에 격침되었다. 아리조나마루 선박포병 기관포소대장 다카무라 히로시高村弘는 이렇게 회고한다.

"적기 대여섯 대가 공격 단위를 이루어 배 한 척에 맹렬한 포격을 퍼부었습니다. 선단은 어쩔 수 없이 대형을 풀고 폭탄을 피하려고 이리저리 움직였지만, 배의 속도가 워낙 느렸기 때문에 좀처럼 방향을 바꿀 수 없었습니다. 그러는 사이에 전방의 수송선이 폭탄을 맞아 불길에 휩싸였습니다. 우리 선박포격대는 모든 화력을 동원하여 적기를 격추하려 했고, 다른 수송선도 가진 화력을 모두 활용하여 맹공을 가하기 시작했습니다. 그런데 잠시 후 폭탄을 맞고 엔진이 멈췄으며, 선수船首의 고속포 2문과 선교船橋 좌현의 기관총 1문이 파괴되었고, 대원 중에서도 사상자가 나왔습니다. 기관부가 물에 잠겨 본선이 움직이지 못하게 되자 선장의 명령에 따라 전원 배에서 내려 보트로 옮겨 탔습니다."

미군 폭격기는 본선을 침몰시킨 뒤 보트에도 총격을 퍼부었다.

수송선 11척 가운데 4척은 간신히 에스페란스에 도착했지만 나머지 7척은 공습을 받아 전멸했다.

이리하여 과달카날 탈환 계획은 와해된다. 강행수송 작전에서 대부분의 수송선은 침몰했고, 무사히 과달카날에 도착한 배도 양륙揚陸 작업에 실패함으로써 보급은 완전히 성공하지 못했다. 설령 선장의 항해 기술이 뛰어났다

해도 그리고 선박포병의 사격 기술이 훌륭했다 해도, 미군의 압도적인 물량 작전 앞에서 일본군은 어떻게 손을 써볼 수 없었던 것이다.

고마미야는 증언한다.

"나는 과달카날 탈환 작전에는 참가하지 않았습니다만, 일본과 미군의 물량 차이는 이때 확연하게 드러났습니다. 예를 들면 미군은 상륙용 보트를 사용했는데, 선미의 문이 열리자마자 전차와 병사가 보트를 타고 달려 나왔습니다. 하지만 일본은 어땠습니까? 앞바다에 수송선을 멈춘 다음 부품을 따로따로 운반해서 조립합니다. 양륙 작업을 봐도 크레인을 이용하여 하루고 이틀이고 시간을 들여 모래밭으로 끌어올립니다. 이러니 미군 폭격기의 알맞은 목표가 될 수밖에 없지요."

이미 1942년 10월에 선박 수송에 참가한 병사들은 이 전쟁의 앞날이 비관적이라고 예측하고 있었다. 물론 그것을 입에 올릴 수는 없었기 때문에 병사들은 이리저리 배출구를 찾아 헤매고 다녔다.

수송선의 선박포병은 증원 병력이나 보급 물자를 항구로 운반하고 그곳에 며칠 동안 머무를 때면 술을 마시며 근심을 풀곤 했다. 그 때문에 육상의 병사들로부터 "선박포병은 태도가 좋지 않다"는 비난을 듣기도 했는데, 그들이 그렇게 행동한 것은 일단 해상으로 나가면 숨 돌릴 시간이 없었기 때문이고, 그들 자신이 전황을 가장 잘 알고 있었기 때문이다.

과달카날에 대한 제2차 강행수송 작전이 실패로 끝나갈 무렵, 도쿄에서는 선박 증징 문제를 두고 격렬하게 논쟁을 벌이고 있었다.

1942년 11월 16일, 참모본부 작전부장 다나카 신이치와 작전과장 핫토리 다쿠시로가 새로운 작전을 실행하기 위해서라는 이유로 선박 37만 톤의 증징을 요구하는 문건을 들고 도조 히데키를 찾아온 것은 이러한 배경에서였다. 과달카날에는 보급이 끊긴 채 3만 명의 병사가 고립되어 있었다.

제2부. 쇼와 육군의 흥망

"자꾸 배를 달라고만 하지 말고 아예 라바울에 보급기지를 설치하는 게 어떤가? 이대로 3만 명을 굶겨 죽인다면 그 책임은 통수부에 있다. 그런 일이 일어난다면 자네들은 살아서 날 볼 수게 없을 것이다. 지옥에서 만나자."

도조는 사납게 질타했다.

방비가 빈약한 수송선의 지속적인 보충

참모본부의 증징 요구는 민수용 배를 군수용으로 돌리라는 의미였다. 이 무렵에는 민수용 상선이 일시적으로 300만 톤을 회복한 상태였다. 남방에서 물자가 들어오면서 국민 생활은 비교적 순조롭게 돌아가고 있었다. 하지만 과달카날에서 상실한 배가 늘어나면서 참모본부는 위기감을 갖고 기사회생의 일대 결전을 치를 작정이었다. 국민 생활보다 체면이 중요했던 것이다.

도조는 그 작전에 분노했다. "지옥에서 만나자"며 거절했음에도 다나카와 핫토리는 집요하게 증징을 요구했다. 도조는 자신이 키운 참모라 하여 핫토리를 총애했고, 바로 그랬기 때문에 작전과장이라는 요직에 앉힌 터여서 결국 17만 톤까지는 받아들이겠다고 했다. 그런데 그렇게 했음에도 과달카날 탈환은 성공하지 못했고 역으로 수송선과 병력만 잃었다. 그리고 11월 하순의 제3차 총공격도 실패하고 말았다.

1942년이 저물 무렵, 민수용 상선은 과달카날 작전으로 단숨에 200만 톤까지 주저앉았다. 그만큼 육해군에 징용되었기 때문이다. 12월 31일 열린 어전 회의에서 과달카날 철수가 공식 결정되었다. 그러나 통수부는 1943년에도 증징할 것이라는 뜻을 내비쳤다.

선박 증징을 둘러싼 정치적·군사적 지도자의 다툼의 전제는 말단 병사들이 빈약한 수송선 때문에 생명을 잃는다는 것이어야 했다. 하지만 이에 대해 깊이 생각한 지도층 인물은 거의 없었다.

고마미야는 전후에야 이런 사정을 알고 격렬하게 분노하지 않을 수 없었다.

지바千葉 현 이나게稻毛에 귀환자 수용소가 있었다. 1946년부터 1948년까지 남방에서 출발한 귀환선이 요코스카 항에 도착할 때마다 귀환자 중 아카쓰키 부대 소속이었던 병사들이 이 수용소에 모여들었다.

귀환자들은 이 수용소에서 행방불명된 병사들의 이름을 전해 들었으며, 이 병사들이 어디에서 어떻게 전사했는지 아느냐는 질문을 받았다. 수송선·유조선·공작선·병원선 등에 승선한 병사들은 미군의 포격에 배가 침몰하면 그대로 생사불명으로 처리되었다. 다시 그들의 전시사망서를 발행하기 위해 복원국復員局의 직원(복원국은 일찍이 육군성과 해군성의 명칭으로 직원들도 전직 군인이었다)이 귀환자들에게 정보 제공을 요구했던 것이다.

귀환자들은 하루빨리 고향으로 돌아가기를 원했다. 그들 중에는 그 질문에 "나는 누구의 소식도 모른다"고 소리치면서 대답하려 하지 않은 자도 있었다. 행방불명된 병사의 이름을 듣고서 "그는 수송선을 타고 있다가 필리핀 바다에서 죽었을 텐데……"라며 애매하게 대답하는 사람도 있었다. 어떻게도 소식을 파악하지 못한 병사들의 경우, 이와 같은 애매한 대답을 바탕으로 전시사망서에 '필리핀 방면에서 전사'라든가 '사이판 방면에서 전사'라고 기재하여 유족에게 보냈다.

선박이 부족해서 육지에 올라와 있었던 고마미야는 루손 섬에서 인양되자마자 이 수용소로 불려갔다. 1946년의 일이다.

제2연대 소속이었던 병사들이 30명쯤 모여 있었다. 복원국의 직원이 행방불명자의 명부를 가지고 왔다. 두께가 자그마치 7센티미터나 되는 명부였다. "이 명부에 있는 사람의 소식을 아느냐"며 잇달아 병사들의 이름을 읽어 내려갔다. 직원을 빙 둘러싼 병사들은 그 이름을 들으면서 "아, 그 사람은 무슨 무슨 배를 타고 있었는데 그 배가 침몰했을 때 죽었을 것이다"라고 기억을 되살렸다. 그때마다 한숨과 침묵이 흘렀다.

이 작업은 실로 1개월 이상 걸렸다. 그로부터 40년 후인 1986년 고마미야 등의 노력으로 선박포병 제2연대에서 5948명이 전사했다는 것이 밝혀졌다. 연대 부관은 이 연대에 소속된 적이 있는 병사의 총원은 약 1만 명이라고 증언했다. 보통 연대는 1000명에서 1500명으로 구성된다. 선박포병은 잇달아 보충되었고 바다 속으로 가라앉았던 것이다.

고마미야는 『전시선박사』 말미에서 "구원받지 못한 운명 아래"라는 말로 선박포병이 놓여 있었던 입장을 표현한 뒤 다음과 같이 매듭을 지었다.

"생각하면 이러한 선박 작전의 제일선에서 분투한 사람들은 정말로 비장하기 그지없었다. (…) 지금 여기에 수록한 2623척을 비롯해 그 밖의 많은 선박이 대전 하에서 '참담'하게 희생되었고, 많은 동포가 목숨을 잃었다는 사실을 되새기면서 다시는 전쟁이 일어나지 않기를 진심으로 기원한다."

야마모토 이소로쿠의 전사와 육해군의 대립

1943년 2월 27일 열린 대본영정부연락회의에서는 '세계정세 판단'이라는 주제 아래 논의가 진행되었다. 과달카날 철수에 따른 일본군의 타격을 어떻게 만회할 것인지, 나아가 현재의 세계정세는 어떤 방향으로 흘러갈 것인지를 확인하고자 한 것이었다. 참모본부와 군령부의 막료들은 이 무렵 울적한 기분이었다. 처음에 비해 일본군 세력은 약해지고 있었고, 미군이 반격으로 돌아설 것이라고 생각했기 때문이다.

참모본부와 군령부, 즉 대본영이 정리한 원안에는 승리에 이르는 명확한 프로그램이 없었다. 전쟁 지도를 바로잡을 필요가 있다는 취지의 말이 포함되긴 했지만 명확한 방침이 제시되지는 않았다. 이러한 안에 대하여 정부를 대표해 수상 겸 육군상 도조는 강한 어조로 질문을 이어나갔다. 예컨대 도조는 이렇게 말했다.

"미국은 국내 분열과 병력 부족으로 전력이 점점 저하되고 있는 게 아닌가?"

하지만 대본영 측은 이 말에 동의하지 않았다. 도조가 조금이나마 승리로 이어질 계기를 찾아보라고 요구해도 대본영에는 표면적으로 그것을 긍정할 자료가 없었던 것이다.

당시 미국 정부와 군부에서는 일본군에 치명적인 타격을 가하기 위해 어디를 전장으로 택할지, 일본 본토를 어떤 경로로 공략할 것인지 논의하고 있었다. 그리고 맥아더가 제창한 엘렉턴 계획이 중심축이 되었다. 이 계획은 뉴기니와 솔로몬 제도의 일본군을 공격하면서 라바울까지 나아간다는 것이었다. 그 기간이 약 8개월, 그리고 그때까지 10여 차례 작전을 수행한다는 내용이었다. 남방의 요충지에 점점이 흩어져 있는 일본군을 철저하게 공격하면서 북상한다는 계산이었다.

적어도 도조가 말한 것과 달리 국내 여론의 분열도, 병력의 부족도 찾아볼 수 없었다. 오히려 유럽에 전력을 투입하면서도 그 여력으로 일본군과 싸우겠다는 여유마저 엿볼 수 있었다.

2월 27일의 대본영정부연락회의에서 결정한 '세계정세 판단'은 지극히 애매한 문안을 채택했다. 미국의 전쟁 수행능력에 대해서는 "1~2년 안에 대체로 정점에 달할 것"으로 보았고, 해군력에 대해서는 "1946년경까지 더욱 상승할 것"이라 했다. 결국 미군이 1943년 이후에 반격해올 것으로 예측하고, 미 해군의 전력은 3년 후에 정점에 도달할 것이라고 생각한 것이다. '1946년 경까지'라고 기한을 정했지만 특별한 근거는 없다. 단순한 바람이었다.

『기밀 전쟁일지』에 따르면, 당초 군령부는 문안에서 현재보다 '더욱 상승할 것'이라는 표현을 사용했다. 이것을 본 육군성 군무과의 막료는 이것은 미 해군이 끝없이 강대해질 것이라는 의미이므로, 향후 자원 배분을 둘러싸고 군령부가 계속 유리한 고지를 차지하게 될 것이라는 점을 우려했다. 그래서 단순히 '1946년'이란 말을 덧붙인 데 지나지 않는다. 여기서 찾아볼 수 있는 것이라곤 육군과 해군 관료들의 체면을 건 싸움밖에 없다.

제25장. 야마모토 이소로쿠의 전사와 육해군의 대립

결국 '세계정세 판단'이라는 문건은 그 싸움의 타협안이었던 셈이다.

이 회의 이후 시작된 것이 '81호 작전'이다. 이 작전은 동부 뉴기니에 대한 미군의 공격을 맞받아치기 위한 일본군의 보급 작전이었다. 게다가 이는 동부 뉴기니를 미군에 넘겨주면 머잖아 이들이 라바울로 진출할 것으로 예상되었기 때문에 일본군으로서는 중요한 작전이었다.

하지만 병력(제115연대 등 6900명)과 군수품, 병기, 식량 등을 실은 수송선은 미군의 공격을 받아 동부 뉴기니에 상륙조차 할 수 없었다. 실로 3664명의 병력과 군수품 그리고 병기 등이 바다 속으로 가라앉고 말았다. '81호 작전'은 참담한 패배라는 결과를 낳았다.

승리의 상징이었던 군인의 전사

육군 측은 해군의 군사력에 의문을 갖게 되었다. 병력과 군수품을 실은 수송선이 너무도 간단하게 미군의 공격에 물러서고 말았기 때문이다. 육해군의 통수부 막료들은 상호 의사소통이 필요하다고 생각하고, 우선 남동 방면에서 어떤 작전을 펼칠지에 대해 협의했다. 그 결과물이 3월 25일의 '남동방면작전육해군중앙협정南東方面作戰陸海軍中央協定'이다.

이 협정에는 연합함대 사령장관 야마모토 이소로쿠의 요망으로, 솔로몬 방면의 미군 항공 기지와 함선을 공격하여 미국의 폭격기에 타격을 가한다는 항목이 들어 있었다. 야마모토는 어떻게든 라바울을 사수해야 한다고 생각했던 것이다. 이 작전에는 '이호 작전'이라는 이름이 붙여졌다.

4월 5일부터 10일까지 솔로몬 방면(특히 과달카날의 항공 기지)을 공격하는 것을 X 작전, 4월 11일부터 12일까지 동부 뉴기니의 포트모르즈비를 공격하는 것을 Y 작전이라 불렀다. 이 작전을 지켜보기 위해 야마모토는 트루크 섬

제2부. 쇼와 육군의 흥망

에 정박한 연합함대의 기함旗艦 무사시武藏에 있던 연합함대사령부를 라바울로 옮겼다. 야마모토는 미군의 반격을 저지하기 위해서는 이 작전을 성공으로 이끌어야만 한다고 생각했다. 그리고 그에게는 만약 실패할 경우 일본군은 동남 방면에서 주도권을 완전히 상실할 것이라는 두려움도 있었다.

아울러 야마모토는 육군에 대한 대항의식도 갖고 있었을 것이다. 이 무렵 육군의 막료는 해군을 향해 비판적인 말을 퍼부었는데 그것도 적잖이 불쾌했을 터이다. 이 시기 야마모토는 태평양전쟁에서 승리를 상징하는 인물이었다.

육군 쪽에서 그런 야마모토의 속내를 이해한 사람은 1941년 예편한 이시와라 간지였다고 말할 수 있겠다. 이 무렵 이시와라는 국방연구회와 동아연맹을 이끌고 있었는데, 도조에 대한 혐오는 여전히 강해서 '도조 막부 정치는 일본의 오점'이라는 노골적인 비판을 서슴지 않았다. 이시와라의 비서역이었던 다카기 기요히사는 아내가 야마모토 이소로쿠의 조카이기도 해서 두 군인을 직접 알고 있었다.

1993년 당시 86세로, 미야기 현 나라세鳴瀬(현재의 히가시마쓰시마 시)에서 요코하마 시로 거처를 옮긴 다카기는 다음과 같이 증언했다. 그의 어조는 지금까지도 애석함으로 가득 차 있었다.

"이시와라 장군은 나에게 종종 말씀하셨지요. '아아, 야마모토는 괴로울 것이다. 저 사람은 전쟁의 앞길을 알기 때문에 지금 죽음의 장소를 찾고 있는 것이다'라고 말이지요. 이시와라 장군은 가슴속 깊이 야마모토 원수를 동정하고 있었습니다."

이시와라는 야마모토가 전쟁의 앞길에 어두운 구름이 드리워져 있다는 것을 알고 사지를 찾고 있다고 생각했던 것이다.

X 작전은 예정대로 진행되었다. 7일부터 14일까지 이어진 이 작전에는 일본군 비행기 682기가 출격했다. 그리고 미 해군의 순양함 1척, 구축함 2척,

제25장. 야마모토 이소로쿠의 전사와 육해군의 대립

수송선 25척을 격침하고 비행기 134기를 격추했다고 발표했지만, 그것은 크게 과장된 숫자였다. 구축함과 유조선 각 1척, 수송선 2척을 격침한 후, 수송선과 급유선 등 3척을 대파하고 비행기 12기를 격추하는 데 그쳤다. 반면 일본군은 21기의 비행기를 잃었다.

일본군의 전과가 과대 포장된 것은 조종사의 자진 신고 탓이었다. 미군의 경우, 조종사의 자신 신고와 함께 전투 후에 전과를 확인하는 비행기를 띄워 사진 촬영 등으로 최종적인 피아의 손해를 확인한다. 하지만 일본군은 그럴 여유가 없었다.

조종사는 언제나 자신이 모는 비행기의 공격으로 상대방에게 타격을 주고 싶어한다. 그것이 조종사의 심리일 것이다. 그 때문에 기지로 돌아왔을 때 조종사들은 경쟁적으로 전과를 과장하여 보고하고, 그 숫자가 가끔 그대로 받아들여지는 것이다. 당시에도 그런 폐단이 있었다. 그리고 야마모토는 이 과장된 보고 때문에 생명을 잃게 된다.

4월 18일 오전 6시 5분, 야마모토는 이 작전이 성공했다고 믿고 전선의 장병을 격려하기 위해, 아울러 이전부터 계획하고 있던 시찰을 하러 라바울 기지를 떠났다. 야마모토는 일식육상공격기一式陸上攻擊機를 타고, 참모장인 우가키 마토메宇垣纏는 다른 비행기를 타고 최초의 시찰지인 벨라라벨라 기지로 향했다. 여섯 대의 전투기가 그들을 호위했다.

야마모토는 시찰 도중 일행의 일정을 암호 해독한 미군 전투기의 매복 공격에 전사하고 마는데, 그 경위를 다시 검증해보면 육군과 해군의 대립 구도를 알 수 있다. 이 구도는 쇼와 육군과 쇼와 해군 사이에 깊게 패인 골을 보여주는 대표적인 사례다.

먼저 야마모토가 탄 일식육상공격기의 모습을 구체적으로 말하자면 다음과 같다.

야마모토기(1호기)에는 연합함대 군의장軍醫長 다카다 로쿠로高田六郎 소장,

부관 후쿠자키 노보루福崎昇 중좌, 항공갑참모 도이바타 구리오樋端久利雄 중좌 그리고 7명의 조종 요원이 탑승하고 있었다. 오전 7시 40분경 부건빌 섬 무츠비나 상공에서 야마모토의 전선 시찰에 관한 암호를 해독하고 있던 미 해군의 전투기(P38 12기 편대)와 교전이 벌어졌고, 야마모토기는 불길에 휩싸여 정글로 추락했다. 비행기의 추락과 함께 야마모토는 전사했다.

그러나 '야마모토의 전사' 소식은 국민의 사기를 떨어뜨릴 우려가 있어 당분간 감춰져 있었다. 그런데 5월 21일 대본영은 "연합함대 사령장관 해군대장 야마모토 이소로쿠는 올해 4월 전선에서 전반적인 작전을 지도하던 중 적과 교전하다가 비행기 안에서 장렬하게 전사했다"고 발표했다. 그리고 이 발표는 국민에게 절망감을 안겨주었다.

야마모토의 이름은 진주만 기습 공격이 성공한 이래 국민에게 '성전 완수'의 상징이라는 의미를 갖고 있었다. 그 이름이 사라진다는 것은 전쟁의 앞길에 막연한 불안이 드리워지는 사건이기도 했다. 그래도 "비행기 안에서 장렬하게 전사했다"는 대본영 발표의 구절은 정말이지 '군신軍神'에게 어울리는 이미지를 부여했다.

하지만 야마모토는 정말로 "비행기 안에서 장렬하게 전사한" 것일까? 우선 이것부터 검증해야 한다.

「야마모토 원수 국장 관련 문서」라는, 두께가 7~8센티미터에 이르는 자료집이 있다. 방위청 전사실의 자료 더미 속에 잠들어 있던 것인데, 나는 1992년 7월 어느 날 쇼와사 자료를

1943년 4월 3일 전선 시찰을 위해 뉴브리튼 섬 라바울에서 장병들을 격려하는 야마모토 이소로쿠 사령장관. 이로부터 15일 뒤인 18일, 솔로몬 군도의 벨라라벨라 섬으로 가던 도중 부건빌 섬 상공에서 미군기의 습격을 받아 격추되면서 전사했다.

오랫동안 뒤져온 연구자를 통해 이 자료의 존재를 알게 되어 그 자리에서 열람했다. 자료집의 첫 페이지에는 방위청 전사편찬관의 이름으로 "해군성 부관이 정리해서 남긴 것이며, 야마모토 이소로쿠 원수의 전사에서 국장까지의 각종 기록이다"라고 기재되어 있었다.

이 자료집의 제3항에 남동방면함대사령부에서 작성한 '사고 조사 개요'(1943년 4월 22일)라는 서류가 묶여 있다. '군기軍機' 위에 '비인秘人'이라는 큼지막한 도장이 찍혀 있고, '취급주의'라는 단서도 보인다. 즉, 고도의 비밀 보고서이므로 주의해서 취급하길 바란다는 의미다.

'사고 조사 개요'의 둘째 항목은 '수색 상황'이다. 여기에는 해군 수색대가 부건빌 섬의 '아코' 마을을 향해 수색해나가는 과정이 적혀 있고, 이하 다음과 같이 기록되어 있다.

'아코' 마을로 향한 부대는 도중에 우연히 육군 병사로부터 19일 13시 50분경 현장을 발견했다는 소식을 듣고 즉각 '생존자 없음'이라는 제1보를 발한다.(동 보고가 수색대 본부에 도착한 것은 19일 20시 10분경이다.)

현장을 발견한 육군 부대는 18일 우군 비행기가 추락한 것을 목격하고 당시 '아코' 마을에 막사를 설치하고 있던 도로건설대로 하여금 자발적으로 수색을 실시하게 했는데, 지휘관은 제6사단 제23연대 포병중대 보병중위 하스나 미쓰요시濱砂盈榮였다.

'아코'대(해군 수색대─옮긴이)는 19일 16시 30분 '아코' 마을에 도착하여 17시 00분부터 약 45분 동안 부근을 수색했지만 현장을 발견할 수 없었고, 일몰이 되어 일단 수색을 중지했다. 다음 날인 20일 6시까지 현장에 도착한 유해 11구를 수습하여 14시 해안에 도착, 19시경 사령부에 수용을 완료했다.

해군 수색대는 육군의 제6사단 제23연대 포병중대 소위 하스나 미쓰요시를 지휘관으로 하는 일대로부터 현장 발견 소식을 들었다고 되어 있다. 결국 첫 번째 발견자는 육군 병사들이었던 셈이다.

_____ 추락 시에는 생존?

그리고 야마모토가 추락 시에 사망하지 않았다는 것은 '조난 현장 부근의 상황'이라는 보고문에서 엿볼 수 있다. 이 서류는 (1)과 (2)로 나뉘어 있다. (1) 부분을 아래에 인용한다. A는 야마모토 이소로쿠, C는 군의장 다카다 로쿠로를 가리킨다.

3. 조난 현장 부근의 상황

(1) A는 군도를 왼손에 쥐고 오른손은 그것을 받친 채 기체와 거의 나란히 두부頭部를 북쪽으로 향하고 좌측을 아래로 한 자세를 취하고 있었다.

유해 아래쪽에는 좌석 쿠션이 깔려 있고 조금도 불에 탄 흔적은 없었지만 좌흉부左胸部에 적탄을 맞은 듯 피가 흐르고 있었다. 다른 사람의 유해는 전부 부패하여 거의 전신에 구더기가 들끓고 있었지만 A의 유해는 입과 코 근처에만 구더기가 기어다니는 정도였다.(사후 검안 결과는 별지와 같다.)

이와 별도로 남동방면함대사령부에서 작성한 조사 개요 중 '조난 현장 부근의 상황'은 이 사령부가 책임감을 갖고 해군성에 보고한 자료인데, 제1차 보고에 따르면, 야마모토는 군도를 왼손에 쥐고 오른손으로 그것을 받친 채 엉덩이에 좌석의 쿠션을 깔고 좌반신을 아래로 하여 가로로 누워 있었다. 그리고 "적탄을 맞은 듯" 피를 흘리고 있었다.

더욱이 군의장이나 부관, 참모 등의 유해는 부패가 심해 전신에 구더기가 끓고 있었지만, 야마모토의 경우 "코와 입 근처"에만 구더기가 기어다니고 있을 뿐이었다. 추락 시에 네 사람이 이미 사망하여 기체 밖으로 몸이 튕겨 나왔다면, 어떻게 야마모토 한 사람만이 왼손에 군도를 쥐고 오른손으로 그 것을 받치는 자세를 취할 수 있었을까. 또 군의장이 야마모토로부터 1미터 쯤 떨어진 곳에서 큰 대자로 누워 있는 것으로 볼 때, 야마모토의 생명을 지 키려고 했으나 곧 자신의 생명이 다하고 만 것이라고 추측할 수도 있다.

여느 사람들과 달리 야마모토 유해는 그 일부에만 구더기가 끓었다는 것 을 보면, 야마모토는 네 사람 중에서도 최후까지 생존해 있었고, 중상을 입 은 몸이라 곧 사망했다고 하는 편이 타당할 것이다. 야마모토가 탄 1호기가 격추된 것은 4월 18일 오전 7시 40분경, 육군 수색대가 이들을 발견한 것은 19일 오후 2시경으로 알려져 있다. 그리고 해군의 '아코'대는 20일 저녁 무렵 에 현장에 들어갔다. 이런 사실들과 더불어 남동방면함대사령부의 자료는 야마모토가 적어도 '어느 시점'까지는 생존해 있었다는 것을 말해준다고 할 수 있다.

야마모토는 현재까지도 인간적 매력이 넘치는 군인으로 사람들 입에 오르 내리고 있다. 쇼와 군인 중에서 가장 인기가 많다고 해도 좋을 것이다. 그에 관한 책 중에는 격추된 뒤 생존해 있었다고 말하는 것도 적지 않다(예를 들 면 니나가와 지카마사蜷川親正의 『야마모토 이소로쿠의 최후』 등).

만약 격추 시 생존해 있었다면 해군성이나 군령부에 책임을 물을 수도 있 다. 결국 미군과 싸우고 있는 최고사령관을 구출할 수 없었다는 점에서 해 군 전체의 문제가 된다. 특히 제1근거지사령부는 직접 책임을 추궁당하지 않 을 수 없다. 바로 그랬기 때문에 이 사령부는 어떻게든 비행기 안에서 즉사 했다고 하는 것이 좋으리라 판단했고, 해군 상층부도 암묵리에 이를 양해했 다고 나는 추측한다.

덧붙이자면, 해군성 부관이 작성한 서류에는 2호기에 타고 있던 참모장 우가키 마토메가 전선 시찰 전 야마모토의 언행에 관해 보고한 것도 포함되어 있다. 여기에는 "장관의 태도에서 약간의 변화를 발견할 수 있었다"고 적혀 있다. 이 보고에 따르면, 야마모토는 출발 전날 부관에게 유품 처리에 관한 글을 남겼고, 부탁받은 휘호를 모두 마무리했다. 그리고 그는 출발 날짜가 다가옴에 따라 "상당수의 편지를 썼다".

인생이 뒤바뀐 첫 번째 발견자

야마모토는 앞서 서술한 이시와라 간지의 추측대로 자신이 죽을 장소를 찾고 있었다고 해야 할 것이다.

야마모토의 사체를 처음으로 발견한 하스나 미쓰요시는 현재 생존해 있을까? 해군의 상징적 존재를 발견한 그는 육군 내부에서 어떤 취급을 받았을까? 육군 소속이었던 하스나가 해군 측으로부터 어떤 제약을 받게 되었는지를 밝히면 육군과 해군 대립의 일단을 엿볼 수 있을 것이다.

나는 전우회 등을 통해 하스나의 소식을 수소문하다가 그가 1985년 미야기 현의 병원에서 병사했다는 것을 알게 되었다.

그런데 미야기 시에서 발행하는 일간신문 1981년 8월 14일자 지면에 이때의 상황이 상세하게 실려 있다. 취재한 사람은 고로기 도시오興梠敏夫 기자였는데, 그는 1994년 현재 미야기 현 다카치호高千穂 정에 살면서 미야기 시 민속예능긴급조사상세조사원, 다카치호 문화재보호조사위원 등으로 일하고 있었다. 고로기에 따르면 하스나라는 인물은 이러했다.

"내가 취재할 때 그의 나이 71세였습니다. 고생을 많이 한 인물이라는 느낌이었지만 늘 얼굴에서 웃음이 떠나지 않았습니다. 산전수전 다 겪은 장교였으니 고생도 상당했을 법한데 그런 이야기는 좀처럼 꺼내지 않더군요. 야마모토 원수를 처음으로 발견한 사람이었음에도 그 사실을 과장해서 얘기하지는 않았습니다. 하지만 첫 번째 발견자라는 이유로 그의 인생은 크게 바뀌었다고 말할 수 있을 듯합니다."

하스나는 1909년 9월 미야기 현 미야코노조都城 시에서 태어났다. 1929년에 미야코노조의 보병 제23연대에 입대했다. 그곳에서 능력을 인정받아서인지 육군교도학교로 보내졌다. 부사관의 길을 걷게 된 것이다. 중일전쟁 때는 보병 제23연대 연대포중대의 조장曹長(상사)이 되었다. 곧 중국 북부에서 중부로, 그리고 남태평양으로 이동했다.

1943년 4월에는 소위가 되었다. 이 무렵 보병 제23연대는 부건빌 섬에 주둔하고 있었다. 주요 임무는 과달카날에서 철수한 부대를 수용하는 것과 미군의 새로운 공격에 대비하여 원활하게 작전을 펼치기 위한 자동차 도로를 만드는 것이었다. 하스나가 소위가 되었을 무렵, 부건빌 섬의 부인에서 모시게타까지 약 100킬로미터 길이의 자동차 도로가 완성되었다.

미군은 과달카날의 항공 기지에서 라이트닝이라 불리는 전투기(일본에서는 P38이라 했다)를 띄워 부건빌 섬을 감시하고 있었다. 그 감시의 틈을 뚫고 도로를 건설했던 것이다.

야마모토의 죽음으로부터 반년 후인 1943년 가을 부건빌 섬은 미군의 맹공격을 받았고, 일본의 수비부대와 증원부대는 필사적으로 저항했다. 일본군은 결국 제6사단을 중심으로 약 8만 명의 병력을 부건빌 섬의 공방전에 투입했는데, 그 가운데 일본으로 귀국한 생존자는 육군 약 1만2300명, 해군 약 1만6700명이었다. 남북 200킬로미터, 동서 80킬로미터로 미야기 현의 두 배쯤 되는 이곳도 격전지가 되었던 것이다.

고로기의 증언에서 하스나가 야마모토기를 처음 발견했을 당시의 과정은 지금까지 서술한 자료와 같은 내용이었다.

다만 하스나를 대장으로 하는 수색대는 조난을 당한 비행기가 야마모토 이소로쿠의 일식육상공격기라는 사실을 몰랐다. 이와 관련한 증언 내용을 앞서 말한 신문에서 인용한다.

"야마모토 대장은 비행기 동체에서 조금 떨어진 곳에서 좌석에 앉은 모습으로, 좌석과 함께 동체에서 튕겨나온 자세로 전사해 있었습니다. 군도를 두 무릎 사이에 세우고, 양손은 칼의 손잡이를 꽉 쥔 채 그 위에 머리를 숙이고 있었습니다.

나중에 알았습니다만, 복장은 해군의 제3종 군장으로 모자가 없었고 군화는 반장화였으며, 옷깃에는 대장 계급장이 붙어 있었고 가슴에는 많은 약수略綬(윗옷에 다는 약식의 훈장, 휘장, 문장, 기장 등을 이름)가 달려 있었습니다.

가장 인상적이었던 것은 양손의 흰 장갑입니다. 묘하게도 지금까지 가슴에 남아 있는 순백의 아름다운 장갑이었습니다.

가슴 호주머니에 수첩이 보이더군요. 두려웠지만 일단 확인한다는 의미에서 꺼내 펼쳐보았습니다. 표지 양쪽에 '야마모토 이소로쿠'라는 서명이 있고, 다음 첫 번째 페이지부터는 메이지 천황과 황후의 어제御製가 몇 수 적혀 있었습니다. 그리고 『만요슈』에 실려 있는 시도 한 수 적혀 있었습니다.

금일부터 뒤돌아보지 않고 / 대군大君의 방패로 나선 나는……

아름다운 필체였습니다.

그리고 왼손을 보니 손가락 두 개가 없었습니다. 꿰맨 자국만 있더군요. 야마모토 대장이 러일전쟁 때 포탄 파편에 맞아 손가락 두 개를 잃었다는 것을 들은 적이 있었기 때문에 이 유체는 야마모토 이소로쿠 대장이라는 것을 처음으로 알았습니다.

또 두 명의 참모 견장을 단 중좌와 조장의 유체 등 모두 11구를 수습하고, 야자나무를 베어다가 널판을 만들어 유체를 안치했습니다. (…) 중국 대륙에서도 수많은 전사자의 유체를 아무렇지도 않게 다루어왔지만, 이번에는 모르는 사람이 없는 연합함대 사령장관 야마모토 대장이라는 것을 알고 몸도 마음도 부들부들 떨렸습니다."

제25장. 야마모토 이소로쿠의 전사와 육해군의 대립

하스나를 비롯한 수색대는 야마모토 이소로쿠라는 것을 안 순간부터 이상하게 긴장한다. 그 사체를 눈앞에 두고 하나같이 말을 잃었던 것이다. 그들의 증언에서는 야마모토 이소로쿠가 추락 시 생존해 있었는지 여부가 분명하지 않다.

하스나가 이끄는 육군 수색대는 연대 본부로 향하는 도중 숲속에서 해군 수색대(사세보진수부 제6특별육전대 제1중대 제1소대, 수색대장은 요시다 마사오 소위)를 만난다. 하스나가 현장을 발견했다고 말하자 해군 수색대는 즉각 생존자가 있는지 묻는다. 육군 수색대는 이들을 현장으로 안내하여 야마모토 이소로쿠와 수행 장병 총 11구의 사체를 해군 측에 인계했다.

앞서 소개한 남동방면함대사령부의 '사고 조사 개요'는 이 해군 수색대의 움직임을 중심으로 작성된 것이다.

연합함대사령부의 참모 와타나베 야스지渡邊安次가 곧장 하스나에게 붓으로 쓴 감사장을 보내왔다. 하스나는 그것을 평생 소중하게 간직해왔다. 이 감사장은 와타나베 개인이 쓴 것이었는데, 무더운 날씨에 수색하느라 고생했다고 위로한 다음 말미에 이렇게 썼다. "끝으로 정전征戰을 완수하기 위해 더욱 분투하기를 기원합니다. 또, 본 사건에 관해서는 대본영에서 발표가 있기까지 극비에 부쳐주시고, 가능한 한 기밀을 누설하는 일이 없도록 배려해주시기 바랍니다." 결국 입 밖에 내지 말라는 것이었다.

하스나를 비롯한 수색대원은 즉시 내지로 돌아온다. 그 후에도 종종 헌병대의 감시가 따랐다. 그 때문에 부건빌 섬에서 벌어진 격전에 참가하지 않고 살아남게 된다. 그러나 수색대원들은 1943년 가을 이후 잇달아 격전지로 보내졌다. 이 역사적 사건을 목격했다는 이유로 오히려 육해군 지도부의 기피 대상이 되었던 것이다.

증폭하는 육군과 해군의 상호 불신

당시 육군성 군무국의 막료였던 군인의 말을 들어보면, 야마모토 이소로쿠의 죽음은 국가 최대 기밀이었고, 진상을 알고 있는 병사들의 입에서 이야기가 나올까봐 두려워 처음에는 그들을 도쿄의 부대로 옮기고 철저하게 감시했다고 한다. 미드웨이 해전이나 과달카날 전투 때와 같은 조치를 취했던 것이다. 더욱이 육군 지도부는 야마모토의 죽음과 함께 해군 내부에서 염전 분위기가 확산되는 것을 극도로 두려워했고, 남방 요충지의 해군의 작전 행동을 줄곧 의혹의 눈초리로 바라보게 되었다.

한편 해군의 연합함대사령부는 일단 야마모토기의 격추는 암호 해독 탓일지 모른다고 의심했다. 해군의 난수표亂數表는 그해 4월 1일 새롭게 바꾸었기 때문에 해독하기가 쉽지 않았을 것으로 판단했고, 오히려 육군의 벨라라벨라 수비대장이 부인에 있는 제17군 사령관 앞으로 보낸 전보가 수상하다고 생각했다. 이 전보에는 야마모토의 일정이 극명하게 드러나 있었기 때문이다.(이 점에 대해서는 다음 장에서 상술한다.)

결국 미국 측에서도 야마모토의 죽음을 발표하지 않았기 때문에 우발적인 전투에서 야마모토기가 격추되었을 것이라고 판단하고 일단 의심을 거둔다.

이리하여 육군과 해군 사이에는 불신감만이 잠재화되기에 이른다. 하스나 등의 육군 수색대는 그 틈새에서 휘둘리게 되었던 것이다.

1943년 6월 5일, 야마모토의 국장이 거행되었다. 히비야 공원 안에 설치된 장례식장에는 여러 황족과 정치·군사 지도자들이 참석했고, 해군 군악대가 의식곡 〈목숨을 바쳐〉를 연주했다. 오후에는 일반 시민 수만 명이 조문했다. 그 후 야마모토의 유해는 다마多摩 묘지로 옮겨져 매장되었다.

이날 오후 7시 30분, 시마다 시게타로 해군상의 '군신' 야마모토를 애도하는 연설이 JOAK(도쿄방송국)에서 흘러나왔다. 시마다는 첫머리에서 "이번 연합함대 사령장관 야마모토 이소로쿠 해군대장의 전사에 비추어 삼가 대훈위大勳位 및 공일급功一級을 추서하셨으며, 원수부元帥府에 오를 수 있도록 특별히 원수의 칭호를 하사하고 국장을 거행하라 하셨습니다. 또 황공하옵게도 자비로운 추도사를 내리신 것은 무인 최고의 영예이며⋯⋯"라고 말하고, 그의 최후에 관해서는 "올해 4월 최전선에서 전 함대의 작전을 지도하던 중 우연히 적기와 교전하다가 비행기 안에서 장렬하게 전사하셨는데, 그사이 원수는 시종 태연자약, 군도의 손잡이를 꽉 잡고서 마지막 순간까지 주장主將으로서 진실로 숭엄한 태도를 잃지 않았습니다"라고 찬양했다. 황국 해군에 불멸의 귀감이 되었으며, 몸은 쓰러졌어도 정신은 죽지 않을 것이라고 말하기도 했다.

시마다의 말투는 영탄조였는데, 이 슬픔을 "야마모토의 원수를 반드시 격파하는" 방향으로 향하게 하려는 것이 그의 노림수였다.

야마모토의 국장이 있던 날 도조는 자신의 메모장에 '야마모토 원수의 서거를 맞이하여'라는 제목으로 두 수의 와카를 적었다. 그중 하나를 보면 다음과 같다.

> 그대 떠나고 절실히 깨닫노라 책임이 얼마나 무거운지를
> 그렇기는 하나 멈추지 않고 싸워 이겨야만 하리라

도조는 야마모토의 국민적 인기를 잘 알고 있었다. 그 일각이 무너짐으로써 이제 자신이 떠맡아야 할 책임이 크다는 것을 자각하지 않을 수 없었던 것이다. 그러나 도조가 육군을 대표하는 군인으로서 야마모토에 필적할 만한 인기를 누리고 있었는지는 의문이다. 그 자신의 메모장을 통해 볼 수 있듯이, 이 무렵 도조는 과달카날이든, '이호작전'이든, 그리고 때마침 미군의 공격이 시작된 키스카 섬의 수비 상황이든, 해군의 대응이 미적지근하다며

격노하고 있었다.

도조의 말을 들어보면, 본래 태평양의 전투는 해군이 주도하고 육군이 도와주는 형태이기 때문에 전투가 일관되게 잘 진행될 때에는 육군을 업신여기기라도 하듯이 그 전과도 서둘러 발표한다. 그런데 일단 작전이 제대로 진행되지 않으면 안이하게 육군에 매달린다. 이처럼 예의에 어긋나는 것도 없다는 게 도조의 생각이었다.

'공세 마무리 시점에 대한 육해군의 연구가 충분하지도 않고 일치하지도 않는다는 점에 관하여'라는 제목의 메모에는 "개전 당초의 혁혁한 전과에 현혹되어 그 연구가 경시되었고 따라서 육해군이 명실공히 일치하는 점(일단 형식적으로는 일치하는 것처럼 알려져 있지만)이 없는 듯하다"라고 적혀 있다. 해군에 질질 끌려다니는 것은 육군으로서는 결코 바람직하지 않다는 것이었다. 도조는 아카마쓰 사다오와 가노오카 엔페이鹿岡圓平를 비롯한 비서진에게 이런 불만을 쏟아놓았다. 아카마쓰는 육군 출신이었기 때문에 넌지시 수긍했지만, 해군 출신인 가노오카는 도조의 말에 자신의 소속 집단이 상처를 입었다고 생각한 탓인지 반드시 솔직하게 수긍하지는 않았다.

도조는 대본영정부연락회의나 해군 측과 협의하는 자리에서는 자신의 이런 불만을 입에 올리지 않았다. 그런 말을 했다가는 해군 측의 반발을 사 정권의 자리를 지킬 수 없을 것이기 때문이었다. 그런 의미에서 국가의 중추를 바로잡을 만한 도량을 갖추고 있었다고는 도저히 말할 수 없다.

야마모토의 죽음이라는 사태에 직면한 '이호작전'은 실패로 끝났다. 미군은 일본군의 공격에 그다지 타격을 받지 않고 정해진 작전 행동을 착실하게 수행했다.

본래대로라면 야마모토의 죽음을 통해 일본은 솔로몬 섬 수비와 관련하여 대응책을 강구하지 않으면 안 된다는 것을 배웠어야 했다. 하지만 야마모토의 죽음은 군사적인 교훈으로 이어지지 못했고, 단지 "야마모토의 원수를 쳐부수자"는 식의 감정적인 반발을 불러일으키는 선에 머물고 말았다. 그리고 그 반발도 육군과 해군이 공유했더라면 국책이나 작전 계획에 영향을 미쳤을 테지만 사태는 그런 방향으로 흘러가지 않았다.

3월 25일의 중앙 협정에서는 부건빌 섬 주변의 북부 솔로몬 지역은 육군이 수비를 맡고, 뉴조지아와 이사벨 섬 등 중부 솔로몬 지역은 해군이 수비를 맡기로 결정했다. 부건빌 섬에는 제6사단이, 중부 솔로몬에는 남동 지대가 파견되었다.

그러나 육군은 중부 솔로몬 수비에는 어떤 관심도 보이지 않았다. 예컨대 해군의 구사카 류노스케草鹿龍之介 제11항공함대 사령장관은 육군의 제8방면군 이마무라 히토시 사령관에게 중부 솔로몬 방비를 위해 1개 사단의 증파를 요청했지만, 이마무라는 이에 응하지 않았다. 이마무라는 해군의 이러한 요청을 제멋대로라고 생각했던 것이다.

해군은 미군이 1943년 10월 이후 반격해올 때 중부 솔로몬이 대상이 될 것으로 판단하고 이곳의 방비를 가장 중시하고 있었다. 육군은 자신의 방비에 최선을 다했노라고 말할 수도 있겠지만, 협력 태세를 취할 열의를 갖고 있지 않았다고도 말할 수 있을 것이다.

야마모토가 전사하지 않았다면 이와 같은 알력은 없었을 것이다. 야마모토가 말한다면 어쩔 수 없다는 것이 참모본부 작전참모들의 생각이었고, 실제로 전장에 있는 육군 사령관도 그렇게 판단했다. 하지만 그와 같은 상징적인 존재가 사라졌기 때문에 육군과 해군은 노골적으로 대립과 불신 속에서 서로 충돌하게 되었던 것이다.

제26장 | 정보 없는 전쟁 지도의
무책임 체제

1943년 4월 18일 오전, 연합함대 사령장관 야마모토 이소로쿠가 탄 일식육상공격기가 격추되었고, 야마모토는 부관 및 군의장 등과 함께 전사했다.

야마모토의 죽음은 태평양전쟁 그 자체의 전환점이 되었다. 이제 그 의미를 상세하게 검증해둘 필요가 있다.

아이러니하게도 이것을 가장 잘 이해한 것은 미국 측이었는데, 태평양 함대 장관 니미츠 원수는 그의 저서 『위대한 해전The Great Sea War』에서 다음과 같이 썼다.

"대단히 꼼꼼하고 빈틈없는 야마모토 원수의 성격을 고려하여 항속거리가 긴 전투기 1개 중대가 핸더슨 비행장(과달카날)에서 출진, 그의 비행기가 착륙을 위해 가까이 다가왔을 때 계획대로 정확하게 격추했다. 일본 해군으로서는 가장 유능하고 가장 활동적인 지휘관 야마모토 이소로쿠를 잃은 것은 패배에 필적할 정도의 치명적인 타격이었다."

현재 미국의 역사가와 군사사가軍事史家들도 일본과 미국의 싸움은 "야마모토의 죽음으로 결판났다"라는 견해에 일치를 보이고 있을 정도다.

1941년 12월 8일 진주만 기습 공격으로부터 헤아리자면 1년 4개월, 확실히 그 기간에 해군의 작전은 야마모토의 주도 아래 진행되었다. 진주만 기습 작전 등은 야마모토의 타의 추종을 불허하는 착상에서 나온 것이었다. 해군으로서 총 6년 동안 주미 근무를 경험한 바 있는 야마모토는 일본이 미국과 호각지세를 이룰 정도의 군사력을 갖고 있다고는 생각도 하지 않았다. 개전 전에 "1년 동안은 태평양에서 대대적인 활약을 펼칠 수 있을 것"이라고 한 것은 이를 잘 말해준다. 가장 구체적인 이야기를 소개하자면, 야마모토는 개전 후에도 시마다 시게타로 해군대신에게 몰래 "미국과 싸우는 데 자신을 가진 사람으로 교체되었으면 좋겠다"고 말했다. 하지만 그때마다 "적당한 사람이 없다"며 각하되었다.

야마모토는 일본 해군에서는 그 그릇이 받아들여지기 어려운 유형의 군인이었다. 전사연구가인 요시다 도시오吉田俊雄(전 해군 대좌)가 쓴 것을 보면, 1907년의 「제국국방방침」 이래 해군은 "소수로 다수를 제압한다"는 방침 아래 전함을 중심으로 한 함대 결전 사상을 확립했다. 이를 위해 질이 같은 '주형鑄型'에 적합한 군인을 양성하는 것을 교육의 주안점으로 삼고, 독창적인 의견이나 유연한 발상을 가능한 한 배제하는 시스템을 구축했다. 함대 결전에서는 그런 군인만이 필요하다는 것이었다. 야마모토는 태생적으로 분방한 성격에다가 미국 근무와 항공 분야에서 일한 경력이 있어서 이미 태평양전쟁이 시작되었을 때에도 함대결전파와 일정한 선을 긋고 항공을 주력으로 한 작전을 주장했다.

진주만 작전, 미드웨이 해전 그리고 그 후의 과달카날 탈환에 동반한 솔로몬 해전 등은 야마모토의 구상 아래 진행되었는데, 미드웨이 작전 이후에는 미 해군에 압도되었다. 그러나 야마모토는 1943년 4월 초반 항공 작전을 주축으로 한 '이호작전'이 당초의 작전 목적을 달성했다고 판단하고, 앞 장에서 기술한 바와 같이 전선의 해군 장병을 격려하기 위해 쇼틀랜드로 향했던 것이다.

그는 전선시찰에 나선 자신이 미군의 공격 대상이 될 것이며, 죽음을 각오하지 않으면 안 된다는 것도 알고 있었다. 추측건대 진주만 공격으로부터 1년 4개월이 지난 시점에서 자신이 죽을 곳을 찾으려는 심경이었는지도 모른다. 연합함대 참모장 우가키 마토메는 부건빌 섬 시찰에 나서는 야마모토의 행동에서 "(여느 때와는 다른) 약간의 변화를 감지할 수 있었다"는 보고서를 해군대신에게 제출했다.

'암호 해독'의 의문: 우연한 조난이라고 판단하다

야마모토는 개전 전의 약속대로 1년 동안은 대대적인 활약을 펼쳤다. 하지만 이후의 일본은 군사력에 자신감을 갖지 못했고, 그런 그의 흉중에는 자신의 역할은 이미 끝났다는 생각이 자리잡고 있었을 것이다. 그리하여 누군가 '미국과의 싸움에 자신감을 가진 지휘관'이 전황을 떠맡아야 한다고 생각했을 것이다.

야마모토는 전사할 때까지 '암호 해독'을 알아차리지 못했다. 미군의 유능한 요원에 의해 일본군 암호가 해독되었고, 그 때문에 미드웨이에서 패했으며, 야마모토 자신은 죽음에 이르렀다. 그러나 야마모토는 그 사실을 알지 못한 채 죽었다.

야마모토의 죽음(해군 내부에서는 '갑사건甲事件'이라 불렸다)이 알려졌을 때 처음에 해군성과 군령부에서는 미군이 일본군의 암호를 해독해서 일어난 일일지도 모른다고 의심했다. 그래서 동남방면함대사령부에 사실 조사를 명했

제26장. 정보 없는 전쟁 지도의 무책임 체제

1942년 6월 미드웨이 작전 때 미군기의 공격으로 불길에 휩싸인 항공모함 '히류飛龍'. 이 작전에서 일본 해군은 4척의 항공모함을 잃었다.

다. 동남방면함대사령부가 조사한 뒤 해군대신 앞으로 보고서를 보낸 것은 1943년 4월 22일이었다. 사흘에 걸쳐 조사한 셈이다.

암호가 새나가고 있는지도 모른다는 의문에 동남방면함대사령부는 다음과 같은 보고서를 제출했다.

4. 적의 기도에 대한 판단 자료

① 적이 우리 비행대의 행동을 첩지諜知하고 계획적으로 요격하지 않았느냐고 판단되는 사항에 대해서는, P38 24기에 이르는 대병력을 부인 부근까지 출동시킨 것은 이번이 처음인 것만 봐도 계획적이지 않았을까 의심한다.

② 우연한 조난으로 추정할 수 있는 사항

　가. 부인 방면에 대한 적기의 내습 상황은 18일 이후에도 21일에 또한 수차례에 걸쳐 대거 내습한 것은 18일의 성공에 맛을 들인 결과이며, 18일의 성공은 우연한 것이다.

　나. 내습 고도가 낮은 것은 적이 '부인' 기지 또는 부근 소함대에 대하여 초저공 총격을 기도하고 강경 정찰 중이었기 때문인지도 모른다.

　다. 적의 태세는 요격의 원칙에 반한다.

　　(가) 고도가 1500미터라는 것

　　(나) 태양과 반대 방향에서 진입 공격한 것

　라. 우리의 기도를 첩지하는 것은 13일 NTF에서 발전發電한 행동 예정에 관한 전보를 해독한 것이 아니라면 불가능하다. 더욱이 난수표는 4월 1일 변경된 것이어서 이론적으로 해독은 불가능하다. 요컨대 이후의 적의 방송 발표 등을 아울러 고찰하면 우연한 조난이었을 가능성이 높다.

이 보고는 지극히 간단한 이유를 들어 미군의 P38 24기가 우연히 야마모토가 탄 육상공격기를 만난 것에 지나지 않는다고 결론짓고 있다. 결국은 고작 18일 전에 암호의 난수표를 바꾸었기 때문에 해독하는 것은 이론상 불가능하다는 말이다.

게다가 이 보고서에서는 암호 해독이 우려되는 사항에 대해 조사한 이유를 밝혔는데, 그 가운데 육군을 의심하는 구절이 나온다. 육군에서는 4월 14일에 발랄레이 기지 파견대로부터 부인 사령부 앞으로 전보를 보냈다고 말하고, 그 통신문은 "GF 장관 4월 18일 발랄레이, 쇼틀랜드 및 부인 시찰, 6시 안에 공격기(전투기 6기 포함)로 라바울을 출발하여 8시에 발랄레이에 도착, 즉시 구축정驅逐艇으로 쇼틀랜드로……"라는 내용이었다고 전한다. 그리고 그때 사용한 암호문에 대해 다음과 같이 썼다.

> 육군 암호문(과달카날 섬에서 적의 손에 들어갔을 가능성이 높다)으로 형식은 무한 난수식無限亂數式이다.('발랄레이'와 제17군사령부 사이의 전용 암호문 형식이다.)

해군 측으로서는 암호가 해독되어 야마모토기가 매복 공격을 받는 일은 있을 수 없으며, 굳이 말하자면 과달카날에 상륙한 육군 제17군사령부의 난수표가 미군의 손에 들어갔고, 그 때문에 미군 측에 해독되었을 가능성이 있다는 판단을 하고 있었던 것이다. 해군성이나 군령부 안에서도 해군 내부의 이 보고서를 본 사람은 몇 명의 막료밖에 없었다. 물론 육군 측에서는 이 보고서를 아무도 보지 못했다.

이 때문에 태평양전쟁 기간 해군 지도부 사이에서는 미군에 의해 육군 측의 암호가 해독되면서 야마모토 원수가 매복 공격을 받았다는 불만이 수그러들지 않았다. 그리고 육군 측은 그것을 전혀 알지 못하는 구도가 이어졌다.

전후에야 육군 측 막료들도 이러한 기록을 접한다. 쇼와 50년대 중반, 나는 『도조 히데키와 천황의 시대』라는 책을 쓰기 위해 육군성과 참모본부의 요직에 있던 막료들을 취재하러 다닌 적이 있다. 그들은 해군의 악행을 격렬하게 매도했는데, 예컨대 "해군이 미국과 싸울 수 없다고 한마디만 했다면 도조는 미국과 전쟁을 벌이지 않았을 것이다" "남방 요역은 해군 담당이었는데도 그들은 진지 하나 제대로 구축하려 하지 않았다" "미드웨이의 패전 등에 대해서는 육군에 알려주지 않았다"며 욕설을 퍼부었고, 급기야는 도쿄 전범재판에서 육군에게만 모든 책임을 뒤집어씌웠다며 분노했다.

이들 지도부에 속하는 막료들은 이미 고인이 되었는데, 그들은 금방이라도 미국과 싸운 것이 아니라 해군과 싸웠다고 말할 듯한 기세였다. 이때 도조의 측근 중 한 사람이 "그 무렵부터 야마모토가 전사한 것도 육군 탓이라는 말을 들었다. 말도 안 되는 소리다"라며 격분한 것이 인상적이었다.

이 책에서도 가끔 인용하지만, 대본영 육군부 참모 이모토 구마오는 그의 저서 『작전일지로 기록한 대동아전쟁』에서, 전후에 해군의 기록을 보고서야 육군의 타전에 의해 미국 측에 암호가 해독당했다고 적혀 있는 것을 알았다면서, "육군이 장관의 행동을 통신한 적은 없다"며 아무렇지도 않은 듯 기록했다.

정보 전쟁 : 너무나도 빈약했던 일본군

미국 측이 어떤 방법으로 일본 측의 전보를 해독했는지 그 상세한 내용은 정확하게 알 수 없다. 하지만 미국 쪽에서 발간한 전사 등에 따르면, 야마모토가 라바울 항공 기지를 떠나기 전날(1943년 4월 17일 오전 11시)에 이미 워싱턴 해군성에 있는 녹스 해군장관의 책상에 암호를 해독한 문서가 놓여 있었다. 여기에는 일본 해군의 전문이 이 무렵 빈번하게 전하고 있던 야마모토 이소로쿠의 행동 일정이 상세하게 적혀 있었다. 녹스는 루스벨트 대통령에게 즉시 이 전문의 내용을 전했다.

루스벨트는 "이 지휘관을 제거하라"고 명했고, 니미츠도 이에 대해 이의가 없었다. 미 해군으로서는 야마모토야말로 진주만 기습 작전으로 치욕을 안겨준 증오할 만한 상대였던 것이다. 미국 국민에게는 히틀러에 빗대질 정도로 혐오 대상이었다.

이 일정에 근거해 과달카날 항공 기지에서 P38을 발진시켜 격추할 수 있으리라는 판단이 내려졌고, 그대로 실행되었다.

미 해군의 암호해독반은 고작 약 2주일 동안에 어떻게 암호를 해독할 수 있었을까? 일본의 전사가들은 1943년 1월 과달카날 탈환에 나선 잠수함들이 해안에서 좌초하거나 침몰했는데, 이때 미국 측은 이들 잠수함 안에서 난수표를 빼내 그것을 참조하면서 새로운 암호를 해독했을 것이라고 추측한다. 암호에 대한 사고방식, 그것을 해독하는 시스템 등에서 일본과 미국 사이에는 큰 차이가 있었던 것이다. 곧 야마모토 이소로쿠가 전사한 것은 미국 측의 정보 전쟁의 승리였다.

태평양전쟁이 끝난 뒤, 미국 정부는 전략폭격조사단을 일본에 파견했다. 이 조사단은 일본군의 지휘관들을 잇달아 불러 그 군사 전략이 어떤 것이었는지를 물었다. 물론 미군의 폭격이 일본에 어떤 손해를 입혔는지를 확인하고, 투하한 자본(군사력)에 대해 어느 정도의 이익(군사적 효과)을 거뒀는지를 밝힘으로써 납세자를 납득시키는 것이 본래 뜻이었는데, 그 기회에 일본의 정보기관에 관해서도 조사한 결과 너무나도 빈약한 데에 놀라움을 금치 못했다.

조사단의 보고서에는 다음과 같이 적혀 있다.

"이번 전쟁 전반을 통틀어 말할 수 있는 것은 정보요원 훈련 계획이 전혀 없었고 이것이 일본의 정보활동을 저해했다는 점이다. 일본의 경우 육군대학교와 항공장교양성학교에도 정보 관련 수업뿐만 아니라 특수한 정보 과정

제26장. 정보 없는 전쟁 지도의 무책임 체제

도 없고, 약간의 정보 훈련이 진행되긴 했지만 그것도 전술이나 전사, 통신 등 부수적인 과정에 지나지 않았다. 따라서 정보 임무를 부여받은 장교들은 전장에서 스스로 새로운 임무 수행 방법을 획득할 수밖에 없었다."

일본은 정보 수집 및 해석 시스템에 관하여 아무런 생각이 없었다. 육군에 한정하여 말하자면, 참모본부에는 분명히 정보부가 있었지만 여기에는 줄곧 "독일의 정보는 옳다"거나 "소련의 정보는 틀렸다"는 믿음밖에 없었고, 미국이나 영국의 정보는 개전 뒤에도 경시되었다.

참모본부의 영미반장이었던 오야 가쿠조大屋角造는 전후에, 참모본부의 정보는 언제나 대소전에 초점을 맞추고 있었는데 그것이 미국 중심으로 바뀌어 본격적으로 정보 수집에 나선 것은 1943년 후반부터였다고 술회한다. 결국 미국이라는 나라의 실상 따위는 알지도 못한 채, 그리고 그 국력도 정확하게 이해하지 못하고서 싸웠던 것이다. 과달카날에서 저와 같은 소모전에 들어갔을 때 미국 해병대원의 높은 사기와 풍부한 물량에 놀라면서도 그것을 객관적으로 분석하지도 않고 작전 계획을 세웠던 것이다.

1943년에 접어들어서도 참모본부 작전부에는 뉴기니나 솔로몬 제도의 섬들을 정확하게 그린 지도가 없었다고 한다. 등사판의 조악한 그림을 바탕으로 전투 명령이 내려졌던 것이다. 그러니 달랑 붉은 종이 한 장을 받고 전선으로 떠난 일본군 병사들은 정말이지 소모품 취급을 받았다고 해도 할 말이 없을 것이다.

쇼와 육군을 조사하다 보면 알 수 있지만, 참모본부 작전부에 배속되는 엘리트 관료에 관하여 은밀하게 내려오는 불문율이 있었다. 육군대학교 졸업자 50명(해마다 약간의 증감이 있다)은 쇼와 육군의 지도적인 지위를 보장받은 것이나 마찬가지였다. 더욱이 이 가운데 성적 우수자(상위 10퍼센트, 보통 5~6명)는 특히 군도쿠미軍刀組라 하여 참모본부 작전부에 배속된다. 그들은 도쿄 이치가야에 있었던 참모본부 건물 2층의 한 방에서 집무했는데, 여기에는 작전부원 외에는 아무도 들어올 수 없었다. 벽에 걸린 남방 요역을 나타내는 대형 지도를 뚫어지게 바라보면서 현지로부터의 전투 보고를 듣고, 그것을 바탕으로 새로운 명령을 내렸다. 또는 국책의 핵심이 되는 전쟁 방침을 정하고 그것을 해군의 군령부 작전부와 조정하여 가끔은 정부에 대본영의 의향이라며 전하기도 했다.

이러한 참모본부 작전부에서 현지 파견군에 내려지는 명령은 통수권을 책임진 천황의 명령 그 자체였다. 현지 파견군은 그 어떤 명령도 어길 수 없었다.

작전부 참모들은 정보부를 포함해 다른 부문의 참모들에게 강한 우월의식을 갖고 있었다고 해도 좋을 것이다. 정보를 객관적으로 분석하지도 않고, 정보부가 수집한 다양한 데이터도 거의 고려하지 않은 채, 오로지 자신들이 생각하는 지식에 따라 작전 명령을 내렸다. 쇼와 육군 안에서 정보부에 적을 두었던 엘리트 군인들은 전후에 자서전류의 전기戰記나 회고록을 쓰곤 했다. 대표적인 것이 스기타 이치지의 『정보 없는 전쟁 지도』와 호리 에이조堀榮三의 『대본영 참모의 정보전기情報戰記』 등이다. 그들의 글에서 공통되게 드러나는 것은 태평양전쟁이 틀림없이 정보전이었는데도 그것을 알지 못하고 전쟁을 계속했다는 자성自省이라 할 수 있다.

앞에서 언급한 미국의 전략폭격조사단은 일본이 왜 이렇게 정보를 경시했는지에 관하여 흥미로운 분석을 내놓았다.

그들의 분석에 따르면, 일본은 중국과의 전쟁에서 정밀한 정보 조직을 필요로 하지 않았다. "일본 침략군에 협력한 중국인이나 특수 기관"에 의지하다 보니 정보 수집이나 해석을 시스템으로서 구축할 수 없었고, 수상한 정보원에게 기밀비를 지불하고 그들이 가져오는 정보를 이용하는 데 지나지 않았다는 것이다.

제26장. 정보 없는 전쟁 지도의 무책임 체제

1992년 7월, 나는 도쿄에 있는 음식점에서 일찍이 대본영 정보 참모였던 호리 에이조를 만났다. 당시 호리는 78세였다. 전년 1월에 출신지인 나라 현 어느 촌의 촌장이 되었다. 이 마을의 정치도 이른바 지방의 '보스'에게 휘둘리는 경향이 강했는데, 그것에 의분을 느낀 마을 사람들이 호리를 찾아와 마을을 재생시키는 데 진력해달라고 부탁했다. 대학 강단을 떠나 한가롭게 시간을 보내고 있던 호리는 마을 사람들의 열의를 이기지 못하고 촌장 역할을 맡기도 했다.

1995년 6월 호리가 병사하기까지 나는 쇼와 육군의 공죄功罪에 관하여 그와 여러 차례 이야기를 나누었다. 호리는 1942년 11월에 육군대학교를 졸업했다. 그 후 육군대학교 교관 등을 거친 뒤 1943년 10월부터 대본영의 정보 참모가 되었다. 특별히 정보에 관하여 배운 것은 없었기에, 어떻게든 실무를 통해 배울 수밖에 없었다.

"귀 없는 토끼"

"일본이 전쟁에서 진 것은 정보에 관하여 확실한 생각을 갖고 있지 않았기 때문입니다. 나는 전후에 자위대에 적을 두고 서독에서 대사관 소속 무관으로 근무한 적이 있습니다만, 그때 읽은 책에 '토끼의 전력은 빠른 다리일까 아니면 큰 귀일까'라는 설문이 실려 있더군요. 답은 큰 귀입니다. 그것이 없다면 달리기 전에 당할 게 아닙니까? 결국 일본군은 큰 귀를 갖지 못한 토끼였던 셈입니다."

이 이야기는 호리의 책에도 언급되어 있다. 호리에 따르면, 진주만 공격으로 일본은 분명히 전과를 얻긴 했지만 그에 비례하여 큰 손실도 입었다.

미국 정부는 개전과 동시에 일본계 사람들을 수용소에 수용하여 미국 시민으로부터 격리했다. 워싱턴에 주재하고 있던 일본 대사관의 무관과 외교관은 일본계를 통하여 대규모 정보망을 만들었다고 한다. 그 정보망을 끊기 위해 미국 정부는 일본계 사람들을 수용소에 수용했다. 물론 미국 정부는 현재까지도 그런 이야기를 노골적으로 입에 올리지는 않지만, 이 정보망이 끊김으로써 일본은 미국의 생생한 정보를 입수할 수 없게 되었다는 것이다.

1943년 10월 정보부 독일과에 배속된 호리는 정보 참모가 되고 얼마 지나지 않아 과장인 사이고 주고西鄉從吾에게 이끌려 주일 독일 대사관의 주재무관 크레치머A. Kretschmer 소장과 회식을 한 적이 있다. 크레치머는 독일의 동부전선은 열세이긴 하지만 아직 괜찮다며 당당한 태도를 취했고, 사이고는 사이고대로 미국의 징검다리 작전(일본이 점령하고 있는 남방 요역의 섬들을 하나씩 뛰어넘듯이 진격하는 작전)도 언젠가는 뒤집어엎을 수 있으리라고 응수했다.

크레치머는 사이고의 말을 들으면서 "그런데 일본 해군의 암호가 미국에 도난당하고 있는 게 아니냐"고 물었다.

이 이유에 관하여 크레치머는 1942년 8월 17일 미국의 잠수함이 마킨 섬에 기습 공격을 가한 것을 예로 들었다. 과달카날 전투 직후의 일이다. 마킨 섬에는 수십 명의 일본군 수비대가 있을 뿐이었는데, 미군은 19척의 고무보트로 은밀하게 해병대원 약 200명을 상륙시켜 일본군을 제압한 뒤 즉각 철수했다. 크레치머는 미군에는 특별히 훈련된 암호문 탈취부대가 있어서 가끔 이와 같은 수를 쓴다고 충고했다. 미드웨이 해전에서도 미군에 암호가 해독되었기 때문에 대패를 맛본 것인지도 모른다고 덧붙였다.

호리는 다음과 같이 술회한다.

"나는 이때 처음으로 미드웨이에서 참패했다는 것을 알았습니다. 그때까지는 전혀 모르고 있었지요. 그리고 암호 해독이니, 정보 수집이니, 정보 해석이니,

　제26장. 정보 없는 전쟁 지도의 무책임 체제

전에는 들어보지도 못한 독일어가 나오더군요. 미군은 상당한 적이라고 생각했고, 독일도 그러한 정보 면에서는 일본과 비교가 되지 않는다며 감탄했습니다. 실제로 전후에야 안 것입니다만, 크레치머 소장의 지적은 상당히 정확했습니다."

당신은 나중에 대본영의 정보 참모로서 정보 분석에서는 제일인자가 되었습니다. 예컨대 징검다리 작전에서는 미군이 다음에 어떤 곳을 어느 정도의 전력으로 공격해올지 적확하게 맞혔습니다. '대본영의 맥아더'로 소문이 나기도 했지요……

"그것은 철저한 정보 해석의 결과입니다. 예를 들면 우선 미국 육해군의 각 부대가 지금 어디에 얼마나 있는지, 본국에서 쉬고 있는 이는 얼마나 되는지, 유럽 전선과 태평양 전투에는 얼마나 투입되고 있는지 등등을 모두 파악합니다. 미국 함대는 어디에 있는지, 수송선은 어떤 방식으로 움직이고 있는지 등을 늘 머릿속에 넣어둡니다. 그리고 미군의 기본 전략은 무엇인지, 지금은 그것을 위해 어떤 전술을 펼치고 있는지 등 전체적인 그림을 다각적으로 고려하면서 해석해나가는 것입니다."

예컨대 공격 예정일 등은 어떤 식으로 파악합니까?

"다양한 방법이 있습니다. 한 가지 예를 들면 이렇습니다. 미국의 라디오 방송을 계속 듣고 있는 부서에서 각종 데이터가 올라옵니다. 아무런 관계도 없는 것처럼 보이는 주식 방송에도 주목합니다. 어떤 회사의 주가가 어떻게 되었는지 방송을 하지요. 그것을 표로 작성해가면, 통조림회사나 말라리아 약을 만드는 제약회사의 주가가 올라간 뒤 반드시 미국 주도의 새로운 작전이 시작된다는 것을 알 수 있습니다. 즉, 어딘가를 공격하기 전에 미국 해병대원에게 말라리아 약이나 통조림을 대량으로 건네주기 때문입니다. 이러한 정보를 해석하면서 미군이 노리고 있는 섬이 어딘지를 상정하는 것입니다."

어느 정도의 규모로 공격해올 것인지도 대략 상정할 수 있었겠군요.
"수송선에 탄약이 얼마나 실려 있는지, 병력은 얼마나 파견되는지 등 다양한 숫자를 해석함으로써 알 수 있는 경우도 있습니다."

그러한 정보가 작전부에 피드백으로 전달되는 시스템은 없었습니까?
"잘 아시다시피 대본영은 각 전문 집단의 모임입니다. 작전부에 있으면서 정보부의 정보에 의거하는 것은 체면상 상당히 어렵다고 생각하지요. 나 자신도 때로는 작전참모와 함께 행동하기도 했습니다만, 그런 사례는 상급직 군인의 사고방식에 달렸지요. 나는 일개 막료였기 때문에 상부의 의사결정을 구체적으로는 알 수 없었지만, 내 보고가 어느 정도 받아들여졌는지는 전후에 관련 자료를 봐도 분명하지 않더군요."

호리는 구미과에도 배속되었는데, 미군과 싸우고 있음에도 불구하고 이부문도 1943년이 저물 때까지 몇 명 되지 않는 인원으로 운영되고 있었다. 그는 "이것이 적을 정면으로 응시하고 있는 부서란 말인가" 하고 생각했다.

_____ 뒤늦게 알아차린 '정보'의 중요성

1943년 11월 호리는 정보부장 아리스에 세이조有末精三에게서 미군의 전법을 연구하기 위해 전선을 시찰하고 오라는 명령을 받았다. 해군의 비행정으로 트루크 섬으로 향했다. 트루크 제도에 여름이 한창일 때 섬에 도착했다. 이곳에서 비행기를 타고 뉴브리튼 섬의 라바울로 가기로 했다. 해군 수송기가 온다기에 그것을 타려고 했다. 그런데 해군의 장관과 부관이 급하게 탑승하게 되어 호리는 내려야만 했다. 그러나 얼마 뒤 육군 정찰기가 라바울로 향한다고 해서 그것을 타고 가기로 했다.

세 시간 뒤, 호리가 라바울에 내리자 해군 장교가 "당신 혼자만 타고 왔느냐"고 물었다. 이야기를 들어보니 해군 수송기는 아직 도착하지 않았다고 했다.

호리를 마중 나와 있던 제8방면군 정보 참모가 이 말을 듣고 "해군기가 미군에 당한 것 같다"고 중얼거렸다.

"전선에 나와서 처음으로 나는 운이 좋았다고 생각한 동시에 암호나 정보의 무게를 가늠할 수 있었습니다. 그 참모는 '아무래도 해군의 암호가 읽히고 있는 듯하다. 4월 18일 야마모토기가 격추된 이래 이상한 일이 자꾸 일어난다'고 말하더군요. 부건빌 섬 방면 공격에 나서는 해군 항공기는 늘 미군의 매복 공격을 당한다는 것이었습니다. 그 때문에 육군에서도 적이 해군의 암호를 해독하고 있는 게 아닌지 의심하고 있다고 말했습니다."

물론 육군 측에서는 이 사실을 해군 측에 전하지 않았다. 아니, 그런 것을 서로 주고받을 분위기가 아니었다. 이것은 일본에만 한정된 것이 아니다. 어느 나라에서나 육군과 해군 사이에 씻을 수 없는 대립과 반목이 있다. 이는 문민 통제라는 이름 아래 대통령이 일체의 권한을 장악하여 그것을 조정하기도 하고 히틀러처럼 전권을 자신이 쥐고 자유자재로 제어하기도 하는 지휘 시스템을 낳았다.

그런데 일본의 경우 천황에게 모든 권력이 집중되어 있었지만 실제로는 참모본부나 군령부가 독자적으로 작전 행동을 추진하는 형태였다. 공동 작전을 수행할 때에는 참모본부와 군령부에서 협의하여 중앙협정을 만들고 현지 군에 명령을 시달하는 방식을 취했다. 이 형태는 때로 군 관료의 체면 경쟁을 초래하기도 했다.

호리를 비롯하여 정보 참모들의 이야기를 들어보면, 대본영의 상층부나 작전부의 막료 그리고 각지에 파견되어 있는 사령관 등은 미국의 군사력이나 전법 분석 그리고 정보 수집과 해석 등 그 어떤 것도 하지 않고 오로지 책상에서 계획을 짠 다음 병사들을 움직였다. 이런 상황에서 미비한 계획을 보완하는 것은 '정신력뿐'이라는 공허한 논리가 영향력을 행사할 수밖에 없다.

야마모토 이소로쿠의 죽음은 사실 쇼와 육해군이 얼마나 피폐했는가를 구체적으로 보여준 사건이었다. 물론 야마모토 자신이 그런 피폐함을 직접 보여주었다고 말할 수는 없을 것이다. 하지만 만약 그의 죽음을 계기로 미군이 '대일전쟁 시스템'을 어떻게 구축하고 있는지, 이 전쟁에 어느 정도의 국력을 투입하고 있는지 등을 상세하게 검증했다면, 이 전쟁 자체에서 뭔가 자성이 필요하다는 것을 분명히 알았을 터이다.

해군 장로이자 중신이었던 요나이 미쓰마사는 야마모토의 사망 소식을 접하고, "야마모토는 죽기에 괜찮은 장소를 찾으려 했을 것이다. 그러나 안타깝게도 야마모토는 일본 때문에 죽었다"며 아쉬움을 토로했다고 한다. 이것은 요나이와 야마모토의 비서관으로 일한 적이 있는 사네마쓰 유즈루에게 직접 들은 이야기인데, 요나이 역시 야마모토의 죽음으로 대미 전쟁의 향방이 어떻게 될지 내심 불안해하고 있었던 것이리라.

해군 지도부도 육군의 막료도 야마모토의 죽음으로부터 교훈을 얻은 게 아니라 오히려 그것을 은폐하는 데 힘을 쏟았다. 야마모토는 태평양전쟁을 일정 기간 승리로 장식한 상징적인 존재였고, 야마모토라는 이름이야말로 이 전쟁을 치르기 위한 유효한 수호신의 이름이나 다름없었기 때문이다. 결국 그 신화가 무너지는 것을 두려워했던 것이다.

하지만 그의 죽음은 해군 내부에서 조금씩 알려지기 시작했다. 야마모토의 후임으로 연합함대 사령장관에 임명된 고가 미네이치古賀峯一가 도쿄로 돌아와 대본영과 협의할 때에는 그 직함을 공개하지 않을 수 없었다.

이리하여 1943년 5월 21일 오후 3시 대본영 발표가 나오게 되었다.

"연합함대 사령장관 해군대장 야마모토 이소로쿠는 올해 4월 전선에서 전반적인 작전을 지도하던 중 적과 교전하다가 비행기 안에서 장렬하게 전사했다. 후임에는 해군대장 고가 미네이치가 임명되어 이미 연합함대를 지휘하고 있다"는 간단한 내용이었다.

_____ 격전지로 보내진 발견자들

야마모토의 전사는 일본 해군의 굴욕이었음에도 이 사실을 오히려 담담하게 전함으로써 국민의 충격을 완화하려 했다는 점에서 의미가 있었다. 6월 5일 거행된 국장에서는, 앞서 서술한 바와 같이, 시마다 해군대신이 추도방송을 통해 "원수의 전사는 실로 통탄할 일이며, 이 위대한 주장主將, 전군이 숭앙하는 주장을 잃은 것은 실로 불행한 일입니다" "특히 사령장관 스스로 솔선수범하여 함대의 진두에 서서 이끌다가 끝내 장렬한 순국의 영령이 되신 것은 전 해군을 감분진기感奮振起하게 하고, 장래 영원토록 황국 해군의 정화로서 후진을 인도하여 더욱 치열한 용맹심으로 분진奮進하게 할 것을 확신합니다"라며 가장 높은 비탄의 말을 늘어놓았다.

이러한 표면적인 말과 달리 야마모토의 최후를 본 육해군 수색대의 병사들은 얼마 지나지 않아 그 사실을 누설하지 못하도록 전선으로 보내졌고 결국 전사를 강요당했다. 이 때문에 야마모토의 최후의 모습은 대본영 발표와 해군대신의 발표의 틀 안에서만 이해되어야 한다는 의도가 깔려 있었던 것처럼 보이기도 한다.

야마모토의 사체를 처음 발견한 사람은 제6사단 제23연대의 하스나 미쓰요시 소위가 지휘하는 수색대였다. 하스나를 포함하여 수색대 소속 병사 약

20명은 목격한 사실을 입 밖으로 내는 것을 금지당했고, 누설할 경우에는 "군법 회의에 회부될 것"이라는 위협을 받았다. 이 병사들은 잇달아 전선으로 보내졌으며, 어떻게 해서든 살아 있게 내버려두지 않겠다는 형태의 전속이 되풀이되었다.

해군성과 연합함대사령부에 적을 두었던 군인들의 회고에 따르면 하스나에게는 전후 특정 시기까지는 발표하지 말라는 압력을 가했다. 하스나는 쇼와 40년대에 일부 잡지를 통해 당시 모습을 이야기했는데, 주위로부터 그 기억이 반드시 정확한 것이 아니라는 중상모략에 시달렸다. 그리고 하스나의 지휘 아래 있었던 병사들 중에는 기적적으로 생존해 귀국한 이도 있었는데, 그들의 증언 역시 불투명하다는 방해 공작에 직면해야 했다.

나는 생존자를 추적했지만 증언이 가능한 입장에 있는 병사들이 거의 없다는 것을 알게 되었다.

육군 측에서 최초로 야마모토의 사체를 검시한 사람은 제23연대 소속 군의관 니나가와 지카히로蜷川親博였다. 그 역시 이후 격전지로 보내져 1944년 12월 25일 부건빌 섬의 루이세이에 있던 야전병원에서 전사했다. 야마모토의 사체를 발견했거나 검시를 담당한 육군 병사와 군의에게 왜 이와 같은 전속이 되풀이되었는지 그 이유를 알려주는 문서는 남아 있지 않다.

니나가와의 친동생 니나가와 지카마사가 쓴 『야마모토 이소로쿠의 최후』에는 미세하게나마 몇 가지 불투명한 움직임이 적혀 있다. 니나가와 지카히로의 죽음 직전에 그와 대화를 나눈 병사는, 니나가와가 야마모토의 검시가 자신에게 재난을 초래한 것 같다는 의미의 말을 했다고 증언했다. 니나가와는 일식육상공격기 추락 시에는 야마모토가 죽지 않았을 가능성이 높다는 검시 결과를 제출했다는 것이다.

다른 한편 해군 안에서도 철저하게 생존자를 전사로 내모는 작업을 추진했다. 야마모토가 탄 1호기와 우가키가 탄 2호기를 호위하기 위해 6대의 레

제26장. 정보 없는 전쟁 지도의 무책임 체제

이센零戰(일본 해군의 주력 함상전투기로, 제로센이라고도 함—옮긴이)이 함께 비행에 나섰다. 이때 레이센을 조종한 6명의 파일로트는 이후 집요하게 격전지를 비행하라는 명을 받았고, 그 가운데 4명이 야마모토가 죽고 나서 2개월 이내에 전사하고 말았다. 결국 종전 때까지 살아남은 사람은 왼손을 잃어 비행기 조종이 불가능했던 1명뿐이었다. 야마모토의 전사에 대해 책임을 져야 했던 것이다.

이처럼 쇼와 육군뿐만 아니라 해군도 야마모토의 전사로부터 아무것도 배우려 하지 않았다. 암호 도난이나 정보 수립 능력의 결여와 같은 체질을 문제 삼지 않고 오히려 말단 병사들을 '죽음'으로 내몰거나 그 책임을 얼버무리려고 했을 따름이다.

늘 말단 병사들을 기다리고 있었던 그러한 제재는 결국 책임 회피에 급급한 군 관료의 체질을 여지없이 보여준다. 현실을 직시하지 못하는 이러한 체질, 그리고 정보의 수집이나 해석을 전혀 고려하지 않고 오로지 돌진하기만 하는 일본의 군사 조직은 이미 1943년 4월 18일 시점에서 파탄을 맞이했다고 말해도 좋다. 그것은 멋지게 은폐되었으며, 전후에 쓰인 대부분의 전사도 그것을 이어받고 있다.

이것 자체가 야마모토의 뜻에 부응하지 않는 것임에 틀림없다. '야마모토 이소로쿠의 전사'를 통하여 전쟁을 지도한 자와 그 지도를 따르지 않을 수 없었던 자의 책임은 엄밀하게 준별峻別되어야만 할 것이다.

제27장 레이센 조종사들의
싸움

레이센의 궤적을 추적하는 것은 뜻밖에도 태평양전쟁의 본질을
되묻는 일과 맞먹는다.

정식 명칭이 영식함상전투기零式艦上戰鬪機인 레이센은 일본의 '영광'과 '몰락'
을 훌륭하게 상징한다.

1940년 9월에 처음으로 중국전선에 투입된 레이센은 그로부터 2년여 뒤
태평양 상공에서 미국의 전투기를 압도하게 되지만, 곧 약점이 드러난 데다
전법의 수립까지 늦어져 미국 전투기에 의해 '칠면조 사냥'이라 불릴 만큼 참
담하게 격추된다.

태평양전쟁은 국가총력전이라고 했다. 최종적으로는 국가의 잠재적 공업
생산력이 전쟁의 귀추를 결정했고, 일본의 기반이 취약한 공업 생산력이 패
전으로 이어졌다.

이를 가장 명백하게 보여주는 것이 레이센의 궤적이다. 세계 항공사에서
도 독특하고 기능적인 전투기를 만들어낸 기술자들의 능력, 그것을 종횡으

로 몰고 다닌 조종사들의 높은 수준 등 그와 같은 소프트웨어조차, 레이센의 결함을 보완하여 후속기를 생산할 수 있는 체제가 갖추어지지 못했던 '하드웨어의 취약함' 앞에서는 어찌할 도리가 없었다.

레이센의 궤적을 따라가다 보면 감상적으로 되고 마는 것은, 그러한 구도가 눈앞에 여실하게 보이기 때문이다.

태평양전쟁이 시작되기까지 레이센은 주로 중국전선이나 북부 프랑스령 인도차이나 등에 파견되었다. 1941년 8월까지의 전과를 보면, 공격 실시 횟수 70회로 총 520기가 참가하여 103기를 격추하고 163기를 격파했다. 적의 탄환을 맞은 것은 모두 39기였다.

속력이 단연 뛰어났고, 상승 성능이나 격투 성능도 우월했다. 중국전선에서는 상대방 전투기가 레이센과의 공중전을 피할 정도였다.

1941년 9월부터는 미군과의 대결을 의도한 전시 태세에 돌입했고, 기지 항공대는 타이완에 집결하여 레이센을 효과적으로 사용하는 훈련을 반복했다. 육공대陸攻隊와의 공동 작전, 조종사 양성 등이 진행되었다.

타이완의 항공 기지에서 800킬로미터나 떨어진 필리핀의 미군 기지를 공격하려면 1900킬로미터 가까이 무착륙 비행을 해야만 한다. 이를 위해서는 조종사들을 훈련하는 수밖에 없었던 것이다.

레이센 조종사 중 한 사람이었던 사카이 사부로坂井三郎는 자신의 회상록에서, 레이센의 체공 시간은 최대 7시간 정도였지만 조종사의 훈련 정도에 따라서는 적정 최소 출력의 속도로 비행하여 체공 시간을 10시간에서 12시간까지 늘렸다고 말한다. 사카이 자신도 연료 소비량을 1시간당 67리터 이하로 줄이는 연료 절감 기록을 세웠다. 사카이에 따르면, 조종사들은 평균 1시간당 70리터 정도로 비행하게 되었고, 레이센의 연료 탑재량 800리터의 범위 안에서 예상 이상으로 항속거리를 늘리는 데 성공했다.

미국도 처음에는 이만큼의 능력을 갖춘 전투기와 조종사의 기술을 이해

제2부. 쇼와 육군의 흥망

할 수 없었고, 일본의 항공모함이 미국의 기지 가까이까지 진출할 것이라 생각하고 격추 태세를 취하고 있을 정도였다. 레이센은 미군 조종사에게도 예상을 뛰어넘는 전투기였던 것이다.

1941년 12월 8일 태평양전쟁 돌입 시점에서 해군은 약 350기의 레이센을 보유하고 있었다. 이 레이센을 앞세워 일본은 전쟁 초기의 승리를 굳히고 있었던 것이다.

레이센은 진주만 기습 공격에도 몇 차례 참가하여 미군 기지에 타격을 가했지만, 오히려 레이센은 서남 방면의 항공 작전에서 큰 역할을 했다. 해군이 보유한 우수한 조종사가 이 항공 작전에 참가하여 타이완에서 루손 섬을 단숨에 공격했던 것이다.

대부분의 항공모함을 진주만 작전에 투입하고 있었기 때문에 서남 방면에는 대형 항공모함을 배치할 여유가 없었다. 그랬기 때문에 레이센의 항속거리를 늘려 항공모함의 힘을 빌리지 않고 미군이나 영국군의 기지를 궤멸시킬 필요가 있었다. 결국 조종사들의 비행 능력을 높이는 전투 훈련 여부가 그 중요한 열쇠였던 셈이다.

개전 당시 해군 기지에는 항공 부대가 다음과 같이 배치되어 있었다(호리코시 지로堀越二郎·오쿠미야 마사타케奥宮正武의 『레이센』에서 인용).

가오슝 기지 가오슝 항공대, 제3항공대

타이난 기지 타이난 항공대, 제1항공대

타이중 기지 가노야鹿屋 항공대

자이嘉義 기지 제1001항공대

파라오 둥강東港 항공대

이들 기지에는 레이센 184기, 육상공격기 192기가 있었다. 이 가운데 항

제27장. 레이센 조종사들의 싸움

속거리가 긴 작전을 감당할 수 있는 것은 레이센 108기, 육상공격기 144기였다. 가오슝 기지와 타이난 기지에는 중일전쟁 이래의 역전의 조종사들이 모여 있었고 개전 때부터 펼쳐진 작전에 나섰다.

_____ 최신예 기술력에 의한 승리

미국의 기지는 전체적으로 아직 정비되어 있지 않았고, 루손 섬에 있는 클라크 필드 등 고작 두 곳만이 발진 기지로서 조건을 갖추고 있을 뿐이었다. 일본군 정찰기는 이미 이들 기지에 관한 정보를 수집하고 있었는데, 아직 미군이 충분한 방어 태세를 취하고 있지 않은 것은 분명했다.

12월 8일 일본의 조종사가 진주만에 타격을 가한 뒤, 곧 서남 방면의 작전이 시작되었다. 신고新鄉 대위가 지휘하는 레이센 34기는 타이난 기지로 발진해서, 육상공격기 54기를 지원하여 클라크 필드 기지에 폭격을 퍼부었고, 미군기 60기를 사용 불능 상태로 만들었다.

그리고 요코야마橫山 대위가 지휘하는 레이센 50기는 가오슝 기지를 발진, 육상공격기를 지원하여 역시 루손 섬 이바 기지에 폭격을 가해 25기를 불태웠다.

이 사이 미국의 전투기 P36, P40 등 15기가 기지를 날아올라 레이센과 공중전을 벌였다. 레이센은 미국의 전투기보다 전투 성능이 훨씬 더 우수했기 때문에 15기를 모두 격추했다. 서전의 전투에서는 레이센이 압도적으로 유리하여 미국의 전투기는 마치 파리처럼 잇달아 해상으로 떨어졌다.

12월 8일 오후 5시 대본영에서는 "이바에서 40기, 클라크 필드에서 50 내지 60기를 격추했고 우리 쪽 손실은 2기"라고 발표했다. 그러나 다음 날 항공전 전과를 정정하여 "격추 25기(대형 1기), 총격과 폭격에 의한 지상 폭파

제2부. 쇼와 육군의 흥망

71기(대형과 중형 33기), 우리 쪽 손실은 5기"라고 발표했다. 전후에 미국이 이때의 손해를 "99기에서 104기"라고 발표한 것을 보면 대본영의 발표가 오히려 약간 적었을 정도다.

태평양전쟁의 서막에서 그 성능을 자랑한 영식함상전투기 레이센.

진주만에서나 필리핀 방면에서 서전의 승리를 거두는 데 레이센은 큰 위력을 발휘했다. 그러나 레이센이라는, 세계적으로도 뒤처지지 않는 이 전투기에 관하여 국민에게 아직 상세하게 알려져 있지는 않았다. 최신예 기술력을 바탕으로 이런 전과를 올렸다는 사실이 알려지면 국민의 열광적 분위기가 더욱 고조되었으리라고 생각될 정도였다.

실제로 12월 8일에만 레이센이 주역을 맡은 전투에서 필리핀에 있는 미군의 300기 가운데 3분의 1을 격파한 셈이므로 해군의 항공 부대는 어떤 것으로도 대체하기 어려운 자신감을 얻었을 터이다.

필리핀 섬 방면의 폭격은 9일부터 12일까지 집중적으로 이어졌다. 이 폭격으로 미국의 항공 전력은 파괴적인 상태가 되어, 13일 레이센과 육상공격기가 필리핀 상공으로 향했을 때에는 미군의 요격기마저 보이지 않을 정도였다. 개전 5일째에 이 방면의 제공권이 완전히 일본 손에 들어오게 되었던 것이다.

개전에서 2주 정도 지난 12월 25일에는 홀로Jolo 섬을 점령한 공략 부대를 지원하기 위해 타이난 기지에서 발진한 레이센 24기 편대가 1200킬로미터를 날아왔다. 그리고 이 섬의 기지에 내려 필리핀 방면의 제공권을 더욱 광범위하게 확보해나간다.

진주만 공격의 목적은 미국 태평양함대의 모항에 타격을 가하는 것이었고, 필리핀 방면의 경우 제해권과 제공권을 장악함으로써 육상 공략 부대의 진출을 용이하게 하는 것이 목적이었다. 그리고 이 작전은 예상대로 성공했다.

제공권을 확보한 일본의 공략 부대는 1942년 3월까지 네덜란드령 인도네시아를 포함한 서남아시아 방면으로 진출했다. 자와 작전이 끝나기까지 일본의 전투기는 미군 전투기 565기를 격파했는데, 그 가운데 471기는 레이센이 공격한 것이었다. 그야말로 레이센의 승리였던 셈이다.

이리하여 4월에는 뉴브리튼 섬의 라바울에 타이난 항공대와 제3항공대가 진출하여 라바울 항공대를 발족하게 된다. 이 항공대는 서전의 승리의 상징이었고, 그것은 곧 '불멸의 레이센'을 의미하기도 했다.

레이센의 조종사들은 태세를 재정비하여 요격해오는 미군 전투기를 끈질기게 물고 늘어졌고, 교묘하게 따라붙어 하나씩 격추하곤 했다. 미국 조종사들이 "레이센은 구식인 우리 군용기를 파리처럼 떨어뜨린다. 우리는 일목요연하게 열세에 놓여 있었다"고 말하고, "레이센은 속도·상승력·운동성 등 모든 면에서 지금까지 우리가 듣도 보도 못한 괴물이었다"라며 두려워한 것을 보면, 레이센의 구조나 민첩성에 놀랐을 뿐만 아니라 조종사들의 높은 숙련도에도 깊은 인상을 받았다는 것을 알 수 있다.

특히 미군에는 '하늘의 요새'라고 불리는 보잉 B17 중폭격기가 있었고, 아무리 레이센이라 해도 이것을 격파하는 것은 무리라고 생각되었다. 그런데 레이센 조종사들은 몇 번씩이나 연구 모임을 가지면서 이 하늘 요새의 약점을 찾는 한편 전법을 생각해냈다. 그 전법은 '동고도정반항공격同高度正反航攻擊'이라 불렸는데, 그것은 한 대의 비행기에 다수의 레이센이 달라붙어 최대한 가까이 다가가 총탄을 퍼붓는 것이었다. 특히 B17 중폭격기는 전방에 방어 포화를 장착할 능력이 거의 없다는 것을 간파한 전법이었다.

1942년 7월 뉴기니의 부나를 폭격하기 위해 B17 5대가 날아왔는데, 레이센 9대가 이를 요격하기 위해 정반항공격을 반복했다. 그 결과 5대를 모두 격추하는 데 성공했다. 이것은 일본군 조종사들에게 용기를 주었을 뿐만 아니라 세계 조종사들까지 놀라게 했다. '제로 파이터zero fighter'라는 말은 연합군에게는 으스스하게 들렸고, 추축국에게는 뭔가 믿을 만한 것이 되었다.

_____ **타치 위브**

　　이후 미군 조종사들은 본격적으로 레이센과의 전투 방법을 모색하기 시작했다. 그 과정에서 고안된 전법 중 하나가 바로 '타치 위브Thach Weave'였다. 이는 미 해군의 제3전투비행대장 존 S. 타치 소령이 생각한 전법으로, 2대의 전투기가 짝을 이루어 1대의 레이센을 공격하는 것이었다. 호리코시 지로와 오쿠미야 마사타케가 함께 쓴 『레이센』에 따르면 그 전법은 다음과 같다.

　　"우선 고도에서 우위를 확보하도록 힘쓴 다음 2대가 짝을 이루어 급강하하면서 일격을 가하고, 꼬리에 꼬리를 무는 격전이 펼쳐질 경우 2대가 교대로 움직이면서 서로의 후방을 엄호하여 레이센의 추격을 뿌리친다. 또 시간을 오래 끌지 않고 급강하할 기회를 포착하여 수직면垂直面 내의 공중전에서 압도적으로 우세한 레이센에 추격할 여유를 주지 않는 고도를 유지하면서 다시 공격 기회를 노린다."

　　이 전법으로 '레이센 노이로제'는 사라졌다고 한다.

　　미국은 점차 레이센의 약점을 간파하기 시작했다. 알류샨 열도에 불시착한 레이센 1대를 확보한 다음, 이를 본국으로 가져가 철저하게 조사한 결과 몇 가지 귀중한 정보를 얻을 수 있었던 것이다. 그리고 그것이 1942년 6월의 미드웨이 해전에서 힘을 발휘했다.

　　레이센은 가볍고 성능이 뛰어나긴 했지만 발동력은 고작 1000마력에 지나지 않았다. 다른 한편 급강하 성능이 약하고 방탄 장치가 없다는 것도 알았다. 그 결과를 반영하여 레이센과 싸워 이기는 데 필요한 장비를 갖춘 전투기(이것이 훗날의 그루먼 F6F다)를 생산하기 시작했다. 1000마력에는 2000마력으로 대응하고, 1대에는 2~3대로 맞붙는 식으로 역할을 분담한 전법을 개발했다. 일단 톱니바퀴가 맞물려 돌아가기 시작한 미국의 잠재 능력은 일본에 비할 바가 아니었다.

미국의 이러한 대응에 따라 레이센의 영광은 시간이 가면서 점차 빛이 바랬다. 1943년 가을부터 1944년에 걸쳐 그 차이는 확실하게 드러났다. 이미 1943년 2월의 과달카날 철수 작전까지 일본군은 다수의 항공모함과 전투기를 잃은 상황이었다. 실로 893기의 전투기가 미군에 의해 격파되었다.

과달카날에 기지를 만들면서부터 미군은 일본군 점령지역에 공세를 강화했다. 일본이 갖고 있는 제공권과 제해권을 탈취하기 위해서였다. 라바울을 비롯한 일본군의 항공 기지도 미군의 표적이 되었다. 1944년 2월에 일본의 항공 전력이 제자리를 찾기까지 일본의 전투기는 자그마치 6203기나 격파되었다. 레이센도 점점 더 미국 전투기의 공격을 받았다.

제공권과 제해권을 둘러싼 싸움은 결국 항공모함이나 전투기의 소모전이었다. 일본은 전투 때마다 항공모함과 전투기를 잃었지만 증산 체제를 확충할 공업 생산력은 이미 바닥난 상태였다. 미국 월간 1000기 단위로 전투기를 생산하여 전선에 투입했는데 일본은 도저히 그 속도를 따라잡을 수 없었다.

레이센은 태평양전쟁 기간에 약 1만 기가 생산되었는데, 이것도 실제 전투에 필요한 수량의 몇 분의 1에 지나지 않았다고 한다(다나카 에쓰타로田中悅太郎의 『제로센대, 발진하라』 참조). 더욱이 그 1만 기마저도 전투에 참가하기 전에 격파되는 사례가 있었다.

미드웨이 전투에서 솔로몬 해전까지 7000명 이상의 역전의 조종사들을

제2부. 쇼와 육군의 흥망

잃은 것도 일본으로서는 심각한 타격이었다.

1943년 10월 무렵에는 라바울의 부인 전진기지도 미군으로부터 격렬한 폭격을 받았다. 매일 150기 내지 200기가 부인을 공격했다. 이에 맞선 일본군은 가끔 일시적인 승리를 거두기도 했지만, 압도적인 물량 공세를 펼치는 미군에 비해 전력 보충이 전혀 이루어지지 않는 상황에서 서서히 고립되어 갔다.

부인을 예로 들면, 아쓰기厚木 시의 항공대에서 훈련을 받은 조종사가 레이센 52기와 함께 편입되었다. 미군도 그루먼 F6F가 이 지역 전투에 참가했는데, 레이센에 탑승한 조종사의 숙련도가 부족하기도 해서 열세를 만회하기는 쉽지 않았다. 레이센은 라바울 공격에 나선 그루먼 F6F에 쫓겨 간신히 P38이나 P40과 싸울 수 있을 따름이었다.

1944년 2월에는 라바울의 후방기지인 트루크 섬도 미군의 수중에 떨어졌다. 라바울을 지키고자 했던 204항공대의 조종사들은 전멸했고, 일본에서 갓 보내와 아직 실전에 참가하지도 않은 새로운 레이센 52형 150기마저 잃어버렸다.

레이센이 가장 상징적으로 '몰락'을 보여준 것은 항공기가 라바울에서 철수한 뒤의 일이다. 레이센보다 뛰어난 미군의 그루먼 F6F가 증산되어 전장을 석권하자 레이센의 조종사들도 F6F에 어떻게 대응할 것인지를 생각하게 되었다. 그런데 레이센의 약점을 극복할 새로운 후속기를 책상에서 고안하기도 했지만 도저히 그런 전투기를 만들 여력이 없다는 것을 깨닫게 되었다.

해군에서는 레이센 외에 라이덴雷電, 시덴카이紫電改, 렛푸烈風와 같은 전투기의 생산을 검토했지만, 결국 라이덴에 시덴카이의 성능을 더해 생산하고 레이센은 거의

레이센의 강적으로 전투에서 활약한 그루먼 F6F 헬캣Hellcat.

손을 대지 못한 채 생산하게 되었다. 왜냐하면 항공 부대에서 국지전에 활용되는 라이덴을 강력하게 요청했기 때문이다. 해군 중앙에서도 라이덴 생산에 힘을 쏟기로 결정했지만, 공습을 받고 있던 본토에서는 핵심 부품의 생산이 따라주지 않아 완성된 것은 1000기에도 미치지 못했다. 그중에서도 전투 능력이 가장 뛰어난 라이덴 33형은 40기 정도밖에 생산할 수 없었다.

1944년 6월 '아호ぁ號 작전'이 시작되었다. 항공모함을 앞세운 미군은 함재기로 남양 제도의 거점인 사이판과 티니언을 공격했다. 연합함대사령부는 이에 대응하기 위해 제1기동대에 아호 작전을 발동하라는 명령을 내렸다. 이때 연합함대사령부는, 러일전쟁 당시 동해 해전에서 도고 헤이하치로 원수가 했던 말을 본떠, "황국의 흥폐興廢가 이 일전에 달렸다"라는 격문을 띄웠다.

그러나 이 작전은 시작부터 원활하게 돌아가지 않았다. 항공모함 '다이호大鳳' '쇼카쿠翔鶴' '히요飛鷹'가 잇달아 미군의 잠수함이나 항공모함의 공격에 의해 침몰했고, 세 척의 항공모함과 280기의 함재기를 잃은 일본의 기동 부대는 그야말로 치명적인 타격을 입었던 것이다.

_____ '마리아나의 칠면조 사냥'

항공모함이 타격을 받은 것과 마찬가지로 항공 부대의 타격도 컸다. 앞서 인용한 다나카 에쓰타로의 『제로센대, 발진하라』에 따르면 다음과 같은 상태였다.

"특히 참혹했던 것은 레이센을 주력으로 하는 일본 항공 부대의 참패인데, 약 400기가 격추당했고 약 700명의 조종사를 잃었다. 미국 측은 약 120기가 격추당하고 약 40명의 조종사를 잃었을 뿐인데……"

미국에서는 이때의 항공전을 '마리아나의 칠면조 사냥'이라 부른다. 그만큼 일본의 전투기가 쉽게 격추되었다는 의미다.

일본 해군 조종사의 실력은 예전만큼 뛰어나지 않았다. 이제 하드웨어뿐만 아니라 전투 기술까지 큰 차이를 보이는 게 분명해졌다. 그루먼 F6F의 공격 대상이 된 것은 항공모함이나 전투기뿐만이 아니었다. 일찍이 레이센이 미군의 P38과 P40을 격파했던 것과 같은 구도에서 이번에는 역으로 레이센이 격파당했던 것이다. 게다가 아호 작전에 참가한 숙련도 높은 조종사를 잃음으로써 일본 해군은 심각한 조종사 부족에 처했다.

아호 작전에 참가한 조종사 중 한 사람인 시라하마 요시지로白濱芳次郎는 『최후의 레이센』이라는 책을 썼다. 이 책을 읽으면서 이 무렵 레이센 조종사의 고충이 아프게 다가왔다.

레이센 47기, 전폭기 약 50기, 함공대艦攻隊 27기로 편대를 구성한 비행대는 모함에서 발진해 사이판 서쪽 해면의 미군 기동 부대를 찾아 나선다. 이때 일본의 항공모함이 아군기를 적기로 오인해 사격을 가하기도 했다.

"(오인 사격을 받고) 위아래로 크게 흔들리던 레이센은 이를 맞받아서 기총소사機銃掃射를 할 정도로 격앙되어 있었다. 계속해서 솟아오르는 하얀 연기, 더 이상 참을 수가 없다. 아군이라도 가라앉혀야 한다. 나는 전투기 안에서 분통이 터져 어쩔 줄 몰랐다."

이처럼 항공모함은 더 이상 아군기조차 식별할 수 없을 정도로 초조해하고 있었던 것이다. 이윽고 그는 그루먼 전투기를 만나 격렬한 공중전을 펼친다. 시라하마는 이렇게 쓴다.

"혼전을 벌이는 중에 밖을 보기도 한다. 이러한 대혼전 속에서 기관총 탄환을 다시 장전하고 사격을 하는 것은 대단히 괴롭다. 더 이상 안 되겠다. 부딪혀야 할까? 나는 사방을 둘러본다. 아! 레이센이 한 대도 없다. 적군의 그루먼뿐이다. 어떻게 해야 할까? 아군기는 내가 모는 것밖에 남지 않았다. 그루먼은 10기 정도다. 그루먼은 대혼전에 눈이 부셨는지 그저 빙빙 돌고 있다."

고립된 시라하마의 레이센은 그루먼에 둘러싸인 채 필사적으로 응전한다. 시라하마의 레이센을 목표로 그루먼의 기관 총탄이 날아온다. 시라하마는 최후의 수단으로 그루먼에 부딪히려고 한다.

"반격하면서 총탄을 쏘는 그루먼을 겨냥해 기체를 비틀어 정면에서 돌격한다. 그러나 다가가기도 전에 그루먼은 가볍게 몸을 빼버린다. 다음 그루먼이 돌격해온다. 이번에는 놓치지 않겠다는 각오로 기체를 비틀어 정면을 향한다. 그러나 그루먼은 다가오지도 않고 휙 도망간다. 그루먼이 잇달아 달려들 때마다 잇달아 정면에서 돌격을 하는 나는 여유가 생겼다."

그루먼은 레이센을 떨어뜨리기 위한 전법대로 맞서고 있는 듯하다. 그러는 사이 시라하마는 이 전법을 알게 되었다. 그리고 이에 대항하는 전법을 순식간에 생각해냈다. 그루먼은 레이센의 20밀리 기관총이 얼마나 두려운지를 알고 있다. 그래서 기수를 돌리면 즉시 도망친다. 시라하마의 레이센은 그루먼이 가까이 다가올 때마다 그쪽으로 계속 기수를 돌렸다. 태세를 갖추고 날아오는 그루먼을 향해 계속 기관총을 발사했던 것이다.

이 레이센은 실제로는 그루먼 8기와 교전을 했는데, 8기 모두 레이센이 1기밖에 남지 않았다는 것을 알고 너무 무리한 공격을 하지는 않았다. 즉, 확실하게 떨어뜨리는 것만을 노리고 있었던 것이다. 레이센은 구름 속으로 들어갔다가 그대로 단숨에 상승하여 구름을 벗어난 다음 위쪽에서 공격을 가했다. 그런데 그루먼은 마지막 남은 레이센을 단념하고 급강하하여 떠나버렸다.

미군은 분명히 레이센의 약점까지 파악하고 있었다. 그렇지만 현실에서는 미군 조종사들도 레이센의 '영광'을 잊지 않고 있었던 것이다. 그것을 잊지 않았기 때문에 전투 때 신중하게 공격을 가했다고 할 수도 있다. 시라하마의 체험은 그 사실을 충분히 말해준다.

레이센을 요격한 경험이 있는 미 육군 조종사 존 M. 포스터는 그의 저서 『나는 레이센과 싸웠다』에서 일본군 조종사의 실력에 놀랐다고 말하면서, 하지만 우수한 공격기가 도입된 후 자신들도 점차 자신감을 갖게 되었다고 술회한다.

아호 작전에서 레이센은 그루먼 F6F의 공격에 쓴맛을 봤지만, 실상을 보면 이것이 꼭 자신감 넘치는 미군 조종사들의 공격에 의한 것은 아니었다. 미군 조종사들도 두려운 마음으로 공격을 가했고, 하나씩 격추하다 보니 마침내 안도감을 갖게 되었던 것이다.

태평양전쟁에서 일본군은 아호 작전에 의해 실질적으로 패전이라는 사태에 직면하게 된다. 항공모함을 잃었고, 함재기가 격파되었으며, 일찍이 서남 방면에 설치했던 기지는 잇달아 미군의 손으로 넘어갔다.

레이센은 항속 능력도 갖추고 있었고 작은 회전 반경으로 도는 데도 유리하긴 했지만, 제해권과 제공권이 없는 곳에서는 게임이 되지 않았다. 결국 태평양전쟁에서의 몰락은 레이센 그 자체의 몰락이라고 할 수 있다.

1944년 10월의 레이테 작전에 나선 항공모함은 '즈이카쿠瑞鶴' '즈이호瑞鳳' '지토세千歲' '지요다千代田' 등인데, 이 가운데 전투 능력이 가장 높았던 것은 즈이카쿠였다. 즈이카쿠는 나중에 항공모함의 궤멸을 막기 위해 급거 개조되는데, 그 전투능력도 그렇게 뛰어나지는 않았다.

이 4척에 탑재할 수 있는 전투기는 레이센 48기, 전투폭격기 28기, 함폭기 8기 그리고 함공기 24기 등 총 108기에 지나지 않았다.

또 조종사도 아호 작전이나 그 후의 타이완 해역의 항공전 등을 거치면서 숙련도가 높은 이는 극단적으로 줄어들었다. 레이테 결전 때 해군 조종사의 90퍼센트가 그 이전의 조종사에 비해 역량이 뒤지는 연습생이었다.

레이테 결전에서 일본의 항공모함은 전멸했고, 전함과 순양함 등 30척이 사라졌다. 해군의 경우 태평양전쟁을 치를 능력이 급속히 떨어지고 있었던 것이다. 이런 상황에서 레이센의 궤적은 한층 더 비극적인 양상을 띠게 된다.

앞에서 인용한 시라하마의 책에 따르면 시라하마는 레이테 결전에도 참가한다. 세부 섬의 항공 기지에 대기하고 있을 때 레이센은 미군 폭격기에 의해 혼쭐이 났다. 그러나 총탄을 맞긴 했으나 아직 탑승할 수는 있었다. 그런데 어찌된 일인지 기지의 지휘관은 시라하마가 소속된 비행대의 레이센을 모두 거둬들였다.

"특별공격기로 쓸 레이센이 부족하다."

상처 입은 레이센도 아직 날 수만 있다면 특공용으로 돌린다는 것이었다. 이제 레이센은 미국의 항공모함으로 돌진하는 '폭탄'이 되고 만 것이다. 조종사들의 흉중은 복잡했다. 더 이상 일본군에게 유리하지는 않더라도 레이센의 장점을 살려서 어떻게든 그루먼 F6F와 싸울 수 있을지 모른다고 생각했지만 그것이 모두 거부당했기 때문이다.

특공 작전은 1944년 10월 제1항공함대 사령장관 오니시 다키지로大西瀧治郎의 입에서 나왔다. 레이테 작전을 측면에서 지원하는 제1항공함대에는 이미 30기의 전투기밖에 남아 있지 않았다. 30기의 대부분은 레이센이었는데, 이것으로 미국의 기동 부대와 충돌하는 것은 무모했다. 그렇게 한다 하더라도 곧바로 미군의 공격에 격파되고 말리라는 것은 군사적 상식에 속한다고 할 수 있었다.

그러나 어떤 작전이든 결과적으로 레이센의 대부분을 잃을 수밖에 없다면, 250킬로그램의 폭탄을 싣고 미국의 항공모함으로 돌진하는 쪽이 전과는 클 것이다. 가미카제 특별공격대라는 발상은 이러한 판단에서 나온 것이었다.

특공 작전은 레이테 결전을 시작으로 필리핀 섬 결전과 오키나와 결전으로 이어지는데, 이 사이에 출격한 전투기는 2367기에 달했다. 해군이 보유하고 있던 모든 전투기 기종이 여기에 투입되었지만, 대부분 레이센으로 실로 1816기에 이르렀다.

제2부. 쇼와 육군의 흥망

시작 단계에서 레이센은 폭탄을 싣고 돌진하는 것보다 주위를 돌면서 지원을 했다. 특공기를 추격하는 그루먼의 총격과 항공모함의 포격을 피할 수 있도록 특공기를 지키고, 때로는 목표 지점까지 유도하기도 했다. 특공기에 탑승한 조종사는 숙련도도 낮은 데다가 비행 시간도 아주 짧았다. 충분한 기술을 갖고 있지 않았던 것이다. 믿을 것이라곤 정신력밖에 없었다. 레이센의 조종사들에게는 그런 돌진 공격의 전과를 확실하게 맡는 역할까지 부여되었다. 하지만 전투기는 잇따라 사라졌고, 이윽고 레이센도 '폭탄'으로 바뀌어 미국의 항공모함으로 돌진했다. 그리고 특공 작전과는 별도로 본토 공격에 맞설 전투기도 필요했다.

B29의 공격에는 손을 쓸 수 없다

미군은 B29 폭격기를 잇달아 생산하여 본토 공격에 나섰다. 이 폭격기는 고공 성능이 뛰어나 고도 1만1000미터의 성층권을 비행했으며, 연료 탱크도 그만그만한 폭격에는 끄떡도 하지 않을 만큼 강력했고, 속력도 레이센에 필적할 정도였다. 일본의 항공기술로는 도저히 생각할 수 없는 수준의 폭격기였던 것이다.

1945년에 접어들어 사이판에서 날아온 B29는 편대를 이루어 일본 상공을 돌면서 공장지대를 집요하게 공격했다. 한편으로 특공을 통해 항공모함으로 돌진하고 다른 한편으로는 B29를 요격한다는 일본의 항공 전략은 그야말로 절망적인 상태가 되었다.

일본 전투기는 고도 1만 미터를 날 수 있도록 설계되지 않았고, 설령 조종사가 산소 마스크를 쓰고 고도를 높인다 해도 이번에는 레이센에 장착되어 있는 20밀리 기관총이 성층권 안에서 B29의 연료 탱크를 파괴할 정도의 위력을 발휘할 수가 없었다.

요격 태세는 세 가지로 구분되어 있었다. B29가 아닌 소형기가 공격해올 경우에는 공중전을 벌이는 전법을 취했고 레이센이 이를 맡았다. 레이센은 아직 미군의 소형기와 맞서 싸울 힘을 갖고 있긴 했지만, 미국은 좀처럼 소형기를 띄우지 않았다.

B29에 대해서는 라이덴 전투기가 요격 태세에 들어갔다. 특히 야간에 B29가 공격을 해올 때에는 함폭기 '긴가銀河'와 '스이세이彗星'를 개조한 전투기가 사용되었다.

레이센은 B29의 폭격 앞에서는 아무런 쓸모가 없는 전투기였다. 시라하마가 그의 저서에서도 언급했듯이, 레이센이 B29를 찾아 발진하더라도, 고도 8000미터에 이르면 공기가 희박해져서 엔진 속도를 아무리 높여도 말하는 소리조차 들을 수 없게 된다. 결국은 B29가 차례로 상공을 통과하면서 일본 본토에 폭탄을 투하해도 손을 쓸 수 없었다는 것이다.

1945년 6월에 이르면 레이센의 요격도 중지된다. 이유는 새롭게 본토 결전을 준비해야 했지만 전투기가 크게 부족해서 결전에 대비해 전투기를 남겨두어야 했기 때문이다. 하지만 그 점을 알아챈 미군은 P51과 함재기 등 소형기를 일본 국내에 있는 기지로 날려 보내 숨겨져 있던 전투기를 찾아서 하나씩 하나씩 정확하게 격파했다.

1944년 후반에 이르러 레이센은 거의 생산되지 않았다. 육해군은 필사적으로 라이덴 후속기 등에 기대를 걸었지만 그 어떤 군수공장도 생산 여력이 없었다. 더구나 공장에서 일하는 노동자나 근로 동원 학생들의 의욕도 사그라들고 있었다.

그뿐만이 아니다. 연료도 부족했다. 레이센도 처음에는 순도 높은 가솔린을 사용했지만 전쟁이 장기화되면서 가솔린의 질은 현저하게 떨어졌다. 전쟁 말기에는 옥탄가가 80인 가솔린을 사용할 정도였다.

제2부. 쇼와 육군의 흥망

전쟁 말기에 레이센은 마치 초반의 영광을 잊어버리기라도 한 듯 국내 항공 기지에 은폐되어 있었을 따름이다. 그리고 패전 당일 조종사들은 그 레이센 앞에서 하얀 머플러를 들고 말없이 모자를 벗었다.

레이센은 특정 시기에는 일본의 뛰어난 공업기술력을 훌륭하게 보여주었지만, 전쟁이라는 엄정한 현실 앞에서는 그 나름의 실력을 계속 발휘하지 못한 채 역할을 마무리했다. 일찍이 '제로 파이터'로 미군 조종사들을 놀라게 했던 전투기가 만년에 그에 걸맞은 대우를 받았다고는 할 수 없다.

이는 일본의 공업 생산력이 태평양전쟁이 진행된 3년 8개월이라는 시간을 버틸 수 없었던 '증거'라고 말해야 할지도 모른다. 레이센을 만드는 젊은 기술자들, 그것을 몰고 미군과 막상막하의 전투를 펼친 조종사들 그리고 그것에 몸을 싣고 항공모함으로 돌진한 특공대원들. 레이센에는 그야말로 저 시대 일본의 젊은 열정과 생명 그 자체가 응축되어 있었다.

따라서 레이센이라는 말은 단순히 선구적인 전투기였다는 의미뿐 아니라 저 시대 일본의 능력을 모조리 대변한다고 할 수 있다. 태평양전쟁의 단면에서는 확실히 정치적·군사적 결함을 얼마든지 발견할 수 있지만, 레이센의 경우 진지하고 다기찬 세대가 자신들이 살아온 증거로서 여기에 전력을 쏟아 스스로의 존재를 새겨넣고자 했다.

레이센이 일본보다 다른 나라에서 더 흥미를 끌었고 또 지금까지도 각국의 군사기념관 등에 보존되어 있다는 사실은 많은 사람이 그러한 구도를 이해하고 있기 때문이라고 생각된다.

제25군 적성국인 억류소의 나날

'대동아공영권 쌍륙雙六'이라는 놀이가 있었다. 1943년 정월에 아이들 사이에서 유행했다. 출발점은 대일본제국 의사당이고 끝나는 곳은 후지 산이다. 출발점에서 종착점까지, 그사이에 열여섯 곳에 이르는 대동아공영권의 나라와 지역을 지나간다. 만주, 중국, 몽골, 지시마 열도(쿠릴 열도—옮긴이), 베트남, 버마, 말레이, 싱가포르, 인도 등이다. 즉 당시 대일본제국이 주창한 대동아공영권을 아이들의 놀이에까지 끌어들여, 어떻게 이 나라가 아시아의 여러 나라를 제압했는지를 자연스럽게 가르치려 했던 것이다.

신문지를 철모 비슷하게 접어 머리에 쓰고서 이 놀이를 즐긴 세대(1930년부터 1940년 전후에 태어난 사람들)는, 정도의 차이는 있겠지만, 이 '일등국'의 계승자가 되겠노라며 가슴속에 불꽃을 태웠을 것이다. 당시 세 살이었던 나는 이 놀이를 즐긴 기억이 없다. 하지만 커서 이사할 때 서랍 속에서 이 쌍륙을 발견했는데, 나 역시 1943년 정월에 제국의사당에서 후지 산까지 주사위를 굴리면서 한 바퀴 돌았을 것을 생각하니, 그다지 유쾌한 기분은 아니었다.

이 쌍륙은 1943년에만 유행한 놀이였다. 왜냐하면 1943년 중반부터 시작된 미군의 총반격에 따라 대동아공영권의 일각이 무너지고 있었고, 무엇보다 1944년에는 전황이 더욱 불리해지면서 아이들의 놀이도 '애국 딱지놀이'로 바뀌었기 때문이다. 이 놀이를 통해 '마을도 증산, 읍내도 증산' '빈집을 지켜서 이겨내자'와 같은 구호를 주입함으로써 아이들 또한 총 뒤에 선 전사가 될 것을 강요했던 것이다.

대동아공영권의 건설은 자존 자위라는 태평양전쟁의 목적과 관련된 주장이었다. 서전의 전과가 좋았기 때문이다. 아시아에서 구미 세력을 일소하고 식민지를 해방한다는 것이었다. 수상과 육군상을 겸임한 도조 히데키는 미일 개전 직후의 제국의회에서 시정연설을 했다. 이 자리에서 그는 "(동남아시아는) 자원이 대단히 풍부함에도 불구하고 최근 100년 동안 미영 양국을 비롯한 서구 열강에게 지극히 가혹한 착취를 당해왔다"고 말하고, 일본 제국이 그곳을 착취로부터 해방할 것이라고 목소리를 높였다.

1942년 전반 일본은 동남아시아 각지를 점령하고, 미국·영국·프랑스·네덜란드 등의 군대를 제압했다. 만약 일본이 진정으로 아시아의 해방을 실행에 옮기고자 했다면 동남아시아 각국의 독립에 협력하고 이들 나라와 호혜평등의 입장에서 관계를 정립해야 했을 것이다. 하지만 실제로는 그렇지 않았다. 아니, 그런 체질을 가진 나라가 아니었다. 조선과 타이완을 식민지로 삼고 중국에 일방적으로 병력을 파견해 국가 주권을 짓밟은 것을 보면 알 수 있듯이, '아시아 해방'이란 말만 번지르르한 소리에 지나지 않았던 것이다. 결론적으로 말하면 동남아시아의 자원을 수탈하여 군사국으로 자존 자위하는 것이 본뜻이었다.

일본의 점령지 행정은 대체로 파견군 사령관이 담당했고, 영어나 네덜란드어를 추방하고 일본어를 공용어로 삼았다. 황민화 교육을 추진했으며, 때로는 점령지 안에 신사를 설치하고 참배를 강요했다.

　1943년 중반부터 미군이 일본에 대해 대대적이고 집요한 반격을 장기적인
계획 아래 추진하고 있다는 것이 분명해졌다. '승리를 위한 계획'으로 불리는
이 계획의 내용은 1년째에 병참선을 설정하고, 2년째에 이 병참선을 확보하
며, 3년째인 1945년에 모든 준비를 갖춘 다음 결전을 치른다는 것이었다.

포탄 생산 : 7600만 발 대 400억 발

　　　　　미국 국내의 전시 증산 체제는 이 계획에 따라 가동되고 있었
다. 태평양전쟁 기간 일본과 미국의 병기 생산 능력을 비교하면, 항공기는
일본이 6만8000기였던 데 비해 미국은 29만 기, 전차의 경우 일본이 4000
량인 데 비해 미국은 2만5000량이었다. 소총과 화포 등은 7배에서 9배까지
차이가 있었고, 포탄의 경우 일본이 7600만 발이었던 데 비해 미국은 400억
발이었다.

　미군은 2년째 병참선을 확보하는 단계에서 우선 솔로몬 군도에서부터 서
서히 일본군을 몰아내기 시작했다. 이리하여 과달카날을 제압했고 뉴기니에
도 거점을 확보했다. 뉴기니에서 싸우는 병사의 지원에 나선 일본 수송 선단
을 댐피어 해협에서 침몰시켰다. 일본군 병사 약 4000명이 바다 속으로 사
라졌다(1943년 3월).

　6월 30일에는 솔로몬 군도 중부에 위치한 렌도바 섬과 뉴기니 북부에도
상륙하기 시작했다. 이리하여 솔로몬 군도를 제압하고 이어서 네덜란드령 인
도차이나(인도네시아)와 필리핀으로 나아간다는 계획이 분명해졌다.

　8월 5일에 중부 솔로몬과 뉴기니 방면의 전황을 상주한 참모총장 스기야
마 하지메에게 쇼와 천황은 "모든 방면에서 (전황이) 좋지 않다. 미군을 공략

할 방법이 딱히 없단 말인가"라고 물은 다음 이렇게 덧붙였다(「스기야마 메모」에서 인용).

"그건 그렇다 치고, 그렇게 조금씩 밀리다 보면 적뿐만이 아니라 제3국에 미치는 영향도 크다. 도대체 어디서 매듭지을 셈인가? 어디서 결전을 치를 작정인가?"

쇼와 천황은 확실히 전황의 앞길에 불안감을 품고 있었다. 스기야마는 아무런 대답도 하지 못하고 물러나야만 했다.

참모본부의 작전참모들은 1943년 후반부터 1944년에 걸쳐 미군이 라바울, 수마트라, 버마 등을 공격해올 것이라고 예측했다. 이때부터 미군이 본격 총반격할 것이라고 생각했다. 1943년 9월에는 유럽 전선에서 이탈리아가 무조건항복을 하면서 추축국의 일각이 무너졌다. 이 소식을 접한 도조 히데키는 "무조건항복이란 말을 바꾼 침략 행위다. 이탈리아의 주일 대사와 같은 이를 우대할 필요가 없다"라며 격노했다. 실제로 참모본부와 군령부도 이후에는 이탈리아를 적국으로 취급할 것을 결정했다.

그러나 이탈리아의 항복은 추축국과 연합국의 역학관계를 근본적으로 바꿔버렸다. 참모본부의 작전참모들은 전쟁 방침을 다시 가다듬어, 지금까지 그랬던 것처럼 동남 태평양에서 국지적인 전투를 계속하다가는 전력만 소모될 것이므로, '절대 국방권'을 설정하고 이 범위를 사수하기 위한 전시 체제를 확고히 하고자 했다. 9월 30일에 열린 어전 회의에서는 다섯 시간에 걸쳐 '금후 채택해야 할 전쟁 지도 대강'을 결정했는데, 절대 국방권의 범위는 다음과 같았다.

"제국은 전쟁 수행상 태평양 및 인도에서 절대 확보해야 할 요역을 지시마(쿠릴), 오가사와라, 내남양內南洋(남양 군도) 및 서부 뉴기니, 순다, 버마를 포함하는 권역으로 한다. 전쟁의 종결을 통해 권역 내 해상교통을 확보한다."

미국의 '승리를 위한 계획'에 대응하는 일본의 전략이었다. 하지만 이 계획은 정말로 국력에 어울리는 것이었을까? 1992년 나는 이 작전 계획에 참가한 작전참모에게 "실제로 이것은 국력에 비추어 결정한 것이 아니다. 그저 이곳만은 지켜야 할 것이라며 선을 그었다는 말을 들어도 어쩔 수 없다"라는 술회를 들은 적이 있다. 이는 진실이었을 것이다. 사실 이때의 어전 회의에서 항공기 4만 기(현실적으로는 연간 1만7000기가 생산 한계였다)를 생산한다는 안이 결정되었는데, 이것만으로 틀림없이 절대 국방권을 사수할 수 있겠느냐는 물음에 군령부총장 나가노 오사미는 난처한 나머지 다음과 같이 대답했다.

"승부는 시운時運에 달렸습니다. 독소전을 봐도 기약한 대로 진행되고 있지 않습니다. 금후 어떻게 될지, 전국戰局의 앞날을 확언할 수는 없습니다."

요컨대 절대 국방권은 객관적인 숫자나 자료를 바탕으로 설정된 것이 아니었다.

이러한 전국의 움직임과 병행하여 대동아공영권 건설을 외치는 목소리도 높아졌다. 1943년 5월의 어전 회의에서는, 10월 하순 무렵에 "대동아 각국의 지도자를 도쿄에 모이게 하여 견고한 전쟁 완수의 결의와 대동아공영권의 확립을 내외에 천명한다"며, 대동아회의의 개최를 결정했다.

민족 해방의 대극, '맹주 의식'

그 후 도조는 대동아회의의 사전 교섭과 점령지 행정을 담당하고 있는 군사령관 및 참모를 위로하기 위해 동아 각국 시찰에 나섰다(1943년 6월).

도조는 "일본의 황국 정신을 감사하게 여길 수 있도록 충분히 설명해야 한다"고 말하고, 타이, 싱가포르, 자카르타로 향했다. 그러나 그의 방문이 꼭 환영만 받은 것은 아니었다. 자카르타에서는 인도네시아 독립 운동 지도자 수카르노와 핫타가 "인도네시아의 느슨한 독립을 인정한다"는 도조의 말에 실망했으며, 민족의 자랑을 업신여기는 점령지 행정(민족 깃발 게양과 독립가 제창의 불인정, 눈 뜨고 볼 수 없을 정도로 난폭한 일본인의 행동 등)에 불만을 품고 있었다. 인도네시아에서는 민간인과 육해군 장교 일부가 독립 운동을 열심히 지원하고 있었는데, 도조는 오히려 그런 움직임을 우려하여 헌병에게 그들의 동태를 감시하라고 명령하기까지 했다.

도쿄로 돌아온 도조는 비서관들에게 이렇게 말했다.

"10억 대동아 민족의 지도자라는 마음을 굳게 가져야 한다. 즉, 어머니가 자식의 먹을거리를 걱정하듯이 제국은 그 점을 단단히 염두에 두어야만 한다."

바로 이러한 맹주 의식은 아시아 해방의 대극大極에 놓인 오만함이었다.

동남아시아의 전선에 있던 병사와 장교는 대동아공영권에 관하여 어떤 생각을 갖고 있었을까? 또는 점령지 행정은 어떠했을까? 나는 지금까지 다양한 입장의 장교들을 만나 이야기를 들어왔는데, 그 가운데 수마트라(당시 네덜란드의 식민지 지배를 받고 있었으나 일본군의 침공과 함께 일본의 세력권에 편입되었다. 현재 인도네시아 서부에 위치한 섬이다) 파견 제25군(사령관 다나베 모리타케)에 속한 적성국인敵性國人 억류소 소장의 이야기가 인상적이었다. 네덜란드의 전사戰史에서는 일본 병사의 잔학성을 특히 강조하는데, 이 억류소는 국제법을 가장 잘 지킨 것으로 서술하고 있다는 얘기를 듣기도 했다.

내가 이케우에 노부오池上信雄를 만난 것은 1992년, 그의 나이 74세 때였다. 그는 큰 건설회사에 다니다가 1991년에 그만두고 한가한 나날을 보내고 있었다. 1941년 10월 와세다대학 법학부를 앞당겨 졸업한 그는 미일 개전 후 동부 제6부대에 입대했다. 근위사단 보병 제3연대의 보충 부대였다. 1942년 5월에 선발되어 마에바시前橋의 육군예비사관학교에 들어갔다. 제7기생이었다. 간부후보생으로서 6개월간 교육을 받은 뒤 1943년 2월 수마트라에 파견되어 있던 근위사단 보병 제3연대의 장교로 부임했다.

그리고 3월에 안다만 섬의 근위사단 보병 제3연대 제9중대로 전속되었다. 그런데 이곳에서 말라리아를 앓아 3월부터 6월까지 환자 수용소에 누워 있었다. 말라리아 때문에 뇌증腦症을 일으켜 3개월 남짓 기억을 잃기도 했다. 훗날 동료 장교에게 "더 이상 치료할 수 없어 언제 죽을지 모른다고 생각했다"는 말을 듣고 아연실색했다고 한다. 다행히 신약이 있어서 치료를 받고 사령부로 돌아왔다. 때마침 메단에 있는 제25군사령부로부터 "장교를 한 사람 보내달라"는 요청이 있어서 이케우에는 그곳으로 파견되었다. 메단의 사령부로부터 즉시 란타우파라파트의 제25군 적성국인 억류소 제5분견소 소장으로 취임하라는 명령을 받았다.

이케우에가 메단에서 열차를 타고 찾아간 곳은 산악지대의 종점 시링고링고였다. 삼면이 산으로 둘러싸여 있고, 막사와 같은 허술한 건물이 10여 채 늘어서 있었다. 이 건물에 '적성국인 2000명'이 수용되어 있다는 것이었다.

"수마트라의 메단을 점령했을 때 그곳에 살고 있던 네덜란드인과 그 주변의 농장 경영자, 노동자 등을 포함해 민간인 남자만 2000명을 억류하고 있었습니다. 처음에는 군정부軍政部에서 관리하다가 나중에 제25군 관할로 넘어왔는데, 억류자들이 외부와 접촉하지 못하게 함으로써 스파이 활동을 차단하는 것이 주요 목적이었습니다. 나는 소장으로서 그곳을 관리했을 뿐입니다. 이런 산속까지 와버렸으니 내가 살아서 일본으로 돌아갈 수나 있을지 참 개탄스러웠습니다."

이케우에는 이렇게 말하면서 지도를 펼쳐 보여주었다. 북부 수마트라의 중앙부에 있는 정글 속이라는 것을 알 수 있었다. 일본군은 동남아시아 각지를 점령하면 군인은 포로수용소에, 민간인은 적성국인 억류소에 수용했다. 그리고 외부와의 접촉을 차단하고 일상생활을 감시했다. 포로수용소에서는 종종 일본군 병사에 의한 학대가 있었고, '적성국인' 여성만을 수용하는 억류소에서는 네덜란드 여성을 위안부로 삼은 사례도 적지 않았다.

적성국인 억류소 소장으로 부임한 이케우에는 아직 25세의 중위였다. 부임한 날 2000명 중의 대표자가 정렬하여 그를 환영했는데, 잔뜩 겁먹은 눈길로 어색하게 거수경례를 하는 것이 기묘했다. 민간인의 경우 그런 행위를 하지 않는다.

"경례는 하지 않아도 좋다."

이렇게 말하자 모두가 의아한 표정을 지었다. 사정을 듣고서야 전임자가 경례를 하지 않으면 닥치는 대로 구타를 했다는 사실을 알았다. 그래서 그들은 겁을 먹고 있었던 것이다. 일본군 병사는 이유도 없이 때린다는 것이 그들의 불만이었다.

30개국 2000명의 수용자

이케우에는 2000명의 국적 리스트를 보고 놀랐다. 이 리스트는 제25군의 외사경찰 출신 장교가 와서 심문한 뒤에 작성한 것이었다. 2000명 가운데 80퍼센트는 네덜란드인이었다. 그 외에 스웨덴, 스위스 등 중립국의 국적을 가진 자도 있었다. 벨기에인과 그리스인 그리고 북부 수마트라에는 미국의 농장과 석유회사가 있어서 미국인과 영국인도 있었다. 아르메니아인도 포함되어 있었다.

프랑스인도 수용되어 있었다. 하지만 그들은 독일에 협력하는 비시 정부의 패스포트를 갖고 있을 경우 적성국인이 아니라 일본 편인 것으로 해석되었다. 그들의 국적은 실로 30개국이 넘었다.

다섯 살짜리 아이에서 70대 노인까지 연령대도 다양했다. 이 억류소에는 병으로 쓰러진 억류자를 위한 시설이 있었고 그곳에는 말라리아로 고생하는 환자가 수용되었다. 메단에는 프랑스 파스퇴르 연구소의 분원分院과 같은 연구소가 있어서 열대의학을 연구하는 의료진이 머물렀다. 그들 역시 억류소에 수용되어 있었다. 의약품을 가지고 들어올 수 있었기 때문에 환자는 누구나 그들의 치료를 받았다.

2000명의 억류자를 감시하는 것은 이케우에 소장을 중심으로 10명의 일본군 병사와 20명의 인도네시아인이었다. 인도네시아인 병사는 '병보兵補'라 하여 일본군의 지휘 아래 있었다.

연설하는 인도네시아 초대 대통령 수카르노.

"민간인 수용소이기 때문에 강제로 노역을 시키지는 못하도록 규정되어 있었습니다. 그래서 나도 원칙적으로 노역을 시키지 않았습니다. 단, 식량 사정이 좋지 않았기 때문에 식량을 확보하기 위해 농장을 만들게 했습니다. 나머지 시간은 억류소 안에서 한가롭게 보냈지요. 억류자는 독자적으로 자치 조직을 만들었는데, 그 조직에는 위원장과 부위원장이 있었습니다. 그들과 매일 만나 내일은 어떤 작업을 할지 상의하기도 하고, 그들의 희망 사항을 듣기도 했습니다."

식량을 꼬박꼬박 제공했습니까?

"육군의 규정에 일일 정량이 정해져 있습니다. 그 양을 란타우파라파트의 본부에서 정기적으로 보내옵니다. 식사는 주로 잡곡, 채소, 콩 등이었는데, 그것으로 충분하지 않았던 게 사실입니다. 그래서 화교가 몰래 팔러 오는 카사바 등을 사서 먹었습니다. 억류소 근처에 강이 흐르고 있어서 일요일에는 산속에 사는 농민이 작은 배에 바나나를 싣고 강 아래 마을로 팔러 갑니다. 그 배를 불러 세우고는 억류자 자신이 사서 먹기도 했습니다."

영양은 충분히 섭취했습니까? 일본군은 포로나 민간인에게 대단히 조악한 음식만 제공했다고 하던데요.

"현실적으로 그들이 바라는 영양을 제공하지는 못했다고 생각합니다. 그 억류소에는 지식인도 많았는데, 언젠가 위원장이 영양분석표를 들고 와서 이만큼의 영양가를 제공하라고 요구하더군요. 영어로 이야기를 했는데, 영양분석표를 아무리 봐도 잘 모르는 말이 있었습니다. 알고 보니 단백질이었습니다. 그것을 이정도 섭취하지 않으면 안 된다는 것이었습니다. 내가 일본인은 우메보시(매실장아찌)와 밥만 있으면 된다고 했더니 아주 어이없어하더군요. 나는 그들에게 질릴 만큼 영양학 강의를 들었습니다."

1943년 10월부터 1945년 8월 15일까지 그곳에서 소장으로 있었는데, 그때 학대 행위와 같은 것은 없었습니까?

"나는 학생 출신 장교라 일본군의 체벌은 잘 알지 못했습니다. 그래서 부하에게도 절대로 폭력을 휘두르지 말라고 말했습니다. 하지만 딱 한 번 네덜란드인 세 명을 때린 적이 있습니다. 이 세 사람은 밤중에 억류소를 빠져나가 이웃 마을에서 자신들의 소지품과 먹을거리를 교환했습니다. 그것은 금지된 행위였기 때문에 나는 그 사실을 알고 소장실에서 그들을 때렸습니다. 전쟁이 끝난 뒤나는 그들에게 사과했습니다. 그때는 내가 나빴다고 말이지요. 그러자 그들은됐다며 그건 자신들이 잘못했기 때문이라고 말하더군요. 고마웠습니다."

1992년 9월 상순 어느 날, 나는 도심의 호텔에 있는 찻집에서 이케우에와그의 전우들을 만났다. 이케우에는 북부 수마트라의 산중에 있었던 억류소의 모습을 담담하게 이야기했다. 최대한 인간적이고자 했던 한 장교의 이야

　　　　　제28장. 제25군 적성국인 억류소의 나날

기를 통해서도, 대동아공영권 건설이 국책으로서 실제 용이한 일이 아니었음을 알 수 있었다.

시링고링고의 제5분견소에서 20킬로미터쯤 떨어진 아에쿠파민케에 적성국인 여성 억류소가 있었다. 이곳에도 2000명 정도의 여성이 수용되어 있었다. 이케우에의 억류소에 수용되어 있는 이들의 아내나 딸이 많았다. 어느 날, 이케우에는 여성 수용소에 가는 길에 억류자 자치 조직 위원장에게 아내에게 전할 말이 있으면 전해주겠노라며 메모장을 건넸다. 위원장은 메모장에 네덜란드어로 몇 마디 적었다. "건강하게 잘 있느냐"는 내용이었다.

아에쿠파민케 억류소에서 그의 아내에게 메모를 보여주었다. 답장을 쓰고 싶다고 했다. 이케우에는 그러라고 했다. 잇달아 여성들이 가족에게 보내는 메모를 적었다. 메모장은 금세 온갖 메시지로 가득 찼다. 그것을 억류소로 가지고 돌아오자 억류자들은 눈물을 흘리며 기뻐했다. 이케우에는 아에쿠파민케 억류소의 소장 니시 준위와 협의를 할 때마다 메시지를 전하는 역할을 했다.

한번은 열두세 살짜리 남자아이가 소장실로 와서 "어머니의 소식을 전해주셔서 정말 고맙다"며 인사를 했다. 그 소년은 아버지가 네덜란드인이었고, 어머니가 일본인이었다.

소년의 어머니 하마자키 후사노는 메단에서 네덜란드인과 결혼했다. 네덜란드 국적이었다. 근위 제2사단 사단장이었던 무토 아키라가 하마자키 후사노에게 "당신은 일본인이니까 이 억류소에서 나가라"고 명했지만 그녀는 응하지 않았다. "네덜란드인과 결혼한 나는 더 이상 일본인이 아니다. 이 억류소에서 나가지 않겠다"며 거절했다. 전후 하마자키는 네덜란드에서 살았는데, 네덜란드인 사이에서도 이때의 행위로 칭찬을 들었고 박해도 전혀 받지 않았다고 한다.

억류자끼리 글을 주고받는 것은 금지되어 있었다. 이케우에는 위원장에게

"이렇게 기뻐하는데 글을 주고받는 것 말고 더 좋은 방법이 없겠느냐"고 물었다. 그는 선물을 주는 게 좋겠다면서 고무나무로 샌들을 만들면 어떻겠느냐고 제안했다. 이케우에는 그의 제안을 받아들였다. 그때부터 시링고링고와 아에쿠파민케 사이에 샌들이나 채소를 주고받을 수 있게 되었다.

이 억류소에도 전황이 나빠지고 있다는 소식이 조금씩 흘러들었다. 1944년 말에는 새로운 억류자 십수 명이 다른 억류소에서 이곳으로 왔는데, 그들의 소지품을 검사하다가 발견된 동남아시아 지도 위에는 연합국 마크가 수없이 표시되어 있었다. 이미 사이판도 연합국 점령지로 색칠되어 있었으며, 그 표시는 점차 일본에 가까워지고 있었다. 그들도 어떤 정보 루트가 있었는지 아니면 몰래 라디오를 들었는지, 일본의 패전을 예측하고 희색을 띤 표정이었다.

"천황은 미국 정부와 이야기하라"

1945년 4월, 이케우에의 관리 아래 있는 억류자가 긴장한 얼굴로 들어왔다. 자신은 네덜란드의 라이던대학을 졸업했으며 국제 정세와 역사에도 밝은 편이라고 전제한 다음, "일본군은 패할 것이다. 지금 당장 일본 천황이 미국으로 가서 미국 정부와 협상하라고 본국에 전했으면 좋겠다"고 말했다.

이케우에가 잠자코 있자 몇 번씩이나 그렇게 권했다. 나 같은 일개 말단 장교가 어떻게 그럴 수 있겠느냐고 했다. 그러자 그는 다음과 같이 말했다.

"일본인은 역사라는 것을 몰라도 너무 모른다. 특히 소련을 모른다. 단언하건대 미국이 일본의 숨통을 끊으려 하면 소련이 반드시 배후에서 습격할 것이다. 그런 것은 최근 10년의 역사를 봐도 알 수 있지 않은가."

제28장. 제25군 적성국인 억류소의 나날

이케우에에게 그것은 너무나 두려운 분석이었다. 그런 이야기를 누구에게도 말할 수 없었다. 그러나 네덜란드인은 날카로운 어조로 천황이 미국으로 가도록 손을 쓰라는 말을 되풀이했다.

나는 이케우에의 이야기를 들으면서 도쿄의 정치·군사 지도자가 이러한 역사관을 갖고 있지 않았다는 데 놀라움을 금치 못했다. 대동아공영권의 건설이라고 하지만 오로지 주관적인 확신과 자기 입맛에 맞는 방편에만 골몰하고 있었다고밖에 생각할 수 없다.

1945년 8월 15일, 이케우에는 북부 수마트라의 비룬에 있는 사단의 연습을 견학하러 갔다. 근위 제2사단은 연습 견학이라는 이름 아래 각 억류소의 소장들을 모아 패전 소식을 전하고자 했던 것이다. 이케우에는 이곳에서 패전 소식을 들었으며, 사단 정보 참모의 지시를 받고 시링고링고로 돌아왔다.

다음 날, 사단에서 장교와 통역이 와서 이케우에와 함께 억류자 대표 십수 명에게 종전 전달식을 거행했다. 일본군이 이겼는지 졌는지 상세한 내용은 일절 언급하지 않은 채 어쨌든 전쟁은 끝났다는 사실만 억류자들에게 알렸다. 억류자들은 빙 둘러서서 그 전달식을 지켜보았다. 식이 끝나자 억류자들은 앞 다투어 이케우에 앞으로 몰려왔다. 그리고 제각각 말했다.

"전쟁 중이라면 적군과 아군이 있다. 하지만 전쟁이 끝났다면 오늘부터 우리는 친구다."

누군가가 이렇게 말하더니 악수를 청했다.

"이런 모습을 보고 나는 깜짝 놀랐습니다. 그들은 무척 너그러웠습니다. 이를 계기로 그 후 내 인생관은 완전히 바뀌었습니다. 우리에게는 이런 여유가 전혀 없었습니다. 만약 일본인이었다면 이런 태도를 취할 수 있었을까 하고 생각하니 정말 부끄러워지더군요."

이케우에는 이렇게 말하고 이때의 기억이 떠올라서였는지 손수건을 꺼내 눈물을 훔쳤다.

8월 16일, 산속에 숨어 있던 네덜란드군 장교 3명과 접촉했다. 억류소 안은 흥분의 도가니로 바뀌었고, 사람들은 몇 번씩이나 이 장교를 헹가래 쳤다. 얼마 지나지 않아 영국군 장교 6명과 부사관 6명도 낙하산을 타고 내려왔다. 이케우에는 그들을 안내하여 수용소 내부를 보여주었다. 막사에서는 억류자들이 영국인 장교에게 빠른 말투로 4년 가까운 세월 동안 쌓인 불만을 털어놓는 듯했다. 이케우에는 위협을 느끼면서 그것을 바라보았다.

소장실로 돌아오자 영국인 장교는 "이 캠프 안에서 당신에 대한 평판이 대단히 좋다. 당신의 뜻에 달렸지만 메단에 설치된 연합군사령부의 연락장교가 될 생각은 없는가"라고 제안했다. 억류자가 퇴소하기까지는 이곳을 떠날 수 없다고 말하고는 거절했다.

이케우에는 퇴소하는 억류자들을 연일 배웅했다. 그사이에 영국인과 네덜란드인이 몇 번이나 말다툼하는 것을 목격했다. 그들은 이번 전쟁에서 너희 나라는 아무것도 한 게 없지 않느냐는 둥, 보어 전쟁 이래 너희 나라는 줄곧 우리 나라를 공격하지 않았느냐는 둥, 오래된 역사까지 들추며 논쟁을 벌였다. 영국인 장교는 영국인만을 데리고 갔다. 같은 연합국이라 해도 한 꺼풀 벗기면 에고이즘을 고스란히 드러내면서 서로 말싸움을 하는 것이 인상적이었다. 일찍이 천황이 미국으로 가도록 진언하라고 말했던 네덜란드인은 억류소를 떠날 때 다시 이케우에를 찾아와 다음과 같이 말했다.

"당신들은 딱 한 번 졌을 뿐인데 왜 이렇게 비굴해지는가? 너무 칠칠치 못한 게 아닌가? 당신들은 유럽의 역사를 아는가? 이제부터 다시 한번 로마 시대부터의 역사를 읽어보라."

말을 마친 그는 악수를 한 다음 떠나갔다.

그 후 이케우에는 전범용의자로서 메단 형무소에 수용되었다. 그러나 네덜란드 군사검찰청 소속 검사에게 불려가 "메단의 네덜란드인 사이에서 당신을 조기 석방하라는 서명운동이 일어나고 있다. 바타비야 총독의 허가가 내려오면 곧 이곳을 떠날 수 있을 것이다"라는 말을 들었다. 그리고 탄원서를 보여주었다. 탄원서에는 시링고링고의 억류소에 있었다는, 이름도 모르는 인물이 솔선하여 탄원서를 돌리면서 서명을 받고 있다는 구절이 적혀 있었다. 이리하여 이케우에는 1946년 11월에 석방되어 일본으로 돌아왔다. 이케우에는 이렇게 말한다.

"내가 있었던 메단의 수용소에는 수마트라 파견 제25군의 전범용의자가 대단히 많았습니다. 군사령관 다나베 모리타케 중장과 참모장 야하기 나카오谷荻那華雄 소장 등도 이곳에 수용되어 있었지요. 결국 이곳에서는 다나베와 야하기를 포함해 26명의 군인이 사형에 처해졌습니다. 포로수용소나 억류소의 감독 장교와 헌병대의 군인이 많았습니다. 그중에는 부당하게 오명을 쓰고 사형에 처해진 이도 있었습니다만, 전범은 영웅이라고 호언장담하다가 불필요하게 처형의 범위를 넓힌 군인도 있었다고 생각합니다."

다나베는 개전 시에 참모차장으로 복무한 엘리트 군인이었다. 제25군 사령관으로서 부하들의 다양한 혐의에 대해 책임을 지고 처형당했다. 다나베는 처형 전에 유서를 남겼다. "예로부터 한 성의 주인이 항복할 때 주장主將은 자결하여 그 목을 내거는 것이 관례다"라는 말로, 스스로의 죽음을 통솔책임자가 감당해야 할 것으로 결론짓고 있다. 그러나 그 유서에서 동아 해방에 관하여 언급한 부분은 전혀 찾아볼 수 없다.

──── 대동아회의의 허실

1943년 후반부터 전황은 더욱 나빠진다. 일본은 동남아시아의 나라들을 자신의 제압 아래 두기 위해 입으로는 독립을 부여한다고 말하면서도, 오로지 일본의 자원 공급 지역으로 이용하는 데 골몰했다. 1943년 11

월 5일부터 시작된 대동아회의에서 전시 지도자는 귀가 솔깃해지는 말을 쏟아냈다. 예를 들면 도조는 이 회의의 연설에서 "영국과 미국이 말하는 세계 평화란 곧 아시아에서 식민지 착취의 영속화와 이에 의한 이기적 질서의 유지를 뜻한다"면서, 일본은 그 해방자이고 독립을 원조하는 구세주라는 자화자찬을 늘어놓았다.(1943년 11월 6일 『아사히신문』은 「대동아공동선언」이 채택되었다는 소식을 전하면서, "미영은 자국의 번영을 위해서라면 다른 국가와 민족을 억압하고, 특히 대동아에 대해서는 지칠 줄 모르고 침략과 착취를 행하여 대동아 예속화의 야망을 드러냈으며, 마침내는 대동아의 안정을 뿌리째 뒤흔들고자 했으니 대동아전쟁의 원인은 여기에 있다" "대동아 각국은 만방과 교의交誼를 돈독히 하여 인종차별을 철폐하며, 널리 문화를 교류하고 나아가 자원을 개방함으로써 세계의 진운進運에 공헌한다"고 보도했다.―옮긴이)

그런데 이 말을 들은 각국의 지도자가 꼭 반가운 표정을 지었던 것은 아니다. 이를 상징하는 광경은 얼마든지 있었다. 가장 이해하기 쉬운 예를 들자면, 대동아회의가 끝난 날 밤(1943년 11월 16일) 대동아회관에서 리셉션이 열렸다. 연회장 벽에는 모자이크 타일로 대동아공영권의 지도가 그려져 있었다. 일본의 세력 범위는 붉은 타일로 멋지게 돋을새김처럼 표현되어 있었다.

그 화려한 지도를 보고 참석자들은 너나없이 탄성을 질렀다. 그러나 다음 순간 각국의 지도자는 굴욕감에 얼굴을 일그러뜨렸다. 동남아시아의 나라들이 마치 일본의 속국인 것처럼 표시되어 있었기 때문이다.

대동아회의에서는 "대동아 각국은 협동하여 대동아의 안정을 확보하고 도의에 기초한 공존공영의 질서를 건설한다"는 말로 시작되는 5개 항목의 대동아공동선언을 채택했다.

표면적으로는 확실히 미사여구로 가득 차 있었다. 훗날 도쿄전범재판에서 점령지 행정이라는 이름 아래 행해진 황민화 교육이나 잔학 행위가 폭로되면, 피고들은 대동아회의의 선언이 결코 그런 사태를 인정하지 않는 고매한 것이었다고 반론했다. 하지만 현실이 가혹하면 가혹할수록 이 선언은 일본의 대동아공영권의 실태를 덮으려는 것에 지나지 않았다는 증거가 되었다.

나는 자와와 수마트라 등에 종군했던 병사들을 취재하면서 점령지에서 일본군이 대단히 오만했다는 얘기를 수없이 들었다. 모르는 사람들이 종종 내게 종군위안부 문제를 다뤄주었으면 좋겠다는 편지나 전화를 보내오곤 한다. 그중에는 자신의 체험을 적어서 보내주는 당시 병사였던 노인도 있다. 위안부에 한하지 않고 일본군이 그들을 얼마나 가혹하게 육체적으로 능욕했는지를 적어서 보내온다. 읽는 것만으로도 고통스럽다.

물론 나는 이 문제에 많은 관심을 갖고 있다. 북부 수마트라에서는 종군위안부 문제가 없었지만 사단 사령부의 고위급 참모가 종종 여성 억류소를 방문하여 자신의 상대를 찾곤 했다는 이야기도 있다. 자와에서는 전후의 군사 재판에서 어떤 대위가 최초로 사형 판결을 받기도 했다. 그는 여성 억류소 소장이었다.

그 내막을 나에게 증언한 전 병사는 다음과 같이 말한다.

"이 대위는 어떤 고위급 장교로부터 몇 번이나 여성을 위안부로 보내라는 말을 듣고 결국 그 요구에 응하고 말았습니다. 내가 이해할 수 없는 것은 그 대위와 최상급자인 사령관이 형을 받았는데도 그들의 중간에서 강제로 위안부를 징용하라고 명령한 이는 교묘하게 책임을 모면했다는 점입니다. 위안부 문제의 책임을 묻기 위해서는 쇼와 육군의 제도와 조직 등을 해명하여 정말로 나쁜 사람이 누구였는지 밝혀야 합니다."

미군은 대동아회의를 즈음하여 일본이 절대 국방권이라고 명명한 요충지를 공격하기 시작했다. 1943년 11월 중반에는 길버트 제도의 마킨, 타라와 등지에서 상륙 작전을 펼쳤다. 마킨의 일본군 수비대 700명은 6000명의 미군 해병대원과 사흘 동안 전투를 치르면서 전멸했다. 타라와에서도 일본군

4800명 가운데 20명이 채 되지 않는 병사를 제외하고 전원 옥쇄했다.

독립 전쟁에 뛰어든 일본 병사

전황이 나빠지면서 일본의 정치·군사 지도자는 더 이상 '대동아 공영권 건설'이라는 말을 입에 올리지 않게 되었다. 대동아공영권은 마치 헛것처럼 사라졌다. 그리고 전후에도 그들의 유서 속에 아시아 해방이라는 글자는 등장하지 않는다.

이케우에 노부오는 이름도 없는 전우 한 명을 예로 들어 다음과 같이 말했다.

"그는 제일고등학교와 도쿄제대를 나온 이등병이었습니다. 그는 누가 권해도 간부후보생이 되지 않았습니다. 끝까지 일개 병졸이었는데, 수마트라에서는 늘 책만 읽었습니다. 그런 그가 종전 전에 전우들에게 편지를 남기고 인도네시아 독립 운동에 뛰어들었습니다. 네덜란드와 영국을 몰아내기 위해 인도네시아 투사들과 함께 싸웠던 것이지요."

인도네시아 독립 운동에 가담한 일본 병사는 3000명이 넘는 것으로 알려져 있다. 그 가운데 3분의 1은 정글 속에서 네덜란드군의 총탄에 쓰러졌다. 또 다른 3분의 1은 인도네시아 독립 후 일본으로 돌아왔다. 그리고 나머지 3분의 1은 인도네시아에 머물렀으며, 1992년 당시 생존해 있는 사람은 200명을 밑돈다고 한다. 그들은 '벗들의 복지를 생각하는 모임'이라는 조직을 만들어 서로 돕고 있다.

이런 병사들만이 진정 '아시아 해방'을 위해 몸을 던진 사람들이라고 말할 수 있을 것이다. 이름도 없이 죽은 1000여 명의 병사는 대동아공영권의 건설이라는 전쟁 목적의 기만을 병사라는 입장에서 고발하고 있는 셈이다.

1998년 9월, 네덜란드의 저명한 작가이자 비평가이기도 한 뤼디 카우스브룩Rudy Kousbroek이 일본을 방문했다. 일본에서 자신의 책이 간행되어 이를 홍보하러 온 것이었는데, 어느 날 와세다대학에서 '서구의 식민지 상실과 일본'이라는 제목의 강연을 했다.

이 강연 안내를 신문에서 본 이케우에는 강연장으로 달려갔다. 카우스브룩은 자신의 포로 체험에 관한 이야기를 꺼냈는데, 그 억류소가 시링고링고에 있었다는 것을 밝히고 그 체험을 통해 식민지 붕괴의 실태를 말했다. 강연이 끝난 뒤 질의응답이 이어졌고, 강연장의 청중 몇 명이 발언을 요청했다. 이케우에에게 발언권이 주어졌다. 그는 "나는 시링고링고 억류소의 소장이었다"고 밝히고, "당신이 만약 일본인에게 원한을 품고 있다면 이 자리에서 나를 때려도 좋다"고 말했다. 카우스브룩은 단상에서 내려와 이케우에의 손을 잡고 "당신은 우리에게 가혹한 짓을 하지 않았기 때문에 벌을 받을 이유가 전혀 없다"며 눈물을 글썽였다. 80세의 노인 이케우에도 흐르는 눈물을 닦지도 않고 카우스브룩에게 안겨 있었다.

그 후 이 광경이 네덜란드의 유력 신문에 보도되었다. 독자들로부터는 카우스브룩의 "벌을 받을 이유가 없다"는 발언에 반향이 있었고, 이 발언을 둘러싸고 한동안 이 신문에서 찬반 토론이 벌어졌다.

1999년 8월, 이케우에는 노구를 이끌고 네덜란드로 갔다. 암스테르담에서 열린 일본·인도네시아·네덜란드 3국의 전시자료전에 참가하기 위해서였다. 물론 카우스브룩과도 다시 만나 우정을 확인했다.

제29장

뉴기니 전선의
절망과 비극

태평양전쟁 기간 병사들이 쓴맛을 본 전장은 얼마든지 있다. 말단 병사들은 병참이나 보급을 무시한 쇼와 육군의 작전을 온몸으로 떠안아야 했다.

그중에서도 동부 뉴기니 전선의 참상은 전장의 '으뜸'이라 할 만한 것이었다. 적도와 남위 10도 사이에 있는 뉴기니 섬은 일본 국토의 1.3배, 동서로 3000미터 급의 산맥이 이어지고, 국토의 대부분은 아직 사람의 발길이 닿지 않은 정글이었다. 약간의 평지가 산재해 있었지만 그곳을 잇는 도로는 없었다. 산에서 바다로 몇 줄기 강이 흐르고 있으며, 정글 안은 습지대였다.

이 지역을 지키라는 명령을 받은 것은 1942년 11월 제8방면군(사령관 이마무라 히토시 대장) 아래 신설된 제18군(사령관 아다치 하타조 중장)이었다. 제18군은 제20사단, 제41사단, 제51사단을 중심으로 편성되었고, 그 외에 항공, 선박 그리고 해군 부대 일부 등이 가세하여 총병력은 15만 명에 가까웠다. 증원 병력을 태운 수송선이 미군의 공격으로 바다 속에 침몰했는데, 그 배에 탄 병사들까지 포함하면 16만 명이 넘을 것으로 보인다. 전후 동부 뉴기니에서 살아 돌아온 장병이 1만여 명이라고 하니 실로 95퍼센트가 전사하거나 병사한 셈이다.

1992년 9월 현재 도쿄 지요다 구의 지도리가후치千鳥ヶ淵에 잠들어 있는 무명 전사자 중 동부 뉴기니전과 관련된 사람이 12만7600명인데, 실제로는 이보다 훨씬 더 많을 것이라는 게 생존자들의 증언이다.

이 비참한 전장에서 살아 돌아온 장병은 전후 특정 시기까지는 입을 열지 않았다. 쇼와 40년대에 이르기까지 그들은 살아남은 이들끼리 모여 그들이 겪은 전쟁에 대해 세세하게 이야기를 이어왔다. 제18군 참모로 전후(쇼와 30년대 초기)에는 방위청의 육상막료장을 역임한 스기야마 시게루杉山茂(도조 히데키의 사위)는, 1968년 과거의 부하가 쓴 체험기의 추천문에서 다음과 같이 적었다.

"우리가 입을 다물고 '병사들에 대해 이야기를 하지 않았던' 것은 이제 와서 조국의 패전으로 이어졌던 전쟁 이야기를 해봐야 별 도움이 되지 않을 것이라고 생각했기 때문이고, 또 상상을 초월하는 가혹한 동부 뉴기니 작전의 실상은 그야말로 당사자가 필설로 감당할 수 없는 점이 있었기 때문이다."

쇼와 40년대 후반 이후 동부 뉴기니에서 싸운 병사들은 사가판 등으로 체험기를 간행하게 되었다. 하지만 그 체험은 개인 영역에 머물고 있어서 지금까지도 동부 뉴기니전의 전모는 선명하게 밝혀져 있지 않다. 지금 동부 뉴기니전에 관하여 쓰인 책은 200권이 넘는데, 제18군사령부가 얼마나 고통스런 상황에 있었는지를 엿볼 수 있는 자료는 참모장이었던 요시와라 가네吉原矩의 『남십자성』, 군의관으로서 처음부터 끝까지 아다치 하타조安達二十三와 행동을 함께한 스즈키 마사미鈴木正근의 『동부 뉴기니 전선: 지옥의 전장에서 살아남은 어느 군의관의 기록』 등 몇 권밖에 없다.

제2부. 쇼와 육군의 흥망

공식 전사서 등도 태평양전쟁 말기 제18군 사령부의 움직임에 대해서는 당시의 보고에 기초하고 있지 않다. 용지가 떨어진 군사령부는 바나나 껍질을 말려서 보고서를 쓰는 상황이었기 때문에 아무래도 제8방면군(1944년 3월부터는 제2방면군, 그 후 남방군에 편입된다)이나 대본영에는 공식 문서가 도달할 수 없었던 것이다.

동부 뉴기니 전선을 체험한 병사들은 소속 부대, 출신지, 현재의 주소 등을 바탕으로 전우회를 만들었다. 수많은 전우회 중에서도 동부 뉴기니전의 전우회는 결속력이 가장 강한 것으로 알려져 있다. 그들의 전국 조직은 동부 뉴기니 전우회(대표는 호리에 마사오 전 참의원 의원이며 본부는 도쿄에 있다)라고 하는데, 사무국장이었던 고토 유사쿠後藤友作는 "동부 뉴기니 전선에 관해서는 아직도 정확하게 밝혀져 있지 않다. 일반적으로 침소봉대, 흥미 본위의 이야기가 떠돌고 있다. 우리는 분개하지 않을 수 없다"며 분노를 감추지 않았다. 확실히 종군했다고 할 수 없는 이의 책이나 증언이 범람하고 있다.

나는 이 책을 집필하기 위해 동부 뉴기니 전선에서 싸웠던 병사와 장교를 만났다. 그들의 분노를 추적하다 보면 결국 '인육 사건'에 다다르게 된다. 이 전투에 참가했다고 하는 병사의 책에 그것이 적혀 있다. 하지만 그런 병사는 실제로 존재하지 않았다. 1991년에도 어느 텔레비전 프로그램에서 "인육을 먹었다"고 증언한 병사가 있었다고 한다. 그런데 그 병사는 주둔지도 모르고 분대장, 중대장, 연대장, 사단장의 이름뿐만 아니라 전장에 있었던 병사의 이름 하나도 알지 못한다고 대답했다는 것이다.

게다가 이 병사가 증언한 지명과 작전 지점 등은 아이러니하게도 물자의 집적지로, 미군의 폭격이 격렬해서 전선으로 물자를 보내지 못했기 때문에 식량도 충분했다는 것이다. 어느 사단의 장교는 이렇게 증언한다.

"왜 이런 말이 나오고 또 각색되는 것일까요? 뉴기니에서 돌아온 병사는 인육을 먹었다는 얘기까지 나오는 실정입니다. 유족의 자식들에게까지 그런 이야기를 들었다며 우는 전우도 있습니다. 좋습니다. 잘 들어주십시오. 저 전선에서 인육을 먹은 병사는 없습니다. 단언합니다!"

이제는 늙은 이 장교도 울먹이는 목소리로 이야기했다.

동부 뉴기니에서 싸운 병사들의 명예를 위해 취재 결과 내가 얻은 결론을 소개하면 아래와 같다.

"1944년 7월 14일, 제18군은 잔존 병력(약 3만5000명)으로 2년 가까운 전투의 총결산으로서 아이타페Aitape 작전을 단행한다. 8월 상순 미군의 철저한 공격으로 제18군은 궤멸 상태에 이른다. 이 단계에서 2만3000여 명의 생존자가 있었던 것으로 추정되는데, 그 후에는 산에 틀어박혀 유격 전법을 택하게 된다. 8~10월에 생존 병사들은 산악의 정해진 지점으로 향하는데, 그곳으로 가는 해안선, 아니 정글 안에는 백골가도白骨街道라고 불릴 정도로 병사의 사체가 많았다. 식량이 떨어지지 않은 부대가 없었다. 병과 공복 그리고 피로 때문에 착란 상태에 빠진 병사도 있었다. 그런 병사 중에 인육을 먹은 이도 있다. 하지만 체력이 이미 한계에 도달해 있던 그들은 곧 병사한다. 그리고 무엇보다 군사령부나 사단 사령부는 그러한 행동을 금했고, 이에 반한 자는 총살에 처한다는 암묵적인 룰이 있었다. 오스트레일리아의 국립공문서관에 문서가 남아 있는 것으로 알려져 있지만, 특정 시기, 특정 지역에서 인육을 먹은 사람은 분명히 있었다. 그러나 그 수는 한두 명에 지나지 않았던 것으로 추측된다."

포트모르즈비 공략

1942년 11월, 미야케자카三宅坂에서 이치가야다이市ヶ谷台로 옮긴 지 얼마 되지 않은 육군성 건물 하나에 '18부대 연습장'이라는 간판이 내걸

제2부. 쇼와 육군의 흥망

렸다.

18부대 연습장이란 갓 신설된 제18군의 사령부를 가리키는데, 방첩의 의미도 있어서 이와 같은 간판을 내걸었던 것이다. 이곳에는 중국에 파견되어 있던 제37사단 사단장 아다치 하타조와 제17군 참모장이었던 요시와라 가네 그리고 작전참모인 좌관들이 모여 있었다. 그들은 과달카날에서 싸우고 있는 제17군과 함께 제8방면군(군사령관 이마무라 히토시 대장)에 편입되었는데, 이마무라로부터는 동부 뉴기니를 지키고 미군의 총반격을 저지하라는 내시內示를 받고 있었다.

이 무렵 솔로몬 군도의 과달카날에서 일본군은 미군의 맹공격을 받아 궤멸 상태에 빠져 있었다. 제17군은 필사적으로 싸웠다. 그 제17군의 예하 부대인 남해지대南海支隊가 동부 뉴기니의 서해안에 있는 포트모르즈비(파푸아뉴기니공화국의 수도)를 공격한 것은 7월과 8월에 걸쳐서였다. 포트모르즈비는 미군과 오스트레일리아군으로 구성된 연합군의 거점이었다. 이 거점을 공격하여 미군과 오스트레일리아군의 제휴를 깨뜨린다는 것이 대본영의 계획이었다.

남해지대는 솔로몬 군도 옆의 바사부아에 상륙하여 포트모르즈비를 배후에서 공격하라는 명령을 받았다. 남해지대는 오언스탠리 산맥을 넘은 다음 밀림을 뚫고 강을 건너 포트모르즈비로 향했다. 병사들은 굶주림과 질병 그리고 극심한 피로와 싸우며 포트모르즈비로 나아갔다. 선발대가 간신히 포트모르즈비의 거리가 내려다보이는 지점까지 나아갔지만 보급이 끊기는 바람에 남해지대는 부나로 철퇴해야만 했다. 그러나 미군과 오스트레일리아군은 부나에 낙하산 부대를 내려보내는 한편 해상에서도 해병대원을 잇달아 상륙시켰다. 일본군 부나 수비대는 순식간에 제압되었고, 남해지대도 동부 뉴기니의 정글과 부나 지구 주변에서 연합군과 총격을 주고받았지만 열세는 점차 명확해졌다. 남해지대는 정글의 습지대와 1000미터급 암벽이 이어지는 산맥 안에서 보급마저 끊긴 채 궤멸하고 말았다. 부나 지구에서는 남해지대의 저항이 너무나도 격렬했기 때문에 연합군 지휘관 맥아더 대장이 공격 부대의 지휘관을 아이켈버거 중장으로 바꿀 정도였다. 이 전투에서 남해지대 1만2000명 가운데 9000명이 전사했다.

대본영은 이러한 상태를 보고 동부 뉴기니가 제압당하면 중부 태평양 일대가 그대로 미군의 세력 아래에 들어갈 것이고, 머잖아 공격 루트가 필리핀으로 이어져 조만간 일본 본토 상륙 작전이 시작될 것이라며 두려워했다. 그 때문에 무슨 수를 써서라도 이 지역을 확보해야만 한다고 생각했던 것이다.

제18군은 이러한 상황 속에서 편성되었다. 그것은 동부 뉴기니를 지키기 위한 제물이라는 의미도 갖고 있었다.

아다치와 요시와라 그리고 스기야마 시게루를 비롯한 고위급 참모들은 1942년 11월 하순 뉴브리튼 섬의 라바울에 군사령부가 설치되면서 이곳으로 갔다. 대본영으로부터 전달받은 명령에는 "(동부 뉴기니의) 라에, 사라모아 및 부나 부근에 견고한 작전 거점을 확보하고, 또 비행장을 증설 정비하여 항공 작전을 강화하여 금후의 작전을 준비한다"는 항목이 있었다. 결국 동부 뉴기니를 조속히 제압하라는 명령이었다.

제18군은 1942년 연말부터 두 가지 작전을 연습했다. 하나는 부나 지역에 생존해 있는 남해지대 병사를 구원하는 것이고, 다른 하나는 댐피어 해협(비스마르크 해협)의 동부 뉴기니 쪽 요충지인 라에에 일본군을 상륙시키는 것이었다. 이 두 작전이 시작된 것은 1943년 1월부터였다. 동부 뉴기니에는 당초 미군이 4개 사단, 오스트레일리아군이 2개 사단 그리고 항공 부대와 기동 부대가 집결해 있었다. 그리고 이때부터 2년 가까이 매일같이 전투가 펼쳐졌다. 동부 뉴기니에 인간 제물을 쌓아올린 격렬한 싸움이었다.

군사사가 이토 마사노리伊藤正德의 『제국 육군의 최후』에 따르면, 미국에서 공간된 전사에서는 부나 지구 전투를 "세계 제일의 격투Toughest Fighting in the

World"로, 1944년 8월의 아이타페 전투를 "일본군의 놀랄 만한 저항Amazing Resistance of Japs"으로 기록하고 있다.

제18군은 당초 두 가지 작전 중 남해지대 병사의 구원에는 어느 정도 성공했고, 1943년 1월 하순에는 부나 지구에서 총퇴각하여 라에와 사라모아로 병력을 옮겼다. 라에에 새로운 부대를 보내는 데도 성공했다. 하지만 희생이 커서 지대장 오카베 에이이치岡部英一 소장이 부상당하는 등 병력 5분의 1을 잃었다.

이 무렵 아다치는 스스로 부나에 거점을 마련하고 그곳에서 지휘하기를 희망했다. 그는 "무슨 수를 써서라도 동부 뉴기니에서 미군을 저지해야만 한다. 그러기 위해서는 내가 솔선하여 병사와 함께 전선으로 가야 한다"고 말하곤 했다. 아다치는 쇼와 육군의 사령관으로서 확실히 보기 드문 감성의 소유자였다. '싸움은 평생에 단 한 번뿐'이라는 인생관을 갖고 부하에게 명령하기 전에 스스로 행동하는 유형의 군인이었다. 이런 아다치가 사령관으로 있었던 것이 제18군이 2년 가까이 계속 싸울 수 있었던 이유였다고 한다. 참모나 병사들의 신뢰가 두터웠다는 것이다.

나는 제18군의 사단 참모와 병사를 만나 이야기를 나누던 중 군사령부의 장교로서 편성 당시부터 궤멸에 이르기까지 전 과정을 지켜본 소좌가 있다는 말을 들었다. 1989년 초였다. 그 사람이 바로 도쿄 가메이도에서 내과·소아과를 개업하고 있는 스즈키 마사미였다.

1991년 9월, 나는 동부 뉴기니전에 참전했던 병사의 안내로 고토전우회江東戰友會라는 모임에 참석했다. 전우회는 보통 소속 부대가 같거나 아니면 육해군 교육기관의 동기생이거나 하는 일종의 연결고리를 바탕으로 만들어진다. 그런데 고토전우회는 달랐다. 저잣거리에서 자란 소꿉동무들이 태평양전쟁에 종군했다는 하나의 공통점을 중심으로 모인, 표현은 썩 좋지 않지만 '현대판 재향군인회'라 부를 만한 조직이었다. 스즈키는 고토전우회 고문으로서 회원들의 관계를 조정하는 역할을 맡고 있었다. 회원은 중국에서 벌어진 전투에서 싸운 병사, 풍선폭탄을 만드느라 애를 쓴 사람 등 아주 다양했다.

"이러한 모임은 일본에서도 예를 찾기 쉽지 않지요. 저잣거리의 인정이 잘 나타나 있다고 생각합니다." 스즈키는 50명 정도의 참석자를 둘러보면서 이렇게 말했다.

10월 초 어느 비 내리던 날, 나는 가메이도텐진 근처에 있는 스즈키 의원을 찾았다. 동부 뉴기니에서의 제18군 사령부의 모습과 그 작전 행동을 다시 확인하기 위해서였다. 당시 처음부터 끝까지 군사령부를 지켜보고 이에 대해 말해줄 수 있는 참모나 장교는 많지 않았다. 그것만으로도 스즈키의 증언은 가치가 있다고 생각했다.

오전 진찰을 마친 스즈키는 자신의 방에서 지도와 자료를 펼쳐가며 증언을 했다. 당시 78세(1913년 4월 24일생)였지만 어조는 명확했다. 무엇보다 기억이 확실했다. 중요한 전투의 일시와 장소까지 기억하고 있었다.

"제18군이 육군성 건물의 한쪽 구석에 만들어졌을 때, 나는 지난濟南의 육군병원에서 군사령부 군의부軍醫部 장교로 배속되었습니다. 나는 이때 남방으로 보내질 것인지 아니면 북방으로 갈 것인지 아직 사정을 알지 못했습니다. 그런데 라바울로 향한다는 말을 들었을 때 미군과 대치할 것을 생각하고 긴장했습니다. 1942년 11월 29일 밤에 수송선 아키쓰마루秋津丸를 타고 라바울로 들어갔습니다. 이 무렵 미군 폭격기의 공습이 연일 계속되고 있었습니다."

제18군은 2년 가까이 동부 뉴기니에서 싸웠습니다. 그때의 전투는 상당히 격렬해서 '지옥'과 같은 전장이었다는 말을 듣기도 했습니다만……

"분명히 말씀하신 그대로입니다. 결국 육군은 '식량은 전지戰地에서 조달하라'는 방침이어서 보급이 원활하게 이루어지지 않은 점에 문제가 있었다고 생각합니다. 나는 처음부터 동부 뉴기니에 있었고 서서히 상황이 나빠지는 것에 익숙해졌기 때문에 어떤 상황에 처하더라도 그것을 참을 수 있었습니다만, 뒤에 증원부대로 온 장병 중에는 고생한 사람도 있었습니다. 전장신경증戰場神經症에 걸린 병사도 분명히 없지는 않았습니다.

기아, 말라리아, 공습…… 그리고 동부 뉴기니 전선은 1500킬로미터에 이르렀기 때문에 날마다 전투와 행군을 이어가야 했습니다. 도로가 있는 곳은 그나마 나은 편이지만 정글 속은 습지대여서 머리까지 진흙 속에 빠지면서 며칠씩 걸어야 했지요. 확실히 대단한 전장이었습니다."

이렇게 말하면서 스즈키는 동부 뉴기니 전선 지도를 보여주었다. 제18군 사령부는 라바울에서 마당으로 사령부를 옮기는데, 지도에서 볼 수 있듯 마당을 도쿄로 간주하면 부대는 센다이(라에)에서 오카야마(홀란디아)까지 행군한 셈이다. 제공권과 제해권은 미군이 장악하고 있었기 때문에, 정글 속을 지나고 큰 강을 건너고 4000미터가 넘는 험준한 산을 올라야만 했다. 제18군은 절대 국방권의 설정(1943년 9월) 이후 전선을 서쪽에서 찾았기 때문에 끊임없이 행군이 이어졌다고 한다. 이러한 행군 때마다 부대 병사 3분의 1이 전사하거나 병들어서 이른바 손모율損耗率이 높아졌다.

미군을 움직이지 못하게 했다는 자부심

"나는 이런 상황 속에서 싸운 병사는 모두 훌륭했다고 생각합니다. 나는 군의관이었기 때문에 사단장이나 참모 그리고 병사들의 질병을 치유하는 데 전념했습니다. 위생기구와 약품 등 한 사람당 60킬로그램의 짐을 부하 군의관이나 위생병과 함께 운반하면서 사령관들과 행동을 함께했는데, 전장에서 새 붕대로 감싸주는 것만으로도 병사들은 기뻐했습니다. 어머니를 부르며 죽어간 병사도 많았습니다…….

동부 뉴기니의 병사들은 맥아더의 군대를 2년 가까이 그곳에서 움직이지 못하게 했지요. 맥아더의 군대가 그곳을 제압하고 나서 사이판으로 왔고, 그 뒤 약 1년 만에 일본 본토까지 접근했습니다. 결국 동부 뉴기니의 병사들은 그곳에서 필사적으로 싸워 전선이 본토에 가까워지는 것을 지연시켰던 것입니다. 그 점에 대해 강한 자신감을 가져도 좋다고 생각하며, 나 자신은 자부심을 갖고 있습니다. 제18군에 부여된 최초의 방침은 1943년 1월에 다시 변경되었습니다. 부나 지구의 전선을 축소하고 라에, 사라모아, 문다, 콜론바르가르 지구로 후퇴하여 전략 태세를 정비하라는 것이었지요. 라바울로 간 지 1개월도 되지 않아 작전 방침이 일변했던 것인데, 제18군의 장병들은 이러한 방침을 묵묵히 따르면서 버텼던 것입니다."

분명하게 말하지는 않았지만 대본영의 작전에 의문을 품고 있었음을 알 수 있다. 그것은 제18군 사령부의 참모들이 느끼고 있었던 의문일 것이다. 스즈키 자신도 그의 저서 『동부 뉴기니 전선』에서 작전 방침이 몇 번씩 바뀐 데 대해 "지도적 입장에 있는 사람은 (그 잘못을) 솔직하게 인정해야 한다고 생각한다"고 말하고, 이어서 다음과 같이 썼다.

"제일선 부대에 대한 쓸데없는 허풍이나 과장된 전과 보고와 같은 악습이 있었다고 해도, 전황에 관한 중앙부의 안이한 인식, 특히 피아 항공 전력에 관한 오판 등은 묵과할 수 없는 사실이다."

1943년 3월, 제18군은 대본영의 변경된 작전 방침에 기초하여 '81호 작전'을 결행한다. 해군의 군령부와 협력하여 라에에 제51사단의 주력을 상륙시키고, 이곳에 포진하여 방어 태세를 공고히 하는 것이었다. 해군도 군축함 8척을 보내 제51사단 병력 7300명과 탄약과 식량 등 2500톤을 싣고 라바울을 출발했다. 제공권과 제해권을 모두 미군이 장악하고 있었기 때문에 육해군의 참모들은 3분의 1 정도 피해를 입을 각오는 하고 있었다. 이 수송선단은 댐피어 해협에 접어들었을 때 미군 공격기의 폭격을 받아 잇달아 침몰했다. 바다 위에는 참깨를 뿌린 듯이 장병, 자재, 선체의 파편이 널려 있었다고 한다. 폭격을 모면

1943년 9월 7일 뉴기니의 라에를 공격하는 연합군의 낙하산 부대.

한 3척의 구축함이 그것들을 수습하여 라바울로 돌아왔다.

7300명의 장병 가운데 3664명이 전사, 구조되어 라바울로 돌아온 장병은 2427명, 라에에 상륙한 병력은 약 1200명이었다. 결국 81호 작전은 실패로 끝났다.

그래서 제18군은 뉴브리튼 섬의 트루부에서 야간을 이용하여 움보이 섬으로, 그곳에서 동부 뉴기니의 핀슈하펜으로 피스톤 수송(두 지점을 왕복하면서 사람이나 물건을 계속 태워 나르거나 실어 나르는 것—옮긴이) 루트를 개발했고, 이 루트를 통해 간신히 병사와 무기, 탄약, 식량 등을 라에로 보내는 데 성공했다. 이리하여 제18군 병사들은 라바울에서 은밀하게 동부 뉴기니로 건너갔던 것이다.

동부 뉴기니로 건너온 제18군은 사단마다 요충지를 맡아 그 거점을 지키기 위해 연합군과 싸웠다. 그러나 연합군은 라에와 사라모아를 공격하기보다 그 주변에 상륙하여 조금씩 제18군이 장악하고 있는 지역을 파고들었다. 1943년에는 이런 식으로 전투가 진행되었는데, 서쪽으로 서쪽으로 밀림 속을 행군하는 병사들의 참상은 "뉴기니에 있었던 장병이 아니라면 누구도 알 수 없는" 상태였다.

아이러니하게도 서쪽으로 향하던 제18군 병사들은 상륙한 연합군의 배후를 은밀하게 통과해야만 했고, 그랬기 때문에 점차 습지대나 협곡을 행군해야 했다. 어렵사리 다음 요충지에 도달한다고 해도 연합군의 항공 부대나 새로운 상륙 부대가 그곳에서 기다리고 있는 상태였다. 연합군은 동부 뉴기니의 해안을 따라 몇 척의 함선을 오가게 하면서 일본군 병사가 있든 없든 함포 사격을 퍼붓곤 했다. 오전 9시부터 정오까지 지극히 당연하다는 듯이 함포 사격을 가하고 정오부터 2시까지는 해안에서 모습을 감추었다가, 그동안 점심을 먹고 휴식을 취한 다음 다시 해안선을 따라 오가면서 오후 5시까지 함포 사격을 되풀이하는 것이 일과였다.

"미군은 포탄을 낭비하겠다고 작정한 것이 아닐까" 하고 생각될 정도로 그들은 이 스케줄을 충실하게 소화했다. 동부 뉴기니의 해안선은 점차 산 표면이 드러나고 정글의 수목이 쓰러져서 훤히 들여다보이게 되었다.

_____ 변덕스런 작전 때문에 정글을 배회하다

제18군의 병사는 점점 더 내륙으로 쫓겨 들어가면서 기아와 말라리아로 쓰러졌다. 연합군은 그러한 정글 속으로는 한 명의 병사도 보내지 않았다. "동부 뉴기니에 점재點在하는 평지는 고도孤島와 같다. 정글은 바다다. 이런 곳을 제압하는 것은 보병이 아니라 항공 병력이다"라는 결론에 따라 작전 행동을 펼치고 있었던 것이다.

그런데 도쿄에 있는 참모본부의 작전참모는 뉴기니의 지도를 보병이 제압할 수 있는 지역으로 착각하고 있었다. 바로 그랬기 때문에 아무렇지도 않게 포트모르즈비 작전 등을 명했던 것이다. 그것이 실패하고 나서도 특별히 교훈을 얻은 것이 아니라 의연히 서쪽으로 행군하여 요충지를 사수하라는 명령을 내렸다. 제18군의 참모들은 이 무모한 명령에 내심 상당한 불만을 품었던 것으로 보이지만, 대본영의 명령은 천황의 명령이기도 한 까닭에 묵묵히 따를 수밖에 없었을 것이다.

1943년 9월에 설정된 '절대 국방권'은 대본영의 참모가 자의적으로 선을 그은 데 지나지 않은 것으로 보이는데, 마찬가지로 뉴기니의 경우 동부 뉴기니를 버리고 서부 뉴기니를 사수하기로 했지만 그 논거는 명확하지 않았다.

"서부 뉴기니(홀란디아는 이 지역에 속하고 아이타페와 웨와크는 동부 뉴기니에 속한다)에 뉴기니에 있는 전군을 집결시키고 그곳에서 절대 불가침의 결전 체제를 갖추라고 명했던 것입니다."

사단의 참모가 쓴 책에는 명령의 내용이 이렇게 적혀 있는데, 말단 병사들은 대본영 참모의 변덕에 휘둘리면서 정글 속을 배회하고 있었다.

맥아더의 징검다리 작전에 따라 미군은 애초에는 300킬로미터 정도 떨어진 지점에 3개월마다 한 번씩 상륙 작전을 실시했다. 1943년 9월 안트 곶에, 1944년 1월 굼비 곶에 상륙했다. 그러나 일본군의 폭격기가 줄어들자 그 간격이 짧아졌고 공격지역도 점차 확대되었다.

참모본부의 정보 참모였던 호리 에이조는 1944년에 들어서 징검다리 작전의 시간차는 3개월에서 1개월 반으로 좁혀졌고, 1944년 1월 애드미럴티 제도의 마누스 섬에 상륙, 댐피어 해협을 돌파한 이후 동부 뉴기니 해안을 따라 전개된 징검다리 작전은 급속히 대담해졌다고 증언한다. 정보부는 맥아더의 병력이 13개 사단에서 15개 사단이며, 이 병력을 잘 운용하여 동부 뉴기니에 진공해온 것으로 분석하고 있었다. 제18군의 3개 사단은 이미 옥쇄나 궤멸에 의해 사단의 꼴을 갖추지 못했기 때문에 미군의 15개 사단과 싸우기에는 비교도 안 될 만큼 불리했다.

다시 한번 군사령부에 있었던 스즈키와 내가 나눈 대화를 소개하면 다음과 같다.

1944년 1월에 제18군이 지켜야 할 댐피어 해협의 일각이 무너졌습니다. 물론 제18군 예하 부대가 연합군의 상륙 부대와 싸워 부분적으로 이긴 적은 있습니다 다만 전황에는 영향을 주지 못했지요. 당시 군사령부의 모습은 어땠습니까?

"아다치 군사령관은 마당에서 웨와크로 서진하고 있었는데 도중에 쓰러진 병사들을 수없이 보았습니다. 계속해서 '정신 바짝 차리라'고 격려했습니다. 그의 속마음을 알 수는 없었습니다만, 자신을 포함하여 옥쇄하겠다는 생각을 하고 있었던 듯합니다. 1944년 3월에 병원선이 온 것을 마지막으로 더 이상 수송은 기대할 수 없었습니다. 게다가 동부 뉴기니 작전에 협력하고 있던 제4항공군도 모두 서부 뉴기니의 홀란디아로 옮겼습니다. 내지와의 연락도 끊겨서 완전히 고립무원 상태가 되고 말았지요. 4월에는 아이타페와 홀란디아에도 미군이 상륙합니다. 어떻게 싸울 것인지를 두고 군사령부에서도 아다치 군사령관과 참모들이 함께 이야기를 했습니다. 3월부터는 제2방면군 아나미 고레치카阿南惟幾 군사령관의 지휘 아래 있었는데, 어떤 참모가 아나미 군사령관에게 그때 나온 결론을 보고하고 허가를 구했습니다. 결론이란 옥쇄한다는 것이었습니다. 이 단계에서 제18군에는 5만4000명의 장병이 있었습니다. 이들은 모두 아이타페 부근에 집결해 있었는데, 남은 식량을 계산해도 8월까지밖에 견디지 못하리라는 것을 알 수 있었습니다. 탄약도 없었고, 내가 관계하고 있는 의료 부문에서도 약, 혈청, 위생 재료가 모두 부족했기 때문에 참모들의 결론은 당연했습니다."

아나미 군사령관은 뭐라고 대답했습니까?

"옥쇄를 해서는 안 된다고 하며, 당신들의 고통을 절대로 두고 보지만은 않을 것이라면서 허가하지 않았습니다. 그래서 그 참모는 사이공의 남방군으로 가서 데라우치 히사이치寺內壽― 총사령관에게 옥쇄 허가를 요청했지만 받아들여지지 않았습니다. 오히려 '제18군은 동부 뉴기니의 요충지에 건재하게 주둔하며 황군 전반의 작전에 기여해야 한다'는 대본영의 명령이 전달되었습니다. 나 자신은 이것이 아무래도 무리라고 생각했습니다."

스즈키는 "요충지에 건재"라는 말을 몇 번이나 되풀이했다. '건재'라는 말이 나에게는 빈정거리는 소리처럼 들렸다.

제18군의 참모들은 식량은 아무리 절약해도 8월까지밖에 버틸 수 없다며 초조해했다. 그 이후에도 '건재'하려면 현지 주민과 식량을 놓고 싸워야 했다. 동부 뉴기니에는 800여 부족이 있는데 그들은 자신들의 식량만 저장했다. 그것을 제18군이 그들과 싸워가면서 빼앗아서는 안 되었다. 아수라장이 될 것이 뻔했다.

부족 중에는 오스트레일리아의 지배를 받아서 간단한 영어 회화가 가능한 이도 있었다. 그들은 오스트레일리아인에게 인간 대접을 받지 못했기 때문에 일본 병사에게 호감을 갖고 있었다. 스즈키 자신도 이런 부족을 찾아가서 영어로 "우리는 당신들의 친구다. 이 피부를 보라. 백인과 다르다"라고 몇 번씩이나 이야기를 했다. 병사들 중에는 전화戰火의 틈바구니를 빠져나와 학교를 만들고 영어로 수업을 하는 이도 있었다.

일본 병사들은 확실히 현지 주민과 양호한 관계를 유지하고 있었다. 그러지 않으면 정글 속에서 살아갈 수 없었기 때문이다.

"그런 상황에서 대본영의 명령을 실행할 경우, 식량이 끊길 때까지 아이타페의 연합군에게 결전을 도발하면 연합군을 섬멸할 수는 없겠지만 적어도 이 지역으로 끌어들임으로써 전반적인 작전에 기여할 수 있으리라고 생각했습니다. 그러나 병사들은 도저히 싸울 수 있는 상태가 아니었습니다. 그럼에도 이것 말고는 다른 방법이 없었습니다.

이 무렵 내지에서는 '자와 천국, 버마 지옥, 살아 돌아올 수 없는 뉴기니'

뉴기니의 웨와크 부근 구가아 비행장을 맹폭격하는 B25.

라는 말이 몰래 퍼지고 있었다는데 실태를 보면 정말로 그랬습니다. 전후 아이타페 작전은 무모했다, 인명 소모 작전이었다는 말이 있었습니다만, '나는 아다치 군사령관 밑에 있었기 때문에 그가 현지 주민과 싸우고 싶지 않다. 대본영의 명령을 지키자. 아이타페 작전 후에는 산으로 들어가 자활하여 유격전법으로 나가자'고 생각하게 된 심경을 잘 알고 있습니다."

아이타페 작전 전에 아다치 군사령관은 전군 장병에게 훈시를 했는데, 지금 그것을 읽어봐도 고충이 잘 드러나 있습니다.

"'본관은 깊이 신애信愛하는 전군 장병의 심사를 생각함에 단장斷腸의 고통스런 심사를 억누를 수가 없다. 하지만 가만히 국사國史를 생각하고 또 현하 다른 방면의 상황을 보건대……'라고 말하고, 이번 작전은 장기적인 요충지 확보와 적 전력의 파괴에 있다면서도 이에 관해서는 '합리적인 만전의 방책을 구할 수 없다'고 말하기도 했습니다.

역시 상당히 괴로웠을 것이라고 생각합니다. 제18군은 주요 서류를 모두 제2방면군으로 보내고, 통신 연락을 위한 전지電池, 말라리아 약, 수술용 알코올 등을 방면군에 요청했는데, 야간에 우군기가 은밀하게 동체 착륙하여 사령부로 돌아온 것을 보고 사령관을 비롯하여 모두가 감격했습니다.

한마디도 언급되지 않은 작전

　아이타페 작전은 1944년 7월 14일부터 8월 4일까지 계속되었다. 연합군은 강력한 군비로 제18군 병사를 아이타페의 주변에서 격파했다. 참모장이었던 요시와라 가네의 『남십자성』에 따르면, 포격이 격렬하여 1개 연대가 1개 소대로 줄어드는 상황이었다. 병사들은 식량이 떨어져 전선을 이탈할 수밖에 없었다. 탄약마저 소진되어 전투를 이어갈 수가 없었다.

　8월 4일에 작전 중지 명령이 내려졌지만 이 작전에서 3만 명이 전사하거나 병사했다. 제18군은 이 단계에서 해발 1200미터의 후룬 산으로 들어가 그곳에 사령부를 두고 산발적으로 연합군과 싸웠다. 이후에도 2만 명 가까운 병사가 전사했다.

　1945년 8월, 살아남은 1만여 명이 옥쇄 작전(몸을 바쳐 적진으로 돌격하는 전법)에 들어가려고 준비하고 있을 때 종전 연락이 왔다. 남아 있는 무기는 기관총 몇 정, 소총 9500자루가 전부였고, 탄약은 총 한 자루에 20발 정도, 포는 하나도 없었다고 한다.

　그 후 군사령관과 참모, 장교 등은 오스트레일리아군에 의해 파푸아뉴기니 웨와크Wewak 앞바다의 머슈 섬에 수용되었다. 병사들은 일본으로 돌아왔는데, 아다치는 병사들에게 "굶어 죽거나 질병으로 사망한 상관, 전우, 부하의 영혼을 위로하고 유족을 잘 보살펴주길 바란다"고 말했다. 자신이 그렇게 하고 싶지만 그럴 수 없을 것이라는, 죽음을 각오한 듯한 말투였다. 아다치는 잘 타이르듯이 말한 뒤, 마지막으로 "(전장에서) 발생한 각종 사건(이는 인육 사건을 가리키는 것으로 알려져 있다)은 내가 불민해서 일어난 것이다. 모든 것은 군사령관인 나의 책임이다"라며 사과했다고 한다. 1947년 4월, 라바울에서 열린 전범재판이 모두 끝나고 귀국하는 부하들을 배웅한 뒤 아다치는 녹이 슨 칼로 할복 자결했다(9월 10일).

동부 뉴기니에서 싸운 제18군은 대본영 발표에서도 무시되는 경우가 많았다. 대본영 발표에서는 아이타페 작전에 대해 한마디도 언급하지 않았다. 마리아나가 제압당하고 사이판을 잃고 도조 내각이 총사직하는 상황 가운데, 국민의 전의를 저하시킨다는 사유로 이 작전은 대본영에서도 발표할 수가 없었던 것이다. 이리하여 아이타페 작전은 일절 알려지지 않은 채 마무리되었다.

전쟁이 끝나고 나서 1992년 당시까지 11회에 걸쳐 동부 뉴기니의 생존 병사들은 파푸아뉴기니공화국에서 유골을 수집해왔다. 옛 격전지를 걸을 때마다 금세 유골이 산더미를 이루었다. 파푸아뉴기니에서는 전후에도 대일감정이 좋았던 것으로 알려져 있는데, 그것은 제18군의 병사들이 그곳 주민들과 큰 싸움을 벌이지 않았기 때문이다. 지금도 거국적 유골 수습에 협력을 아끼지 않고 있다.

스즈키도 몇 차례 그곳에 갔다. 약 2년 동안 정글 속을 6000킬로미터 이상 걸었기 때문에 지금도 그곳의 지리와 지명을 잘 알고 있다. 그는 나이 여든에 가까워 다리가 불편해져서 더 이상 갈 수 없을 것이라며 씁쓸하게 말했다.

인터뷰를 마치고 자리에서 일어서려는데 1991년 포트모르즈비에 갔을 때 찍은 사진을 나에게 보여주었다. 이곳에는 일본의 대사관이 있고 그 정면에는 국화 문장이 장식되어 있었을 텐데, 그 대사관을 촬영한 몇 장의 사진에 그림자와 같은 것이 크게 찍혀 있고 건물은 보이지 않았다.

"나는 의사이기 때문에 혼령을 믿지는 않습니다. 그런데 참 이상하기도 하지요. 이것이 제18군 전사자들의 혼령이 아닌가 생각하곤 합니다……"

정말이지 대사관을 찍은 사진만 그런 그림자가 드리워져 있었다. 물론 나도 이와 같은 심령현상을 믿진 않지만, 14만 명에 이르는 일본 병사들이 전사하거나 병사한 전장에 병사들의 원통함이 깃들어 있으리라는 것만은 충분히 상상할 수 있었다.

동부 뉴기니의 전몰자 유골 수습은 1995년 12회째 수습단이 가서 유골을 모아온 것을 마지막으로 중단되었다. 1955년 제1회부터 1995년 12회까지 수집단이 수습한 유골은 모두 1만7730위에 이른다.

동부 뉴기니의 전몰자 수는 아직 명확하게 밝혀지지 않았다. 대체적으로 말하자면, 전투 참가 병사는 육군이 제18군의 10만 명(이 가운데 9만1000명 전사), 남해지대와 선박 부대 그리고 항공 부대에서 4만8000명(대부분 전사), 해군이 5만 명(이 가운데 1만5000명 전사), 여기에 군속, 다카사고의용대高砂義勇隊(타이완 원주민인 고사족 지원병으로 구성된 부대) 1000명(대부분 전사), 인도의 찬드라 보스의 의용군 3000명(대부분 전사) 등을 합하면 총 16만 명 가까이 전사한 것으로 추정된다. 전투 중 사망한 이는 적었으며, 대부분 보급이 끊겨 굶주림과 말라리아로 죽었다.

참모본부 참모들의 체질과 그 결함

태평양전쟁의 개별 전투에서 일본군에게 가장 많이 부족했던 것은 후방사상後方思想이었다. 후방사상이란 병참, 보급에 관한 사고방식이라고 바꿔 말할 수도 있는데, 병력·무기·탄약·식량·의약품·의복 등을 전선의 병사에게 어떻게 공급할 것인지 그 시스템을 만드는 것을 가리킨다. 그런데 과달카날이나 동부 뉴기니에서 벌어진 전투를 봐도 알 수 있듯이, 일본군에는 이런 사상이 전혀 확립되어 있지 않았다.

우선 병참이나 보급 시스템을 확립한 다음 전투를 수행하는 것이 순서겠지만, 대본영의 참모들은 전투가 먼저이고 병참이나 보급은 그다음이라고 생각했다. 이는 대본영에서 작전 지도를 담당한 참모들이 병사를 인간으로 간주하지 않았다는 것을 말해준다. 병사를 전비품戰備品 정도로 생각했다고 할 수 있을 것이다. 실제로 일본군의 전투는 점차 병사를 인간으로 취급하지 않는 작전으로 바뀌어 있었다.

일본군 내부에서는 "군수품을 나르는 이가 병사라면 나비와 잠자리도 새다"라며, 치중輜重을 담당한 장교나 병사를 조롱하는 우스꽝스런 노래가 불리기도 했다. 러일전쟁 이전부터다. 치중이란 병참과 거의 같은 의미인데, 군대에 불가결한 식량·의복·무기·탄약 등을 총칭한다. 전투를 지원하는 후방을 뜻하기도 한다. 이런 후방을 얕잡아보는 치명적인 결함은 육군사관학교와 육군대학교의 교육에서도 여실하게 나타난다. 육군대학교에서도 병참이란 전선으로 식량과 무기, 탄약 등을 나르는 전술이라 하여 도상연습을 하기도 했지만, 그것은 '심부름'과 같은 단계에 머물렀을 뿐 일관된 교육도 이루어지지 않았고 이론도 정비되어 있지 않았다.

일본군 안에서도 보기 드문 육군대학 출신 병참참모였던 이도 미쓰아키井門滿明에 따르면, 병참참모는 작전참모와 자주 충돌하곤 했다. 작전참모에게 용이한 병참을 위해 '전선의 부대를 다음 작전 행동으로 옮기기까지 5일 내지 7일 동안 진출 지역에서 머물게 할 수 없겠느냐'고 제안하면, 그때마다 "그랬다가는 적이 작전 목적을 알아채게 된다. 보병은 5일이나 10일은 먹지 않아도 된다. 그래도 싸울 수 있다"는 반론에 부딪혔다. 그럼에도 중국에서 펼쳐진 몇몇 작전에서는 작전참모를 누르고 병참을 중시하는 작전을 택해 병사들을 기쁘게 했다고 한다.

이도에 따르면, 러일전쟁에서 일본군은 독일군을 모방하기는 했지만 병참이 순조롭게 이루어지고 규율도 엄격해서 약탈 등은 거의 일어나지 않았다. 그런데 점차 후방사상을 경시하게 되었다. 이도는 쇼와 시대에 들어 "만주사변에서는 병참이 제 기능을 하지 못했고, 중일전쟁에서는 더욱 소홀하게 취급되었으며, 결국 대동아전쟁에서는 병참을 경시하는 분위기가 일거에 만연하게 되었다"고 단언한다. 1986년 당시 나는 왜 일본군이 저렇게 병참을 경시했는지 알고 싶어서 몇 차례에 걸쳐 이도의 이야기를 들었다. 72세의 나이에 여전히 클라우제비츠의 『전쟁론』을 연구하고 있던 이도는 온후한 표정으로 다음과 같이 말했다.

"병참사상에는 전쟁 억지력의 의미가 있습니다. 왜냐하면 냉정하게 현실을 직시할 수 있기 때문이지요. 냉철하게 숫자를 분석하고 군사를 직시하면 병사를 인간으로 보게 됩니다. 그것이 일본에는 결여되어 있었습니다."

이도의 어조에는 병참을 작전이나 정보보다 상위에 두어야 한다는 확신이 배어 있었는데, 나는 태평양전쟁에서 그런 병참사상이 결여되어 있었다는 것은 중요한 교훈이라고 생각했다. 그 교훈을 이해하기 위해 쇼와 육군의 핵심인 참모본부 작전 주체의 체질을 분석하고자 한다.

대일본제국헌법하에서 통치권과 통수권은 모두 천황으로 수렴된다. 정치, 군사의 모든 것이 '천황'의 이름으로 수행되었다. 하지만 천황 자신이 그 대권을 행사하는 것이 아니라 신하들에게 권한을 부여했다.

통수권은 군사상의 작전, 용병 등을 나타내는 것이었는데, 이것은 헌법 제10조와 제11조에 명시되어 있었고, 그 권한이 육군에서는 참모본부에, 해군에서는 군령부에 부여되었다. 참모본부의 총책임자인 참모총장은 통수권을 실질적으로 행사할 때 천황을 대신하여 일체 '책임'지는 역할을 했다. 이에 대해서는 헌법상으로도 여러 의견이 있었지만 관행적으로는 그러한 시스템으로 이루어져 있었다.

참모본부, 특히 제1부(작전부)에는 줄곧 육군 중에서도 육군대학교를 졸업한 유능한 그룹이 배속되었다. 물론 육군의 인사 방침에 따라 육군성이나 교육총감부 등의 요직에도 상응하는 막료를 배속하긴 했지만, 참모본부 작전부만은 참모총장이나 차장이 인사권을 갖고 있었다. 그런 까닭에 여기에 배속되면 독특한 감각을 지닌 참모가 되는 것이다. 참모 견장을 단다는 외견상의 권위도 있었다. 전 육군에 그야말로 '짐의 명령'을 시달한다는 군무상의 무게도 있었다. 아울러 그들의 일상적인 사무가 대일본제국 그 자체를 움직이고 있다는 자부심도 있었다.

통수권 해석의 확대 : 군부 독재 국가의 길

하지만 참모본부의 참모들에게 최고의 자랑과 권위를 가져다준 것은 천황과 직접 연결되어 있다는 의식이었고, 통수권은 독립적인 것으로서 통치권 측의 침범을 용납하지 않는다는 자각이었다. 또, 명실공히 군사 주도 국가를 담당하고 있다는 강한 자부심이기도 했다.

태평양전쟁이 시작되면서 이러한 경향은 점점 강해졌고, 결과적으로 '군부 독재'라는 시스템을 낳았다. 이 경우 '군부 독재'란 실제로는 참모본부(대본영 육군부와 거의 동의어) 독재라는 의미였다. 전투 내용, 용병 준비, 전비 생산 등은 모두 참모본부가 장악했고, 정치 쪽에서는 그 내막을 알 수 없었다. 그 때문에 일본의 국책은 한쪽 날개로만 나는 꼴이 되고 말았던 것이다.

쇼와 시기의 참모본부는 종종 조직 교체를 단행했기 때문에 각각의 단계에서 조직도가 달라진 면이 있다. 하지만 기본적으로는 총무부, 제1부(작전부), 제2부(정보부)가 중심이었다. 육군의 내규에 따르면, 작전부에는 군도쿠미(성적 우수자)만 배속되었고 군도쿠미에 속하지 못한 이는 여기에 다가갈 수도 없었다. 작전부 사무실 내부는 작전참모 외에는 전혀 알 수 없는 실정이었다. 앞에서 서술한 것처럼 육군 내부에서 참모본부는 대일본제국의 핵심으로 인식되었고, 그중에서도 작전부는 이상한 표현이긴 하지만 엘리트 중의 엘리트로 구성되어 있었다.

당연하게도 작전부장은 육군에서는 실질적인 지배자였다. 그들의 성격, 자질, 이념에 따라 육군의 작전, 용병이 바뀌었다. 쇼와 시대에 들어서 작전부장을 역임한 사람을 차례대로 거론하면 하타 슌로쿠畑俊六, 다테카와 요시쓰구建川美次, 이마이 기요시今井淸, 스즈키 시게야스鈴木重康, 구와키 다카아키라桑木崇明, 이시와라 간지石原莞爾, 하시모토 군橋本群, 도미나가 교지富永恭次, 다나카 신이치田中新一, 아야베 기쓰주綾部橘樹, 사나다 조이치로眞田穰一郎, 미야자키 슈이치宮崎周一 등 13명이다. 이들 모두 육군 내부에서는 우수하다고 소문이 나 있었다. 물론 '우수하다'는 것은 육군대학 졸업 당시의 성적이 우수하다는 의미일 뿐, 특별히 다른 사람보다 뛰어난 전략관을 갖고 있었음을 뜻하지는 않는다. 무엇보다 병참사상에 있어서는 대부분 대국적인 관점을 갖고 있었다고 말하긴 어렵다.

참모본부에 적을 둔 적이 있는 오카다 요시마사岡田芳政는 전후에 열린 대담에서 다음과 같이 증언한다.

"육군대학교 교육 과정에서 성적이 우수한 사람, 즉 점수가 좋은 사람이 (작전부) 작전과에 들어가는 것입니다. 그렇다고 인간으로서 뛰어난 사람이라고는 할 수 없습니다"(「일본 육군의 반성」 『역사와 인물』 1979년 8월호).

참모본부의 참모 중에서도 예컨대 정보 부문에 있었던 참모들은 특히 이와 같은 엄격한 견해를 지니고 있는 자가 많았다. "인간적으로 왜 저럴까 싶은 사람도 많았다"면서 구체적으로 실명을 거론한 사례도 적지 않았다. 전쟁에서 이기면 참모본부의 참모가 수훈갑일 테지만, 싸움에서 진 이상 이러한 비판은 당연하다고 해도, 대체로 냉정한 견해가 많은 것 또한 사실이다.

1931년 9월 만주사변 발발 당시의 작전부장은 다테카와 요시쓰구였다. 다테카와는 육군사관학교 13기, 육군 내부에서는 '정치적 군인'으로 알려져 있다. 육군 지도부도 관여한 것으로 보이는 1931년 3월의 3월 사건에서는 이른바 3대 관아官衙라고 하는 육군성, 참모본부, 교육총감부를 가로질러 만들어지고 있었던 사쿠라카이의 쿠데타 사건을 지지한 간부 중 한 사람이기도 했다. 다테카와가 작전부장 자리에 있었던 기간은 1931년 8월부터 다음 해 2월까지 6개월 남짓인데, 관동군 고위급 참모 이시와라 간지 등의 만주사변 도발 계획을 사전에 알고 있었을 가능성도 있다. 그는 이런 불온한 사건을 일으켜서는 안 된다고 설득하기 위해 만주의 신징으로 갔지만, 반드시 그렇게 생각했던 것은 아니다.

다테카와는 신징에 도착해 관동군 참모들의 접대를 받았고, 그의 설득을 유명무실하게 만들기 위해 술책을 부리는 관동군 참모의 의사를 내심 잘 알면서도 '묵인'하는 행동을 취했다. 그리고 그 후에는 관동군 참모의 뜻을 받아들여 와카쓰키 레이지로 내각의 확대 반대 방침과 달리 동북3성 전역에 관동군을 보냈다. 와카쓰키 내각은 그러한 방침에 저항하는 참모본부의 작전을 어쩔 수 없이 추인할 따름이었다.

다테카와는 1940년에 주소련 대사가 되었다. 군인에서 외교관으로 전신轉 身한 것인데, 그것은 그가 정치적 군인임을 다시금 보여준 것이었다. 1941년 6월 22일 독소전이 일어났을 때 모스크바에 있었던 다테카와는 일본이 독자적으로 대소전을 치를 기회가 무르익었다고 인식하기도 했다. 그는 쇼와 육군의 내부에서 늘 현상 타파 그룹(예를 들면 참모본부의 중견 막료 등으로 조직된 비밀결사 사쿠라카이 등)의 고문 역할을 했다. 그러나 독소전 발발 이후 참모본부의 북진론에는 동의하지 않았다. 참모본부의 대소전은 어디까지나 독일과의 협조를 겨냥한 것이었고, 그런 의미에서 이 정치적 군인은 참모본부의 참모들과 일정한 거리를 두고 있었던 것이다.

대중전 확대파와 확대 반대파의 구도

1937년 7월 7일 중일전쟁이 시작되었을 때 작전부장은 이시와라 간지였다.

이시와라는 루거우차오에서 벌어진 전투의 제1보를 들었을 때 "참 난처하게 됐다"며 고개를 저었다. 하지만 작전과장 무토 아키라는 "이건 낭보다"라면서 기뻐했다. 무토의 이 말은 중국에 일격을 가하고 그 후에 대소전을 준비하자는 의미였다. 사실 참모본부의 젊은 장교나 중견 막료 중에는 무토와 같은 생각을 하는 사람이 많았다. 중국의 정치력과 군사력은 두려워할 만한 것이 아니므로 일격을 가하여 일본의 군사적 우위를 확립한 다음, 중국을 제압하고 나서 소련과 대치한다는 의미였다. 이시와라는 만주 땅에 건설한 만주국을 육성하고 중국과는 본격적인 전투를 벌여서는 안 된다고 생각했는데, 그것은 이 시기 무토로 대표되는 강경론자와는 기본적인 관점에서 대립하는 구도를 이루고 있었다.

예기치 않게 이시와라는 중일전쟁 확대 반대파가 되었고 무토는 확대파의 우두머리가 되었다.

이시와라는 육군사관학교 21기이고 무토는 25기인데, 둘 다 육군대학교의 군도쿠미였다. 간단하게 말하면 두 사람 다 일본군의 전략·전사·전술·병참에 관하여 상당한 지식을 보유하고 있었다. 하지만 두 사람 사이의 결정적인 차이는 이시와라가 사상이나 이념 또는 신앙이라 할 만한 것을 갖고 있었고, 그런 만큼 단순히 '참모'라는 틀에 얽매이지 않는 기질을 지니고 있었다는 점이다. 바꿔 말하면 사상적 군인이었다고 말할 수 있다. 그와 달리 무토는 테크노크라트로서 뛰어난 자질을 갖고 있었다. 그는 육군 내부의 규범에 충실했고, 군사적 사상은 대단히 강고한 대소전 신봉자의 측면을 지니고 있었다.

당시 참모본부 내부가 대중국 전쟁을 둘러싸고 양분된 것은 중국을 바라보는 방식과 관련되어 있었다.

이시와라는 중국을 업신여겨서는 안 된다고 주장했다. 훗날 이시와라가 설립한 동아연맹에서 이시와라의 오른팔이었던 다카기 기요히사高木淸壽는 1954년에 간행된 그의 저서 『이시와라 간지』에서 중국에 대한 이시와라의 견해를 다음과 같이 서술하고 있다.

"만약 전쟁에 돌입하면 장기 지구전이 될 것이다. 중국 응징을 주장하고, 단기 결전 전쟁을 통해 몇 개월 만에 장제스 정권을 무너뜨릴 수 있을 것이라 하는데 이는 큰 오판이다. 일본은 메이지 유신까지는 아시아의 선진국으로서 두려워했던 중국을 청일전쟁 승리 이후 노쇠국이라 하여 얕보고 있다. (…) 또 중국에는 오래전부터 고도의 문화가 있었고, 물질적 생활은 대단히 원시적이긴 하지만 각 지방은 고도의 자급자족이 가능하다. 이러한 조건은 지구전에 아주 유리하다. 이런 상황에서 전쟁에 돌입할 경우 결전 전쟁을 밀고 나갈 수 있을지 아니면 지구전이 될지는 주로 중국의 저항 의사에 달려 있다."

이시와라의 이러한 생각은 중국에 대한 일본인의 소박한 인식을 보여준다고 말해도 좋을 것이다. 이시와라도 병참사상에 관해서 뛰어난 이론을 갖고 있었던 것은 아니지만, 지구전을 논하는 것을 보면 어렴풋이 병참의 필요성을 인식하고 있었음을 알 수 있다. 하지만 그것이 전면에 드러나지는 않았다.

이시와라의 확대 반대론에 공명 내지 동조한 사람은 참모차장 다다 하야오多田駿, 참모차장 직속 부문인 전쟁지도반의 지치부노미야, 이마다 신타로今田新太郎, 호리바 가즈오堀場一雄, 다카시마 다쓰히코高嶋辰彦 등이었다. 군사적으로 냉정한 눈을 가졌을 뿐만 아니라 정치적·역사적으로도 신념을 보유한 유형이 많았다. 루거우차오 사건 이래 군사적 승리에 도취하여 부나방처럼 확대파로 몰려들고 있을 때 이에 휩쓸리지 않는 것을 자랑으로 여기는 군인들이기도 했다.

무토 아키라로 대표되는 확대파는 특히 참모본부 지나과支那課에 많았다. 지나과장 가게사 사다아키影佐禎昭는 "이시와라의 말이 옳다"고 생각했지만 젊은 참모들의 뜻을 꺾을 수는 없었다. 조선총독 미나미 지로, 조선군사령관 고이소 구니아키, 관동군참모장이었던 도조 히데키 등이 깃발을 들었고, 특히 도조는 자신의 부하 도미나가 교지 등 참모 몇 명을 도쿄로 보내 확대 노선을 택하도록 요청할 정도였다. 참모본부의 확대 반대파에 대항한 것은 육군성도 마찬가지였다. 육군대신 스기야마 하지메 이하 일부 막료를 제외한 많은 사람이 확대 반대파를 연약파軟弱派라며 비난했다.

당시 육군성 군사과 고위급 과원이었던 이나다 마사즈미稲田正純(1938년에 참모본부 작전과 과장으로 취임)는 확대 반대파에 공명했던 듯한데, 그는 전후에 다음과 같이 술회한다(나카무라 기쿠오, 『쇼와 육군 비사』).

"중일전쟁이 시작된 뒤 나는 강경론을 주장하는 동료들을 보고 어이가 없었습니다. 첫째, 그 앞날을 제대로 내다보는 사람이 아무도 없었습니다. 둘째, 그 누구도 한민족을 제대로 이해하려고 하지 않았습니다. (…) 중일전쟁이 시작되면서 모든 병사 사이에서는 '짱꼴라' 사상이라는 말이 유행했고, 한민족을 바보로 여기는 분위기가 팽배해 있었습니다. 그중에서도 가장 좋지 않다고 느낀 것은 지나과 동료들입니다. (…) 이시와라는 머리는 좋았지만 몸이 약했습니다. 당시 작전 담당이었던 무토 아키라와는 사사건건 의견이 맞지 않았습니다. 참모본부의 대체적인 분위기도 일격을 가하자는 쪽으로 흐르고 있어서 부장은 전쟁 저지에 고군분투하고 있었습니다."

이나다는 당시 일본에는 명확한 국책이 없었고, 결국은 군사적인 흐름에 질질 끌려다녔다며 자성한다. 참모본부 안에는 늘 작전만을 설파하는 강경파가 주류를 차지하여 이에 이의를 제기하는 이는 중앙에서 배제되는 폐단이 있었다. 그 폐단은 태평양전쟁 패전 때까지 이어졌다.

1938년 9월, 참모본부와 각지의 군사령관이 중일전쟁으로 점점 더 깊이 빠져들고 있을 때, 이시와라는 작전부장 자리를 떠나 관동군 참모부장으로 옮겼다. 참모장은 도조 히데키였는데, 이 인사는 명백히 확대파로 강경 노선을 주장하는 도조 아래 이시와라를 둠으로써 그의 영향력을 봉쇄하려는 것이었다.

참모본부의 작전부장이 관동군 참모부장으로 자리를 옮기는 것은 객관적으로 봐도 좌천이라는 느낌을 지우기 어렵다. 실제로 이시와라는 측근으로부터 그런 말을 듣고 "나는 폐하의 명령이라면 어디라도 부임한다"고 대답했다.

1941년 12월 8일 태평양전쟁 개전 당시 작전부장은 다나카 신이치였다. 다나카는 무토와 같은 육군사관학교 25기로 육군성 군사과장으로 있다가 주몽골군 참모장을 거쳐 1940년 10월 작전부장 자리에 앉았다. 군사과장 시절 중일전쟁 확대파에 속했던 그는 육군 내부에서 줄곧 강경 노선을 걸었다. 작전부장 자리에 앉은 것은 육군상이었던 도조 히데키가 강력하게 추천했기 때문이다.

다나카는 작전부장이 되고부터 강경 노선의 대변자가 되었다. 그는 1940년 9월에 체결된 독일, 이탈리아와의 삼국동맹을 가장 강하게 추진했다. 그러나 다나카가 진가를 발휘한 것은 1941년 6월 22일 독일군이 소련으로 진공한 이후의 일이다. 참모본부 내부에서 대소전을 밀고 나가야 한다는 논의가 일었다. 육군성 군무국은 오히려 국력을 증대시키기 위해 남방 요충지로 뻗어나가 석유를 확보해야 한다고 생각했다. 이것이 결국은 국책으로 채택되었지만 참모본부 안에서는 독일과 함께 소련을 협공하자는 의견이 수그러들지 않았다.

다나카는 그것을 도조에게 강하게 요구했다. 이리하여 계획된 것은 '관특연(관동군특수연습)'이었다. 관특연은 쓸데없이 소련을 자극했고, 역사적으로는 '일소중립조약'의 위반에 해당되는 행위로 인해 규탄을 받게 된다. 하지만 당시 이 군사적 계획은 일본의 참모본부를 달래기 위한 방책이기도 했다.

다나카는 1941년 봄부터 시작된 미일 교섭에서는 일관되게 외교 교섭에 반대하고 대영미전을 주장했다. 중일전쟁 시에는 참모본부의 참모들 가운데 군사적으로 억제된 견해를 피력하는 이가 많았지만, 이 시기에 이르러서는 그런 주장을 펼치는 참모는 한 사람도 없었다.

미일 교섭이 일진일퇴를 거듭하는 동안 참모본부의 참모들은 외무성이나 육군성과 계속 대립했다. 당시 전쟁지도반장이었던 다네무라 사코의 『대본

제30장. 참모본부 참모들의 체질과 그 결함

영 기밀일지』(1952년 간행)를 보면 참모들이 얼마나 초조해했는지 잘 알 수 있다. 고노에 내각에서 도조 내각으로 바뀐 뒤 다시금 국책을 가다듬게 되는데, 그 결과 외교와 전쟁의 비중이 역전된다. 그날(1941년 11월 1일)의 기술 가운데 다음과 같은 구절이 보인다.

"생각건대 참모본부에서는 이미 미일 교섭을 단념한 상황이다. 미국이 변함없이 완강한 태도를 유지하는 한 교섭을 계속할 여지도, 필요도 없으며, 국가는 최후의 결의를 보여야 한다고들 말한다. 이런 때에 일심동체가 되어야 할 육군대신도 그 의견을 받아들이지 않고 있으니, 요컨대 퇴짜를 맞고서 고군분투하고 있는 형국이다."

초조감이 여실하게 드러나 있다. 다나카는 외교에 주안점을 두는 육군성 군무국장 무토 아키라와 몇 번씩이나 무릎을 맞대고 담판을 벌였다. 이 무렵 무토는 중일전쟁 때 자신이 확대파였다는 것을 내심 후회하고 있었다. 중국에 일격을 가하여 궤멸시킨다는 발상은 전혀 현실에 입각한 것이 아니었다. 이시와라가 지적한 대로 중일전쟁은 장기 지구전 양상을 띠었고, 일본의 국력은 서서히 바닥을 드러내고 있었다. 그런 곤경을 타개하기 위한 것이 미일 개전이기도 했는데, 무토는 일본의 국력으로는 도저히 미국을 적으로 삼을 수 없음을 예측하고 있었던 것이다.

그런 만큼 무토와 다나카의 논의는 체면을 걸어야 할 정도로 격렬했다.

"더 이상 미국의 책략에 놀아나서는 안 된다. 단호하게 말하건대 전쟁밖에 없다. 이제 와서 뭘 망설인단 말인가?"

다나카가 이렇게 밀어붙이면, 무토는 "외무성이 외교 교섭에 전력을 다하고 있으니 거기에 기대를 걸어야 한다. 나는 전쟁을 좋아하지 않는다"라고 되받아쳤다.

이에 다나카는 무토의 멱살이라도 잡을 듯한 태도로 "당신, 겁나서 그러는 것이냐"며 고함을 지르기도 했다.

무토는 "그렇게 싸움을 하고 싶으면 당신들만 하는 게 어떻겠느냐"며 화를 냈다.

두 사람은 키가 작은 데다 머리가 컸기 때문에 무토의 부하들은 이렇게 수군댔다. "오늘도 거두회담巨頭會談은 꽤나 시끄럽겠군."

일단 참모본부에 적을 두면 반드시 강경론자가 되었고, 군사만이 국책 수행의 축이 된다는 생각을 갖기 십상이었다. 국가의 존망이 걸려 있을 때에도 참모본부의 참모들은 그런 폐단으로부터 벗어날 수 없었다.

_____ 작전부장 : 전형적인 세 가지 유형

쇼와 시기에 치러진 세 번의 전쟁 때 작전부장이었던 다테카와, 이시와라, 다나카를 보고 참모본부의 분위기를 예단하는 것은 확실히 위험하다. 하지만 그들이 실제로 국책을 좌우할 정도의 권한을 갖고 있었다는 것만은 쉽게 알 수 있다. 다테카와처럼 스스로 전화戰火를 예측하고도 그것을 묵인하는 참모가 있었는가 하면, 이시와라처럼 자신의 신념에 반하는 움직임을 제지하려 했으나 결국은 실패한 참모도 있다. 그리고 다나카처럼 오로지 저돌적으로 맹진하여 다른 정책에 일절 눈길을 주지 않고 개전으로 이끌고 간 참모도 있었다.

이 세 가지 유형은 사실 참모본부에 적을 둔 경험이 있는 참모들에게도 적용된다. 즉, 대다수의 참모는 세 유형 중 어딘가에 속한다고 할 수 있다.

참모는 일반적으로 정신론으로 기울기 쉬웠다. 더 정확하게 말하면, 자신의 생각만을 절대시하는 주관주의에 매몰되곤 했다. 그랬기 때문에 강경론만이 주류가 되었다고도 말할 수 있다. 그리고 많은 사람이 그때그때의 상황에 휩쓸려 그에 순응하는 경향이 생겨났다.

왜 참모들은 이런 성향을 지녔던 것일까? 왜 객관적으로 정세를 파악하고 그것을 바탕으로 판단하는 이지적인 자세를 갖지 못했던 것일까? 왜 후방사상을 경시한 것일까? 적어도 참모본부에 배속되는 참모들은 이 시대의 틀 안에서 이른바 '엘리트'이고 '우수한 인재'였을 터이다.

이런 의문을 파고들다 보면 다음과 같은 견해가 맞을 것이라는 생각이 든다(오에 시노부大江志乃夫, 『일본의 참모본부』에서 인용).

"고유의 편제·장비·병력은 하드웨어이고, 고유의 전략·전술론은 소프트웨어이며, 그것을 실지에 적용하는 것은 노하우에 속한다. 소프트웨어의 비밀을 엄수했기 때문에 하드웨어의 운용 책임자는 그 운용의 노하우를 배울 수가 없었다." "비밀주의를 낳은 것은 사상의 교조화이고, 권위주의이며, 비전祕傳을 전수받은 자의 특권의식이었다. 이런 환경에서는 진보를 촉구하는 조건이 형성되지 않는다."

되풀이하지만 참모본부의 권위주의와 특권의식은 유별났다. 내가 작전부에 적을 둔 적이 있는 참모로부터 직접 들은 바에 따르면, 설령 서른 살이 갓 넘은 참모라 해도 전선에 시찰을 나가면 군사령관이나 참모장에게 명령을 내릴 수 있었고, '대본영 참모'는 마치 천황의 대리인과도 같은 권위를 지니고 있었다.

위에서 인용한 오에 시노부의 저서에 따르면, 『통수강령』이나 『통수참고』와 같은 참모본부의 참모들이 열람하여 그 내용을 알 수 있는 책(이것을 비전이라고 말해도 좋을 터)에 포함된 "현저한 정신주의, 관념론, 주관주의"에 문제가 있었다.

『통수강령』은 1914년에 제정된 뒤 1918년에 개정되었고, 1928년에 재개정되었다. 러일전쟁의 교훈을 바탕으로 만들어졌으며, 제1차 세계대전 이후 수정을 거쳐 근대전(국가총력전)의 의미를 담아 1928년에 다시 손질을 가하게 되었던 것이다.

1928년에 재개정할 때 중심적인 역할을 한 사람은 참모본부 작전부장 아라키 사다오荒木貞夫, 작전과장 오바타 도시로小畑敏四郎 그리고 작전과의 스즈키 요리미치鈴木率道였다. 이 그룹은 군 내부에서 그 후에 결성된 황도파의 인맥이다. 아라키는 참모차장 마사키 진자부로眞崎甚三郎와 함께 황도파 우두머리가 된 군사 지도자다.

아라키는 입만 열었다 하면 "황국은……" 운운할 정도의 정신주의자였다. 아라키 자신은 러일전쟁에 하급 장교로 종군하긴 했지만, 제1차 세계대전 이후의 근대전에 그렇게 정통했던 것은 아니다. 근대전에서마저 오에 시노부가 말하는 '하드웨어'를 이길 수 있는 것은 정신력뿐이라고 생각하는 사람이었다. 말하자면 러일전쟁에서 얻은 교훈을 정신론적인 표현으로 더욱 그럴듯하게 꾸몄다고 할 수 있다.

1928년에 재개정된 『통수강령』 '제1장 통수의 요의要義' 제4항에는 다음과 같이 적혀 있다(전후에 공간된 『통수강령』에서 인용).

"통수의 본뜻은 늘 전력을 충실히 하고 이를 능숙하게 적군을 지향하게 함으로써 실질적인 세력, 특히 무형의 위력을 최고도로 발양하는 데 있다. 생각건대 최근 물질적 진보가 크게 두드러지고 있는 상황에서 함부로 그 위력을 경시해서는 안 되겠지만, 승패의 주요 원인은 여전히 정신적 요소에 있다는 것은 예나 지금이나 변함이 없다. 하물며 제국 군대는 적은 병력과 부족한 자원으로 위에서 서술한 각종 요구를 충족시켜야 할 경우가 적지 않음에랴. 요컨대 전투는 장병 일치, 충군의 지성, 비궁匪躬(몸을 돌보지 않고 제국에 충성을 다하는 것을 이름―옮긴이)의 절의節義를 다하고 의기를 드높임으로써, 적에게 패멸敗滅의 두려움을 갖게 해야만 비로소 목적을 달성할 수 있을 것이다."

이외에도 이와 같은 정신론은 얼마든지 찾아볼 수 있다. 쇼와 시기 참모본부의 참모들이 이러한 비밀주의 권위서를 통수의 모범으로 삼아야 함을 요구받은 것은 비극이라면 비극이다. 오에에 따르면, 『통수강령』에서 볼 수 있는 "소수의 병력으로 다수의 적을 압도한다는 관념론은 완전히 역전되어 결국 병력을 잇달아 투입하는 최악의 폐해를 초래했다". 이 '폐해'는 태평양전쟁 종결 시점까지 계속되었다.

『통수강령』이나 1932년 육군대학교 간사 육군소장 이마이 기요시가 편찬한 『통수참고』에서 병참이라는 항목이 들어 있는 부분은 『통수참고』 제2편의 말미에 지나지 않으며, 그것도 작전 주도에 종속되는 형태의 병참을 마지못해 설명하고 있을 뿐이다.

"병참의 적부適否는 곧바로 군의 작전을 좌우한다"면서도, "병참의 실무에 종사하는 이는 꿋꿋이 모든 어려움을 뿌리치고 온갖 수단을 다하여 작전의 요구를 충족시켜야만 한다"고 말한다.

이리하여 참모본부의 작전참모는 정보나 지식을 경시하고 눈에 띄게 정신론으로 내달렸던 것이다.

정보에 대해서도 놀라울 정도로 뒤처진 생각을 갖고 있었다. 참모본부의 정보 참모였던 스기타 이치지杉田一次는 그의 저서 『정보 없는 전쟁 지도』에서 정보를 무시하고 단순한 믿음이나 짐작으로 작전을 펼친 것이 여러 차례 비참한 결과를 낳았다고 말한다. 그런 스기타 자신도 참모본부의 참모라는 입장에서 사태를 보았기 때문에 현실의 움직임에 관해서는 잘못된 예측이나 오판을 했다고 후회하면서, 그것이 출발점에서 미군을 과소평가하는 오류를 초래했다고 자성하기도 한다.

태평양전쟁 기간 동안 작전참모가 저지른 잘못은 얼마든지 지적할 수 있다. 예를 들어 과달카날 전투는 『통수강령』의 결함을 여실히 보여준다고 할 수 있다.

친독파와 혐소파

태평양전쟁 기간 동안 참모본부의 참모들 중에서 가장 젊은 세대는 메이지 40년대부터 다이쇼 초년대에 걸쳐 태어난 이들이었다. 그들은 쇼와 10년대 중반 육군대학교 교육을 받는다. 말하자면 완전히 새로운 세대였다. 그들의 공통점은 만주사변 이후 전시 체제를 목격하고, 전쟁을 피부로 알고 있다는 것이었다. 따라서 그들의 발상·사고·결론 등은 윗세대와 반드시 같진 않았다.

참모본부의 정보 참모였던 호리 에이조도 그런 사람 중 한 명이었다. 호리는 육군사관학교 46기이며, 1940년 12월 육군대학교에 입학해 1942년 11월에 졸업했다. 태평양전쟁 개전 시에는 육군대학교에 재학하고 있었다. 호리는 육군대학교 전사戰史 강의 시간에 답안지에 "쇳덩이를 부수는 것은 돌격이 아니다. 단 하나, 적의 쇳덩어리를 이길 수 있는 것은 쇳덩어리뿐이다"라고 썼다고 한다. 그는 쇳덩어리를 이기는 것은 정신력이라는 말 따위는 전혀 믿지 않았다. 그러한 정신론을 배척하는 체질을 가진 참모도 나타나기 시작했던 것이다.

호리는 1943년 12월에 참모본부 정보부에 적을 두게 되는데, 이곳에서 정보를 수집하는 데에 두 가지 유형이 있다는 것을 알게 되었다. 독일 정보의 경우, 주독일 대사로 육군 출신인 오시마 히로시大島浩가 삼국동맹의 인연도 있고 해서 자유자재로 히틀러나 리벤트로프를 만나 여러 차례 귀중한 정보를 입수할 수 있었다. 그런데 소련 정보의 경우는 그럴 수 없었다. 스탈린이나 몰로토프 등은 그렇게 쉽게 만날 수 없었고, 만난다 해도 구체적인 이야기를 들을 수는 없었다. 참모본부의 참모로서 소련 정보의 해석을 담당한 사람은 하야시 사부로林三郎를 비롯한 중견 참모였다.

소련 지도부의 사고방식이나 의향은 자국 내에서 어떤 식으로든 징후로 나타나리라는 것이 정보 수집의 기본적인 수법이었다.

호리는 그의 저서 『대본영 참모의 정보전기』에서 다음과 같이 말한다.

"이와 같은 두 유형의 근본적인 차이점을 보면, 독일과獨逸課는 철저한 친독의 자세로 상대를 100퍼센트 신용한 반면 소련과蘇聯課는 혐소嫌蘇가 기본이어서 상대를 모조리 의심했다. 신용하는 쪽(독일과)은 오시마 대사에게 건네받은 정보를 절대시하여 심사고 뭐고 없이 늘 일방적인 하나의 선밖에 보지 못하지만, 상대를 의심하는 쪽(소련과)은 일방적인 하나의 선만을 보는 것이 아니라 다른 정보와 관련이 있는지 여부를 따지기 마련이다. 따라서 제2선, 제3선의 교차점을 찾으려고 노력했다."

당시 정보 참모들은 대체로 친독 루트를 따라 모여드는 정보를 믿는 편이었다. 이것은 상대가 말하는 것을 일방적으로 듣고, 결국은 상대와 신뢰관계에 있기 때문에 거기에서 나오는 정보는 어떤 검증도 없이 믿는다는 것을 뜻했다. 물론 이러한 태도를 뒷받침한 것은 허울 좋은 주관주의였고, 여기서는 정보를 해석하고 그것을 판단 재료로 삼는 자세를 찾아보기 어려웠다.

1942년 9월 스탈린그라드에서 독일과 소련의 싸움이 벌어졌을 때 오시마는 "독일은 3개월 이내에 소련군을 축출하고 모스크바로 진격할 것"이라고 전해왔다. 독일과는 이 말을 곧이곧대로 믿었다. 하지만 소련과는 소련이 미국으로부터 원조 물자를 받아 어떻게든 견디다가 동절기에 이르러 반격을 가할 것이라고 예측하고, 최종적으로는 소련이 이길 것이라고 단언했다. 실제로 1943년 2월 독일군은 소련군 앞에 무릎을 꿇었다. 여기서도 '작전'보다 '병참'을 중시한 정보 분석이 옳다는 교훈을 얻었어야 했다.

그러나 그 교훈은 친독일적인 참모본부에서는 받아들여지지 않았다.

자신의 잣대로 그은 '절대 국방권'

참모본부의 참모 중에는 예컨대 미군을 과소평가하는 데서 벗어나지 못한 이가 많았다. 전시에 입수한 미국 잡지에 군함의 포신에 걸터앉아 웃고 있는 수병의 사진이 실려 있었다. 이것을 보고 "미국의 군대란 이런 것이다. 대단한 게 아니다. 두려울 것이 없다"고 생각하는 이가 많았다.

일본의 모든 전쟁 장비에는 국화 문양이 찍혀 있다. 포신에 걸터앉다니, 도저히 믿을 수 없는 일이었다. 미군의 군기는 일본만큼 엄격하지 않으며, 결국은 연약하다는 말이다. 일본의 척도만으로 상대를 본다. 자신의 생각만으로 판단한다. 참모본부의 참모들은 그러한 병폐를 떨치지 못하고 있었던 것이다.

새로운 유형의 참모본부 정보 참모였던 호리는 그때까지의 확신이나 독단을 배제하는 데 힘을 쏟았다. 예를 들면 미군의 징검다리 작전이나 혹은 다음에 어디를 공격해올지를 적확하게 간파했다. 미군의 물량 작전에 어떻게 대비해야 할지도 사이판의 피해 양상을 명확하게 조사한 다음에야 구체화했다. 그러한 정보 해석은 이제까지는 거의 무시되었던 방법을 채택한 것이었다.

앞에서도 소개했지만, 참모본부 정보 참모에게는 매일같이 미군의 방송을 청취한 내용이 전달된다. 주식 시황 등도 여기에 포함되어 있다. 그런데 호리는 이러한 시황을 면밀하게 검토하고서, 미군이 새로운 공격 지역에 공격을 가하기 전에 반드시 약품회사나 통조림회사의 주가가 올라간다는 것을 알았다. 요컨대 미군은 식량과 말라리아 약을 대량으로 구입하여 병사들이 지니게 한다. 이를 위한 대량 발주가 주식시장에 반영되어 주가가 오른다는 것을 예측할 수 있었던 것이다.

이와 같은 미국의 병참사상을 간파했을 때 새로운 눈으로 정보를 해석할 수 있었던 것이다.

호리는 태평양전쟁 전반에 대하여 정신론을 축으로 한 작전과 새로운 관점의 정보 해석이 전혀 맞물리지 않은 것이 최대 결점이었다고 지적한다. 아울러 전쟁 책임에 관해서는 참모본부 작전부의 막료들과 그 명령에 따라 싸웠을 따름인 군인 사이에 큰 차이가 있다면서, 이 점도 상세하게 검증되어야 할 것이라고 말한다.

참모본부의 작전부 참모는 전체적인 전쟁 계획을 갖고 있지 않았다. 큰 틀의 전쟁지도관이 결여되어 있었기 때문에 이들은 임기응변식의 작전 계획을 마련하곤 했다. 허둥대며 '절대 국방권'이라는 것을 만들었다. 이것은 1943년 9월 30일의 일인데, 참모본부와 군령부의 작전참모 사이에서 그 대강이 결정되었다. 일본이 절대적으로 사수해야 할 지역을 지시마(쿠릴 열도), 오가사와라, 내해양內海洋, 서부 뉴기니, 순다, 버마 등을 포함하는 영역으로 설정했다. 이 영역이 침범당할 경우 일본의 군사적 승리는 불가능하다는 의미였다.

그런데 스기타 이치지에 따르면, 이 절대 국방권을 구상하는 데 전제가 되는 국제 정세 따위는 충분한 검토의 대상이 되지 못했다. 그뿐만 아니라 국방권의 해석을 둘러싸고 참모본부와 군령부 사이에 치명적인 견해 차이가 있었다. 예를 들면 해군은 트루크 섬이 절대 국방권에 포함되어 있다면서 이를 강력하게 방위하는 것이 제1순위가 되어야 한다고 생각했다. 그런데 육군은 사이판, 티니언, 괌, 파라오, 서부 뉴기니 등의 방위가 우선이라고 여겼다. 절대 국방권이 결정되자마자 이와 같은 의견 불일치를 보였던 것이다.

내가 취재한 범위에서 말하자면, 이 국방권 구상은 참모본부 작전참모의 '작문'에 지나지 않는다고 증언한 참모가 많았다. 즉, 미국의 반격에 관하여 체면만을 중시한 작전참모들이 지도를 펼쳐놓고 제멋대로 "이곳만은 지켜야 한다"며 자의적으로 선을 그은 데 지나지 않았다는 것이다. 그것은 전사상戰史上 적의 상륙은 절대 막지 않는다는 '상륙 방어 필패'론을 무시하는 것이기도 했다.

만약 이 국방권을 지키고자 한다면 지켜야 할 국방권 라인 일대는 일본 육해군의 제공권과 제해권 아래에 있어야만 한다. 하지만 참모본부는 이러한 발상에서가 아니라 개개의 섬을 방위선의 거점으로 삼은 데 지나지 않았다. 그랬기 때문에 미군은 언제 어디서든 마음대로 공격을 가할 수 있었고, 그때마다 일본군은 이들 섬을 방위해야만 하는 상황에 놓였던 것이다.

절대 국방권을 설정하여 이곳은 무슨 수를 쓰더라도 지켜야 한다는 식으로 세운 방침이 공허했던 것은 결국 후방사상이 전혀 뒷받침되지 않았기 때문이다. 그리고 전후에도 이 국방권 구상을 비판하는 옛 군인들은 이런 관점에 기초하여 비판하지 않는다. 나는 바로 그 점에 공통의 잘못이 있다고 생각한다.

참모본부의 작전참모들이 태평양전쟁이 진행되는 과정에서 점차 경직된 발상에 빠져든 것은 인사가 고정화되어 동일한 유형의 사람들만이 주도권을 쥐고 있었기 때문이다.

도조 히데키: 관료적 자질의 대표

작전부에서 실제로 작전을 기획 입안하고 작전 실행을 명령한 것은 작전과장을 중심으로 한 중견 참모들이었다. 그들은 대체로 군령 관계 부문에서 일했고, 실제로 전장에 나선 적이 거의 없는 군인들이었다. 결국 군 관료의 자질을 지니고 있었다는 말이 되는 셈인데, 그런 만큼 현장 분위기를 이해하고 작전 계획을 입안하는 데 어울리지 않는 유형이었다. 전선에서 싸우는 병사들의 인간적인 생활을 두루 살필 수 있는 유형은 아니었던 것이다.

이를 대표하는 인물이 도조 히데키인데, 도조가 수상과 육군상 그리고 참모총장을 겸임하게 된 것은 1944년 2월의 일이다. 군령과 군정이 합체된 것

제30장. 참모본부 참모들의 체질과 그 결함

이다. 통치권과 통수권이 일체화되어 제도상으로는 도조 한 사람이 천황에게 책임을 지는 시스템이 되었다고도 말할 수 있다.

도조가 참모총장에 취임한 뒤 작전참모에 의한 일본군의 작전은 더욱더 옥쇄형玉碎型으로 바뀐다. 1944년 9월 사이판 함락을 계기로 그 후의 작전은 모두 남방 요충지에 고립된 부대를 방치했고, 전장의 장병들의 피로 얼룩진 분투도 그저 그곳에서 끝나고 말았다. 물론 사태가 이 지경에 이른 것은 일본 국력의 한계를 넘어선 싸움이 되어버려 작전참모들의 작전 계획으로는 어찌할 수 없는 상황 때문이었다고 말할 수도 있겠지만, 어쨌든 오로지 대국적인 관점이 없는 전쟁 지도라는 길을 일직선으로 걸은 것만은 사실이다.

이러한 상태에 이르자 참모본부 내부에서는 더 이상 적확한 전망을 내놓을 수 없게 되었고, 참모들 사이에서도 책임 회피, 안이한 예측, 현장 무시와 같은 폐단이 널리 퍼져 있었다. 작전참모들이 훑어본 대본영 발표는 거짓말 그 자체였고, 육군상의 연설 등에서도 공허한 말이 난무했다. 그런 공허함 속에서 새로운 작전이 수립되었다.

1944년 11월의 타이완 앞바다 항공전에 대해서 실상과 상당히 동떨어진 대본영 발표가 있었다. 게다가 그 허무맹랑한 정보를 바탕으로 레이테 섬 결전이 발동되었다. 참모본부 정보 참모 중에는 타이완 앞바다 항공전에 관한 해군 측 발표가 실상과 동떨어져 있다는 사실을 알아차린 이도 있었다. 정보 부문의 총책임자도, 작전참모들도 그 정보 참모가 작성한 보고서를 진지하게 고려하지 않았다.

1944년 가을 이후 참모본부의 대응을 보면, 모든 면에서 선수를 빼앗겼고 동시에 군무인 작전 계획의 입안·인가·발동 시스템마저 혼란 상태에 빠졌음을 알 수 있다. 병참 같은 것은 완전히 무시되었다. 남방 각지에 있는 일본군 병사에게는 작전 명령만이 시달되었고, 병사가 '인간'으로서 살아가기 위해 하루하루를 어떻게 보내야 하는지 따위는 고려되지 않았다. "현지에서 조달하라"는 양해가 전제되어 있었던 것이다.

패전 시 참모본부는 우메즈 요시지로 참모총장을 필두로 본토 결전을 양보하지 않았다. 작전부장 미야자키 슈이치宮崎周一는 본토 결전을 위해 "새롭게 16개 사단의 병비兵備를 완성할 것"을 주장했는데, 그것은 병력 징용의 한계를 넘어선 것이었다. 결국 병참 사상이라는 관점에서 전황을 분석한 것은 아니었다. 고집과 체면 때문에 포츠담 선언을 수락할 수 없었던 것이다. 하지만 일단 수락 방침이 결정되자 이 조직은 그야말로 맥없이 해체되고 말았다.

쇼와 시기에 참모본부에 적을 두었던 참모는 총 1000명쯤 될 것이다. 그들은 쇼와 육군 안에서 엘리트 대접을 받았고, 실제로 그에 어울리는 경력의 소유자였다. 참모본부의 참모들을 취재하면서 느낀 것이지만 모든 면에서 우수한 스태프였다고 생각되는 사람도 많았다. 다른 한편 많은 사람이 공통적으로 관료로서 긍정적인 측면과 부정적인 측면을 함께 지니고 있다는 것을 알게 되었다.

역사적 사실을 이야기할 때 종종 책임을 회피하는 듯한 발언을 하거나 참모본부의 비밀주의에 편승하여 교묘하게 사실을 은폐하는 경우가 있다. 그 때문에 묻는 쪽이 전황을 꿰뚫고 있지 않으면 대충 얼버무리는 말에 속아 넘어가기 쉽다. 그런 오해가 역사적 사실로 자리잡는 경우도 있을 정도다.

일찍이 참모본부에서 참모로 근무했던 어느 노인(1993년 당시 90대)은 나에게 이렇게 털어놓았다.

"참모본부의 내실에 관해서는 후세에야 정확하게 알려질 것입니다. 당시 우리도 옆 책상에 앉은 사람이 무슨 일을 하는지 아는 바가 없었으니까요. 참모들이라 해도 전체적인 구도를 파악하고 있었던 것은 아닙니다. 그 점을 생각하면 현재 사실로 통용되고 있는 이야기도 표면적인 것일지 모릅니다. 게다가 병참을 전문으로 다룬 막료가 있었는지 여부도 잘 모르겠습니다. 굶주려 죽은 병사가 그렇게 많았다는 사실은 전후에야 알았다고 말하는 게 정

제30장. 참모본부 참모들의 체질과 그 결함

직한 태도일 것입니다."

이 말을 듣고서야 참모본부의 내실에 관한 기본적인 문헌조차 찾아볼 수 없는 이유가 납득되었고, 병사들이 뭘 먹고 살았는지에 대한 변변한 보고서 하나 남아 있지 않은 것도 당연하다고 느껴졌다.

아직 기록되지 못한
전장 두 곳

이오^{硫黃} 섬은 도쿄에서 남쪽으로 약 1250킬로미터 떨어진 해상
에 떠 있는 작은 섬이다. 길이 8킬로미터 폭 4킬로미터에 수면 위로 반쯤 떠
오른 고래처럼 보이기도 한다. 일본 본토와 사이판 중간에 위치한 데다 오가
사와라 제도에 딱 하나뿐인 비행장이 있어서 전략상 중요한 기지였다. 이 작
은 섬의 지배권을 둘러싸고 일본군과 미군이 싸운 것은 1945년 2월부터 3월
까지다.

보급도 끊어지고 장비도 부족했던 일본군 수비대는 우세한 물량을 앞세
운 미군에 압도되어 2만1000명으로 알려진 인원 중 고작 2000여 명만 남긴
채 궤멸하고 말았다. 거의 한 달에 걸친 혹독한 전투는 이미 몇몇 전사에 소
개되어 있지만, 유황이 솟아나는 이 섬은 그야말로 '옥쇄의 섬'으로서 태평양
전쟁 역사에 이름을 남기고 있다.

전투가 진행된 한 달 동안 이오 섬의 요아케^{夜明} 산 부근에 육군 고사포대
가 포진하고 있었다. 제109사단 고사포대(대장 히가시 쇼타로 대위)로 이름 붙

여진 이 부대에는 325명의 병사가 있었다. 그러나 살아남은 이는 고작 5명뿐이었다. 원래 이 고사포대는 지치ጱ 섬에 배속되어 있었는데, 1944년 7월부터 일부 병사를 남기고 이오 섬의 수비를 맡게 되었다. 그러고는 전사했다. 거꾸로 지치 섬에 남은 병사는 이렇다 할 전투가 없었기 때문에 살아 돌아올 수 있었다.

이들 생환 병사를 중심으로 만들어진 요아케카이夜明會라는 이름의 전우회가 있다. 1994년 4월 이 전우회의 간사 사토 다케오佐藤武夫를 취재할 때였다. 요아케카이에서 매년 발행하는 회보를 손에 든 사토의 목소리는 물기에 젖어 있었다.

"살아 돌아온 사람의 이야기를 들어보면 알려진 것보다 훨씬 더 심각한 상태였다는 것을 알 수 있습니다. 나는 그 무렵 몸이 약했기 때문에 이오 섬으로 가는 멤버에서 제외되었습니다만, 옥쇄한 동료들을 지금도 잊을 수가 없습니다. 생환한 사람들이 이오 섬으로 유골을 모으러 갔는데, 캄캄한 동굴에 유골이 딱 하나 있었다고 합니다. 이 병사는 부대가 전멸하고 난 뒤 혼자 동굴에 틀어박혀 저항하고 있었던 듯합니다. 돌을 쌓아 방어벽을 만든 다음 그 뒤에 숨어 있다가 아무에게도 발견되지 않은 채 아사한 것이라고 생각됩니다……."

1945년 3월 17일 전투 막바지에 전원이 옥쇄전법에 참가하라는 명령을 받았다. 살아남은 몇몇 병사에게 집합 장소와 시간이 통고되었다. 더 이상 몸을 자유롭게 움직일 수 없는 병사는 청산가리가 든 주사를 맞고 죽어갔다. 굶어 죽은 병사 중에는 사망한 미군 병사의 군복을 입고 미군 속에 섞여서 식량을 얻으려 한 이도 있었다. 물을 달라고 외치는 병사의 목소리가 참호 속에 울려 퍼진다. 이오 섬의 전투는 그야말로 '지옥도' 그 자체였다.

요아케카이에서 발행하는 회보에도 "50명이 넘는 사상자가 겹겹이 쌓여 있고, 시체 썩는 냄새에 섞여 신음 소리와 울부짖는 소리가 울려 퍼지고 있었다"라고 적혀 있다.

이오 섬에서 싸웠던 부대의 병사들과 사망한 병사의 유족들이 모여 만든 '이오 섬 협회'(본부 요코스카)라는 조직이 있다. 생환한 병사들 중에는 이러한 모임에 가입하지 않고 침묵으로 일관하는 사람도 적지 않다. 이 조직에서 간행한 회원용 책자 『이오 섬 전투 개황』을 읽어보면, 그곳에서 싸웠던 병사들의 생생한 모습이 충분히 기술되어 있지 않다는 불만을 감추기 어렵다.

방위청의 『전사총서』는 태평양전쟁의 각 전투나 대본영의 작전에 대해서는 상세하게 서술하고 있지만 병사들이 체험한 사실을 있는 그대로 기술하고 있지는 않다.

위에서 언급한 사토에게 들은 증언에서도 그런 느낌을 떨치기 어려웠고, 『이오 섬 전투 개황』에도 "총서는 육군 참모나 상급 장교를 중심으로 진술하고 있을 뿐이며, 공식 보고서를 기본 자료로 삼고 있기 때문에 패거리끼리 서로 비호하는 사례도 있고, 중요한 지점에서 진상을 밝히지 않는 경우도 있다. 참으로 비정하고 심각한 상황은 전하고 있지 않아 대단히 유감스럽다"라고 분명하게 적혀 있다.

전후에 많은 전사戰史와 전기戰記가 쓰였다. 하지만 전우회에서 발행하는 회지는 사람들의 이목을 끌 기회가 그다지 많지 않았고, 우리는 자기도 모르는 사이 목소리 큰 사람들의 전사나 전기에 익숙해져버린다는 느낌을 지우기 어렵다. 나는 이제 그러한 상태에서 빠져나와야만 하는 시기가 된 것이 아닐까 하고 생각한다.

전국적으로 '전우회'라 불리는 조직은 얼마나 될까? 한때는 5000~6000개에 이르렀다고 하는데 어떤 기관에서도 정확한 숫자를 파악하고 있지 못한 실정이다. 내가 아는 범위에서도 중대의 몇몇 생존자가 해마다 한 번씩 만나 서로의 안부를 묻는 작은 모임이 2000개에 가깝다. 그들에게 왜 중대장이나 연대장 등을 불러 규모가 조금 큰 모임을 갖지 않느냐고 물은 적이

제31장. 아직 기록되지 못한 전장 두 곳

있다. 그러자 어떤 병사가 "전시에 육군사관학교 출신이니 육군대학교 출신이니 하면서 거드름을 피우던 이들에게, 이제 와서 또 머리를 조아리라는 말이냐"며 호통쳤다.

말할 때마다 장교들에 대한 불만을 털어놓는 병사들에게는 전장에서 운명을 함께한 동료들이야말로 믿을 만하다는 심리가 작동하고 있는 것이다.

전우회의 큰 회합에서는 일찍이 육군 내부의 엘리트였던 사람들이 '각하'라는 소리를 들어가며 즐겁게 잔을 받곤 한다. 취재 때마다 그런 광경을 보곤 했지만, 병사들의 은밀한 모임에도 그에 못지않은 무게가 있다는 것을 알 수 있다.

패전 후 시간이 흐름에 따라 대일본제국이 군사적으로 패배를 맛본 다양한 전투는 하나씩 베일에 가려졌다. 진주만 공격 때부터 1945년 8월 15일 이른 아침의 녹음반錄音盤 탈취 사건까지, 전쟁의 전환점이 된 전투나 전쟁의 큼직큼직한 상황은 검증되어왔다. 물론 객관성이 있는 것부터 극단적으로 주관적인 색채가 농후한 것까지 검증의 폭은 상당히 넓다. 그러나 공통되게 지적할 수 있는 것은 당사자들, 즉 전투에 참가한 병사들의 목소리가 지나치게 경시되고 있다는 점이다.

확실히 작전의 전모는 일부 참모나 장교밖에 알 수 없었고, 병사들은 자신이 있는 곳에서 싸웠을 따름이다. 그렇다고 해서 그들의 목소리가 경시되어서는 안 된다. '전우회'에서 발행하는 전사를 단순히 기념비적인 것으로 묵혀둘 게 아니라 이 역시 중요한 전사서戰史書로 차세대가 읽을 수 있게 해야 할 것이다.

그러면 두 전우회의 전사와 병사들의 수기를 바탕으로 대본영의 전략과 말단 병사들의 싸움 사이의 거리를 가늠해보기로 한다.

제2부. 쇼와 육군의 흥망

징검다리 작전에서 무시된 할마헤라 섬

『역사독본』(1980년 9월 임시증간호)에 실린 전우회 명부를 보고 안 것이지만, 전국에는 할마헤라 섬과 관련된 전우회가 적지 않다. 그다음으로 눈에 띄는 것은 뉴기니 관련 전우회다. 할마헤라 섬은 도대체 어디에 있는 것일까?

할마헤라는 보르네오와 뉴기니 사이에 끼여 있는 섬이다. 적도 바로 아래쪽에 있으며, 북쪽으로는 태평양, 서쪽은 말루쿠 해, 동쪽은 할마헤라 해, 남쪽은 스람 해로 둘러싸여 있다. 주변에는 300개에 가까운 섬이 있는데, 그중에서도 모로타이, 테르나테, 마레, 마키안, 바찬, 오비마요르 등이 큰 편이다.

할마헤라카이 사무국장 오제키 메구미小關惠는 왜 이렇게 전우회가 많은가라는 질문에 이렇게 대답했다.

"할마헤라 섬은 미군과 직접 전투를 치른 곳이 아닙니다. 따라서 전사자도 그다지 많지는 않았습니다. 확실히 할마헤라 섬이라는 전장은 사람들에게는 잘 알려져 있지 않지만, 거꾸로 병사들은 말라리아와 굶주림으로 많은 고통을 겪었습니다. 특별히 우리에게 전투 의욕이 없었던 것이 아니라, 미군이 이 섬에 별로 주목하지 않은 채 뉴기니에서 모로타이를 공격하여 그곳을 무너뜨린 뒤 루손 섬으로 진공했기 때문에 싸울 기회가 없었던 것이지요."

오제키는 내가 왜 할마헤라 섬에 관심을 보이는지 의아해했다. 징검다리 작전(일본군이 점령한 섬을 따라 공격하여 일본 본토로 올라가는 작전)을 채택한 미군이 무시한 섬이었기 때문에 전투라 할 만한 싸움이 없었다는 것이다. 그렇다면 대본영의 잘못된 전략 때문에 이 섬에서 무위無爲의 나날을 보낸 병사들에게는 굴욕 말고는 아무것도 남아 있지 않았을 터이다. 그 굴욕의 시간 동안에도 훌륭한 전사가 될 수 있다고 나는 생각했다.

참모본부(대본영의 육군부와 동의어라 해도 좋다)는 도쿄 이치가야에 있었다. 지금의 자위대 동부방면군이 들어와 있는 건물(현재는 신청사)의 2층 구석에 참모총장실이 있었다. 동쪽에 참모차장실이 있고 그 옆에 총무부가 있었다. 총무부라 하지만 요즘 기업에서 말하는 총무부와는 다른 섹션으로 이곳에서 참모들의 인사이동을 관장했고, 방면군이나 파견군 등에서 들어오는 전보를 내용에 따라 분류하여 필요한 부서로 보내는 일까지 맡았다. 참모총장실 남쪽에는 작전참모들이 집무하는 작전부 사무실이 있었다.

작전참모부 회의실 벽에는 태평양의 섬들로 진출한 일본군의 전력과 그 배치 상황 및 미군의 전력이 도시圖示돼 있었다. 이곳에서 작전참모들은 미군이 어떤 지역에서 군사 행동을 펼칠 것인지에 대해 논의했다.

1944년 봄, 일본군은 '절대 국방권'으로 설정했던 점령지 몇 군데를 잃은 뒤 오스트레일리아 북쪽 방면에서 어떤 작전 행동에 나설 것인지를 모색하고 있었다. 미군이 어떤 섬의 어느 지역을 공략할 것인지를 판단하고 이에 즉각 대응할 수 있도록 전력을 배치해야만 했던 것이다.

이미 전황의 주도권은 미국 쪽으로 넘어가 있었고, 일본군은 미군이 선택한 전장에서 싸우는 것 외에 유효한 방법을 갖고 있지 않았다.

참모본부 회의실에 걸려 있는 지도, 그러니까 남방군에 나가 있는 작전참모가 보내오는 전보에 의거하여 그린 그 지도를 보면, 마나도, 할마헤라, 다바오 사이의 항공 전력이 취약하다는 것이 분명해졌다. 이 시기 대본영과 남방군은 미군의 다음 공격 목표를 둘러싸고 의견이 갈렸지만, 할마헤라 섬에 유력한 방어 라인을 구축해야 한다는 점에 대해서는 의견이 일치했다. 그리하여 화베이에 있던 제32사단(사단장 이시이 가호)이 할마헤라 섬으로 이동했다.

아나미 고레치카 제2방면군 사령관은 이시이 가호石井嘉穗 사단장에게 할마헤라 섬에 견고한 방어 라인을 구축할 필요가 있다고 집요하게 호소했다.

당시 참모총장 도조 히데키와 남방군 총사령관 데라우치 히사이치는 미군이 할마헤라 섬에 상륙할 것이라고 굳게 믿고 있었다. 이곳을 전진기지로 삼아 항공 병력을 굳건히 포진함으로써 어떤 일이 있어도 루손 섬으로 향하는 서진西進을 막아야 한다는 명령을 내렸다. 할마헤라 섬은 뉴기니 서단에 위치한 소롱 섬과 함께 가장 중요한 기지가 되었던 것이다.

할마헤라 섬에는 일본군 약 3만 8000명이 배치되었다. 전투에 대비하여 모로타이 섬에 배치되어 있던 수비대도 이곳으로 와서 결전의 날을 기다렸다.

미군은 5월에 사르미와 비악, 7월 들어 눔호르, 산사포르, 마르로 진격했고 9월 15일에는 모로타이 섬에 상륙했다. 그사이 일본군은 계속 쫓기기만 했고 곳곳에서 격멸되었다. 모로타이 섬 일본군 수비대의 경비는 허술하기 짝이 없었는데, 아니나 다를까 2만 8000명의 미군 전투 병력은 쉽사리 이 섬에 상륙했다. 이 상륙은 대본영 발표로 국민에게 알려졌다.

"말루쿠 제도의 우리 부대는 모로타이 섬 상륙을 기도하는 적을 맞아 격전을 벌였는데 적의 일부는 이 섬의 옛 본부 지구에 상륙했다."

이 대본영 발표는 비교적 정확하게 사실을 전하고 있다. 이 시기 대본영 발표는 상당히 과장되어 있었는데, 모로타이 섬은 일반 국민에게 잘 알려져 있지 않은 전장이었기 때문에 정직하게 사실을 알린 것이라고 할 수 있을지도 모른다.

참모본부의 작전참모들은 할마헤라 섬에서 미군과 일전을 치르게 될 것이라고 생각했다. 그러나 미국은 이 섬을 무시하고 모로타이 섬에 상륙하자마자 몇 개의 비행장을 건설했다. 이와 관련하여 오제키 메구미는 "미군은 상륙 후 약 1개월 만에 비행장을 만들었다"고 말한다. 대본영의 예상과 달리 필리핀 탈환을 위한 발판을 다졌던 것이다. 미군은 이곳에서 이따금 할마헤라 섬의 일본군에게도 폭격을 가했다.

모로타이 섬의 상륙에 관하여 할마헤라카이에서 펴낸 『할마헤라 전기』에 따르면, 모로타이 섬에서는 유격전이 중심이었고 본격적인 전투는 생각도

하지 못했다. 미군은 9월 15일 두 시간에 걸쳐 이곳에 폭격을 가했고, 모로타이 섬 남부의 기라 곶 동서 해안에서 상륙을 개시했다. 16일에는 해안에서 약 4킬로미터 떨어진 20고지 동서 저지선으로 진출했고, 또 다른 부대는 상고에 상륙했다.

17일에는 서해안의 와야부라에서 상륙을 개시했고, 남부에서는 앞서 말한 비행장 건설 작업이 시작되었다.

『할마헤라 전기』에 따르면, 모로타이 섬에 상륙한 미군은 헐 소장이 지휘하는 제11군단이었는데, 제31사단과 1개 연대가 전투부대였으며, 전투부대의 보호 아래 훈련을 한 비행장건설부대가 함께 상륙했다.

일본군 유격대는 10월 1일 이후 새롭게 공격대를 편성하여 비행장 잠입 공격을 개시했다. 그러나 이 공격은 소기의 성과를 거두지 못했다. 10월 10일에는 비행장에서 대형 비행기가 발착할 정도로 공사가 진척되었다. 그 후에도 일본군 부대는 집요하게 싸움을 걸었다. 이리하여 모로타이 섬에서는 1945년 8월까지 비행장을 사수하려는 미군과 이를 무력화하려는 일본군 사이에 전투가 계속되었다.

그사이 많은 장병이 목숨을 잃었고, 보급마저 끊겨 식량 사정은 더욱 악화되었다. 『할마헤라 전기』에는 다음과 같이 적혀 있다.

"장기간에 걸친 식량 결핍으로 지대支隊의 전원이 영양실조에 걸렸으며, 중증인 이들은 잇달아 죽어나갔다. 자활 가능한 지역을 목표로 각 부대는 필사적으로 이동했지만, 체력이 극도로 떨어진 상태에서 제대로 걸을 수조차 없었고, 이동 중 다수의 장병이 쓰러졌다. 말라리아, 아메바성 이질, 열대 궤양과 같은 질병은 전상戰傷과 함께 대부분 치명적인 결과를 초래했다."

이리하여 전투에 참가한 병력 2494명 가운데 1724명이 전사했다.

할마헤라 섬에서는 전투가 전혀 없었고, 모로타이 섬에 남은 유격대만이 레이테 섬과 루손 섬 결전으로 이어지는 상황 속에서 공격을 되풀이했다.

모로타이 섬이 미군의 항공 기지로 이용되는 것을 저지하기 위해서였다. 썩 좋은 표현은 아니지만, 전체적인 전황에서 내팽개쳐진 셈이었다. 모로타이 섬의 기지에서 날아오른 폭격기 때문에 일본군 주력부대는 밀림 지대로 들어가 장기지구전 태세를 취할 수밖에 없었다. 보급이 전혀 이루어지지 않았기 때문에 병사들은 고구마 재배에 온 힘을 쏟았다.

이런 사실은 대본영의 전략이 레이테 섬, 루손 섬, 오키나와로 이어지는 미군의 본토 상륙 작전에 대응하는 것으로 중점이 옮겨갔고, 모로타이 섬의 전략상 중요성은 줄어들었다는 것을 보여준다. 할마헤라 섬 따위는 이미 대본영의 시야에서 사라져버렸던 것이다.

그럼에도 모로타이 섬의 수비대는 과감하게 싸움을 이어나갔다. 『할마헤라 전기』에 상세하게 기술되어 있는 전투 양상을 보면, 오로지 싸움을 이어나가는 일본군 병사의 갸륵한 모습뿐이다. 고립되어 있는 수비대에는 정보가 전달되지 않는다. 그래서 1945년 8월 23일에도 제3중대장 다카마루 다카시高丸隆 중위가 지휘하는 공격대는 20고지 주변에 있는 미군의 숙영지를 공격한다. 이때 미군의 경계가 허술해진 것을 보고 놀라 그 상황을 공격대장에게 보고한다. 패전했다는 사실을 전혀 모르고 있었던 것이다.

이처럼 모로타이 섬에서 벌어진 일련의 전투는 전사 등에도 상세하게 기술되어 있지 않다.

하지만 이 전투의 양상을 자세히 추적해보면 남방의 어떤 섬에 고립된 일본군의 너무나도 정직한 모습이 떠오른다. 대본영의 작전과 현지 군의 싸움이 균열을 일으킨 하나의 사례라고 할 수도 있다.

다른 한편, 이미 서술한 것처럼 할마헤라 섬에서는 미군과 직접 전투를 벌이지는 않았지만, 일본군은 시코쿠와 거의 같은 크기인 이 섬의 가렐라, 미티, 카우, 와실레에 비행장을 건설했다. 하지만 미군이 제공권을 쥐고 있는 상황에서 이 비행장들은 기지로서 제 역할을 할 수 없었다.

제31장. 아직 기록되지 못한 전장 두 곳

대본영이 이곳은 최전선이 될 것이라고 예상만 했을 뿐인데, 1944년에 들어서면서부터 히메지, 도쿄, 마닐라 등에서 편성된 정예부대가 잇달아 이 섬으로 파견되었다.

1944년 2월에는 타이완특설근로단과 농업단도 가오슝과 지룽基隆에서 이곳으로 파견되었다. 약 3000명에 이르는 타이완 출신 병사는 대부분 고사족高砂族이었다고 한다. 덧붙이자면 전후 29년 만에 모로타이 섬에서 모습을 드러낸 나카무라 데루오中村輝夫, 즉 리광후이李光輝는 이때의 병사였다.

화환 투하 : 누설된 정보

『할마헤라 전기』에는 이곳에 주둔했던 군인들의 회고담이 적잖이 게재되어 있다. 제26특별근거지대 사령관이었던 이치노세 신이치一瀬新는 모로타이 섬에서 일본군과 미군의 비행장 건설에는 큰 차이가 있었음을 인정한다. 그는 이렇게 말한다.

"우리 군에서는 조건이 좋은 지형인데도 수백 명이 곡괭이와 삽을 이용하여 몇 달에 걸쳐 비행장을 만든 데 비해 미군에서는 고작 몇 명이 기계를 이용하여 며칠 만에 야자 숲을 밀어내고 비행장을 만들 수 있다는 것을 몰랐고, 또 사이판이나 비악과 같은 고립된 작은 섬에서 얻은 교훈을 할마헤라와 같은 넓은 섬에 적용하고자 하는 것이 잘못이라는 사실을 알지 못했다."

미군의 기동력 앞에서 일본군은 더 이상 맞설 수 없는 상태였다는 말일 것이다. 게다가 미군과 일본군은 전쟁에 대한 사고방식도 전혀 달랐던 듯하다.

미군 비행기를 격추하고 조종사를 이송하는 중에 호위병 한 사람이 조종사 두 명에게 습격을 당해 도망치는 사건이 있었다. 미군 조종사가 건물 안에서 일본 병사와 격투를 벌이다가 일본 쪽 토벌대에게 맞아 죽는다. 그런데 그다음 날 미군기가 날아와 건물 주변에 화환 두 개를 투하한다. 모든 정보가 미국 측에 누설되었던 것이다.

미군은 할마헤라 섬 주민을 은밀하게 오스트레일리아로 끌고 가서 무선통신기 사용법을 가르치거나 스파이 교육을 실시한 다음 다시 섬으로 돌려보냈다. 할마헤라 섬에는 미군의 정보망이 그물처럼 둘러쳐져 있었다.

이러한 예만 봐도 태평양전쟁은 사실 미군의 물량과 정보력에 패한 전쟁이었다는 것을 즉각 알 수 있으며, 일본은 '전쟁'을 군사 행동의 틀 안에서만 이해했다는 것을 지적할 수 있다.

1944년 5월 제32사단(사단장 이시이 가호)이 이곳에 투입되었는데, 이 사단과 1943년부터 주둔하고 있던 특별근거지대는 대본영에서 이 섬을 뉴기니 다음으로 전투가 벌어질 곳이라고 예측한 것에 비판적이었다고 한다. 결국 현지에서는 미군이 할마헤라 섬을 공격할 것이라는 근거에 대해 그다지 인정하지 않았던 셈이다. 그렇지만 그것을 공공연하게 말할 수는 없었다. 당시 일본군의 시스템에서는 그런 비판을 받아들일 여지가 없었다.

도쿄 이치가야에 있는 참모본부 회의실 벽에 붙어 있던 작전 지도를 보고 참모총장이었던 도조 히데키와 작전참모들이 마련한 군사적 예측은 현지 파견군 입장에서 보면 도저히 이해할 수 없는 인식이었던 것이다.

제32사단 참모장 호시노 가즈오星野一夫는 북지 시절에서부터, 할마헤라에 파견된 후에도 계속 그림일기를 정성스럽게 그려왔다.

『할마헤라 전기』에서는 이 그림일기의 일부를 소개하고 있다. 그림일기에는 중요한 사실이 적잖이 적혀 있는데, 현지 군의 지휘를 맡은 참모 책임자로서의 영리한 시선을 엿볼 수 있다. 대본영의 작전 명령과 현지 파견군의 대립 사이에서 괴로워하는 모습도 그려져 있다. 호시노는 미군이 모로타이 섬에 상륙하기 시작할 무렵에 부임한다. 부임 명령을 받을 때 제2방면군 사령관 아나미 고레치카로부터 '할마헤라 섬은 모든 준비를 갖추고 있다'는 보증

제32사단 참모장 호시노 가즈오가
할마헤라 섬을 묘사한 그림일기.

제2부. 쇼와 육군의 흥망

서를 함께 받아왔다. 하지만 실제로는 어떠했을까?

"적은 모로타이 본도本島는 물론 기타 춘도春島(할마헤라 섬) 지역에 대해서는 전혀 상륙을 기도하지 않을 것이다. 즉, 적이 노리는 것은 분명히 뉴기니섬 이후 징검다리 작전의 일환으로 필리핀 섬 진공 노선에서 필요한 중계지의 점거다. 따라서 우리 춘도 부대는 그 중계지를 탈환 분쇄하여 적의 전진을 저지하는 것이 지상명령이며, 또 당초 사령부(제14방면군을 가리킨다)로부터도 빈번히 그런 뜻의 명령을 수령했다."

모로타이 섬만 보면 맞지 않지만, 호시노가 지적한 것은 대단히 중대하다.

참모장은 미국 측의 징검다리 작전을 간파하고 있었으며, 할마헤라 섬의 군사상 무게도 이미 그 틀 안에서 이해하고 있었던 것이다. 더욱이 그 중계지인 모로타이 섬에서 미군의 진공을 막으려 해도 이미 일본은 제공권도 갖고 있지 않으며 그곳으로 병력을 실어 나를 해상호위선도 없었다. 열 대 남짓한 어선 정도의 배밖에 보유하고 있지 않았기 때문에 장비를 갖추고 있는 미군을 상대할 수 없는 처지였다.

호시노는 아무리 용감무쌍한 군대라 해도 모로타이 섬을 원조하러 오는 것은 불가능하다고 단언하기도 한다.

호시노가 쓰고 그린 이 그림일기의 전문은 일본 육군이 안고 있는 문제까지 언급하고 있는 게 아닐까 싶을 만큼 의미심장하다. 1992년 내가 호시노의 유족을 만났을 당시 아직 정리되지 않았다는 이유로 전문을 볼 수는 없었지만, 이러한 문제를 검증하기에는 더없이 좋은 일차 자료라고 생각한다.

그런데도 1944년 9월부터 1945년 5월까지 총 11회에 걸쳐 돌격대가 역상륙逆上陸을 노리고 할마헤라 섬에서 모로타이 섬으로 다가왔다. 연인원 1411명이 이 작전에 참가했는데, 그 가운데 희생자는 108명이었다. 그러나 어떤 부대도 모로타이 섬 역상륙은 불가능했다.

"이 돌격대의 주력은 타이완의 고사족으로 구성된 의용병들이었습니다.

그들은 정말 용맹하게 싸웠습니다. 그런데 지금까지도 그들에 대한 보상 문제가 공중에 떠 있는 상황이어서 우리도 괴롭습니다."

어느 할마헤라카이 회원은 이렇게 털어놓았는데, 쇼와 60년대에 이르기까지 이 문제는 매듭지어졌다고 말할 수 없는 실정이었다.

호시노 역시 다음과 같이 적어놓았다.

"유격대의 과감한 행동과 그 전과戰果는 칭찬받아 마땅하며, 진실로 대동아전사의 한 페이지를 장식할 만하다. 동시에 용사들의 멸사봉공의 행동과 그 당시의 심중을 생각하며 고개 숙여 명복을 비는 바이다."

호시노는 또 "산화한 영령이 내릴 그 어떤 천벌도 각오하고 있으며, 사죄하고 싶은 마음뿐이다"라고 쓰기도 했다.

'싸우라'는 대본영의 명령에 따라 "당랑지부螳螂之斧에도 미치지 못하는 보잘것없는 전력"(호시노의 표현)으로 싸워야 했던 참모장의 심중에는 우리로서는 이해할 수 없는 생각이 있었음에 틀림없다.

이렇게 할마헤라 섬의 싸움을 추적하다 보면, 확실히 뉴기니나 필리핀 등의 전장에서 있었던 '옥쇄'와 비슷한 전법은 아니어도, 하루하루가 '전쟁'이라는 말처럼 모진 고통이 병사들을 사로잡고 있었고, 참모본부의 작전 오류가 현지 군을 혼란에 빠뜨리고 있었다는 것을 알 수 있다.

대본영 발표는 할마헤라 섬에서 벌어진 전투에 그다지 관심을 보이지 않았다. 미군은 종종 할마헤라 섬의 비행장을 폭격했다. 병사들은 밤에는 비행장을 복구하느라, 낮에는 말라리아와 싸우면서 식량을 자급하느라 눈코 뜰 새 없이 바쁜 나날을 보냈다고 한다. 1944년 12월 29일에야 대본영 발표는 미군의 폭격에 할마헤라 섬의 지상부대가 응전하고 있다고 밝히면서 12월 중에 218기의 비행기를 격추하거나 손해를 입혔다고 했다. 물론 이 역시 과장된 숫자다. 이 또한 대본영 발표가 얼마나 엉터리였는지를 보여주는 사례라 할 수 있다.

이오 섬: '귀신도 울고 갈' 전투

잊혀버린 할마헤라 섬의 전투와 대비되는 것은 앞에서도 서술한 바와 같이 이오 섬의 싸움이다. 미군 입장에서 보면 이오 섬은 일본 본토 폭격을 위한 중계 기지였다. 마리아나 제도의 사이판 기지에서 날아온 B29를 호위하는 전투기의 기지이자 일본 본토를 감시하는 정찰기의 발착 기지였고, 중형 폭격기를 이용하여 일본 본토를 폭격할 수 있는 이점까지 있었다.

처음부터 미군은 통합참모본부의 결정(1945년 2월 29일 이오 섬 상륙, 4월 1일 오키나와 상륙)에 따라 작전 행동을 진행하고 있었다. 1944년 10월 3일 열린 합동참모본부에서 그것을 재확인했는데, 니미츠 제독은 그 뜻을 담아 10월 9일에 이오 섬을 공격 목표로 최종 결정하고 상륙일을 2월 19일로 정했다. 공격은 태평양함대(사령장관 니미츠 제독) 소속 제5함대(사령관 스프루언스 대장)의 정예부대가 맡기로 했다.

한편 일본군은 제109사단(사단장 구리바야시 다다미치 중장)을 신설하여 1944년 6월부터 이오 섬에 배치하기 시작했다.

7월, 일본군은 사이판을 잃고 공황 상태에 빠졌다. 사이판 기지에서는 어렵지 않게 본토를 폭격할 수 있을 것이라는 말이 퍼지면서 도조 내각에 대한 비난이 거세졌고, 도조는 마침내 수상, 육군상, 참모총장 자리에서 물러났다.

사이판에 미군이 상륙하자마자 이오 섬에도 공습이 있었다. 이 공습으로 지상 시설과 비행장도 적지 않은 타격을 입었다. 미군은 사전 연습이라도 하듯 이 섬에 폭탄을 떨어뜨렸다. 당시 이오 섬에는 주민 1160명이 살고 있었다. 1890년 전후(메이지 20년대)부터 이주가 시작된 이 섬에서 제당, 제염, 어업 등으로 안정된 생활을 하고 있던 주민들은 이곳이 미군의 공격에 대비한 군사기지로 바뀌면서 모두 도쿄로 소개되었다. 이오 섬은 마치 해상에 떠 있는 '군함'과 같은 섬으로 바뀌었다. 이오 섬은 남해안과 서해안을 제외하고 20미터 정도의 절벽으로 둘러싸여 있기에 당연히 방어의 중심은 이 두 해안으로 좁혀졌다.

진지를 구축하는 데에는 시멘트와 철근이 필요했지만 일본군은 이미 그런 것을 찾아볼 수 없는 처지여서 바위를 잘라 모래 속에 사방벽砂防壁을 만드는 수준이었다. 섬 안에는 몇 개소의 진지가 만들어졌는데, 모두 지표면에서 3미터 정도 아래로 파인 것이었다. 이오 섬은 유황이 분출하는 섬이어서 참호 속은 금세 60도에 이르렀고, 공기를 배출하기 위해 늘 두 곳에서 파내려가 바람의 흐름을 원활하게 해야만 했다.

1944년 여름부터는 오로지 진지를 구축하는 것이 2만여 명에 이르는 병사들의 일과였다.

그런데 1944년이 끝나갈 무렵부터는 식량이 부족하여 모든 초목이 식량으로 바뀐다. 설사가 늘었고 일사병도 증가했다. 무엇보다 이 섬에는 물이 없었다. 한 사람당 하루에 수통 하나 분량의 물이 제공되었다. 그 물을 마시며 진지 구축 작업을 해야 했다. "견고하게 요새화된 이오 섬"이라는 말이 일반적으로 널리 사용되지만, 실제로는 그런 표현과 거리가 먼 상황이었다. 이오 섬 협회에서 발행하는 『이오 섬 전투 개황』에는 정직하게 "일반의 인식과는 동떨어진 곳이었지만, 일단 명을 받고 이 섬을 지키지 않으면 안 된다는 마음으로 온 힘을 다해 만든 진지였다"라고 적혀 있다.

이오 섬을 '요새화된 군함'이라 믿고 싶었던 대본영 참모 중에는 이곳을 지브롤터나 싱가포르 같은 요새로 판단하는 이도 있었지만, 이오 섬은 전혀 그런 곳이 아니었다. 자재가 거의 없는 상황에서 아무리 머리를 쥐어짜도 사방 벽을 단단하게 하는 수준 이상을 넘어설 수는 없었다.

대본영은 1945년에 들어서면 미군이 필리핀 섬을 공략할 것이며, 그 후 필리핀 섬과 마리아나 제도를 기지로 하여 일본 본토 공격에 나설 것으로 생각하고 있었다. 그다음에는 오키나와를 공략하여 이곳에 전진기지를 만들 것이라고 예상했다. 다른 한편 사이판, 이오 섬, 도쿄를 잇는 직진 코스도 상정하고 있었다. 대본영은 이렇듯 미군이 움직일 것이며, 최종적으로는 본토 결전이 있으리라 생각하여 중국 연안, 타이완, 오키나와, 이오 섬을 외곽 방위선으로 삼았다. 그리고 이들 지역에서 지구전을 도모하고 이를 통해 본토의 방위력 증강을 모색한다는 방침을 세웠다.

알기 쉽게 말하자면 이 방침에 따라 오키나와와 이오 섬의 일본군 수비대는 '시간을 버는' 역할을 맡게 될 터였다. 어떻게든 미군을 가까이 끌어들인다는 이 방침은 암암리에 '옥쇄'까지 전제하고 있었다. 이오 섬 수비대는 주어진 역할에 충실하게 응했다.

2월 16일, 이오 섬은 미군 기동 부대에 포위되었다. 소형 함선까지 포함하면 수백 척 이상이었다고 한다. "며칠 사이에 이오 섬을 점령하겠다"고 호언한 니미츠는 일본군 수비대가 웬만큼 저항할 경우 2만 6000명에 이르는 병력을 투입하여 공격하면 단기간에 쉽사리 점령할 수 있을 거라고 생각했다.

포위된 후에는 연일 포탄이 비처럼 쏟아졌다. 밤이 되면 조명탄이 밝혀져 일본군 병사들의 행동은 자유롭지 못했다.

일본군은 작전상 미군이 상륙하기까지 응전하지 않았다. 2월 17일 미군은 소형 함선을 앞세워 정찰에 나섰다. 일본군은 동해안에 있던 기총 포대에서 바다에 상륙한 미군 병사를 향해 250밀리미터 포로 응전하여 격퇴할 수는 있었지만, 포대 위치가 알려지는 바람에 미군의 집중적인 포격을 받았다.

직격탄을 맞은 포대는 한 방에 날아가버렸다. 훗날 간행된 『미해군 작전사』에서는 이 포대의 위치를 파악한 것이 승리로 이어졌다는 견해를 보이고 있다.

17일부터 사흘 동안 계속된 미군의 공격은 무시무시했다. 일본군 수비대 안에서도 희생자가 늘어났다. 그리고 19일 이른 아침에는 대규모 수송선단이 남해안 앞바다에 출현했다. 배가 얼마나 많았는지 바다 표면을 가득 채울 정도였다고 한다. 두 시간쯤 폭격이 이어지더니 상륙용 보트로 바꿔 탄 미 해병대원들이 스리바치摺鉢 산(이오 섬에서 가장 높은 산—옮긴이)과 남양륙장南揚陸場 두 팀으로 나뉘어 돌진해왔다. 그러나 이때 일본군은 부분적으로만 응전했다.

정오 무렵까지 1만여 명의 미군 병력이 이오 섬에 상륙했다. 이를 확인한 일본군 포병단은 포격을 가하기 시작했다. 포탄이 터지고 미군 병사들이 쓰러졌다. 부상병을 싣고 돌아가는 수송정, 또다시 돌진해오는 상륙용 보트, 이 순간은 마치 일본군이 미군을 격퇴한 것처럼 보였다. 이 광경을 현장에서 지켜본 일본군 장병들은 "이오 섬에서는 이겼다"고 생각했다.

그러나 이는 순간의 판단에 지나지 않았다. 미군은 태세를 재정비했으며, 제공권을 장악하고 있었기 때문에 철저하게 일본군의 진지를 저격하여 요충지를 제압했다.

미군의 작전 개시로부터 1개월 후인 3월 16일 밤, 구리바야시 사단장은 대본영으로 최후의 결별 전보를 보냈다. 전보의 첫머리에는 "전황이 최후의 위기에 직면해 있다. 적의 공격 이후 휘하 장병들의 감투敢鬪는 진실로 귀신도 울고 갈 정도다"라고 적혀 있었다.

3월 17일 밤, 일본군은 최후의 총공격을 감행했다. 그리고 3월 26일 잔존 장병들은 구리바야시의 유지에 따라 다시 총출격하여 옥쇄했다. 『이오 섬 전투 개황』에는 다음과 같이 기록되어 있다.

"전투 가능한 장병 약 800명을 몇 개 부대로 나누어 다메하치爲八 해안에서 효류보쿠漂流木 해안을 따라 내려가서는 오사카 산 서쪽에서 겐잔元山 비행장과 지시마千鳥 비행장 등 적의 주요 진지를 향해 출격했다." "26일의 총공격과 함께 이오 섬에서 조직적인 전투는 모두 끝났고, 구리바야시 사단은 적의 상륙 이래 물량을 자랑하는 압도적인 미군의 육해공 공격에 맞서 약한 달 동안 시종 용감하게 싸우다가 옥쇄했다."

2만1000명에 이르는 병력 가운데 살아남은 자는 2천 몇백 명이었다. 미군은 이오 섬 전투에서 2만8000여 명의 병사 가운데 5500명을 잃었고 부상자는 1만9000여 명에 이르렀다. 이 작은 섬에 4만4000명의 피가 흘러넘쳤던 것이다.(1945년 3월 22일 『아사히신문』은 이오 섬 함락을 보도하면서 "전원 장렬한 총공격 감행"과 함께 "적병 3만3000명이 죽거나 다쳤다"는 점을 강조했다.—옮긴이)

이오 섬의 수비대는 증원도 보급도 없이 어렵게 한 달을 버텼다. 『이오 섬 전투 개황』에는 각 부대의 전투 양상과 희생자 수가 상세하게 기록되어 있다. 어디를 보나 생환자는 한 자릿수다. 예를 들면 제109사단 돌격중대(중대장 후루타 가쓰야 대위)의 총원 82명 중 생환한 이는 고작 두 명에 지나지 않는다. 이 중대가 싸운 모습을 보면 다음과 같다.

"대전차 육박 공격을 주 임무로 하여 다마나야마玉名山, 뵤부이와屛風巖, 니단간二段巖 일대에 포진했다가 겐잔 비행장에서 침공해온 적의 전차를 맞아 독립속사포 제12대대와 협동하여 육박 공격을 반복했다. 폭약으로 전차 몇 대를 격파하고 니단간과 뵤부이와 라인을 확보했지만 출격한 병력이 거의 폭사, 3월 5일경까지 전멸에 가까웠고 잔존 병력도 8일 여단의 출격으로 전원 옥쇄했다."

모든 부대가 "전원 적진으로 온몸을 던져 돌격을 결행하여 옥쇄"하거나 "총반격에 참가하여 옥쇄"하는 상황이었던 것이다. 물론 이러한 옥쇄는 지구전을 도모하는 작전을 펼친다는 대본영의 명령을 충실하게 따른 결과였다.

이오 섬에서 살아남은 병사들은 입이 무겁고 좀처럼 전투에 대해 말하려 하지 않는다. 병사 한 사람 한 사람의 가슴속에 감춰져 있는 생각은 후세대에 속한 사람으로서는 결코 이해할 수 없는 심연과도 같다는 것을 알 수 있다.

병사들이 이오 섬의 전기戰記를 직접 쓰지 않은 것은 그만큼 원한이 깊었기 때문이리라. 나는 당연히 그럴 것이라고 생각한다.

앞에서 소개한 전우회 '요아케카이'의 회보는 매년 정기적으로 간행되고 있다. 이오 섬 전투에서 살아 돌아온 자들이 일찍부터 동료의 유골 수습에 이상할 정도로 열의를 보이고 있다는 것을 알 수 있다. 아직 8000구 이상이 잠들어 있다고 알려져 있는데, 이 섬을 찾아가 유골을 찾는 생환자의 심정은 대단히 무거울 것이다.

대본영의 작전이 확실히 일시적으로는 목적에 부합했는지도 모른다. 그러나 공략과 전략이 긴밀하게 결부되어 있었는가 하는 것은 전혀 다른 문제다. 참모본부의 작전참모들이 벽에 붙은 지도 위를 제멋대로 오가면서 병사들을 움직이고 있을 때 병사들의 생사도 그 자리에서 결정되었던 것이다.

이오 섬 옥쇄를 전하는 대본영 발표의 끄트머리에는 "적군이 이 섬에 상륙한 이래 3월 16일까지 육상에서 그들에게 가한 손해는 약 3만3000명이다"라고 적혀 있었다. 이에 따르면 미군의 상륙 병력보다 더 많은 병사가 전사하거나 부상당했다는 말이 된다. 더 이상 과대포장이니 뭐니 할 것도 없이 이는 말도 안 되는 소리다. 대본영 발표는 사회적 병리라 부를 수 있는 증상을 드러내고 있었던 것이다.

전우회에서 발행하는 전사 중에도 이러한 헛소리를 그대로 베낀 책이 없지 않다. 하지만 설령 그렇다 해도 그들이 싸웠던 '전투'의 내용은 대본영 참모들의 전사보다 훨씬 더 진실에 가까운 것처럼 보인다. 이제 후세대에 속한 사람들이 전사에 감춰져 있는 진위를 간파하고, 직접 전장에서 싸웠던 병사들의 억울한 육성에 귀를 기울여야 할 때가 아닐까?

육군대신이 참모총장까지
겸임하는 사태

미국 쪽의 전사를 읽다 보면 일본군의 인상에 관하여 "장관將官은 삼류, 병사는 일류"라고 평가하는 표현을 심심찮게 만날 수 있다. 일본군 병사들이 자신의 몸을 던지면서까지 싸우는 정신 구조에 놀라면서 그것을 '일류'라고 일컫는 것이다.

미군 병사들은 전장에서 최선의 노력을 다한 다음 생존 가능성을 찾아 포로가 되는 것을 결코 불명예스런 일이 아니라고 생각한다. 그들은 일단 포로가 되면 국제법에 따라 생명이 보장된다고 배운다. 그들은 전쟁을 정치의 연장이며, 근대의 전쟁 또한 일정한 규칙을 바탕으로 치러지는 것으로 이해했다. 그런데 미군 입장에서 볼 때 참으로 이상하게도 일본군 병사는 그런 점을 전혀 이해하지 못했다.

쇼와 육군의 정신적인 원천은 「군인칙유」였다. 태평양전쟁에서는 이 칙유를 구체화한 「전진훈」이 병사들의 언동을 옥죄었다. 특히 1943년 중반 이후 전장에서는 "살아서 포로가 되는 굴욕을 당하지 않고 죽어서 죄화罪禍의 오명을 남기지 말라"는 「전진훈」의 구절이 병사들의 판단을 좌우하는 강력한 족쇄가 되었다.

「군인칙유」는 1882년 1월 4일 메이지 천황이 육군경 오야마 이와오大山巖와 해군경 가와무라 스미요시川村純義에게 하사한 것이었다. 「군인칙유」는 "우리 나라 군대는 대를 이어 천황께서 통솔하신다"는 말로 시작한다. 전문은 2700자, 예스러운 일본어 문체다. 과거 칙유는 모두 한문체였는데, 「군인칙유」는 일반 병사들도 쉽게 알아들을 수 있도록 일본어 문체로 바꾸었다. 일본 역사를 평이하게 나열한 다음, 중간 부분에서 "짐은 너희 군인의 대원수다. 따라서 짐은 너희를 팔과 다리로 의지하고 너희는 짐을 머리로 받들어 특히 친밀해야 할 것이다"라고 하여, 천황이 대원수로서 군인 위에 군림하고 군인은 천황에게 충성을 맹세함으로써 제국 육해군이 존재한다고 언명

1941년 10월 18일, 도조 히데키 내각이 수립되었다. 도조 히데키 육군 중장은 내각이 조직되는 당일 대장이 되었는데, 예비역이 아니라 현역으로 수상에 취임했다. 육군대신과 내무대신을 겸무한 것은 이례적인 일이었다.

제2부. 쇼와 육군의 흥망

했다.

후반부에서는 군인이 지켜야 할 5개조를 내걸었다. "군인은 충절을 다함을 본분으로 삼아야 한다" "군인은 예의를 바르게 해야 한다" 등을 성심껏 지키라고 명했다.

제1부에서도 언급했듯이 건군 후 시간이 얼마 지나지 않은 이 시기에는 1878년의 다케바시 사건과 자유민권운동에 공명하는 병사들의 움직임 및 삿초벌에 대항하는 장교와 병사의 대두 등이 있었고, 「군인칙유」는 그것을 견제하고자 했다. 천황이 제국 육해군의 대원수로서 최상위에 위치한다는 것을 다시금 일깨우고자 했던 것이다.

군사사가인 마쓰시타 요시오는 「군인칙유」의 정신을 "700년의 무가武家 정치와 300년의 도쿠가와 봉건제도 아래에서 양육된 무사의 전통 위에 2000년의 신화를 더해 메이지 천황의 개성을 중심으로 구축된 것"(『개정 메이지군제사론』)이라 평가했는데 확실히 그러했다. 「군인칙유」의 기초자는 후쿠치 겐이치로福地源一郎와 니시 아마네西周였으며, 야마가타 아리토모, 모토다 나가자네元田永孚, 이노우에 가오루 등이 부분적으로 손질을 가한 것으로 알려져 있다.

「군인칙유」는 7년 후 발표된 대일본제국헌법에 의해 명실공히 육해군 군인의 지주가 되었다. 제11조에는 "천황은 육해군을 통솔한다"고 명시되었는데, 이로써 천황은 통수권의 총람자總攬者가 되었고, 통수권은 통치권(입법, 행정, 사법)과는 별개로 독립한 대권이라는 뜻이었다.

우리 군인은 천황 군대의 일원이며 그 통수권은 다른 국가기관보다 상위에 있다는 엘리트 의식이 메이지, 다이쇼, 쇼와 육해군 장교들에게 공통적으로 자리잡게 되었다. 정부나 의회가 통수(작전 행동)에 개입하는 행위는 통수권의 독립을 침해하는 것이라 하여 허용하지 않았다. 군정(군 내부의 행정)에서도 "통수권에 참견하지 말라"며 거부했다.

쇼와 육군의 군인과 병사들은 「군인칙유」를 한 글자도 틀리지 않고 복창해야 했으며, 이 정신이야말로 목숨을 걸고 지켜야 하는 것이라고 소리쳤다. 1932년 칙유 하사 50주년 기념일에는 쇼와 천황도 다시 「군인칙유」를 발하여 이 정신을 끝까지 지키라고 명했다.

「전진훈」은 1941년 1월 육군상 도조 히데키의 이름으로 군에 시달되었다. 중일전쟁의 장기화와 미국, 영국, 네덜란드 등과의 군사 충돌 위기의 그러한 시대 상황 속에서 「군인칙유」의 정신은 구체적으로 어떤 마음가짐을 요구하는지 호소하고자 했던 것이다.

원문을 작성한 사람은 시마자키 도손島崎藤村으로 알려져 있는데, 육군 막료들이 초안을 집요하게 손질하여 마무리했다.

한마디로 말하자면 그 내용은 근대국가의 가치 기준을 모조리 부정한 것이었다. 「전진훈」의 '본훈 제1장 제1절 황국'은 "대일본은 황국이다. 만세일계의 천황이 위에 계시며, 조국肇國의 황모皇謨를 계승하여 무궁하게 군림하신다. 황은皇恩은 만민에게 널리 미치며, 성덕聖德은 팔굉八紘에 고루 미친다"라는 말로 시작한다.

사생관死生觀을 보면, "생사를 관통하는 것은 숭고한 헌신 봉공의 정신이다. 생사를 초월하여 오로지 임무를 완성하는 데 매진해야 한다"라고 적혀 있고, '이름을 아낀다'라는 항목에는 "부끄러움을 아는 자는 강하다. 늘 향당鄕黨과 가문의 면목을 생각하고 더욱 분려奮勵하여 그 기대에 응답해야 한다"라고 적혀 있다. 이는 향토와 가문의 이름을 더럽히지 않기 위해 죽을 때까지 싸우라는 것이다.

「군인칙유」와 「전진훈」에서 그리고 있는 구도를 정리하자면 대략 다음과 같다. 쇼와 육군의 지도자는 군사 작전, 군사 행동, 전투 상보詳報 등을 '통수'라는 이름 아래 정부나 의회 그리고 국민에게 일절 알릴 필요가 없다고 생각했고, 군과 관련이 없는 자가 이에 간섭하는 것은 '통수권 침범'에 해당

제2부. 쇼와 육군의 흥망

되는 것으로 간주했다. 통수 기관은 참모본부(대본영 육군부)였는데, 이곳은 천황과 직결되어 있었고 천황에게만 모든 것을 보고하면 그만이었다. 따라서 참모본부의 막료(특히 작전부의 막료)가 통수권 독립이라는 이름 아래 마음대로 전쟁을 지휘할 수 있는 구도였다. 이는 "작전은 정략·정치에 얽매이지 않고 독립적이어야 하며 정략은 작전을 용이하게 해야 한다는 작전지상주의가 일본 육군에서 최후까지 강조되고, 이러한 작전지상주의가 군 중심부에 근무하는 군인을 포함한 일반 군인의 통념이 되는"(마에하라 도루, 『일본육군용병사상사』) 현상을 낳았다.

통수권 독립은 『통수참고』 제2항 '통수권 독립의 필요'에도 명기되어 있으며, 군사 지도자는 다음 구절을 당연한 것으로 간주했다.

2. 정치는 법에 근거하고 통수는 의지에 근거한다. 일반 국무상의 대권 작용은 일반 국민을 대상으로 국민의 생명, 재산, 자유의 확보를 목적으로 하고 그 행사는 '법'에 준거할 필요가 있지만, 통수권은 '육해군'이라는 특정한 국민을 대상으로 최고 유일의 의지에 따라 직접 인간의 자유를 구속하고 또 최후의 것인 생명을 요구할 뿐만 아니라 국가 비상시에는 주권을 옹호, 확립하는 것이다. 따라서 통수권의 본질은 힘이요 그 작용은 초법적超法的이다. 즉, 그 본질에 있어서 여느 대권과 취지가 크게 다르다고 말하지 않을 수 없다.

결국 '육해군'이라는 공간의 특정한 국민(병사)을 대상으로 하는 조직에서는 지도자가 그 생명을 요구할 권리를 갖고 있다는 것이다. 「전진훈」은 이 점을 명확하게 요구했다고 할 수 있다.

한편 병사들에게는 상관의 명령은 천황의 명령이라는 허구가 요구되며 이를 어기는 것은 허용되지 않는다. 자신의 목숨이 다할 때까지 주어진 명령을 수행하지 않으면 안 된다. 포로가 되거나 부당한 명령에 저항할 경우 군법 회의에서 처벌을 받을 뿐만 아니라 향토와 가족에게 먹칠을 하는 것이기 때문에 빠져나갈 구멍이 없었다. 병사는 그저 끝까지 싸울 수밖에 없었다.

미국의 전사에서 일본군을 '일류'라고 평가하는 것은 나아가도 지옥이고 물러나도 지옥인 상황에 처한 병사를 동정하는 표현이라고 해야 옳을 것이다.

패색이 짙어지는 중부 태평양

1943년 말부터 일본군은 약 2년 전에 의기양양하게 진격해나갔던 중부 태평양의 섬들을 잇달아 잃었다. 11월 부건빌 섬 앞바다에서 벌어진 전투에서 일본 해군의 기동 부대는 미군의 항공, 기동 부대의 공격을 받았고, 부건빌 섬에는 미 해병대원이 상륙했다. 다음으로 길버트 제도가 타격 대상이 되어 마킨 섬과 타라와 섬의 일본군 수비대는 옥쇄하거나 자결했다. 수비대 병사들은 보급마저 끊긴 상황에서 끝까지 싸웠고, 20배 이상 병력이 차이 났음에도 예상을 훨씬 웃도는 시간 동안 싸우다가 옥쇄하거나 자결함으로써 「전진훈」을 지켰다.

12월에 들어서 미군은 마셜 제도를 공격하기 시작했고, 열세에 놓여 있던 일본군 수비대는 "각 부대가 똘똘 뭉쳐 끝까지 진지를 사수하라"는 명령 아래 싸웠다. 1944년 2월 6일, 마셜 제도의 콰절린 환초와 로이 섬의 수비대 6800명이 옥쇄했다.

중부 태평양에 있는 마셜 제도의 요충지를 제압한 미군이 다음으로 어디를 공격해올 것인지가 참모본부나 군령부 막료들의 관심사였다. 이들은 캐롤라인 제도의 트루크 섬일 것이라고 예측했다. 이곳은 일본 해군의 최대 기지였다.

연합함대 사령부는 미군의 공격을 예측하고 기함旗艦 '무사시武藏' 이하 주력부대를 일본으로 돌려보내거나 팔라우로 후퇴시켰다. 2월 10일의 일이다. 항공모함이 한 척도 남아 있지 않은 상황에서 결전을 치르는 것을 주저하던 고가 미네이치古賀峯一 사령장관이 일단 퇴각 명령을 내렸던 것이다. 이 조치는 트루크 섬에 있는 장병들에게 충격을 주었다. 이 사실을 안 참모본부의 막료들도 해군 내부에 전쟁의 앞날을 비관하는 이들이 늘고 있다며 불만을 품게 되었다.

2월 17일부터 미군 기동 부대(대형 항공모함 5척, 경항공모함 4척, 전함 6척, 순양함 10척)가 트루크 섬을 공격하기 시작했다. 미군의 공격기는 트루크 섬에 있던 기지의 기능을 잇달아 무력화시켰다. 미군은 아홉 차례에 걸쳐 공격기를 발진시켰지만 일본군은 어떤 대응 조치도 취하지 못했다.

17일과 18일의 폭격으로 항공기 270기, 함정 9척, 수송선 42척이 격침되거나 크게 부서졌고, 식량 2000톤과 연료 1만7000톤이 소실되었다. 그리고 600명 이상의 병사가 죽거나 다쳤다. 게다가 트루크 섬 가까이에 있던 제52사단의 수송선단도 공격을 받아 병사 1200명이 바다 속으로 사라졌다.

그리하여 '일본의 진주만'이라 불리던 트루크 섬은 그 기능을 완전히 상실하고 말았다.

미국 국내에서는 트루크 섬의 궤멸을 '진주만의 복수'라고 대대적으로 보도했다. 미군은 공격기 25기를 잃었고, 항공모함 인트레피드도 총탄이 스쳤을 뿐 거의 아무런 타격도 입지 않은 상태였다. 미군은 트루크 섬을 제압함으로써 마리아나 제도의 사이판으로 가는 공격로를 확보했다.

군령부의 막료들은 트루크 섬에서의 무척이나 참담한 패전에 낯빛을 잃었다. 이 정도로 함선이 격침되거나 크게 부서지면 다음 작전 계획도 세울 수 없었다. 이때가 바로 해군 주도의 전쟁 양상이 바뀌는 전환점이 되었다.

＿＿＿＿＿ 국무와 통수를 일체화하려는 의도

2월 18일 저녁 무렵, 육군성 군무국장 사토 겐료와 군사과장 니시우라 스스무가 트루크 섬의 전황을 보고하고 참모본부의 선박 증징 요청을 전달하기 위해 수상 관저의 도조 히데키를 찾아왔다. 니시우라가 전후에 저술한 책에 따르면, 참모총장 스기야마 하지메는 트루크 섬까지 내놓게 되면 마리아나 제도의 방위가 불안해질 것이므로 본토와 오키나와 그리고 타이완을 견고하게 방비하고 싶다는 생각을 갖고 있었으며, 이를 위해서는 많은 선박이 필요하다는 의사를 표명했다. 도조는 찌푸린 얼굴로 두 사람의 보고를 들었다.

도조는 수상이자 육군상으로서 국무의 최고 책임자였다. 그러나 통수에는 참견할 수 없었고, 그 때문에 내심 적잖이 초조해하고 있었다. 국무와 통수가 따로 놀아서는 전쟁을 치를 수 없으며, 통수권 독립은 현실에서는 의미를 갖지 못한다는 것이 그의 생각이었다. 도조는 이때 자신이 통수의 최고 책임자 자리에 앉아 국무와 통수를 모두 장악하겠다고 마음먹었다. 건군 이래 군정과 군령을 겸한 군인은 없었다. 도조는 굳이 이에 도전하고자 했던 것이다.

이때 도조의 고민은 무엇이었을까? 나는 쇼와 역사에 관심을 갖게 된 후 줄곧 이 문제에 매달렸다.

1975년 9월 23일, 나는 도조의 비서관이었던 아카마쓰 사다오赤松貞雄를 만나기 위해 도쿄 세이조의 자택을 방문했다. 아카마쓰는 도조가 제1사단 보병 제3연대의 연대장으로 있을 때(1929) 부하 장교로서 지도를 받았다. 그 후 도조와 공적으로나 사적으로 만남을 이어갔고, 도조가 육군상이 된 다음에는 처음부터 끝까지 비서관으로 근무했다.

제2부. 쇼와 육군의 흥망

1975년 당시 나는 『도조 히데키와 천황의 시대』를 집필하기 위해 관계자들을 취재하고 있었는데, 도쿄 세이조의 자택에서 총 6회, 20시간에 걸쳐 아카마쓰의 이야기를 들었다. 이날은 2월 18일 이후 도조의 모습에 관해 듣기로 했다. 아카마쓰는 기억과 메모에 의지에 대답했다.(그는 1982년 8월 16일 병사한다.) 아래는 그때 주고받은 이야기를 내 속기록에서 인용한다.

수상인데도 통수의 전모를 정말로 알 수 없었습니까?

"그렇습니다. 통수부에서는 상세하게는 알려주지 않았습니다. 이건 군령부와 관련된 일이지만, 미드웨이 해전에 대해서도 생각한 대로 진행되고 있지 않다는 정도밖에 알지 못했지요. 도조는 나중에야 상주를 하면서 폐하로부터 '미드웨이에서 일이 크게 잘못됐다'는 얘기를 들었던 듯합니다. 큰 손실을 입은 것 같다고 했답니다. 그래서 참모본부와 군령부에 넌지시 확인해봤더니 '실은……' 어쩌고 하는 것을 보고 사실이라는 것을 알았지요."

수상이자 육군상이라는 입장에 있으면서도 그 정도의 정보를 파악하지 못한 것은 통수권 침범을 두려워했기 때문인가요?

"참모본부의 방침 등은 전혀 몰랐습니다. 예를 들어 민수용 수송선을 군수용으로 돌린다고 합시다. 그러면 돌아올 때 남방에서 고무 등을 싣고 오면 될 것입니다. 그런데 일단 군수용으로 돌리고 나면 아무리 수상이라 해도 더 이상 참견할 수가 없었지요."

그래서 2월 18일의 일입니다만, 육군상과 참모총장을 겸하는 것은 군인으로서 대단히 용기 있는 일이었겠군요. 건군 이래의 룰을 깬 것이기도 하고…….

"그날은, 오늘 조금 생각나는 일이 있어서 말씀드립니다만, 그 전에 사토 군무국장이 와서 약간 언쟁이 있었습니다(참모본부의 선박 증징 요청을 전달하러 온

제32장. 육군대신이 참모총장까지 겸임하는 사태

것을 가리킨다). 사토는 '그럼 잘 생각해주시길 바랍니다'라고 말했지요. 책상 위에는 서류가 잔뜩 쌓여 있었어요. 그걸 정리하고 있는데 도조가 나를 부르더니, '지금 통수부와의 관계를 자네는 어떻게 생각하는가'라고 묻더군요. 비서관으로서 그런 질문을 받은 것은 처음이었습니다. 20년 동안 함께했지만 의견을 물은 것은 그때뿐이었습니다.

그래서 나는 생각해보겠다고 말하고 대답은 하지 않았습니다. 그런데 수상이되고 나서 이런저런 대신까지 겸임하고 있는 점을 이야기하면서, '역시 각하께서 나서서 모든 것을 본궤도에 올려놓는 것이 좋지 않겠습니까'라고 했더니, '그래그래. 잘 알았네'라면서 고개를 끄덕이더군요. 그러고 나서 시마다 해군대신에게 전화를 했고, (육군성의 도미나가 교지) 인사국장을 불렀습니다. 그 전에 사토 군무국장을 불러 의견을 들었습니다. 나 또한 (겸임을) 고려하고 있었다고 생각하지만, 일단 주위에 그 뜻을 타진해봤던 것입니다. (전황은) 더욱 나빠지고 있었고, 통수와 국무를 일체화하지 않으면 그 어떤 움직임도 취할 수 없는 상태였습니다. 아시다시피 그 후에는 국무와 통수 양쪽을 겸하는 것으로 일이 마무리되었습니다."

일원화해도 괜찮았다는 말씀입니까? 도조는 어떤 식으로 그 직능을 나누었습니까?

"'수상 겸 육군상 도조, 참모총장 도조로 인격을 적절하게 나누면 된다'고 말했습니다. '육군성과 참모본부의 의견이 다를 경우 어떻게 하실 겁니까'라고 물었더니, '그럴 때는 공정한 눈으로 판단한다. 그것은 내가 한다'고 말하더군요. 실제로 육군성에서는 육군 행정을 맡습니다. 그 일을 처리하기 위해 옆 건물에 있는 참모차장 방으로 가지요. 도조가 참모총장이 되었을 때 참모차장은 우시로쿠 준後宮淳이었는데, 그에게 가서 다양한 보고를 받습니다. 그래서 도조가 판단한다는 것입니다.

제2부. 쇼와 육군의 흥망

참모본부에 갈 때에는 참모 견장을 달고 통수 쪽 인격이 되었기 때문입니다."

이때 '도조 독재' '도조 막부'라 하여 육군 내부에서도 시끄러웠는데, 그 점에 관해서는 어떻게 생각하십니까?

"하지만 그것은 육군 입장에서 말하자면, 총리가 된 도조가 해군의 눈치를 보면서 육군을 내리누르는 것은 상당히 성가신 일이라고 생각하는 사람이 많았기 때문입니다. 막부가 될 리는 없었습니다. 참모본부도 도조의 말을 그렇게 잘 듣는 편은 아니었고, 참모총장이 되고 나서도 크게 달라지지 않았지요. 실제 일은 그런 식으로 하지 않습니다.

다만, 참모총장이 되고 나서야 제일선의 장병들이 정말로 고통스러운 상황에 있다는 것을 알게 됐다고 말하더군요."

도조 독재 정치라는 비판을 어떻게 받아들이십니까?

"도조가 독재를 했다는 것은 틀림없습니다. 수상이 되고 나서야 (정치 구조를) 알았다고 했습니다만, 폐하와 직접 만나고 싶어도 중신이나 내대신이나 추밀관이 다양한 방식으로 끼어드는 부분이 많아서 그럴 수 없다는 불만을 갖고 있었습니다. 그건 독재자가 될 수 없다는 얘기지요. 히틀러나 무솔리니는 달랐습니다. 국책을 내세울 때에도 각료회의, 통수부, 의회, 중신회의 등을 움직이지 않으면 안 되었으니까요……

결국 도조가 독재적으로 일을 처리하고자 해도, 예를 들어 쿠데타를 일으켜 계엄령을 실시한다면 독재적으로 할 수도 있겠지만, 그런 것은 군의 힘이 있었기 때문에 가능하지 않았습니다. 그렇기 때문에 독재자라고 말하는 것은 지나친 편견입니다. 나는 그렇게 생각합니다."

아카마쓰는 도조가 내심으로는 국무와 통수를 겸하는 것에 상당한 긴장감을 갖고 있었던 듯하지만 그것을 직접 입에 올리지는 않았다는 말도 덧붙였다.

"하나가 될 것이므로 잘 풀릴 것이다"

2월 21일, 스기야마 하지메 참모총장과 나가노 오사미 군령부 총장의 사임이 발표되었다. 그들에 이어 도조가 참모총장, 시마다 시게타로 해군상이 군령부 총장 자리에 앉았다. 그리고 기존의 참모차장 하타 히코사부로秦彦三郎와 또 한 명의 참모차장을 두어 격무에 시달리는 도조를 보좌하게 했다. 다른 한 명의 참모차장이 중부군 사령관이었던 우시로쿠 준이다. 우시로쿠는 도조와 육군사관학교 동기생으로 평소부터 친한 관계였다. 그랬기 때문에 '정실 인사'라는 험담이 나올 만했다.

육군 내부에서도 이 겸임에 대한 평판이 좋지 않았다. "통수권의 독립을 깨뜨렸다" "이도저도 아니라서 일이 제대로 될 리가 없다" "도조 독재 시대다"라는 비판이 쏟아졌고, 특히 전선의 군사령관이나 사단장급 중에서는 "도조 혼자만을 위한 전쟁이 아니다"라며 노골적으로 불만을 털어놓는 이도 있었다.

육군성과 참모본부의 막료들 중에는 이처럼 전황이 나빠졌으니 참모본부도 책임을 져야 할 텐데, 후임을 맡을 만한 사람이 없다 보니 도조가 나섰을 것이라고 생각하는 이도 있었다. 육군의 항공본부장이었던 엔도 사부로遠藤三郎는 도조가 개전의 책임을 지고 부득이하게 참모총장 자리를 맡았을 것이라고 생각하고는 도조에게 위로의 말을 전했다. 엔도는 전후에 저술한 『일중 15년 전쟁과 나』라는 책에서 다음과 같이 말한다.

"인사를 하러 갔더니 '앞으로는 정치와 전쟁이 하나가 될 것이므로 일이 잘 풀릴 것'이라며 기뻐하는 모습을 보고 놀랐습니다. 총리, 육군상, 군수상으로 격무를 담당하면서 동시에 냉정함과 과단성을 요구하는 통수의 막료장 역할을 감당할 수는 없을 것이라고 생각했기 때문입니다."

도조는 참모총장 집무실에서 남방전선의 지도를 펼쳐놓고 미군의 침공 지역을 확신하면서 "아직 지고 있는 것은 아니다"라고 중얼거렸다. 그리고 참모본부에서는 현실의 작전 계획이 좌관급에 의해 입안되고 있다는 것을 알고서, "이래서는 안 된다. 상급자의 태만이 아닌가? 위에서 방침을 명시하고 아랫사람들은 이에 따라 움직여야 한다"고 훈시했다.

이 무렵에는 항공을 주력으로 한 전쟁 지도가 중심이었고, 상급자의 지식으로는 개개의 작전 계획을 짜는 것이 불가능했다. 새로운 시대의 전쟁 지도에 대해서는 새로운 교육을 받은 좌관급 쪽이 훨씬 더 풍부한 지식을 갖고 있었다. 도조는 그런 사정을 무시하고 참모본부의 부장급에게 오로지 「군인칙유」의 정신만을 강조했던 것이다.

겸임을 받아들이게 한 술수

1944년 3월 이후, 참모본부는 점점 더 군 관료가 지배하는 공간이 되었고, 대본영 발표는 과장되기 일쑤였으며, 전장의 병사들에게는 실정을 무시한 명령이 하달되었다. 그 명령을 지키도록 공갈 협박의 역할을 한 것이 「전진훈」이었다. 병사들은 옥쇄, 자결, 병사 중 하나에 몸을 맡길 수밖에 없었다.

그런데 도조가 참모총장을 겸임하게 된 경위는 1944년 당시 전혀 알려지지 않았다. 나는 일찍이 『도조 히데키와 천황의 시대』를 쓰기 위해 「기도 고이치 일기」 「도조 육군상 비서관 일기」 「스기야마 메모」를 비롯해 「사토 겐료

제32장. 육군대신이 참모총장까지 겸임하는 사태

의 증언」 등 여러 자료를 읽다가 이상한 점을 발견했다. 도조가 참모총장을 겸임하게 된 경위를 다양한 자료를 토대로 재구성해본 결과 분명히 술수를 부렸다는 사실이 눈에 띄었던 것이다. 즉, 통수의 지위를 탈취하기 위해 눈에 보이지 않는 형태의 '쿠데타'가 진행되었던 것이다. 그 어떤 책에서도 이 점에 관하여 언급하지 않은 데 대해 나는 적잖이 놀랐다. 『도조 히데키와 천황의 시대』에서 짤막하게 언급했을 뿐인데, 뜻밖에도 옛 군인들로부터 많은 편지를 받았다. 의심스럽게 생각하고 있던 부분이 해명되었다는 내용이었다.

그 후 이미 간행된 책을 바탕으로 유사 쿠데타에 쓰인 술수를 다시 한번 검증하고자 한다.

2월 18일 밤, 육군성의 도미나가 교지 육군차관(인사국장 겸임)과 사토 겐료 군무국장이 관저로 불려온다. 이 자리에서 도조로부터 참모총장을 겸임할 의사가 있다는 말과 함께 관계자들에게 사전 작업을 하라는 명을 받는다.

"헌법 공포 이래 일찍이 없었던 중대사다. 하지만 지금의 사태는 이런 조치를 통해서만 극복할 수 있다. 내 인격을 국무와 통수로 나누어 이 위기를 돌파하고 싶다."

도미나가와 사토는 도조의 말에 수긍한다. 두 사람은 도조의 심복이었다. 오후 9시가 넘어 관저를 나온 두 사람은 사전 작업을 위해 움직이기 시작한다. 먼저 교육총감부 본부장 야마다 오토조山田乙三를 설득하려 했던 것으로 보인다. 왜냐하면 육군상, 참모총장, 교육총감부 본부장을 다시 임명할 때에는 현직에 있는 세 사람의 합의 아래 후임자를 지명하는 것이 관례였기 때문이다.

오후 10시, 도조는 내대신 기도 고이치의 사저로 찾아갔다. 그 자리에서 도조는 이렇게 말했다. "트루크 섬에 대한 적의 공격 작전으로 전황이 우리에게 불리하게 돌아가고 있으며, 그쪽의 전력 대비 현황을 봐도 쉽지 않은 상태입니다. 일단 일억 국민을 집결할 시책이 필요하다는 것을 통감하고 있

습니다."

그러고는 다음 세 가지를 제안했다.

1. 통수 강화를 위해 스기야마 참모총장의 사임을 요구하고 자신이 그 자리에 앉는다. 단, 자기 혼자서는 책임을 다할 수 없으므로 참모차장 두 명(작전 담당과 병참 담당)을 두기로 한다.
2. 통수부는 상시 궁중에서 집무하여 천황 친정의 결실을 거두고 싶다.
3. 내각을 개조하고, 금후 각료회의는 궁중에서 열어 전황의 개선에 힘쓰고자 한다.

기도는 깜짝 놀란다. 모두가 대일본제국 헌법에 저촉되는 것뿐이었기 때문이다. 궁중에서 통수와 국무 관련 회의를 열고 또 그곳에서 집무를 하면 '군림하되 통치하지 않는다'는 입장에 있는 천황이 직접 책임지지 않으면 안 된다. 기도로서는 도조가 천황의 그늘에 숨어 책임을 회피하기 시작한 것으

1944년 4월, 야스쿠니 신사 '춘계 임시 대제'에서 정좌한 유족에게 경례로 답하는 수상 겸 육군상 겸 참모총장 도조.

제32장. 육군대신이 참모총장까지 겸임하는 사태

로 생각할 정도였다.

기도는 참모총장 겸임과 내각 개조에 한해서만 양해했고 나머지는 보류하겠다고 답했다.

다음 날 19일 오전, 기도는 천황에게 도조의 요구를 전달했다. 그러자 천황은 참모총장 겸임은 통수권의 독립에 저촉되는 것이 아니냐고 물었다. 기도는 도조에게 천황의 의문을 전한다(오전 11시 30분). 『기도 고이치 일기』에 따르면, 도조는 "그 점은 구분해서 다루어야 한다"고 대답했다. 기도는 도조의 이야기를 다시 천황에게 전한다. 하지만 천황은 납득하지 않는다. 오후 2시 도조는 궁궐에 들어가 자신의 생각을 직접 피력한다. 이 자리에서 무슨 말이 오갔는지는 알려져 있지 않다. 『도조 내각총리대신 비밀 기록』(도쿄대학출판회)을 봐도 명확하게 적혀 있지는 않다. 추측건대 천황은 참모총장 겸임에 대해서는 동의한 듯하다.

그 후 도조 주변의 움직임은 급격하게 돌아간다. 도미나가는 스기야마를 방문하여 도조의 참모총장 겸임에 동의해달라고 요구한다. 스기야마는 갑작스런 요구에 놀라 할 말을 잃고 만다.

"그랬다가는 건군 이래의 전통을 파괴하는 자가 되지 않겠습니까?"

스기야마는 저항했다. 도미나가는 일단 물러났다. 하지만 다시 그를 찾아가 삼장관회의를 열자고 주장했다. 스기야마는 그러자고 했다. 하지만 이미 야마다 오토조가 도조의 참모총장 겸임에 대해 설득당했다는 것은 몰랐다.

이때 도조는 군령부 총장을 맡아달라며 해군상 시마다를 설득하고 있었다. 사실 이 부분에도 이해하기 어려운 움직임이 있는데 이에 관한 논의는 생략하기로 한다.

『기도 고이치 일기』에는 오후 5시 30분 도조가 기도에게, 시마다는 생각할 시간을 달라고 했으며 "스기야마 총장은 동의했다는 연락이 왔다"는 보고가 있었다고 기록되어 있다. 기도는 이 내용을 천황에게 상주했다.

『기도 고이치 일기』를 믿는다면 도조는 명백히 허위로 보고한 셈이다. 스기야마는 양해하지 않았으며, 삼장관회의도 열려고 하지 않았기 때문이다.

오후 7시 30분, 육군상 관저에서 삼장관회의가 열렸다. 도조는 스기야마에게 협박하듯이 다그쳤다. 그러나 스기야마는 "오랫동안 이어온 육군의 전통을 깨는 게 아니냐"며 도조의 참모총장 겸임을 인정하지 않았다. 이때 오간 이야기는 참모본부 작전부장 사나다 조이치로가 참모본부로 돌아온 스기야마로부터 직접 듣고 정리해놓았다.

"독일의 통수도 히틀러 총통의 생각과 통수부의 생각이 일치하지 않았기 때문에 스탈린그라드에서 일을 그르쳤다. 이 점을 좋은 사례로 생각해주었으면 한다."

"히틀러 총통은 병졸 출신이고 나는 대장이다. 똑같이 생각해서는 곤란하다. 수상으로서 지금까지 정책을 펼치면서 군의 사안도 함께 생각해왔다."

"말은 그렇게 하지만 한 인간이 두 가지 일을 할 때 아무래도 서로 배치되는 경우가 있을 것이다. 어느 쪽에 힘을 쏟을 것인가?"

"그 점은 걱정하지 않아도 좋다."

두 사람의 대화는 긴박하다. 스기야마는 그러다 보면 육군 내부가 소란스러워진다고 반론하기도 했다. 두 사람이 주고받는 이야기를 듣고 있던 도미나가가 스기야마에게 "총장이 동의하지 않은 것으로 대신이 상주한다면 총장도 상주하겠느냐"고 확인한다. 결국 납득하지 못하겠다는 것을 스기야마 자신이 직접 천황에게 전하겠느냐고 물었던 것이다. 스기야마가 고개를 끄덕이자 도조는 다음과 같이 말한다.

"폐하는 내 생각을 이미 알고 있다. 총장이 단독으로 상주하면 나는 내 생각을 뒤엎어야만 한다. 정말 동의해줄 수 없겠는가?"

이는 명백한 협박이다. 이 말에는 '나는 천황이 신뢰하는 사람이고, 당신이 동의하지 않는다면 천황의 신뢰를 받고 있는 나는 모든 것을 그만두어야만 한다'는 의미가 내포되어 있다. 야마다도 스기야마를 설득하는 쪽으로 돌아섰고, 스기야마는 결국 "그렇다면 이번에만 한정하여 동의하겠다"라며 마지못해 받아들인다.

스기야마는 망연자실해서 참모본부로 돌아왔다. 참모본부의 막료들도 스기야마의 보고를 듣고 분노했다. 이때 스기야마는 "도조 육군상은 20일에 상주할 것"이라고 막료들에게 전했다. 스기야마는 자신이 사직에 동의했다는 것을 20일에 말할 생각이었다.

하지만 도조는 19일 저녁에 이미 기도에게 이를 전달했고 기도는 그 내용을 상주했다. 결국 도조와 도미나가는 기도와 천황 그리고 스기야마까지 속였던 셈이다. 게다가 18일 저녁 무렵에 이미 알고 있었음에도 불구하고 전후에 간행된 사토 겐료의 저작에는 21일 아침에 출근하자 "도미나가 차관이 황급히 나를 불러 '대신이 엄청난 일을 해냈다. 스기야마를 물러나게 하고 자신이 참모총장을 겸하기로 했다.' (…) 나는 '그래……'라고 대답하고는 한동안 아무런 말도 꺼내지 않았다"라고 적혀 있다. 사토의 책에 따르면, 차관도 동의했느냐는 물음에 도미나가는 "아무런 말이 없었다"고 대답했다. 이는 분명히 사실과 다르다.

고위급 군인의 전후 증언은 거짓말투성이일 때가 많은데 이것이 그 전형적인 예다. 책임 회피, 은폐 그리고 사실 왜곡. 사토가 이렇게 쓰지 않을 수 없었던 이유는 도조가 참모총장을 겸임하는 과정에서 그 정도로 불투명한, 쿠데타에 가까운 움직임이 있었기 때문이다.

걸핏하면 「군인칙유」를 들먹이면서도 실질적으로는 그것을 등지는 것처럼 보이는 이런 행위는 도쿄전범재판에서는 전혀 문제시되지 않았다. 그때만 해도 사실을 상세하게 검증할 수가 없었다. 또한 전후에도 군인의 수기나 회상록에서는 이러한 의문을 제기하지 않았고, "육군상의 참모총장 겸임은 대실패였다"거나 "그것은 헌법을 위반하는 일이었다"라고 말하는 선에 그쳤다.

제2부. 쇼와 육군의 흥망

당시 이에 대해 정면으로 다른 주장을 한 사람은 천황의 친동생으로, 육군대좌였으나 1940년 6월 폐결핵 진단을 받은 이후 고텐바御殿場에서 요양 중이던 지치부노미야뿐이었다. 그는 세 번에 걸쳐 도조에게 "헌법상 질문이 있다"라는 질의서를 보냈지만 도조에게서는 "걱정을 끼치지는 않겠다"라는 냉담한 대답만 돌아왔다.

"도조는 육군의 사유화를 꾀하고 있다." 지치부노미야는 가까운 사람에게 이렇게 말하면서 분노를 감추지 않았다.(1944년 2월 22일 『아사히신문』은 도조 히데키 수상의 참모총장 취임을 전하면서, 군정과 군령이 동일 인격이어도 헌법에 저촉되지 않는다고 설명하고 있다. ─옮긴이)

_____ "사이판은 난공불락이다"

도조가 참모총장을 겸임한 이후 미군의 공격은 더욱 격렬해지고 있었다. 라바울은 고립되었고, 뉴아일랜드 섬 등 캐롤라인 제도에는 11만 명의 병사가 오도 가도 못하는 상황에 놓여 있었다. '절대 국방권'은 붕괴 위기에 처해 있었고, 그 때문에 "필리핀을 최종적이고 절대적인 총결산 지역으로 삼아 육군의 동시 정면 작전, 항공의 철저한 집결과 운용에 의한 공륙총합결전空陸總合決戰"을 치른다는 방침이 결정되었다.

버마방면군의 임팔 진공 작전은 도조가 참모총장이 되고 나서 얼마 지나지 않은 3월부터 시작되었다. 도조는 대동아회의 전에는 임팔 작전에 반대했지만, 인도독립군의 찬드라 보스Subhas Chandra Bose를 만나고 난 후에는 적극적으로 이 작전에 관심을 보였다.

이 작전도 처음에는 전과를 거뒀으나 이윽고 여느 전장에서와 마찬가지로 보급이 끊어지면서 영국과 인도 연합군에게 제압되는 상태에 이르렀다. 7월,

제32장. 육군대신이 참모총장까지 겸임하는 사태

임팔 작전은 중단되었다. 하지만 7만여 명의 병사 가운데 살아남은 자는 채 1만 명도 되지 못했다.

임팔의 산길에는 일본 병사의 시체가 겹겹이 쌓여 있었고, 그 참상은 과달카날이나 동부 뉴기니에 필적하거나 그 이상이었다고 한다.

6월, 미군은 마리아나 제도의 사이판을 공격하기 시작했다. 당초 미국의 통합참모본부는 마리아나 제도 공격을 10월로 예정하고 있었지만, 마셜 제도와 트루크 섬, 나아가 그 주변 섬들을 공격한 결과 일본군의 전투태세가 취약하다는 것을 알고 작전 계획을 4개월 이상 앞당겼던 것이다.

사이판을 무너뜨릴 경우 B29의 포격거리를 감안하면 일본 본토까지 폭격권 안에 들어오게 된다. 사이판 공격은 미군이 일본을 제압하기 위한 새로운 단계에 접어들었음을 의미했다.

일본의 참모본부는 미군이 뉴기니, 필리핀 루트를 통해 들어올 것이라고 생각했다. 물론 마리아나 제도도 예상했지만 이곳에는 강대한 진지를 구축한 일본군이 철벽 수비를 하고 있다고 굳게 믿고 있었던 것이다. 도조는 참모총장으로서 군령부를 향해 "사이판은 난공불락이라"라고 큰소리쳤다. 막료들도 이곳을 '도조 라인'이라 하여 불패를 믿고자 했다. 하지만 실제로는 누구나 그렇게 말하니까 그럴 것이라고 믿었을 따름이다. 현실은 방위부대는 이곳저곳에서 불러 모았고, 진지라고는 시멘트 부족으로 문어항아리같이 파헤친 일인용 참호뿐이었다. 대포나 야포도 그렇게 넉넉하지 않았다.

6월 15일, 미군의 사이판 공격 부대가 사이판 서안에 공격을 개시했다.

아카마쓰의 증언을 다시 인용한다. 그의 말에 나타나는 참모총장 도조의 표정이 구체적이기 때문이다.

"(제1보가 들어왔을 때) 도조는 사이판에 적이 들어왔다며 기뻐했습니다. 그 무렵 사이판의 수비대는 온 힘을 다 쏟고 있었고, (진지는 난공불락이어서) 지금이야말로 미국에 반격을 가하기 좋은 기회라고 생각했던 것입니다. 이곳으로 적을 끌어들여서 마리아나 주변의 적을 공격하면 한 방에 해치울 수 있다. 즉각 시행하라면서 참모본부로 가기도 했고, 군령부와 연락 회의를 갖기도 했지요. 그러자 해군은 그럴 여유가 없다, 비행기가 사이판으로 가서 그곳에서 마리아나 주변의 적을 공격할 틈이 도저히 없다, 육군도 배가 없다며 실정을 분명하게 설명했습니다. 도조는 실망한 표정이 역력하더군요. 지금도 인상에 남아 있습니다."

도조가 '결전 병기'라는 이름 아래, 육군의 병기행정본부와 니시나 요시오仁科芳雄의 이화학연구소가 '니호=號 작전'이라는 이름으로 공동 연구하고 있는 우라늄 폭탄을 한시라도 빨리 제조하라고 압박한 것도 이때였다.

'도조 라인'은 순식간에 파괴되었고, 6월 말 이후에는 상륙한 미군을 상대로 싸우던 일본군 병사들이 사이판 각지에서 옥쇄해야만 했다. 7월 7일, 마침내 사이판에서 일본군의 저항도 끝났다. 미군의 소탕 작전은 철저해서 구덩이와 동굴을 샅샅이 뒤져가며 일본 병사를 공격했다. 만세를 부르며 돌격을 반복한 일본 병사들은 오로지 미군의 총 앞으로 달려들 따름이었다. 그리고 그것으로 끝이었다. 일본 병사 4만 3000명 가운데 생존자는 1000명도 되지 않았다. 사이판에 살고 있던 일본인 2만 5000명 가운데 절반가량은 자결을 강요받았으며, 실제로 자결한 사람도 1만 명에 달했다.

이와 같은 사이판 함락 과정을 비판하면서 미군의 공격 루트를 정확하게 파악하지 못한 "도조와 핫토리(참모본부 작전과장)의 통수는 그야말로 **추태**"라고 쓴 책도 있는데, 바로 1996년에 간행된 가토가와 고타로加登川幸太郎의 『육군의 반성』이 그것이다.

사이판 함락을 계기로 B29의 일본 본토 폭격이 본격적으로 시작되었다.

중신들의 반反도조 공작이 이어졌고 천황은 더 이상 도조를 신뢰하지 않았다. 결국 7월 18일 내각은 총사직했고, 도조는 참모총장 자리에서도 물러났다. 그 이후 태평양전쟁에서 희생은 더욱 늘어났고, 쇼와 육군은 이미 체면만을 중시하는 군사 집단으로 바뀌어 있었다. 도조는 이번에는 중신으로서 그것을 지탱하는 쪽에 섰다.

「군인칙유」와 「전진훈」은 군사 지도자의 책임 회피에 이용되었고, 말단 병사들은 쇼와 육군의 군인 정신의 편협함을 바로잡는 희생 제물이었다. 이 사실은 역사에 새겨둬야 할 만큼 충분한 의미를 담고 있었다.

사이판 함락과
병사들의 절규

남태평양의 지도를 펼쳐보면 알 수 있듯이 마리아나 제도는 괌, 티니언, 사이판, 아나타한, 파간 등 작은 섬들로 이루어져 있다. 미군 내부에서는 이미 1943년 말부터 태평양의 여러 섬 중에서 일본 본토를 폭격하기 위한 기지로서 마리아나 제도를 추천하는 목소리가 높았다.

제해권과 제공권을 장악한 후에는 장거리 폭격기 B29가 이들 섬에서 일직선으로 일본 본토로 날아갈 수 있었다.

B29는 태평양전쟁이 시작되고 나서 개발된 것으로 처음에는 미국 본토 방어용으로 만들어졌다. 독일군이 남미에 있는 기지에서 미국 본토를 공격할 가능성도 없지 않았기 때문에 그 대비책으로서 남미를 항속거리 안에 두는 폭격기를 생각하게 된 것이다. 몇 톤의 폭탄을 싣고 5600킬로미터까지 날 수 있는 폭격기였다. 그런데 실제로 독일군에 의한 미국 본토 공격이 없다는 것을 알게 된 이후 B29는 태평양 전선에 투입되었다.

미국 정부는 최종적으로 일본 본토 상륙 작전을 고려하고 있었는데, 이를 위해서도 B29를 통해 일본 국력에 궤멸적인 타격을 가해야만 한다는 전략을 세워놓고 있었다. 그리고 B29의 항공 기지로 선정된 곳이 사이판 섬이었다. 미군은 1944년 6월 15일에 이 섬에 상륙할 예정이었다. 이 계획을 세운 것은 같은 해 4월이었다.

일본에서는 미군의 마리아나 제도 공격을 예상하는 목소리도 많았지만, 이 루트보다는 오히려 뉴기니를 제압하고 필리핀으로 향하는 코스를 중시할 것이라는 관측을 하고 있었다. 마리아나 제도에는 일본군이 강고하게 포진하고 있어서 미군도 희생이 클 것으로 판단하리라고 생각했던 것이다. 마리아나 제도는 '육해군 협동'으로 방어를 담당하기로 한 터여서 육군은 해군을, 해군을 육군을 각각 견제하면서 경쟁적으로 방어를 위한 포진을 하고 있다는 것이었다.

1944년 5월 2일, 궁중에서 육해군이 한자리에 모인 통수부 회의가 열렸다. 이 회의에는 천황도 출석했다. 이 회의에서 육해군 통수부 대표가 현재의 전황을 어떻게 보고 있는지에 대해 천황에게 보고했다. 이 자리에서도 양 통수부는 마리아나를 공략하는 데에는 큰 희생이 따를 것이고 그곳을 확보하는 일도 쉽지는 않을 터이므로 미군도 경솔하게 손을 뻗치지는 않으리라는 견해에 뜻을 함께했다. 특히 참모차장 우시로쿠 준은 설령 마리아나 제도가 공격을 당한다 해도 제43사단을 파견하여 "적의 공략 기도를 분쇄할 수 있다"며 자신감을 피력했다.

참모총장 도조 히데키도 "특히 사이판은 난공불락의 섬"이라고 단정했다.

일본군은 무슨 일이 있어도 사이판을 내주지 않을 것이며, 만약 이곳을 내준다면 그다음은 본토 폭격밖에 없다는 각오 아래, 그곳이 얼마나 견고한지 몇 번씩이나 확인했던 것이다. 앞 장에서도 언급한 것처럼 육군 내부에서는 사이판의 방어를 일컬어 '도조 라인'이라 했고, 이곳에서는 결코 패하지 않으리라는 것을 어떻게든 믿고 싶어했다. 당시 참모본부의 막료는 군령부의 막료에게 만약 미군이 사이판에 상륙한다 해도 3개월은 넉넉히 버틸 수 있으며, 그사이에 연합함대가 미국의 태평양함대를 격멸하면 된다고 호언장담할 정도였다.

하지만 실제로 사이판에 그 정도로 강고한 진지가 구축되어 있었을까?

2월부터 독립혼성여단의 병력과 무기 등을 실은 보급선이 사이판으로 향했지만 미군에게 격침당했다. 가까스로 3월부터 일부 수송선이 병력과 무기 탄약 등을 실어 날라 어느 정도는 방어 태세를 갖출 수 있었다. 하지만 시멘트가 부족하여 고작 문어항아리같이 파헤친 진지가 전부였고, 이곳에 설치한 대포와 포탄도 그 수가 제한되어 있었다. 참모본부의 막료들은 너 나 할 것 없이 강고한 진지가 구축되어 있다며 낙관했지만 현실적으로는 도저히 3개월을 버틸 형편이 아니었다. 전황이 악화됨에 따라 이러한 바람이 어느 사이에 '사실'로 바뀌는 것은 쇼와 육군이 가장 빠져들기 쉬운 함정이었다.

마리아나 제도는 제31군이 수비하기로 예정되어 있었다. 제31군은 만주나 중국의 부대나 내지에서 소집된 병력 등 잡다한 사람들로 구성되어 있었다. 그 중핵인 제43사단은 사이판 사수의 역할을 담당하고 있었지만 그 진용을 보면 육군의 정예부대라고 말할 수 없는 수준이었다. 오히려 오합지졸로 이루어진 사단으로 간주되었다.

대본영의 정보참모 호리 에이조가 쓴 『대본영 참모의 정보전기』에 따르면, 이 사단은 1943년 7월에 편성되었으며, 1944년 5월 사이판 방비를 명받았을 때 황족인 사단장 가야노미야 쓰네노리賀陽宮恒憲를 대신하여 군마보충부 본부장 사이토 요시쓰구齋藤義次 중장이 총지휘를 맡았다. 이른바 '구시대적 직무'를 담당하고 있던 군인을 제일선의 사단장으로 앉히는 "조금은 수긍하기 어려운 인사"라 하여 이런저런 말이 많았다. 결국 정예부대가 사이판 방비를 맡은 것은 아니라고 하겠다.

이와 같은 배치에서 참모본부 작전부의 생각이 고스란히 드러난다. 그때

제33장. 사이판 함락과 병사들의 절규

까지 어떤 사단을 보낼 것인지 고심을 거듭했지만 결국은 이런 사단을 '절대 국방권'의 근간이 되는 요충지에 파견해야만 할 정도로 병력 보급이 고갈되어 있었던 것이다.

따라서 "사이판은 절대적으로 자신이 있다"는 작전참모의 말은 역으로 불안감의 표현이었다고 할 수도 있다.

5월 중순부터 6월 초순에 걸쳐 제43사단을 중심으로 병력과 무기가 사이판으로 수송되었다. 주력부대가 5월 19일 사이판에 도착했다는 소식에 참모본부 작전부에서는 환호성이 터져나왔다. 이 요충지의 제공권과 제해권을 계속 미군이 쥐고 있는 상황에서 이 부대가 상륙할 수 있을지 여부가 관건이었던 것이다. 하지만 그 후에는 수송선이 잇달아 미군에게 격침되었고, 6월 7일 해상에서 구조를 기다리던 병력 약 1000명이 아무런 무기도 보유하지 못한 채 상륙에 성공했다. 이때 3000명에 가까운 병력이 바다 속으로 사라졌다. 제43사단 1만6000명의 병력 가운데 1만3000명이 상륙에 성공했고, 그중 1000명은 전혀 무기를 갖고 있지 않았다.

6월 7일 이후 사이판행 수송이 모두 멈췄다. 미군의 제공권과 제해권 앞에서 도저히 움직일 수 없었던 것이다.

그리하여 사이판 방위부대는 마리아나 제도의 방위를 담당하는 제31군(사령관 고바타 히데요시) 예하의 제43사단, 기타 독립혼성 제47여단, 그리고 해군부대(최고지휘관 나구모 주이치)의 제5근거지대 등으로 구성되었다. 총병력은 약 4만3000명이었다. 사령부는 사이판 섬의 도시 가라판의 산허리를 뚫어 콘크리트로 다진 곳에 자리잡고 있었다. 이곳에서 나구모 주이치南雲忠一나 사이토 요시쓰구와 같은 사령관이 참모들과 작전을 짰다. 사이판에서 전투가 시작될 무렵, 제31군 사령관 고바타 히데요시小畑英良는 다른 지역을 시찰하느라 사이판에 없었다. 그래서 사이토가 육군 측의 최고지휘관을 대신 맡았다.

제2부. 쇼와 육군의 흥망

_____ "원군이 올 것"을 믿고

사이판 섬은 면적 82평방킬로미터, 남북 20킬로미터, 폭은 좁은 곳이 채 4킬로미터가 되지 않는다. 원래는 독일령이었는데 제1차 세계대전에서 일본이 승리하면서 일본의 통치 아래 들어왔다. 이곳에 일본인이 들어와 난요코하쓰南洋興發와 같은 기업을 세우기도 했다. 당시 사이판에는 2만5000명의 일본인이 살고 있었다. 쇼와 육군은 이곳이 '자국自國'이라는 의식을 갖고 있었으며, 이 땅을 사수하는 것이 일본 본토를 방위하는 일이라는 사명감도 지니고 있었다.

대본영의 참모들은 적이 '자국'에 손을 댈지도 모른다며 초조해했다.

미군은 6월 11일부터 14일까지 4일 동안 먼저 사이판, 티니언, 괌에 있는 일본 해군 항공 기지를 공격했다. 미군 함재기가 200대 이상 날아와 11일과 12일 이틀 동안 사이판의 가라판 등을 폭격하여 시가를 초토화했다. 미군이 상륙 작전에 앞서 이처럼 철저한 폭격을 가한다는 것을 일본군도 이미 잘 알고 있었다. 사이판의 제31군 사령부는 미군의 상륙이 가까워졌다고 판단하고, 11일 섬 안의 각 부대에 다음과 같은 명령을 하달했다.

"6월 11일 오후 11시 30분, 내일 새벽 제국 해륙군의 구원에 맞춰 섬 전역의 우리 군부대는 전투 준비를 완료해야 한다. 적기가 내습할 경우 가능한 한 방공호 안에서 대기하면서 해륙군의 구원을 기다렸다가 구원과 동시에 적절하게 교전해야 한다."

결국 일본군이 구원하러 올 테니까 그 구원 부대와 함께 싸우라는 말이었다. 사령부는 구원 부대가 올 예정도 없는 단계에서 이러한 명령을 내렸던 것이다. 구원 부대란 연합함대를 가리키며, 그 연합함대가 모든 것을 걸고 도발한 싸움('아호 작전')은 아직 발령되지 않은 때다. 사이판 섬의 병력과 주민은 옥쇄할 때까지 "원군이 올 것"을 믿고 있었는데, 그것은 초기 단계에서

제33장. 사이판 함락과 병사들의 절규

내린 이 명령 때문이었다.

6월 13일, 총 220대에 이르는 미군 함재기가 날아와 사이판의 비행장, 진지, 군사시설 등을 파괴했다. 13일과 14일 이틀에 걸쳐 사이판 섬의 군사적 기능은 모조리 파괴되었다. 게다가 이 섬은 아호 작전이 개시된 후에도 미국 해군의 전함 8척, 순양함과 구축함 등 30척에 의해 철저하게 포위되고 말았다. 섬 자체가 마치 샌드백과 같은 처지에 놓인 것이다.

아호 작전은 연합함대사령부에서 총력을 기울여 진행한 것으로, 항공모함 9척, 전함 5척, 중순양함 10척, 경순양함 3척, 구축함 29척, 여기에 항공모함 함재기 450대를 투입하여 마리아나 해역에서 미국 해군을 궤멸시킨다는 계획이었다. 하지만 미국 또한 이것을 뛰어넘는 전력으로 맞받아칠 태세를 갖추고 있었다. 이 작전은 6월 13일 사이판을 공격하는 미국의 기동 부대와 대치하기 위해 발동되었다. 사이판을 미국에 내주지 않겠다는 의지를 보여주기 위한, 태평양전쟁 중 일본 해군의 최대 작전이었던 것이다.

결론적으로 6월 18일, 19일, 20일에 벌어진 해전과 공중전에서 일본의 연합함대는 패했고, 실질적으로 상당한 전력을 상실했다. 항공모함 9척 가운데 3척을 잃고 5척이 손상된 상태였다. '해군의 불침모함不沈母艦'이라며 연합함대에 걸었던 육군의 기대는 철저하게 무너졌다. 아호 작전의 실패로 사이판은 모든 보급이 끊긴 그야말로 절해고도가 되어버렸다.

이보다 앞서 15일 새벽, 미군은 함포 사격으로 상륙 예정 지점인 해안에서 언덕까지 철저한 공격을 가했고, 일본군의 전력을 쓸어버린 후에 수륙 양용 전차로 2개 사단의 해병대를 상륙시켰다. 해병대원과 육군 1개 사단, 상륙 병력은 약 6만3000명이었다. 미군은 전투 능력을 가진 일본군(약 2만2000명으로 예상하고 있었다)의 세 배에 가까운 병력을 투입했던 것이다. 일본 병사는 징용되거나 소집된 경우가 많았고, 그런 만큼 격전을 치른 경험이 없었다. 이와 달리 미군의 상륙부대는 격전지에서 싸운 이후 6개월 동안 휴가를 보냈고, 다시 태세를 정비하여 전장에 나온 터였다. 당연하게도 전투 능력에서 큰 차이가 있었다.

호리 에이조의 저서에 따르면, "(미군의) 전함 40개 사단, 해병과 육군 3개 사단, 합계 43개 사단으로 사이판 섬은 겹겹이 포위되었고, 일본군 제43사단은 포위망 안에 완전히 갇힌 채 방어전을 치러야 했다. 1 대 43, 승패는 이미 명백해진" 터였다. 그리고 제43사단이 사단으로서 태세를 갖추고 미군과 싸운 것은 실제로 6월 15일과 16일, 고작 이틀에 지나지 않았다. 그 후에는 산속이나 동굴로 들어가 게릴라전으로 전환할 수밖에 없었다.

결국 아호 작전은 실패로 끝났고, 참모본부는 2개 사단을 사이판에 증파할 안을 검토하기도 했지만, 제공권과 제해권을 모두 잃은 데다 과달카날에서와 같은 실패를 되풀이할까 두려워 사이판 탈환을 단념했다(6월 24일).

사이판 섬의 방위부대는 미군에 의해 겹겹이 포위된 상황에서 패배한 일본군이 현실적으로 얼마나 가혹한 체험을 했는지를 여실하게 증명한다. 병사들은 해마海馬처럼 생긴 이 절해고도에서 옥쇄할 수밖에 없었던 것이다.

7월 5일, 제43사단 사령부는 사이토 사단장의 이름으로 "우리는 옥쇄함으로써 태평양의 방파제가 되고자 한다"는 내용의 전보를 대본영으로 보내고, 7월 7일 3000명의 생존 병사와 함께 옥쇄한다. 무기와 탄약은 남아 있지 않았고, 돌멩이를 들고 싸운 병사도 있었다고 한다. 몇몇 병사는 산속에 틀어박혀 1945년 12월까지 게릴라전을 펼쳤다.

사이판 전투에서는 일본 병사 약 4만1000명이 전사했고, 2만5000명의 일본인 주민 가운데 1만 명이 사망한 것으로 알려져 있다. 미군의 전상자는 1만5000명에 달했다. 미군 입장에서는 전상률戰傷率이 아주 높은 전투로 기록되어 있다.

사이판 싸움은 실제로는 '일본 본토에서 벌어질 전투'를 예측케 하는 바로미터였다. 주민들은 일본 병사의 보호도 없이 이리저리 전장을 헤매고 다녔고, 결국은 자결이나 옥쇄를 강요받아 죽어갔다. 1945년 6월의 오키나와 전투에서 볼 수 있는 구도가 사이판에서 이미 똑같이 전개되었으며, 이는 일본 본토에서 전투가 벌어진다면 어떤 광경이 펼쳐질지를 여실하게 보여주는 것이었다.

나는 아직 사이판에서 싸운 병사를 취재한 적이 없다. 몇몇 전우회에 얼굴을 내미는 사람들에게 물어보았지만 "사이판에서 살아남은 병사를 만난 적이 없다"는 대답만 돌아왔다. 자신의 체험을 말하는 이가 극히 드문 것이다. 사이판 싸움에서는 쇼와 육군 작전참모들의 치명적인 결함을 얼마든지 찾아볼 수 있다. 병사 개개인이 "원군이 올 것"이라고 믿으면서 악착같이 싸우다가 옥쇄하는 그림은 태평양전쟁 그 자체의 비극을 상징적으로 보여준다. 그 모습을 살아남은 병사들에게 직접 확인하고 싶었지만 이에 관해 발언하는 병사는 거의 없었다. 나는 몇몇 전우회를 통해 사이판의 생존 병사와 접촉하려 했지만 "내 체험은 죽을 때까지 말하지 않겠다"는 이유로 거절당했다.

미군의 잔학 행위까지 기록한 체험기

사이판 전투에 관하여 전장 쪽에서 본 책으로서 가장 구체적으로 서술된 체험기는 다나카 노리스케田中德祐의 『우리는 항복하지 않는다: 사이판 옥쇄전의 광기와 현실』(1983년 간행)이다. 이 책은 다양한 측면에서 중요한 의미를 갖고 있다.

이 책의 저자 다나카 노리스케는 1920년 1월에 태어나 오사카의 덴노지 사범天王寺師範을 마친 후 현역병으로 제40연대에 입대해 곧 만주로 파견된다. 1941년 3월의 일이다. 입대 후 뛰어난 군무 처리 능력을 인정받은 그는 장교가 될 적성을 갖고 있으니 도요하시豊橋 예비사관학교에 들어가라는 주위의 권유를 받아들여 1942년 3월에 사관학교를 졸업하고 소위로 임관한다. 1944년 2월 훈2551부대 고무라河村 부대의 갑부관甲副官으로서 사이판으로 가라는 명령이 내려졌고, 이 결정에 따라 3월 사이판에 상륙한다. 이때 그는 대위로 승진해 있었다.

그는 사이판 전투에 참가했다가 기적적으로 살아남아 1945년 12월이 되어서야 항복했다. 이때에도 미군에 투항할 것을 거부하고 쇼와 육군의 항복 명령을 요구했다. 결국 쇼와 육군의 항복 명령에 따라 47명의 병사와 함께 항복했다. 다나카의 책은 사이판 상륙에서 항복에 이르기까지 무슨 일이 있었는지를 구체적으로 서술하고 있다.

다나카는 1947년 일본으로 돌아오자마자 이 체험기를 썼다고 한다. 전우와 유족 그리고 민간인 희생자를 생각하며 매일 노트에 기록한 것을 잡지에 게재했는데, GHQ의 검열관은 "이후 이 원고는 발표해서는 안 된다"는 명령을 내렸다. 다나카의 원고에 사이판에서 있었던 미군 병사의 잔학 행위, 일본군 동료끼리 벌인 총격전, 자결, 옥쇄 등의 모습이 상세하게 적혀 있었기 때문이다. 특히 미군 병사의 잔학 행위와 그것을 목격한 일본 병사의 복수심 등은 점령 그 자체에 영향을 줄 수도 있을 것이라고 판단했다.

다나카는 약 500일에 이르는 전투 기간 내내 전투 지도를 몸에 지니고 있었다고 한다. 그는 이 지도에 그의 부대의 움직임, 미군의 공격, 전사한 일본 병사의 모습 등을 생생하게 메모했다. 그의 원고는 이를 바탕으로 했으며, 또 기억이 선명했을 때 기록되었기 때문에 묘사가 무척 강렬해서, 전장의 '현실'을 고스란히 보여준다. 그런 까닭에 이 책은 사이판의 비극을 극명하게 전해주는 일종의 교과서라 할 수 있다.

1993년 4월, 나는 오사카 이즈미 시에 있는 다나카의 자택으로 전화를 걸었다. 복귀 후 소학교 교사가 된 다나카는 일관되게 교육자의 길을 걸었다.

1979년 소학교 교장을 끝으로 퇴직한 후에는 그림을 그리거나 단카를 지으며 하루하루를 보냈다고 한다. 그러다가 1990년 1월 7일 병사했다. 생일 사흘 전, 만 70세를 눈앞에 둔 죽음이었다. 그의 집안사람은 이렇게 증언한다.

"평소에도 사이판 이야기는 꺼내지 않았습니다만, 사이판이 젊은이들의 관광 메카가 되어버린 것에 불만을 갖고 있었습니다. 사이판에서 어떤 싸움이 있었는지 있는 그대로 알았으면 좋겠다는 말을 지나가듯이 툭 던지곤 했지요. 전쟁이라는 광기 속에서는 인간이 인간일 수 없다는 말을 여러 차례 하기도 했습니다."

1944년 6월 15일 오전, 미군은 수륙 양용 전차로 찰란카노아에 상륙한다. 약 3만 명의 해병대원이 동원된 1차 상륙이었다. 이에 맞선 일본군은 미군의 철저한 함포 사격과 공중 폭격으로 곳곳에서 쓰러진다. 게다가 상륙한 해병대원의 집요한 공격까지 받으며 그야말로 낙엽처럼 우수수 쓰러지고 만다.

다나카의 책을 읽다 보면 일본군이 15일과 16일에 이미 전투 능력을 상실했다는 것을 알 수 있다. 병사가 너무 많이 죽어 더 이상 싸울 태세나 시스템을 갖출 수 없었다. 이 때문에 병사들은 '만세 공격'을 계속해야 했고 그 결과는 전멸뿐이었다. 다나카는 이렇게 쓴다.

"미군 상륙 나흘째, 명령 계통은 이미 어지러울 대로 어지러웠다. 더구나 지휘관이 너무 많았다. 즉 장관은 나구모 해군최고사령관, 제5근거지 사령관 해군소장, 해군수상기지 사령관 해군소장, 사이토 육군최고사령관, 군량창 사령관 육군 중장 등…… 각 장관이 제각기 명령을 내렸고, 육군과 해군은 별개로 행동했다. 급기야는 각 부대, 중대, 소대, 분대까지 개별적으로 행동하기 시작했다. 전투에 참가하는 부대라고 생각했는데 명령이라며 후퇴하는 부대도 있었다."

일본군은 소대마다 독자적으로 행동하는 오합지졸로 바뀌어 있었다. 다나카는 중대를 이끌고 집요하게 미군을 야습했다. 스스로 선두에 서서 미군 진지 안으로 뛰어들기도 했다. 몇 번이나 의식을 잃으면서도 살아남은 병사들을 모아 야습을 감행했다. 폭약을 몸에 감은 병사가 전차를 향해 돌진하기도 했다. 그런 식의 전투에서 전차 몇 대를 불태우고 '만세'를 연호했다.

사이판에는 동굴이 많은데 일본 병사들은 이곳으로 피해 휴식을 취했다. 물과 식량이 떨어지면서 병사의 죽음과 민간인의 자결이 이어졌다. 동굴에서 지원군이 오지나 않을까 살폈지만 해상은 미군 함대로 가득 차 있었다. 전차, 소총, 기관총 그리고 화염방사기 같은 무기와 함께 미군 병사들은 일본 병사들을 뒤쫓았다.

7월 6일, 살아남은 사람은 사령부 앞으로 모이라는 명령을 전달받고 계곡과 동굴에서 때로는 두세 명, 때로는 열 명의 병사가 모여들었다. "그 모습은 인간이라기보다는 차라리 망령과 같았다." 그럭저럭 3000명에 가까운 병사가 모였다. 그들 앞에서 사이토는 7월 7일 오전 4시를 기하여 최후의 총공격을 단행한다는 명령을 시달했다. 사이토는 훈시에서 이렇게 선언한다. "지금 우리 군은 싸울 수 있는 무기도 탄약도 없고, 우리 포대도 전멸했으며, 우리 전우는 잇달아 쓰러졌다. 하지만 우리는 패전의 고통에도 아랑곳하지 않고 칠생보국七生報國을 맹세하는 바이다." "나는 귀축과도 같은 미군을 통타하기 위해 살아남은 병사들을 이끌고 진격할 것이며, 나는 태평양의 방새防塞로서 「전진훈」에서 말한 바와 같이 살아서 포로가 되는 수치를 당하지 않을 것이고, 또한 나는 혼백을 다 바쳐 영원의 진리 속에 살 것을 조용히 기뻐할 것이다."

명령대로 총공격이 단행되었다. 다나카는 다음과 같이 쓴다.

"함포와 지옥 계곡의 언덕에서 쏟아지는 박격포 공격으로 후속 부대의 돌격이 저지당했고, (우리 부대는) 적 가운데 고립되고 말았다. 3000명의 병사는 '만세' 소리만 남긴 채 차례차례 적진으로 뛰어들었고 마탄샤의 이슬이 되어 사라졌다. 중상자는 몸을 질질 끌고 기어서 바다로 들어갔다. 적의 수륙 양용 전차가 그들을 습격했다. 모래톱 안을 종횡무진 달리면서 잇달아 사살하거나 치어 죽였다. 땅도 바다도 우리 병사들의 단말마의 절규로 가득 찼다."

부분적으로 전차를 불태우기도 했지만 전황에는 아무런 변화도 주지 못했다. 일본 병사는 전차를 향해 육탄 공격을 감행했고 그러고는 죽어갔다.

다나카는 우연히 사령부가 있는 동굴에서 사이토가 자결하는 모습을 본다. 다나카는 엉겁결에 "최후의 한 사람까지 지휘해주십시오!"라고 외쳤다. 하지만 미군은 이미 사령부가 있는 동굴까지 다가와 있었다. 사이토는 다나카의 외침에도 꿈쩍하지 않고 말한다. "이제부터 각 부대의 편성을 해제한다. 병사는 자유롭게 행동하고 최후의 한 사람까지 분투하라. 내 임무는 끝났다." 그리고 나서 그는 자결했다.

다나카는 사이토에게 대든 적이 있었다. 6월 18일 저녁 무렵이다. 15일부터 진행된 미군의 상륙으로 일본군은 궤멸 상태에 처해 있었고, 다나카 자신도 의식을 잃었다. 의식이 돌아오자 그는 장교로서 보고를 하기 위해 사령부로 향했다. 사이토는 참모들과 함께 지도와 부대 배치도를 바탕으로 도상 작전을 짜고 있었다. 상처를 치료한 다나카는 물이 마시고 싶어서 책상 위에 놓인 물이 남아 있는 컵을 들어 단숨에 마신다. 그런데 물이 아니라 술이었다. 그 순간 다나카는 화가 치밀어 몸을 부르르 떨고 만다. 그때의 모습을 다나카는 이렇게 전한다.

"(단숨에 마셨더니) 술이었다. 분노가 불쑥 치밀었다. 이렇게 안전한 동굴 안에서 술을 마시면서 작전을 지휘하다니…… 이들은 도대체 어제의 무모한 전투를 알고나 있을까. 술이나 마시고 있었겠지. 우리는 부하도 전우도 잇달아 잃고 배고픔도 잊은 채 무아몽중無我夢中에서 싸우고 있다. 그에 비하면…… 생각이 여기에 미치자 분노와 동시에 온몸에서 힘이 빠져버렸다. 우리를 지휘하는 최고사령관이 이래서는 안 된다는 생각과 함께 모든 정이 뚝 떨어졌다. 부동자세를 취할 수가 없었다. 기력을 짜내 간신히 보고를 했다."

다나카는 모든 병사가 육탄이 되어 공격을 계속하고 있다는 점을 강조하면서, "이후 적확한 명령과 각 부대의 밀접한 전투 계획이 없으면 패전이 이어질 것"이라고 보고한다. 사이토는 격노하여 "이 자식! 적확한 명령이라는 게 뭐냐. 명령을 뭘로 아는 거야. 대원수 폐하의 명령이다. 군인은 죽는 것이 소원이다. 병사는 사단장의 명령대로 움직이다가 죽으면 그만이다"라고 말했다. 하지만 다나카는 물러서지 않는다,

"각하, 우리 군인이 명령에 따라 죽으면 전투에서 이기는 것입니까? 귀중한 생명을 아까워하지도 않고 나뭇잎 하나처럼, 돌멩이 하나처럼 내다 버리면 이기는 것입니까?"

최고사령관 자리에 있는 군인에게 말하고 있다는 것을 잊은 상태였다. 그러자 사이토는 '무례한 자식'이라면서 지휘용 쥘부채로 다나카의 머리를 힘껏 내리쳤다. 다나카는 너무 무모한 명령을 내린다면서 계속 항의했지만, 사이토는 그를 미친놈이라 부르며 고래고래 소리를 질렀다. 그리고 사령부에서 쫓겨났다.

다나카는 비교적 냉정하게, 그러나 자신이 체험한 것과 보고 들은 것을 솔직하게 기술하고 있다. 애써 감정에 치우치지 않으려는 필치다. 하지만 사령관에 대한 불만은 충분히 엿볼 수 있다. 예를 들면 지원군이 온다고 하여 병사와 민간인을 기만한 것, 사이판 함락 후 어떤 사령관이, 누구인지 이름을 밝히지 않았지만, 보트를 타고 사이판을 탈출하려다가 미군의 함선에 의해 침몰한 것 등이 아무 일도 아닌 양 덤덤하게 적혀 있다.

사이판 전투는 과달카날, 뉴기니, 임팔 등 수많은 옥쇄의 땅에서 벌어진 그 어떤 싸움보다 더 비참하고 잔혹했다. 다나카의 책에 등장하는 병사들은 고향을 생각하고 부모님의 이름을 부르면서 절망적인 마음으로 죽어간다. 이 병사들이 사령관을, 그리고 대본영 참모를 저주하고 원망하면서 죽어간

것만은 틀림없다.

도조는 수상 관저에서 사이판 함락 시에 "이것은 흙탕물이 튄 것과 같다"며 강경한 태도를 취했는데, 이는 쇼와 육군의 군사 지도자가 전장의 양상을 구체적으로 무엇 하나 알지 못했음을 잘 보여준다. 6월 15일 사이판에 미군 해병대원이 상륙했다는 소식을 접한 참모본부 작전부의 막료들이 일제히 혀를 차면서 '무능한 사단'이라며 비판을 쏟아부었다고 하는데, 이 역시 그런 예라 할 수 있다. 스스로 일방적으로 불패를 믿고 그것이 배반당하면 현지의 장병에게 책임을 뒤집어씌우는 자세에서 태평양전쟁을 담당한 군 관료의 책임 회피 의도를 어렵지 않게 간파할 수 있을 것이다.

6월 20일 시점에는 이미 사단 단위의 전투가 불가능했다. 그때 대본영 발표는 '군함 행진곡'과 더불어 위세 좋게 사이판의 전투 내용을 국민에게 전했다. 모든 것이 허풍이었다. 그 발표에는 우리 군이 사이판으로 밀려오는 미군을 잇달아 격퇴하고 있다는 내용도 포함되어 있었다. 만약 이 소식을 사이판에서 싸우고 있던 병사들이 들었다면 뭐라고 말했을까? 다른 지역에서 있었던 일을 잘못 안 것은 아닌지, 왜 이런 허위 방송을 하는 것인지 곤혹스러워했을 테고, 그러다가 다나카가 사이토에게 느꼈던 것처럼 절망해버렸을지도 모른다.

되풀이하지만, 사이판 전투에 참가한 병사나 부사관은 절망적인 상황 속에서 온몸으로 싸우다가 죽어갔다. 전쟁을 둘러싼 시비는 별개로 하더라도 이는 인정해야 할 사실이다. 그리고 다나카처럼 생애의 후반을 교육에 바치고 마음속으로는 사이판에서 사라진 전우들을 애도하며 살아온 전직 장교의 심정을 헤아릴 필요도 있을 것이다.

최고사령관에 대한 다나카의 이의 제기는 소년기부터 육군의 교육기관에서 자란 장교들로서는 생각할 수 없는 행위였다. 하지만 다나카는 예비사관학교에서 단기간 학습한 장교였다. 그런 까닭에 일반 사회의 분위기를 알고

제2부. 쇼와 육군의 흥망

있었던 그는 쇼와 육군 안에서만 자란 지휘관들이 왜 이렇게 세상 물정을 모르는지 안타깝게 생각했던 것이다.

육군예비사관학교는 중일전쟁에서 장교 부족으로 골머리를 앓던 육군성이 1938년 4월 발족시킨 교육기관이었다. 처음에는 센다이, 도요하시, 구루메에 문을 열었고, 이후 마에바시, 구마모토, 펑톈(현재의 선양) 등에도 설치되었다. 수업 연한은 11개월, 약 7년 동안 3000여 명의 장교를 배출했다.

그들은 육군사관학교 졸업생으로부터 "인스턴트 장교"라는 둥 "임시 고용장교"라는 둥 이런저런 험담을 들었다. '진짜배기'(육사 졸업생)와 부사관 사이에서 가장 고생한 장교들이었던 그들은 늘 진두지휘를 맡았고, 자진해서 사지로 달려갔다. 사이판 방위대의 중대장급은 대부분 예비사관학교를 졸업한 장교들이었고, 그들이 미군과의 게릴라전을 지휘했다.

소마가하라카이相馬原會에서 편찬한 『간부후보생 제도의 연혁』(1988년, 사가판)에 따르면, 일선에서 전투를 담당한 예비사관학교 출신 장교의 강인한 성격은 "일조일석에 형성된 것이 아니었"는데, 그것은 앞에서 서술한 다나카의 언동을 봐도 수긍할 수 있다. 그들은 '진짜배기'와 달리 표창장을 받겠다는 목표도 없었고 연대장이 되는 것은 꿈도 꿀 수 없었지만, "병사들과 함께 있다"는 것만으로도 병사와 부사관의 신뢰를 얻었다.

사이판에서만이 아니라 격전지에서 장기간에 걸쳐 이어진 게릴라전은 그런 장교들의 힘으로 지속되었다고 할 수 있다.

다나카와 몇 안 되는 생존 병사는 미군에 항복한 뒤 수용소로 이송되었다. 다나카는 그의 책 마지막 부분에서 다음과 같이 적고 있다.

"우리는 두 대의 트럭을 나눠 타고 섬 안을 한 바퀴 돌았다. 영령들에게 최후의 이별을 고했다. 이 악몽 같은 비극을 결코 되풀이해서는 안 된다고 몇 번이나 생각했다. 그리고 이 사실을 인류세계에 호소해야겠다고 결심했다. 수많은 전우와 민간인이 사이판 섬의 흙이 되었다는 사실을 두번 다시 잊어서는 안 된다."

사이판 섬이 미군에 제압당함으로써 '절대 국방권'은 무너졌고, 실제로 서태평양은 모두 미군의 손에 넘어갔다. 그 후 일본군은 일본 본토로 쫓기게 되는데, 각지에서 사이판에서와 같은 옥쇄전이 벌어진다. 그것은 시체를 겹겹이 쌓아올려 본토 공격을 조금이라도 지연시키려는 것이었고, 군 관료들의 책임이 밝혀지는 날을 차일피일 미루는 정도의 의미밖에 없었다.

이미 전황은 항공 주도로 바뀌어 있었다. 그런데도 제공권을 제압당한 것이 어떤 의미를 갖는지 대본영의 작전참모도 정확하게 이해하지 못하고 있었다.

미군의 징검다리 작전은 항공 기지를 점령하고, 그곳에서 잇달아 폭격기를 날려 보내 일본군의 수비 기지를 공격하는 것이었다. 이에 대해 일본은 섬 전체를 지키려 했고, 줄곧 '싸움의 주력은 보병'이라는 교훈에 얽매여 있었다. 일본군이 지상전에서 사이판 섬을 제압한다 해도 그것은 지상 면적 82평방킬로미터에 지나지 않았다.

그런데 설령 지상에서 차지한 면적이 좁다 해도 항공 기지와 그 주변을 장악하는 것만으로 넓은 하늘을 확보할 수 있었다. 간단하게 말하면 폭격기의 행동반경(항속거리)을 원으로 그린 그 공간이 곧 점령지가 되는 셈이다. 제공권을 확보하는 것이 지상을 차지하는 것보다 전략적으로 이점이 훨씬 더 많았던 것이다. 사이판 제압 후, 미군의 공격기 P38의 항속거리는 1000킬로미터에 달했기 때문에, 그것을 원으로 그린 공간 314만 평방킬로미터가 점령권에 들어오게 됐다. 자그마치 사이판 섬의 1만7000배에 이르는 넓이다.

이리하여 미군은 하늘을 통해 점점 일본으로 다가왔다. 미군이 태평양에 눈에 보이지 않는 거대한 산을 만들고 그것을 계속 이동시켜왔다는 견해가 있는데, 정말이지 말 그대로였다. 이렇듯 미국의 새로운 시대의 전략관을 대본영의 작전참모는 최후까지 간파할 수 없었을 뿐만 아니라, 전쟁을 지탱하는 근본 사상(정치적 선택으로서의 군사 행동의 한계를 생각하는 것일 텐데)마저도 재고하려 하지 않았다.

사이판 함락에 이어 티니언과 괌도 미군의 손에 들어갔다. 두 섬의 일본군 수비대도 고립된 상태에서 총공격을 계속하다가 희생자를 늘렸다.

이 단계에서 일본의 패전은 결정적이었음에도 육군이나 해군의 지도자는 그런 데 관심을 두지 않았다. 그들은 모두 이제 전쟁은 끝났다, 종전 작업에 들어가야 한다고 말할 용기가 없었던 것이다.

오히려 도조는 사직이 결정되고 나서 비서관들에게 다음과 같이 중얼거렸다.

"마리아나 제도의 전황은 하늘이 우리 일본인에게 보여준 계시다. '아직도 진지하지 않단 말이냐, 아직도 진심을 다하지 않는단 말이냐'라고 묻는 것이다. 일본인이 진심으로 참고 노력하지 않으면 또다시 하늘의 계시가 있을 것이다."

당시 참모본부의 장교들은 도조의 이런 말에 의지하고 있었다. 전황의 악화는 우리 잘못이 아니라 일본인 모두가 노력하지 않았기 때문이라며 현실을 외면하는 데 급급했던 것이다.

이미 쇼와 육군은 냉정한 판단을 내릴 수 있는 상태가 아니었다.

임팔 작전, 고위급 지휘관과 생존 병사들의 분노

1944년 1월 7일, 대본영은 대륙지^{大陸指}(군사명령의 일종—옮긴이) 제1776호를 발하여 '우호^{ウ號} 작전'이라 불리는 임팔 작전을 인가했다. 제1776호는 "남방군 총사령관은 버마 방위를 위해 적절한 때에 당면한 적을 격파하고 임팔 부근 동북부의 요충지를 점령 확보하라"는 내용이었다. 임팔 작전은 원래 남방군 참모들의 총의였다. 이 작전이 결정되기까지의 경위는 다음과 같다.

태평양전쟁이 시작되고 얼마 지나지 않은 1942년 1월 20일에 일본군은 버마로 들어갔고, 5월 7일에는 북부의 미치나까지 진출하여 버마 전역을 제압했다. 버마 국내에는 수도 랑군(현재의 양곤)을 기점으로 중앙부의 만달레이까지 주요 도로가 있었고, 만달레이에서 남방선(만달레이-라시오-중국 윈난성 룽링-쿤밍)과 중앙선(라시오-바모-다리-쿤밍), 북방선(만달레이-바오산-쿤밍) 등 모든 간선도로가 쿤밍으로 이어져 있었다. 이 루트들은 미국과 영국이 장제스 정부를 지원하는 물자 수송의 요로였다. 이른바 '원장^{援蔣} 루트'라

부르며, 일본은 이 루트를 끊어버리는 데 성공했다.

그러나 미국군, 영국군, 인도군, 중국군을 아우른 연합군은 통칭 '레도 공로Ledo 公路'라 불리는 루트, 즉 인도의 레도를 기점으로 북부의 미치나, 바모, 나무카모, 라시오를 거쳐 중국의 쿤밍에 이르는 루트를 확보하는 데 중점을 두고, 1942년부터 1943년까지 이 루트를 장악하고 있던 일본군(1943년 3월 신설된 버마방면군, 가와베 마사카즈河邊正三 군사령관)과 공방을 벌였다.

특히 1943년 4월 무렵부터 연합군은 영국군을 중심으로 버마에서 반격 태세에 돌입했고, 서쪽(인도)과 북쪽(인도, 버마, 중국의 국경지대) 그리고 동쪽(중국)에서 서서히 버마방면군을 포위해 들어오는 전략을 취했다. 이 전략에 대해 남방군과 버마방면군 참모들은 먼저 치고 나감으로써 전체적으로 악화되고 있는 일본의 전황에 활로를 뚫겠다는 군사적 의도를 갖고 있었다. 또 1943년 11월에 열린 대동아회의에 배석했던 찬드라 보스가 이끄는 자유 인도 정부의 확고한 거점을 인도 국내에 마련하고 인도의 독립을 세계에 선언하여 영국군을 아시아에서 축출한다는 정치적 의도도 갖고 있었는데, 이 두 가지가 뒤얽혀 새로운 작전이 필요하다는 판단을 내리게 되었던 것이다.

특히 버마방면군 예하의 제15군 사령관이었던 무타구치 렌야牟田口廉也는 이 작전에 열심이었다. 무타구치는 평소 입버릇처럼 "중일전쟁은 나의 첫발로 시작되었다. 따라서 태평양전쟁은 내가 매듭을 짓지 않으면 안 된다"고 말하곤 했다. 그는 루거우차오 사건 때 지나주둔군 제1연대장이었다는 것에 자만과 자성이 뒤섞인 복잡한 감정을 갖고 있었다. 버마방면군 안에서는 공공연하게 임팔 방면이나 레도 공로를 확보하고 나아가 인도 국내의 아셈 지방으로 진군하자고 말했다. 무타구치의 주장에 가와베 마사카즈와 참모들은 점차 설복당했다. 무타구치는 제15군 참모장 오바타 노부요시小畑信良가 산맥, 협곡 그리고 고지가 이어져 있어 보급이 곤란하다며 버마 북부에서 인도로 진입하는 것에 반대하자 그를 즉각 경질해버렸다. 그리고 이상할 정

　제34장. 임팔 작전, 고위급 지휘관과 생존 병사들의 분노

도로 완강하게 이 작전을 고집했다.

1943년 가을에 접어들어 연합군의 반격이 더욱 명확해진 것을 안 대본영의 작전참모들은 인도, 버마, 타이 그리고 말레이 반도 일대에서 시작될 연합군의 공격을 우려했다. 결국 버마의 방위선을 인도까지 확대하기로 하고, 이를 위해 인도의 마니푸르 주의 주도 임팔을 제압하자는 안을 내놓았다. 영국과 인도의 연합군이 이곳을 거점으로 하여 버마 탈취를 노리고 있었기 때문이다. 이러한 안은 무타구치의 의견이 그대로 대본영에까지 전달되었다는 것을 의미하며, 버마방면군과 남방군의 군사령관 및 대본영 작전참모들의 주체성 없는 결단이 문제시되는 것이기도 했다.

무타구치는 직접 도조 앞으로 편지를 보내 이 작전을 승인해달라고 설득했다. 처음에는 반대했던 도조도 "싸우면 반드시 이긴다. 나는 자신이 있다"와 같은 정신론에 입각한 주장만 늘어놓은 무타구치의 편지에 넘어가 임팔작전의 추진자가 되었다.

더욱이 도조는 찬드라 보스의 웅변과 정열에 감동하여 "저 애국자에게 보답하는 것이 일본의 사명일 것"이라고 말했고, 버마방면군 사령관 가와베 마사카즈에게 "이 작전의 목적은 인도의 독립 추진을 후원하는 데 있다"고 전했다. 이리하여 1월 7일의 대륙지 제1776호가 발령되었던 것이다.

하지만 무타구치는 1943년 가을에 이미 참모본부 작전참모의 뜻을 따르는 듯한 작전 계획안을 마련해놓고 있었다. 그것은 1944년 초에 한 달 정도에 걸쳐 작전을 수행한다는 안이었다. 5월부터 9월까지는 우기여서 버마 국내와 인도 북부 모두 하천이 범람하고 곳곳에 흙탕물이 넘쳐 전투가 불가능할 것이라고 판단했기 때문이다. 늦어도 3월 중순에는 작전을 개시해야만 했다. 작전 준비에 시간이 필요했기에 작전 계획은 과단성 있는 급습과 단기결전안으로 좁혀졌다. 무타구치의 안은 최종적으로 제15군 산하 제15사단, 제31사단, 제33사단 등의 병력 약 9만 명을 동원하는 것으로, 제31사단은 임팔 북부의 코히마를 점령하고, 제15사단과 제33사단은 임팔의 영인 연합군을 포위 섬멸한 후 그곳에 일본군 진지를 구축한다는 내용이었다. 이리하여 제33사단은 3월 8일, 제15사단과 제31사단은 각각 3월 15일에 행동을 개시하기로 했다. 20일 동안 계획을 수행하고 작전을 마무리한다는 것이었다. 제15군은 2월 중반에 새롭게 재편성되었는데, 제31사단은 이 작전을 위해 급거 편성된 사단이었다.

제15군	무타구치 렌야牟田口廉也 소장
제31사단	사토 고토쿠佐藤幸德 중장 가와다 쓰치타로河田槌太郞 중장
제31보병단장	미야자키 시게사부로宮崎繁三郞 소장
제58연대	후쿠나가 덴福永轉 대좌
제124연대	미야모토 군宮本薰 대좌
제138연대	도리카이 쓰네오鳥飼恒男 대좌
산포병 제31연대	시라이시 미치야스白石通康 대좌
제15사단	야마우치 마사후미山内正文 중장 시바타 우이치로柴田卯一郞 중장
제51연대	오모토 기미오尾本喜三雄 대좌
제60연대	마쓰무라 히로시松村弘 대좌
제67연대	야나기자와 간지柳澤寬次 대좌
제33사단	야나기타 겐조柳田元三 중장 다나카 노부오田中信男 중장
제33보병단장	야마모토 오보山本募 소장
제213연대	누쿠이 지카미쓰溫井親光 대좌
제214연대	사쿠마 다카시기作間喬宜 대좌
제215연대	사사바라 마사히코笹原政彦 대좌
중포병 제18연대	후케 마사오福家政男 대좌
전차 제14연대	이세 신조井瀨信助 대좌

각 사단은 각각의 대기 지점(제31사단은 핑본과 호말린 지역, 제33사단은 칼레와와 예사교 지역, 제15사단은 핑렙과 파웅빈 지역)에 집결, 행동 개시일에 친드윈 강을 건넌 다음 각자 코스를 따라 이동하여 코히마와 임팔을 노리기로 했다. 각 사단도 우돌격대, 좌돌격대 식으로 주어진 코스를 더욱 세분하여 목표 지점으로 향하게 되었던 것이다.

제15군의 작전참모 중에는 졸속으로 이루어진 처리에 의문을 품은 이도 있었다고 하는데, 3월 8일과 3월 15일로 예정된 작전 개시일을 늦추면 영국군에게 탐지될 우려가 있다는 논의와, 나아가 작전 기간은 50일로 잡고 5월 하순 본격적인 우기로 접어들기 전에 어떻게든 끝내야 한다는 논의 등에 밀리고 말았다. 각 사단에는 작전 개시일까지 목표 지점에 모이는 것조차 불가능한 곳에 있는 부대도 있었다.

해발 3000미터를 평지로 계산한 실수

무타구치의 작전 계획이 얼마나 엉터리였는지는 작전 행동에 들어가면서 즉각 드러나기 시작했다. 단적인 사례를 들면 이러하다. 북버마에서 임팔로 향하는 진격 지역은 산계, 협곡, 고지뿐이어서 병사들은 해발 3000미터에 이르는 산들을 끝없이 오르내리면서 나아가야만 했다. 이곳의 지형은 무타구치나 참모들의 예상을 훨씬 뛰어넘었다. 게다가 친드윈 강에서 임팔까지의 거리를, 예를 들어 제15사단은 약 70킬로미터, 제31사단과 제33사단은 약 100킬로미터로 잡고 있었는데, 평지를 실측한 것과 똑같이 계산한 결과임에도 산계나 협곡을 오르내리는 실제 거리의 10분의 1이 될까 말까 한 거리에 지나지 않았다. 그만큼 허술하기 짝이 없는 계산이었다는 말이다.

행동 개시일에 친드윈 강을 건넌다고 했지만, 강폭은 600미터, 유수부流水部의 강폭도 300미터, 수심은 3미터에 달했다. 더욱이 강안은 급경사였고, 맞은편은 그 이상으로 급경사가 심했다. 임팔 작전에 참가했던 어느 부대장의 사가판에 따르면, 배도 배당되지 않아 "부대마다 각자 연구하여 현장에서 뗏목을 만들거나 현지 주민이 사용하는 통나무배를 모으는 등 도하 장비를 마련하느라 갖은 고생을 해야" 했다. 그뿐만 아니라, 이는 영국군 정찰대가 날아오지 않는 틈을 이용한 도하 시도였다.

작전 계획이 엉터리였다는 또 다른 예로는 전비가 무척이나 빈약했다는 점을 들 수 있다. 차량 부대 등 제15군 참모가 요구한 전비의 10퍼센트 정도만을 버마방면군으로부터 승인을 받은 데 지나지 않았다. 영인 연합군의 전력을 지나치게 과소평가했던 것이다.

그리고, 이것이 가장 중요한데, 보급에 관해서는 거의 아무런 고려도 하지 않았다. 각 사단의 병사들은 20일 치 식량을 지참하고 있었을 뿐, 그 이상 보급을 기대해봐야 제공권이 영국 쪽에 있었던 데다, 버마방면군의 제공을 담당하는 제5비행사단의 항공 병력이 영국군의 5분의 1 내지는 6분의 1 수준인 200기에 지나지 않았기 때문에 도저히 공수 능력이 없었다. 그러자 무타구치는 소, 말, 양 등 가축류를 동원하여 수송과 식량을 해결하라고 명령했다. 그러나 산악지역에서 소와 말은 수송 역할을 제대로 못 하고 잇달아 죽어나갔다.

20일간의 작전은 이러한 조건에서 진행되었다. 말하자면 신발 크기에 발을 맞추고 옷 크기에 몸을 맞추는 것과 다를 바 없었다.

더욱 불행하게도 무타구치가 저돌맹진형 군인이었던 것과 달리, 세 명의 사단장은 모두 이성적이고 합리적인 발상을 몸에 익힌 군인이었다. 제33사단 사단장 야나기타 겐조柳田元三는 육군대학교 재학 시절부터 합리주의적 발상을 좋아하는 유형으로 알려져 있었고, 공허하기 짝이 없는 정신론을 경멸

제34장. 임팔 작전, 고위급 지휘관과 생존 병사들의 분노

했다. 제15사단 사단장 야마우치 마사후미山內正文는 쇼와 초년대에 미국 육
군대학교 유학을 명받고 그곳을 최우수 성적으로 졸업했으며, 쇼와 10년대
에는 미국에서 주재무관으로 근무하여 미군의 정보에도 정통했다. 야마우
치도 무타구치와 같은 유형을 경멸했다. 제31사단 사단장 사토 고토쿠佐藤幸
德는 임팔 작전 그 자체를 불신했고, 보급도 충분하지 않은 상태에서 병사를
전선으로 보낼 수는 없다고 주장했다. 그는 진심으로 병사들을 생각하는 사
단장으로 부하들의 존경을 받았다.

무타구치는 세 명의 사단장이 꽤나 거북스러웠는지 1월 각 사단에 작전
계획을 시달할 때 그들을 제15군사령부로 부르지 않고 참모장과 작전참모만
을 불러 명령을 내렸다. 세 명의 사단장은 특별히 합의한 것은 아니었지만
모두 무타구치에 대해 변함없이 강한 반감을 갖고 있었다. 이는 작전 개시
후에 항명, 파면, 경질과 같은 사태를 낳게 된다. 사단장들과 무타구치의 대
립은 쇼와 육군의 근본적인 문제를 드러낸 것이었다. 이는 정신론과 합리주
의적 분석의 대립이라는 측면과 고위급 지휘관이 일단 이지理智나 지성을 상
실하면 어떻게 되는지를 보여주는 사례라고도 할 수 있다.

육사 58기생으로 전후에는 방위청 전사실 부원으로 일한 마에하라 도루
前原透는 자신의 저서 『일본육군용병사상사』(사가판)에서 임팔 작전에 관하여
다음과 같이 쓴다. 내가 보기에 이것이 가장 타당한 분석이다.

"공세를 취하지 않으면 버마를 방위할 수 없다는 믿음, 태평양 정면의 패
배를 다른 방면에서 만회하고 싶다는 바람, 그리고 여기에 승산이 있다고 생
각한 무타구치 렌야 제15군사령관의 독선적 구상 등에 일부 병참 관계자들
이 우려를 표명하기도 했지만, 상관인 가와베 마사카즈 방면군사령관, 데라
우치 히사이치 남방총군사령관이 찬성하면서 작전이 발동되었다."

"제15군의 작전 계획은 약 50년 전(청일전쟁)의 평양 공격과 흡사한데, 쇼
와 초기 이래의 용병 교양에 기초하여 포위 섬멸을 기도하는 것이다. 3개 사

단 가운데 2개 사단이 3주일 분량의 식량과 탄약을 짊어지고 산중을 돌진하는 기습과 급습의 효과를 기대하는 것으로, 그 이후의 식료품 보급은 적의 식량을 노획하기로 했다."

"영국군은 일본군의 행진 계획을 미리 알아차리고 제일선의 병력을 후퇴시켜 자신들이 싸우기 쉬운 전장으로 일본군을 끌어들이는 작전을 취했다. 공격과 공격주의만을 고집하는 일본군으로서는 전혀 예상하지 못한 적장의 대응이었다."

"군사령관의 의도대로 산중을 돌진하여 목표 지점인 코히마를 점령했다. 이곳에서 적의 반격을 버텨내고 있던 제31사단 사단장 사토 고토쿠는 그 후 군으로부터 보급이 전혀 이루어지지 않은 데 격노하여 머물러서 싸우라는 명령을 무시하고 식량이 있는 곳으로 독단적으로 퇴각했다가 해임되었다. 머물러서 싸운다는 것은 곧 '옥쇄'를 의미한다. 사단장은 옥쇄는 패배를 뜻하며 이는 우리 신념에 반한다고 공언했다. 남쪽에서 올라온 제33사단 사단장 야나기타 겐조는 작전 발동 직후 작전을 중지할 것을 상신했다가 해임되었고, 중앙에서 임팔로 향한 제15사단 사단장 야마우치 마사후미는 병으로 해임되는 등 제국 육군으로서 전대미문의 작전이 되었다."

군사 연구자의 눈으로 본 이 비판은 임팔 작전의 본질을 잘 보여준다. 표면적인 작전의 진행을 보면, 제31사단과 제15사단은 친드윈 강을 건넜고, 제31사단은 4월 5일 코히마를 제압했다. 제15사단은 3월 말에 임팔 북부까지 진격했다. 하지만 이는 영국군이 예상하고 있었던 것으로, 영국군은 병력을 모두 임팔 일대로 후퇴시킨 다음 일본군의 보급이 끊길 때를 기다려 반격으로 돌아선다는 계획을 세워놓고 있었다. 실제로 임팔 일대에서 전투가 시작되자 일본군은 식량도 탄약도 모두 소진되어 그 어떤 전장에서든 영국군의 공격을 당하고 있어야만 했다.

우기가 닥치기 전에 임팔을 점령하는 것은 완전히 불가능했다. 작전은 실패했다. 이제 병사들은 비를 뚫고, 영국군의 총탄에 쫓기며, 식량도 없이 왔던 길을 되짚어가야만 했다. 고위급 지도자의 독단과 착오가 병사들에게 얼마나 가혹한 운명을 강요했는지를 다시 한번 묻지 않을 수 없다.

지금까지 나는 임팔 작전에 종군했던 병사 10여 명을 만나 이야기를 들었는데, 그들은 아직도 6월 장마철이 되면 우기의 전장을 떠올리고는 하나같이 우울한 감정에 사로잡힌다고 말하곤 했다. 10년, 20년, 50년을 훌쩍 넘긴 지금도 그 감정으로부터 벗어날 수 없다는 것이다. 당시 20대였던 병사들은 1996년 현재 70대 후반에서 80대 중반의 노인이 되었는데, 그들 중에는 6월이면 우울한 감정뿐만 아니라 눈물과 분노가 치솟는다고 말하는 사람도 있었다.

실제로 우기에 접어든 5월 이후 임팔 작전은 비참한 상황에 처해 있었다. 5월부터 9월까지 버마 서북부와 인도의 마니푸르 주(임팔은 이 주의 주도) 일대의 산악지대에는 종일 비가 내린다. '그칠 줄 모르는 버마의 악천후'라는 표현이 있는데 이 지대가 정말 그러했다. 끊임없이 내리는 빗속에서 병사들은 기아와 말라리아에 시달려야 했고, 게다가 전비마저 충분하지 않았다. 이런 상황에서 그들은 영인 연합군의 공격을 견디며 오로지 자신의 몸을 감출수 있는 항아리 같은 개인용 참호에 숨어 전투를 하다가 쓰러져갔다. 참호로 밀려들어오는 흙탕물을 퍼내면서 치러야 하는 싸움이었다.

굶주림으로 쓰러졌다가 며칠 지나면 백골로 변하는 병사들의 모습이 이곳저곳에서 눈에 띄었고 그 위로 무정하게도 비가 끊임없이 쏟아졌다. 내일이면 내가 저런 모습이 될 거라는 생각이 병사들을 위협했다. 너무나 비참한 상황에 처한 자신의 모습에 정신의 균형을 잃어버리는 장병도 많았다. 도움을 요청해봐야 아무런 소용이 없음에도 퍼붓는 빗속에서 어머니의 모습을 찾거나 가족의 이름을 부르면서 정글 속을 이상한 시선으로 걸어다니는 병사들의 모습이 드물지 않았던 것이다.

_____ 배회하고 있는 수만의 영령

　　내가 조사한 바에 따르면 임팔 작전에 관한 저서는 지금까지 약 30종이 간행되었다. 사가판까지 포함하면 100종이 훨씬 넘을 것이다. 그중에서 가장 이른 시기에 간행된 것은 1956년 10월에 나온 『임팔 작전의 진상』이다. 저자는 임팔 작전에 종군한 장교 오토다 후쿠마쓰音田福松인데, 오토다는 병력 수송을 맡고 있었기 때문에 숱하디숱한 비극을 보았던 듯하다. 서문에도 적혀 있듯이 그는 자신이 목격한 참상을 기록으로 남겨야 한다는 사명감을 갖고 이 책을 간행했다. 이 책에는 다음과 같은 표현이 몇 번씩이나 등장한다.

　"버마 서북부 인도−버마 국경의 산악지대에 백골을 남겨두거나 친드윈 강에서 물고기 밥이 된 수만의 영령은 무연불無緣佛로서 지금도 저 무시무시한 친드윈 강안의 정글지대를 배회하고 있을 것이다."

　"전장이란 전장에서는 어디랄 것도 없이 물샐틈없을 정도로 눈을 번뜩이면서 난무하는, 나무를 스칠 듯이 초저공비행을 하며 날개를 펴고 공격해오는 적기 아래에서 싸운 각 부대 장병들의 정신적 불안은 그야말로 상상 이상이었다. 5척의 몸을 둘 곳마저 없는 데다 반년 가까이 계속 이어지는 비, 남버마의 대습지대를 말라리아와 아메바성 이질, 버마 궤양에 시달리며 영양실조에 걸린 몸으로 머물 집도 없고 먹을 식량도 없이 전군全軍은 적기의 눈을 피해 종전 때까지 야간 행동을 하지 않을 수 없었다. 이런 상황에서는 아무리 야마토 다마시大和魂(일본 정신─옮긴이)를 자랑하는 강건한 일본 장병이라 해도 몸과 마음 모두 완전히 피폐해지지 않을 수 없었을 것이다."

　이와 같은 표현에서도 알 수 있듯이 임팔 작전에 종군했다가 간신히 살아남아 귀환한 장병들은 평생 이 기억으로부터 도망칠 수 없을 것이다.

　오토다는 또 임팔 작전이 개시된 이래 정신적 균형을 잃은 장병을 보았다면서, 만달레이의 병참 숙사에서 목격한 장교의 모습을 묘사한다. 영국군의 폭격음을 듣고서 그 장교는 방공호로 뛰어들려는 병사들에게 "모두 속히 밖으로 나오십시오. 영국군 레인비양(버마어로 비행기)이 지금 도쿄를 폭격 중입니다. 하지만 이곳은 케삼추부(버마어로 아무 걱정 없다)입니다. 방공호에 들어갈 필요가 없습니다"라고 외치며 돌아다녔다는 것이다. 또 오토다는 "장기간 병을 앓아 극도로 쇠약해진 몸으로 연일 적기의 폭격과 기총소사에 시달리고 또 가까이에서 전우가 쓰러져가는 것을 보고서 발광하는 것도 무리는 아니었다. 아무 생각 없이 '도쿄를 폭격 중'이라고 말한 것은 도쿄를 원망하면서 싸우고 있었기 때문일 것"이라고 적었다. 장병들은 이러한 작전을 최종적으로 승인한 대본영에 대하여 또는 작전참모에 대하여 마음속 깊은 곳에 증오에 가까운 감정을 간직하고 있었다고도 말할 수 있다.

나는 지금까지 쇼와 육군을 검증해야겠다는 생각으로 많은 장병을 만나왔다. 그러는 사이에 뉴기니 전선이나 과달카날에 종군한 병사와 임팔 작전에 나섰던 장병에게 공통된 언동이 있다는 것을 알게 되었다. 그들은 헤이세이 시대에 들어서도 결코 전장의 분노를 잊지 않고 있다. 그들이 공통되게 보이는 언동 중 다섯 가지만을 추리면 다음과 같다.

첫째, 제15군사령관 무타구치 렌야 중장의 이름을 들으면 몸서리를 친다. 제15군 제31사단 소속이었던 병사는 내가 "병사 입장에서 무타구치를 어떻게 생각하느냐"고 묻자, 그때까지 온후했던 말투가 일변하더니 "그 사람은 용서할 수 없다. 전후에도 찔러 죽이고 싶었다"며 격분했다. 그의 목소리가 너무도 갑작스럽게 변하는 바람에 내가 공포감을 느낄 정도였다.

단언하건대 임팔 작전의 생존 병사들은 '무타구치 렌야'라는 이름만 들어도 인격이 일변한다. 그만큼 증오가 깊다. '무모한 작전' '보급 없는 싸움' '일개 고위급 군인의 사욕에서 나온 작전'과 같은 역사적 평가에 분노하는 것이 아니다. 백골가도白骨街道를 따라 퇴각하는 병사들 또는 굶주림으로 쓰러지는 병사들, 그들은 새로 투입된 충후부대의 병사들로부터 "무타구치 사령관은 호화찬란한 사령부에서 대단히 사치스런 생활을 하고 있다"는 말을 들었고, 진위 여부는 분명하지 않았지만 그 소문은 빠른 속도로 병사들의 귀에 들어 갔다. 우리는 이렇게 고생하고 있는데 무슨 소리냐며 분노가 잦아들지 않았다. 임팔 작전에 참가한 일본군 병사의 "첫 번째 적은 군사령관, 두 번째는 우기와 말라리아모기, 세 번째는 굶주림 그리고 네 번째가 연합군이었다"고 말하는 생존 병사도 있는데, 이처럼 전장에서 오갔던 말이 지금까지도 잊히지 않고 있다.

둘째, 제15군 소속 3개 사단의 사단장이었던 야나기타 겐조 중장, 야마우치 마사후미 중장, 사토 고토쿠 중장과 보병단장이었던 미야자키 시게사부로宮崎繁三郎 소장을 비롯한 각 사단의 연대장들에 대해서는 평판이 좋았다. 세 명의 사단장은 각각의 입장에서 무타구치의 작전 계획에 반대했고 작전이 시작된 후 파면되었다. 이는 병사들의 처지를 생각한 것이었는데, 그들은 자신들의 군 경력에 오점을 남기는 것을 개의치 않았다는 점에서 병사들로부터 칭송을 들었다. 셋째, 자신의 전쟁 체험을 말할 때면 염주를 돌리는 사람이 많다. 그것도 손으로 둥그렇게 감싸 쥐고 상대에게는 보이지 않도록 조심한다. 넷째, 구체적으로 전장 체험을 말할 때 5분가량 이야기가 이어지면 대체로 흐느끼거나 대부분 눈물을 글썽인다.

다섯째, 이것이 중요한데, 병사들은 대본영 주도로 쓰인 전기를 전혀 신뢰하지 않는다. 신뢰하기는커녕 전장의 생생한 모습을 이해하지 못하는 군 관료의 작문에 지나지 않는다고 극언하는 병사도 있다. 그러한 공간서公刊書에 맞서기 위해 제15사단 제60연대 관계자들로 이루어진 전우회(21개 단체 가입)처럼 자신들 부대의 전황을 극명하게 정리하여 830쪽에 달하는 대저 『두 강의 싸움』을 1969년 사가판으로 발행한 예도 있다. 이 책의 '발간사'에는 "이 책을 구상하는 데 자극이 되기도 한 기간 도서의 내용에 문제가 대단히 많아서, 어디까지나 우리 연대의 독자적인 입장에서 가능한 한 정확한 경과를 탐구하고, 각 편에서 충분하다고는 할 수 없겠지만 우리 나름대로 해명을 시도해보았다"라는 구절이 있다.

임팔 작전은 1944년 3월 8일에 시작되었고, 7월 4일에 작전 중지 명령이 내려졌다. 물론 이것은 대본영의 명령이 발동된 날을 가리키며 실제로 무타구치가 철수 명령을 내린 것은 7월 15일이었다. 병사들은 영인 연합군의 추격 속에서 퇴각해야 했는데, 그 결말은 대단히 애매모호해서 그 후에 벌어진 영인 연합군과의 새로운 싸움에 투입된 이도 적지 않았다. 따라서 임팔 작전에 참가한 일본군 장병의 전사자와 전상자도 명확하지 않은데, 공식적으로는 전사자 3만502명, 전상자 4만1978명으로 알려져 있다. 그러나 전상자 중에서도 나중에 많은 전사자가 나온다. 결국 7만5000명에 가까운 장병이 사망했을 것이라는 추계도 있다.

또 하나 눈에 띄는 숫자를 보면, 임팔 작전 종결 시 각 사단의 장병은 제31사단 약 5500명(작전 개시 때의 8.5퍼센트), 제15사단 약 3000명(9퍼센트), 제33사단 약 3300명(9퍼센트)으로 줄어든다. 약 13만여 명의 장병이 투입된 전투에서 90퍼센트의 장병이 전사하거나 전상을 입은 셈이다. 태평양전쟁 전투 중에서도 가장 큰 피해를 입은 전투였는데, 대본영에서는 8월 12일 15시 30분 임팔 작전에 관하여 짤막한 발표를 했을 뿐 피해 규모 등에 대해서는 아무런 언급도 하지 않았다. 그런 까닭에 국민은 그 피해가 얼마나 컸는지 전후에도 전혀 알 수 없었던 것이다.

덧붙여 말하자면, 임팔 작전에 관한 대본영 발표는 극단적으로 적었는데, 3월과 4월에 한하여 전황이 유리하다는 것을 자랑하는 내용이 있었다. 예를 들어 4월 8일의 대본영 발표를 보면 이런 식이다. "1. 우리 신예 부대는 인도국민군과 함께 4월 6일 이른 아침, 임팔–디마푸르 도상의 요충지 코히마를 공략했다. 2. 카사 부근 일대의 적 공습 부대에 대한 공격은 순조롭게 진척되고 있다." 하지만 그 후에는 거의 언급되지 않는다. 8월 12일의 발표에서도 "버마 방면의 현재 전황은 다음과 같다"는 말로 시작하여 '남부 인도-버마 국경 방면' '중부 인도-버마 국경 방면' '북부 인도-버마 국경' '살윈 강 방면' 으로 나누어 설명하면서, 패배 그 자체는 전하지 않은 채 미묘한 표현으로 얼버무렸다. '중부 인도-버마 국경 방면'의 발표 내용을 보면 다음과 같다.

"코히마 및 임팔에서 작전 중이던 우리 부대는 8월 상순 인도-버마 국경 선 부근의 전투를 정리하고 다음 작전을 준비 중이다."

이 무렵에는 "계속 공략하고 있다"든가 "진척되고 있다" 혹은 "대치하고 있다"는 말이 많은데 이처럼 "작전을 준비 중이다"와 같은 표현도 종종 사용 된다. 그러나 이때의 '북부 인도-버마 국경 방면'이라는 발표 중에는, "우리 부대는 (…) 야간에 적의 포위를 돌파하여 후방 요점으로 철퇴했다"고 하여, 전황이 낙관적이지 않다고 전하는 것처럼 보이는 부분도 있다.

하지만 임팔 작전이 대본영 발표에서 그 정도로 상세하게 알려지지 않았던 이유는 이 시기 전황이 이미 일본에 승산이 없다는 것이 명확해졌기 때문이다. 2월에 마셜 제도가 미군의 손에 들어갔고, 얼마 지나지 않아 트루크 섬에도 미군의 맹폭이 쏟아졌으며, 4월에는 뉴기니 북부의 아이타페와 자야 푸라(네덜란드 통치 당시의 명칭은 홀란디아―옮긴이)에도 미군이 상륙한다. 6월 에는 사이판에도 상륙이 시작되는데, 이에 맞서 일본군은 아호 작전을 발동 하여 연합함대가 나서서 마리아나 제도 부근의 제해권을 탈환하고자 했지 만 실패한다. 일본 해군은 이제 항공모함과 항공기 대부분을 잃었다.

7월 7일 사이판 수비대는 전멸했다. 이에 따라 중신 사이에서는 도조 내 각의 도각운동倒閣運動이 일어났고, 도조는 천황의 믿음을 잃고 사임한다(7월 18일).

전혀 전과를 올리지 못한 임팔 작전의 내실 따위는 국민에게 알려질 리가 없었다. 국민의 사기를 고무할 전과라곤 무엇 하나 없는 상황에서 고위급 지

제34장. 임팔 작전, 고위급 지휘관과 생존 병사들의 분노

휘관의 잘못을 계속 은폐한 데 임팔 작전의 '비극'이 있었다고 할 수 있다.

일본과 영국 종군 군인의 교류에서 본 것

1990년 11월의 일이다. 영국에는 임팔 작전에 종군한 군인들의 전우회가 있다. 동남아시아연합군 총사령관 마운트배튼L. Mountbatten 중장의 지휘 아래 있는 제18사단 병사 11명이 이 전우회를 대표하여 일본 어느 재단의 초청으로 일본에 왔다. 임팔 작전에서 영국군도 1만5000여 명의 전사자와 2만5000명에 이르는 전상자를 냈다. 전황은 영국 쪽에 유리했다 해도 일본군 병사들의 죽음을 각오한 옥쇄 전술에 많은 희생자가 발생했던 것이다. 일본의 어느 재단이 그 원한을 넘어 임팔 작전에 종군한 일본 병사들과의 교류를 계획했다.

일본을 방문한 과거의 영국 군인들은 2주일 일정으로 도쿄와 교토를 돌면서 일본군 전 장병들과 간담회를 가졌다.

원래 임팔 작전에 종군한 제15군 소속 3개 사단은 제15사단이 교토와 시가滋賀의 연대로, 제33사단은 미토, 우쓰노미야宇都宮, 다카사키, 제31사단은 다카다, 후쿠오카, 나라의 연대를 중심으로 편성되어 있었다. 교토 출신자는 제15사단의 주력으로서 제60연대에 편성되었고, 임팔 작전에 종군한 생존 병사 중 적지 않은 사람들이 교토 주변에 살고 있다. 전우회의 단합도 잘된다.

과거의 영국 군인들을 교토에서 맞이한 전우회 회원은 제15사단과 제33사단 소속 생존 병사들로 지금은 교토에 살고 있다. 교토의 어느 호텔 연회장에서 일찍이 적과 동지로 나뉘어 싸웠던 이들이 친목회를 열었는데, 처음에는 서로 긴장한 분위기가 역력했다. 교토의 연대에는 구제중학교, 고등학

제2부. 쇼와 육군의 흥망

교, 대학교 출신자도 많았고, 어눌하긴 하지만 영어 회화가 조금은 가능한 사람도 몇 명 있었다. 어색한 영어일망정 조금씩 말이 통하기 시작했고, 20대 초반에 저 우뚝 솟은 협곡과 끝없이 쏟아지는 빗속에서 죽음을 각오하고서 하루하루를 보냈던 체험 이야기에 이르면 공기가 급속히 부드러워졌다. 그리고 이곳저곳에 둥그렇게 모여앉았다.

사이로쿠주카이 간사인 구와바라 신이치桑原真一는 자신과 동년배인 예전 영국 군인과 이 파티에서 친구가 되었다. 라이얼 그랜드 이언이라는 이름의 이 군인은 당시 소좌로 후콩에 머물고 있었다고 한다. 그런데 일본군이 임팔을 공격 목표로 하여 공격해올 것이라는 정보가 있어서 실제로 일본군이 행동에 나설 단계에 이르자 임팔의 남쪽에서 캉글라통비 방면으로 이동하여 일본군을 맞받아칠 태세에 들어갔다고 한다.

"나는 임팔에 있었기 때문에 일본군과 직접 싸우지는 않았습니다. 하지만 언제나 임전 태세를 갖추고 있었으며, 일본군 일부가 임팔 근처의 셈마이까지 왔다는 소식을 듣고 긴장했던 기억이 납니다. 그런데 셈마이 부근은 고지대인 데다 단애와 같은 협곡이 이어져 있어서 임팔까지 올 수는 없을 것이라고 생각했지요. 게다가 우리는 비행기로 폭격을 가하고 박격포로 응전했기 때문에 일본군도 상당한 희생이 있었을 것입니다."

76세의 이 영국군 장교는 전비가 부족한데도 일본군이 무슨 수로 3000미터급의 고지, 협곡, 산악, 정글뿐인 곳을 지나 이렇게 가까이 접근할 수 있었는지 감탄했다는 말을 몇 번이나 되풀이했다.

구와바라는 임팔에서 20킬로미터 정도 떨어진 셈마이와 캉글라통비까지 도달한 것은 사실 우리 제2연대였다며 아무렇지도 않게 덧붙였다. 정말이지 그건 가혹한 전쟁이었다, 우리 병사로서는 견딜 수 없을 만큼 힘든 싸움이었다고 말하기도 했다. 그러자 이언 소좌(나중에 소장으로 진급)는 구와바라의 손을 잡고 이렇게 말했다. "나는 일본에 와서 처음으로 임팔 근처까지 도달한 병사를 만났습니다. 당신들은 저 가혹한 상황에서 살아남은 정말로 훌륭한 병사였다고 생각합니다. 당신에게 두 가지 질문을 하고 싶습니다. 나는 50년 전부터 줄곧 이것을 알고 싶었습니다." 퇴역 후 고등학교에서 지리 교사로 근무했다는 이 장교는 구와바라가 알아들을 수 있도록 천천히, 한 마디씩 확인하듯이 물었다.

두 가지 질문은 다음과 같았다. 당신의 부대는 어디에서 출발하여 며칠 만에 그곳에 도달했는가? 굶주림으로 사망한 일본군 병사가 많았다고 들었는데 식량은 얼마나 갖고 있었는가? 두 가지 질문을 한 뒤 그는 가장 중요한 질문을 무심코 던졌다.

"병사들은 작전 목적이 어디에 있는 것으로 이해했습니까? 군사령관은 그 후 어떤 책임을 졌습니까? 우리는 그 점에 관해 자주 이야기를 나누곤 했습니다. 영국군 장교들에게는 아주 흥미 있는 문제였지요."

구와바라는 "나는 일개 병사였기 때문에 고위급 지휘관의 생각을 몰랐습니다. 다만 살아서 일본으로 돌아온 후 50년 동안 임팔에서 본 것을 잊을 수 없었습니다. 임팔에 관해 쓴 책은 모조리 읽어보았습니다. 그런 책에서 얻은 지식을 곁들여서 이야기하겠습니다"라고 전제한 다음 그 질문에 대답했다.

제15사단 제60연대 제2대대 제2보병포소대의 부사관 구와바라 신이치는 제15사단이 캄종에서 캥글라통비와 셈마이까지 어떤 코스를 거쳐 어떻게 진격했는지에 대한 이야기를 들려주었다.

작전 명령이 발동되었을 때 중국 중부에 있었던 그는 사이공, 프놈펜을 경유하여 방콕으로 들어갔고, 그 후 타이 북부의 람빵에서 행군을 시작하여 타이-버마 국경의 시양 고원을 거쳐 시바우까지 걸었다. 그곳에서 철도를 이용하여 운토까지 이동한 후 행군을 계속해 친드윈 강에 도달했다. 구와바라의 설명을 들으면서 이언 소좌는 지도를 펼쳐놓고 그 코스를 따라갔다.

구와바라도 친드윈 강을 건너 임팔로 향하는 길을 손가락으로 따라갔다.

이언 소좌는 이상하다는 듯이 그 손가락의 움직임을 지켜보다가 "정말로 그렇게 걸었느냐"고 물었다. 구와바라가 영어로 대답했다.

"물론입니다. 우리는 보병이었기 때문에 전부 걸었습니다." 약 1000킬로미터를 걸어서 전장에 도착했노라고 덧붙였다.

"그렇게 걸으면 체력이 고갈돼버립니다. 이래서는 전쟁에서 이길 수가 없지요." 영국 군인들이 이렇게 말하자 웃음보가 터졌다. "식량은 어땠습니까?" 이언 소좌가 다시 물었다.

"식량은 20일 치밖에 없었습니다." 구와바라의 대답을 듣고 이 영국군 장교는 더 이상 아무 말도 하지 않았다. 영국군은 병력이든 식량이든 탄약이든 모두 항공기로 수송했으며, 그런 무모한 진격은 하지 않았다고 아무렇지도 않은 듯 덧붙였다.

이에 구와바라는 "나는 지금도 임팔 작전의 목적이 무엇이었는지 모릅니다. 버마와 인도에서 당신들을 쫓아내려는 것이었다고 생각했지만, 그러나 그것이 목적이라면 저런 형태의 전투는 필요하지 않습니다. 나는 그 작전이 고위급 지휘관의 사리사욕을 위해 이용되었다고 생각합니다. 아니, 나만 그런 게 아닙니다. 모두가 그렇게 생각합니다"라고 대답하려다가 그만두었다. 전직 영국군 장교에게 속내를 드러내 보이는 게 망설여졌던 것이다. 제1보병 소대원 55명 중 약 40명이 코히마-임팔 가도에서 사망했다. 그들 때문에라도 역시 '적'일 수밖에 없다고 생각했던 것이다.

이때 구와바라는 전직 영국군 장교에게 자신이 속한 전우회의 기관지를 건네주려다가 그것도 그만두기로 했다. 이 기관지의 첫 페이지에는 매호 구와바라와 다른 생존 병사가 쓴 시 형식의 글이 실려 있다. 그것을 번역하여 전하는 일이 괴로웠던 것이다. 이때 구와바라가 손에 쥐고 있던 기관지에는 다음과 같은 글이 적혀 있었다.

정글을 간다

목적지는 임팔, 알려진 것은 그 한마디. 유일한 지침은 영국군의 25만 분의 1 지도 복사본. 20일간의 식량, 휴대용 병기와 수류탄, 임무만이 어깨에 무겁다. 야반의 적전 도하. 의지하는 지도에도 계곡의 깊이는 미지수. 산길을 오르내리 길 몇 번인가? 갑자기 지도에서 도로가 사라졌다. 그다음엔 무턱대고 나아가는 정글의 미로.

무시무시하게 날아오는 적기, 울리는 포성 소리가 점점 커진다. 젊음과 책임과 체력과 불굴의 정신이 작열하는 무더위를 털어버리고, 땀에 젖고 흙탕물에 젖어 죽음을 생각하고, 삶을 돌이켜볼 틈도 없이 아침저녁 오로지 앞으로 나아간다. 이것이 전쟁인가? 내일의 생명도 모르는 채 칠흑 같은 정글을 그저 걷는다.

그리고 다음과 같은 글도 실려 있다.

마쓰고노미즈 末期の水

(임종하는 사람 입에 넣어주는 물을 뜻한다.—옮긴이)

간신히 발견한 작은 강물.
먼저 도착한 두 명의 병사가 있다.
"이봐, 물은 깨끗한가?"
아무런 대답이 없다.
어디에서 상처를 입었는가, 병을 얻었는가?
앉아 있는 뒷모습
군복의 주인은 이미 백골화된 그대
뼈만 남은 해골은 말이 없고 지금까지도
계속 물을 마시고 있다.

구와바라는 교토의 포목상 아들이었다. 그는 오래전부터 이어온 그 가게를 물려받을 참이었다. 구제중학교와 지바의 대학에서 공부한 후, 1941년 징병검사를 받고 1942년 봄 후시미의 연대에 입대했다. 처음에는 중국 중부로 갔다가 곧 버마방면군으로 편입되었다. 그리고 임팔 작전에 참가했다.

1993년부터 1999년 현재까지 나는 가끔 교토를 찾아가 구와바라와 전우들의 이야기를 들어왔다. 1998년 5월 교토의 시모교下京 구에 있는 구와바라의 집을 방문했을 때, 그는 늘 그랬던 것처럼 임팔 작전 종군 당시 입었던 카키색 군복을 보여주었다. 군복에는 영국군 총탄이 몸을 스쳤을 때 찢긴 흔적과 이미 변색해버린 핏자국이 남아 있었다.

"매년 전우들도 하나씩 죽어갑니다. 고령화사회라고는 하지만 우리는 그때 이미 한 번 죽은 몸입니다. 우리는 25세까지의 인생과 그 후의 인생, 그러니까 두 번의 인생을 살았다고 생각합니다."

구와바라는 이렇게 말하면서 염주를 내 눈에 띄지 않도록 전통 복장 속에 감춘 채 하나씩 헤아리고 있었다. 그 소리가 내 귀에도 어렴풋이 들려왔다.

그 소리를 들으면서 나는 대본영의 작전참모였던 인물이 쓴 회상록의 한

다바타 도시오 작품집 『병사의 그림편지』에 수록된 「자폭」.

제34장. 임팔 작전, 고위급 지휘관과 생존 병사들의 분노

구절을 떠올리곤 했다. 그 회상록에는 이렇게 적혀 있었다.

"임팔 작전은 3월 8일에 시작되었는데, 당시 버마 북부에서는 레도 공로를 통한 적의 진공은 경시할 수 없는 수준이었고, 또 윙게이트군이 낙하산을 타고 침투하여 제15군의 후방인 북부 버마 전역을 교란시키고 있었다. 이런 상황에서 임팔 작전을 수행하는 것은 금물이었다. 당장 이 작전을 중지하고 사방의 적에 대해 내전을 치를 때처럼 기동력을 발휘할 수 있는 수비 전략을 취해야 했다."

큰 틀에서 판단하건대 이 작전을 지도할 책임은 대본영 육군부, 다음으로 남방군에 있었다. 그런데도 그런 판단을 하는 이는 아무도 없었다.

이러한 교훈은 전후 참모들이 쓴 회상록에서 공통되게 찾아볼 수 있다. 지휘관 중에는 제16연대 연대장 마쓰무라 히로시松村弘처럼 전후에 모든 직책을 사양하고 지도리가후치千鳥ヶ淵에 있는 무명 전사의 묘를 지키는 사람도 있다. 그는 어떤 보수도 받지 않고 세상에 아부하지도 않으면서 오로지 병사들의 공양에 자신의 후반생을 바쳤다. 그리고 지휘관의 전우회에는 얼굴도 내밀지 않았고, 병사들의 전우회에 출석하여 누가 '연대장'이라 부르면 "그런 말은 하지 않는 게 좋겠습니다. 우리는 서로 아무개 씨라고 부르는 사이가 아닙니까"라며 제지하곤 했다.

다른 한편 전후에도 '각하'라고 부르라 강제하고, 자신의 작전이 얼마나 옳았는지를 여기저기 떠들고 다니는 고위급 지휘관이 있다. 병사들이 원망하는 소리에 대해 고압적인 태도로 반박하면서.

정보가 경시된
필리핀 결전의 내막

만주사변, 중일전쟁 그리고 태평양전쟁 기간에 일본군 장병, 군속, 민간인을 포함한 전사자는 약 300만 명에 이른다. 이외에 전시에 전장에서 입은 상처로 고생하다 전후에 사망한 사람까지 포함하면 대략 500만 명이 넘을 것이다.

패전까지의 전사자 300만 명 가운데 해외에서 전사한 사람은 240만 명에 이를 것으로 추정된다. 이 240만 명의 내역을 표로 나타내면 다음 쪽에 나온 것과 같다. 이것은 후생성이 1976년에 조사한 것이다.

표를 보면 알 수 있듯이 일본군 장병의 희생이 가장 컸던 곳은 필리핀이다. 50만 명이 넘는 숫자다. 다음으로 많은 곳은 중국 본토인데, 중국에서는 15년에 걸쳐 전쟁이 계속됐고, 게다가 패전 전후 소련군의 침입에 의한 일본인 농민개척단의 사망자도 많았기 때문에 이만큼의 전사자가 나온 것도 놀랄 일은 아니다. 그런데 필리핀에서는 1941년 12월 필리핀 공략전에서 시작하여 1944년 10월 레이테 해전을 거쳐 1945년 8월 15일에 이르는 태평양전

지역	인원수
이오 섬	20,100
오키나와	186,500
중부 태평양	247,000
필리핀	518,000
베트남, 라오스, 캄보디아	12,400
타이, 말레이, 싱가포르	21,000
버마, 인도	167,000
보르네오	18,000
인도네시아	25,400
이리안자야(뉴기니 서반부)	53,000
동부 뉴기니, 비스마르크 제도, 솔로몬 제도	246,300
한국	18,900
북한	34,600
만주	245,400
중국 본토	465,700
타이완	41,900
사할린, 지시마, 알류샨	24,400
소련 본토	52,700
몽골	1,700
합계	2,400,000

쟁 기간에 52만 명이 넘는 장병과 민간인이 사망했다. 좁혀서 생각하면 레이
테 해전부터 루손 섬의 마닐라가 제압당하는 1945년 4월까지 약 6개월 동안
12만 명 이상이 사망했을 것으로 추정된다.

필리핀(레이테 섬, 민도로 섬, 루손 섬 등)에서 일본군 장병이 어떻게 죽었는
지는 그 어떤 말로도 형용할 수 없을 것이다. 간신히 살아서 돌아온 병사는
전투에 대해 이야기하는 것을 꺼리며, 머릿속에 불도장처럼 찍힌 사망한 전

우의 모습을 죽을 때까지 잊지 못한다.

쇼와 40년대에 들어서 필리핀 전선에서 살아 돌아온 생존자가 글을 통해 조금씩 그 참상을 말하기 시작했다. 작가 오오카 쇼헤이大岡昇平의 『레이테 전기』가 이미 나와 있는데, 이 책을 쓴 오오카 쇼헤이 역시 전사한 전우의 흉중을 생각하면 쓰지 않고는 견딜 수 없을 것 같았다고 말한다. 『레이테 전기』는 죽은 병사들을 위한 진혼으로 받아들여지고 있다.

필리핀 결전은 어떻게 시작되었는가, 그곳에서는 어떤 작전이 수행되었는가, 그리고 그 전말은 어떠했는가 등을 상세하게 검증하다 보면, 필리핀 작전 구석구석에 쇼와 육해군의 퇴폐와 부패가 응축되어 있음을 알 수 있다. 이 장에서는 그 일단을 살펴보기로 한다.

1944년 7월 18일, 사이판 함락을 계기로 개전 때부터 정치와 군사를 지도하던 도조 히데키가 그 무대에서 사라졌다. 그를 대신하여 등장한 사람이 조선총독 고이소 구니아키小磯國昭였다. 성전 완수를 외치며 등장한 고이소는 육군상에 스기야마 하지메, 참모총장에 우메즈 요시지로를 앉혔다. 스기야마는 이해 2월까지 참모총장 자리에 있었기 때문에 전쟁의 경위를 잘 알고 있었다. 우메즈는 관동군 총사령관으로 있다가 참모총장으로 자리를 옮겼다. 성격은 지나치게 고지식해서 돌다리를 두드리고도 건너지 않는 유형이었다고 한다. 이 시기에 우메즈가 전면에 나서게 된 것은 악화된 전황을 바로잡는 데 그만한 장교가 없다는 군 내부의 기대가 있었기 때문이다. 하지만 아무리 우메즈라 해도 승산이 있을 리 없었다.

우메즈는 쇼와 육군의 기본적인 원칙과 논리를 융통성 없이 지키는 유형이었다. 고이소가 자신이 육군대신을 겸하고 수상도 대본영 회의에 참석하여 통수를 파악하고 싶다고 제안하자, 우메즈는 즉각 부하를 불러 대본영령과 대본영 육군부 근무령을 검토하게 하고 자신도 다시 읽어본 다음, 그러한 전례를 만드는 것은 바람직하지 못하고 육군상도 스기야마 하지메로 결정되

제35장. 정보가 경시된 필리핀 결전의 내막

었기 때문에 곤란하다며 받아들이지 않았다. 우메즈는 군 관료로서 그와 같은 뛰어난 능력을 갖고 있었다.

고이소 내각이 성립되고 얼마 지나지 않아 참모본부와 군령부는 공동으로 금후의 결전 태세를 확인하기로 했는데, 이때 작성된 「향후 육해군 전쟁 지도 대강」이라는 안의 골자를 보면, 전황이 불리하다는 것을 인정한 다음 이렇게 적혀 있다. "적이 결전이 벌어지는 곳을 공격할 경우 육해공의 전력을 극도로 집중하여 적의 항공모함 및 수송선의 소재를 찾아 파괴하고 동시에 적이 상륙하면 지상에서 필살한다." 이 방침은 '첩호捷號 작전'으로 불렸다. 그리고 제1호는 필리핀에서 8월 말까지 작전 준비를 마친다는 것이었다. 이하 제2호는 타이완과 서남 태평양 제도에서 적을 맞받아칠 것을 지시하고, 이를 위한 작전 준비를 8월 말까지 마무리한다는 내용이었다.

나아가 제3호는 홋카이도를 제외한 일본 본토에서 10월 말까지 작전 준비를 끝낸다는 것이었다. 제4호에서는 동북 방면과 지시마 열도에서 역시 10월 말까지 영격 태세를 마무리할 것을 지시했다. 이리하여 일본은 태세의 회복을 도모한다는 것이었다.

고이소는 이 안을 보고 만면에 희색을 띠며 '첩호 작전'에 기대를 걸었고, '첩1호'의 필리핀 결전을 미일 결전의 덴노잔天王山(승패를 판가름하는 기회—옮긴이)이라면서 국민에게도 격문을 띄웠다. 이 시기 덴노잔이라는 말이 일정 기간 동안 국민 사이에서도 유행했다.

그러나 고이소가 취임하고 한 달도 채 되지 않았을 때 괌에서 제31군 예하 일본 장병 1만여 명이 옥쇄했으며, 군사령관 오바타 히데요시小畑英良도 전사했다. 괌이 제압됨에 따라 마리아나 제도는 모두 미군의 수중에 떨어졌다. 일본은 풀솜으로 목이 졸린 것처럼 서서히 숨을 쉬기 힘든 상황으로 쫓기고 있었다. 첩1호 작전은 그러한 열세를 차단하는 계기가 될 터였다.

야마시타와 무토: 육군의 최후 카드

　　　　마리아나 제도를 제압한 미군은 그다음으로 필리핀에 상륙할 것
이라 예측하고 있었다. 개전 당초 일본군이 마닐라로 진군하자 맥아더는 마
닐라를 버리고 오스트레일리아로 사령부를 옮겼는데, 그 굴욕을 씻고 필리
핀을 해방하기 위해 마닐라 재점령을 노릴 것임은 쉽게 예견할 수 있었다.
그것이 언제일지, 어느 루트를 통해서일지가 일본군의 최대 관심사였다.

　　필리핀은 크고 작은 1만여 개의 섬으로 이루어져 있다. 하지만 그 중심이
되는 것은 루손 섬, 사마르 섬, 민다나오 섬 등 10여 곳으로, 정치, 경제, 산
업, 군사 등은 이들 섬(그 가운데 특히 루손 섬)에 집중되어 있었다. 필리핀 방
위를 담당하고 있는 일본군은 남방군 예하 제14방면군(사령부는 마닐라)이
었다.

　　제14방면군에는 "필리핀 전역의 방위를 맡는다. 이를 위해 미군의 필리핀
공격을 우선 남부 필리핀으로 예상하고 이때는 해군과 공군이 결전을 벌이
며, 다음으로 미군이 루손으로 진공할 경우에는 육군이 결전을 치를 수 있
도록 준비한다"는 임무가 부여되었다. 그리고 사마르 섬, 마스바테 섬, 파나
이 섬 이남의 필리핀에는 제35군(사령관 스즈키 소사쿠)이 있었다. 제35군은
제16사단, 제30사단, 제100사단, 제102사단, 제54독립혼성여단, 제55독립
혼성여단으로 구성되었으며 총병력은 10만이었다. 루손 섬과 그 부속 도서
는 제14방면군 직할로 제8사단, 제10사단, 제19사단, 제23사단, 제26사단,
제103사단, 제105사단, 전차 제2사단, 제58독립혼성여단 등이 주둔하고 있
었고 총병력은 12만에 이르렀다.

　　제14방면군 예하가 아닌 부대(육군항공부대와 해군의 각 부대 등)는 약 16만
2000명의 병력을 거느리고 있었다. 그 외에 필리핀에는 일본인 민간인이 2
만 명 정도 살고 있었다.

결국 필리핀에는 육해공 병력을 합하여 38만 명의 병력이 주둔하고 있었던 셈이다. 일본은 수많은 섬을 거느린 지역을 이 병력으로 지키고 있었던 것인데, 이 병력으로 전역을 통제하고 있었다고는 해도 실질적으로 그다지 강고한 부대는 아니었다.

　　제14방면군 참모장 무토 아키라는 자신의 회고록 『군무국장 무토 아키라 회상록』에서 "일본군의 전반적 증가에 따른 자연적 저하와 교육이 갖춰지지 못했고, 장비가 불완전했기 때문에 (제14방면군) 병력의 기질은 대동아전쟁 초기와 비교하면 훨씬 열등했다. 특히 열대지방 근무의 장기화로 어느 정도의 정신적 이완도 피할 수 없었다"고 말한다. 1944년 10월 20일 마닐라에 부임한 무토는 내심 필리핀 결전 그 자체에 회의적이었던 것처럼 보인다.

　　참모본부는 병력 운용과 관련하여 이 시기 상당히 골머리를 앓고 있었던

1944년 10월 22일. 크루거 중장이 지휘하는 미 제6군(육군상륙부대)이 레이테 섬에 상륙했다. 맥아더 서남태평양방면최고사령관도 동행했다.

듯하다. 대본영의 작전참모였던 세지마 류조瀨島龍三는 전후에 『북방 전비』(200자 원고지 160매 분량, 방위청 전사실 소장)라는 수기를 쓴다. 대소전에 관하여 참모본부의 참모로서 어떤 생각을 하고 있었는지 설명한 내용인데 그 가운데 첩호 작전에 대해 언급한 부분이 있다. 세지마는 이 작전을 기안한 인물 중 한 명이기도 했다. 그 부분을 인용하면 다음과 같다.

"1944년 여름 사이판 함락, 이에 따른 첩호 작전 준비를 위한 재만 병력의 차출(동정면東正面의 핵심 병단을 차출했다)과 함께 마침내 공세 작전 구상을 포기하고 지구전 구상으로 전환할 수밖에 없었다." "만주에서의 수세 작전은 전략적으로는 성립되지 않았지만 우리는 공세 구상의 포기는 대소련 국방의 대파탄을 뜻한다고 생각하게 되었다." "사이판 함락 후 군은 첩호 작전 준비에 나서서 최대한의 국력과 전력을 투입하여 뭔가 적을 놀라게 함으로써 전쟁 종결의 기회를 잡고자 했다. 그러한 의미의 첩호 작전을 구상한 하나의 이유는 때마침 대소전이 완전히 공세 능력을 잃고 국방에 대파탄을 초래하고 말았기 때문이다.(현실에서 첩호 작전은 앞에서 서술한 것처럼 전쟁을 끝내는 결전이 아니라 단순한 전시 지구전이 되고 말았지만, 적어도 첩호 작전 발동 당시 책임자 중 한 사람이었던 내 생각은 그렇지 않았다.)"

결국 필리핀 작전까지 포함하여 첩호 작전은 "적을 놀라게 함으로써 전쟁 종결의 기회를 잡고자 한" 작전이었다는 말이다. 이를 위한 병력 운용 방법은 대소전의 핵심 병단을 투입하는 것이었는데, 물론 그것만으로는 충분하지 않았다. 그랬기 때문에 무토가 말했듯 병력의 질이 저하되는 데에는 관심조차 둘 수 없는 것이 현실이었다.

이러한 첩호 작전을 실행하기 위해 참모본부는 제14방면군 사령관 자리에 중국전선의 제1방면군 사령관이었던 야마시타 도모유키山下奉文를 앉혔다(1944년 9월 26일). 그리고 참모장으로 근위 제2사단장 무토 아키라를 보냈던 것인데, 야마시타와 무토를 중심으로 필리핀 결전을 수행한다는 것은 쇼와 육군의 입장에서 보자면 최후의 카드를 꺼낸 것이나 다름없었다.

야마시타는 마닐라에 부임하기 전 대본영을 찾아가 필리핀 결전의 세부 사항을 협의했다. 그는 작전부장 미야자키 슈이치와 작전과장 핫토리 다쿠시로를 만나 "루손 섬을 필리핀 결전의 주요 전장으로 삼는다"는 결정을 내리고 마닐라로 향했다. 레이테나 민다나오 섬에서는 제35군이 지구전에 돌입하여 미군과 장기전을 벌이기로 되어 있었다. 레이테, 민다나오, 루손으로 미군을 분산시킴과 동시에 육군의 주력은 루손 섬 결전에 나서고, 레이테와 민다나오는 해군과 공군이 주축이 되어 지키며, 육군 지상 부대가 미군 상륙 지점에서 맞받아치고 나오기로 했다. 이 작전 방침은 야마시타의 부임과 함께 예하 사단 참모들에게도 전달되었다.

이리하여 필리핀의 육군 부대는 "루손 섬에서 결전을 치른다"는 방침을 굳혔다. 10월 20일 참모장 무토가 부임한 것도 이러한 생각이 한창 들끓고 있을 때였다.

작전 변경 : 루손에서 레이테로

그런데 실제로는 10월 18일 대본영과 제14방면군의 상급 사령부인 남방군으로부터 야마시타 앞으로 이와 전혀 다른 명령이 전달되었다. 그 명령은 "제14방면군은 해군 및 공군과 협력하여 가능한 한 많은 병력 동원, 레이테 섬에 진공한 적을 격멸해야 한다"는 내용이었다. 작전 명령이 바뀐 것이다. 더욱이 대본영에서는 야마시타의 뒤를 쫓기라도 하듯 정보참모 스기타 이치지가 찾아와 "지난번 타이완 앞바다에서 벌어진 항공전에서 미 해군은 궤멸적인 타격을 입었다. 급거 레이테에서 국운을 걸고 결전을 치르기로 했다. 제14방면군은 이 대명大命에 전력을 다해주기를 바란다"며 야마시타를 설득했다.

야마시타는 납득하지 못했다. 도쿄에서 한 약속과 왜 다르냐고 반박하는 한편, 정말로 천황의 재가를 받은 것인지 의심했다. 그러고는 다음과 같이 말했다.

"레이테는 마닐라에서 600킬로미터나 떨어져 있다. 그곳으로 어떻게 병력을 보내란 말인가? 수송선단도 없지 않은가?"

그리고 그는 레이테 결전에는 무슨 일이 있어도 반대한다고 강조했다.

하지만 야마시타 위에는 남방군 총사령관 데라우치 히사이치가 있었고, 대본영의 천황 직속 작전참모들이 있었다. 반대에도 한계가 있었다. 야마시타와 그 사령부의 참모들은 작전 명령 변경에 강한 불만을 품었지만 그것에 저항할 수 없다는 것도 알고 있었다. 데라우치로부터 야마시타에게 "신이 주신 기회가 왔다. 레이테에서 결전을 치르라"는 명령이 집요하게 몇 번씩이나 전달되었다. 야마시타는 거의 매일 자신의 의견을 피력했지만 받아들여지지 않았다.

야마시타는 결국 제35군 사령관 스즈키 소사쿠에게 레이테 섬에 진공한 미군을 공격하라고 명했다. 스즈키는 예하 제102사단에서 보병 2개 대대, 민다나오 섬의 제30사단에서 2개 대대를 레이테 섬으로 보냈다. 일본군의 선단이 없었기 때문에 소형 발동선과 현지 주민의 소형선을 이용해야 하는 형편이었다.

이리하여 1944년 10월 하순부터 레이테 결전이 시작되었다. 이 결전은 실질적으로 12월 말에 끝나지만, 그 후에는 잔존 부대가 게릴라전을 통해 미군 병력을 이곳에 묶어두려는 싸움을 계속했다. 1945년 들어 미군은 루손 섬 상륙을 목표로 공격을 강화했다. 제14방면군은 마닐라를 뒤로하고 산속으로 사령부를 옮겨 저항을 이어나가기로 했다.

다른 전장에서와 마찬가지로 레이테와 루손의 싸움에서도 일본군 병사는

제35장. 정보가 경시된 필리핀 결전의 내막

기아와 질병으로 고통을 겪어야 했다. 역시 보급과 병참의 부족이 문제였던 것이다. 그리고 수많은 전사자와 병사자를 낳게 된다.

왜 대본영은 그렇게 간단하게 루손 섬 결전을 단념하고 레이테 결전으로 대체했던 것일까? 첩1호 작전이니 뭐니 큰소리치더니 왜 그처럼 깨끗하게 그 작전을 포기했던 것일까? 그 배경에 놓인 이유를 검증하다 보면 쇼와 육군 말기의 현상이 여실히 드러난다. 그리고 그처럼 피폐한 구조가 제대로 점검도 받지 않은 채 역사적으로 애매모호하게 사람들의 입에 오르내리고 있는 것이다.

그러면 그 경위를 구체적으로 확인하기로 한다. 10월 10일 아침부터 윌리엄 핼시 대장이 이끄는 미 해군 제3함대는 넷으로 나뉜 대규모 편성으로 오키나와 동남 해상에서 잇달아 함재기를 발진시켰다. 그리고 오키나와, 타이완, 루손 섬 등에 폭격을 가했다. 이는 미군이 레이테 상륙을 의도하고 있다는 것을 보여주기에 충분했다.

11일에도 공격은 계속되었다. 특히 타이완의 항공시설, 기지, 군수공장 등에는 집요한 폭격이 이어졌다. 이 때문에 연합함대사령부는 이전부터 계획하고 있던 첩1호 작전을 실시하라고 각 예하 부대에 명령했다. 규슈의 가노야 기지에서 일식육상공격기와 육상폭격기 긴가 등이 출격했다. 13~16일에는 타이완 앞바다에서 일본군 항공기가 미군 기동 부대와 싸웠다.

이 싸움은 타이완 앞바다 항공전으로 불린다. 대본영은 이 싸움에서 일본군이 미증유의 대승리를 거두었다고 발표했다. 14일과 15일 대본영 발표는 그 전과를 화려하게 보도했다. 15일 오후 10시 발표에서는 "타이완 앞바다 동쪽 해상의 적 기동 부대는 지난 14일 동쪽으로 패주 중인데, 우리 부대는 이 적에게 반복적으로 맹공을 가하여 전과를 확충하는 중"이라고 전했다. 그리고 16일 오후 3시 발표에서는 "타이완 앞바다 항공전의 전과 누계는 다음과 같다"면서, "항공모함 10척, 전함 2척, 순양함 3척, 구축함 1척을 격침하고, 항공모함 3척, 전함 1척, 순양함 4척, 함종艦種 미상 11척을 격파했다"고 자랑했다. 대본영 해군부에서 발표한 이러한 전과는 일본 국내에서 흥분의 소용돌이를 일으켰다. 진주만 습격 이래 처음으로 거둔 대규모 전과였기 때문이다.

대본영의 작전참모는 필리핀 주변에 떠다니는 미 해군 기동 부대가 타이완 앞바다 항공전에서 궤멸적인 타격을 입은 것으로 판단했다.

10월 18일, 레이테 만에 열 몇 척의 해군 함정이 들어왔다. 이 기동 부대에는 특징이 있었다. 열 몇 척의 구축함을 중심으로 몇 척의 전함이 그 주위를 호위하고 있었던 것이다. 대본영과 남방군총사령부에서는 이것이 무엇을 의미하는지 깊이 검토하지도 않은 채, 타이완 앞바다 항공전에서 크게 타격을 입은 미 해군의 기동 부대가 수리 등을 위해 레이테 만으로 들어온 것으로 판단했다. 이 판단은 물론 타이완 앞바다 항공전의 '압도적인 전과'를 전제로 한 것이었다. 게다가 처음부터 루손 섬보다 레이테 섬에서 지상 전투를 벌이는 데 더 관심을 두고 있던 참모본부의 참모들과 남방군의 참모들에게도 이 소식은 낭보였다. 그리하여 레이테에서 육군 병력으로 '미 해군을 궤멸하기' 위해 급거 레이테 결전으로 바꾸었던 것이다.

타이완 앞바다 항공전에서 미군 기동 부대가 거의 손해를 입지 않았다는 사실은 확인조차 하지 않았다.

해군의 연합함대사령부는 10월 17일 단계에서 항공모함 7척과 전함 7척으로 이루어진 미 해군 기동 부대가 의연히 타이완 앞바다에 떠다니고 있는 것을 발견하고 전과가 완전히 허위 보도였다는 것을 알게 되었다. 하지만 해군 측은 이 사실을 육군에 알리지 않았다. 이는 대본영이 판단을 잘못한 제일 중요한 이유라 할 수 있겠지만, 훗날 밝혀진 것처럼 육군 내부에도 문제점이 있었다.(1944년 11월 9일 『아사히신문』은 "레이테 섬의 전황 여하가 전국戰局의 장래를 좌우"하기에, "전선의 용무에 호응하여 총후 국민도 분기"할 것을 호소하는 고

이소 수상의 담화를 전했다.—옮긴이)

이미 언급했듯이 대본영의 정보참모 호리 에이조는 정보 분석 능력이 뛰어났다. 그 능력을 구체적으로 보여주는 것이 『적군 전법 속성』이라는 소책자였다. 호리는 미군의 전법, 전략, 작전 내용을 자세하게 검토하고 거기에 법칙이 깃들어 있다는 것을 발견했다.

예를 들어 미군은 징검다리 작전이라는 이름 아래 일본군이 점령하고 있는 남방 요역의 섬을 따라서 공격해온다. 그런데 미군은 과달카날 전투 이래 일관되게 기본적인 전략에 바탕을 두고 공격한다. 결국 뉴기니를 따라 필리핀으로 향하는 루트와 중부 태평양을 통해 필리핀으로 향하는 루트가 있는데, 이를 위해 필요한 것은 '공역空域'을 확보하는 일이다. 항공 기지를 제압하면 그 섬을 점령하는 데 병력을 할애할 필요가 없다.

이에 불필요한 섬에는 눈길도 주지 않는다. 일본군이 아무리 많이 있더라도 제공권을 확대하면 그곳의 일본군 병사들은 보급마저 끊긴 상태에서 자연히 궤멸할 것이라는 생각을 바탕으로 짜인 작전이었다. 호리는 그것을 재빠르게 간파했다.

더욱이 미군 항공모함에 실린 폭탄과 함재기 등을 고려하여 일본군이 어느 정도의 두께로 콘크리트 진지를 구축해야 하는지도 대략적으로 계산해냈다. 『적군 전법 속성』은 그와 같은 귀중한 정보가 가득 담긴 극비의 소책자였다. 호리는 이 소책자를 1944년 9월에 마무리했다.

그리고 그것을 남방군과 제14방면군에 전하기 위해 출장을 가게 되었다. 1944년 10월 14일 규슈의 가노야 기지에 도착했다. 그곳에서 사이공과 마닐라로 향할 예정이었다. 그러나 타이완 앞바다 항공전 때문에 수송기는 좀처럼 뜨질 못했다. 애를 태우던 호리가 이 항공 기지에서 본 광경에는 일본군의 초조감이 아주 노골적으로 드러나 있었다.

다음은 호리와 내가 주고받은 이야기다. 나는 가끔 호리를 만나 취재했는데, 이 장에 필요한 부분만을 골라 인용하고자 한다.

타이완 앞바다 항공전에 대한 오보의 실상은 어떠했습니까?

"가노야에는 해군 참모용 대기소가 있었는데, 그곳에서 보니까 잇달아 귀환한 조종사가 'ㅇㅇ기, 항공모함 애리조나형 격침'이라는 식으로 보고를 하더군요. 그러면 대단한 열기 속에서 참모가 '좋았어!' 하고 말하고는 그 전과를 칠판에 적습니다. 조종사로부터 무전이 들어오기도 했는데, 무전을 받은 참모가 '해냈어, 전함 3척 격침!'이라고 보고하고 또 칠판에 적지요. 그때마다 이상한 열기가 피어올랐습니다."

그 정보가 그대로 군령부로 전달되고 이를 바탕으로 대본영 발표가 나오게 된 것이군요. 결국은 이 전쟁 최대의 오보였는데…….

"그런 셈이지요. 나는 그 광경을 보고 도대체 누가 이 전과를 확인하는 것인지 궁금했습니다. 『적군 전법 속성』을 며칠 밤을 새가며 작성한 참인데, 과대 포장된 전과 때문에 전쟁 지도를 잘못하고 있다는 것을 알았기 때문이지요. 대표적인 사례를 보면, 부건빌 섬 앞바다에서 벌어진 전투에서 거둔 실제 전과는 대본영 발표의 10분의 1에 지나지 않았습니다. 그 때문에 이마무라 히토시 군사령관이 지휘하는 트로키나 섬 반격 작전은 실패로 돌아갔지요. 이런 전철을 다시는 밟지 말아야 한다는 것이 내 생각이었습니다.

나는 보고를 마친 해군 조종사에게 어떻게 격침을 확인할 수 있었는가, 엔터프라이즈라는 것을 어떻게 알았는가, 애리조나는 어떤 함형艦型인가, 야간 공격을 하면서 어떻게 파손 상태를 알았는가 등을 꼬치꼬치 캐물었습니다. 세부 사항을 하나하나 따졌던 것이지요. 그랬더니 그 누구도 대답을 제대로 못 하더군요. 결국 확실한 증거는 아무것도 없었습니다. 내 인상에 남아 있는 장면은 육군 비행복을 입은 조종사가 대기소 근처 잔디밭에 앉아서 '내 부하는 출격했는데 아무도 돌아오지 않았다. 적을 만만하게 봐서는 안 된다. 적의 방공탄막防空彈幕 속으로 돌진하는 것은 보통 어려운 일이 아니다'라고 말한 것입니다. 그는 해군 조종사의 보고 따위는 전혀 신뢰하지 않았습니다."

방공탄막이란 게 뭡니까?

"그건 물량이 풍부한 미군이니까 가능한 일인데, 항공모함이나 전함 등이 하늘을 향해 일제히 무수한 총탄을 쏘아대는 것입니다. 끝도 없이 이러다 보면 어떻게 되겠습니까? 거대한 막이 상공에 만들어지고, 일본군 항공기로는 그 탄막을 뚫고 나갈 수가 없습니다. 일본군은 일발필중一發必中이어야 했지만, 그들은 백발일중 아니 천발일중이어도 상관없었습니다. 타이완 앞바다 항공전에서는 이 탄막이 특히 가혹했는데, 일본군 폭격기가 얼마나 이 탄막을 넘었는지는 명확하지 않습니다. 탄막을 넘어 돌진하는 것은 불가능하지요."

당신은 이 항공전의 전과가 의심스럽다고 대본영 정보부에 타전했습니다. 그러니까 이것을 액면 그대로 받아들여서는 안 된다고 보고했지요.

"가노야 기지의 잔디밭을 서성거리면서 전문電文을 생각했습니다. 허탈한 기분이었지요. 전문의 내용은 '그 전과는 신용할 수 없다, 설령 격침했다 해도 항공모함인지 아닌지 의문이다, 많아야 두세 척의 함정으로 보인다'는 것이었습니다. 참모는 소속 부장에게 타전해야 하기 때문에 나는 대본영 제2부장(이때는 아리스에 세이조) 앞으로 보냈습니다. 이 전보가 어떻게 취급되었는지는 말단 정보장교인 나로서는 알 수가 없었습니다. 그저 작전부에 전달되었으면 좋겠다는 기대를 갖고 있었습니다만 어떻게 될지는 알 수 없었지요.

일반적으로 대본영 작전부는 정보부를 얕잡아보는 경향, 간단히 말하자면 정보 따위는 믿지 않는 유아독존적인 태도를 취하고 있었기 때문에 비관적으로 생각하긴 했습니다. 사실 그 후 남방군과 제14방면군에 가서 보니 이미 타이완

제2부. 쇼와 육군의 흥망

앞바다 항공전의 전과에 크게 들떠서 '자, 이제 레이테 결전이다' '미국을 혼내 주자'는 분위기였습니다. '아아, 내 정보는 무시되었구나'라는 생각에 적잖이 서 글펐습니다만……"

그러나 제14방면군 사령관 야마시타 도모유키와 참모장 무토 아키라 등은 레 이테 결전에 반대하고 루손 결전을 주장했습니다. 물론 그 배경에는 대본영의 조령모개식 결정에 대한 분노도 있었을 것입니다만, 당신이 제14방면군 사령부 에 갔을 때 야마시타에게 "타이완 앞바다 항공전에서 그 정도의 전과를 거두지 는 않았다. 미군 기동 부대는 아직 건재하다. 루손 섬을 공습 중인 기동 부대는 '궤멸했어야 할 항공모함 일군'이라는 게 그 증거다"라고 설명한 것도 영향을 미 치지 않았을까요? 야마시타는 당신의 설명을 납득했던 게 아닐까요?

"그렇게 생각하신다면 영광일 텐데, 나 자신도 그렇게 생각하는 구석이 없지는 않습니다. 왜냐하면 야마시타는 내 설명을 듣고 난 후 그날로 예정되어 있던 타 이완 앞바다 항공전 축하 기념회를 취소했기 때문입니다. 하지만 방면군 참모 들에게는 내 보고가 틀렸다는 지탄을 받았습니다. 게다가 10월 19일 레이테 만 에 미군 기동 부대가 들어왔을 때도, 이것은 타이완 앞바다 항공전에서 피해를 입고 모항으로 귀환하다가 태풍 때문에 레이테 만으로 피난한 것이라고 판단했 습니다. 나는 상륙 작전이라고 주장했지만 근거 자체는 박약했습니다. 근거라곤 내 직감력뿐이었기 때문입니다."

실제로 미군의 건재했던 항공모함 12척은 즉시 레이테 연안에 함포 사격을 퍼 붓고 상륙 태세에 들어갔기 때문에 레이테 수비를 담당하고 있던 제16사단은 태세를 갖출 틈도 없이 맹공격에 직면해야 했습니다. 그런데 당신의 전보가 작 전부 참모의 손에 들어간 것은 분명해 보입니다. 예를 들면 정보참모였던 스기 타 이치지는 그의 저서 『정보 없는 전쟁 지도』에서, "전후에 분명하게 밝혀진 바에 따르면"이라는 전제 아래, "(호리 참모의 전보는) 대본영 육군부에서 묵살당하는 바람에 상사에게 보고되지 않았다"고 확실하게 말하고 있습니다.

"그 건에 관해서는 미묘한 점도 있고 해서 나 역시 전후에도 줄곧 발언을 아껴왔습니다. 1958년 어느 참모가 부르기에 도라에몽에 있는 공제회관의 식당에 간 적이 있습니다만, 그 자리에 당시 대본영 작전참모였던 아무개 씨도 와 있더군요. 그는 '실은 이 일 때문에 시베리아 억류 중에도 괴로웠다. 온 일본이 이겼다며 들떠 있을 때 딱 한 명 반대한 사람이 있었다. 그때 내가 당신의 전보를 묵살했다. 이것이 첩1호 작전을 근본적으로 그르쳤다'고 말했습니다. 나도 이 말을 듣고 깜짝 놀랐지요.

'아, 역시 그랬구나!'라고 생각했습니다. 동시에 내가 잘못 판단하지 않았다는 생각에 안도하기도 했지요."

호리는 나와 인터뷰를 하면서도 그 사람이 누구인지는 구체적으로 말하지 않았다. 하지만 당시 사정을 들여다보면 그가 누구인지 금방 알 수 있다. 1939년부터 1945년 7월까지 6년 동안 대본영의 작전참모였던 세지마 류조다. 세지마는 첩1호 작전을 직접 기안했던 사람이기도 하다.

나는 1988년 세지마의 인물론을 쓰기 위해 8시간 동안 그를 인터뷰를 했다(『세지마 류조: 참모의 쇼와사』 참조). 이 건에 관해서도 질문을 했지만 세지마는 호리와 나눈 대화에 대해서는 말하고 싶지 않다고 대답했다. 그것은 "동료 사이의 일"이며, 서로 오해가 있다는 것이었다. "호리는 오해하지 않더냐"고 묻기도 했다. 물론 호리는 "아무런 오해도 없다. 그때의 모습, 예를 들면 셋이서 커피를 마신 것이나 식권을 살 때의 모습까지 선하게 기억하고 있다"라고 구체적으로 말했다. 세지마의 반론은 그만큼 사실에 바탕을 두고 있는 것 같지는 않다.

그러나 그러한 사실을 파고들기보다 대본영의 작전부는 정보를 경시했을

제2부. 쇼와 육군의 흥망

뿐만 아니라 자기들 마음에 들지 않는 정보는 모두 '작전 주도'라는 이름 아래 묵살했다는 사실만 지적해두고자 한다. 군 관료는 독자적인 조직 원리에 따라 움직이고 있었다는 말이다. 있는 그대로 말하자면 전장에 나선 병사들의 운명은 이처럼 피폐한 상황 아래 결정되고 있었던 것이다.

'정예사단'의 궤멸

루손 결전이 레이테 결전으로 바뀌면서 어이없이 목숨을 잃은 병사들은 흔히 생각하는 것과 달리 이러한 위계질서의 희생자였다고도 말할 수 있다. 태평양전쟁의 잔혹상은 단순히 전장에서만 찾아볼 수 있는 것이 아니다. 대본영 작전참모의 어리석은 상황 인식에서 출발한 관료 기구의 퇴폐에서도 그 원인을 찾을 수 있다. 이는 앞으로도 철저하게 검증돼야 하는 사안이다.

제14방면군이 대본영과 남방군의 억지스러운 명령에 따라 레이테 결전에 돌입한 것은 1944년 10월 22일이다. 루손 결전에 대비하여 만주에서 파견된 제1사단은 마닐라에 정박해 있다가 곧 레이테 만의 오르모크로 이동해야 했다. 이 무렵 레이테 만안灣岸의 수비를 담당하고 있던 제16사단 앞으로 미군도 4개 사단을 보내 격렬한 전투를 계속하고 있었다. 제16사단은 증파된 제1사단과 함께 최정예 사단으로 불렸다. 하지만 이 역시 신화에 지나지 않았다.

호리는 대본영 정보참모라는 입장에서 잠시 제14방면군 참모로서 야마시타를 보좌하라는 명을 받았는데, 그는 제16사단이 있으니 레이테는 걱정할 것 없다는 참모들의 말을 의심쩍어했다.

왜냐하면 레이테 섬에서의 미군의 상륙 지점은 그 폭이 40킬로미터에 걸처 있다. 사단 병력이 일렬횡대로 늘어선다 해도 곳곳에 빈틈이 생긴다. 이를 고려하지 않은 것은 분명 참모들의 태만이라 할 수 있었다. 어쨌든 호리는 '정예사단'이라는 말만 철석같이 믿고 있는 참모들로부터 일정한 거리를 두고 있었다.

제1사단은 남방 요역에서 처음으로 미군과 지상전을 치르게 되었다. 오르모크에 상륙한 후 타크로반 평지 제압에 나선 이 사단은 레이테 산맥 북부에서 미군과 싸웠다. 싸움은 11월 10일 전후부터 12월 15일까지 계속되었다. 거의 50일에 걸친 전투였다. 그리고 일본군은 보급마저 끊어진 상황에서 궤멸하고 있었다. 미군과 정면으로 맞붙은 제16사단도 이 무렵에는 궤멸 상태에 처해 있었다.(1945년 1월 11일 『아사히신문』은 루손 섬에 미군이 상륙한 것을 전하면서 "필리핀에서 벌어진 미일 결전은 그 규모가 개전 이래 최대였으며 싸움도 가장 격렬했다"고 보도했다.─옮긴이)

미군이 제해권과 제공권을 장악하고 있었기 때문에 루손 섬에서 레이테 섬으로 향하는 보급은 충분할 수 없었고, 제16사단과 제1사단 병사들은 식량도 탄약도 없이 정글이나 고지에서 죽어갔다. 특히 파견군과 군사령부 사이의 통신마저 끊겨 전황을 정확하게 파악할 수도 없는 상황이었다. 12월 15일이 지나자 파견군의 사령관과 참모장이 자결하거나 전사함으로써 통솔능력을 잃었고, 레이테 작전은 실질적으로 실패로 끝났다.

그러나 대본영은 아직 레이테 작전에 미련을 두고 있었다. 예컨대 12월 15일 마닐라를 찾은 대본영 작전부장 미야자키 슈이치는 제14방면군에 중부 필리핀에서 미군을 격파하라, 레이테 섬 방비를 강화하라는 명령을 내렸다. 무토는 이 안에 이의를 제기하면서 미군은 루손 섬 공략을 염두에 두고 있는 게 분명하므로 중부 필리핀에서 결전을 벌여서는 안 된다고 말했다. 미야자키는 "알겠습니다. 앞으로는 방면군 사령관의 이름으로 적절한 판단을 내릴 수 있도록 하겠습니다"라고 답했다.

대본영 작전참모는 어떤 작전을 세워야 좋을지 갈피도 잡지 못한 채 완전히 혼란에 빠져 있었다. 이때는 대본영의 약속과 언질이 제14방면군의 기본적인 작전 방침이었다. 제14방면군은 당초의 루손 결전을 이 단계에 이르러서야 처음으로 치르게 되었다. 2개월 가까운 시일 동안 수만 명의 병사를 잃은 싸움이었다. 만약 루손 결전이 변경되지 않았더라면 마닐라의 군수품이나 부상병 이송도 원활하게 진행되고 방비 태세도 갖출 수 있었을 것이다.

대본영으로부터 루손을 방위하라는 언질을 받은 단계에서 제14방면군은 사령부를 이보로 옮겼다. 이곳은 매킨리에서 동북쪽으로 80킬로미터 떨어진 작은 마을이었다. 1945년 1월 1일, 도쿄의 궁성을 향해 절을 한 야마시타와 무토 그리고 참모들은 대본영과 남방군의 전략에서 벗어나 처음으로 스스로의 작전 방침에 따라 계속 싸워나가기로 한 데서 정월 초하루의 기쁨을 찾고 있었다.

야마시타는 레이테 결전 도중에도 호리에게 루손 섬에 미군이 상륙한 것은 언제인지, 상륙 지점은 어디인지, 사단 규모는 어느 정도인지 등을 검토하라고 명했다. 야마시타는 호리의 정보 해석 능력을 전폭적으로 신뢰하게 되었던 것이다.

호리는 모든 정보를 모았다. 게릴라들 사이에 떠도는 소문까지 조사했다. 그런 다음 자신이 맥아더라면 어떤 작전을 구상할 것인지를 염두에 두고 생각에 생각을 거듭했다. 필리핀에서 무엇을 구할 것인가(절대 조건), 그것을 위한 유리한 방법은 무엇인가(유리 조건), 그것을 방해하는 것은 무엇인가(방해 조건), 현재의 능력을 고려할 때 최선의 선택은 무엇인가(가능 조건), 이 네 가지를 바탕으로 생각을 이어나갔다.

이리하여 호리가 생각한 안은 다음과 같은 내용이었다. 그리고 이것이 제14방면군의 루손 방비를 위한 작전 계획의 골자가 되었다.

"미군은 1945년 1월 상순 주력을 투입하여 링가옌 만에 상륙하고, 다른

1945년 2월, 철수하는 일본군이 불을 지르는 바람에
화염에 휩싸인 마닐라 시 중심부.

일부를 투입하여 바탕가스와 바탄 반도 부근에 상륙한 다음 마닐라 공략을
기도할 것이다. 이와 별도로 일부 병력을 투입하여 아파리 부근에 상륙할 것
이며 또한 낙하산 부대를 카가얀 골짜기에 내려보낼 것이다."

호리는 미군이 링가옌 만과 바탕가스 그리고 바탄 반도 세 곳에 상륙할
것으로 예상했다. 시기도 1월 8일 아니면 9일로 상정하고 있었다. 병력은 처
음에는 5개 사단 내지 6개 사단, 그 이후의 증파 병력은 3개 사단 내지 4개
사단이 될 것이라고 생각했다.

호리의 이러한 생각은 "미군이 3월까지 진공해오는 것은 곤란"하다는 대
본영의 예측과 대립했다. 이 안을 제출한 호리는, 일본군의 능력을 얕잡아본
다고 하여 '겁쟁이'라는 소리를 들었다. 그러나 야마시타는 호리의 안을 채택
했다.

그런데 결과적으로 호리의 예상은 전부라고 해도 좋을 만큼 상당 부분 적
중했다. 무토는 자신의 회상록에서 호리를 높이 평가했는데 그 구절을 보면
다음과 같다.

"(적정敵情 판단이 남김없이 적중한 것은) 정보참모 호리 소좌의 공적이다. 그
는 세세한 정보를 신중하게 검토하여 언제나 적확하게 미군의 행동과 기도
를 판정했다. 그는 타이완 앞바다의 전과에 관해서도 항공모함 2척을 격침

제2부. 쇼와 육군의 흥망

했다는 발표가 과장됐다고 지적했고, 레이테 해 공중전의 전과에 관해서도 진실에 가까운 숫자를 우리에게 제시했다. 동료 참모들은 그를 가리켜 '맥아더 참모'라고 불렀다."

무토는 이 회상록을 스가모 형무소 안에서 아무런 자료도 없이 기술했는데, 호리의 능력을 가장 인상 깊게 기억하고 있었던 것이다. 물론 호리에게 이것은 명예로운 칭찬이었다.

호리의 예측에 기초하여 제14방면군은 루손 섬에서 방어 태세를 정비했다. 마닐라 동쪽 거점 확보에 나선 사단은 진무振武 집단이라 했고, 클라크 서쪽 거점 수비에 나선 5만 명의 병력은 건무建武 집단이라 했다. 그 외에 상무尚武 집단이란 불린 야마시타 직할 부대는 링가옌 만, 산호세, 루손 서북 연안, 아파리 등을 수비할 구역으로 삼았다.

1945년 1월 초, 야마시타는 사령부를 바기오로 옮겼다. 1월 6일 민도로 섬을 출발한 미군 기동 부대는 9일에 링가옌 만에 공격을 개시했고, 해병대원이 상륙하기 시작했다. 바기오의 사령부 근처 산허리에서는 링가옌 만을 내려다볼 수 있었는데, 만 안쪽에는 해면이 보이지 않을 정도로 미군 함정이 가득 들어차 있었다. 압도적인 광경에 일본군 병사들은 숨을 죽였다. 그 함정들이 일제히 포문을 열고 상륙 지점을 확보하기 위한 공격을 개시했던 것이다.

일본군은 미군 상륙부대를 야습하는 전법을 택했다. 하지만 그 결과 희생만 많아질 뿐이었다. 일본군 병사는 분명히 용감하게 싸웠지만 너무 큰 전력상의 차이를 정신력만으로 극복한다는 것은 아무래도 무리였다. 결국은 육탄 공격을 택할 수밖에 없었다.

야마시타 사령부는 '영구 항전'을 외치며 옥쇄 전법을 배제했다. 가능한 한 미군을 필리핀에 묶어두고 본토 결전 준비를 하도록 하는 작전에 전념했다. 병사들은 먹을 것이 없어 굶주리고, 말라리아에 위협당하고, 전력 부족으로 허덕이면서 싸웠다. 아사히사단에 속한 공병 제23연대의 중대장으로 육군대위였던 오치아이 히데마사落合秀正는 자신의 수기 「아사히사단 루손 섬 전전기」(잡지 『마루』 별책 『태평양전쟁 증언 시리즈 (4) 일미전의 덴노잔』에 수록)에서 다음과 같이 말한다.

"장병들을 지탱하고 있는 것은 정신력이었다. 그 근저에는 가족이나 동포가 있는 일본이 침략당해서는 안 된다, 가능한 한 적을 많이 끌어들여 해치움으로써 본토 결전을 지원해야 한다는 사명감이 있었다. 하지만 이 전쟁이 정말로 필요했을까? 이러한 생존의 한계를 넘어선 싸움에서 일부 사람은 의심을 품었다. 나도 그런 사람 중 한 명이었다."

보급이 끊긴 상황에서 벌어진 필리핀 결전은 자활자전自活自戰이라는 이름 아래 식량 확보를 우선시했다. 물론 생존에 필요한 양을 손에 넣는 것이 고작이었지만, 그래도 과달카날이나 뉴기니에서와 같은 참상에 이르지는 않았다. 그랬기 때문이라고 말해야 할 테지만, 병사들은 전적으로 불리한 상황에서 야간 침투를 수행하면서 점점 이 전쟁에 관하여 깊이 생각하게 되었다. 그리고 오치아이가 그랬듯이 "생에 대한 기대를 품고서 전사해가는 장병이 수없이 많은" 현실을 그려냈던 것이다.

1945년 2월부터 6월까지, 야마시타의 병단은 싸움을 계속했다. 하지만 탄약은 점차 떨어졌고, 영양실조, 말라리아, 이질, 각기병 등이 병사들을 덮쳤다. 병사들의 태반은 질병으로 고통받았다. 제14방면군은 식량과 탄약이 소진될 시기를 대략 예측한 다음, 9월 상순까지 싸운 뒤 야마시타와 무토는 자결하고, 나머지 병사들은 개별적으로 게릴라전을 행한다는 기본 방침까지 은밀하게 세웠다. 그것이 7월 초의 예상이었다.

그러나 8월 15일 일본은 항복했고, 야마시타는 바기오에서 미군이 제시한 항복 문서에 조인했다. 그 사실을 알지 못한 병사들은 산속에 틀어박혀 게릴라 활동을 이어나갔고, 그들의 저항은 1946년 봄까지 계속되었다. 산속에는 전멸한 부대의 병사들이 수없이 잠들어 있었다. 그 죽음에 대한 복수로 게릴라 활동이 이어지고 있었던 것이다.

'필리핀 결전'이라는 이름 아래 일본군 장병, 군속, 민간인 약 52만 명이 전사했다. 그 가운데 8만 가까이는 레이테 공방전에서 전사했다. 레이테에 8만4000명의 병사가 파견된 것을 생각하면 95퍼센트가 전사한 셈이다. 이러한 전사 비율은 태평양전쟁에서도 가장 높은 것으로 알려져 있다.

특공대원은
어떻게 만들어졌는가

가미카제 특별공격대에 의한 특공 작전이 처음으로 펼쳐진 것은 1944년 10월 25일이었다. '인간' 그 자체가 폭탄이 되는 이 작전은 태평양전쟁 기간을 통틀어 가장 비극적이고 또 비참했다. 이 작전을 채택한 육해군 지도부의 책임은 영원히 지워지지 않을 것이다. 동시에 이 작전으로 사망한 병사들은 '신'으로 되살아나리라 강요받은 존재로, 오늘날에도 계속 거론되어야만 한다.

10월 25일은 필리핀 앞바다 해전이 시작된 다음 날이다. 레이테 결전을 측면에서 지원하는 필리핀 앞바다 해전이 발동되었고, 다바오 기지를 출발한 해군특공대 소속 비행대가 미 해군 항공모함을 목표로 고도 3500미터 높이에서 수직으로 내리꽂혔다. 이날 필리핀 앞바다를 돌아다니고 있던 미 기동부대를 향하여 특공대는 수차례 육탄 공격을 감행했다. 그리고 이날부터 1945년 8월 15일까지 육해군 특공기 2367대가 출격하게 된다. 이는 그 숫자만큼의 생명이 사라졌다는 증거이기도 하다. 특공기 조종사들의 목숨을 건

'전과'가 어느 정도였는지는 일본과 미국에서 간행된 전쟁사에 따라 내용이 다르기 때문에 정확한 판단을 내리기는 어렵다.

하지만 특공기에 의해 미군 전함 60척이 격침되고 400척이 손상을 입었다는 보고를 믿는다면, 명중률은 높게 잡아도 20퍼센트를 밑돌았을 것으로 추정할 수 있다. 통상적인 폭격보다는 정확도가 훨씬 높았던 셈이다.

미군 해병대원들도 "특공기가 겨냥한 목표물을 향해 사전에 세운 계획에 따라 냉정하게 급강하는 광경"(데니스 워너·페기 워너, 『가미카제』, 세노 사다오 옮김)을 보고 놀라움과 으스스한 기분에 사로잡혔다. 여기에는 확실히 그들의 이해를 넘어선 문명과 문화가 있었기 때문이다. 그 때문에 사고에 혼란을 일으키고 광기의 세계로 들어선 병사도 있었을 정도다.

『가미카제』는 저널리스트인 워너 부부가 전후에 "일본은 왜 이와 같은 비인간적인 작전을 펼쳤는가"라는 관점에서 일본과 미국 관계자의 증언 및 자료를 정리한 책이다. 이 책에는 레이테에서 뉴기니의 홀란디아로 돌아온 제78기동 부대의 북방부대 지휘관 바베이 제독이 가미카제 특별공격대에 관하여 미 해군성 인사국장 제이컵스 중장에게 보낸 보고가 소개되어 있다. 그보고 중에 다음과 같은 구절이 있다.

"호위 항공모함과의 전투에서 적은 보잘것없는 각양각색의 특공기로 이렇

가미카제 폭격.

제36장. 특공대원은 어떻게 만들어졌는가

듯 큰 전과를 거두었는데, 그들은 이 목적을 위해 상당한 규모의 광신자 그룹을 훈련하고 편성한 것으로 보인다." "특공기에 의한 공격은 대형 수송선과 호위 항공모함에 특히 유효하다. 항공호위航空護衛의 능력이 눈에 띄게 떨어지는 달밤이나 새벽 또는 저녁 무렵에 특공기와 전투를 하는 것은 곤란하다. 적의 육상기가 항속거리 안에서 작전을 실시할 경우 이들의 자살적 공격 능력을 과소평가해서는 안 된다고 생각한다."

결국 전선에서 일본군과 대치하고 있던 부대의 지휘관은 일본군이 앞으로도 이러한 광신적인 작전을 실시할 것이라 예측하고, 이에 안일하게 대응해서는 안 된다고 보고했던 것이다. 물론 이는 미군 지휘자 모두의 공통된 판단으로, 그들은 마침내 일본군이 절망적인 작전에 돌입한 것으로 인식했다. 그러나 이 뉴스를 내보냈다가는 국민에게 쓸데없는 걱정을 끼칠 것이라 여기고 보도 금지 조치를 취하기로 한다. 특공 작전이 군사적으로나 심리적으로나 미군에 상당한 위협을 주었던 셈이다.

_____ '체면'에 이끌려 '사설 집단'으로

이 작전을 처음으로 생각해낸 것은 해군 내부의 항공 관련 막료들이었고, 이를 구체적으로 밀고 나간 사람은 제1항공함대사령관 오니시 다키지로大西瀧治郎였다. 당초 오니시는 이 작전을 '통솔의 외도外道'라고 자조했지만, 이미 전력이 바닥날 대로 바닥난 일본 해군으로서는 일시적으로나마 이러한 작전을 취할 수밖에 없다고 판단하기도 했다. 그런데 그 전과가 예상 밖으로 컸기 때문에 이 작전이야말로 유효하다는 양해가 확산되기에 이르렀다. 그리고 특공 조종사의 양성, 특공기 개발 등에 힘을 쏟게 되었다.

각종 자료에 따르면 특공 작전을 생각한 것은 실제로 해군보다 육군 쪽이 훨씬 더 빨랐다. 1944년 2월부터 3월에 걸쳐 참모본부 작전부에서는 이런 생각이 싹트고 있었다. 특히 작전과장 핫토리 다쿠시로 등이 그러한 생각을 갖고 있었다. 그러나 이 작전에 반대하는 목소리도 많았다. 예를 들면 항공 총감 야스다 다케오安田武雄 등이 그 중심에 서 있었다. 그 때문에 3월에 야스다가 경질되고 참모차장 우시로쿠 준이 그 자리를 겸임하게 되었다. 시기적으로 보면 특공 작전은 수상이자 육군상이었던 도조 히데키가 참모총장을 겸임한 이후 본격적으로 논의되기 시작했다.

당초 특공 작전은 표면적으로는 논의되지 않았지만 지휘자들 사이에서는 특공 작전을 용이하게 수행하기 위한 터다지기가 진행되었다. 조종사들이 죽음을 각오하고 항공모함이나 항공 기지에서 싸우다가 자멸해간 일에 대한 감상이 잇달아 발표된 것 등이 그 예다. 그러한 상황에서 특공 작전에 친숙해지는 분위기가 의도적으로 조성되었다. 이 또한 군 관료의 책임 회피 기질을 잘 보여주는 것이라 할 수 있다.

폭격기는 점차 특공기로 바뀌었다. 99식 쌍발경폭격기, 4식 중폭격기 등이 특공기로 개조되었다. 그리고 1944년 9월 25일 육군 지도부는 항공특공 작전 추진을 결정했다. 지도부 내에서 의연하게 이 전법에 저항하는 사람도 있었지만, 참모본부는 "무슨 수를 써서라도 항공 특공을 수행할 수 있도록 준비하라"고 항공본부를 밀어붙이면서 그 작전을 승인하도록 강요했다.

이러한 경위는, 해군 내부에서 특공 작전을 채택하기까지의 경과와 비교해보면 알 수 있듯이, 훨씬 더 교활했을 뿐만 아니라 책임을 아래로 떠넘기는 수법 또한 교묘했다. 이것은 부대 편성에 관해서도 지적할 수 있는데, 천황의 이름으로 행하는 작전이라고는 하고 싶지 않았기 때문에 제일선의 지휘관이 독자적으로 부대를 편성하는 형태를 취하도록 권유했다. 모리모토 다다오森本忠夫는 그의 저서 『특공』에서 이것이야말로 육군의 지도부가 특공 작전을 '통솔의 외도'로 인정하고 있었음을 역설적으로 뒷받침한다고 지적한다. "육군 내부에서 자발적으로 생겨난 사설 집단"이라는 형태야말로 "체면에 얽매이는 일본 육군 관료의 최고 수단, 실은 고식적인 수단에 지나지 않았던 것"이라는 점도 확인해두어야 할 것이다.

10월 25일 이후 해군 특공기는 레이테 만을 시작으로 필리핀 앞바다 해전에 속속 투입되었다. 육군 특공기가 처음으로 출격한 것은 11월 7일의 일인데, 제4항공군(사령관 도미나가 교지) 소속 '후가쿠대'의 4식 중폭격기 한 대가 라몬 만 방면으로 출격했다가 산화한다.

육군 특공 또한 이날 이후 매일같이 출격했고, 자신의 몸을 폭탄으로 바꾼 청년 조종사들은 필리핀 앞바다 해전과 오키나와 전투에서 산산이 부서졌다. 목표물까지 가는 데 필요한 기름만 넣고 생환을 기약할 수 없는 공격에 나선 조종사들은 과연 어떤 생각을 했을까? 후세대에 속한 사람으로서 그저 눈을 감을 따름이다. 아울러 학도병이 의도적으로 특공 조종사로 징용되었다는 사실을 지적하지 않을 수 없다.

지금 내 앞에 어느 학도병의 경력이 적힌 서류가 한 장 놓여 있다. 특공대원으로 죽어간 조종사의 것이다.

우에하라 료지上原良司는 1943년 11월 출진하게 되자 게이오대 경제학부를 휴학하고 육군 보병 제50연대에 입대했다. 우에하라의 수기 중 일부는 『들어라, 해신海神의 목소리를!』에 실려 있는데, 여기에는 그의 경력이 다음과 같이 소개되어 있다.

게이오대 경제학부 학생. 1943년 12월 입영. 1945년 5월 11일 육군특별공격대원으로서 오키나와 가데나 만에서 미국 기동 부대에 돌진, 전사. 22세.

우에하라의 수기는 앞 페이지와 다음 페이지에 실린 것과 같다. 우에하라가 세상에 남긴 이별의 글은 지금까지 두 편이 알려져 있는데, 하나가 「소감」

이고 다른 하나는 가족에게 보낸 유서다. 유서는 출정 후 일시 귀가했을 때 자택(당시 나가노 현 미나미아즈모 군 아리아케 촌) 책상에 놓여 있었던 것이고, 여기에 수록된 「소감」은 특공대원으로서 출격을 앞둔 전날 밤 몰래 써서 보도반원에게 부탁한 것이다.

「소감」은 특정인 앞으로 보낸 것이 아니다. 미군 기동 부대를 향해 돌진하기 직전에 자신의 신조를 글로 남김으로써 이러한 학도가 있었음을 다음 세대에 전하려 했을 것이다. 여기에 적혀 있는 내용을 입에 담거나 활자화해서 남길 경우 틀림없이 체포된다. 반전 분자라 하여 그에 상응하는 처벌을 받아야 했을 것이다. 하지만 우에하라는 자신의 '죽음'과 맞바꿔 추축국은 패배하고 자유를 존중하는 국가는 살아남을 것이라고 썼다. "자기 신념을 지키는 것, 이것은 조국으로서는 두려워할 만한 일인지도 모르지만 우리로서는 대단히 기쁜 일"이라 말하며, "내일은 자유주의자 한 사람이 이 세상을 떠날 것입니다. 그의 뒷모습은 쓸쓸하겠지만 마음은 만족감으로 가득합니다"라고 단언했다.

현재 특공 작전을 지령한 상급 지휘관의 말, 예컨대 "나도 제군의 뒤를 따를 것이다. 안심하고 기다려달라"는 제4항공군사령관 도미나가 교지의 말이 알려져 있는데, 우에하라의 「소감」 쪽이 훨씬 더 역사적인 보편성을 지님은 말할 필요도 없다고 생각한다. 우에하라는 자신을 칭칭 감고 있는 시대의 저주를 한탄하면서도 인류의 보편성 속에서 살아가기로 마음먹었던 것이다.

"허울뿐인 특별조종견습사관"

1992년 7월의 어느 날, 나는 우에하라의 고향인 나가노 현 호타카의 다이지아리아케大字有明(지금의 아즈미노 시)를 찾았다.

도쿄 신주쿠에서 중앙 본선을 타고 호타카 역에서 내렸다. 알프스처럼 죽이어져 있는 산봉우리를 보면서 택시를 달려 호타카의 교외를 찾아갔다. 당시 남편과 함께 의원을 개업한 누이 기요코가 우에하라의 영령을 모시고 있었는데, 그곳에서 우에하라가 입영하고 1년쯤 후에 쓴 이력서를 보았다. 이력서에 따르면 우에하라는 게이오대 경제학부를 다니다 휴학하고 마쓰모토에 있는 보병 제50연대에 입대한다. 이미 미국을 비롯한 연합국으로부터 결정적인 타격을 입은 대일본제국은 절망적인 싸움에 나서고 있었다. 대학생 또한 '황국 존망의 위기'를 맞아 어깨에 총을 메고 전선으로 나가야 했다. 우에하라도 그 운명을 말없이 받아들였다.

1944년 2월 1일 간부후보생으로 명받고 일등병이 되었다. 2월 9일 특별조종견습사관으로 발탁되어 사이타마 현의 구마가야熊谷 육군비행학교에 입교했다. 조장(상사)으로 진급했다. 자료를 보면 알 수 있듯이, 제50연대에는 학도병 100여 명이 입영했는데, 이 가운데 30여 명이 특별조종견습사관 시험을 치렀다. 합격한 사람은 10명 남짓이었다. 이 시기 학도병들의 꿈은 조종사가 되어 '황국'에 보답하는 것이었다. 우에하라는 그 꿈을 실현할 수 있는 코스에 들어섰다. 물론 이 시기에는 특공 작전이 실시되지 않았고, 자신이 언제든 그 요원이 되리라고는 전혀 상상하지 못했음에 틀림없다.

이때로부터 1년 2개월 후인 1945년 4월, 우에하라는 제56신부대의 특공 조종사가 되었다. 그사이에 어떤 사연이 있었는지는 유족도 지금까지 모르고 있다. 하지만 제11연성비행대에 속한 조종사들은 강당에 모였을 때 "특공 작전 지원자는 일보 앞으로" 나오라는 지휘관의 말을 들었던 듯하다. 겉으로는 지원에 의해 특공 작전 조종사를 뽑는 모양새였지만, 실제로 지원하지 않는 자는 비겁한 놈으로 취급받는 분위기가 조성되어 있었다.

우에하라는 그 후 어떤 친구에게 "방법이 없다고 생각하고 울음을 삼키면서" 앞으로 나섰노라고 몰래 털어놓았다. 제56신부대는 11명의 학도병 조종사로 편성되었다. 주로 와세다대와 게이오대 그리고 도쿄대에 다니던 학도병들이었다고 한다.

5월 10일 저녁 무렵, 가고시마 현의 지란知覽 비행장 전투 지휘소 부근에 다음 날 출격할 신부대 조종사들이 모였다. 이 자리에서 제6항공군사령관 스가와라 미치오菅原道大 중장이 결별 인사를 했다. 이때의 광경은 당시 일본 영화사 소속 보도반원이었던 다카기 도시로高木俊朗(전후에는 작가로서 특공 작전의 비참함을 호소한 작품을 다수 발표했다)의 작품이나 증언, 그리고 우에하라 료지에 관한 책(우에하라 료지·나카지마 히로아키, 『아아, 조국이여! 사랑하는 사람이여!』)에서도 언급하고 있다. 스가와라는 다음과 같이 말하면서 조종사들을 격려했다고 한다.

"제군은 특공대로서 내일 아침 출격한다. 제군은 사전에 계획했던 대로 각각 전함을 찾아 공격한다. 제군의 공격은 필사의 공격이다." "특공대는 이후에도 계속될 것이다. 우리도 계속한다. 특공대의 명예는 제군만 독점하는 것이 아니다. 각 부대가 모두 누릴 것이다. 제군만 내보내고 우리는 가만히 보고 있는 게 아니다. 다만 제군은 선진으로 앞장을 서는 것이다." "반드시 전함 한 척을 격파하라. 배 한 척을 격파하라. 그때까지 만전의 주의를 기울이라. 제군이 그런 각오로 나선다면 반드시 이긴다. 뒷일은 우리가 맡을 것이다."

스무 살이나 스물두세 살인 학도병들은 이 말을 어떻게 들었을까? 특공대원들은 막사로 돌아와 개인용 물건을 정리하기 시작했다. 우에하라는 혼자 앉아서 담배만 피웠다. 전후에 다카기가 어느 라디오 프로그램에서 증언한 바에 따르면, 그 모습에 가슴이 먹먹해져서 "출격하기 전의 심경을 써주길 바란다"고 요청했다고 한다. 그러자 우에하라는 "무슨 말을 해도 괜찮냐"고 되물었다. 다카기는 고개를 끄덕이고 일본 영화사의 원고를 건넸다.

우에하라는 신들린 듯이 단숨에 자신의 심경을 써내려갔다. 그것이 바로 「소감」이었다. 다카기는 전쟁이 끝나자마자 이 원고를 우에하라 가족에게 전달했다. 지금 보면 종이 색깔이 변했지만 그 글자는 아직도 선명하다. 중간까지는 만년필로, 그다음에는 잉크가 떨어져서 그랬는지 연필로 쓰여 있다. 머릿속에 자신의 생각이 정리되어 있었는지 한 글자도 정정한 게 없다. 글자 모양도 어지럽지 않다.

'출격 전야에 쓰다'라는 문자가 원고지 칸 밖에 세심하게 적혀 있다.

1945년 5월 1일 미명. 지란 비행장에는 그 지방 사람들이 다수 모여 있었다. 특공 조종사가 출격할 때에는 관례에 따라 국방부인회 회원 등이 모였다. 우에하라가 속한 제56신부대에서는 이날 3명의 조종사가 출격한다. 여기에 제55신부대의 조종사 4명이 가세하여 일대를 편성한다. 정비병은 기체를 점검한다. 그동안 일곱 명의 조종사는 자신과 함께 돌진할 비행기 앞에 둥글게 모여서 이별의 노래를 부른다. 〈사나이라면〉이라는 노래다.

"사나이라면, 노리던 적함에 온몸으로 부딪혀 산산이 부서져라." 이 노래의 마지막 소절이다. 소년 정비병이 우에하라의 비행기로 달려가더니 조종석에 갓 꺾은 풀꽃을 꽂는다. 우에하라는 무표정하게 그 모습을 바라본다.

오전 6시 15분, 유도기를 따라 신부대의 조종사들은 지란을 날아올랐다. 우에하라는 손을 흔드는 사람들에게 웃는 얼굴로 인사했다고 한다.

이날 일본 육군의 제6항공군과 해군 특공기 64대가 오키나와로 향했다. 연일 이어진 특공 작전 중에서도 일본군이 가장 격렬하게 육탄 공격을 펼친 날이었다. 오키나와 상공에서는 미군의 기동 부대가 몇 번씩이나 파상공격을 해오는 특공기를 겨냥해 함상에서 공격기를 발진시켜 맞받아칠 태세를 취하고 있었다. 가데나 만에는 항공모함 벙커 힐이 정박해 있었는데, 특공기는 이 항공모함을 노리고 돌진해왔다. 미국 측 자료에 따르면, 벙커 힐에 두 대가 명중하여 402명이 전사하고 264명이 부상했다. 구축함 에버뉴에도 4대가 명중하여 31명이 전사하고 29명이 부상했다. 이외에 다른 구축함이나

1945년 5월 11일, 특공기의 공습으로 불길에 휩싸인 미군 항공모함 벙커 힐.

제36장. 특공대원은 어떻게 만들어졌는가

수송선에도 몇 대가 육탄 공격을 시도했다. 미국 측 자료 역시 지금까지의 육탄 공격 중 이날의 공격이 가장 큰 피해를 낳았다고 인정하고 있다.

일본 측 자료에 따르면, 64대 가운데 51대가 목표물에 돌진했고 나머지 13대는 돌진 전에 격추되었다. 우에하라가 탄 '3식 전투기'가 어떤 공격을 했는지는 밝혀져 있지 않다. 하지만 어느 쪽이든 우에하라의 생명은 이러한 숫자 속에 포함되어 있었다.

장마가 지나가는 게 아닐까 싶을 정도로 기온이 올라간 1992년 7월의 어느 날, 나는 나가노 현 호타카에 있는 우에하라의 집에서 우에하라 기요코와 그 자식을 만났다. 우에하라 료지가 남긴 유품이 케이스에 담겨 있었고, 나는 그것을 하나씩 만져보았다. 스물두 살의 나이로 세상을 떠난 학도병의 유품을 만지고 있노라니 나도 모르게 눈물이 흘렀다.

쇼와 30년대 중반에 대학생이었던 나는 『들어라, 해신의 목소리를!』에서 우에하라의 「소감」을 읽고 놀라서 어쩔 줄 몰랐다. 전황의 만회 따위는 불가능하다는 것을 알면서도 자신의 몸을 폭탄으로 바꾸어 미국의 항공모함에 육탄 공격을 감행한 학도병들, 그들은 왜 이렇게 비인간적인 작전에 나서야 했던 것일까? 그런데 우에하라의 「소감」은 그 궁금증에 명확하게 답하고 있었다.

우에하라는 이렇게 썼다. "나 역시 이러한 작전을 행하는 국가가 전쟁에서 이기리라고는 생각하지 않는다. 이유가 무엇이든 자유를 억압하는 정치 조직이 오래 지속될 리는 없다. 하지만 나는 '아무쪼록 일본을 위대하게 만들어주실 것을 국민 여러분께 당부 드리면서' 죽어간다……." 위대한 일본이란 말할 것도 없이 일본이 자유를 회복하고 억압으로부터 해방되는 날을 의미한다고 나는 생각했다.

"내일은 자유주의자 한 사람이 이 세상을 떠날 것입니다. 그의 뒷모습은 쓸쓸하겠지만 마음은 만족감으로 가득합니다"라는 말은 마치 수수께끼 그

제2부. 쇼와 육군의 흥망

림처럼 후세대에 호소하고 있다. 그 후 지금까지 나는 기회가 있을 때마다 우에하라의 「소감」을 저 냉혹한 시대의 양심으로 파악해왔다.

케이스 안에서 작은 수첩이 나왔다. 우에하라 기요코의 것이었다. 1945년 5월 1일, 그러니까 우에하라 료지가 죽기 열흘 전, 당시 도쿄여자의전 학생이었던 기요코가 조후의 비행장에 임시로 머무르고 있던 오빠를 방문했을 때의 인상을 적어놓은 수첩이었다. 료지는 제56신부대 소속 특공 조종사들과 잡담에 푹 빠져 있었다. 오빠가 특공대로 출격한다는 것을 몰랐던 기요코는 이때 그들의 잡담이 너무나도 이상해서 기억에서 사라지기 전에 적어둬야지 생각하고 그날 밤 하숙으로 돌아와 그 내용을 수첩에 기록했다.

"아아, 비가 오려나? 정말 못 견디겠군."

"좋아. 내가 신주쿠 야시장에서 한턱내지."

"그 돈으로 영화나 보는 게 어때?"

"자네 몸은 싸구려라 영화나 볼 수 있을지 몰라."

"그보다 우리가 들어갈 관이나 사러 갈까? 육군성에 가면 30만 엔에 살 수 있을걸."

"관 값이 30만 엔이라고? 참 화려하겠군."

"뉴욕을 폭격하라면 기쁘게 갈 텐데. 죽더라도 그게 소원인데."

"정말 그래. 미국을 보지도 못하고 죽는 게 유감이지. 차라리 오키나와로 가지 말고 동쪽으로 날아갈까?"

"미국에 도착하기도 전에 죽어버릴 거야."

"저놈들은 무슨 생각을 할까?"

"자, 오늘도 멍청이들이 몰려왔군. 이런 곳까지 일부러 자살하러 오다니 참 바보 같은 놈들이야, 이러면서 웃겠지."

그들은 동료끼리 이런 얘기를 나누면서 기운을 잃지 않으려 애쓰고 있었던 것이다. 기요코의 수첩에는 그들의 독백도 적혀 있다. "아아, 속았다. 허울뿐인 특공조종사. 다시 태어난다면 미국에서 태어나야 해"라는 말도 남아 있다.

연습은 이륙과 착륙뿐

우에하라는 구마가야 육군비행학교의 훈련 방식과 대외비 자료 등도 남겼다. 비행학교에서는 일기를 쓰긴 했지만 점검을 담당한 상관이 붉은 펜으로 정정을 가했다. 그 일기를 꼼꼼하게 읽어보면 넌지시 상관을 비판하고, 자유를 희구하며, 인간성의 발로가 없는 조직은 존재할 의미가 없다는 기록 등이 눈에 들어온다. 그리고 곳곳에 "당신은 상관을 비판할 셈인가"라든가 "학생 근성을 버려라"와 같은 붉은 글씨가 적혀 있다.

우에하라는 일기에 "자유를 죽이고서야 정말로 뛰어난 군인이 될 수 있다. 이 점은 아직 수양의 여지가 있다"라고 쓰기도 했는데, 이는 분명히 육군이라는 조직의 비인간성을 역설적으로 말한 것이라 할 수 있다. 일기에서는 대학생이 쇼와 육군의 군인이 되려고 번민하는 내용을 얼마든지 찾아볼 수 있다. 예를 들면 다음과 같다. 모두 1944년 6월부터 8월에 걸쳐 쓰인 것이다.

6월 11일

군인이란 무엇인가? 나는 군인인가 아닌가? 내가 진짜 군인이 되려면 이런 의문을 가져서는 안 될 것이다. 그렇다면 진짜 군인이 될 수 없다. 이는 틀림없이 군인 정신을 제대로 이해하지 못하기 때문이다. 군대를 정말로 이해하려면 시간이 필요하다. 동시에 빨리 학생 기분을 떨쳐버리지 않으면 안 된다. 초년병이 되었을 때 처음으로 들은 말이다.

6월 15일

경계경보가 발령된다. 제2전선 결성. 남양 제도에 대한 공격과 함께 전운이 심상치 않아 보인다. 이때 우리는 무엇을 해야 하는가? 쓸데없이 흥분해서는 안 된다. 내게 주어진 임무를 달성하는 데 전력을 다하면 된다. 그것 말고 다른 길은 없다.

적이여, 올 테면 오라. 너희 주장은 옳다. 나 또한 동감한다. 그렇다 하더라도 나는 너희가 국가의 독립을 위해 싸우는 것과 마찬가지로 우리 나라를 위해 싸우는 것이다. 주의主義가 서로 다르긴 하지만 적은 적이다. 자, 오라! 좋은 적수여, 내가 가는 날을 기다려라!

6월 29일

자유는 확실히 군대에서도 인간성으로 나타난다. 우리 인간은 부지불식간에 자유를 추구한다. 그리고 이 자유를 박멸하는 것은 불가능하다. 적어도 특별조종견습사관 사이에서는. 이것은 우리의 희생이다. 그리고 이것은 자랑일지도 모른다. 잠깐 동안이라도 감시하는 눈이 없으면 나는 내 멋대로 한다. 군대식으로 말하자면 이러면 빵점이다. 그러나 인간으로서 볼 경우 이것은 자유주의가 충만하다는 증거이기 때문에 사상적으로 진보하고 있다고 말해야만 한다.

이러한 고뇌 속에서 우에하라는 특별조종견습사관으로 육성되고 있었다. 군대 내에서 일개 기기器機가 될 것이 아니라 '인간'으로 살아야겠다고 마음먹었고, 그것과 육군 내부의 조직 원리를 어떻게 타협시킬 것인지 고투하면서 하루하루를 보내고 있었던 것이다.

우에하라는 '조종 수첩'이라는 노트를 남겼다. 이 노트를 보면 특별조종견습사관으로서 비행 훈련을 얼마나 했는지 극명하게 알 수 있다. 조종사는 보통 200시간 이상 비행 훈련을 해야 능력을 인정받는데 그들에게는 그만큼의 시간이 주어지지 않았다. 그들은 어차피 목표물을 향해 가기만 하면 그만이었다. 그런 '특공대원'을 훈련시키는 데 필요한 가솔린마저 아까웠던 것이다.

우에하라가 남긴 이 노트에서, 연습기를 사용하여 어느 정도 훈련을 했는지 누계만 뽑아보면 다음과 같다.

95연습기　　　 1944년 3월 29일~7월 17일 222회(42.09시간)

99공중연습기　 1944년 8월 10일~8월 18일 11회(1.35시간)

2식 비행기　　 1944년 7월 19일~11월 27일 74회(25.59시간)

99군사연습기　 1944년 12월 9일~1945년 2월 5일 17회(30.0시간)

3식 전투기　　 1945년 1월 24일~4월 16일 22회(6.19시간)

우에하라가 탄 특공기(3식 전투기)로는 고작 6시간 남짓밖에 훈련을 받지 않았다. 기요코는 "훈련 시간이 너무 적었던 것 같습니다. 이것을 본 어떤 사람이 이륙과 착륙만 연습했다고 말했는데, 나도 그 말을 듣고 지나치게 가혹하다는 생각에 참 슬펐습니다"라며 시선을 떨구었다.

1945년 4월 어느 날, 우에하라는 특공대원으로 선발된 후 하루 동안 고향에 다녀오라는 허락을 받았다. 그때 어머니와 누이동생 기요코에게 확실하게 단언했다고 한다. 기요코의 증언이다.

"오빠는 '일본은 패한다. 내가 전쟁에서 죽는 것은 사랑하는 사람들을 위해서다. 전사하면 천국으로 갈 것이다. 야스쿠니 신사에는 없을 것이다'라고 말했습니다. 가족들은 전전긍긍했습니다. 그때는 이런 말을 할 수 있는 시대가 아니었기 때문이지요……."

우에하라는 친구 집에도 들렀다. 그때 화가 난 표정으로 이렇게 말했다고 한다. "기쁘게 사지로 떠나는 자는 없다. 상관이 손을 뗄 수 없는 상황을 만들고 있다. 나 역시……."

기지로 돌아가기 위해 집을 나선 우에하라는 아리아키 역으로 향했다. 언덕을 내려오다가 한참 동안 멈춰 서서 산봉우리를 바라보았고, 그런 다음 마을과 생가를 돌아보며 큰소리로 '사요나라'를 세 번 외쳤다고 한다. 그런 모습이 마을 사람들 눈에 띄었다. 그리고 역사까지 종종걸음을 쳐서 달려오는 기차에 올라탔다.

우에하라의 아버지는 군의軍醫였다. 큰형도 육군 군의관으로 종군했다가 버마 전투에서 쓰러졌다. 1943년부터 연락이 닿지 않았는데, 1945년 8월 하순 야전병원에서 전사했다는 소식을 공보를 통해 알게 되었다. 작은형도 의사였다. 해군에 징용되어 1943년 잠수함을 탔는데, 이 잠수함이 뉴헤브리디스 제도 앞바다에서 격침되는 바람에 전사하고 말았다. 삼 형제가 모두 전사한 것이다.

기요코와 그녀의 자식은 나와 장시간 이야기를 나누면서 원망하는 말은 한마디도 하지 않았다. 하지만 우에하라와 그의 동료들에게 뒤를 잇겠다고 큰소리쳤던 지휘관들은 전후에도 여유 있게 살아가고 있으며, 내가 학도병을 마치 기계 부품처럼 생각했다는 역사적 사실을 지적하면 말없이 고개를 끄덕였다. 그런 사실을 이미 충분히 알고 있었던 것이다.

우에하라 료지의 「소감」에 공명하는 벗들 250명이 모인 가운데 1992년 6월 27일 나가노 현 마쓰모토에서 '우에하라 료지를 생각하는 모임'이 열렸다. 이 모임을 안 고등학생이 "우리가 거들 일은 없느냐"고 물었다. 동시대의 젊은이들 대부분이 전혀 관심을 갖고 있지 않은 상황에서 몇 사람뿐이긴 하지만 '전쟁이라는 시대'에 휩쓸리고 만 학도의 고뇌를 전해줄 수 있다는 것을 기요코는 내심 고마워했다.

우에하라 료지의 일기를 다시 읽어보면, 쇼와 육군에 관하여 명확한 비판 의식을 갖게 된 것은 1944년 11월이었음을 알 수 있다. 앞에서 서술한 바와 같이 이때 육군도 특공 작전을 채택했다. 우에하라는 인간은 본래 '자유로운 존재'인데, 군사 조직이 그것을 방해하는 데 대해 마음속으로 불만을 품게 되었다. 11월 19일자 일기에는 다음과 같이 적혀 있다.

일본 군대에서는 인간의 본성인 자유를 억압하는 법을 배운다. 그리고 자유로운 성격을 어느 정도 억누를 수 있으면 이제 수양이 되었다는 둥 군인 정신이 바짝 들었다는 둥 이런저런 말을 늘어놓으며 자랑스럽게 여긴다. 이처럼 어리석은 일도 없다. 인간의 본성인 자유를 억누르고자 온갖 노력을 다한다. 이 무슨 낭비란 말인가? 자유로운 성격이란 어떻게 해도 억누를 수 있는 게 아니다. 스스로 억눌렀다고 생각해도, 군인 정신이 바짝 들었다고 생각해도, 그것은 단지 표면적인 모습에 지나지 않는다. 의심의 여지 없이 마음 깊은 곳에서는 다시금 강렬한 자유가 흐른다.

이른바 군인 정신이 들었다고 칭하는 어리석은 자는 우리에게도 자유의 멸각滅却을 강요하고 육체적 고통마저 그것을 독려하는 데 이용한다. 그러나 격렬한 육체적 고통의 채찍 아래에서도 자유는 언제나 싸우며, 언제나 승리한다. 일부 어리석은 자들이 우리 자유를 박탈하려 하면서 군인 정신이라는 모순된 주장을 할 때마다 우리는 그 어떤 것에도 굴복하지 않는 자유의 위대함을 다시금 느낄 따름이다. 위대한 것은 자유, 너는 영구불멸이며 인간의 본성이자 인류의 희망이다.

우에하라가 쓴 내용은 물론 쇼와 육군 내부에서 터져나온 소리는 아니다. 만약 이런 말을 했다면 즉각 군법 회의에 불려갔을 것이다. 하지만 자신의 목숨과 맞바꿔 이만큼의 의사를 역사에 가탁했던 것이다.

이런 의사는 지성과 이성 쪽에서 쇼와 육군을 고발한 것이라 해도 좋다. 동시에 우에하라라는 일개 학도병은 메이지 시대 건군 이래 누적되어온 모순과 불합리를 훌륭하게 간파했던 것이다. "군인 정신이 들었다고 칭하는 어리석은 자"를 향한 고발은 묵직한 의미를 갖는다.

베니어판으로 만든 기체

1945년에 들어서면서 쇼와 육군은 전군이 똘똘 뭉쳐 특공 작전을 외쳤다. 이것에 걸려든 이들은 주로 학도병이나 갓 소집된 신병들이었다. 다시 말해 군사 요원으로서 전력상 지위가 낮은 순으로 특공 작전에 투입되었던 것이다.

1945년 1월 20일, 육군 지도부는 나카지마 비행기라는 회사에 '겐劒'이라는 이름의 비행기 시제품을 만들라고 명했다. '겐'은 조종사의 생명을 극도로 경시한 특공기였다. 무엇보다 목재를 사용하여 기체를 만들고, 여기에 폭탄을 싣고서 조종사 혼자 탑승한 채 미군 함대를 향해 돌진하게 하는 것이 목적이었다.

이 명령을 받은 나카지마 비행기의 설계자들은 아연실색했다. 그때 설계자로 일했던 어떤 사람은 전후에 이렇게 증언했다. "이런 시제품을 만들라는 명령은 그야말로 터무니없는 소리였다. 어떻게든 미군 함대 위까지 날아가 부딪히면 그만이니까 불필요한 것은 모두 빼버리라는 말이었다."

이 단계에서는 목재마저 동이 나 두께 5밀리미터의 베니어판으로 기체를 만들어야만 했다. 더욱이 적기에 부딪힐 것이기 때문에 이륙한 후에는 바퀴도 필요하지 않을 터이므로 이륙 후 즉시 바퀴가 떨어지게 하여 다시 사용

제36장. 특공대원은 어떻게 만들어졌는가

할 수 있도록 하라는 말까지 들었다고 한다.

육군성 장교는 이 특공기를 '겐'이라 칭하고 득의양양해했다고 한다. 기술자들은 한시라도 빨리 만들라는 독촉을 받으며, 반은 폭력적인 위압에 짓눌려 1945년 8월 초 시제품 105기를 만드는 데 성공했다. 기체 아래에는 500킬로그램에서 800킬로그램까지 폭탄이 설치되어 있었다. 마치 폭탄에 인간이 타는 것이나 다를 바 없는 특공기였다. 결국 패전하면서 이 특공기는 한 대도 투입되지 않았다.

쇼와 육군의 작전참모들은 1944년이 저물 무렵부터 이미 정상적인 판단력을 잃은 상태였다. 특공 작전은 그러한 상황에서 태어난 이상한 작전이었다. 건군 이래 육군 내부에는 늘 이성적이고 이지적인 유형의 참모가 몇 명 있어서 특정 시기에는 브레이크 역할을 하기도 했지만, 이 시기에는 더 이상 그런 사람들마저 찾아볼 수 없었다.

특공기 조종사들은 이러한 폐해의 희생자였다. 그들 개개인의 능력이나 의사만으로 이에 저항할 수는 없었다. 그것이 반드시 따져야만 하는 쇼와 육군의 체질이었다. 그리고 오늘날까지도 그 체질이 충분히 밝혀졌다고는 할 수 없다.

제37장

오키나와 전투의 결전 태세와
그 의미

　　두 눈이 충혈되어 있다. 특히 오른쪽 눈 흰자위는 온통 불그스름하다.

　1990년 5월 15일 오키나와 도착 이틀째 아침, 나는 거울에 비친 얼굴을 보고 깜짝 놀랐다. 왜 이렇게 충혈되었는지 아무리 생각해도 짚이는 구석이 없었다. 이날 나는 몇 사람을 만나 취재를 할 예정이었는데, 이렇게 충혈된 눈으로 처음 만나는 사람과 이야기를 나눌 생각을 하니 괜히 우울했다.

　호텔의 선물 가게에서 선글라스를 구입했다. 선물 가게에 선글라스가 갖춰져 있는 것은 오키나와에서는 그것이 필수품이기 때문인지도 모른다. 1945년 4월부터 6월 사이에 오키나와 전투에 참가한 육군 병사들 중에는 그 전까지 북지전선에서 편성된 부대에 속한 이가 많았다. 그들은 오키나와의 강한 햇빛 때문에 적잖이 불안해했다고 한다. 갑자기 그런 이야기를 떠올리면서 나는 그런 불안감이 때로는 자포자기적인 행동을 야기했을지도 모른다는 생각을 했다.

나는 택시를 타고 나하那覇 시 중심가로 향했다. 중심가에 가까워지자 함성 소리가 들려왔다. "기지를 완전 철거하라"는 소리도 섞여 있었다. 운전기사가 오늘은 본토 복귀 기념일이라면서, 1972년 이날 중학생이었던 자신도 히노마루를 흔들었다며 한바탕 추억담을 늘어놓았다.

하지만 나는 그것보다 45년 전의 오키나와 전투에 관심이 있었다. 30대 전반의 운전기사는 자기 친척 중에도 희생된 사람이 많다고 말했다.

오키나와 전투는 실제로 비참한 싸움이었다.

1945년 4월 1일, 미군은 오키나와 본도의 중서부 해안에 상륙했다. 5일 전인 3월 26일, 미군은 이미 게라마慶良間 열도의 아카 섬, 게루마, 후카지, 자마미, 야카비에 상륙하여 일본군 수비대로부터 아무런 저항도 받지 않고 제압했다. 27일에는 구바 섬, 아무로 섬, 아와 섬 그리고 도카시키 섬에도 상륙했다. 게라마 열도를 모두 군사적으로 제압한 다음 오키나와 본도에 상륙했던 것이다. 4월 18일에는 일본군의 저항을 받으면서도 본도의 북부를 제압했다. 그 후 미군과 일본군의 전투는 점차 나하를 중심으로 하는 남부의 요충지로 옮겨갔다. 5월 4일에는 제32군(사령관 우시지마 미쓰루 중장)이 총공격에 나서 슈리를 중심으로 공방전이 계속되었다.

제32군은 압도적인 물량과 정교한 작전으로 공격해오는 미군에게 잇달아 제압되었다. 5월 22일, 슈리 시가로 들어온 미군은 수비대 소탕 작전을 개시했다. 제32군사령부는 거점을 다시 남부로 옮겨야만 했다.

5월 15일은 나하 시 주변에서 가장 격렬한 전투가 펼쳐진 날이었다. 시민들은 전투를 피해 가마(자연적으로 형성된 동굴)에 몸을 숨기거나 총탄을 뚫고 남부의 안전한 지역으로 향했다. (…) 45년 전 이 무렵, 비전투원은 온몸으로 위협을 느끼면서 그날을 보내고 있었던 것이다.

나는 운전기사에게 물었다. "기사님은 '하얀 깃발을 든 소녀' 이야기를 아십니까? 그러니까 소녀가 하얀 깃발을 들고 가마에서 나와 미군에게 항복했다는 이야기 말입니다만……."

"알지요. 오키나와에서는 유명합니다. 그 사진은 오키나와 전투에 대해 언급하는 책이라면 어디에나 실려 있지요. 그런데 '그 소녀는 바로 나다'라고 밝힌 사람이 몇 명 있는 것 같더군요. 저는 잘 모르겠습니다만, 진짜 '하얀 깃발을 든 소녀'는 누구일까요?"

나 또한 알고 싶었다. 그리고 그것을 통해 오키나와 전투의 실상을 얘기해보고 싶었다. 나는 꿈속인 듯 그의 이야기를 들으며 끼고 있던 선글라스를 벗었다. 택시에서 내릴 때 운전기사가 내 눈이 충혈된 것을 보더니 이렇게 말했다. "본토에서 온 사람들은 흔히 눈에 탈이 나곤 하지요. 바람과 자외선 때문에 눈이 새빨개지는 관광객도 많습니다. 그러니 선글라스를 벗지 않는 게 좋습니다."

나는 황급히 선글라스를 다시 썼다.

오키나와 전기를 읽노라면 현민縣民의 수기 중에서 "눈에 핏발이 선 일본군 병사"라는 표현을 만날 수 있다. 어쩌면 그것은 단순한 언어유희가 아니라 실제로 일본군 병사는 충혈된 눈으로 현민들 앞에 버티고 서 있었는지도 모른다고 나는 생각해왔다.

현재 오키나와 전투에 관한 책은 많이 나와 있다. 도쿄에서 간행된 책에 비해 오키나와의 신문사나 출판사에서 간행된 책들이 훨씬 더 상세할 뿐만 아니라 실상에 더 가깝게 서술하고 있다. 도쿄에서 간행된 책은 '정치적인 목적' 아래 쓰인 것도 적지 않은데, 그렇기 때문에 역사적 사실을 지극히 자의적으로 취급하는 사례가 허다하다.

오키나와와 타이완을 일괄한 과오

오키나와 전투는 바로 본토 결전이어서 이곳에서 펼쳐진 광경은 머지않아 일본 본토에서도 일상적으로 쉽게 볼 수 있을 터였다. 그런 까닭에 오키나와 전투는 본토 결전의 모습이자 지구전이라는 이름 아래 본토 결전을 준비하기 위한 희생양이기도 했다. 오키나와 현민은 그러한 희생의 상징이라고도 할 수 있다. 당연히 오키나와에서 이야기되는 전시의 에피소드, 그리고 그것을 소개하는 책자에는 원념怨念이 깃들어 있다.

오키나와 전투를 제대로 보려면 다음과 같은 세 가지 측면을 함께 고려할 필요가 있다. 즉, ① 대본영의 오키나와 전략, ② 현지 군(제32군)의 작전과 행동, ③ 오키나와 현민의 입장에서 본 전쟁이 그것이다.

나는 주로 ③을 통해 ①과 ②를 해부하고자 하는데, 사실 ③은 전후 오랜 기간 다양한 측면에 그림자를 드리우고 있다. 전쟁 세대는 점점 줄어들고 있지만 그럼에도 오키나와에서는 그 무렵의 비참한 체험이 끊임없이 다음 세대로 전해지고 있다. 그리고 계속해서 이야기를 하고 또 듣는 것이 역사적으로 가장 진지하게 살고 있다는 증거로 간주된다. 바로 그 점이 본토와는 다르다고 본다.

①은 대본영(즉 참모본부 작전부)은 어떤 전략을 갖고 있었는가라는 물음에 초점을 맞춘다. 이에 관하여 이미 몇몇 전쟁사에서는 그 전략이 대단히 애매모호했다고 지적하고 있다. 1944년 10월의 첩1호 작전은 실패로 돌아갔고, 그것을 호도하기 위해 임기응변식으로 다음 작전을 내세우기 일쑤였다. 대본영의 작전참모는 미군이 '오키나와'보다 먼저 '타이완'을 공격한 다음, 본토로 올 것이라 생각하고 이를 중심으로 '첩2호 작전'을 세웠다.

본래 첩2호 작전을 구상할 때에는 '오키나와 타이완 방면 결전'이라 하여 오키나와와 타이완을 같은 틀 안에서 보고 있었다. 오키나와와 타이완의 수비는 하나라고 생각했던 것인데, 그러나 실제로 그때가 다가오자 일방적인 예단에 기대 방향을 틀어버렸던 것이다.

전쟁이 끝난 후 그 점에 대해 구체적으로 지적한 사람은 제10방면군 정보참모 이다 마사타카井田正孝였다. 제10방면군사령부는 타이베이에 있었고 첩2호 작전을 담당하는 역할을 맡았는데, 오키나와 수비를 담당한 제32군의 상급 사령부에 해당되었다. 이다는 1944년 10월 참모로 부임했다. 제32군은 대본영 직할을 희망했음에도 불구하고 대본영에서 제10방면군 예하에 두는 바람에 사기가 눈에 띄게 떨어져 있었다.

"(대본영은) 편의주의적인 탁상공론에 따라 오키나와와 타이완을 일괄하는 과오를 범했고, 그 결과 제10방면군에 제32군을 편입시키는 어리석은 짓을 아무런 망설임도 없이 저지른 것을 반성해야만 한다.

그 와중에 있었던 나 자신이 첩2호 작전의 전역을 선입관에 따라 경솔하게도 오키나와 및 타이완으로 정했고, 그것이 사후의 작전 지도에 혼란을 초래한 원인이었다는 것을 전후 40년이 지난 오늘에서야 처음으로 알고 눈앞이 캄캄해졌다."(『최후의 전투: 오키나와·이오 섬 전기』)

전후에 간행된 참모들의 회상록에는 이와 같은 변명이 많다. 이다 마사타카 또한 그러하다. 결국 오키나와는 전략적으로 그다지 중시되지 않았던 것이다. 물론 오키나와 현민을 지킨다는 인식 따위는 아예 없었다.

이다는 참모본부 작전부장 미야자키 슈이치가 오키나와 작전을 중시하지 않은 '범장凡將'에 지나지 않았다고 말하기도 한다.

미야자키를 비롯해 작전과장 핫토리 다쿠시로와 그의 후임 아마노 마사이치天野正一(1945년 2월 12일 취임) 등은 오키나와 결전이 '본토 결전'과 같은 정도의 의미를 갖는다고는 생각하지 않았다. 결국 오키나와를 본토 방비를 위해 버리는 돌이라고 생각했던 것이다.

미야자키는 이미 천황의 재가를 얻은 제84사단의 오키나와 파견을 하룻

밤 사이에 중지시켰다. 병력을 오키나와로 돌리는 데 주저했던 것이다. 더욱이 핫토리는 오키나와 수비를 맡고 있던 3개 사단(제9사단, 제24사단, 제62사단)과 독립혼성여단(제44여단) 가운데 제9사단을 타이완으로 돌렸다. 1944년 11월의 일이었다. 이는 필리핀 결전에 눈을 빼앗겨 필리핀 다음은 타이완이라는 개인적인 판단에 따른 것이었다. 그리하여 오키나와의 수비력은 크게 후퇴했다.

전후에 핫토리는 이 사안에 관하여 제32군 참모들에게 이렇게 사죄했다고 한다. "마가 끼었다고밖에 생각할 수 없다. 일생일대의 불찰이며 변명할 여지가 없다." 대본영의 병력 운용이라는 게 이토록 자의적이었음을 인정한 셈이다.

당시 이와 같은 핫토리의 방안에 대하여 제32군 참모 야하라 히로미치八原博通는 군사령관 우시지마 미쓰루牛島滿의 뜻에 따라 의견서를 작성했다. 이 의견서에는 엄연히 다음과 같은 문구가 적혀 있었다. "오키나와 본도 및 미야코宮古 섬을 함께 확보하려는 방침이라면 군에서 하나의 병단을 차출해서는 안 된다." "군에서 하나의 병단을 차출하고자 한다면 미야코 섬 또는 오키나와 본도를 방기放棄할 것을 요한다."

그러나 이 의견서는 받아들여지지 않았다. 참모본부와 방면군 모두 오키나와보다 타이완에서 결전을 벌이는 것이 우선한다며 양보하지 않았기 때문이다.

그리하여 제9사단은 1945년 1월 10일 오키나와에서 타이완으로 향했다. 오키나와 주민들은 제9사단을 오키나와 수비대의 중핵으로 생각하고 있었다. 오키나와의 신병도 이 사단에 입대했고 주민들도 이 사단을 신뢰하여 진지 구축에 협력하고 있었던 것이다. 제9사단이 타이완으로 향한 뒤 새로 편입된 사단은 없었다. 그것이 오키나와 현민을 불안하게 했다. 게다가 부족한 병력을 충원하기 위해서였는지는 몰라도 1945년 1월부터 4월까지 만 17세에서 만 45세 미만의 남자는 모두 군에 소집되었다.

오키나와 전투가 시작되었을 때 쇼와 육군의 장병은 약 11만 명이었던 것으로 알려져 있는데, 그 가운데 3분의 1은 현지 소집병으로 충분한 군사 훈련도 받지 않은 상태였다. 이런 식으로 만 17세 이상 만 45세 미만의 오키나와 남성들을 모조리 동원하여 인원수를 맞췄던 것이다.

'최후 결전'인가 '시간 벌기'인가

참모본부와 군령부는 오키나와 결전을 어떻게 보고 있었을까. 1945년에 들어서면서 모든 전투는 본토 결전의 전 단계로 간주되었다. 1월에는 「육해군 작전 계획 대강」을 정해, 본토 결전까지 시간을 벌기 위한 방법으로서 오키나와 이남의 남서 제도에서 미군을 저지하기로 하고 해군과 함께 항공 병력을 투입한다는 방침을 채택했다. 부족한 병력을 보충하기 위해 육해군 모두 특공기 정비에 들어갔다. 해군은 독자적으로 기동 부대를 정비하기 시작했다.

참모본부의 판단과는 별도로 군령부는 미군이 본토 공격 전에 오키나와를 공격할 것이라고 생각했다. 미군이 타이완은 공격하지 않을 것이라고 판단한 군령부는 오키나와의 항공 기지를 사용하여 오키나와 상륙 전에 미군을 공격하는 작전으로 대항하기로 했다. 군령부의 강경한 요구에 참모본부도 이를 받아들여 3월 1일 중앙 협정을 맺었는데, 그것은 오키나와에서 최후의 결전을 벌이고자 하는 해군과 본토 결전을 앞두고 시간을 벌어야 한다는 참모본부의 입장 차이를 부각시켰다.

군 중앙의 이와 같은 예측과 줏대 없는 전략은 오키나와 수비를 담당한 제32군사령부의 작전에서도 그대로 드러났다. 제9사단이 차출된 후 제32군은 작전 내용을 새롭게 가다듬었는데, 그 중심에 있었던 사람이 작전참모 야하라 히로미치다. 야하라는 육군대학교를 졸업하고 육군성, 주미 대사관 주재무관, 육군대학 병학 교관, 제15군 참모를 역임했다. 쇼와 육군의 군인 중에서는 이지적인 유형으로 자신의 주장을 끝까지 포기하지 않는 사람이기도 했다. 야하라는 제9사단이 차출되었을 때부터 참모본부의 작전 지도에 강한 불만을 감추지 않았다고 한다. 그랬기 때문에 야하라는 대본영이 제시한 틀 안에서 가능한 한 독자적인 작전을 지향했던 것이다.

제9사단이 차출된 후 제32군에서는 새로운 전략으로서 두 가지 선택지를 고려했다. 하나는 오키나와 전역의 요새화와 비행장 건설이라는 지금까지의 방침을 끝까지 밀고 나가는 것이었다. 1944년 가을부터 오키나와 본도와 여러 섬에는 병사와 현지 주민들의 손으로 적잖은 비행장이 건설되었다. 이 비행장들이 미군에게 넘어간다면 예상을 빗나가 미군을 위해 비행장을 건설한 셈이 될 터였다.

일본의 육해군에는 폭격기가 거의 남아 있지 않았지만 그럼에도 비행 기지는 결코 놓칠 수 없는 요충지였다.

또 하나의 작전은 본토 결전 준비를 마무리할 때까지 오키나와를 방파제로 삼아 철저한 지구 작전을 펼치는 것이었다. 이를 위해 각 사단은 가능한 한 피해를 줄이면서 옥쇄 작전을 지연시킬 필요가 있었다.

야하라는 두 작전 중 후자에 미련을 두었다. 현실적으로 항공 병력이 일본군의 주력이 될 수 없는 이상, 여러 섬에 분산되어 있는 병력을 모두 오키나와 본도에 집중시키고 이곳에서 철저하게 지구 작전을 펼쳐야 한다는 것이었다.

하지만 야하라가 아무리 견식과 능력을 갖춘 참모였다고 해도 그의 의견이 받아들여질 리 없었다. 제32군 참모 중에는 항공 병력을 중시하는 참모도 있었기 때문에 사령부 안에서는 격렬한 논쟁이 계속되었다. 그리고 미처 결론도 내리지 못한 채 미군의 전투가 시작되었다.

전투가 시작된 이후에도 제32군사령부의 작전은 제10방면군이나 대본영 사이에서 혼란이 끊이지 않았는데 그만큼 상호 불신이 깊었던 것이다. 그랬기 때문에 오키나와 전투에서 아무런 잘못도 없는 현민의 희생이 컸다고 할 수 있다.

오키나와 전투를 이야기할 때 잊지 말아야 할 것은 현민이 강제로 전쟁에 참가하게 된 실상이다. 앞에서 언급한 ③이 바로 그것을 말해주는데, 현민은 모든 측면에서 육군 내부의 혼란에 농락당했다고 할 수 있다. 오키나와 현민이 농락당하는 모습은 만약 본토 결전이 벌어졌다면 국민이 맛봐야 했을 고통이나 고뇌의 모습이기도 하다.

나는 오키나와를 방문했을 당시 오키나와사료편집소 전문위원이었던 오시로 마사야스大城將保를 만났다. 오시로는 1939년생으로 유아기에 오키나와 전투를 체험했다. 나와 만났을 때 그는 오키나와 전투 당시 현민들의 체험을 기록하는 일에 몰두해 있었다. 오키나와 전투에 참가했거나 휩쓸린 현민들의 입은 대단히 무거우며, 많은 이가 육친 중 누군가를 잃은 것만으로 기억을 이야기하는 데 큰 어려움을 겪는다고 한다.

오시로는 『오키나와 전투』 『오키나와 전투를 생각한다』와 같은 책을 썼다. 책을 통해 그는 오키나와 전투의 실상과 당시 현민들이 놓여 있던 상황에 대해 이야기한다.

오키나와는 남북 약 130킬로미터의 가늘고 긴 섬이다. 이 섬에서 4개월에서 5개월에 이르는 장기전이 벌어진 것은 왜인가? 이 물음에 오시로는 오키나와 작전은 본토 결전을 위한 버림돌이었기 때문이라고 분석한다. 그렇다면 오키나와는 당시 어떤 상태였는가? 오시로는 그의 저서 『오키나와 전투』에서 다음과 같이 말한다.

"그 결과 '철鐵의 폭풍'이라고 말할 정도로 격렬한 포격전이 3개월 이상 계

제37장. 오키나와 전투의 결전 태세와 그 의미

속되었다. (…) 오키나와에서는 (이오 섬을) 웃도는 포탄이 사용되었다. 산의 모습을 바꿔버릴 만큼 거센 비처럼 쏟아지는 포탄은 오키나와 전투의 특징 중 하나였는데, 원래 해전용 전함이나 순양함의 주포가 장기적으로 지상 사격에 사용된 것 자체가 전사상 이례적인 일이었다.”(지상전이 격렬했던 것은) 미군의 목표가 오키나와 본도의 항공 기지였기 때문이다. 미군 공략 부대에 주어진 임무는 '오키나와 탈취, 기지 정비, 오키나와 여러 섬에서 제공권과 제해권 확보'(아이스버그 작전 계획)였다. 다가올 본토 진공 작전에 대비하여 오키나와의 항공 기지를 자유롭게 사용하기 위해서는 오키나와 섬들을 완전히 점령해야 했고, 게다가 안전을 확보하기 위해 패잔병이라도 철저하게 소탕해야만 했다. 전면적인 소탕 작전으로 최후의 병사 한 명까지 추격한 것은 이 때문이었다.”

오시로는 오키나와가 격렬한 전장이 된 것은 일본군과 미군 쌍방의 작전 목적 때문이었다고 결론짓는다.

'하얀 깃발을 든 소녀'

근대 일본 전쟁에서 국민(말하자면 비전투원)이 전선에 선 것은 오키나와 전투뿐이다. 태평양전쟁 당시 사이판, 필리핀 등지에서도 국민이 전투에 휩쓸리긴 했지만 그것은 인양 시기에 착오가 있었기 때문이며, “노약자와 부녀자까지 전력화하여 적전敵前으로 내보낸 것은 오키나와에서뿐이다”라고 오시로는 지적한다.

오키나와 현민이 전투에 휩쓸리면서 얼마나 비참한 일을 겪었는지를 말해주는 책이나 사진은 적지 않다. 미군의 보도반원이 촬영한 사진은 현재 거의 다 공개되었는데, 그것만 봐도 당시의 비참한 상황을 그려볼 수 있다. 동

1945년 6월 오키나와 전투에서 동굴 속에 숨은 일본군을 공격하는 미군 해병대.

굴에서 나오는 노인, 미일 양군의 포격을 피해 이리저리 도망 다니는 아버지와 아들, 정말이지 전쟁은 궁극적으로 병사뿐만 아니라 비전투원까지 파괴해버린다는 사실을 여실하게 확인할 수 있다.

나는 한 장의 사진이 계속 마음에 걸렸다. 작은 나뭇가지에 하얀 천을 매달고 미군 앞으로 걸어오는 대여섯 살짜리 소녀를 찍은 사진이다. '하얀 깃발을 든 소녀'라 하여 쇼와 50년대부터 일본 미디어에서도 소개되었던 것이다.

이 사진은 확실히 오키나와의 비전투원이 어떤 고통을 겪었는지를 말해준다. 동시에 쇼와 육군의 존립 기반이 어디에 있었는지 그리고 건군의 본뜻이 무엇이었는지는 차치하더라도, 나아가 대본영이나 제10방면군, 그 예하의 제32군사령부가 어떻게 싸웠는지를 제아무리 상찬하는 경향이 있다 해도, 이 한 장의 사진은 그 모든 것을 깨끗하게 부정해버릴 정도로 의미가 크다.

쇼와 50년대 후반부터 '하얀 깃발을 든 소녀'의 '진짜 인물'이 누구인지를 둘러싸고 논쟁이 이어져왔는데, 그 과정에서 오키나와 현민이 쇼와 육군의 병사를 어떻게 받아들였는지를 말해주는 에피소드가 적지 않게 공개되었다. 그리고 그 에피소드야말로 오키나와 전투의 본질을 잘 보여준다고 할 수 있다.

앞에서 소개한 오시로는 쇼와 50년대 후반 현민들의 이야기를 기록하는 작업을 진행하다가 "그 소녀는 바로 나다"라고 말하는 여성을 만났다. 그 여성은 전쟁 당시 다섯 살이었다. 소녀는 오키나와 본도의 남부로 피난했다가 가족과 떨어져 동굴에 숨어 있었다. 그때 미군의 스피커가 다가와 "동굴에서 나오라"고 설득했다. 동굴에 있던 일본군 병사가 작은 나뭇가지 끝에 하얀 천을 매달아주면서 "아이들은 괜찮으니까 나가라"고 말했다. 그래서 그 소녀는 동굴 밖으로 나왔다고 한다.

오시로의 기록에 의해 일단 '하얀 깃발을 든 소녀'가 누구인지 밝혀진 셈이다.

이 에피소드를 바탕으로 1985년 8월 오키나와의 신문기자와 판화가가 함께 동화 『류코의 하얀 깃발』을 간행했다. 류코라는 이름의 소녀가 어머니와 남동생을 잃고 혼자서 도망 다니다가 동굴에 몸을 감춘다. 항복을 권고하는 미군의 목소리가 들린다. 그러자 동굴에 있던 일본군 병사가 류코의 손에 하얀 깃발을 쥐여주어 밖으로 나온다. 미군이 정말로 총을 쏘지 않을지를 시험한 것이다. 류코는 웃으면서 나온다. 미군은 총을 쏘지 않는다. 그러자 일본군 병사가 안도한 표정으로 두 손을 들고 뒤따라 나온다······.

그 여성의 이야기와 작자들의 창작이 뒤섞인 스토리다. 이 동화는 영화로 만들어져 전국에서 일제히 개봉되었고, '하얀 깃발을 든 소녀'의 모습과 관련하여 이 내용이 사실인 것으로 받아들여졌다.

여기에서 일본군 병사는 철저하게 비겁한 인물로 그려져 있다. 오키나와에서는 그것을 하등 이상할 게 없는 모습으로 받아들였던 것이다. 그만큼 일본군 병사에 대한 불신감이 컸다고 할 수 있다.

그 후 워싱턴 국립공문서관에 보관 중이던 보도반원의 영화 필름이 일본에도 전해졌고, 백기를 든 소녀의 모습이 고정된 장면이 아니라 하나의 흐름 속에서 비치고 있다는 것을 알게 되었다. 앞의 여성은 이것을 보고 "저 사람은 내가 아니다"라고 발표했고, 다른 여성(히카 도요코, 패전 당시 일곱 살)이 자기 모습이라고 말하면서 약 40년이 지나서야 백기를 든 소녀가 누구인지 밝혀졌다.

히카 도요코比嘉豐子는 향학열에 불타 1990년 당시 쉰 살이 넘은 나이에 류큐대학에 학사 입학하여 공부하고 있었다. 나는 류큐대학 앞에 있는 레스토랑에서 그녀를 만났는데, 그 자리에서 다음과 같은 이야기를 주고받았다.

오키나와 전투 때 어떤 체험을 했습니까?

"우리 집은 슈리에 있었는데, 아버지는 목축업에 종사했고 육군에도 식량을 댔지요. 오빠가 둘 있었는데 모두 중국에 출정해서 집에 없었습니다. 5월 10일 무렵부터 슈리에서도 전투가 벌어져 나는 열일곱 살 언니와 함께 남동생을 데리고 도망을 쳤습니다. 길에는 일본군 병사와 민간인의 시체가 가득했습니다. 그 얘기는 하고 싶지 않습니다만 뚜렷이 기억하고 있습니다. 어디를 어떻게 빠져나왔는지 정확하게는 기억나지 않지만 어느 사이에 나 혼자 남았더군요. 남동생은 그만 죽고 말았습니다…… 병사들이 어떻게든 남쪽으로 도망가라고 했습니다."

일본군 병사에 관해서는 어떤 기억이 있습니까?

"나도 동굴에 들어가 그날그날을 보냈는데, 동굴을 발견하고는 큰소리로 언니 이름을 부르며 걸어다닌 기억이 있습니다. 그랬더니 안쪽에서 '저리 가라!'며 내쫓았습니다. 미군에게 들키면 곤란하기 때문이었겠지요. 가끔 일본도를 쥔 병사가 '시끄럽다'며 쫓아낸 적도 있습니다. 그랬기 때문에 어린 마음에도 일본군 병사는 무섭다는 인상을 갖게 되었습니다. 나처럼 혼자 도망 다니는 사람은 운이 어지간히 좋지 않고서는 살아남을 수가 없었습니다."

당신이 쓴 책에 따르면, 당신은 어떤 동굴 속에서 눈먼 노인과 그의 아내, 두 사람의 도움으로 며칠 동안 살 수 있었습니다. 그곳에서도 미군의 항복 권고 방송을 들을 수 있었는데, 그 노인이 나뭇가지 끝에 훈도시를 삼각으로 잘라내서 묶고는 '너는 나가라'고 했다지요? 그때의 정경을 아직도 기억하고 있습니까?
"예, 기억합니다. 그때 나이 드신 분들이 자신은 그곳에 있겠다면서 동굴에서 나오지 않은 것이 못내 아쉽습니다. 나는 그 하얀 깃발을 들고 미군 병사에게 갔습니다. 미군 병사 한 명이 카메라와 같은 것을 내 쪽으로 돌리던 것이 기억납니다. 어쩌면 이 무렵은 전쟁이 끝났을 때인지도 모릅니다. 미군 병사가 좀더 걸어오라며 몇 번이나 손짓을 했으니까요……. 이후 미국의 필름을 보니까 내 뒤에 일본군 병사 서너 명이 웃는 얼굴로 걸어오고 있더군요. 그것은 전쟁이 이미 끝났다는 의미였는지도 모릅니다."

사진 속 인물이 바로 당신이라고 말하기 전에 여러 사람이 '내가 그 사람이다'라고 말하기도 했고, 어린이용 동화도 나왔습니다. 그중에서 당신이 체험한 사실과 다른 에피소드도 많을 것이라고 생각합니다만…….
"글쎄요. 나는 실제로 미국에서 보내온 필름을 보고 저 사람이 나라는 것을 금방 알았습니다. 지금도 생각납니다만, 여기저기 옷이 찢겨서 엉덩이 부분으로 바람이 들어왔습니다. 하얀 깃발을 든 소녀를 모델로 한 동화는 내 경험과 완전히 다릅니다. 예를 들어 그 동화에서는 그때의 소녀가 성장하여 아이 셋을 둔 어머니가 되었다고 하는데 나는 그렇지 않습니다. 그리고 그 동화에서는 일본군 병사가 먼저 소녀를 내보낸 다음 그 모습을 지켜보다가 미군이 죽이지 않는 것을 알고서 한 명씩 빠져나오는 것처럼 묘사하고 있습니다. 전혀 그렇지 않았습니다. 오히려 나이 든 부부에게 나만은 놓아주고 싶다는 마음을 내보인 일본 군 병사도 있었지요.

같은 일본군 병사라 해도 일본도를 휘두르며 쫓아내는 이가 있었던 반면 그와 같은 사람도 있었습니다. 그 동화와 내 체험은 그 점에서 다릅니다."

오키나와 전투에 휘말린 부녀자와 노인 중에는 '하얀 깃발'을 들고 동굴에 서 나온 이가 적지 않다. 비전투원은 하얀 깃발을 들고 항복하면 적의 포로 가 된다는 것을 아예 몰랐다. 누군가 알려주었기 때문에 하얀 깃발을 내걸 었던 것이다. 그것을 가르쳐준 사람은 누구였을까? 아마도 러일전쟁에 종군 했던 노인이거나 일본군 병사였을 것이다. 결국 하얀 깃발을 내건 비전투원 뒤에 쇼와 육군 군인의 겉모습에 불만을 품은 '인간의 얼굴'을 한 전현직 병 사들이 있었던 셈이다.

_____ 전쟁 협력자 아니면 전쟁의 장애물

『어머니들의 전쟁 체험』(오키나와현부인연합회 편, 1986년 3월 간행) 에는 기노자宜野座 촌에 사는 헤시키 도요코平識豐子의 수기 「생명을 구한 하 얀 깃발」이 실려 있다. 여학교 학생이었던 헤시키는 총탄을 피해 이리저리 도 망 다녔다.

"산속에서는 밤이 되면 어디에 숨어 있었는지 이곳저곳에서 사람들이 모 여들었습니다. 적군은 또 밤이 되면 조명탄을 터트리면서 기관총을 쏴댔습 니다. 드디어 죽을 때가 왔구나…… 한곳에 모인 사람들은 모두 울먹이면서 서로에게 꼭 기댄 채 벌벌 떨고 있었습니다. 그때였습니다. 전쟁을 체험한 할 아버지가 지혜를 발휘하여 자신의 하얀 훈도시를 막대기 끝에 걸었습니다.

잠시 후 총소리가 딱 멈추고, 꿈에서 깨어난 느낌이었습니다. 즉시 할아버지의 지시에 따라 우리는 얼굴에 진흙을 바르고 누더기를 걸친 모습으로 백기를 앞세우고 산에서 내려왔습니다. 우리 모두의 생명을 구해준 하얀 깃발은 평생 잊지 못할 것입니다."

미군은 백기를 들고 산에서 내려오거나 동굴에서 나오는 이의 생명을 보장했던 것이다.

쇼와 육군에는 백기를 내건다는 사상이 아예 없었다. 최후의 한 사람까지 싸울 것이기 때문에 백기 따위는 필요 없다고 말할 수도 있었다.

오키나와에서 비전투원이 선택할 수 있는 것은 두 가지밖에 없었다. 하나는 전쟁 협력자로서 군의 수족이 되는 것이었다. 수많은 오키나와 사람이 진지 구축 등에 동원된 것이 그러한 사례다. 다른 하나는 실제로 전투 상황에 이르면 장애물 취급을 받는 것이었다. 그들은 자결을 강요받거나, 총알받이가 되거나, 일본군 병사에게 살해당했다. 일본군 병사들 사이에서는 비전투원이 미군에 넘어갈 경우 이적 행위를 할지도 모른다는 불신감이 팽배했고, 류큐 방언밖에 모르는 사람을 간첩으로 지목하여 살해하는 행위도 되풀이되었다.

오시로는 자신의 책 『오키나와 전투』에서 이렇게 말한다.

"남부전선에서는 전투원과 일반 주민이 같은 동굴에 뒤섞여 있었다. 어린아이들이 울고 부상자는 신음한다. 그러자 적에게 진지가 발각될 수도 있다는 이유로 울어대는 아이를 살해하거나 부상자를 독약으로 처치하는 잔혹한 광경이 곳곳에서 펼쳐졌다. 패잔 심리까지 발동하여 약육강식의 극한상황이 전개되었던 것이다. 전장에서는 어린아이, 노인, 부녀자, 부상자 등 약자부터 순서대로 희생되었다. 이처럼 인간성이 무너져버린 현상이 전장의 진짜 비극을 초래했던 것이다."

이러한 사실은 궁극적으로 쇼와 육군이 정말로 국민을 지키기 위한 군대였는가라는 엄중한 물음을 제기한다. 쇼와 육군은 말기에 이르러 명확한 방향을 잃고 병사 개개인의 모럴을 시험하는 꼴이 되고 말았던 것이다. 그때 드러난 사실은 쇼와 육군의 병사 수준에서는 "왜 우리는 싸우는가" "이 전쟁의 의의는 무엇인가"와 같은 근본적인 물음에 대한 답을 갖고 있지 못했다는 점이다.

병사들은 전장에서 닥치는 대로 싸우다가 죽는 역할만을 강요받았던 것이다. 사실 쇼와 육군의 내실은 그 정도로 허약했다고 해도 좋다.

다시 한번 강조하거니와 '백기'는 오키나와 현민이 살아남기 위해 선택한 자위의 상징이었다. '무엇으로부터 살아남기 위해서였느냐'라고 물으면 '일본군으로부터 살아남기 위해서'였다고 대답할 것이다. 오키나와 전투의 진짜 비극은 바로 여기에 있다. 오키나와 현민이 전후 50년이 지난 지금까지도 '군대'를 신용하지 않는 이유가 여기에 있다는 것 역시 자명하다.

만약 본토 결전이 벌어졌다면 오키나와에서 본 광경이 일본 각지에서 되풀이되었을 것이다. 본토 결전 태세는 이렇듯 애매모호한 방침에 따라 진행되고 있었다. 일본 육군이 건군 이래 보여온 모순은 1945년 시점에서 완전히 그 전모를 드러냈다고 해도 좋을 것이다.

1945년 4월 1일, 미군은 수륙 양용 보트를 이용하여 오키나와 본도 중서부 해안에 상륙하기 시작했다. 일본군 수비대의 포격은 전혀 없었다. 그랬기 때문에 이날 오전 중에 요미탄과 가데나의 비행장을 별 어려움 없이 점령했다. 미군은 일본군 수비대의 저항이 전혀 없는 것을 보고 놀라 "이곳이 정말 오키나와인가"라는 의심을 떨치지 못한 채 진격을 개시했던 것이다.

제32군사령부는 이때 이미 미군과 정면으로 대결할 것이 아니라 게릴라 전법으로 지구전을 펼치기로 결정한 터였다. 그것은 야하라가 생각한 작전 계획이기도 했다. 군사령부 사령관 우시지마와 참모장 조 이사무 등은 슈리의 사령부에서 미군이 상륙하는 모습을 쌍안경으로 지켜보고 있었다. 언젠가는 이 적을 궤멸시키겠노라 생각하고 야하라의 작전 계획을 채택했던 것이다. 야하라 자신은 전후에 이때의 심경을 다음과 같이 털어놓았다.

"너무도 쉽게 상륙에 성공한 적은 일본군 방어의 허를 찌른 것으로 잘못 생각하고 환호작약했던 게 아닐까? 아니면 왠지 기분이 너무 으스스해서, 일본군은 가데나를 둘러싸고 있는 고지대로 물러나 숨어 있다가 일부러 미군을 끌어들여 덫에 걸리게 할 심산이 아닌지 의심하면서 벌벌 떨고 있었는지도 모른다."

사령관 우시지마와 참모장 조는 물론 야하라도 슈리 북방 지역에 설치되어 있는 견고한 진지로 미군을 유인하여 그곳에서 단숨에 공격한 다음, 지구전에 돌입한다는 작전에 자신감을 갖고 있었다. 그런데 참모본부 작전부는 이 작전에 불안을 느끼고 있었던 듯하며, 게다가 미군이 상륙하자마자 비행장 두 곳을 제압한 것을 보고 본토 폭격도 쉬워질 것을 우려해 즉각 탈환하라는 전보를 치려고 했다. 하지만 그것은 제32군에 부당하게 개입하는 것이라 판단하고 실행에 옮기지는 않았다.

제32군은 때를 기다렸다가 상륙한 미군에 포격을 퍼부은 다음 백병전을 벌일 계획이었다. 이런 전법을 택한 데에는 참모본부의 작전참모에 대한 오기도 한몫했다. 제9사단 차출에 대한 불만이 그 배경이었다.

그런데 미군은 상륙하자마자 곧장 동굴을 공격하기 시작했고, 때로는 그 동굴을 전차로 뭉개버리는 등 일본군 수비대 궤멸 작전으로 나왔다. 그리고 단숨에 오키나와의 중심인 슈리와 나하로 향했다. 그사이에 현민 포로(비전투원)들이 미군 병사의 보호 아래 수용소로 이송되었다. 미군은 일본군의 저항을 별로 받지 않고 진격을 계속했다.

이러한 상황에서 4월 5일 제32군사령부에서는 공세로 전환하라는 대본영과 제10방면군의 독촉에 어떻게 응할 것인지를 협의했다. 이 자리에서 조와 다른 참모들은 공세를 주장했지만 야하라는 '지구전을 고수해야 한다'며 물러서지 않았다. 결국 우시지마의 결단에 따라 공세로 나서게 되었다. 야하라는 잔뜩 화가 나 있었다. 일본군은 어찌 이렇게 어리석단 말이냐 하며 분노를 감추지 않았다. 이때 야하라의 심경을 다음과 같이 적어놓은 책도 있다 (오타 마사히데 편저, 『이것이 오키나와전이다』에서 인용).

"미군이 일본군을 평하기를 병사는 우수, 하급 간부는 양호, 중급 장교는 범용凡庸, 고위급 지휘관은 우열愚劣하다고 하는데, 위로는 대본영에서부터 아래로는 제일선 군의 중요한 지위를 차지한 사람 다수가 용병 작전의 본질적 지식과 능력을 결여하고 있는 게 아닌지 의심스럽다."

야하라의 이러한 의심은 합당하다고 생각한다. 하지만 야하라 역시 결국은 '우열'한 부류에 속하는 사람이었다.

4월 8일을 기하여 오키나와 수비대는 반격에 나서게 되었다. 이에 호응하여 해군도 '기쿠스이菊水 1호 작전'을 발동, 오키나와 주변에 있는 미군 함정에 특공 작전을 펼치기로 했다. 함정 '야마토'를 중심으로 한 작전이었다.

하지만 우시지마는 두 번에 걸쳐 수비대의 공격을 중지시켰다. 증파된 미군의 전력이 너무 막강해서 공격을 계속하다가는 옥쇄로 이어지고 말 것이라는 판단에서였다. 한편 조 이사무는 4월 20일을 기하여 야간 공격을 실시하라고 명령하는 등 전선의 작전 지도는 혼란을 더할 따름이었다.

그 후에도 지구전이냐 총공격이냐를 둘러싸고 사령부 안에서 의견이 엇갈렸다. 그러는 동안 여전히 지구전에 미련을 두고 있던 야하라는 조와 계속 대립했다. 4월 29일, 조는 야하라의 손을 잡고 눈물을 글썽이더니 "함께 죽자"면서 공격 작전에 찬성해달라고 요청했다. 이리하여 결국 야하라도 공격 작전을 받아들였다. 그리고 5월 4일 이른 아침부터 예하 부대의 공격 작전이 펼쳐졌다.

정말이지 일본다운 결단이었다. 하지만 야하라는 내심 이 공격이 실패로 끝날 것이라고 예견했다.

실제로 이 공격은 모든 면에서 실패했다. 전략이 없었기 때문이다. 모든 작전은 이날 이후 더 이상 가다듬을 수 없게 되었고, 일본군은 게릴라로서 싸울 수밖에 없었다. 특공 공격도, 기쿠스이 1호 작전도 미군 앞에서 철저하게 무력했던 것이다.

6월 23일, 우시지마와 조 등 수비대의 수뇌부는 자결했고 육군의 명령 통제는 더 이상 영향력을 발휘하지 못했다. 몇몇 부대는 게릴라식 전투를 이어나갔다. 그사이에도 오키나와 현민은 백기를 들고 잇달아 동굴에서 나왔다. 포로가 되는 것을 수치스럽게 여긴 어떤 일본 병사가 동굴에서 나와 항복하려는 비전투원을 사살한 사례도 있었다.

야하라는 6월 26일 미군 포로가 되었다. 참모본부의 작전참모에게 이리저리 휘둘렸다는 생각에 화가 나서 자결을 거부했다고 한다. 다른 한편 전사가 이토 마사노리에 따르면, 야하라의 흉중에는 자신을 오키나와로 좌천시킨 군 중앙 막료에 대한 분노가 들끓고 있었다고 한다.

쇼와 육군 막료들의 알력 사이에서 오키나와 현민은 농락당하고 있었던 것이다. 현민들이 하얀 깃발을 든 것은 당연한 일이었다. 그들을 그런 상황으로 내몬 책임은 쇼와 육군의 지도자가 '국가총력전'의 의미를 자신의 입맛에 맞게 해석했던 데 있다.

본토 결전과
최고전쟁지도회의

참모본부 작전부는 1945년 1월 20일 「본토 결전에 관한 작전 대강」을 결정했다. 언제인지는 모르지만 가까운 시일 안에 미군이 일본 본토 상륙 작전을 개시할 터인데, 미군의 상륙 작전에 대항하려면 어떤 작전이 필요한가가 이 「본토 결전에 관한 작전 대강」의 골자였다.

작전부는 관련 세부 사항을 그 어떤 부문에도 알리지 않았다. 결국 미군의 본토 상륙에 대비한 작전 준비는 작전부의 '기밀'로서 시작되었다.

2월 6일, 참모본부의 부장 회의가 소집되었고, 이 자리에서 작전부장 미야자키 슈이치는 작전부 안에서 오가고 있는 이야기의 일단을 처음으로 공개했다. 그 가운데 다음과 같은 구절이 포함되어 있다.

① 금후의 방침은 본토에서 육상 결전으로 전환하는 것이다.

② 올해 중반까지 신속하게 16개 사단의 병비를 완성하도록 한다. 그런데 금후의 병비에서 군대 배치와 수용이 문제다.

③ 적이 본토에 상륙할 경우 승산은 적 상륙 후 3주 이내에 20개 사단을 결전장에 집중시켜 적을 격퇴하는 데 있다.

참모본부는 본토 결전에 의해 전황의 재구축을 모색하는데, 이를 위해 미군 상륙 후 20개 사단을 동원하여 국민의 총력을 걸고 싸운다는 결의를 하고 있었던 것이다. 미야자키는 다음 날인 7일 국내 방비를 맡고 있는 군사령관을 불러 더욱 상세하게 본토 방위의 내용을 전달한다. 그 내용을 역시 대본영 전쟁지도반에서 펴낸 『기밀 전쟁일지』에서 인용한다.

① 적은 금후 중국 연안에 상륙한 다음 본토 상륙을 기도하거나 서남 제도를 탈취한 다음 본토 진격을 기도할 것으로 판단되는데, 이는 8, 9월경 이후에 실현될 가능성이 높다. 따라서 본토 작전 준비는 올해 중반까지 마무리할 필요가 있다.
② 본토 지상 요격 전투의 핵심은 2주 이내에 20개 사단을 집결시키고, 한 방면의 전장에 적의 3배에 달하는 화력을 집중시키는 데 있다.
③ 병력의 집중은 철도에 기대하기는 어려우므로 야간에 기동하도록 한다.
④ 병단의 운용은 구속拘束 병단과 타격 병단으로 나눈다.
⑤ 본토 병력 배치 개요는 다음과 같다.
오우奧羽(도호쿠 지방―옮긴이) 5개 사단, 간토關東 10개 사단, 도카이東海 5개 사단, 중부 4개 사단, 서부 4개 사단, 중남부 예비 3개 사단
도카이, 간토, 오우의 예비 5개 사단, 남선南鮮 3개 사단
⑥ 작전 병참에 만전을 기하기 위해 만주와 중국에서 내지로 상당량을 전용한다.

이것이 본토 결전 준비의 개요다. 이에 덧붙여 참모총장 우메즈 요시지로

는 "필승의 신념을 견지하는 것이 중요하다"면서, "최후의 병사 한 명까지 싸운다. 육상 군비에 충실을 기하고 설령 육해군 협동을 견지한다 해도 해군에 의존하지 않고 육군을 중심으로 작전을 펼친다"라는 내용의 격문을 띄웠다. 본토 결전은 '결호決號 작전'으로 명명되었다. 이날의 미야자키와 우메즈의 발언을 계기로 본토 결전 준비를 위한 구체적인 움직임이 시작되었다. 육군성 군무국은 2월부터 필요한 사단들을 편성하기 위해 잇달아 징용을 실시하게 되었다.

물론 이렇게 끌어모은 병력이 '전력'으로서 어떠했는지는 참모본부의 막료들도 잘 알고 있었다. 전쟁지도반의 일원이었던 다네무라 사코는 그의 개인적인 일기에서, 현재 일본의 기재機材를 감안하면 "본토 결전이라 해도 많은 장비를 기대할 수는 없다"고 말하고, "내지의 병비를 전무후무한 규모로 늘리려 하고 있다. 이는 병력의 질을 점차 저하시킬 것이며 이에 필요한 장비는 또 어떤가. 이처럼 대대적인 병비를 인수할 군정 당국의 고심은 전례 없이 깊기만 하다"라고 지적했다. 미군과 싸울 만한 전력을 도저히 갖출 수 없으리라는 것은 작전 지도를 담당한 참모들의 상식이기도 했다.

참모본부는 이러한 본토 결전 준비 내용을 육군성에 전달하고, 2월 하순부터 3월 초까지 병력 조달 방법 등을 협의했다. 이때 육군차관 시바야마 가네시로柴山兼四郎는 "병비는 수가 많은 게 좋은가 아니면 소수라도 충실한 게 나은가"라고 물었다. 이에 대해 참모본부 측에서 미야자키는 "질보다 숫자가 더 중요하다"고 답했고, 참모차장 하타 히코사부로는 더욱 명확하게 다음과 같이 대답했다.

"본토에 상륙하는 적의 제1진을 격퇴하는 데 실패한다면 그 후의 계획은 불가능하다. 따라서 지구전을 벌일 수 없다. 절대로 뒷일을 생각하지 말아야 한다. 우선 제1진을 격퇴하는 데 전력을 기울여야 한다."

미군의 상륙을 격퇴하기 위해 많은 병력이 필요하다는 것이었다. 그것은

제38장. 본토 결전과 최고전쟁지도회의

병사로서의 역할보다는 인간 특공대로서 전차나 미군의 화력 앞으로 뛰어들어 그 전력을 약화시키려 했음을 의미한다. 그러니 병력은 많으면 많을수록 좋을 수밖에 없다. 정말이지 옥쇄 요원이나 다름없었던 것이다.

참모본부의 이러한 생각을 받아들여 고이소 내각은 3월 「국민의용대 조직에 관한 건」을 결의했다. 국민은 어떤 형태로든 전쟁에 참가한다는 것이었다. 전국 각지에서 국민의용대 결성식이 거행되었다.

나아가 6월 13일에는 각료회의에서 법적인 틀을 마련했다. 의용병역법으로 명명된 이 법률은 15세 이상 60세 이하의 남성, 17세 이상 40세 이하의 여성에게 의용 병역을 부과한다는 내용으로, 말하자면 국민을 모조리 동원하겠다는 것이었다. 이리하여 국민 전원이 병사가 되는 군사국가가 탄생했다. 이것이 국가총력전 구상의 귀결이었다. 본토 결전에 대비해 각지에서 허수아비를 미군 병사로 삼아 죽창 훈련이 실시된 것도 이 무렵이었다.

이리하여 병사 수는 확보되었는데, 정부는 참모본부의 이 방침에 호응하여 본토 결전을 좀더 구체적으로 다지기 위해 국민의 사유재산에도 제한을 가하기로 했다. 3월 28일 공포된 「군사특별조치법」은 미군의 상륙에 대비해 진지를 구축할 때 국민의 모든 권리를 제한할 수 있다고 명시했다. 그 가운데 "정부는 필요할 경우 칙령이 정하는 바에 따라 토지, 건물, 기타 공작물 또는 물건을 관리, 사용하거나 수용할 수 있다"는 내용이 포함되어 있다.

국민은 본토 결전에 대비해 어떤 항변도 허용되지 않았고, 참모본부나 군령부에서 명하는 대로 움직여야만 했다.

육군성 군무국은 참모본부의 요청에 따라 잇달아 소집영장을 발부했고, 영장을 받은 사람들을 직장이나 가정에서 군의 숙사로 들여보냈다. 이렇게 불려온 병사들은 물론 옥쇄 요원이었기 때문에 병사로서 훈련 따위를 받을 여유가 아예 없었다. 병사 몇 명이 육탄 공격을 가하여 전차를 한 대씩 파괴하면 미군의 전력이 저하될 것이라는 정도의 인식이었던 셈이다.

1945년 1월부터 많은 사단이 편성되었다. 사단은 통상 1만 명 내외로 편성되는데, 새로 편성된 사단의 병사는 군사기술이나 체력 등에서 이전의 사단보다 훨씬 뒤처졌다. 원칙대로라면 전시 체제를 지탱하는 역할을 부여받은 사람들이 갑작스럽게 전선으로 나서는 형국이었기 때문에 확실히 전시 체제라고는 말하기 어려웠다.

아래에 제시하는 표는 급조된 사단의 일람이다(당시 참모본부 자료). 이 사단들은 모두 각지에서 미군의 상륙에 맞서 싸울 예정이었다. 이 중에서도 가장 비극적이었던 것은 만주로 파견된 사단인데, 이들은 정말이지 시베리아에 억류되기 위해 징용되었다고 할 수 있다. 아니면 시베리아에서 죽기 위해 징용된 것이라고 바꿔 말하는 게 옳을지도 모른다.

사단 명칭	편성 연월	편성지	최종 주소지	사단 명칭	편성 연월	편성지	최종 주소지
79	1945. 2	조선	북선	155	1945. 2	젠쓰지	고치
88	1945. 2	아사히카와	도요하라	156	1945. 2	구루메	남규슈
89	1945. 2	아사히카와	에토로후 섬	157	1945. 4	히로사키	산본기
96	1945. 2	후쿠오카	제주도	158	1945. 8	만주	만주
121	1945. 1	젠쓰지	제주도	160	1945. 2	히로시마	남선
122	1945. 1	도쿄	남만주	161	1945. 4	구마모토	상하이
123	1945. 1	나고야	쑹우	201	1945. 4	도쿄	다치카와
124	1945. 1	센다이	동만주	202	1945. 4	센다이	다카사키
125	1945. 1	히로시마	통화	205	1945. 4	히로시마	고치
126	1945. 1	구마모토	동만주	206	1945. 4	구마모토	남규슈
127	1945. 3	우쓰노미야	동만주	209	1945. 4	가나자와	가나자와
128	1945. 1	가나자와	동만주	212	1945. 4	구루메	미야기 현
129	1945. 4	나가노	남중국	214	1945. 4	우쓰노미야	도치기 현
130	1945. 4	교토	남중국	216	1945. 4	교토	구마모토
131	1945. 2	가나자와	후베이 성	222	1945. 6	히로사키	야마가타 현

사단 명칭	편성 연월	편성지	최종 주소지	사단 명칭	편성 연월	편성지	최종 주소지
132	1945. 2	오사카	당양	224	1945. 5	히로시마	히로시마
133	1945. 2	구마모토	항저우	225	1945. 6	오사카	히메지
134	1945. 7	만주	동만주	229	1945. 6	가나자와	가나자와
135	1945. 7	만주	동만주	230	1945. 5	도쿄	오카야마
136	1945. 7	만주	펑톈	231	1945. 5	히로시마	야마구치
137	1945. 7	만주	북선	234	1945. 5	도쿄	보소
138	1945. 7	만주	푸순	303	1945. 5	나고야	가와우치
139	1945 .7	만주	둔화	308	1945. 6	히로사키	아오모리 현
140	1945. 2	도쿄	간토	312	1945. 5	구루메	사가 현
142	1945. 4	센다이	센다이	316	1945. 7	교토	가나가와
143	1945. 4	나고야	하마마쓰	320	1945. 5	조선	남선
144	1945. 2	오사카	시오노미사기	321	1945. 5	도쿄	이즈오 섬
145	1945. 2	히로시마	아시야	322	1945. 7	센다이	오가와라
146	1945. 2	구마모토	가고시마	344	1945. 5	젠쓰지	고치 현
147	1945. 2	아사히카와	보소房總	351	1945. 6	우쓰노미야	기타큐슈
148	1945. 7	만주	신징	354	1945. 5	도쿄	보소
149	1945. 7	만주	하얼빈	355	1945. 7	히메지	히메지
150	1945. 2	히메지	남선	제13 비행사단	1945. 2	중중국	난징
151	1945. 4	우쓰노미야	미토	고사포 제2사단	1945. 5	나고야	나고야
152	1945. 2	가나자와	조시	고사포 제3사단	1945. 4	오사카	오사카
153	1945. 4	교토	우지야마다	고사포 제4사단	1945 .4	고쿠라	고쿠라
154	1945. 2	히로시마	남규슈				

참모본부는 4월 9일 본토 방위를 위해 일본을 여섯 지역으로 나누어 방위군을 창설했다. 도쿄에 사령부를 둔 제1총군은 스기야마 하지메를 사령관으로 하여 도호쿠, 간토, 도카이 지방의 방비를 맡는다. 히로시마에 사령부를 둔 제2총군은 하타 슌로쿠를 사령관으로 하여 간사이, 주고쿠, 시코쿠, 규슈 지방을 담당한다. 그리고 홋카이도, 지시마, 가라후토 지방은 제5방면군사령부에서 담당하기로 했다. 삿포로에 사령부를 둔 제5방면군 사령관은 중장 히구치 기이치로樋口季一郎였다.

제1총군과 제2총군은 본토 방위 임무를 맡았다고는 하지만 여기에 포함된 사단은 앞서 서술한 바와 같이 약체였다. 그러나 사령관만은 육군상을 역임한 이로 원수 칭호를 갖고 있었다. 이른바 쇼와 육군으로서는 그 역사를 걸고 존망의 일전을 치르고자 했던 것이다.

본토 방위를 위한 편성 가운데 간토 지방을 담당한 것은 제12방면군으로, 사령관은 대장 다나카 시즈이치田中靜壹였다. 이 방면군 아래 제13군, 제51군, 제52군, 제53군 그리고 도쿄방위군과 도쿄만병단이 있었다. 각 군은 세 개 내지 다섯 개 사단을 거느리고 있었으며, 여기에 전차사단 등이 딸려 있었다.

───── 바닷가에 성 쌓기: 흔들리는 방침

4월 9일 이후 이들 사단은 상륙 지점으로 예상되는 해안선에 진지를 쌓기 시작했다.

해안에 배치된 사단이 미군의 상륙 지점을 상정하고 일정한 간격으로 진지를 만들어, 설령 미군이 상륙한다 해도 그 어떤 진지도 만들 수 없도록 한 다음, 공격 부대가 공격에 나서서 미군을 연안에서 격멸한다는 작전을 생각하고 있었기 때문이다. 하지만 오키나와 전투를 보나 루손 섬 싸움을 보나 일단 상륙을 허용하면 미군의 화력이 압도적으로 우세한 상황에서 그런 작전은 생각처럼 쉽게 성공할 수 없으리라는 것도 잘 알고 있었다. 그래서 6월 하순, 그러니까 미군이 오키나와를 제압했을 무렵 작전 방침을 변경했다. 바닷가에 진지를 구축하여 상륙할 때 혹은 그 이전에 미군을 격멸하기로 방향을 바꾸었던 것이다. 미군이 일단 상륙하면 국민이 패닉 상태에 빠져 전투태세고 뭐고 다 소용없어질 것이라고 생각했기 때문이다.

본토 결전 방침은 이처럼 오락가락했고, 명확한 방향을 제시할 수 없는 상태였다.

실제로 본토 방위 임무를 맡을 터였던 군사령관은 어떤 생각을 하고 있었을까?

나는 쇼와 50년대 후반 제53군 사령관 아카시바 야에조赤柴八重藏를 취재하면서 이때의 작전 계획에 대해 들은 적이 있다. 아울러 1960년 2월 육상자위대 간부학교에서 강연할 때 이용한 사가판 자료도 입수했다. 그 자료에는 「제53군의 상륙 작전 준비: 아카시바 전 군사령관의 수기」라는 제목이 달려 있었다. 그 자료를 처음으로 공개하고, 아카시바의 증언과 함께 본토 결전의 내실을 살펴보고자 한다.

"내가 군사령관을 명받은 것은 1945년 4월 7일 토요일 오전 11시 30분이었습니다. 천황 폐하의 어전에서 임명식이 거행되었던 것으로 기억하고 있습니다. 게다가 그때까지 나는 도쿄의 근위 제1사단 사단장으로 있었기 때문에……"

제84사단(사령부 오다와라), 제140사단(사령부 가나가와 현 가타세), 제316사단 (사령부 가나가와 현 이세하라) 그리고 제2전차여단 등이 제53군 예하에 있었지요?

"그렇습니다. 내가 군사령관으로 부임하기 전 제84사단은 이미 그해 2월 하순부터 서부 사가미 만과 스루가 만 연안 경비 임무를 맡았고, 3월 17일부터 연안 축성을 개시하라는 명령을 받은 상태였습니다. 그리고 2월 28일 동원 명령을 받은 제140사단은 나메리가와滑川 이서以西에서 니노미야二宮에 이르는 사가미 연안을 방비하라는 명령을 받았습니다.

나는 연안 방비에 관해서는 중일전쟁 때의 체험이 있어서 적잖이 알고 있었습니다만, 3월 중순 대본영에서 나온 「국토축성요강」에 대해서는 특별히 아는 바가 없어서 군사령관을 명받고 나서 2주일 정도 다시 연구를 했습니다."

그래서 어떤 방안을 내놓았습니까? 그러니까 어떤 생각을 하셨는지요?

"당시 내가 참모장에게 건넨 원고가 있습니다. 이는 군인으로서 평상시 내가 생각하고 있던 바를 정리한 것입니다. 나는 줄곧 물심양면을 포괄하는 총합전력의 발휘를 모토로 삼았고, 평소 신중하라고 말하면서 중화기를 최대한 이용할 기회가 올 때까지 기다리는 전법을 택해왔습니다.

나는 제53군 사령관이라는 직무를 아주 기쁘게 받아들였습니다. 왜냐하면 애투, 사이판, 레이테, 오키나와를 제압한 오만한 미군의 의표를 찌를 수 있을 것이라고 생각했기 때문입니다. 그들에게도 약점이 있을 터이므로 결코 두려워할 게 아니라고 생각했지요. 장병 일동은 본토 결전에서 반드시 승리한다는 신념에 불타고 있었습니다."

아카시바는 육군사관학교 24기생으로 보병 제40연대 등을 거쳐 1925년 11월 육군대학교를 졸업한 후 제1사단 참모, 제10연대장, 제25사단장 등을 역임하고 근위 제1사단장에 취임한다. 내가 만났을 때는 이미 80대 후반이었는데, 말투나 태도 등은 예의 바른 군인 그 자체였다. 아카시바는 동기생 중에서도 융통성이 없을 정도로 진지한 인물로 알려져 있었다.

아카시바에 따르면 상륙 작전에 대비하여 다음과 같은 것을 생각했다(앞의 자료에서 인용).

1. 우리 군의 병력과 물자의 질을 높인다.
2. 적이 물자와 병력의 우세를 발휘하지 못하도록 힘쓴다.
3. 항상 적의 추종을 불허하는 육탄 돌진 전법의 이점을 발휘한다.
4. 이상의 목적을 달성하기 위해 맹렬한 교육 훈련에 철저를 기한다.

이러한 방침 아래 아카시바는 ① 어떻게 해서든 바닷가에서 적을 격멸하도록 한다, ② 정말로 부득이한 경우에는 후퇴하여 지구전에 대비한다는 두 가지 생각을 했다. 그리고 주요 결전장이 될 사가미 만 정면에서는 ①을, 스루가 만 정면에서는 ②를 취할 작정이었다.

제53군의 방비 범위는 사가미 만에서 이즈 반도, 스루가 만 연안이었다. 아카시바는 사가미 정면이 미군의 상륙 지점이 될 것이라고 확신하고 있었다. 지형으로 판단하건대 진공이 가장 용이하다고 생각했기 때문이다. 도쿄로 쳐들어올 수 있는 최단 거리인 데다 마치 단도를 옆구리에 들이대는 것과 같은 위치이기도 했다.

제1총군의 참모들은 아카시바의 견해와 달리 미군이 대부대를 상륙시키기 위해 구주쿠리하마九十九里濱를 선택할 것으로 보고 있었다. 아카시바는 "적은 반드시 사가미로 올 것"이라고 말하고, 그 견해에 신념을 가진 것처럼 부하들에게 훈시했다. 그리고 '축성'만이 유효한 수단이 될 것이라고 말하기도 했다. 그 점에서는 고집스러울 정도로 자신의 주장을 굽히지 않았던 것이다.

6월 27일, 육군대신 아나미 고레치카가 시찰에 나선 길에 아카시마를 찾았다. 아나미는 제84사단의 니노미야 북방 다이산, 제140사단의 가마쿠라야마 진지를 각각 시찰했는데, 그때 아나미는 아카시바의 명령에 따라 진행하고 있는 바닷가 축성에 관심을 보이면서 "사가미 정면에서는 반드시 이겨야 한다. 따라서 나는 이 방식에 만족한다"며 칭찬했다. 그리고 그 후 아나미는 바닷가에서 미군을 격퇴하는 작전을 강조하곤 했다.

──── 달성되지 못한 '본토의 진지화'

하지만 현실적으로 바닷가에 진지를 구축하는 작업은 용이하지 않았다. 제1총군과 제2총군의 각 부대도 해안선 축성에 힘을 쏟고 있었지만 여러 문제에 부딪혔다. 모래밭에 진지를 쌓는 일이 생각처럼 쉽지 않은 게 특히 문제였다.

제12방면군 참모장으로 간토 지방을 담당하고 있던 다카시마 다쓰히코高嶋辰彦는 다음과 같이 증언한다(『쇼와사의 천황』에서 인용).

"물이 콸콸 솟구치는 것을 보고 할 말을 잃었다. 하코네에서 이즈 반도 일대, 이바라키 각지 그리고 보소 반도 일대에서는 조금만 파도 물이 솟아 어찌할 도리가 없다. 여기저기 파다가 물을 퍼내고 또 파다가 물을 퍼내고, 끝이 없다." "모래밭이라도 조금만 파면 흙이 나오는 곳도 있지만 이곳은 아무리 파내도 모래뿐이어서, 모래밭에는 병사가 한 명씩 들어갈 일인용 참호를 만들고 3킬로미터쯤 떨어진 모래밭이 끝나는 지점에 중화기를 배치할 생각이었다. 하지만 최전선의 일인용 참호는 하루만 지나면 무너져버리곤 한다."

1945년 2월 이후 편성된 사단 가운데 본토 방비를 담당한 병사들은 종일 진지 구축에 모든 힘을 쏟아부었다. 그럼에도 참모본부가 당초 예정한 '본토의 진지화' 구상은 실현되지 못했다. 1945년 8월 15일 패전의 날 시점에서 규슈, 시코쿠, 간토 지방 연안 등 중점 지구의 진지 구축 달성 비율은 60퍼센트에서 80퍼센트에 이르렀으며, 그 밖의 지역에서는 50퍼센트 정도였다고 한다.

아카시바도 병사들의 노력이 물거품이 되곤 한다는 것을 모르지 않았다. 병사들의 노력에 비해 축성의 진도는 더디기만 했다. 그러다 보니 병사들은 모래밭보다 흙이 있는 곳을 파고 싶어했다. 그런 병사들에게 아카시바는 연대장 등을 통해 다음과 같은 훈시를 되풀이했다. "바닷가 격멸, 미군과 벌이는 백병전, 이것이야말로 일본군의 전투 방식이다. 적의 대량의 물자가 위력을 발휘하지 못하도록 적의 추종을 불허하는 돌격 작전을 펼쳐야 한다. 육탄 공격이야말로 가장 유효하다."

아카시바는 독립공병대 중대장 등에게 바닷가 축성의 효과를 거두기 위한 방법을 연구하라고 지시했다. 단나 터널 굴착을 담당했던 기사들도 같은 지시를 받았고, 공병대원들도 다양한 계획을 마련했다. 그러나 효과적인 방법을 찾지는 못했다.

본토 작전이 벌어질 경우 제53군 장병은 "일돌필살一突必殺, 초발필중初發必中, 일촉즉발의 육탄 공격"에 나서야만 했다. 물론 아카시바도 죽음을 각오하고 있었다. 천황의 뜻에 따라 우리 몸을 바친다는 지성至誠을 제53군의 중핵으로 삼고자 훈시에 훈시를 거듭했던 것이다. 아래는 아카시바가 풀어낸 술회다.

현실적으로 그런 전법과 각오로 미군을 무너뜨릴 수 있을 것이라고 생각했습니까?

"축성, 훈련, 병사에 대한 교육이 가장 충실한 상태에서 적의 상륙에 직면했을 경우 승산이 어떠했을 것이냐고 묻는다면, 첫 번째 공격은 천우신조에 의해 격퇴할 수 있을 것이라고 확신했습니다. 그렇지만 우리 쪽 손해는 상당히 컸을 것입니다. 당연히 나 역시 산화했을 것입니다. 하지만 적에게 가할 정신적 타격의 크기를 생각하건대 제53군은 일단 부여받은 임무를 다할 수 있을 것이라고 생

제2부. 쇼와 육군의 흥망

각했습니다."

미군의 공격은 2차, 3차로 이어졌을 것입니다. 이것은 어떻게 방어할 생각이었습니까?

"물론 우리 군만 있어도 충분하다고 생각하지는 않았습니다. 그 후에 육군은 새로운 태세를 확립하여 대응에 나섰을 것입니다. 이 점이 국토방위의 가장 큰 특징이었지요. 뒤를 잇는 자가 있는 한, 그때까지 벌어졌던 외딴섬의 옥쇄전과는 완전히 달랐을 것입니다."

병사들에 대한 교육 또는 훈시 등에서 가장 힘주어 강조한 점은 무엇이었습니까?

"'치고야 말리라'라는 강한 결의를 다지라는 것이었습니다. 한결같은 마음으로 자기에게 주어진 임무를 다하라는 것이었지요. '이 세상에 쌓이고 쌓인 괴로움이여, 나는 결코 그것에 지지 않으려 하노라'라는 옛 노래도 있습니다만, 그것이 바로 야마토 다마시이며 신은 이러한 신심과 성의를 굽어보십니다. 그리고 여기에서 '좋아, 나는 반드시 적을 이긴다'라는 신념이 생겨나는 것입니다. 이 단계에 이른 인간은 반드시 창의적인 공부를 터득하게 됩니다. 최후의 한 사람까지 반드시 이기고야 말겠다는 기백이 여기에서 나오는 것입니다."

아카시바는 이러한 정신론을 수없이 설파했다. 내가 인사를 하고 떠나올 때에는 가나가와 현 소부다이의 어느 버스 정류장까지 배웅을 나왔다. 나는 그런 아카시바와 이야기를 나누면서 쇼와 육군 군인이 지닌 정신주의의 일면을 몇 번씩이나 엿보았는데, 당연히 손자 세대인 나에게는 익숙하지 않은 부분이 있었다. 하지만 그 정신의 순수함을 대하면서 나는 공포와 외경이 뒤섞인 착잡한 생각에 빠져들었다.

한편 본토 작전은 이미 무력이 아니라 정신력으로 싸우는 단계에 들어서 있었다. 어쩌면 더 이상 군사력으로 싸우는 전투가 아닌 상황이었다고 말하는 게 정직할 것이다.

각지에서 국민의용대가 결성되어 남녀 할 것 없이 전투원이 되었지만, 사실상 무력이라 할 만한 것은 아무것도 남아 있지 않았다. 무기라고는 각자의 몸뚱이밖에 없었다. 모든 국민을 특공대화하는 사태가 도래한 것이다.

——— 무기 전시: 활, 죽창, 사스마타

1945년 7월 초, 육군성 장교가 스즈키 간타로 내각(고이소 내각을 대신하여 4월 7일 발족)의 서기관장 사코미즈 히사쓰네迫水久常를 찾아왔다. 그는 사코미즈에게 "본토 결전 준비를 게을리해서는 안 된다. 국민의용대에서 사용하는 병기를 전시하여 수상 이하 각료들에게 보여주었으면 좋겠다"고 요구했다.

이 말에는 본토 결전에 대한 찬성을 얻기 위해 육군 측의 준비가 어떻게 진행되고 있는지를 각료들에게 납득시키려는 의도가 포함되어 있었다. 육군성과 참모본부에서는 스즈키 내각이 종전을 원하는 것은 아닌지 몹시 신경을 쓰고 있었다. 이런 생각을 억누르기 위해서는 본토 결전에 승산이 있다는 점을 반드시 이해시켜야 한다고 생각했던 것이다.

전시된 무기를 본 스즈키와 각료들은 할 말을 잃었다. 각료들의 얼굴이 일그러졌다. 사코미즈는 자신의 회상록 『기관총 아래 놓인 수상 관저』에서 "분노와 절망을 느꼈다"면서 무기에 대해 이렇게 설명했다. "수류탄은 그렇다 치고 총이란 총은 모두 단발이어서, 총부리에 먼저 화약을 담은 작은 주머니를 꼬챙이로 밀어넣은 다음, 원형봉을 깎아 만든 탄환을 다시 꼬챙이로

제2부. 쇼와 육군의 흥망

밀어넣어 사격을 하는 것이다. 게다가 일본 전통 활이 전시되어 있어서 눈길을 끌었는데, 사정거리는 대략 30~40미터, 통상적인 사수의 명중률은 50퍼센트라고 적혀 있었다."

그 외에 죽창, 사스마타(긴 막대 끝에 U 자 모양의 쇠를 꽂은 무기—옮긴이) 등이 놓여 있었다.

스즈키는 사코미즈에게 이렇게 속삭였다. "어이가 없군. 이런 상태라면 하루라도 빨리 종전을 제안해야겠어."

미군의 최신예 무기에 맞서 죽창이나 활로 싸우라는 것은 메이지 초창기의 육군이라 해도 생각할 수 없는 일이었다.

아무렇지도 않게 이런 발상을 행동으로 옮기는 군인은 더 이상 정상적인 감각을 갖고 있다고 보기 어려웠다.(1945년 6월 9일 『아사히신문』은 중의원에서 스즈키 수상과 아나미 육군상이 '본토 결전에 나서라'라고 연설한 내용을 보도했다. 스즈키 수상은 "만약 본토가 전장이 된다면 지리적 이점, 국민의 화합 등 모든 점에서 적보다 우월하다"고 연설했고, 아나미 육군상은 "(미군이) 본토 상륙 작전을 감행하리라는 것은 누구나 알 수 있는 사실이다. 지금 상륙 지점이 어디일지를 밝히는 것은 적절하지 않다"고 말했다.—옮긴이)

참모본부는 같은 해 4월 『국민항전필휴國民抗戰必携』라는 소책자를 발행, 국민에게 전달하여 사기를 끌어올리려 했다. 이 책자에는 미군 병사와 백병전을 벌일 때에는 죽창으로 상대의 복부를 찌를 것, 낫, 도끼, 쇠망치, 식칼, 쇠갈고리 등을 무기로 삼을 것, 정면으로 맞닥뜨릴 때에는 비스듬한 자세로 상대의 가슴을 찌를 것 등등이 구체적으로 적혀 있었다. 모든 수단을 동원하여 어떻게든 저항해 미군의 사기를 꺾으라는 것이었다. 이것은 게릴라전을 위한 교본이기도 했다.

1945년 5, 6월 단계에서 쇼와 육군은 체질상 이미 군사 조직이라고 말할 수 없는 상태였다. 이 무렵 최고전쟁지도회의에서는 필사적으로 종전 공작의 길을 찾고 있었다.

1944년 7월 이후 최고전쟁지도회의는 도조 내각 붕괴 후의 전쟁 지도를 담당하고 있었다. 도조 내각 시대에는 대본영정부연락회의에서 전쟁지도상의 정치 및 군사적 측면의 조정을 수행했다. 하지만 정치가 군사에 종속되어 있어서 정부 측에는 군사에 관한 상세한 내용을 알려주지 않았다. 정부는 통수부가 시키는 대로 국민의 여론을 이끌어야만 했다.

1945년에 접어들면서 일본군의 전투는 지구전 양상을 띠게 되었다. 지구전이 무리다 싶으면 어디에서나 옥쇄로 치달았다. 이오 섬, 오키나와 등에서 그러했다. 가능한 한 전투를 질질 끌어 미군이 본토에 다가오는 것을 조금이라도 지연시키는 것이 목표였다.

본토 결전을 지연시키는 것과 함께 일본군은 다시 한번 우위에 서서 종전을 제안하려는 생각을 갖고 있었다. 하지만 참모본부의 막료들은 뭔가에 사로잡힌 듯 본토 결전(결호 작전)을 부르짖을 따름이었다.

이 시기에도 최고전쟁지도회의에서는 참모본부나 군령부 막료들의 의견이 주도적인 위치를 차지하고 있었다. 이 회의는 수상, 외무상, 육군상, 해군상 그리고 참모총장과 군령부총장으로 구성되었으며 궁중에서 열렸다. 1945년 5월 초, 외무대신은 소련을 중개자로 하여 미국 및 영국에 종전 공작을 펼치자고 제언했다. 참모총장 우메즈 요시지로는 떨떠름한 표정으로 이에 찬성했는데, 소련과의 교섭에는 몇 가지 조건이 따랐다.

1945년 6월 8일, 쇼와 천황이 참석한 가운데 열린 최고전쟁지도회의는 일곱 시간 넘게 진행되었다. 이 자리에서는 성전을 계속한다는 의지를 재확인했는데, 「금후 채택해야 할 전쟁 지도의 기본 요강」에서는 '방침'에 관하여 다음과 같이 서술했다.

"칠생진충七生盡忠의 신념을 원동력으로 삼아 지리적 이점과 국민적 화합을 활용하여 끝까지 전쟁을 완수한다. 그럼으로써 국체를 호지護持하고 황상을 보위하여 정전征戰의 목적을 달성하도록 한다."

이어서 '요령'에서는 4개 항목을 제시했는데 제1항에는 이렇게 적혀 있었다. "신속히 국토의 전장 태세를 강화하고 황군의 주전력을 이곳에 집중시킨다." "다른 지역의 전력 배치는 우리 실력을 감안하여 주적 미국에 대한 전쟁 수행을 주안점으로 삼는다. 아울러 북방의 정세가 급변하는 것을 고려하도록 한다."

그 외 3개 항목은 '대소 정책을 강력하게 추진한다(종전 공작의 중개자로 삼는다는 뜻). 국민의용대 조직을 중축에 둔다. 이들 시책을 조속히 실현한다'는 내용이다.

이 회의의 결정은 현실의 전황이나 전략을 모두 무시한 것이었다. 특히 '방침'의 문안은 이 단계에서는 아무런 의미도 갖고 있지 않았다. 「금후 채택해야 할 전쟁 지도의 기본 요강」에 입각하여 말하자면, 이 방침은 선택의 여지를 한정하고 있었다. 모처럼 "정전의 목적을 달성하도록 한다"고 한 이상 여기에는 평화도 '목적' 중 하나라는 스즈키 수상의 생각도 포함되었을 텐데, 실제로는 군사적 측면에서 입맛에 맞는 방침만을 내걸었던 것이다.

6월 8일 회의에는 참모총장 우메즈가 중국 출장으로 자리를 비워서, 참모차장 가와베 도라시로河邊虎四郎가 참석했다. 가와베는 1962년 『이치가야다이에서 이치가야다이로』라는 책을 쓴다. 이 책에서 가와베는 전후 자신에게 쏟아진 비판에 대하여, 그 당시 회의에서는 이런 내용을 특별히 이상하다고 생각하지 않았다면서, "그것은 육군의 억지주장이었다"라는 식으로 말하는 '전후'의 인물에게 반박을 가했다. 그는 당시 "총괄적으로 반대를 하는 이"는 아무도 없었다고 말한 다음 이렇게 서술했다.

"1945년 6월 상순에 그런 결의가 이루어진 것이 타당했는지 여부는, 훗날의 역사적 평가에서 하나의 중요한 주제가 되긴 할 것이다. 나의 놀라움과 분개는 전쟁 지도의 관점에서 본 훗날의 비판을 향한 것이 아니다. 중요한 직무를 맡고 있던 사람의 양심의 문제다."

그 결의에 찬성했으면서, 전후에는 그것을 번복했어야 한다고 강조하는데 의문을 느낀다고 말하고 있는 셈이다.

이처럼 가와베는 넌지시 그 무렵에는 모두가 '방침'에 적혀 있는 것과 같은 생각을 했다고 주장한다. 하지만 참모본부의 정보참모였던 스기타 이치지가 자신의 저서 『정보 없는 전쟁지도』에서 지적하고 있듯이, "전세가 불리해짐에 따라 추상적인 관념이나 무형적인 요소에 의존하게 된다. 또 막료 조직에 의존하는 지휘통수 조직은 최고 지도부로서의 리더십을 발휘하지 못한 채 질질 끌려다니다가 아무런 결론도 내리지 못하는 상황에 빠지고 만다. 절대 국방권 붕괴 후 우리가 취한 정략 및 전략 지도가 전형적인 예였다. 그동안 많은 장병은 전장에서 쓰러졌고, 무고한 시민과 자녀가 적의 폭격 아래 사라지거나 상처를 입었던 것이다"라는 사실을 부정하기 어렵다.

6월 8일 가와베는 우메즈 대신 참모본부를 대표하여 어전 회의에 출석했다. 이 자리에서 가와베가 말한 본토 결전의 작전 준비에 관한 내용은 대단히 애매모호한 데다 낙관적이기까지 했다. 가와베의 발언 내용을 쉽게 풀어 쓰면 다음과 같다.

"본토 결전은 지금까지 남방의 외딴섬에서 펼친 작전과는 의미가 다르다. 미군이 장시간 바닷길을 헤쳐온 것과 달리 우리 군은 미군의 상륙 지점에 주력군을 배치하여 연속 공격을 가할 수 있다. 또한 충성심에 불타는 국민의 협력을 얻을 수도 있는바, 여기에서 '본토 결전 필성必成의 근간을 발견할 수 있으리라'고 믿는다."

나아가 가와베는 특공 작전에 기대를 건다고 말하기도 했다.

가와베의 보고는 최종적으로는 국민의 정신력과 특공 공격에 의지한다는 내용으로 끝난다. 그것은 구체적으로는 아무런 대책이 없다는 고백이기도 했다. 오히려 이러한 보고를 들은 중신 기도 고이치 쪽에서 쇼와 천황의 의사(종전 공작)에 반한다면서 초조해할 정도였다.

결국 쇼와 육군은 모든 전력이 소진되었을 때 본토 결전이라는 이름의 옥쇄를 목표로 내웠다고 말할 수 있다. 1945년 1월부터 은밀하게 시작된 참모본부의 본토 결전 준비는 그런 내용으로 바뀌어 있었던 것이다. 그리고 많은 국민은 성전 완수를 위해 목숨을 버린다는 각오를 강요받았다. 국민은 정확한 정보를 접할 수 없었기 때문에 그렇게 결심하는 것도 전혀 이상할 게 없었다.

본토 결전의 실태가 어이없을 만큼 심각하다는 것을 알게 되자, 쇼와 천황과 주변의 중신들 사이에서도 종전 공작이 적극적으로 추진되고 있었다. 국민 중에서도 식량난과 연일 이어지는 B29의 폭격에 위협을 느끼며 내심 종전을 바라는 이가 늘어났다. 쇼와 육군의 지도자들은 그들을 패전주의자라 부르며 헌병을 동원해 탄압했다. 그것은 건군 이래 감춰져온 역사적 몸부림이라 해야 할 광경이었다.

다른 한편, 미군은 일본 상륙 작전과 관련하여 한동안 사가미 만 상륙 작전('코로넷 작전')을 검토했다. 당초부터 구주쿠리하마 상륙을 피하고 사가미 만을 상정하고 있었다는 의미에서는, 제53군 사령관 아카시바 야에조의 예측이 맞았던 셈이다. 미군은 35만 명의 일본군이 이곳에서 방어에 나설 것이라 생각했고, 미군이 상륙한 후 내륙지역에서 반격하는 작전을 채택할 것으로 예상하고 있었다. 이것은 아카시바의 작전 계획과 달랐지만, 만약 실제로 코로넷 작전이 실행되었다면 사가미 만은 엄청난 희생자를 낳는 사상 최악의 전장이 되었을 것이다.

미군의 작전을 결정하는 합동참모본부는 맥아더, 니미츠, 아널드 이 세명의 대일 작전 책임자의 의견을 받아들였고, 5월 25일 그들에게 1945년 11월 1일을 기해 규슈 상륙 작전을 단행하라고 명했다. 혼슈의 중추를 제압하기 위해 우선 규슈를 공략한 다음 그곳에 항공부대를 배치하는 것을 목표로 삼았던 것이다.

본토 결전에 매달린 쇼와 육군의 정신 구조라는 게 어떤 것이었는지 다시금 확인해볼 필요가 있다. 가와베는 그의 책에 당시 자신의 심경을 솔직하게 적었다. 그 부분을 인용하기로 한다.

"전황이 호조를 보일 때에는 스스로의 공을 자랑하다가도 전세가 기울면 싸움을 방기한다. 그런 것이 '오랫동안 병사를 길러온' 국가와 국민에 대해 군이 할 수 있는 일인가? 이런 상황에서 문자 그대로 '최후의 일전'을 벌일 수 있을까? 나는 죽을 것이지만 적 또한 다시 일어설 수 없는 치명상을 입을 것이라는 각오로 싸울 수 있을까? 여기서 타협의 손길을 내밀 수 있을까? 수수방관하면서 백기를 마련하고 모자를 벗을 준비를 할 수 있을까? (…) 이것이 그 무렵 내 심경이었다."

쇼와 육군의 지도자들은 이런 논리를 강하게 견지하고 있었는데, 미군의 전략 따위는 아예 무시하고 자신의 논리에만 취해 있었다. 그리고 바로 이런 논리야말로 쇼와 육군의 자기 해체로 이어진 역사적 변명이었다. 생각건대 쇼와 육군은 이러한 자기도취와도 흡사한 논리밖에 갖고 있지 않았고, 그 논리 위에 오랜 세월 폐단이 쌓여왔다고 할 수 있다.

비밀리에 진행된
원자폭탄 개발 계획

1944년 7월 18일, 도조 히데키 수상은 천황의 신임을 잃고 사직했다. 사직의 배경에는 정치적, 군사적 의미가 있지만 군사적으로는 '결전병기決戰兵器'를 갖고 있지 않았다는 측면이 있었다.

'절대 국방권'의 요충인 사이판을 그야말로 깨끗하게 잃은 것은 실제로는 일본의 전쟁 지속 능력이 이미 한계에 도달했다는 것을 뜻했다. 사이판에서 날아오른 B29를 비롯한 미군 공격기는 일본 본토를 사정거리 안에 두었고, 이는 일본 본토가 언제든 미군의 공격을 받을 수 있다는 것을 의미했다.

그러한 군사 정보는 정치 지도자나 천황 주변의 측근에게도 잘 알려져 있었다.

먼저 정치적 배경을 보자면 오카다 게이스케岡田啓介와 와카쓰키 레이지로若槻禮次郎를 비롯한 중신들이 이 정보에 민감하게 반응했다. 전황을 바꾸기 위해서는 우선 정치 지도자를 교체해야 한다고 생각했던 그들은 군정과 군령을 장악하고 있는 도조를 경질해야 한다고 주장했다. 그들은 도조를 곧바로 경질하지 않고, 먼저 해군에서 도조의 뜻대로 움직이는 해군상 시마다 시게타로를 교체하기로 했다. 그리고 오카다는 그 뜻을 해군 내부에 전했다.

도조는 그런 움직임을 알아채고 오카다를 관저로 불러 "그랬다가는 당신의 신상에 좋을 게 없다"고 위협했다. 7월에 들어서면서부터 도조는 강권정치의 화신으로 돌변했다. 헌병을 모두 동원하여 다양한 명목으로 요인을 잡아들였다. 하지만 오카다처럼 그런 공갈 협박에 굽히지 않는 이도 있었다.

도조는 비서들에게 "이제는 정말이지 일본 폭격을 각오하지 않으면 안 된다. 그러나 그런 것은 모기가 무는 것이나 다름없다. 쳐부수면 그만이다"라고 큰소리쳤다. 그뿐만 아니라 "사이판이 무너진 것 정도로 패배주의자가 날뛰다니 말도 안 된다"며 화를 냈다.

이 시기 전쟁을 계속할 것을 강경하게 주장하는 이 외의 모든 사람에게는 패배주의자라는 낙인이 찍혔고, 그들의 언동은 감시의 눈초리를 벗어날 수 없었다. 도조에게 반대하는 움직임은 중신뿐만 아니라 해군 내부에서도 확산되고 있었고, 육군 참모본부의 젊은 장교 중에도 도조 암살을 생각하는 이가 있었다. 이 같은 반反도조 움직임은 중신들, 특히 고노에를 통해 천황에게도 전해졌고, 천황은 도조를 믿느냐는 질문에 불신임의 뜻을 표했다. 그리하여 도조는 사직으로 내몰리게 되었다.

이와 같은 정치적 움직임과는 별도로 군사적으로는 결전병기 개발의 좌절이 있었다. 이것은 역사에서 충분히 알려져 있지는 않은데, 도조는 은밀하게 '결전병기에 의한 전황의 만회'를 생각하고 있었다. 참모총장이기도 했던 도조는 '결정적 승리를 부르는 최종병기'라는 의미에서 결전병기라는 말을 즐겨 사용했다.

사이판 함락이 분명해진 6월 20일부터 도조가 사직하기까지 약 1개월 동안, 도조와 시마다 그리고 육해군 지도자의 입에서 종종 '기습병기'니 '신형병기'니 하는 말들이 오르내렸다. 특히 도조는 육군병기행정본부에 "조속히 결전병기를 개발하라"고 독촉했고, 그 뒤를 이어 시마다도 6월 25일 "현재의 전황에 걸맞은 기습병기 개발을 신속히 완료하라"고 해군 내부의 관계 기관에 통지했다.

결전병기 또는 기습병기, 신형병기로 불렸는데, 여기에는 '후호ふ號 작전'으로 알려진 풍선폭탄 등이 포함되어 있었다. 하지만 진짜 결전병기는 바로 '우라늄 폭탄'이었다. 다시 말해 원자폭탄이다. 풍선폭탄이 결전병기가 될 수 없는 상황에서 우라늄 폭탄에 기대를 걸었던 것이다. 천연 우라늄 안에 포함되어 있는 우라늄235를 분리하여 일정량을 모아 폭발시키면 "도시를 날려버릴 정도의 위력"을 발휘한다는 것을, 당시의 원자물리학자들도 이론상으로는 알고 있었다. 하지만 우라늄235는 천연 우라늄 속에 미량밖에 포함되어 있지 않은 데다가 그것을 분리해내려면 방대한 전력과 설비가 필요했다. 따라서 원자물리학자들은 일본의 국력으로는 그 작업을 도저히 해낼 수 없으리라고 판단했다.

그러나 도조와 그의 뜻에 따랐던 시마다는 그런 실정은 무시하고 어떻게든 "결전병기를 만들라" "신형병기를 만들라"고 몰아세웠다. 결국 도조는 원하던 병기를 개발하지 못한 채 사직할 수밖에 없었다.

도조가 사직한 날, 도쿄 신주쿠에 있었던 육군병기행정본부 제8기술연구소(통칭 팔연八研)의 기술소좌 야마모토 요이치山本洋一는 병기행정본부장 중장 간 하루지菅晴次의 부름을 받았다. 간은 야마모토에게 "우라늄 10킬로그램을 급히 모으도록 하라. 무슨 수를 써서라도 모아야 한다"고 명했다. 야마모토는 그 말이 무엇을 의미하는지 즉각 알아챘다. 간은 도조로부터 직접 받은 명령이라고 덧붙였다.

야마모토는 우라늄 폭탄에 관한 지식이 있었다. 원래 야마모토는 소장 과학자였다. 그는 1928년 도쿄제국대학 이학부 광물학과를 졸업했다. 그 후 대학원에 진학하여 금속학 연구를 계속했다. 야마모토가 흥미를 가진 것은 녹이었다. 금속에 생기는 녹의 구조를 해명하고 싶었던 것이다. 1930년부터 1940년까지 이화학연구소의 연구생 및 조교로 생활하면서 자신의 기량을 다졌다. 야마모토의 연구는 군사와 아무런 관계가 없는 것처럼 보이지만, 중일전쟁 때에는 육군병기행정본부의 의뢰를 받아 38총 금속 부분에 녹이 슬지 않게 하는 방법을 연구하기도 했다.

이후 1940년부터 약 1년 동안 일본화성日本化成으로 자리를 옮겨 부식 연구를 이어나갔다.

태평양전쟁이 시작되고 얼마 지나지 않아 제8연구소의 요청으로 기술장교로 들어갔고, 1944년 7월에는 육군 기술소좌가 되었다. 당시 제8연구소는 소장 다무라田村宣武 이하 장교, 연구원, 일반 직원을 포함하여 500명의 스태프를 거느리고 있었다. 제1과는 금속재료, 제2과와 제3과는 기초연구, 제4과는 비금속재료를 연구했다. 야마모토는 제1과 소속이었는데, 이곳에는 101명이 근무하고 있었다.

야마모토는 이화학연구소에 10년 남짓 적을 두었는데, 이 경력은 그가 과학자이자 기술자로서 빼어났다는 것을 의미했다. 당시 이화학연구소는 제국대학 이학부 졸업생 중에서 성적도 우수하고 가정 형편도 풍족한 이를 연구자로 받아들였다. 급료 등에 기대지 않고 연구할 수 있는 사람이 그 일에 어울렸기 때문이다. 야마모토의 아버지는 이름이 잘 알려진 무대예술가로 생활에는 별 어려움이 없었다.

제8연구소 제1과에서 야마모토는 비슷한 연구 주제를 부여받았다. 병기에 생기는 녹을 어떻게 방지할 수 있는지 연구해 개선해보라는 주제가 많았다. 그러나 1944년 7월 17일에 부여받은 주제는 이전에 받았던 것과 달리 엄청난 의미를 지니고 있다는 것을 알게 되었다. 간이 내린 명령의 진짜 의미가 우라늄 폭탄을 만들기 위한 재료를 모으라는 것이었기 때문이다.

우라늄을 찾아라 : 사이판 함락으로 현실화되다

　　나는 1984년부터 1988년까지 여러 번에 걸쳐 야마모토 요이치를 취재했다. 일본의 원자폭탄 개발이 어느 정도까지 진척되어 있었는지 확인하고 싶어서였다. 당시 야마모토는 무사시노 일각에서 유유자적한 삶을 보내고 있었다. 1984년 당시 그는 80세가 넘은 나이였다. 전후에는 니혼대학 이공학부에서 학생들을 가르쳤고, 녹 연구에 관해서는 국제적인 과학자로 알려져 있었다.

　　야마모토는 헤이세이가 시작되고 얼마 지나지 않아 병사했는데, 일본의 원자폭탄 개발의 전모를 알고 있었기 때문인지, 미국이 히로시마와 나가사키에 원자탄을 투하한 사건에 대해서 독자적인 견해를 갖고 있었다. 야마모토는 간으로부터 명령을 받은 당시를 어제 일처럼 생생하게 기억하고 있다면서 다음과 같이 말했다.

　　"사이판이 무너진 후 갑자기 우라늄 폭탄에 관한 이야기가 확산되었습니다. 간 하루지 중장은 무슨 수를 써서라도 우라늄을 찾으라고 말하더군요. 또 간 중장은 어떤 수단을 동원해서라도 사이판을 되찾아야 한다고 말하기도 했습니다. 우라늄 폭탄을 사이판에 투하하여 미군을 단숨에 궤멸하려 했던 것입니다. 그래서 어떻게든 우라늄 폭탄을 만들라는 것이 내게 떨어진 지상명령이었습니다."

　　야마모토는 나를 만날 때마다 도조가 사이판을 잃고 얼마나 큰 충격을 받았는지를 구체적으로 말해주었다. 하지만 도조는 실제로 우라늄 폭탄을 만들려고 해도 그럴 수 없는 현실을 정확하게 이해하지 못했다. 당장 천연 우라늄을 모으는 것마저도 그리 간단하지 않았던 것이다.

　　제8연구소로 돌아온 야마모토는 우라늄 폭탄에 관하여 육군 내부에서 어느 정도 연구가 진행되고 있는지를 조사했다. 이화학연구소에서 비밀리에 연구가 진행되고 있다는 것을 알고서 그 연구의 책임자이기도 한 니시나 요시오仁科芳雄를 찾아갔다. 니시나는 좀처럼 입을 열지 않았지만, 야마모토가 이화학연구소 출신 기술장교임을 알고 조금씩 실태를 이야기했다. 니시나에 따르면, 이미 1943년 3월부터 육군항공본부에서 연구비를 받아 우라늄 폭탄의 연구 개발에 착수했다. 이 연구는 니시나의 이름을 따 '니호=號 연구'로 명명되었는데, 이를 알게 된 이화학연구소 소속 원자물리학자들이 니시나에게 몰려들었다고 한다.

하지만 야마모토가 연구 내용을 조사해보니 결코 현실성이 있다고는 생각할 수 없는 수준이었다.

천연 우라늄에서 우라늄235(천연 우라늄에 고작 0.7퍼센트밖에 포함되어 있지 않다)를 추출하기 위해서는 방대한 설비, 인원, 자금, 기술이 필요했다. 하지만 어떤 추출 방법을 택할지, 설비는 어떻게 할 것인지 등등 문제가 쌓여 있는데도 현실에서는 어떤 움직임도 보이지 않았다. 더욱이 천연 우라늄마저 어디에서도 조달할 수가 없었다. 그래서 야마모토는 제8연구소에서 총력을 기울여 천연 우라늄을 모은 다음 우라늄235 10킬로그램을 추출하라는 것이 간의 명령이라고 이해했다. 그것은 도쿄 만의 모래밭에서 다이아몬드를 찾으라는 것과 다를 바 없는 명령이었다. 생각이 여기에 이르자 야마모토는 절망에 빠졌다. 하지만 입에 올릴 수는 없었다. 전황이 악화되면서 기술장교가 나약한 소리를 하는 것은 일절 허용되지 않았기 때문이다.

당시 육군의 우라늄 폭탄 개발 계획은 어떤 조직에서 진행되고 있었을까? 나는 야마모토의 의견을 참고해 생각을 정리해보았다.

물론 해군에서도 육군과는 별도로 개발 계획을 추진하긴 했다. 해군성 산하 함정본부가 중심이었으며, 이 기관의 제2화약창기술연구소는 교토제국대학 아라카쓰 분사쿠荒勝文策 교수 연구실과 연결되어 있었다. 이곳에서는 교토대학의 유카와 히데키湯川秀樹, 기무라 기이치木村毅一, 나고야대학의 사카

제2부. 쇼와 육군의 흥망

타 쇼이치坂田昌一, 오사카대학의 오쿠다 쓰요시奧田毅 등 소장 원자물리학자들이 우라늄에 대한 기초연구를 수행하고 있었다. 또 함정본부의 기술연구소에서는 핵물리응용연구위원회를 설립, 나가오카 한타로長岡半太郞, 니시나 요시오, 기쿠치 세이시菊池正士, 사가네 료키치嵯峨根遼吉, 유다 쓰네사부로湯田常三郞와 같은 물리학자의 이름을 올렸지만 위원회의 실체는 없었다고 한다.

육군은 이화학연구소의 니시나 요시오 연구실에 개발을 의뢰했다. 니시나는 이 연구를 '니호 연구'라 명명하고 함께할 원자물리학자들을 모으고 있었다. 원자물리학자들과는 별개로 육군에 적을 둔 기술장교는 주로 천연우라늄 조달과 우라늄235 분리 등 현실적인 과제를 담당했다. 연구와 응용이 분명하게 구분되어 있었던 것이다.

육군의 기술장교는 크게 세 유형으로 나눌 수 있다. 육군사관학교를 졸업한 후 기술 방면에 종사하다가 더 많은 지식을 갈고닦기 위해 대학의 공학부나 이학부에 파견된 교수, 대학에서 이학이나 공학을 공부하고 민간 회사에 근무하던 중 징용되어 기술장교가 된 사람, 대학의 이과계열 학부를 졸업하고 징용이나 지원으로 육군에 들어와 기술장교가 된 사람이 그것이다. 니호 연구에는 육군대학을 졸업한 기술장교와 이과계 학부를 졸업하고 징용이나 지원으로 육군에 들어온 기술장교가 참여하고 있었다.

기술장교로 일했던 어떤 사람은 이렇게 증언한다. "이화학연구소의 연구자는 이 연구가 전쟁에 직접 도움이 될 것인지 여부에 대해서는 그다지 관심이 없었다. 우리는 주로 감시하는 역할을 담당했다. '연구실을 전장으로 삼아 결전병기를 개발하라'는 도조의 명령을 실천하도록 독촉해야만 했던 것이다." 하지만 이화학연구소의 연구자 쪽이 훨씬 더 많은 지식을 갖고 있었기 때문에 그들의 독촉이 그다지 위력을 발휘하지는 못했다고 한다.

일본이 우라늄 폭탄에 관심을 갖고 개발에 나선 것은 1940년 3월이라고 한다. 육군항공본부 본부장 야스다 다케오安田武雄(육사 21기로 공병 전문가)가

우라늄 폭탄에 관심을 갖고 본부 안에 연구팀을 만들었다. 우라늄235를 폭발시키면 강력한 파괴력을 발휘한다는 것을 알고 야스다는 육군상 도조를 찾아가 설득했다. 도조는 "그렇다면 전문가에게 연구를 맡겨보라"고 답했다.

야스다는 이화학연구소를 찾아가 소장 오코치 마사토시大河內正敏에게 '우라늄 폭탄 연구와 제조 가능성에 관하여'라는 주제의 연구를 의뢰했다. 오코치는 이것을 니시나에게 맡겼는데, 니시나의 보고가 올라온 것은 1943년 5월이었다. 그는 니시나의 회답을 육군병기행정본부로 보냈는데, 관련 자료가 소실되어서 그 내용을 정확히는 알 수 없다. 하지만 니시나의 회답을 수신한 기술장교 중 한 사람인 스즈키 다쓰사부로鈴木辰三郎는 그 골자를 정확하게 기억하고 있었다. 그의 증언에 따르면 니시나의 회답에는 다음의 세 가지 사항이 명기되어 있었다.

"① 우라늄235 1킬로그램을 분리하여 폭탄을 만들면 화약 1만8000톤의 폭발력을 갖는다. ② 우라늄235를 분리하는 데는 열확산법이 좋다. ③ 기술적으로 한정하면 우라늄 폭탄의 제조는 가능하다."

이 내용은 도조에게 전달되었다. 도조는 "이 개발은 전쟁의 향방과 관련된다. 개발에 전력을 다하라"고 병기행정본부 간부에게 명했다. 아직 전승의 여파가 있는 단계였다고는 하지만, 이 무렵 일본이 처한 상황은 과달카날을 잃고, 동부 뉴기니에서도 열세였으며, 중부 태평양에서도 조금씩 미군의 공격을 받고 있던 때였다.

도조를 비롯한 전시 지도자들로서는 어떻게든 손에 넣고 싶은 무기였다. 1944년 6월 하순 사이판 함락이 눈앞에 다가왔을 때, 도조가 간 하루지를 불러 "즉각 우라늄 폭탄을 만들라"고 명한 데에는 이러한 배경이 있었던 것이다.

야마모토는 앞서 언급한 내용에서 볼 수 있듯 이화학연구소의 이모리 사토야스飯盛里安 연구실과 자주 연락을 취했다. 이 연구실은 '원료'를 담당하고 있었는데, 무엇보다 천연 우라늄 광맥을 찾아야만 했다. 이를 위해 일본 본토와 식민지 그리고 일본군 점령지역을 샅샅이 조사했다.

육군의 항공본부와 이모리 연구실은 이미 1943년 여름부터 1년 동안 광맥 채굴 조사를 벌였다. 그 결과 말레이 반도의 블랙샌드 광맥에 우라늄이 묻혀 있다는 것을 알아냈다. 하지만 설령 채굴을 한다 해도 제해권을 미군이 쥐고 있는 이상 일본으로 운반하는 것은 불가능하다는 결론을 내렸다. 그 때문에 식민지인 조선에서 광맥을 찾는 데 온 힘을 쏟았는데, 이마저도 기술장교가 항공본부에서 띄운 항공기를 타고 탐사하는 상태였기 때문에 도저히 정확한 정보를 얻을 수가 없었다.

이런 상황을 접한 야마모토는 점점 더 우울해졌다. 천연 우라늄이 묻혀 있는 광맥이 일본이나 일본군 제압 지역의 어디에 있단 말인가……

야마모토는 고민 끝에 비밀리에 전국의 광산회사에 문서를 보냈다. 천연 우라늄을 포함하고 있는 광맥이 있는지를 묻는 내용이었다. 그러나 반가운 답장은 없었다.

야마모토와 부하 장교 그리고 이모리 연구실 스태프는 천연 우라늄을 찾아 전국을 돌아다녔다. 일본 내의 페그마타이트 지역(방사성 광석이 묻혀 있는 지역)을 찾아서 가이거 뮐러 계수기를 들고 돌아다니기도 했다. 1944년 가을부터 겨울까지 전황의 악화는 더욱 분명해졌고, 천연 우라늄 탐사에 매달린 사람들은 절망적인 나날을 보내고 있었다.

후쿠시마 현 이시카와 정: 근로 동원으로 채굴하다

제8연구소와 이모리 연구실 사이에 몇 번이나 조사 보고서가 오갔다. 현재 조사한 바로는 그런 지역이 없다는 내용이었다. 나는 야마모토가

제39장. 비밀리에 진행된 원자폭탄 개발 계획

당시 가지고 있던 관련 공문서들을 한 장씩 신중하게 검토했는데, 그 내용은 무척 암담한 전망뿐이었다. 그러나 1944년 11월 말일에 들어온 한 통의 문서(제8연구소의 편지지에 야마모토가 작성한 문서)에서 초조감을 떨쳐버릴 만한 결론에 도달했다는 내용이 전해졌다. '우라늄 조사에 관한 제8연구소의 방침 및 처치 사항'이라는 제목의 문서에는 다음과 같이 적혀 있었다.

"우라늄광의 산지로 유망하다고 추정되는 후쿠시마 현 이시카와 군 이시카와 정 부근에서 거정질ㅌ晶質 화강암 광상鑛床을 조사, 채굴함과 동시에 우라늄광을 채취하기로 결정한다."

이곳에서 채취한 천연 우라늄을 니시나 연구실의 니호 연구에 이용하면 될 것이라는 말이었다.

야마모토는 이곳에서 우라늄 함유율이 높은 암석이 채취될 것이라고 생각했다. 이에 따라 우라늄 폭탄 제조에 필요한 우라늄235 10킬로그램을 얻기 위해 우선 이곳에서 53만 톤의 광석을 채굴하고, 그 안에서 500킬로그램의 산화우라늄을 선별할 필요가 있다고 계산했다. 그리고 선별한 산화우라늄 중에서 우라늄235를 추출하는 데는 니시나가 보고했던 대로 분리법(열확산법)을 이용하면 될 것이라고 생각했다. 야마모토는 이런 뜻을 니시나에게 전달했다.

우라늄 폭탄이란 우라늄235를 화약이나 신관信管(기폭 장치) 등으로 감싸 폭발력이 강한 병기로 바꾼 것이었다. 그것만으로 끝나는 게 아니다. 실제로 투하할 때 우라늄235와 물을 혼합하여 한층 폭발력을 강하게 해야만 했다.

이 프로세스에서 제1단계 역할을 담당하고 있던 야마모토는 1945년에 들어서 이시카와 정으로 달려가 어떤 방법으로 화강암을 채굴할 것인지를 궁리했다. 문제는 인구 2만 명이 채 되지 않는 이 소읍에서 그 누구도 노동력을 할애할 여유가 없다는 것이었다. 육군성에서는 야마모토의 계획을 실행에 옮기기 위해 이 지역 중학생과 초등학생의 근로 동원을 계획했다. 이 계획은 문부성을 통해 반강제적으로 이곳 초중등학교에 시달되었고, 1945년 4월부터 근로 동원이 시작되었다.

야마모토는 제8연구소에서 이화학연구소와 연락을 취하는 한편, 제8연구소 내부의 기술장교와 함께 미군의 폭격에 의한 화재를 최소화할 방책에 관한 연구도 계속하고 있었다. 하지만 매주 한 번씩 이시카와 정으로 가서 화강암 채굴이 원활하게 이루어지고 있는지 확인하는 일도 잊지 않았다. 매우 분주한 일정이었다.

이시카와 정에서 채굴이 시작되었을 무렵, 야마모토는 이화학연구소의 연구자로부터 불안 섞인 푸념을 들었다.

"3월 10일의 대공습으로 이화학연구소의 열확산법 개발 자재가 모두 불타버렸다. 현재는 우라늄 폭탄을 만들 수 있는 단계가 아니다."

열확산법이란 거대한 통과 통 사이에 우라늄을 가스 형태로 만들어 넣고 그중 위로 올라오는 가벼운 가스를 취합하는 방법이다. 이 가벼운 가스가 우라늄235였다. 천연 우라늄에서 우라늄235를 추출하는 데는 이 방법 외에 기체확산법(우라늄235를 추출하기 위해 몇 번씩 막을 통과시켜 가벼운 기체를 취한다), 전자분리법(가스 상태의 우라늄을 구멍으로 분출하게 한 다음 전자로 분리하여 가벼운 쪽을 취한다), 초원심분리법(가스화된 우라늄을 초고속으로 회전시켜 가벼운 가스를 모은다) 세 가지가 있었다. 어느 것이나 최고도의 기술과 설비, 인재를 필요로 했다. 그리고 무엇보다 막대한 자금이 없으면 무리였다.

니시나가 이끄는 연구팀은 거대한 통을 만들기 위한 준비 작업을 진행하고 있었는데, 이에 필요한 재료는 모두 육군으로부터 어렵사리 받아낸 것이었다. 이런 조건에서는 도저히 우라늄235를 단기간에 추출할 수 없었다.

그런데 3월 10일의 도쿄대공습으로 이 통의 재료마저 모두 불타고 말았던 것이다.

그러나 야마모토는 이화학연구소에서 통 만들기를 계속할 것으로 생각하고 이시카와 정의 화강암 채굴에 힘을 쏟았다. 이시카와 정에서는 화강암을 채취하고 그 가운데 천연 우라늄이 들어 있는 암석을 골라내는 작업을 진행하고 있었다. 사람이 일일이 대그릇을 흔들어 필요한 암석을 골라내는 전근대적인 작업이었다.

1945년 5월과 6월, 일본군은 남방 요역에서 쫓겨났고 미군은 점차 일본 본토에 대한 폭격을 강화했다. 이시카와 정에도 B29가 날아와 폭탄을 투하한 적이 있을 정도였다.

야마모토의 일기에 따르면, 그는 제8연구소 간부로부터 "우라늄 10킬로그램을 아직도 모으지 못했느냐"는 독촉을 받기도 했다. 야마모토 또한 전황의 악화를 타개하기 위해 신형 폭탄이 반드시 필요하다면서 초조한 심경을 일기장에 남기기도 했다.

_____ **'니호 연구' 중지 : 미국에서도 무리다**

6월 28일, 야마모토는 이화학연구소로 가서 이모리와 그의 연구원들을 만났다. 이시카와 정의 화강암에서 천연 우라늄을 포함한 암석이 어느 정도 산출되었는지, 금후 얼마 동안이나 이런 작업을 계속해야 하는지 등등을 확인하기 위해서였다. 그런데 이때 야마모토는 연구원 중 한 사람으로부터 "니호 작전은 중지되었다"는 말을 들었다. 니시나가 육군 상층부에 "우리 예상으로는 폭탄 제조에 막대한 비용이 들기 때문에, 미국도 이번 전쟁에서 원자폭탄을 개발하는 것은 무리일 것이다. 따라서 일본도 개발할 필요가 없다"라는 뜻을 최종적으로 전했다는 것이다.

야마모토는 화가 치밀었다. 만약 이것이 사실이라면 이시카와 정에서 천연 우라늄을 찾는 일은 아무런 의미가 없었다. 이상한 점은 제8연구소에는

제2부. 쇼와 육군의 흥망

니시나의 뜻이 전해지지 않았다는 것이다. 이건 어찌된 일일까? 야마모토는 그 길로 니시나에게 달려가 면담을 요구했다. 그런데 니시나의 비서는 이렇게 말했다. "니시나 선생께서 이제부터는 육군 관계자를 만날 수 없다고 말씀하셨습니다."

야마모토는 니시나의 이러한 태도에 분노했다. 우라늄 폭탄 제조가 이론 물리학상으로 가능하지만, 일본은 이를 필요로 하지 않는다는 식의 정치적 판단을 과학자가 해서는 안 된다는 것이 그의 생각이었다. 또한 그는 일본이 불가능하니까 미국도 불가능하다고 말하는 것은 과학자의 독선이라고 생각했다. 야마모토는 이런 판단이 훗날 미국의 히로시마 원폭 투하를 인정하고 싶어하지 않는 육군 지도부의 심리적 요인으로 이어졌다고 증언했다.

야마모토는 제8연구소 책임자에게 보내는 보고서를 작성했다. 이 보고서에서 그는 니시나에 대한 분노를 감추지 않았다. 주요 내용은 '이런 상황에서 이화학연구소는 더 이상 믿을 수가 없다. 교토대의 아라카쓰 연구실과 함께 연구를 계속해야 한다. 후쿠시마 현 이시카와 정의 채굴은 예정대로 진행하는 게 낫다'는 것이었다.

제8연구소는 야마모토의 보고서 내용을 받아들였다. 이것은 항공본부가 손을 떼도 병기행정본부가 중심이 되어 우라늄 폭탄의 원료를 확보하는 데 힘쓴다는 것을 의미했다.

병기행정본부의 간부가 수락 의향을 보이자 야마모토는 교토대 교수인 아라카쓰에게 편지를 썼다. 해군의 의뢰를 받아 기초연구를 진행하고 있는 것으로 알고 있는데 거기에 우리도 참여하여 함께 연구 개발을 해나가고 싶다는 내용의 편지였다. 하지만 아라카쓰의 회답은 야마모토가 기대했던 것과 달랐다. 아라카쓰 연구팀은 우라늄235를 추출하기 위해 초원심분리에 필요한 기계류를 개발하고 있는데 이제 막 실마리를 찾았을 뿐이라 연구 진행은 무리라는 내용이었다. 아라카쓰의 이 회답은 완곡한 거절이었다고 말할 수 있다.

야마모토는 아라카쓰에게 연구를 의뢰한 해군성 함정본부에 실태를 확인했다. 그런데 해군 측에서는 "우리는 이대로 연구를 계속할 것"이라는 답장을 보내왔다. 이 말을 믿고 야마모토는 이시카와 정의 채굴을 계속하기로 결정했다. 1945년 6월과 7월, 군사 정보에 정통한 사람이라면 누구나 일본의 패전을 인정하지 않을 수 없었다. '대본영 발표'를 통해 과장된 전과만 알고 있었던 국민은 패전을 믿지 않으려 했지만, 매일같이 B29의 폭격을 받다 보니 일본이 전쟁에서 이기리라고는 그 누구도 생각할 수 없었던 것이다.

당시 육군의 기술장교들 사이에서도 "전황을 단숨에 뒤바꿀 결전병기를 만들어야 한다"는 말이 일종의 암호처럼 오갔다. 육군의 기술연구소는 제1연구소부터 제9연구소까지 있었는데, 이들 기관에서는 토륨 폭탄 제조를 기도하기도 했고 풍선폭탄 등을 고안하기도 했다. 이 가운데 '성공'에 가깝게 다가선 것은 풍선폭탄뿐이었다. 제9연구소에 적을 두었던 어느 기술장교에 따르면, 로키산맥을 향해 띄워서 그곳에 산불을 일으키는 것이 풍선폭탄의 목적이었는데, 부분적으로는 성공했다고 한다. 그러나 그것은 표면상의 '성공'이었고 본뜻은 다른 데 있었다. 이와 관련하여 그는 다음과 같이 증언했다.

"실은 풍선에 페스트균이나 콜레라균을 넣을 예정이었습니다. 물론 이시이 부대에서 배양하고 있던 균이지요……. 하지만 이 모략병기는 완성되지 못했습니다."

육군성이나 참모본부의 막료 중에는 병기행정본부로 몰려가 "결전병기를 만들라"고 집요하게 밀어붙이는 이도 있었다. 우라늄 폭탄에 특별한 관심을 보였다는 이유로 야마모토에게도 "무슨 수를 써서라도 만들어내야 한다"는 요구가 빗발쳤다. 우라늄 폭탄은 육군 군인들 사이에서도 점차 '결전병기'로 알려졌고, 이화학연구소를 찾아가서 "일본에서는 왜 개발할 수 없느냐" "황국정신이 부족하다"며 연구진을 마구 호통치는 장교까지 있었다.

육군사관학교를 졸업한 후 기술장교로서 엘리트 코스를 밟은 요시나가 요시타카吉永義尊는 기술부의 고위급 과원이었다. 그에 따르면 전황이 악화되면 발명광입네 하는 아마추어들이 자신의 발명품을 팔기 위해 극성을 부렸다고 한다. 또한 전황을 일변시키기 위해 고심하던 육군 지도부는 비전문가의 그럴싸한 연구 주제에 실로 안이하게 속아 넘어가 기술장교와 상의하지도 않고 연구비 지급을 결정하기도 했다고 한다. 1993년 현재 하치오지八王子에서 유유자적한 생활을 보내고 있는 87세의 요시나가는 당시의 이상한 분위기를 다음과 같이 증언한다.

"예를 들면 중성자선中性子線으로 비행기를 격추하는 방법을 연구한다는 사람이 있었는데, 그에게 통째로 집을 빌려주고 연구하게 하기도 했습니다. 전쟁 말기에는 발명광이라는 사람들이 걸핏하면 비행기 격추 광선이니 뭐니 하는 이상한 장비에 대해 떠들어댔는데, 어떤 사람은 병기행정본부 간부까지 속여서 시험 삼아 광선을 만들기까지 했습니다. 소위 장관이란 사람들이 그런 얕은 속임수에 가볍게 넘어갔던 것이지요. 우리 젊은 기술장교들은 이런 패거리들을 몰래 쇼와의 덴이치보天一坊(에도 시대 중기 쇼군 도쿠가와 요시무네의 사생아라며 세상을 속인 덴이치보 가이교―옮긴이)라 부르며 바보 취급을 했습니다만……."

요시나가에 따르면, 일본의 원자폭탄 개발 연구는 니시나 연구실에서 진행되고 있었는데, 연구원들이 말을 하지는 않았지만 이것이 무리라는 것을 잘 알고 있었다고 한다. 천연 우라늄에서 하루에 고작 1밀리그램의 우라늄235를 추출할 수 있다면 10킬로그램을 얻는 데는 자그마치 수만 년이 걸릴 것이라는 니시나 연구실의 보고도 있었다.

그러나 야마모토 쪽에서는 그런 예측 따위는 귀담아 들으려 하지 않았다. 니시나 주변의 원자물리학자는 니호 연구에 종사하면서도, 일본에서 원폭을 개발하는 것은 무리지만 미국은 해낼 수 있을지 모른다며 우려를 표했

제39장. 비밀리에 진행된 원자폭탄 개발 계획

다. 미국이 원자폭탄 개발을 국가적인 프로젝트로 추진한다면 일본이 예상할 수 없을 정도의 능력을 발휘하리라는 것을 알고 있었기 때문이다. 일본인은 1945년 7월 27일에야 그 불안을 현실성이 있는 것으로 받아들였다.

이날 일본을 겨냥한 미국의 단파방송은 미국, 영국, 소련에 의한 포츠담 선언을 발표하고 일본에 무조건항복을 촉구했다. 이 단파방송은 지나가는 말처럼 "우리는 가까운 시일 안에 신형 폭탄을 투하할 것이다. 일본군은 하루빨리 항복하는 게 좋을 것이다"라고 덧붙였다. 일본의 원자물리학자 중에는 이 방송을 몰래 듣고 미국이 마침내 우라늄 폭탄 개발에 성공했다고 예측한 이도 있었다. 예컨대 릿쿄대학 명예교수 다케타니 미쓰오武谷三男는 나에게 "이제 일본은 패할 것이라고 생각했다"고 증언했다.

8월 6일 오전 8시 16분, 히로시마에 인류사상 최초의 원자폭탄이 투하되었다.

1945년 7월 26일, 포츠담 선언을 발표하는 삼국 정상. 왼쪽부터 윈스턴 처칠 영국 총리, 해리 트루먼 미국 대통령, 이오시프 스탈린 소련공산당 서기장.

이날 오후, 야마모토는 상사인 기술대좌 지카마쓰 유타카^{近松穫}의 방으로 불려갔다. 지카마쓰도 기술 분야의 전문가여서 히로시마에 투하된 신형 폭탄은 우라늄 폭탄일 것이라고 생각했다. 그의 생각을 전해 들은 야마모토는 곧바로 수긍했다.

"이화학연구소 연구자에게 물어봤더니 분명하진 않지만 그들도 그렇게 생각하고 있는 듯했습니다. 저도 이런저런 보고를 듣고 그렇게 판단했습니다."

야마모토는 히로시마가 폭탄 한 발에 붕괴되는 것을 보고 우라늄 폭탄일 가능성이 높다고 생각했던 것이다. 병기행정본부는 이화학연구소 연구진을 히로시마로 보냈다. 그곳에서 최종적인 판단을 내리기로 했는데, 지카마쓰도 야마모토도 우라늄 폭탄이라는 것을 의심하지 않았다. 9일 오전, 다시 지카마쓰의 방으로 불려간 야마모토는 은밀하게 육군 지도부의 의향을 들을 수 있었다. 그것은 다음과 같은 내용이었다.

"군의 지도부는 히로시마에 투하된 신형 폭탄이 우라늄 폭탄, 그러니까 원자폭탄이라는 것을 인정했다. 니시나 박사가 인정한 것이 최종 결론이 된 듯하다. 그래서 말인데, 미국이 이런 폭탄을 얼마나 갖고 있는지 즉시 알아보고 보고하길 바란다. 귀관의 보고는 어전 회의의 참고자료로 제공될 것이다."

_____ 몇 발이 더 있을까 : 계산 후 할 말을 잃다

육군 지도부는 인정하고 싶지 않았겠지만 니시나 등의 의견을 받아들일 수밖에 없었을 것이다. 야마모토는 미국이 상당수의 우라늄 폭탄을 보유하고 있을 것으로 예측하고 그것을 지카마쓰에게 전했다. 두 사람의 표정은 어둡기만 했다.

오전 11시 30분, 야마모토는 자신의 책상에 앉아 대략적인 계산을 하기 시작했다. 그때 나가사키에도 신형 폭탄이 투하된 것 같다는 소식이 들어왔다. 야마모토는 지카마쓰의 방으로 달려갔다. 지카마쓰 역시 암담한 표정이었다. 미국이 틀림없이 잇달아 우라늄 폭탄을 투하할 것이라고 예상했기 때문이다.

"일본의 우라늄 폭탄 개발이 성공하지 못한 것은 과학자가 진심으로 온 힘을 쏟지 않았기 때문이 아닌가."

우연히도 두 사람 다 이런 생각을 하고 있었다. 하지만 이것은 육군병기행정본부에 적을 둔 기술장교들의 공통된 의견이기도 했다.

야마모토는 자리로 돌아와 계산에 몰두했다. 그는 그때 정리한 자료의 초안을 죽을 때까지 소중하게 간직했다. '적국 미국의 우라늄광 생산량 및 기타'라는 제목으로 제8연구소의 괘지에 연필로 적은 것이었다. 이 자료는 3개 항목으로 이루어져 있다. 제1항에는 "캐나다 북부 부근의 우라늄광에서는 1939년 무렵 우라늄 화합물을 연 1만 톤가량 산출하는데 이는 라듐 108그램을 추출할 수 있는 분량이다"라고 적혀 있다. 그 결과를 토대로 제3항에는 '원자폭탄 제조 능력 추정'이라는 소제목 아래 다음과 같이 쓰여 있다.

"악티노우라늄235는 우라늄 화합물 중 약 0.8퍼센트가 포함되어 있다고 하는데, 그렇다면 미국에서는 1년에 약 30톤의 악티노우라늄 화합물을 생산할 수 있다. 폭탄 한 개를 만드는 데 30킬로그램이 필요하다고 하면 500~1000개를 제조할 수 있는 분량이다. 하지만 이런 종류의 폭탄을 제조하는 작업은 실패율이 아주 높기 때문에 이 수량의 2분의 1 정도가 될 것으로 예상된다."

미국이 천연 우라늄에서 연간 30톤의 우라늄235를 분리할 수 있을 것이라고 어림잡아 계산한다면, 500~1000개의 우라늄 폭탄이 제조 가능하다는 말이었다. 설령 제조 과정의 실패율을 감안한다 해도 250~500개는 보유

1945년 8월 6일, 세계 최초로 히로시마에 원자폭탄이 투하되어 상공에 버섯구름이 피어올랐다.

제39장. 비밀리에 진행된 원자폭탄 개발 계획

하고 있으리라는 게 그의 결론이었다. 물론 이것은 우라늄235만을 중심으로 한 생각이어서, 실제로 폭약을 넣거나 용기를 만드는 것까지 고려하면, 이 숫자가 맞을지 여부는 분명하지 않았다.

어림잡아 계산한 숫자에 야마모토 자신도 크게 놀랐고 지카마쓰도 할 말을 잃었다. 사정이 이러하다면 전쟁을 계속하는 것은 무모한 일이 아닐 수 없었다. 그것은 자명한 일이었다. 두 사람은 숫자를 더 적게 잡는 게 어떨지 상의했다. 숫자를 줄일 수는 있겠지만 그랬다가는 일본의 국토가 황폐해질 것이 뻔했다. 결국 이 숫자는 대본영의 작전 지도 참모에게 그대로 제출되었다.

야마모토의 증언에 따르면, 대본영은 이 숫자가 너무 크기 때문에 어전 회의에 보고할 수 없다면서 그대로 묵살했다. 야마모토도 어쩔 수 없이 단념했다. 하지만 히로시마와 나가사키에 대한 원폭 투하는 어전 회의의 결론을 끌어내는 데 직간접적으로 중요한 역할을 했다. 결국 대본영도 야마모토가 계산한 숫자를 보고 내심 놀라, 전쟁을 계속하겠다는 의사를 더 이상 개진하지 않았던 것이다.(1945년 8월 11일 『아사히신문』은 일본 정부가 미군의 잔학한 신형 폭탄 투하에 항의했다고 보도했다. 또한 트루먼 미국 대통령이 라디오를 통해 "(포츠담에서) 일본에 대해 경고를 하고 조건을 제시했지만 일본은 이를 거부했다. 이 때문에 일본에 최초로 원자 폭탄이 사용되었다"고 연설했음을 전했다. 당시 신문에서는 원자폭탄이라는 표현을 사용했지만 일본 정부는 이 단어를 공식적으로는 인정하지 않았다.—옮긴이)

1988년 12월의 어느 날, 나는 야마모토의 자택 응접실에서 다음과 같은 이야기를 주고받았다. 내 취재 노트를 인용하면 다음과 같다.

일본의 원폭 제조 계획은 미국의 맨해튼 프로젝트와 비교하면 무척 어설펐습니다. 다시 말해 국력을 전혀 고려하지 않았다고 생각합니다만……

제2부. 쇼와 육군의 흥망

"그건 그렇습니다. 군사, 정치 지도자는 즉흥적으로 일을 추진했고, 이화학연구소는 정말로 진지하게 연구에 몰두한 것이 아니라, 원자물리학의 수준이 뒤떨어지지 않게 해야 한다는 니시나 박사의 생각에 따라 연구를 진행했기 때문입니다. 우리는 열심히 천연 우라늄을 찾아다녔지만, 미국과 비교하면 스케일이 달라도 너무 달랐습니다."

히로시마에 투하된 폭탄이 원자폭탄이라는 것을 알았을 때 무슨 생각을 했습니까?

"깜짝 놀랐지요. 동시에 계산을 해보고 이건 아무것도 아니라고 생각했습니다. 그때 나는 적게 잡아도 250~500개는 될 것으로 보았는데, 전후 GHQ의 장교로부터 사정 얘기를 들었더니 5개였다고 하더군요. 실험용 하나, 히로시마에 하나, 나가사키에 하나 그리고 잠수정으로 운반하던 중 일본 해군에 격침된 것 하나, 나머지 하나는 15일 정오 도쿄의 오카야마 산 상공에서 투하할 계획이었다고 했습니다. 물론 나는 그 진위에 관해서는 확인하지 못했습니다.

전후 미국의 핵실험이나 핵 보유 수를 보면 내가 어림잡아 계산했던 숫자에 크게 미치지 못합니다. 하지만 미국의 기술 개발력은 정말이지 일본과는 비교할 수 없을 정도로 뛰어납니다. 이것은 전후에 많은 교훈이 되었습니다."

미국은 7월 27일 방송에서 포츠담 선언을 수락하지 않으면 신형 폭탄을 투하할 수도 있다고 했는데, 당신은 그 점에 주목하지 않았습니까?

"그 점에 관하여 당시 일기에 개인적인 의견을 적어놓았습니다. 이 방송은 나도 기술연구소의 제5연구소 장교에게 들어서 알고 있었습니다. 미국의 방송은 헛소문일 텐데, 그렇다면 일본도 우라늄 폭탄을 포함한 신형 폭탄 개발에 성공했으며 이것을 미국 본토에 투하할 것이라는 거짓 방송을 해야 한다고 생각했습니다. 이 생각은 지금도 변함이 없습니다. 나는 전후에 니혼대학 이공학부에서 학생들을 가르쳤습니다만, 이런저런 학회에서 이 생각을 숨김없이 말하기도 했습니다. 그 때문에 반감을 사기도 했지요……."

야마모토의 의견은 당시의 원자물리학자, 특히 니시나를 비판하는 내용이었다. 그는, 6일 저녁 무렵 히로시마에 투하된 것이 원폭이라고 인정했으면서도 왜 한시라도 빨리 정치, 군사 지도자에게 포츠담 선언 수락을 강력하게 진언하지 않았느냐며 니시나에게 강한 불만을 표시했다. 그랬다면 적어도 나가사키에 대한 원폭 투하는 막을 수 있었으리라고 생각했기 때문이다.

당시 이미 80세가 넘은 나이에다 뇌졸중으로 반신불수의 몸이었던 야마모토는 이 지점에 이르자 격분하며 목소리를 높였다. 그의 말투에서 나는 전시 상황에서 민간인 과학자와 군에 적을 둔 과학자 사이에 존재했던 뿌리 깊은 대립 구도를 엿볼 수 있었다. 육군의 군인은 확실히 '과학'이나 '기술'에 관해서는 무지한 면이 있었지만, 과학자라면 그들에게 인류사상 최초의 핵무기가 얼마가 무서운 것인지를 알릴 의무가 있지 않았느냐는 말이다.

그런 야마모토의 얼굴을 어둡게 한 사건이 하나 더 있다. 그것은 이시카와 정의 구제중학교 3학년 학생이 8월 15일에도 여전히 지하에서 광석을 채굴하고 있었다는 사실이다. 우라늄235를 분리할 설비도 없는데 '나라를 위해서'라는 한마디 말에 계속 땅속을 파헤치고 있었던 것이다.

야마모토는 8월에 이미 채굴을 중지하라는 지령을 내렸다. 하지만 말단까지 전달되지 않았고, 중학교 3학년 학생들은 여전히 삽으로 산을 파헤쳐 돌을 모은 다음 그것을 삼태기에 담아 나르고 있었다. 야마모토는 "참 딱한 일이었다"는 말을 몇 번이나 되풀이했다.

1945년 8월 하순, 지프를 탄 미군 장교가 이곳을 방문해 자료와 원석을 모두 가져갔다. 그들은 일본의 원자폭탄 제조 계획의 말단에서 무슨 일이 있었는지에 대해 흥미를 갖고 있는 듯했다. 하지만 그 규모가 유치할 만큼 작은 것을 보고 놀라 GHQ는 일본에서도 원폭 개발 계획이 있었다는 사실을 공식적으로 인정하지 않았다.

그것을 인정하는 것은 미국의 자부심에 상처를 입히는 결과로 이어지리라고 판단했기 때문이리라.

제40장

시종무관의 일기가 들려주는 패전 전후

육군 측의 시종무관 요시하시 가이조吉橋戒三는 1944년 12월 10일부터 직무를 맡았다. 그는 그날부터 패전 그리고 GHQ의 명령에 따라 육해군이 해체되는 1945년 12월 1일까지 쇼와 천황의 주변에 머물면서 대일본제국이 무너져가는 과정을 지켜보았다.

그동안 요시하시는 일기를 썼다. 대형 노트에 세로쓰기로 하루하루 자신의 움직임을 적어나갔다. 그 노트는 쇼와 역사를 해명하는 데 아주 귀중한 일급 자료다. 나는 요시하시에게 이 노트를 빌려 전부 복사했다. 그리고 그것을 읽어가면서 쇼와 육군과 쇼와 천황 사이에 균열이 발생하고 있었다는 것을 알게 되었다. 아울러 패전 전후 궁중의 모습도 엿볼 수 있었다.

1945년 8월 14일자 일기의 일부를 보면 다음과 같다.

8월 14일(화) 맑음

육해군 원수를 부르시다. 또 별도로 각료, 육군참모총장과 해군군령부총장, 육군대신과 해군대신, 무관장이 참석하여 친림한 가운데 회의가 열리다. 저녁식사 후 무관장이 무관 일동에게 중대한 사항을 설명하다. 금일 회의에서 폐하께서 황송하게도 눈물을 흘리시며 "국민을 납득시키기 위해 친히 방송을 해도 좋다"고 말씀하셨다는 이야기를 듣다. 폐하의 마음을 헤아리기에 참으로 송구스럽기 짝이 없다. 보잘것없는 몸으로 측근 봉사의 임무를 맡은 나는 금후 분골쇄신 신하의 절개를 다하리라 다짐하다.

시종무관들은 이날 국민보다 한발 앞서 일본의 무조건항복 소식을 들었다. "중대한 사항을 설명하다"라는 구절은 그것을 가리킨다. 하지만 그것을 명확하게 밝히지 않은 것은 시종무관의 마음가짐 때문이기도 할 것이다.

요시하시는 천황에게 그저 미안하다는 생각뿐이었다. 그래서 어떤 사태가 벌어진다 해도 천황에 대한 충절은 흔들리지 않을 것이라는 신념을 다지고 있었다. 8월 15일자 일기 말미에도 "성단聖斷은 이미 내려졌다. 심원한 성려聖慮는 신하가 헤아릴 수 있는 게 아니다. 그러니 오직 폐하의 마음에 귀일하여 삼가 받들 따름이다"라고 적혀 있다. 이것은 쇼와 천황 주변에 있던 군인들의 공통된 생각이었을 것이다.

육군 5명, 해군 4명

항상 천황의 주변에 머물면서 군사상의 정무를 보필하는 것이 시종무관의 직무였다. 육해군 책임자가 상주하러 오면 천황에게 알리거나, 통수권자인 천황이 궁금해하는 점이 있으면 직접 육해군 책임자에게 물어 보고하는 직무다. 관례상 육군에서는 육군대학을 우수한 성적으로 졸업하고 군인으로서 오점이 없는 경력을 갖고 있으며, 인격과 가정환경 등 모든 것을 헌병대에서 조사한 다음에야 시종무관이 될 수 있었다.

육군 내부의 엘리트 군인이었다는 것은 말할 필요도 없다.

육해군 내부의 규약 「시종무관부 관제」에 시종무관의 직무와 정원 등이 정해져 있다. 예를 들면 다음과 같다. "시종무관장 및 시종무관은 천황에게 상시 봉사하며, 군사에 관한 상주, 주답奏答 및 명령을 전달하는 임무를 맡고, 관병觀兵, 연습, 행행行幸 기타 제의, 예전禮典, 연회, 알현 등이 있을 때 천황을 곁에서 모신다." "편제상 시종무관장은 육군대장 또는 육군 중장이 맡고 시종무관은 육군 5명, 해군 4명으로 한다." 이를 통해 해군보다 육군 쪽이 주축을 이루고 있음을 알 수 있다.

1945년 8월 15일 패전 당시 시종무관장은 육군 중장 하스누마 시게루蓮沼蕃였다. 하스누마는 온후실직溫厚實直하고 과묵한 군인으로 1939년 8월 31일 취임한 이래 줄곧 그 자리에 있었다. 쇼와 육군 안에서는 가장 오랫동안 시종무관장으로 일했는데 그만큼 쇼와 천황의 신임이 두터웠다.

패전 당시 시종무관의 수는 규약에서 정한 편제보다 육해군 각각 한 사람씩 적었다. 육군 쪽의 네 명은 오가타 겐이치尾形健一 중좌, 세이케 다케오淸家武夫 대좌, 고이케 료지小池龍二 소장 그리고 요시하시 가이조 중좌였다. 해군 쪽의 세 명은 나카무라 도시히사中村俊久 소장, 노다 로쿠로野田六郎 대좌, 이마이 아키지로今井秋次郎 중좌인데, 1993년 5월 현재 생존자는 단 한 명이었다. 요시하시도 1989년에 병사한다.

시종무관은 평상시에는 궁중의 시종무관실에서 대기한다. 그리고 하스누마의 지휘에 따라 일상적인 직무를 수행한다. 요시하시는 매일 아침 반드시 참모본부 작전부에 들러 전날의 일본군 전투를 기록한 극비 자료 「전투상보戰鬪詳報」를 훑어본 다음 궁중으로 출근했다. 천황의 질문에 즉석에서 대답해야만 했기 때문이다.

내가 요시하시를 만난 것은 1988년 가을이었다. 쇼와 천황이 쇼와 육군에 관하여 어떤 생각을 하고 있었는지를 알고 싶어서 취재에 나선 참이었다. 도쿄 세타가야에 사는 요시하시는 당시 82세였는데, 그의 몸이 고령의 나이를 여실하게 말해주었다. 아울러 쇼와 천황의 증상이 호전되었다가 악화되기를 거듭하던 때라 미디어에서도 연일 그 소식이 보도되었는데, 요시하시는 그 누구보다 간절히 천황의 회복을 염원하고 있었다.

쇼와 천황이 서거하고 나서 약 10개월 후에 요시하시도 병사했다. 시종무관이라는 경력은 요시하시 자신의 인생의 버팀목이기도 했던 듯한데, 그 버팀목이 사라지자 급격히 살아갈 의욕을 잃은 것으로 보인다. 쇼와 천황을 직접 모신 육해군 관계자는, 자신이 '천황을 위한 군대'의 가장 신뢰할 만한 신하라는 생각을 유달리 강하게 갖고 있는 듯했다.

당시 내 취재 메모에서 요시하시의 일상적인 직무, 패전 전후의 궁중의 모습 그리고 쇼와 육군과 천황의 관계에 대해 언급한 부분을 발췌하면 다음과 같다.

당신은 구체적으로 어떤 일을 했습니까? 시종무관에게도 여러 업무가 있었으리라고 생각합니다만……

"육군이 가져온 이런저런 서류를 상주하는 일을 했지요. 육군의 편제가 바뀔 때에는 편제표를 가져옵니다. 그것을 설명해드리고 결재를 받았습니다. 육군대신이나 참모총장을 제외하고는 직접 폐하를 만날 수 없었습니다. 제도상 시종무관을 통하지 않고는 결재를 얻을 수 없었지요."

당신은 1944년 12월에 시종무관이 되었고 패전 시에도 무관부武官府에 근무했는데, 솔직하게 말씀해주시면 고맙겠습니다만, 전황이 악화되고 있을 때 천황의 모습은 어떠했습니까?

"폐하를 뵙고 말씀드릴 수 있는 곳은 고분코御文庫(지하 방공 시설 중 하나—옮긴이)의 정무실, 그러니까 다다미 여섯 장 정도 크기의 작은 방이었습니다. 그곳에서 여러 가지 말씀을 드렸고 결재를 얻은 것은 날인을 받았습니다. 그것을 내대 신부로 가져가 서류 형태로 꾸미고 확인을 받았습니다. 그런 순서로 일이 진행되었지요.

결재를 받을 때 나는 폐하가 최경례最敬禮를 하는 장면을 여러 번 보았습니다. 우리가 천황 폐하께 최경례를 하는 것이 일반적인데 폐하 쪽에서 최경례를 하는 것이었습니다. 예를 들어 특공대원이 필리핀의 링가옌에서 적의 비행기에 육탄 공격을 가한 적이 있지요. 그 특공대원에게 표창장을 보낼 때 내가 '○○ 중위가 이곳에서 육탄 공격을 감행하다가 전사해서 표창장을 받게 되었습니다'라고 말씀드렸습니다. 그러자 내 머리에 폐하의 머리카락이 닿기에 깜짝 놀라 고개를 들어보니 폐하께서 최경례를 하는 것이었습니다. 그 특공대원에게 말이지요. 이런 사실은 외부에 일절 밝히지 않았기 때문에 일반적으로 알려져 있지 않습니다."

육군의 편제표는 두께가 10센티미터 정도 되는 상당한 분량의 서류였던 것으로 알고 있습니다. 여기에는 각 부대가 어디에 배치되어 있는지 등이 모두 기록되어 있었다고 하는데, 천황은 그것을 종종 확인하곤 했습니까?

"그렇습니다. 그 서류는 상당히 두꺼웠습니다. 편제에 관해서는 폐하의 허가를 얻어야 했기 때문에 그처럼 많은 분량의 서류가 쌓이곤 했지요. 폐하는 관계가 있는 페이지를 모두 들춰보고는 '여기다'라고 말씀하셨습니다. 나는 시종무관이 되어 이 점에 가장 크게 놀랐습니다. 섭정 무렵부터 20년 이상이나 이런 식으로 편제표를 봐오셨던 것입니다. 우리처럼 그때 처음으로 그것을 본 자와는 달랐습니다. 게다가 폐하의 질문 중에는 우리가 대답할 수 없는 것도 흔히 있었습니다."

예를 들면 어떤 질문입니까?

"어쩌다 전황이 이렇게 되었느냐는 질문이었습니다. 나는 네 차례 질문을 받았는데 네 번 모두 대답을 하지 못했습니다. 그래서 무관부로 돌아와 참모본부에 물어보고 나서야 대답을 했습니다."

대답하지 못한 질문이란 어떤 내용이었습니까?

"편제를 설명하는 것은 내 역할이 아니었습니다. 나는 주로 작전 방면을 담당했지요. 참모본부의 막료가 무관부에 와 있었기 때문에 그곳으로 가서 물어보았습니다."

천황은 1944년 말부터 육군에 대해 상당히 많은 불만을 갖고 있지 않았습니까? 과연 이래도 괜찮은가 하는 불만을 포함해서 말이지요.

"그렇습니다. 대단히 큰 불만을 갖고 있었지요. 이런 일이 있었습니다. 육군에서 연대장 훈육을 위해 견학을 계획한 적이 있습니다. 아시다시피 종전 직전에 새로운 부대가 만들어졌습니다. 본토 방위를 위해서였지요. 그래서 구주쿠리하마를 방위하기 위한 부대가 만들어졌고, 각 연대장이 견학을 하러 갔던 것입니다. 그때 우리도 함께 갔지요. 그곳에서 차마 보지 못할 것을 보고 말았습니다. 부대원들에게 소총은커녕 총검도 없었던 겁니다. 고작 죽창밖에 없더군요. 정말이지 할 말을 잃었습니다.

식량도 없어서 부대를 소집해놓고는 다시 집으로 돌려보내며 '집에 가서 밥을 먹고 오라'고 한다더군요. 나 역시 깜짝 놀라 이 사실을 보고드렸더니 폐하께서 '정말 그 정도인가'라고 말씀하셨습니다. 이래서는 부대의 전력이고 뭐고 할 게 없다, 머릿수만 채운다고 전력이 갖춰지는 게 아니라고 생각하셨던 것입니다."

그럼에도 육군은 본토 결전을 주장했지요……

"육군에서는 끝까지 간다고 했습니다. 하지만 그것이 무리라는 것을 곧 알았습니다. 그래서 폐하로부터 칭찬을 듣지 못했지요. 폐하 자신은 직접적으로는 육군을 어떻게 할 수가 없었기 때문에……"

천황에게 불리한 전황은 알리지 않았다는 말도 있는데, 이 점에 관해서는 어떻게 생각하십니까.
"폐하께서 짐작은 하고 있었던 것 같습니다만, 제 입장에서는 뭐라 말씀 드릴 수가 없습니다."

당신의 재임 중에 '패전'이라는 사태를 맞이했는데, 군인으로서 당시의 감개는 어떠했는지요.
"감개가 적지 않았습니다. 육군의 독주가 그 원인이었기 때문입니다. 정부에 대항하여 군이 독주를 했다고 생각합니다. 큰 틀에서 보면 전쟁을 할 수 없는 상황이었는데도 육군이 독주를 했던 것입니다. (천황도 그렇게 생각했느냐는 물음에) 적잖이 그렇게 생각했던 듯합니다. 하지만 통수부를 존중했습니다. 군의 일은 군이 알아서 해야 했기 때문에 설령 통수부의 막료가 틀렸다 해도 그것을 받아들일 수밖에 없었던 것입니다. 그것을 비판하면 그다음부터는 뭔가를 하고 싶은 생각이 없어지고 말지요. 그래서 '유감스럽지만 어쩔 수 없다'는 심경으로 받아들였던 것 같습니다.

그런 느낌을 지울 수가 없는데, (육군의 방식에) 의문을 갖고 있을 때에는 심기가 편치 않으셨습니다. 특히 우리가 걱정한 것은 스기야마 하지메(참모총장과 육군상 역임)가 상주할 때였습니다. 약속 시간보다 늦게 궁중에 들어오는 바람에 다른 상주자(그것도 황실 쪽 사람이었습니다만)가 폐하를 만나지 못하고 돌아가기도 했고, 그 자신이 건망증이 심한 사람이어서 상주하는 내용을 잊어버리곤 했지요. 그래서 무관부로 가서 무관에게 물어본 다음 다시 돌아온 적도 있었습니다."

세 시간 넘게 요시하시와 인터뷰를 하면서 몇 가지 사실을 새롭게 확인할 수 있었다. 요시하시는 신중한 성격이어서 결코 호언장담을 하지 않는다. 자신의 생각을 명확하게 갖고 있으면서도, 직무상의 권한 내에서 자신의 범위를 정확하게 이해하고 그것에 투철한 인물이다. 그랬기 때문에 쇼와 천황의 신뢰를 얻었을 것이다.

구주쿠리하마의 방비를 점검하다

어전 회의에서 통수부는 본토 결전을 고집하면서 포츠담 선언 수락에 반대했다. 그때 쇼와 천황은 "정말로 통수부에서 말하는 대로 본토 방비가 이루어져 있는지" 의문을 제기하고, 시종무관을 보내 구주쿠리하마 방비를 점검하도록 했다. 그리고 통수부의 말이 현실과 다르다는 것을 알고 노기 띤 목소리로 본토 방비의 어려움을 지적했다. 그때 점검에 나선 시종무관이 바로 요시하시였다. 결국 쇼와 천황은 에둘러 참모총장이나 육군대신의 보고를 믿을 수 없다고 말한 셈이었다.

요시하시에게 그것은 괴로운 일이었지만 쇼와 천황의 신뢰가 두텁다는 증거이기도 했다.

요시하시는 1906년 11월 11일 육군소장 요시하시 도쿠사부로吉橋德三郞의 셋째 아들로 태어났다. 둘째 아들도 군인이었으니 군인 집안인 셈이다. 1923년 도쿄육군유년학교를 졸업하고 육군사관학교(제39기)에 진학한다. 사관학교를 졸업한 후 기병 제17연대(나라시노)에 배속된다. 1935년 12월 육군대학교에 입학하여 1938년 5월에 졸업(제50기)한다. 석차는 41명 중 2등으로 이른바 군도쿠미에 속했다.

그 후 제11군 참모, 지나파견군 참모, 육군성 군무국, 육군대학교 교관을 거쳐 1944년 12월 10일 시종무관에 취임했다. 시종무관은 앞에서 언급한 것처럼 육군대학교 군도쿠미 출신에 군 내부의 파벌에 가담한 경력이 없어야 했다. 말하자면 "쇼와 육군에서 순수하게 배양된 군인"이라 할 수도 있다. 요시하시는 확실히 그런 유형의 군인이었다. 요시하시 자신은 이렇게 말한다. "시종무관은 결코 사견을 말해서 안 됩니다. '육군이 이렇게 말했습니다'라며 있는 그대로를 전달해야 하지요. 선배들로부터 몇 번씩이나 '전성관傳聲管'이 되라는 말을 들었습니다."

다시 요시하시의 일기를 펼쳐서 '쇼와 육군의 해부'에 도움이 되는 부분을 소개하기로 한다.

1944년 12월 21일, 요시하시는 시종무관을 배명拜命하고 처음으로 쇼와 천황 앞에 나아간다.

12월 21일(목) 쾌청

10시, 후키아게 고분코에서 양 폐하를 배알하다. 초망지신草莽之臣 용안을 지척에서 뵙고 고마운 말씀을 받든다. 전신의 피가 역류하고, 눈물이 흐르려는 것을 간신히 참다. 삼가 양 폐하의 말씀을 기록한다.

성상 폐하: 이번에 일을 맡아 수고가 많을 줄 안다.

황후 폐하: 금번 시종무관을 배명하여 수고가 많으리라고 생각한다. 아무쪼록 힘써 일해주길 바란다.

무엇에도 비할 수 없는 미신微臣의 광영이자 가문의 영예다. 이날 미리 육대 졸업 때 하사받은 군도를 패용하고 또 아버지가 참모로 있을 때 사용하던 끈을 맸다. 지하에 계신 부모도 영광스러워 감격하실 것이다.

이날의 일기는 쇼와 육군의 군인이 천황에 대하여 어떤 감정을 갖고 있었는지를 잘 보여준다. 천황을 만나는 것은 가문의 영예이고, 눈물 없이는 천황의 말을 들을 수 없다는 것이다. 군인들의 이러한 감정은 확실히 옥쇄와 통하는 심리이기도 할 것이다.

12월 27일자 일기를 읽어보면 미군의 B29가 도쿄 상공에 빈번히 나타났다는 것을 알 수 있다.

12월 27일(수) 맑음, 도쿄 부근의 공습 규모가 점점 커지다

오후, 적기 약 60대가 제도帝都 부근 폭격. 참모총장과 군령부총장이 잇달아 배알하다.

밤, 양 폐하 '뉴스 영화'를 관람하시다. 측근 일동이 관람하는 것을 허락하시어 나도 말석에서 함께하는 광영을 입다. 밤, 오가타 무관과 함께 숙직하다. 또다시 적기가 오다.

12월 5일 제20반에서 기안한 「제국이 채택해야 할 전쟁 지도에 관한 고찰」을 읽다. 전쟁의 앞날에 깊은 우려를 표하지 않을 수 없다. 지나총군 작전주임 시절 이래의 지론을 떠올리니 감개가 더욱 깊다. 만세일계의 황통을 이으신 폐하의 마음은 과연 어떠할까? 이것은 도대체 누구의 죄일까? 참으로 송구스럽지 않을 수 없다. 일억 국민이 철석같이 단결하여 위기 국면을 타개함으로써 하루빨리 폐하의 마음을 편안하게 해드려야 할 것이다.

견실한 검토를 거치지 않은 작전 방안은 위험하다.

이날의 일기를 보면 참모본부 제20반(구전쟁지도반)이 기안한 「제국이 채택해야 할 전쟁 지도에 관한 고찰」을 요시하시가 읽었다는 것을 알 수 있는데, 이것은 육군성과 참모본부의 막료라 해도 볼 수 없는 것이었다. 시종무관은 이런 수준의 정보도 접할 수 있었던 것이다.

요시하시는 빈번히 천황의 심기를 헤아려보곤 한다. 왜 이런 상황에 이르고 만 것인지, 과연 누구의 잘못인지 자문자답한다. 그리고 자신의 재임 시 체험을 떠올리는데, 말미에 아무렇지도 않게 적혀 있는 "견실한 검토를 거치지 않은 작전 방안은 위험하다"는 구절은 의미심장하다. 희망적 관측을 바탕으로 한 전쟁 지도는 대단히 문제가 많다는 점을 지적한 것이기 때문이다.

"그게 무슨 의미냐"는 내 물음에 요시하시는 대체로 다음과 같이 말했다. 그의 말투는 매끄럽지 못했다.

"대동아전쟁은 처음부터 무리가 있었다고 생각합니다. 일본군이 애투 섬에서 과달카날까지 스케일을 지나치게 넓힌 데 문제가 있습니다. 이 정도의 넓이를 아우를 만한 전략이란 애시 당초 있을 수가 없었습니다. 이것이 건군 이래의 교훈이었습니다. 그런데도 저런 모험을 한 것이 문제였지요. 나는 지나파견군 참모로 있을 때 '넓이는 곧 힘'이라는 것을 절실하게 깨달았습니다. 소련의 경우 땅이 넓었기 때문에 나폴레옹이 무슨 수를 써도 패하지 않았던 것입니다.

중국에서도 그랬습니다. 일본이 아무리 공략을 해도 장제스 정부는 의연히 충칭에 있었는데, 결국 국토의 넓이에는 당할 수가 없었던 것이지요. 일본은 좁은 범위의 국토만을 생각하기 때문에 장기적으로는 이길 수 없습니다."

요시하시는 더듬거리며 자신의 지론을 털어놓았다.

_____ 배알 시각보다 25분 늦게 도착한 육군대신

그의 지론 중에 숨어 있는 것은 참모본부 작전참모들에 대한 소박한 의문이었다. 그 의문 가운데 쇼와 천황을 일상적으로 지켜본 사람의 판단이 깃들어 있다는 것도 이해할 수 있다.

1945년에 들어서면서 요시하시의 일기는 천황에게 미안해하는 감정으로 점철되어 있다. 이오 섬의 싸움과 옥쇄, 도쿄대공습을 비롯한 본토 폭격, 고이소 내각의 주견 없는 대응, 오키나와 전투의 시작 등등으로 이어지는 나날의 일기를 봐도 알 수 있듯이, 쇼와 천황은 전황에 관심을 보였고 큰 피해에 놀라면서 초조해했다.

예를 들면 2월 23일 금요일자 일기에서는 "오후, 이오 섬의 전황에 관하여 폐하께서 물으셨다. 폐하께서는 인자하게도 현지 부대의 분투에 협력하도록 항공부대를 보냈으면 좋겠다는 뜻을 피력하셨다. 황공하기 이를 데 없다"와 같은 표현도 찾아볼 수 있다. 이오 섬의 싸움도 일본에 유리하지 않다는 것이 서서히 분명해지고 있는 상황에서 천황은 상당히 화가 나 있었다는 것을 알 수 있다. 다음 일기를 보면 알 수 있듯이 참모본부 막료들의 사기도 점차 위축되고 있었던 듯하다.

2월 26일(월) 맑음, 숙직

도조 대장 배알이 있었다. 스기야마 육군대신 배알 시각보다 25분 늦게 도착하다. 이 때문에 문안차 입궐하신 미카사노미야三笠宮 전하께서는 육군대신 배알 예정 시각이 임박한 탓에 폐하를 뵙지 못하고 돌아가셨다. 송구스럽기 그지없다. 폐하의 은혜는 헤아릴 길이 없다. 전황이 어려워지면서 국민의 초조감이 역력해지다.

대권을 부탁받은 자로서 스기야마의 태도가 이상하다는 말이다. 스기야마의 심중을 굳이 헤아려보자면 전황이 나아지지 않는 마당에 천황 앞에 나아가는 것이 적잖이 고통스러웠으리라고 추측할 수도 있다.

○○월 ○○일(목) 맑음

고이소 총리대신, 이날 각료 전원의 사표를 모아 어전에 봉정하다. 폐하의 근심을 헤아리기 어렵다. 오후 어전에 나오실 때 뜻하지 않게 피로한 모습을 보이시다. 참으로 송구스럽기 짝이 없다. 오키나와 방면의 전황이 좋지 않은 때라 신하로서 거듭 면목이 없다.

전황을 타개할 방책을 내놓지도 못하고 중국과의 화해 공작에도 실패한 고이소 내각은 미련 없이 사표를 던졌다. 때마침 시작된 오키나와 싸움이 일본군에 유리하지 않다는 것도 분명해진 상황에서 천황은 "뜻하지 않게 피로한 모습을 보이는" 표정이었다.

내 판단으로는 쇼와 천황은 1945년 2월부터 3월을 거쳐 4월까지 상당히 힘들어했던 듯하다. 제124대 천황으로서 자신의 시대에 천황제가 무너지지 않을까 두려워했던 것 같다. 그런 만큼 그의 고통도 깊었을 것이다.

시종장 후지타 히사노리藤田尙德의 회상기 『시종장의 회상』에 따르면, 천황은 말없이 생각에 잠길 때가 많았고, 후키아게고쇼吹上御所의 정원에서 꽃에 물을 줄 때에도 호스를 쥔 채 깊은 생각에 빠지곤 했다. 후지타는 그것을 민초들이 결국 어떤 상황에 처할지를 생각하며 곤혹스러워했다고 기술하고 있다. 또 이 시기 시종이었던 오카베 나가아키라岡部長章는, 이해 쇼와 천황의 어제御製는 "찬바람 불고 서리 내린 밤 / 달빛에 세상일을 기원하는 신전 앞마당 / 맑은 매화 향기 떠도는구나"였는데, 이 와카에서는 계절의 혼란을 볼 수 있는바 그만큼 천황이 전쟁의 귀추를 불안한 마음으로 주목하고 있었던 것이라고 볼 수 있다.

오카베에 따르면 쇼와 천황은 3월 11일 B29에 의한 도쿄 폭격을 시찰한 후 강한 충격을 받았으며, 정무실을 혼자 걸으면서 "육군이 제멋대로이기 때문에 이런 일이 벌어진 것이다"라거나 "나는 누구를 믿어야 한단 말인가"라고 중얼거리기도 했다. 침실에서도 몇 번씩이나 왔다 갔다 하면서 그렇게 혼 잣말을 하곤 했다. 그 때문에 황후로부터 "폐하의 발소리가 커서 잠들지 못 하는 밤도 있다"는 전갈을 받기도 했다.

중신 기도 고이치는 오카다 게이스케, 와카쓰키 레이지로, 히라누마 기이 치로, 도조 히데키 등 중신들을 개별적으로 입궐시켜 시국에 관한 의견을 개진하게 하려고 했다. 2월 7일부터 사나흘 간격으로 천황 앞에 나아가 의 견을 말하게 했는데, 이때 쇼와 천황은 내심 종전 공작에 어떻게 손을 댈 것 인지를 생각하고 있었던 듯하다. 앞에서 인용한 요시하시의 2월 26일자 일 기에 적혀 있는 "도조 대장의 배알이 있었다"라는 구절은 그 상주를 가리키 는데, 이때 도조는 줄기차게 강경론만을 주장했다. 도조뿐만 아니라 종전 공 작에 관해 쇼와 천황이 만족할 만한 의견을 피력한 중신은 아무도 없었다.

이러한 사정을 하나하나 잘 살펴보면 쇼와 천황은 분명히 신경이 피로할 정도로 괴로워했다고 말할 수 있다. 천황이라는 지위가 지닌 무게는 오직 한 사람의 몫이고, 그것은 임금을 모시는 사람이나 신하가 나눌 수 없는 것이 다. 하지만 천황이 신뢰한 사람도 없지는 않았는데, 그중 한 명이 바로 스즈 키 간타로였다.

고이소 내각이 무너진 후 수상 자리에 누구를 앉힐 것인지 논의하는 중신 회의에서 기도 고이치가 스즈키 간타로를 고집스럽게 추천한 것도 당연히 쇼와 천황의 뜻을 받들었기 때문일 것이다. 쇼와 천황이 스즈키에게 "이 난 국을 다시 한번 부탁한다"고 전한 것에도 성려聖慮를 받들어 시국을 마무리 지었으면 좋겠다는 뜻이 포함되어 있었다고 이해해야 할 것이다.

요시하시는 일개 시종무관에 지나지 않았기 때문에 이런 사정을 짐작할 수는 없었다. 따라서 그의 일기에서 이에 관한 기술은 찾아보기 어렵다.

요시하시의 일기에는 5월에 들어서면서 황거皇居가 B29의 폭격을 받는 모 습이 그려진다. 황거의 몇몇 건물이 불에 타 쓰러진다. 요시하시는 "참으로 송구스럽기 그지없다"라고 쓴다.

6월 23일(토) 흐림

의용병역법 실시에 대해 말씀하시다. 육군상이 방송 중에 금상 폐하의 "이소자키礒崎에 끊임없이 밀려드는 거친 파도를 참고 견디는 바위를 생각하노라"라는 어제를 소개했다. 이는 마치 오늘을 위해 말씀하신 것인 듯하다. 참으로 그러하다.

시종무관도 본토 결전을 각오하고 있었다. 천황의 어제는 그것을 의미한다는 것이었다.

7월 3일자 일기에는 다음과 같이 적혀 있다.

7월 3일(화) 가랑비, 숙직

아침, 항공본부로 오다飯田 대좌 방문, 이어서 군사과에서 미나미 중좌 등을 만나 제8연구소 기술 관계자 파견 문제에 관하여 협의하다. 기술에 관한 직능 향상의 필요성을 통감하다.

이것은 시종무관들이 천황으로부터 독자적으로 "이런 것에 대해 알고 싶다"거나 "이 방면은 어떻게 되고 있느냐"와 같은 질문을 받고, 그것을 명확하게 조사하여 상주하는 역할을 부여받았다는 것을 의미한다. 이처럼 시종무관은 사적인 정보기관 역할까지 하고 있었던 셈이다.

요시하시에게 주어진 주제는 육군의 항공 연구와 실제 항공 전력의 점검 등이었다. 천황은 항공 전력에 관하여 독자적인 정보를 얻고자 했던 것이다. 이날 이후 요시하시는 시찰차 각지의 육군 항공 관련 기관을 방문하곤 한다. 예를 들어 7월 18일부터 25일까지는 가나자와를 방문하여 연습을 시찰하기도 한다.

제2부. 쇼와 육군의 흥망

소련군의 진출 상황, 나가사키의 모습에 관해 하문하다

요시하시는 이 주제에 관한 보고서를 작성하기 위해 7월 하순부터 8월에 걸쳐 정력적으로 돌아다녔다. 그런데 8월 6일자와 9일자 일기에는 다음과 같이 적혀 있다.

8월 6일(월) 맑음

히로시마, 특수 폭탄 공격으로 상당한 피해를 입다. 동만주 싱카이興凱 호(헤이룽장 성과 러시아 사이에 위치한 호수로, 러시아 명칭은 한카 호—옮긴이) 북측 부근에서 적이 준동하다.

8월 9일(목) 맑음

소련군이 국경에서 전면적인 공세로 나올 듯하다. 시국이 더욱 중대 국면으로 접어들다. 09시 30분, 참모총장 급거 배알하다. 내대신을 비롯하여 수상 및 각 국무대신 빈번하게 배알하다. 나가사키에 원폭 투하. 24시 00분부터 03시 00분까지 전쟁지도회의에 참석하시다. 폐하의 마음을 생각하니 송구스럽기 그지없다. 소련의 극동지지極東地誌 및 비밀 서류 3권을 찾으시다.

요시하시에 따르면, 천황으로부터 한 시간 간격으로 소련군의 진출 상황, 나가사키의 모습 등에 관한 하문이 있었다. 요시하시는 아무런 대답도 하지 못한 채 그저 "조사단이 귀경하면" 말씀드리겠노라고 말할 수밖에 없었다고 술회한다.

8월 9일 이후 국책은 크게 바뀐다. 그러나 말단 시종무관으로서 요시하시는 국책의 추이를 알 수 없다. 불안한 필치다. 이날의 일기 말미에서 언급한 비밀 서류가 '행방불명'되었다는 사실이 구체적으로 무엇을 의미하는지는 명확하지 않다. 요시하시의 일기를 읽다 보면 그 비밀 서류는 8월 12일에 돌아온다. 이날 일기에는 "참으로 마음이 후련하면서도 한편으로는 몹시 섭섭한 점이 없지 않다"라고 적혀 있다.

소련의 만주 진출과 함께 궁중 안에서 비밀 서류가 '행방불명'되었고, 그 내용(소련군에 대한 작전 내용을 포함한 서류였던 듯한데)이 개변改變되었을지도 모른다. 하지만 상세한 사정은 현재까지도 명확하게 밝혀져 있지 않다.

요시하시는 8월 11일과 12일에도 육군의 기술 관련 기관을 둘러본다. "07시 50분 출발, 육군기상부, 오우미青海, 제7연구소, 동 다마연구소多摩研究所, 구가야마久我山 다마연구소 출장소를 시찰하고 18시가 넘어 귀환하다."(8월 11일) "07시 50분 궁성 출발, 먼저 다치카와立川 제8항공기술연구소에 이어 다치카와 항공공창航空工廠을 시찰하고, 다시 초토화된 하치오지를 통과하여 하치오지 서쪽에 있는 제4항공기술연구소를 둘러보다. 18시 귀환하다."(8월 12일)

요시하시는 병기행정본부의 제7기술연구소, 제8기술연구소 등도 시찰했는데, 제8연구소의 기술장교 야마모토 요이치가 어림잡아 계산한 '미군이 보유한 원자폭탄 수'(제39장 참조)에 대한 보고를 받았을 것으로 보인다. 하지만 요시하시의 일기에서는 이와 관련한 기술은 찾아볼 수 없으며, 그가 직접 말한 바도 없다.

8월 15일 전후 요시하시는 오미나토大湊와 고후甲府 등을 시찰하는데, 8월 14일에는 급거 도쿄로 돌아온다. 그리고 시종무관장 하스누마로부터 일본의 무조건항복 소식을 듣는다. 그러나 하스누마는 국민 사이에 동요를 불러일으키지 않으려고 그랬는지 예정대로 출장 스케줄을 소화하라고 명한다. 그래서 8월 14일 오후 다시 궁성을 떠나 고후에서 숙박한 다음, 15일에는 항공기술연구소 고후 출장소를 시찰한다. 그 후 마쓰모토를 거쳐 16일에는 도구라戸倉에서 숙박하고 17일 오후 8시에 궁성으로 돌아온다.

17일 궁성으로 돌아온 이후에 쓴 일기와 18일자 일기를 옮겨보면 다음과 같다.

8월 17일(금) 맑음

14일 밤 이래 궁성을 비롯해 제도帝都에 각종 사건이 있었다.

근위사단장 모리森 중장 및 시라이시白石 참모 학살당하다. 고가古賀 참모는 사단장의 시신 위에서 자결하다. 군무과 하타나카畑中 중좌, GD 신임 참모 궁성 앞에서 자결. 참모본부 하루케晴氣 소좌, 항공본부 고바야시 이와오小林巖 중좌 자결. 이날 새로운 내각이 성립되다. 육군상은 전하께서 겸임, 요나이 해군상은 유임. 은사인 모리 중장 각하의 영전에 삼가 애도의 뜻을 바치다. 이날부터 당분간 무관부에서 숙박하기로 하다.

8월 18일(토) 맑음

아침, 특사로부터 귀환 인사를 받다. 폐하께서는 혈색도 좋고 건강해 보인다. 하지만 번민 끝에 큰 결심을 하신 심중을 생각하니 흐르는 눈물을 어찌할 수가 없다. 무관부에서 보관해온 비밀 도서를 전부 소각하다. 정말로 감개무량하다. 아아, 빛나던 황군도 이제 그 모습을 잃게 될 것이다. 금후 무관부를 어떻게 처리할 것인지에 관해 여러 이야기가 있을 것으로 보인다. 지금은 조금이라도 물질적인 생각에서 떠나고 싶다.

시종무관들은 담담하게 전후 처리에 관한 사무를 소화한다. 역사적인 생각 등은 아직 표면으로 드러나지 않는다. 15일 새벽에 있었던 육군성 군무국 장교와 근위사단 일부 장교에 의한 쿠데타 미수 사건(옥음방송 녹음반 탈취사건)은 요시하시에게는 충격적이었다. 왜냐하면 반란군 장교들에게 살해당한 근위사단장 모리 다케시森赳 중장이 육군대학교 시절 요시하시의 은사였기 때문이다.

내가 취재할 당시 이 이야기에 이르자 요시하시의 말투가 엄격해졌다. 그는 끝내 반란군에 가담한 장교들을 용서하지 않았다.

"모리 중장의 호의로 나는 8월에 근위사단 사령부의 응접실에 머물렀습니다. 숙직실은 만원이었고, 궁성은 매일 폐하의 측근들로 가득 찬 상태였기 때문에……. 14일 밤 나는 폐하의 명령에 따라 지방으로 시찰을 나갔습니다만, 만약 이 명령이 없었다면 모리 사단장이 살해당했을 때 나도 그곳에 있었을 것입니다. 당연히 나는 사단장을 지켰을 터이므로 반란군에게 죽임을 당했을 것입니다."

녹음반 탈취 사건은 용서할 수 없는 행동이며, 천황을 더욱 괴롭게 했을 것이라는 말이었다.

육군을 억누를 수 있었던 기쁨

18일자 일기에서 주목해야 할 부분은 "폐하께서는 혈색도 좋고 건강해 보인다"라는 구절이다. 쇼와 천황은 전후 처리 문제가 하나씩 해결되는 것이 내심 기뻤기 때문인지 아니면 포츠담 선언을 수락함으로써 어떤 사태에도 대처해나가겠다는 결심을 굳혔기 때문인지, 건강을 되찾아가고 있었다.

쇼와 천황은 이미 8월 9일 오후부터 패전을 받아들일 마음의 준비를 하고 있었던 것으로 보인다. 국민이 허탈감 속에서 눈물을 흘리고 있을 때 쇼와 천황과 그 측근은 '재생 일본'이라는 다음 단계로 나아가고 있었다고도 말할 수 있다. 다시 말해 GHQ에 어떻게 대응할 것인지, 금후 어떤 방향으로 나아갈 것인지 등등에 관한 판단을 가다듬는 시기였던 것이다.

스즈키 간타로의 장남 스즈키 하지메鈴木一는 당시 부친의 비서로 일하고 있었다. 스즈키 하지메에 따르면, 8월 16일 수상직을 사임하고 집으로 돌아온 부친이 "너에게는 진실을 얘기하고 싶다"며 종전까지의 프로세스를 상세하게 말해주었다. 다음은 스즈키 하지메의 증언이다.

새로 제정된 천황복 차림으로 종전 보고를 위해 이세 신궁으로 향하는 쇼와 천황. 1945년 11월 12일 도쿄 역에서.

"부친은 눈물을 흘리면서 폐하의 마음에 드는 일을 할 수 있었다며 기뻐했습니다. 그것은 육군의 폭주를 억누를 수 있었던 데서 오는 기쁨이었을 것이라고 생각합니다."

쇼와 천황과 스즈키는 종전이라는 사태에 직면하여 자신의 손아귀에 있어야 할 쇼와 육군이 독자적인 가치관을 가진 생명체로 바뀐 데에 새삼 놀라지 않을 수 없었다. 그것은 천황의 대권이 태평양전쟁 기간 내내 독자적으로 움직였다는 의미이기도 했다.

그러나 8월 15일 단계에서 쇼와 천황과 스즈키는 그것에 제동을 건 것이 역사적 진실이며, 그것은 뜻하지 않게 쇼와 육군 붕괴의 계기가 되었던 것이다.

쇼와 천황은 8월 15일 정오 자신의 방송이 흘러나올 때, 정무실에서 혼자 그 방송을 듣고 있었다. 정오 이전부터 열린 추밀고문회의樞密顧問會議에 참석했다가 정오가 되자 중도에 회의장을 떠나 정무실에 틀어박혔다. 이 방송 후 천황을 처음으로 만난 사람은 시종 오카베 나가아키라였다.

오카베에 따르면 옥음방송이 끝나자마자 시종 대기실의 전화가 울렸다. 오카베가 수화기를 들었다. 천황은 즉시 정무실로 오라고 명했다. 다음은 오카베의 증언이다.

"정무실에 들어가 폐하의 표정을 보니 기분이 좋을 때의 얼굴이었습니다.

나는 아직도 눈물이 흐르고 있었는데 매우 편안한 폐하의 모습을 보고 오히려 놀랐습니다. 마음을 이미 정리하고 있었던 것이지요. 처음 꺼낸 말씀은 '오늘 방송 어떠했는가'라는 것이었습니다. 국민이 어떻게 받아들일 것인지 생각하고 있었던 모양입니다."

오카베는 또 천황이 향후 시대의 변화에 어떻게 대응할 것인지 신경을 쓰고 있었던 듯하다고 증언했다. 아울러 쇼와 천황의 표정에는 만족감마저 떠올랐다고 덧붙였다. 오카베는 『아사히신문』 사장으로 있던 오카베 나가타카岡部長擧를 찾아가 국민의 반응에 대해 들은 다음 천황에게 보고했다.

요시하시의 일기를 보면 8월 하순부터 9월과 10월에 걸쳐 평온하게 사무적인 일을 처리해나간 것처럼 기술되어 있다. 그러나 9월 12일자 일기처럼 자신의 감정을 드러낸 예도 있다. 전날부터 GHQ에서는 전범용의자를 체포하기 시작했고, 도조 히데키는 자결을 시도했으나 미수에 그친다. 스기야마 하지메는 부인과 함께 자결한다.

9월 12일(수) 흐림, 숙직

도조 대장이 요요기의 미군 막사로 옮겨졌다가 다시 요코하마의 미군 병원으로 이송되다. 그의 언행에 비춰볼 때 생각나는 일이 자못 많다. 스기야마 원수 오

1945년 11월 27일 제89차 임시 의회 개원식에서 칙어를 읽는 쇼와 천황.

늘 17시 55분 총군사령부 집무실에서 권총으로 심장을 쏘아 자결하다. 원수의 부인도 거의 같은 시각 자택에서 자결하다. 이 보고를 듣고 무관장에게 보고하는 한편 삼가 폐하께도 알리다. (훗날 요시하시는 여기에 이렇게 덧붙인다. "폐하께서는 '또!'라고 말씀하시며 고개를 숙이고 힘들어했다.") 충심으로 돌아가신 각하의 명복을 빈다.

쇼와 천황은 스기야마의 자결 소식을 듣고 잇달아 자결하는 군인들을 생각하며 복잡한 감상에 빠져들었을 것이다. "고개를 숙이고 힘들어했다"라는 표현이 실감나게 다가온다.

12월 1일, 일본의 육해군은 GHQ의 명령에 따라 해체된다. 육군성과 해군성 모두 외지의 장병이나 민간인의 귀국 업무를 담당하는 복원성復員省으로 바뀌었다. 각 성의 간판도 바꿔 달았다. 쇼와 천황도 통수권 총람자總攬者의 지위를 실질적으로 잃었다. 70여 년에 이르는 근대 일본의 군사 조직은 이날로 끝났던 것이다.

요시하시는 이날 일기에서 이 일에 대해 억울해하기보다 자신의 심정을 정직하게 털어놓았다. 전문을 인용한다.

12월 1일(토) 맑음, 평생 잊지 못할 감격의 날

이날 0시를 기해 육해군성이 폐지되다. 빛나는 역사를 가진 육해군은 이제 그 모습을 찾아볼 수 없게 되었다. 나도 예비역으로 편입될 것이다. 임관 이래 38년, 과분한 중직을 역임했다. 그동안 구대장 겸 교련반장으로서 미카사노미야 전하의 교육을 담당했고, 최후에는 또 시종무관으로서 지존至尊의 측근에서 봉사했다. 이보다 더한 영광이 어디 있겠는가? 나이 사십에 대좌가 되었고 종5위 훈3등을 하사받았다. 천은홍대天恩鴻大, 나는 조금도 아쉬운 것이 없다.

이날 10시부터 임시 알현실에서 천황 폐하를 배알하다. 우러러보니 폐하께서도 마지막으로 군복을 입은 모습이다. 황공하게도 근심스런 표정으로 "재직 중 고생 많았다"라며 고마운 말씀을 하시다. 이어서 같은 알현실에서 황후 폐하를 배알하다. "오랜 기간 측근에서 봉사하느라 참으로 고생이 많았다. 앞으로도 나라를 위해 힘써주길 바란다"며 고마운 말씀을 하시다. 폐하께서는 고개를 숙이고 흐느껴 우신다. 참으로 송구스럽기 그지없다.

10시 50분 대원수복大元帥服을 비롯해 몇 가지 선물을 하사하시다. 매년 12월 1

일에는 무슨 일이 있더라도 폐하의 뜻을 받들 것이다. 13시 30분, 아카사카 이궁赤坂離宮에서 황태자 전하를 배알하다. 황후 폐하를 꼭 닮아서 체격도 당당하고 총명하기까지 한 모습을 뵈니 정말로 고마울 따름이다. 전 무관장에게 "오랜 기간 측근에서 봉사하느라 고생이 많았다. 특히 종전 시에는 수고 많았다. 금후에도 나라를 위해 힘써주길 바란다"고 말씀하시다. (나중에 동궁태부는 이 말을 "각 무관에게 하신 말씀으로 이해해주길 바란다"고 했다.)

이 일기에서 볼 수 있는 "폐하께서는 고개를 숙이고 흐느껴 우신다"라는 표현은 쇼와 육군의 최후 그 자체를 보여주는 것이라 할 수 있다. 12월 8일, 요시하시를 비롯한 두 명의 시종무관은 천황의 식사 자리에 함께하여 노고를 위로받은 다음 천황 곁을 떠났다. 이리하여 쇼와 육군 군인과 천황의 모든 관계가 끊어졌다.

구소련의 자료가 말하는 '사실'의 내용

소연방이 해체되고 공산당이 붕괴한 사태는 그야말로 역사적인 혁명이라 할 수 있다. 20세기 막바지에 이러한 혁명이 일어날 것을 예상한 사람은 거의 없었다.

1991년 소연방 해체 후, 구소련의 국가 기밀에 속하는 자료가 서방 측 여러 나라로 흘러들어갔다. 영국, 미국, 캐나다, 프랑스, 독일 등에서는 국가 기관, 공적 기관, 매스미디어 등이 러시아의 자료 보관 관련 기관과 계약을 체결하고 자료 입수를 모색하고 있다. 향후 각국의 20세기 역사 서술은 이들 자료를 바탕으로 하여 대폭 수정될 것으로 보인다.

러시아의 현대자료보존센터(소장 렘 우시코프)는 1952년 스탈린 시대 말기부터 1991년 8월 쿠데타 실패에 의한 공산당 붕괴까지, 구소련 공산당에 관한 내부 문서를 모두 공개하겠다고 발표했다. 실제로 3000만 건에 이르는 자료가 1992년 3월부터 공개되고 있다. 물론 국가적으로 중요하다고 결정한 문서는 보류한다고는 하지만, 그럼에도 구소련 공산당 지도부에서 어떤 이야기가 오갔는지, 어떤 판단에 따라 정책이 결정되었는지 등등에 관한 새로운 사실들이 속속 드러날 것이다.

공산당뿐만 아니라 내무성, 국가보안위원회KGB, 국방성 등에 관한 자료도 하나하나 공개될 것이다. 구소련 문서를 바탕으로 의외의 사실이 알려지면서 경악하게 되는 나날이 이어질 수도 있으리라고 생각한다.

다시 말하거니와 이 책의 목표는 태평양전쟁 당시 쇼와 육군의 작전 행동에 관하여 살펴보는 것이다. 하지만 이제부터는 일본 측이 구소련의 자료를 어떻게 입수하고자 했는지, 현실적으로 얼마나 알려져 있는지를 기술하고, 아울러 이미 일본 단체 등에서 입수한 자료의 일부를 참고하여 쇼와 육군 말기의 실상을 주목하고자 한다.

일본 측이 구소련으로부터 극비로 분류되는 자료를 입수하기 위해서는 넘어야 할 벽이 남아 있다. 미국이나 영국, 독일 등과 달리 조직적으로 교섭이 이루어지지 않고 있는 상황에서 아직은 모색 단계라 할 수 있다. 그러나 언젠가는 자료를 입수할 수 있을 것이며, 쇼와 육군의 실태도 구소련 측의 자료를 통해 다시 그려볼 수 있게 될 것이다. 지금은 아쉬운 대로 내 눈에 띈 관동군 관련 자료를 공개하기로 한다.

우선 다음 자료를 읽어주길 바란다. 이것은 1946년 8월 1일 관동군 제2과(정보 담당) 고위급 참모 아사다 사부로淺田三郞가 소연방 국가보안성 제3방첩본부 상급예심판사 해군대위 렙신의 심문에 답한 것이다. 구소련은 시베리아 수용소에서 관동군 고위급 장교들을 잇달아 심문했다. 관동군이 어떤 첩보활동을 수행했는지를 밝히고, 나아가 군무 내용을 확인함으로써 이들을 군사 재판에 넘길지 여부를 판단하기 위해서였다. 이 심문조서도 그러한 흐름 속에서 작성된 것으로 보인다.(자료는 모두 러시아어로 되어 있으며, 번역은 전국억류자보상협의회 번역팀에서 한 것이다.)

먼저 이 자료에서는 아사다 사부로를 '체포자'라고 말한다. 그 아래 심문일자가 있고, 짤막하게 아사다의 경력이 적혀 있다. "아사다 사부로, 1903년 생. 일본 혼슈 시즈오카 시 출신. 일본 국적. 고등교육 수료.(이것은 육군대학교를 졸업한 것을 가리키는 것으로 보인다.) 일본 육군 대좌. 관동군 참모부 제2부 부장." 다른 고위급 장교의 심문조서도 거의 이와 같은 형식이다.

대사관과 영사관에서의 첩보활동

"심문 개시 13시"라는 언급에 이어 렙신과 아사다의 일문일답이 기술되어 있다. 이하 전문을 소개한다.

어떤 언어로 공술하기를 희망합니까?

"러시아어로 공술하고 싶습니다."(아사다는 러시아어에 능통했으며, 일찍이 모스크바의 일본 대사관에서 주재무관으로 근무하기도 했다.)

당신은 일본군 참모본부에서 근무한 적이 있습니까?

"그렇습니다. 1936년 3월부터 1940년 9월까지 나는 일본군 참모본부 제2국 (정보담당) 제4부(나중에 제5부, 즉 러시아부로 명칭이 바뀐다)에서 근무했습니다. 1941년 9월부터 1943년 7월까지는 참모본부 제2국 제8부 부속 대소선전과 장으로 있었습니다. 제8부에서는 다른 모든 부에서 오는 자료를 모아 국제 정세를 분석했습니다. 그 외에 제8부에서는 세계의 모든 나라에 대한 선전활동을 담당하고 있었습니다."

전 일본군 참모본부에 근무한 이로서 소련에 있었던 일본의 외교대표부가 소련에 대하여 어떤 첩보활동을 했는지 알고 있습니까?

"소련 국내에 있었던 일본의 외교대표부는 정도의 차이는 있겠지만 모두 소련에 대한 첩보활동을 한 것으로 알고 있습니다. 예를 들면 모스크바의 일본 대사관, 소련에 있었던 각 영사관, 치타 시와 블라고베셴스크 시에 있었던 만주국 영사관 등은 소련에 대해 첩보활동을 했습니다."

모스크바의 일본 대사관이 어떤 첩보활동을 했는지 말해주세요.

"모스크바의 일본 대사관은 정해진 규칙에 따라 일본에 전보나 문서를 통해 보고를 했습니다. 이러한 전보나 문서 형태의 보고는 외무성을 거쳐 참모본부로 들어왔습니다. 가령 군사, 정치 또는 경제 관련 정보 자료를 포함한 대사관 전보는 모두 일본 참모본부 제2국 제5부로 들어왔던 것이지요.

대사관에는 주재무관 한 명과 대사관원으로 위장한 군인이 있었던 것으로 알고 있습니다. 모스크바에는 참모본부 장교가 몇 명 있었습니다. 이 군인들은 대사관에서 이차적인 임무를 띠고, 가짜 이름을 사용하면서 사복 차림으로 소련에 대한 첩보활동을 했습니다. 이런 사람들 중에는 1940년부터 1941년까지 소련에서 대사관원으로 위장하고 활동한 야마시타 중좌, 거의 같은 시기 대사관에서 근무한 다니바야시 소위 등이 있습니다. 이 장교들은 수집한 정보를 참모본부로 보냈습니다.

소련에 대한 첩보활동 중에서는 대사관원에 의한 개인적인 관찰이 큰 비중을 차지했습니다. 육군성은 외무성에 대하여 다른 대사관원이 대사관에 근무하는 참모본부의 장교들을 지원할 수 있도록 하라고 요구했습니다. 이 때문에 대사관원은 여행을 하거나 교외로 외출할 때, 마을을 산책할 때에도 최대한 주의를 기울여 관찰을 했던 것이지요. 대단히 중대하고 긴급하다고 생각될 경우 대사관원은 주재무관의 부하에게 즉각 통보하여, 경험을 쌓은 전문가의 눈으로 정확하게 관찰할 수 있는 장교를 수배하라고 했습니다. 그중에서도 적군의 군사 퍼레이드가 펼쳐지는 날 등에는 개인적으로 꼼꼼하게 관찰했던 것으로 알고 있습니다.

소련에 관한 정보를 수집할 때 모스크바 일본 대사관이 무게를 둔 것은 소련에서 발행되는 정기간행물의 분석과 조사였습니다. 또 1936년 이전 모스크바 일본 대사관에는 소련 시민들로 구성된 첩보기관(누가 가담했는지는 구체적으로 모릅니다만)이 있었던 것으로 알고 있습니다. 1937년 이후에 대사관에 첩보기관이 있었는지 여부에 대해선 아는 바가 없습니다. 대사관이 그 외에 어떤 방법으로 정보를 수집했는지에 관해서는 모스크바 일본 대사관에 근무한 경험이 없어서 진술할 수가 없습니다."

일본 영사관이 소련에 대하여 행한 첩보활동에 관해서는 무엇을 알고 있습니까?

"일본 영사관은 소련에 대한 첩보활동을 수행했고, 그것은 일본 참모본부의 입장에서 보자면 중요한 의미를 지니고 있었습니다. 소련의 몇몇 도시에 설치된 영사관에는 예외 없이 참모본부의 장교가 파견되어 영사관 전문 직원으로서 임무를 수행하고 있었는데, 실은 영사관의 첩보활동 전체를 취급했던 것입니다.

이 장교들은 상당한 수의 소련 사람을 첩보원으로 고용하여 그들로부터 흥미 있는 정보를 입수한 것으로 알고 있습니다. 그러나 1937년 이후부터 내무인민위원부라는 기관의 조치에 따라 영사관 내의 장교들은 첩보원들과 함께 활동할 수 없게 되었습니다. 그래서 그 후에는 직접 조사하거나 영사관원의 관찰을 바탕으로 첩보활동을 했습니다.

소련으로 가라는 명령을 받은 영사는 반드시 참모본부 제2국 제5부에 인사를 하러 왔습니다. 이때 제5부장은 새로 부임하는 영사에게 일본의 첩보기관이 무엇을 잘 모르는지에 대해 설명하고, 소련 체류 중에 이것을 조사·해명해야 한다고 말했습니다. 그리고 부장은 참모본부에서 파견한 장교와 영사관이 긴밀하게 연락하고, 영사관원은 장교들의 활동을 도와야만 한다고 설명했습니다.

또 영사는 도쿄로 출장을 왔을 때나 소련에서 귀임했을 때에는 다시 제5부장이나 다른 직원들을 만나야만 했습니다. 이러한 만남에서 영사는 자신이 재임한 곳의 상황, 시민의 활약이나 분위기, 영사관에 있는 참모본부 장교의 활동상황 등에 관하여 보고했습니다. 영사가 착임한 영사관에서 최대한의 첩보활동을 하지 않았을 경우 참모본부에서 외무성에 요청하여 해임한 사례도 있었습니다. 분명히 사할린 섬 알렉산드롭스크 사할린스크 시 일본 영사관에서 그러한 일이 있었던 것으로 기억하고 있습니다.

영사관에서 활동한 참모본부의 장교들은 수집한 정보를 쿠리에courier(외무성의 전서사)를 통해 참모본부로 보냈습니다. 또 참모본부의 명령도 같은 방법으로 받았습니다. 그러나 필요에 따라 참모본부는 영사관 앞으로 전보를 보내는 형식으로 연락을 취했고, 장교들도 영사가 서명한 전보를 통해 정보를 참모본부로 보냈습니다. 이 경우 전보는 먼저 일본 외무성으로 보낸 다음 다시 참모본부로 들어갔습니다. 이런 식으로 소련에 있는 일본 영사관은 외교보다 오히려 첩보활동 분야에서 훨씬 더 중요한 역할을 했던 것입니다."

소련에 있는 만주국 영사관은 소련에 대하여 어떤 첩보활동을 했습니까?
"치타와 블라고베센스크에 있었던 만주국 영사관은 대단히 정력적으로 소련에 대한 첩보활동을 펼쳤습니다. 이들 영사관은 외교적인 측면에서는 특별한 역할을 하지 못했는데, 실질적으로는 관동군사령부의 첩보기관이었다고 해도 크게 틀린 말은 아니라고 생각합니다.

이 두 영사관에서 영사는 단순히 형식적인 지위에 지나지 않았고, 사실상 업무를 지휘한 사람은 서기 내지 부영사의 지위에 있는 참모본부 장교였습니다. 나는 1936년부터 1939년까지 블라고베센스크의 만주국 영사관에서 참모본부 장교로서 근무했습니다만, 영사관원의 일은 오로지 내 첩보활동을 원조하는 것이었습니다.

소련에 관한 정보 수집 방법이나 활동 방침은 일본 영사관의 방법과 거의 다르지 않았습니다. 1930년대에 만주국 영사관은 소비에트 시민으로 이루어진 첩보원을 고용했는데, 내 경우 12명의 첩보원을 거느리고 있었습니다. 나중에 내무인민위원부의 기관 감시가 강화되면서부터는 첩보원을 이용한 활동을 할 수 없었기 때문에 영사관에는 관원으로 위장하고 일하는 관동군사령부의 장교가 늘었습니다. 전쟁 말기에 치타와 블라고베셴스크의 영사관은 거의 관동군사령부 장교들에게 점령되었고, 영사와 부영사까지 관동군 장교 중에서 임명되었습니다.

정보는 영사관원의 관찰을 통해 수집되었는데, 관원들은 대단히 열심히, 그리고 정력적으로 정보 수집에 나섰습니다.

만주국 영사관은 수집한 정보를 만주국 외교부를 경유하여 관동군사령부로 보냈습니다. 또 쿠리에가 정보를 직접 관동군에 보내는 경우도 있었습니다. 1945년 4월인가 5월에 블라고베셴스크 만주국 영사관은 영사관 안에 휴대용 무전기를 설치하고 하얼빈의 관동군 부대와 무선으로 직접 연락을 취하려고 했습니다. 소련에 관한 정보 수집에서 큰 역할을 한 것은 치타와 블라고베셴스크 그리고 신징(현재의 창춘)을 왕복하는 외교 쿠리에라는 존재였습니다."

이 심문조서의 말미에는 "이 조서는 내 말을 정확하게 기록한 것으로 내가 직접 읽고 확인했습니다"라는 진술과 함께 아사다 사부로의 서명이 있다. 심문 종료 시각은 18시 30분이었다고 적혀 있다.

아사다는 이 공술을 하면서 몇몇 중요한 부분에 대해서는 말하기 어렵다고 했던 듯한데, 소련 측은 관동군사령부로부터 압수한 문서 등을 들이대며 조금씩 전체적인 내용을 파악해나간다. 패전 당시의 관동군 장교는 1945년 가을부터 시베리아로 이송되어 대부분 하바롭스크의 제16수용소에 수용된다. '장교 라게르(강제수용소)'라고 불렸던 수용소다. 장교수용소에서는 충분한 식사를 제공받았고, 부사관이나 병사와 달리 강제노동이 부과되지도 않았다.

이것은 스탈린이 직접 명령한 것이었다. 그 대신이라고 말해야 할까, KGB 등으로부터 쇼와 육군이나 관동군의 내정에 관해 철저한 심문을 받는다.

이 심문 과정에서 마쓰무라 도모카쓰, 구사바 다쓰미草場辰巳, 세지마 류조 세 명의 장교가 도쿄전범재판(극동국제군사재판)의 증인으로 채택되었고, 관동군 장교 중에서도 정보 부문이나 특무기관 소속이었던 이들은 소련 국내의 형법에 따라 재판을 받는다.

관동군 장교는 당초 자신에게 불리하게 작용할 것에 대해서는 이리저리 둘러대며 발뺌을 한다. 아사다도 심문조서를 보면 알 수 있듯이 모스크바에서 주재무관으로 일했다는 사실을 감춘다. 세지마 류조 역시 1944년 12월부터 2개월 동안 쿠리에로서 소련 국내로 들어간 적이 있었지만 처음에는 그 사실을 숨긴다. 마쓰무라 도모카쓰, 다네무라 사코種村佐孝를 비롯한 장교들도 특별히 소련에 대하여 적대행동을 한 것은 아니라는 의미의 공술을 되풀이한다.

그러나 소련 측은 관동군의 자료와 각 장교의 공술을 바탕으로 점차 '반소련적 전모'를 파악하게 된다. 1949년 봄 무렵부터는 죄를 묻지 않고 일본으로 귀국시킬 장교와 군사재판에 넘겨 복역시킬 장교로 구분하여 조치를 취한다. 그리고 군사재판에 넘긴 이들에게는 대체로 소련 형법에 의한 스파이죄를 적용한다.

＿＿＿＿ 소련 영내에서 활약할 특별유격대를 구상하기도 하다

아사다의 심문조서를 보면 참모본부와 관동군이 어떤 첩보활동을 진행하고 있었는지 그 내실을 분명하게 알 수 있다. 물론 이러한 첩보활동은 당시로서는 당연한 일이어서 특별히 일본만이 수행했던 것은 아니다. 쇼와 10년대에는 소련의 첩보부원이 국적을 바꿔 일본의 정치 중심에 가까이 다가가 정보를 수집했다. 조르게 사건만이 널리 알려져 있지만, 소련의 첩보활동은 일본 국내에 좀더 깊이 뿌리를 내리고 있었던 것처럼 보인다. 오히려 소련의 첩보활동이 더욱 철저했다고 할 수 있다.

구소련에서 일본으로 보낸 자료에 담긴 관동군 장교와 외교관(이 역시 위장한 군인이었을 가능성이 높다)의 증언은 쇼와 육군의 실상을 명확하게 보여준다.

예를 들어 관동군 작전부 작전반장 구사치 데이고草地貞吾의 심문조서에 따르면, 전쟁 말기 관동군은 특별유격대를 구상했다. 1944년 가을, 독소전이 독일의 승리로 끝날지도 모른다고 생각한 관동군 참모들을 중심으로 몇 차례 회의가 열렸고, 이 자리에서 특별유격대에 관한 이야기가 오갔다는 것이다. 중국파견군이나 만주국군과 제휴하여 소련 영내에 게릴라부대를 침투시켜, 국경 경비를 맡고 있는 소련군을 배후에서 공격하거나 소련 영내에서 공작 임무를 수행한다는 작전이다. 특히 교량이나 도로의 파괴를 계획했다.

구사치의 증언에 따르면, 이 작전의 총지휘는 당시 관동군 총참모장이었던 가사하라 유키오笠原幸雄 소장이 맡기로 되어 있었다. 이 구상이 구체화된 것은 1945년 4월 20일인데, 이 단계에서 독일의 패전은 확정적이었고, 관동군은 정확한 정보조차 제대로 파악하고 있지 못했다는 것을 알 수 있다. 이 시기는 일소중립조약의 연장 기한이 임박한 때이기도 했으며, 관동군으로서는 소련과의 군사적 대결을 상정하고 작전을 준비해야만 했다.

신징에 설립된 유격대의 '파괴공작학교'에는 헌병대, 특무기관 그리고 백계 러시아인, 일본의 대륙낭인 등이 은밀하게 몰려들었다. 그런데 이것도 소련이 중립조약을 깨고 만주로 진격해온 8월 9일 무렵 폐쇄 위기에 처한다. 이러한 사실은 현재 일본 측 자료에서는 충분히 밝혀졌다고 할 수 없으며,

　제41장. 구소련의 자료가 말하는 '사실'의 내용

관동군의 작전 내용을 다시 검토할 때 귀중한 자료로 활용될 수 있을 것이다.(단, 1993년 3월 구사치가 나에게 한 증언에 따르면 이 조서가 반드시 정확하다고는 할 수 없다.)

관동군 작전주임 세지마 류조의 심문조서(1948년 5월 9일자)는 내무성 하바롭스크지방국 제45특별수용소장 A. F. 데니소프에 의한 증인 조사 때 작성된 것이다. 물론 세지마도 다른 장교들과 마찬가지로 몇 차례 심문을 받았는데, 내가 우연히 입수한 이 조서는 진본 중 일부다. 여기서 세지마는 참모본부의 군무와 작전 계획에 관한 질문을 받는다.

이 조서의 서두에는 "증인 세지마 류조는 허위 공술을 할 경우, 통역 G. G. 슈테크는 부정확한 통역을 할 경우, 러시아공화국 형법 제95조에 따라 책임을 물을 것임을 경고한다"라고 적혀 있다. 결국 사실을 말하지 않으면 처벌을 받을 것이라는 뜻이며, 그 아래 세지마의 서명이 있다. 소련 측은 세지마에게 참모본부의 대소 작전 준비 내용에 관하여 여러 차례 질문한다. 세지마는 이미 도쿄전범재판에 소련 측 증인으로 출석하여 참모본부의 대소전에 관한 사실관계를 증언했었다(1946년 10월 18일). 그럼에도 소련 측은 1년 7개월이 지난 이때에 거의 같은 질문을 하고 있는 것이다.

소련 측은 세지마가 말하는 것에 모순이 없는지를 확인하고자 한다. 이 심문조서를 보면 세지마의 증언이 도쿄전범재판 때와 거의 변함이 없다는 것을 알 수 있다. 그런 의미에서는 일관적이다. 세지마는 심문 초반부에 먼저 자신의 경력에 대해 말한다. 그런 다음 데니소프의 질문과 세지마의 대답이 이어지는데, 그 가운데 일부를 인용하면 다음과 같다.

대소전 작전 계획의 작성에 관여했습니까?

"나는 직접 작전 계획을 입안하지는 않았지만 계획은 알고 있었습니다."

참모본부 제1과의 전쟁 작전 계획 작성은 어떤 수순을 따릅니까?

"참모본부의 책고책임자는 참모총장입니다. 그 아래 참모차장이 있습니다. 참모본부에는 제1부, 제2부, 제3부가 있습니다. 제1부는 작전부, 제2부는 정보부, 제3부는 군사통신부입니다. 각 부에는 과가 있습니다. 제1부에는 두 개의 과가 있습니다. 제2과와 제3과가 그것인데, 과의 내부에는 반班(그루파라는 러시아어로 적혀 있다)이 있습니다. 제2과에는 제1반, 제2반, 제3반이 있습니다. 과의 책임자는 대좌이고, 반의 책임자는 중좌입니다. 각 반에는 몇 명의 중좌, 소좌, 대위가 소속되어 있습니다.

내가 참모본부에 있을 때(일본 측 자료에서는 1939년 11월, 자신의 경력을 밝힌 심문조서의 서두에는 1941년 12월에 참모본부로 온 것으로 되어 있다. 세지마가 의도적으로 그렇게 말했는지 여부는 분명하지 않다), 제1부 제2과 제1반에는 다섯 명의 중좌가 있었고 그 가운데 한 명이 반장이었습니다. 제1반은 총무를, 제2반은 공군을, 제3반은 숙영지 및 통신을 담당했습니다."

제1부의 작전 담당 요원은 어떻게 구성되었습니까? 당신이 참모본부에 있는 동안 제1부에서는 어떤 전쟁 계획을 작성했습니까?

"1941년 말에 제1부 제2과에서 가장 왕성하게 움직인 사람은 핫토리 다쿠시로 대좌인데, 그가 제2과장으로서 대소, 대미, 대영, 대중 전쟁 계획을 작성했습니다."

당신은 핫토리 대좌 밑에서 일했습니까?

"그렇습니다."

당신은 소련을 상대로 하여 작성된 계획을 알고 있었습니까?

"대체적인 것은 알고 있었습니다."

세지마는 시종일관 솔직하게 사실을 말한다. 하지만 이 단계에서 세지마는 자신을 소련 측의 군사법정으로 이끌 수도 있는 증언은 전혀 하지 않은 것으로 보인다.

나는 하바롭스크의 일본인 포로수용소에서 통역을 맡았던 G. G. 페르샤코프를 취재한 적이 있는데, 그때 페르샤코프는 관동군 장교들 거의 전원이 정직하게 자신이 알고 있는 사실을 말했다고 증언했다. 그런데 심문이 점차 군사법정의 '피고 선발'로 들어서면서 (결과적이라고 말해도 좋을 테지만) 서로 다른 장교나 외교관을 도마 위에 올리는 발언을 하지 않으면 안 되는 처지에 놓인다. 다시 말해 책임 회피가 시작된 것이다.

불행하게도 구소련의 심문조서 자료는 그러한 내용까지 밝히고 있다. 이때로부터 약 50년이 지나 봉인되어 있던 조서가 공개되면서, 놀랄 만한 사실이 부각되기 시작했다.

단적인 사례 하나를 소개하기로 한다.

하얼빈 총영사관의 총영사는 미야가와 후네오宮川舩夫였다. 미야가와는 모스크바 대사관에서 노몬한 사건 정전 교섭과 일소중립조약 체결 당시 통역을 맡았었다. 유능한 외교관이었다. 1944년 5월부터는 하얼빈에서 근무했다.

미야가와는 소련에 억류된 후 1949년 이후까지 일본으로 돌아오지 못한

1941년 4월, 일소 불가침조약에 서명하는 일본 외무상 마쓰오카 요스케.

채, 군사법정에서 형을 선고받은 것도 아닌데 5년 넘게 소련의 감옥에 갇혀 있었다. 미야가와 자신도 왜 이런 부당한 일을 겪는지 저간의 사정을 잘 몰랐던 듯 스탈린과 몰로토프 외무상에게 여러 차례 직소장直訴狀을 보낸다. 하지만 이것은

스탈린이나 몰로토프의 손에 들어가지는 못한다. 관료 기구의 어떤 단계에서 방치되어 있었던 것이다. 결국 미야가와는 1955년 소련 감옥에서 병사한다.

하얼빈 부영사 H. O(실명이 적혀 있긴 하지만 가명을 쓰기로 한다)는 표면상 외교관이었지만 실제로는 참모본부에 직접 소련 관련 정보를 보냈다. 다양한 자료를 조사해보아도 이 인물이 실재했는지 여부는 명확하지 않지만, 아사다의 심문조서 등을 통해 추측하건대, 쇼와 육군의 장교로 자신의 신분을 위장하고 있었을 가능성이 높다.

러시아인 근로학생 등 46명도 희생양이 되다

H. O의 심문조서를 보면 그가 외교관으로서 어떤 활동을 했는지 극명하게 알 수 있다. 그는 모스크바 일본 대사관에서 수위로 일하는 근로학생이나 일본인 외교관의 러시아인 아내의 친척들을 찾아가서는 하루하루의 생활을 뒤지고 다녔다. 예컨대 근로학생의 집에 놀러 가서 그곳에 놓여 있는 신문을 들춰보기도 하고, 빵의 가격을 묻기도 하고, 고기가 거래되는지 여부를 묻기도 하는 등 잡담을 하면서 이런저런 사실을 확인했다.

H. O는 그런 러시아인과 '친구'로 사귀면서 소련사회의 정보를 탐지하고 있었지만 상대인 러시아인은 그렇게 생각하지 않았다. 그를 단지 일본인 친구로 만났을 뿐이다.

H. O는 그가 친구로 사귀었던 인물들의 이름을 모두 조서 안에서 밝혔다. 그 결과 어떻게 되었을까? H. O와 대화를 나눈 러시아인은 모두 '스파이'로 취급되었다. 스탈린 통치하의 일이다. 이리하여 46명의 러시아인이 총살당했다. 나는 이제 갓 스무 살이 넘은 러시아인 근로학생의 얼굴 사진을 보면서 우연히 일본 대사관의 수위 자리를 얻어 일했다는 이유로 총살을 당

하고 만 그의 운명을 애석하게 여기지 않을 수 없었다.

여기에서 H. O의 심문조서 중 일부(1947년 2월 13일자)를 인용하기로 한다. 심문자는 소연방 국가보안성 제3방첩본부 상급예심판사로 해군대위인 렙신이다. KGB의 간부라고 한다.

당신은 미야가와 후네오를 알고 있습니까?

"네, 1925년부터 미야가와 후네오를 알고 있었습니다."

미야가와 후네오는 소련에 대하여 첩보활동을 했습니까?

"네, 미야가와 후네오가 소련에 대한 첩보활동을 수행한 것으로 알고 있습니다."

미야가와 후네오가 소련에 대하여 어떤 첩보활동을 했는지 말해보길 바랍니다.

"내가 아는 한 미야가와 후네오가 수행한 소련 내 첩보활동은 세 단계로 나눌 수 있습니다. ① 모스크바와 일본 대사관 근무 시절, ② 블라디보스토크 일본 총영사 시절 ③ 하얼빈 일본총영사 시절입니다."

모스크바의 일본 대사관 재임 중 미야가와는 소련에 대하여 어떤 첩보활동을 했습니까?

(생략, 구체적인 이야기는 하지 않음)

미야가와는 블라디보스토크에서 어떤 첩보활동을 했습니까?

(생략, 미야가와의 직무에 대해 알려진 사실을 말한다. 구체적인 이야기는 별로 없다. 예를 들면 블라디보스토크에 입항하는 일본 상선의 선장이나 모스크바에서 돌아가는 중인 외교 쿠리에로부터 소련에 관한 스파이 정보를 입수했다는 정도인데, 여기에서

도 구체적인 지적은 없다.)

하얼빈에서 미야가와의 첩보활동은 주로 어떤 것이었습니까?

"미야가와는 1944년 봄부터, 몇 월이었는지는 정확하게 기억나지 않습니다만, 일본군이 항복한 날까지 하얼빈 일본 영사관의 총영사로 있었습니다. 미야가와의 첩보활동은 주로 하얼빈 시나 소비에트 영사관의 활동에 관한 정보, 영사관원의 성격이나 자질, 생활 태도, 교우관계 등에 관한 자료를 손에 넣는 것이었습니다.

미야가와는 이러한 정보를 백계 망명 러시아인 코르도노프와 레핀이라는 2명의 첩보원을 통해 입수했습니다. 코르도노프와 레핀은 자신들이 고용한 다섯 명의 첩보원을 통해 스파이 활동을 했습니다. 5명 가운데 세 사람은 러시아인이고 두 사람은 만주인이었습니다. 코르도노프와 레핀은 미야가와로부터 소비에트영사관에 관한 스파이 정보를 건네준 대가로 돈을 받았고, 5명의 스파이에게도 나눠주었습니다.

1945년 6월, 만주국 영내에서 국적 불명의 라디오방송국이 '조국'이라는 이름으로 활동을 개시, 러시아어로 반일적인 방송을 체계적으로 내보냈습니다. 미야가와는 코르도노프와 그의 부하 첩보원에게 라디오방송국 '조국'의 소재를 밝혀내라고 지시했지만, 결국 미야가와는 라디오방송국을 찾아낼 수 없었습니다.

미야가와는 도쿄의 지시에 따라 만주국에서 공산주의의 영향을 조사하기 위해 만주국의 중국 제8인민혁명군의 첩보원에 관한 정보를 수집했습니다."

H. O는 이렇게 말한 다음 "이 조서는 내 말을 정확하게 기록한 것이며, 내가 직접 읽어보았다"라고 쓰고 서명했다.

이 조서는 미야가와를 부당하게 깎아내리고자 한 내용으로, H. O는 이런 종류의 증언을 더 많이 남겼을 가능성이 높다. 미야가와가 장기간 부당하게 감옥에 갇혀 있었던 것도 H. O 등의 조서가 뒷받침되었기 때문인 것으로 알려져 있다. 그러나 확실한 증거는 아무것도 없었다. 물론 미야가와는 이런 조서 때문에 감옥에 갇혀 있었다는 사실을 전혀 몰랐을 것이다.

태평양전쟁 기간 참모본부에서 일했던 어느 장교가 나에게 H. O는 사실 군인이었다면서 어떤 이름을 거론했는데, 이러한 음습한 증언으로 많은 사람에게 상처를 입힌 사례는 이제부터 더욱 많이 나올 것이다.

1992년 2월부터 3월까지 나는 몇 차례 야마가타 현 쓰루오카 시를 찾았다. 전국억류자보상협의회 회장 사이토 로쿠로齋藤六郎를 만나기 위해서였다.

그때 러시아의 고문서관에서 사이토 앞으로 보낸 시베리아 억류에 관한 몇몇 자료를 볼 수 있었다. 지금까지 소개한 자료는 대부분 사이토의 호의로 제공받은 것이며, 일본어 번역도 사이토에게 배달된 자료를 번역하는 팀에서 한 것이다.

사이토가 이끄는 전국억류자보상협의회의 주요 활동은, 패전 직후 소련에 의해 시베리아에 억류된 관동군 장병의 실태를 해명하고 왜 이런 일이 일어났는지를 구명하기 위해, 구소련의 고문서관으로부터 자료를 제공받아 사실을 바로잡고자 하는 것이었다. 일본 정부와 보상을 둘러싼 재판을 계속하고 있던 참이라, 소련 정부가 억류자들이 시베리아에서 노동을 했다는 증명서를 발행하면 사이토를 비롯한 관계자들이 유리할 수도 있는 상황이었다. 사이토가 20년에 걸쳐 애쓴 보람이 있어 러시아 정부는 잇달아 노동증명서를 발행했다.

더욱이 시베리아 억류자 가운데 약 3000명은 소련 국내에서 열린 군사재판에서 실형을 선고받는다. 그들의 죄를 풀어주는 것도 중요한 활동 중 하나다. 사이토의 노력 덕분에 스탈린 통치하에서 부당한 재판을 받은 억류자들에 대해서는 러시아공화국 최고검찰청에서 일본으로 면죄 통지서를 보내는 방향으로 일이 진행되고 있었다. 미야가와를 비롯해 몇몇 관동군 장교의 오명도 공식적으로 씻을 수 있게 되었다.

그렇지만 헌병대와 특무기관의 위법 행위 또는 731부대의 예에서 볼 수 있듯이 아무리 전쟁 중이라 할지라도 허용되지 않은 행위는 면죄되지 않는다. 이와 관련하여 당시에는 러시아공화국 최고검찰청에서 선별 작업이 진행되고 있었다.

"일본에 대한 러시아의 대응은 결코 호락호락하지 않습니다. 1991년 고르바초프가 방문했을 때 일본은 북방의 4개 섬을 고집했을 뿐 인권이나 인도 측면에서는 아무런 대응책을 내놓지 못했습니다. 일본에서 돌아오는 비행기에서 고르바초프는 팔짱을 낀 채 실망하는 표정이었다고 합니다. 러시아의 외무 관료들은 그것을 보고 자신들의 일본관이 지나치게 안이했다며 반성하기도 했다더군요. 옐친도 일본을 방문하는 것이 바람직한지에 대해 고민하고 있다고 합니다.

이런 시기에 필요한 것은 잘못된 전쟁을 바로잡는 민간 외교가 아닐까요? 러시아의 고문서관에서 우리에게 자료를 보내오는 것도 함께 역사의 진상을 밝힘으로써 새로운 관계를 맺으려는 생각을 하고 있기 때문입니다. 역사의 상처를 다시 문제 삼을 것이 아니라, 정확한 역사를 바탕으로 하여 일본과 러시아는 우호관계를 맺어야 할 것입니다."

사이토는 몇 번이나 이렇게 강조했다.

사이토는 관동군에서 법무와 관련된 일을 한 일개 병사였다. 패전 후 그는 시베리아에 억류된다. 그곳에서 구소련의 정치 교육을 받고 일본 군국주의에 대해 비판적 태도를 갖게 되었다. 그 후 그는 "태평양전쟁 말기 쇼와 육군 지도자의 반국민적 태도를 강하게 비판하는" 자세를 잃지 않았다.

나는 사이토의 말을 들으면서 1992년 1월 하순부터 2월 중순까지 모스크바를 방문했을 때의 일을 생각했다. 나도 러시아의 몇몇 기관과 접촉하면서 새로운 자료가 없는지, 새로운 증언이 나오지는 않았는지 이리저리 찾아다녔다.

당시 일본의 미디어는 경쟁이라도 하듯 러시아의 모든 기관을 찾아 돌아다녔다. 그 때문에 어느 기관에서나 일본어가 가능한 전문가와 일본 관계 직원이 사례를 바라면서 들썩거린다고 했다. 그런 모습이 너무나 자주 눈에 띄기 때문에 다른 부문의 직원으로부터 격렬한 비판을 받는다는 얘기도 들렸다.

러시아인 연구자 중에서 상당히 의심스러운 자료를 팔고 다니는 이도 있었고, 수기를 쓰고 있다면서 비싼 가격에 강매하려고 다가오는 이도 있었다. 실제로 나는 모스크바에서 어느 일본 연구자로부터 "도쿄전범재판 기록이 있다"든가 "스탈린이 1930년대부터 일본에 대한 공격을 생각하고 있었다는 문서가 있다"는 유혹을 받았다. 아마도 이러한 '혼란'은 한동안 계속될 것이다. 나는 진위를 제대로 가리지도 않고 특종이라는 이름으로 구소련 관계 자료가 떠돌아다닐 것이라고 예상했다. 그리고 이런 분위기에 휘둘려 사실이 몇 번씩 다시 쓰이는 사태에 이를 수도 있겠다고 생각했다.

나는 여전히 쇼와 10년대의 구소련과 쇼와 육군의 관계에 관심을 갖고 있는데, 그 후에 들어오는 자료를 보면, 구소련도 듣던 것보다 훨씬 더한 군사국가였지만 쇼와 육군도 그에 못지않게 대일본제국을 유린했다는 느낌을 지우기 어렵다. 쇼와라는 시대의 일본 육군은 구소련의 자료가 공개되지 않은 것을 구실로 지금까지 숱한 비밀이 베일에 싸여 있었던 것처럼 보인다. 특히 1945년의 패배에 이르는 3개월 정도의 과정이 그러하다.

그것을 하나씩 풀어나가면 지금까지 말한 것보다 훨씬 더 괴로운 사실이 드러나게 될지도 모른다.

홋카이도 점령인가, 시베리아 억류인가

1945년 8월 15일 정오, 쇼와 천황은 옥음방송을 통해 포츠담 선언을 수락한다는 뜻을 밝혔다. 국제법상의 문서에 조인한 것은 아니었지만 미국, 영국, 중국이 함께 발표한 포츠담 선언을 받아들인다는 의사 표시였다.

신징의 관동군총사령부에서는 참모들이 통한의 눈물을 흘리면서 옥음방송에 귀를 기울였다. 그러나 대본영으로부터 정전停戰 명령이 있기까지는 "작전의 큰 틀을 바꿔서는 안 된다"는 태도를 취했다. 15일 오후 11시에 정전 명령이 떨어졌고, 관동군총사령관 야마다 오토조와 총참모장 하타 히코사부로 등 최고 간부는 이것을 받아들여 태도를 변경했다.

다음 날 16일 오후 8시부터 야마다와 하타를 중심으로 막료회의가 열렸다. 막료들 중에는 '패전'이라는 사태를 받아들일 수 없다며 강경한 의견을 토로하는 이도 있었다. 항전을 계속해 '천세千歲의 대의에 따라 사는 길'을 찾자고 주장했던 것이다. 이러한 의견이나 주장에 야마다와 하타는 찬성하지 않았다. 하타가 결단을 내렸다. "군인은 대명을 따르는 것 외에 다른 충절의 길을 생각할 수 없다."

이런 생각을 바탕으로 하여 8월 16일 오후 10시 관동군 예하 부대에 "총 사령관은 승조필근承詔必謹, 거군일도擧軍一途, 만반의 대책을 다하여 정전을 기한다"는 명령을 하달했다. 이 명령에 저항하는 지휘관이 일부 지역에서 유사 반란 행동을 일으켰다.(통화 사건도 그중 하나다.)

관동군이 8월 15일 전후부터 어떤 행동을 취했는지에 대해서는 아직까지 상세하게 검증되지는 않았다. 예를 들어 방위청 전사실에서 펴낸 『관동군, 관동군 특수 연습과 종전 시의 대소전』에도 관동군의 붕괴 모습이 구체적으로 기록되어 있지는 않다. 나는 그 이유에 대해 생각하고 있었는데, 패전 후 얼마 지나지 않아 신징의 관동군사령부를 제압한 극동의 소련군이 소각을 면한 일본의 군사 자료를 화차 20량에 실어 모스크바로 보냈다는 것을, 구 소련 쪽에서 들어온 자료를 보고 알게 되었다.

소련은 이 방대한 자료를 상세하게 분석했다고 한다. 이를 토대로 쇼와 육군의 내부를 샅샅이 밝혀냈다는 것이었다.

이 자료들도 언젠가는 공개될 것이다.

한편, 소련 측은 관동군에 대해 어떤 행동을 취했을까? 소련공산당중앙위원회 마르크스-레닌주의연구소에서 편찬한 『제2차 세계대전사』에 실린 것이 공식적인 견해다. 이에 따르면 8월 17일 극동 소련군 총사령관 바실렙스키 원수는 성명을 발표하여 다음과 같은 방침을 밝혔다.

"본관은 8월 20일 정오 이후 모든 전선에서 소비에트 군부대에 대한 일체의 전투 행위를 중단한 다음 무기를 버리고 투항할 것을 관동군부대 지휘관에게 제의한다. 일본군 부대가 무장을 해제하는 즉시 소비에트군 부대는 전투 행위를 중단한다."

이날 오후 5시, 소련의 제1극동방면군 정보부대는 무선기를 통해 관동군 참모부가 예하 부대에 항복과 군사 행동 중지 명령을 내렸다는 사실을 알게 되었다. 그렇지만 관동군 예하 부대 중에는 저항을 포기하지 않은 부대가 있었고, 『제2차 세계대전사』에 따르면 그 때문에 "소비에트 군사령부는 조속히 적을 전멸하기 위해 공격 속도를 높이는 조치를 취했다". 구체적으로는 구만주국의 주요 도시에 공수부대를 투입했다고 한다.

소련공산당중앙위원회의 공식적 견해와는 별도로 바실렙스키의 회고록 『전 생애의 사건』도 거의 공산당의 견해를 뒷받침하는 진술로 이루어져 있다. 그의 회고록 8월 18일자 기술 가운데 다음과 같은 구절이 있다.

"8월 18일, 제1극동방면군 부사령관 G. A. 셸라호프 육군소장이 지휘하는 항공 상륙부대는 하얼빈의 비행장에서 우연히 관동군 참모본부장(총참모장) 하타 중장을 발견했다. 셸라호프는 하타와 대화를 나누는 동안 관동군의 항복에 관한 문제들을 합의하기 위해, 일본 측 통수부의 재량으로 선발한 인물과 동행하여 제1극동방면군사령부 지휘 지점으로 와달라고 그에게 제안했다."

바실렙스키의 회고록에는 하타를 비행장에서 우연히 발견했다고 적혀 있다.

그런데 하타 측 자료에 따르면, 하얼빈 특무기관(기관장 아키쿠사 슌 소장)을 통하여 만주의 소련 영사관에 교섭을 제의했고, 신징에서부터 세 참모, 즉 세지마 류조 중좌, 노하라 히로오키野原博起 중좌, 오마에 마사코大前正甯 중좌를 동행하고 하얼빈으로 향했다.

어찌됐든 8월 18일 하얼빈에서 셸라호프와 만나 다음 날 오후 3시에 소련군 군용기를 타고 자리코보의 제1극동방면군사령부로 가기로 결정했다는 것이다.

그리고 8월 19일 오후 3시 30분이 지나 자리코보에서 관동군과 극동 소련군의 회견이 열렸다. 그렇다면 이 회견에서는 무슨 이야기가 오갔을까?

먼저 구소련 공산당중앙위원회의 문서를 확인해보면 다음과 같다.

"바실렙스키는 일본군 부대가 장교와 함께 조직적으로 투항해야 할 것이라고 하타 장군에게 경고했다. 하타는 소비에트군 사령부의 요구에 동의했다. 하지만 '적군 부대가 하얼빈, 창춘, 나남, 기타 동북 중국과 조선의 각 지역에 도착할 때까지 일본 병사들이 무기를 휴대할 수 있기를 희망한다. 왜냐하면 그곳의 주민들을 믿을 수 없기 때문이다'라고 요청했다."

하타의 말은 만약 일본 병사가 무장해제를 하면 구만주국의 만주인, 조선인에게 보복을 당할 것이므로 그것을 막고 싶다는 의미다. 이때 바실렙스키는 야마다 오토조 앞으로 보내는 문서도 하타에게 건넨다. 그 내용은 관동군은 전투 행위를 즉시 중단할 것, 전달이 늦어지는 지역에서도 8월 20일 정오까지는 중단하도록 할 것을 요구하는 것이었다.

한편 바실렙스키의 회고록은 당사자의 수기인 까닭에 관련 내용이 좀더 구체적으로 기록되어 있다. 회고록에 따르면 그는 항복 절차, 전쟁포로를 인도받을 때의 집합 지점, 그 순서와 집합 시간까지 지시한다. 그리고 이렇게 이어진다.

"우리는 하타에게 다음과 같은 경고를 전달했다. 일본군은 장교와 함께 조직적으로 투항해야만 한다. 또 투항 시 처음 며칠 동안 포로의 식사는 일본 측에서 맡는다. 군대는 취사 차량 및 저장 식량과 함께, 그리고 일본 장관들은 의무적으로 개인용 필수품을 지참하고 부관과 함께 우리 쪽으로 와야 한다. 또 장관뿐만 아니라 모든 전쟁포로를 인도적으로 취급할 것을 보증한다."

아울러 소련군 참모본부는 적군이 점령한 영토에서 완전한 질서를 보증한다고 말하기도 했다. 하타는 예하 부대에 신속하게 명령을 전달하기 위해 수송기관과 통신수단을 관동군 지휘 아래 두었으면 한다고 부탁했고 바실렙스키는 그의 요청을 받아들였다. 이어서 바실렙스키는 다음과 같이 말한다.

"교섭 도중 하타와 그의 측근들은 완전히 의기소침한 표정이었다. '사무라이'의 결기는 흔적도 남아 있지 않았다. 어제까지만 해도 만주의 오만방자한 지배자였던 그들은 순종적이었고 스스로를 비하하는 것처럼 보이기도 했다. 우리의 한마디 한마디에 재빨리 고개를 끄덕였다. 아마도 심리적으로 심각한 타격을 입었기 때문일 것이다."

공산당의 공식 견해와 바실렙스키의 회고록 중 어느 쪽을 보아도 이날의 회견은 '정전 교섭'이 아니었다. 승전국을 대표하는 입장에서 패전국의 지휘관에게 '명령'하고, '경고'하고, '지시'했을 뿐이다. 일본 측은 그때마다 사소한 '부탁'을 했을 따름인데, 이 부탁은 때로는 받아들여지고 때로는 거절당한다. 특별히 문서를 주고받은 것도 아니었다.

거꾸로 일본 측은 이날의 회견을 역사적으로 어떻게 전하고 있을까? 방위연수소 전사실에서 펴낸 『전사총서』에는 저간의 경위가 그다지 상세하게 기록되어 있지 않다.

"상대방은 처음 우리 쪽 회견자를 하타 중장 한 사람으로 제한하자고 주장했지만(바실렙스키는 그렇게 말하지 않았다. 오히려 '일본 측 통수부의 재량으로 선발한 인물을 동행'하라고 말했다), 이런저런 방법으로 간절히 부탁한 결과 세지마 참모와 이날 동행한 하얼빈 일본 영사관 총영사 미야가와 후네오 두 사람이 동석할 수 있게 되었다.

하타 중장은 관동군의 일반 상황을 설명한 후, 특히 '일본군의 명예를 존중해줄 것'과 '거류민의 보호에 만전을 기해줄 것'을 강하게 요청했다. 소련 측이 흔쾌히 승낙했고, 이날 상호 간에 다음과 같은 협정이 성립되었다."(이하 7개 항목이 적혀 있고, 일곱 번째 항목만은 '기타—필자 생략'이라고 표기되어 있다.)

이것만 보면 일본과 소련 사이에 '정전회담'이 열렸고, 쌍방이 상호 대등한 입장에서 이야기를 나눈 것처럼 생각할 수 있다. 하타가 몇 가지 조건을 강하게 요구하여 흔쾌히 승낙을 얻은 것처럼 읽히기도 한다. 하지만 실제로는

제42장. 홋카이도 점령인가, 시베리아 억류인가

그렇지 않았다.

일본인 포로의 '사역설'에 대한 검증

물론 이 '정전회담'에 참석했던 참모 세지마 류조가 증언을 하고 명확한 기록을 남긴다면 아무런 문제가 없겠지만, 1992년 현재까지 세지마는 상세한 내용에 관하여 입을 닫아왔다. 그 때문에 적지 않은 추측과 억측이 만연해 있었다. 정전회담이니 정전협정이니 하지만 실제로는 그런 성격의 만남이 아니었고, 협정문 따위도 남기지 않았다.

이러한 역사적 착오가 시베리아 일본인 억류 문제의 의미를 애매하게 해왔다.

일설에 따르면, 이 회견에 관한 보고문을 작성한 사람은 세지마였고, 그는 당시 관동군과 대본영의 연락망이 자칫하면 끊길 상황이었기 때문에 먼저 삿포로에 있는 북부방면군에 전보를 보냈다. 북부방면군은 그것을 대본영으로 보냈는데 그때 '정전협정에 관한 건'이라는 제목을 붙였다고 한다. 그것이 그 이후까지 오해를 사는 원인이 된 것으로 보인다. 이 역시 앞으로 검증해야 할 과제다.

최근 20년 동안 일부 시베리아 억류자 사이에서는, 이 정전교섭에서 일본인 포로를 노동력으로 차출해도 좋다는 일본 측과 그것을 요구하는 소련 측 사이에 논의가 있었고, 그 문제에 의견이 일치하여 교섭이 성립된 것일지도 모른다는 목소리가 높아지고 있었다. 일곱 번째 항목의 '필자 생략'이라는 표기가 이를 은폐하기 위해 군이 적지 않은 것이라는 의문이 제기되기도 했다.

나도 지금까지 그 의견을 소개해왔다. 그런 일이 있을 수도 있겠구나 생각

제2부. 쇼와 육군의 흥망

한 시기도 있었다. 소련공산당의 견해를 보여주는 문서에서도, 바실렙스키의 회고록에서도 군이 그것을 언급하지 않은 것은 '밀약'이 있었기 때문이라고 생각하기도 했다.

하지만 실제로 그런 일은 일어날 수 없었다는 것을 구소련 쪽에서 들어온 자료를 통해 확인할 수 있었다. 나아가 극동 소련군은 일본 측과 정전할 의사가 없었다는 것을 알 수 있었다. 정전이라는 선택을 함으로써 극동 소련군은 스스로의 군사 행동을 제약하는 결과를 낳고 만다. 그 때문에 정전하겠다는 의사 따위는 전혀 갖고 있지 않았던 것이다.

아래 소개하는 몇몇 자료는 러시아공화국 고문서위원회에서 사이토 로쿠로에게 보낸 것이다. 억류 문제에 대한 사이토의 20년에 걸친 노력이 평가를 받아 고문서위원회와 전국억류자보상협의회 사이에 자료 출판 계약이 체결되었다. 여기에서 인용하는 새로운 자료는 그 가운데 일부다.

8월 20일, 바실렙스키는 스탈린 앞으로 극비 전보를 보냈다. 하타를 불러 통고를 하고 아울러 관동군 장병의 무장해제를 진행하고 있다는 보고였다. 이 전보문은 지금까지 알려진 역사적 사실과는 전혀 다른 의미를 갖고 있다. 이 문서를 보면 다시금 역사를 바로잡을 필요가 있다고 생각하지 않을 수 없는데, 이하 전문을 소개하기로 한다.(일본어 번역은 전국억류자보상협의회 번역팀에서 해주었다.)

1945년 8월 19일, 관동군 참모장 하타 중장과 회견하고 각하의 지령대로 모든 면에서 우리 군에 가장 유리한 조건을 마련했다. 하타 중장은 만주에 있는 일본군과 일본인이 가능한 한 빨리 소련의 보호 아래 놓일 수 있도록 소련군이 만주 전역을 서둘러 점령해줄 것을 요청했고, 동시에 만주와 조선의 일정 지역에서는 현지의 질서를 확보하고 기업이나 재산을 지키기 위해 소련군이 도착할 때까지 무장해제를 미뤘으면 한다고 부탁했다.

하타 중장에 따르면 며칠 사이에 일본인과 만주인, 조선인의 관계가 대단히 나빠지고 있다.

하타 중장은 소련군이 시급히 만주로 들어올 것을 요청했는데, 이것은 곧 일본군의 항복을 의미한다. 이와 더불어 일본군 장군, 장교, 병사에 대한 합당한 처우, 급량, 의료를 요청했다. 이와 관련하여 나는 우리 군에 필요한 지시를 했다. 회견을 마치면서 하타 중장은 항복 수순에 관한 내 지시를 즉각 정확하게 이행할 것을 약속하고, 이 회의가 장래 일본과 소련의 우정의 기초가 되기를 기대한다고 말했다.

나는 하타 중장에게 열도를 점령하고자 하는 소련군과 싸우는 것은 무의미하다는 뜻을 쿠릴(지시마) 열도 수비대 사령부에 전해달라고 요청했고, 이에 대해 하타 중장은 즉각 이 건을 대본영에 전하겠다고 약속했다.

1945년 8월 19일 오후 5시, 하타 중장은 내 지령을 가지고 신징으로 날아갔는데 날씨가 나빠 오후 9시에야 신징에 도착했다.

현재 나와 극동 제1군사령부는 홋카이도 상륙 작전 준비에 진지하게 몰두하고 있다.

1945년 8월 20일 오전 8시

A. M. 바실렙스키

여기서는 세 가지 중요한 사실을 알 수 있다. 첫째, 소련군은 쿠릴 열도를 점령할 생각이니까 지시마 열도 수비대에 저항하지 말라는 뜻을 전하라고 명했다는 것이다. 하타는 이 요구를 받아들였다. 이것을 봐도 '정전교섭'이 아니라는 것은 일목요연하게 드러난다. 둘째, 스탈린은 바실렙스키에게 이미 홋카이도 상륙 작전을 명했고, 바실렙스키는 그 작전을 준비하는 단계에 들어섰다고 보고했다는 것이다.

바실렙스키는 하타와의 회견에서, 자신이 그러한 계획이 존재한다는 것

자체를 폭로하고 말았다는 사실을 알아차리지 못했던 듯하다. 실제로는 지시마 열도의 섬을 따라 홋카이도까지 진출하여 점령할 계획이 진행되고 있었던 것이다.

그리고 셋째, 여기에는 시베리아에 일본인 포로를 억류할 계획에 대해 전혀 언급하지 않고 있다는 것이다. 이는 무엇을 뜻하는 것일까? 사이토가 모스크바의 고문서관에서 본 자료에 따르면, 스탈린은 8월 16일 시점에서는 관동군 장교, 군속, 민간인을 포로로서 시베리아나 소련 각지로 연행할 계획을 갖고 있지 않았다. 결국 이 사안에 관해서는 포츠담 선언을 준수하여 포로를 일본으로 송환해야 할 것으로 생각하고 있었던 것이다.

그런데 8월 20일 저녁 무렵, 스탈린의 뜻을 받은 안토노프(소련군 참모총장)로부터 바실렙스키 앞으로 전보가 들어온다.

"홋카이도 및 남부 쿠릴 열도(북방 4개 섬) 작전 준비에 관한 건. 이 작전은 본부의 특별명령에 따라서만 개시할 것."

다시 말해 특별명령이 있기까지는 작전 행동에 들어가서는 안 된다는 지시였다. 바실렙스키는 이 특별명령에 대비해 예하 부대에 준비를 명령한다.

1992년 현재 구소련의 고문서관에는 스탈린의 특별명령이 남아 있지 않다. 그것은 스탈린이 홋카이도 점령을 단념했다는 것을 의미한다. 다만, 8월 22일부터 25일에 걸쳐 블라디보스토크를 출발한 극동군 제87저격사단이 소야 해협을 건너 서둘러 남부 쿠릴 열도로 들어갔고, 8월 29일에는 이투루프, 9월 1일부터 4일에 걸쳐서는 쿠나시르와 시코탄에 주둔하고 있던 일본군을 무장해제시킨다. 홋카이도를 단념하는 대신 22일부터 급히 군을 보내 북방 4개 섬을 점령하기 시작했던 것이다.

스탈린의 변심

이 무렵 사이토가 입수한 구소련의 자료 중에서 가장 중요한 것은 스탈린이 바실렙스키에게 보낸 8월 23일자 전보다. 하지만 타전명을 보면 스탈린이 아니라 국가보안성 정치부다. 이 명령은 다음과 같다.

소련 제1, 제2 극동 자바이칼방면군은 국가보안위원과 협력하여 다음 사항을 실시하라.

1. 극동 시베리아에서 일하는 요원으로서 건강한 일본인 포로 50만 명을 선발하여 포로로 삼으라.
2. 소련에서 이송하기 전에 1000명 단위로 대대를 편성하고, 하급 장교나 부사관을 대대장으로 임명하라.
3. 포로들에게 2개월 치 식량을 지참하게 하라.

이 전보의 명령에 따라 일본인 포로는 1000명 단위로 시베리아로 이송된다. 스탈린은 홋카이도 점령을 단념하는 대신 북방 4개 섬과 일본인 포로 50만 명(실제로는 60만 명이 넘었지만)을 '전리품'으로 획득하기로 했던 것이다. 무장해제된 관동군 장병, 군속, 민간인은 '도쿄 다모이(귀국을 뜻하는 러시아어)'를 믿으면서 1000명 단위의 대대에 편입되었다.

이처럼 구소련의 극비 자료를 보면 스탈린의 변심이야말로 시베리아 억류 문제를 낳은 원인이었다는 것을 알 수 있다.

스탈린이라는 일개 권력자의 심경 변화에 따라 일본 국토와 국민을 빼앗긴 것이 역사적 진실이라고 말할 수 있다.

왜 스탈린이 홋카이도를 단념했는지를 다른 관점에서 검증해보면 뜻밖의 사실에 직면하게 된다. 미국의 트루먼 대통령과 스탈린 사이에 격렬한 대립이 있었던 것이다. 이미 이 단계부터 미소 냉전이 시작되었다고 할 수 있다.

일본의 포츠담 선언 수락은 8월 14일에 연합국 측에 전달된다. 트루먼은 맥아더를 연합군 최고사령관으로 임명했다. 미국, 영국, 중국 그리고 소련이 이 인사에 동의했다. 그래서 트루먼은 마닐라 사령부에 있던 맥아더 앞으로 일본의 항복 절차 등을 지시하고, 이와 함께 '일반명령(제1호)'의 초안도 보냈다. 이 초안은 동시에 영국의 애틀리 수상, 중국의 장제스 주석 그리고 스탈린 수상에게도 발송되었다.

일반명령은 13개조로 이루어져 있는데, 제1항에서는 전장에 있는 일본군이 어느 나라 부대에 항복할 것인지를 제시하고 있다. 제1항 (2)에는 다음과 같이 적혀 있다.

"만주, 북위 38도 이북의 조선, 사할린 및 쿠릴 열도에 있는 일본국의 전임 지휘관 및 모든 육상·해상·항공, 그리고 보조 부대는 '소비에트' 극동군 최고사령관에게 항복해야 한다."

스탈린에게는 이 조항이 불만스러웠다. 그는 8월 16일에 트루먼에게 전보를 보내 "일반명령을 정정할 것"을 요구했다. 요점은 두 가지였다.

1. 크리미아의 삼국 결정에 따라 소련 영유로 귀속해야 할 쿠릴 열도를 소련군에 항복해야 하는 지역에 포함시킬 것.
2. 소야 해협과 접한 홋카이도 북부를 같은 지역에 포함시키되, 그 구역은 구시로에서 루메이에 이르는 두 도시를 포함하는 선으로 획정할 것(『일본외교사』 제15권 「일소 국교 문제」에서 인용).

스탈린은 홋카이도 북부의 점령을 요구한 이유에 관하여, 만약 소련이 홋카이도를 점령하지 못한다면, 제1차 세계대전 후 일본이 시베리아를 군사 점령한 경위가 있기 때문에, 소련 국민이 받아들이지 않을 것이라고 전했다.

제42장. 홋카이도 점령인가, 시베리아 억류인가

스탈린은 홋카이도 점령에는 러시아혁명 후의 시베리아 출병에 대한 보복이라는 의미가 포함되어 있다며 큰소리쳤던 것이다.

트루먼은 18일자 전보에서 스탈린에게 회답했다.

첫 번째 요구에 관해서는 기본적으로는 이의가 없지만 중앙부의 한 섬에 미군의 군용·민간 항공기를 위한 기지를 건설할 수 있도록 해줄 것을 요망했다. 그러나 두 번째 요구는 받아들이지 않았다. 홋카이도, 혼슈, 시코쿠, 규슈 등 일본 본토는 맥아더에게 항복하기로 되어 있기 때문에 소련의 소규모 부대도 여기에 참가하여 일시적으로 점령하는 것은 인정하리라는 내용이었다.

이 회답을 접한 스탈린은 격노했다. 그는 22일자 전보에서 홋카이도 점령 계획을 인정하지 못하겠다니 정말 뜻밖이라며 강한 어조로 이의를 제기했다.

덧붙여 쿠릴 열도에 미군이 기지를 건설하는 문제에 대해서는 지금까지 얄타 회담 등에서 토의된 적이 없다는 것, 이러한 요구는 피정복국이나 무력해진 동맹국에게 할 수 있을 텐데 소련은 그 어느 쪽도 아니라는 것 등등 분노 섞인 표현이 전문을 가득 채우고 있었다.

이때 스탈린과 트루먼 사이에 오간 전보의 내용은 각각 정치적 흥정을 포함한 것이었다. 이 문제는 8월 30일에 최종적으로 해결되는데, 스탈린은 18일자 트루먼의 전보를 받았을 때 홋카이도에 극동군을 진주시킨다는 방안을 일단 보류했던 것으로 보인다.

20일 바실렙스키로부터 홋카이도에 극동군을 보낼 준비를 하고 있다는 내용의 전보를 받고, "특별명령이 있을 때까지 기다리라"고 명한 것은 실은 이상과 같은 경위가 있었기 때문이다. 그리고 이 계획은 트루먼을 납득시킬 수 없었고 결국 특별명령은 내려지지 않았다. 22일 극동군을 블라디보스토크에서 북방 4개 섬으로 향하게 한 것은 트루먼의 회답에 따른 행동이었으며, 무엇보다 일본 영토에 소련 국기를 내걸지 않으면 자국 국민을 납득시킬 수 없을 것으로 믿고 있었기 때문이라고도 말할 수 있다.

일본인 포로의 시베리아 이송에 관해서는 8월 9일의 만주 진공 이전부터 생각하고 있었던 것이 아니라, 8월 15일 단계에서도 아직 아무런 계획이 없었다고 말해도 좋다. 이와 같이 다시 검증해보면 8월 19일 자리코보에서 열린 바실렙스키와 하타의 회견에서 포로를 둘러싼 밀약이 있었을 것이라는 추측도 완전히 허구였다는 것을 알 수 있다.

8월 23일에 이르러서야 비로소 국가보안성 정치부가 스탈린의 명령에 따라 "포로를 1000명 단위로 시베리아로 보내라"고 명했기 때문이다.

결국 60만 명이 넘는 포로의 억류는 홋카이도 점령이 좌절된 데 대한 분풀이였던 셈이다. 바실렙스키가 스탈린에게 보낸 전보와 국가보안성 정치부의 전보는 이상과 같은 역사적 사실을 잘 보여준다.

전국억류자보상협의회 회장 사이토의 호의로 두 장의 전보를 본 나는 패전 후 소련과 관동군 사이에 존재하는 불투명한 부분 가운데 하나를 수긍할 수 있었다. 관동군의 하타나 세지마가 그와 같은 역사의 가파른 기복을 이해하고 있었다고는 생각하지 않는다. 따라서 그들이 대본영에 타전한 회견 내용도 자신들의 입맛에 맞는, 그리고 얼마간 자신들의 존재를 크게 보이게 하는 보고였던 것에 지나지 않는다.

소련공산당 중앙위원회의 『제2차 세계대전사』도, 바실렙스키의 회고록도 스탈린의 흉중을 교묘하게 은폐하고 있다. "홋카이도를 점령하지 않으면 직성이 풀리지 않을 것"이라는 스탈린의 생각을 공식적인 견해로서 밝히고 싶지는 않았던 것이다.

사이토는 이러한 사실을 알고서야 비로소 감춰진 일소 관계를 납득했다고 한다. 패전 후 무장해제를 당하고 한곳에 모였을 때 장병과 군속 모두 "이제 일본으로 돌아갈 수 있다"며 기뻐했다. 소련 병사들도 '도쿄 다모이'라면서 일본인 포로에게 말을 걸어왔다. 8월 23일까지는 모두가 일본으로 돌아갈 수 있을 것으로 생각하고 있었다. 9월 들어 1000명 단위로 열차에 태워졌을 때에도 이 열차는 나홋카로 향할 것이며 그곳에서 일본으로 돌아갈 수 있으리라 생각하고 기뻐했다. 그러나 열차는 곧장 시베리아로 향했다.

다음은 1992년 내가 사이토를 인터뷰한 내용이다.

스탈린은 어떻게든 '전리품'을 획득해 국민을 납득시키고 싶어했던 것이군요.

"나는 이와 같은 자료를 읽으면서 마음에 몇 가지 짚이는 게 있었습니다. 처음에는 시베리아 포로는 전쟁으로 감소한 소련의 노동력을 메우는 데 필요했던 게 아닐까 생각했습니다. 일본에서도 그런 의견이 많지요. 하지만 그렇다면 왜 일본인 포로를 시베리아뿐만 아니라 모스크바 근교나 레닌그라드(현재의 상트페테르부르크) 부근 그리고 카자흐공화국의 알마타(현재의 알마티) 등으로 데려갔을까 의심스러웠습니다.

스탈린은 일본인 포로를 소련 각지로 흩어지게 함으로써 소련이 일본을 이겼으며 이렇게 포로까지 잡았다는 사실을 국민에게 보여주고 싶었던 것입니다. 이런 식으로 소련 내부의 여론에 응답하고 싶었을 것입니다. 우리 포로들은 일종의 본보기이거나 전시품과 같은 것이었던 셈입니다. 모스크바에는 관동군에게서 빼앗은 전차나 대포를 진열해놓기도 했습니다."

스탈린이 포로로 삼겠다고 생각한 이유는 무엇일까요. 물론 노동력으로 이용하고 싶어했을 것이라고 생각합니다만, 그 외에 다른 이유도 있지 않겠습니까?

추측이라서 가볍게 말할 수는 없습니다만, 1945년 7월 고노에 후미마로를 소련에 특사로 보낸다는 이야기가 있었습니다. 그때 일본 측은 몰로토프 외무상으로부터 조건이 무엇이냐는 질문을 받고 여러 조건을 제시하는데, 그 가운데 포로를 노동력으로 사용해도 좋다는 조항이 있습니다. 어쩌면 스탈린은 그것을 참고하여 일본으로부터 항의는 없을 것이라고 판단했는지도 모릅니다. 어쨌든 60만 명이 넘는 포로는 지나치게 많았고 국제적으로도 문제가 되었습니다.

시베리아 포로에 대한 보상 문제의 흐름을 볼 때, 코바렌코의 증언(「세지마 류조: 시베리아의 진실」, 『문예춘추』 1992년 2월호)에서는 포로 문제에 관하여 소련은 일본이 괜찮다면 새로운 사실을 밝힐 수도 있다고 말하고 있는 듯합니다만……. 코바렌코는 소련공산당 중앙위원회 국제부 부부장이기도 해서 구소련의 자료를 얼마든지 볼 수 있는 입장에 있었다고도 하는데요.

나는 코바렌코라는 사람이 망언을 많이 한다고 생각합니다. 그 사람은 포로 문제에 관하여 아는 게 없습니다. 포로 문제는 KGB에서 직접 관할하는 일이어서 공산당도 개입할 여지가 없습니다. 그가 포로 문제에 대하여 아는 게 없다는 것은 이상한 일이 아닙니다. 그는 세지마와 일면식도 없는 사람입니다. 그러니 상상만으로 이야기하는 게 아니겠습니까?

트루먼이 맥아더에게 보낸 일반명령 제1호라는 것이 있지요. 제9항을 보면 이렇게 적혀 있습니다. "일본국 또는 일본국의 지배 아래 있는 관헌의 권한 내에 있는 포로 및 피억류자에 관하여 (…) 안전 및 복지에 세심한 주의를 기울이도록 한다. 안전 및 복지는 연합군 최고사령관이 그 책임을 인계할 때까지 적당한 식량, 주거, 의복 및 의료를 제공하는 데 필요한 관리 및 보급의 업무를 포함한다." 일본의 항복으로 연합군 포로는 해방되었습니다. 그러나 연합군 사령관이 인계할 때까지 식량이나 주거, 의복, 의료를 관리하라고 했던 것입니다.

그런데 코바렌코는 맥아더도 포로의 취급에 관해서는 상세한 기준을 전혀 마련하지 못했다는 둥, 포로를 붙잡은 나라의 자유의지에 따라 취급하는 게 맞다는 둥 말도 안 되는 소리를 합니다. 포로의 취급에 대해서는 '29년 조약(제네바 조약)'에 상세하게 규정되어 있기 때문에 그것을 당연히 따라야만 합니다. 적당하게 처리하라는 뜻이 아니지요.

코바렌코는 포츠담 선언에 포로를 언제 돌려보내야 하는지에 대해 아무런 언급이 없다고 말합니다만, 헤이그 조약 20조나 29년 조약 75조 등을 보면 '평화를 회복했을 때' 포로를 돌려보내야 한다고 명시되어 있습니다. 종래는 강화 조약이 체결되었을 때라고 생각하기도 했습니다만, 제1차 세계대전 이후에는 강화 조약이라는 것이 그렇게 간단히 맺어지지 않았습니다. 일본과 중국의 사례를 보면, 다나카 가쿠에이田中角榮 전 수상이 1972년에야 중국으로 가서 국교를 정상화할 수 있었기 때문에 강화 조약까지 장장 27년이 걸린 셈입니다. 그렇다면 그 기간 동안 포로는 계속 붙들려 있어야 하는 것일까요?

국제적십자는 통상적으로 평화 회복이란 사실상의 전투가 끝났을 때를 뜻하는 것으로 해석합니다. 하지만 스탈린은 미국에 홋카이도 점령을 저지당한 데 대한 분풀이로 이것을 인정하지 않았습니다. 포츠담 선언에 명시되어 있는 포로의 반환에 강화 이론을 끌어들인 것이어서 우스꽝스럽기 짝이 없습니다. 코바렌코는 스탈린의 망령에 사로잡혀 변명을 일삼은 것에 지나지 않습니다.

내가 보기에도 확실히 미심쩍은 게 한두 가지가 아닙니다. 코바렌코는 세지마가 소련 국내에서 20년형을 선고받았다고 하는데, 이는 명백히 자료도 보지 않고 하는 말입니다. 구소련의 자료를 보면 25년이라고 되어 있고, 세지마 자신도 25년이라고 얘기합니다. 이런 문제는 그렇다 치고, 미국은 소련의 시베리아 억류를 비판합니다. 그리고 그 비인도적인 처사에 대해서도 분명히 비판을 하고 있지요……

그렇습니다. 헤이그 조약은 원래 러시아의 니콜라이 2세 때 만들어진 것인데, 그 전문前文은 러시아과학아카데미의 마르텐스 박사가 기초했습니다. 그는 국제법은 인도의 법칙, 공공, 양심의 요구를 따라야 한다고 주장했습니다. 그럼에도 소련이 시베리아 억류자를 취급한 것을 보면 비인도적인 측면이 있었습니다. 사망자 6만여 명, 도망병의 총살, 사망자 모독 등 그야말로 가혹했습니다. 코바렌코는 그런 사실을 인정하려 하지 않습니다. 포로에게는 아무런 권리가 없다는 식의 사고방식도 잘못된 것이지요…….

'시베리아 민주화운동' 등에 관해서도 예컨대 세지마가 리더였던 것처럼 말하는데, 소련의 조서에는 정신적으로 반동적이라고 적혀 있습니다. 코바렌코의 증언은 전혀 근거가 없다고 생각합니다. 물론 세지마의 언동에도 모순점이 있다고 생각합니다만…….

당신이 이야기했듯이 미국은 시베리아 억류를 크게 비판합니다. 코바렌코는 대일이사회에서 미국의 W. 시볼트가 소련에 대하여 항의 연설을 한 것조차 모르더군요. 시볼트는 이 연설에서 소련을 철저하게 비판합니다. 대일이사회에서는 몇 번이나 항의를 했습니다. 각국의 비판이 지나치게 강하니까 제113회 이사회에서는 소련 대표가 퇴장할 정도였습니다.

시베리아의 일본인 포로는 왜 저런 상황에 놓였던 것일까. 억류자들은 '왜'라는 물음을 놓지 못하고 살아왔다. 태평양전쟁의 패전이라는 현실이 있었다 해도 포츠담 선언과 동떨어진 구소련의 전쟁 처리는 분명히 불합리한 것이었다.

그러나 새로운 자료를 통해, 일본인 포로 억류를 둘러싼 일련의 사태가 패전 처리와 그 후의 동서 냉전이라는 밀고 당기는 국제정치의 흥정 속에서, 스탈린의 즉흥적인 생각에서 비롯되었을 가능성이 높다는 것이 진상에 가깝다는 점을 알게 되었다.

만약 역사의 톱니바퀴가 바뀌었다면 일본인 포로의 시베리아 억류는 없었을 것이다. 그 대신 홋카이도가 둘로 분할되어 동부 홋카이도는 남부 사할린 및 북방 4개 섬과 함께 '동일본사회주의인민공화국'이 되었을지도 모른다. 그리고 스탈린이 그 공화국의 지도자로 관동군 고위급 군인을 상정하고 있었을 가능성도 없지 않다. 그리고 일본은 독일이나 한반도와 마찬가지로 동

제42장. 홋카이도 점령인가, 시베리아 억류인가

서 냉전에 휘말린 채 전후사회를 향해 출발해야 했을 것임에 틀림없다.

관동군의 장병들은 자신의 몸과 분단국가의 비극을 맞바꾸었다고 해야 할지도 모른다.

다이쇼 세대 예비역 장교의
눈에 비친 쇼와 육군

태평양전쟁에서는 "메이지 시대에 태어난 사람들이 지휘하고 다이쇼 세대가 전사했다"고들 말한다. 실제로 다이쇼 세대는 하나같이 전쟁의 비참함을 체험했다. 전사자는 특히 1921년(다이쇼 10) 전후에 태어난 세대가 많았다.

나는 다이쇼 시대에 태어난 과거의 병사들을 취재할 때마다 그들의 가슴속에 앙금처럼 가라앉아 있는 괴로움을 엿보곤 했다. 전쟁에 대한 호오의 감정을 떠나, 그들은 태어난 시대의 운명에 따라 숙명처럼 전장으로 나가야 했다. 1993년 현재 그들은 70대에 접어들었고, 각자 사회생활을 마치고 노후를 보내고 있지만 전쟁에 관한 고통스러운 기억을 좀처럼 잊지 못하고 있다.

다이쇼 시대에 태어난 과거 병사들의 목소리를 '쇼와 육군'이라는 측면에서 다시금 검증해볼 필요가 있을 것이다. 그들의 생각을 정확하게 새겨두는 것은 후세대에 속한 이로서 빠뜨릴 수 없는 책무다. "메이지 시대에 태어난 사람들이 지휘하고 다이쇼 세대가 전사한" 것이라면 "쇼와 시대에 태어난 이들이 그들을 진혼했다"는 말을 듣고 싶은 것이 내 생각이다. 이를 위해 다이쇼 시대에 태어나 학도로서 태평양전쟁에 종군한 후 '예비역 장교'가 된 어느 하급 장교의 체험을 검증함으로써 그들이 '쇼와 육군'을 어떻게 총괄하고 있는지를 살펴보고자 한다.

1945년 8월 15일 오전, 하치조 섬 서안에 있는 산간 평지에서 이마니시 에이조今西英造는 대전차 육탄 공격 훈련을 받고 있었다. 하치조 섬에 미군이 상륙할 경우 육탄 공격으로 전차를 파괴하기 위해서였다. 당시 이마니시는 독립혼성 제67여단 제16연대 보병포중대 제2대대 제2소대 소대장이었다. 소대장급 장교를 대상으로 한 훈련은 그들이 몸에 익힌 공격전법을 부하에게 가르친다는 의미도 지니고 있었다.

정오가 지나자마자 연대본부로 모이라는 전달이 왔다. 이마니시는 다른 장교와 함께 산중에 있는 본부로 달려갔다. 딱 한 대 있던 라디오에서 성명이 흘러나오고 있었다.

"일본은 졌다……."

그 방송을 들은 장교들 사이의 공기가 험악해졌다. 어떤 장교는 칼을 빼들고 휘두르면서 큰소리로 뭐라 떠들어댔고, 다른 장교는 말없이 앉아 있었다. 천황의 방송은 이미 끝났다. 일본은 무조건항복을 받아들인다는 천황의 결정이 내려진 것이다.

이마니시는 착잡했다. 이제 전장에서 죽지 않아도 된다는 안도감과 미군에 패했다는 굴욕감이 겹쳐졌다.

이마니시는 서안에 있는 동굴 진지로 돌아왔다. 그곳에는 45명의 부하가 있었다. 그들에게 "일본은 패했다"는 말을 전했다. 처음에는 다양한 반응이 있었지만 대다수의 병사가 처자를 거느린 보충병이었기 때문에 내심 기뻐하고 있다는 것을 알았다. 점차 표정이 밝아졌던 것이다. 소집병 중 아직 스물한두 살 먹은 이들 중에는 성전을 믿고 진충보국의 일념에 불타고 있었기 때문인지, 소리 높여 우는 이도 있었다. 그러나 그런 사람은 결코 다수가 아니었다.

전시하에 잇달아 결성된 독립혼성여단은 전국에서 긁어모은 병사들로 이루어진 경우가 많았다. 병력 부족으로 인해 중국전선에서 싸우다가 소집해제된 병사나 '제2국민역'이라 하여 병역이 면제된 보충병까지 불러들였는데, 그런 병사들을 주축으로 편성된 것이 바로 독립혼성여단이었다. 평균연령도 27, 28세였으며, 그중에는 30대 후반의 병사도 있었다.

1922년에 태어난 이마니시는 당시 23세로 그들을 이끌고 있었다.

8월 15일에 전해진 소식은 그러한 병사들이 고향으로 돌아갈 수 있다는 것을 가르쳐주었다. 그러나 바로 고향으로 돌아갈 수는 없었다. 무엇보다 하치조 섬에는 복원선復員船이 한 척밖에 없는 데다 이곳에는 혼성여단 1만 5000명과 해군부대 5000명 등 약 2만 명이 주둔해 있었기 때문이다. 하치조 섬에는 미군이 상륙하지 않았기 때문에 전사자나 전상자도 그다지 많지 않았다. 따라서 차례대로 도쿄로 돌아간다 해도 6개월 내지 8개월의 시간이 필요했다.

이마니시의 부대는 1945년 12월 무렵 돌아올 수 있었는데, 그때까지 4개월 동안은 다른 부대와 마찬가지로 하치조 섬의 해안선이나 정글 안에서 미국이 투하한 폭탄을 처리하는 일을 했다. 폭탄 중에는 불발탄도 적지 않아 신중하게 처리하지 않으면 위험했다. 자칫 잘못했다가는 폭사하는 수도 있었다. 4개월 동안 이마니시의 부대에서는 불발탄 폭발로 사망한 이가 없었지만 다른 부대에서는 몇몇 사람이 희생되기도 했다.

"전쟁도 끝났다면서……." 병사들은 불운한 신세를 스스로 위로해야만 했다. 이마니시도 내심 견딜 수가 없었다.

1945년 12월, 이마니시는 부하들과 함께 이즈의 이토에 상륙했다. 눈에 비치는 것은 미군 폭격기에 처참하게 파괴된 국토였다. 이마니시는 곧장 열

제43장. 다이쇼 세대 예비역 장교의 눈에 비친 쇼와 육군

차를 갈아타고 생가가 있는 교토로 돌아왔다. 부모는 자식의 모습을 보고 놀랐고, 이웃 사람들은 무사 생환을 기뻐했다. 당시 일본에서는 그런 모습을 곳곳에서 볼 수 있었다.

_____ 가장 많이 전사한 세대에 대한 추도

패전 직후 생환 병사에게는 변변한 일자리가 없었다. 이마니시는 고베고등상업을 졸업한 학도병이어서 1946년 3월 어찌어찌 일자리를 얻을 수 있었다. 전열기를 만드는 마을 공장에서 자재를 담당하는 것이 그의 일이었다. 그곳에서 3년 동안 일하다가 규모가 꽤 큰 상사의 무역부로 자리를 옮겼다. 무역상이 되고 싶다는 소망이 이루어진 것이라고 생각했다.

하지만 무역부라 해도 일본에는 아직 해외시장에 내놓을 만한 상품이 없었다. 이에 불만을 느낀 그는 스스로 제지회사를 만들었다. 그리고 30년 동안 그 회사를 경영해왔다. 이러한 사례도 그렇게 희귀한 것은 아니었다. 장교들은 어떻게든 전후 일본 경제의 부흥을 위해 매진해야만 했기 때문이다.

학도병이었던 이마니시의 전후는 여느 장교나 병사들과 다른 점이 있었다. 그것은 왜 저런 전쟁을 일으켰는지, 왜 저렇게 싸워야 했는지 스스로를 납득시키기 위해, 그리고 자기 세대에 속한 사람들이 너무나도 많이 전사했다는 것을 알고서 그들을 애도하기 위해, '대동아전쟁'의 해명에 힘을 쏟는 일을 일생의 과제로 삼았다는 것이다.

그것은 일개 학도병의 '쇼와 육군의 총괄'이라는 일생을 건 싸움이었다. 그 싸움에 나선 이마니시는 1993년 5월 71세였다. 그 싸움은 과연 어떤 결론을 이끌어냈을까. 내 취재 메모를 바탕으로 처음으로 이마니시와 주고받은 이야기를 소개하고자 한다.

쇼와 육군을 해부하고 싶다고 생각하게 된 계기는 무엇이었습니까.

전쟁이 끝난 후 교토로 돌아오고 나서 1950년 무렵까지 나는 출신지인 야마나시와 교토 시내 그리고 고베 등지에서 만난 사람들을 통해 친구, 지인, 급우들이 전사했다는 소식을 들었습니다. '아니, 그 녀석이 죽었단 말이야?' '그 사람도?' 이런 식이었습니다. 그런데 나는 살아서 돌아왔으니…….

1921~1923년에 태어난 세대가 가장 많이 전사한 것으로 알려져 있습니다만, 그것은 그들이 갓 스무 살이 넘은 청년으로 전장으로 보낼 만한 적령기였기 때문이기도 하겠지요.

1921년부터 1923년 무렵까지 유아사망률, 그러니까 생후 1년 안에 죽은 아이들의 비율은 18퍼센트 정도였다고 합니다. 스페인독감이 크게 유행한 때이기도 했지요. 1935년 이후 유아사망률은 한 자릿수로 떨어집니다. 따라서 우리 세대는 20퍼센트 가까이를 태어나자마자 잃은 셈입니다. 그리고 30~40퍼센트 가까이가 전사합니다. 23세 내지 25세가 되기 전에 거의 절반이 고인이 된 것입니다. 단순한 산술적 계산에 따르면 그렇다는 얘깁니다. 전국적으로 그러했을 것이라고 말할 수 있을 듯합니다.

그런 생각에서 어떻게든 저 전쟁을 역사적으로 결산해보고 싶다는 결심을 하게 된 것이군요.

1950년 무렵부터 줄곧 많은 친구가 전사한 것을 떠올리면서 왜 저런 전쟁이 일어난 것인지 생각해왔습니다. 그때까지 우리가 받아온 '황국사관'에 입각한 역사 교육은 패전과 도쿄전범재판 등을 통해 분쇄되었습니다. 하지만 과연 GHQ나 진보적 학자 그리고 평론가가 말하는 것은 옳은가, '대동아전쟁'은 침략으로만 일관한 것일까, 또는 강요된 전쟁이라는 측면도 있지 않을까, '중일전쟁'은 그야말로 침략적인 성격이 강하지만 '대동아전쟁'까지 꼭 그렇다고 말할 수는 없지 않을까. 일본은 '악'이고 미국은 '선'이라는 일원적인 견해는 이상하지 않은가 등등은 내가 일생 동안 추구할 가치가 있는 주제라고 생각했습니다. 쇼와 20년대 후반부터 현재까지, 전쟁 당시 대본영의 자료와 간행된 전사戰史, 전기戰記, 해설서 등을 모조리 독파했습니다. 지금까지 이것저것 합쳐 1만 건 이상은 봤을 겁니다. 장서가 6000권쯤 되는데 거의 다 읽었습니다. 그 과정에서 내 나름대로 내린 결론은 쇼와사를 움직인 것은 쇼와 육군이고, 그 내부에 감춰진 체질, 인맥, 사상 등을 해명하지 않으면 누구도 쇼와사를 제대로 알 수 없다는 것이었습니다. 그런 의미에서 2·26 사건에 많은 관심을 두었습니다. 사건 그 자체는 말할 것도 없고, 2·26 사건 전과 2·26 사건 후의 쇼와 육군의 파벌 투쟁, 메이지 유신에서 이 사건에 이르는 시기의 군 내부의 움직임 등을 내 눈으로 직접 확인해보기로 했습니다. 그것들은 대동아전쟁의 전쟁 지도와도 긴밀하게 관련되어 있습니다.

이마니시는 1977년 『쇼와 육군 파벌 항쟁사』라는 책을 간행한다. 이 연구서는 대단히 실증적인 방식으로 쇼와 육군의 직업군인의 세계가 얼마나 성적지상주의에 빠져 있는지를 설명한다. 이를 위해 육군사관학교나 육군대학교의 성적 우수자 가운데 특히 정치적 군인이라고 생각되는 막료와 사령관 등 100명을 예로 들고 있다. 그는 쇼와 육군의 병폐는 성적지상주의라는 경직된 지배 원리에서 비롯되었다고 지적한다.

자신의 체험을 바탕으로 하고 있는 만큼 설득력이 있는 책이다.

이마니시는 1922년 2월 교토에서 태어났는데, 가업이 음식점이어서 꽤 부유한 환경에서 자랐다. 고베고등상업학교에 진학, 1943년 3월 졸업 예정이었지만 1942년 9월에 앞당겨 졸업했다. 졸업하자마자 군대에 소집되어 교토연대에 입대했다. 처음 반년 동안은 거의 매일 밤 고참병에게 구타를 당했다. 이유 따위는 없었다. 6개월 후, 도요하시 육군예비사관학교에 입학했다. 성적이 좋아 장교 교육을 받게 된 것이었다.

육군예비사관학교는 소집병 중에서 간부후보생을 선발하여 양성하는 교육기관이다. 원래 간부후보생 교육은 각 부대에서 독자적으로 시행했다. 그러나 각 부대의 우수 후보생을 한곳에 모아 유능한 교관에게 교육을 맡기면 후보생들이 소질을 제대로 발휘할 수 있을 것이라고 생각해 육군예비사관학교를 설치했다. 1937년 시범 케이스로 개교했다가 1938년 4월 10일 센다이, 도요하시, 구루메에 정식으로 문을 열었다. 그 후 마에바시, 구마모토 등 전국 몇몇 도시에도 설립되었는데, 전황이 악화된 1943년과 1944년에는 남방 요역에도 이런 종류의 교육기관이 설치되었다.

언제라도 실전에 투입하는 것이 목표였다.

육군예비사관학교령에는 "통상 매년 1회 입교하게 하고 수업 기간은 대략 11개월로 한다"고 명시되어 있다. 이 기간을 마치면 장교 대우를 받을 수 있었다. 교육 내용을 보면, 보병조전步兵操典, 작전요무령作戰要務令, 전투강요戰鬪綱要 등과 같은 과목도 있었지만, 야외 전투 훈련이 중시되었고 정신교육에도 힘을 쏟았다. 나는 각지의 육군예비사관학교 출신자 동기회를 몇 차례 취재한 적이 있는데, 태평양전쟁에서 장교가 부족해지자 바로바로 장교를 양성하기 위한 곳이 바로 육군예비사관학교였다는 점에는 누구나 의견이 일치했다.

이마니시는 1943년 5월에 입학하여 같은 해 12월에 졸업했다. 8개월 동안 학교에서 한 발짝도 벗어날 수 없었고, 그야말로 하루 스물네 시간 매일 훈련을 해야 했다. 귀에서 떠나지 않는 충군애국이라는 소리, 93킬로그램의 포신을 직접 짊어지고 하는 행군 훈련 그리고 병사를 지휘하는 장교의 마음가짐…… 정말이지 장교가 된다는 게 얼마나 어려운지를 뼈저리게 느끼는 나날이었다.

졸업식 날, 교정에는 학부형들이 모여 있었다. 그러나 졸업생(250명)과 부

제43장. 다이쇼 세대 예비역 장교의 눈에 비친 쇼와 육군

모의 면회 시간은 고작 30분에 지나지 않았다.

졸업생 중 3분의 2에게는 도요하시에서 오미나토大湊로 부임하라는 명령이 내려졌고, 그들은 엔진에 시동을 건 채 기다리고 있던 수송기에 올라탔다. 곧바로 전장으로 날아갈 터였다. 이마니시는 이 3분의 2 안에 들지는 않았는데, 전후에야 그들 중 3분의 1이 전사했다는 것을 알게 되었다. 졸업식이 그대로 저승길이었던 셈이다.

이마니시는 교토의 원대로 돌아왔다. 그곳에서 초년병 교육을 담당했다. 그런데 1944년 6월 원대를 떠나 새롭게 편성된 독립혼성 제67여단 제16연대에 배속되었다. 여기에서 보병포중대의 45명의 부하를 거느린 소대장이 되었다.

독립혼성 제67여단 제16연대는 원래 필리핀으로 파견될 예정이었다. 하지만 무엇 때문인지는 모르겠지만 장소가 변경되어 오키나와 방어로 돌아서게 되었다. 그런데 그것마저 바뀌어 6월 23일 사이판에 역상륙하라는 명령을 받았다. 다른 몇 개 사단과 함께 사이판 탈환 작전에 참가해야 할 참이었다. 제16연대는 요코하마에 집결하여 수송선을 기다리고 있었다. 하지만 6월 26일 사이판 역상륙 작전마저도 중지되었다.

이 무렵 참모본부는 사이판을 잃고서 공황 상태에 빠져 있었다. 사이판 탈환을 고집하는 도조 일파 참모들의 목소리가 높았지만, 해군이 '아호 작전'으로 항공모함과 함정을 잃은 상황이어서 실제로는 아무래도 무리였다. 그런데도 잇달아 병력을 증파하여 사이판을 탈환하고 그럼으로써 조금이라도 전황을 회복하고 싶다는 초조감을 떨치지 못했다. 하지만 그랬다가는 결국 과달카날의 전철을 밟을 것이라는 판단이 대세를 이루면서, 여러 작전이 중지되었던 것이다. 전술상 가장 나쁜 사례로 알려진 '병력의 축차 투입'이라는 어리석음을 다시 범할 수도 있다는 의견이, 어렵사리 참모본부 작전참모들 사이에서 주류를 이루게 되었던 것이다.

독립혼성 제67여단의 파견지가 자꾸만 바뀐 것은 참모본부의 방침이 애매했기 때문이며, 이런 혼선 속에서 병사들의 운명은 바람에 흔들리는 나뭇잎과 같은 상태였다.

사이판이 제압당한 후 참모본부는 미군이 어디에 상륙할지 검토에 검토를 거듭했는데, 오키나와는 당연한 것으로 간주했고 그 외에 하치조 섬, 니지마 섬, 이오 섬 그리고 미야케 섬을 상정하여 그곳에 독립혼성 제67여단을 보내기로 했다. 이마니시가 속한 제16연대 이전에 편제된 제15연대는 오키나와로, 제17연대는 이오 섬으로 결정되었다. 그리고 제16연대는 하치조 섬으로 파견되었다. 참모본부 막료의 자의적인 판단에 따라 병사들의 운명이 결정되었던 것이다.

당시 하급 장교였던 이마니시는 참모본부 내부에서 무슨 일이 있었는지 알 길이 없었다. 그러나 흘러들어오는 정보를 통해 어느 정도는 알고 있었다. 이마니시는 이렇게 증언한다.

"그 무렵 우리의 전황 인식은 사이판에서 크게 고전하고 있다는 것, 마리아나 해역의 제공권과 제해권이 모두 미군의 손에 들어갔다는 것, 따라서 사이판 상륙은 불가능하다는 것, 설령 출항한다 해도 도중에 '한 방에 가라앉을' 운명에 처하리라는 것 등이었습니다. '한 방에 가라앉는다'는 말은 적의 잠수함에 의해 해저에 침몰할 것이라는 뜻입니다. 요코하마에 집결했을 때에는 죽음을 각오했습니다. 마침내 하치조 섬으로 결정되었을 때에는 그 정도의 불상사는 없을 것이라고 생각했습니다."

1944년 7월에는 하급 장교와 병사도 출격 자체가 목숨을 건 일임을 알고 있었다. 대본영의 작전은 책상 위에서 나온 것이지 실상에 입각한 게 아니라는 정보가 은밀하게 떠돌아다니고 있었던 것이다.

하치조 섬에서 동굴 파기

하치조 섬에는 해군 비행장이 있었다. 그리고 이 섬에는 항구가 둘 있었다. 동해안의 가미나토神湊 항과 서해안의 야에네八重根 항이다. 하지만 두 항구 모두 함선이 접안할 수 없었다. 거룻배로 본선과 항구를 왕복해야만 하는데, 그 거리는 4~5킬로미터다. 그러나 제해권을 가진 미군은 이런 거리 따위는 전혀 문제 삼지 않고 상륙 작전을 펼칠 수도 있었다. 이 섬의 항공 기지를 제압하면 30분 만에 도쿄 상공에 도달할 수 있기 때문이었다.

대본영은 1945년에 들어서 미군이 틀림없이 하치조 섬을 공격해올 것이라고 생각했다. 그래서 사이판 탈환 작전을 단념하고 이곳에 육해군 부대 2만 명의 병력을 보내기로 했던 것이다.

이마니시의 부대는 제1진으로서 1944년 7월 1일 이 섬에 상륙했다. 어떻게든 지하 방공호를 만드는 것이 당장 해야 할 일이었다. 본토에서 300킬로미터 떨어진 고도孤島, 2000명에 가까운 주민은 대부분 가루이자와로 강제 소개하라는 명령을 받았다. 이마니시를 싣고 온 수송선 쇼겐마루는 본토로 소개하는 주민을 태우고 요코하마로 향했다. 그러나 니지마 섬 부근에서 미군 잠수함의 어뢰 공격을 받고 바다 속에 가라앉고 말았다.

이마니시의 부대는 미군의 상륙이 예상되는 지점, 즉 요코마가우라에 동굴 진지를 만들어야 했다. 1944년 7월부터 시작된 조악한 식사와 밤낮을 가리지 않는 중노동이 1945년에 들어서도 계속되었다. 그들에게 전쟁이란 동굴 파기라고 말할 수도 있을 정도였다.

1945년 2월 13일, 여단본부의 명령에 따라 육해군 부대는 사전에 정해진 대로 전투태세를 갖추었다. 미군 기동 부대가 이 섬 가까이까지 와 있다는 정보가 있었기 때문이다. 2월 16일, 미군의 그루먼 F6F가 대거 이 섬으로 날아왔다. 당시 이마니시는 중대본부에서 장교회의를 마치고 6킬로미터 떨어진 소대 진지로 돌아오는 중이었다. 이마니시와 당번병과 전령은 개간지의 외길을 걷고 있었다. 그때 수십 대가 아주 낮게 날아와 세 사람에게 기관총을 쏘아댔다. 세 사람은 각자 고구마밭으로 뛰어들어 엎드렸다.

이마니시 바로 옆에서 12.7밀리 기관총탄이 흙먼지를 일으켰다. 고작 20~30센티미터 떨어진 곳에서는 흙먼지가 계속 올라왔다. 한 발이라도 맞으면 생명은 끝일 터였다.

다음은 이마니시의 증언이다.

"나중에 안 것이지만, 이날의 갑작스런 폭격은 이오 섬을 공략하기 위한 견제 폭격이었습니다. 하치조 섬의 비행장을 기지로 사용하지 못하도록 수백 개의 폭탄으로 비행장과 관련 시설을 벌집으로 만들었던 것입니다. 이날 저녁 무렵까지 세 차례로 나뉘어 연 250기가 폭격을 퍼부었습니다. 수비대가 격추한 것은 십수 기였습니다. 일본군 전사자는 약 50명이었지요. 내가 태평양전쟁에서 경험한 전투는 이것뿐이었지만 아직도 선명하게 기억납니다. 격전지, 그러니까 미군이 상륙한 지역에서는 이런 상태가 일상적이었을 텐데, 그렇다 해도 기총소사를 당하는 것은 정말로 무서웠습니다."

자신은 전혀 의식하지 못했지만 이마니시는 미군의 저공폭격기를 겨냥해 권총을 쏘아댔다고 한다. 탄창을 보니 여덟 발 모두 비어 있었다. 설령 조종사라 해도 지근거리의 적은 쏘아야 한다는 여단 명령이 머리에서 떠나지 않았던 것이다. 사실 부건빌 섬에서는 권총 탄알이 폭격기에 명중하여 바다로 추락했다는 이야기를 듣기도 했다.

당번병과 전령 둘 다 이마니시보다 나이가 많았다. 게다가 소대 안에서도 나이가 많은 병사는 "우리 소대장은 학생 출신 도련님이야. 탄환의 맛도 모르지. 야전에서는 벌벌 떨걸"이라며 수군댔다. 이마니시는 자신의 초년병 시절에 무지막지한 체벌을 당하곤 했는데, 이제는 자신이 소대장이 되어 '기합을 줄 수 있는(구타를 할 수 있는)' 입장에 있었다. 하지만 이마니시는 결코 체

제43장. 다이쇼 세대 예비역 장교의 눈에 비친 쇼와 육군

벌을 가하지 않았다. 오히려 때리지 않는 것에 쾌감을 느낄 정도였다. "나는 놈들에게 당했던 것처럼 하지 않을 것"이라는 자부심을 갖고 있었다. 학생 시절에 경제원론 따위보다 톨스토이를 탐독했기 때문인지 군 내 체벌에 대해서는 비판적인 의견을 갖고 있었던 것이다. 그랬기 때문에 보충병들에게 '도련님' 취급을 받았다.

하지만 이마니시가 권총을 꺼내 폭격기를 향해 혼자 탄환을 발사했다는 사실이 순식간에 소대 안에 알려졌고, 부사관들도 그를 다시 보게 되었다. "이제 어엿한 장교가 되었군요. 총탄을 헤치고 나왔으니……"라는 인사를 들었다.

하지만 이마니시에게 저 몇 분 동안은 내심 공포의 시간이었다.

소대 안의 병사들 사이에서는 "저 사람 겉보기에는 얌전한 것 같지만 여차하면 무슨 일을 할지 모른다"는 소문이 퍼졌다. 그것이 통솔을 용이하게 하는 얄궂은 결과를 낳았다.

이마니시 자신도 단 한 번의 전투 체험으로 상당히 살기를 띠게 되었다.

보충병 중 한 사람에게 명령 위반 여부를 추궁한 적이 있었다. 휴일에 민가에서 징발해온 레코드를 듣고 있는 것을 꾸짖었던 것이다. 이마니시 자신도 일본의 유행가에 관해서는 다른 사람보다 훨씬 더 잘 알고 있었지만, 민가에서 레코드를 징발하는 것은 허용할 수 없었다. 이마니시는 즉시 되돌려주라며 호통을 쳤다. 그리고 항변하는 보충병을 거세게 다그쳤다. 그 후 이마니시는 태도를 바꾸어 "화를 낸 대신 이것을 주겠다"며 작은 가죽 가방에서 찐빵을 꺼내 주었다.

왜 이런 행동을 했을까? 이마니시에게 물었더니, 호통을 친 후 씁쓸하기 짝이 없는 마음이 들었기 때문이라고 대답했다. 자신보다 나이가 훨씬 더 많은 보충병을 자극했다가 실제로 전투가 벌어졌을 때 뒤통수라도 치면 당해낼 재간이 없을 거라고 생각했다. 뒤통수를 친다는 것은 말 그대로 전투 상태에 들어섰을 때 의도적으로 배후에서 공격하는 것을 가리킨다. 이마니시가 알고 지내던 부사관이 1937년 난징공략전에서 뒤통수를 맞았다. 명예로운 전사라고들 했지만 사실은 어느 병사에게 저격을 당한 것이었다. 미군의 탄환에 맞아 죽는 것은 그래도 나은 편이었다. 하지만 부하가 뒤에서 쏘는 총알에 맞아 죽는 것은 무엇보다 괴로운 일이었다.

이마니시는 전후에 친구와 지인들의 이야기를 듣고 자신의 전투 체험은 그야말로 아무것도 아님을 알게 되었다. 이오 섬으로 파견되었거나, 하치조 섬에 미군이 상륙했다면 자신은 죽고 말았을 것이다. 생사의 운명을 가르는 것은 무엇인가? 전사한 자의 회한은 얼마나 깊었을까? 이마니시가 무슨 수를 써서라도 쇼와 육군의 오류를 해명하고, 자기 나름대로 총괄을 해보고 싶다고 생각한 것도 당연한 일이었다.

그런 생각이 더욱 굳어진 것은 친구들의 죽음을 알고 나서였다. 학창 시절의 친구 야마다 스에조山田末藏는 루손 섬에서 진무 집단 소속 하급 장교로 근무하고 있었다. 1945년 7월 31일 그는 야전 소대장으로서 부하를 이끌고 미군 진지로 쳐들어갔다가 전사했다. 당시의 전우로부터 야마다가 출격 직전까지 이와나미문고 판 『장 크리스토프』 마지막 권을 읽고 있었다는 얘기를 들었었다. 이 말을 듣고서 이마니시는 흐르는 눈물을 주체할 수 없었다. 그 문고본은 입영 전 야마다가 이마니시의 집에 찾아왔을 때 빌려가겠다며 가져간 책이었다.

또 한 사람의 친구 다카다 사부로高田三郎는 관동군에 입영했다. 전후 다카다는 소련에 의해 시베리아에 억류되었다가 그곳에서 병사했다. 다카다는 누구보다도 투르게네프를 좋아했는데, 바로 그 투르게네프가 태어난 곳에서 가혹하고 불합리한 노동에 시달리다 병사하고 말았다는 것은 그에게 정말 쓰라린 일이었을 것이다. 이런 생각을 하니 눈물이 흘러 다카다에 관한 이야기를 이어갈 수 없었다.

제43장. 다이쇼 세대 예비역 장교의 눈에 비친 쇼와 육군

이마니시는 자신과 같은 세대에 속하면서 살아남은 이는 대체로 이와 같은 경험을 한 적이 있다는 것을 알았다. 그들은 자신이 태어난 시대를 말없이 받아들였고 또 그렇게 죽어갔던 것이다.

그리하여 이마니시는 동세대에 속한 사람들의 원한을 풀어주어야겠다는 강한 사명감을 갖게 되었다.

다카다는 죽지 않을 수도 있었다는 것이 이마니시가 쇼와 육군을 검증하고 얻은 결론이기도 했다. 그것은 왜 일본은 7월 27일 미국 측이 제시한 포츠담 선언을 즉각 수락하지 않았는가라는 의문에서 비롯된 것이었다. 국체호지國體護持(천황제 유지―옮긴이)가 쇼와 육군 지도부의 최대 관심사였는데, 포츠담 선언의 원문을 읽어봐도 암암리에 그것을 인정하고 있는 게 아닐까라는 생각을 떨칠 수 없었던 것이다.

7월 27일부터 8월 15일까지 일본은 모든 지역에서 병사와 시민을 잃었다. 그것은 결론적으로 쇼와 육군 지도자들이 '체면'에만 사로잡힌 결과일지도 모른다. 이와 관련하여 이마니시는 다음과 같이 피력한다.

"어떤 사정이 있었든, 어느 정도의 인격자였든, 포츠담 선언을 한마디로 묵살하고 상대하지 않은 것은 문제입니다. 여러 설이 있고 또 반드시 이렇게 말한 것은 아니라는 설도 있지만, 그러나 어찌됐든 그 무렵 스즈키 간타로 수상이 일정 수준 각광을 받았다는 것은 아무래도 이상합니다. 포츠담 선언을 받아들였다면 원폭 투하와 소련군의 만주 진출로 그렇게 많은 인명을 잃지는 않을 것이라고 생각하기 때문입니다."

이와 같은 이마니시의 생각은 참전 병사들 대부분이 공통되게 갖고 있는 의견이다. 나는 당시 이러한 국책 추이의 내막이 일반에게는 알려져 있지 않았을 뿐만 아니라, 전후에 그 사실을 상세하게 알았다면 사람들의 분노가 상당히 컸을 것이라고 생각한다. 그리고 그들은 그 분노를 마음속으로 삭이며 전후사회를 살아왔을 것이다.

쇼와 육군의 지도자와 직업군인들은 1945년 7월에서 8월 사이에 정치적인 판단이 불가능한 상태에 처해 있지는 않았다. 그들은 '국체호지'에 얽매여 그것만을 지키려고 광분했는데, 그러나 그것이 과연 마음속에서 우러난 감정이었는지, 진정으로 천황을 생각한 것이었는지를 살펴보면 완전히 뜻밖의 결론에 이르게 된다. 그들은 이 말을 전면에 내세움으로써 자신들의 책임을 회피하고자 했던 것은 아닐까? 이마니시의 가슴속에는(아니, 다이쇼 세대에 속한 모든 사람의 가슴속에는) 이런 생각이 깃들어 있는지도 모른다.

이마니시로 대표되는 학도병 중에서는 육군 내부에 설치된 간부후보생 교육기관에서 훈련받고 예비역 장교가 된 이가 적지 않았다. 그들은 직업군인과는 완전히 다른 체질을 갖고 있었다. 전쟁 전이나 전시에서는 "장교는 장사를 하고 부사관은 생계를 꾸리며 병사는 그날의 양식을 얻는다"는 말이 있었다. 그런데 직업군인이라는 말은 쇼와 시대에 들어서는 그다지 쓰이지 않았다. 이마니시가 조사한 바에 따르면, 이 말은 다이쇼 말기 군축기에는 군벌이라는 말과 함께 잡지 등에서 간간이 찾아볼 수 있지만, 만주사변부터 패전에 이르는 기간에는 전혀 보이지 않는다. 이마니시 자신도 전쟁이 끝나기까지 직업군인과 군벌이라는 말에 익숙하지 않았다고 한다.

예비역 장교는 직업군인이 아니었다. 실질적으로 직업군인이라 할 수 있는, 육군유년학교와 육군사관학교를 졸업한 군인은 흔히 현역군인이라 했다. 학도병 출신 예비역 장교는 현역군인보다 숫자가 훨씬 더 많았기 때문에, 실제로 태평양전쟁에서 주축이 되어 싸운 것은 그러한 예비역 장교들이라 해도 과언이 아니다.

이마니시는 현역군인을 그렇게 자주 만난 것은 아니지만, 특별히 그들에게 대항의식을 갖고 있지도 않았다. 그러나 육군유년학교에 들어가거나 구제중학교 4년을 마치고 육군사관학교에 진학한 이들이 성적이 좋았다는 것은 알고 있었다. 사관학교의 영어 문제는 상당히 수준이 높았고 구제고등학교 입시 정도의 내용이었기 때문이다. 다만 군대라는 집단 안에서 특이한 교육을 받은 탓에, 그들에게 일반적인 사회 상식이 결여되어 있다는 것은 그 언동을 보면 쉽게 알 수 있었다.

전쟁이 장기화되면서 이마니시와 같은 예비역 장교가 급격히 늘어났다. 이마니시는 쇼와 육군의 구성 비율은 병사가 약 80퍼센트, 부사관이 15퍼센트 남짓, 장교가 5퍼센트일 것이라고 추정한다. 현역 하급 장교의 눈으로 보면 소좌 이상은 대부분 '현역군인'이었고, 예비역 장교 입장에서 보면 현역군인 쪽이 성전聖戰의식에 불타고 있었다는 것은 사실이기도 했다. 그들은 14, 15세부터 전쟁 요원으로 길러졌기 때문이다.

이마니시가 속한 독립혼성 제67여단 제16연대는 2000여 명으로 구성되어 있었는데 그 가운데 장교는 100명 정도였다. 현역군인은 연대장 사카이 가쓰토시酒井勝利 대좌 이하 연대본부에 근무하는 서너 명에 지나지 않아서, 이마니시가 현역군인의 사고방식을 살필 기회는 거의 없었다. 이마니시가 속한 전투 집단인 보병포중대는 약 150명으로 이루어졌는데 여기에는 현역군인이 없었다. 이마니시를 포함하여 중대장 이하 세 명의 장교는 모두 예비역 장교였다.

원폭 투하에 대한 불만

이마니시는 이들 현역군인 가운데 육군대학교를 졸업하고 육군성과 참모본부에 근무하면서 쇼와 일본의 국책을 움직인 '직업군인'이 어떤 사고방식을 갖고 있었는지, 어떤 내부 투쟁을 벌였는지, 전시에 어떤 태도를 취했는지 등등을 40년 넘게 검증해왔다. 쇼와 육군의 엘리트 군인의 생태를 다음 세대에 전하고 싶었기 때문이다. 이러한 주제를 스스로에게 부과한 예비역 장교는 찾아보기 힘들 것이다. 그는 그것이 자신과 같은 세대로 전쟁에 희생된 자를 추도하는 방법이라고 생각했다.

다음은 내 물음에 대한 이마니시의 대답이다.

당신 세대가 볼 때 태평양전쟁을 포함하여 가장 용서할 수 없는 근현대사의 사건은 무엇이었습니까?

"우리 세대(흔히 전중파라고들 합니다만)는 전후 들어 사고방식이 많이 바뀌었습니다. 그러나 자신이 직접 관련된 전장에 대한 생각은 혹독한 경험 때문인지 그다지 바뀌지 않았습니다. 나는 근현대사 그 자체의 큰 흐름보다 그러한 개인사에 강한 관심을 갖고 있습니다. 지금까지 전우회나 동창회, 중소기업 경영자 모임, 쇼와사 공부 모임 등 다양한 회합에 참석했습니다만, 우리 세대가 비교적 많은 관심을 갖고 있는 사건은 원자폭탄 투하, 소련의 일소중립조약 불법 유린에 따른 만주 불법 침입, 소련의 포츠담 선언 제9항 위반(60만 명이 넘는 일본인을 장기간 불법 억류하여 그 가운데 1할이 사망했지요), 이 세 가지입니다. 이 점은 공통적입니다.

물론 나와 같은 세대에 속한 사람 중에는 근현대사에 관심이 많아서, 1930년 10월에 일어난 타이완의 우서霧社 사건(고사족의 항일폭동에서 일본군이 항일파 500명을 학살한 사건이지요)이나 1911년에 있었던 대역 사건 피고의 부당한 처형 등 다양한 사건을 거론하는 이들도 있을 줄 압니다만, 그런 사람은 그다지 많지 않다고 생각합니다."

당신 자신이 볼 때는 어떤 사건입니까, 앞의 셋과 겹칩니까?

"내 마음을 움직인 사건은, 우리 세대와 직접 관련은 없지만, 아우슈비츠와 난징에서 벌어진 잔혹 행위, 스탈린의 대량 숙청 등이었습니다. 이와 별개로 역시 미국의 원자폭탄 투하와 소련의 불법적인 시베리아 억류, 이 두 가지는 다른 사

제43장. 다이쇼 세대 예비역 장교의 눈에 비친 쇼와 육군

람과 같습니다. 그다음으로는 1941년 11월 26일의 「헐 노트」와 일본 육군 고위 군인의 부패를 들고 싶습니다.

원폭에 관해서는 이러쿵저러쿵 세세하게 얘기할 수는 없습니다만, 내가 말하고 싶은 것은 요컨대 반드시 원자폭탄을 투하할 필요는 없었다는 것입니다. 일본은 이미 단말마의 상태였고, 게다가 미국은 올림픽 작전(1945년 11월 1일로 예정되었던 일본 본토 상륙 작전)을 펼치려 하고 있었기 때문에 계속되는 공습만으로도 일본은 항복했을 것이라고 생각합니다. 반면 일본으로서는 포츠담 선언을 즉각 수락하지 않고 8월 6일까지 시일은 끈 것은 역사적 오류였다고 생각합니다. 이것이 대단히 유감입니다."

예. 당신 세대에 속한 사람들 사이에서는 그런 의견이 아주 많았군요. 시베리아 억류에 관해서는 어떻게 생각하십니까?

"나는 소련이 중립조약을 깬 것에 대해서는, 도둑에게도 핑곗거리가 있다는 말처럼, 일본도 관특연(관동군특수연습) 등 조약을 깨는 움직임을 보였기 때문에 조금 에누리해서 살필 필요가 있다고 생각합니다. 하지만 시베리아 억류는 용납할 수 없습니다. 이것은 현대사의 큰 오점입니다. 사실 내 친구 몇 명도 시베리아에서 사망했습니다만, 억류의 실태는 와카쓰키 야스오若槻泰雄의 명작 『시베리아 포로수용소』의 내용과 같았을 것이라고 생각합니다. 와카쓰키는 이 책의 하권 말미에서 "무덤도 움직이고 내 울음소리는 가을의 바람"이라는 바쇼의 하이쿠를 인용합니다. 이 책을 다 읽었을 때 나는 시베리아에서 죽어간 친구를 생각하면서 흐르는 눈물을 멈출 수 없었습니다."

이 점에 관해서 구소련은 어떤 식으로든 철저하게 비판을 받아야 합니다. 이 책에서도 내 나름대로 비판은 했습니다만……. 「헐 노트」는 어떻게 생각하십니까?

"그 경위는 이미 알려진 바와 같습니다만, 이 노트는 루스벨트 대통령과 헐 국무장관이 얼마나 교활하고 비정했는지를 잘 보여줍니다. 그때까지 일본과 미국 사이에 있었던 다양한 마찰을 고려한다 해도 용납할 수 없는 전쟁 도발 행위였다고 생각합니다. 미국 하원의원이었던 해밀턴 피시는 그의 저서 『미일 개전의 비극』에서, 미국 국민의 85퍼센트가 전쟁에 말려드는 것을 반대했음에도 루스벨트와 헐이 일본을 얼마나 전쟁에 끌어들이고 싶어했는지를 상세하게 분석하고 있습니다. 물론 그 술책에 속아 넘어간 일본, 특히 육군 등이 지나치게 단순했다는 역사의 진실을 보여주기도 합니다."

나도 그 점은 마음에 걸립니다. 루스벨트와 헐은 모두 교묘하게 일본을 전쟁에 끌어들여 먼로주의를 지지하는 미국 국민을 전시 체제로 내몰았다는 견해도 있습니다. 지적하신 대로 그렇다면 일본은 왜 「헐 노트」를 보고 저렇게 화를 냈는지를 문제 삼아야 한다고 생각합니다. 이를 해명하기 위해서는 결국 쇼와 육군의 체질이나 이념을 검증해야만 할 텐데, 이는 당신이 거론한 쇼와 육군 고위급 군인의 부패와도 관련이 있을 것이라고 생각합니다만……

"그 점에 관해 말하자면, 전전과 전시에는 고위급 현역 장교—소좌 이상은 99퍼센트가 현역군인이고 나머지 1퍼센트는 일반병 또는 예비역 지원자입니다만, 이러한 특별지원자(특지장교라 했습니다)는 아무리 출세를 해도 대좌 이상은 올라갈 수 없었습니다—의 동향에 대하여 우리는 전혀 알 수가 없었습니다. 이들 중에 눈뜨고 차마 볼 수 없는 고위급 군인이 있어서 나는 정말 깜짝 놀랐습니다. 당신도 잘 알 것이므로 굳이 누구라고는 말하지 않겠습니다만, 참을 수 없을 정도로 화나게 하는 군인이 있었지요."

당신 세대의 눈으로 보면 진짜 '전범'이라고 할 수 있겠군요.
"꼭 그렇다고는 말할 수 없습니다만, 뭐랄까 인간성 자체에 문제가 있다고 말할

제43장. 다이쇼 세대 예비역 장교의 눈에 비친 쇼와 육군

수는 있습니다. 예를 들면 2·26 사건을 목전에 두고 어떻게 하면 자기에게 득이 될지를 계산하고 광분하여 '오카다 수상의 목을 베야 한다' 선동하는 것은 아니지만 이렇게 된 이상 그렇게 할 수밖에 없을 것이다' '나는 가난하지만 물건이라도 팔아서 그 정도 자금은 마련할 수 있다' '잘 알았다. 너희 마음을 잘 알았다'라고 말하며 청년장교를 부추겨서 사건이 성공하면 그 틈을 타 유신 내각을 만들려고 한 직업군인도 많았습니다. 하지만 사건에 대해 천황이 화를 냈다는 것을 알고서는 금세 태도를 바꾸어 진압 쪽으로 돌아선 군인, 이들도 부패의 전형입니다.

A 대장, M 대장, K 대장, Y 소장(나중에 대장으로 승진), M 대좌 등은 눈 하나 깜짝하지 않았습니다. 한 사람쯤은 청년장교들을 따라 할복을 했어도 좋았을 거라고 생각합니다.

게다가 부하를 내버리고 전장에서 이탈하여 도망친 장군, 필리핀의 제102사단장 F 중장, 역시 필리핀의 제4항공군 사령관을 거쳐 육군차관까지 지낸 T 장군. T 장군 등은 특공대의 출격을 앞두고 '너희만 내모는 게 아니다. 나도 반드시 뒤를 따르겠다'고 훈시하지 않았습니까? 참모장이었던 K 소장이 꾸민 일인 듯한데, 대본영의 명령도 없이 패색이 짙어진 1945년 1월 17일 타이완으로 도망가지 않았습니까⋯⋯ 더구나 마닐라를 버리고 안전한 사이공으로 옮긴 남방군 최고사령관 T 원수. 소련의 수용소에서 Y 대장 등이 보인 추태는 그야말로 목불인견입니다. 무모하다는 것을 알면서도 아무런 보급도 없이 임팔 작전을 강행하여 수만 명의 사체가 겹겹이 쌓인 백골가도, 지옥 같은 상황이 벌어지게 해놓고서 자신은 1966년 8월 다다미 위에서 편안하게 죽은 M 중장⋯⋯.

조사를 하다 보면 이런 것들이 더욱 선명하게 되살아납니다. 내가 언급한 이 사람들이 그렇게 잘났던 직업군인의 영락한 말로를 보여주는 게 아닐까 생각하면 인생이라는 것이 참 서글프기도 합니다. 그들이 살아남아 꾸며낸 변명—F 중장은 싱가포르에서 전범으로 총살형을 당했습니다만—이 아무리 그럴싸하더라도 '역사'는 그들을 용서하지 않을 것입니다. 내가 실명이 아니라 이니셜로 말하는 것은 유족을 생각해서입니다만, 이것이 내가 용서할 수 없는 근현대사의 네 번째 '사건'입니다."

이마니시의 말에는 다이쇼 세대의 고통이 깃들어 있었다. 그리고 여기에 일부 쇼와 육군 직업군인의 역사적인 죄과가 응축되어 있다. 쇼와 육군 중에서 이마니시가 이니셜로 거론한 이들과 같은 지휘관이 적지 않다는 것, 군인으로서 또는 지도자로서 그 능력을 물어야 할 인물이 있다는 것 등을 후세대인 우리는 정확하게 이해해야만 한다.

이마니시가 이니셜로 거론한 직업군인을 나의 책임 아래 밝히면 다음과 같다.

아라키 사다오, 마사키 진자부로, 가와시마 요시유키川島義之, 야마시타 도모유키, 후쿠에 신페이福榮眞平, 도미나가 교지, 데라우치 히사이치, 야마다 오토조, 무타구치 렌야.

무모하게 전쟁을 지도한 사람, 평소 부하에게 하던 훈시와 전혀 다른 언동을 한 사람, 부하를 내팽개치고 도망간 사람, 자신의 영달을 위해서만 무모한 작전을 시도한 사람……. 이런 식으로 하나하나 열거하다 보면 지휘관이나 대본영 참모의 이름이 금세 20명, 30명을 헤아린다. 그들이야말로 쇼와 육군의 오점으로서 기억되어야 한다. 그리고 바로 그것이 쇼와 육군을 역사에 자리매김하기 위해 중요한 일이다.

제44장

최후의 육군대신이 남긴 수기

1945년 11월 30일 정오가 조금 지난 시각, 도쿄 이치가야에 있는 육군성 건물 1층 대식당. 이곳에 육군성 장교와 직원 약 300명이 모여 있었다. 어떤 사람은 군복 차림이었고 또 어떤 사람은 어색한 신사복 차림이었다.

그들은 670제곱미터 정도의 대식당 이곳저곳에 몇 사람씩 둘러앉아 이야기를 나누고 있었는데, 표정은 하나같이 어두웠다. 웃음소리도 들리지 않았다. 작은 목소리로 속삭이다가는 쓴웃음을 지을 따름이었다. 그중에는 군복 차림으로 혼자 고개를 숙이고 서성거리는 사람도 있었다. 안쪽 연단 부근에는 육군차관 하라 마모루原守와 군무국장 요시즈미 마사오吉積正雄 그리고 패전 후 점령군과 일본의 교섭을 담당한 장교들이 망연자실한 표정으로 서성대고 있었다. 그들은 아무 말도 주고받지 않았고, 서 있기조차 어려워 보이는 이도 있었다.

육군성은 이날 해체되었다. 군인들의 경력 또한 이날부터 '전직 군인'으로서 비판의 대상이 될 터였다. 다음 날부터는 GHQ의 명령에 따라 제1복원성 (해군성은 제2복원성)으로 바뀌어 아직 해외에 있는 육해군 장병 200만여 명의 귀국 업무를 담당해야 했다. 게다가 제1복원성과 제2복원성 모두 장래에는 후생성의 일개 국局이 될 터였다.

대식당의 대형 시계가 12시 30분을 가리킬 무렵, 입구에서 육군대신 시모무라 사다무下村定가 부관을 동반하고 들어왔다. 키가 170센티미터쯤 되는 시모무라는 군인으로서도 훤칠한 편이었는데, 이날은 군복으로 몸을 감싸고서 연단으로 나아갔다. 손으로는 보퉁이를 무슨 귀한 것이나 되는 것처럼 받쳐 들고 있었다. 대식당 안에는 침묵이 흘렀고, 시모무라의 군화 소리만 울렸다. 8월 17일 히가시쿠니東久邇 내각이 출범한 이래 육군대신 자리에 있었던 시모무라는 군인으로서는 "영광으로 가득한 육군성 70여 년의 역사"를 마감하는 "불명예스런 역할"을 맡아야만 했는데, 그런 그의 마음속을 헤아려본 사람이라면 누구나 동정을 표할 법했다.

시모무라는 서서 대식당을 둘러본 다음 짤막한 인사를 했다. 채 5분도 되지 않는 시간이었다. 그 내용이 정확히 무엇이었는지는 아무도 메모를 하지 않았고, 시모무라 자신도 원고를 읽은 것이 아니었기 때문에 현재로서는 알수가 없다. 그런데 이때 대식당에 있었던 몇몇 장교의 기억을 종합하면 시모무라는 의외로 냉정하게 이야기를 이어나갔다. 당시 이미 해체된 참모본부 작전부는 사실부史實部로 이름을 바꾸고 GHQ로부터 명령을 받은 대로 태평양전쟁의 내실에 관한 자료를 수집하고 있었다. 이를 위해 사실부에는 소수의 장교가 남아 있었는데, 그 가운데 후루노 나오야古野直也(육군 중장으로 패전 시에는 제502부대의 참모)의 기억이 가장 선명했다. 후루노가 나에게 증언한 것은 1997년 5월부터 6월까지였다.

"군인 시모무라는 성격상 충군애국 등을 가볍게 입에 올리는 유형이 아니라 이지적인 화법을 구사하는 사람이었습니다. 이제 와서 생각해보면 군 관료라는 표현이 어울릴 것 같습니다. 그런 시모무라는 정말 담담하게 오늘 일본 육군을 해체한다, 이런저런 생각은 많지만 이 현실을 받아들인다, 여러분의 금후의 활동을 기원한다는 말을 전했습니다. 나는 조금은 눈물 섞인 연설을 할 것이라고 생각했는데 그렇지는 않았습니다. 오히려 싱거운 연설이었습니다. 연설을 마친 시모무라는 누구와도 특별히 인사를 나누지 않고 부관과 함께 대신실로 돌아갔습니다."

후루노에 따르면 누군가는 "영광스런 일본 육군은 이날 어쩔 수 없이 해산하지만 때를 기다려 언젠가는 다시 일본 육군이 재건되기를……" 운운하는 연설을 기대했던 것도 같다. 하지만 시모무라는 그런 기대에 전혀 응하지 않고 문자 그대로 담담하게 육군성의 해산을 선언해버렸다. 그의 연설은 이 지적인 사람이 흔히 전하는 작별 인사에 지나지 않았던 것이다.

대식당에 남은 사람들은 잠시 동료들과 이야기를 나누었지만, 패군敗軍 장교들의 기세가 오를 리 없었다. 테이블에는 당시로서는 보기 드문 주먹밥과 마실 것이 놓여 있었다. 그러나 그것을 입에 대는 사람은 적었고, 이윽고 하나둘 대식당에서 사라졌다. 그야말로 육군 군인의 성채였다고도 할 수 있는 육군성이 정말로 맥없이 70여 년의 역사에 종지부를 찍었던 것이다.

의원 면관과 자연 폐관

다음 날인 12월 1일자 주요 신문 조간의 반응도 덤덤했다. 용지 부족으로 양면밖에 발행하지 않던 시대였기 때문에 그리 이상할 것도 없다고 할 수 있지만, 예컨대 『아사히신문』은 1면 오른쪽 하단에 '육해군성 폐지'라는 박스 기사를 게재했을 따름이다. 이 기사에 따르면, 30일 오전 각료회의에서 육군성과 해군성이 각각 제1복원성과 제2복원성이 되는 것을 확인했고, "이에 따라 시모무라 육군상은 의원 면관免官되었으며 요나이 해군상은 해군성의 폐지와 함께 자연 폐관廢官되었다". 신문은 또 제1복원성과 제2복원성은 모두 후생성 산하 일국一局이 되지만, 당장은 대신을 두기로 하고 시데하라 수상이 양 대신을 겸임하기로 했다고 전했다. 시모무라는 의원 면관을 희망했고 요나이는 자연 폐관되었는데, 그 이유에 대해 『아사히신문』은 다음과 같은 기사를 게재했다.

"(두 사람의 이러한 차이에 관하여) 정부 쪽에서는 두 대신의 희망에 따른 것이라고 설명하지만, 종래의 사례를 따른다면 성을 폐지할 경우 자연 폐관되는 것이 당연해서 요나이 해군상은 이를 따랐던 것이다. 30일의 각료회의에 출석한 한 각료에 따르면, 시모무라 육군상은 미복원 군인과 군속에 대한 책임, 은급恩給 정지에 대한 책임을 통감하여 의원 면관의 형식을 고수했다."

시모무라는 패전 후 육군 장병에 관한 다양한 권리가 효력을 상실한 데 책임을 느끼고 사퇴하는 형식을 취하고 싶어했다는 것이다. 이는 시모무라의 정직하고 성실한 성격을 잘 보여주는 사례라 할 수 있다.

다른 한편, 해군성 또한 특별한 해산 의식을 거행하지는 않았지만 그 대신 요나이 해군상이 담화를 발표하여 국민에게 성을 폐지한다는 뜻을 밝혔다. 이 담화는 300자 정도의 짧은 내용으로 『아사히신문』의 관련 기사 제목은 '죄책을 통감'이었다. 첫머리에서 패전이라는 사태에 대해 사죄한 다음, 해군은 전력을 다해 용감하게 싸웠지만 "마침내 성려聖慮를 편안하게 받들 수 없는 금일의 운명을 초래한 데 대해서는 폐하뿐만 아니라 국민 여러분께도 깊이 죄책을 통감하는 바다"라고 말했다. 이어서 금후 해군 장병의 앞날은 "풍설風雪을 견디기 어려울 것이지만 승조필근承詔必謹, 천신만고를 이기고 평화 일본 건설을 위해 눈부신 분투를 보여줄 수 있기를 기원한다"고 호소했다. 확실히 이 담화에서는 잘못을 사죄하는 심정과 신생 일본의 일역을 담당하겠다는 신념이 넘쳐흐른다.

내용이야 어떻든 해군성이 이와 같은 성명을 발표하여 국민에게 뭔가 의사를 전한 것과 달리, 시모무라는 그러한 의식을 거부하고 육군의 해체에 따라 자신도 물러나는 처신을 했다. 그것은 요나이와 달라도 너무나 다른 태도였다.

최후의 육군대신 시모무라 사다무는 이때 무슨 생각을 하고 있었던 것일까? 쇼와 육군 내부에서 그다지 눈에 띄지 않는 지위에 있었던 이 군인은 대체 어떤 자세로 역사를 마주했던 것일까?

태평양전쟁이 패전이라는 형식으로 결말나고 대일본제국 그 자체가 해체에 이르리라고 예상되는 단계에서, 참모본부나 육군성의 지도부에 있었던 이는 하나같이 사태를 마무리하는 역할을 맡고 싶어하지 않았다. 13세 때부터 육군유년학교에서 배우기 시작하여 60세가 가까운 이때까지 육군이라는 집단 안에서만 배양되어온 군사 지도자로서 그런 역할을 담당하는 것은 자기부정 그 자체였던 것이다. 참모총장 우메즈 요시지로가 무슨 일이 있더라도 항복 문서에 서명은 하고 싶지 않다며 미주리호에서 있었던 조인식에 참석하는 것을 꺼린 이유는 바로 그 자기부정을 두려워했기 때문이다. 우메즈는 결국 천황의 설득으로 마지못해 참석했지만, 그의 흉중에는 다른 사람은 짐작하기 어려운 고통이 있었을 것이다. 육군대신 아나미 고레치카처럼 패전 시에 자결하여 그 역할을 회피한 이도 적지 않았다.

결국 그 역할은 패전 시에 북지나방면군 사령관이었던 시모무라에게 돌아왔다.

패전의 날부터 해체의 날까지 뒤처리를 담당한 육군대신 시모무라 사다무는 근대 일본의 중추였던 일본 육군의 최후를 지켜본 사람으로서, 또한 그 착오와 교만, 사람에 따라서는 영광으로 볼 수도 있는 조직의 청산인으로서 역사에 이름을 새기게 된다. 그렇기 때문에 시모무라의 속내를 정리해 두어야만 한다.

시모무라는 육군중좌의 아들로 태어났다. 아버지와 아들 모두 군인이었던 것이다. 육군유년학교와 사관학교를 거쳐 원대에서 근무한 후, 육군대학교에 입학하여 포병과를 선택했고 1916년에 졸업했다(28기생). 최우수 성적으로 졸업하여 육군의 엘리트라는 칭호를 얻었다. 그 후 참모본부 작전부에 배속되었는데, 제1차 세계대전 후의 프랑스군을 견문하기 위한 유학을 명받았다. 성격은 신중하고 과묵했고, 화려한 언동을 혐오했으며, 파벌투쟁 등에도 흥미를 보이지 않는 타입이었다. 1919년 3월부터 11월까지 프랑스 육군대학교에 유학하는데, 이때 육사 동기생 히가시쿠니노미야도 황족으로서 프랑스 유학을 명받고 같은 학교에 유학하고 있었다.

쇼와 시대에 들어서는 유럽 정세를 잘 아는 군인이라 하여 독일과 프랑스 등을 시찰했다. 1932년 2월 열린 제네바 군축회의에도 육군 측 수행원으로 참가했다. 1936년 8월에 참모본부 제4부장을 거쳐 1937년 9월(중일전쟁 개시 2개월 후)에는 작전부장이 되지만 얼마 지나지 않아 건강 때문에 휴직했다. 그 후 도쿄 만 요새사령관을 거쳐 1941년 9월 육군대학교 교장이 된다. 태평양전쟁 개전 후에는 제13군 사령관, 서부군 사령관, 북지나방면군 사령관을 역임했다.

이와 같은 군 경력을 보면 쉽게 알 수 있듯이 시모무라는 격전지에서 지휘를 맡기보다 후방의 사령부에서 주로 근무했고, 군령 분야를 담당하는 군정과는 거리를 둔 군인이었다. 이른바 정치적 군인이라는 범주 안에 들어가지 않는 인물이었다. 군 내부에서는 아마도 "시모무라는 저돌적인 군인이 아니다"라는 평가가 있었을 것이다. 그런 그가 육군성의 문을 닫는 역할을 하리라고는 그 자신도 생각하지 않았을 것이다.

패전 직후 스즈키 간타로 내각이 퇴진한 후 수반에 오른 사람은 히가시쿠니노미야였다. 히가시쿠니노미야는 국가가 어려운 때에 미력이나마 자신의 역할을 다하고 싶다는 뜻을 천황에게 전하고, 아울러 속마음을 잘 아는 시모무라를 육군대신으로 추천했다. 천황도 그렇게 하라는 회답을 보냈다. 천황은 시모무라가 태평양전쟁에서 군 경력을 더럽히지 않았다고 판단했을지도 모른다.

시급히 귀국하라는 명령을 받고 베이징에서 돌아온 시모무라는 히가시쿠니노미야로부터 집요한 설득을 받았다. 시모무라는 고사했지만, 패전 직후의 궁중이나 정부, 대본영의 고충을 알고 결국 육군대신을 맡기로 했다. 아울러 교육총감을 겸하기로 했다.(교육총감부는 참모본부, 군령부와 함께 9월 15일에 해산되었다.)

시모무라는 8월 17일부터 11월 30일까지 105일 동안 육군대신으로서 쇼와 시대 육군의 폭주 행위를 사죄하는 역할을 떠안았다. 그 무렵 시모무라의 속마음이 어떠했는지를 구체적으로 보여주는 자료는 공식적으로는 없는

1945년 8월 히가시쿠니노미야 내각의 각료들. 뒷줄 오른쪽 끝의 군복 입은 이가 시모무라 육군상.

것으로 간주되어왔다. 시모무라 자신도 자서전이나 회고록을 남기지 않았다. 특히 패전 직후 그가 천황과 어떤 이야기를 주고받았는지는 쇼와 육군을 이해하는 열쇠가 될 것임에도 여태껏 밝혀지지 않았다.

나는 1996년부터 9년에 걸쳐 시모무라의 유족(시모무라에게는 지바 시에 거주는 딸이 한 명 있다)에게 자료나 기록이 남아 있지 않은지를 확인했다. 그러다 몇몇 자료가 남아 있다는 것을 알게 되었고, 그 가운데 상당 부분을 입수하여 복사할 수 있었다. 원문을 읽어보면 그의 성격이 어떠했는지를 알 수있는데, 그는 자손에게 자신의 체험을 남기겠다는 생각을 담아 신중한 필체로 기록한 자료를 만들었던 것이다.

시모무라는 일상생활에서도 메모를 하는 습관을 갖고 있었다. 그 메모 중일부가 남아 있다. 그리고 그러한 메모를 참고하여 1958년 8월 '종전 처리의회고'라는 제목으로 30쪽 분량의 소책자를 썼다. 그것을 타이프 인쇄하여신뢰할 만한 예전의 부하나 육친에게만 10부 정도 배포했다는 것을 알게 되었다. 내 앞에 놓인 것은 그중 한 권인데, 시모무라는 이 소책자에 육군대신시절의 몇몇 체험을 덧붙인 책자(『금상 폐하의 성덕의 일단: 종전 처리를 회고하며』)도 제작했다. 여기에는 '1967년 8월 15일 보수補修'라는 말과 함께 사망하기 전년의 날짜가 적혀 있다. 이뿐만 아니라 나는 그가 북지나방면군 사령관시절의 일지 「정전한화征戰閑話」와 육군대신을 사임한 후 스가모 형무소에 수용되었을 때 쓴 「옥중수기」도 훑어볼 수 있었다.

먼저 「종전 처리의 회고」를 바탕으로 패전 후 시모무라의 움직임과 그 심정을 살펴보기로 한다.

이 소책자에는 목차가 붙어 있는데 총 여덟 개 장으로 이루어져 있다. 제8장 '육군 최후의 상주'에는 육군성이 해체되던 날 천황을 만났을 때의 상황이 기록되어 있다. 이것은 역사적 자료로서 가치가 있기 때문에 이하 제8장전문을 인용한다.

정무政務에 관한 상주는 내각 총리대신이 하거나 그의 입회하에 주관 대신이 하는 것이 통례이지만, 구육해군 시절에는 군기軍機나 군령에 관한 것에 한해 수상 등의 입회 없이 육군대신(해군대신) 또는 참모총장(군령부총장)이 단독으로 폐하를 배알하고 상주하는 제도가 있었다. 당시 '유악상주帷幄上奏'라고 부른 것이 이것이다.

종전 후에도 이 제도가 계속되어서 나에게는 재직 중 12회 이상 단독 상주할 기회가 주어졌다.

배알 시에 폐하는 통상 기립한 채 상주 사항을 들으신 다음 재가, 보류 등 각각의 상황에 맞는 말씀을 하셨다. 말씀이 끝난 후에야 착석하시고 아무런 격의 없는 태도로 상주자의 주관 사항에 대하여 이것저것 열심히 물으시면서 의견을 피력하시곤 하셨다.

폐하는 총명하고 박문강기博聞强記하신 데다 정무에도 상당히 밝았기 때문에 질문은 늘 핵심을 찔렀고 노련한 중신도 대답하기 힘들어했다고 하는데, 하물며 나처럼 미숙한 사람이야 오죽했겠는가. 나는 언제나 극도로 긴장했고 때로는 식은땀을 흘린 적도 있었다. 동시에 다른 한편으로는 군인 가족에 대한 깊은 관심과 장병에 대한 두터운 자애가 하시는 말씀마다 넘쳐흐르는 것을 듣고 여러 번 감격의 눈물을 흘리기도 했는데, 그중에서도 11월 30일 육군성이 문을 닫던 날 최후의 상주를 할 때의 감격은 필설로 온전히 표현하기 어려울 정도였다. 이 무렵 폐하는 전후 새로 제정된 짙은 감색 깃달이 천황복을 입으실 때가 많았는데, 그날은 특별히 육군 양식의 대원수복을 입고 계셨다. 폐하께서 그 옷을 입으신 것은 아마도 그때가 마지막이었을 것이라고 생각된다.

나는 준비한 상주안을 여쭌 다음 육군 최후의 대표자로서 다시금 패전에 대해 사죄 말씀을 드렸다. 끝부분에 "군 해체 후에도 구舊군인 군속은 예전처럼 늘 성유聖諭를 받들어 충성스런 병사와 백성으로서 맹세코 황국을 지키겠습니다"라는 뜻을 아뢰자 폐하께서는 눈물을 뚝뚝 흘리셨다. 그리고 자리에 앉으신 후

약 40분에 걸쳐 눈물 섞인 침통한 목소리로 이번의 곤경에 대한 감상을 말씀하셨다.

그 말씀 중에는 원수로서의 강한 책임감, 일반 국민 및 군에 대한 깊은 걱정 등이 깃들어 있었는데, 초고草稿도 없이 폐하의 심정을 그대로 표현한 것이라고 생각했다. 나는 너무나도 황공하여 어전에 엎드린 채 흐느끼면서 한마디도 하지 못하고 듣기만 했는데, 목소리가 평소와 달리 자못 낮았고 또 자꾸만 끊겼기 때문에 그 말씀을 하나의 문장으로 기록하여 육군 일반에 전달할 수 없었던 것은 참으로 송구하기 이를 데 없다.

육군이 해체되던 날, 천황은 시모무라에게 40분에 걸쳐 눈물을 흘리면서 고충을 호소했던 것이다. 조상에게 미안하다는 것, 국민에게 참화를 주는 결과를 낳았다는 것 등을 솔직하게 피력했다고 해석해야 할 것이다. 시모무라도 그 말을 듣고 오열을 금치 못했다. 이성적이고 이지적인 군인의 상징이라고들 말하는 시모무라가 이런 상태였던 것을 보건대, 그들 사이에는 당시의 상황을 이해하는 사람만이 알 수 있는 감정의 교류가 있었다고 할 수 있다.

시모무라는 그 길로 육군성의 대식당으로 향했다. 그곳에서는 앞서 서술한 것처럼 특별히 흐트러진 감정도 내보이지 않고 마치 졸업생을 배웅하는 교사와 같은 태도로 일관했다. 그러나 천황의 심정을 직접 들은 터라 그의 마음은 흥분된 상태였다고 봐야 할 것이다. 그럼에도 시모무라는 그런 모습을 조금도 보이지 않았던 것이다.

천황의 성격은 대단히 원칙적이었으며, 발언 내용은 언제나 자신의 대권을 부탁하고 있는 자의 직무 범위를 벗어나지 않았다. 시종무관에게는 군정이나 정치에 관한 발언은 일절 하지 않는 식이었다. 그런 까닭에 육군성의 해체라는 현실에 대한 감상은 육군대신에게만 밝혔다. 추측건대 이때 시모무라에게 눈물을 흘리면서 한 발언은 다음 해 1월 1일의 천황의 인간 선언 (정확하게는 「신일본 건설에 관한 조서」) 작성과정과 2월부터 시작되는 천황 순행에서 국민을 향해 한 발언 그리고 3월 측근들에게 이야기한 역사 인식(「쇼와 천황 독백록」의 내용) 등을 관통하는 '감상'이었을 것이다. 결국 패전이라는 사태에 이른 책임은 자신에게도 있으며, 국민은 새로운 시대에 걸맞은 새로운 감각으로 재건에 임했으면 좋겠다는 내용이다.

시모무라가 굳이 이날 의원 면관을 희망한 것, 그러니까 요나이 해군대신처럼 자연 폐관이라는 입장을 취하지 않은 것은 천황과 함께 책임을 통감하고 천황의 뒤를 따르고자 했기 때문이라고 추측할 수도 있다. 9월부터 11월까지 시모무라는 아주 깊이 천황의 의사를 확인할 수 있었기 때문이다.

먼저 기밀문서를 소각하다

시모무라가 남긴 수기를 바탕으로 9월에서 11월까지 3개월 동안 쇼와 육군은 어떤 사죄를 했는지 그리고 그러한 사태에 대해 시모무라는 어떤 마음으로 대응했는지를 다시 정리해두기로 한다. 그것 또한 쇼와라는 특정 시기의 숨길 수 없는 역사이기 때문이다.

패전의 날부터 육군성 해체의 날까지 쇼와 육군의 있는 그대로의 모습은 세 가지 측면에서 살펴볼 수 있다. 첫째, 천황을 대원수로 우러르는 군사 집단의 자기 해체. 둘째, 육군은 정치 쪽과 어떤 관계를 맺었는가? 셋째, 점령군에게 어떻게 대응했으며 어떻게 싸움을 멈췄는가? 시모무라는 이 세 가지 문제와 관련하여 최고 책임자로서 실무를 처리해야만 했다.

천황을 대원수로 우러르는 군사 집단의 자기 해체라는 측면에 관하여 개략적으로 언급하면 다음과 같다. 8월 14일, 일본 정부는 포츠담 선언을 받아들이기로 했고 이와 함께 은밀하게 주요 기밀문서를 소각하기로 결정했다. 이에 따라 육군성은 육군의 각 부대, 교육기관, 부속 기관에 그 뜻을 전달했다. 그리하여 육군성 내부의 귀중한 자료는 거의 불태워졌다. 더욱이 천황은 8월 17일 오전 10시 육해군 대신을 궁중으로 불러 육해군 군인에 대한 칙어를 전했다. 천황의 뜻을 받들어 더욱 굳게 단결하고, 견디기 어려운 점이 있겠지만 "국가의 오랜 기초를 물려줄 것을 기약하라"는 내용이었다. 그리고 8월 25일에는 특별히 육군대신을 불러 육해군의 복원復員과 관련한 칙유를 전한다. 이것은 1882년에 발포된 「군인칙유」를 이제 폐지한다는 뜻을 전하는 칙유이기도 하다. 그 말미에서 "너희 군인들은 짐의 뜻을 잘 새겨서 충량한 신민으로서 각자 민업民業에 나아가 어려움을 견디고 형극을 헤치면서 전후 부흥에 힘을 쏟도록 하라"고 했는데, 이처럼 천황은 육군 장병에게 이제부터는 새로운 사명감을 가지라고 강하게 호소했던 것이다.

이것을 받아들이는 내용으로 시모무라는 26일 「육군 군인과 군속에게 고한다」라는 라디오 연설을 했다. 시모무라가 남긴 자료 중에 이 연설의 초고가 있는데, 시모무라 자신이 손수 붓을 들어 쓴 것임을 알 수 있다. 이 초고에서 시모무라는 내지에 있는 자들이 아직 사태를 이해하지 못하고 있다면서 "사상의 혼란 상태가 전선의 부대에 비해 오히려 더 심각하다"고 말했다. 이어서 경거망동하는 타입 등 네 가지 유형을 들고, 적어도 제국의 육군 군인이었다면 부끄러운 언동을 해서는 안 된다고 경계했다.

육군이 해체하기까지 천황과 시모무라가 주축이 되어 원활한 무장해제와 의식 개혁을 호소했던 것이다.

다음으로 육군이 정치 쪽으로부터 어떤 반격을 받았는지, 또는 반격을 받고 어떤 자성의 태도를 보였는지를 9월부터 11월까지 3개월에 한정하여 검증해보기로 하자. 당연히 육군에 대한 비난이 가장 거셌다.

당초에는 정치 쪽도 육군에 대해 그 정도로 강한 태도를 갖고 있지는 않앗다. 그렇기는커녕 히가시쿠니노미야 내각은 미국을 비롯한 점령군의 눈치를 살피고 있었다. 8월 29일 히가시쿠니노미야 수상은 처음으로 기자회견을 열어 '국체호지'를 호소하고, 이번 전쟁에 대하여 육군에게만 책임을 돌릴 것이 아니라 모든 국민이 맹성猛省할 필요가 있다면서 '전 국민 총참회'를 역설했다. 이 단계에서는 아직 국민에게 내각의 뜻이 받아들여질 토양이 있었다. 이러한 발언 내용을 전해 들은 미국은 히가시쿠니노미야 내각이 점령 정책 그 자체를 명확하게 이해하지 못하고 있는 게 아니냐며 불신의 끈을 놓지 않았다.

그러자 히가시쿠니노미야 내각은 몇 가지 융화책과 대항책을 마련하는데, 그 가운데 하나가 연합국 측이 포츠담 선언에 기초하여 전범 재판을 행한다면 일본 측이 독자적으로 재판을 열어 그 전범재판을 형해화形骸化하자는 것으로, 각료회의에서 비밀리에 이 안을 검토하기 시작했다. 이것이 9월 20일의 일이다. 전날 전범용의자체포령 제1호에 따라 도조 히데키가 체포(이때 도조는 자결 미수 사건을 일으킨다)된 것이 계기가 되었다. 전범을 자주적으로 재판하겠다는 구상은 천황에게도 전달되었는데, 이에 대해 천황은 "적 쪽에서 말하는 전쟁범죄인 특히 이른바 책임자는 일찍이 그 누구보다 충성을 다한 자들이다. 그런 그들을 천황의 이름으로 처단하는 것은 견딜 수 없는 일이므로 재고의 여지가 있다고 생각한다"(『기도 고이치 일기』)라는 의사를 표시했다. 그러나 각료 중에는 이 안을 고집하는 이도 있었다.

GHQ에서 싫어한다는 이유로 히가시쿠니노미야 내각이 무너진 후 10월 9일 시데하라 기주로幣原喜重郎 내각이 탄생했다. 시데하라 내각의 서기관장 쓰기타 다이사부로次田大三郎는 전범을 자주적으로 재판한다는 구상을 알고 법무상 이와타 주조巖田宙造 등과 함께 이와 관련한 칙령안을 만들었다. 다시 천황에게 재가를 받아 구체적으로 움직이고자 했던 것이다. 시데하라 내각의 각료에게도 알려지지 않은 이 안은 결국 햇빛을 보지는 못했지만, 일시적으로는 하나의 대책으로 떠오르는 것처럼 보였다.

시모무라는 이러한 안에 대해 직접적으로는 알지 못했다. 만약 시모무라가 그것을 보았다면(보긴 했지만 전혀 상대하지 않았을 가능성도 있다), 그리고 이것이 문관들 사이에 숨어 있는 반군부 성향 각료들의 분노의 표시라는 것을 알았다면, 과연 어떤 태도를 취했을지 자못 궁금하다. 쇼와 육군의 전쟁 책임자를 심판하려 했던 문관의 원한을 알기 위해, 그리고 천황을 면책하기 위해 어떤 내용을 담았는지를 기록으로 남기고 싶어서 이 장의 마지막 부분에 이 칙령안의 전문을 게재했다. 제1조와 제2조를 보면 알 수 있듯이 만주사변 이후의 쇼와 육군 지도자를 단죄하는 데 주안점이 있다. 이러한 지도자에게 반역죄를 적용하여 사형을 포함한 극형을 내린다는 내용이 이를 방증한다.

쓰기타의 일기와 이와타의 움직임을 보건대 이 칙령안은 1945년 10월 중반부터 11월에 걸쳐 작성되었을 것이다.

그리고 이와 같은 움직임은 음으로 양으로 시모무라에게 압력이 되었다. 시데하라 내각은 출범 초에 이번 전쟁의 책임은 군부에 있지 천황에게 있는 것은 아니라는 점에 일치된 의견을 보였다. 그것을 구체적으로 조사하기 위해 대동아조사회大東亞調査會라는 조직을 만들고 그곳에서 역사적 사실을 재검증하기로 결정하기도 했다. 그러나 GHQ에서는 일본 정부가 공식적으로 사실을 해석하는 것을 허용할 수 없다며 이 조직을 없애라고 요구했다. 그 때문에 민간으로 옮기는 형태로 명맥을 유지하게 되었다.

정치 쪽의 비판에 대하여 육군이 공식적으로 사죄의 뜻을 표한 것은 11월 27일부터 시작된 제89차 임시제국의회에서였다. 첫 질문자로 나선 진보당의 사이토 다카오齋藤隆夫는 쇼와 초반의 육군의 행동을 비판하면서 "육군대신은 본 의회에서 군국주의의 발생 및 그 발호의 경과를 적확하게 보고하라"고 몰아붙였다. 앞에서 소개한 시모무라의 유고에는 이렇게 적혀 있다. "이날 의석은 가득 찼고 방청석도 초만원이었다. 청중은 사이토 씨의 격한 어조에 극도로 흥분했고, 마치 일본 전 국민의 날카로운 눈과 귀가 회의장 한곳에 집중된 것 같은 느낌이었다." 자신도 비판의 목소리에 압도되었다는 말일 것이다.

시모무라는 또 그의 유고에 이렇게 적었다. "답변에 나선 나는 군인의 부당한 정치 간여, 기타 육군으로서 책임질 필요가 있다고 믿는 점을 솔직하게 개진했다".(이 답변의 전문은 뒤에 인용한다.)

세 번째로 GHQ로부터 어떤 식의 처치를 받았는지 살펴보기로 한다. 이와 관련한 최초의 움직임은 9월 2일 미주리호에서 있었던 조인식에서 시작되었다. 이날 대본영은 연합군의 본토 진주에 따른 무장해제, 병기 인도, 시설 등의 보관 접수에 관한 처리 요강을 발령했다. 그리고 9월 11일 전범용의자 체포가 시작되자 도조의 자결 미수에 이어 참모총장이었던 스기야마 하지메(9월 12일), 제1총군사령부 소속이었던 요시모토 데이이치吉本貞一 등, 이 무렵부터 다음 해 1월까지 군사 지도층의 중추를 차지했던 이들의 자결이

1945년 9월 2일, 제2차 세계대전에서 패전한 일본의 시게미쓰 마모루重光葵 외무대신이 미국 전함 미주리호에 올라 미군이 지켜보는 가운데 항복문서에 서명하고 있다.

제2부. 쇼와 육군의 흥망

잇달았다. 패전 시 참모차장이었던 가와베 도라시로는 이런 글을 남겼다. "영광으로 빛나던 일본 육군의 이 참담한 패전을 맞이하여 일종의 자책감 내지 치욕감 때문에 (군사 지도자 자리에 있었던 자 가운데) 스스로 목숨을 끊은 사람은 종전의 그날부터 1947년까지 내지와 외지를 합하여 60명에 이른다."

이는 GHQ가 전쟁 지도를 담당했던 고위급 군인을 용서하지 않으리라는 것을 알고서 결행한 자살이었다고 말할 수도 있다.

GHQ는 또 9월 13일 대본영의 폐쇄 및 폐지를 명하고, 이어서 9월 15일 참모본부의 해체를 명했다.

나아가 GHQ는 10월부터 11월에 걸쳐 일본 점령의 구체적인 방침(민주화와 비군사화)을 분명히 하고, 10월 4일자 각서 「정치적·민사적·종교적 자유에 대한 제한 철폐」를 통해 대일본제국의 제도와 법체계의 전면적인 재검토를 요구했다. 특히 군국주의의 기반이 된 언론·사상·신앙의 통제를 완화하라고 강력하게 요구했다. 시모무라는 자신의 유고 「종전 처리의 회고」에서 '제6장 군인에 대한 연합국의 박해'라는 제목 아래 다음과 말한다. 이 기록은 육군과 육군 장병에 대한 GHQ의 대응이 어떠했는지를 구체적으로 보여준다.

"'일본과 독일을 약체로 만들면 평화가 보장된다. 그 군벌과 나치스를 철저하게 분쇄하라'는 것이 종전 직후 연합국의 방침이었고, 일본에서는 진주군의 압박에 의해 이것이 재빠르게 강행되었다. 박해의 첫 화살은 복원 군인의 취직 방해였다. (…) 두 번째로 받은 박해는 군인 관련 급여의 전면적 정지였다. 더욱이 그 범위가 태평양전쟁에 연루된 자뿐만 아니라 멀게는 메이지 시대에 퇴직한 자나 그 유족에게까지 미치는 것이어서 그야말로 불합리하고 비인도적인 언어도단이라고밖에 말할 수 없다."

시모무라는 은급恩級 정지에 관하여 맥아더에게 항의했고, 맥아더는 동정의 뜻을 보였다. 하지만 그는 "이것은 연합국이 합의한 결정이며 이미 독일에서도 같은 조치를 취하고 있다"고 대답하고, 고작 실시 시기를 2개월 늦춰주는 선에서 매듭을 지었다. 은급 정지는 11월 25일부터 실시되었는데, 이때에도 시모무라는 도저히 납득할 수 없다면서 시데하라 수상에게 한 차례 사직의 뜻을 전달하기도 했으나 각료들의 집요한 설득으로 단념한다. 이처럼 시모무라는 군인 은급 정지에 많은 아쉬움을 갖고 있었던 것이다.

하지만 갈수록 GHQ의 요구는 이러한 수준을 훌쩍 넘어서게 된다.

지나친 육군 비판에 강한 불만을 품다

GHQ는 아무리 대일본제국의 제도를 해체한다 해도 점령국민의 의식이 바뀌지 않으면 별다른 성과가 없을 것을 알고, 스스로 일본인을 겨냥한 『태평양전쟁사』라는 소책자를 편집하여 모든 신문에 게재하도록 했다(12월 8일부터 10일간 연재). 이 소책자는, "진실 없는 군국 일본의 붕괴, 연합군사령부 제공"이라고 적혀 있듯이, 미국 측이 이 전쟁을 어떻게 바라보고 있는지를 보여주는 것이었다. "일본 국민은 이제 이번 전쟁의 완전한 역사를 정확하게 알 필요가 있다. 그럼으로써 일본 국민은 왜 패했는지, 또 어쩌다 군국주의로 인해 이와 같은 비참한 상황에 처하게 되었는지 이해할 수 있을 것이다"라는 내용의 전문에 이어 1931년 9월에 시작된 만주사변 이후 군부의 횡포를 기록하고 있다.

이 기록에는 일본 국민에게는 감춰져 있던 사실이 많아서 상당한 충격을 일으켰다. 더욱이 「진상은 이러하다」라는 라디오 프로그램을 통해 전쟁 전과 전시에 벌어진 사실을 GHQ의 시각으로 해석해 잇달아 전했다. 아울러 GHQ는 군벌을 비판하는 책도 장려했는데, 이에 응해 옛 군인이나 신문기자가 쓴 책이 다수 간행되었다.

이리하여 쇼와 육군은 안팎으로부터 '범죄적 체질'을 비판받게 되었다. 이러한 비판을 정면에서 받는 입장이었던 시모무라는 이런 비판을 일정 정도 이해하면서도 지나친 비판에는 강한 불만을 갖고 있었다. 그 사례가 제89차 임시제국의회에서 행한 사죄 연설이었다. 시모무라의 말에 따르면, 이 연설의 내용은 쇼와 육군의 잘못도 인정하지만 그 외의 관계자의 책임도 물어야 한다는 것이었다. 시모무라의 유고를 보면 각각의 말이 어떤 사람을 겨냥한 것인지 주석이 달려 있다.

시모무라는 사이토의 질문에 다음과 같이 대답했다. 이 자료는 제1복원성에 보존되어 있던 것이다.

육군대신 답변(1945년 11월 28일 중의원 본회의)

사이토 의원의 질문에 답하겠습니다.

소위 군국주의의 발생에 대해서 말씀드리겠습니다. 육군으로서는 육군 내 일부 군인이 군인의 정도正道를 넘어선 것, 특히 지도하는 위치에 있는 이의 행동이 나빴던 것, 그것이 근본 원인이라고 믿습니다. 이것이 국내외의 다양한 정세와 복잡한 인과관계를 낳았고, 혹자는 군의 힘을 배경으로 하여 혹자는 세력에 편승하여 이른바 독선적이고 횡포한 처치處置를 취한 자가 있다고 생각합니다. 특히 용납할 수 없는 것은 군의 부당한 정치 간여입니다. (박수) 이러한 것이 하나의 중대한 원인이 되어 국가에 이번과 같은 비통한 사태를 초래한 점은 누가 뭐라 해도 변명의 여지가 없습니다. (박수)

나는 육군의 최후를 담당한 자로서 의회를 통해 이 점에 관해 국민 여러분께 충심으로 사죄드립니다. (박수)

육군은 해체되었습니다만, 그 결과 과거의 죄책에 대하여 우리가 함께 향후 사실에 입각하여 사죄를 할 수도, 보상을 할 수도 없게 된 것은 참으로 유감스럽습니다. 지금까지 그랬듯 국민 여러분께 간절히 호소합니다. 과거 육군이 저지른 잘못을 이유로 순진하고 충성스런 군인의 공적을 말살하지 말아주십시오. 특히 수많은 전몰 영령에 대하여 깊은 동정을 보여주십시오. (박수)

군국주의의 발생 경위 및 이를 억제할 수 없었던 이유 등에 관하여 이번 의회에서 상세한 사정을 밝히라는 사이토 의원의 요구는 지극히 타당합니다. 나도 물론 그 필요성을 느끼고 있습니다만, 이는 신중한 검토를 요하는 사안이어서 이번 의회 중에 사이토 의원이 만족할 만큼 구체적이고 상세하게 말씀드릴 수 있을지 여부는 약속할 수 없습니다. (박수)

시모무라의 수기에 따르면 이 답변은 자신이 생각하고 자신의 책임 아래 정리한 것으로, "군 내부에서는 내 답변이 너무 나갔다며 강하게 불만을 호소하는 사람도 몇 명 있었다"고 전한다. 시모무라는 긴장하면서 연단에 올랐지만 회의장 안의 반응이 뜻밖에 호의적이어서 적잖이 놀랐다. 그는 이렇게 말한다.

"이 답변 중에는 의외로 욕설이나 야유가 나오지 않았다. 중반부터 마지막 부분까지는 몇 차례 만장의 박수가 터져나왔고, 손수건을 꺼내 눈물을 닦는 의원도 눈에 띄었다. 나는 생각지도 못한 이러한 광경에 몹시 감동을 받았다. 그리고 현재 국민의 높은 원성을 사고 있는 육군에 대해 일본 국민의 마음속에는 깊은 이해와 동정이 있다는 것을 알고 깊이 감사하면서, 눈물을 참고 연단을 내려왔다."

이는 육군을 대표한 사죄 연설이 국회에서는 받아들여졌다는 뜻이다. 결국 그는 '정치' 쪽과 적절히 타협했다고 판단했던 것이다. 확실히 이 사죄 연설은 겸허하게 자성하는 내용이었다. 굉장히 솔직하다는 데에 시모무라의 성격이 잘 나타나 있다고 말할 수도 있다.

그런데 시모무라는 "특히 지도하는 위치에 있는 이"라는 부분에는 "지도

하는 지위에 선 자는 군 밖에도 있다"라는 주석을 달았고, "국민 여러분께 충심으로 사죄드립니다"라는 부분에는 "개전과 패전의 원인이 다른 데에도 있다는 것은 말할 필요도 없지만 여기서는 군이 말하지 않기로 한다"라는 주석을 달았다. 여기에 시모무라 나름의 분한 생각이 깃들어 있을 터다.

일본 육군 역사의 막을 내리는 역할은 시모무라의 성격에 잘 어울리는 것이었다고 말할 수도 있다. 만약 쇼와 10년대에 시모무라가 육군성이나 참모본부의 요직에 앉아 정책 결정 과정에 참가했다면 현실의 역사는 바뀌었을지도 모른다. 하지만 시모무라와 같은 군인에게 그럴 기회가 없었다는 것, 바로 여기에 쇼와 육군의 비극과 오류가 있었다고 할 수 있다.

시모무라는 전후에 자민당 참의원 의원이 되었는데, 과거 군이 저지른 잘못을 극복할 군사 조직을 만들자고 호소했다. 그 중심은 문민 지배의 확립과 다각적이고 종합적인 군인 교육의 시행 두 가지였다.

「전범 자주 재판 구상 칙령안」

민심을 안정시키고 국가 질서 유지에 필요한 국민 도의를 자주적으로 확립하는 것을 목적으로 하는 긴급 칙령(안)

제1조 본령은 민심을 안정시키고 국가 질서 유지에 필요한 국민 도의를 자주적으로 확립하기 위해, 국체의 순역順逆을 어지럽히고 천황의 보익輔翼을 그르쳐 그 평화정신을 따르지 않고 주전적主戰的 침략적 군국주의로 정치 행정 및 국민의 풍조를 지도하거나 지도를 도움으로써 메이지 천황의 칙유를 저버리고 군벌정치를 초래했으며, 무리를 지어 정도를 어기면서 이에 간여하고 알면서도 이를 조장하고 지원함으로써 만주사변과 중일전쟁 그리고 대동아전쟁을 도발 유도하여 내외 국민의 생명과 재산을 파괴하고 또 국체를 위기로 몰아넣은 자를 처단하고 관련된 시설 또는 사회 조직을 제거 또는 해소하는 것을 목적으로 한다.

제2조 다음에 해당되는 자는 반역죄를 적용하여 사형 또는 무기근신에 처한다.

1. 천황의 명령 없이 병력을 움직여 함부로 군사 행동을 야기하고 침략적 행동을 지휘하여 만주사변, 중일전쟁, 대동아전쟁을 피할 수 없게 한 자.

1. 1882년 군인에게 내리신 칙유의 뜻을 저버리고 군벌정치라는 불경스런 사태를 초래했으며, 국체의 진수를 깨부수고 전횡정치 또는 이에 준하는 정치 행위를 함으로써 천황의 평화정신을 거슬러 대동아전쟁에 이르게 한 자.

제3조 다음에 해당되는 자는 반역공범으로서 무기 또는 10년 이하의 근신에 처한다.

1. 제2조 제1호에 직접 참획參劃한 자.

1. 제2조 제2호의 군벌정치에 공명하여 그 강화를 공모하고 알면서도 이를 지원한 자.

1. 군인정치가 기타 다른 사람의 호전적인 책모策謀를 선전하는 것을 알면서도 지원하고 이에 협력하거나 천황의 평화정신을 저버리고 주전적인 여론을 조성하여 어쩔 수 없이 개전開戰에 이르게 한 자.

제4조 제3조에 해당되는 자라 해도 스스로 근신을 표명하고 공직을 사퇴했거나 공민권의 행사를 삼가는 자는 처단하지 않는다.

제5조 제2조 및 제3조에 해당되는 자는 국무대신이 검사총장에게 고발한다. 국민은 100명 이상의 연명連名으로 국무대신에게 전항前項의 고발을 요구할 수 있다.

제6조 제3조 해당자에 대해서는 국민 100명 이상의 연명으로 검사장을 통해 검사총장에게 고발할 수 있다.

전항의 고발이 있을 때에는 검사장은 즉시 이에 대한 수사를 개시해야 한다. 단, 범인의 신병은 구속하지 않는다.

제7조 본령의 재판의 관할은 대심원大審院으로 하며 일심을 종심으로 한다.

제8조 근신 처분을 받은 자는 해당 기간 동안 공민권을 상실하고 또 공직

에 취임할 수 없다.

근신 처분을 받은 자는 위계훈등位階勳等을 박탈하고 은급을 정지하며 작위를 반납해야 한다. 사형 또는 무기근신형을 받은 자에게는 재산 몰수를 함께 부과할 수 있다.

제9조 정부는 국민으로 하여금 본령의 반역죄를 범하게 하는 데 영향을 끼친 교육, 종교, 경제 기타 시설 또는 조직에 대해 제거, 해산, 폐쇄 또는 내용의 변경 등을 명하거나 처치할 수 있다.

국민은 사실 및 이유를 갖추어 100명 이상의 연명으로 전항의 명령을 발할 것을 정부에 요구할 수 있다.

제10조 정부는 제9조의 명령을 발하기 위해 사실 및 이유의 인정상 필요가 있다고 판단될 때에는 학식과 경험을 갖춘 자 중에서 판정관을 임명하고 당사자 또는 관계자를 만나게 하여 의견을 개진하게 한 다음 판정관의 의견을 구하도록 한다.

제9조 제2항의 요구에 의해 명령을 발하기 위해 필요할 때에도 동일하다.

제11조 제9조의 명령에 따르지 않는 자 또는 처치를 방해하는 자는 10년 이하의 금고에 처한다.

제12조 제5조의 국무대신이란 내각총리대신, 내무대신, 사법대신 또는 문부대신을 가리킨다.

제9조 및 제10조의 정부란 시설 또는 조직의 주관 대신 및 전항의 국무대신을 가리킨다.

| 제3부 |

쇼와 육군이 전후사회에 드리운 그림자

패전 시에 지도자는
어떻게 처신했는가

육군성과 해군성은 1945년 12월 1일을 끝으로 그 역사의 막을 내렸다. 70여 년 동안 근대 일본의 전면에 서 있었던 이들 조직은 그야말로 맥없이 무너져버렸다.

이미 대본영은 GHQ의 명령에 따라 이해 9월 13일에 폐지되었고, 그곳에서 중추적인 역할을 했던 참모본부와 군령부도 11월 30일자로 공식 소멸했다. 일본군의 전쟁 지도를 담당한 조직 또한 모두 무대에서 모습을 감추었다. 1931년 9월의 만주사변부터 1945년 8월 패전을 선언한 날까지 약 15년 동안 전쟁으로 밤을 지새우던 군사 조직은 이제 다음 세대의 심판을 받는 숙명을 감수해야만 했다.

일련의 전쟁에서 일본은 어떠한 상처를 입었을까? 그것을 총괄적으로 보여주는 전사자의 숫자를 우선 확인해두어야 한다. 물론 이 숫자는 일본의 '피해'이고, 일본의 '가해'에 관해서는 명확하게 알려져 있지 않다. 중국에서는 만주사변 이래 15년에 걸친 전쟁으로 3000만 명의 중국인이 "일본군에 희생되었다"고 한다. 동남아시아 각지에서도 어느 정도의 가해 행위가 있었는지, 일본군에 의한 희생자 수는 얼마나 되는지 분명하게 밝혀져 있지 않다. 하지만 틀림없이 1만 명은 넘을 것이다.

지역	인원수
이오 섬	20,100
오키나와	186,500
중부 태평양	247,000
필리핀	518,000
베트남, 라오스, 캄보디아	12,400
타이, 말레이, 싱가포르	21,000
버마, 인도	167,000
보르네오	18,000
인도네시아	25,400
이리안자야(뉴기니 서반부)	53,000
동부 뉴기니, 비스마르크 제도, 솔로몬 제도	246,300
한국	18,900
북한	34,600
만주	245,400
중국 본토	465,700
타이완	41,900
사할린, 지시마, 알류샨	24,400
소련 본토	52,700
몽골	1,700
합계	**2,400,000**

표 1. 지역별 전몰 일본인 수
태평양전쟁 종료 시까지 군인, 군속, 민간인을 포함한 전몰자는 약 310만 명. 그 가운데 해외에서 사망한 사람은 240만 명이 넘는다. 개략적인 수는 표와 같다. 1976년 후생성 조사 참조.

따라서 특별히 일본만의 '피해'를 강조해서는 전체적인 윤곽을 파악할 수 없을 텐데, 이 점을 전제로 하여 이하의 숫자를 살펴보고자 한다.

만주사변 이후 패전까지 일본의 군인과 군속 그리고 민간인의 전재戰災로 인한 사망자는 310만 명이라고 한다.(여기에 타이완과 조선 사람들을 더하면 400만 명을 훌쩍 넘을 것이다.) 1976년 일본 후생성에서 정리한 조사 결과에 따르면, 해외에서 전재戰災로 사망한 민간인은 표 1과 같다. 필리핀에서 전사한 사람이 특히 많은데, 그것은 태평양전쟁의 고빗사위라고 불렸던 1944년 1월의 '필리핀 결전' 때문이다. 그리고 15년 동안 중국에서 벌인 전쟁에서 그다음으로 많은 사람이 사망했다. 어느 쪽이든 이 정도의 전사자를 낳았다는 것은 대본영의 전쟁 지도가 일관성을 갖고 있지 못했다는 증거라 할 수 있다. 이 숫자는 후생성이 병적부를 대조하기도 하고 각 사단에 대한 조사 등을 시행하여 추산한 것으로 알려져 있는데, 추측건대 실제로는 훨씬 더 많은 장병이 사망했을 것이다. 아무튼 패전 직후 육군성과 참모본부가 주요 자료 및 서류를 모두 불태웠기 때문에 정확한 숫자를 파악하지 못하고 있는 실정이다.

더구나 패전 시에는 생존해 있었으나 전쟁에서 입은 상처 때문에 쇼와 20년대에 사망한 사람까지 포함하면 사망자 수는 500만이 넘을 것으로 예상된다. 쇼와 10년대 일본 국민이 7500만이었다는 점을 감안하면 국민의 6~7퍼센트가 전쟁으로 희생되었다고 말해도 좋을 것이다.

표 1에는 이오 섬의 사망자 수가 2만100명으로 적혀 있는데 그 내용을 구체적으로 살펴보기로 한다. 이오 섬 전투의 생존자와 유족, 이오 섬에 파견되었다가 다른 지역으로 가는 바람에 죽음을 모면한 동료 병사들로 조직된 이오 섬 협회에서 간행한 『이오 섬 협회가 걸어온 길』(1997년 3월 간행)에 따르면, 정확한 숫자는 육군 장병과 군속이 총 1만2723명, 해군 장병과 군속이 총 7406명, 합계 2만129명이다.

육군 수비대는 오가사와라 방면 병단장 구리바야시 다다미치栗林忠道 육군 중장의 지휘 아래 있었고, 해군은 제27항공전대 사령관 이치마루 리노스케 市丸利之助 해군소장이 지휘하는 해군 남방제도항공대 겸 해군 이오 섬 경비대 사령 이노우에 사마지井上左馬二 대좌 이하 장병과 군속이었다.

이오 섬에서 전사한 2만129명 가운데 육군 각 부대의 총 인원 그리고 전사자와 생환자를 표로 나타낸 것이 표 2다. 이것을 봐도 생환자가 전혀 없는 부대가 셋이나 된다는 것을 알 수 있다. 문자 그대로 이오 섬의 전투는 옥쇄전이었던 것이다. 이오 섬 협회는 1979년 11월 각 부대가 어떻게 싸웠는지를 보여주는『이오 섬 전투 개황』을 간행했는데, 옥쇄 부대(예를 들면 특설 제43기관포대 등)에는 생존자가 한 명도 없었기 때문에 '전투상보戰鬪詳報'도 진지에 있다가 포격을 받고 "전원 옥쇄하다"라는 표현을 사용하는 선에 멈춰 있다.

이와 달리 한 사람이라도 생존자가 있을 경우 부대가 어떻게 괴멸했는지를 상세하게 증언하고 있다.

이처럼 표 2는 병사 입장에서 본 전쟁사가 후세까지 남을 수 있는지 여부를 보여주는 귀중한 의미를 지니고 있다고 해석할 수도 있다.

게다가 표 1은 각각의 전지에서 전사한 전몰자 수를 보여주는데, 전몰자 한 사람 한 사람이 어떤 생각을 하며 전지에서 죽어갔을지 상상하면 가슴이 아프다. 그 아픈 심정이 전후 일본의 출발점이 되리라고 생각한다. 그리고 그 아픔은 다시금 전시 지도자의 책임을 묻는 것으로 이어져야 할 것이다. 왜냐하면 그들의 희생이 있어서 전후사회가 시작되었다고 해야 하기 때문이다.

부대명	통칭 번호	총 인원	전사자 수	생환자 수
사단사령부	膽18302	130	114	16
혼성제2여단사령부	膽18315	218	204	14
혼성제2여단통신대	膽18315	37	34	3
독립보병제309대대	膽18316	833	800	33
독립보병제310대대	膽18317	521	477	44
독립보병제311대대	18318	723	700	23
독립보병제312대대	18319	751	742	9
독립보병제314대대	18321	726	681	45
혼성제2여단포병대	18322	403	390	13
혼성제2여단야전병원	18324	86	19	67
제109사단고사포대	18327	325	320	5
제109사단경계대	18328	47	43	4
제109사단통신대	18303	64	59	5
독립혼성제17연대제1대대 내 통신반	7157	405	395	10
보병제145연대	11963	2,727	2,565	162
전차제26연대	12076	672	652	20
독립기관총제1대대	7837	246	241	5
독립기관총제2대대	7838	288	287	1
독립속사포제8대대	3855	232	221	11
독립속사포제9대대	3856	238	238	0
독립속사포제10대대	6025	303	297	6
독립속사포제11대대	7171	262	246	16
독립속사포제12대대	7180	272	258	14
중박격포제2대대	9704	508	486	22

제45장. 패전 시에 지도자는 어떻게 처신했는가

중박격포제3대대	5893	403	376	27
독립박격포제1중대	12394	139	129	10
독립구포日砲제20대대	12710	450	425	25
특설제20기관포대	18331	63	61	2
특설제21기관포대	18332	60	60	0
특설제43기관포대	2185	75	70	5
특설제44기관포대	2186	56	45	11
요새건축제5중대	2773	199	153	46
작정作井제21중대	18333	71	70	1
혼성제1여단공병대	18313	278	265	13
혼성제2여단공병대	18323	320	317	3
임시공병연대본부		21	21	0
제109사단돌격대	18329	82	80	2
제109사단분연포중대	18330	51	45	6
제109사단방역급수부	18302	64	59	5
이오 섬 임시병기창	18302	27	22	5
이오 섬 임시화물창	18300	73	56	17
합계		**13,449**	**12,723**	**726**

표 2. 이오 섬 주재 육군 부대의 전사자 및 생환자 조사표
—1951년 10월 15일, 유수업무부 제4과
1. 이 표의 '총 인원'은 1945년 2월 19일 이오 섬 전투가 시작되기 전 구리바야시 병단 참모의 정확한 조사에 근거한 숫자다.
2. 패전 시 각 부대의 보고를 통해 전사자 수와 전사 당시 상황이 확인되었다.
3. 해군 부대와 군속, 일부 민간인의 숫자는 이 표에 포함되어 있지 않다.

제3부. 쇼와 육군이 전후사회에 드리운 그림자

포츠담 선언에 따른 '패전 처리'

패전이라는 사태는 포츠담 선언을 수락하면서 현실로 다가왔다. 미국 국무차관이었던 조지프 그루(개전 당시 주일 대사)와 그 스태프가 이 선언을 가다듬었고 트루먼의 내락을 얻어 문안을 마무리지었다. 포츠담에서 열린 회담에서는 트루먼, 처칠, 스탈린 세 사람이 일본의 항복 조건에 대해 이야기를 나누었는데, 그 선언은 트루먼과 처칠 그리고 장제스의 이름으로 발표되었다. 선언은 13개 항목으로 이루어져 있는데 그 요지는 다음과 같다.

① 미영중 삼국은 일본에 항복할 기회를 준다.

② 삼국은 강력한 군사력을 정비하여 일본에 최종적인 타격을 가할 수 있다.

③ 최고도의 군사력을 사용함으로써 일본 국토는 파괴될 것이다.

④ 일본은 전쟁의 계속 여부를 스스로 결정해야만 한다.

⑤ 우리 조건은 이하 여섯 항목이다.

⑥ "세계를 제패하는 일에 나서는" 권력이나 세력은 "영구히 제거될 것이다".

⑦ 연합국의 목적을 달성하기 위해 일본 국토는 점령될 것이다.

⑧ 일본국의 주권은 혼슈, 홋카이도, 규슈 및 시코쿠 그리고 "우리가 결정하는 작은 섬들도 국한될 것이다".

⑨ 일본국 군대는 완전히 무장을 해제해야 하며 병사는 집으로 돌아가 생활할 수 있다.

⑩ 전쟁범죄인은 재판을 받을 것이다. 일본 정부는 국민의 기본적 인권을 확립해야 한다.

⑪ 일본의 산업 체제를 재군비에 이용하는 것을 금한다.

⑫ 위의 조건이 충족되고 평화적 성향을 지닌 책임 있는 정부가 수립될 때 연합국은 철수한다.

제45장. 패전 시에 지도자는 어떻게 처신했는가

⑬ 일본 정부는 즉각 무조건항복을 선언하고, 이를 위한 구체적인 행동을 취해야 한다. 그 외의 선택지는 없으며, 그렇지 않을 경우 일본은 완전히 괴멸될 것이다.

이 선언은 1945년 7월 26일 오후 9시 20분 포츠담에서 발표되었다. 이것이 미국의 대일 방송 전파를 타고 일본에 전해진 것은 27일 새벽이었다.

사실 트루먼도 처칠도 그리고 스탈린도 일본이 이 선언을 받아들여 무조건항복을 하리라고 생각하지는 않았던 구석이 있다. 이 조건은 독일에 제시한 조건보다 관대했지만, 일본의 군사 지도자는 이때까지도 전혀 항복 의사를 보이지 않았기 때문이다. 게다가 포츠담 회담 무렵 '원자폭탄 개발에 성공'했다는 자국 보고를 은밀하게 접한 트루먼에게는 이 무기를 사용하고 싶은 심리도 있었던 것처럼 보인다. 트루먼으로부터 이 이야기를 전해 들은 처칠 또한 신무기를 사용하여 일본에 치명적인 타격을 가하는 게 나을 것이라고 생각했음에 틀림없다. 두 지도자는 그럼으로써 전쟁에 희생되는 자국의 병사 수를 줄일 수 있으리라고 판단했기 때문이다.

스탈린은 스탈린 나름대로 일본이 이 조건을 받아들여 항복하고 만다면 참전 기회를 잃은 소련은 일본이 갖고 있던 권익을 획득할 수 없게 될 것이며, 1945년 2월 열린 얄타 회담에서 미국과 영국이 소련에 부여했던 권익(만주에서의 우선권 등)이 모두 물거품으로 돌아가고 말 것이라는 위기감을 갖고 있었다.

세 사람은 각자 다른 속셈을 갖고서 일본의 반응을 주시하고 있었다.

포츠담 선언을 접한 일본 측 지도자 가운데 군사 지도자는 어떻게 반응했을까? 참모총장 우메즈 요시지로, 군령부총장 도요다 소에무豊田副武 그리고 육군상 아나미 고레치카는 일관되게 수락에 반대하면서 본토 결전을 주장했는데, 특히 이 선언에 '국체호지'가 명문화되어 있지 않다는 점을 주요 이유로 삼았다. 더욱이 그들은 제10항 제1절의 "우리 포로를 학대한 자를 포함하여 모든 전쟁범죄인에 대해서는 엄중한 처벌이 가해질 것이다"라는 표현에 주목하고, 전범 재판은 어떻게 될 것인지 우려하면서 외무상 도고 시게노리에게 질문하기도 한다.

이에 대해 도고는 이 선언만 봐서는 분명하지 않다고 답했다. 그러나 우메즈 등은 제1차 세계대전 후 독일에서 진행된 전범 재판을 생각했던 듯하다. 이때는 전승국의 명에 따라 독일이 독자적으로 전범을 재판했는데, 그 재판은 전시 지도자에게 유죄를 선고해도 실제로는 얼마 지나지 않아 복권을 시키곤 하는 형식적인 것이었다. 이 단계에서는 극동국제군사재판(도쿄전범재판)이나 연합국 각국의 법에 따라 진행되는 B·C급 전범 재판 등은 도저히 예측할 수 없었다.

결국 일본은 8월 6일의 히로시마, 9일의 나가사키에 대한 원폭 투하 그리고 극동 소련군의 만주 진출로 인해 포츠담 선언을 수락하지 않을 수 없었다. 그리하여 일본은 패전 처리를 서두를 수밖에 없었는데, 그중에는 역사적 시점이 크게 결여된 처리도 있었다. 예를 들면 일본 정부는 8월 14일 열린 각료회의에서 전쟁과 관련된 모든 자료와 서류를 소각하기로 결정했다. 14일 저녁 무렵부터 15일 내내, 가스미가세키와 나가타 정 일대에서는 서류를 태우는 연기가 끊임없이 하늘로 솟아올랐다. 특히 육군과 해군에서는 그 작업이 더욱 철저해서 각지의 총군이나 방면군까지 소각 명령이 시달되었고, 그 명령은 다시 연대와 대대 그리고 중대로 내려갔다.

포츠담 선언 제8항에서 언급하고 있듯이, 패전 결과 일본의 국토는 홋카이도, 혼슈, 시코쿠, 규슈 그리고 연합국이 인정하는 작은 섬들로 한정되었다. 결국 메이지 유신 당시의 국토로 돌아갔던 것이다. 청일전쟁 이후의 근대 일본사가 부정되었던 셈이다. 패전 시 일본군 장병과 군속 그리고 민간인 629만702명이 외지에 있었다. 이들 일본인이 마치 민족 이동이라도 하듯 일

제45장. 패전 시에 지도자는 어떻게 처신했는가

본으로 돌아왔다. 그들은 포츠담 선언 제9항에서 "일본국 군대는 완전히 무장을 해제한 후 각자 가정으로 돌아가 평화적이고 생산적인 생활을 영위할 기회를 부여받을 것"이라고 했듯이 일본에서의 생활을 보장받았다.

구분	총 인원	군인 및 군속	민간인
소련	472,942	453,787	19,155
지시마, 가라후토	293,491	16,006	277,485
만주	1,045,525	41,916	1,003,609
다롄	225,954	10,917	215,037
중국	1,535,414	1,044,460	490,954
홍콩	19,347	14,285	5,062
북한	322,585	25,391	297,194
한국	597,302	181,209	416,093
타이완	479,544	157,388	322,156
본토 인접 제도	62,389	60,007	2,382
오키나와	69,416	57,364	12,052
네덜란드령 동인도	15,593	14,129	1,464
프랑스령 인도차이나	32,303	28,710	3,593
태평양 제도	130,968	103,462	27,506
필리핀	133,123	108,912	24,211
동남아시아	711,507	655,330	56,177
하와이	3,659	3,349	310
오스트레일리아	138,843	130,398	8,445
뉴질랜드	797	391	406
합계(백분율)	6,290,702	3,107,411(49%)	3,183,291(51%)

표 3. 지역별 인양자 수
—후생성 조사

표 3은 얼마나 많은 일본인이 해외 각지에서 인양되었는지를 보여준다.

표를 봐도 알 수 있듯이 민간인은 만주에서 인양된 사람이 압도적으로 많다. 개척농민으로 입식한 자와 구만주국에서 자리를 얻어 일한 사람이 이정도의 숫자(실제로는 이보다 많았을 테지만)에 이르렀다는 이야기인 셈이다.

특히 구만주국에서 인양하는 과정에서는 문제가 적지 않았다. 즉, 관동군 장교가 자신의 가족을 우선 귀국시키고 민간인을 '외면했던' 것이다. 이 때문에 불행한 일이 많이 일어났고, 현재에 이르기까지도 잔류 고아 문제가 미해결된 상태로 남아 있다. 이는 체질상 관동군이 기본적으로 '군인만 있고 국민은 없다'는 방침으로 시종했다는 것을 말해준다. 그리고 이것은 쇼와 육군의 체질 자체를 여실하게 보여주며, 또 그렇게 판단한다고 해도 할 말이 없는 상황을 초래했다.

표 3에서 볼 수 있듯이 패전 시 육군 사단 60개와 독립혼성여단 20여 개 그 외 항공부대와 작전부대, 해군의 지상부대 등 외지 병력은 310만 명에 이르렀다. 마지막 육군상이었던 시모무라 사다무는 자신의 사가판 저서 『종전 처리를 회고하며』에서 다음과 같이 말한다.

"해외에는 각급 사령부, 관청, (군 관련) 학교, 보급 기관 등이 있었고, 그외 보유하고 있던 토지와 건물, 병기와 탄약을 비롯한 군수품 등도 실로 막대했습니다. 충분히 예상할 수 있듯이, 이처럼 방대한 조직을 일거에 해체하여 인원을 고향으로 돌려보내고, 각지에 산재하는 무수한 보유 건물을 그 종류에 따라 진주군에 인도하거나 대장성 또는 기타 관공서에 이관하는 일은, 국가적 기능이 극한적인 혼란과 마비 상태에 있었던 당시로서는 쉽지 않은 대사업이었습니다. 그러나 군 당국은 복원 실시 기간이 길어지면 도리어 예측하지 못한 사고의 발생을 피하기 어렵다고 판단하고, 종전부터 2개월 그러니까 10월 15일까지 어떻게든 일을 마무리하기로 결정하고 상주와 재가를 거쳐 8월 23일 시행령을 내렸습니다. 우리 정부와 진주군 모두 이 계획을 달성하기 어렵다고 생각했지만, 실행 부대 및 관계 관민이 성지를 잘 받들어 비상한 노력을 기울인 결과 예정일인 10월 15일에는 육군성(11월 30일까지 존속)과 기타 부득이한 잔무 처리 기관을 제외하고 국내 군대의 복원은 완전히 종결했습니다."

시모무라에 따르면 인양은 연합국의 도움을 얻어 비교적 원활하게 진행되었다. 그리고 10월 16일 맥아더는 성명을 발표하여 이렇게 말했다고 한다. "패전 직후의 혼란 속에서 전의가 아직 꺾이지 않은 일본 군대의 복원이 이처럼 신속하고 원활하게 완료된 것은 세계 역사상 유례를 찾아볼 수 없는 일이다. 이는 오로지 진주군의 지도가 대단히 적절했기 때문이다."

그 후 맥아더는 시모무라를 불러 구체적인 안이 도대체 무엇이었기에 이처럼 일이 원활하게 진행된 것이냐고 물었던 듯하다. 이에 대해 시모무라는 "근원은 종전 조칙에서 볼 수 있듯 심원한 성려聖慮에 있다. 성려를 받들어 국민이 전통적인 충성심을 발휘했던 것이며, 각별히 특이한 수단을 동원한 것은 아니다"라고 대답했다. 그러자 맥아더는 알겠다는 표정으로 고개를 끄덕였다고 한다.

이러한 말은 성려가 국민 사이에 얼마나 깊이 침투해 있었는지를 말해주는 동시에 태평양전쟁 그 자체에 성려가 얼마나 큰 영향을 끼쳤는지를 방증한다. 전후사회에 등장하는 전후책임론을 둘러싼 이른바 줄타기 논법이 이 시기부터 이미 숨바꼭질하듯 그 모습을 드러냈다고도 할 수 있다.

한편 이렇게 복원 업무가 원활하게 이루어진 것처럼 보이지만, 동남아시아 각지에서는 귀국선을 수배할 수 없었던 데다가 전시하 일본군의 행위에 대한 재판이 진행되고 있었기 때문에 장병들은 영국, 네덜란드 등의 영향 아래 있는 수용소나 억류소에서 귀국을 기다려야만 했다. 1945년 말부터 1946년과 1947년까지 서서히 복원이 이루어졌지만, 동시에 각지에서 전범 재판이 진행되고 있었던 것이다.

제3부. 쇼와 육군이 전후사회에 드리운 그림자

트루먼의 지시를 받은 맥아더는 패전 직전 어떤 지역에서 어떤 나라가 일본군의 항복을 받을 것인지를 명한 공문서를 영국, 소련, 중국에 전달했는데, 이에 따르면 항복 상대는 항복 장소에 따라 다음과 같이 각각 달랐다(전국헌우회 편, 『일본헌병정사』에서 인용).

① 중국 본토 및 타이완, 북위 16도선 이북의 프랑스령 인도차이나는 장제스 정부.
② 만주 및 북위 38도선 이북의 조선, 가라후토(사할린), 지시마(쿠릴) 열도는 소련극동사령관.
③ 버마, 타이, 북위 16도선 이남의 프랑스령 인도차이나, 말레이, 수마트라, 자와, 네덜란드령 뉴기니, 술라웨시, 소 순다 열도, 스람, 암본, 할마헤라, 타님바르 제도 등은 동남아시아연합군 최고사령관.
④ 보르네오, 영국령 뉴기니, 비스마르크, 솔로몬 제도는 오스트레일리아 육군 최고사령관.

이 가운데 동남아시아연합군 최고사령부에는 영국군을 중심으로, 프랑스군과 네덜란드군, 오스트레일리아군 등이 편입되어 있었다. 각 지역에서 일본군 사령관은 연합군 사령관에게 항복 의사를 표시했고, 그곳에서 무장해제가 시행되었다. 그리고 수용소나 억류소로 이송되고 이어서 전범 재판이 진행되었다.

_____ B·C급 전범 적발 방식

전범 재판은 지역에 따라 형식도 내용도 달랐다. 중국은 중국

제45장. 패전 시에 지도자는 어떻게 처신했는가

고유의 영역에 관하여 권한을 가졌다. 일본 내륙과 일본군이 작전 행동을 펼친 중국 이외의 지역에서는 미군과 영국군이 중심이 되어 권한을 행사했는데, 미군은 본부를 도쿄에 두고 동남태평양 전역을, 영국군은 본부를 싱가포르에 두고 주로 서남아시아 전역을 관할했다. 이들 각 지역에서 진행된 전범 재판을 B·C급 전범 재판이라고 한다.

B·C급이란 A급과 대비되는 의미를 갖는데 A급 전범과는 그 내용이 크게 달랐다. 연합국 내부에서는 이미 1943년 10월부터 연합국의 승리에 대비하여 독일과 일본 등 추축국의 전범 리스트를 작성하기 시작했다. 그 작업은 주로 연합국전쟁범죄위원회(통칭 UNWCC, 본부는 런던)에서 수행했는데, 이러한 움직임을 바탕으로 미국의 육군성과 해군성 그리고 국무성의 합동위원회가 1945년 9월 맥아더에게 보낸 「미국 정부의 일본 점령 정책 결정 문서」(통칭 SWNCC)에 전범 재판에 관한 내용이 들어 있었다. 이 문서는 전범을 A(국제법을 위반하고 침략 정책을 계획, 개시, 수행한 자), B(전쟁에 관한 국제법을 위반한 자), C(실제로 비인도적인 행위를 한 자)로 나누었다.

B·C급 일본인 전범은 각각 다른 곳에서 다른 나라의 법규에 따라 재판을 받았다. 영국은 「전쟁범죄인 재판규정」(1945년 6월 14일 공포), 네덜란드는 「전쟁범죄소송법」(1945년 8월 3일 공포), 중국은 「적인죄행조사변법」(1945년 9월 14일 공포) 등을 중심으로 했는데, 이외에 1929년 제네바에서 체결된 포로의 인도적 대우를 보장하는 조약 등 몇몇 국제조약을 바탕으로 포로와 시민에 대한 비인도적 행위도 재판 대상으로 삼았다.

각 지역에서 주로 전시에 일본군 포로가 된 자, 일본군 작전지역에 들어가 있던 게릴라부대 대원, 일본군 작전지역에 있던 주민 등이 용의자 적발에 나섰다. 또 일본인 장병 수용소나 억류소에서 헌병이 직접 확인해가며 용의자를 적발하기도 했고, 일본군 헌병, 정보장교, 포로수용소 관계자 등에 대해서는 모두 전범으로 간주한 다음 차후에 개별적으로 조사를 하는 사례도 있었다. 이와 같은 적발 방식 때문에 성이나 이름이 같다는 이유로, 성씨가 분명하지 않을 때는 용모가 비슷하다는 이유를 들어 전범으로 지목된 이도 있었다.

전범 여부를 직접 확인하는 방식은 거의 모든 수용소와 억류소에 적용되었다. 어느 장교는 사가판 자전적 회상록에서 '전범 여부를 직접 확인하는 방식'에 관하여 이렇게 말한다(구보 와슈久保和卌 편저, 『보르네오: 어제와 오늘』에서 인용).

"나도 두 차례 그런 일을 경험한 적이 있다. 첫 번째는 각 부대를 일렬횡대로 세워놓고 주민이 그 앞을 천천히 걸으면서 살피는 것이었다. 두 번째는 실내에 남자 몇 명이 앉아 있고 일본인을 5명씩 입구에서 출구로 걸어가게 하는 것이었다. 그들이 '이 사람이다'라고 지목하면 적어도 바라크로 가게 될 가능성이 높아진다. 사람을 잘못 알아볼 수도 있기 때문에 대단히 위험한 방식이었다. '훑어보지 말라'며 내심 분한 마음을 금하지 못했지만 '한신韓信의 굴욕'이라 생각하고 자중하지 않을 수 없었다."

B·C급 전범의 적발 방식 그리고 수용소와 억류소 측의 혹독한 처우는 전쟁 종결 직후의 일이기 때문에 연합국만을 싸잡아 비난할 수는 없다. B·C급 전범의 지독하게 가혹한 상황이나 전범 재판의 부당한 측면에 관해서는 나 역시 비판적인 입장이지만, 거꾸로 쇼와 육군 군인들의 '인간적 연약함'이 그런 불공정한 재판을 부채질했다고도 말할 수 있다. 상급자의 책임 회피, 하급자에 대한 책임 전가 등 눈꼴사나운 사례가 수두룩하다. 그러한 분위기 속에서 포로를 학대했다는 이유로 총살당한 부사관이나 병사도 적지 않다.

제45장. 패전 시에 지도자는 어떻게 처신했는가

중장, 대좌라는 사람들의 눈꼴사나운 언동

1997년부터 10년 동안 나는 오사카 부 스이타吹田 시에 사는 기무라 요시오木村義郎, 교코孝子 부부를 몇 차례 방문했다.

기무라 교코의 오빠 기무라 히사오木村久夫는 1946년 5월 싱가포르 창이 형무소에서 교수형에 처해졌다. 28세였다. 기무라는 교토제국대학 재학 중 육군에 소집되었는데, 같은 세대 병사들이 간부후보생 자격을 얻는 상황에서 그는 이를 거부하고 시종일관 일개 병졸에 만족했다.

그는 전시에 안다만 열도의 카니코바르 섬에서 현지인들을 스파이 혐의로 처형해 이에 대한 책임을 지고 전범 재판을 받게 되었는데, 실제로 기무라는 사령부의 통역이어서 그런 사건과는 아무런 관련이 없었다. 결과적으로 주민과 접촉했다는 이유로 전범이 되고 말았던 셈이다. 기무라 교코는 누이로서 학자 등이 전후에 공표된 오빠의 유고를 전범 재판에 대해서는 전혀 검증도 하지 않은 채 명예를 훼손하는 맥락으로 인용하는 것에 강한 불만을 품고 있었다.

나는 기무라 히사오가 전범으로 수용소에 있을 때 읽은 철학책(다나베 하지메의 『철학통론』)의 각 페이지 여백에 힘 있는 필체로 쇼와 육군을 비판한 것에 관심을 갖고 있었다. 만년필이나 연필로 쓴 것인데 지금은 글자가 여기저기 긁힌 상태다. 여기서 직업군인의 쇼와 육군에 대한 강한 비판을 읽을 수 있다.

"감옥에서 아무개 중장이니 아무개 대좌니 하는 사람을 몇 명 만나 함께 생활해왔는데, 그들은 군복을 벗은 적나라한 모습으로 눈꼴사나운 언동을 일삼았다."

"군생활에서 장교들은 걸핏하면 큰소리를 치곤 했다. 내가 완곡하게 어떤 생각에 반대하면 '너는 자유주의자다'라며 일언지하에 묵살해버렸다. 군인

제3부. 쇼와 육군이 전후사회에 드리운 그림자

사회에서 볼 수 있는 죄악을 하나하나 헤아리자면 끝이 없다. 모두 잊기로 하자. 그들도 어차피 일본인이니까. 그러나 한 가지 분명히 말해두건대 그들은 모든 국민 앞에서 할복할 마음으로 사죄하고 남은 삶을 사회봉사에 바쳐야만 할 것이다. 천황의 이름을 가장 심하게 남용하고 악용한 이들도 군인이었다."

기무라는 억울하게 죄를 뒤집어쓴 것에 불만을 품으면서도 결국에는 자신의 운명을 달게 받아들였다. 그렇기 때문에 이러한 비판은 더욱 설득력 있는 것으로 이해되어야만 한다.

각지에서 진행된 B·C급 전범 재판에서 기무라처럼 아무런 잘못 없이도 처형당한 자, 상급자의 명령을 천황의 명령으로 이해하라는 말을 듣고 어쩔 수 없이 비인도적인 행위를 한 뒤 그에 대한 책임을 추궁당한 자 등등이 적지 않았을 테지만, 그런 사례가 얼마나 있었는지는 상세하게 알려져 있지 않다. 표 4를 보면 알 수 있듯이 B·C급 전범에 대한 재판은 2230건, 재판을 받은 총 인원은 5551명이다. 이 가운데 약 80퍼센트의 사람은 오인 등에 의해 억울하게 죄를 뒤집어썼거나 아무런 변론 없이 다른 장병의 죄를 떠안은 것으로 추측된다.

왜 이런 상급자의 책임 회피가 있었던 것일까? 이와 관련하여 『일본헌병정사』는 흥미로운 에피소드를 소개하고 있다. 헌병 경력을 가진 자는 B·C급 전범으로 지정될 확률이 높았고, 실제로 B·C급 전범 총 5551명 가운데 1534명이 헌병 출신으로 그 비율은 약 28퍼센트에 이른다.

『일본헌병정사』에 따르면, 필리핀 마닐라에서 야마시타 도모유키에 대한 군사재판이 열렸을 때(1945년 12월 12일 사형 선고, 1946년 2월 집행) 증인으로 출석한 전 참모장 무토 아키라(나중에 A급 전범으로 지정)도 전범 캠프에 수용되었다. 그때 무토는 이 수용소에 수감되어 있던 전범용의자 장병들을 모아놓고 다음과 같이 훈시했다.

제45장. 패전 시에 지도자는 어떻게 처신했는가

재판 국명	법정명	전체 전범	
		건수	인원수
미국	요코하마	328	1,036
	괌	28	109
	콰절린 환초	3	18
	상하이	10	48
	마닐라	89	194
	소계	458	1,405
영국	싱가포르	135	488
	조호르바루	3	4
	쿠알라룸푸르	44	78
	타이핑	17	30
	알로르세타르	2	16
	페낭	1	35
	홍콩	45	121
	라부안	6	13
	제셀턴	13	16
	버마	40	131
	소계	306	932
오스트레일리아	라바울	203	413
	라부안	19	155
	홍콩	13	42
	싱가포르	24	62
	웨와크	1	1
	포트다분	3	18
	마누스	26	113
	암본모로타이	13	134
	소계	302	928
네덜란드	바타비아	110	357
	메단	59	135

	탄종피낭	6	11
	퐁차나크	19	36
	판세르마싱	10	30
	팔리크파팡	20	88
	마카사르	36	92
	쿠팡	21	24
	암본	49	79
	메나드	46	59
	모로타이	21	65
	포란지아	53	57
	소계	450	1,033
프랑스	사이공	41	255
필리핀	마닐라	70	156
중국	한구	75	152
	베이징	87	112
	광둥	85	170
	선양	114	136
	난징	31	37
	지난	21	24
	쉬저우	13	25
	상하이	151	184
	타이베이	15	21
	타이위엔	11	11
	소계	603	872
총합계		**2,230**	**5,551**

표 4. B·C급 전범 지역별 건수 및 인원수

1. 표의 출전은 『일본헌병정사』. 그러나 B·C급 전범의 지역별 건수, 인원수 등은 정확하게 알려져 있지 않다. 작가 이와카와 다카시巖川隆의 저작 『아직도 말할 수 없다』의 통계에 따르면 총원은 5730명(그 가운데 사형수는 971명)이다.
2. 이 표에서는 재판국을 달리한 동일인에 대해 중복하여 계상했다.

제45장. 패전 시에 지도자는 어떻게 처신했는가

"여러분은 특공대원이 되어 재판의 피해를 최소화하라. 일본 육군 아니 일본의 명예를 위해서라도 부대장이나 병단장이 현지인 포로를 살해하라는 명령을 내렸다는 말 따위는 절대 하지 말라. 조국은 여러분과 여러분의 가족을 결코 외면하지 않을 것이다."

결국 상급자로부터 명령을 받은 사실을 부인하라고 명한 것이다. 이 때문에 상급자는 대본영의 명령을 부정하고 하급자에게 명령을 내리지 않았다고 증언함으로써 결국 비인도적 행위에 대한 책임을 하급 병사에게 떠넘기는 결과를 낳았다. 『일본헌병정사』에서는 일본군을 대단히 신성한 군대인 것처럼 기록하고 있지만, 그럼에도 이 부분에서는 무토의 말에 따라 상급자가 모든 명령을 부정하고 말았기 때문에 명령 수령자 가운데는 반론의 기회를 잃고 사형을 선고받은 사례도 많았다고 기술하고 있다. "작전 명령에 기초한 행위도 수령자의 발의에 따른 행위로 판정되었던" 것이다.

더욱이 몇몇 B·C급 전범 재판에서는 대본영이나 군사령부의 대좌 등이 "일본군에서는 명령에 반드시 복종해야만 하는 것은 아니다. 명령에 따라서는 의견을 개진할 길이 열려 있었기 때문에 불법이라고 생각되는 명령에 대해서는 의견을 피력하면 된다"라는, 순전히 자기변명으로 점철된 진술서를 제출했다. 이 때문에 명령을 '절대시'하지 않는 영미권의 사고방식에 익숙했던 미국을 비롯한 연합군의 재판장(군인)이 하급자를 불리한 상황으로 내모는 사례도 있었다.

확언할 수는 없지만 내가 조사한 바로는 앞에서 소개한 기무라 히사오의 일도 그러한 사례 중 하나였을 것이라고 생각된다.

B·C급 전범 재판의 부당성만을 지적하고 쇼와 육군 고위급 장교의 이러한 책임 회피를 무시해버리는 것은 역사적 전승이라고 말할 수 없다. 실상을 잘 들여다보지 않는 한 쇼와 육군의 체질을 정확하게 파악할 수는 없을 것이다. 나는 1998년 여름 어느 출판사로부터 추천사를 써달라는 부탁과 함께

방대한 분량의 교정지를 건네받은 적이 있다. 그것은 마쓰우라 요시노리^{松浦}義敎라는 직업군인(패전 당시 제38사단 참모)이 오스트레일리아군으로부터 라바울에서 열린 B·C급 전범 재판에서 변호활동을 하라는 명을 받고 그 활동 내역을 일기 형식으로 기록한 책이었다. 그것을 처음으로 간행한다는 얘기였는데, 내용을 읽어보니 마쓰우라는 89세라는 죽음이 가까운 나이를 의식하고서 출간을 결심한 것처럼 보였으며, 이전까지는 이 문서를 공개하지 않고 곁에 쌓아두었던 듯했다. 실제로 마쓰우라는 이 책이 출간된 지 1년 후에 병사한다. 이 책에서 그는 너무나도 불합리한 B·C급 전범 재판의 내용을 시간에 따라 정리하고 있을 뿐만 아니라 동시에 일본군에게도 반성할 점이 많다고 지적한다.

1946년 6월 15일자 기술에 따르면 이날 다섯 전범이 재판을 받았다. 오전 10시부터 오후 4시까지 재판이 이어졌고, 중국인 포로를 학대했다는 죄목으로 부사관 한 명이 4년형을 선고받았다. 이 부사관은 화물창고를 담당하고 있었는데, 그곳에서 중국인 포로를 학대했다는 것이다. 배고픔을 참지 못해 통조림을 훔친 중국인 포로의 뺨을 때린 것이 전부였다. 이 부사관의 경우 상사에게 보고하느니 뺨을 한 대 때리는 것으로 마무리짓고자 했다는 점에서 비교적 '온정적'인 인물이었던 듯하다. 이 재판도 확실히 진상 규명과는 거리가 멀었고 복수의 의미가 훨씬 더 강했던 것 같다. 마쓰우라는 이날 일기에 부사관이 고소인이나 재판장을 원망하지는 않았다고 적었다. 마쓰우라는 또 뺨을 때리는 것은 일본군 내부에서 "자신도 계급성에 얽매여 있는 처지에 스스로의 권위를 보여주고 싶어한 반동적 욕구"였다고 자성하면서 그것은 타국민에게는 통용되지 않는 악습이었다고 썼다.

쇼와 육군은 시야가 좁고 비인도적이기도 했다는 그의 지적은 무거운 교훈이다. 물론 마쓰우라는 전후에도 '대동아전쟁 긍정론' 편에 서긴 했으나, 이 책에서는 쇼와 육군의 모순이 말단 병사에게 강요한 가혹한 운명의 사례를 적잖이 찾아볼 수 있다는 점에서 얼마간 의미를 지닌다고 할 수 있다.

——— 군인 및 병사가 마주친 여섯 가지 운명

패전과 함께 쇼와 육군의 군인과 병사는 조직 해체에 따르는 몇 가지 운명에 맞닥뜨린다. 그것을 내 나름대로 분석해보면 다음 여섯 가지 유형으로 나뉜다.

① A급 전범으로 지정된 고위급 군인
② B·C급 전범으로 지정된 고위급 군인과 병사
③ GHQ의 점령 정책에 호응한 고위급 군인과 중견 장교
④ 고향으로 돌아가 새로운 생활을 시작한 군인과 병사
⑤ 외지에 억류된 군인과 병사
⑥ 자결한 고위급 군인과 병사

대부분의 군인과 병사는 ④ 유형에 속했다. 그들은 전쟁 상태에서 해방되어 일상으로 돌아갔다. 그러나 동시에 일본을 점령 통치하게 된 GHQ는 1945년 9월부터 잇달아 지령을 내렸다. 정부나 지방자치단체가 퇴역한 직업 군인에 대하여 직업 훈련 교육이나 취업 알선을 하지 못하도록 했으며, 군인과 군속에 대한 은급의 금지(여기에는 청일전쟁과 러일전쟁 당시의 퇴역 군인 등도 포함된다), 전몰자에 대한 정부 및 지방 조직의 장례나 위령제 금지, 군의 행위를 긍정하는 언동 등의 금지를 명했다. 그리고 1946년 1월 4일부터는 GHQ의 지령에 따라 직업군인이 일제히 공직에서 추방되었다. 공직 추방은 포츠담 선언 제6항에 의거한 것으로, 평화와 안전 그리고 정의의 신질서가

자리잡기까지는 "일본국 국민을 기만하고 세계를 정복하는 일에 나서는 과오를 범한 권력과 세력은 영구히 제거하지 않으면 안 된다"는 조항에 바탕을 둔 구체적인 조치였다.

공직에서 추방된 직업군인은 약 19만3600명에 달하는 것으로 알려져 있다.

GHQ는 1945년 9월 22일 점령 통치 방침을 명확히 했다(「미국의 초기 대일방침」). 여기서 미국은 일본이 세계 평화와 안전을 위협하지 못하도록 네 가지 주요 방침을 내걸었는데, 이 가운데 특히 중요한 것은 "일본은 완전히 무장해제해야 하며 또 비군사화해야 한다"는 점과 "일본 국민은 개인의 자유에 대한 욕구 및 기본적 인권"을 존중받아야 한다는 점이었다. 비군사화와 민주화를 두 축으로 제시한 셈이다.

동시에 태평양전쟁을 담당한 전쟁 지도자의 책임을 물어 맥아더는 9월 11일 도조 히데키를 전쟁용의자로 체포하라는 명령을 내렸다. 이때 도조는 체포를 거부하며 자결을 시도했지만 즉시 요코하마에 있는 미군 임시 병원에 수용되어 목숨을 건진다. GHQ는 어떻게든 A급 전범 재판을 열 의사가 있었고, 그러기 위해서는 도조를 법정에 세워 극형을 내리는 것이 가장 중요한 의식이라고 생각하고 있었다.

체포가 임박했다는 것을 알아차린 도조는 9월 10일 '내각총리대신 전관예우 육군대장 종2위 훈1등 공2급 도조 히데키'라는 이름으로 유서를 썼다. 이 유서는 자결 미수 후 GHQ에 의해 압수되었고 지금도 미국 메릴랜드 주에 있는 국립공문서관에 보존되어 있다. 유서는 다섯 항목으로 이루어져 있다. 제1항에는 천황에게 깊이 사죄한다고 적혀 있으며, 제2항에는 "개전 당시의 책임자로서 책임을 통감하는 바이며, 이에 자결하여 그 책임을 지고자 한다"라는 구절이 있다. 전체적으로 군 관료의 체면과 고집으로 덧칠되어 있으며, 내용을 보건대 역사적 의미를 내포하고 있다고는 도저히 말하기 어렵다.(1945년 9월 12일 『아사히신문』은 도조 히데키 전 수상이 자결을 시도했다는 소식을 전했다. 도조는 우연히 그 자리에 있었던 『아사히신문』 기자 하세가와 유키오에게 유언이라면서 이렇게 말했다. "한 방에 죽고 싶은데 시간이 걸릴 것을 생각하니 유감스럽다…… 책임자로서 해야 할 일이 많다고 생각하지만 승자의 재판에는 나가고 싶지 않다…… 사체는 유족에게 인도하지 않아도 좋다. 그러나 구경거리로 만들어서는 안 된다고 맥아더에게 전해달라."— 옮긴이)

도조의 자결 미수 이후 지도자 가운데 전범 재판에 넘겨질 것을 예상하고 죽음을 선택한 사람도 적지 않다. 예를 들면 3년 8개월에 걸친 태평양전쟁 기간 중 2년 3개월 동안 참모총장 자리에 있었던 스기야마 하지메 등이 그러하다. 이러한 결정은 앞에서 서술한 여섯 유형 가운데 여섯 번째에 속하는데, 단 이들의 죽음은 패전 직후 자결한 군사 지도자(육군상 아나미 고레치카, 동부군 관구사령관 다나카 시즈이치, 군사참의관 시노즈카 요시오 등)의 죽음과는 다른 의미를 지닌다. 아나미, 다나카, 시노즈카 등은 군인으로서 '패전'에 책임을 지고 죽음을 택했지만, 스기야마나 도조는 자신이 A급 전범으로 재판을 받는 것에 불안과 불만을 품고 자결하거나 자결을 시도한 것이어서 사적인 성격이 강하다고 할 수 있다. 특히 이 시기 동시대인들 중에는 도조나 스기야마와 같은 개전 전이나 개전 시의 군사 지도자가 '자살'을 함으로써 전쟁 책임을 지지 않은 데 대해 불만을 가진 사람도 있었던 듯하다.

패전 전후에 간행된 문학인, 정치가, 관료 등의 일기를 보면 한결같이 냉담한 반응을 보인다. 예컨대 다카미 준高見順의 『패전일기』 9월 12일자 기록은 이 시기의 국민감정을 대변한다고 할 수 있는데 그는 도조의 자결을 다음과 같이 비판한다.

"생각한 바가 있어서 지금까지 자결하지 않았다면 왜 참기 어려운 것을 참으며 연행되지 못했을까? 왜 이제 와서 새삼스럽게 당황하여 자살을 하니 마니 하는 것일까? 그럴 바에야 조칙이 있었던 날에 자결을 했어야 옳다. 살아 있는 바에야 재판에 나서서 소신을 밝혀야 했다. 추태도 이런 추태가 없다. 게다가 당황한 나머지 죽는 데도 실패했다. 거듭되는 치욕이다."

도조는 1941년 1월 자신의 이름으로 시달한 「전진훈」에서 포로가 되어 치욕을 당하지 말라고 가르쳤는데, 정작 그 자신이 이 가르침을 배반한 셈이다. 이유야 어떻든 이것은 쇼와 육군 지도자가 지극히 자기중심적으로 전쟁을 지도했다는 의미다.

앞에서 말한 여섯 유형 가운데 ③ 사례는 좀더 상세하게 분석할 필요가 있다. 다음 장에서 이와 관련한 당시의 움직임을 살펴보기로 한다.

참모들의
쇼와 육군 재건 움직임

앞에서 서술한 것처럼 행정기관이던 육군성은 제1복원성으로, 해군성은 제2복원성으로 간판을 바꿨다. 그리고 각각 GHQ의 감시 아래 일본군 장병의 귀환 업무, 전후 처리 등을 수행했다. 복원성에 적을 둔 사람은 육군성에서 말단 업무에 종사했던 군속이나 문관 그리고 후생성과 내무성 등에서 파견된 이들이었다. 그들은 양복 차림으로 관련 업무를 처리했다.

그런데 1946년 초부터 예전의 대본영 참모들이 복원성을 드나들기 시작했다. 그들은 구일본군 장교의 출신지를 조사하여 그곳에 잇달아 연락을 취했다. 전화가 불통이어서 대부분 전보로 연락을 했다. 이 무렵 대본영 참모와 군사령관, 참모, 육군성과 참모본부의 요직에 있던 고위급 막료는 GHQ의 추적을 피해 가명을 사용하거나 고향으로 돌아가 조용히 지내고 있었다. GHQ가 전쟁 지도를 담당한 군인을 모조리 체포하여 즉석에서 처형할 것으로 믿고 있었기 때문이다.

GHQ는 우선 A급 전쟁범죄 용의자로서 도조 히데키를 필두로 국책을 움직인 군인, 정치가, 관료 등을 잇달아 체포하여 스가모 형무소에 가두었다. 그중에서 최종적으로 28명의 A급 전범을 지목했고(1946년 4월 29일 공표), 4일 후인 5월 3일부터 이들을 이치가야 법정의 피고석에 앉혔다. 이어서 GHQ는 네 차례에 걸쳐 '공직 추방'에 관한 명령을 내렸다. 이들은 대일본제국의 군사 조직, 행정 조직, 교직원 그리고 민간 조직 등으로 추방의 폭을 계속 넓혀갔다. 쇼와 육군이라면 좌관 이상의 군인은 전부 공직에 남아 있을 수 없었다.

GHQ에서는 쇼와 육군 군인들을 대상으로 포로 학대와 국제법 위반 등에 관한 조사도 병행하고 있었기 때문에 군인들은 숨을 죽인 채 몸을 감추고 있어야 했다.

그런 상황에서 과거의 좌관급 대본영 참모가 은밀하게 복원성을 출입한다는 것은 분명 미심쩍은 광경이었다. 물론 이들 참모는 본명을 사용하지 않았고 그 모습도 누구나 알아볼 수 있는 것이 아니었다. 그러나 육군성과 참모본부에 근무한 적이 있는 참모라면 금방 이름을 댈 수 있었다. 어떤 참모는 '모리'라는 가명을 사용했다.

모리는 표면상으로는 복원성의 전사편찬실장 자리에 있었는데, 전사편찬실만은 복원성 건물에 있지 않았다. 전사편찬실은 도쿄 히비야에 있는 유센 빌딩에 있었는데, GHQ의 총사령부가 자리한 다이이치생명 빌딩에 인접한 것이 상징적이기도 했다.

이 편찬실의 예산은 GHQ 내부의 G2(참모제2부) 책임자 윌로비 소장이 집행했다. 결국 편찬실은 복원성에 속한 것처럼 보이지만 실제로는 G2의 지원을 받는 옛 군인들의 조직이었던 셈이다.

모리라는 가명을 사용한 인물은 바로 핫토리 다쿠시로였다. 그는 참모본부 작전과장으로서 1945년 2월에 있었던 필리핀 작전의 실패에 책임을 지고 보병 제65연대(중국 푸순 주둔) 연대장으로 자리를 옮겼다가 그곳에서 패전을 맞았다.

핫토리는 원칙대로라면 전범 중 한 사람으로 간주되었어야 했다. 적어도 공직추방령에 따라 공직을 그만두어야 하는 군인이었다. 그런데도 복원성에 적을 두고 반쯤은 공공연하게 활동할 수 있었던 것은 아이러니하게도 그가 GHQ 내부의 대립을 이용할 수 있었기 때문이었다.

윌로비와 휘트니의 대립

GHQ 내부에서는 G2와 GS(민정국) 사이의 대립이 끊이지 않았다. G2는 군인이 중심이어서 철저한 반공 노선을 취했고, 여차하면 소련과의 전쟁도 불사한다는 생각을 갖고 있었다. 그들은 추후 제정된 일본국헌법이 재군비를 금지한 것에 불만을 품었고, 가까운 시일 안에 재무장을 허용하여 반공의 보루로서 일본을 군사 대국으로 키워야 한다고 생각했다. 그런 생각을 주도한 사람이 바로 윌로비였다.

윌로비는 어떤 경로를 통해서였는지는 분명하지 않지만 대본영의 작전을 담당했던 핫토리와 선이 닿았다. 일설에는 핫토리를 비롯한 과거의 작전참모들이 윌로비에게 매수되었다고 하지만 현재까지도 진상은 분명히 밝혀지지 않았다. 다만 핫토리와 전사편찬실에 모인 고위급 군인들이 속전속결로 변신했다는 점 또는 절조가 없었다는 점에서는 닮아 있었다고 할 수 있다.

윌로비는 핫토리를 통해 참모본부와 군령부의 막료들 중에서 수완가로 알려진 이들을 끌어들였던 듯하다. 그리고 이 막료들을 복원성의 전사편찬실에 밀어넣기 위해 추방령에 예외 규정을 두었다. 즉, "다른 사람이 대신하기 어려운 직무를 수행하는 사람은 추방 대상에서 제외한다"는 내용을 덧붙임으로써 이들을 자신의 뜻대로 부리고자 했던 것이다.

제3부. 쇼와 육군이 전후사회에 드리운 그림자

윌로비와 대립한 사람은 GS를 지휘하던 국장 휘트니였다. 그는 쇼와 육군의 완전한 해체를 주장했고, 일본에 민주적인 제도를 정착시키기 위해 이 군사 조직을 최우선으로 배제해야 할 세력으로 간주했다. 윌로비와 휘트니는 맥아더를 지탱하는 두 축이었다. 맥아더는 서로 대립하는 두 사람을 교묘하게 조종하면서 일본을 통치해나갔다. 윌로비는 휘트니 등의 민주적 개혁에 사사건건 이의를 제기했다. 그런 그가 핫토리를 비롯한 과거의 막료들을 감싸고돈 것은 일본의 재군비가 진행될 경우 그들을 지도부에 포진시키겠다는 복안을 갖고 있었기 때문이다.

핫토리 등의 전사 편찬 목적은 최고사령관 맥아더의 입맛에 맞는 '태평양전쟁사'를 쓰는 것이었다. 윌로비는 전사 편찬과 관련하여 맥아더로부터 직접 명령을 받았으므로 맥아더를 중심으로 한 전사를 쓰고자 했으며, 이 작업에 일본 대본영 출신 참모들을 이용한다는 생각을 갖고 있었다. 말하자면 일석이조의 효과를 노렸던 셈이다.

이 전사는 상하 두 권으로 간행될 예정이었다. 상권은 미국 측 자료를 바탕으로 메릴랜드주립대학 프랑게 교수가 중심이 되어 집필할 예정이었고, 하권은 일본 측 자료를 바탕으로 전사편찬실 멤버들이 쓰기로 되어 있었다. 전적으로 맥아더를 주인공으로 한 상권은 니미츠 제독이 이끈 태평양함대의 작전은 거의 무시하는 내용으로 채워질 터였다. 하권도 이와 크게 다르지 않았는데, 일본의 관점에서 미국의 군사력에 대한 상찬과 핫토리를 비롯한 대본영 작전참모들의 자기변명, 정당화, 전장에서 싸운 병사에 대한 경시 등등의 내용을 담을 예정이었다.

하권은 그 후 핫토리의 이름으로 『대동아전쟁 전사』라 하여 일본에서도 출간되었다. 이 책은 태평양전쟁 이전의 전사에 관해서도 개략적인 서술을 포함하고 있긴 하지만, 핫토리가 책임져야 할 노몬한 사건에 대해서는 아무런 언급이 없는 등 객관성이 매우 결여되어 있다.

이 전사는 '관제판官製版' 태평양전쟁 검증의 성과물이었다고도 할 수 있다. 그런 만큼 미심쩍은 자료를 적잖이 포함하고 있다.

1947년부터는 핫토리의 유혹에 넘어간 대본영 참모들이 유센 빌딩에 있는 전사편찬실로 거의 매일 출근하다시피 했다. 그들은 윌로비로부터 급료를 지급받았다. 그러나 결코 많은 금액은 아니었다고 한다. 그 대신 식량이 부족한 시절이었음에도 식량만은 어렵지 않게 구할 수 있었던 듯하다.

전사 편찬 그룹은 흔히 '핫토리 기관'으로 불렸다. 그들은 과거의 참모들을 차례로 불러 전황의 실상을 캐물었다. 대본영의 작전 지도에는 아무런 잘못이 없었다는 것이 핫토리의 주장이었지만, 이 그룹에 관련된 사람 모두가 그의 주장을 받아들인 것은 아니었다. 이와 관련하여 몇 차례 논쟁도 있었다고 한다. 하지만 대체로 핫토리의 주장대로 정리되었다. 그것이 앞서 언급한 『대동아전쟁 전사』로 이어졌던 것이다.

누가 '핫토리 기관'의 멤버였는지는 명확하지 않지만, 1952년 5월호 『주오코론』에 실린 마루야마 이치타로丸山一太郎의 「맥아더 원수의 '태평양전사' 편찬의 내실」에는 이렇게 적혀 있다.

"육군 측에서는 핫토리 다쿠시로 전 대좌(전 도조 육군상 비서관), 스기타 이치지杉田一次 전 대좌(전 영미 주재무관, 참모본부 미국과장), 하라 시로原四郎 전 중좌 외에 서너 명의 전 중좌가 참가했고, 해군 측에서는 나카무라 가쓰헤이中村勝平 전 소장(전 미국 주재무관, 항공본부 총무부장), 오마에 도시카즈大前敏一 전 대좌, 오이 아쓰시大井篤 전 대좌(해상 수송 담당) 등의 얼굴이 보였다. 모두가 참모본부와 군령부를 거친 우수한 인물들이었다. 그 외에 아리스에 세이조有末精三 전 중장(전 이탈리아 주재무관, 종전 당시 참모본부 제2부장), 가와베 도라시로 전 중장(종전 시 참모차장) 등이 고문 자격으로, 전 도쿄대 경제학부 교수 아라키 고타로荒木光太郎 부부가 편집주간으로 참여했다. 여기에 통역 담당, 번역 담당, 지도 제작 담당 등을 포함하면 상당히 많은 사람이 일하고 있었다."

유센 빌딩은 GHQ 소유였는데 그 건물 3층 대부분을 전사편찬실이 차지하고 있었다. 결국 전사편찬실은 표면적으로는 맥아더의 뜻에 맞는 전사를 쓰기 위한 곳이었지만 실제로는 윌로비가 과거의 막료들을 감싸 안기 위한 조직이었다고 할 수 있다.

핫토리나 아리스에 그리고 가와베 등은 어떻게 윌로비와 같은 반공파 막료와 결탁할 수 있었을까? 그 이유는 분명하지 않다. 정설은 없지만 앞서 인용한 마루야마의 글에 따르면, 독일계 미국인인 윌로비는 독일 주재무관으로 일한 적이 있는데 그때 아리스에와 알고 지냈던 듯하다. 실제로 아리스에가 독일 주재무관을 역임한 것은 아니지만, 이탈리아 주재무관 시절에 독일 주재무관 오시마 히로시를 통해 추축국에서 근무하던 미군 윌로비와도 면식이 있었을 것이다.

가와베는 항복 당시에 참모본부를 대표하여 마닐라로 날아가 연합군의 윌로비를 만나는데 그것이 인연이 되었을 테다.

아리스에와 나카무라는 육해군을 대표하여 일본군의 무장해제, 복귀 등에 관해 연합국 측과 끈질긴 협상을 벌인다. 그 과정에서 그들과 윌로비의 친교가 더욱 깊어졌을 것이다. 이렇게 깊은 관계를 맺을 수 있었던 것은 소련에 맞서야 한다는 주장, 즉 반공주의에 공감했기 때문이라.

핫토리는 아리스에나 가와베의 추천으로 윌로비에게 접근했던 것으로 보이는데, 그는 시간이 지나면서 전사 편찬의 주역이 되었던 듯하다. 왜냐하면 핫토리는 참모본부 작전과장으로서 대본영의 작전 입안에 종사하기도 했던 터라 태평양전쟁의 전반적인 작전활동에 관해 타의 추종을 불허할 정도의 지식을 갖고 있었기 때문이다.

1947년부터 1948년까지 핫토리는 대단히 분주한 나날을 보낸다. 처음에는 일주일에 한두 번만 유센 빌딩에 얼굴을 내밀었다. 그러다가 오전에는 유센 빌딩으로, 오후에는 복원성으로 바쁘게 돌아다녔다. 왜 이렇게 가명을 써가면서 바삐 움직였을까? 추측건대 두 가지 이유가 있었던 듯하다. 하나는 전사를 편찬한다는 명목으로 과거 군의 유력자들을 만나 태평양전쟁을 둘러싼 이야기가 일정한 방향성을 갖도록 획책하고, 나아가 도쿄전범재판의 변호인단 단장이던 기요세 이치로淸瀨一郞를 움직여 일본군은 성전을 치른 것이라는 사실史實를 만들어내고 싶었기 때문이었던 것 같다.

가령 당시 도조 히데키 주변에 있던 군인들은 가명을 써가면서 육군 측 피고에게 유리한 자료나 증언을 찾아 여기저기 바쁘게 돌아다녔다. 어떤 고위급 군인이 나에게 직접 들려준 이야기에 따르면 육군성에 근무했던 한 장교는 '하야시'라는 성을 쓰며 활동했다. 더욱이 어느 정보 부문의 참모는 '핫토리 기관' 멤버였던 장교에게 몰래 불려가 "미국이 먼저 개전을 계획했다는 정보는 없는가? 기요세 변호인이 관련 정보를 찾고 있다"는 말을 듣기도 했다.

또 하나 '핫토리 기관'이라고도 불린 유센 빌딩의 전사 편찬 그룹이 노린 것은 재군비에 대비한 쇼와 육군의 부활이었다. 일설에 따르면 핫토리는 윌로비의 뜻에 따라 이를 위한 참모 배치안 등을 작성하기도 했다. 실제로 1950년 경찰 예비대가 출범할 때 핫토리 그룹과 이를 못마땅하게 여긴 수상 요시다 시게루 사이에 상당한 갈등이 있었다. 요시다는 주영 대사 시절 주재무관이던 다쓰미 에이이치辰巳榮一를 신뢰했고, 다쓰미의 자유주의적인 기질을 활용하여 군인적 색채를 씻어내고자 했다.

이리하여 핫토리는 윌로비를 이용하고 윌로비는 핫토리를 이용하는 관계가 형성되었다. 1948년부터 1949년에 걸쳐 있었던 일이다.

위에서 인용한 마루야마의 글에 따르면, "핫토리는 윌로비 소장으로부터 인사와 작전 관련 능력을 인정받았고 개인적으로는 상당히 미묘한 협상에까지 관여했던 듯하다". 대본영에서 일한 적이 있는 어느 참모는 "이것이 의미하는 바가 대단히 중요하다"고 증언했다. 무슨 말인가? 1950년 6월 북한의 침공으로 시작된 한국전쟁은 국제연합군과 공산군의 전투로 나아갔다. 그런데 국제연합군(실질적으로는 미군이 중심이었다)은 한반도와 압록강 근처 중국의 지도를 제대로 확보하지 못했을 뿐만 아니라 지형도 잘 몰랐다. 어떤 작전이 효과적일지도 확실히 알 수 없었다. 이런 상황에서 작전의 밑그림을 그린 이가 바로 이 지역을 잘 알고 있던 대본영의 옛 참모들이었다는 얘기다.

과거 군인이었던 사람들 사이에는 여기서 말하는 옛 참모들이 바로 '핫토리 기관'에 모여 있던 참모 그룹의 일부였다는 소문이 파다한데, 이것을 사실이라고 믿는 이들도 적지 않다.

'핫토리 기관'은 비밀결사와 흡사한 조직이었다. 이 조직의 구체적인 활동 내용은 현재까지도 확실하게 밝혀져 있지 않다. 조직 관계자들은 자신들이 무슨 일을 했는지 전혀 입을 열지 않았고, 그렇게 입을 닫은 채 유명을 달리하고 말았다. 예컨대 1993년 4월에 병으로 사망한 스기다 이치지는 내 취재에 응하면서 쇼와 육군 시절에 관해서는 이것저것 많을 것을 알려주었지만, 이 무렵의 일에 대해서는 좀처럼 말을 꺼내려 하지 않았다. 그 외에 몇 사람을 취재했을 때에도 입을 닫아버리곤 했다. 하지만 어떤 사람이 들려준 이야기는 상당히 인상적이었다.

"그 무렵 핫토리의 움직임을 아는 사람은 아무도 없었던 것 같습니다. '핫토리 기관'에 속한 사람이라 해도 하라 시로나 스기타 이치지 등은 순수하게 대본영의 전사를 남기려는 생각을 갖고 있었고, 핫토리와는 기질이 달랐습니다. 우리가 옛 군인들을 만나려고 해도 경찰의 감시가 삼엄해서 쉽사리 뜻을 이룰 수 없었습니다. 당시 일본 경찰은 자치단체 경찰과 국가 경찰로 나뉘어 있었는데, GHQ 민정국의 의향을 따르는 국가 경찰은 일본의 민주화를 위해 옛 군인의 부활에 대해서는 신경을 곤두세우고 감시했습니다."

다시 말해 '핫토리 기관' 내부에서는 윌로비와 결탁한 핫토리가 어떻게 움직이고 있었는지가 개개 참모에게조차 비밀에 부쳐졌던 것이다.

제46장. 참모들의 쇼와 육군 재건 움직임

정보참모였던 스기타는 작전참모였던 핫토리에게 그다지 좋은 감정을 갖고 있지는 않았던 듯하다. 참모본부에서는 작전참모가 주역이었고 정보참모는 늘 보좌역에 머물러야 했다. 직무상의 차이 외에 그들은 체질도 달랐다. 일례로 다음과 같은 일화가 남아 있다.

유센 빌딩의 전사 편찬 멤버들이 모여 잡담을 하던 도중에 특공대 전법에 관한 이야기가 나왔다. 핫토리가 변명했다. "그것이야말로 일본 정신의 상징이자 황군의 자랑이었다." 그러자 스기타가 반박했다. "그것은 작전으로서는 훌륭하지 않다. 그런 작전은 자랑할 게 못 된다." 두 사람 사이에 논쟁이 벌어졌다. 핫토리는 끝까지 특공대를 긍정했다. 특공 작전이 시행되었을 때 핫토리 자신이 작전과장이었기 때문에 이렇게 변명했다기보다 마음속 깊이 그 전법을 긍정하고 있었던 것이다.

스기타 편을 드는 사람들은 아무 말도 하지 않았다. 유센 빌딩 3층에서도 그러한 균열이 심심찮게 드러나곤 했던 것이다.

'맥아더를 위해' 전향한 참모들

1948년 3월 GHQ 민정국의 요구에 따라 일본의 경찰제도는 국가 경찰과 자치체 경찰로 나뉘었다. 자치체 경찰은 각 지방자치단체의 사건을 담당하고 국가 경찰은 국가적인 사건, 각 지자체의 관할을 넘어서는 사건을 담당하게 되었다. 이것은 미국의 경찰 제도를 단순하게 일본에 들여온 것인데, 실제로 이 제도는 일본에 정착하지 못했고, 일본 정부는 거의 1년 후인 1949년 3월 자치체 경찰 폐지를 희망했다. 그러나 맥아더는 이를 허용하지 않았고, 결국 일본에서는 1954년 6월 경찰법이 개정되기까지 이 제도가 유지되었다.

국가 경찰은 GHQ의 뜻에 따라 옛 군대의 부활에 특히 신경을 곤두세웠다. '핫토리 기관'을 감시하는 것은 민정국의 참모제2부에 대한 대항책(휘트니와 윌로비의 대립)이라는 측면이 있었는데 국가 경찰은 바로 여기에 이용되었다. 이 때문에 '핫토리 기관'의 멤버들은 앞에서 서술한 바와 같이 가명을 사용했으며 편지를 주고받을 때에도 가족의 이름을 썼다고 한다. 그런 점에서 '핫토리 기관'은 GHQ 내부의 대립 속에서 피어난 열매를 맺지 못하는 꽃과 같았다.

해군대좌였던 오이 아쓰시는 해군 쪽을 맡아 편찬에 협력했다. 내가 만난 1993년 5월 당시 오이는 91세였는데, 그에게 '핫토리 기관'의 내실에 대해 물었지만 아는 게 거의 없다고 대답했다. 그리고 해상 수송에 관한 부분을 요구받은 대로 기술했는데 그 원고가 어떻게 되었는지도 잘 모른다고 했다.

하지만 오이의 자택을 방문했을 때 그는 나에게 1950년대에 미국에서 출간된 『맥아더 전사』 상하 두 권을 보여주었다. 그는 미국에서 간행되긴 했지만 자신의 원고가 그 책의 내용에 얼마나 반영되었는지는 확실하지 않다고 했다. 오이의 원고가 어떻게 인용되었는지는 현재까지도 확인이 불가능하다. 대단히 성실한 군인이었던 오이는 전사 작성을 위해서만 핫토리와 만났다고 한다. 다음은 오이와 주고받은 이야기다.

해군은 그렇다 치고 육군 쪽에서는 어떤 사람들이 참여했습니까?

"육군의 방과 해군의 방이 떨어져 있어 구체적으로 어떤 참모가 속해 있었는지 정확하게는 알 수 없습니다. 이모토 구마오井本熊男, 하라 시로, 니시우라 스스무西浦進 같은 사람은 있었습니다."

구체적으로 어떤 일을 했습니까?

"자신의 전문 분야를 중심으로 과거 일본군이 어떤 작전 행동을 취했는지를 기

제46장. 참모들의 쇼와 육군 재건 움직임

억과 자료에 의거하여 기술하는 것이었습니다. 나는 해군에서 해상 수송을 담당했기 때문에 그와 관련하여 상당한 책임감을 갖고 기술했습니다. 나는 그때 전쟁에 대해 이런저런 불만을 갖고 있던 참이라 그런 내용을 정확하게 적었습니다. 하지만 솔직하게 말하자면 그다지 달가운 일은 아니었습니다. 어쨌든 얼마 전까지만 해도 적이었던 나라의 일이었으니까요. 그런데도 그 일을 떠맡은 것은 무엇보다 먹고사는 문제 때문이기도 했고, 또 내가 체험한 것을 한번은 정확하게 기록으로 남기고 싶어서이기도 했지요."

오이는 순수하게 『태평양전쟁사』를 기술하는 작업에 전념했기 때문에 도쿄전범재판에서 변호인 측의 증언을 모으지도 않았고, 재군비 움직임 등에 관해서도 전혀 들은 바가 없었다. 그런 오이가 나에게 보여준 어느 문건에는 다음과 같은 육군 측 관계자의 이름이 주소와 함께 적혀 있었다.

- 이모토 구마오(육사 37기)
- 이마오카 유타카今岡豐(육사 37기)
- 후지와라 이와이치藤原巖市(육사 43기)
- 하라 시로(육사 44기)
- 하시모토 마사카쓰橋本正勝(육사 45기)
- 니시우라 스스무(육사 34기)
- 스기타 이치지(육사 36기)

이들은 대부분 참모본부 작전부에 적을 두었던 참모들이다. 육군대학교를 졸업했으며 대다수가 군도쿠미(성적 우수자)였다고 말해도 좋을 것이다. 결국 태평양전쟁을 담당했던 핫토리가 불러 모은 중견 막료들인 셈이다. 이상하게 들릴 수도 있겠지만 그들은 '천황을 위한 군인'에서 '맥아더를 위한 군인'

으로 재빨리 전향했다고 할 수 있다.

여기서 묻지 않을 수 없는 것은 이들 군인의 변절이 왜 이렇게 신속하게 이루어졌느냐는 점이다. 작전참모의 졸렬한 작전 때문에 목숨을 잃은 수많은 장병을 생각하면 이들의 재빠른 변신을 다시금 검증할 필요가 있다. 물론 그들 모두가 핫토리와 같은 마음으로 협력하지는 않았겠지만 그럼에도 석연치 않은 느낌을 지우기 어렵다.

나는 핫토리 다쿠시로라는 군인이 설령 아무리 뛰어난 재능과 능력과 실력을 겸비했다 하더라도 윌로비의 함구령에 따라 비밀리에 진행된 이 일에 손을 댄 것은 옛 일본군 장병에 대한 모욕이라고 생각한다. 핫토리는 작전과장으로서 실질적으로 참모본부의 작전 전반을 관장했다. 그 책임은 대단히 무겁다. 그럼에도 이러한 입장에 선 것은 핫토리 자신의 윤리관이 얼마나 엉성했는지를 잘 보여준다고 할 수 있다. 이런 참모의 지휘를 받았다는 사실은 육군 장병들에게 굴욕일 뿐이었을 것이다.

맥아더의 전사를 집필하는 작업은 과거 일본군 군인들에는 물론 알려지지 않았고 GHQ 내부에서도 은밀하게 진행되었다. 1947년 5월부터 시작된 이 작업은 2년 반 후인 1950년 12월에 마무리되었다. 개전부터 패전까지 일본 측의 핫토리 그룹이 작성한 원고는 방대한 분량이었던 듯하지만, 구성원 개개인에게는 그 내용이 알려지지 않았다. 이는 핫토리와 윌로비가 암암리에 이들이 작성한 원고를 수합했기 때문이라고 한다.

『태평양전쟁사』는 1951년 초에 5부만 인쇄되었다. 인쇄본은 윌로비와 맥아더 그리고 그 주변에 있던 사람들에게만 배포되었다. 일본 측에 건네졌는지 여부는 명확하지 않다. 당시의 사정을 아는 옛 군인들을 취재해봤지만 이에 대해 구체적으로 알고 있는 사람은 없었다.

그런데 일본이 주권을 회복한 후인 1953년 3월 『대동아전쟁전사』(저자명은 핫토리 다쿠시로)라는 이름으로 간행된 책이 있다. 이 책은 그해의 베스트셀

제46장. 참모들의 쇼와 육군 재건 움직임

러가 되었는데, 책의 상당 부분이 사실상 전사편찬실의 일본 측 관계자에 의해 쓰였을 것으로 추정된다. 핫토리 주변에 있었던 옛 군인의 증언에 따르면 핫토리를 중심으로 10명의 필진이 있었다. 확실히 처음 분책으로 간행되었을 때에는 이 10명이 누구인지 적혀 있었는데, 여기에는 맥아더의 『태평양전쟁사』 편찬 그룹에 속한 멤버의 이름이 보인다.

이 10명의 면면을 보면 패전 시 대좌가 3명, 중좌가 6명, 소좌가 1명이다. 그러니까 참모들이 전쟁사 편찬의 주체로 참가했던 셈이다. 이것이 무엇을 의미하겠는가? 대본영에서 어떤 작전을 기안하고, 그것을 군사령관에게 어떻게 전했으며, 군사령관은 그것에 기초하여 어떻게 움직였는지를 중심으로 삼았다는 것을 뜻한다. 그들은 병사들이 구체적으로 무슨 생각을 했는지 따위에는 관심이 없었다.

분명히 도쿄외국어대학을 졸업하고 특별지원장교로 근무했던 전사 연구가 하라다 도키치原田統吉가 말했듯이, "잘 정리된 사실史實과 엄청난 자료가 어찌 보면 무덤덤하게 기술되어 있는 것처럼 보이기도 하고, 생생한 생각은 행간에 감추어져 있으며, 오히려 자료의 수집과 정리에 에너지를 쏟아부었다"고도 할 수 있다. 하라다는 이 책이 참모들의 총괄과 비슷한 측면이 없지 않으며, 그 나름대로 균형을 갖추고 있다고 평가한다.

하라다는 우선 이 책이 갖고 있는 이지적인 측면에 찬사를 보낸 뒤 다음과 같이 통렬한 비판을 가한다.

"아무리 생각해봐도 나는 이렇게 균형감을 갖춘, 현실적인 사고체계를 가진 사람들을 계획과 입안의 중추로 삼은 집단이었을 육군이 어째서 저와 같은 편파적이고 비현실적인 전쟁을 주도했는지, 어쩌다가 저 지경에 이르렀는지 이해할 수가 없습니다. 패전을 겪으며 이 사람들이 비로소 현실감각을 회복했다고 할 수 있을까요? 그렇지 않으면 처음부터 단순한 군사 관료였던 그들의 현실감각에는 한계가 있었다고 할 수 있을까요?"

제3부. 쇼와 육군이 전후사회에 드리운 그림자

나는 핫토리와 그의 그룹에 속한 사람들이 하라다의 이 의문에 명확하게 답할 수는 없으리라고 본다. 패배한 군대의 장수(그들은 물론 좌관급이었다)는 전황에 대해 그 어떤 말도 할 수 없을 것이다. 그들은 실제로 전장에서 싸운 적이 없다. 단지 참모본부 깊숙이 자리한 방에서 지도를 보며 군대를 이리저리 움직였을 뿐이기 때문이다. 전시에 그들은 사이판의 방어진지가 맥없이 무너지자 이를 전장에서 싸우고 있는 사단의 잘못으로 돌렸고, 레이테 섬에서 일본군이 패배했을 때도 일방적으로 전략을 변경한 뒤 작전이 실패하자 그것을 현지 군의 무능 탓으로 돌렸다.

　제2부에서 서술했듯이 '절대 국방권' 구상이나 '첩호 작전' 등도 책상에서 마련하여 현장에 들이민 것에 지나지 않았다. 대본영의 참모는 어떻게든 전사를 바꿔 쓸 수 있다는 것이 『대동아전사』를 관통하는 논조다.

　앞서 언급했듯이 『맥아더 전사』는 그 후 미국에서 출간되었다. 하지만 그것은 일부 식자에게 주목을 받았을 뿐 그렇게 큰 화제를 불러일으키지는 못했다. 거꾸로 일본에서는 이 책의 편찬에 관여했던 저자들, 예컨대 이나바 마사오稻葉正夫, 니시우라 스스무 등은 방위청 전사실로 자리를 옮겨 『전사총서』를 간행하는 일에 종사했다. 총 102권에 이르는 『전사총서』가 태평양전쟁에 관한 기초 자료라는 점에는 이의가 없고, 또 이나바나 니시우라의 인간성에 비춰보아도 가능한 한 객관적으로 정리했다는 사실을 의심할 순 없지만, 그렇다 해도 당연히 한계가 있다. 그런 까닭에 다음 세대 또는 그다음 세대는 이 총서와 전우회 등에서 독자적으로 편찬한 전사를 예의 주시하면서 병사의 관점까지 아우르는 좀더 객관적인 전사를 남길 필요가 있다.

　그것은 핫토리를 비롯한 중견 막료가 GHQ의 윌로비라는 군인과 야합한 역사까지 극복하는 것을 의미한다.

'핫토리 기관'과 '다쓰미 기관'의 대결

　　핫토리는 윌로비의 부탁이 있었기 때문인지 몰라도 일본의 재군비 구상에 적잖은 관심을 기울였다. 이 역시 쇼와 육군 해체의 어두운 일면이다.

　　이 전사가 은밀하게 집필되고 있던 시기인 1950년 12월, 공교롭게도 한반도에서는 전쟁이 이미 시작된 터였다. 일본에 주둔하고 있던 미군은 국제연합군의 지휘 아래 들어갔고, 곧 한반도에 투입되기에 이르렀다. 이런 상황에서 맥아더는 요시다 내각에 재군비를 촉구했고, 일본에서는 급격히 재군비 기운이 감돌았다. 세계적으로는 제3차 세계대전이 일어날지도 모른다는 우려가 제기되기도 했다.

　　앞에서 소개한 마루야마 이치타로의 논문 가운데 핫토리로 보이는 인물의 불가사의한 행동을 기술한 부분이 있다. 관련 구절을 인용하면 다음과 같다.

　　"어느 날 나는 우연한 기회에 누군가의 책상에서 제3차 세계대전과 일본 방위에 관한 상세한 계획이 세워지고 있는 것을 보았다. 그러나 일본의 재군비 계획과 전사의 편찬은 어디까지나 별개의 문제다. 아무리 추방령이라는 게 있다 하더라도 개인이 재군비라는 공상에 빠져드는 것마저 금지할 수는 없는 노릇이다. 어쨌든 단언할 수 있는 건 우리가 몇몇 사람의 지시에 따라 하나가 되어 재군비를 획책한 사실은 전혀 없다는 점이다.

　　그건 그렇다 하더라도 윌로비 소장은 일찍부터 일본의 재군비가 조만간 반드시 이루어져야 한다는 견해를 갖고 있었다. 그는 맥아더 원수의 군비전폐론이 결국 책상 위에서 작성된 페이퍼 플랜에 지나지 않는다는 것을 간파하고 있었다."

　　마루야마 이치타로라는 인물(내가 조사한 바에 따르면 실존 군인은 아니다. 이 분야에 정통한 저널리스트의 필명인 듯하다)은 이처럼 완곡하게 표현하고 있다. 요컨대 "어떤 사람"이 일본의 재군비를 구상하고 있는 것을 "공상에 빠져" 있다는 표현으로 지적하고, 이 인물의 위험한 작업을 비판했던 것이다. 일본의 재군비 구상이 표면화된 것은 한국전쟁이 예상되던 무렵부터였다.

당시 수상이었던 요시다 시게루는 경찰예비대라는 이름으로 18만 명의 예비대원을 모집하라는 GHQ의 요구를 받아들인다. 이때 윌로비는 핫토리를 그 사령탑으로 추천했다. 그리고 핫토리 아래 있던 옛 일본군 참모 6명(전사 편찬 그룹으로 보인다)이 GHQ에 나타나 전국에서 대원 모집을 하고 싶다는 말을 전했다. GS는 이런 움직임에 격노했고, 일본군 부활을 끔찍이 반대하던 요시다 시게루와 함께 맥아더에게 직접 호소하여 그 움직임을 견제했다.

이러한 움직임은 일본군 부활을 노리는 윌로비-핫토리 라인과 이에 대항하는 휘트니-요시다 라인이 격렬하게 대립하고 있었음을 말해준다. 물론 요시다는 윌로비와도 소통하고 있었고 휘트니를 좋아하지도 않았지만 일본군의 부활에 관해서는 휘트니와 같은 입장이었다. 맥아더는 결국 휘트니-요시다 라인을 지지하기로 결단을 내렸다. 핫토리와 6명의 옛 일본군 장교는 GHQ에 호소했지만 경찰예비대에 들어갈 자격이 없다는 통고를 받았다.

이리하여 핫토리 라인은 경찰예비대에서 배제되었다. 핫토리 일파는 경찰예비대가 설립되면 요직을 차지할 옛 일본군 장교 400명의 명단을 작성하고 이들을 비밀리에 도쿄로 불러 그 의사를 확인하고 있었다. 1951년 초의 일이다. 이를 보면 그들이 일본군의 부활에 얼마나 큰 기대를 걸고 있었는지를 알 수 있다.

요시다 시게루는 옛 일본군의 작전참모를 유난히 혐오했다. 시게루는 그들이 전쟁에 책임을 져야 할 입장에 있다고 보았다. 1945년 4월 육군헌병대에 의해 화평 공작을 펼쳤다는 이유로 체포되었을 만큼 요시다의 반군反軍 의식은 상당히 강했다.

이러한 요시다가 신뢰한 사람이 바로 영국 주재무관이었던 다쓰미 에이이치다. 요시다는 "과거의 일본군과 전혀 다른 새로운 형태의 군사 조직을 만들고 싶다"면서 일이 있을 때마다 다쓰미와 상의했다. 그의 뜻을 이해한 다쓰미도 참모본부의 작전 및 정보 부문에 관여했던 이를 제외하고 자유주의적 성향이 강한 옛 군인을 모아 요시다의 의문에 하나하나 신중하게 답변했다. 이것이 '다쓰미 기관'이라 불리는 옛 군인 모임이다.

'다쓰미 기관' 소속이던 어떤 군인(패전 당시 위관)을 취재하면서 나는 이런 이야기를 들었다.

"다쓰미는 요시다 편으로 기울어 있었기 때문에 옛 일본군의 잘못을 철저하게 바로잡아야 한다고 말했습니다. 이른바 다쓰미 기관의 중심인물은 (내 기억으로는) 다쓰미와 같은 육사 27기생으로 그의 친구이기도 했던 기무라 마쓰지로木村松次郎였습니다. 미국 주재무관 경험이 있는 기무라는 전시에는 이렇다 할 활약을 하지 않았으며, 종전 당시 제4사단장이었습니다. 그 외에 미야노 마사에宮野正會, 다카시마 다쓰히코高嶋辰彦, 야마자키 마사오山崎正男, 구시다 마사오櫛田正夫, 호소다 히로무細田熙, 다카야마 시노부高山信武, 이와코시 신로쿠巖越伸六 같은 옛 군인이 있었는데, 이 중에는 군정이나 교육, 특히 병참을 담당했던 사람이 많았습니다. 아울러 이들은 학구적인 유형이었다고 생각합니다. 핫토리 기관에 속한 사람들은 주로 행동파여서 베고 치는 데 능숙했지만, 다쓰미 기관에 속한 사람들은 대부분 군사는 정치와 별개라고 생각했습니다. 그러니까 문민 지배를 인정하는 타입이었지요."

덧붙이자면 '다쓰미 기관'에 속한 옛 군인들은 대부분 그 후 경찰예비대에 들어가 기초를 다졌다고 한다.

이와 같은 대립은 당시에는 그다지 알려져 있지 않았지만, 취재 결과를 종합하면 두 기관 사이의 균열은 상당히 깊었던 듯하다. 그 근원에는 참모본부에서 작전을 주도한 작전참모에 대한 반감이 있었고, 군정 쪽 경력을 지닌 군인들은 "무슨 일이 있어도 그들에게 경찰예비대의 주도권을 넘겨줘서는 안 된다"는 조바심을 갖고 있었다.

그렇다면 마루야마가 말한바 "어떤 사람"이 "공상"에 빠져 작성하고 있었던 "제3차 세계대전과 일본의 방위 계획에 관한 세부 계획"이란 무엇이었을까? 나는 궁금증을 풀기 위해 쇼와 육군 관계자를 찾아다녔다. 그 결과 어렵사리 핫토리의 논문 「차기 대전과 일본방위론」이 1953년 12월 15일 간행된 『니혼슈호』에 수록되어 있다는 것을 알게 되었다. 이것은 50페이지에 이르는 논문으로 네 개 장으로 나뉘어 있다. 각 장의 제목은 '결코 피할 수 없는 세계대전' '차기 전쟁의 양상과 주요 전장' '개전 시기와 일본의 역할' '정의와 자유를 위해 속히 다시 군비하라' 등이다. 참으로 용감무쌍한 제목이다.

이 무렵 한국전쟁은 휴전 상태로 끝났다. 그러나 냉전은 격화일로에 있었고, 일찍이 처칠 영국 수상이 '철의 장막'이라 명명한 것처럼 동서 간의 불신은 점점 더 깊어졌다. 전쟁의 불씨는 곳곳에 남아 있었다. 일본은 샌프란시스코 강화조약에 조인하고 미국을 비롯한 연합국의 점령으로부터 벗어난다. 이런 맥락에서 보면 핫토리의 용감무쌍한 필치는 동서 냉전을 이용하여 옛 일본군의 부활을 노린 것이었다고도 말할 수 있다.

핫토리는 이 논문의 '머리말'에 다음과 같이 적었다. "내 전쟁관이 대단히 조잡하고 또 독선적이라는 것은 나도 잘 알고 있다. 하지만 동시에 전쟁 포기니 비무장이니 하는 것은 전쟁의 진리를 무시하는 것이며, 그래서는 금후 국제 정세하에서 국가와 민족의 안전을 보장할 수 없을 것이라고 확신한다." 그는 또 "금년(1953) 봄 나는 『대동아전쟁전사』 네 권을 저술했는데, 이번에 발표하는 이 짤막한 글은 전혀 공개할 생각 없이 올해 7월 이후에 쓴 것"이라고 덧붙였다. 그런 글을 "동료 두세 명의 권유로" 발표하게 되었다는 것이다.

그런데 이 글은 윌로비의 명령에 따라 쓰였거나 아니면 윌로비에게 제출한 논문이었을 가능성이 높다. "올해 7월 이후에 쓴 것"이라는 말은 본인의 변명이라 할 수 있는데, 이는 윌로비의 뜻에 따라 쓴 글을 때가 되면 세상에 내놓을 수도 있다는 속셈을 감추기 위한 정치적 주장이었을 것이다.

핫토리의 논문은 일본군이 얼마나 강했는지에 대해 자화자찬하면서 현재 옛 일본군이 얼마나 부당한 대우를 받고 있는지를 서술하고 있다. 자기변명도 많다. 예를 들어 다음과 같은 구절은 노몬한 사건에 대해 쓰지 마사노부와 함께 가장 무거운 책임을 져야 마땅한 참모의 입에서 나온 말이라고 하기에는 참으로 비열한 내용이다.

"또 우리는 오랜 기간에 걸쳐 대소 작전 계획을 수립했는데, 소련군과 일본군 병력 비율이 3 대 1이면 전쟁에서 승리할 것이라고 확신했습니다. 노몬한에서는 불리한 전투를 치렀는데 그것은 소련군 병력이 우리보다 여덟 배이상 많았기 때문입니다. 즉, 노몬한 사건 당시 피아의 병력에 관하여 두 가지 측면을 비교해보면 다음과 같습니다.

7월 1일 관동군이 소련에 대하여 공세를 취했을 때의 병력은 아래와 같습니다. 병력은 적이 약간 우세했지만 일본군 제23사단은 할하 강을 건넌 다음 적의 진지를 돌파하여 적에게 심대한 타격을 주었습니다.

일본군의 병력	소련군의 병력
1개 사단(제23사단)	저격 1개 사단
보병 1개 연대(제7사단 소속)	전차 1개 여단
전차 1개 여단(전차 2개 연대)	외몽골 기병 1개 여단

8월 하순 노몬한에서 벌어진 전투는 대단히 치열했고, 일본군 제6군은 큰 타격을 입었습니다. 그 결과 관동군은 병력을 더욱 늘려 약 4개 사단 기간 병력으로 공격을 가하고자 했습니다만, 중앙의 지도에 따라 중단해야 했

제3부. 쇼와 육군이 전후사회에 드리운 그림자

습니다."

　결국 노몬한 사건은 계속 밀고 나갔다면 승리했을 것이라는 말이다. 이런 이야기를 이 시기에 이르러 아무렇지도 않게 내뱉는 군인에게 전시 지도를 맡긴 것이 쇼와 육군의 가장 큰 잘못이었다고 해도 좋을 것이다.

　핫토리는 이 논문에서 미일 개전에 대해서도 언급하는데, 그는 미일전쟁의 발발을 미국의 도발과 일본 '중추부'의 개전 의사가 만나 벌어진 결과라고 보는 듯하다. 뿐만 아니라 이 논문 곳곳에서는 그의 자기변명을 어렵지 않게 찾아볼 수 있다. 되풀이하지만 이러한 참모의 명령에 따라 사지로 달려간 200만여 명의 일본군 병사는 얼마나 한스러웠을까.

　패전 후 8년, 전시 지도를 담당했던 장관將官은 교수형에 처해지거나 총살을 당하거나 자결을 하거나 스가모 형무소에 갇혔으며, 사회에 나와서도 생활 전선에서 싸워야 했다. 부사관이나 병사는 시베리아에 억류되거나 남방에서 얻은 병을 치유하는 데 필사의 노력을 기울이거나, 생활고와 싸우고 있었다. 많은 병사는 가혹한 전장 체험에 가위눌리면서 살고 있었다.

　그럼에도 이 작전참모는 GHQ로부터 급여를 받으면서 '일본군 부활안'이라는 두렵고도 무책임한 문안을 작성하고 있었다. 이것이야말로 전후사회에서 가장 철저하게 비판받아야 할 '쇼와 육군 작전참모'의 처세술이었다.

스가모 형무소의
군사 지도자들

GHQ가 A급 전범용의자로 간주한 과거의 정치·군사·경제·사상
적 지도자들은 1945년 9월부터 11월까지 단속적으로 체포된 후 스가모 형
무소에 수감되어 있었다. 수상과 원수부터 포로 학대 혐의를 받은 B·C급의
병사들까지 GHQ에 의해 체포된 사람은 약 2000명에 달했다.

특히 쇼와 육군 군인 중 A급 전범용의자는 도조 히데키를 비롯해 주요 인
물만 보면 다음과 같다.

스즈키 데이이치鈴木貞一, 하시모토 긴고로, 도이하라 겐지, 아라키 사다오,
혼조 시게루, 고이소 구니아키, 마쓰이 이와네松井石根, 마사키 진자부로, 미
나미 지로, 하타 히코사부로, 하타 슌로쿠, 가와베 마사카즈, 무타구치 렌
야, 나시모토노미야 모리마사오梨本宮守正王, 니시오 도시조西尾壽造, 사토 겐료,
다다 하야오, 우시로쿠 준後宮淳, 무토 아키라.

육군상, 참모총장, 참모차장, 주요 작전지역(예컨대 임팔이나 필리핀 등)의 군
사 책임자 등 고위급 군인이 명단에 포함되어 있다는 것을 알 수 있다. 1946

년 1월 19일 맥아더는 극동국제군사재판소 설치를 명시한 「특별선언서」를 발표했고, 관련 조례에 따라 전범 재판의 틀을 결정했다. 조례의 제5조에서는 "위에 열거한 하나 또는 그 이상의 행위는 개인에게 책임이 있다 해도 본 재판소의 관할에 속하는 범죄로 간주한다"고 밝히고, "평화에 대한 죄" "통상적인 전쟁범죄 즉 전쟁의 법규 또는 관례의 위반" "인도人道에 대한 죄"를 중심으로 재판하기로 했다.

이에 따라 단장 키넌을 중심으로 한 검사단에서 A급 전범 피고를 선정했다. 그리고 A급 전범용의자로서 GHQ로부터 출두 명령을 받은 사람 가운데 28명이 스가모 형무소의 한 방에 모여 소장을 건네받았다. 1946년 4월 29일 저녁 무렵의 일이다. 이날은 쇼와 천황의 마흔다섯번 째 생일이었다.

이때 미군 장교는 28명을 정렬시킨 다음 엄숙한 말투로 선언했다.

"극동국제군사재판소 검사국은 이번 여러분을 A급 전쟁범죄인으로서 동 재판소에 기소하기로 결정했다. 이에 명령에 따라 기소장을 개별적으로 수교手交하는 바이다."

28명은 ABC순으로 불려나가 장교로부터 두툼한 소장을 건네받았다. 28명의 이름은 다음과 같다. 이들 중 15명이 육군과 관련된 이들이었다.

육군 군인 아라키 사다오, 도이하라 겐지, 하시모토 긴고로, 하타 슌로쿠, 이타가키 세이시로, 기무라 헤이타로, 고이소 구니아키, 마쓰이 이와네, 미나미 지로, 무토 아키라, 오시마 히로시, 사토 겐료, 스즈키 데이이치, 도조 히데키, 우메즈 요시지로, **해군 군인** 나가노 오사미, 오카 다카즈미, 시마다 시게타로, **외교관** 히로타 고키, 시게미쓰 마모루, 시라토리 도시오, 도고 시게노리, **관료** 호시노 나오키星野直樹, 가야 오키노리賀屋興宣, 마쓰오카 요스케, **내대신** 기도 고이치, **중신** 히라누마 기이치로, **민간 우익** 오카와 슈메이.

기소장은 이렇게 시작된다. "본 기소장에서 언급하는 기간(1928년부터 1945년까지 18년간) 일본의 대내 정책과 대외 정책은 범죄적 군벌에 의해 지배되었고 또 지도되었다." 28명은 군벌의 중심인물이었거나 군벌의 공동 모의에 가담한 자, 나아가 연합국 각국에 대해 침략 행위를 저지른 자로서 55개 항의 소인訴因 중 30개 항 내지 40개 항에 저촉되어 기소되었다.

도쿄전범재판은 1946년 5월 3일부터 1948년 11월 12일까지 이어졌다. 검사단은 일본의 '침략 정책'이 육군을 중심으로 시행되었다고 탄핵하고, 구체적으로 그 정책의 결정 과정을 밝혔다. 검사단의 입증 과정에서 예를 들어 개전 시 육군성 병무국장이었던 다나카 류키치가 증인석에 앉기도 하고 만주국 황제로 추대되었던 푸이가 증언하기도 했다. 그들의 증언이 주로 자기 변명에 지나지 않았다 하더라도 이 과정에서 쇼와 육군의 치부가 조금씩 폭로되었음은 분명하다. 아울러 국민에게 전혀 알려져 있지 않았던 사실이 밝혀지면서 법정은 정보 공개의 장이 된 것처럼 보이기도 했다. 그리고 감춰졌던 사실이 하나씩 드러날 때마다 군사 지도자에 대한 국민의 분노도 커졌다.

기요세 이치로를 단장으로 하는 변호인단도 반론에 나섰지만 실제로는 검사단의 입증에 눌린 형국이었다. 검사단과 변호인단 그리고 피고 사이에 설전이 벌어지곤 했는데 그 가운데 특히 쇼와 육군의 체질에 관한 내용이 눈길을 끌었다. 예컨대 쇼와 10년대에 지나파견군 총사령관, 육군상, 군사참의관 등 육군의 요직을 두루 역임한 하타 슌로쿠는 검사단으로부터 1922년에 체결된 9개국 조약에 관해 질문을 받고 "그것이 무슨 조약이냐"고 되물었다. 중국을 침략하거나 중국에서 불법적인 무력시위를 하지 않는다는 것이 그 조약의 내용이었는데, 그는 이에 대해 전혀 모르고 있었던 것이다. 하타는 결국 "9개국 조약이 있다는 것은 알았지만 그 내용은 몰랐다"고 인정한다. 쇼와 육군에서 원수의 반열에 오른 군인조차 국제법이나 국제조약에 관하여 전혀 알지 못했다는 사실이 드러나고 만 것이다.

도조도 마찬가지였다. 반론에 나선 그는 "자신은 성려에 반한 적이 없다"며 천황에게 충성을 맹세했노라고 증언했는데, 그렇다면 진주만 기습 공격도 모두 천황이 정치적 책임을 져야 할 터였다. 하지만 그는 이 점을 알아채지 못했다. 천황을 소추하겠다는 맥아더의 뜻에 따라 법정에서 입증을 해나가고 있던 키넌 검사 쪽에서 이 말을 듣고 심문을 중단해버리는 일이 벌어지기도 했다.

판결은 1948년 11월 12일에 내려졌다. 재판부는 55개 항의 소인 중에서 10개 항의 소인을 선정했고, 피고가 각각 어떤 항목에서 유죄인지를 밝혔다. 1928년부터 1945년에 이르는 침략 전쟁 행위를 위한 전반적 공동모의에는 마쓰이 이와네(중국에서 있었던 잔학 행위에 대한 혐의)와 오시마 히로시(삼국동맹을 추진한 혐의)를 제외한 전원이 가담한 것으로 간주되었다. 7명에게 교수형이 선고되었다. 그 가운데 6명(도조 히데키, 기무라 헤이타로, 무토 아키라, 마쓰이 이와네, 도이하라 겐지, 이타가키 세이시로)이 육군 지도자였다.

도쿄전범재판의 과정을 살펴보면 재판부와 검사단 모두 두 가지를 예단하고 있었음을 알 수 있다. 하나는 군령보다 군정을 중심으로 전쟁 정책이 진행된 것으로 판단했다는 점, 다른 하나는 해군에 책임을 묻기보다 육군을 국책 결정의 중추로 간주했다는 점이다. 영미식 견해에 따르면 민간 통제가 당연하기 때문에 재판부와 검사단이 '통수권 독립'을 충분히 이해하지 못했다고 할 수 있으며, 다른 한편으로는 군령의 책임을 물으면 천황의 책임을 묻지 않을 수 없다는 정치적 판단이 작용했기 때문인 것으로 추측된다. 나아가 국책을 결정할 때 해군은 육군의 억지(예를 들어 삼국동맹 체결 당시 보인 행태 등이 그러하다)에 무릎을 꿇고 말았다는 것이 재판부와 검사단의 생각이었던 듯하다.

이런 점들을 고려하면 육군 지도자들이 다분히 희생적이었던 것처럼 보이

제47장. 스가모 형무소의 군사 지도자들

지만, 현실적으로 국책 오류, 특히 쇼와 육군의 모순을 그들 자신이 확대했다는 점에서 책임이 있으며, 메이지 시대의 건군 이래 군이 걸어야 할 길을 이런 식으로 엉망진창으로 만들었다는 점에서도 역사적 책임을 지는 것이 마땅하다는 견해가 있을 수 있다.

그렇다면 A급 전범이었던 군인들은 스가모 형무소에서 무슨 생각을 했을까?

지금 내 앞에는 스가모 형무소에서 육군 군인이 기록한 자료 가운데 세 권의 저작물과 한 권의 메모 그리고 한 권의 시집(사가판)이 놓여 있다. 세 권의 저작물이란 하타 슌로쿠의 『스가모 일기』 『비망록 이타가키 세이시로』 『군무국장 무토 아키라 회상록』을 가리킨다. 한 권의 메모는 내가 관계자로부터 입수한 '도조 일기'이고, 한 권의 시집은 하시모토 긴고로가 스가모 형무소에서 읊은 것을 모은 와카집和歌集이다.

하타 슌로쿠의 『스가모 일기』 『비망록 이타가키 세이시로』 『군무국장 무토 아키라 회상록』은 유족의 호의로 엮은이에게 도착한 일기를 수록한 것일 뿐이어서 만족스럽다고 말하기는 어렵다. 기술 기간도 하타는 1948년 2월 2일부터 같은 해 11월 3일까지, 이타가키 세이시로는 1946년 4월 9일부터 1948년 11월 18일까지, 무토는 1948년 4월 16일부터 같은 해 11월 18일까지다. 도쿄전범재판이 진행되는 동안 스가모 형무소의 생활을 그린 것에 지나지 않는다.

내가 갖고 있는 '도조 일기'도 1945년 12월 8일부터 다음 해 8월 16일까지 약 8개월 동안의 신변잡사와 도조의 '소감'이 적혀 있을 따름이다. 도조는 일기 형식으로 기록을 남기는 것은 이날을 마지막으로 중단했던 듯하며, 그 후로는 오로지 진술서 원고를 작성하는 데 열중한 것으로 추측된다.

육군 군인이 스가모 형무소에서 쓴 일기가 단편적으로밖에 공개되지 않은 데에는 모종의 이유가 있기 때문이라고 보아야 할 것이다.

우선 육군 군인은 자기를 표현하는 소양을 갖추고 있지 않았다. 하타, 이 타가키, 무토 그리고 도조의 일기를 보아도 자신의 사고를 정리하거나 타인을 관찰하는 표현이 놀라울 정도로 적다는 것을 알 수 있다. 어제오늘 마음이 어떻게 움직였는지 따위는 전혀 묘사되어 있지 않다. 물론 육군 군인 중에도 그러한 표현력을 갖춘 자가 없지는 않았을 것이다. 하지만 그런 재능을 가진 인물은 쇼와 육군이라는 조직의 정점에 오르기에 너무나도 섬세했다.

태평양전쟁 돌입을 긍정하는 군인 피고들

그리고 또 하나 덧붙이자면, 도쿄전범재판에서 재판을 받은 것은 일본의 군벌이었는데, 반론에 나선 28명의 A급 전범은 명확히 세 가지 유형으로 나룰 수 있다. 태평양전쟁은 국가의 선택으로서 옳았다고 주장하는 피고가 첫 번째 유형이다. 그들은 국가에 대한 변호와 자신에 대한 변호를 동일시하고, 자신의 생각이나 의견은 모두 국가의 논리에 부합한다고 말했다.

다음으로 두 번째 유형에 속한 사람들은 국가의 정책과 자신의 신념 또는 정치 행동 사이의 차이를 강조하며, 자신의 역할에 한정해서만 반론을 펼쳤다. 이들은 국가를 변호하는 입장보다 개인을 변호하는 입장에 서 있었다고 할 수 있을 것이다.

세 번째 유형은 재판 자체에 전혀 관심을 보이지 않고 그 흐름에 몸을 맡긴 채 담담하게 처신한 피고들이다.

첫 번째 유형은 육군 군인들이 중심이다. 두 번째 그룹은 해군이나 외무성 출신이 주를 이룬다. 세 번째 유형은 소속 집단에 관계없이 개인의 인생관을 전면에 내세운 피고들이다. 육군의 마쓰이 이와네松井石根나 외무성의 히로타 고키 등이 이 계보에 속한다.

1946년 11월 14일, 도쿄전범재판 당시 대기실에서 점심 식사를 하고 있는 피고들. 왼쪽부터 히로타 고키, 도고 시게노리, 도조 히데키, 사토 겐료.

히로타 고키의 침착한 처신은 이미 몇몇 전기를 통해서도 밝혀진 바 있다. 문관으로서 혼자만 교수형 판결을 언도받은 히로타는 할 말이 무척 많았을 것이다. 하지만 그는 아무 말도 하지 않고 죽음을 받아들였다. 실제로 사형을 받을 만큼 그에게 전쟁 책임이 있다고는 도저히 생각할 수 없지만, 어쨌든 그는 자신의 운명을 받아들였다.

1948년 5월 7일 무토 아키라는 히로타에 관하여 다음과 같이 썼다.

저녁 식사 후 히라누마 씨와 네 번째로 바둑을 두었다. 히로타 씨는 구경꾼이었다. 히로타 씨는 최근 2년 동안 다른 사람의 대국을 열심히 지켜보긴 했으나 결코 자신이 직접 두지는 않았다. 게다가 놀랍게도 아직 한 번도 훈수를 둔 적이 없다. 서툰 대국을 관전하면서 처음부터 끝까지 침묵을 지킨다는 것은 대단한 수업을 요하는 일이다.

제3부. 쇼와 육군이 전후사회에 드리운 그림자

앞에서 서술했듯이 육군 군인은 인간을 관찰하는 능력이 놀라울 정도로 부족한데 무토만은 예외라는 느낌을 지울 수 없다. 그의 일기는 변호인 측의 최종 변론이 끝나고 판결이 내려지고도 며칠 더 이어지는데, 7개월 동안 쓴 그의 일기에서는 심심찮게 이와 같은 기술을 찾아볼 수 있다.

개전 당시 군무국장이었던 무토는 개전 후 얼마 지나지 않아 근위사단장으로 자리를 옮긴다. 도조의 직계에 속한 군인으로 알려져 있긴 했으나, 도조가 무토의 균형 잡힌 판단력을 이유 없이 싫어해서 육군성과 참모본부에서 쫓아냈다는 소문도 떠돌았다. 그런 까닭에 다시 중앙의 요직으로 돌아올 수 없었던 것은 무토 자신의 인간에 대한 관찰력을 도조가 성가시게 여겼기 때문이라고 볼 수 있다.

육군 군인이 쓴 『스가모 형무소 일기』가 역사적으로나 인간에 대한 통찰력의 측면에서나 결점투성이라고 알려진 것은 국가를 변호하는 쪽에 선 그들이 스가모에서 보낸 시간을 대부분 국책 결정 과정을 확인하는 작업에 쏟아부었기 때문이다. 원래 인간 관찰 능력을 결여하고 있었던 데다 대부분의 시간을 그런 일에 쏟아부었으니, 일기 따위를 쓸 시간적·심리적 여유가 없었던 것이다.

만약 무토가 개인을 변호하는 쪽에 섰거나 인생관을 전면에 내세우면서 법정에 임했다면 그는 분명 대단히 명확한 일기를 썼을 것이다. 그런 일기를 통해 쇼와 육군의 감정적 굴곡을 읽어낼 수도 있었을 텐데, 이런 생각을 하다 보면 쇼와사에 관심을 둔 나로서는 못내 아쉬울 따름이다.

'도조 일기'는, 자살 미수 후 요코하마에 있는 미군 육군병원에서 치료를 받고 완전히 건강을 회복한 다음 오모리 형무소로 옮겨졌다가 그곳에서 다시 스가모 형무소로 이송된 날부터 시작된다.

이날이 바로 1945년 12월 8일이었다. 미군은 과거 일본의 제일祭日이나 기념일에 보복의 의미를 겸하여 일종의 '의식'을 거행했는데, 도조를 스가모 형무소로 옮기는 날을 일본이 진주만을 공격한 날짜에 맞춘 것도 그런 의식의 하나였다. 앞에서 서술한 것처럼 4월 29일에 A급 전범 28명에게 소장을 건넨 것도 천황 탄생일을 의식한 것이었다.

'도조 일기'에는 일상적인 신변잡사가 세세하게 적혀 있다. 지나치게 꼼꼼한 것이 도조의 결점이라는 소문이 있었는데, 그의 일기는 이 사실을 훌륭하게 뒷받침한다.

일기에는 딸이 넣어준 물건이 무엇이었는지, 그중에 수건이 몇 개였는지까지 적혀 있다. 그리고 재판의 추이와 신문에 보도된 뉴스의 제목 등이 일기를 채우고 있다.

'도조 일기'에 등장하는 이름 중 쇼와 전기의 지도자는 고작 5명뿐이다. 그것도 인물평이라고 말하기는 어려우며, 단순한 사실만이 적혀 있을 따름이다. 그의 전임 수상으로 정책 면에서 줄곧 대립관계에 있었던 고노에 후미마로에 관해서는 자결 소식과 간단한 감상이 쓰여 있을 뿐이다(1945년 12월 17일).

들리는 바에 따르면 고노에 공이 16일 스스로 목숨을 끊었다. 나도 그 마음을 이해할 수 있다. 오히려 온전히 죽은 것이 부럽기만 하다.

도쿄전범재판 법정이 시작된 후 그의 일기는 그저 검사 측의 논고를 요약하는 수준을 넘어서지 못한다. 인물이 등장하는 것은 법정이 시작되고 나서 얼마 지나지 않은 5월 17일자 일기다. 이날 일기에는 마쓰오카 요스케와 오카와 슈메이에 관해서만 적혀 있다.

마쓰오카의 건강이 너무 좋지 않다. 오래 끌지 말아야 할 텐데. 오카와의 병은 정신분열증으로 진단되었다고 한다. 이 또한 좋지 않은 소식이다. 안타깝다.

제3부. 쇼와 육군이 전후사회에 드리운 그림자

마쓰오카는 제2차 고노에 내각 때 함께 각료를 지낸 사람으로 도조와 감정상의 교류가 있었다. 하지만 도조는 마쓰오카가 육체적으로 죽어가고 있는 상태에 처한 것을 보고도 이에 대해 특별한 감상을 피력하지는 않는다. 도조는 당연히 마쓰오카를 딱하게 여겼을 테지만 그런 감정을 피력할 에너지는 갖고 있지 못했던 것으로 보인다. 오카와에 관해서는 다음과 같은 일화가 있다. 법정이 시작된 날, 도조 뒤에 앉아 있던 오카와가 손바닥으로 도조의 머리를 몇 번 때렸다. 이것은 뉴스나 영화 등에서도 나온 유명한 장면이다. 이때 도조의 느낌이 어땠는지 알고 싶어도 그의 일기에서는 이에 관한 언급을 전혀 찾아볼 수 없다.

기껏해야 5월 17일자 일기에 아무렇지도 않은 듯 그의 병세를 걱정하는 표현이 나오는 데 그쳤다.

다시 한번 법정이 열리면서 도조는 사람들의 눈길을 끈다. 무엇보다 도조는 3년 8개월에 걸친 태평양전쟁 기간 중 2년 8개월이나 수상 자리에 있었던 인물이다. A급 전범 가운데 누군가는 틀림없이 사형 판결을 받을 터였고, 거기에 도조가 분명히 포함되리라는 것을 부정하는 사람은 없었기 때문이다.

그러나 '도조 일기'에는 이와 같은 세간의 견해에 대한 감상은 한마디도 적혀 있지 않다. 고지식하게도 도조는 오로지 국가를 변호하는 데 전력을 기울이는 나날을 보내고 있었다. 법정에서는 열심히 메모를 했고, 그것을 스가모 형무소로 가져와 정리했다. 그러면서 자신의 구술서를 작성하는 작업에 공을 들이고 있었다.

도조는 아마도 이 일기를 쓰고 있을 무렵 사회 정세가 자신에게 불리하게 돌아가고 있음을 알고 있었을 것이다.

당시 도조 히데키라는 고유명사는 증오와 모멸의 대상이었다. 사람들은 전쟁에서 고생한 것이 모두 도조 탓이라며 원망을 퍼부었다. 만약 이 시기에 스가모 형무소에 있지 않았다면 그는 틀림없이 테러를 당해 살해되었을 것

제47장. 스가모 형무소의 군사 지도자들

이다. GHQ는 「진상은 이렇다」라는 라디오 프로그램을 만들도록 하고, 이 프로그램을 통해 도조가 교묘하게 국민을 속였다든가 그 자신의 명예를 위해 국민을 희생시켰다면서 사람들을 선동했다. 이는 도조에 대한 증오의 불길에 기름을 부었다.

사실 도조가 일기에서 세간의 움직임에 대해 전혀 언급하지 않은 것은 나름대로 최대한의 자기표현이었는지도 모른다. 행간을 읽어보면 알 수 있듯이, 이러쿵저러쿵 반론해봐야 상황이 바뀔 리도 없고, 생각하면 화가 나지만 그런 것에 일일이 신경 쓸 만큼 시간이 있는 것도 아니라고 판단했던 듯하다.

도조는 육군성에 있을 때 편협한 인사를 한 것으로 알려져 있는데 이와 관련한 평판이 특히 나빴다. 그는 자신의 주위에 '예스맨'만을 기용했다. 그런 성격이 도쿄전범재판에서는 보기 좋게 배반당한다. 예를 들면 도조가 육군상으로 있을 때 병무국장(헌병을 장악한 책임자이기도 하다) 자리에 있었던 다나카 류키치는 도쿄전범재판에서 검사 측 증인으로서 키넌 검사의 총애를 얻었다. 그는 일본 군벌이 '침략'을 공동모의했다고 진위를 뒤섞어 증언한 인물이다. 도조는 버릇처럼 이런 인물의 감언이설에 쉽게 속아 넘어가곤 했던 것이다.

도쿄전범재판을 통해 도조는 자신이 사람 보는 눈이 얼마나 없는지 자책했던 듯하다. 무토의 일기에는 지나가는 말처럼 이렇게 적혀 있다(1948년 4월 29일).

오후 운동 시간에 도조 씨가 스즈키 군지(B급 전범) 대좌의 변호사로부터 오전 중 증언을 부탁받았다는 얘기를 들었다. 도조 씨는 스즈키의 인격이 훌륭하다며 칭찬했다. 그리고 지난날 많은 사람을 겪으면서 본 이야기를 털어놓았다.

전혀 아무렇지도 않아 하는 듯한 언급이다. 무토는 이 일에 관해 더는 아무 말도 덧붙이지 않았다. 그러나 쇼와 육군 내부의 일그러진 모습을 이해한다면 도조가 털어놓은 이야기는 자신의 인사를 깊이 반성하는 내용이었음을 알 수 있다. 무토라면 틀림없이 너무 늦게 '감언이설에 약하고 충고에 귀를 막는 성격'을 알아챈 것이 아니냐며 소리치고 싶었을 것이다.

시야가 좁은 군인들의 일기

군인들의 일기를 전체적으로 읽어보면 융통성이 없거나 시야가 좁다는 인상을 떨치기 어렵다. 하타 슌로쿠의 일기와 이타가키 세이시로의 일기를 봐도 이런 느낌을 지울 수 없다. 아니, 오히려 도조나 무토보다 훨씬 더 융통성이 없다. 두 사람의 일기에서 주제라고는 재판에 관한 것뿐이다.

그 예로 1948년 4월 15일의 사건과 관련하여 하타와 이타가키 두 사람이 그들의 일기에서 어떻게 말하는지를 소개하기로 한다. 이날은 검사 측의 최종 논고가 끝난 후 3월 2일부터 시작된 변호인 측 최종 변론이 마무리되기 전날이다. 다음 날인 16일 변호인 측 최종 변론이 끝나면 판결을 기다려야만 한다. 도쿄전범재판이 하나의 고비를 넘기 직전이었던 것이다.

하타의 일기

4월 15일. 415(이 숫자는 법정의 횟수. 이것을 기록한 사람은 하타뿐이다). 이날 도고의 변론이 끝나고 이어서 우메즈 차례가 되어 잠시 휴정했다가 변호인이 낭독. 이렇게 피고 측 변론을 마친 다음 검사 측 심문에 들어가, 먼저 소련의 스티르노프 검사의 질문에 변호인 측 진술. 특히 장고봉 사건과 노몬한 사건이 국경분쟁 사건이 아니라는 것을 반박하는 논고를 하다가 폐정. 지요千代와 면회하다.

재판도 점차 막바지로 접어들고, 켄워디 중령의 호의로 연일 가족 면회가 허락되어 많은 사람이 드나들었다. 나도 다른 사람과 마찬가지로 많은 가족과 면회했다. 참으로 눈물을 감출 수가 없구나.

이타가키의 일기

4월 15일(목) 비.

시라토리, 우메즈 결석. 사진실.

도고 변론 속개. 525분. 10시 30분 우메즈 변론 속개. 145분. 하시구치 요시오橋口喜夫 씨, 지바千葉에서 찾아오다. 가족을 불러 나라시노習志野에 거주하게 하다. 기쿠코喜久子 면회.

오후 3시 검사 측에 답변 개시. 첫째는 소련, 둘째는 중국, 셋째는 일반 및 법률에 관한 것. 마쓰타이스 늦게 입장, 서류 입수하지 못하다. 야마다는 출석하지 않다.

제1에 대해서는 기억나지 않는다고 말하다. 소련에 관련된 각종 문제가 튀어나오다. 60분. 도이하라로부터 검사에게 회답한 부분을 빌려 반론을 쓰다.

하타와 이타가키는 순수한 군인이었다. 이때 하타는 68세. 육군사관학교와 육군대학교를 졸업한 후 엘리트 코스를 밟고 중지파견군 사령관이 되었다. 아베 내각과 요나이 내각에서는 육군상으로 일했다. 이타가키는 63세. 역시 육군사관학교와 육군대학교를 졸업하고 관동군 참모로 근무하는 등 일관되게 군사적 측면에서 대중국 정책을 지탱했다. 그리고 조선군사령관, 육군상 등을 역임하기도 했다.

그들의 일기를 통해 알 수 있는 것은 법정 횟수나 시간에 대해서는 지나치나 싶을 정도로 꼼꼼하게 기록하는 반면 감정은 시종일관 배제하고 있다는 점이다. 쇼와 육군 군인은 다분히 하타와 이타가키로 대표되는 유형의 인간으로 육성되었을 것이다. 다른 사람에게 보이기 위한 글이 아닌 일기에서조

제3부. 쇼와 육군이 전후사회에 드리운 그림자

차 그들은 좀처럼 감정을 내비치지 않는다. 몰인간적이라고밖에 할 수 없다.

특히 이타가키는 시간을 너무나도 세세하게 기록하고 있다. 이 시간이 본인에게 어떤 의미를 지녔는지는 명확하지 않다.

제1급에 속하는 역사적 자료의 중요한 요건은 본인이 직접 당시 자신의 심리 상태를 기록하는 것인데 그들의 일기는 그러한 요건을 완전히 결여하고 있다. 설령 다른 사람에게 보여줄 생각이 없었다 해도, 역사의 현장에 서 있는 사람으로서 일말의 책임을 느꼈다면 그런 식으로 기술하지는 않았을 것이다.

도쿄전범재판은 1947년 2월 24일부터 변호인 측 반대 심문이 시작된다. 심문은 ABC 순으로 진행되었는데, 중신이었던 기도 고이치에 대한 반대 심문이 시작된 것은 1947년 10월 14일이다. 이때부터 육군 군인들의 불화가 본격화되었다.

이 반대 심문에서 『기도 고이치 일기』를 들고 나온 기도는 이 일기에 따라 구술서를 작성했고 법정에서 변호인이 그것을 낭독했다. 『기도 고이치 일기』는 이미 검사 측에 제출된 것인데, 여기서 만주사변, 중일전쟁, 태평양전쟁의 침략을 뒷받침하는 증거가 적잖이 채택되었다. '군부의 횡포'를 중심으로 서술된 기도의 구술서 결론도 '군부의 무모한 억지' 때문에 태평양전쟁이 일어났다는 것이었다.

이 이야기를 들은 육군 군인들은 격노했고, 법정에서 스가모로 돌아오는 버스에서 기도에게 추태를 부리는 이도 있었다. 하시모토 긴고로 등은 기도를 '변절자'라고 부를 정도였다.

1948년 4월 16일부터 법정은 휴정에 들어갔고 그 후부터는 판결을 기다리는 일이 전부였다. 당시로서는 언제 판결이 내려질지 분명히 알려져 있지 않았지만 피고들 사이에서는 빠르면 6월이 될 것이라는 예측이 소문처럼 떠돌았다.

A급 전범들은 판결이 있기까지 도마 위의 물고기 같은 신세일 수밖에 없었다. 어쩌면 사형 판결이 내려질지도 모른다는 불안과 싸워야만 했기 때문이다. 앞에서 소개한 것처럼 무토 아키라가 4월 16일부터 일기를 쓰기 시작한 것도, 하타 슌로쿠가 자신의 반대 심문이 끝나자마자 일기를 쓰기 시작한 것도 모두 이 불안에서 벗어나고 싶었기 때문일 것이다. 『기도 고이치 일기』나 시게미쓰 마모루의 『스가모 일기』에 따르면 스가모 형무소에서는 트럼프 놀이가 인기를 끌었다. 육군 군인들도 이따금씩 놀이에 끼어들곤 했다. 시게미쓰는 7월 17일자 일기에 이렇게 썼다.

7월 17일 토요일 비, 목욕, 산책.

오늘 산책은 비 때문에 일층 복도에서 희망자만 한다는 얘기를 듣고 나는 방에 남았다. 감시가 느슨하니까 다른 사람의 방에 가서 함께 있어도 된다고 해서 도조의 방으로 가서 러미rummy(트럼프 놀이의 일종)를 했다. (…)

재판 판결은 계속 늦어지고 있다. 늦어도 6월 말에는 판결이 있을 것이라고 했는데 요즈음은 11월까지 늦춰질 수도 있다는 말이 들린다. 4월 16일 휴정으로부터 벌써 3개월이 지났다. 정말이지 길고 긴 3개월이었다. (…)

긴 시간을 보내기 위해 바둑, 장기, 마작을 하지 않는 사람은 기도의 소개로 감시 장교에게 러미를 배워 매일 열심이다. 방문이 허용된 시간에는 방 안에서 하고 산책 시간에는 안마당에서 한다. 안마당의 울타리 쪽에는 히말라야 삼나무가 몇 그루 심겨 있는데 그 그늘 아래 널빤지로 만든 이상한 모양의 낡은 책걸상을 갖다놓고 카드놀이를 하거나 장기를 둔다. 널빤지 위에 그대로 누워서 쉬는 사람도 있다. 사람들은 자연스런 인간의 모습으로 돌아가 있다. 블룸 대위는 근래 들어 안마당에서 라디오를 들려주기도 한다.

운명의 날을 기다리는 사람들의 마음은 이미 지칠 대로 지쳐 있다.

시게미쓰는 카드놀이에 열중하는 사람들의 모습에서 죽음의 공포로부터 벗어나고자 하는 심리를 읽어내려고 했던 듯하며, 짐작건대 승부에 지나치게 골몰하는 것을 보고 적막감을 느꼈을 것이다.

스가모 형무소의 A급 전범이 있는 방에서 카드놀이가 폭발적으로 유행한 진짜 이유는 이 일기의 말미에 적혀 있듯 "운명의 날을 기다리는 사람들의 마음은 이미 지칠 대로 지쳐 있"었기 때문일 것이다.

11월 12일 오후 3시 30분이 지나 재판장 웹은 판결문 낭독을 마쳤다. 15분 동안 휴식한 후 피고들은 ABC 순으로 한 명씩 법정으로 불려가 판결을 받았다. 아라키 사다오, 도이하라 겐지가 차례로 대기실에서 불려나갔다. 이 방으로 돌아오지 못하고 다른 대기실로 끌려간 이는 교수형 판결을 받은 7명, 즉 도이하라, 히로타, 이타가키, 기무라, 마쓰이, 무토, 도조였다.

하타의 일기에서도, 이타가키의 일기에서도 11월 12일자 기록은 찾아볼 수 없다. 무토만이 그날의 일기를 남겼는데, 사형을 선고받은 이들이 있던 방의 분위기를 서술한 부분은 다음과 같다.

조금 있다가 도조 씨가 들어왔다. 나는 헌병에게 담배를 피워도 괜찮으냐고 물었다. 괜찮다는 대답을 듣고 도조 씨, 마쓰이 씨, 기무라 씨에게 담배를 나누어 주고 불을 붙였다. 조금씩 이야기를 주고받는다. 전혀 음울한 분위기가 아니다. 도조 씨는 "자네까지 이렇게 돼서 참 안됐다. 자네마저 사형에 처해지리라고는 정말로 생각하지 못했다"고 말했다. 마쓰이 씨는 "나는 너무 오래 살았다"고 했다. 옆방 한쪽에서 이야기하는 소리가 들린다. 시마다 씨가 기뻐서 웃는 듯한 소리가 크게 들린다.

그들은 이미 사형 선고를 각오하고 있었을 것이다. 담담하게 받아들이는 모습이다. 그러나 무토의 표현 가운데 "시마다 씨가 기뻐서 웃는 듯한 소리

제47장. 스가모 형무소의 군사 지도자들

가 크게 들린다"는 구절은 의미심장하다. 왜 해군 군인은 사형을 면했을까? 모든 책임이 육군에게만 있다는 말인가? 무토는 이런 복잡다단한 마음을 이 표현에 담고자 했던 것으로 보인다.

이것이 앞에서 서술한 여섯 가지 유형 중 'A급 전범으로 지정된 고위급 군인'에 속하는 사람들의 진심이자 불만이었을 것이다.

전우회라는 조직과
쇼와 육군의 체질

기획원 총재이자 육군 중장이었던 스즈키 데이이치가 병사한 것은 1989년 7월 15일이었다. 100세에 맞이한 죽음이었고, 당시 신문에서는 "최후의 A급 전범의 죽음"이라고 보도했다.

나는 만년의 스즈키를 세 차례 정도 취재한 적이 있다. 이미 고령이었기 때문에 그는 출신지인 지바 현의 농촌에 가건물을 짓고 자연에 둘러싸인 채 누워서 하루하루를 보내고 있었다. 가까이 사는 먼 친척이 일상적인 일을 돌보았다. 스즈키는 육체적으로는 확실히 약해졌지만 사고력은 전혀 쇠하지 않은 상태였다. 말투는 어눌했고 느렸지만 그 내용은 조리가 있었다. 그는 매일 전국적으로 발행되는 신문 세 종류를 열심히 읽는다고 했다.

내가 그를 만났을 무렵 러시아는 아직 사회주의 국가였고, 그 나라가 몇 년 후에 해체되리라고는 누구도 예상하지 못한 때였다.

나는 스즈키에게 A급 전범으로서 감상이 어떠하냐고 물었지만 그는 이 질문에 대답하고 싶어하지 않았다. 그래서 "당신은 일본 육군 군인으로서 줄곧 소련을 적대 세력으로 간주해왔는데 지금은 소련에 대해 어떻게 생각하느냐"고 물었다. 귀가 어두웠기 때문에 필담으로 물은 것이었다. 나로서는 예상하지 못한 대답이 돌아왔다. 스즈키는 이렇게 말했다. "러시아(스즈키는 일관되게 러시아라는 표현을 썼다)와 미국을 비교하면 러시아 쪽이 신뢰할 만합니다. 러시아인은 소박하며 그중에는 정말로 농민 같은 유형이 많습니다. 그들에게는 문화가 있기 때문이지요. 공산주의라고 하지만 그것은 표면적인 것입니다. 나는 관동군에 근무하기도 했는데, 러시아인과 정전停戰 라인에 관한 이야기를 나눈 적이 있습니다. 그들은 정말이지 신사적이었습니다. 그런데 미국이라는 나라는 문화도 없고 전통도 없습니다. 무슨 짓을 할지 전혀 알 수 없는 나라입니다. 당신들에게 말하고 싶은 점은 일본의 장래를 생각한다면 러시아인 쪽을 신뢰해야 한다는 것입니다."

스즈키는 러시아인은 신뢰할 만하지만 미국인은 신뢰할 수 없다는 말을 몇 번이나 되풀이했다. 물론 말투에는 자신이 A급 전범으로 법정에 선 것에 대한 억울함도 배어 있었다. 그러나 그의 증언에는 그런 뉘앙스보다 훨씬 더 강하게 '러시아인은 선하지만 미국인은 악하다'는 신념이 깃들어 있었다. 쇼와 육군이었고 기획원 총재를 거쳐 귀족원 의원까지 역임한 스즈키는 쇼와 육군의 체질을 전해주었다는 의미에서 나에게 깊은 인상을 남긴 사람이다.

사실 쇼와 육군의 고위급 군인 중에는 이러한 의견을 털어놓은 사람이 적지 않다. 러시아에 대한 공감을 노골적으로 밝히는 이도 있다.

물론 이런 의견을 가진 사람들이 공산주의에 공감한다고는 할 수 없다. 오히려 그들의 반공의식은 철저하며, 그 같은 정치체제는 존속할 수 없다고 단언하기도 한다. 어떤 사람은 극단적으로 그 체제를 무너뜨림으로써 러시아인을 질곡에서 해방시켜야 한다고 말하기도 한다.

그렇다면 왜 그들은 미국인보다 러시아인에게 더 호감을 갖고 있는 것일까? 나는 나름대로 그 이유를 생각해보았다. 내 결론은 지극히 간단하다.

쇼와 육군의 고위급 군인들은 러일전쟁 전후에 육군유년학교와 육군사관학교에서 교육을 받는다. 그들은 1907년 야마가타 아리토모에 의해 채택된 「제국국방방침」의 잠재 적국은 소련이라는 전략에 따라 철저한 반소 교육을 받았다. 당시의 육군 지도부는 공통적으로 소련이 국력을 키워 다시 전쟁 상태에 들어설 수 있다는 두려움을 지녔고, 이는 젊은 미래의 군인들에게도 강렬하게 각인되었다. 그런 상황이었으니 가상적국 소련에 관해서는 상세한 정보를 제공받을 수 있었을 터이다.

그들은 소련에 관해서는 군사·정치·경제·문화·사회 등 그야말로 많은 것을 알고 있었다. 소련군의 전법에 대해서도 상세하게 연구했다. 그중에는 만주국과 소련의 국경선을 둘러싸고 소련군 군인과 교섭을 한 사람도 있다. 스즈키 자신도 그러했다. '안다'는 것은 공명하기 위한 첫걸음이다. 실제로 전쟁이 끝나고 시간이 지나면서 소련에 대한 그리움이 싹텄던 것도 어찌 보면 당연했다.

반면 미국에 관해서는 군생활 중에 직접 정보를 접할 수가 없었다. 쇼와 10년대에 육군 요직에 있던 군인들의 미국관은 정말이지 조잡스러워서 '(미국인은) 국가 의식도 없이 경망한 인종'이라는 견해로 수렴되었다. '잘 모른다'는 불안을 해소하는 것이 '신뢰할 수 없다'는 감정이었다.

스즈키의 말에는 그런 의미가 포함되어 있는 듯했고, 나는 쇼와 육군 내부의 의식 구조가 고위급 군인의 발상 자체에 온존되어 있다고 생각했다.

쇼와 육군 내부의 교육 방식을 보면 고위급 군인에 대한 교육과 병사에 대한 교육 사이에 분명한 차이가 있다.

앞에서 이미 말했지만 다시 한번 강조하자면, 병사 교육의 핵심은 어떤 상황에서든 상관의 명령에 복종하도록 하는 것이다. 아무리 불합리하다 해도 상관에게 대들어서는 안 된다고 가르친다. 계급이 조금이라도 높은 사람의 명령은 그대로 천황의 명령으로 간주되었다. 병사에게 강요된 것은 무엇보다 먼저 상관의 명령에 절대적으로 복종하는 것이었다. 1892년 천황의 칙유, 이른바 「군인칙유」에는 천황에 대한 복종이 명시되어 있거니와 그것은 하나의 끈으로서 육군 내부를 관통하고 있었다.

이러한 「군인칙유」를 보완한 것이 1941년 1월 육군상 도조 히데키의 이름으로 발포된 「전진훈」이었다. 「전진훈」의 핵심은 일단 전장에 나가면 목숨이 다할 때까지 싸우라는 것이었다. 그것이 가문과 향당을 지키는 길이라는 얘기다. 더욱이 「전진훈」은 병사들에게 모든 사고와 감정을 지워버리고 오로지 '싸우는 기계'가 되라고 가르치기도 했다.

하지만 「전진훈」이 실제로 병사들을 어떻게 구속했는지는 명확하지 않다. 마이즈루의 사단장이던 이시와라 간지 등은 도조를 싫어했기 때문이기도 하겠지만 병사들에게 「전진훈」을 시달하지 않았다. 「군인칙유」의 내용을 중언부언한 것에 불과하다며 사실상 「전진훈」을 거부했던 것이다. 당시 일개 병사로서 중국전선에 종군했던 전기작가 이토 게이이치伊藤桂一는 「전진훈」의 악문을 두번 다시 보고 싶지 않아 찢어버렸다고 말했다.

그러나 태평양전쟁에 참전한 병사들은 필수적으로 「전진훈」을 외워야 했기 때문에, 거기에 담긴 의미에 어떤 반응을 보였는지는 차치하더라도, 「전진훈」의 표면상 방침은 군의 '정론'으로 인정되지 않을 수 없었다.

앞에서 소개한 스즈키 등은 쇼와 육군의 지도부에 속해 있었음에도 「전진훈」이 표면상의 방침이었다는 것을 알고 있기 때문에 전후에는 이에 대해 별다른 얘기를 하지 않았다. 이들은 오히려 그런 가르침은 단순한 장식물에 불과했다는 견해를 보인다. 1974년 나카노학교 출신으로 잔존 첩자였던 오노다 히로小野田寬郎는 필리핀 중북부의 루방 섬에서 일본으로 돌아왔을 때 「전진훈」을 예로 들었는데, 이런 모습을 본 전 병사들은 강하게 공명했지만 장성급 군인은 마치 별세계의 인간을 보기라도 하듯 멀리했다. 그것은 표면상의 원칙과 본심이 무엇이었는지를 잘 보여주는 것이라고 생각할 수밖에 없다.

'엘리트 군인'과 '일반 병사'의 균열

쇼와 육군은 두 계급으로 뚜렷하게 구분되어 있었다. 지도부에 속하는 엘리트 군인과 일반 병사다. 쇼와 육군의 체질, 이데올로기 그리고 권익 등에서 군인과 병사 사이는 그야말로 하늘과 땅만큼이나 아득했다.

일찍이 쇼와 40년대부터 50년대에 걸쳐 일본에는 크고 작은 각종 전우회, 동기회, 동창회 등 전우들의 모임이 있었는데, 대부분은 계급이 가장 높은 사람이 회장 자리에 앉는 것이 관행이었다. 그리고 그들의 모임에서는 '각하' 라든가 '연대장님' 또는 '아무개 대좌님'과 같은 호칭이 통용되었다. 쇼와 육군의 계급제도가 그대로 남아 있었던 것이다. 공통의 화제라고는 전쟁 때의 추억뿐이었는데, 전후사회와 만나는 순간 위화감을 불러일으키는 광경이 펼쳐지곤 했다.

엘리트 군인과 병사 사이에 가로놓인 넘어서기 힘든 벽은 몇 가지 폐해를 낳았다. 단순히 상관을 받드는 심리가 전후사회의 윤리나 도덕에 반하는 것만이 아니다. 그것은 죽을 때까지 바뀌지 않을 것이라고 말해도 좋을 정도로 다음 세대에 속한 사람으로서는 이해하기 어려운 심리인 까닭에 그저 지켜볼 수밖에 없다.

이 문제의 가장 심각한 측면이란 무엇인가? 결론을 말하자면 '전쟁의 내실'이 계승되고 있지 않다는 점이다. 말할 것도 없이 쇼와 육군에는 실로 많은 폐해가 있었다. 참모본부 전쟁지도부에 있었던 군인의 무정견이 얼마나 많은 비극을 낳았는지는 이 책에서 여러 차례 지적한 바와 같다. 쓰지 마사노부로 대표되는 엘리트 군인이 얼마나 제멋대로 이 조직을 휘둘렀던가? 그런 사례는 일일이 열거할 수 없을 정도로 얼마든지 지적할 수 있다. 그리고 전후사회에 알려져 있는 전쟁이란 이미 서술한 것처럼 참모본부 작전과장 핫토리 다쿠시로의 『대동아전쟁전사』로 대표되는, 군 관료의 변명과 자기정당화의 전사에 기록된 전쟁이다.

참모본부에 남아 있는 공식 문서를 바탕으로 또는 각각의 작전에 참여한 군인의 증언을 바탕으로 쓰인 관제 전사가 사실로 계승되고 있다.

그러나 전사에는 하나의 측면만 있는 게 아니다. 그것은 복잡하고도 다면적이다. 그것은 또 실제로 전장에서 싸운 병사들의 증언을 통해서만 이해 가능하다고 말할 수도 있다. 그러한 증언은 때로는 참모본부 작전참모의 견해와 다를 수 있으며, 때로는 강력한 항의의 뜻을 내포하고 있기도 하다. 그 증언 가운데는 참모본부의 거짓말을 폭로하는 내용이 있을지도 모른다.

병사들은 일찍이 개인적인 의견을 피력할 수 없는 상황에서 전장으로 나갔다. 그리고 전후사회에서도 전우회라는 조직에 속함으로써 여전히 전사를 말할 수 없는 구속을 받고 있다. 상급자에 속했던 이만이 공식적으로 전사를 말할 수 있다는 제약이 따랐다. 이렇게 눈에 보이지 않는 구속이야말로 전우회의 가장 큰 역할이었을 것이다.

왜 병사들은 말할 수 없는가? 이 의문을 밀고 나가면 결국 쇼와 육군의 위계질서를 재고할 수밖에 없는 국면에 도달한다. 군인과 병사 사이의 간극을 확인해야만 하는 지점에 이르는 것이다.

쇼와 육군의 위계질서는 엘리트 군인과 병사 두 계급으로 나뉘어 있다고 했거니와, 병사란 1전 5리(엽서 한 장 값, 즉 소집영장을 말한다)로 징용된 자이다. 일본은 징병령을 시행했기 때문에 만 20세가 되면 본적지에서 징병 검사를 받는다. 피검자는 신체 조건, 운동신경 등에 따라 갑을병정으로 등급이 나뉘는데, 평시라면 갑종은 2년에서 3년 동안 병역 의무를 져야 한다.

의무 복무 기간이 끝나면 군대를 떠나 사회로 돌아온다. 하지만 예비역으로 등록되어 있어 일단 전쟁이 시작되면 다시 소집되어 전장으로 나가야만 한다.

이 병역 기간은 모든 의미에서 당시 일본 남성의 '인간 개혁'을 가속화했다. 쇼와 10년(1935) 이전까지 농촌의 청년들은 끼니조차 제대로 때우지 못했다. 농업공황 때문이었다. 그런데 군에 들어가면 식사는 제공받을 수 있었다. 일례로 카레라이스를 먹은 초년병이 "이런 식사는 처음입니다. 형제나 부모도 이런 음식을 먹을 수 있으면 좋겠습니다"라며 감격의 눈물을 흘렸다는 일화까지 전해진다. 한편, 내가 아는 어떤 장교의 말에 따르면 초년병에게 가장 먼저 가르친 것은 '화장실 사용법'이었다.

농촌의 화장실은 대부분 집 밖에 있다. 도자기로 만든 변기에 일을 보지 않는다. 그래서 화장실 사용법부터 가르쳤다는 것이다. 그렇게 하지 않으면 화장실이 순식간에 더럽혀지고 말았기 때문이다.

쇼와 초년대 일본의 총인구는 약 7000만 명이었다. 그 가운데 농업인구는 3500만 명이었고, 일본은 근대자본주의의 문턱에 들어서긴 했지만 유럽이나 미국처럼 근대 시민사회가 형성되었다고 말하기는 어려운 상황이었다. 농촌공동체의 지배 원리는 구조상 '지주와 소작 관계'였고, 소작제도(당시 소작인은 농업인구의 40퍼센트를 차지했다)는 지주에 대한 절대적 충성을 전제로 했다. 더욱이 개별 가정에서는 가부장제가 확고해서 직계 남성이 지배권을 장악했고 일가족은 그 남성을 따라야만 했다.

바로 이러한 구조가 농촌에 사는 사람들의 의식을 규정했다. 쇼와 육군은 이런 관습을 더욱 철저하게 보완하고 이용했다.

현재의 관점에서 말하자면 시민의식 따위는 전혀 필요하지 않았고, 자립적인 개인과 같은 사고방식도 마찬가지였다. 병사들은 그들이 싸우는 이유를 물을 수 없었다. 그저 상관의 명령에 따라 싸우다 죽는 것이 무엇보다 중요한 윤리라고 배웠을 따름이다. 쇼와 10년대에 들어설 무렵에는 학교 교육이 확대되면서 국민을 억압하기 위해 신들린 듯 신민 교육이 실시되었다.

전후 쇼와 육군이라는 조직은 해체되지만 그와 같은 일본적 공동체의 잔재는 전우회라는 모임을 통해 이어졌다.

제48장. 전우회라는 조직과 쇼와 육군의 체질

나는 쇼와 50년대 중반부터 의식적으로 전우회를 찾아다니기 시작했다. 그 과정에서 똑같이 전우회라고 불리기는 하지만, 사단 규모로 1000명 단위의 회원을 거느리고서 정기적으로 간행물도 배포하며 마치 어느 부자의 자서전 같은 가죽 장정의 사단사나 연대사를 발행하는 조직이 있는가 하면, 옥쇄에서 살아남은 부대의 병사 대여섯 명이 모인 사적인 조직도 있다는 것을 알게 되었다. 그리고 병사 한 명이 대여섯 곳 또는 열 곳이 넘는 전우회에 적을 두고 있다는 것과 함께 사회적으로 충분히 알려져 있지는 않지만 전우회가 거대한 조직을 이루고 있다는 것도 알 수 있었다.

나는 전우회를 잠정적으로나마 몇몇 그룹으로 나누어 살펴봐야 한다고 생각한다. 육해군 교육기관의 동기생으로 이루어진 모임에서부터 연대, 대대, 중대 단위로 세분화되어 있는 모임, '반전'을 목적으로 결성된 옛 병사들의 조직, 또는 육군대장으로 인망이 높았다고 하는 이마무라 히토시今村均를 기리는 부하들의 모임인 이마무라카이까지 전우회는 그야말로 천차만별이다. 나는 전우회를 '전쟁(준비, 수행, 처리)의 메커니즘이 만들어낸 모든 공간에 있었던 사람들의 모임'이라고 정의하고자 하는데, 물론 여기에 해당되지 않는 단체도 없지 않다.

한때는 전국의 전우회를 규합하는 '전국전우회연합회'(약칭 전우련, 본부 도쿄)라는 조직도 있었다. 하지만 연합회 소속 전우회는 1~2퍼센트 정도였던 것으로 알려져 있다. 결국 전국적인 규모의 전우회 조직 결성은 적잖은 어려움을 겪고 있는 셈이다.

현실에서 전우회가 갖는 사회적 기능

물론 전우회에 가입하지 않은 병사들도 있다. 공산당원은 가입하지 않는다. 군 내부에서 린치를 당한 초년병도 가입하지 않는다. 거꾸로 린치를 주도한 이, 전장의 기억을 떠올리고 싶지 않은 이, 상관에게 증오를 품고 있던 이, 전쟁에 대해 전혀 생각하고 싶지 않은 이, 그리고 이것이 중요한데, 포로가 되었던 이도 모임에 모습을 드러내지 않는다. 그저 추억만을 나누는 모임이라면 또 모르겠지만 대개는 이해관계가 뒤엉켜 있어서 싫다는 사람도 있다.

이처럼 복잡한 모습을 지닌 전우회는 다음과 같은 특징을 지닌다.

① 쇼와 육군의 군사 행위 정당화
② 전쟁사의 다양화에 대한 통제
③ 전장에서 있었던 행위의 공동 치유
④ 전후사회에서의 이해관계
⑤ '영령'에 대한 공양과 추도
⑥ 군인연금 지급 등의 시달(다음 장에서 상술)

이 여섯 가지가 전우회가 존재하는 가장 큰 이유라고 할 수 있다. 전우회의 설립은 GHQ에 의한 점령 기간(패전부터 1952년 4월 28일 강화 조약 발효까지)에는 금지되어 있었다. 그 때문에 전우들은 공원에 모이거나 피크닉을 구실 삼아 함께 교외로 나가 전시 정보를 교환했다고 한다. 덧붙이자면 생활고에 쫓기던 옛 병사들은 어떻게든 일자리를 잡아 생활을 유지해야만 했다. 직업군인의 경우, 육군사관학교 졸업생 모임인 가이코샤偕行社(1877년에 창립되었으며 1887년부터는 재학 중에 강제로 가입해야 했다)가 GHQ로부터 군국주의적 단체에 해당된다 하여 해산 명령을 받았기 때문에 전우회의 모체가 될만한 조직이 없었다. 가이코샤는 주권 회복 직후인 1952년 재결성되었고, 1957년 재단법인이 되었다. 현재는 '영령들을 위로하고 옛정을 두텁게 하는 것'을 목적으로 하는 단체라고 한다.

전우회는 쇼와 30년대 중반부터 급격하게 늘어났고, 쇼와 40년대에서 쇼와 50년대에 걸쳐 그 숫자가 가장 많았던 듯하다. 고도성장으로 생활에 여유가 생기면서 동료끼리 모이는 것이 가능해지고 전쟁에 대한 기억의 질감이 '추억'으로 바뀌면서 전우회 활동은 왕성해졌다. 그런 상황에서 위에서 열거한 특징이 나타났던 것이다. 이 여섯 가지 특징은 마땅히 청산되었어야 할 쇼와 육군의 나쁜 관행이나 의식을 그대로 반복할 위험성을 안고 있었다. 실제로 그러한 전우회도 많다.

장관將官을 각하라고 부르거나, 경례를 하거나, 군가를 부르거나, 군복을 입고 기뻐하는 것 정도라면 봐줄 수 있다. 물론 독일에서는 나치 제복을 입는 것 자체가 '범죄'로 간주된다는 사실을 상기할 필요가 있다. 그러나 전우회 중에는 독자적으로 비밀결사와 흡사한 단체를 만들어 일반 사회에서 자신들의 말을 들어주지 않으면 폭력적인 위압을 가하는 곳도 있으며, 과거 일본군의 비인도적 행위를 은폐하는 데 전념하여 언론 방해에 분주한 곳도 있다. 나도 쇼와 40년대 말 그런 단체로부터 압력을 받고 불쾌했던 경험이 있다. 그 과정에서 협박장 비슷한 엽서를 보내오는 옛 병사의 심정을 엿보기도 했는데, 쇼와 육군 특유의 모략으로 가득 찬 체질에서 벗어나지 못한 장병이 많다는 것을 다시금 알 수 있었다.

이와 같은 반사회적인 움직임은 쇼와 40년대에 가장 격렬했고, 최근 들어 중국에서의 잔학 행위나 위안부를 포함한 전후 보상 문제를 둘러싸고 언론 방해를 일삼는 단체는 줄어들고 있는 듯하다. 이런 전우회는 정치단체의 측면을 갖고 있다. 그것은 많은 옛 군인이 쇼와 육군 안에 머문 채 패전 후에도 좀처럼 과거의 의식으로부터 빠져나오지 못했음을 보여준다.

나는 위에서 제시한 전우회의 여섯 가지 특징을 구체적으로 살펴봄으로써 쇼와 육군의 특질을 검증할 수 있을 것이라고 생각한다. 이제 항목마다 구체적 사실을 거론하면서 쇼와 육군이 전후사회에 어떤 그림자를 드리우고 있는지 확인하고자 한다. 쇼와 육군의 군사적 기능은 1945년 8월을 기점으로 상실되었지만, 그 정신과 심리는 전후사회에 지속적으로 남아 있었다. 그 정신이나 심리가 정치적 권력과 직결되지는 않았지만 지금까지도 직결될 가능성이 사라진 것은 아니다. 이를 면밀하게 검증해야 한다.

먼저 ①과 관련하여 살펴보기로 하자. 다수의 전우회에서는 사상적으로 대동아전쟁이 긍정되었고, 전장에서 싸운 병사들의 감정을 반영한 형태로 쇼와 육군의 군사 행위가 정당하다는 주장이 있어왔다. 많은 전우회가 이 감정을 축으로 하여 성립되었기 때문에 그 주장은 명료하다. 나에게는 이와 관련된 몇 가지 자료가 있는데, 예컨대 가장 알기 쉬운 주장은 앞에서 언급한 전국전우회연합회의 기관지에서 찾아볼 수 있다. 1990년 7월호(B4용지 8쪽 분량)의 한 구절을 인용하기로 한다.

이 무렵 가이후 도시키海部俊樹 수상은 국회에서 야당의 질문에 답하면서 태평양전쟁과 '한일병합' 등은 일본의 침략이라는 견해를 밝혔는데, 이 기관지 7월호는 이에 대해 반론을 내놓았다. 그 글에서 발췌한 구절이다.

"이러한 총리가 이끄는 조국 일본은 도대체 어디로 향하겠습니까? 망국의 길로 치닫는 모습을 보며 근심하노라니 슬픔을 안고 죽은 전우들의 얼굴이 자꾸만 떠오릅니다. 일본을 약체화하기 위한 연합국의 점령 정책. 특히 이 나라의 모든 과거를 나쁘다고 말하고 메이지 이후의 일본이 국운을 걸고 싸운 모든 전쟁을 침략 전쟁이라고 규정한 도쿄전범재판 사관史觀에 총리마저 세뇌되고 오염되어버린 조국의 현상에 우리 노병 일동은 더 이상 가만히 보고만 있을 수 없다고 생각할 수밖에 없습니다."

되풀이하지만, 이처럼 일본군의 행위는 모두 옳다는 인식을 바탕으로 한 쇼와사의 전승傳承은 옛 병사들의 감정을 기초로 한 것이다. 전우회가 크면 클수록 그리고 어마어마하게 화려한 월보를 발행하는 곳일수록 이러한 감정론이 활개를 친다.

여기에는 하나의 공통점이 있는데, 이들은 자신들의 인식과 다른 인식(예를 들면 일본 군국주의의 침략론 등)은 대부분 도쿄전범재판사관이라 결론짓고, 선두에 서서 깃발을 휘두르는 역할을 하는 것은 교육과 저널리즘이라는 주장을 펼친다. 이런 주장은 쇼와 육군을 전면적으로 긍정하는 전우회의 단골 메뉴다. 이 주장을 다음 세대의 인식으로 계승하고 있는 것이 최근 목소리를 높이고 있는 '자유주의사관'이라 할 수 있을 것이다. 이 사관을 고취하는 자와 추수하는 자는 옛 병사들의 감정을 토대로 하고 있는 까닭에 얼핏 보면 상당히 타당한 것 같지만, 역사적 사실을 하나하나 검증해보면 대단히 조잡한 측면이 드러난다.

구체적으로 태평양전쟁은 ABCD 포위진에 대항하는 자위적인 전쟁이었다는 점을 강조하는 것을 보면, 그들의 주장이 얼마나 조잡한지 쉽게 이해할 수 있다. '다른 사람은 나쁘다'라는 이런 주장은 태평양전쟁을 선택한 당시 지도자의 이해를 그대로 답습하고 있는 것일 따름이라고 말해도 좋다. 역사 인식이 그 단계에 멈춰 있다는 얘기다. 이런 주장을 펴는 사람들은 지금까지 이루어진 '쇼와사 검증'에서 아무것도 배우지 못했다고 단정할 수 있다.

② 전사의 다양화에 대한 통제와 관련해서는 다음과 같은 에피소드를 들어 말할 수 있다.

헤이세이 시대에 들어선 지 얼마 되지 않았을 때 나는 솔로몬 군도와 관계가 있는 어느 부대의 전우회 실태를 확인하는 작업에 나섰다. 그때 어떤 연대본부의 장교가 고령을 무릅쓰고 출석했는데, 몇 분 동안 옛 병사들(병사들이라고는 하지만 대부분 70대에 들어선 이들이었다) 사이에 긴장감이 감돌고 있다는 것을 알게 되었다. 병사들에게는 연대본부의 참모가 자신들과는 다른 존재로 보였던 것이리라. 회합이 시작되고 나서 나는 전직 병사 한 사람에게 이 부대의 전황을 물었다. 그는 이렇게 대답했다. "작전 계획에 관해서는 참모님께 묻는 게 좋을 듯합니다. 일개 병졸에 지나지 않는 우리가 뭘 알겠습니까?" 조금 상세하게 말해달라고 하자 이렇게 덧붙였다. "전황에 관하여 우리는 아무 말도 할 수 없습니다. 참모님께 일임하고 있습니다." 나는 일반 병사들에게 함구령이 내려진 것이라고 이해할 수밖에 없었다.

나 자신의 경험에 비춰보아도 이러한 사례는 결코 적지 않다.

인도네시아의 어느 부대에서 장교가 병원선을 타고 일본으로 돌아온 일이 있었다. 그곳이 전장이 될 것이라는 말을 들은 데다 머지않아 미군의 공격이 있을 것이라고 느낀 장교는 병을 핑계로 병원선을 탔다. 당일 특별히 신체의 이상을 호소하지 않았기 때문에 병사들의 눈에는 그의 승선이 무척 부자연스럽게 보였다. 그러나 미군은 그곳을 공격하지 않았고, 병사들은 아무런 손상 없이 패전을 맞이했다. 거의 모든 병사가 무사히 귀국할 수 있었다. 그들은 전후에 전우회를 만들었고, 전투를 체험하지 않았기 때문에 화기애애한 모임을 이어나갔다.

하지만 병사들의 가슴속에 자리잡은 이 장교에 대한 불신은 사라지지 않았다. 그 사실을 입에 올리지 않겠다는 약속까지 했다. 그런데 이 장교가 전후에 마치 자신이 그곳의 작전 행동에 참가한 양 발언하고 활자화하기까지 하자 불만은 점차 커졌다.

헤이세이 시대에 들어서면서 해마다 사망하는 옛 병사가 늘어났고, 그 장교도 좀처럼 모습을 드러내지 않게 되었다. 전우회 모임에서 어렵사리 그에 관한 의문이 제기되었고, 병사 출신 중 한 사람이 전우회 기관지에 글을 실어 그 장교의 행위를 비열하다며 탄핵했다. 병원선을 배웅할 때 "왜 저 장교가 타고 있는지 이상하게 생각했다"는 것이 원고의 내용이었는데, 이 원고가 게재되자 전우회는 둘로 나뉘었고, 그 말이 맞다고 주장하는 회원과 그 장교는 정말로 아팠다고 변호하는 회원 사이에 논쟁이 벌어졌다. 후자는 소수파였는데 이 논쟁을 계기로 이 전우회는 해산하기에 이른다.

제48장. 전우회라는 조직과 쇼와 육군의 체질

나는 저간의 사정을 잘 알고 있다. 이 전우회 해산 후 어느 병사는 이런 장교의 존재를 통해 자신이 속한 부대가 중국전선에서 치른 전투에 관한 기술(이 부대는 중국에서 인도네시아로 이동했다)이 왜곡되었음을 알고 자신이 직접 본 것을 기록한 전투사를 보내왔다.

이는 상급자가 전우회의 전사를 '관리'하는 전형적인 사례라고 할 수 있다.

참모들은 몰랐던 전장의 발자취

호북濠北 방면 제2군사령부와 그 예하 부대 소속 장병들로 구성된 호북회라는 전우회가 있다. 이 전우회는 생존자의 목소리를 정성껏 모아 자신들이 어떻게 싸웠는지를 명명백백히 밝히는 전사를 작성했다. 1956년 8월의 일이다. 데시마 후사타로 제2군사령관 이하 참모들이 일치하여 병사들에게 증언을 구해 집필한 이 전사에는 작전 명령과 실제 전투가 어떠했는지 구체적으로 기록되어 있다. 뉴기니 전선에서 제2군의 움직임은 이 전사(『호북을 가다』)에 가장 상세하게 적혀 있다.

호북회 회원으로 사이타마 현 가와구치 시에 사는 데라지마 요시히코는 원래 항공모함 '소류'의 부사관이었는데, '소류'가 미군 기동 부대의 공격으로 침몰하자 루손 섬의 육전대로 이동해야 했다. 이 때문에 데라지마는 해군과 육군의 전우회에 가입한다. 그는 자비를 들여 몇 차례에 걸쳐 유골 수습을 위해 필리핀으로 가기도 했는데 그러다 보니 현지어도 알아들을 수 있게 되었다. 데라지마는 유골을 수습하는 과정에서 일본에 대한 아시아인의 불신을 제대로 이해할 수 있었다고 했다.

나는 데라지마의 말을 통해 전우회와 전사의 관계를 분명하게 이해할 수 있었다. 데라지마의 말은 다음과 같았다.

"쇼와 육군 참모 중에 전후 자위대에 근무한 사람이 있었습니다. 현역에서 물러난 그는 이제 시간이 있다면서 유골수습단에 참가했지요. 1988년의 일입니다. 그는 레이테에서 도면 같은 것을 가지고 와서 '이곳을 파라'며 위압적으로 말하더군요. 하지만 유골은 나오지 않았습니다. 전우회의 옛 병사가 '아니, 이곳입니다'라며 가리킨 곳에서 유골이 나왔습니다. 그는 사령부에서 지도를 펼쳐놓고 작전을 지휘했을 뿐입니다. 도면이란 바로 그 지도였던 것입니다."

이 말은 쇼와 육군의 체질을 가장 잘 보여주며, 동시에 전우회 소속 옛 병사들의 불만도 구체적으로 드러낸다. 현지 상황 등을 무시한 채 작전을 짰다는 것을 무엇보다 잘 보여주는 증거인 셈이다.

쇼와 육군 가운데 태평양전쟁 당시 처음으로 옥쇄를 한 이들은 애투 섬 수비대다. 1943년 5월의 일인데, 이 옥쇄의 참상이 천신만고 끝에 살아남은 병사에 의해 조금씩 밝혀졌다. 2576명의 수비부대는 1만1000명에 달하는 미군의 총화기에 맞서다가 총탄이 다 떨어지자 마지막으로 "잔존 병력 한 명이 탄환이 되어 적이 집단적으로 모여 있는 지점을 향해 최후의 돌격을 감행"한다고 타전했다. 또 "부상병은 최후의 각오를 다해 처치한다"라고 타전하기도 했다. 결국 안락사를 시켰다는 의미다.

이 옥쇄에서는 병사들이 몸을 끈으로 함께 묶은 채 공습을 무릅쓰고 일어섰다 구르기를 반복하면서 돌격했다. 그 모습은 미군 병사들을 놀라게 했고, 급기야 항복을 요구하는 마이크는 "항복하라. 항복해달라"며 애원조로 절규했다고 한다. 그러나 일본 병사들은 마치 옥쇄만이 목표인 듯 육탄 공격을 감행했고, 끝내 미군의 기관총탄에 쓰러졌다.

이 이야기를 들려준, 애투 섬으로 동료 병사들을 보낸 부대 전우회의 옛 병사는 눈물을 닦는 것도 잊은 채 "그들은 「전진훈」에 충실했다"면서, 전후 시간이 흐름에 따라 "이런 이야기는 대본영의 전사에서는 찾아볼 수 없을

제48장. 전우회라는 조직과 쇼와 육군의 체질

것이다. 왜냐하면 이런 모습이야말로 대본영의 작전참모들을 향한 항의의 모습이 때문에……"라며 목소리를 낮췄다. 그의 목소리가 지금도 생생하게 가슴에 남아 있다.

③ 전장에서 있었던 행위의 공동 치유에 관하여 말하자면, 언제부터인지는 분명하지 않지만 나는 전우회가 '치유' 또는 '심리적 돌봄'을 위한 모임이라고 생각하게 되었다. 중국에서 전투를 체험한 부대라면 특히 그러했다. 전장의 이상 심리 상태에서 행한 잔학 행위에 대해서는 평상시에는 도저히 언급할 수 없다. 그것을 기억 속 저 깊은 곳에 두고 있기 때문에 전우회라는 이름의 공간에 자신을 두고 서로 그 상처를 치유하지 않으면 안 되는 것이다.

그들은 비전투원(특히 유아)을 살해했거나 마을을 불태웠거나 담력을 시험한다는 구실로 머리를 벴던 기억과 싸우면서 전후사회를 살아왔다. 하지만 60~70대에 들어서면서 그 기억과 싸우기 위해 전우라는 이름의 친구를 필요로 하는 사례가 점점 더 많아졌다. 손주를 안을 수 없다고 말하는 병사, 노인병원에서 갑자기 무릎을 꿇고 사죄의 말을 쏟아놓는 병사, 중국으로 가서 끊임없이 사과를 하는 병사 등 다양한 옛 군인들이 전우회에서 그때의 이야기를 함께 나누고, 서로 위로하고, 막힌 가슴을 뚫는 것이 전우회의 중요한 역할이었던 것이다.

관동군의 국경에 파견되었던 부대의 병사들로만 이루어진 전우회에서 삼광작전三光作戰을 수행한 부사관이 뜻밖에도 나에게 다음과 같이 중얼거리는 것을 들은 적이 있다. 그는 유명 기업의 간부였다.

"전차 안에서도 유치원 원아로 보이는 아이들이 우르르 타는 것을 보면 도저히 견딜 수 없습니다. 내가 저지른 짓이 떠오르기 때문입니다. 그걸 잊으려고 전후에는 죽어라고 일만 했습니다. 하지만 일선에서 물러나고 보니 다시 그때 일만 생각나더군요. 호주머니에 든 염주에서 손을 뗄 수가 없습니다. 발을 밟은 사람은 잊어도 밟힌 사람은 잊지 못한다고들 하지만, 밟은 쪽은 그에 상응하는 벌을 받게 마련인가 봅니다……."

그는 이렇게 말하면서 희미하게 웃었다.

전우회는 구원의 장이자 치유의 장이다. 대화는 술이 한잔 들어가고 이야기가 깊어지면 자랑을 늘어놓기 시작하다가 이윽고 드라마가 전개되듯이 회한으로 끝나곤 한다. '그때는 그럴 수밖에 없었다' '상관의 명령이었다' '자네가 잘못한 게 아니다' '그렇다, 그렇지 않다'…… 이런 이야기들이 되풀이되는 것이다.

전쟁터에서 생사를 함께한 전투의 내실을 이야기할 때 그들의 눈은 하나같이 기묘한 빛을 뿜곤 했다.

전우회를 단순히 시대착오적이라거나 회고 취미라며 비난하는 사람들이 있다. 나아가 군국주의의 망령이라고 말하는 이들도 있다. 하지만 그렇게 일방적으로 단정 짓는 것은 잘못이다. 물론 그런 말을 들어 마땅한 단체도 없다고는 할 수 없지만, 마음을 치유하는 장이라고 여기는 일종의 배려도 필요하다. 그러한 배려의 연장선상에서 전쟁이 얼마나 어리석은 짓인지를 조목조목 비판하는 논리를 끌어낼 수 있어야 한다. 전우회는 패전으로부터 50년이 지난 1995년에는 회원도 많이 줄어들었고, 또 50년이라는 시점과 맞물리며 해산한 곳도 많다. 일찍이 회원이 1만 명에 이르렀던 전우회도 1995년 이후에는 그 수가 어림잡아 2000명을 밑돌고 있는 것으로 보인다. 치유의 장을 잃어버린 옛 병사들은 고립 상태에서 곤혹스러워하고 있는 것이 현실이다.

④ 전후사회에서의 이해관계에 대하여 말하자면, 전우회라는 조직은 현실적으로 경제적 실익을 동반하여 존속하는 곳이 많다.

전후사회에서 대본영 참모를 지낸 자나 육군대학 출신 엘리트들은 경제계나 관계 그리고 일부는 정계에까지 진출하여 독자적인 권익 집단을 만들었다. 이러한 집단이 쇼와 30년대 자위대의 전투기 구입 등에서 뒷거래를 통한 유착 구조를 낳은 것은 사실이다. 군산유착軍産癒着에 관계와 정계가 연루

되었던 것이다. 1976년 다나카 가쿠에이 전 수상이 록히드 사건으로 체포되었는데, 다나카는 과거 일본제국하 유착 구조의 시대가 끝나고 새로운 형태의 유착이 생겨나는 것을 못마땅해한 세력에 의해 제거되었다고도 할 수 있으며, 이때에는 이미 쇼와 육군의 참모들에 의한 권익 분배 구조가 힘을 잃기 시작했다고 볼 수도 있다.

──────── 야스쿠니 신사를 고집하는 심리

그러나 이러한 유착을 전우회라는 레벨에서 바라보면, 엘리트 군 관료들이 군림한 전우회는 옛 병사들에게 취직 창구 역할을 했으며, 중소기업 경영자가 된 부사관이나 병사들을 하청업자로 지정하는 등 경제적 이익을 구실로 그들을 꼼짝달싹 못하게 얽어매고 있었다는 것을 알 수 있다. 나는 전시에 대본영 참모였던 사람이 명예회장으로 있던 전우회의 옛 병사들로부터 이야기를 들은 적이 있다. 어느 말단 병사는 전후에 결혼 상대를 소개하기도 하고 또 실질적으로 취직에 도움을 주기도 했기 때문에 이 대본영 참모를 신이라도 되는 것처럼 숭배했으며, 전쟁 상황에 대해 이야기할 때에도 이 참모의 말을 그대로 받아 적은 듯한 내용으로 일관했다.

병사들이 자신의 입으로 쇼와 육군에 대해 말하지 못하는 상황은 전후사회에도 크게 달라지지 않았다. 그들은 내가 쇼와 육군의 전사나 작전 지도를 비판하면 고압적인 태도로 반론을 제기하곤 했다. "대본영의 작전 지도에는 아무런 잘못이 없었다. 일개 병사의 입장에서 봐도 그렇게 단정할 수 있다" 운운하며 변호하기도 한다. 이처럼 자신의 생각을 갖지 못한 '황군 병사'가 전전이나 전후나 전사를 객관적으로 직시하는 자세를 종종 방해해왔다는 사실은 지적해두지 않으면 안 된다.

제3부. 쇼와 육군이 전후사회에 드리운 그림자

그런데 쇼와 50년대 후반부터 쇼와 육군의 지도층 인사가 일선에서 물러나면서 이들의 속박에서 도망친 병사들은 재빨리 태도를 바꿔 '이건 비밀인데' 운운하며 비판을 가하기 시작했다. 앞으로 진위가 뒤섞인 이러한 증언이 상당히 많이 나올 것이다.

⑤ '영령'에 대한 애도와 추도는 전우회의 중요한 역할이다.

1994년 봄, 나는 앞에서 언급한 전국전우회연합회 기관지 『전우』(매월 간행. 당시에는 8000부 정도를 인쇄하여 각 단체에 배포했다)의 편집장 도미오카 기요시를 만나 몇 차례 전우회의 실태에 대한 이야기를 들었다. 그때 그는 이렇게 말했다. "현재 전국전우회연합회의 목적은 딱 하나인데, 우리 병사들은 '야스쿠니 신사에서 만나자'라는 표어 아래 전사한 것이므로 나라가 여기에 책임을 지도록 하는 것입니다." 이들이 침략 전쟁의 첨병으로 낙인찍힌다면 전사한 동료들에게 미안한 노릇이라고 덧붙이기도 했다. 이 점에서 야스쿠니 신사를 고집하는 병사들은 다른 사람의 비판을 받아들이지 못하는 심리 구조를 갖고 있다. 이것이 많은 전우회가 가진 감정적인 측면의 특징이라고 말해도 좋을 것이다.

야스쿠니 신사에서 행하는 추도와 위령은 쇼와 육군이 중심이 된 태평양 전쟁의 의미를 어떻게 볼 것인가라는 문제와 연결되는데, 전장에서 싸운 병사의 심정은 도미오카의 말로 대표되듯이 '야스쿠니 신사에서 만나자'는 표어 아래 죽어간 전우에게 미안하다는 것, 그 하나로 수렴된다. 이것은 더 이상 이론이나 이성의 문제가 아니다. 죽은 자는 두번 다시 의사표시를 할 수 없기 때문에 설령 야스쿠니 신사에서 영령으로 모셔지는 것을 양해하지 않는다 하더라도 확인할 길이 없다. 전사 당시의 단계로 한정하여 추도를 계속해야 한다고 주장하는 이들도 있지만 이는 일본인의 '사생관'에 관련된 문제다. 야스쿠니 신사 문제는 전쟁으로 내몰린 세대의 사생관으로 받아들이고, 다음 세대는 그것을 그저 지켜볼 수밖에 없다.

물론 전쟁을 체험하지 않은 세대 또는 전사자의 유족은 이러한 사생관과는 별도로 정치적인 의미를 부여하여 '영령'에 대한 추도를 생각하고 있지만, 이때에도 무엇보다 이들과 전쟁 체험 세대의 심정을 구별하는 자세가 필요하다.

　야스쿠니 신사는 쇼콘招魂 사라는 이름 아래 건립되었다고 하는데, 원래는 1868년 도쿄를 평정한 동정군이 에도 성에서 전몰자를 위령한 것이 발단이 되었다. 1869년 병부대보 오무라 마스지로가 쇼콘 사의 장소를 지금의 자리로 선정하고, 가전을 만들고 진제 의식을 거행했다. 그 후 몇 차례 손을 본 뒤 1879년 야스쿠니 신사로 이름을 바꾸고, 메이지 유신 당시의 지사, 전몰군인, 군속, 문관, 민간인 등을 모시게 되었다. 그로부터 99년이 지난 1978년의 통계에 따르면, 합사자는 237만3655위였으며 그 가운데 태평양전쟁 관련자는 203만8497위에 달한다. 태평양전쟁이 끝나기까지는 국가에서 이 신사를 운영했지만 전후에는 정교분리의 원칙에 따라 손을 떼게 되었다. 헌법상으로도 야스쿠니 신사의 제사에 관계되는 일은 국가기관에 허용되지 않는다.

　따라서 야스쿠니 신사는 하나의 종교법인에 불과하다.

　전우회에서 간행한 책자 등을 보면 전쟁 체험 세대는 야스쿠니 신사의 제신을 '영령'이라 부르며, 다음과 같은 견해를 갖고 있는 듯하다(전국전우회연합회 엮음, 『전우련의 발걸음』, 1979).

　"야스쿠니 신사의 제신은 '영령'이며, 영령이라는 존칭은 나라를 위해 죽은 자에게만 한정되어야 한다. 그리고 나라를 위해 죽었는지 여부는 그 사람에게 적극적인 의지가 있었는지 여부에 따라 결정되며, 조국이 위급 존망의 기로에 있을 때 목숨을 걸고 용감하게 맞서다가 불행히도 생명을 잃은 사람의 영이 영령이라고 본다."

　이 생각에 따르면 전쟁에서 희생된 비전투원(예컨대 피폭자나 도쿄대공습 때 사망한 자)은 야스쿠니 신사에 모시지 말아야 한다. '나라를 위해' 목숨을 바친 사람들만을 모신다는 점에서 옛 병사들의 심정은 서로 다르지 않다고 할 수 있다. 그런데 '나라를 위해' 죽은 자가 누구인지를 결정하는 주체는 대단히 애매모호하다.

이 시기(1979) 전국전우회연합회의 인식이 문제가 되는 것은 이 무렵에 A급 전범까지 야스쿠니 신사에 합사했기 때문이다.

1978년 3월 10일, 야스쿠니 신사는 A급 전범으로 교수형을 당한 7명과 스가모 형무소 안에서 병사한 7명 등 총 14명을 합사했다. 이때 궁사였던 마쓰헤이 나가요시는 훗날 그 이유에 관해 이렇게 말한다. "일본과 미국을 비롯한 여러 나라가 완전히 전투를 멈춘 것은 국제법상 1952년 4월 28일(샌프란시스코 강화조약 발효일)이라고 해야 할 것이다. 전투 상태에 있을 때 열린 도쿄전범재판은 군사재판이고, 그 재판에 따라 처형된 사람들은 전투가 한창일 때 적에게 살해된 것이나 다름없다. 결국 전장에서 죽은 사람과 처형된 사람은 다르지 않다."("제군!』, 1992년 2월호)

이것은 하나의 역사 인식 형태를 보여준다. 그것은 결국 태평양전쟁의 '전투'는 1945년 8월 15일에 끝났지만 '정치'는 1952년 4월 27일까지 이어졌다는 생각이다. 이 전투와 정치를 아울러 전쟁이라고 부른다. 이러한 사고방식은 물론 성립될 수 있지만, 그렇게 생각한다면 야스쿠니 신사는 GHQ의 방침에 대항하여 싸운 사람들(국제주의자부터 사회주의자까지)의 영혼도 함께 모시지 않으면 안 된다. 이러한 사고방식을 택한다면 평상시에 그러한 의견을 사회에 펼쳐 보일 수 있어야 할 것이다.

도조 히데키와 이타가키 세이시로를 비롯한 14명이 합사되었다는 소식은 1979년 4월에 밝혀졌고 매스컴에도 일제히 보도되었다. 『적기』 등은 '일본을 불바다로 만든 장본인 도조 등 A급 전범 14명 야스쿠니에 합사'라는 제목을 내걸었다.

중국과 한국 등으로부터 거센 공격이 있었다. "도조 등 A급 전범까지 합사

제48장. 전우회라는 조직과 쇼와 육군의 체질

하고 있는 야스쿠니 신사에 각료가 참배하러 가는 것은 이해할 수 없는 일"이라는 비판이 이어졌다.

이 문제는 현재까지 계속되고 있다. '도조 히데키 등 A급 전범 14명의 합사'는 국내에서도 여전이 논란의 대상이다. 각료의 야스쿠니 신사 참배가 매년 문제가 되고, "개인이냐 공인이냐"는 기자의 질문도 이 합사 사실이 밝혀진 이후 '연례행사'처럼 되풀이된다. 도조 히데키와 이타가키 세이시로, 마쓰이 이와네 등을 모시는 문제를 다시 꺼내는 까닭은 가해 책임을 어떻게 물을 것인지 고민해야 될 중요한 시점이기 때문이다.

실제로 전우회 중에서 도조가 합사되었다고 하여 야스쿠니 신사 참배를 거부하는 곳이 있다. 이 점에 관하여 나는 야스쿠니 신사는 과연 역사를 모두 팽개치고 성립될 수 있는가라는 의문을 갖고 있으며, 적어도 도조 등을 합사함으로써 야스쿠니 신사는 일본인의 사생관이라는 영역을 넘어 이를 정치 문제화하겠다는 의사를 분명히 한 것이라고 생각한다. 그 의사는 태평양전쟁의 책임을 애매모호하게 하고, '영령을 국가적으로 총동원하는' 것으로 이어지며, 역사적으로는 과거의 침략 행위 비판에 정색하고 맞서는 것을 의미한다.

물론 야스쿠니 신사 합사를 비판하거나 부정하는 전우회나 병사들의 단체도 있다. 예컨대 '일중 우호를 위한 전직 군인의 모임'은 옛 병사들을 중심으로 '군비 망국, 호헌'을 슬로건으로 내건 전우회 형태의 시민단체다. 이 단체에서는 『8·15』라는 기관지를 발행하고 있다. 이 단체의 운영을 담당하는 사무국장 나가이 요지로는 예비사관학교 12기생으로, 아키타의 보병 제17연대에 배속되어 있었는데 부대원 4분의 3이 필리핀에서 전사했다고 한다. 전후에는 덴쓰의 직원으로 일하다가 재직 중 동료에게 이끌려 이 모임에 참가하게 되었다. 그는 이전에 딱 한 번 예비사관학교 동기생 모임에 참가했을 때 육사 출신 장교가 나와 노골적으로 황국사관을 찬양하는 인사말을 하는 것을 듣고 화가 치밀어 그 후에는 전우회에 나가지 않기로 했다. 일본이 중국을 침략한 것은 사실이었으며, 난징 대학살도 고인이 된 전직 장교로부터 직접 들어 확실히 알고 있었다.

"다른 사람에게 말하지 말라는 조건으로 창고 안에 중국인을 몰아넣고 그 앞을 흐르는 강가에 줄을 서서 기관총을 난사했다는 이야기를 들려주었습니다. 추진기로 강물의 흐름이 빨라지게 한 다음 사체를 하나씩 떠내려 보냈다고 하더군요. 하루 종일 그렇게 했답니다. 사체는 양쯔 강으로 떠내려가 찾을 수 없었습니다. 그 수를 헤아릴 수 없을 정도였습니다. 조금도 반성할 줄 모르는 전우회 회원들의 학살 부정 발언은 말도 안 되는 소립니다."

상임이사 오자와 가즈히코도 전우회의 체질을 노골적으로 비판했다.

"나는 해군예비학생 제3기인데 동료로는 니시무라 아키라, 센 소시쓰, 시마오 도시오가 있습니다. 3기 모임에는 나가지 않았지만 회비는 꼬박꼬박 냈고, 스이코카이(1876년 설립된 스이코샤를 기원으로 하는 해군 관계자들의 친목단체)에도 가입했습니다. 그 외에 전장 동료들로 이루어진 안다만카이, 고토프레아 등에도 들어갔지요. 그런데 전우회라는 곳에선 매번 똑같은 일만 되풀이합니다. 만났다 하면 술만 마시고, 도저히 참을 수 없을 정도입니다."

해군의 전우회에 나가 군대 시절과 똑같은 짓을 하는 것을 보면 화가 난다. 한 사람이 당직장교 완장에 해군 모자를 쓰고 나팔을 불면서 "전원, 세면!"이라 외치는가 하면, 식사 때는 "식사 실시!"라고 소리를 지른다. 마지막으로 '동기의 사쿠라'를 부르고 모임을 끝낸다. 그는 이런 분위기에 의문을 갖고 있었던 것이다.

전우회의 중요한 역할은 전장에서 죽은 동료를 위령하는 것이다. 그런데 과연 어떠했는가. 오자와는 말한다.

"위령이라고요? 그런 것에는 별 관심이 없습니다. 개개인이라면 몰라도 한 자리에 모여 위령할 필요는 없다고 생각합니다. 죽어서는 야스쿠니 신사에서 만나자는 말에 연연하는 것은 전전의 군국주의적 유물에 지나지 않습니다. 그래서 야스쿠니 신사에도 가지 않습니다. 그보다 전쟁에서 무슨 일이 일어났는가를 검증하는 데 중점을 두어야 할 것입니다.

앞서 말한 전국전우회연합회와 일중 우호를 위한 전직 군인의 모임(이런 성격의 전우회도 몇몇 있다)은 사고방식도 인식도 전혀 다르다. 그러나 논점을 잘 들여다보면 전장에서 사망한 같은 세대 동료들에게 "그대들은 정말 잘 싸웠다. 저 성전은 그 나름대로 의미가 있었다"라는 말로 위로를 건네는 쪽과, "그대들은 잘 싸웠다. 그러나 나중에 안 것이지만 그것은 침략 전쟁이었고 우리는 그 전쟁에 내몰린 것이었다"라고 말하는 쪽으로 나뉜다는 것을 알 수 있다.

이런 차이에 관한 질문은 역사 해석을 둘러싼 물음일 텐데, 그것은 다음 세대가 심판을 내려야 하며 바로 그것이 역사를 계승하는 역할을 맡은 세대의 과제다.

이상한
군인은급 조작

1996년에서 1999년 사이 나는 가끔 나고야를 다녀오곤 했다. 그리고 이따금 어느 월간지에 군인은급軍人恩給은 언제나 끝날 것인지, 왜 연금 제도가 장교에게는 많이 지급하고 병사에게는 적게 지급하는 상후하박을 택하고 있는지 등등의 물음에 관한 글을 실었다. 쇼와 육군이 전후에 드리운 그림자를 보면 실은 전시와 같은 시스템이 전후에도 작동하고 있는 게 아닌가, 이것이 내 나름의 의문이었다.

이 글이 발표되자 '군인군속은급결격자전국연맹'(이하 군결련. 회원은 약 5만명)의 아이치현연합회에서 즉각 반응을 보내왔다. 나중에 안 것인데, 군결련은 전국 조직이긴 하지만 아이치현연합회가 중심이 되어 이 조직을 움직이고 있는 듯하다. 설립 취지에 따르면, "전쟁 중 나라의 명령에 따라 같은 전장에서 싸우고서도 신분과 근무 연한에 약간의 차이가 있다는 이유만으로 한쪽은 은급수급자로서 후한 대접을 받고 다른 한쪽은 은급수급 미자격자(은결자)라 하여 아무런 보상도 받지 못하는 단층이 가로놓인 상태"이기 때문에 이를 바로잡고자 하는 것이 군결련의 활동 목적이다.

군결련의 이사이자 아이치현연합회 회장이기도 한 시하라 요시오와 아이치현연합회 부회장인 가네코 쇼헤이의 말을 빌려 그 호소를 알기 쉽게 설명하면 다음과 같다.

"우리는 쇼와 육군의 병사로서 싸우러 나갔다. 싸움터에서 보낸 시간을 더해도 12년이 되지 않는다는 이유로 군인은급을 받지 못하는 것은 아무래도 이상하다. 우리와 똑같이 12년 이내여서 수급 자격이 없음에도 불구하고 공무원은 그 기간이 더해져 지급받는 것은 불합리하지 않은가?"

이러한 인식에서 두 가지를 지적할 수 있다. 하나는 12년 이상 전쟁터에서 보내지 않은 자는 군인은급을 받지 못한다는 것, 다른 하나는 공무원과 민간인의 격차가 확연하다는 것. 둘 다 쇼와 육군의 병사로서는 받아들이기 어려운 것이다.

두 가지 가운데 중요한 것은 첫 번째 사항이다. 전지가산戰地加算이라는 셈법 자체는 부정하기 어렵다. 예컨대 격전지에 있었던 장병이 국내에 있었던 장병보다 우대받는 것은 나쁠 게 없다.

가령 중일전쟁 이후 그러니까 1937년 7월 7일부터 1941년 4월 30일까지 중국전선에 있었던 병사는 1개월을 3개월戰務甲로 인정받고, 1941년 5월 1일부터 1942년 3월 31일까지는 1개월을 2개월事變地로, 그 후 1945년 9월 2일까지는 1개월을 2개월戰務乙로 가산되어 인정받는다('전무갑'과 '전무을'은 전쟁지역과 기간에 따른 순위를 뜻하며, '사변지'는 전쟁지역으로 생각하지 않는다는 의미다). 이러한 가산법에 따라 12년 이상이 되지 않으면 군인은급을 받을 수 없게 된다.

이런 가산의 기준은 무엇일까? 뒤에 나오는 표는 대본영 작전참모가 내린 명령에 기초하여 전후에 작성된 것인데, 표를 보면 알 수 있듯이, 예를 들어 인도 등은 임팔 작전이 시작되었을 때부터 가산하고 그 이전에 인도에 들어가 있었던 부대는 대상이 되지 않으며, 오키나와 수비대도 1945년 4월 1일부터 6월 30일까지는 3개월이지만 그 외에는 2개월이라는 식이다. 이 기준이 대본영의 주도 아래 결정되었음은 명백하다. 그리고 명령에 따라 격전지에 있다가 격전지가 아닌 곳으로 단기간 이동한 병사들에 대해 그 기간은 가산되지 않는다.

이를테면 필리핀의 마닐라 사령부에 근무하던 부사관이 1944년 10월 명령에 따라 보고를 하기 위해 오키나와 본도로 갔다가 마닐라 사령부로 돌아오려 했지만 이미 마닐라로 향하는 함선도 수송선도 없었다고 한다. 이렇게 되면 전무갑에서 전무을로 변경되어 가산 기간은 3개월에서 2개월로· 줄어든다.

상급자로부터 명령이 내려온 시기 자체가 대단히 애매하다는 가산수당의 문제점 때문에 12년이라는 기간을 산정하는 것이 번거로워진다. 게다가 기록이 남아 있지 않은 사례도 많다.

더욱이 옥쇄한 부대의 생존 병사도 전후에 군인은급을 받기 위해 신고를 해야 했지만 패전 시 일본군은 서류를 불태웠을 뿐만 아니라 옥쇄 부대 병사의 사망 날짜조차 파악하지 못했다. 이 때문에 옥쇄 부대의 병사는 자신이 그 부대에 소속되어 옥쇄했음을 증명하기 위해 증인을 찾아야만 했다. 바로 그때 증인 역할을 한 곳이 전우회였다. 전우회를 찾아가 '분명히 당신은 그 부대에 있었다'고 증언해줄 자를 찾아 신청을 했던 것이다.

정확한 수는 알 수 없지만, 전결련의 대상이 되는 옛 병사, 즉 12년 이상이라는 규정에 따라 수급으로부터 제외된 이는 1996년 당시의 회원 약 5만명을 포함하여 일본 전역에 약 170만 명(1989년 평화기념사업특별기금의 조사에 따르면 약 253만 3000명)이 있는 것으로 추정된다.

A 씨의 군 경력

연	월	일	기사		위 내용의 근거
			임관/진급/승급	소속 부대, 행동	
1940	4	10	이등병	보병 제68연대 입대	('향토 부대 역사'와 기억)
	6			우지나 항 출발	
	6			우한 상륙. 보병 제68연대 제10중대 편	
	8			부사관 후보를 명받고 난징 교육대 입대	
	9	1	일등병		
1941	4			보병 제68연대 입대 제10중대 복귀	
	9	1	병장		
	9	중순		창사 작전 참가	
	10	하순		경비지 잉산 귀착	
	12	상순		화위안 지구 철도 경비	
1942	2	1	오장		
	6	상순		항공대 전속을 위해 상하이 항 출발	
	6	중순		우지나 항 도착	
	6			기후 제1항공교육대 제5중대 배속	
	8			평양항공교육대 전속	
	11	하순		보병 제68연대 제10중대 복귀	
1943	3	1	군조		
	4			제111교육비행대 전속	
	6	1		육군항공정비학교 제2교육대 전속	
1944	3			제2항공교육대 전속	
1945	3	1	조장		
	9	5		복원復員	

*옛 군인 이외의 공무원(예컨대 국가, 도도부현都道府縣, 시정촌市町村, 재단, 공사 직원 등)으로 재직한 기간

B 씨의 군 경력

연	월	일	기사		위 내용의 근거
			임관/진급/승급	소속 부대, 행동	
1941	12	1		육군통신학교 생도대에 제12기생으로 입교	
1943	10	20	병장		
	10	28		모지門司 항 출발, 남방군 파견	
	11	26		싱가포르 도착, 제일회정무선대 第一回定無線隊에 체류	
	12	1		수마트라 섬 부기친기 도착, 제25군 부富5840부대에 들어감	
1944	3	1	오장		
	10	1	군조		
1945	3	10		북부 수마트라 아체탈레곤으로 이주	
	8	20		메당 시로 이주	
	9	1		제25군 섭외부로 전속	
	9	5		섭외 업무 종료 후 파렌방으로 이주	
1946	10	20		싱가포르 주롱 수용소 입소	
	10	30		주롱 수용소 출발, 얀요 출항	
	12	3		오다케 항 도착. 복원	

그러한 병사 중 한 사람(A 씨라고 하자)의 군 경력을 보여주는 것이 위의 표다. 1923년생으로 최종 계급이 조장(상사)이었던 A 씨는 제3사단 제68연대에 입대한다. 그의 군 경력에 따르면 군인은급을 받지 못한다. 고작 1개월이 부족해서다.

A 씨는 1940년 4월부터 1945년 9월 5일까지 쇼와 육군에 적을 두었다. 따라서 재적 기간은 5년 6개월이다. 전지가산을 계산하면 6년 5개월, 합계 11년 11개월이 되지만 지급 기준에는 못 미친다. 만약 A 씨가 신청서를 허위로 작성하려고 했다면 '위 내용의 근거' 칸에 전우회 회원의 증언이라고 적음

제49장. 이상한 군인은급 조작

으로써 1개월 정도는 얼마든지 부풀릴 수도 있었을 것이다. 실제로 그렇게 한 사람도 적지 않았다. 그러나 A 씨는 정직하게 신고했기 때문에 1개월 차이로 수급 대상에서 제외되었다.

다른 한편 B 씨의 군 경력을 보면 알 수 있듯이, B 씨는 재적 기간이 5년이지만 전지가산에 따라 총 재적 기간이 12년 4개월이므로 군인은급을 받게 된다. B 씨 자신도 A 씨의 군 경력을 보고 화를 냈다고 하는 걸 보면 확실히 불합리한 면이 있다.

군결련이 모은 이러한 군 경력을 참조하는 한 많은 모순이 있다는 말에 수긍할 수밖에 없다.

———— 군결련의 분노

이러한 모순과 관련하여 시하라 요시오와 가네코 쇼헤이 그리고 다른 회원들의 증언은 대단히 무겁게 다가온다. 쇼와 육군의 또 다른 체질을 엿볼 수 있기 때문이다. 내 취재 노트에 적힌 증언들을 소개하기로 한다.

"우리 조직은 거의 알려져 있지 않습니다. 그것은 정치가에게 진정을 제대로 못 했기 때문이기도 하고, 일부 정치가가 바로잡도록 제안하겠다고 약속한 적도 있지만 그런 정치가가 결국 득표를 위해 이용하려고만 했기 때문이기도 합니다."

"꼭 군인은급을 받고 싶다는 게 아닙니다. 전쟁이 끝난 후 우리도 그럭저럭 생활해오고 있습니다. 문제는 병사로서 싸웠던 그 사실에 대하여 뭔가 보상이 있어야 한다는 것입니다. 우리는 군인은급이 들어오면 위령비를 건립하거나 부전不戰 기념비라도 세울 생각입니다만, 어쨌든 우리가 나라의 소모품이 아니었는가 싶어서 분노하는 겁니다."

"전지가산이 12년이 되지 않아도 공무원이 되면 군 경력이 공무원 경력에 더해집니다. 이건 대단히 불합리합니다. 왜 공무원만 가산점을 받는 겁니까. 병사는 소집된 순간에 국가 공무원이 됩니다만, 패전 후 민간으로 돌아오면 그것으로 끝이라는 것을 납득할 수 없습니다. 우리 조사에 따르면, 군인은 급은 결코 줄어들지 않을 것입니다. 왜냐하면 전후에 태어난 여성이 군인은 급을 받고 있는 남성과 복지 차원에서 서류상 결혼을 하는 사례가 있다고 들었기 때문입니다."

"우리가 말하고 싶은 것은 국가가 전쟁이라는 시스템이 50년, 100년 후에도 영향을 끼치리라는 것을 모르는 게 아닐까 하는 점입니다. 군인으로서 전투를 알아야 한다는 소리는 들었지만 전쟁은 몰랐다는 것을 말하고 싶은데요, 이렇게 모순적인 시스템을 만든다면 우리는 다음 세대에게 결코 나라에서 하는 말만 믿고 전쟁에 나가서는 안 된다고 말하고 싶은 심정입니다."

뜻밖에도 그들이 말하고자 한 것은 "쇼와 육군 지도자의 전쟁이라는 정치적·군사적 선택이 50년, 100년 단위로 국민을 옭죄고 있다"는 사실이 아니었을까. 일정한 조건(국제법의 제약 등) 아래서 수행되는 전쟁이 국민의 운명과 직접 관련된 중대사라는 인식을 갖고 있지 않았다는 점에서 일본의 군사 지도자는 크게 비판받아야 한다. 은결자의 존재는 그것을 잘 말해준다.

나는 이 책에서 군인은급이라는 말을 종종 사용했다. 그러나 실은 1993년 군인은급에 관한 조사를 하면서 뜻밖의 사실을 알게 되었다.

군인은급이란 도대체 무엇일까? 지금은 어떻게 되었을까? 그것이 내 의문이었다. 이 제도의 내실을 살피다 보면, 평시에 전시 행위를 보상하는 시스템은 어떠해야 할 것인지와 같은 기본적인 문제가 함께 떠오를 것이며, 표면상 '군비'가 없는 일본에서 군인은급이라는 말이 어떤 울림을 갖고 있는지도 알 수 있을 것이다. 당시 총무청 은급국 관계자는 이렇게 말한다.

"현행 법체계에 따르면 국가공무원에 대해서는 1958년에 만들어진 공제

연금이 있습니다만, 은급은 그 전에 퇴직한 사람들을 대상으로 하고 있습니다. 어느 나라나 대체로 비슷합니다만, 은급이라는 제도는 군인이었던 사람들에게 일정한 돈을 지급하면서 시작되었습니다. 결국 군인에 대한 처우를 어떻게 할 것인지를 생각한 끝에 나온 제도인 셈입니다. 1923년에 제정된 현행 은급제도는 다양한 공무원의 은급을 통합한 제도라고 할 수 있습니다."

요컨대 현재 군인은급이라는 명칭을 사용하는 법률은 없다는 말이다. 1958년 국가공무원공제조합법이 시행되는데, 옛 군인과 병사도 여기에 포함되었던 것이다. 말할 필요도 없이 옛 군인과 병사는 모두 국가공무원이라 할 수 있는데, 옛 군인은 일정한 재적 연수를 확보하고 있으면 당연히 은급을 수령할 권리를 갖는다. 직업으로 '군사공무원'의 길을 선택한 것이기 때문에 국가공무원 자격에 아무런 문제가 없다. 그런데 일반 병사는 소집되어 전장에 나가거나 후방에서 근무했기 때문에 '군사공무원'으로 있었던 기간이 그다지 길지 않다. 기껏해야 2~3년, 길어도 5년 내지 6년에 지나지 않는다.(1961년 6월 『군은신문軍恩新聞』은 은급법 개정안이 중의원과 참의원을 통과하여, 전지가산제가 부활했다는 소식을 전했다.—옮긴이)

총무청 은급국과 군인은급연맹전국연합회(군은련) 그리고 군인은급에 정통한 옛 군인 등 다양한 관청, 단체, 개인을 통해 들은 이야기를 바탕으로 복잡하기 짝이 없는 군인은급의 내용을 살펴볼 텐데, 그에 앞서 어지간한 전문가가 아닌 한 군인은급의 역사에 관해 제대로 이해하는 사람이 거의 없었다는 점, 더욱이 일본에서는 군인은급을 담당한 사람이 대단히 적었다는 사실을 함께 밝혀두기로 한다.

위에서 언급한 국가공무원공제조합법에 따르면 군인은급은 옛 군인이라는 세부 항목으로 구분되어 있다. 이 법률에서는 일반문관과 옛 군인으로 나뉘는데, 일반문관은 대개 은급 연한이 최소 17년(경찰과 형무소 직원은 12년), 옛 군인은 앞에서 서술한 바와 같이 병사와 부사관은 12년, 준사관 이상은 13년으로 정해져 있다. 그런데 이렇게 하면 병사는 수급 대상이 되지 못한다. 12년 이상 전장에 동원된 사례는 거의 없기 때문이다.

그래서 과거 은급법의 내용과 내각고시 등을 원용하여 다양한 조건이 더해지면서 연한이 조정되기 시작한다. 아울러 군은련 등에서 정치적 압력을 가하기도 하고 여러 단체가 목소리를 높이는 등 권리를 확대하기 위한 노력이 이어진다.

'일중 우호를 위한 전직 군인 모임'의 어느 회원은 "군인은급 획득과 확대의 역사는 안이한 대동아전쟁 긍정론과 결부되어 정치적인 면에서 그 위력이 왜곡되고 있는 것처럼 여겨질 구석이 있고 또 그것을 싫어하는 사람도 있다"고 말하는데, 실제로 그렇게 왜곡된 영향력이 군인은급에 대하여 반발을 낳은 시기도 있었다. 이 반발은 "우리는 국가와 국민을 위해 싸웠다. 따라서 보상을 받는 것은 당연하다"라는 일부 옛 군인이나 병사의 목소리와 대립했고, 급기야는 그것이 성전이었느냐 침략 전쟁이었느냐는 논쟁으로 이어지기도 했다.

옛 군인을 대상으로 한 은급에는 특히 위험한 일을 하거나 위험한 곳에 부임했을 경우 가산년이 더해질 수 있다는 특권이 있었다. 가산년이란 통상 1년을 2년이나 3년으로 특별 취급한다는 의미다. 총무청 은급국에 따르면, 원래 군인에 대해서는 "전쟁 또는 전쟁에 준하는 사변, 가산의 정도, 가산을 인정해야 할 기간 및 지역 그리고 전무의 범위는 칙재勅裁(천황의 재단)로 정한다"는 은급법에 기초하고 있었다. 이에 준하여 내각이 고시를 했던 것이다.(1991년 12월 『군은신문』은 현재의 최저보장제도에 대해 "국가 보장이라고 할 수 없다" "수급자의 고령화 등으로 은급 의존도가 높아지고 있다"며 자민당 의원에게 개선을 호소하는 내용을 보도했다.—옮긴이)

1923년 제정되어 쇼와 시대 들어 부분 개정된 이 은급법은 군국주의하 군인의 보장에 관하여 상당히 세세하게 규정하고 있었다. 그런데 1945년 11월

GHQ는 「은급 및 혜여愍與」라는 각서를 보내 "군인 또는 그 유족이라는 이유로 일반 빈곤층과 차별 대우를 하는 제도는 바람직하지 않다"면서 폐지를 요구했다. 그 결과 군인은급은 폐지되었다. 그러나 다음 해 2월 발효된 특례에 따라 중증 전상자는 은급을 받을 수 있게 되었다.

GHQ 점령하에서 군인은급은 완전히 무시되었다. 옛 군인과 병사 사이에 이에 대한 불만이 있었고, "우리가 싸운 의미는 무엇이냐"는 목소리가 높아졌다. 이 때문에 점령이 끝나자마자 군인은급을 인정하는 법안이 국회에서 통과되었다. 이 법률이 '전상병자 및 전몰자 유족 등 원호법'이고, 이것만으로는 부족하다 하여 1953년 군인은급의 부활을 시도하는 은급법이 제정되었다. 부활 당시 전전과 동등한 수준으로 보장하라는 목소리가 높았지만 국가 재정에 여유가 없었기 때문에 요시다 내각도 이 요구를 받아들일 수는 없었다. 군은련 사무차장 다치카와 쇼지는 이렇게 말한다.

"군인은급 관련 단체는 세 곳이 있습니다. 우리 단체는 비교적 건강하게 전장에서 돌아온 분과 그 유족으로 구성되어 있습니다. 이외에 상병傷病 군인들의 모임인 일본상병군인회 그리고 유족들의 모임인 일본유족회가 있지요. 세 단체가 목표로 내세우는 바는 전전과 동등하게 보장해달라는 것인데, 은급은 원래 퇴직 시의 봉급을 기초로 하여 계산합니다. 장교와 직업군인 등은 별도로 하더라도, 달랑 붉은 종이 한 장을 받고 소집된 병사, 90퍼센트 이상이 여기에 속합니다만, 대단히 낮은 급료를 받았습니다. 군인은급이라는 것은 예를 들어 후생 연금 등과 비교해도 상당히 낮았습니다. 그래서 평균임금 이상의 인상 등 다양한 개선을 하게 된 것입니다."

현재 은급액은 공무원의 임금 인상을 따르고 물가 상승 등도 감안하여 높아지는 구조다. 더욱이 전전의 은급법과 동등하게 한다는 방침에 따라 가산년의 베이스로서 이미 서술한 것처럼 전투지에 따른 가산 리스트가 작성되었던 것이다.

제3부. 쇼와 육군이 전후사회에 드리운 그림자

이와 같은 가산년 방식은 전전 은급법의 특권이었는데, 그것이 전후 특정 시기부터 인정받기에 이르렀다.

전지가산년의 불합리한 구조

옛 군인이나 병사들은 이 가산년 리스트에 관하여 잘 모른다고 한다. 전장은 유동적이게 마련이어서, 예컨대 질병 때문에 일시적으로 전지를 떠났다면 어떻게 되는지, 1941년 11월 전지에서 프랑스령 인도차이나로 옮겨 한동안 주둔한 사례(이 지역은 이 시기 가산 2개월)는 어떻게 되는지 등등 개별적인 사례를 어떻게 판단하면 좋을지 모른다는 것이다.

내가 취재한 바에 비춰보면, 뉴기니 전선에 종군하여 그곳에서 거의 전멸한 부대에 있다가 1944년 타이로 옮긴 병사가 타이의 가산 월령이 2개월에 지나지 않아 결국 은급을 받지 못한 사례도 있었다. 반면 전장에는 나가지 않았지만 후방에서 격전지의 병참을 지켜온 병사는 뉴기니 전선에 종군한 위 병사와 같은 기간을 근무했음에도 은급을 받은 사례도 있다고 한다. 그는 1995년 현재 70대 후반으로 연간 약 60만 엔, 매달 6만 엔이 못 되는 돈을 받는다. 한편 장교의 은급액은 연간 100만 엔 이상으로 껑충 뛴다. 이만큼의 액수가 다른 연금에 더해지는 셈이다.

이와 같은 개별적인 사례에 감춰져 있는 문제는 무엇일까? 총무청 은급국이나 은급제도를 잘 아는 옛 군인들에게 물어본 결과 다음과 같은 문제점을 발견할 수 있었다.

특공대원의 은급은 어떻게 되어 있습니까?
"특공대원이 훈련을 위해 사전에 비행기에 오릅니다. 이때는 항공근무가산(가산년과 별도의 근무 내용별 가산)이 적용됩니다. 실제로 특공대원으로 출격하면 전지전무가산 등이 적용되는데, 다만 특공대의 성격상 훈련 기간도 짧고 한번 날아올랐다 하면 살아 돌아오지 못했기 때문에 가산이니 뭐니 하기보다 공무로 사망했다고 보는 편이 옳다고 말하는 사람이 많습니다."

예를 들어 731부대의 대원 등은 어떻게 가산되나요?

"분명히 말씀드리지만 731부대라든가 특공대라든가 또는 특별임무라든가 그런 직무 내용에 관해서는 제도상의 배려가 전혀 없습니다. 다만 의학적인 업무에 종사했다면 불건강업무가산不健康業務加算이 적용됩니다. 물론 내지에서 같은 업무에 종사했을 때도 마찬가지입니다."

미귀환병의 재직년은 어떻게 가산합니까?

"원칙적으로 외지에 있었던 군인은 내지 상륙 때까지를 근무 기간으로 인정받습니다. 말하자면 일본으로 돌아오기까지인데, 다만 외지에 있었다 하더라도 자신의 의사에 따라 외지에 남기로 결정한 사람이라면 그 의사를 밝힌 시점에 퇴직한 것으로 봅니다.

행방불명일 때 1953년 8월 1일 은급법 시행 이후까지 돌아오지 않은 사람에 대해서는 미귀환 공무원이라 부릅니다. 7월 31일에 퇴직한 것으로 간주하고, 최저재직연수를 채우면 남은 가족에게 은급이 지급됩니다. 이를 채우지 못했을 시에는 채우게 되는 시점을 퇴직한 시점으로 간주하여 남은 가족의 요구가 있으면 지불합니다. 다만 권리 발생으로부터 7년 동안 청구하지 않으면 시효가 만료됩니다."

만약 도조 히데키가 살아 있었다면 그의 은급액은 얼마나 되나요?

"개인의 이름을 직접 거론하는 질문, 그러니까 사생활을 침해할 우려가 있는 질문에 대해서는 대답할 수 없습니다. 도조 히데키는 총리 대신이었기 때문에 문관 자격으로 지불받을 것이라고 생각합니다만……"

내가 취재하면서 만난 전직 경리장교였던 사람의 어림계산에 따르면, 도조는 정치·군사상의 최고지도자로서 은급이 가장 높았을 것이다. 그래서 상한선을 정해야만 했다. 상한선이 없었다면 쇼와 50년대 중반에 이르렀을 때 도조의 은급은 연간 1000만 엔이 넘을 터였다. 당시 그 액수는 대기업 관리직의 연봉과 맞먹는 것이었다. 상한선이 정해져 있었기 때문에 도조의 유족에게는 일정 범위 내에서 지급해야 한다는 것이 관계자의 증언이었다.

이렇게 하나하나 문제점을 들여다보면 몇 가지는 오늘날과는 어울리지 않는다. 예를 들면 앞에서 서술한 것처럼 아직껏 자기 신고로 은급 액수가 정해지는 것도 이상하고, 자신의 질병이나 상처가 전쟁에 의한 것인지, 고령 때문인지를 둘러싸고 국가와 다투는 사례가 있다는 사실도 이해하기 어렵다. 전범자의 형사刑死나 옥사도 공무에 따른 사망으로 간주하고 공무부조금과 같은 액수의 돈이 매년 지불되는 것도 납득되지 않는다. 이것 역시 전쟁 책임 따위는 묻지 않겠다는 뜻이나 다름없는 것으로, 거꾸로 말하면 전쟁 책임이 무거운 군인이 그저 싸우기만 하라는 요구에 따라 싸운 병사보다 훨씬 더 많은 돈을 받는 셈이다.

기본적으로 전쟁에 관한 책임 문제는 외면한 채 전투라는 공무에 따른 보상이라는 인상만 강하게 남아 있는 것이다. 국민감정에 비춰보면 납득할 수 없는 측면이 있다 해도 어쨌든 '전쟁이라는 공무'에 대한 연금을 지불하고 역사적 사정으로부터는 멀리 떨어져 있으려 한 것이 이제까지 보여온 국가의 의사였다고 말해도 좋을 것이다.

물론 장관이나 좌관은 별도로 하고 일개 병사로서 전장에 나갈 수밖에 없었던 전쟁 체험자는 상응하는 연금을 받아 마땅하다. 병사들 중 누구도 좋아서 저 시대에 태어난 자는 없으며, 어쩌다 저런 시대에 태어나 전장에서 목숨을 걸고 싸워야만 했던 것이다. 이러한 부조리에 대하여 국가는 어떤 식으로든 응당 보상을 해야 한다. 하지만 국가 자체를 파멸로 이끈 전시의 정치적·군사적 지도자에게도 제도에 기초하여 지불할 필요가 있었을까? 그런 사례를 예상하고 특례를 정할 수 없었던 것은 어떤 의미에서 전후 50년의 과오일지도 모른다.(『군은신문』은 1992년 정부 예산안에서 은급 인상률이 관민 격차시정인사원의 권고안인 3.71퍼센트를 웃도는 3.84퍼센트로 결정된 것을 "은급 관련 의원의 강력한 절충의 결과"라고 보도했다.─옮긴이)

현재 군인은급 수급자 수는 얼마나 될까? 은급 수급자는 1969년 282만 5000명을 정점으로 매년 감소하여 1987년에는 210만6000명, 1995년에는 177만7000명으로 떨어졌다. 이 가운데 95퍼센트는 과거 군인과 관련이 있었던 이들인 것으로 보인다. 군은련 관계자의 말에 따르면, 1995년 당시 회원은 약 100만 명이고 평균연령은 76세인데, 군인은급 가운데 보통은급 및 보통부조普通扶助를 받는 옛 군인, 유족(미망인)은 약 130만 명인 것으로 관측된다. 그렇다면 이 숫자만으로도 약 80퍼센트가 군인 관계자가 되는 셈이다.(이것은 1959년까지 수급 자격을 획득한 수급자 수를 대략 계산한 것이다. 그 이후에 신청한 이가 나머지 15퍼센트를 차지한다.)

수급자는 매년 4만여 명씩 줄고 있다. 기본적으로 가입자는 적다. 지금까지 해당자이긴 하지만 절차를 밟지 않았던 사람들이 고령과 질병 때문인지 현재도 연간 1000명 정도 신청한다. 하지만 엄격한 심사를 받아야 하기 때문에 신청자 모두가 수급 대상이 되는 것은 아니다.

그럼에도 불구하고 나라에서 지불하는 수급액은 1969년 2406억 7300만 엔이었던 것이 매년 급속도로 늘어나 1987년 정점에 이르렀다. 그 총액은 1조 7453억 1600만 엔이다. 하지만 그 후 완만하게 줄어들어 1995년에는 1조 5992억 1900만 엔으로 감소했다. 여전히 적지 않은 돈이다.

수급자는 줄어드는데 수급액은 소폭 상승하다

수급자는 줄어들고 있지만 국가에서 지급하는 총액은 감소하지 않고 있다. 어떤 해에는 수급자 수에 별다른 변동이 없지만 지급액은 소폭 상승하는 경향을 보이기도 한다. 게다가 국가 예산에서 차지하는 비율도 최근에는 2.2퍼센트에서 2.38퍼센트 수준으로 거의 일정하다.

1969년부터 쇼와 50년대 초반에 걸쳐 국가의 지급 총액은 전년 대비 10퍼센트 가까이 늘었다. 이러한 증가세는 아무래도 이상하다. 왜일까?

총무청 은급국에 따르면 1973년부터 1974년에 이르는 오일쇼크 이후의 인플레이션 상황에서 은급액이 큰 폭으로 인상되었다. 그 당시 국가 예산도 늘어났기 때문에 예산에서 차지하는 비율은 그다지 늘지 않았다. 확실히 국가공무원의 급여 수준도 오를 때여서 이에 준해서 보면 그 정도 상승 폭은 그리 걱정할 만한 것이 아니었는지도 모른다.('종군간호부들의 모임'의 회보 『오동나무꽃』은 "'병사에 준하는' 위로금 지급은 점점 더 격차가 벌어지고 있을 뿐"이라며 옛 군인과 마찬가지로 정당한 국가적 처우를 요구했다.—옮긴이)

그러나 쇼와 40년대에는 관련 법안이 소폭 개정되면서 군인은급도 '전전과 동일한 수준으로' 돌아간 것으로 알려져 있다. 군국주의 시대의 군인은급이 거의 그대로 부활했다고도 할 수 있다. 결국 상후하박이라든가, 전지수당이 전전의 내각고시와 완전히 일치했다든가, 말하자면 군인은급제도만 보면 '대일본제국'의 시스템을 갖추게 되었다고 말할 수 있다. 덧붙이자면 이러한 시스템과 "일본이 침략 전쟁을 한 것은 아니"라거나 "그것은 스스로를 지키기 위해 어쩔 수 없이 치른 전쟁"이었다고 말하는 옛 군인들의 목소리가 커진 것은 궤를 같이하는 듯 보인다. 이 점에 관해서는 더욱 엄밀하게 검증할 필요가 있을 텐데, 결국 군인은급은 연금 문제이면서 동시에 역사적 해석을 정당화하는 경제적 뒷받침이라는 구도가 드러날 것이다.

1995년의 은급 지급액은 위에서 말한 것처럼 1조5992억2000만 엔에 약간 못 미치며, 국가 예산에서 차지하는 비율은 2.38퍼센트다. 많다고 생각하는 사람도, 적당하다고 말하는 사람도, 적다고 불평하는 사람도 있을 것이다. 그것은 각자 입장에 따라 다르겠지만, 나는 이 숫자야말로 "저 전쟁을 성전"이라고 생각하는 전전형戰前型의 발상과 얼마간 관계가 있다는 점에 관심이 있다. 나는 군인은급을 받는 전직 병사의 심리에는 늘 "지금 다시 이렇게 나라로부터 연금을 받고 있는데 어떻게 저 전쟁을 비판할 수 있겠는가? 저 전쟁은 성전이었다"라는 압력이 따라다닐 것이라고 본다. 실제로 내가 알고 있는, 70대 후반으로 국립대에서 정년퇴임한 후 사립대로 자리를 옮긴 어느 대학교수는 3년 가까이 격전지에서 싸우다 부상을 당해 수급 자격은 있지만 신청 절차는 밟지 않았다. 이 교수 역시 이렇게 말했다. "군인은급을 받는다고 해서 비판하고 싶은 생각은 없습니다……. 실제로 전쟁 체험자가 과거의 군을 비판하면 이런저런 단체에서 항의를 하니까요."

은급과 개인의 가치관 사이에 특별히 강한 구속력이 있는 것도 아닌데 이와 같은 협박을 하기도 한다.

더욱이 군인은급이 전전과 동등한 수준이 되었다고 해도 군인이나 군속으로 일본군에 징용된 조선인, 타이완의 중국인 등에게는 이 은급이 지불되지 않는다. 전후의 법률에 따라, 예컨대 한국인이라면 한일조약 체결에 의해, 타이완의 중국인이라면 샌프란시스코 강화조약에 의해, 다른 동남아시아 여러 나라에서 군속이나 병사보조원으로 징용된 사람들은 해당 전후 조약에 의해 군인은급 대상에서 제외되었다.

이 때문에 몇 차례 소송이 벌어지기도 했다. 그뿐만 아니라 현재 각국에서는 다양한 사실을 바탕으로 전후 보상 문제를 제기하고 있다. 국가가 아니라 개인 차원의 문제 제기다. 이러한 문제에 어떻게 대응해야 할까? 전후 보상 문제에 몰두하고 있는 어떤 사람은 "전쟁에서 패하자 더 이상 필요 없는 존재라 하여 나 몰라라 하는 태도는 국제적으로 신용을 얻지 못한다. 일본의 전쟁에 동원된 사람들에게 일본 국적이 없어서 그러니 은급을 신청하고 싶으면 귀화하라는 등 퇴짜를 놓는 말만 늘어놓아서는 '도의 없는 국가'라는 얘기를 들어도 어쩔 수 없다"고 비판한다. 이러한 비판의 대척점에는 어디까지나 전후의 법에 따라 결정되어야 한다는 주장이 놓여 있다.

그러나 법률이 전후에 제정됐다는 이유로 그 내용을 일본인으로만 한정해서 전전에 다가서다가는 확실히 일찍이 일본의 식민지였거나 점령지였던 나라들로부터 어지간히 제멋대로 한다는 소리를 들어도 할 말이 없다.

전쟁에서 진 빚은 전쟁과 함께 사라지는 게 아니다. 빚을 청산하라는 요구는 반세기 이상 계속되고 있으며 앞으로도 이어질 것이다. 국내에서도 은결자나 종군간호부, 군속 등은 무시당하고 있는 실정이다. 이러한 부채청구서를 다음 세대, 그다음 세대까지 물려주려는 정치적 선택(전쟁 역시 지도자의 무책임한 정치적 선택이었다)은 역사적으로 결코 이치에 닿지 않음을 다시 한 번 단언한다.

시베리아 억류자 보상 요구의 단면

전후 보상의 전제가 되는 사실의 애매모호함, 그리고 그 배후에서 전후사회는 무엇을 떠올리고 있을까? 시베리아 억류자의 보상 요구에 대해 상세하게 서술함으로써 이 질문에 답해보고자 한다.

1993년 7월 5일, 전국의 신문에 패전 직후 관동군이 소련군에게 일본 장병의 사역을 건의한 문서가 발견되었다는 소식이 보도되었다. 모든 신문이 이 소식을 대대적으로 전했고, 석간 1면 톱으로 게재한 전국지와 지방지도 많았다. 그 내용을 거칠게 정리하면 이렇다. 7월 5일 모스크바에서 타전된 이 기사에 따르면, 전국억류자보상협의회(전억련)의 사이토 로쿠로 회장이 러시아 국방성의 공문서고에 보관되어 있던 문서를 발견했다. 문서 제목은 「바실렙스키 원수에게 드리는 보고」, 끝에는 1945년 8월 29일 '관동군총사령부'라고 적혀 있다. 바실렙스키는 만주에 진출한 극동소련군 사령관으로 스탈린의 신임이 가장 두터웠던 군인이다(여기서는 이 문서를 A문서라고 부르기로 한다).

신문 기사에는 보고서 내용이 기재되어 있지 않고 다만 이렇게 적혀 있다. "겨울이 오기 전 부상병의 귀국 등을 요청하면서도, 군인에 관해서는 귀국할 때까지 '극력 귀군의 경영에 협력할 수 있도록 부려주시기 바랍니다'라며 명확하게 사역을 건의하고 있다." "보고서는 이외에 푸순 탄광, 만주 철도 등을 노동 현장으로 거론하면서 '겨울철의 가장 절박한 문제인 석탄 채굴'에 종사하고 싶지만, 일본인은 추위에 약하다고 하여 대책을 호소하는 등 군인에 관해서는 처음부터 억류가 겨울까지 이어지리라는 것을 용인하고 있다."

NHK 뉴스에서는 '소련 억류의 새로운 사실'이라는 제목으로 이 기사와 같은 내용이 몇 번씩이나 방영되었다.

이 뉴스가 방영된 것은 도쿄에서 열리는 정상회담에 참석하기 위해 옐친 러시아 대통령이 도착하기 이틀 전이었다. 러시아에서 자료를 입수하여 발표한 것으로 보아 사이토 회장이 이 타이밍을 노린 것인지도 모른다는 목소리도 있었다.

어찌됐든 이 뉴스를 계기로 관동군이 시베리아 억류자 60만여 명(이 가운데 사망자는 6만4000명)의 사역을 건의한 것에 대한 이해가 확산되었다. 지금까지 이와 비슷한 소문이 끊이지 않았는데, 이 문서가 여러 소문을 뒷받침하게 된 것이다. 그런데 내가 의문을 가진 것은 이 보고서의 전문이 담고 있는 내용이었다. 만약 포로의 사역을 좀더 구체적으로 건의한 내용이라면 이 기사에 인용되어 있는 부분만으로는 충분하지 않다고 생각했다. (1993년 7월 6일 『아사히신문』은 야마다 오토조 관동군 총사령관이 시베리아 억류 병사를 소련 측 사역에 종사하게 하라고 건의한 공문서가 발견되었다는 소식을 전했다.—옮긴이)

이어서 1993년 8월 13일 다음과 같은 제목의 모스크바발 기사가 역시 전국지와 지방지에 게재되었다.

"종전 직후 혼란 속에서 당시 대본영이 만주와 한반도에 살고 있던 민간 일본인 및 소련의 포로가 된 군인 등 약 180만 명에 관하여 소련의 지령이

미치는 지역으로 옮기고, 국적 이탈까지 상정, 병자 등을 제외한 대부분의 사람을 현지에 '정착'하게 하여 사실상 '기민棄民'화할 방침을 굳히고 있었다는 것이 러시아군 관련 공문서 시설에서 발견되었다. 이는 12일 아사에다 시계하루 당시 대본영 참모 명의의 시찰보고서에서 드러났다."

이 기사에 따르면, 「관동군 방면 정전 상황에 관한 시찰 보고」(B문서라고 부르기로 한다)라는 제목의 이 보고서는 필사본 세 부 가운데 한 부이며, 관동군에 남아 있던 것이 소련군으로 넘어간 것으로 보인다. 모두 네 항목으로 구성되어 있는 이 보고서 중 '금후의 처치' 부분은 이렇게 진언한다. "내지의 식량 사정 및 사상 경제 사정을 살펴보건대 이미 정한 방침대로 대륙 방면에서는 이곳에 머물고 있는 민간인 및 무장해제 후의 군인이 소련의 비호 아래 만주와 조선에 정착하여 생활을 영위할 수 있도록 소련 측에 부탁하는 것이 좋을 듯하다." 그리고 이렇게 말한다. "만주와 조선에 정착하는 이는 일본 국적을 이탈한다 해도 아무런 지장이 없도록 한다."

B문서는 역사적으로 중요한 의미를 갖는다. 요컨대 일본군 장병은 소련의 비호 아래 만주국이나 조선에 정착하게 하며, 이를 위해 일본 국적을 이탈해도 좋다는 제안이었다. 이 문서의 개요를 보고 문득 떠오르는 것이 있었다. 패전 전후 대본영 참모들의 움직임을 보면 알 수 있듯 왜 그들은 저토록 소련을 믿었던 것일까? 소련을 연결 고리로 하여 연합국과의 화평을 도모하려 했다고 볼 수도 있지만, 실제로는 패전을 받아들이기 어려운 상황에서 소련과 함께 미국, 영국과 싸운다는 새로운 전략을 마련했을 가능성이 있다.

실제로 나는 전직 대본영 참모 중 한 사람으로부터 그런 말을 들은 적이 있다. 만주국과 조선을 발판으로 하여 그곳으로 일본군 장병을 옮긴 다음 미국, 영국과 새로운 싸움을 시도할 생각이었다는 것이다. B문서는 그것을 뒷받침한다고 볼 수 있으며, 무엇보다 아사에다는 대본영의 엘리트 작전참모이기도 했다.

신문 기사는 아사에다의 발언도 함께 소개했다. 기사에 따르면 아사에다는 "이 문서는 내 필적이 아니라 위조된 것"이라면서, 1945년 8월 9일 이와 유사한 내용의 문서를 관동군에 타전한 적은 있다고 말했다. 이어서 자신이 타전한 문서와 관련하여 이렇게 덧붙였다. "이 문서는 내 개인적인 판단에 기초하여 타전한 것이다. 대본영이나 일본 정부의 의향이 아니다. 독단적으로 지시를 한 것은 반성하며 참회한다."

B문서 역시 사이토가 발굴했는데, A문서와 일련의 흐름을 이루는 것으로 보인다. 이 문서의 내용은 8월 15일 종전기념일을 앞두고 "버림받은 대륙의 180만 방인" "방인 180만 명 대륙에 버려지다"와 같은 제목 아래 대서특필되었다. 따라서 많은 사람이 한반도와 옛 만주의 방인이 현지에서 버림받았다는 사실, 그 무엇보다 비인간적인 정책이 국가의 의사로 권장되었다는 사실을 그대로 받아들인다고 해도 어찌할 도리가 없다. 소련의 사회주의 체제가 무너진 후 잇달아 새로운 자료가 발굴됨으로써 불투명했던 당시 상황이 조금씩 밝혀지기에 이른 것이다.

나는 먼저 A문서의 전문을 입수하여 읽어보았다. A문서를 보면 몇 가지 사실을 금방 알 수 있다. 우선 전문의 표현이 정중하다는 것, 그러니까 필요 이상으로 겸손하다는 점이다. "회견을 부탁드린 데 대해 동의해주셔서 감사합니다. 저희 군의 무장해제도 전반적으로 순조롭게 진전되고 있고 각종 시설도 차례대로 귀군에 인계할 수 있을 것입니다만, 아무래도 자못 무거운 부담을 안겨주신 것만 같습니다"라는 첫 부분에서 볼 수 있듯이 필요 이상으로 소련에 예를 갖추고 있다.

_____ 해석이 갈리는 육군 메모 용지 10매의 내용

　이 보고서는 육군 메모 용지 10매에 적혀 있다. 먼저 부상병을 배려해달라고 부탁한 다음, 일반 거류민에 관해서는, 현재 총 135만여 명으로 추측되는데 이들은 만주에 거주하면서 일정한 생업을 영위하고 있는바, "희망자는 가능한 한 만주에 머무르게 하여 귀군의 경영에 협력하게 하고 나머지는 내지로 귀환시켜주시길" 바란다고 했다. 이어서 군인의 처치에 관해서는 이렇게 말한다. "이에 관해서는 당연히 귀군의 계획이 있을 줄 압니다만, 만주에 생업과 가정이 있는 자 및 체류 희망자는 만주에 머무르게 하여 귀군의 경영에 협력하게 하고 나머지는 차례대로 내지로 귀환시켜주시길 바랍니다. 아울러 이들이 귀환하기까지는 극력 귀군의 경영에 협력할 수 있도록 부려주시길 바랍니다."

　결국 이 보고서는 소련의 점령 정책에 전면적으로 협력할 것이고, 군인을 일본으로 돌려보내기까지 소련의 '정치' 경영에 협력할 생각이며, 이를 위해 이들을 부려도 좋다고 말하고 있는 셈이다. 이 문서에서는 '시베리아' '포로' '억류' '강제노동'과 같은 말은 전혀 찾아볼 수 없다. 요컨대 관동군총사령부에서 기안한 문서만 보면 "군인을 사역 인력으로 제공한다"는 것의 의미가 무엇인지 애매모호하다. 사이토는 이것이 시베리아 억류를 묵인한 야마다 오토조 총사령관의 뜻이라고 말하지만 그 진위 여부에 대해서는 해석이 갈린다.

　그렇게 이해할 수도 있겠지만 그러기 위해서는 관동군의 참모들이 시베리아 억류와 '포로'의 장기 억류 등에 동의했다는 것을 전제로 하지 않으면 안 된다. 나는 이 문서의 전문을 입수하여 읽어본 단계에서는 이 점이 명확하지 않다고 생각했다.

　A문서를 다 읽었을 무렵, 관동군 작전부 작전반장이던 구사치 데이고에게서 편지가 왔다. 그 문서는 자신이 쓴 것으로 보도된 내용과 다르다고 항의

하는 내용이었다. 구사치는 이 뉴스를 보도한 몇몇 매체에 항의문을 보냈던 듯한데 나에게 보낸 것은 그것의 복사본이었다. 그는 A문서에서 소련군에 경의를 표하고 연호도 1945년으로 했을 뿐만 아니라 전체적으로 표현을 부드럽게 한 것은 일본이 패전국이 되었기 때문이라고 했다. 그리고 다음과 같이 썼다.

"당시는 전쟁이 막 끝난 시점이어서 만주와 조선으로부터 군·관·민 전원을 한 명도 빠짐없이 인양하는 문제가 초미의 관심사였습니다. 현재로서는 안타깝게도 만주의 모든 기능, 경영, 관리권이 소련으로 넘어갔기 때문에, 군인에 관해서는 귀국할 때까지(포츠담 선언 제9항에서 귀국에 관한 규정이 있다) 점령군의 경영에 협력하게 해달라고 제안했던 것입니다. 그것도 귀국을 전제로 해서 말이지요. '돌아온다'는 일본어는 현재 시점, 현재 머물고 있는 곳에서 머지않아 돌아온다는 것을 의미합니다. 이제부터 포로로서 시베리아 구석으로 연행되어 몇 년씩 강제노동에 종사한 후에 돌아온다는 의미겠습니까? 관동군이 노무계약을 했다고요? 그런 얘기는 아무런 근거가 없는 유언비어입니다."

나는 곧바로 구사치를 만나 직접 그의 이야기를 들었다.

구사치는 패전 당시 관동군에서 실질적으로 세 번째 지위에 있었다. 야마다 오토조 관동군 총사령관, 하타 히코사부로 관동군 총참모장, 마쓰무라 도모카쓰 참모부장에 이어 관동군 작전부 작전반장 자리에 있었지만, 병약했던 마쓰무라를 대신해서 구사치가 그의 직무를 맡고 있는 상태였다. 야마다와 하타는 고위급 지휘관이었기 때문에 관동군의 실무는 구사치가 담당했다. 각종 문서(관동군의 의사를 대표하는 계획안 등) 역시 구사치가 직접 기안하거나 그를 통과하여 상부로 올라가야 했다.

A문서는 구사치가 다른 참모와 상의한 후 자신의 책임 아래 기안했다고 한다. 그것을 서기가 필사하여 세 부를 만들었다. A문서의 표지에는 '3부 중

제2호(소련군 제출용)'라고 적혀 있는데, 그것은 제1호가 대본영에, 제2호는 소련군에, 제3호는 관동군의 금고에 보존된다는 의미다. 구사치는 1993년 당시 89세, 관동군에 근무한 적이 있는 장교들의 모임인 '사쿠호쿠카이' 회장을 맡고 있었다. 일본향우연맹의 고문 등도 겸하고 있었다. 시베리아 수용소에 억류되었을 때에는 시종일관 반소반공의 입장을 견지하여 소련 측으로부터 극심한 고문을 당하기도 했다. 14일 동안 몸에 맞춘 상자에 갇힌 채 그곳에서 대소변을 보면서도 고문을 견뎠다.

구사치는 세 시간 동안 이어진 인터뷰 내내 A문서는 포츠담 선언에서 말한 대로 일본으로 귀국하기까지 사역을 해도 좋다는 뜻이며, 장기간 억류한다는 스탈린의 방침 등은 알지도 못했다는 말을 되풀이했다.

"사이토 씨는 참 이상한 말을 하더군요. 그 문서에서 '귀군의 경영에 협력한다'고 했는데, 여기서 말하는 경영이란 자본주의적인 의미에서 운용을 뜻합니다. 나는 소련이라는 나라가 우리와 다른 가치관을 갖고 있기 때문에 오히려 우리 쪽 가치관에 따라 사태를 수습하려고 했을 정도입니다. 나는 당시 스탈린이 시베리아로 일본 군인을 끌고 가 강제노동에 종사하게 하려고 했다는 것 따위는 전혀 몰랐습니다. 그래서 내가 기안한 문서가 그에 영합하려한 것이라는 식의 말을 들으면 분노가 치밉니다."

구사치는 8월 15일 이후 예하 부대를 무장해제에 응하게 하고 소련군 장교와 교섭하는 등 바쁜 나날을 보냈다. 대본영으로 이어지는 무선은 끊어졌고, 홋카이도 북부방면군과 간신히 연결되어 그 루트를 통해 세부적인 연락을 취하고 있었다. 그러나 대본영도 혼란한 상태여서 충분한 연락을 취할 수 없었다. 결국 장병을 속히 일본으로 귀국시킨다는 포츠담 선언 제9항에 기초하여 단기간 소련군 아래 있을 때 소련에 협력하려고 생각했다는 것이다. 구사치는 관동군 장교를 포로라고 생각하지 않았다. 구사치는 8월 16일 대본영이 관동군에 전보를 보내 "8월 15일 정오 이후 적국 세력권 안에서 빠져

나오지 못한 이는 포로로 인정하지 않는다"고 했다면서, 패전한 상황에서 군인으로서 이제 싸움을 그만두고 일본으로 귀국할 수 있을 것으로 믿고 있었다고 여러 차례 말했다. 그것이 포츠담 선언의 취지라고 이해했던 것이다.

의심스러운 자료 공개 시기

A문서를 기안했던 구사치의 말을 그대로 믿는다면, 48년 후에 모습을 드러낸 그 문서를 발견하고 이를 해석하는 쪽과 기안자 사이에 상당한 거리가 있었다는 것이 나의 잠정적인 생각이었다.

1993년 구소련의 자료가 공개되면서 스탈린이 1945년 8월 22일 이후 시베리아에 수용소를 세우고 그곳에 일본인 장병을 1000명 단위의 대대로 편성하여 보내려는 계획을 갖고 있었다는 사실이 밝혀졌다. 스탈린은 홋카이도 점령을 기도하고 있었지만 트루먼 미국 대통령의 반대에 부딪혀 단념하고 만다. 워싱턴과 모스크바 사이에 몇 차례 전보가 오갔지만 트루먼은 '홋카이도 점령'을 결코 인정하지 않았다.

스탈린은 8월 22일 이후 빈번하게 극동소련군의 바실렙스키 원수에게 전보를 쳐서 일본인 포로를 시베리아 수용소로 보낼 뜻을 분명히 했다.

구사치가 기안하여 전보로 보낸 이 보고서가 스탈린에게 전달되었는지 여부는 명확하지 않지만, 결론적으로 말하자면 구사치의 전보는 스탈린의 의사 결정에 어떤 영향도 주지 못했을 것이다. 결국 나는 구사치의 보고서가 시베리아 수용소를 용인한 것도 아니고, 일본인 장병이 그곳으로 송출되는 것을 묵인한 것도 아니며, 강제 사역을 건의한 것은 더더욱 아니라고 생각했다.

사이토가 왜 이런 자료를 옐친이 일본을 방문하기 전에 의도적으로 흘렸는지 의심스러웠다. 사실 나는 이 무렵 여러 차례 사이토를 취재했고, 그때

제50장. 시베리아 억류자 보상 요구의 단면

마다 시베리아 억류에 관한 새로운 자료나 증언을 소개해왔다(제2부 제41~42장 참조). 그 과정에서 당시 러시아에서 발견된 새로운 자료가 사이토를 통해서만 흘러들어오고 있다는 것을 알고 적잖이 불안했다.

나는 1990년과 1991년 그리고 1992년 세 차례에 걸쳐 『월간 아사히』의 편집부원과 함께 모스크바로 건너갔다. 구소련의 자료는 어떤 형태로 공문서관에 보존되어 있는지, 어떤 절차를 통해 그것이 공개되는지 등등을 조사하고 다녔다. 결론부터 말하자면 공문서관의 시스템 자체가 대단히 관료적이었으며, 내무성, 국방성, 당위원회 등 어디에 어떤 자료가 잠자고 있는지도 분명하지 않았다.

덧붙이자면 미국, 영국, 독일, 프랑스 등은 국가, 국립 연구기관, 대학 그리고 민간 회사인 대규모 출판사 등이 나서서 자국과 관련된 소련의 정보를 정리하여 막대한 금액으로 사들이거나, 당위원회 자료를 통째로 구입하여 (자료를 복사하는 경우도 있다) 어떻게든 자국으로 가져가려 애쓰고 있다. 그 자료는 전문가들이 10년, 20년 단위로 정리한다. 따라서 20세기 소련과 소련에 관련된 역사는 20년, 30년 후를 목표로 다시 쓰이게 될 것이다.

반면 일본은 어떠한가? 일본 외무성은 오히려 자료 공개에 엉거주춤한 태도를 취하고 있다. 러시아의 동양학 연구자는 아무리 공개를 해도 시큰둥한 반응을 보인다고 말한다. 내 추측이지만 동서 냉전하에서 소련이 역사 문서를 공개하지 않은 탓에 은폐되어온 대소 관계의 이면이 소련 측 자료 공개로 밝혀질 것을 두려워하기 때문인지도 모른다.

이러한 상황에서 전억련의 사이토는 러시아 측의 신임을 얻어 관동군 관련 자료와 문서를 자유자재로 입수했다. 사이토는 "러시아는 외무성 따위를 상대하지 않는다. 내가 자료를 입수할 수 있는 최적의 입장에 있다"라고 호언하는데, 이 말은 현실적으로 인정하지 않으면 안 된다. 사이토의 조직은 시베리아 억류자에 대한 일본 정부의 국가 배상을 요구하기 위해 당시의 각종 자료를 필요로 한다는 점, 그리고 과거 일소 관계의 잘못을 바로잡고 민간 차원에서 러일 교류를 모색하고 있다는 점이 특징적이다. 그것은 그 나름대로 맥락이 통하긴 하지만, 자료의 발표나 해석에 관하여 상당히 독선적이고 의도적인 면이 있음은 부정하기 어렵다.

_____ 소련과 함께 싸우는 '신전략'의 의도

나는 7월 5일 공개된 A문서가 그런 사례일 것이라고 생각했다. 이어서 B문서의 전문도 입수하여 읽어보았다. 사실 나는 이 문서가 공개되기 전에 그 내용을 어느 정도 알고 있었다. 1993년 8월 7일 심야에 모스크바의 교도통신 지국으로부터 새로운 자료가 발견된 것 같아 그것을 팩스로 보낼 테니 읽고 코멘트를 해달라는 전화가 왔다. 사이토가 발견한 문건을 교도통신에서 입수한 듯했다. 나는 그 팩스를 읽고 깜짝 놀랐다. 첫 페이지에 "관동군 방면 정전 상황에 관한 시찰 보고"라고 적혀 있었던 데다 왼쪽 구석에 "1945년 8월 26일 대본영 아사에다 참모"라고 작성자가 명시되어 있었기 때문이다. 다 읽고나서 나는 역사적인 의미가 큰 문서라고 생각했다. 그리고 코멘트를 부탁한 교도통신에 이 문서는 바실렙스키 원수에게 보낸 A문서와 표리관계에 있고, 대본영은 만주에서 군인과 민간인을 동원한다는 새로운 전략을 갖고 있었으며, 아울러 아사에다는 누구로부터 이 글을 쓸 권리를 부여받았는지 궁금하다는 내용의 답변을 보냈다.

B문서만 봐서는 그 내용이 아사에다 개인 의견인지, 아니면 대본영(결국은 국가)이 공인한 것인지 애매모호했다. 이 문서 또한 잘 읽어보면 명확하지 않은 부분이 있다. B문서 역시 육군 메모 용지(17매)에 적혀 있다. 민간인이나 부상병의 숫자 등은 지구별로 조사한 것이었다. 그리고 중요한 것은 '금후의

제50장. 시베리아 억류자 보상 요구의 단면

처치'라는 제목의 제4항이다. 이 부분은 '일반 방침'과 '방법'으로 나뉘어 있다. 이하 그 일부를 인용한다.

1. 일반 방침

내지의 식량 사정 및 사상 경제 사정을 살펴보건대 이미 정한 방침대로 대륙 방면에서는 이곳에 머물고 있는 민간인 및 무장을 해제한 군인이 소련의 비호 아래 만주와 조선에 정착하여 생활을 영위할 수 있도록 소련 측에 부탁하는 것이 좋을 듯하다.

2. 방법

① 환자 및 내지 귀환 희망자를 제외하고 신속히 소련의 지령에 따라 각자 자신의 기능에 맞는 일정한 일자리를 찾는다.

② 만주와 조선에 정착하는 자는 일본 국적을 이탈한다 해도 아무런 지장이 없도록 한다.

③ (생략)

앞에서 서술했듯이 이 문서를 통해 알 수 있는 것은 만주국에서 소련과 함께 영국과 미국을 상대로 전쟁을 계속한다는 대본영의 생각이었다. 그런데 사이토는 '일반 방침'과 '방법'의 ②를 근거로 대본영이 기민棄民을 고려하고 있었다고 했다. 그리고 만주와 조선에서 생활하고 있던 일본인은 곧 소련의 지배 아래 들어갈 그곳에서 생활을 계속해도 상관없으며, 특히 일본의 국내 사정이 제대로 먹지도 못하는 상황이기 때문에 그러기를 바란다면 막을 수 없다라는 의미로 읽고, 그곳에 영주한다면 일본 국적은 버려도 좋다는 뜻으로 이해했던 것이다.

아사에다의 본의가 무엇이었는지 물을 수밖에 없었다.

8월 13일 각종 미디어에 보도된 이 뉴스도 큰 파문을 몰고 왔다. 아사에다는 이 문서가 일본에 남아 있는 것이 아니라 소련에 압수된 것일 가능성이 높다고 말했다. 그리고 "이 문서는 내 필적이 아니라 위조된 것"이라고 밝힌 다음 이렇게 증언했다. "(이것과 유사한 내용의 대본영 육군부 명령 제1374호를 바탕으로 한 지시 문서에 관하여) 당시 참모본부는 정상이 아니었고, 국가와 민족이 존망의 기로에 선 비상사태 속에서 나의 독단으로 기초, 타전했다. 대본영, 일본 정부의 의향은 아니다." 아사에다가 이 문서의 필적이 자신의 것이 아니라고 한 말은 맞지만 위조되었다고 한 것은 맞지 않다. 왜냐하면 당시 참모가 기안한 문서는 서기가 필사했고, 구사치도 이것을 필사한 서기가 누구였는지 대략 추측할 수 있다고 했기 때문이다.

B문서의 내용은 아사에다 개인의 의견일까, 아니면 국가 의사를 반영한 것일까. 문제는 바로 이것이다. 사이토는 B문서와 짝을 이루는 C문서(이것은 보도되지 않았다)를 근거로 국가 의사를 반영한 것이라고 단언했다. C문서에는 '대본영 참모의 보고에 관한 소견 및 기초 자료'라는 제목 아래 '8월 29일 참모총장'이라고 표기되어 있다. 이 문서는 '소견'과 '기초 자료'로 나뉘어 있다.

'소견'의 첫 번째 항목에는 "전반적으로 동의한다"고 적혀 있다. 그리고 두 번째 항목에서는 이렇게 말한다. "무장해제 후 군대 및 거류민의 실상은 의식주 모두 대단히 심각하며 특히 겨울을 제대로 넘길 수 있을지 낙관하기 어렵다. 따라서 이를 처리하기 위해 대본영은 시급히 연합국최고사령부와 대화에 나서서 조치를 취해야 할 것이라고 생각한다." 사이토는 관동군사령부가 C문서를 통해 B문서를 용인한 것이므로 국가 의사로 보아야 한다고 말했다. 그러나 C문서의 두 번째 항목에 적힌 내용은 소련의 지휘보다 연합국의 지시를 받아야 한다는 것이며, 시베리아 억류를 상정하고 있지 않을 뿐만 아니라 그것이 장기간에 이를 것이라는 언급도 없다. 기간과 관련해서는 '이번 겨울'이라는 표현 정도를 찾아볼 수 있을 따름이다. 다만, 정착 자체에 관해서는 희망자에 한해 허용하겠다는 생각을 갖고 있었던 것으로 보인다 (여기서 C문서와 B문서가 상응하는지 여부는 분명하지 않다는 점을 전제해야 할 것이다).

_____ 방편? 혹은 소련의 첩보원?

B문서에서 문제가 되는 것은 아사에다의 행동이었다. 1912년 1월 1일에 태어난 아사에다는 1993년 당시 83세였다. 육군대학 출신 엘리트 군인으로 패전 당시 대본영의 작전참모였다. 무슨 생각이었는지는 모르지만 그는 1945년 8월 15일 전후 만주의 신징으로 날아가 관동군사령부에서 뭔가를 획책하고 있었던 듯하다. 아사에다의 말투를 그대로 담은 책(미네오 규다이, 『참모본부의 폭군: 육군참모 아사에다 시게루』)에 따르면, 참모총장과 참모차장 그리고 작전부장 등의 도장이 찍힌 서류를 제멋대로 만들어 혼자 신징으로 날아간 그는 731부대를 은폐코자 했다.

일설에 의하면 패전을 예견한 그는 싱가포르에서 있었던 화교 학살 사건을 쓰지 마사노부와 함께 지휘했던 일이 추궁당할까 두려워 몰래 신징으로 도망간 것일 수도 있다. 실제로 아사에다는 영국군이 전범에게 발급한 체포영장을 받은 적이 있다.

아사에다는 1945년 7월 20일까지 대본영 참모였던 세지마 류조와 작전부에서 책상을 나란히 하고 있었다. 세지마는 그 후 관동군사령부로 자리를 옮긴다. 결국 두 사람 사이에 어떤 면에서 역사상 증언하지 않으면 안 되는 사실이 있었음에도, 그것을 함구함으로써 이들은 끝까지 '비밀'을 지켰다고 할 수 있을지도 모른다.

아사에다는 신징에 머무르던 중 시베리아 수용소로 보내졌다. 장교는, 특히 정보장교 등은 수용소에 도착하자마자 총살에 처해진 모양이지만 이 부분 역시 불분명하다. 소련군의 철저한 조사를 받고 간첩죄나 반소련죄 등의 죄명으로 25년 정도의 형을 받았는데, 웬일인지 아사에다는 조선에서 신징으로 와 있던 전 대본영 참모 다네무라 사코와 함께 1949년 봄 병사들 가운데 섞여 일본으로 돌아온다.

그 사이 무슨 일이 있었던 것일까? 결국 소련의 첩보원이 된 것일지도 모른다는 소문이 끊이지 않았다.

『참모본부의 폭군: 육군참모 아사에다 시게루』에서는 그러한 사실을 일부 인정하면서, 일본으로 돌아온 후에는 GHQ 쪽으로 붙었음을 의미하는 이야기를 전하고 있다. 마이즈루에 도착하자마자 옛 일본군 참모들을 통해 GHQ의 윌로비에게 다음과 같이 말했다는 것이다.

"실제로 그런 일(스파이가 되라는 소련의 요구를 받아들인 것)이 있었지만 그것은 어디까지나 방편이었고, 나는 이를 역이용하여 무사히 일본으로 돌아올 수 있었다. 나를 줄곧 감시하는 일본인이 있음에 틀림없다. 그 사람이 일본과 GHQ에 이런저런 밀고를 한 것이라고 생각한다. 소련은 반드시 감시원을 붙인다. 그놈이 나에 관해 이러쿵저러쿵 일러바쳤을 것이다. 이런 일은 얼마든지 있을 수 있다. 선수를 쳐서 사실은 이러저러하다고 전부 고백했다."

아사에다에 따르면 윌로비는 영국에서 보낸 체포 영장을 없애주었고 그 덕분에 일본 국내를 유유히 돌아다닐 수 있었다.

어쨌든 아사에다는 신징에 도착하자마자 대본영으로부터 731부대를 은폐하라는 밀명을 띠고 왔다며 세지마와 상담하고, 사령부의 참모를 모아놓아 말을 맞추었다고 한다. 그런데 작전반장 구사치에 따르면 그런 합의는 단 한 번도 없었다. 그는 아사에다가 이런 문서를 작성한 기억이 전혀 없으며 그것을 본 기억도 없다고 말한다. 그는 "그때 아사에다가 무엇 때문에 신징으로 왔는지, 누구의 명령이었는지 아직도 모르겠다"며 고개를 갸웃거렸다.

제50장. 시베리아 억류자 보상 요구의 단면

나는 신문 기사가 나온 후 아사에다에게 연락해 만날 날을 정했다. 아사에다가 그렇게 행동한 배경을 정확히 알고 싶어서였다. 그는 가는 길을 알려주면서 역에서 전화를 하면 하녀를 보내 마중하겠다고 말했다. 나는 그날 전에 B문서를 건네주고 아울러 궁금한 점을 메모해 함께 보내려고 했다. 그래야 만났을 때 시간을 아낄 수 있을 것이라고 생각해서다.

그의 집을 찾았을 때 부인은 아사에다가 이 문제로 육체적, 정신적 피로가 겹쳐서 병원에 입원할지도 모르는 상태라고 전했다. 몇몇 매체에서 찾아왔던 듯한데, 어떤 매체에서는 격분하여 불온한 말까지 쏟아놓았다고 했다. 나는 아사에다가 B문서 때문에 궁지에 몰려 있음을 알게 되었다.

아사에다는 자기편과 적을 구분하여 아군(군 출신 저널리스트 두 명)을 통해 자신의 견해를 밝히겠다고 했다. 그러나 그것도 어느 정도 시간이 지난 뒤에 이야기하겠다고 말했다.

해명되지 않은 전체적인 모습 : 계속되는 전전의 '악폐'

나는 자료가 하나씩 공개될 때마다 이런 일을 되풀이할 것을 생각하니 얼마간 진절머리가 났다. B문서를 포함한 자료들은 개별적으로 발표될 것이 아니라 전체적인 틀 안에서 각각의 자료가 어떤 의미를 지니는가를 고려해 다루어져야 했다. 사이토는 여론을 움직이게 하려다 깊이 음미해보지도 않고 잇달아 자료를 내놓고 있다. 그가 자료를 내놓는 방식이 공평하지 않다는 느낌을 떨치기 어렵다. 이런 식으로는 진정한 역사적 사실에 접근할 수 없다.

나는 이러한 의문을 품은 채 사이토와 다음과 같은 이야기를 나누었다.

자료가 개별적으로 공개되는 데다 그 자료가 지닌 진정한 의미가 무엇인지 생각하면 의심스러운 점도 있습니다…….

"나는 적잖은 자료를 갖고 있는데 그중에서 사실이라고 생각하는 것부터 공개하는 것이지 특별히 옐친이 방문하기 전이니 종전기념일이니 해서 조작하는 것은 아닙니다. 구사치 씨가 쓴 문서의 '귀군의 경영에 참가한다'라는 표현은 관동군이 만주국 일원을 모두 소련의 영역으로 인식하고 있었기 때문에 분명히 배상 노무를 건의한 것이라고 할 수 있습니다."

구사치 씨의 이야기에 따르면 그렇지 않다고 하던데요. 그는 포츠담 선언 제9항의 준수를 전제로 하고 있다고 합니다만…….

"나는 그렇게 생각하지 않습니다. 정전 때 군이 해야 할 첫 번째 임무는 포로 송환 협정을 맺는 것입니다. 이것을 명확히 하지 않는 한 그런 말은 할 수 없습니다. 이 문서를 그런 식으로 읽었습니까?"

아사에다 씨의 문서를 국가 의사의 반영으로 봤는데, 그렇게 판단한 근거는 무엇입니까? 나는 오히려 대본영이 만주국에서 새로운 싸움을 시작하고자 한 것으로 보고 있는데, 그것은 그야말로 마지막 몸부림이었다고 해도 좋을 것입니다.

"하타 총참모장이 전면적으로 동의하고 있다는 얘깁니다. 그건 그렇다 치고, 아사에다 씨가 대본영에서 관동군으로 출장을 갔다면 당연히 그것을 양해하는 서류가 남아 있을 것입니다. 그런데 아사에다 씨가 그런 서류도 없이 개인적으로 관동군으로 갈 수 있었던 것은 우메즈 참모총장 이하 여러 군 관료가 양해를 했기 때문일 것입니다. (제멋대로 갔다고 하는데) 그렇지 않습니다. 아사에다 씨는 소련 측에 더 많은 얘기를 했습니다. 그 자료도 있고, 아무튼 국가 의사라 해도 좋다고 생각합니다. 대본영의 마지막 몸부림이 아닙니다."

제50장. 시베리아 억류자 보상 요구의 단면

그런데 이처럼 자료가 따로따로 공개되는 것은 역사를 정확하게 검증하는 입장에서 볼 때 조금 이상합니다……. 앞으로도 이런 식으로 공개할 생각입니까?

"아직 나에게도 몇몇 자료가 있습니다. 요즘 그 자료를 검토하고 있습니다만, 그중에는 야마다 오토조가 천황 앞으로 쓴 상주문도 있습니다. 그것도 조만간 공개할 예정입니다."

세지마 씨가 이 건과 관련하여 소련에 친서를 보냈다고 하는데, 그것을 전달한 사람도 사이토 씨였군요.

"글쎄요. 그렇다고 할 수 있겠는데, 세지마 씨가 그런 자료를 갖고 있다는 얘기를 분명 들었습니다. 그런데 그 사람은 관계자를 자극하고 싶지 않다고 하더군요. 언론이 자유로운 나라니까 그럴 수도 있겠지요. 세지마 씨로부터 이런 자료 때문에 많은 충고를 들은 것도 사실이긴 하지만, 최근에는 교류가 별로 없습니다. 호사카 씨, 요점은 무슨 일이 있었다 해도 노무 제공 따위를 건의하지는 말았어야 한다는 것입니다. 소련과 교섭할 생각이었다면 국제법에 근거했어야 옳지요. 그렇지 않습니까? 무슨 말을 하더라도 소련의 시베리아 억류는 국제법 위반입니다. 하지만 일본 또한 그것에 편승하는 것이나 다름없는 짓을 한 것이 아닐까요?"

그 후 사이토가 나에게 보낸 야마다의 상주문은 관동군의 작전 상황을 서술하고 정전 상황을 설명하고 있다. 천황에게 송구스러워하는 야마다의 심중을 엿볼 수 있는 글이다. 하지만 특별히 군인 등을 포로로서 소련군의 사역에 제공한다거나 수용을 인정한다는 구절은 없다. 끝부분에 "금후 만주와 조선의 50만 군대와 130여 만 명의 민간인을 잘 처리하는 것이 관동군에게 남은 최후의 문제로서 여기에 모든 힘을 기울일 것입니다"라고 적혀 있을 따름이다. (1997년 3월 13일자 『아사히신문』은 전국억류자보상협의회가 국가를 상대로 손해배상과 강제노동에 대한 미지불 임금의 보상을 요구한 '시베리아 억류 소송'에서, 최고재판소 제1소법정이 "억류 중의 노동 임금을 지불한다는 법률이 제정되어 있지 않다고 하여 이를 입법부의 재량 범위를 이탈한 것이라고는 할 수 없다"면서 상고를 기각했다고 보도했다.—옮긴이)

구소련으로부터 제공받은 자료는 과거의 불투명한 부분을 조금씩 밝히는 근거가 될 것이다. 그리고 그 과정에서 새로운 정보전이 벌어질지도 모른다. 미국과 영국 그리고 독일과 달리 전체적인 그림을 바탕으로 자료를 대하는 노력을 다하지 않는다면, 일본은 태평양전쟁의 전개 과정에서 그랬던 것처럼 개별적인 대증요법으로만 사태에 대응하는 악폐를 범하게 될 것이다. 전후 50여 년이 지난 지금도 역사적 사실이 명확하지 않기 때문에 보상 문제 또한 이리저리 흔들리고 있는 게 아니겠는가.

1999년 4월, 시베리아에 억류되었던 마쓰모토 히로시 등 옛 병사 다섯 명이 "국가는 책임을 인정하라"며 오사카지방법원에 소장을 제출했다. 75세에서 82세에 이르는 노인들이 '생'을 걸고 사실을 요구하는 싸움이다.

남겨진 '전후 보상' 문제를 주시하며

쇼와 육군은 많은 역사적 과제를 남긴 채 해체되고 있었다. 전후사회에도, 아니 1999년 현재까지도 해결되지 않은 문제가 적지 않다. 대담하게 말하자면 전쟁을 지도한 세대 그리고 전쟁을 어떤 형태로든 공유하지 않을 수 없었던 세대가 문제를 쌓아둔 채 다음 세대로 역사의 주도권을 넘겨주었기 때문에 몇몇 문제는 미해결 상태로 방치되어 있다.

이 책에서도 여러 차례 언급했듯이 일본의 전쟁 지도자는 전쟁 시스템을 알지 못했다는 것이 진실에 가깝다. 20세기의 전쟁은 일정한 규칙에 따라 진행되는 것이 일종의 약속이나 마찬가지였음에도 이들은 그것을 철저하게 이해하지 못한 것처럼 보인다. 전투에서 승리하면 모든 게 해결된다는, 실로 단순하기 짝이 없는 생각으로 대처했던 것이다. 국제법이나 국제조약 등을 제대로 알지 못했다는 증거는, 태평양전쟁 전에 외무성이 '군부는 언제 작전행동에 돌입할 것인지를 알려주면 국제법에 입각하여 조치를 취하고자 한다'고 했을 때, 대본영 측은 '승패의 갈림길에서 국제법 따위가 무슨 상관이냐, 나라가 망하면 국제법이고 뭐고 필요없다'면서 오만방자하게 대답했다는 사실을 언급하는 것으로 충분하리라.

이것이 전투밖에 몰랐다는 가장 강력한 증거라고 할 수 있다.

이런 군사 지도자들은 50년이 넘도록 전후 처리가 제대로 되지 못하리라고는 꿈에도 생각하지 못했을 것이다.

쇼와 육군의 내실을 다음 세대의 눈으로 검증하면서 이래서는 전후 처리가 끝났다고 말할 수 없겠다고 여긴 사례는 결코 적지 않다. 떠오르는 대로 적어보자면, 조선과 대만의 의용병에 대한 보상, 강제 연행과 관련된 경제적 보상, 홍콩의 사례에서 볼 수 있는 군표 처리, 중국뿐만 아니라 동남아시아 각지에서 자행되었으나 아직 실상이 밝혀지지 않은 학살 사건, 인도네시아 등의 병보兵補(일본군 보조병)에 대한 보상 그리고 포로수용소에서 자행한 포로 학대에 대한 보상 등 딱히 손을 대지 않은 채 잠들어 있는 문제가 수두룩하다는 것을 금방 알 수 있다.

물론 그러한 문제는 샌프란시스코 강화조약 조인 당시 각국과 개별적으로 그리고 그 후 평화조약을 체결하면서 해결된 것으로 알려져 있지만, 그 시점에서는 문제가 무엇인지 명확히 하지 않았다는 것, 나아가 법적으로도 개인 청구의 가능성을 알리지 않는 등 논란거리가 많다는 것은 어렵지 않게 알 수 있다.

미국을 비롯한 연합국이 국제사회에서 일본이 두번 다시 위협적인 존재가 되지 못하도록 하는 것을 점령 정책의 핵심으로 삼고 현재의 헌법 제정에 음양으로 압력을 가했음은 의심할 수 없는 사실이다. 무엇보다도 쇼와 육군과 같은 존재를 이 나라에서 허용해서는 안 된다는 것이 그 당시의 솔직한 심리 상태였다. 현재의 헌법 제9조는 표현으로서는 대단히 모순되는 측면도 있다고 생각하지만 어쨌든 이 나라를 '위험하지 않은 존재'로 묶어두기 위한 고심의 결과라고 할 수 있다. 그리고 당시 수상이었던 요시다 시게루吉田茂가

제51장. 남겨진 '전후 보상' 문제를 주시하며

전면적으로 그것을 용인하는 입장에 서서 제9조를 작성했다는 점도 지적해 두어야 할 것이다.

1945년 8월부터 1952년 4월 28일까지 국가 주권을 상실했던 일본은 점령 후반기(나는 1949년 2월 요시다 내각 이후라고 생각한다)에 미국과 소련 간 동서 냉전의 틈바구니에서 미국으로부터 재군비를 요구받는데, 그때 요시다가 그 요구에 저항하여 경찰예비대, 보안대 그리고 자위대로 이름을 바꾸면서도 총 인원 7만 5000명 체제를 무너뜨리지 않은 것은, 물론 재정적인 이유도 있 겠지만, 점령 전반기 비군사화와 민주화 정책을 표면상으로나마 답습하는 쪽이 현명하다고 보았기 때문이다.

나는 언젠가는 헌법 개정을 논의해야 할 때가 오리라고 예상하지만, 헌법 제9조를 개정하여 군사적인 능력을 갖추고자 한다면 여기에는 몇 가지 전제 가 따라야 한다고 본다. 그 전제란 대략 다음과 같다.

① 먼저 쇼와 시대 전기의 사변과 전쟁을 철저하게 검증하여, 쇼와 육군 안에 잠복해 있던 침략 사상, 침략의 체질을 명확히 밝혀야 한다.

② 그런 다음 사죄해야 할 점은 사죄하고 보상해야 할 점은 보상하며, 보상의 범위를 넘어서는 사안에 대해서는 납득할 수 있게 명확히 설명해야 한다.

③ 쇼와 육군의 가장 큰 문제였던 통수권 독립을 다시 한번 반성하고, 앞으로 군사 조직을 갖추게 된다면 문민 지배 체제를 확립하기 위한 절차와 그 운 용안을 확실히 세우고 동남아시아의 여러 나라에 이에 대해 구체적으로 설 명해야 한다.

④ 과거와 같은 '천황의 군대'가 아니라 국토 방위를 담당하려는 목적을 지닌 최소한의 군사력을 갖추는 것임을 국내법상 명시하고, 이를 확립할 수 있는 사상적 토대를 마련해야 한다.

⑤ 일본이 군사 주도 국가가 되지 않기 위한 체제를 확립하고, 일찍이 쇼와 육

군을 비롯한 군사 조직이 저지른 잘못을 국민 모두가 이해해야 한다.

요컨대 내가 생각하는 전제는, 쇼와 육군이 안고 있던 부정적 측면을 언어적으로 표현하는 것을 넘어 구체적으로 청산하는 것이다. 이러한 전제를 빼고 헌법을 개정하여 군사력을 갖는다면 일본은 또다시 위험한 나라로 보일 것임에 틀림없다. 이 전제를 극복하기 위해서는 상당한 기간이 필요하겠지만 적어도 우리 세대는 그러한 책무를 감당하지 않으면 안 된다.

‘쇼와 육군’의 실질적 해체란?

쇼와 육군은 그런 의미에서 명실상부하게 다시 한번 해체되어야만 한다. 나는 전후 보상 자체가 이러한 전제의 한 측면이라고 생각하지만, 그것을 검증하기 전에 쇼와 육군의 지도자는 ‘전쟁과 배상’에 관하여 어떻게 생각하고 있었는지를 확인해두지 않으면 안 된다.

1937년 7월 7일 중일전쟁이 시작된 후 일련의 움직임 가운데 트라우트만 공작과 함께 화평의 실마리를 찾으려는 정치적 교섭이 있었다. 그중에서 가장 가능성이 높았던 것이 트라우트만 공작이었다. 그 과정을 살펴보면 일본 측은 중국 국민 정부의 수도 난징을 무너뜨린 시점을 전후한 교섭에서 점차 화평 교섭 조건을 끌어올리는데, 결국 국민 정부는 이를 받아들이지 않고 교섭을 중단해버린다. 문제는 이 교섭에 임하면서 일본 측(특히 군부)이 제시한 안 가운데 ‘배상을 포기한다’는 조항이 포함되어 있었다는 것이다.

일본은 이 시기에 중국보다 군사적으로 우위에 있음을 구실로, 본래대로라면 중국에 배상을 청구해도 아무런 문제가 없지만 그것을 군이 포기한다는 식이었다. 이것은 물론 중국 측의 분노를 샀는데, 역사적으로 보면 일본의 군사 지도자는 선배들로부터 두 가지 교훈을 얻었다고 할 수 있다. 하나는 일본의 정치 지도자 및 군사 지도자는 배상에 관하여 처음부터 끝까지 독자적인 견해를 갖고 있었다는 점이다. 그리고 다른 하나는 중국, 특히 화베이 지역에 대한 침략 행위를 정당화할 이유가 없었기 때문에 오만하게도 일방적으로 중국 영토에 들어간 다음 배상을 요구했다는 점이다. 요즘 같은 '평시平時의 눈'으로 보면 이는 역사 왜곡 그 자체였다고 해도 전혀 이상할 게 없다.

여기서 배상에 관한 중요한 문제는 전자다. 일본의 군사 지도자는 군사적인 승리를 국가 경제 자체를 윤택하게 하는 최대의 '수입원'으로 간주했다고 말해도 좋다. 왜 이러한 발상을 갖게 되었을까? 저간의 사정을 살피다 보면 청일전쟁 때의 배상 논란에 이르게 된다.

청일전쟁 후 시모노세키에서 청국과 교섭에 나선 일본은 1895년 4월 17일 강화 조약에 조인한다. 이 조약에 따라 일본은 "랴오둥 반도, 타이완, 펑후 섬의 할양, 조선의 독립 승인" 등을 청국 정부와 합의하고 이와 함께 군사상의 배상금으로 금 2억 냥을 받아내기로 한다. 금 2억 냥은 당시 일본 돈으로 환산하면 3억 엔 정도이며, 이는 당해 예산 약 8000만 엔의 네 배에 조금 못 미치는 금액이다. 이 배상금은 같은 해 10월 31일부터 수령하게 되는데, 일본은 이 돈으로 청일전쟁에 들어간 임시군사비 약 2억 엔(육군이 1억 6000만 엔, 해군이 3600만 엔 등)을 실질적으로 보상받을 수 있었다.

아울러 메이지 30년대에 들어서면서 일본에서는 유럽으로 떠나는 관비유학생이 늘어나고 육군은 주재무관을 세계 각지에 보내게 되는데, 그것이 가능했던 것은 청국으로부터 받아낸 배상금 덕분이었다. 요컨대 일본은 전쟁을 통해 막대한 이익을 거둬들였던 것이다.

쇼와 육군 지도부에 있었던 고위급 군인은 육군유년학교 시절부터 이 사실을 은연중에 알고 있었다. 이런 식으로 군인이 나라에 도움이 될 수 있다는 것을 체득하고 있었던 셈이다. 묘한 표현이지만 전쟁에서 이기면 국가는 정치적·군사적으로는 말할 것도 없고 경제적으로도 큰 이익을 얻을 수 있다는 생각을 갖게 되었던 것이다.

그리고 쇼와 육군의 지도자는 제1차 세계대전 후 독일에서 유학을 하기도 했고 연구 조사를 위해 파견되기도 했다. 그곳에서 본 독일의 실정은 전쟁에서 패해 국가는 피폐해지고, 연합국에 지불할 배상금 때문에 허덕이고 있는 모습이었다. 제1부에서 나가타 데쓰잔, 오바타 도시로, 오카무라 야스지 그리고 도조 히데키 등이 1921년 10월 독일의 바덴바덴에서 만나 일본 육군의 개혁에 대해 이야기를 나누었다는 사실을 소개했는데, 그때 그들은 국가총동원체제의 확립 등을 기도하기로 결의했다.

그 배경에는 영국, 프랑스, 벨기에 등 이른바 연합국의 배상금 징수로 피폐해지고 있는 독일의 실정이 놓여 있었다. 그런 상황에서 독일에서는 공산주의자, 왕정주의자 또는 국가주의자가 어지럽게 뒤섞여 권력을 장악하기 위한 다툼을 벌이고 있었다. 그것은 마치 배상금 징수가 독일 경제의 한계를 넘어서면서부터 일어나고 있는 현상으로 비쳤다. 독일 국가 재정의 50퍼센트가 넘는 비율의 배상금을 요구하고, 그것을 지불할 수 없는 상황에 이르면 연합국은 독일의 자원이나 국토를 제압하게 될 터였다. 연합국의 징수는 집요했고 또 한 치의 용서도 없었다.

덧붙이자면 이러한 상황에서 히틀러는 유대인이 독일을 파괴함으로써 이익을 얻고 있다는 내용의 연설을 거듭하며 독일 국민의 불만을 흡수하고 있었다.

쇼와 육군의 지도자는 승전이 국가 경제를 풍요롭게 하는 반면 패전은 국가를 해체시키고 말 것이라는 일방적인 생각을 갖고 있었다. 이것이 중일전쟁 당시 화평 교섭에서 일본이 자신들에게는 중국에 배상을 요구할 권리가 있지만 굳이 그것을 포기하는 관대한 조치를 취한다는, 자못 뻔뻔한 태도의 타협안을 내놓는 배경이 되었던 것이다.

아울러 다음과 같은 사실도 지적할 수 있다.

쇼와 육군의 지도자 가운데 말기에 지도부에 가담한 고위급 군인이 본토 결전을 고집하면서 어떤 형태의 화평 교섭에도 응하지 않으려는 태도를 견지한 것은 실은 포츠담 선언 제11항에 불안을 품고 있었기 때문이라고 생각할 수도 있다. 포츠담 선언 제11항은 이러하다.

"일본국은 그 경제를 지탱하고 또 공정한 실물 배상의 징수를 가능하게 하는 산업을 유지할 수 있게 될 것이다. 다만 일본으로 하여금 전쟁을 위해 재군비를 가능하게 하는 산업은 제외된다(마쓰모토 준이치, 엔도 요시오 감수, 『일본외교사』 제25권)."

이 조항에는 배상을 징수할 수 있는 산업의 육성에는 협력한다는 의미가 포함되어 있었다. 일본은 에누리 없이 배상을 청구당하는 상태에 놓였다. 그것이 불안이자 공포이기도 했던 것이다.

그러나 강화조약안을 만드는 과정에서 덜레스가 전승국에 배상을 포기하도록 설득했기 때문이기도 했지만(이때 덜레스는 일본으로부터 배상을 징수하면 일본 국민은 실업과 기아에 허덕일 것이라고 설득했다. 일본이 지불하게 된다면 그것은 결국 미국이 지불하는 것이나 다름없다고 말하기도 했다), 거의 모든 나라는 배상을 포기한다.(필리핀, 실론, 인도네시아 등은 이 단계에서는 설득에 응하지 않았다.)

이러한 경위를 보면 배상에 관하여 일본은 미국의 국익을 고려한 설득에 의해 표면상으로는 포기한다는 언질을 받았던 셈인데, 좀더 깊이 따져보면 반드시 주체적으로 이 문제를 놓고 씨름하지는 않았다는 것을 알 수 있다. 물론 전후에 개별적으로 아시아 각국과 체결한 평화조약이나 우호조약 등에 배상을 청구하지 않는다거나 배상에 상응하는 원조를 한다는 내용이 포함되어 있긴 하지만, '태평양전쟁 자체의 피해'에 관해서는 애매모호하게 남겨두었다고 할 수 있다.

전후 보상에 관해서는 먼저 위에서 말한 것을 이해해야 한다. 그런 다음 전후 보상 가운데 가장 새로운 문제로서 위안부 여성 배상 문제에 대해 언급하고자 한다. 항간에서 논의되고 있는 위안부 문제에 관해 나는 전혀 다른 관점을 갖고 있기 때문에 그 시각에서 의견을 개진하려 한다. 이른바 쇼와 육군을 검증해나가는 흐름과 관련된 관점이다.

﹍﹍﹍﹍ 위안부 문제를 바라보는 하나의 관점

1998년 어느 봄날, 전화가 걸려왔다. 어느 국립대학의 의학부 명예교수 F 씨에게서 온 전화였다. 이미 85세가 된 F 씨는 전쟁 당시 인도네시아에 주둔한 제2사단의 어느 연대에서 군의관으로 근무하고 있었다. 그 인연으로 현재는 일본－인도네시아 우호 단체와 관련된 어느 모임에서 회장을 맡고 있었으며, 의학계에서도 몇몇 학회의 명예회장을 겸임하고 있었다. 나는 10년 전부터 쇼와 육군을 의사의 눈으로 검증하는 데 도움을 얻기 위해 그와 교우관계를 이어오고 있었다.

F 씨는 이렇게 말했다. "최근 서고를 정리하다가 군의관 시절의 일기를 발견했습니다. 위안부 사람들을 검진했다는 내용도 있고, 당시의 이런저런 사정을 구체적으로 알 수 있습니다. 보여드리지요." 나는 현재 위안부 논쟁에 직접 가담하고 있지는 않지만 볼 수 있는 데까지는 보고 싶다고 말했다.

F 씨가 훗날 약속 장소에 가져온 누렇게 색이 변한 노트를 포개놓으니 그 두께가 자그마치 10센티미터에 달했다. 게다가 F 씨는 위안부 사람들의 표정까지 경묘輕妙한 붓으로 묘사해놓은 것이었다. 나는 이 노트를 읽고서 다음과 같은 사실을 깨달았다.

이 부대의 병사를 상대하는 여성은 15명 정도였다. 그 내역은 일본인 9명, 조선인 4명, 중국인 2명이다. F 씨는 검진을 할 때 당연히 이 여성들(대체로 20대에서 30대 초반)과 대화를 나눴다. 그 메모를 보면 조선인 여성 가운데 2명은 이런 일이라고는 생각지도 못한 채 끌려왔다고 말한 사실을 알 수 있다. 타자를 치는 일이라는 말을 듣고 끌려왔다고 말하기도 한다. 아는 조선인 남성의 유혹에 끌려온 듯하다. 뚜쟁이를 가리키는 말일 것이다. 이들은 매일 10명에서 15명, 많을 때에는 20명이 넘는 인원을 상대했다. 심신이 지쳐 있었음을 짐작할 수 있다.

결론적으로 F 씨가 본 위안소에 관한 기록과 증언을 간추리면 대략 다음과 같다.

① 대부분의 여성은 일의 내용을 알고 있었다. ② 그러나 그중에는 속아서 끌려온 여성도 있다. ③ 그러한 사례가 군에 의한 강제 연행인지, 뚜쟁이에 의한 것인지는 확실하지 않다. ④ 임신하여 출산하는 여성도 있다. 이때는 위안소에서 나와 있게 된다. ⑤ 일본 병사와 연애관계를 맺고 함께 도망간 여성도 있다. ⑥ 위안소에 가는 병사 가운데는 성관계를 목적으로 하지 않은 자도 많다. ⑦ 위안소는 병사들에게 갑갑하고 린치에 가까운 제재가 횡행하는 병영 내에서 임시 피난처가 되기도 했다. ⑧ 어떤 학도병은 종종 위안소를 찾았는데 그것은 성욕 때문이 아니라 철학서나 사상서를 읽기 위해서였다. ⑨ 병사는 시간 단위로 성을 샀지만 장교는 하룻밤을 잘 수 있었다. ⑩ 여성은 현금이 아니라 군표를 받기도 했다.

F 씨는 증언했다.

"나는 전후에 복원하여 도쿄에 있는 공립병원에서 근무했는데, 그 당시 미군 병사를 상대하는 여성을 검진한 적이 있습니다. 그때도 마찬가지였습니다. 전쟁과 성의 관계는 잔혹한 면이 있습니다만, 매춘을 양해하든 그렇지 않든 여성이 받는 상처는 참으로 가혹했습니다. 이는 역으로 일본 병사가 모두 성으로 내달린 것이 아니라 위안소가 유일하게 마음을 위로할 수 있는 곳이었다는 사실을 보여주며, 그것은 역시 육군 내부의 모럴에 문제가 있었다는 얘기지요."

그 일기는 결국 당장 공개하지 않고 후세에 물려주기로 했다. 그것이 나와 F 씨의 약속이었다.

위안부 문제와 '전쟁'의 관계를 파악할 때 잊어서는 안 되는 전제 조건이 있다. 그것은 평시의 관점에서 보면 전장에서 벌어지는 일상적인 광경은 모두 악행에 속하는 역겨움을 포함하고 있다는 점이다. 왜냐하면 전쟁은 각국이 그 나름의 전쟁 목적을 내걸고 국가총력전(특히 제1차 세계대전 이후)이라는 이름 아래 상대국의 전력을 파괴함으로써 전투 의욕을 꺾어버리는 것을 목적으로 삼기 때문이다.

상대국의 전력을 파괴하거나 국민의 전투 의욕을 꺾는 데 가장 유효한 수단은 '대학살'이다. 타자의 죽음이 일상에 널린 모습이 되고 생존을 위협받는 나날이 당연하게 여겨질 때, 국가의 전쟁 목적 따위는 어느 사이에 와해되고 만다는 것을 태평양전쟁 말기 일본의 실상을 보면 쉽게 이해할 수 있다.

평시로 돌아와 돌이켜보면 3년 8개월 동안 이어진 태평양전쟁 당시 펼쳐진 일상적인 광경 하나하나는 온통 역겨운 것뿐이다. 역사관과 이념을 결여한 전시 지도자의 전쟁 지도는 숱한 비판을 받아 마땅하다. 하지만 그렇다고 해서 평시의 잣대로만 그 시대를 규탄하는 것이 다음 세대에게 부여된 특권이라고는 할 수 없다. 스스로의 문제의식과 자세를 바탕으로, 예를 들면 '여성에 대한 성차별이나 인권 의식의 결여를 묻는다'는 목적을 갖고, 그 시대의 어떤 부분을 끌어내어 그것을 규탄하는 일은 당연하게도 진정 교훈을 얻는 것이라 할 수 없다.

'종군위안부 문제'를 격렬하게 규탄하는 이들에게서 나는 종종 그렇게 한

제51장. 남겨진 '전후 보상' 문제를 주시하며

가지를 끌어내어 규탄하는 모습을 발견하곤 한다. 현재, 즉 평시의 주제를 저 시대에 들이대는 방식이 얼마나 위험한지를 느끼는 것이다. 만약 여성에 대한 성차별이나 인권 의식의 결여를 묻는다면 그것은 위안부 문제에만 국한되지 않는다. 그것이야말로 얼마든지 되물어야 할 문제다.

패전 직후 일본을 점령했던 미국을 비롯한 연합국에 대하여 일본 정부 내부에서는 위안 시설을 만드는 데 필요한 예산을 할당했는데, 그때 "1억 엔 정도로 일반 가정 자녀들의 정조를 지킬 수 있다면 결코 비싼 게 아니다"라고 큰소리쳤던 각료의 인식, 전시하에서 작전 지도를 담당한 고위급 지휘관이 '내지'에서 위안부로 분류되는 특정 여성들을 데려와 곁에 두었다는 사실, 일본의 군사 지도자가 역사적으로 독일에 기울었을 때 독일 고관으로부터 성 접대를 받았다는 사실 등등 얼마든지 거론할 수 있다.

근대 일본의 군사 조직이 왜 독일 쪽으로 기울었는가? 이와 관련하여 쇼와 초기 참모본부에 근무했던 어느 장교는 "독일에 가면 자동적으로 일본 육군은 여성을 메이드(하녀)라는 명목으로 삼아 동거하게 한다. 그래서 독일에 파견된 군인은 친독파가 된다는 이야기가 메이지 시기부터 은밀하게 전해져온다"고 증언하기도 했다. 미국과 영국에서 독일 같은 시스템을 요구한 일본군 군인이 있었다고 하는데, 이에 대해 미국과 영국의 군인으로부터 "우리 나라에는 여성이 얼마든지 있다. 당신도 연애를 하면 되지 않겠는가"라는 야멸찬 소리를 들었다는 사실도 마찬가지로 암암리에 널리 알려져 있다.(1996년 8월 14일 『아사히신문』은 '아시아여성기금'의 보상금에 덧붙인 '총리의 사죄 편지'의 내용을 보도했다.─옮긴이)

이와 같은 수많은 사실에는 눈을 감은 채 '종군위안부 문제'만을 '여성에 대한 성차별'이나 '군대에 의한 조직적인 성폭력'이라는 주제로 논하는 것은 납득하기 어렵다. 위안부 문제를 논하는 이들은 군이 거창한 주제를 내세울 것이 아니라 "일찍이 저 전쟁에서 일본군 장병에게 폭력적으로 성적 위안을

제3부. 쇼와 육군이 전후사회에 드리운 그림자

제공할 것을 강요받은 조선과 중국 그리고 동남아시아의 여성들이 있다. 그 여성들은 그 후 고통스럽게 살아왔다. (우리는) 그 사실을 인지하고 다시는 이런 일이 일어나지 않도록 해야 한다. 이러한 악행을 저지른 일본군의 책임을 묻고 일본 정부의 사죄를 요구한다"라는 점에 집중하여 논진을 펼쳐야 할 것이다. 나는 그런 논리에 일정한 설득력이 있으며 긍정할 점도 많다고 생각한다.

이러한 사고를 바탕으로 위안부 문제를 바라봐야 한다고 생각하던 중 나는 1996년 8월 14일부터 '재단법인 여성을 위한 아시아 평화 국제 기금'(약칭 아시아여성기금)이 위안부 여성들에게 보상금(일시금)을 주기로 했다는 소식을 들었다. 나 역시 이 기금에 찬성한다. 그런데 이 보상금에 하시모토 수상의 '총리의 사죄 편지'가 포함되어 있다는 것을 알고 500자가 채 되지 않는 그 편지를 읽다가 "이른바 위안부 문제는 당시 군의 관여하에" 빚어졌으며, "수많은 고통을 겪고 심신에 치유하기 힘든 상처를 입은 모든 분께 진심어린 사죄와 반성의 뜻을 전합니다"라는 구절에 눈길이 머물렀다.

그런 다음 "일본은 도의적인 책임을 통감하면서 사죄와 반성의 마음으로 과거의 역사를 직시하고 정확하게 이 사실을 후세에 전하겠습니다"라고 약속하고 있다. 이것은 쇼와 육군의 행위를 사죄한 것이라고 말할 수 있을 것이다.

그러나 비판론자의 '공식적인 사죄가 아니다'라는 말과는 다른 의미에서 나 또한 이것이 '공식적인 사죄는 아니다'라고 생각한다. 위에서 인용한 '마음으로부터의 사죄와 반성'은 당시의 사실관계에 대한 상세한 조사를 근거로 해서 나온 말이 아니다. 우선 정부가 해야 할 것은 '당시의 사실관계를 상세하게 조사한 다음, 잘못이 있다면 사죄할 것은 사죄하고 오인이나 오해가 있다면 그것을 해소하겠다'는 약속이어야 한다. 이 구절이 첨가되지 않는다면 '공식적인 사죄가 아닌' 것이다.

사실관계를 구체적으로 조사하여 그 보고서를 정리하는 노력을 명확히 한 다음, 사죄해야 할 것은 사죄한다고 하지 않으면 성실하지 못하다는 비난을 피하기 어렵다.

'사죄만 하면 된다, 이런저런 비판의 목소리도 있으니까 사과하면 그만이 겠지……' 이 편지에서는 이런 속마음이 엿보인다. 이러한 불성실함이 지금까지 그토록 많은 오인과 오해를 낳았음에도 별다른 교훈을 얻은 것 같지는 않다. 그저 사죄하면 그만이라는 생각은 사실 상대를 얼마나 조롱하는 것인가. 일찍이 쇼와 육군이 무슨 짓을 저질렀는지, 그 책임은 어떻게 되었는지에 대해 아무런 설명도 없이 사죄한다는 것은 도리어 예의가 아니다. 눈에 띄거나 목소리가 큰 사람에게는 사죄하지만 그렇지 않으면 나 몰라라 하는 표정을 짓는 자세와 다를 게 없어 보인다.

———— 전쟁이라는 비일상 속의 일상

이른바 '종군위안부 문제'에 관하여 그것을 규탄해 마지않는 논자의 논점은 몇 가지 사실이나 실상을 빠뜨리고 있는 듯하다. 그런 기본적인 태도가 앞에서 서술한 바와 같이 '평시의 테마로 전시를 보는' 관점에 머무르는 한 몇 가지 사실을 빠뜨리는 것은 당연하다. 피해자(이른바 위안부)가 "가혹한 인권 침해 상황에 놓여 있었다"거나 "군사적 성노예제가 아시아의 여성에게 가한 범죄성" 등과 같은 뒤틀린 관점이 그것이다. 인권 침해나 범죄성이라면 저 시대 전시에서는 모두가 예외일 수 없다.

나는 중일전쟁과 태평양전쟁을 예로 들어 쇼와 육군의 실태를 검증하고 있는데, 그 과정에서 다음과 같은 점을 이해하지 않으면 안 된다는 사실을 실감하곤 한다.

제3부. 쇼와 육군이 전후사회에 드리운 그림자

전시라는 비일상적 상태에서도 병사는 일상적인 삶을 영위하고 있다는 점이다. 이 당연한 사실을 다음 세대에 속한 사람들은 망각하고 있다. 예를 들면, 1941년 12월 8일부터 1945년 8월 15일 사이 일본 본토가 아침부터 저녁까지 미군의 공격에 노출되어 있었다고 생각하거나, 병사들은 그야말로 하루종일 미군 병사와 총격을 주고받은 것처럼 생각하는 것은 완전한 착각이다.

병사들은 대본영의 명령에 따라 동남아시아의 어느 지역에 투입된다. 병사들은 방첩防諜이라 하여 가는 곳이 어딘지도 알 수 없다. 어렵사리 뉴기니나 필리핀 또는 병사들로서는 이름도 들어보지 못한 남방의 외딴섬에 도착한다. 그곳에서 진지를 쌓기도 하고 비행장을 만들기도 한다. 수비 태세에 들어간다. 그곳의 생활은 평시와 다를 바가 없다.

물론 전쟁 중이기 때문에 그 생활의 목적은 "황군 병사로서 상관에게 명받은 곳을 방위하"거나 "미국의 공격이 있으면 그곳을 사수하"는 것이다. 하지만 먹고 마시고, 동료들과 이야기를 나누고, 훈련하고, 잠자는 일상생활은 특별할 게 없다. 책읽기를 좋아하는 사람은 얼마 안 되는 자유 시간에 허용된 책을 읽는다. 때로 장기전에 대비한 자활自活 작전이라도 펼쳐지면 밭을 갈고 채소를 가꾸기도 한다.

전략적으로 중요한 지역의 경우 미국의 공격기가 날아오기라도 하면 긴장하지 않을 수 없다. 살아 있는 나날 동안 죽음을 의식하지 않을 수 없기 때문이다. 병사들은 그런 긴장 상태에 처하고서야 이곳이 전쟁터임을 실감한다.

게다가 그곳이 실제로 미군의 공격 목표지로 설정되면 미군의 항공병력, 수송선단, 상륙해오는 병사들과 전투태세에 돌입한다. 그리고 대본영(또는 파견군사령부)에서 내려온 명령에 기초하여 전투가 시작된다. 그때부터 전쟁이라는 비일상적 공간 속에서 또 다른 특별한 비일상이 새롭게 시작되는 것이다.

그 전투가 짧은 기간 안에 마무리되면 병사들은 전사하든지, 포로가 되든지, 옥쇄를 하든지 저마다의 운명을 감수하게 된다. 전쟁이란, 일상적이지 않은 공간에 갑작스럽게 밀려든 일상적이지 않은 일이 하염없이 계속되지는 않는다는 것을 우선 이해해야 한다.

물론 매일같이 전투를 치르는 부대도 있다. 장기전으로 돌입해 일본군과 미군이 대치하는 상황 또는 일본군이 항복을 하지 않고 게릴라전으로 전환하는 상황에서는 매일같이 전투를 치를 가능성이 컸다. 소만 국경에 배치된 병사들과 중국 각지 및 동남아시아의 요충지에서 항일 저항운동에 직면한 부대의 병사들도 사정은 다르지 않았다. 그것만으로도 죽음에 대한 공포를 떨치기 어려웠고 긴장감은 높았다.

병사들이 평시와 마찬가지로 나날의 생활을 보내고 있을 때('비일상의 일상') 그곳에는 성도 따라다니게 마련이다. 일상생활의 한 부분으로서 성이 필요해진다. 그 성이 어떻게 해결되었으며 성의 장소는 어떻게 확보되었는가? 그것이 이른바 '종군위안부 문제'를 생각할 때 기본적으로 놓치지 말아야 할 관점이다. 그것은 당연하게도 공창제도가 존재했던 당시의 일상적인 성의식의 연장선상에서 생각해야 한다.

미군이 그랬던 것처럼 일정 기간 병사를 전장에 보냈다가 다시 일정 기간 그 부대의 병사를 후방으로 보내 휴식할 시간을 주어서 성욕을 처리하게 한 다음 전장으로 내보내는 식의 로테이션이 원활하게 이루어졌다면, 일본군의 부사관이나 병사도 성욕을 처리하는 데 그렇게 곤란을 겪지는 않았을 것이다. 병사를 인간으로 인정하고 그 성욕을 다스리도록 배려하는 군대와 달리 일본군은 그러한 배려를 거의 하지 못했다. 바로 그것이 병사를 인간으로 간주하지 않았던 쇼와 육군의 결함이라고도 할 수 있다. 그런 실태에 대해 집요하게 묻는 것이 당연하지 않을까?

쇼와 육군의 병사들은 대체로 성에 관해 어떤 태도를 취했을까?

자신의 주둔지가 전쟁터로 바뀌기 전 단계에서 그들은 평시와 마찬가지로 성행위를 한다. 성 체험이 없는 초년병은 평소와 마찬가지로 성에 대한 관심이 희박하다. 보충병은 이미 결혼을 했거나 성을 체험했기 때문에 그곳의 적당한 장소에 출입하기도 하고 때로는 그곳의 여성과 연애하는 사이가 되어 육체관계를 갖기도 한다. 이러한 연애나 성행위는 당연하다면 당연한 일이다. 그런 병사들을 성의 괴로움을 모르거나 알아서는 안 되는 존재로 파악하는 것은 지극히 이상한 인간 관찰의 방법이다. 위안부 문제에 목소리를 높이는 사람들 중에는 이러한 성행위 자체를 부정하는 듯한 어리석은 견해를 갖고 있는 사람도 발견된다. 물론 이성적인 생활신조 아래 성에 관심을 갖지 않으려 한 장병도 많다.

위안소는 군사령부, 연대사령부 등이 각각 독자적인 판단에 따라 개설한 것으로, 모든 주둔지나 전선('비일상의 일상')에 존재했던 것은 아니다. 1943년 3월 제5사단(사령관 야마모토 쓰토무)이 네덜란드령 케이 제도의 투알로 사령부를 옮겼을 때 참모장 마부이 이쓰오는 각 연대를 통해 병사들에게 "위안소가 있었으면 좋겠는가 아니면 감미류의 과자 보급을 희망하는가"를 묻는 설문지를 돌렸다. 병사들은 압도적으로 과자를 희망했다. '성'보다도 '감미'를 바라는, 전선에 있는 병사들의 정직한 모습이었다.

이런 기록은 공식적으로 보존되어 있지 않기 때문에 결국은 증언에 근거할 수밖에 없는데, 제5사단 소속 병사들의 모임인 전우회의 증언을 확인해 보면 위안소는 모든 병영에서 볼 수 있는 곳이 아니었다.

누구라도 그러하듯이 사람은 시대를 선택해 태어날 수 없다. 우연히 시대를 잘못 만나 아무런 사정도 모른 채 싸움터로 내몰려야 했던 병사들 중에는 위안소라는 게 뭔지도 모르고 죽은 사람이 많음을 이해해야만 한다. 매춘은 당시 일본의 공창제도의 틀 안에서 허용되어 있었지만, 그것을 거부한 병사들이 있었다는 것과 관련해서도 다음 세대인 우리는 명확하게 그 실상을 밝혀야 할 것이다. 그것은 "일본군이 집단적으로 종군위안부를 노리개로 삼았다"는 일부 논자의 평을 뒤집는 일이 될 것이다.

실제로 남방 각지에 일본군이 진출해 있었을 때 현지의 그런 여성들이 반드시 주둔지에 나타나곤 했다. 그들은 그 전까지 네덜란드 병사나 영국 병사를 상대했을 텐데, 일본군 장교 중에는 그런 여성의 유혹에 넘어가서는 안 된다면서 "(언젠가 결혼할) 일본 여성을 위해 몸을 잘 간수하라"고 훈시하는 사람도 많았다.

위안소가 처음으로 설치된 것은 1938년 봄으로 알려져 있다. 중국전선에서 있었던 일인데, 당시 상하이파견군 병참부에서 위안소를 관리하게 되었다. 이 사실만 보면 군이 위안소에 관여한 것은 틀림없다. 이 최초의 위안소 개설에 관해서는 군의관 아소 데쓰오의 기록이 남아 있다. 그는 다음과 같이 기록했다(이토 세이이치, 『병사들의 육군사』에서 재인용).

"1938년 초, 당시 상하이파견군 병참병원 외과에서 근무하던 나에게 군 특무부로부터 호출이 왔다. 부인과 의사가 급히 필요하다는 것이었다. (…) 명령서에는 이렇게 적혀 있었다. '아소 군의는 가까운 시일 안에 개설될 육군 오락소를 위해 현재 치메이로 사징 소학교에 대기 중인 부녀자 100여 명의 신체검사를 실시하라.' 나는 즉시 우리 일행, 군의관, 병사 그리고 국민병원 간호사 2명 등 11명과 함께 출발했다. 이것이 중일전쟁 이후 대동아전을 통틀어 병참사령부에서 직접 위안소를 관리한 최초의 사례다."

아소의 기록에 따르면 당시 군의 수송 내역에 병력, 군마 항목은 있어도 부녀자 항목은 없었던 것으로 보아 이들은 물자 항목에 포함되어 있었던 듯하다. 내 취재에 비춰보아도 대부분의 병참참모는 그 사실을 인정한다.

아소에 따르면 이때 중국으로 온 부녀자 100여 명은 조선인 여성과 일본인 여성으로, 조선과 기타큐슈에서 모집된 사람들이었다. 일본인 여성은 그 계통의 직업에 종사한 이가 많았던 데 비해, 조선인 여성 중에는 "육체적으로 순결해 보이는 이가 많았"고 이들 중 일부는 장교 클럽으로 보내졌던 듯하다.

이것은 앞에서 서술한 F 씨의 일기나 증언과도 일치한다.

이렇게 시작된 군 관리 위안소에는 10개 항목의 규정이 있었는데, 여기에는 "부사관, 병사, 군속 2엔" "콘돔을 사용하지 않는 자는 접부接婦를 금한다"와 같은 항목이 포함되어 있었다. 이 최초의 위안소 개설에서 대체로 다음과 같은 사실을 알 수 있다.

① 위안소는 부사관, 병사, 군속을 대상으로 했다.(장교에게는 장교 클럽 소속 여성이 있었다.)
② 군 관리 위안소에는 각종 규정이 있었고 그곳에서는 성만이 대상이었다.(음주 등은 금지되었다.)
③ 성병 관리가 중요한 설립 취지였다.
④ 중국전선에서는 보충병에 의한 강간 사건이 빈발했는데, 위안소는 강간 방지를 목적으로 하고 있었다.

이외에도 위안부를 군의 관리 아래 둠으로써 보안을 유지하고자 했다는 점을 지적할 수 있다. 그러나 군이 가장 두려워한 것은 성병의 만연이었다.

상하이파견군 참모가 기안한 위안부관리안(성병 방지)이 육군 교육총감부의 군사 교육 교범에 실린 것은 최초의 위안소가 개설된 이후인데, 위안부에 관한 언급은 '인마의 위생' 네 번째 조항에서 찾아볼 수 있다. 네 번째 조항 두 번째 항목 '방역'을 보면 이렇게 적혀 있다. "성병에 관해서는 적극적인 예방책을 강구해야 하며 위안부의 위생 시설을 완비하고 동시에 군이 정한 장소 밖에서 매춘부나 원주민과 접촉하는 것을 엄격하게 근절할 필요가 있다."

전쟁 피해 보상은 이 세대에서

성병은 군대의 고질병이라 할 수 있으며 일본군 또한 예외가 아니었다. 1916년 발행된 가이코샤의 『가이코』에 야마구치 현의 징병 검사에 입회했던 어느 중좌가 감상을 적은 글이 실려 있다. 그는 화류병에 관하여 다음과 같이 한탄한다. "(징병 검사 결과) 1000명 가운데 25명이 이 병에 걸렸다는 것을 알 수 있었다. 제국의 인구를 어림잡아 5500만 명으로 보고 이 비율을 적용하면 일본 전국에 138만여 명의 화류병 환자가 있다는 얘기다. 정말이지 코를 쥐고 피할 일이다."

이미 징병 검사 단계에서 성병을 보유하고 있어서 병사가 될 수 없는 이가 있었다는 것이다.

일반적으로 병사 중 30퍼센트가 전사하거나 부상당하면 그 부대는 사실상 전투 집단으로서의 의미를 상실한다. 하지만 성병이 만연하면 전투 이전에 그 부대는 아예 전투 집단이 될 수 없다. 육군성에서는 메이지 시대부터 다이쇼 시대에 걸쳐 해외에 파견한 부대와 지역 부대의 성병 발생 비율 및 부현별府縣別 성병 분포도를 작성하여 전투 집단의 능력을 확인했다. 1918년부터 1922년까지 이어진 시베리아 출병에서는 출정 병사 7만 명 가운데 실로 1만 명 이상이 사창가 등을 통해 성병에 걸린 상태였고, 아울러 전투 집단의 능력도 현저하게 떨어져 있었다. 중국에서 전투가 장기화되면서 이때의 상황이 떠올랐고, 결국 위안소 개설로 이어졌다고 말할 수도 있다.

쇼와 초기부터 10년대에 걸쳐 육군의 성병 환자는 연평균 5200명이었던 것으로 알려져 있다.

내 옆에는 1928년 7월 제1사단 제3연대의 연대장으로 부임한 나가타 데쓰잔이 연대 내 병사들을 대상으로 작성한 「연대 내부에 관한 규정」이라는 문서가 놓여 있다. 이 문서에 따르면 군의관은 '화류병 환자'의 성명을 지속적으로 보고해야 했으며, 환자는 목욕탕은 물론 작은 통까지 환자용을 사용해야 했다. 그리고 "각 전화기 옆에 비치한 소독액을 사용하여 통화 때마다 송화기를 소독해야 한다"는 식으로 세세하게 환자들의 일상생활을 감시하고 있었음을 알 수 있다. 성병에 걸린 병사가 늘어나는 상황을 무엇보다 두려워했던 것이다. 제3연대에 근무했던 어느 장교의 술회에 따르면, 병사들을 향해 휴일 날 외출하여 공창公娼과 접촉할 때면 특히 주의를 기울이라고 집요하게 훈시를 했다.

상하이파견군이 관여한 위안소 제1호가 개설된 후에는 점차 민간 업자에게 운영을 맡긴 것처럼 보인다. 아소 데쓰오의 기록에 따르면, 상하이파견군의 위안소에 호응하는 형식으로 민간에서도 위안소가 생겨났다. 아소의 기록을 인용하면 다음과 같다.

"민간 측에서도 장완진 일각에 여러 채의 위안소가 설치되었다. 이쪽은 대부분 민가를 이용한 건물 구조로 위생 관리나 소독 실시 등이 대단히 불철저하여 끊임없이 관리 군의관인 나의 잔소리를 들어야 했다. 그러나 서비스는 전자에 비해 괜찮았던 듯하며, 그 간판에도 '성전 대승의 용사 대환영!' '몸과 마음을 함께 모시는 나긋나긋한 야마토 여성의 서비스!'와 같은 유혹적인 말들이 적혀 있었다. 관료 통제형 위안소와 비교할 때 상당히 자유기업적인 분위기였다."

이러한 민간업자들은 부대가 이동하면 위안부를 데리고 함께 따라가는데, 그때 이용하는 교통수단은 물론 군의 수송선단이었다. 가끔 부대가 전선에 도착하면 그곳에서 데려오는 사례도 드물지만 없지는 않았다. 민간 업자 중에는 최전선까지 위안부를 끌고 간 경우도 있는데, 전투 말기에는 일본인 위안부가 조선인 위안부에게 백기를 쥐여주며 포로가 되라 하고 자신들은 옥쇄한 예도 있다. 이런 최전선에서는 '성을 매매할' 여유가 없었다.

아마도 제1호의 뒤를 이어 민간 업자와 파견군, 민간 업자와 방면군 사이의 호흡에 따라 위안소들이 개설되었을 것이다. 일본군이 전투지역을 확보하면 그곳에 재빨리 위안소가 만들어지기도 했고, 남방에서는 후방의 병참지구에 개설되기도 했다. 결국 사령부나 연대본부, 대대본부 등 직접적인 전선이 형성되지 않은 지역에서 일상의 삶을 받치는 접시로서 위안소가 개설되었다고 할 수 있다.(하지만 그곳도 머잖아 전장으로 바뀌어 일본군은 철수하거나 옥쇄하는데, 그때는 위안부에게도 가혹한 운명이 기다리고 있었다.)

이상과 같은 사실을 토대로 한다면 '종군위안부 문제'에 나라(구체적으로는 파견군과 방면군 병참사령부라는 국가의 말단 기구)가 관여한 것은 사실이라 해도 그 실태는 당시의 공창제도의 연장선에서 벗어난 것이 아니라 할 수 있다. 관련 업자들이 여성을 모으고 관리하면서 부사관, 병사, 군속 등에게 성을 제공하고 있었던 것이다. 군의관들의 증언에 따르면, 그런 여성들이 성병에 걸렸는지 여부를 정기적으로 검진하는 것이 관리의 실태였다. 앞에서 서술한 F 씨의 메모를 봐도 검진 결과를 참모에게 보고했을 뿐 특별한 서류를 작성하지는 않았음을 알 수 있다.

여기에서 문제가 되는 것은 위안부를 모집하기 위해 어떤 수단이 동원되었는지 그리고 어떤 구속이 가해졌는지다. 민간 업자가 조선, 타이완, 동남아시아 각국에서 각 나라의 브로커를 이용하고 때로는 감언이설이나 폭력 그리고 허위 내용(예를 들면 '일할 데가 있으니 일하러 가지 않겠느냐'와 같은 것)을 들이대며 여성을 모집한 것은 당시 상황을 고려하면 얼마든지 있을 수 있는 일이다.

그러나 파견군이나 방면군의 참모가 구체적으로 어떤 역할을 했는지는 명확하게 알려져 있지 않다. 물론 나는 각 사령부의 장병이나 군속 등이 때로 민간 업자와 결탁하여 위안부를 알선한 사례가 있었을 것이라고 생각한다. 하지만 그것이 서류를 만들어 남길 정도의 업무는 아니었던 듯하다.

내가 취재한 바에 따르면 남방의 어느 나라에서는 통역으로서 일본군의

제3부. 쇼와 육군이 전후사회에 드리운 그림자

군속 대우를 받고 있던 현지 주민이 자국의 여성을 일본군 장교에게 위안부로 제공한 예도 있었고, 주로 네덜란드인을 수용한 수용소에서 네덜란드인 여성을 반쯤은 강간이나 다름없는 행동으로 특정 장교의 전속 위안부로 삼은 사례도 있었다. 그러한 수용소의 소장은 전후 현지의 B·C급 재판에 따라 처형되었다.

문제는 이와 같은 개별적인 사례를 아무리 많이 수집한다 해도 그것이 "군대에 의한 조직적인 성폭력 시스템이 구축되었다"라고 비판하는 논자들의 말에 딱 맞아떨어지는지의 여부다. 현재로서는 파견군이나 방면군이 조직을 동원하여 위안부를 강제로 연행했다는 객관적인 증거는 찾을 수 없는 상태다. 대본영이나 이에 버금가는 기관으로부터 구체적인 지시가 있었다는 사실은 확인되지 않는다.

내가 이 문제를 굳이 따지고 드는 이유는 쇼와 육군의 조직 체계를 옹호하기 위해서가 아니라, 쇼와 육군에는 그와 같은 성 관리 시스템을 구축한다는 발상 자체가 아예 없었다는 사실을 지적하고 싶기 때문이다.

더 구체적으로 말하자면, 성 관리 시스템을 원활하게 구축한다는 발상법을 갖고 있었다면 일본은 미군이 그랬던 것처럼 병사를 생리적 욕구를 지닌 인간으로 간주하고 받침 접시를 만들기 위해 효과적인 동원 체제를 채택했을 것이라고 생각하기 때문이다. 병사들에게 휴가를 주고, 병참지역으로 돌아와 휴식을 취하게 하며, 성욕조차도 그런 장소에서 발산하도록 하는 등 당시의 국가 정세에 입각한 시스템(그것은 현대의 감각으로는 비판받아 마땅하다)을 만들었을 것임에 틀림없다.

나는 위안부 문제에 관하여 명확한 조사도 없이 그리고 몇몇 특정 파견군이나 방면군의 사례를 들어 그것이 전체의 문제인 양 말하는 태도에 이의를 제기하고 싶은 것이다.

되풀이하지만 이런 태도는 결국 쇼와 육군의 성 관리 시스템이 안고 있던 진짜 문제를 대단히 왜소화하는 것이나 다름없다. 어떤 옥쇄지역에서는 사령관 곁에 분명히 고위급 게이샤로 보이는 여성이 죽어 있었다는 이야기도 있다. 결국 이런 태도를 견지할 경우 특정 고위급 지휘관이나 간부급 장교의 방종한 성생활과 병사의 성에 감춰져 있던 '본능'을 준별하는 것을 회피할 뿐만 아니라 명확하게 물어야 할 본질적인 문제를 왜곡하게 될지도 모른다. 그 결과 위안부 문제 외에도 태평양전쟁과 관련된 전후 보상 문제가 앞에서 서술한 것처럼 적지 않은데, 그런 문제들을 더욱 면밀하게 바라보는 눈을 흐리게 하지는 않을지 걱정스럽기까지 하다.

전후 보상과 관련된 문제는 당장이라도 다양한 형태로 불을 뿜을 것으로 예상된다. 나 또한 미국 국적의 일본계 2세로부터 전쟁 포로로서 일본군의 부당한 행위에 대해 개인적인 보상을 요구하고 싶다는 상담을 받은 적이 있다. 또는 남방의 어느 섬에서 일본군이 자행한 학살 행위(이것은 아직 일본에서는 알려져 있지 않다)에 관하여 현지인들이 50여 년에 걸쳐 정리한 보고서도 1999년 내 손에까지 들어왔다. 동남아시아 어느 나라의 유력자로부터는 "저 전쟁에서 수탈한 이 나라의 자원이 돈으로 따지면 모두 얼마나 되는지 일본은 명확하게 확인해주지 않고 있다"는 말을 듣기도 했다.

쇼와 육군이 져야 할 책임을 방치한 결과 청구서가 다음 세대에 과중한 부담과 책임을 떠넘기고 있다. 그리고 그 청구서는 정치적 의미를 확대해가며 이미 과중한 부담과 책임을 배가시키고 있다. 현재 필요한 것은 산재한 문제들을 다시 한번 조사하여 사실을 확인하는 일이다. 그런 다음 잘못한 것은 잘못했다고 인정하고, 단호하고도 기민하게 국가 차원의 사죄와 보상을 해야 할 것이다.

우리 시대에 속한 자들에게 과연 다음 세대에 이보다 더한 부담을 줄 권리가 있을까?

쇼와 육군이 남긴 많은 잘못을 한시라도 빨리 청산하는 것은 일본의 장래를 위해서라도 더없이 중요한 일이다. 그것은 정치의 자세나 사상의 건전한 발로를 의미할 뿐만 아니라 역사적 도의의 도달점이기도 하다. 건군 이래 일본군이 걸어온 '쇼와 육군'의 길을 철저하게 부정하는 바로 그 지점에서부터 진정한 '전후'는 시작될 것이다.

후기

1980년대 후반부터 쇼와 육군의 실상을 찾아오면서 참으로 많은 사람을 만났다. 아울러 나는 아사히문화센터와 NHK문화센터에서 정기적으로 「쇼와사昭和史」 강좌를 맡고 있다. 그러는 가운데 느낀 점이 있다. 쇼와 전기의 전쟁을 체험한 세대에 속한 사람들의 마음속에는, 정치적·사상적인 신념을 제쳐두고라도, "저 전쟁의 책임은 누구에게 있는가. 쇼와 천황에게도 전쟁의 책임이 있는 게 아닐까"라는 의문이 있다는 것이다.

나는 늘 그렇다고 말해도 좋을 정도로 이러한 질문을 받곤 한다. 내 답은 명확하다.

"'전쟁 책임'은 쇼와 천황에게 있다. 쇼와 육군이 천황을 이용했다는 둥, 그 뜻에 반한 행동이었다는 둥 이런저런 논란이 있지만, 여기에는 중요한 관점이 빠져 있다. 천황의 이름으로 전쟁을 치른 이상 쇼와 천황에게는 전쟁의 책임이 있다. 이것은 정치적·사상적 차원의 이해가 아니라 사회적 상식에 속한다. 그 책임을 어떻게 준별하고 어떻게 물을 것인가? 이것이 문제다. 개전과 패전의 과정 또는 군부의 행동을 시인하고 해체해가는 과정에서 어찌 됐든 그 책임을 명확히 해두는 것이 중요하다고 생각한다."

물론 이에 반발하는 전쟁 체험자도 있다. 그러나 나는 그런 말을 들을 때마다 전쟁 책임을 인정하지 않는 것은 쇼와 천황에 대한 중대한 모욕이라고 생각한다. 왜냐하면 그런 사고방식은 천황을 의사를 가진 존재로 인정하지 않는다고 말하는 것과 마찬가지이기 때문이다. 실제로 쇼와 천황 자신은 전쟁 책임을 통감하고 있었으며, 가는 곳마다 그런 얘기를 했다.

책에서 이에 대해 직접적으로 언급하지는 않았지만 새삼 이런 관점이 자리를 잡았으면 한다. 그래야 비로소 쇼와 육군의 지도자가 은폐했던 사실이 드러날 것이다.

이 책이 태어난 과정에 대하여 설명해둘 필요가 있을 것이다. 1985년 8월 하순 어느 날 저녁 무렵, 나는 『아사히신문』 서적편집부의 고故 마쓰모토 쓰네오 씨, 오이카와 다케노부 씨와 함께 쓴 책 『패전 전후: 40년째 검증』의 출간을 축하하는 자리를 가졌다. 이야기를 나누면서 셋이 동갑내기인 데다 전후의 흐름이나 그 과정에서 느낀 점도 상당히 흡사하다는 것을 알게 되었다. 마쓰모토 씨가 그런 관점에서 다음에는 쇼와 육군을 철저하게 해부했으면 좋겠다며 제안해왔다. 나는 어떻게든 가까운 시일 안에 써보겠다며 두 사람에게 약속했다.

그 후 나에게는 이 주제에 매달릴 시간 여유가 없었다. 그런데 1990년 마쓰모토 씨가 병으로 갑작스런 죽음을 맞았다. 나는 그의 영전에서 약속을 지키지 못한 것을 뉘우쳤다. 그러고 나서 약 2년 동안 『월간 아사히』에 「쇼와 육군의 흥망」을 연재할 기회가 있었다. 연재를 마친 후 1992년부터 1993년에 걸쳐 대대적으로 가필하여 단행본으로 만드는 작업을 진행했는데, 그러는 가운데 불의의 사고로 장남 야스오를 잃었다. 아직 학생이었던 야스오는 내 작업에 관심을 갖고 자료 정리를 도와주었으며, 다음 세대의 눈으로 내 취재에 자신의 감상을 피력하기도 했다. 예컨대 학도 출신 특공대원의 산화를 반쯤은 감동적인 어조로 설명하는 나에게 야스오는 "하지만 육탄 공격을 당한 미군의 항공모함에 타고 있다가 죽은 학도병에게도 제 인생이 있었을 테지요"라며 내뱉듯이 말했다. 그때 나는 태평양전쟁을 새로운 눈으로 바라보는 세대가 등장했음을 깨달았다.

이 책을 써나가는 것이 너무 힘들어 작업을 멈출 수밖에 없었다. 하지만 세부적인 사항에 대한 취재만은 계속했다. 나는 자식을 잃고서야 전장에서 자식이나 형제를 잃은 사람들의 깊은 슬픔을 진심으로 이해할 수 있게 되었다. 그런 까닭에 이 책을 쓰면서 분노 또한 점점 더 거세졌다.

1998년 가을, 5년 가까이 중단했던 이 책의 집필을 출판국의 시바노 지로 씨, 고시 다이시 씨, 야마우치 요시오 씨 등의 권유와 격려로 다시 정리하기로 했다. 특히 야마우치 씨는 이 책의 구성, 관점, 내용 등을 처음부터 다시 한번 정리해주었을 뿐만 아니라 조언도 아끼지 않았다. 이 책은 야마우치 씨의 도움으로 간행할 수 있었다. 거듭 감사의 뜻을 전한다.

이 책을 고 마쓰모토 쓰네오 씨의 영전에 바치고 싶다. 또 이미 『아사히신문』을 퇴직한 오이카와 다케노부 씨에게 간행 소식과 함께 감사의 뜻을 전한다.

『월간 아사히』에 연재할 때에는 가도쿠라 이치로 씨, 나가야마 요시타케 씨, 야노 나오아키 씨 등의 역대 편집장, 나카노 세이분 씨, 나가에 기요시 씨, 나카무라 겐 씨, 아사이 사토시 씨를 비롯한 편집부 사람들, 그리고 서적편집부의 고시 다이시 씨 등 많은 사람의 도움을 받았다. 고마움의 마음을 전한다. 이 책은 내게도 하나의 도달점이었음을 새삼 실감한다.

취재에 응해준 500여 명의 모든 관계자 중에는 "언제 간행되느냐. 죽은 전우에게 가져가고 싶다"며 몇 번이나 재촉한 사람도 있었다. 그런 사람들 중 실제로 유명을 달리한 이가 100명도 넘는다. 그렇게 약 10년에 걸쳐 가까스로 완성한 책임을 보고드리며, 저세상으로 떠난 이들의 명복을 빈다. 한 권의 책을 묶어내기 위해 많은 사람의 협력과 도움이 있었음을 결코 잊지 않을 것이다.

1999년 9월

호사카 마사야스

문고판 후기

2005년은 태평양전쟁이 끝난 지 60년이 되는 해다. 이른바 '종전 60년'이 되는 셈인데, 이 시간은 무엇을 의미할까?

이 시간은 일본사회가 쇼와 전기의 약 14년에 걸친 전쟁을 '동시대사에서 역사로' 이행시키는 과정이었다는 데 의미가 있지 않을까 생각한다. 동시대 사란 역사 자체를 정치의 틀로 파악하는 것이고, 그 결과에 대한 책임을 물을 뿐만 아니라, 사실史實은 늘 정치의 소재로 이용되기 일쑤다. 이에 반해 역사란 객관화된 사실의 인과관계를 분석하고 이해하는 것이다. '전후 60년'이란 본래대로라면 그런 의미를 가져야 할 터이다.

그러나 동시에 '동시대사에서 역사로' 이행하기 위해서는 동시대사로서의 정치적인 이해도 거치지 않으면 안 된다. 이것을 통과하지 않고 역사로서만 논할 경우 놓치지 말아야 할 것을 놓쳐버리는 일이 발생할 수 있다.

우리는 과연 동시대사에서 역사로 이행할 자격을 갖추었는가라는 물음을 스스로에게 던져야 한다.

예컨대 2005년 4월에는 베이징을 비롯한 중국 각지에서 반일 시위가 잇달았다. 야스쿠니 신사를 참배한 고이즈미 수상의 명확하지 않은 태도나 교과서 문제가 이 시위의 발단이었다는 것이 대체적인 견해이지만, 다른 측면에서 보자면 과거 일본의 침략 사실이 중국에서는 아직 역사가 되지 않았기 때문이라고도 할 수 있다. 일본군이 남긴 상처의 흔적이 아직까지도 현실에 남아 있기 때문이다. 이에 대해 일본에서는 역사의 틀로 이해할 뿐 중국 국민의 심정을 충분히 헤아리지 못하는 측면이 있다는 것은 미디어를 통해서도 엿볼 수 있다. 이러한 차이가 반일 시위의 배경에 놓여 있다.

일본의 미디어 중에는 마치 1937~1939년 무렵의 '폭지응징暴支膺懲'과 흡사한 캠페인을 벌이는 곳도 있었는데, 솔직하게 말해 이러한 행태는 놀랍다기보다 어이가 없을 지경이었다.

나는 이 책이 계기가 되어(물론 이 책만을 가리키는 것은 아니다) 중국의 일본 연구자와 교류하기 시작했다. 그 과정에서 중국이 역사적 사실을 동시대사로 말하는 것의 의미를 이해할 수 있었다. 1945년 일본이 전쟁에서 패했을 때 나는 고작 대여섯 살이었다. 나와 같은 세대의 중국인들과 이야기를 나누는 과정에서 "내 육친은 일본군에게 살해되었다"며 자신이 껴안고 있던 기억을 정직하게 고백하는 사람을 적잖이 만났다. 그들에게 역사는 곧 동시대사다. 왜냐하면 그들은 역사를 피부로 알고 있기 때문이다.

중일전쟁부터 태평양전쟁에 이르는 기간에 중국으로 가야 했던 일본군 병사는 이미 80대이고 대부분 사망했다. 바로 그들이 침략의 실상을 알고 있었던 세대다. 이 세대와 달리 그다음 세대는 역사를 피부로 느끼지 않는다.(잔류 고아의 증언은 그런 의미에서 귀중하다.) 나도 그렇지만, 사실을 역사적으로 해석해버리는 것이다. 그렇기 때문에 중국인과 일본인 사이에 간극이 생겨난다.

'종전 60년'은 우리에게 '동시대사에서 역사로' 이행하는 시간을 실감케 했다. 동시에 그러기 위해 새삼 무엇이 필요한지를 알려준 세월이었다고도 말할 수 있을 것이다.

이 책은 나에게 많은 추억을 남긴 동시에 나를 단련시키기도 했다. 저술에 종사해오면서 당신의 대표작을 들라면 어떤 책을 꼽겠느냐는 질문을 종종 받곤 한다. 나는 언제나 조금도 망설이지 않고 이 책을 꼽는다.

나 자신이 계속해온 '듣고 쓰기', 그 과정에서 많은 사람과 함께한 괴로움과 슬픔, 아무에게도 말하지 않고 덮어두겠다고 다짐했던 사실을 눈물과 함께 들려주었던 사람들…… 참 많고 많은 사람을 만나고 다녔다. 서재에 틀어박혀서는 결코 볼 수도, 들을 수도 없는 역사적 사실을 취재 과정에서 수없이 마주할 수 있었다. 그것은 모두 내 사고방식이나 사관의 확립에 중요한 역할을 했고, 그럼으로써 나는 '전쟁과 인간'의 어리석음을 깨달을 수 있었다.

이 책이 나를 단련시켜주었다는 말은 그런 의미다.

사람들은 대체로 쇼와 전기 일련의 전쟁을 정치나 사상의 측면에서만 바라보려 하며, 나 역시 청년 시절에는 그런 방식으로서 작업을 해왔다. 하지만 일련의 전쟁을 치른 일본사회의 지극히 평범한 사람들, 그 일본 병사와 싸운 중국 병사나 미국 병사 또는 러시아 병사는 무슨 생각을 하고 있었을까? 나는 그것을 확인시켜주는 많은 증언을 들어왔다. 어림잡아 1년에 4000명이 넘는 사람의 이야기를 들었는데, 한 번이라도 말을 나눈 사람까지 합치면 이보다 훨씬 더 많을 것이다.

그렇게 많은 사람과 만나면서 나는 전쟁이 얼마나 어리석은 짓인지를 이해하게 되었다. "어리석은 짓임에도 그런 정책을 추진한 것은 왜인가" "그 책임은 누가 져야 할 것인가" 등등의 질문이 꼬리를 물기도 했다. 병사들은 너나없이 마음속에 상처를 입고 괴로워했다. 그러나 대본영에서 호의호식하며 작전을 가지고 노는 참모들은 그들의 괴로움을 알지 못했다. 심지어 전쟁에서 패한 것은 전장 장병의 책임이라고 말하는 사람도 있다. 이러한 낙차는 전쟁이라는 정책을 선택하는 나라의 기본적인 모순이다.

대본영 참모의 자화자찬에 가까운 전쟁사를 믿을 것인가 아니면 살아남은 병사들이 어렵사리 들려주는 괴로움의 목소리를 바탕으로 전사를 다시 쓸 것인가? 나는 이 물음에 답하는 것이 나에게 부여된 역할이라고 생각하기에 이르렀다. '듣고 쓰기'가 없었다면 결코 얻을 수 없었을 교훈이다.

그러한 교훈을 얻고서 나는 정치적·사상적 측면에서 쇼와 전기 일련의 전쟁을 분석하는 것이 잘못된 일만은 아니라고 생각하게 되었다. 이 책에는 그러한 시점도 포함되어 있음을 다시 한번 밝혀두고 싶다.

전쟁의 내실을 기억하는 세대는 꾸준히 줄어들고 있다. 기억을 기록하는 세대에 속한다고 생각하는 나는 나름대로 기록에 심혈을 기울여왔다. 기억하는 세대가 줄어들고 있는 지금, 나는 기록을 더욱 중요하게 여겨야 한다고 믿는다. 이 책은 그런 시점에서 썼고 앞으로도 써나가지 않으면 안 될 것이다. 더불어 이 책을 읽는 젊은 세대가 그와 같은 '듣고 쓰기'의 중요성을 인식하여 기록 속에서 교훈을 선택함과 동시에 한층 더 새로운 시점으로 '전쟁을 기록한 세대'의 심중을 헤아려주기를 바란다.

일본만이 아니라 중국과 미국의 연구자들도 이 책을 읽을 수 있게 되었다. 나로서는 뜻밖의 기쁨이라고 할 수밖에 없다. 문고판으로 간행되면 더 많은 사람이 읽게 될 텐데, 나는 이 책을 쓴 이후에도 몇 가지 새로운 역사적 사실을 확인하고 있는 중이다. 앞으로도 '듣고 쓰기'를 계속해나갈 생각이거니와 이 점을 여기서 다시 한번 밝혀두고 싶다.

이 책을 읽은 청년 가운데 쇼와 육군을 다각적으로 검증하고 연구하는 사람이 있었다는 것도 빠뜨릴 수 없다. 그러나 간혹 일본군이 저지른 잘못에 대해 거의 몰랐던 사람도 있었고, 나의 설명이나 해석에 '자학사관'이라고 딱 잘라 말하는 사람도 있었다. 나는 즉각 "아니다. 내 생각은 자성自省사관이다. 이를 넘어서는 것은 우리 세대의 임무이기도 하다. 일본은 역사적으로 이 시기를 극복해갈 책임을 떠안고 있다"라고 응수하곤 하지만, 역사적 둔감함이 청년층뿐 아니라 장년층에까지 퍼져 있다는 인상을 지우기 어렵다.

쇼와 전기 일련의 전쟁은 다음 세대를 살아갈 사람들에게 귀중한 교과서임을 '전후 60년'을 맞이하여 다시 한번 확인해야 할 것이다. 이는 다음 세대가 새로운 출발선에 서는 것을 의미한다. 이 점을 다시금 강조하고 싶다.

문고판을 간행하면서 아사히신문사 출판부 서적편집부의 나가타 다다시 씨, 스즈키 마사토토 씨에게 감사를 전한다. 내가 뜻한 바를 참작하여 이 책을 출간하게 되었는데, 그 뜻이 독자 여러분에게도 전해지기를 바란다.

2005년 섣달
호사카 마사야스

참고문헌

- 防衛廳防衛研修所戰史室, 『戰史叢書』, 朝雲新聞社.

- 日本近代史料研究會編, 『日本陸海軍の制度·組織·人事』, 東大出版會.

- 秦旭彦編, 『日本陸海軍總合事典』, 東大出版會.

- 上法快男監修, 外山操編, 『陸軍將官人事總覽』, 芙蓉書房.

- 松下芳男, 『改訂明治軍制史論』(上下), 國書刊行會.

- 防衛敎育研究會編, 『統帥綱領·統帥參考』, 田中書店.

- 服部卓四郎, 『大東亞戰爭全史』, 原書房.

- 桑田悅·前原遼, 『日本の戰爭―圖解とデータ』, 原書房.

- 兒島襄, 『太平洋戰爭』(上下), 中央公論新社.

- 石原莞爾全集刊行會編, 『石原莞爾全集』(全七卷), 石原莞爾全集刊行會.

- 伊藤隆·廣橋眞光·片島紀男編, 『東條內閣總理大臣機密記錄』, 東大出版會.

- 原田熊雄述, 『西園寺と政局』(全八卷), 巖波書店.

- 木戸日記研究會校訂, 『木戸幸一日記』, 東大出版會.

- 『現代史資料』(正續)の「太平洋戰爭」「國家主義運動」「大本營」「陸軍」, みすず書房.

- 『杉山メモ』, 原書房.

- 參謀本部編, 『敗戰の記錄』, 原書房.

- 軍事史學會編, 『大本營陸軍部戰爭指導班·機密戰爭日誌』(全二卷), 錦正社.

- 米國戰略爆擊調査團編, 大井篤·富永謙吾譯編, 『證言記錄·太平洋戰爭史』, 日本出版協同.

- 東鄕茂德, 『時代の一面』, 中央公論新社.

- 近衛文麿, 『失はれし政治』, 朝日新聞社.

- 朝日新聞東京裁判記者團, 『東京裁判』(上下), 講談社.

- 種村佐孝, 『大本營機密日誌』, ダイヤモンド社.

- 駒宮眞七郎, 『戰時船舶史』, 私家版.

- 會津士魂風雲錄刊行會編, 『會津士魂風雲錄』, 私家版.

- 『荒木貞夫關係文書』, 國會圖書館憲政資料室.

- 高木淸壽, 『石原莞爾』, 錦文書院.

- 堀場一雄, 『滿洲事變正統史』, 私家版.

- 堀場一雄, 『支那事變戰爭指導史』, 時事通信社.

- 『沪水機擔いで五萬粁』の「ニスホ會」, 部隊誌編輯委員.

- 『朝風』, 朝風の會.

- 讀賣新聞社編, 『昭和史の天皇』(全四十二卷), 讀賣新聞社.

- 寺崎英成·マサコ テラサキ ミラー編著, 『昭和天皇獨白錄·寺崎英成御用掛日記』, 文藝春秋.

- 北川四郎, 『ノモンハン』, 現代史出版會.

- 辻政信, 『ノモンハン』, 亞東書院.

- 五味川純平, 『ノモンハン』, 文藝春秋.

- 松本重治, 『上海時代』(全三卷), 中央公論新社.

- 犬養健, 『揚子江は今も流れている』, 中央公論新社.

- ワシレフスキー, 『全生涯の出來事』, 本邦未公刊.

- 外務省編, 『終戰史錄』, 新聞月鑑社.

- 上法快男編, 『軍務局長武藤章回想錄』, 芙蓉書房.

- 井本熊男, 『作戰日誌で綴る大東亞戰爭』, 芙蓉書房.

- 今西英造, 『昭和陸軍派閥抗爭史』, 傳統と現代社.

- 蜷川親正, 『山本五十六の最期』, 光人社.

- 阿川弘之, 『山本五十六』, 新潮社.

- 鈴木正己, 『東部ニューギニア戰錄』, 戰誌刊行會.

- 遠藤三郎, 『日中十五年戰爭と私』, 日中書林.

- 松村秀逸, 『大本營發表』, 日本週報社.

- 聯合國最高司令部民間情報教育局編, 『眞相箱』, コズモ出版社.

- 飯塚浩二, 『日本の軍隊』, 東大協同組合出版部.

- 高宮太平, 『軍國太平記』, 酣燈社.

- 大井篤, 『海上護衛戰』, 日本出版協同.

- 日本國際政治學會太平洋戰爭原因研究部編, 『太平洋戰爭への道』(全七卷), 朝日新聞社.

- 藤原巖市, 『F機關』, 原書房.

- 高木惣吉, 『太平洋戰爭と陸海軍の抗爭』, 經濟往來社.

- 富岡定俊, 『開戰と終戰』, 每日新聞社.

- ジョン トーランド著, 每日新聞社譯, 『大日本帝國の興亡』(全五卷), 每日新聞社.

- 菅原進編著, 『一木支隊全滅』, 私家版.

- 第六國境守備隊史編輯委員會, 『第六國境守備隊史』, 全國瓊琿會.

- 『人間影佐禎昭』, 私家版.

- 今井武夫, 『昭和の謀略』, 朝日ソノラマ.

- 杉田一次, 『情報なき戦争指導』, 原書房.

- 堀榮三, 『大本營參謀の情報戦記』, 文藝春秋.

- 實松讓, 『眞珠灣までの365日』, 光人社.

- ソ連共産黨中央委員會マルクス·レニン研究所, 『第二次世界大戦史』の中立條約破棄の項, 本邦未公刊.

- シャ-ウッド著, 村上光彦譯, 『ルーズヴェルトとホプキンス』, みすず書房.

- 高山信武, 『參謀本部作戦課』, 芙蓉書房.

- 實松讓, 『日米情報戦記』, 圖書出版社.

- 龜井宏, 『ガダルカナル戦記』(全三卷), 光人社.

- 蔣緯國著, 藤井彰治譯, 『抗日戦争八年』, 早稻田出版.

- 吉田俊雄, 『四人の軍令部總長』, 文藝春秋.

- 齋藤六郎, 『シベリア抑留』(全二卷), 全抑協出版部.

- 若槻泰雄, 『シベリア捕虜收容所』(上下), サイマル出版會.

- 森本忠夫, 『特攻』, 文藝春秋.

- 富永謙吾, 『大本營發表の眞相史』, 自由國民社.

- 水野靖夫, 『日本軍と戦った日本兵』, 白石書店.

- 島田俊彦, 『關東軍』, 中央公論新社.

- 野村吉三郎, 『米國に使して』, 巖波書店.

- 來栖三郎, 『日米外交秘話』, 倉元社.

- 中國歸還者連絡會編著, 『天皇の軍隊 <中國侵略』, 機關紙出版.

- 全國憲友會連合會編纂委員會, 『日本憲兵正史』, 全國憲友會連合會本部.

- '同臺クラブ講演集'編纂委員會編, 『昭和軍事秘話』(全三卷), 同臺經濟懇話會.

- 香川孝志·前田光繁, 『八路軍の日本兵たち』, サイマル出版會.

- 三岡健次郎,『船舶太平洋戰爭』, 原書房.

- 室井兵衛編著,『滿州獨立守備隊』, 私家版.

- 近步三史刊行委員會編,『近衛步兵第三聯隊史』, 私家版.

- 近衛步兵第四聯隊史編纂委員會編,『近衛步兵第三聯隊史』, 私家版.

- 高橋正衛,『昭和の軍閥』, 中央公論新社.

- 吉永義尊,『日本陸軍兵器沿革史』, 私家版.

- 前原透,『日本陸軍用兵思想史』, 天狼書店.

- 近藤書店出版部編,『キ-ナン檢事と東條被告(法廷に於ける一問一答全文)』, 近藤書店.

- 片倉衷,『戰陣隨錄』, 經濟往來社.

- 松本淸張,『二·二六事件』(全三卷), 文藝春秋.

- 河野司編,『二·二六事件』, 日本週報社.

- 鵜野晋太郎,『菊と日本刀』(上下), 谷澤書房.

- 陳立夫著, 松田州二譯,『成敗之鑑』(上下), 原書房.

- 半藤一利,『ノモンハンの夏』, 文藝春秋.

- 大江志乃夫,『統帥權』, 日本評論社.

- 矢部貞治,『近衛文麿』(上下), 弘文堂.

- 鹿島平和研究所編,『日本外交史』(全二十五卷), 鹿島研究所出版會.

- 實松讓,『米國の思い出』, 私家版.

- 宇垣纏,『戰藻錄』, 原書房.

- 若槻泰雄,『日本の戰爭責任』(上下), 原書房.

- 佐藤操,『虛しき裁き』, ヒューマンドキュメント社.

- 參謀本部編,『敗戰の記錄』, 原書房.

- ローレンス テイラー著, 武內孝夫·月守晋譯,『將軍の裁判』, 立風書房.

- 森松俊夫,『總力戰研究所』, 白帝社.

- アーノルド C. ブラックマン, 日暮吉延譯, 『東京裁判』, 時事通信社.

- 橋場豊二, 『嗚呼ガ島』, 私家版.

- 堀越二郎・奥宮正武, 『零戰』, 朝日ソノラマ.

- 中村菊男編, 『昭和陸軍秘史』, 番町書房.

- 加登川幸太郎, 『陸軍の反省』(上下), 文京出版.

- 田中德祐, 『我ら降伏せず』, 立風書房.

- 松村弘, 『インパール作戦の回顧』, 私家版.

- '二つの河の戰い'編纂委員會編, 『二つの河の戰い』, 私家版.

- 濠北會, 『濠北を征く』, 私家版.

- 上原良司・中島博昭, 『ああ祖國よ戀人よ』, 昭和出版.

- 林三郎, 『太平洋戰爭陸戰概史』, 巖波書店.

- 伊藤正德, 『帝國陸軍の最後』(全五卷), 文藝春秋新社.

- 赤柴八重藏, 『第五十三軍の對上陸作戰準備』, 私家版.

- 河邊虎四郎, 『市ヶ谷臺から市ヶ谷臺へ』, 時事通信社.

- 額田坦, 『陸軍省人事局長の回想』, 芙蓉書房.

- 藤田尙德, 『侍從長の回想』, 中央公論新社.

- 太田健一ほか, 『次田大三郎日記』, 山陽新聞社.

- 軍事史學會編, 『第二次世界大戰 (三)終戰』, 錦正社.

- 板垣征四郎刊行會編, 『秘錄板垣征四郎』, 芙蓉書房.

- 草地貞吾, 『關東軍作戰參謀の證言』, 芙蓉書房.

- 伊藤桂一, 『兵隊らの陸軍史』, 番町書房.

- 靑木得三, 『太平洋戰爭前史』(全三卷), 學術文獻普及會.

- 生田惇, 『日本陸軍史』, 敎育社.

- 保阪正康, 『東條英機と天皇の時代』(上下), 文藝春秋.

- 保阪正康, 『敗戰前後の日本人』, 朝日新聞社.

- 保阪正康, 『陸軍省軍務局と日米開戰』, 中央公論新社.

- 保阪正康, 『秩父宮と昭和天皇』, 文藝春秋.

　이외에 본문에서 소개한 문헌은 일부 제외했다. 전시하의 도쿄 『아사히신문』, 『도쿄니치니치신문』 등 각종 신문과 잡지도 참고했다. 미공개(일부는 공개) 자료로는 도조 히데키의 『스가모 형무소 일기』, 구소련의 시베리아 억류 관계 문서, 미국 국립공문관의 소장 자료(전범을 결정하기까지 리스트를 작성하기 위한 것으로 보이는 문건 등), 후지이 문서(전 외교관 후지이 미노루의 미일 화해 교섭 보고문), 나가타 데쓰잔 제1사단 제1연대장의 「쇼와 3년도 병사 훈련 계획」, 시모무라 사다무下村定의 수기 『종전 처리를 회고하며』, 요시하시 게이조吉橋戒三의 『무관일기』, 사네마쓰 유즈루實松讓의 수기 등 몇몇 자료를 인용했다.

취재 대상 명단

아카마쓰 사다오赤松貞雄, 이시이 아키호石井秋穗, 호리 에이조堀榮
三, 이마오카 유타카今岡豐, 가타쿠라 다다시片倉衷, 스기타 이치지杉田一次, 스
즈키 데이이치鈴木貞一, 도조 가쓰東條カツ, 이마자와 에이사부로今澤榮三郎, 이케
우에 노부오池上信雄, 후쿠오카 요시오福岡良男, 도몬 히로시東門容, 고마오카 신
시치로駒岡眞七郎, 오쓰코 노보루乙尸昇, 이마니시 에이조今西英造, 오토모 겐타
로大友源太郎, 오카다 사나노부岡田定信, 마쓰자키 다메지로松崎爲次郎, 다카기 기
요히사高木淸壽, 미야타 가쿠조宮田確三, 하라타 고키치原田幸吉, 스즈키 마사미鈴
木正己, 후지이 시게토시藤井重俊, 도야마 미사오外山操, 호리바 마사오堀場正夫,
사이토 로쿠로齋藤六郎, 마쓰모토 히로시松本宏, 구사치 데이고草地貞吾, 아사에
다 시게하루朝枝繁春, 사네마쓰 유즈루實松讓, 우노 신타로鵜野晉太郎, 고지마 다
카오小島隆男, 오쓰키 아키라大槻章, 하라 시로原四郎, 우사미 다케시宇佐美毅, 요
시나가 요시타카吉永義尊, 나루사와 후타오成澤二男, 기타가와 시로北川四郎, 오
기노 요시히토荻野義人, 야마다 준조山田順造, 사토 미사오佐藤操, 가가와 다카시

香川孝志, 마에다 미쓰시게前田光繁, 나가이 요지로永井洋二郎, 오자와 가즈히코小澤一彦, 니제키 긴야新關欽哉, 엔세키 마나부煙石學, 오모토 가즈미大本一美, 미즈노 도시오水野利男, 다케다 에쓰미쓰竹田悅三, 미오 유타카三尾豊, 사토 다케오佐藤武夫, 모리타 도시하쓰森田利八, 노무라 미노루野村實, 히로세 요시히로廣瀬順晧, 다니다 이사무谷田勇, 고노 쓰카사河野司, 다아미야 에이타로田宮英太郎, 오카베 나가아키라岡部長章, 호소카와 모리사다細川護貞, 오이 아쓰시大井篤, 도요다 구마오豊田隈雄, 마쓰우라 요시노리松浦義教, 아오키 지로青木次郎, 구와바라 신이치桑原眞一, 우에하라 기요코上原清子, 기무라 요시오木村義郎, 기무라 고시木村孝子, 아카시바 야에조赤柴八重藏, 야마모토 요이치山本洋一, 요시하시 가이조吉橋戒三, 스즈키 하지메鈴木一, 쑨즈핑孫治平, 천리푸陳立夫, 장웨이궈蔣緯國, 천쩌전陳澤禎, 알렉세이 키리첸코Aleksei Kirichenko, 페르먀코프P. Permyakov, 가메이 가즈오龜井一夫, 아소 가즈코麻生和子, 가세 도시카즈加瀬俊一, 다카하시 다이조高橋大造, 바바 마사오馬場正夫, 스에마쓰 다이헤이末松太平, 모리시게 가나메茂利要, 이즈미 사부로泉三郎, 사에키 히데오佐伯英雄, 기노시타 미치쓰케木下迪介, 니시무라 마코토西村誠, 고로기 도시오興梠敏夫, 가네코 쇼헤이金子昌平, 시하라 요시오椎原芳郎, 기타무라 다이이치北村泰一, 이다 마사타카井田正孝, 오시로 마사야스大城將保, 히가 도요코比嘉富子, 다케타니 미쓰오武谷三男, 다케우치 세이竹内征, 미쓰이 마타오三井再男, 스즈키 다쓰사부로鈴木辰三郎, 시바타 신이치柴田紳一, 요시노 나오야吉野直也, 도미오카 기요시富岡清, 고모리 시게루小森茂, 우다가와 마사오宇田川政男, 마쓰모토 고이치로松本幸一郎, 호리타 기요시堀田清史, 고야마 요시오小山芳雄, 나카무라 이치로中村逸郎, 이케다 고이치池田幸一, 무로이室井(夫人), 다카무라 히로시高村弘, 고토 유사쿠後藤友作, 이도 미쓰아키井門滿明, 오제키 메구미小關惠, 데라지마 요시히코寺島芳彦.

이외에 익명을 요청한 고위급 군인 10여 명을 포함하여 총 500여 명에 이르는 사람의 체험을 들었는데, 이 책에서 직접 언급하지 않은 증언자는 명단에서 제외했다. 취재원 중에는 고인이 된 분도 많다. 취재 당시의 속기록, 메모 등은 약속한 대로 사용했다.

옮긴이의 말

장면 하나. 멍장蒙疆(중국 내몽골의 자치구 일대) 지역에서 토벌 작전에 동원된 스물한 살의 청년이 있다. 명사수였던 그는, 일본에 두고 온 애인인 양 소총 한 자루를 애지중지한다. 어느 날 그가 상관의 명령에 따라 포로로 잡혀온 중국인 여성을 그 소총으로 죽이면서 사정은 급변한다. 극심한 정신적 고통에 시달리던 그는 소총을 불태우려다가 이를 말리는 상관을 살해하고, 급기야 정신착란 상태로 군 형무소에 수감된다.

고지마 노부오小島信夫의 단편소설 「소총」은 "누런 흙먼지 회오리가 하늘을 가로질러 달려오는" 황량한 사막에 끌려와 영문도 모른 채 상관의 명령에 따라 중국인 여성을 죽이는 만행을 저질러야 했던 한 청년의 '운명'을 담담하게 그린 수작이다. 이 청년의 영혼을 갈기갈기 찢어놓은 행위마저 강요한 명령 체계를 역추적해보면, 우리는 전쟁을 총괄했던 대본영에 포진한 고위 군인·관료와 그 정점에 있는 천황을 어렵지 않게 만날 수 있다.

장면 둘. 남태평양 미크로네시아에 팔라우라는 인구 2만여 명의 조그만

섬나라가 있다. 그곳에 살고 있는 혼혈 청년이 있다. 그는 자신이 사는 마을을 소개하면서 그곳에 아직 남아 있는 철로鐵路로 카메라를 안내한다. 제2차 세계대전 당시 일본군이 놓은 것이란다. 그리고 자신의 집을 보여주더니 벽에 걸린 사진을 가리키며 할아버지라고 한다. 일본 군복을 입은 핼쑥한 모습의 사내다.

EBS에서 방영된 여행 프로그램 가운데 스쳐 지나가듯 보았던 영상이다. 팔라우 청년의 할아버지는 남태평양의 외딴섬으로 끌려온 일본군 병사였다. 그는 전쟁이 끝난 후에도 일본으로 돌아가지 않고 이곳에 남아 원주민 여성과 결혼해 살림을 꾸리고 자식도 낳았을 것이다. 그는 어쩌다가 머나먼 이곳까지 끌려와 고향으로 돌아가지도 못한 채 살아야 했던 것일까? 그가 걸어온 인생을 온전히 되새겨보려면, 우리는 대본영 책상에서 주먹구구식으로 전쟁을 기획했던 고위 군인·관료와 그들의 손에 놀아났던 천황을 다시 불러내야 한다.

어디 멍장과 팔라우뿐이겠는가? 이름마저 생경하기 짝이 없는 쿠릴 열도의 작은 섬부터 미얀마와 인도, 뉴기니와 인도네시아, 필리핀의 수많은 섬에 이르기까지 '대일본제국'의 입김이 닿지 않은 곳은 드물었다. 권력욕과 자기도취에 빠진, '한 줌도 안 되는' 군부의 그 입김에 휩쓸려 일본 국민과 아시아의 수많은 사람이 지옥 같은 시간 속에서 죽어갔다. 살아남은 이들도 인간다운 삶을 박탈당한 채 간신히 생명만을 유지하면서 고통스러운 세월을 보내야 했다.

일본의 저명한 논픽션 저널리스트 호사카 마사야스의 『쇼와 육군』은 이른바 '공식적인 전사戰史'가 아니다. 전과戰果에만 관심을 늘어놓으며 건조하기 짝이 없는 전사에 비해, 이 책은 전쟁이 촉발되는 정세에서부터 전장의 생생한 모습까지를 방대한 자료와 500명이 넘는 사람들의 증언을 재구성하여 보여준다. 누가 전쟁을 기획하고 지도했는지, 전쟁을 기획하고 지도한 이들의 의식은 어떠했는지, '그들의 전쟁'으로 얼마나 많은 사람이 고통스러운 세월을 보내야 했는지 등을 서술해나가는 이 책의 중심에는 일본과 아시아를 넘어 전 세계를 아비규환 속으로 몰아넣었던 쇼와 육군이 자리잡고 있다.

1868년 메이지 유신 이후 일본이 국민국가로 형성되는 과정에서 일본 군대는 결정적인 역할을 했다. 징병령이라는 국가의 명령을 통해 징집된 '천황의 신민'을 말 잘 듣는 '국민'으로 개조했으며, 이들을 동원하여 제국주의의 야망을 실현하고자 했던 일본 군부를 장악한 것은 육군유년학교와 육군사관학교 그리고 육군대학교로 이어지는 엘리트 코스를 거친 고위 군인들이었다. 쇼와 시대에 접어들어 이들은 '통수권을 독립'시켜 일본을 좌지우지하다가 급기야 아시아 전역을 전쟁의 구렁텅이로 몰아넣는다.

그 과정에서 보여준 그들의 행태는 상식을 너끈히 벗어난다. 권력욕과 명예욕으로 가득한 그들의 눈에 '국민'의 안위 따위는 안중에도 없었다. 음모와 모략, 부패와 타락…… 권력 싸움을 일삼던 그들의 무기는, '대본영 발표'에서 여실하게 드러나듯, 거짓말투성이 속임수였다. 정치와 언론은 군부 권력에 빌붙어 본분을 망각했고, 99퍼센트의 국민은 '개돼지'처럼 동원되어 처참하게 죽어가거나 참담한 삶을 살아야 했다.

쇼와 육군이 주도한 전쟁이 끝난 지 70여 년이 지났다. 수많은 사람의 삶을 짐승과 같은 상태로 몰아넣었던 이들에게서 자기비판이나 성찰을 찾아보기란 쉽지 않다. 책임자들을 역사의 법정에 세워 그 죄상罪狀을 묻고 진실을 밝히려는 다양한 노력이 없지는 않았지만, 그들은 여전히 적반하장 격으로 역사를 사유화하고자 하는 욕망을 감추지 않는다. 이는 일본이나 한국이나 크게 다르지 않아 보인다.

바야흐로 수상한 시절이다. 일본에서는 군의 무장을 금지한 헌법 제9조를 바꿔 전쟁을 일으킬 수 있는 '보통 국가'로 나아가려는 발걸음이 본격적으

옮긴이의 말

로 내디뎌지고 있고, 한국에서는 새로운 냉전질서를 조성하려는 미국의 전략에 편승한 사드THAAD 배치가 현실화될 모양이다. 이 수상한 시절에 쇼와 육군의 손아귀에 놀아날 수밖에 없었던 일본인의 모습을 생생히 재현해낸 이 책을 읽으면서, 고통스러웠던 역사가 다른 방식으로 되풀이되리라는 예감을 떨쳐버리기 어렵다. 아무쪼록 이 책을 통해 많은 독자가 그렇게 돼서는 안 되는 이유가 무엇인지를 묻고 또 대답하는 데 의미 있는 지침을 마련할 수 있기를 바랄 뿐이다.

의도한 것은 아니지만, 『기타 잇키』 『도조 히데키와 천황의 시대』에 이어 『쇼와 육군』까지 번역하면서 일본 우익의 정신사와 군부의 이면까지 다시금 들여다보게 되었다. 공부하는 마음으로 최대한 정확하게 전달하려 노력했지만 워낙 복잡하고 낯선 영역이라 부족한 점이 없지 않을 것이다. 독자들의 혜량과 질정을 기다릴 수밖에 없다. 끝으로 이 책의 출간을 기획하고 편집하기까지 많은 공을 들인 글항아리의 여러 분께 깊은 존경과 감사를 드린다.

찾아보기

그 외

쇼와 육군

1판 1쇄 2016년 8월 15일
1판 5쇄 2022년 2월 22일

지은이 호사카 마사야스
옮긴이 정선태
펴낸이 강성민
편집장 이은혜
기획 노만수
마케팅 정민호 이숙재 김도윤 한민아 정진아 이가을 우상욱 박지영 정유선
브랜딩 함유지 함근아 김희숙 정승민
독자모니터링 황치영
제작 강신은 김동욱 임현식

펴낸곳 (주)글항아리│출판등록 2009년 1월 19일 제406-2009-000002호

주소 10881 경기도 파주시 회동길 210
전자우편 bookpot@hanmail.net
전화번호 031-955-2696(마케팅) 031-955-1903(편집부)
팩스 031-955-2557

ISBN 978-89-6735-357-5 93910

www.geulhangari.com